핵심 투자론

Fundamentals of Investing 12th

SCOTT SMART, LAWRENCE GITMAN, MICHAEL JOEHNK

변진호 / 위정범 역

PEARSON

Authorized Translation from the English language edition, entitled FUNDAMENTALS OF INVESTING, 12th Edition by SMART, SCOTT B.; GITMAN, LAWRENCE J.; JOEHNK, MICHAEL D., published by Pearson Education, Inc, Copyright © 2014

KOREAN language edition published by PEARSON EDUCATION KOREA and KYUNG MOON SA B&E, Copyright © 2015

역자 서문

최근 경제환경 변화는 저성장, 저소비, 고실업률, 고위험을 포함하는 “New Normal”로 대표되곤 한다. 이는 고성장 시대와는 다른 이유에서 투자에 관한 관심을 불러일으키고 있다. 과거의 전반적 성장추세 속에서 기업이나 개인의 투자는 나쁘지 않은 수익을 어렵지 않게 얻을 수 있었다. 그러나 당분간 이런 편안한 세상을 기대하기는 어려울 것 같다. 대신 어려운 취업문, 얄팍한 수입, 늘어난 평균수명과 노후준비 등은 효율적 재무관리를 강조하고, 모든 사람들로 하여금 투자에 관해 심각하게 고민하도록 만든다.

오늘날 금융업은 고소득과 전문성을 상징하면서 젊은이들이 선망하는 직업이 되었고, 많은 인재들이 앞다투어 투자세계로 진출하고 있다. 투자업무는 빠르게 진화하는 첨단 직종으로 남을 것이고, 결국 투자론은 학생들이 반드시 통과해야 할 관문으로 남을 것이다.

그러나 투자는 그 실행만큼이나 배우는 일도 쉽지 않다(솔직히, 역자들은 가르치는 일도 마찬가지로 어렵다는 고백을 해야 할 것 같다). 이런 상황에서, 학생 또는 일반인이 투자론에 관한 기본적 이해를 비교적 쉽게 얻을 수 있는 학습교재는 꼭 필요한 책이다. 본서는 수학적 수단을 적게 이용하면서 일상용어로써 투자론의 기본적 내용을 설명하고, 투자업무의 실무적 측면과 상품의 배경까지 알려주는 매우 유용한 책이다. 핵심 투자론의 의미는 내용이 쉽다는 뜻이라기보다 기반이 되는 내용을 탄탄하게 알려준다는 것이다.

역자들은 재무관리의 기본지식을 가진 독자는 대학원생, 학부생, 일반인 구분 없이 누구나 이 책을 통해 어렵지 않게 투자에 다가갈 수 있을 것으로 기대한다. 또한 투자론의 고급과정을 학습하는 이들도 이 책을 병행하여 사용하면 큰 도움을 받을 수 있을 것이다.

역자들은 이 책의 발간에 즈음하여 원고교정을 도와준 경희대학교의 양윤호 군과 윤재홍 군 이화여대의 박경희 조교, 그리고 경문사의 한헌주 사장님을 비롯한 모든 관계자들께 감사드린다. 앞으로 더 좋은 책으로 다듬어 나갈 수 있도록, 많은 독자들의 관심과 지적 그리고 제안을 기다린다.

변진호, 위정범
2015년 9월

저자 서문

"위대한 회사라도 가격이 적절하지 않으면 좋은 투자대상이 아니다." 이 지혜로운 말은 바로, 의심의 여지없이 역사상 가장 위대한 투자자의 한 사람인, Warren Buffett에게서 나왔다. Buffett의 말은 이 교재의 본질을 매우 훌륭하게 요약한다. 즉, 주식을 매입할 때만 아니라 채권, 뮤추얼펀드, 또는 다른 종류의 투자를 할 때 사려 깊은 투자결정을 할 수 있도록 학생들을 도와주는 것이다.

사실 투자는 간단하게 들릴 수 있으나 결코 단순하지 않다. 오늘날의 요동치는 금융시장 속에서 투자자는 자신의 돈을 어떻게 투자할 것인지 결정하는 시점에 많은 도전에 직면한다. 2008년의 금융시장 붕괴 이후, 투자자들은 과거 수년간보다 위험에 대해 더 많이 주의를 기울이고 있다. 이 교재는 학생들로 하여금 투자에 내재된 위험을 이해하도록 돕고, 건전한 투자전략 형성에 도움을 주는 기본적 문제에 답할 수 있는 수단을 제공하도록 구성되었다. 예를 들어, 학생들은 무엇이 자신을 위한 최선의 투자인지 알고 싶어한다. 개별 증권, 뮤추얼펀드, 또는 상장지수펀드를 매입해야 할까? 향후 몇 년 동안의 시장 전망은 어떤가? 위험은 어떤가? 투자를 위해 전문적인 조력가가 필요할까, 그리고 그 비용을 부담할 수 있을까? 투자자들은 사려 깊은 결정을 위해서 이 문제에 확실히 답해야 한다.

투자의 용어, 개념, 그리고 전략은 많은 사람들에게 생소하다. 주의 깊은 투자자가 되기 위해, 학생들은 먼저 투자에 대하여 여러 가지 측면에서 익숙해져야 한다. 그러한 기반 위에서만, 그들은 고도의 역동적 투자환경 속에서도 현명한 결정을 하는 방법을 배울 수 있다. *핵심 투자론*(*Fundamentals of Investing*)의 제12판은 개인투자자로 하여금 사려 깊은 결정을 하고 자신의 투자목표를 달성하기 위해 필요한 정보와 지침을 제공한다.

이 교재는 경영대학원의 투자론 기초과정 그리고 대학교와 전문자격증 프로그램의 투자론 과목을 강의하는 교수와 학생의 수요에 부응한다. 개별 증권 및 포트폴리오에 초점을 맞추어, *핵심 투자론*은 시장과 투자수단의 위험과 수익을 고려하여, 투자목표를 개발하고, 실행하며, 그리고 감시하는 방법을 설명한다. 대화형 문체와 넉넉한 사례는 학생의 내용 이해를 돕고 요점을 제시한다.

핵심 투자론의 특징

학계 및 실무 투자전문가들로부터 수집된 정보와 독자들의 피드백을 이용하여, 제12판은 오늘날 투자환경의 현실을 반영한다. 동시에, 다음 특징들은 성공적인 강의와 학습을 위한 구조적 틀을 제공한다.

개인투자자에 집중

오늘날, 미국 가계의 약 절반이 직접 또는 간접적으로 뮤추얼펀드나 401(k)에 참여함으로써 주식을 소유하고 있다. 이 비율은 여러 해 동안 증가해 왔고, 계속 증가할 것 같다. *핵심 투자론*의 초점은 항상 개인투자자에게 맞추어져 왔다. 이런 시각은 학생들이 성공적인 투자 프로그램을 개발하고, 실행하며, 그리고 감시하기 위해 필요한 정보를 제공한다. 이는 또한 학생들에게 기초 개념, 도구, 그리고 기법을 익히는 탄탄한 기반을 제공한다. 이후 듣게 되는 과목들은 이런 기반 위에서, 기관투자자와 자금 매니저들에 의해 사용되는 발전된 개념, 도구, 그리고 기법을 제시할 수 있다.

종합적 그러나 유연한 구성

이 교재는 다양한 투자시장, 정보, 그리고 거래를 포함하는 전체적 투자환경을 기술함으로써 탄탄한 학습 기반을 제공한다. 그 다음으로 투자자들에게 필요한 개념적 도구인 수익과 위험의 개념 그리고 포트폴리오 관리의 접근법을 제시한다. 이 책은 나아가서 가장 대중적인 유형의 투자수단인 보통주, 채권, 그리고 뮤추얼펀드를 살펴본다. 이런 투자수단에 관한 일련의 장들에 이어 독자 스스로 포트폴리오를 만들고 운용하는 방법을 다루는 장이 제시된다. 이 책의 마지막 부분은 더 많은 전문성을 요구하는 파생증권인 옵션과 선물에 초점을 맞춘다. 이 교재의 첫 2개 부분은 강의 초기에 다루어지는 것이 가장 좋으나, 특정한 투자 유형들은 어떤 순서로 다루어져도 무방하다. 이 책의 종합적이지만 유연한 성격은 교수들로 하여금 자신의 교과구조와 강의목표에 맞추어서 사용할 수 있도록 도와준다.

우리는 의사결정의 관점에서 각 장을 구성했고, 항상 다양한 투자와 전략의 장점과 단점을 적시하려고 유의했다. 이 정보를 이용하여, 개인투자자는 자신의 투자목표에 가장 적합한 투자행위를 선택할 수 있다. 또한 우리는 학생들이 자신이 고려하는 투자행위 의사결정과 관련된 시사점과 결과를 배울 수 있도록 다양한 투자와 전략을 제시했다.

시의적절한 주제

다양한 이슈와 발전은 지속적으로 금융시장과 투자수단의 형태를 변화시킨다. 이 책의 거의 모든 주제는 투자환경의 변화를 고려한다. 예를 들어, 우리는 모든 장에서 제11판에 처음 도입되었던 '금융시장 위기'로 불리는 내용을 유지하고 갱신했다. 이 내용은 최근과 과거의 금융위기, 정부의 위기대응, 그리고 위기에 뒤따르는 심각한 불황의 다양한 측면들에 초점을 맞춘다. 기본적으로 투자는 위험과 수익의 상반관계에 관한 것이며, 금융시장 위기 상황은 학생들에게 단지 투자수익에만 집중해서는 안 된다는 점을 상기시킨다.

세계화

투자의 세계를 변화시키는 하나의 주제는 증권시장 세계화의 진전이다. 결과적으로, *핵심 투자론*은 투자의 국제적 측면을 지속적으로 강조한다. 우리는 앞부분에서 국제 시장의 증가하는 중요성, 해외 증권 투자(직접 또는 간접), 해외투자 성과와 위험을 살펴본다. 뒷부분의 장들에서, 각각의 특정한 유형의 투자수단을 다루면서, 우리는 인기 있는 해외투자 기회와 전략을 기술한다. 이런 국제적인 주제의 통합은 학생들로 하여금 투자 포트폴리오를 계획하고, 구성하며, 그리고 관리할 때, 국제적 관점 유지의 중요성을 이해하도록 도와준다.

종합적이고 통합된 학습체계

제12판의 또 다른 특징은 학생들이 각 장에서 학습해야 할 내용을 명백히 알려주고 학습노력을 집중하도록 도와주는, 종합적이고 통합된 학습체계이다. 학습체계의 더 상세한 논의는 서문의 뒷부분에 제시된다.

CFA 문제

우리는 제12판에 CFA 문제를 포함시킨 데 대해 만족한다. CFA 시험문제는 이 책의 6개 부분 가운데 다섯 부분의 말미에 제시된다. 앞부분의 일부 장들의 내용적 특성 때문에, 제1부와 제2부의 CFA 문제들은 제2부의 말미에 함께 제시된다. 이 문제들은 학생들에게, CFA Level-1 시험에 대비하여, 투자지식을 시험할 기회를 제공한다.

강의/학습/동기부여 체계

핵심 투자론의 사용자들은, 이 책의 특징으로 환영받아 온, Smart/Gitman/Joehnk의 강의 및 학습 체계의 효과성에 찬사를 보냈다. 제12판에서, 우리는 일련의 주의 깊게 개발된 학습목표에 기초한 이 체계를 유지하면서 발전시켰다. 사용자들은 또한 각 장의 기초를 다지는 풍부한 동기부여 구조를 좋아했다. 교육 및 동기부여 내용의 핵심 요소는 아래에 예시되고 기술되어 있다.

학습목표 체계

학습목표 체계는 각 장에서, 숫자 아이콘으로 표시된, **여섯 개의 학습목표**로부터 시작한다. 이 목표들은 학습해야 할 가장 중요한 개념과 기법들을 설정한다. 학습목표 아이콘은 아래 내용을 포함하는 각 장의 구조에서 핵심 요점과 연계되어 있다.

- 큰 글자 제목
- 요약
- 토론 문제
- 문제
- 사례

이 간략하고 단순한 구조는 학생들에게 분명한 로드맵을 제공한다. 즉, 무엇을 학습해야 하고, 어디에서 찾을 수 있으며, 그리고 각 장의 말미에서 내용의 숙지여부를 알 수 있다. 많은 경우에, 각 장 마지막 부분의 문제는 학생들의 관심을 장 도입부로 되돌리고, 도입부의 자료를 사용하여 장 안에서 학습한 결과를 보여줄 수 있는 계산을 하거나 결론을 도출하도록 요구한다.

투자자 오류 박스는 이 판에 새로 도입되었으며, 대다수 장의 여백에 위치하고 행태재무학 문헌으로부터 나온 투자교훈을 강조한다.

각 장은 약간의 **투자자 현실**을 담고 있다. 이 부분은 흥미로운 통계를 제공하거나 특별한 투자경험을 인용하는 짧은 기사를 포함한다. 이런 현실은 학습 중인 개념에 약간의 변형을 제공하고, 실제 세계의 일면을 보여준다. 투자자 현실은 투자로서의 예술품, 미국 정부의 신용등급 하락, 회계부정을 탐지하기 위한 재무제표의 활용, 그리고 100년 만기 채권 같은 특수한 증권의 발행 같은 주제에 초점을 맞춘 내용을 포함한다.

투자 윤리는 윤리에 초점을 맞춘 투자 세계의 실제 시나리오에 관한 간략한 논의이다. 이 박스는 선택된 아홉 개 장에 제시되어 있다. 많은 윤리 박스는 강의 중 토론을 위해 비판적 사고 문제를 포함한다.

각 장은 최근의 금융위기의 일부 요소와 뒤이은 불황을 논의하는 짧은 **금융시장 위기** 항목을 담고 있다. 이 항목들은 학생들로 하여금 금융위기의 범위와 세계적인 영향의 심도를 알 수 있도록 돕는다.

수식은 독자들에게 가장 중요한 수학적 관계를 인식하도록 돕기 위해 구분된다.

이 책의 곳곳에서 학생들은 재무 **계산기 이용**에 관한 내용을 발견할 것이다. 이는 여백의 계산기 그림과 함께, 사용되는 입력 자료와 함수를 보여준다.

개념리뷰 문제는 각 장의 각 절 말미에 위치한다. 이 복습문제들은 학생들이 장의 다음 절로 넘어가기 전에 해당 절의 이해수준을 시험할 수 있도록 한다. 이들 문제의 해답은 앞 내용의 복습을 통해 알 수 있다.

토론 문제는 학습목표에 적합화되어 있으며, 학생들로 하여금 장에 제시된 핵심 개념들을 통합하고, 조사하고, 분석하도록 돕는다. 많은 문제들이 학생들로 하여금 해당 장에서 제시된 도구와 기법을 수집된 투자정보에 적용하고, 특정 투자 전략 또는 상품에 관해 조언을 하도록 요구한다. 이 과제 형태의 문제들은 장 안에 포함된 개념리뷰 문제보다 훨씬 더 광범위하다.

확대 개정된 **문제**는 추가적 복습 및 과제의 기회를 제공하고, 학습목표에 적합화되어 있다.

두 개의 **사례 문제**는 학습목표에 적합화되어 있으며, 학생들로 하여금 높은 수준의 비판적 사고 기술을 사용하도록 독려한다. 장에 제시된 기법을 적용하고, 대안들을 평가하며, 그리고 어떻게 투자자가 특정 문제를 해결할 수 있을지 조언한다. 또한, 학습목표는 학생들에게 토론문제가 초점을 맞추고 있는 장의 주제를 보여준다.

엑셀 스프레드시트 문제는 모든 장의 말미에 있으며, 학생들에게 스프레트시트를 만들어서 재무적 문제를 풀고 의사결정 하는 과제를 부여한다.

CFA 시험 문제는 2010년 Level One 과정 및 *CFA Candidate Study Notes, Level 1, Volume 4*로부터 발췌되었으며, 교재의 제2부에서 시작하며, 각 부의 말미에 주어진다.

차례

상세 목차

제 1 부 투자의 준비

제 2 부 중요한 개념적 도구

제 3 부 보통주에 투자하기

제 4 부 채권에 투자하기

제 5 부 포트폴리오 관리

Part 1 투자의 준비

Chapter 01

투자 환경

학습목표 (Learning Goals)

이 장을 학습한 후, 아래와 같은 과제를 수행할 수 있어야 한다.

LG 1 투자의 의미를 이해하고 어떤 투자를 다른 투자들로부터 구별하는 속성들을 열거한다.

LG 2 투자과정과 투자자의 종류를 기술한다.

LG 3 투자의 주요 종류들을 논의한다.

LG 4 투자의 단계들을 기술하고, 기초적인 세금 문제를 검토하며, 생애주기에 걸친 투자를 논의한다.

LG 5 단기 투자의 가장 일반적인 종류를 기술한다.

LG 6 금융 전문능력을 가진 사람들이 선택할 수 있는 주요 직업들과 이들 각각에서 투자의 역할을 논의한다.

당신은 돈을 벌기 위해 열심히 일했다. 이제는 당신의 돈이 당신을 위해 일하도록 만들 때이다. 투자 세계에 온 것을 환영한다. 전 세계에 걸쳐 선택할 수 있는 투자는 말 그대로 수천 가지이다. 얼마나 투자할까, 언제 투자할까, 그리고 어떤 투자가 적당할까? 대답은 각 투자자의 지식과 재무상태에 의존한다.

오늘날 금융뉴스는 넘치고 금융정보를 찾는 일은 대단히 쉽다. 한 때 대다수 사람들이 투자에 관해 얻을 수 있었던 지식은 저녁 뉴스의 당일 다우존스 산업평균 지수의 변화에 관한 10초짜리 멘트였다. 미국인들은 이제 금융 뉴스에 의해 폭격당하고 있다. CNBC 같은 케이블 TV 네트워크는 기업과 금융 뉴스에 특화되어 있고, 네트워크 뉴스 방송자는 사업 뉴스를 더 눈에 띄게 다룬다. 인쇄물 중에서는 Wall Street Journal뿐 아니라, Investor's Business Daily, Barron's, Kiplinger's Personal Finance Magazine, Money, Smart Money, 그리고 투자에 초점을 맞춘 다른 많은 출판물들을 구독할 수 있다.

오늘날 약 절반의 미국인들은 주식 또는 주식 뮤추얼펀드를 보유하고 있고, 이들 중 많은 사람은 신규 투자자이다. 인터넷은 그들에게 투자세계를 열어주는 데 중요한 역할을 했다. 이는 투자자들로 하여금 엄청난 양의 정보를 쉽게 이용하고 마우스 클릭만으로 증권을 거래할 수 있게 만들었다. 간략히 말하면, 기술이 투자를 과거보다 훨씬 더 쉽게 만들었다. 과거에는 투자 전문가들에게 한정되었던 수단들이 이용되면서, 더 공평한 게임의 장이 만들어졌다-그러나, 동시에 이런 수단의 사용은 경험 적은 투자자들의 리스크를 증가시킬 수 있다.

당신이 온라인에서 거래를 실행하든 또는 전통적 중개인을 이용하든, 동일한 투자의 기본원리가 적용된다. 제1장은 다양한 종류의 투자, 투자과정, 투자계획의 역할, 유동성 수요 충족의 중요성, 그리고 금융 관련 직업을 소개한다. 투자의 대안들에 익숙해지고 현실적 투자계획을 개발하고 나면, 당신의 재무적 성공을 달성할 수 있는 가능성을 크게 높일 수 있을 것이다.

투자와 투자과정

LG 1 LG 2

주 각 장의 학습목표는 이 아이콘에 의해 본문의 설명에서 표시된다.

당신은 아마도 이미 투자자일 것이다. 만약 저축계좌에 돈을 갖고 있으면, 당신 명의로 적어도 하나의 투자를 하고 있는 것이다. 간략하게, 투자는 양의 소득이나 가치상승을 창출할 것으로 기대되고 또한 배분될 수 있는 자산이다.

투자의 보상, 또는 수익은 두 가지 기본적 형태로 발생한다 – 소득과 가치상승. 저축계좌에 투자된 자금은 정기적 이자지급 형태로 소득을 제공한다. 보통주도 (배당 형태로) 소득을 제공하나, 투자자들은 종종 가격상승을 기대하기 때문에 주식을 산다. 즉 보통주는 소득과 가치상승의 가능성을 모두 제공한다. 1990년 이후, 저축계좌의 평균 연 수익률은 3%를 조금 넘었다. 보통주의 평균 연 수익률은 9%를 약간 넘었다. 당연하게, 주요 시장하락기(예를 들어 2008년의 경우)에 거의 모든 투자의 수익은 이런 장기적인 역사적 평균보다 낮은 수준으로 하락한다.

단순한 (무이자) 요구불계좌에 예치된 현금은 투자인가? 이 대답은 정의의 두 조건을 충족하지 않기 때문에 그렇지 않다는 것이다 – 추가적 소득을 제공하지 않고 가치는 상승하지 않는다. 실제로 시간이 지나면 인플레이션은 무이자 요구불계좌 안의 화폐의 구매력을 잠식한다.

우리는 투자의 종류와 투자과정의 구조를 살펴봄으로써 투자 학습을 시작한다.

투자의 속성

당신이 투자할 때, 투자대상 기관(기업 또는 정부기관)은 자금사용의 대가로 미래 이익에 대한 기대를 제공한다. 기관들은 당신의 돈을 쓰기 위해 경쟁한다. 그리고 소매상들이 상이한 특성의 다양한 제품을 제공함으로써 고객의 돈을 얻기 위해 경쟁하는 것처럼, 투자자들로부터 자금을 조달하려는 기관들은 상이한 속성의 다양한 투자를 제공한다. 결국, 실질적으로 무위험이면서 최근에는 1% 미만의 이자를 제공하고 있는 은행의 저축계좌부터 단기간에 세 배의 가치가 될 수 있는 고-위험 기업의 보통주까지, 모든 종류의 투자가 가능하다. 당신이 선택하는 투자는 당신의 자원, 목표, 그리고 위험수용 용의에 의해 결정된다. 이를 위해, 한 종류의 투자를 다른 것으로부터 구별하는 많은 속성들이 제시될 수 있다.

증권 또는 실물자산 증권은 기업, 정부, 또는 기타 기관에 의해 발행되고 발행기관의 자원에 대한 재무적 청구권을 나타내는 투자이다. 가장 일반적인 종류의 증권은 주식과 채권이나, 스톡옵션 같은 더 특이한 종류의 증권도 존재한다. 일반적으로 당신은 비교적 쉽게 증권을 사고 팔 수 있고, 미국시장의 투자자들은 매일 수십억 주의 주식을 거래한다. 이 책은 일차적으로 가장 중요한 종류의 증권, 특히 보통주에 초점을 맞춘다.

주 투자자 현실은 관심을 끌거나 재미있는 짧은 정보를 제공한다.

투자자 현실

자산으로서의 예술 – 증권은 반드시 실물자산보다 높은 투자성과를 내지는 않는다. 2011년까지 10년 동안 예술품은 4.6%의 평균 연 수익률을 올렸으며, 이에 비해 S&P 500 주식의 수익률은 0%였다.
(출처: (1) www.artasanasset.com; (2) Saporito, Bill, "Paint by Numbers," *Time*, January 30, 2012.)

한편 실물자산은 부동산 또는 유형 개인자산에 대한 투자로 이루어진다. 부동산은 토지, 건물, 그리고 영구적으로 토지에 고정된 자산을 말한다. 유형 개인자산은 금, 예술품, 골동품, 그리고 다른 수집품 같은 항목들을 포함한다. 대부분의 경우, 실물자산은 증권처럼 쉽게 매매되지 않는다. 건물이나 그림을 팔려는 투자자는 구매자를 찾기 위해 부동산 중개인이나 경매인을 고용해야 할 것이고, 자산을 매각하는 데 몇 주 또는 몇 개월을 보낼 수 있다.

직접 또는 간접 직접투자는 투자자가 증권 또는 실물자산의 청구권을 직접 인수하는 것이다. 만약 당신이 IBM 같은 회사의 보통주를 매수하면 이는 직접투자를 한 것이며, 이제 당신은 그 회사의 부분적 소유자이다. 간접투자는 전문적 투자자에 의해 관리되는 증권 또는 실물자산의 집합에 대한 투자이다. 예를 들어 당신은 Vanguard 또는 Fidelity 같은 뮤추얼펀드 회사에 돈을 보낼 때, 이 뮤추얼펀드들에 의해 소유된 자산에 간접투자하는 것이다.

미국에서는 여러 해 동안 보통주의 직접소유가 감소했다. 예를 들어 가계부문은 1945년에 미국 상장 주식의 90% 이상을 (직접) 소유했다. 시간이 지난 후, 이 비율은 현재 약 30% 수준으로 하락했다. 동일한 추세가 세계의 내나수 내형시장에서 발생했다. 예를 들어 영국에서 가계의 주식 직접소유는 지난 반세기 동안 약 66%로부터 14%로 하락했다. 오늘날 <그림 1.1>과 같이, 가계는 세계의 대다수 주요 주식시장에서 발행주식의 1/4 미만을 직접 소유한다.

그림 1.1 가계의 주식 직접소유

그림은 각 국에서 가계에 의해 직접 소유된 보통주의 백분율을 보여준다. 대다수 국가들에서 가계의 직접소유는 상장 주식의 1/4 미만이다.

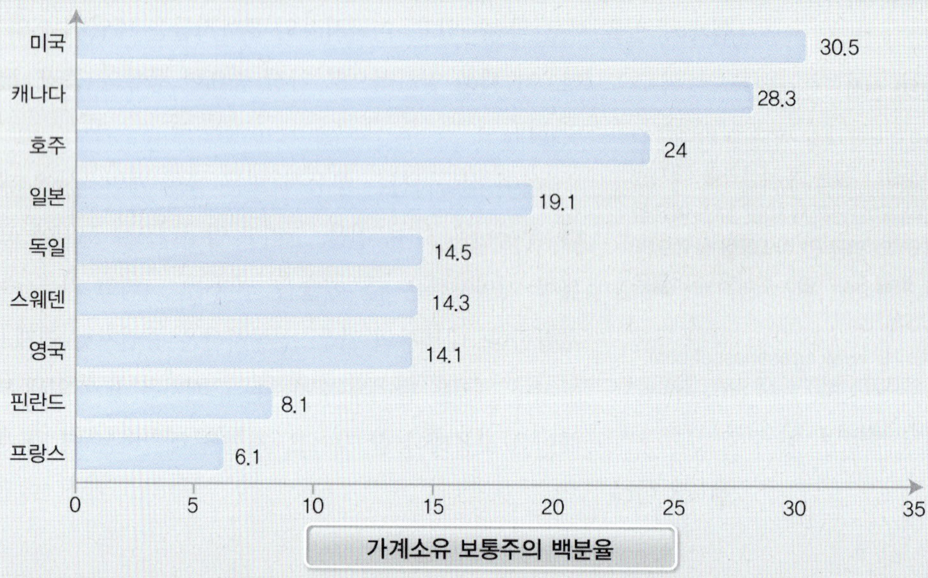

(출처: Kristian Rydqvist, Joshua Spizman, and Ilya Strebulav, "The Evaluation of Aggregate Stock Ownership: A Unified Explanation." CEPR Discussion Paper No. 7356. July 2009.)

가계의 주식 직접소유 감소와 병행해서, 간접소유는 증가했다. 이 추세를 관찰하는 방법의 하나는 가계 대신 자금을 관리하는 기관의 직접소유를 살피는 것이다. 1945년, 미국에서 연기금펀드와 뮤추얼펀드는 발행주식의 단지 2% 미만을 소유했다. 그러나, 오늘날 그들의 직접소유는 약 45%이다.

조세정책은 개인의 주식 직접소유의 감소 그리고 연관된 뮤추얼펀드와 연기금펀드 같은 기관의 직접소유 증가를 설명하는 데 도움을 준다. 1978년부터, 국세규정(Internal Revenue Code)의 401(k) 조항은 근로자가 은퇴저축플랜 등에서 이연급여로 수취하기로 선택한 소득의 세금을 내지 않을 수 있도록 허용한다. 그 이후 대다수 대기업은, 소위 401(k) 플랜을 채택함으로써 근로자들이 401(k) 플랜에 납입하는 소득에 대해 일단 세금을 내지 않을 수 있도록 만들었다. 근로자들은 은퇴기간 중에 자금을 인출할 때 소득세를 납부한다. 전형적으로 Fidelity와 Vanguard 같은 뮤추얼펀드 회사들은 이런 401(k) 플랜을 관리한다. 따라서 이 플랜들에 의해 보유된 주식은 근로자들의 간접소유 그리고 뮤추얼펀드 회사의 직접소유를 의미한다.

이 추세의 중요한 요소는 주식을 거래하는 개인들은 빈번하게, 개인이 사려는 주식을 팔고 개인이 팔려는 주식을 사는 전문적 투자자를 상대한다는 것이다. 예를 들어 2012년 Fidelity는 다양한 뮤추얼펀드에 거의 1.5조 달러의 자산을 보유했고 약 38,000명을 고용하고 있었다. 이들 중 많은 사람은 높은 수준의 투자훈련을 받고 그들이 거래하는 회사에 관해 엄청난 양의 정보를 갖고 있다. 오늘날 기관투자자가 시장의 지배적 비중을 차지하는 환경에서, 개인들로서는 상대방의 강점을 인정하는 것이 현명할 수도 있다.

부채, 주식, 또는 파생증권 대다수 투자는 두 가지 넓은 범주 가운데 하나에 속한다. 부채는 채무자로 하여금 정기적으로 이자를 지급하고 미래 어느 날에 대출 전액을 상환하게 만드는 대출이다. 회사 또는 정부가 돈을 빌려야 할 때, 그들은 채권이라는 증권을 발행한다. 당신이 채권을 매입하면, 이는 발행자에게 돈을 빌려주는 것이다. 발행자는 당신에게 특정 시점에 이자를 지급하고 종료시점에 원래 대출을 상환하기로 합의한다.

주식은 기업 또는 재산의 현재 소유권을 의미한다. 주식 투자는 증권 또는 특정 재산 권리증서의 보유에 의해 이루어진다. 주식 증권의 가장 일반적 종류는 보통주이다.

파생증권은 부채나 주식이 아니다. 대신, 가치는 기초 증권 또는 자산의 가치로부터 파생된다. 주식옵션은 하나의 예이다. 주식옵션은 어떤 회사의 주식을 정해진 기간 안에 정해진 가격으로 매입(또는 매도)할 수 있는 권리를 부여하는 투자이다. 이 옵션의 가치는 기초 주식의 시장가격에 의존한다.

저- 또는 고-위험 투자 투자는 또한 위험에 기초하여 구별된다. 위험은 어떤 투자가 창출하는 수익을 둘러싼 불확실성을 반영한다. 투자에 연계된 수익이 더 불확실하면, 위험은 더 크다.

당신은 일생 동안 투자하면서, 낮은 위험부터 높은 위험에 이르는 수많은 투자에 직면할 것이다. 예를 들어 주식 수익은 채권 수익보다 훨씬 더 넓은 범위에서 변동하고 예측되기 어렵기 때문에, 주식은 일반적으로 채권보다 위험한 것으로 간주된다. 그러나, 재무적으로 건전한 기업의 주식보다 더 위험한 고-위험 채권을 발견하는 것도 어렵지 않다.

일반적으로 투자자들은 위험과 수익의 상반관계에 직면한다—투자자들은 더 높은 수익을 달성하려면 일반적으로 더 큰 위험을 감수해야 한다. 저-위험 투자는 비교적 예측가능하나 낮은 수익을 제공한다. 고-위험 투자는 평균적으로 훨씬 더 높은 수익을 제공하나, 훨씬 더 큰 손실 가능성도 갖고 있다.

단기 또는 장기 투자 투자의 수명은 짧거나 길 수 있다. 단기 투자는 전형적으로 1년 이내에 만기도래한다. 장기 투자는 더 긴 만기 또는 보통주처럼 만기가 없는 것들이다.

국내 또는 해외 25년 전에 미국 시민들은 거의 모두 순수한 국내 자산에만 투자했다. 미국에 기반을 둔 기업과 정부의 부채, 주식, 그리고 파생증권. 오늘날의 투자자는 통상적으로, 순수한 국내 투자보다 더 매력적인 수익을 제공할 수 있는 (직접 및 간접) 해외 투자도 고려한다. 외국 기업에 관한 정보는 쉽게 이용가능하고, 해외 투자는 이제 비교적 용이하다.

투자과정의 구조

투자과정은 여유자금을 보유한 공급자와 자금을 필요로 하는 수요자를 연결한다. 자금의 공급자와 수요자는 일반적으로 금융기관 또는 금융시장을 통해 연결된다. 금융기관은 정부, 기업, 그리고 개인들로부터 저축을 모아서 그대로 대출하거나 정부에 의해 발행된 단기채권 같은 증권에 투자하는 은행이나 보험회사 같은 조직이다. 금융시장은 자금의 공급자와 수요자가 전형적으로 증권중개회사와 딜러 같은 중개기관의 도움을 받아 금융자산을 거래하는 시장이다. 주식, 채권, 상품, 그리고 외환을 포함한 모든 종류의 투자는 금융시장에서 거래된다.

미국의 지배적 금융시장은 증권시장이다. 이는 주식시장, 채권시장, 그리고 옵션시장을 포함한다. 비슷한 시장들이 전 세계의 대다수 주요 국가에 존재한다. 이 시장들에서 거래되는 증권의 가격은, 다른 종류의 시장에서 가격이 결정되는 것과 마찬가지로, 공급자와 수요자의 상호작용에 의해 결정된다. 예를 들어 만약 투자자들이 사고자 하는 Facebook 주식의 수가 투자자들이 팔고자 하는 주식 수보다 크면, Facebook 주식 가격은 오를 것이다. 회사에 관한 새 정보가 이용가능하면, 공급(팔려는 투자자들)과 수요(사려는 투자자들)의 변화는 새로운 시장가격을 형성할 것이다. 금융시장은 매수자와 매도자를 연결하는 과정을 단순화함으로써, 투자자들이 엄청난 거래비용 없이 신속하게 거래할 수 있도록 만든다. 금융시장은 또한 시장참가자들이 쉽게 감시할 수 있는 증권의 시장가격을 형성함으로써 가치있는 기능을 제공한다. 예를 들어 새로운 제품을 출시한 기업은 투자자들이 새 제품을 보고 주가를 올리는지 또는 내리는지 관찰함으로써, 시장에서 제품이 어떻게 받아들여지는지에 관한 조기 신호를 얻을 수 있다.

<그림 1.2>는 투자과정의 도표이다. 자금의 공급자는 금융중개기관, 금융시장, 또는 직접거래를 통해 자원을 수요자들에게 이전할 수 있음에 유의하라. 점선과 같이, 금융기관들은 자금의 공급자 또는 수요자로서 금융시장에 참여할 수 있다.

자금의 공급자와 수요자 정부, 기업, 그리고 개인은 투자과정의 핵심 참가자이다. 각자는 자금의 공급자 또는 수요자 역할을 할 수 있다. 경제가 성장하고 번영하려면, 자금은 개인으로부터 매력적인 사업기회를 보유한 기업으로 흘러가야 한다. 만약 개인들이 갑자기 잉여자금을 금융기관이나 시장에 투입하여 운용하는 대신 보유하면, 자금을 필요로 하는 기관들은 자금조달에 어려움을 겪을 것이다. 결국 정부지출, 사업확장, 그리고 소비자 구매는 감소하고, 경제활동은 침체할 것이다.

정부 모든 수준의 정부(연방, 주, 그리고 지방)는 공공시설 건설 같은 장기 사업과 정부운영을 충당하기 위한 막대한 금액의 자금을 수요한다. 때로 정부는 예산흑자를 기록하고 여유자금을 투자할 수도 있다. 그러나 일반적으로 정부는 자금의 순수요자(정부의 지출은 빈번하게 세수를 초과하기 때문에, 공급보다 더 많은 자금을 수요하는 주체)이다. 정부에 의해 차입된 막대한 금액의 돈은 개인과 기업이 이용하는 자금의 비용을 높이고 금액을 줄임으로써, 민간투자를 감소시킬 가능성이 있다.

기업 대다수 기업은 운영을 위해 거액의 자금을 요구한다. 기업은 단기 및 장기 자금수요를 충족하기 위해 다양한 부채와 지분증권을 발행한다. 그리고 여유현금이 있을 때에는 자금을 공급한다. 그러나, 기업은 일반적으로 정부처럼 자금의 순수요자이다.

그림 1.2 투자과정

금융기관은 공급자와 수요자 사이에서 자금을 이체할 뿐 아니라 금융시장에도 참여한다. 화살표는 공급자부터 수요자에게로만 표시되어 있으나, 어떤 거래(예: 채권매도 또는 학비 대출)에서는 수요자가 공급자(대여자)로부터 빌린 원금은 궁극적으로 상환된다.

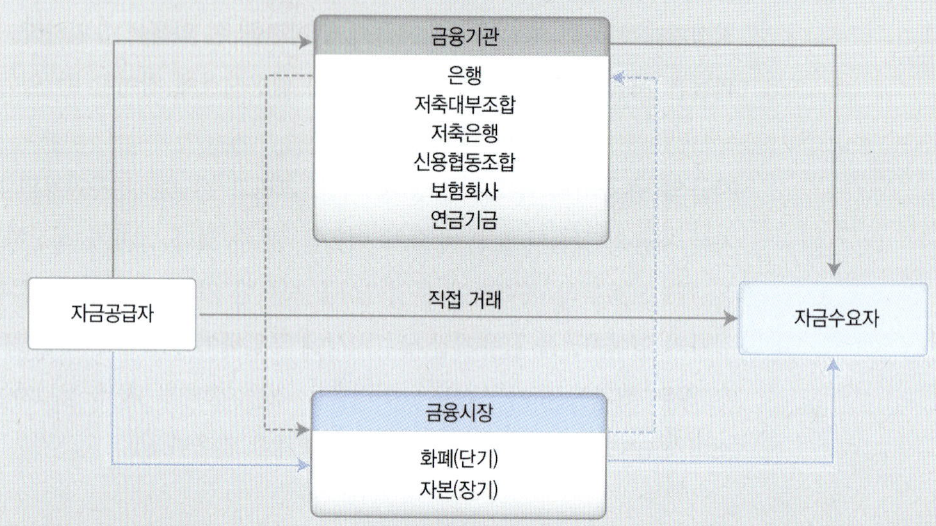

개인 개인들이 자산(예를 들어 주택과 자동차) 구입과 교육을 충당하기 위해 대출 형태로 자금을 사용함에도 불구하고, 전체적으로는 자금 순공급자라는 사실은 놀라울 수 있다. 개인들은 저축을 통해, 금융시스템에 사용액보다 더 많은 자금을 투입한다.

투자자의 종류 투자과정에서 개인을 언급할 때, 우리는 가계를 정부와 기업으로부터 구별한다. 나아가서 누가 자금을 관리하는지에 의해, 투자과정의 개인 참여를 더 세분할 수 있다. 개인투자자는 재무적 목표를 달성하기 위해 스스로 자금을 관리한다. 개인투자자는 일반적으로 유휴자금으로부터 수익을 창출하고, 은퇴를 위한 소득원을 형성하며, 가족에게 안정을 제공하는 데 집중한다.

투자결정을 위한 시간과 전문성이 부족한 개인들은 빈번하게 기관투자자(다른 사람들의 자금을 관리함으로써 생계를 유지하는 투자전문가)를 고용한다. 이 전문가들은 개인 및 기업과 정부를 위해 대량의 증권을 거래한다. 기관투자자는 은행, 생명보험회사,

뮤추얼펀드, 그리고 연금기금을 포함한다. 예를 들어 생명보험회사는 피보험자들의 사망 보험금을 충당할 수 있는 수익을 얻기 위해, 보험계약자들로부터 받은 보험료를 투자한다.

개인 및 기관 투자자는 투자방법을 결정할 때 비슷한 기본정책을 적용한다. 그러나 기관투자자는 일반적으로 더 많은 금액의 자금을 통제하고, 대다수 개인투자자보다 더 정교한 분석기법을 갖고 있다. 이 책에 제시된 정보는 주로 당신(개인투자자)을 대상으로 한다. 이 내용을 숙지하는 것은 기관투자자가 되기 위해 개발해야 할 전문성을 얻기 위한 첫 단계일 뿐이다.

개념리뷰

1.1 투자를 정의하고, 개인이 투자하는 이유를 설명하라.

1.2 다음의 투자종류들을 구별하고 각각의 예를 제시하라: (a) 증권과 실물자산 투자; (b) 직접 및 간접 투자; (c) 부채, 주식, 그리고 파생증권; 그리고 (d) 단기와 장기 투자.

1.3 위험을 정의하고, 위험이 투자를 구별하는 데 어떻게 사용되는지 설명하라.

1.4 해외투자는 무엇인가; 그리고 개인투자자는 어떤 역할을 하는가?

1.5 투자과정의 전체적 구조를 기술하라. 금융기관과 금융시장의 역할을 설명하라.

1.6 자금의 순공급자 또는 순수요자로서 (a) 정부, (b) 기업, 그리고 (c) 개인의 역할을 구분하라.

1.7 개인투자자와 기관투자자를 구별하라.

투자의 종류

LG 3 개인투자자는 다양한 투자를 할 수 있다. 당신이 본 것처럼 투자는 위험, 만기, 그리고 많은 다른 특성들에 의해 구별된다. 상이한 투자들의 특성과 이 투자들을 매매하기 위해 사용될 수 있는 전략을 기술하는 데, 이 책의 상당 부분(제6장부터 제15장)이 할애된다. <표 1.1>은 우리가 학습할 중요한 종류의 투자에 관한 일부 기본적 정보를 요약한다.

표 1.1 가계의 주식 직접소유

종류	개요	예	이 책의 관련 내용
단기	기간 1년 미만의 저축상품. 유휴자금의 보존과 유동성 제공을 위해 이용됨	예금계좌, 미국 국채(T-bill), 양도성예금증서(CD), 은행인수 어음, 화폐시장펀드	제1장
보통주	회사의 소유권을 나타내는 주식 투자		제6~9장
고정소득증권	고정된 정기적 현금지급을 창출하는 투자	채권, 전환증권, 우선주	제10, 11장
뮤추얼펀드	다수의 투자자로부터 자금을 모집하여 분산된 증권 포트폴리오에 투자하는 회사	대형주펀드, 성장주펀드	제12장
파생상품	부채나 지분이 아니며, 자신의 가치가 의존하는 기초 자산의 특성을 드러내도록 구조화된 증권	옵션 선물	제14장 제15장
기타	투자자에 의해 광범위하게 사용되는 다양한 투자들	세금우대 투자, 부동산, 유형자산	

단기 투자

단기 투자는 1년 이하의 존속기간을 갖고 있으며, 일반적으로(반드시는 아니지만) 거의 또는 완전히 위험이 없다. 사람들은 유휴자금을 장기 투자에 투입하기 전에 일시적 "저장수단"으로 이 투자를 매입한다. 단기 투자는 또한 주식이나 채권 같은 더 위험한 장기 자산에 자금을 묶어두는 것을 좋아하지 않는 보수적 투자자들에게 인기 있다.

단기 투자는 유동성도 제공한다. 즉 신속하고 거의 가치상실 없이 현금으로 전환될 수 있다. 유동성 확보는 모든 재무계획에서 중요한 부분이다. 재무계획에서 단기 투자의 역할과 핵심 특성은 이 장의 뒷부분에서 논의된다.

보통주

보통주는 회사의 소유권을 나타내는 지분 투자이다. 보통주 1주는 기업의 부분적 소유권을 나타낸다. 예를 들어 만약 당신이 10,000주의 발행주식을 가진 회사의 보통주 1주를 사면, 그 회사의 1/10,000의 소유자가 된다. 오늘날 미국 가계의 거의 절반이 직접 또는 간접적으로 기업의 보통주를 소유하고 있다.

보통주 투자의 수익은 배당과 자본이득이라는 두 원천으로부터 나온다. 배당은 회사가 주주에게 지급하는 돈이다. 회사는 반드시 주주에게 배당을 지급해야 하는 것은 아니며, 작은 규모 또는 급속히 성장하는 기업의 대다수는 배당을 지급하지 않는다. 기업이 성장해서 현금을 축적하면, Apple이 2012년에 그랬던 것처럼, 배당을 지급하기 시작한다. 배당을 지급하는 회사는 일반적으로 분기별로 지급한다. 자본이득은 주식 가격이 투자자의 초기 매입가격보다 높을 때 발생한다. 자본이득은 실현 또는 미실현 금액일 수 있다. 만약 당신이 매수가격보다 높게 주식을 매도하면, 자본이득을 실현한 것이다. 만약 매도 대신 계속 보유하면, 미실현 자본이득을 얻는 것이다.

사례 예를 들어, 당신이 2011년 1월 3일에 Walmart 보통주 1주를 54.50달러에 매수했다고 가정하자. 2011년, 당신은 1.46달러의 현금배당을 받았다. 연말에 주식을 60달러에 매도했다. 당신은 1.46달러의 배당을 받고 5.50달러(매도가격 60달러−매수가격 54.50달러)의 자본이득을 실현했으며, 총수익은 6.96달러이다. Walmart 주식의 2011년 수익률은 12.8%였다. 만약 매도 대신 계속 보유하면, 당신은 연말에 동일한 수익률을 기록할 것이나 자본이득은 실현되지 않은 상태일 것이다.

앞에 언급된 것처럼, 1900년 이후 보통주의 평균 연 수익률은 9%를 약간 상회한다. 따라서 2011년 Walmart의 실적은 좋았다. 경제가 (최근처럼) 침체하고 소비자가 1달러라도 아끼려 할 때, 저가 상품에 주력하는 소매업체인 Walmart는 좋은 성과를 냈다.

고정소득증권

고정소득증권은 금액 기준으로 고정되거나 미리 정해진 공식에 의해 결정되는 정기적 현금 지급을 제공하는 투자이다(예를 들어 만약 시장이자율이 전체적으로 상승하면, 공식에 따라 현금 지급이 증가할 수 있다). 어떤 상품은 보장된 수익을 약속하며, 이는 증권발행자(즉 차입자)가 투자자에 대한 지급 약속을 반드시 이행해야 하고 그렇지 않으면 소송을 당할 위험에 처한다는 것을 의미한다. 다른 고정소득증권은 계약상 의무는 없으나, 정기적 지급을 이행할 것으로 기대된다. 고정소득증권은 비교적 예측가능한 현금흐름 때문에, 투자자들이 높은 수익률에 "고정"하려 하는 고-금리 시기와 투자자들이 보통주 같은 더 위험한 증권에 투자하기를 꺼리는 경제적 불확실성의 시기에 높은 인기를 얻는 경향이 있다. 가장 일반적인 고정소득증권은 채권, 전환채권, 그리고 우선주이다.

채권 채권은 기업이나 정부에 의해 발행되는 장기 부채증권이다. 즉, 채무를 인정하거나(IOU) 또는 지급을 약속. 채권소유자는 정기적 이자 지급과 (전형적으로 발행일로부터 10년 내지 30년인) 만기에 채권의 액면금액(증서의 초기 가치)을 수취하는 계약상 권리를 갖는다.

만약 당신이 반기별로 나누어서 9%의 이자를 지급하는 $1,000 채권을 매입하면, 매 6개월마다 $45($1,000 × 9% × ½ year)를 받을 것이다. 만기에는 채권의 액면금액 $1,000를 받을 것이다. 채권에 따라서, 당신은 만기 이전에 매매할 수도 있다.

1900년 이후 장기 국채의 평균 연 수익률은 약 5%이다. 회사채는 미국 정부의 완전한 신의와 신용에 의해 뒷받침되지 않기 때문에 더 위험하고, 따라서 국채보다 다소 높은 수익률을 제공하는 경향이 있다.

전환채권 전환채권은 고정소득 투자의 특별한 종류이다. 투자자에 의해 특정 숫자의 보통주로 전환될 수 있다는 특징을 갖고 있다. 전환채권은 보통주의 가격상승(자본이득) 잠재성을 제공하면서, 채권의 고정소득 편익(이자)을 제공한다.

우선주 보통주처럼, 우선주는 회사의 소유권을 나타내며 만기는 없다. 그러나 보통주와 달리, 우선주는 예정 배당률을 갖고 있다. 기업은 일반적으로, 보통주에 배당을 지급하기 전에, 우선주에 대한 배당을 지급해야 한다. 더욱이, 만약 기업이 재무적 어려움을 겪어서 우선주 배당을 중단했으면, 일반적으로 보통주 배당을 지급하기 전에 모든 생략된 배당지급을 보상해야 한다. 투자자는 전형적으로 배당 수취를 위해 우선주를 매수하나, 우선주는 자본이득을 제공할 수도 있다.

뮤추얼펀드

뮤추얼펀드는 많은 상이한 투자자들에 의해 납입된 자금으로 매입되고 고객을 위해 투자회사에 의해 관리되는 주식, 채권 또는 기타 자산의 포트폴리오이다. 뮤추얼펀드 투자자는 펀드의 증권집합의 이익에 대한 소유권을 갖는다. 당신은 뮤추얼펀드에 돈을 보낼 때, (펀드가 투자하는 회사의 주식 대신) 펀드의 주식을 사는 것이다. 그리고 뮤추얼펀드 주식의 가격은 펀드가 보유하는 자산의 가치를 반영한다. 뮤추얼펀드는 투자자들로 하여금 대규모 자금 투자 없이, 잘 분산된 포트폴리오를 만들 수 있도록 한다. 결국, 500개 회사의 주식을 개인적으로 사는 것보다 500종목의 주식을 보유한 펀드 주식을 사는 것이 싸다. 지난 30년 동안 뮤추얼펀드 산업은 크게 성장했다. 주식 뮤추얼펀드(즉 주로 또는 전적으로 주식에 투자하는 펀드)의 수는 1980년 이후 4배 이상 증가했다. 화폐시장 뮤추얼펀드(화폐시장 펀드로도 불림)는 단기 투자자산에만 투자하는 뮤추얼펀드이다.

> **투자자 현실**
>
> **상호적이라는 느낌** – 2011년, 미국의 8,684개 뮤추얼펀드는 거의 12조 달러의 투자자산을 관리했다. 뮤추얼펀드는 미국 전체 주식의 25%를 소유했고, 가계 금융자산의 12%를 관리했다.
>
> (출처 : 2012 Investment Company Factbook downloaded from www.ici.factbook.org, accessed July 18, 2012.)

상장지수펀드

상장지수펀드(ETF)는 뮤추얼펀드와 매우 비슷하나, 이들 사이에는 중요한 차이가 있다. 주요 차이점은 ETF는 거래소에서 거래된다는 것이다. 따라서 투자자들은 정규 개장시간 중 언제든지 현재 시장가격에서 ETF 주식을 사고 팔 수 있다. 그러나 뮤추얼펀드 주식은 시장에서 거래되지 않는다. 투자자가 투자회사로부터 펀드 주식을 매입(또는 매도)할 때, 거래는 폐장 후 펀드의 종가 기준으로 이루어진다. 뮤추얼펀드의 종가는 폐장 시 보유 주식의 가격을 모두 합계하고 펀드의 발행주식 수로 나눔으로써 계산된다. 만약 당일 주가가 급격하게 등락하면, ETF 투자자는 가격이 고점에 도달하기 전에 매입하거나 저점 전에 매도함으로써 이를 이용할 수 있다. 대조적으로, 뮤추얼펀드의 투자자들은 펀드 주식의 매매가격을 알기 위해 폐장까지 기다려야 한다.

다른 중요한 차이는 투자자가 주식을 매매할 때 돈에 관련된 사항이다. 뮤추얼펀드에서, 당신이 주식을 살 때 펀드는 더 많은 자원을 보유하게 되고 따라서 펀드 매니저는 이 자금을 이용하여 더 많은 증권을 매입할 것이다. 비슷하게 만약 당신이 펀드 주식을 팔면, 펀드 매니저는 당신이 환매할 때 지급될 현금을 마련하기 위해 보유 증권의 일부를 매도해야 한다. 만약 많은 투자자들이 동시에 주식을 팔려고 하면, 저가 판매(펀드 매니저는 펀드 자산을 현금으로 신속하게 전환하기 위해 더 낮은 가격을 받아들여야 함)를 초래할 수 있다. 대조적으로 ETF 주식은 고정된 증권 포트폴리오에 대한 고정된 수의 지분을 나타낸다. 당신이 ETF 주식을 살 때, 당신은 단지 주식을 팔려는 다른 투자자들로부터 인수하는 것이다. ETF를 관리하는 회사에 대한 순 현금유입이나 현금유출은 없으며, 따라서 투자자의 거래에 대응하여 추가로 증권을 매매할 필요는 없다.

헤지펀드

뮤추얼펀드처럼 헤지펀드는 많은 투자자들로부터 자원을 모으고 이 자금을 증권에 투자하는 투자 펀드이다. 헤지펀드는 일반적으로 뮤추얼펀드보다 소수의 투자자 그룹에게 개방된다. 예를 들어 뮤추얼펀드의 최소 투자액은 수백 달러일 수 있으나, 헤지펀드에 참여하는 데 필요한 최소 투자액은 수만 달러에 달한다.

헤지펀드는 뮤추얼펀드처럼 철저히 규제되지 않으며, 더 위험하고 덜 유동적인 증권에 투자하는 경향이 있다. "헤지펀드"라는 명칭은 이 펀드들이 리스크를 제한하거나 헤지함을 암시하고, 실제로 일부 헤지펀드는 이 목표를 염두에 두고 운용한다. 그러나 일부 헤지펀드는 대단한 고-위험 투자전략을 채택한다. 그럼에도 불구하고, 헤지펀드 산업은 지난 십 년 동안 극적인 성장을 경험했다.

파생증권

이름처럼 파생증권의 가치는 기초 증권 또는 자산으로부터 도출된다. 많은 파생상품들이 기초 자산의 가격 변화를 확대하도록 만들어져 있기 때문에, 이들은 가장 위험한 금융자산에 속한다. 예를 들어 석유 가격이 배럴당 1달러 등락할 때, 원유 선물 계약(미래에 특정 가격으로 석유를 거래하기로 하는 두 거래상대방 사이의 계약)의 가치는 같은 방향으로 변동하며, 그 크기는 $1이 아닌 $1,000이다. 투자자들은 다른 자산의 미래 변동에 대해 투기하는 파생증권을 매매할 수 있다. 예를 들어 시리얼 회사는 밀 가격의 상승 가능성에 대한 일종의 헤지로서 밀 선물 계약을 매입할 수 있다.

옵션 옵션은 투자자에게 주어진 기간 동안 특정 가격에 다른 증권을 사거나 팔 기회를 주는 증권이다. 투자자는 보통주의 예상되는 가격 변화를 활용하기 위해 옵션을 매수한다. 그러나 옵션 매수자는 수익을 보장받지 못하며, 만약 옵션을 행사할 정도로 유리한 상황이 실현되지 않으면 전체 투자금액을 잃을 수도 있다. 일반적인 두 가지 옵션 종류는 콜과 풋이다. 콜옵션은 정해진 가격에 다른 증권을 살 수 있는 권리를 부여하고, 풋옵션은 정해진 가격에 다른 증권을 팔 수 있는 권리를 부여한다.

선물 선물은 미래 특정일에, 선물이 거래된 시점에 합의된 가격에 의해, 선물 계약의 매도자로 하여금 자산을 인도하고 매수자로 하여금 인수해야 하는 법적인 의무를 부과한다. 상품 선물의 예는 콩, 돼지 삼겹살, 백금, 그리고 코코아 계약을 포함한다. 금융 선물의 예는 일본 엔화, 미국 국채, 이자율과 주가지수 계약이다. 상품 및 금융 선물의 거래는 일반적으로 매우 전문적이고 고-위험을 수반하는 사업이다.

기타 대중적 투자

미국의 연방 개인소득세율은 최고 35%(이 수치는 앞으로 더 상승할 것으로 예상됨)이기 때문에, 많은 투자자들은 세금우대 투자를 찾는다. 이는 투자자가 납부해야 할 세금을 낮춤으로써 더 높은 세후 수익을 제공하는 투자이다. 예를 들어 주 및 지방 정부에 의해 발행된 채권인 지방채는 연방 소득세가 면제된 이자를 지급한다. 투자자는 이 투자에서 이자에 대해 세금을 내지 않아도 되기 때문에, 과세되는 이자소득을 지급하는 비슷한 채권보다 낮은 이자율을 받아들일 수 있다.

부동산은 주택, 나대지, 창고, 사무실과 아파트 빌딩, 그리고 콘도 같은 다양한 형태의 수익 재산 같은 자산으로 구성된다. 부동산 투자의 매력은 임대료, 소득 공제, 자본이득 형태의 잠재적 수익이다.

유형자산은 부동산 이외의 형태를 가진 투자 자산이다. 이는 금과 기타 귀금속, 보석, 그리고 동전, 우표, 예술품과 골동품 같은 수집품을 포함한다. 사람들은 가격상승을 기대하여 이런 자산을 매입한다.

개념리뷰

1.8 단기 투자는 무엇인가? 이들은 어떻게 유동성을 제공하는가?

1.9 보통주는 무엇이며, 그 잠재적 수익의 두 가지 원천은 무엇인가?

1.10 다음 투자들을 간단히 정의하고 구별하라. 고정소득을 창출하는 것은 무엇인가? 파생증권은 무엇인가? 전문적 투자관리를 제공하는 것은 무엇인가?

a. 채권 b. 전환증권
c. 우선주 d. 뮤추얼펀드
e. 헤지펀드 f. 옵션
g. 선물

투자 계획의 수립

LG 4 투자는 논리적 단계를 따라 수행될 수 있다. 여기에서 우리는 이 단계들을 개괄하고, 자신의 투자계획 수립에 있어서 세 개의 상이한 핵심 측면을 고려한다. 개인세의 영향, 생애주기의 단계, 그리고 변화하는 경제환경이다.

투자의 단계

투자는 순수하게 직관에 기초하거나, 또는 특정 목표를 달성하기 위해 주의 깊게 만들어진 계획에 기초하여 수행될 수 있다. 실증적 증거는 계획된 접근을 지지한다. 이는 일련의 전체적인 재무적 목표를 세우고, 이 목표에 부합하는 투자 프로그램을 개발하고 실행하는 데에서 시작한다. 투자의 단계들에 관한 아래의 개괄은 이 책 전체에 제시된 개념, 도구, 그리고 기법의 틀을 제공한다.

제1단계: 투자의 전제조건 충족 투자에 앞서, 당신은 생활의 필요를 적절히 충족할 수 있어야 한다. 이는 주거, 음식, 교통, 세금, 그리고 의복의 비용을 포함한다. 또한, 긴급한 현금 수요에 대응하기 위해 쉽게 사용할 수 있는 자금을 갖고 있어야 한다.

다른 전제조건은 다양한 "일반적" 리스크에 대비한 적절한 보장이다. 이런 리스크에 대한 보장은 생명, 건강, 재산 및 책임 보험을 통해 얻어질 수 있다.

제2단계: 투자 목표의 설정 일단 전제조건을 충족하면, 다음 단계는 투자 목표를 설정하는 것이다. 투자 목표는 투자를 통해 달성하려는 재무적 목표이다. 당연하게, 투자 목표는 투자의 종류를 결정할 것이다. 일반적 투자 목표는 다음을 포함한다:

1. **은퇴자금의 축적.** 은퇴를 위한 자금의 축적은 투자의 가장 중요한 이유이다. 당신의 은퇴 수요를 더 일찍 예상할수록, 충분한 자금을 축적할 가능성은 더 크다.
2. **소득의 증대.** 투자는 배당 또는 이자 수입을 통해 소득을 증대한다. 은퇴자는 통상적으로 낮은 위험으로 높은 소득을 제공하는 투자를 선택한다.
3. **대규모 지출에 대비한 저축.** 가계는 종종 주택 매입 일시금, 대학 교육비, 휴가 여행, 그리고 사업의 개시 자금 같은 대규모 지출을 위한 자금을 축적하기 위해 여러 해 동안 돈을 저축한다.
4. **소득세 절감.** 연방 소득세법은 개인으로 하여금 특정 종류의 투자에 대한 개인소득세 납부를 늦추거나 피할 수 있도록 하는 면제조항을 포함한다.

제3단계: 투자 계획의 채택 일단 전체적 목표를 설정하면, 투자 계획(어떻게 투자할지 기술하는 문서)을 채택해야 한다. 장기적 목표마다 일련의 보조적 투자목표를 개발할 수 있다. 각 목표에 대해, 달성 목표일과 수용가능한 위험의 크기를 정한다. 투자 목표의 서술이 구체적일수록, 목표에 부합하는 투자계획을 설정하기 쉽다.

제4단계: 투자의 평가 다음으로 각 투자 옵션의 잠재적 수익과 위험을 예상함으로써, 투자를 평가한다(제4장은 잠재적 투자의 이런 핵심 측면들을 측정하는 과정에 관한 일반적 논의를 제시한다).

제5단계: 적절한 투자의 선택 이제 추가적 정보를 수집하고, 목표에 적합한 특정 투자를 선택한다. 기대 수익, 위험, 그리고 세금 요소 같은 요인들을 평가해야 한다. 세심한 투자 선택은 성공적 투자에 필수적이다.

제6단계: 분산된 포트폴리오 구성 투자목표를 달성하기 위해, 적합한 투자들의 투자 포트폴리오를 결합할 것이다. 분산투자 즉, 포트폴리오에 많은 상이한 투자들을 포함시킬 것이다. 분산투자는 오랜 격언인 “모든 달걀을 한 바구니에 담지 말라”를 뜻하는 재무용어이다(제5장은 분산투자의 논의와 다른 현대 포트폴리오 개념을 포함한다).

많은 개인투자자들은 분산투자를 달성하고 전문적 관리의 혜택을 받기 위해 뮤추얼펀드를 산다(제12장 참고). 다른 사람들은 스스로 포트폴리오를 만들고 관리한다(제13장 참고).

제7단계: 포트폴리오 관리 일단 포트폴리오를 만들면, 실제 포트폴리오 행태를 기대성과에 관련하여 측정해야 한다. 만약 투자 결과가 목표에 부합하지 않으면, 시정조치를 취해야 할 수도 있다.

개인소득세의 고려

세법 지식은 세금을 절감하고 투자의 세후 소득을 늘리는 데 도움을 줄 수 있다. 세법은 복잡하고 빈번히 개정되기 때문에, 우리는 핵심 개념과 어떻게 대중적 투자 거래에 적용되는지만을 살펴본다.

기초적 세금 원천 투자계획을 세울 때 고려되어야 할 두 가지 중요한 세금 종류는 연방정부, 그리고 주 및 지방 정부에 의해 부과되는 세금들이다. 연방 소득세는 개인세의 주요 형태이다. 연방 세율은 현재 과세 대상 소득의 10%부터 35%의 범위에 있다. 그러나, 연방 재정적자의 증가와 함께, 많은 전문가들이 미래 세율은 상승할 것으로 믿고 있다.

주 및 지방 세금은 지역에 따라 다르다. 일부 주의 소득세는 최대 11%에 이른다. 일부 시, 특히 동부해안의 대도시의 지역 소득세는 전형적으로 1% 내지 5%의 범위에 있다. 소득세에 추가하여, 주 및 지방 정부는 수입원으로서 판매세와 재산세에 크게 의존한다.

연방, 주, 그리고 지방 차원의 소득세는 투자자가 증권투자로부터 얻는 수익에 큰 영향을 준다. 재산세는 부동산과 다른 형태의 자산투자에 큰 영향을 줄 수 있다.

소득의 종류 개인의 소득은 세 개의 기본 범주로 분류된다.

1. **적극적 소득**은 임금과 봉급 및 보너스, 팁, 연금 소득, 그리고 부양비 형태의 모든 수입을 포함한다. 적극적 소득은 근로 및 대다수 다른 형태의 비투자 소득으로 이루어진다.

2. **포트폴리오 소득**은 다양한 종류의 투자로부터 발생하는 수입을 포함한다. 이 범주는 저축 계좌, 주식, 채권, 그리고 뮤추얼펀드 및 옵션과 선물 등 대다수(모두는 아님) 종류의 투자 수입을 포함한다. 대체로 포트폴리오 소득은 이자, 배당, 그리고 자본이득(투자의 매각 이익)으로 구성된다.

3. **소극적 소득**은 주로 부동산, 유한회사, 그리고 다른 형태의 세금우대 투자의 소득으로 이루어진 특별한 범주의 소득이다.

세법은 각 범주, 특히 포트폴리오와 소극적 소득의 공제액을 제한한다. 포트폴리오와 소극적 소득의 허용된 공제 금액은 두 원천으로부터 창출된 소득금액으로 제한된다. 예를 들어 만약 해당 연도의 포트폴리오 소득이 총 380달러이면, 380달러 이하의 투자 관련 이자비용만 공제될 수 있다. 공제 목적으로, 포트폴리오와 소극적 소득 범주는 서로 또는 적극적 소득과 혼합 또는 결합될 수 없다. 투자 관련 비용은 포트폴리오 소득의 상쇄에만 사용될 수 있고, (약간의 예외는 있으나) 소극적 투자 비용은 소극적 투자 소득의 상쇄에만 사용될 수 있다.

일반 소득 적극적, 포트폴리오, 또는 소극적 소득으로 분류되더라도 일반 소득은 연방 차원에서 여섯 가지 세율 가운데 하나로 과세된다. 10%, 15%, 25%, 28%, 33%, 또는 35%. 개인별 소득세를 납부하는 납세자의 세율 구조, 그리고 배우자와 함께 결합 소득세를 납부하는 납세자의 세율 구조가 별도로 존재한다. <표 1.2>는 이 범주들의 2012년도 세율과 소득 구간을 보여준다. 세율이 누진적임에 유의하라. 즉, 소득은 구간별 누진율(납세자 소득의 첫 부분은 하나의 세율, 다음 부분은 더 높은 세율 등등)에 의해 과세된다. 이 예는 어떻게 일반 소득이 과세되는지 보여준다.

표 1.2 개인별 및 결합 세금신고의 세율과 소득 구간(2012)

	과세 소득	
세율(%)	개인별 신고	결합 신고
10	$0 to $8,700	$0 to $17,400
15	$8,701 to $35,350	$17,401 to $70,700
25	$35,351 to $85,650	$70,701 to $142,700
28	$85,651 to $178,650	$142,701 to $217,450
33	$178,651 to $388,350	$217,451 to $388,350
35	Over $388,351	Over $388,351

사례 Joni와 Cara Ellis 자매를 고려해보자. 둘 다 독신이다. Joni의 과세대상 소득은 $25,000이고, Cara의 과세 소득은 $50,000이다. 그들의 세금은 다음과 같이 계산될 수 있다:

Joni:

(0.10 × $8,700) + [0.15 × ($25,000 − $8,700)] = $870 + $2,445 = $3,315

Cara:

(0.10 × $8,700) + [0.15 × ($35,350 − $8,700)]
+ [0.25 × ($50,000 − $35,350) = $870 + $3,997.50 + $3,662.50 = $8,530

Joni는 소득의 약 13.3%를 세금으로 내고($3,315÷$25,000), Cara의 세금은 소득의 약 17.1%이다($8,530÷$50,000). 연방 소득세 구조의 누진적 성격은 Cara가 소득의 더 높은 비율을 세금으로 납부함을 의미한다–Cara의 과세 소득은 Joni의 두 배이나, 소득세는 약 2.6배이다.

투자자 현실

세금의 중요성 – 의회가 특정 배당의 최고 세율을 15%(또는 투자자가 세금 구간의 최하 두 구간에 속하면 5%)로 낮춘 1년 후, S&P 500 기업의 63.2%는 배당을 늘리거나 개시했다. 그 해에 배당이 회사 이익보다 빠르게 상승했으므로, 인하된 세율은 더 높은 배당지급에 기여한 것으로 보인다.

자본 이득과 손실 자본자산은 납세자의 개인적 이해, 즐거움, 또는 투자를 위해 소유되고 사용되는 자산이다. 가장 일반적인 종류는 증권과 주택을 포함한 부동산이다. 자본이득은 자본자산의 매각 수입이 최초 매수가격을 초과하는 금액을 의미한다. 자본이득이 어느 정도로 과세되어야 하는지는 정치적 논쟁의 이슈이다. 결국 자본이득의 세율은 빈번하게, 특히 2008년처럼 정치권력이 정당 사이에 이동할 때 변화한다. 이 책이 2012년에 출판을 앞두고 있었을 때, 자본이득은 보유기간에 따라 두 가지 세율로 과세되었다.

자본이득세율은 만약 자산이 12개월 이상 보유되면 15%이다. 이 15%의 자본이득세율은 납세자가 25%, 28%, 33%, 또는 35%의 세율 구간에 있음을 가정한다. 만약 납세자가 10% 또는 15%의 세율 구간에 있으면, 12개월 이상 보유된 자산의 자본이득세율은 0%이다. 2012년 세법 하에서, 국내 기업 주식의 배당수입은 일반 소득 대신 장기 자본이득으로서 과세됨에 유의하라. 만약 자산이 12개월 이하 보유되면, 실현된 자본이득 금액은 다른 소득 원천에 합산된다. 그리고 총액은 <표 1.2>의 세율로 과세된다.

사례

예를 들어, 다른 과세 소득 $75,000를 가진 독신인 James McFail은 주식 500주를 주당 $12에 팔았다고 가정하자. 그는 이 주식을 주당 $10에 매입했다. 이 거래의 총 자본이득은 $1,000(500 shares × ($12/주 − $10/주))이었다. James의 과세 소득은 총 $76,000이고, 그는 25% 세율 구간에 있다(〈표 1.2〉 참고).
만약 $1,000의 자본이득이 12개월 이상 보유된 자산으로부터 발생하면, 자본이득은 최고 15%로 과세될 것이다. 그의 세금 총액은 다음과 같이 계산될 것이다:

일반 소득($75,000)
(0.10 × $8,700) + [0.15 × ($35,350 − $8,700)] + [0.25 × (+75,000 − $35,350)] = $870 + $3,997.50 + $9,912.50 = $14,780

자본이득($1,000)
(0.15 × $1,000) = $150

세금 총액
($14,750 + $150) = $14,930

James의 세금 총액은 $14,930일 것이다. 만약 그의 다른 과세 소득이 $35,350(즉, 15% 구간) 미만이었으면, $1,000의 자본이득은 15% 대신 5%로 과세되었을 것이다. 만약 James가 자산을 12개월 미만 동안 보유했으면 $1,000의 자본이득은 일반 소득으로 과세되었을 것이며, 따라서 James의 경우 25%의 세율로 과세된다.

자본이득은 실제로 실현될 때까지 과세되지 않기 때문에 매력적이다. 예를 들어 만약 당신이, 과세연도 말에 주당 $50에 매입되고 현재 주당 $60의 시장가격을 가진 주식을 소유하면 주당 $10의 "서류상 이득"을 갖고 있다. 이 서류상(미실현) 이득은 당신이 아직 주식을 소유하기 때문에 과세되지 않는다. 오직 실현된 이득만 과세된다. 만약 당신이 과세연도 중에 주당 $60에 주식을 팔면, 주당 $10의 실현된(따라서 과세 대상) 이득을 갖게 된다.

자본손실은 자본자산이 최초 매입가격보다 낮게 매각될 때 발생한다. 세금 계산 전에, 모든 이득과 손실은 상계되어야 한다. 납세자는 매년 일반소득에 대해 $3,000의 순손실을 적용할 수 있다. 현재 연도에 적용될 수 없는 손실은, 일정 조건에 의해, 미래로 이연되어 미래 소득을 상쇄하는 데 사용될 수 있다.

투자와 세금 세법에 의해 만들어진 기회는 투자과정에서 세금 계획을 중요하게 만든다. 세금 계획은 현재 및 예상 수입을 살펴보고, 세금 수준을 지연하고 최소화하는 전략을 개발하는 것을 포함한다. 세금 계획은 장기적으로 수용가능한 수준의 위험에서, 최대 세후 수익을 달성하도록 투자활동을 이끌어야 한다.

예를 들어, 자본이득이 실제로 실현될 때까지 과세되지 않는다는 사실은 당신으로 하여금 세금 납부를 지연하고 납부 시점을 통제할 수 있도록 허용한다. 그러나 최대 자본이득을 낳을 가능성을 가진 투자는 일반적으로 유의한 현재 소득을 제공하는 투자보다 높은 위험을 갖고 있다. 따라서, 단지 세금 고려에 의해서 투자를 선택하면 안 된다. 대신 세금 혜택, 투자 수익, 그리고 위험의 균형을 취해야 한다. 중요한 것은 세후 수익 및 관련 위험이다.

투자자 오류

세금과 손실의 축소 – 몇몇 연구자들은 투자자들이 미래의 "손실 만회"를 바라기 때문에, 가치 하락한 주식의 매도를 기피함을 발견했다. 가격이 하락한 주식을 파는 대신 보유하는 것은, 세금 규정이 이런 주식을 팔 유인을 제공하기 때문에, 잘못인 경우가 많다. 투자자는 (일정 금액까지의) 투자손실을 다른 형태의 소득에 대해 공제하고, 따라서 세액을 낮출 수 있다.

세금우대 - 은퇴저축 플랜 연방 정부는 사람들의 은퇴 대비 저축을 권장하도록 고안된 특별한 세금 유인을 제공하는 많은 플랜을 만들었다. 고용주에 의해 지원되는 플랜은 이익공유 플랜, 저축 플랜, 그리고 401(k) 플랜을 포함한다. 이 플랜들은 피고용인들로 하여금 그들이 일하는 기간에 저축하고 투자하는 펀드에 대한 세금 납부를 은퇴 후 자금인출 때까지 지연할 수 있도록 허용한다. 자영업자 개인은 Keogh 플랜과 SEP-IRA 같은 자신의 세금우대 은퇴 프로그램을 만들 수 있다. 다른 세금우대 저축 플랜은 고용주와 직접 연계되지 않는다. 거의 모든 사람이, 더 일반적으로 개인은퇴 계좌로 불리는, 개인적 은퇴 계획(IRA)을 만들 수 있다. 그러나 고액 소득자의 플랜의 세금 혜택은 법에 의해 제한된다. 전통적인 IRA에서, 플랜의 기여금 및 기여금으로부터 창출된 투자수입은 참여자가 은퇴 후 자금을 인출할 때까지 과세되지 않는다. Roth IRA에서 기여금은 초기에 과세되나, 이후의 투자 수입과 인출은 비

투자자 현실

세금의 몫 – 만약 당신이 매년 $4,000을 세금이연 계좌에 투자하고, 30년 동안 투자를 유지하면서 인출하지 않고 평균 연 8%의 복리수익률을 달성하면, 약 $453,000을 모을 수 있다.–미국 정부에 세금을 납부하기 이전, 평균 28%의 연방소득세율이 상기 $120,000($4,000 ×30년)을 초과하는 소득에 대해 적용된다고 가정하면, 당신의 수입은 $360,000보다 작을 것이다. 세금은 당신의 투자소득의 4분의 1을 약간 넘는 금액만큼 소득을 낮출 것이다.

과세된다. 대다수 투자자들에게 이 플랜들은 은퇴 대비 자금을 축적하고 세금을 낮추는 유리한 방법을 제공한다.

생애 주기에 걸친 투자

투자자들은 인생의 상이한 단계를 지나면서 다른 투자철학을 따르는 경향이 있다. 일반적으로 말하면, 대다수 투자자들은 젊을 때 공격적이고 나이를 먹으면 보수적인 경향이 있다. 전형적으로 투자자는 이런 투자단계들을 거친다.

성장지향적 청년기 (연령: 20–45) → 연결적 중년기 (연령: 45–60) → 소득지향적 은퇴기 (연령: 61–?)

대다수 20대와 30대의 젊은 투자자들은 현재 소득보다 자본이득을 강조하는 성장지향적 투자를 선호한다. 통상적으로 젊은 투자자들은 투자가능 자금이 많지 않으며, 따라서 자본이득은 자본을 축적하는 (가장 확실한 방법은 아니어도) 가장 빠른 방법으로 간주된다. 젊은 투자자는 성장지향적 그리고 투기적 투자, 특히 고-위험 보통주를 선호하는 경향이 있다.

투자자가 중년으로 접근하면, 교육비와 은퇴 저축 같은 가족적 수요와 책임이 더 중요해진다. 전체 포트폴리오는 종종 덜 위험한 상태로 변화한다. 성장과 소득의 균형을 제공하는 주식(우량등급 채권, 우선주, 전환증권, 그리고 뮤추얼펀드)은 모두 이 단계에서 널리 이용된다.

마지막으로 투자자가 은퇴연령에 근접할 때, 자본 보전과 경상소득이 주요 관심사가 된다. 안전하고 높은 수준의 소득을 최고로 간주한다. 투자자는 포트폴리오의 성장을 덜 강조한다. 대신, 그들은 포트폴리오가 비교적 작은 위험 노출을 가지면서 정기적 소득흐름을 창출하도록 구성한다. 투자 포트폴리오는 이제 매우 보수적이 된다. 이는 저-위험 배당주와 뮤추얼펀드, 고-수익 국채, 양질의 회사채, 은행의 양도성예금증서(CD), 그리고 다른 단기 투자로 구성된다. 이 단계에서 투자자는 일생의 저축과 투자에 대한 보상을 축적한다.

투자와 경기변동

보통주와 다른 주식연계증권(전환증권, 주식 뮤추얼펀드, 주식 옵션, 그리고 주가지수 선물)은 경제 상황에 매우 민감하다. 경기변동은 반복적인 일련의 성장과 침체, 호황과 불황을 의미한다. 경기변동은 국내총생산(GDP), 산업생산, 개인 가처분소득, 실업률 등을 포함한 다양한 경제변수의 현재 상태를 반영한다.

강한 경제는 확장적 경기변동에 반영된다. 주식은 경기변동의 선행지표인 경향이 있다. 이는 사업이 번창하고 이익이 증가하는 시기에 앞서서 주가가 상승하는 경향이 있음을 의미한다. 성장지향적이고 투기적 주식은 강한 시장에서 특히 좋은 성과를 낸다. 저-위험 배당지향적 주식은 덜 좋은 성과를 낸다. 반대로, 주식 가치는 빈번하게 경제활동이 침체하는 시기보다 수개월 전에 하락한다. 주식이 경기변동의 변화에 앞서서 변동하는 경향을 갖는 이유는 주가는 회사의 미래 번영에 관한 투자자의 믿음을 반영하기 때문이다. 투자자들이 경제환경이 악화될 것으로 믿을 때, 주가는 이런 불리한 경제상황이 실현되기 이전에 하락한다. 당연하게, 투자자들이 경제성과가 개선될 것으로 믿을 때, 동일한 현상이 반대로 발생한다. 주가는 미래의 강한 경제적 성과의 예상 속에서 상승한다.

채권과 다른 형태의 고정소득증권(채권 펀드와 우선주)도 이자율 변동에 매우 민감하기 때문에, 경기변동에 민감하다. 실제로 이자율은 채권 가격 행태와 투자자 수익을 결정하는 데 가장 중요한 변수이다. 이자율과 채권 가격은 반대 방향으로 움직인다(제10장과 제11장에서 설명된다). 따라서, 상승하는 이자율은 이미 투자자의 포트폴리오에 포함된 채권에 불리하다. 당연하게, 높은 이자율은 신규 채권의 매력을 높이며, 이는 채권들이 투자자의 관심을 끄는 높은 수익을 제공하기 때문이다.

만약 당신이 수정 구슬을 갖고 미래를 예측할 수 있다면, 우리의 충고는 경제가 불황의 막바지에 접근할 때마다 고-위험 투자를 하고, 호경기의 막바지 근처에서 이 투자들을 처분하고 더 안전한 자산을 매수하라는 것이다. 당연히, 누구도 수정 구슬을 갖고 있지 않다. 그리고 경제예측 전문가와 투자 전문가들도 경제와 금융시장의 전환을 예측하는 데에서 특별히 우월한 기록을 갖고 있지 않다. 아마도, 투자와 경기변동에 관해 우리가 할 수 있는 최선의 조언은 다음과 같을 것이다. 경제생활의 불가피하고 (예측불가능한) 부분으로 보이는 상승과 하락에 과잉대응하지 말라. 시장이 이미 저점으로부터 상승한 후 위험자산에 투자하고 시장이 하락하기 시작한 후에 주식을 처분하는 투자자는, 많

주: 여러 장들에서 제시되는 윤리 박스는 투자업계의 특정 상황 또는 이슈의 윤리적 측면에 초점을 맞춘다. 각 박스는 토론을 위한 비판적 사고 문제를 포함한다.

은 경기변동을 거치는 기간 동안, 일관된 투자 전략을 사용하는 투자자보다 낮은 성과를 얻을 것이다.

투자 윤리 **비윤리적 행위의 대가**

근래에, 신문 경제면의 머릿기사는 저명한 사업가들의 대규모 금융사기 혐의로 채워졌었다. 이 혐의들은 투자업계에 충격을 주고, 대기업들의 대형 파산을 초래했다. 세간의 주목을 받는 기소와 법원의 유죄선고가 곧 뒤따랐다. 금융사기로 기소 또는 유죄판결 받은 업계 지도자들은 Bernie Madoff, Peregrine Financial Group의 Russell Wasendorf, 그리고 인도 Satyam Computers의 Ramalinga Rau이다. 이 책의 발간 직전, 민주당 상원의원과 뉴저지주 지사였던 John Corzine이 16억 달러의 고객자금 유용을 포함한 MF Global의 사기에 관련되어 수사를 받았다. MF Global의 손실은 회사의 파산을 초래했으며, 이는 미국 역사상 여덟 번째로 큰 규모였다.

많은 경우에, CEO 사기행위의 일반적 수단은 기업의 회계를 이용하여 대규모의 가공 이익을 보고하는 것이다. 사기가 드러났을 때, 재앙에 가까운 주가 폭락이 뒤따랐다. 어떤 경우, 회계법인과 월스트리트의 은행들이 이런 계획에 협조했다. 거짓 이익은 부정직한 CEO로 하여금 거액의 성과급과 현금 스톡옵션 형태의 대규모 이득을 취할 수 있도록 만들었다. 많은 기업 사기꾼들은 또한, Peregrine Financial Group의 경우처럼, 회사를 개인금고처럼 사용했다. 이 경영자들은 내부 및 외부 감독 메커니즘을 속이거나 완전히 무력화하고, 이사회를 이용할 수 있었다. 그들은 몇 년 동안 투자자, 증권분석가, 그리고 정부의 규제기관을 속였다. 이런 종류의 기업 사기를 방지하려는 입법인 Sarbanes-Oxley법 통과로부터 10년 이상 지난 후, 투자자들은 기업사기는 너무 늦기 전에 예상 또는 적발하기 어려운 심각한 리스크로 여전히 남아 있음을 깨달았다.

비판적 사고 문제 왜 회계적 "불규칙성"이 최근 공개 기업들 사이에 널리 퍼진 문제가 되었는가?

개념리뷰

1.11 투자 프로그램을 세우고 실행하기 전, 투자자는 무엇을 만들어야 하는가? 투자의 일곱 단계를 간단히 기술하라.

1.12 네 개의 일반적 투자목표는 무엇인가?

1.13 다음 개념들을 정의하고 구별하라. 각각 연방 소득세와 어떻게 관련되어 있는지 설명하라.
a. 적극적 소득
b. 포트폴리오 및 소극적 소득
c. 자본이득
d. 자본손실
e. 세금 계획
d. 세금우대 은퇴 투자

1.14 투자자의 생애주기의 각 단계에서 전형적으로 채택되는 상이한 투자철학들을 기술하라.
a. 청년기(20~45세)
b. 중년기(45~60세)
c. 은퇴기간(60세 이상)

1.15 주가와 경기변동의 관계를 논의하라.

단기투자를 통한 유동성 수요의 충족

LG 5 유동성은 투자를 신속하고 가치상실 없이 현금으로 전환하는 능력이다. 요구불예금 계좌는 매우 유동적이다. 주식과 채권은, 구매자를 찾기 위해 가격을 할인할 필요 없이 신속하게 팔린다는 보장이 없고 이 증권들의 매각은 일반적으로 다양한 거래비용을 수반하기 때문에, 덜 유동적이다. 부동산은 더 비유동적이고, 당신이 매우 낮은 가격을 수용할 용의를 갖고 있더라도 매각에 몇 주 또는 몇 개월을 소요할 수 있다. 질병과 실업 같은 인생의 예상치 못한 사건은 때로 개인으로 하여금 일상적 비용을 충당하기 위해 저축을 인출하도록 만들며, 따라서 적절한 유동성 공급을 위한 계획은 투자 계획의 중요한 부분이다.

단기 투자의 역할

단기 투자는 대다수 저축과 투자 프로그램의 중요한 부분을 차지한다. 이는 소득을 창출하나, 이 소득은 이자율이 0에 가까운 시기에는 매우 낮을 수 있다. 그러나, 주요 기능은 긴급상황에 대비한 적립금을 제공하거나 단순히 어떤 특정 목적을 위한 자금을 축적하는 것이다. 원론적으로, 재무계획가는 종종 당신의 3개월 내지 6개월 분 세후 봉급만큼 현금을 비축하도록 제안한다. 전형적으로 이런 종류의 긴급자금은 안전하고, 유동적이며, 단기적 투자에 투자될 것이다.

일부 개인들은 단순히 많은 종류의 장기 투자에 내재된 리스크를 감수하기 싫어서 단기 투자를 보유한다. 물론, 이 저-위험 투자들이 주식과 채권보다 높은 성과를 내는 기간도 존재한다. 단기 투자를 보유하려는 유인과는 무관하게, 당신은 위험과 수익을 기준으로 그들을 평가해야 한다. 이는 장기 투자와 마찬가지이다.

금융시장 위기 투자금 회수의 보장

최근의 금융위기 동안, 예금자들은 미국과 많은 다른 나라들의 은행과 여타 금융기관들의 안전성에 의문을 갖기 시작했다. 예금자들을 안심시키고 고전적인 "대량인출 사태"를 방지하기 위해, 몇몇 국가들은 예금보험 프로그램의 한도액을 인상했다. 2008년, 연방예금보험공사(FDIC)는 피보호 예금액을 $100,000으로부터 $250,000으로 높였다. 그리스, 폴랜드, 스웨덴, 덴마크, 그리고 영국도 피보호 예금의 한도를 인상했다. 그리스와 아일랜드에서 한도는 완전히 철폐되고 정부는 부보 금융기관의 고객 예금을 100% 보장했다. 도드-프랭크 금융개혁 및 소비자보호 법(Dodd-Frank Wall Street Reform and Consumer Protection Act)에서, FDIC는 2010년 FDIC 부보 금융기관의 무이자 계좌에 대해 무제한 보장을 제공한다고 발표했다. NOW 계좌, 화폐시장 예금 계좌(MMDA), 그리고 다른 이자발생 계좌는 상향조정된 보험에 해당되지 않는다.

단기 투자의 이자 단기 투자는 두 방법 가운데 하나를 통해 이자를 얻는다. 저축계좌 같은 일부 투자는 약정된 이자율을 지급한다. 이 경우, 쉽게 이자율을 알 수 있다-이는 계좌의 약정 이자율이다.

또는 일부 단기 투자는 할인에 의해 이자를 창출한다. 이는 당신이 상환가치(또는 액면가)보다 낮은 가격에서 증권을 사며, 자산의 취득가격과 만기의 수취금액의 차이가 투자의 이자임을 의미한다. 예를 들어 미국 단기 국채(T-bills)는 할인되어 발행된다.

위험 특성 단기 투자는 일반적으로 크게 위험하지 않다. 주요 리스크는 인플레이션 리스크(투자수익률이 인플레이션율보다 낮으면 발생할 수 있는 구매력의 잠재적 손실)로부터 초래된다. 투자자의 은행계좌 보유 자금은, 저축계좌 이자율은 일반적으로 0.5% 미만이고 미국의 인플레이션율은 3.0%였던 2011년에 이런 결과를 경험했다. 일반적으로, 단기 투자는 인플레이션율보다 약간 높은 수익률을 제공한다. 그러나, 미국 연방준비제도는 최근 단기 이자율을 역사상 최저 수준으로 유지하는 조치를 취했다.

부도(미지급)리스크는 단기 투자에서 거의 존재하지 않는다. 이 이유는 대다수 단기 투자의 발행자는 미국 재무부, 대형 은행, 그리고 대기업 같은 매우 평판이 높은 기관이기 때문이다. 또한 정부기관이 상업은행, 저축대부조합, 그리고 신용협동조합의 예금을 계좌당 $250,000까지 보장한다. 마지막으로 단기 투자의 가치는 이자율 변동에 의해 크게 변하지 않기 때문에, 자본손실에 대한 노출도 마찬가지로 낮다.

> **투자자 현실**
>
> **국채는 여전히 금처럼 안전한가?** – 2011년 8월 5일, 신용평가회사인 Standard & Poor's는 미국 연방정부 부채를 AAA로부터 AA+로 등급 강등한다고 발표했다. 이는 적어도 Standard & Poor's의 견해에서는 미국 국채 및 미국 정부에 의해 보증된 다른 증권들이 과거보다 덜 안전하다는 것을 의미한다.

단기 투자의 장점과 단점 언급된 것처럼, 단기 투자의 주요 장점은 높은 유동성과 낮은 리스크이다. 대부분은 지역 금융기관에서 이용될 수 있고, 최소한의 수고에 의해 현금으로 전환될 수 있다. 마지막으로 대다수 단기 투자의 수익은 인플레이션과 시장이자율에 따라 변하기 때문에, 이자율이 상승할 때 투자자는 쉽게 더 높은 수익을 얻을 수 있다. 단점으로, 이자율이 하락할 때 수익률도 역시 하락한다.

시장이자율 하락은 대다수 단기 투자에 바람직하지 않은 영향을 미치나, 아마도 단기 투자의 최대 단점은 상대적으로 낮은 수익일 것이다. 이 증권들은 일반적으로 매우 낮은 위험을 갖기 때문에, 단기 투자의 수익은 평균적으로 장기 투자보다 낮을 것으로 예상된다.

일반적 단기 투자

다양한 단기 투자가 개인투자자에게 이용가능하다. 일부는 투자자가 자금을 예치하고, 비교적 낮은 이자를 받으며, 원하면 편리하게 인출할 수 있는 예금 종류의 계좌이다. <표 1.3>의 A는 대중적인 예금 종류의 계좌를 요약한다. 단기 투자의 다른 집단은 연방정부에 의해 발행된 증권이다. 많은 이런 상품들의 기본적 특성은 <표 1.3>의 B에 요약되어 있다. 단기 투자의 마지막 집단은 전형적으로 금융기관 또는 기업에 의해 발행된 비정부 증권을 포함한다. <표 1.3>의 C는 이 투자들을 정리한다.

표 1.3 일반적 단기 투자

A. 예금 종류 계좌

계좌 종류	개요	최소 잔고	이자율	연방예금보험
통장저축 계좌	은행의 저축계좌.* 주로 편리성 목적, 또는 투자자가 다른 단기 투자 매입에 충분한 자금이 없을 경우	일반적으로 없음	0.25~4%, 경제상황에 의존	예금별 $250,000 이내
NOW(양도성 지급지시증서) 계좌	잔고에 대해 이자를 지급하는 은행 요구불예금 계좌	법정 최소액 없으나, 빈번하게 $500 내지 $1,000	통장예금과 동일 또는 근접	예금별 $250,000 이내
화폐시장 예금 계좌 (MMDA)	수표발행 한도를 가진 은행 예금계좌	법정 최소액 없으나, 빈번하게 $2,500	전형적으로 통장저축 이자율을 약간 초과	예금별 $250,000 이내
자산관리계좌	은행, 중개회사, 뮤추얼펀드, 또는 보험회사의 요구불예금, 투자, 그리고 차입을 결합한 예금계좌. 자동적으로 초과 잔고를 단기 투자에 "투입"하고 부족액을 충당하기 위해 차입	전형적으로 $5,000부터 $20,000	MMDA와 비슷	은행 예금별 $250,000 이내. 다른 기관에서는 상이할 수 있음.

B. 연방정부 증권

증권	발행기관	개요	최초 만기	위험과 수익
국채	미국 재무부	미국 재무부에 의해 발행된 최하 $25에 표시된 저축채권; 인플레이션율과 연동된 이자율 수익; 이자는 주 및 지방세 면제	30년, 그러나 1년 후 상환가능	최저, 거의 무위험
단기 국채	미국 재무부	주별 경매 발행; 할인 판매; 강한 유통시장; 지방 및 주 소득세 면제	1년 이하	최저, 거의 무위험

C. 비정부 증권

증권	발행기관	개요	최초 만기	위험과 수익
양도성예금증서(CD)	상업은행	상업은행의 현금 예금	1개월 이상	미국 국채보다 높고 기업어음과 비슷
기업어음	우량 신용등급 회사	무담보 증권; 거액	3~270일	미국 국채보다 높고 CD와 비슷

은행 인수 어음	은행	과잉인출에 대해 보호된 계좌의 선수표와 유사; 은행에 의해 보증된, 고객 계좌에서 인출되는 일람 후 정기불 예금; 은행 "인수 어음"은 거래 자체를 거래가능 상품화함	30~180일	CD 및 기업어음과 거의 비슷, 그러나 미국 국채보다 높음
화폐시장 뮤추얼펀드 (화폐시장 펀드)	전문적 포트폴리오 관리회사	시장성 증권의 전문적으로 관리된 포트폴리오; 즉각적 유동성 제공	없음—투자자의 의사에 의존	다양하나, 일반적으로 미국 국채보다 높고 CD 및 기업어음과 비슷*

*은행은 상업은행, 저축대부조합(S&L), 저축은행, 그리고 신용협동조합을 지칭

투자 안정성

개인투자자는 저축과 투자를 위해 단기 투자를 이용한다. 저축 동기가 지배적인 경우, 투자자는 필요할 때 쉽게 사용할 수 있도록 원하는 수준의 저축을 유지하기 위해 이 자산들을 이용한다—기본적으로 안전과 안정을 위해. 이런 목적 하에서, 투자 수익은 안전성, 유동성, 그리고 편리성보다 덜 중요하다. 통장 저축과 NOW 계좌는 투자자의 단기 저축 수요를 충족하는 단기 투자의 예이다.

투자자가 투자 목적으로 단기 증권을 사용할 때, 이 상품들이 제공하는 수익은 종종 유동성만큼 중요하다. 대다수 투자자들은 예상되지 않았던 투자기회에 대응하려는 이유 외 다른 이유가 없으면, 포트폴리오의 적어도 일부를 단기 고-유동성 증권으로 보유할 것이다. 실제로, 어떤 투자자는 포트폴리오의 전부 또는 대부분을 이런 증권에 배분한다.

투자자는 또한 장기적 관점에서 돈의 투자처를 결정하기 전에, 자금을 일시적으로 "주차"하기 위해 단기 증권을 사용할 수 있다. 예를 들어 만약 당신이 방금 어떤 주식을 팔았으나 적당한 장기 투자 대안을 갖고 있지 않으면, 장기적 용도를 발견할 때까지 그 수입을 화폐시장 펀드에 예치할 수 있다. 또는 만약 당신이 이자율이 급격히 상승할 것으로 예상하면, 장기 채권을 팔고 그 수입을 단기 국채를 사는 데 사용할 수 있다. 더 높은 수익을 제공하는 증권(화폐시장 예금 계좌(MMDA), CD, 기업어음, 은행 인수 어음, 그리고 화폐시장 펀드)은 일반적으로, 대형 중개회사의 자산관리계좌처럼, 이런 보관 기능에 더 적합하다.

어떤 증권이 특정 상황에 가장 적합한지 결정하기 위해, 당신은 이용가능성, 안전성, 유동성, 그리고 수익률 같은 특성들을 고려해야 한다. 논의된 모든 투자가 기본적 유동성 수요를 충족하나, 그 정도는 다양하다. NOW 계좌는 의문의 여지없이 가장 유동적이다. 당신은 원하는 만큼 많은 수표를 금액에 상관없이 발행할 수 있다. 한편 예금증서는, 조기상환이 벌칙적 이자율을 수반하므로, 덜 유동적이다. <표 1.4>는 <표 1.3>에 기술된 단기 투자의 핵심 특성을 요약한다. 각 특성에 대해 부여된 문자 등급은 투자의 해당 영역의 우수성 추정치를 반영한다. 예를 들어 화폐시장 뮤추얼펀드(화폐시장 펀드)는 일반적으로 최소 $250 내지 $500 이상에서 인출가능하기 때문에, 유동성에서 B+에 불과하다. NOW 계좌는 어떤 금액의 인출도 가능하기 때문에, 이 영역에서 약간 더 우수하다. 단기 투자의 이자율은 낮은 경향이 있다. <표 1.4>에 수록된 투자 가운데 NOW와 통장예금계좌의 이자율은 전형적으로 가장 낮고, 거액 3개월 CD 이자율이 가장 높다. 그러나 경제가 불황으로부터 천천히 회복하던 2012년, 이 상품들의 이자율은 0을 간신히 넘었다. 예를 들어, 거액 3개월 CD는 투자자에게 대략 1%의 이자를 제공했다. 그러나 만약 어떤 투자의 점수가 이용가능성, 안전성, 또는 유동성에서 더 낮으면, 일반적으로 더 높은 이자율을 제공한다는 점에 유의해야 한다.

표 1.4 단기 투자 수단의 점수표

투자의 종류	이용가능성	안전성	유동성	2012년의 전형적 이자율(%)
통장저축 계좌	A+	A+	A	D (0.10)
NOW 계좌	A−	A+	A+	F (0.05)
화폐시장 예금 계좌(MMDA)	B	A+	A	C (0.15)
자산관리 계좌	B−	A	A+	B (0.20)
I 국채	A+	A++	C−	A (1.50)
미국 단기 국채(1년)	B−	A++	A−	B (0.20)
양도성예금증서 (1년, 거액 단위)	B	A±	B	A− (1.00)
기업어음(90일)	B−	A−	B−	A− (0.70)
은행 인수 어음(90일)	B−	A	B	B+ (0.40)
화폐시장 뮤추얼펀드 (화폐시장 펀드)	B	A/A+	B+	B (0.20)

개념리뷰

1.16 무엇이 자산을 유동적으로 만드는가? 왜 유동자산을 보유하는가? IBM 주식 100주는 유동적 투자로 간주될 수 있는가? 설명하라.

1.17 단기 투자의 특성을 구매력과 부도리스크를 기준으로 설명하라.

1.18 다음 예금계좌들의 핵심 특성과 차이를 간단히 기술하라.
a. 통장저축 계좌
b. 화폐시장 예금 계좌
c. NOW 계좌
d. 자산관리 계좌

1.19 다음 단기 투자들을 정의, 비교, 그리고 대비하라.
a. I 채권
b. 미국 단기 국채
c. 양도성예금증서
d. 기업어음
e. 은행 인수 어음
f. 화폐시장 뮤추얼펀드(화폐시장 펀드)

금융업계의 진로

LG 6 직업의 명칭에 무관하게, 금융업은 투자환경의 이해를 요구한다. 이 책에 제시된 원칙들은 금융업의 많은 유망한 직업 경로를 추구하는 데 필수적인 투자의 기초 지식을 제공할 것이다. 만약 당신이 금융 관련 직업에 잘 준비되어 있고 열정을 갖고 있으면, 다양한 취업기회를 발견할 것이다. 다음의 개괄은 금융 관련 직업을 간단히 소개한 내용이다.

상업은행 상업은행은 개인과 기업에게 비슷한 은행 서비스를 제공한다. 은행부문의 현저한 합병들에도 불구하고, 더 많은 사람들이 다른 금융서비스 산업보다 은행에서 근무한다. 오래된 상업은행으로 J. P. Morgan Chase & Company(New York, N.Y.), Wells Fargo & Company(San Francisco, Calif.), 그리고 U.S. Bancorp(Minneapolis, Minn.) 등이 있다.

상업은행에 의해 제공되는 방대한 서비스 때문에, 상업은행에는 엄청난 범위의 금융업종 직업기회가 존재하며 많은 경우 투자 관련 훈련을 요구한다. 상업은행에서 당신은 부동산저당대출, 부동산저당대출 인수, 기업대출, 자산관리, 리스, 소비자금융, 무역신용, 그리고 국제금융에서 일할 수 있다. 당신이 상업은행 부문에서 가질 수 있는 직무의 명칭은 개인 금융, 포트폴리오 매니저, 단기증권 매니저, 재무분석가, 신용분석가, 주택대출 담당자, 기업대출 담당자, 그리고 부동산저당대출 인수담당자를 포함한다.

기업금융 기업금융 영역에서, 당신은 몇몇 유망한 직업기회를 발견할 것이다. 특히 기업들은 현금과 단기 투자의 관리, 장기자금의 조달과 관리, 투자의 평가와 수행, 그리고 투자자 및 금융업계와 연계를 담당하는 금융전문가를 요구한다. 이 중요한 금융기능들은 규모, 공개여부, 또는 국제적 영업에 관계없이 거의 모든 기업에 존재한다.

기업의 최고 재무 직책은 최고재무책임자(CFO)이다. CFO의 주요 책무는 기업의 자본조달과 자본투자의 관리이다. 기업의 자본조달 관리는 현금과 유보이익 같은 내부자금을 관리하고, 부채와 주식 같은 외부자금의 조달을 위해 금융시장과 상호작용하는 것을 포함한다. CFO의 많은 직무가 투자자와의 소통에 연계되기 때문에, CFO에게 투자의 원칙은 중요하다. CFO는 투자자들이 어떻게 기업을 전망하고 발행 증권을 평가하는지 이해해야 한다.

기업금융 직무는 전형적으로 성공적인 사업 결정을 통해 기업가치를 확대하려는 장기목표에 집중한다. 다른 금융 관련 직무보다 기업금융 직무는 기업의 다양한 기능 영역(예를 들어 영업, 마케팅, 그리고 회계)과 어떻게 이들이 기업재무 목표에 기여하는지에 관한 광범위한 이해를 요구한다.

재무계획 재무계획가는 어떻게 특정 상황을 다루고 특정 장단기 목표를 달성할 수 있을지 고객과 상담한다. 당신이 개인재무계획가이면, 교육, 은퇴, 투자, 보험, 세금, 그리고 부동산 계획에 관련된 금융적 조언을 제공한다. 당신은 사업가로부터 현금흐름 관리, 투자계획, 리스크관리와 보험계획, 세금계획, 그리고 사업승계 계획 같은 문제에 관한 상담을 요청받을 수도 있다. 이 책에서 논의되는 투자의 개념은 재무계획가의 주요 업무이다.

목표를 설정하고, 리스크를 평가하며, 전략계획을 개발하는 능력은 재무계획가에게 필수적이다. 예를 들어 만약 고객이 장래에 자녀를 대학에 보내기를 원하면, 어떤 저축 또는 투자 계획이 고객의 목표에 가장 적합하겠는가? 재무계획가는 ING 같은 대형 금융서비스 회사, 소규모 기업, 또는 자영업으로 일할 수 있다. 이 모든 업무환경에서, 공인 재무설계사(Certified Financial Planner: CFP®)는 유익하다. CFP®가 되기 위해, 당신은 CFP® 기준위원회에 의해 관리되는 투자와 재무계획의 175개 이상의 주제를 다루는 시험을 통과해야 한다. 이 자격증 취득은 당신의 재무계획가로서의 전문성을 증명하는 데 도움을 주고, CFP®를 갖지 않은 사람들에 비해 비교우위를 제공한다. 공인 자산관리사(Chartered Wealth Manager)는 미국 외에서 일반적인 자격증이다.

보험 보험업은 개인과 기업 고객을 서비스하는 수조 달러의 산업이다. 눈에 띄는 두 개의 금융 직무가 보험업에 존재한다. 개인 또는 기업에 불리한 사건(예를 들어 질병, 사망, 화재 또는 자연재해에 기인한 재산 손해)이 발생할 때 현금을 지급하는 상품을 제공하는 업무, 그리고 둘째는 고객이 보험을 살 때 지불한 보험료를 투자하는 것이다. 개인과 기업은 재앙적 손실로부터 자신을 보호하거나 어떤 소득을 보장받기 위해 보험상품을 매입한다. 보험업자는 제공 서비스의 대가로 보험료와 수수료를 징수하고, 고객이 청구할 때 재무적 의무를 이행하기 위한 현금을 확보하기 위해 이 자금을 자산에 투자한다. 보험업은 막대한 관리자산을 갖고 있고, 따라서 고도로 훈련된 투자 전문가를 요구한다.

투자은행 투자은행은 기업 및 정부가 주식과 채권 같은 증권을 발행할 때 보조하고, 기관 및 소액 투자자들의 증권매입을 돕는다. 내부 증권분석가들은 주식과 고정소득증권에 관한 연구자료를 제공한다. 투자은행은 또한 금융 증권(예를 들어, 주식과 채권)의 시장을 조성하고, 또한 고액의 순자산을 보유한 개인, 기업, 기관, 그리고 정부를 위해 금융적 조언을 제공하고 금융자산을 관리한다. 투자은행은 나아가서 수리적 분석 또는 프로그램 거래와 인수합병 상담을 고객에게 제공한다.

투자은행 업계는 2008년 금융위기 중에 극적으로 변화했다. 많은 투자은행들이 미국 부동산 가치에 연계된 증권에 대규모로 투자했고, 주택 가격이 하락하기 시작했을 때 은행의 투자손실은 누적되기 시작했다. 몇몇 유명한 투자은행이 파산하거나 다른 은행에 인수되었다. 그 이후 산업은 어느 정도 회복했으나, 오늘날 금융위기 이전에 비해 더 적은 전문가들이 투자은행에서 근무한다.

투자관리 명칭이 시사하듯이, 투자관리는 바로 고객을 위한 자산관리이다. 투자 매니저의 역할은 재무분석, 자산선택, 증권(예를 들어 주식 또는 채권) 선택, 그리고 투자의 실행과 감시라는 요소들을 포함한다. 대부분 투자관리는 펀드를 구성하는 투자자 집단을 위해 수행된다. 관리되는 펀드의 일반적 예의 하나는 은행신탁펀드, 연기금, 뮤추얼펀드, 상장지수펀드, 그리고 헤지펀드이다.

투자 매니저는 자금관리의 소극적 또는 적극적 접근법 가운데 하나를 추구한다. 소극적 투자관리를 채택한 사람들은 단순히 Standard & Poor's 500 같은 주요 주가지수의 성과를 모방하는 포트폴리오를 만들려고 한다. 이 접근법에 의해 관리되는 펀드는 지수 펀드로 불린다. 소극적 전략은, 펀드가 미래에 가장 높은 성과를 낼 주식을 결정하기 위한 분석에 자원을 지출하지 않기 때문에, 매우 비용효율적인 경향이 있다. 이 전략은 단순히 기계적으로 지수를 구성하는 증권들을 매입하고, 주가지수가 어떤 회사를 추가하거나 제외할 때 또는 펀드 투자자들이 펀드에 신규자금을 투입하거나 현금을 인출할 때, 포트폴리오를 변화시킨다.

만약 소극적 관리를 채택한 자금관리가 흥미로운 일이 아닌 것으로 들리면, 적극적 투자관리는 좀 더 매력적일 수 있다. 적극적 투자관리는 가능한 투자전략의 무한한 집합을 포괄하나, 모든 적극적 투자전략은 평균 이상의 수익률을 얻는다는 궁극적 목표를 공유한다. 어떤 적극적 투자 매니저는 최근의 가장 발전된 수리적 기법을 이용하고, 다른 사람들은 포트폴리오 매니저의 직관과 함께 잘 다듬어진 분석적 방법에 의존한다.

자금 매니저는 빈번하게 특정 종류의 증권 포트폴리오를 관리하는 데 전문화한다. 어떤 자금 매니저는 부동산저당대출 유동화 증권, 회사채, 지방채, 국가기관 채권, 그리고 자산유동화 증권을 포함한 고정소득증권을 사서 보유한다. 다른 사람들은 소형주, 대형주, 그리고 신흥시장 주식을 포함한 주식에 집중한다. 어떤 매니저는 국내 증권에만 투자하고, 다른 이들은 전 세계의 시장에서 증권을 매입한다.

투자관리는 도전적이고 경쟁적인 직업이며, 따라서 당신이 취득하는 추가적 준비나 강점은 성공의 가능성을 높여줄 수 있다. 공인 재무분석사(Chartered Financial Analyst: CFA) 자격증은 당신이 취득을 고려할 만한 강점의 하나이다. 이는 가장 인정받는 금융 자격증의 하나이고, CFA Institute에 의해 관리된다. 이 기관은 투자성과 측정 자격증(Certificate in Investment Performance Measurement: CIPM) 프로그램도 관리한다. CFA 또는 CIPM 자격은 금융업무에서 당신의 자질을 높여줄 것이다.

개념리뷰

1.20 기업재무 분야에서 일하는 고위 관리자에게, 왜 투자원칙의 이해가 중요한가?

1.21 왜 보험회사는 투자에 관해 잘 훈련된 근로자를 필요로 하는가?

토론 문제

주 각 장 말미의 토론문제는 해당 장에서 제시된 정보를 분석하고 종합하도록 요구한다. 이 문제들은 다른 문제들처럼 학습목표에 초점을 맞춘다.

LG 4 Q1.1 당신은 35세이고, 두 자녀를 가진 기혼자이며, 아파트를 임차하고 있고, $90,000의 소득을 갖고 있다. 이런 사실들에 적합한 대략적 투자계획을 준비하기 위한 지침으로, 다음 질문들을 이용하라.

a. 당신의 핵심적 투자목표는 무엇인가?

b. 개인세는 투자계획에 어떤 영향을 줄 것인가? 이 효과를 평가하기 위해 현재 세율을 이용하라.

c. 당신의 생애주기 단계는 수용할 수 있는 리스크의 종류에 어떤 영향을 주는가?

LG 5 Q1.2 단기투자는 당신의 포트폴리오에서 어떤 역할을 하는가? 왜? 다음 표에 수록된 단기투자들을 완성하라. 온라인에서 그들의 현재 수익률을 찾고, 당신의 투자 포트폴리오에 어떤 것을 포함시킬지 설명하라.

투자의 종류	최소 잔고	이자율	연방 예금보험	자금인출 방법 및 용이성
a. 통장저축 계좌	없음		있음	직접 또는 현금지급기; 매우 용이
b. NOW 계좌				무제한 수표 발행 가능
c. 화폐시장 예금 계좌 (MMDA)				
d. 자산관리 계좌				
e. 시리즈 1 저축채권	거의 없음			
f. 미국 단기국채				
g. 양도성예금증서(CD)				
h. 기업어음				
I. 은행 인수 어음				
j. 화폐시장 뮤추얼펀드 (화폐시장 펀드)				

문제

주 장 말미의 문제는 해당 장에서 학습된 도구와 기법을 이용하여, 계산을 수행하는 기회를 제공한다.

LG 4 P1.1 45세 여성인 Rachel Esteves는 연방정부와 고용주의 재정지원을 받는 은퇴 프로그램을 보완하기 위해, 향후 15년 동안 $350,000을 모으려 한다. 그녀는 약 25%의 단기증권, 35%의 보통주, 그리고 40%의 채권을 포함하는 저-위험 포트폴리오에 투자함으로써, 약 10%의 평균 연 수익률을 기대한다.

Rachel은 현재 10%의 연 수익률 하에서 15년 후에 약 $200,000으로 늘어날 $47,900을 갖고 있다(제4장의 부록에서 기술되는 현재가치 기법을 사용). 그녀의 재무상담사는, Rachel이 15년 후에 축적하기 원하는 매 $1,000마다 연간 $31.47의 투자를 해야 한다고 알려주었다(이 금액도 제4장의 부록에서 기술되는 현재가치 기법을 사용하여, 10%의 연 수익률에 기초하여 계산된다). Rachel은 다음 15년 동안 매년 말 같은 금액의 연간 투자를 통해, 필요한 자금을 모으려고 계획한다.

a. Rachel이 목표인 $350,000을 달성하려면, 이 기간 동안 얼마나 추가로 저축해야 하는가?

b. Rachel은 a.에서 계산된 금액을 모으기 위해, 다음 15년 동안 연간 얼마를 저축해야 하는가?

LG 5 P1.2 2012년, Price와 West 가족은 모두 부부합산 세금신고를 제출했다. 2012년 12월 31일에 종료하는 회계연도에서 Price 가족의 과세소득은 $140,000, West 가족의 과세 소득은 $55,000이다.

a. <표 1.2>의 부부합산 세금신고를 제출하는 기혼 부부의 연방세율을 이용하여, Price와 West 가족의 세금을 계산하라.

b. Price 가족 과세소득의 West 가족 과세소득에 대한 비율, 그리고 Price 가족 세금의 West 가족 세금에 대한 비율을 계산하고 비교하라. 이는 연방소득세 구조에 관해 어떤 시사점을 제공하는가?

LG 6 P1.3 Greg와 Alice Wang은 모두 50대이고, $100,000의 투자자금을 보유하며, 10년 후 은퇴를 계획한다. 그들은 두 가지 투자를 고려한다. 첫째는 공공서비스회사의 보통주이며, 이는 주당 $50이고 매년 주당 $1의 배당(2%의 배당수익률)을 지급한다.

이 배당금들은 장기 자본이득에 적용되는 동일한 세율로 과세될 것임에 유의하라. Wang 가족은 이 주식의 가치 상승을 기대하지 않는다. 고려되는 다른 투자는 현재 $1,000에 팔리고, 2.5%의 연 이자율 또는 투자금액 $1,000당 $25의 이자를 지급하는 고-이자율의 회사채이다. 10년 후, 이 채권들은 기준금액 또는 투자금액 $1,000당 $1,000로 상환될 것이다. Wang 가족은 투자 소득을 저축하나 재투자하지는 않는다고(무이자 은행 계좌에 현금을 예치한다고) 가정하라. 그러나, 그들은 투자소득에 대해 세금을 납부해야 한다. 그들은 만약 주식을 매입하면, 10년 후에 매도할 것이다. 만약 채권을 매입하면, 그들은 10년 후 투자금액을 회수한다. Wang 가족은 3.3% 세율구간에 속한다.

a. Wang 가족은 얼마나 많은 주식을 살 수 있는가?

b. 그들은 만약 주식을 매입하면, 세후 배당소득으로 매년 얼마를 받는가?

c. 만약 그들이 주식을 매입하고 모든 일이 계획대로 진행되면, 최초 $100,000으로부터 얻을 총액은 얼마인가?

d. 만약 그들이 채권을 매입하면, 매년 세후 이자로서 얼마를 받을 것인가?

e. 만약 그들이 채권을 매입하고 모든 일이 계획대로 진행되면, 최초 $100,000으로부터 얻을 수 있는 총액은 얼마인가?

f. 당신의 계산에 기초하고 다른 리스크요인들을 무시하면, 그들은 주식 또는 채권 가운데 무엇을 사야 하는가?

LG 4 P1.4 Jacob과 Anna Bernard는 맞벌이 부부이다. 그들은 부부합산 세금신고를 제출할 것이다. 올해, 그들의 과세소득은 다음과 같다:

1. $150,000의 봉급과 임금(일반소득)
2. $1,500의 이자소득
3. $2,500의 배당소득
4. 2년 전에 매입한 주식의 매각 이익 $3,000
5. 올해 매입하고 다시 매도한 주식으로부터의 이익 $2,800

<표 1.2>의 연방소득세율을 사용하여, 이 문제를 풀어라.

a. 위의 2에서, Jacob과 Anna는 얼마의 연방 소득세를 납부할 것인가?

b. 위의 3에서, Jacob과 Anna는 얼마의 연방 소득세를 납부할 것인가? (주: 배당소

득과 일반소득은 달리 과세됨을 기억하라.)

c. 위의 4에서, Jacob과 Anna는 얼마의 연방 소득세를 납부할 것인가?

d. 위의 5에서, Jacob과 Anna는 얼마의 연방 소득세를 납부할 것인가?

사례 문제 1.1: 투자 또는 골프

LG 1 LG 2 LG 3

주 각 장의 말미에 두 개의 사례 문제가 있다. 당신은 해당 장에서 학습한 내용을 가상의 투자 상황에 적용해야 한다.

대규모 중서부 대학의 회계전공 4학년생인 Judd Read와 Judi Todd는 고등학교 때부터 친한 친구이다. 각자는 졸업 후 다닐 직장을 이미 구했다. Judd는 중견 제조기업의 내부감사 직책을 수락했다. Judi는 어느 대형 회계법인에서 근무할 것이다. 각자는 새로운 일의 도전을 기대하면서, 직업적 그리고 경제적 성공을 바라고 있다.

Judd와 Judi는 마지막 학기 등록을 준비하고 있다. 각자는 하나의 자유선택 과목을 갖고 있다. Judd는 업무활동을 위한 교제에 도움될 것으로 생각하는, 체육학과에서 개설되는 골프과목을 고려하고 있다. Judi는 기초 투자론 과목 수강을 계획하고 있으며, Judd로 하여금 골프 대신 투자론을 수강하도록 설득하고 있다. Judd는 이미 보통주가 무엇인지 알고 있기 때문에, 투자론 수강은 불필요하다고 믿는다. 그는 남는 돈을 모으면 언제든지 좋은 회사의 주식에 투자할 수 있다고 믿는다. Judi는 단순히 보통주를 선택하는 것보다 더 많은 내용이 있다고 주장한다. 그녀는 투자론 학습이 골프보다 더 유용하다고 생각한다.

문제

a. Judd에게 투자과정과 투자의 경제적 중요성을 설명하라.

b. Judd가 잘 알지 못하는 것으로 보이는 다른 종류의 투자들을 제시하고 논의하라.

c. Judd는 이미 많이 연습한 것으로 가정하고, 당신은 Judd가 골프 대신 투자론을 수강하도록 설득하기 위해 무엇을 주장할 수 있는가?

사례 문제 1.2: Carolyn Bowen의 투자계획 준비

LG 1 LG 2 LG 3 이제 55세가 된 Carolyn Bowen은 지난 20년 동안 근무한 Xcon Corporation의 사무보조역으로 고용되어 있다. 그녀는 건강하고, 독신이며, 성장한 두 자녀를 두고 있다. 몇 달 전 그녀의 남편이 사망했고, 그는 단지 집과 생명보험금 $75,000을 남겼다. 그녀가 병원 및 장례 비용을 지불한 후, 생명보험금 가운데 $60,000이 남았다. 생명보험금에 추가하여, Carolyn은 저축계좌에 지난 10년 동안 모은 $37,500을 갖고 있다. 10년 안에 은퇴할 것을 예상하여, Carolyn은 은퇴 후 편안한 생활을 위해 한정된 자원을 투자하려고 한다.

Carolyn은 미신을 상당히 믿는다. 그녀는 많은 심령술사와 상담하고 집안내력을 연구한 후, 80세 이상 살 수 없을 것으로 확신하게 되었다. 그녀는 장기적 재무목표를 달성할 수 있으면, 62세 또는 65세에 은퇴할 계획이다.

많은 유식한(당연히 심령술사를 포함)사람들과 상의한 후, Carolyn은 은퇴기 동안 편안히 살기 위해 매년 $45,000의 세전 소득이 필요하다고 추정한다. 이 금액은, 만약 62세에 은퇴하면 18년 동안 매년 필요하고, 만약 65세에 은퇴하면 15년 동안 매년 필요하다. 재무계획의 일부로서, Carolyn은 은퇴 시 집을 팔고 아파트를 임차하려고 한다. 그녀는 만약 62세에 집을 팔면 $112,500의 순수입, 만약 65세에 집을 팔면 $127,500의 순수입을 얻을 것으로 추정한다. Carolyn은 재정적 피부양자가 없고, 상속자들에게 이렇다 할 재산을 남기려 하지 않는다.

만약 Carolyn이 62세에 은퇴하면, 사회보장 및 고용주 지원 연기금 프로그램으로부터 매월 $1,359(매년 $16,308)를 받을 것이다; 만약 65세까지 기다려서 은퇴하면, 총 은퇴소득은 매월 $1,688(매년 $20,256)일 것이다. 편리함을 위해 Carolyn은 은퇴 시에 모든 자산을 연간 소득흐름으로 전환할 것이며, 이 때 목돈을 지불하고 연금을 매입하기로 이미 결정했다. 연금의 기간은 그녀의 80세 생일까지 남은 햇수와 정확히 동일하다. 만약 Carolyn이 62세에 은퇴하고 이 때 연금을 매입하면, 연금에 투자되는 매 $1,000당 이후 18년 동안 연간 $79를 받을 것이다. 만약 62세까지 은퇴를 기다리면, 연금에 투자되는 매 $1,000은 15년 동안 연간 $89.94를 받을 것이다.

Carolyn은 현재 이용가능한 모든 자금을 은퇴 시까지 매년 8%의 복리 이자를 지급하는 저축계좌에 투자할 계획이다. 그녀는 지금부터 은퇴까지 저축 또는 투자를 위한 추가적 자금은 기대하지 않는다. Carolyn이 투자하는 매 $1는 62세에는 $1.50가 될 것이다; 만약 그녀가 65세까지 투자를 유지하면, 오늘 투자되는 매 $1당 $1.79를 갖게 될 것이다.

문제

a. Carolyn이 현재 이용가능한 자금을 저축계좌에 투자한다고 가정하라. Carolyn이 (a) 62세 또는 (b) 65세에 은퇴 시, 집을 판 후 받을 금액을 계산하라.

b. a.의 결과를 이용하여, (a) 62세 또는 (b) 65세에 매입된 연금으로부터 Carolyn에게 제공될 연간 소득 수준을 계산하라.

c. 앞 문항의 결과를 이용하여, Carolyn이 (a) 62세 또는 (b) 65세에 은퇴하면 받을 총 연간 은퇴소득을 계산하라.

d. 당신의 결과로부터, Carolyn이 (a) 62세 또는 (b) 65세에 은퇴함으로써 장기적 재무목표를 달성할 수 있다고 생각하는가? 설명하라.

e. 저축계좌와 연금을 이용한 Carolyn의 투자계획을 평가하라. 그녀의 계획의 위험과 수익 특성을 논의하라. Carolyn에게 어떤 권고를 할 수 있는가? 구체적으로 기술하라.

엑셀 스프레드시트

주 각 장 말미의 엑셀 스프레드시트 연습은 개인적 투자과정에서 사용되는 도구들의 유용한 응용을 학습하는 데 도움을 준다.

이 책의 다음 장들에서, 당신은 마이크로소프트 엑셀을 사용하여 스프레드시트 문제를 풀어야 한다. 각자의 엑셀 능력과 경험은 다르나, 우리는 당신이 기초적 내용을 이해하고 있다고 가정한다. 이는 문자와 숫자의 입력, 셀의 복사와 이동, 끌어서 놓기에 의한 이동과 복사 기능, 행과 열의 삽입과 삭제, 그리고 철자 확인을 포함한다. 이 장의 복습은 워크시트의 입력과 편집에 집중한다.

문제

a. 공식을 이용하여 자료를 더하고 빼라.

b. 공식을 이용하여 자료를 곱하고 나누어라.

c. 공식 "sum"을 이용하여 셀들의 합계를 구하고, 평균을 계산하라

d. 공식 "average"를 사용하라.

e. 끌어서 놓기 방법을 사용하여, 공식을 복사하라.

Chapter 02

증권시장과 거래

학습목표 (Learning Goals)

이 장을 학습한 후, 아래와 같은 과제를 수행할 수 있어야 한다.

LG 1 증권시장의 기본적 종류들을 인식하고 특성들을 기술한다.

LG 2 기업공개(IPO) 과정을 설명한다.

LG 3 브로커 시장과 딜러 시장을 기술하고, 다른 거래 시스템으로부터 어떻게 다른지 논의한다.

LG 4 증권시장 세계화의 핵심적 측면들을 검토하고, 세계시장의 중요성을 논의한다.

LG 5 증권시장의 거래시간과 규정을 논의한다.

LG 6 매수 보유, 증거금 거래, 그리고 공매도를 설명한다.

"월스트리트(Wall Street)"는 17세기 초에 형성된 미국 금융시장의 세계적 발전의 토대였다. 월스트리트는 원래 1625년에 형성된 뉴암스테르담으로 불리던 네덜란드 식민 정착지의 북쪽 경계였다. 이는 1664년 영국 지배를 받게 된 후 뉴욕시가 되었다. 오늘날 우리가 알고 있는 미국 금융시장은 18세기 말에, 주식 브로커와 투기자들이 거래를 위해 플라타너스 나무 아래 월스트리트에 비공식적으로 모이면서, 형성되기 시작했다. 1792년에 24명의 주식 브로커가 Buttonwood 협약에 서명함으로써, 위원회 기구에서 증권을 거래하기로 합의했다. 따라서 이는 최초의 조직화된 미국 증권시장이었다. 1817년에 Buttonwood 기구는 뉴욕 주식 및 거래소로 개명하고, 최초의 중앙집중화된 거래소 시설을 위해 월스트리트의 사무실을 임차했다. 이는 1863년에 뉴욕 증권거래소(New York Stock Exchange: NYSE)로 알려지게 되었다. 143년을 건너뛰어 2006년, NYSE와 Archipelago Holdings, Inc.은 합병하여 공개기업인 NYSE Group, Inc.을 만들었다. Archipelago Holdings는 Archipelago 거래소와 Pacific 주식거래소를 소유했다. Archipelago와의 합병은 당시 역사상 가장 큰 증권거래소 합병이었으나, 나중에 더 큰 합병이 발생했다. NYSE Euronext가 2007년 NYSE Group, Inc.와 Euronext, N.V.의 합병을 통해 만들어져, 최초의 세계적 주식거래소가 탄생했다. Euronext는 유럽 거래소들의 컨소시엄을 합병에 끌어들였다. 이는 파리, 브뤼셀, 리스본, 그리고 암스테르담 주식거래소와 런던에 기반을 둔 전산화된 파생상품시장이었으며, 이제 NYSE liffe로 알려진 Euronext life를 포함한다. 2008년에 NYSE liffe U.S.가 발족해서, 광범위한 미국 파생상품 계약을 제공하고 있다. NYSE Euronext가 American Stock Exchange를 인수했던 2008년에 추가적 확장이 이루어졌다. 인수의 결과로서, 500개 이상의 Amex 상장 회사가 NYSE Euronext에 합류했다. 일련의 인수합병을 통해, Buttonwood 협약은 세계에서 가장 크고 가장 유동적인 거래소 그룹이 되었다.

1792년의 네덜란드 식민 정착지의 플라타너스 나무 아래의 거래로부터, 1999년의 NYSE의 3-D 거래 객장의 도입, 2008년의 NYSE Euronext의 Universal Trading Platform 설치, (2012년 세계 주식거래의 1/3을 차지하는) NYSE Euronext의 8,000종목 이상의 상장 증권까지, 월스트리트는 진정한 세계적 시장이다.

(출처:"Who We Are", www.nyx.com, 2012년 4월 12일;"Wall Street", en.wikipedia.org/wiki/Wall_street, 2012년 4월 12일; 그리고 "NYSE Group and Euronext N.V. Agree to a Merger of Equals,", NYSE 보도자료, 2006년 6월 2일, http://www.euronext.com/fic/000/001/891/18919, 2012년 4월 12일.)

증권시장

LG 1 LG 2 LG 3

주 각 장의 학습목표는 이 아이콘에 의해 본문의 설명에서 표시된다.

증권시장은 증권의 공급자와 수요자로 하여금 금융거래를 할 수 있도록 만드는 시장이다. 목적은 이런 거래가 신속하게 공정한 가격에서 이루어지도록 하는 것이다. 이 절에서, 우리는 다양한 종류의 증권시장과 그들의 일반적 특성을 볼 것이다.

증권시장의 종류

일반적으로 증권시장은 넓게 화폐시장과 자본시장으로 분류된다. 화폐시장은 단기 부채 증권 (만기 1년 이하)이 거래되는 시장이다. 투자자들은 단기 차입과 대여를 위해 화폐시장을 이용한다. 투자자들은 주식과 채권 같은 장기 증권(만기 1년 이상)을 매매하기 위해 자본시장을 이용한다. 이 책에서, 우리는 대부분의 관심을 자본시장에 기울인다. 투자자들은 주식, 채권, 뮤추얼펀드, 상장지수펀드, 옵션과 선물을 포함한 다양한 금융증권을 거래할 수 있다. 자본시장은 증권이 발행기관에 의해 최초로 투자자에게 판매되는지(발행시장) 또는 투자자들 사이에 재판매되는지(유통시장)에 의해, 발행 또는 유통 시장으로 분류된다.

발행기관은 회사 증권의 공개적 매매를 위해 개방하기 전, 증권거래위원회(Securities and Exchange Commission: SEC)에 등록하고 승인받아야 한다. 이 연방 규제기관은 잠재적 투자자들에게 제공되는 정보의 적정성과 정확성을 확인해야 한다. 또한 SEC는 증권시장을 규제한다.

발행시장 증권의 신규발행 물량이 투자자에게 판매되는 시장은 발행시장이다. 발행시장에서, 주식 또는 부채 증권의 발행기관은 판매대금을 수취한다. 발행시장에서 가장 중요한 거래는 회사 주식을 최초로 대중적으로 판매하고 회사를 공개적 지위에 올려놓는 기업공개(IPO)이다. 많은 경제학자들에 의해 1930년대의 대공황 이후 최악의 불황으로 간주되는 "대불황"에 주로 기인하여, 2011년 미국에서는 단지 82개 회사만 기업공개 주식을 판매했다. 이 수치는 대불황의 첫 해인 2008년 IPO의 거의 네 배이지만, 2007년에 "공개"된 160개 회사에 비해 작다. 발행시장은 또한 이미 공개된 회사의 seasoned equity issues로 불리는 추가발행 주식의 판매 시장을 제공한다.

발행시장에서 증권을 팔 때, 기업은 세 가지 중에서 선택한다. (1) 기업이 일반 투자자에게 증권을 판매하는 공개 모집; (2) 기업이 기존 주주들에게 비례적으로 주식을 판매하는 주주 배정(각 발행 주식은 동일한 비율의 신주를 배정 받음); 또는 (3) 기업이 SEC 등록 없이 보험회사, 투자관리 펀드, 그리고 연기금 펀드 같은 민간 투자자 집단을 선정하여 직접 증권을 판매하는 사모를 실시할 수 있다.

기업 공개: IPO 과정 대다수 기업공개 회사들은 성장을 위해 자본을 필요로 하는 소규모의 급성장하는 회사이다. 예를 들어, 거의 모든 종류의 지역 사업에 관한 3,000만 건 이상의 사용자 평가를 제공하는 회사인 Yelp, Inc.는 2012년 3월 주당 15달러에 기업공개하여 1억 700만 달러를 조달했다. 또는 대기업은 어떤 부문을 독립 공개 기업으로 분사할 수 있다. 주류회사인 Beam, Inc.(구 Fortune Brands)는 2011년 10월 가정용 제품 및 연장 사업인 Fortune Brands Home & Security, Inc.을 분사할 때, 이 방법을 사용했다.

회사가 공개를 결정할 때, 먼저 사적으로 발행된 주식을 소유한 현재 주주들의 승인을 얻어야 한다. 다음으로 회사의 감사인과 법률가들은 회사의 모든 재무적 공시 문서의 적법성을 인증해야 한다. 이제 회사는 주식을 인수할 투자은행을 찾는다. 이 은행은 주간사 인수기관이고, 회사 주식의 마케팅과 IPO 주식의 판매를 지원하는 책임을 맡는다. 주간사 인수기관은 종종 다른 투자은행들을 끌어들여 주식의 인수와 마케팅을 돕도록 맡긴다. 우리는 다음 절에서 투자은행의 역할을 논의한다.

인수기관은 또한 회사가 등록서류를 SEC에 제출하는 일을 돕는다. 이 서류의 일부는 사업설명서이다. 이는 발행되는 증권의 핵심 내용, 발행기관의 경영, 그리고 발행기관의 재무상태를 기술한다. 일단 회사가 SEC에 사업설명서를 제출하면 침묵기간이 시작되고, 기업은 이 기간 동안 투자자들과 소통하는 데 있어서 다양한 제약을 받는다. 회사가 등록서류의 SEC 승인을 기다리는 동안, 예비 투자자들은 예비적 사업설명서를 받을 수 있다. 이 예비적 버전은, 표지에 붉은색으로 인쇄된 주의문이 제안의 예비적 성격을 나타내기 때문에 레드 헤링(red herring)으로 불린다. 침묵기간의 목적은 모든 잠재적 투자자들이 회사에 관한 동일한 정보(예비적 사업설명서의 내용)를 얻도록 만드는 것이다. 이는 미공개 자료가 불공정한 이익을 제공하지 않도록 하려는 것이다. 침묵기간은 SEC가 기업의 사업설명서가 유효함을 선언할 때 종료된다. Yelp, Inc.의 2012년 주식 발행을 기술하는 예비적 사업설명서의 표지는 <그림 2.1>에 있다. 첫 쪽의 상부에 레드 헤링이 인쇄된 것에 유의하라.

그림 2.1 주식 발행의 예비적 사업설명서 표지

Yelp, Inc.에 의해 발행된 2012년 A클래스 보통주에 관련된 일부 핵심 요소들이 사업설명서의 표지에 요약되어 있다. 페이지 상단의 유보 문구는 일반적으로 붉은색으로 인쇄되며, 이는 "레드헤링"이라는 명칭을 설명한다.

The information in this preliminary prospectus is not complete and may be changed. These securities may not be sold until the registration statement filed with the Securities and Exchange Commission is effective. This preliminary prospectus is not an offer to sell nor does it seek an offer to buy these securities in any jurisdiction where the offer or sale is not permitted.

Subject To Completion. Dated November 17, 2011

Shares

yelp

Class A Common Stock

This is an initial public offering of shares of Class A common stock of Yelp Inc.

Yelp is offering of the shares to be sold in the offering. The selling stockholders identified in this prospectus are offering an additional shares. Yelp will not receive any of the proceeds from the sale of the shares being sold by the selling stockholders.

Prior to this offering, there has been no public market for the Class A common stock. It is currently estimated that the initial public offering price per share will be between $ and $. Application has been made for quotation on the under the symbol "YELP".

See "Risk Factors" beginning on page 14 to read about factors you should consider before buying shares of the Class A common stock.

Neither the Securities and Exchange Commission nor any other regulatory body has approved or disapproved of these securities or passed upon the accuracy or adequacy of this prospectus. Any recommendation to the contrary is a criminal offense.

	Per Share	Total
Initial public offering price	$	$
Underwriting discount	$	$
Proceeds, before expenses, to Yelp	$	$
Proceeds, before expenses, to the selling stockholders	$	$

To the extent that the underwriters sell more than shares of Class A common stock, the underwriters have the option to purchase up to an additional shares from Yelp at the initial public offering price less the underwriting discount.

The underwriters expect to deliver the shares against payment in New York, New York on , 2012.

Goldman, Sachs & Co. **Citigroup**

Jefferies

Allen & Company LLC **Oppenheimer & Co.**

Prospectus dated , 2012

(출처: Yelp, Inc. "양식 S-1 등록서류," 2011년 11월 17일, p. 2.)

IPO 이전 등록기간 동안, 투자은행들과 회사의 간부들은 잠재적 투자자(전형적으로 기관투자자)에 대한 일련의 발표회로 구성된 투자설명회를 국내외에서 개최함으로써 주식 매각을 마케팅한다. 투자자들에게 신규발행 증권에 관한 정보를 제공하는 데 추가하여, 투자설명회는 투자은행들의 증권수요 측정과 예상 가격범위 결정을 돕는다. 일단 가격을 포함한 모든 발행조건이 결정되면, SEC는 IPO 실행 이전에 발행을 승인해야 한다.

아래의 <표 2.1>은 1999~2011년 기간 IPO들의 첫날 평균 수익률(사업설명서의 제안가격과 첫 거래일의 주식 종가 차이의 백분율)과 조달된 총액의 수치를 보여준다. 기술주 주도의 강세시장 기간이었던 1999년과 2000년의 예외적으로 높은 첫날 수익률과 많은 건수에 주목하라. 시장이 2000년의 고점으로부터 하락했을 때, IPO 시장 또한 냉각되었다. 순환적 변동은 다음 10년 동안 반복되어, IPO 수치는 2008년의 깊은 금융위기 중에 새 저점에 도달했다.

표 2.1 연간 IPO 자료

		합계	
연도	IPO 수	첫날의 평균 수익률(%)	총 수입금(10억 달러)
1999	476	71.0	64.8
2000	380	56.4	64.8
2001	79	14.2	34.2
2002	66	9.1	22.0
2003	62	12.1	9.5
2004	174	12.3	31.3
2005	160	10.2	28.3
2006	157	12.1	30.5
2007	160	13.9	35.7
2008	21	6.4	22.8
2009	41	9.8	13.0
2010	92	9.2	29.9
2011	81	13.3	27.0

(출처: Jay R. Ritter, "Initial Public Offerings: Underpricing Statistics Through 2011," bear. warrington. ufl.edu/ritter/IPOs2011Statistics70512.pdf, 〈표 1〉, 2012년 7월 18일.)

IPO 투자는 특히 제안가격에 쉽게 주식을 살 수 없는 개인투자자의 입장에서 위험한 사업이다. 이 주식들의 대부분은 기관투자자와 중개회사의 최고 고객에게 분배된다. 뉴스에서 주기적으로 첫날의 막대한 이득을 알림에도 불구하고, IPO 주식이 항상 좋은 장기 투자는 아니다.

투자은행의 역할 대다수 공개모집은 투자은행의 도움을 받아 이루어진다. 투자은행은 회사의 신규 증권 발행과 주요 금융거래에 관해 조언하는 (Goldman, Sachs & Co. 같은) 금융중개기관이다. 투자은행의 주요 활동은 인수이다. 이 과정은 합의된 가격에 의해 발행 기업으로부터 증권을 매입하고, 대중에게 재판매하는 리스크를 부담하는 일을 포함한다. 투자은행은 또한 발행기관에게 증권의 가격결정 및 기타 중요한 측면에 관한 조언을 제공한다.

대규모 증권발행의 경우, 주간사 또는 선도 투자은행은 인수단을 구성하는 파트너로 다른 은행들을 참여시킨다. 인수단은 발행기관으로부터 모든 증권을 매입하고 대중에게 신규 증권을 재판매하는 데 관련된 금융리스크를 공유한다. 주간사 투자은행과 인수단 구성기관들은 일반적으로 그들 자신과 많은 중개회사로 이루어진 판매단을 결성한다. 판매단의 각 회원은 발행증권의 정해진 부분을 판매할 책임이 있고, 판매 증권에 대해 수수료를 받는다. 대규모 증권 발행의 판매과정은 <그림 2.2>에 묘사된다.

그림 2.2 대규모 증권 발행의 판매 과정

발행기업에 의해 고용된 주간사 투자은행은 인수단을 조직할 수 있다. 인수단은 발행회사로부터 일반 판매가격보다 낮은 합의된 가격으로 전체 발행물량을 매입한다. 인수단의 투자은행은 이제 발행 증권을 대중에게 일반 판매가격으로 재판매하는 리스크를 부담한다. 투자은행의 이윤은 발행기관에게 보장한 가격과 일반 판매가격의 차액이다. 주간사 투자은행과 다른 인수단 회원은 투자자들에게 증권을 팔고 수수료를 받기 위해 판매단을 결성한다.

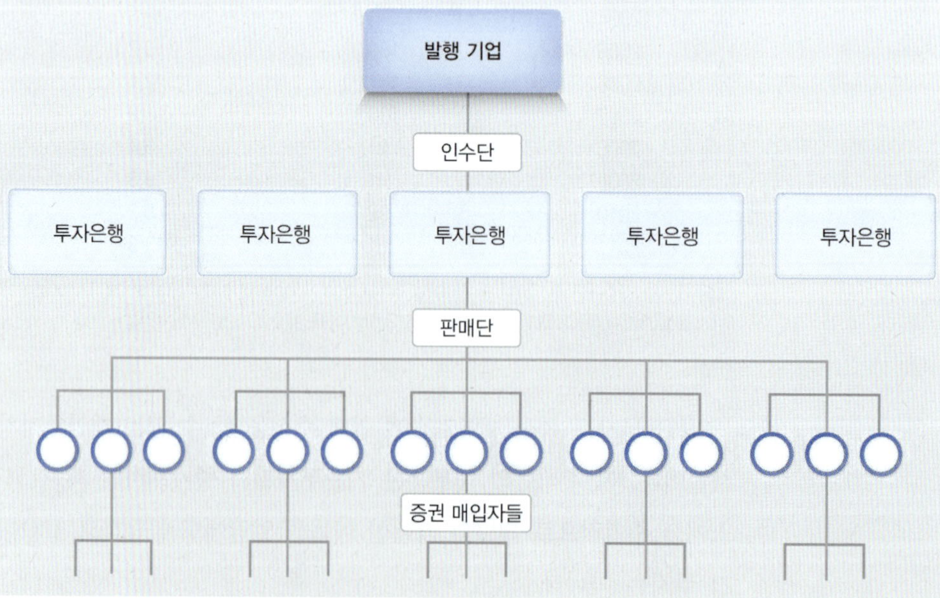

금융시장 위기 **기업공개의 기회 부재**

3년의 침체 후, IPO 시장은 2004년부터 2007년까지 상승했다. 그러나 주로 금융위기의 발발 때문에, IPO 물량은 2008년에 29년만의 최저 수준으로 감소했다. 금융시장이 위기일 때, 회사가 대중에게 신규 증권을 발행하는 것은 어려울 수 있다. 위기기간 동안, 투자자와 규제기관은 비슷하게 신규 증권 판매를 더 어렵게 만든다. 투자자들은 상장 회사들의 미래 전망에 관해 평소보다 더 불안해하기 때문에, 시장으로부터 떠나는 경향이 있다. 동시에 규제기관들은 회사들이 이해하는 데 시간을 소요하는 새로운 규정을 시행하는 경향이 있다. 그때까지, 기업들은 신규 증권 발행을 회피하곤 한다. 전형적으로 중소기업은 금융시장의 채권자나 투자자를 만족시키는 데 필요한 과거 기록이 없는 경우가 많기 때문에, 금융위기에 의해 가장 많은 영향을 받는다. 〈표 2.1〉은 이런 견해를 지지한다. 연간 총 수입금을 연간 IPO 건수로 나눈 평균 IPO 규모는 2008년에 다른 해보다 훨씬 높았다. IPO 물량은 2010년에 회복하는 것으로 보였으나, 2011년의 거래 감소는 IPO 시장이 아직 완전히 회복하지 않았음을 보여준다.

인수와 판매 서비스에 대한 보상은 전형적으로 증권 판매가격 할인의 형태로 지급된다. 예를 들어 투자은행은 주간사 인수기관으로 활동하면서, 궁극적으로 투자자들이 \$26에 살 주식에 대해 \$24를 발행기관에게 지불할 수 있다. 발행기관에게 주당 \$24를 보장한 후, 주간사 인수기관은 이제 인수단 회원에게 주당 \$24.25에 판매할 수 있다. 추가된 주당 25센트는 주간사 인수기관의 관리비를 충당한다. 다음으로 인수단 회원은 판매단 회원에게 주당 \$25.25에 판매할 것이다. 이 \$1의 차액은 인수기관의 주당 이윤인 할인액이다. 마지막으로 판매단 회원은 투자자에게 주당 \$26에 판매할 때, 주당 75센트의 판매 이익을 얻는다. 발행기관에게 지급된 주당 가격과 투자자에 의해 지불된 가격의 차이(이 경우, \$26의 판매가격 − \$24의 매입가격 = \$2)는 총 스프레드이다. 이는 주간사 인수기관의 관리비, 인수단의 할인, 그리고 판매단의 판매 이익으로 구성된다. 비록 발행기관이 직접 일부 발행증권을 모집(또는 매도)하더라도, 신규 증권의 대부분은 방금 기술된 과정을 통해 공개모집에 의해 판매된다.

유통시장 유통시장 또는 사후시장은 증권이 발행된 후에 거래되는 시장이다. 발행시장과 달리 유통시장 거래는 증권의 발행회사를 포함하지 않는다. 대신, 유통시장은 투자자로 하여금 자사의 보유증권을 다른 투자자에게 매도할 수 있도록 허용한다. 유통시장은, 증권가격이 언제든지 이용가능한 최선의 정보에 기초하여 진정한 가치를 반영할 수 있도록 도와주는, 연속적인 증권 가격결정 기능을 제공한다.

유통시장의 주요 부분의 하나는 상장 증권들의 매매자가 모여서 거래하는, SEC에 등록된 시장인 다양한 전국적 증권거래소들이다. 증권거래법의 6(a) 조항 하에서 SEC에 등록된 15개의 전국적 증권거래소가 존재한다. 소형의 비상장 증권의 거래를 포함하는 장외시장(over-the-counter(OTC) market)은 유통시장의 나머지 중요 부분이다. 금융산업규제기구(Financial Industry Regulatory Authority: FINRA)는 OTC 시장의 증권거래를 규제한다. FINRA는 미국에서 영업하는 증권회사들의 가장 큰 독립적 규제기관이다. FINRA의 사명은 감독대상인 약 4,430개의 중개회사, 162,155개의 지점, 그리고 629,530개의 등록증권 대리기관들로 하여금 공정하고 정직하게 영업하도록 확인하는 것이다.

브로커 시장과 딜러 시장

역사적으로 유통시장은 증권의 거래방법에 기초하여 두 영역으로 구분된다-브로커 시장과 딜러 시장. <그림 2.3>은 브로커 또는 딜러 시장 별로 유통시장의 구성을 묘사한다. 여기에서처럼 브로커 시장은 전국 및 지역 증권거래소들로 이루어지고, 딜러 시장은 나스닥(Nasdaq) OMX와 OTC 거래 장소로 구성된다.

이 시장들을 더 자세히 보기 전에, 두 시장 사이의 가장 큰 차이는 거래를 실행하는 방법을 다루는 기술적 관점임을 이해하는 것이 중요하다. 즉 브로커 시장에서 거래가 이루어질 때, 거래의 쌍방인 매도자와 매수자가 연결된다(매도자는 직접 증권을 매수자에게 판다. 브로커의 도움으로, 증권의 소유권은 실질적으로 거래소 객장에서 이전된다. 대조적으로 딜러 시장에서 거래가 이루어질 때, 매수자의 주문과 매도자의 주문은 직접 연결되지 않는다. 대신 그들의 매수/매도 주문은, 어떤 수량의 증권을 고시된 가격에 사거나 팔 것을 제안함으로써 "시장을 조성"하는 증권 딜러인 시장 조성자에 의해 실행된다. 기본적으로 두 건의 개별적 거래가 실행된다) 매도자는 증권(예를 들어, Intel Corp.)을 딜러에게 팔고 매수자는 다른 또는 동일 딜러로부터 증권을 산다. 따라서 딜러 시장의 거래의 한 편에는 언제나 딜러(시장 조성자)가 존재한다.

그림 2.3 브로커 및 딜러 시장

전형적인 거래일, 유통시장은 말 그대로 수십억 주식이 매매되는 분주한 장소이다. 이 시장은 두 개의 상이한 형태로 구분된다–브로커 시장과 딜러 시장. 〈그림〉과 같이 각각은 다양한 교환과 거래 장소로 이루어져 있다.

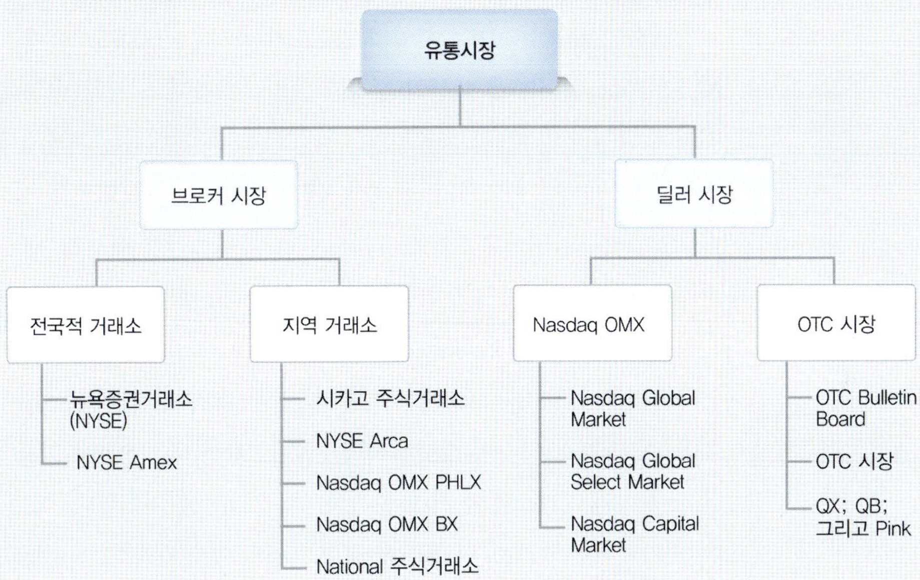

유통시장이 계속 진화하면서, 브로커와 딜러 시장의 차이는 점점 사라진다. 실제로 21세기의 시작 이후, 거래장소와 거래기술의 전례없는 통합은 현재 존재하는 대다수 거래소들이 브로커(딜러 시장으로 기능하도록 만들었다. 브로커)딜러 시장은 유통시장에서 투자자들을 위한 유동성을 제공하는 데 필요한 브로커 및 딜러 기능이 매끄럽게 실현되도록 한다.

브로커 시장 만약 당신이 대다수 사람들과 같으면, 주식시장을 생각할 때 마음에 떠올리는 첫째는 전국적 증권거래소인 뉴욕 증권거래소(NYSE)일 것이다. 실제로 NYSE는 지배적인 브로커 시장이다. 또한 이 시장에는 다른 전국적 증권거래소인 NYSE Amex (구 American 주식거래소)와 몇 개의 이른 바 지역 거래소가 포함된다. 지역 거래소는 시카고 주식거래소 같은 뉴욕시 밖에 위치한 전국적 증권거래소들이다. 이 거래소들의 공통점의 하나는 모든 거래가 중앙집중화된 거래 객장에서 이루어진다는 것이다. 이 거래소들은 미국 주식시장에서 거래되는 모든 주식의 총 거래금액의 약 60%를 차지한다.

NYSE는 "the Big Board"로 알려져 있으며, 실제로 세계에서 가장 큰 주식거래소이다. 2011년, 총 시장가치 13조 달러를 초과하는 2,300개 이상의 기업들이 NYSE에 상장되어 있다.

NYSE Amex는 상장 기업의 수를 기준으로 미국에서 둘째로 큰 주식거래소이다. NYSE Amex는 500개 이상의 상장기업의 본거지이고, 모든 미국 증권거래소의 연간 주식거래 금액의 약 4%를 처리한다. 한편 NYSE는 조직화된 거래소에서 거래되는 모든 보통주의 약 90%를 처리하고, 따라서 NYSE Amex는 규모와 지위에서 NYSE보다 훨씬 작다. 그럼에도 불구하고 NYSE Amex는 매우 대중적인 상장지수펀드(ETF)들을 상장하고 거래함으로써 스스로의 강력한 시장 틈새를 만들었다. 이들은 일종의 지수기반 뮤추얼펀드이며, 제12장에서 논의될 것이다.

NYSE와 NYSE Amex에 추가하여, 몇몇 소위 지역 거래소들이 브로커 시장의 일부이다. 이 거래소 각각의 상장된 증권 수는 100개 내지 500개 회사이다. 전체적으로 이들은 조직화된 거래소에서 거래되는 주식의 약 6%를 처리한다. 이들 중 가장 알려진 것들은 시카고 주식거래소, NYSE Arca(구 Pacific 주식거래소), Nasdaq OMX PHLX(구 필라델피아 주식거래소), Nasdaq OMX BX(구 보스턴 주식거래소), 그리고 National 주식거래소이다. 이 거래소들은 주로 지방 및 지역적 관심을 받는 증권을 다룬다. 대다수는 NYSE 모델을 따르나, 회원자격과 상장요건은 훨씬 더 수월하다. 거래활동을 증대하기 위해, 지역 거래소들은 빈번하게 NYSE 또는 NYSE Amex에도 상장된 증권을 상장한다.

다른 브로커 시장은 자신의 시장 내 기업 주식을 상장하고 거래하는 해외 주식거래소를 포함한다(이 장의 뒷부분에서 우리는 이 거래소들에 관해 더 논의할 것이다). 또한 옵션과 선물 거래를 위한 별도의 국내 거래소가 존재한다. 다음으로, 브로커 시장의 주요 거래소의 기본 구조, 규정, 그리고 운영을 살펴보자.

뉴욕 증권거래소 대다수 조직화된 증권거래소는 뉴욕 증권거래소를 모델로 삼고 있다. NYSE가 2006년 영리 공개 기업이 되기 전, 개인 또는 기업은 거래소 회원이 되려면 거래소의 1,366개 "좌석" 가운데 하나를 소유하거나 빌려야 했다. 좌석이라는 용어는 1870년대까지 회원은 의자에 앉아서 거래했던 사실로부터 유래했다. 2005년 12월 30일, NYSE는 공개 기업화를 예상하여 회원제를 중단했다. 기존 회원은 회원권의 대가로서 현금 $500,000와 새로 공개되는 NYSE Group, Inc.의 주식 77,000주를 받았다. 이제 NYSE Euronext 거래소 그룹의 일원으로서, NYSE는 직접 거래소에서 연간 거래면허를 팔고 있다. 2012년 1월 1일 현재, 회원 기관에 의해 보유되는 연간 거래면허는 첫 두 장에 대해 각각 $40,000, 그리고 추가 1장당 $25,000의 비용을 소요한다. 투자은행과 중개회사는 거래면허 보유자 가운데 다수이며, 각 회사는 일반적으로 1장 이상의 거래면허를 보유한다.

Merrill Lynch 같은 기업은 거래면허를 보유하는 담당자를 지정한다. 이런 지정된 개인만이 거래소 객장에서 거래할 수 있다. 객장 중개인의 두 주요 종류는 커미션 중개인과 독립 중개인이다. 커미션 중개인은 소속 회사 고객들의 주문을 처리한다. 독립 중개인은 단독으로 활동하면서, 일반적으로 소형 중개회사 또는 자체 주문을 미처 처리하지 못하는 대기업을 위해 수수료를 받고 주문을 처리한다.

거래 활동 NYSE의 객장은 축구장 크기 정도의 공간이다. 그 운영은 여러 거래소들의 전형이다(다만 세부 내용은 다양하다). NYSE 객장은 거래 포스트를 갖고 있다. 특정 주식들이 각 포스트에서 거래된다. 채권과 덜 유동적인 주식들은 별관에서 거래된다. 중개회사 사무실로부터 거래소 객장으로 매매 주문을 전달하고 거래 체결 후 회신하는 전화와 전자기기들이 주변에 있다.

거래소 객장의 모든 거래는 경매과정을 통해 이루어진다. 목적은 공급과 수요가 가격을 결정하면서, 모든 매수주문을 최저가격에서 체결하고 모든 매도주문을 최고가격에서 체결하는 것이다. 실제 경매는 특정 증권이 거래되는 포스트에서 이루어진다. 주어진 증권을 매수하려는 회원은 증권을 매도하려는 회원과 공개적으로 거래를 협상한다. 지정시장 조성자(DMM)(하나 또는 다수 증권의 거래를 전문으로 하는 거래소 회원)의 역할은 경매과정을 관리하는 것이나. DMM은 지정받은 증권의 연속적이고, 공정하며, 질서 있는 시장을 제공하기 위해 (특정 가격에) 사거나 판다.

상장 정책 주식거래소에 상장하려면, 국내 기업은 신청서를 제출하고 최저 상장요건을 충족해야 한다. 어떤 기업은 동시 상장 즉 하나 이상의 거래소에 상장한다.

NYSE에 상장되려면, 미국 기업은 적어도 400명의 100주 이상 소유한 주주와 최소 110만 주의 공개적으로 거래되는 발행 주식을 보유하고; 총 세전이익은 최근 3년 동안 적어도 $1,000만, 최근 2년 동안 적어도 $200만, 그리고 마지막 2년의 첫 해에 양수이며 (대안적 이익 기준으로, 총 세전이익이 최근 2년 동안 적어도 $1,200만, 가장 최근 연도에 적어도 $500만, 그리고 다음 최근 연도에 적어도 $200만이며), 그리고 일반 보유 주식의 최소 시장가치는 $1억(IPO와 분사의 경우, $4,000만의 최소 시장가치 적용)이어야 한다. 외국 회사는 국내 상장기준과 비슷한 상장요건의 적용을 받는다. 기업은 또한 $125,000 내지 $250,000의 최초 상장 수수료를 납부해야 한다. 일단 NYSE가 기업 증권의 상장을 승인하면, 회사는 계속적으로 상장증권에 관한 SEC 요건을 충족하고, $38,000 내지 $500,000의 연간 상장 수수료를 납부해야 한다. 요건을 충족하지 못하는 상장 기업은 거래소로부터 상장폐지될 수 있다.

NYSE Amex NYSE Amex는 NYSE와 비슷한 조직과 업무절차를 갖고 있다. 상장요건이 덜 엄격하기 때문에, 많은 비교적 작은 신생 기업들이 NYSE Amex에 상장한다. 이는 약 500종목의 상장 주식을 보유하고 있다.

최근 NYSE Amex는 더 전문화된 시장의 증권에 집중하기 위해 자체적으로 개편했다. 오늘날 일간 거래량의 약 2/3는 NYSE Amex에 의해 16년 전부터 개척된 상장지수펀드에서 발생한다. ETF는 일반적으로 광범위한 주식 또는 채권 시장, 주식의 산업별 영역, 또는 국제적 주식 지수를 추종하면서 마치 하나의 주식처럼 거래되도록 고안된 증권 집합이다. 주식 옵션의 거래는 NYSE Amex 사업의 다른 중요 영역이다.

지역 주식거래소 대다수 지역 거래소들은 NYSE를 모델로 삼으나, 회원 및 상장 요건은 현저히 더 완화되어 있다. 거래비용 또한 더 낮다. 지역 거래소에 상장된 대다수 증권들은 또한 NYSE 또는 NYSE Amex에 상장되어 있다. 통상적 거래일에 NYSE 상장주식 약 1억 주가 지역 거래소에서 거래된다. 이런 동시상장은 증권의 거래활동을 증대할 수 있다. 또한 시장 간 거래시스템(ITS)은 중개인과 딜러들이 가장 유리한 가격에 거래할 수 있도록 하는 전자 커뮤니케이션 네트워크를 통해, 아홉 개의 시장(다섯 개의 지역 거래소, NYSE, NYSE Amex, Nasdaq OMX 시장(Nasdaq Global Select Market; Nasdaq Global Market; Nasdaq Capital Market), 그리고 시카고 옵션거래소)을 연계한다.

옵션 거래소 옵션은 소유자로 하여금 정해진 시기에 특정 가격으로 다른 증권을 사거나 팔 수 있도록 만든다. 대표적인 옵션거래소는 시카고 옵션거래소(CBOE)이다. 옵션은 또한 NYSE Amex, Nasdaq OMX BX, NYSE Arca, Nasdaq OMX PHLX 거래소, 그리고 국제 증권거래소(ISE)에서 거래된다. 일반적으로, 정해진 증권을 사거나 파는 옵션은 다섯 개의 모든 옵션 거래소에 상장된다. 옵션 거래소는 증권옵션만을 다룬다. 다른 종류의 옵션(이 책에서 논의되지 않음)은 매도자와 매수자 사이에서 직접적으로 이루어진 사적 거래로부터 생긴다.

선물 거래소 선물은 합의된 가격으로 미래 특정일에 특정 상품 또는 금융상품의 인도를 보장하는 계약이다. 상품과 금융 선물의 대표적인 거래소는 시카고 거래소(CBT)이다. 많은 다른 선물 거래소가 있으며, 이들 중 일부는 CBT에 상장된 광범위한 선물 대신 특정 상품과 금융상품에 특화한다. 이런 거래소들 가운데 가장 큰 것은 뉴욕 상업거래소, 시카고 상업거래소, 독일 거래소, 런던 국제금융 선물 및 옵션 거래소, 뉴욕 커피·설탕·코코아 거래소, 뉴욕 면화거래소, 캔자스시티 거래소, 그리고 미네아폴리스 곡물거래소이다.

딜러 시장 딜러 시장의 핵심 특징 가운데 하나는 중앙집중화된 거래 객장이 없다는 것이다. 대신, 많은 수의 대중통신 네트워크를 통해 연결된 시장 조성자들로 이루어져 있다. 실제로 각 시장 조성자는 공시된 매수/매도 호가에 매수 또는 매도 제안을 함으로써 하나 이상의 증권의 시장을 조성하는 증권딜러이다. 매수 호가와 매도 호가는 각각 주어진 증권의 최고 매입제안 가격과 최저 매도제안 가격이다. 투자자는 증권을 살 때 매도호가를 지불하고, 팔 때 매수 호가를 수취한다. 딜러 시장은 Nasdaq OMS와 OTC 시장으로 이루어져 있다. 이들은 미국 시장에서 거래되는 주식의 약 40%를 차지한다. Nasdaq OMS 시장이 이 거래들의 압도적 다수를 차지한다. 이 밖에 IPO 및 대규모 투자자에 의해 보유된 기발행 증권의 대량 공개판매인 2차 분배를 포함하는 모든 신규발행 증권은 투자은행을 위해 일하는 증권 딜러에 의해 투자대중에게 판매되기 때문에 발행시장 또한 딜러 시장이다.

나스닥 가장 큰 딜러 시장은 일반적으로 나스닥(Nasdaq)으로 불리는 National Association of Securities Dealers Automated Quotation System에 상장되고 거래되는 많은 종목의 주

식들로 이루어져 있다. 1971년에 설립된 Nasdaq은 OTC 시장에서 기원했으나, 오늘날 더 이상 OTC 시장의 일부가 아닌 완전히 다른 존재이다. 실제로 2006년에 나스닥은 SEC에 의해 공식적으로 전국적 증권거래소로 인정되어, NYSE와 상당히 비슷한 지위와 명성을 얻었다.

나스닥에서 거래되려면, 모든 주식은 적어도 두 명의 시장 조성자를 가져야 한다. 그러나 Crisco Syetem 같은 비교적 크고 활발히 거래되는 주식은 더 많은 시장 조성자를 갖고 있다. 이 딜러들은 전산으로 모든 매수/매도 호가를 공시하므로, 투자자들이 시장 주문을 제출하면 가장 유리한 가격에 즉시 실행된다.

나스닥의 상장기준은 나스닥 산하 시장에 따라 다르다. Nasdaq Global Select Market에서 거래되는 1,000여 종목의 주식은 세계에서 가장 높은 상장기준을 충족한다. 2006년에 설립된 Global Select Market은 나스닥 주식 가운데 가장 대규모이면서 "최고의 블루"(즉 최고 품질)을 거래한다. 2012년에 페이스북은 NYSE 대신 Nasdaq Global Select에 상장하기로 선택하고, 나스닥의 위치를 선도적 기술 회사에 의해 선호되는 상장 거래소라고 평가했다.

Nasdaq Global Market에서 거래되는 약 1,000종목의 주식의 경우, 상장요건 또한 상당히 종합적이다. 이 두 시장에 포함된 주식들은 모두 널리 호가되고, 활발하게 거래되며, 일반적으로 전국적인 관심을 받는다. 전산 처리되는 모든 거래는 모든 측면에서 NYSE의 객장만큼 효율적이다. 실제로 Nasdaq Global Select Market에서 거래되는 유명한 주식들, 그리고 Nasdaq Global Market의 주식들은 NYSE에서 거래되는 주식만큼 상당한 전국적인 관심을 받으며 유동성을 유지한다. 이 결과, NYSE가 대기업(예를 들어 Exxon Mobil, GE, Citigroup, Walmart, Pfizer, IBM, Procter & Gamble, Coca-Cola, Home Depot, 그리고 UPs) 목록을 갖고 있는 것처럼, 나스닥도 갖고 있다. 이 목록은 Microsoft, Intel, Crisco Systems, Dell, eBay, Google, Yahoo!, Apple, Starbucks, 그리고 Staples를 포함한다. 독자들은 착각하면 안 된다. 나스닥은 상장 분야에서 NYSE에 맞서 경쟁한다. 2012년, 시가총액 총계 829억 달러의 13개 회사가 NYSE로부터 나스닥으로 상장을 이전했다. 나스닥으로 이전한 일부 유명 회사는 Viacom, Kraft Foods, 그리고 Texas Instruments를 포함한다. Nasdaq Capital Market은 여전히 다른 나스닥 시장이다. 이는 이런저런 이유로 Nasdaq Global Market에 해당되지 않는 600 내지 700개 주식의 시장을 조성한다. 2012년 현재, 총 30개 국가의 약 3,000개 회사가 나스닥에 상장되어 있다.

장외(OTC) 시장 딜러 시장의 다른 부분은 장외(OTC) 시장의 증권들로 이루어져 있다. 이런 나스닥 밖의 증권들은 나스닥 상장요건을 충족할 수 없거나 원하지 않는 대다수의 작은 회사들을 포함한다. 이들은 OTC Bulletin Board(OTCBB) 또는 OTC Market Group에서 거래된다. OTCBB는 작은 회사의 주식을 거래하는 시장 조성자들을 연결하는 전산 호가시스템이다. OTCBB는 3,300 종목 이상의 증권을 처리하고, 230명 이상의 참여 시장 조성자를 포함하며, 거래 증권의 실시간 호가, 가격, 수량 정보를 전산으로 전달한다. Bulletin Board는 FINRA에 의해 규제되며, 이는 시장에서 거래되는 모든 회사들은 감사받은 재무제표를 제출하고 연방 증권법을 준수하도록 요구한다.

OTC Markets는, 회사들이 SEC에 등록할 필요조차 없는, 시장의 규제되지 않은 영역이다. 이 시장은 세 등급으로 구분된다. 가장 큰 OTC Pink는 영업정보를 거의 공개하지 않는 많은 소규모이면서 종종 의구심을 갖게 만드는 회사들을 포함한다. OTC QB 등급의 증권은 SEC, 은행, 또는 보험 보고서를 제공해야 하고 현재 공시하는 기업이어야 한다. 최고 등급인 OTC QX는 가장 작으나, 감사받은 재무제표와 다른 필요 정보를 제공하기로 선택한 기업들을 위한 것이다. 만약 증권이 프로모션 활동 중이거나 발행기관에 관한 적절한 현재 정보가 공개적으로 이용가능하지 않으면, OTC Markets는 이 증권을 "Caveat Emptor(매수자 주의)"로 분류한다. 프로모션 활동은, 발행기관 또는 제3자에 의해 발송된, 스팸 이-메일 또는 허락받지 않은 팩스나 소식 전달을 포함할 수 있다.

대안적 거래 시스템

일부 개인과 기관 거래자들은 이제 브로커 및 딜러 시장 밖의 제3 그리고 제4시장에서 직접 거래한다. 제3시장은 NYSE, NYSE Amex, 또는 다른 거래소에 상장된 증권들의 장외거래로 구성된다. 이 거래는 전형적으로 증권거래소 회원이 아닌 시장 조성자에 의해 처리된다. 이들은 거래소보다 낮은 수수료를 부과하고, 대규모 매수자와 매도자를 연결한다. 따라서 뮤추얼펀드, 연기금, 그리고 생명보험회사 같은 기관투자자들은 중개 수수료를 상당히 절감하면서 거래가격에는 최소한의 영향만을 미칠 수 있다.

제4시장은 거래소 대신 전산 네트워크를 통한, 증권의 대규모 기관 매수자 및 매도자들 사이의 직접 거래로 구성된다. 제3시장 거래와 달리, 제4시장 거래는 시장 조성자를 거치지 않는다. 전산화 통신 네트워크(ECN)가 제4시장의 핵심이다. Archipelago(NYSE

Arca의 일부), Bloomberg Tradebook, Island, Instinet, 그리고 MarketXT는 이 거래들을 처리하는 많은 ECN의 일부이다. 거래소처럼 ECN은 많은 합병을 경험했다. 예를 들어 2012년에 Island는 Instinet과 합병했고, 이후 2005년에 Instinet은 나스닥에 의해 인수되었다.

ECN은 대규모로 활발히 거래되는 증권에 대해 가장 효과적이며, 이 장의 뒷부분에서 다루어지는 시간외 거래에서 핵심 역할을 한다. 이들은 고객들의 전산을 통해 입력된 매수와 매도 주문을 자동적으로 대응시킨다. 만약 즉각적 대응이 없으면, ECN은 중개인처럼 자기 명의로 거래소 또는 시장 조성자들에게 그 주문들을 공시한다. 만약 다른 거래자가 게시된 가격에 거래할 용의가 있으면, 이 거래는 실행된다.

ECN은 주당 또는 주문 크기에 기초한 거래수수료만 부과하므로, 고객의 비용을 절감할 수 있다. 이런 이유 때문에, 자금 매니저와 거액의 투자 자금을 가진 연기금과 뮤추얼펀드 같은 기관들은 ECN을 선호한다. 또한 많은 업자들이 고객을 위한 최선의 가격을 찾기 위해, ECN을 사용하거나 직접 서로 거래한다.

일반적 시장 상황: 강세 또는 약세

증권시장의 상황은 일반적으로 증권가격이 시간과 함께 상승 또는 하락하는 데 따라 "강세" 또는 "약세"로 분류된다. 변화하는 시장상황은 일반적으로 투자자의 태도, 경제활동의 변화, 그리고 경제활동을 활성화 또는 진정시키려는 정부 정책으로부터 비롯된다. 강세 시장은 일반적으로 물가 상승, 투자자의 낙관적 태도, 경제 회복, 그리고 정부의 부양책과 연관되어 있다. 약세 시장은 일반적으로 물가 하락, 투자자의 비관적 태도, 경제 둔화, 그리고 정부의 억제책과 연계되어 있다. 2003년 초는, 2007년 10월에 급격히 약세로 전환하기 전 최고 수준이었던, 전반적 강세 시장 주기의 시작을 기록했다. 완전 회복으로부터는 매우 멀지만 약세 시장은 2009년 3월에 저점을 기록한 것으로 보이고, 그 이후 전체적으로 강세였다. 2012년 3월 현재, 2009년 3월 이후 S&P 500에 있는 479개 주식 가운데 458 종목이 상승했다.

일반적으로, 투자자들은 강세 시장에서 더 높은(또는 양의) 보통주 투자 수익을 경험한다. 그러나 어떤 증권은 약세 시장에서 강세이거나, 강세 시장에서 약세이다. 시장상황은 예측하기 어렵고, 일반적으로 시간이 지난 후에 비로소 인식된다. 제3장에서 우리는 시장상황을 평가하는 데 사용될 수 있는 정보의 출처를 기술한다. 제7장부터 제9장은 이런 정보를 보통주의 분석과 평가에 사용하는 방법을 논의한다.

개념리뷰

2.1 다음 각 항에서 용어들을 구별하라.
a. 화폐시장과 자본시장
b. 발행시장과 유통시장
c. 브로커 시장과 딜러 시장

2.2 IPO 과정과 공모 증권의 인수에서 투자은행의 역할을 간단히 기술하라. 공모 증권, 주주 배정 그리고 사모의 용어들을 구별하라.

2.3 왼쪽 열의 각 항목에 대해, 가장 적절한 항목을 오른쪽 열에서 선택하라. 대비된 항목들의 관계를 설명하라.

a. NYSE Amex	1. 비상장 증권의 거래
b. CBT	2. 선물거래소
c. NYSE	3. 옵션거래소
d. 보스턴 주식거래소	4. 지역 주식거래소
e. CBOE	5. 둘째로 큰 미국의 조직화된 거래소
f. OTC	6. 가장 엄격한 상장요건 채택

2.4 어떻게 딜러 시장이 작동하는지 설명하라. 반드시 시장 조성자, 매수 및 매도 호가, 나스닥 시장, 그리고 OTC 시장을 언급하라. 딜러 시장이 기업공개(IPO)와 유통 분배에서 하는 역할은 무엇인가?

2.5 제3 및 제4시장은 무엇인가?

2.6 강세 시장과 약세 시장을 구별하라.

증권시장의 세계화

LG 4 오늘날 투자자, 증권의 발행기관, 그리고 증권회사들은 본국의 시장을 넘어 최고의 수익, 최저 비용, 그리고 최선의 국제업무 기회를 찾고 있다. 대다수 투자자들의 기본 목표는 가장 낮은 위험으로 가장 높은 수익을 얻는 것이다. 이 결과는 분산투자(포트폴리오에 많은 상이한 증권들을 포함함으로써 수익을 높이고 위험을 낮춤)를 통해 얻어진다. 투자자는 (1) 더 넓은 범위의 산업과 증권, (2) 더 많은 시장에서 거래되는 증권 그리고 (3) 상이한 통화들로 표시된 증권을 보유함으로써, 분산투자의 잠재력을 크게 높일 수 있다.

그리고 만약 투자자가 국내와 해외 증권을 혼합하여 투자하면, 분산투자는 더 강화된다. 투자자의 본국 시장이 더 작고 덜 분산되어 있을수록, 건전한 국제 분산투자의 잠재적 혜택은 더 크다. 그러나 미국과 다른 고도로 발전된 시장들의 투자자들도 세계적 분산투자로부터 혜택을 받을 수 있다.

간단히 말해서, 증권시장의 세계화는 투자자들로 하여금 전 세계에 걸쳐 급격히 확장하는 경제로부터 이윤기회를 추구할 수 있도록 허용한다. 여기에서 우리는 국제 시장, 국제투자의 성과, 해외증권에 투자하는 방법, 그리고 국제적 투자 리스크의 증가하는 중요성을 고려한다.

국제시장의 중요성 증가

증권거래소는 이제 세계적으로 100개국 이상에서 운영된다. 크고(도쿄 주식거래소) 작은(남태평양 주식거래소) 거래소들이 일본, 영국, 캐나다, 그리고 독일 같은 주요 선진국뿐 아니라 브라질, 칠레, 인도, 한국, 말레이시아, 멕시코, 폴란드, 러시아, 그리고 태국 같은 신흥경제에 존재한다. 세계적으로 4대(거래금액 기준) 증권시장은 NYSE, 나스닥, 런던 주식거래소, 그리고 도쿄 주식거래소이다. 다른 주요 외국 거래소는 상하이 주식거래소, 오사카 증권거래소, 토론토 주식거래소, 몬트리올 거래소, 호주 증권거래소, 홍콩 거래소 및 결제소, 스위스 거래소, 그리고 타이완 주식거래소를 포함한다.

유럽통화연합(EMU)의 경제적 통합은, 국가 간 주식거래의 효율적 과정을 원하는 금융기관들의 압력과 함께, 유럽의 증권시장 환경을 변화시키고 있다. 다수의 소규모 국가 거래소들 대신, 국가들은 결합하여 국가 간 시장을 만들고 범 유럽의 주식거래 시장에서 더 효과적으로 경쟁하려 한다. 파리, 암스테르담. 브뤼셀, 그리고 리스본 거래소와 런던의 파생상품거래소는 합병하여 Euronext를 만들었고, 스칸디나비아 시장들은 Norex를 만들었다. 2006년 중반에, Euronext와 NYSE Group(NYSE의 모회사)은 대등합병으로 사업을 통합하는 협약에 조인했다. 일부 주식거래소들(예를 들어 도쿄와 호주)은 제휴 협약을 체결하고 있다. 다른 거래소들은 24시간 운영되는 전산 주문체결 시스템을 통해, 선정된 국제적 대기업의 주식을 거래하는 세계적 시장연합 형성을 논의하고 있다. 나스닥은 일본, 홍콩, 캐나다, 그리고 호주와의 결합 벤처를 통해 라틴 아메리카와 중동으로 진출할 것을 계획하고 있다. 합병 및 협력관계의 증가는 세계적인 주식시장을 향한 전진을 의미한다.

채권시장도 세계화되었고, 어느 때보다 많은 투자자들이 정기적으로 외국 시장에서 정부와 회사의 고정소득증권을 매입한다. 미국이 국제 국채시장을 압도하고 그 다음으로 일본, 독일, 그리고 영국이 뒤따른다.

국제적 투자 성과

해외투자의 동기는 고수익의 유혹이다. 실제로, 1980년 이후 단 한 번 미국이 주가지수 상승률 기준으로 세계 주요 주식시장 중에서 1위를 차지했다. 예를 들어 전체적으로 양호한 해인 2005년, 투자자들은 많은 외국시장에서 더 높은 수익을 얻었을 것이다. 그 해에 다우존스 세계지수는 달러 기준으로 한국에서 58%, 멕시코에서 40%, 일본에서 25%, 핀란드에서 14%, 프랑스에서 9%, 독일에서 8%, 그리고 태국에서 5% 상승했다. 이에 비해 미국의 주가지수는 약 4% 상승했다. 당연하게, 외국 주식시장은 미국 시장보다 위험한 경향이 있다. 어떤 해에 높은 수익을 낸 시장은 다음 해에는 좋지 않을 수 있다. 그러나 주식시장 투자자에게 최악의 연도 중 하나였던 2008년의 경우에도, 10여 개 이상의 외국 거래소가 NYSE Euronext보다 높은 수익을 올렸다.

투자자들은 미국과 외국의 거래소 활동을, 이 거래소들의 성과를 추적하는 시장지수를 통해 비교할 수 있다. 예를 들어 다우존스 평균과 Standard & Poor's 지수는 미국 시장의 대중적 척도이며, 20개 이상의 다른 주식시장의 지수가 이용가능하다(우리는 제3장에서 더 자세히 지수를 논의할 것이다). 월스트리트 저널은 미국 및 외국의 대다수 주요 주가지수, 그리고 환율에 관한 일별 동향을 보도한다.

투자자 현실

미국 시장 점유율 – 미국 증권시장이 점유율에서 세계를 선도함에도 불구하고, 미국은 세계 주식시장에서 상장기업 시가총액의 단지 33%를 차지한다. (출처: World Federation of Stock Exchanges, http://www.world-exchanges.org/statistics/annual.)

외국 증권에 투자하는 방법

투자자들은 간접 또는 직접적으로 외국증권을 거래할 수 있다. 간접 투자의 한 형태는 상당한 해외사업을 영위하는 미국 기반 다국적 회사의 주식을 매입하는 것이다. ExxonMobil, IBM, Citigroup, Dow Chemical, Coca-Cola, Colgate-Palmolive, 그리고 Hewlett-Packard 같은 많은 미국 기반 다국적 기업은 해외영업으로부터 50% 이상의 수입을 얻는다. 이런 기업의 주식에 투자함으로써, 투자자는 어느 정도 국제적 분산투자를 달성할 수 있다. 주로 외국 증권에 투자하는 뮤추얼펀드 또는 상장지수펀드의 주식 매입은 간접투자의 다른 방법이다. 투자자들은 제3장과 제12장의 설명처럼, 주식 중개회사를 통해 이런 간접적 외국증권 투자거래들을 할 수 있다.

외국 회사에 직접 투자 하기 위해, 투자자들은 세 가지 선택을 할 수 있다. 그들은 외국 거래소에서 증권을 매입하거나, 미국 거래소에서 거래되는 외국 회사의 증권을 매입하거나, 또는 미국 시장의 주식예탁증서(American Depositary Share: ADS)를 살 수 있다.

첫째 방법(외국 거래소의 증권 매입)은, 외국 증권은 미국 달러로 거래되지 않고 따라서 투자자는 환율 등락에 직면하기 때문에, 추가적 리스크를 수반한다. 이 접근법은 불안하거나 경험없는 투자자를 위한 것이 아니다. 투자자는 또한 다른 나라들의 상이한 증권거래소 규정, 거래과정, 회계기준, 그리고 세법에 당면한다. 직접 거래는 대규모 국제영업을 수행하는 월스트리트의 주요 회사의 중개인 또는 외국증권 거래를 담당하는 특별 부서를 가진 JP Morgan Chase와 Citibank 같은 주요 은행을 통해 가장 잘 처리된다. 또는 투자자들은 외국의 브로커-딜러와 거래할 수 있으나, 이런 접근법은 더 복잡하고 위험하다.

직접투자의 두 번째 형태는 미국의 조직화된 또는 장외 거래소에서 외국 회사의 증권을 사는 것이다. 미국 거래소에서 거래되는 외국 증권은 국내 증권과 같은 방법으로 거래된다. 이 증권들은 대규모의 유명한 외국 회사들에 의해 발행된다. Alcan(캐나다), Daimler Chrysler(독일), France Telecom(프랑스), Head(네덜란드), Sony(일본), 그리고 Unilever(영국) 같은 회사의 주식들은 미국 거래소에서 직접 거래된다. 또한, 외국 정부나 회사에 의해 발행되고 미국 증권시장에서 거래되는 달러 표시 부채증권인 양키 본드(Yankee bond)는 브로커 및 딜러 시장에서 모두 거래된다.

마지막으로 외국 주식은 미국형 예탁주식(Amercian depositary shares: ADS) 형태로도 거래된다. 이 증권들은 미국 투자자들로 하여금 비 미국 회사의 주식을 보유하고 미국 거래소에서 거래할 수 있도록 하기 위해 만들어졌다. 이들은 외국 회사의 본국 은행에 예치된 주식의 미국 달러 표시 예탁증서인 미국 주식예탁증서(Amercian depositary receipt: ADR)에 의해 담보된다. 오늘날, 50개국 이상의 2,000종목 이상의 ADR이 미국 거래소에서 거래된다. 여기에는 Cadbury Schweppes, Hitachi, Nippon, LG Philips, Pearson, Reed Elsevier, 그리고 Siemens 같은 회사들이 포함된다. 일반적 국내 증권과 같은 방법으로 거래되는 ADS는 제6장에서 더 논의된다.

국제적 투자의 리스크

해외 투자는 단점도 갖고 있다. 증권 거래의 일반적 리스크에 추가하여, 투자자는 특정 외국의 사업리스크를 고려해야 한다. 무역정책, 노동법, 그리고 조세의 변화는 해당 국가 기업의 영업환경에 영향을 줄 수 있다. 정부 자체가 불안정할 수도 있다. 당신은 투자하는 각 외국 시장에서 비슷한 환경요인들을 추적해야 한다. 이는 국내 시장을 추적하는 것보다 훨씬 더 어렵다.

일반적으로 미국 증권시장은 고도로 규제되고 신뢰성 있는 것으로 간주된다. 한편, 외국 시장은 운영과 규제 모두에서 미국에 비해 상당히 뒤질 수 있다. 또한 어떤 나라는 외국투자에 다양한 규제를 부과한다. 예를 들어 타이완에서, 뮤추얼펀드는 외국인들이 투자할 수 있는 유일한 방법이다. 멕시코는 두 등급의 시장을 갖고 있으며, 일부 증권은 외국인에게는 제한되어 있다. 어떤 나라는 외국인이 자금을 인출하기 어렵게 만들었고, 많은 나라들이 배당에 세금을 부과한다. 예를 들어 스위스의 외국인에게 지급되는 배당에 대한 세금은 약 35%이다. 다른 어려움은 비유동적 시장, 그리고 보고 요건의 미비에 기인한 신뢰성 있는 투자정보 획득의 불가능성을 포함한다.

더욱이 회계기준은 국가에 따라 다르다. 회계관행의 차이는 회사의 겉으로 드러나는 수익성에 영향을 주고, (많은 나라에서 허용되는 감춰진 적립금과 저평가된 자산 같은) 자산을 감추며, 그리고 특이한 리스크를 드러내지 못할 가능성을 높인다. 결국, 상이한 국가에서 영업하는 기업들의 재무적 성과를 비교하는 것은 어렵다. 회계 전문가들은 일련의 국제적 회계기준에 동의하나, 모든 나라들이 그것을 채택하는 데 여러 해가 소요될 것이고, 모든 회사들이 그것을 채택하는 데에는 더 오래 걸릴 것이다.

또 다른 문제는 국제투자는 외국 통화로 표시된 증권 투자를 포함한다는 사실로부터 기인한다. 거래 이익과 손실은 증권의 가격 변화뿐 아니라 통화 가치의 등락에 의해서도 영향 받는다. 한 통화의 다른 통화를 기준으로 한 가격은 환율(currency exchange rate)이다. 세계 주요 통화의 가치는 매일 상호 간에 등락하고, 이 가격 변동들은 외국 증권의 투자 수익률에 상당한 양 또는 음의 영향을 미칠 수 있다.

예를 들어 2012년 1월 2일, 유럽통화연합 유로(€)와 미국 달러(US$)의 환율은 다음과 같이 표시된다.

US$ = €0.7725 € = US$1.2945

이는 미국의 $1는 €0.7725의 가치가 있고, 또는 같은 의미로서 €1는 미국의 $1.2945에 해당함을 의미한다. 당일 만약 당신이 Euronext 암스테르담에서 주당 €36.70에 거래되던 Heineken 100주를 샀으면, 그 비용은 $4,750.81이었을 것이다(100 × 36.70 × 1.2945).

4개월 후, 유로의 가치는 달러에 비해 상승했다. 2012년 4월 30일, 유로/미국달러 환율은 0.7554였으며, 이는 2012년의 첫 4개월 동안 유로는 달러에 비해 평가절상(따라서, 달러는 유로에 비해 평가절하)했음을 의미한다. 4월 30일, $1를 매입하는 데 더 적은 유로(1월의 €0.7725 대비 €0.7554)가 소요되었으며, 따라서 €1는 달러 기준으로 더 많은 가치(1월의 $1.2945 대비 $1.3228)를 가졌다. 만약 유럽통화연합 유로가 평가절하(그리고 달러는 유로 대비 평가절상)했으면, €1는 달러 기준으로 더 작은 가치를 가졌을 것이다.

환율 리스크는 두 나라 통화 사이의 환율 변동에 의해 초래되는 리스크이다. 예를 들어 2012년 4월 30일, 당신이 Euronext 암스테르담에서 주당 €41.31에 거래되는 Heineken 100주를 팔았다고 가정하자. 매각 수입은 $5,468.62였을 것이다.

이 예에서 유로로 표시된 원래 매입가격이 상승하고 유로가 달러 대비 평가절상했기 때문에, 당신은 두 요인에서 이익을 보는 결과를 얻는다. 달러 기준으로, 이 거래는 $717.81($5,468.62 − $4,750.81)의 이득을 창출했다. 외국 증권의 투자자들은 달러 대비 외국 통화의 가치는 해외 증권 거래의 수익에 심대한 영향을 준다는 것을 인식해야 한다.

개념리뷰

2.7 왜 증권시장의 세계화가 중요한 주제인가? 최근 국제투자의 성과는 어떤가?

2.8 어떻게 간접 또는 직접적으로 해외 증권 투자를 할 수 있는지 기술하라.

2.9 국제적 투자의 리스크, 특히 환율리스크를 기술하라.

증권시장의 거래시간과 규제

LG 5 국내 및 국제 증권시장의 구조를 이해하는 것은 건전한 투자 프로그램을 개발하는 데 중요한 토대이다. 이제 시장의 거래시간과 미국 증권시장의 규제를 살펴보자.

증권시장의 거래시간

미국의 조직화된 증권시장의 정규 거래시간은 동부 시간으로 오전 9:30부터 오후 4:00이다. 그러나 거래는 이 시간들만으로 제한되지 않는다. 대다수 증권거래소들과 ECN은 정규 거래시간 전후에 확대된 거래시간을 제공한다. 시간 외 시장의 대부분은 주문이 일치될 수 있을 때에만 체결되는 시장교차 거래이다. 즉 매수와 매도 주문은, 동일한 반대의 매도와 매수 주문과 희망가격에서 일치될 수 있는 경우에만 체결된다. 이는 미국 증권시장들로 하여금, 미국 시장이 닫혀 있을 때 투자자들이 거래를 실행할 수 있는 외국 증권시장들에 대해 더 효과적으로 경쟁하도록 허용한다.

NYSE는 오후 4:00 종료 벨 이후 시작하는 두 개의 짧은 전산거래 세션을 갖고 있다. 오후 4:15부터 5:00까지의 한 세션은 전산화된 체결 시스템을 통해 당일 종가에서 주식을 거래한다. 거래는 일치되는 상태가 있는 경우에만 선착순 원칙 하에서 이루어진다. 다른 세션은 오후 4:00부터 6:30까지 지속되고, 기관투자자들로 하여금 백만달러 이상 대량 주식거래를 할 수 있도록 한다. 이들의 개설 이후, NYSE는 두 세션에서 거래량 증가를 경험하고 있다.

나스닥은 동부 시간 오후 4:00부터 6:30까지 자체적인 확장된 시간의 전산거래 세션, 그리고 동부 시간 오전 8:00부터 9:30까지 및 동부 시간 오후 4:00부터 6:30까지 두 개의 SelectNet 거래 세션을 갖고 있다. 지역 거래소들 또한 시간 외 거래 세션을 도입했다. 이제 개인투자자들은 시간 외 거래활동에 참여할 수 있다. 많은 대형 중개회사들이 개인 고객들을 위해 전통적 및 온라인의 시간 외 거래 서비스를 제공한다.

투자자 오류

뉴스에 대한 과잉반응 – 최근의 연구는 상장지수펀드(ETF)의 가격이 정규 거래시간에 급격히 변동할 때, 이 변동은 빈번하게 역전된다는 것을 발견했다. 이는 최초 변동은 뉴스에 대한 투자자의 과잉반응에 의해 초래됨을 시사한다. 이런 패턴은 시간 외 거래 동안에는 명백하지 않으며, 이는 정규 거래시간 후에 사고파는 거래자들은 과잉반응 경향이 더 적음을 시사한다.

증권시장의 규제

미국의 증권법은 투자자와 금융시장 참가자들을 보호한다. 많은 주 및 연방 법은 투자자들이 적절하고 정확한 정보의 공시를 받을 수 있도록 요구한다. 이런 법들은 또한 증권시장 참가자들의 활동을 규제한다. 주 경계 안에서 증권판매를 통제하는 주법은 일반적으로 투자자들이 단지 "blue sky"를 사지 않도록 방지하려는 목적을 갖고 있기 때문에, blue sky law로 불린다. 이 법들은 전형적으로 증권 발행 및 주 안에서 사업하는 증권 판매자의 규제과정을 규정한다. 대다수 주들은 관련된 주 법규를 시행하는 책임을 가진 주 증권위원회 같은 규제기관을 갖고 있다. 아래의 <표 2.2>는 연방정부에 의해 제정된 가장 중요한 증권법들을 요약한다(시간 순으로 수록).

표 2.2 중요한 연방 증권법

법	개요
증권법, 1933년	신규 증권 발행에 관한 정보의 완전한 공시를 확보하기 위해 입법. 신규 증권의 발행자로 하여금 증권거래위원회(SEC)에 신규증권에 관한 정보를 포함하는 등록서류를 제출하도록 요구. 통상 약 20일을 소요하는 SEC의 등록서류 승인 때까지, 회사는 증권을 판매할 수 없음. SEC에 의한 등록서류 승인은 서류에 제시된 내용이 기업의 진정한 상태를 반영하는 것으로 보임을 의미함.
증권거래법, 1934년	공식적으로 SEC를 연방 증권법을 시행하는 책임을 가진 기관으로 규정. 이 법은 SEC에게 조직화된 거래소와 OTC 시장; 이들의 회원, 중개인, 그리고 딜러 그리고 이 시장들에서 거래되는 증권을 규제하는 권한을 부여. 각 참가자는 SEC에 보고서를 제출해야 하고, 정기적으로 갱신해야 함. 1934년의 법은 수차례 개정되었음.
Maloney법, 1938년	1934년의 증권거래법 수정, 증권업계를 자율규제할 거래협회의 설립을 규정. National Association of Securities Dealers(NASD)라는 단일 거래협회만 설립됨. NASD 회원은 대중을 상대로 영업하는 전국의 거의 모든 증권회사들을 포함함. SEC 감독 하에서 활동하는 NASD는 증권거래와 윤리적 행위의 표준적 과정을 설정하고, 이 과정의 준수를 감독하고 시행하며, 그리고 업계의 대변인으로서 봉사함. 오늘날 NASD의 회원이 아닌 모든 증권회사는 SEC의 직접 감독에 동의해야 함.
투자회사법, 1940년	투자회사 관련 규정과 규제를 정하고, 공식적으로 SEC로 하여금 그들의 관행과 과정을 규제하도록 승인함. 투자회사로 하여금 SEC에 등록하고, 일정 공시요건을 충족하도록 요구함. 투자회사는 주식을 판매함으로써 자금을 조달하고, 수입금을 증권매입에 사용함. 투자회사의 주된 종류는 뮤추얼펀드임. 1970년의 수정법은 투자회사가 투자자문회사에게 과도한 수수료를 지급하는 것과 회사 주식의 매입자에게 과도한 수수료를 징수하는 것을 금지함.

법	개요
투자자문회사법, 1940년	증권투자에 관한 자문을 위해 투자자에 의해 고용된 사람인 투자자문사로 하여금 자신의 배경, 이해 상충, 그리고 그들이 권고한 모든 투자에 관한 모든 관련 정보를 공시하도록 요구함. 투자자문사는 SEC에 등록하고 정기적 보고서를 제출해야 함. 1960년의 수정법은 투자자문사의 기록에 대한 검사를 허용하고 법 조항을 위반하는 투자자문회사의 등록을 취소하도록 SEC의 권한을 확대함.
수정 증권법, 1975년	SEC와 증권업계로 하여금 경쟁적인 전국적 증권거래 시스템을 만들도록 요구함. 첫째, SEC는 고정 수수료 기준을 철폐하고, 따라서 수수료 협상을 가능하게 함. 둘째, 9개 시장을 연결하고 4,000종목 이상의 해당 증권을 거래하는 전산화 통신 네트워크인 시장 간 거래시스템(ITS)을 설립함. 이는 네트워크가 어떤 증권에 대해 더 좋은 가격을 보여주는 경우, 시장 간 거래를 가능하게 함.
내부자 거래 및 사기법, 1988년	미공개 정보를 이용한 증권거래에서 이익을 얻는 내부자거래에 대한 벌칙을 규정. 내부자는 미공개 정보를 입수한 모든 사람이며, 이는 전형적으로 회사 임원, 간부, 주요 주주, 은행원, 투자은행원, 회계사, 그리고 변호사를 포함함. SEC는 회사 내부자로 하여금 회사 주식에 대한 모든 거래를 상세하게 기술한 월간 보고서를 제출하도록 요구함. 최근의 법은 내부자 거래에 대한 벌칙을 현저히 높이고, SEC에 불법 내부자 거래 활동을 조사하고 기소할 수 있는 더 강한 권한을 부여했음.
Sarbanes-Oxley법, 2002년	회사의 사기, 특히 회계 부정에 대해 투자자들을 보호하기 위해 입법화. 회계업계를 감시하는 감독위원회를 설립하고, 규제와 통제를 강화하며, 기업 사기를 저지른 간부에 대한 벌칙을 강화하고, 회계공시 요건과 재무담당자의 윤리지침을 강화하며, 기업 이사회 구조 및 인사 지침을 설정하고, 분석가의 이해상충에 관한 지침을 설정하며, SEC의 권한과 감사자 및 조사관 예산을 확대함. 이 법은 또한 회사 간부에 의한 주식 매각의 경우 즉각 공시를 의무화함.

이 연방 증권법들의 의도는 투자자 보호이다. 이 법들의 대부분은 어떤 시장참가자가 타인에게 손실을 입힌 부당행위가 드러났을 때 이에 대한 대응으로 입법되었다. 최근 십 년 동안, 의회는 회사의 재무적 부정에 관한 대중적 우려를 반영하여 두 개의 주요 법률을 제정했다. 미공개 정보를 이용한 증권거래에서 이익을 얻는 내부자 거래를 방지하려는 목적의 1988년 내부자 거래 및 사기법이다. 2002년 Sarbanes-Oxley법은 회계 및 기타 정보누출에 관련된 기업사기를 방지하는 데 주력한다. 이 법들은 모두 대중의 사업 윤리(행위 규범 또는 도덕적 판단)의식을 높였다. 정부와 금융업계는 시장참가자들이 법과 규제를 지키도록 만드는 윤리 기준을 계속적으로 개발하고 강화하고 있다. 법 집행 또는 유인 제공을 통해, 시장참가자들이 윤리 기준을 지키도록 만드는 일은 현재진행 중인 과제이다.

개념리뷰

2.10 시간 외 거래는 전형적으로 어떻게 처리되는가? 시간 외 거래의 전망은 어떤가?

2.11 다음 연방 증권법들의 핵심 사항을 간단히 기술하라.
a. 증권법, 1933년
b. 증권거래법, 1934년
c. Maloney법, 1938년
d. 투자회사법, 1940년
e. 투자자문회사법, 1940년
f. 수정 증권법, 1975년
g. 내부자 거래 및 사기법, 1988년
h. Sarbanes-Oxley법, 2002년

증권 거래의 기본 종류

LG 6 투자자는 다양한 기본적 종류의 증권거래를 할 수 있다. 정부기관에 의해 규정된 요건을 충족하는 사람들과 중개회사는 각 종류의 거래를 할 수 있다. 투자자들은 투자목적을 달성하기 위해 다양한 종류의 거래를 여러 방법으로 할 수 있으나, 우리는 여기에서 각 거래의 가장 대중적인 용도만을 기술한다. 이들은 매입 보유, 증거금 거래, 그리고 공매도이다.

매입 보유

매입 보유는 투자자가 증권을 매입하고, 미래에 가치가 상승하면 매도하여 이윤을 얻으려는 거래이다. 목표는 싸게 사고 비싸게 파는 것이다. 매입보유는 가장 일반적 종류의 거래이다. 투자자들은 일반적으로 그들의 계획된 보유기간 동안 증권가격이 상승할 것으로 기대하기 때문에, 수익은 소유기간 중 배당 또는 이자, 그리고 매입가격과 매도가격의 차이(자본 이득 또는 손실)로부터 발생한다. 당연하게, 거래비용은 이 수익을 낮춘다.

배당과 거래비용을 무시하고, 단순한 예로써 매입보유를 설명할 수 있다. Varnet Industries를 연구한 후, 당신은 현재 주당 $10에 팔리는 보통주의 가치가 다음 수년 동안 상승할 것으로 확신한다. 당신은 주문을 제출하여 Varnet 100주를 주당 $20에 매입한다.

만약 주가가 예를 들어 주당 \$40으로 상승하면, 당신은 매입 보유로부터 이익을 얻는다. 만약 주가가 주당 \$20 이하로 하락하면, 거래 손실을 경험할 것이다. 명백하게, 매입 보유의 주요 동기 요인은 증권가격 상승에 대한 기대이다.

증거금 거래

증권 매입은 반드시 현금으로 하지 않아도 된다. 투자자들은 대신 중개회사로부터 자금을 차입하여 사용할 수 있다. 이 행위는 증거금 거래로 불린다. 이는 하나의 근본적 이유 때문에 이용된다(수익 확대). 이상하게 들릴 수 있으나, 증거금이라는 용어는 투자의 자본금(백분율로 표시), 또는 차입되지 않은 금액을 뜻한다. 예를 들어 만약 투자자가 75% 증거금을 사용하면, 투자 포지션의 75%는 그 사람의 자체 자금 그리고 잔액(25%)은 차입자금으로 조달된다.

연방준비제도 이사회("Fed")는 증거금 투자자의 자체 자본이어야 하는 최소 자본액을 특정함으로써, 증거금 요건을 설정했다. 주식의 증거금 요건은 한 때 50%이었다. 증거금 비율을 높이거나 낮춤으로써, Fed는 증권시장의 활동을 둔화 또는 활성화한다. 중개인이 증거금 매입을 승인하면 중개회사는 매수자에게 필요한 자금을 대여하고 매입 증권을 담보로 보관한다. 증거금 매수자는 차입금에 대해 정해진 이자율을 지급해야 한다는 것을 인식해야 한다.

증거금을 사용함으로써, 당신은 엄격한 현금 결제보다 더 많은 증권을 매수하고 따라서 이익을 확대할 수 있다. 그러나 증거금 사용은 동시에 상당한 리스크를 수반한다. 증거금 거래는 단지 수익을 확대할 수 있을 뿐 창출하지는 않는다. 가장 큰 리스크의 하나는 증권이 기대대로 성과를 내지 않는 것이다. 만약 증권의 수익이 음수이면, 증거금 거래는 손실을 확대한다. 증거금이 사용된 증권이 언제나 궁극적 수익원천이기 때문에, 올바른 증권선택이 이 거래전략에서 핵심이다. 다음 절에서, 어떻게 증거금 거래가 수익과 손실을 확대할 수 있는지 살펴본다.

증거금 거래의 핵심 투자자들은 대다수 종류의 증권에서 증거금 거래를 이용할 수 있다. 예를 들어 이들은 보통 및 우선주, 대다수 종류의 채권, 뮤추얼펀드, 옵션, 신주인수권, 그리고 선물을 사는 데 이용한다. 증거금 대출의 이자는 소득세 관련해서는 공제되지 않기 때문에, 일반적으로 면세 지방채에는 사용되지 않는다. 또한 미리 정해진 기준을 충족하고 반기별로 발간되는 Fed의 증거금 적격 해외주식 목록에 포함된 특정 외국 주식과 채권에 대해 증거금 이용이 가능하다. 단순화를 위해, 우리는 증거금 거래 설명에서 보통주 투자를 이용할 것이다.

확대된 이익과 손실 기본적으로 투자자의 자본을 보완하는 증거금 거래의 개념은 재무 레버리지(투자수익을 확대하기 위한 부채 사용)를 이용하는 것이다.

운영 방법은 다음과 같다. 당신이 투자금 $5,000를 갖고 있고 주당 $50에 100주 매입을 고려한다고 가정하자. 만약 증거금을 이용하지 않으면, 정확히 주식 100주를 살 수 있다(중개 수수료 무시). 만약 거래에 증거금(예를 들어 50%)을 이용하면, 동일한 $5,000 포지션을 단지 $2,500의 자체 자금으로 취득할 수 있다. 이는 당신이 다른 투자에 $2,500을 이용하거나 동일 주식 100주를 더 증거금 매수할 수 있도록 만든다. 어느 경우에도, 당신은 증거금 거래를 통해 주가상승으로부터 더 많은 이익을 얻을 것이다.

<표 2.3>은 증거금 거래의 개념을 예시한다. 비 증거금(100% 자본) 거래와 함께, 다양한 수준의 증거금을 이용한 동일한 거래를 보여준다. 증거금 비율(예를 들어 65%)은 투자금 가운데 투자자 자본을 뜻함을 기억하라. 투자에 증거금이 사용되지 않고 주가가 주당 $30 상승할 때, 투자자는 60%의 매우 높은 수익률을 누린다. 그러나 증거금이 사용되면, 어떻게 수익률이 상승하는지 관찰하라. 수익률은 투자의 자본액에 따라, 75%부터 120%에 이른다. 이는 투자자가 거래자금을 조달하는 방법에 무관하게 이득은 같기 ($3,000) 때문이다. 명백하게, 투자에서 투자자 자본이 감소할수록(증거금 비율이 낮을수록) 수익률은 증가한다.

표 2.3 증거금 거래의 증권 수익에 대한 효과

	증거금 미사용 (자본 100%)	증거금 사용 80%	65%	50%
주당 $50의 매입 주식 수	100	100	100	100
투자비용	$ 5,000	$ 5,000	$ 5,000	$ 5,000
차감: 차입금	0	−.1,000	−.1,750	−.2,500
투자의 자본	$ 5,000	$ 4,000	$ 3,250	$ 2,500
A. 주당 가격이 $80로 $30 상승하는 경우, 투자자의 포지션				
주식 가치	$ 8,000	$ 8,000	$ 8,000	$ 8,000
차감: 투자비용	−,000	−,000	−,000	−,000
자본이득	$ 3,000	$ 3,000	$ 3,000	$ 3,000
투자자의 자본 수익률 (자본이득/투자 자본)	60%	75%	92.3%	120%
B. 주당 가격이 $20로 $30 하락하는 경우, 투자자의 포지션				
주식 가치	$ 2,000	$ 2,000	$ 2,000	$ 2,000
차감: 투자비용	−,000	−,000	−,000	−,000
자본손실*	($ 3,000)	($ 3,000)	($ 3,000)	($ 3,000)
투자자의 자본 수익률 (자본손실/투자 자본)	(60%)	(75%)	(92.3%)	(120%)

자본손실과 투자자 수익률은 모두 음수이며, 괄호로 표시됨.

<표>로부터 증거금 거래의 세 가지 측면이 명백하게 나타난다.

1. 주가의 변동은 주식의 매입방법에 의해 영향 받지 않는다.
2. 투자자의 포지션에서 자본액이 작을수록, 증권가격이 상승할 때 투자자는 더 높은 수익률을 누린다.
3. 증권가격이 하락할 때, 손실 또한 (동일한 비율로) 확대된다(<표 2.3>의 B 참고).

금융과 투자 그리고 사업의 모든 기능적 영역에서, 전산화된 스프레드시트를 사용하는 관행이 확산되고 있다. 이 책에서는 내용의 구성이나 계산을 보여주기 위해, 때로 스프레드시트가 사용된다. 제1장에서 보듯이 대다수 장 마지막의 엑셀 스프레드시트 연습이 있어서, 스프레드시트의 연습과 투자문제를 해결하는 데 필요한 논리를 명확하게 구성하는 능력을 개발할 수 있도록 돕는다.

증거금 거래의 장점과 단점 확대된 수익은 증거금 거래의 주요 장점이다. 확대된 수익의 크기는 증권의 가격행태와 사용된 증거금액에 의해 결정된다. 증거금 거래의 다른 덜 뚜렷한 혜택은, 투자자가 제한된 자본을 많은 수의 투자에 분산할 수 있기 때문에 증권 보유를 더 분산할 수 있도록 만드는 것이다.

증거금 거래의 주요 단점은 당연하게, 증권가격이 하락하는 경우 확대된 손실이다. 다른 단점은 증거금 대출 자체의 비용이다. 증거금 대출은 차입 자금이 증거금 거래에서 이용되는 공식적 수단이다. 모든 증거금 대출은, 시장의 실세 이자율과 차입 자금의 크기에 의존하는, 공시된 이자율로 실행된다. 이 이자율은 일반적으로 우대 금리(신용도 높은 기업 차입자에게 적용되는 이자율)보다 1% 내지 3% 높다. 대형 계좌의 경우, 우대 금리에서 실행될 수 있다. 투자자가 지불하는 대출 비용은 매일 증가하며, 따라서 이익 수준을 낮춘다(손실을 늘린다).

증거금 거래의 실행 증거금 거래를 실행하려면, 투자자는 최소 2,000달러의 자본 또는 매입 가격의 100% 가운데 작은 금액을 현금 또는 증권으로 예치하여 증거금 계정을 개설해야 한다. 중개인은 대출의 담보로서, 증거금에 기초하여 매입된 모든 증권을 보관한다.

연방준비제도에 의해 정해진 증거금 요건은 증거금 거래의 최소 자본액을 정한다. 투자자들은 모든 증거금 거래를 정확히 최소 증거금으로 실행할 필요는 없다. 원하는 경우, 그들은 최소액보다 많은 증거금을 사용할 수 있다. 더욱이 중개회사와 주요 거래소는 자체의 증거금 요건을 정하는 경우가 있으며, 이는 연방준비제도의 요건보다 엄격하다. 중개회사는 또한 더 높은 증거금을 요구하는 매우 변동성 높은 주식의 자체 목록을 갖고 있을 수 있다. 기본적으로, 개시증거금과 유지증거금이라는 두 종류의 증거금 요건이 존재한다.

개시증거금 매입 시 투자자에 의해 제공되어야 하는 자본의 최소액이 개시증거금이다. 이는 과잉거래와 과도한 투기를 방지한다. 일반적으로 증거금 거래를 논할 때, 이것이 투자자들이 일컫는 증거금 요건이다. 증거금에 의해 거래될 수 있는 모든 증권은 특정 개시 요건을 갖고 있으며, 이는 규제기관의 판단에 의해 언제든지 바뀔 수 있다. <표 2.4>는 다양한 종류 증권의 개시증거금 요건을 보여준다. 미국 정부 증권 같은 더 안정적 증권은 일반적으로 훨씬 더 낮은 증거금 요건을 갖고 있으며, 따라서 수익을 확대할 더 큰 기회를 갖고 있다. Nasdaq OMX에서 거래되는 주식은 상장 증권처럼 증거금 거래 대상이 될 수 있다. OTC 주식은 담보가치가 없는 것으로 간수되고, 따라서 증거금 거래 대상이 아니다.

표 2.4 다양한 종류 증권의 개시증거금 요건

증권	최소 개시증거금(자본) 요건(%)
상장된 보통 및 우선 주	50
Nasdaq OMX 주식	50
전환채권	50
회사채	30
미국 정부 국채	원금의 10
미국 정부 산하기관	원금의 24
옵션	옵션 프리미엄과 기초 주식 시가의 20%의 합
선물	계약 가치의 2 내지 10

계정의 현재 증거금이 개시증거금 이상이면, 투자자는 자신이 원하는 방법으로 계정을 사용할 수 있다. 그러나 만약 투자자 보유액이 하락하면, 계정의 증거금 또한 감소할 것이다. 이 경우 투자자는, 자본이 개시증거금 요건보다 작음을 의미하는 제한된 계정으로 불리는 계정을 보유한다. 이는 투자자가 추가적 현금 또는 자본을 예치해야 함을 뜻하는 것은 아니다. 그러나 계정이 제한되어 있으면 투자자는 추가적 증거금 매수를 할 수 없고, 증권이 매각되면 증거금을 개시 수준으로 회복해야 한다.

유지증거금 투자자가 항상 증거금 계정에 유지해야 하는 증거금(자본)의 절대적 최소 금액이 유지증거금이다. 불충분한 금액의 유지증거금이 존재하면 언제나 투자자는 증거금 납부요구를 받을 것이다. 이 요구는 투자자에게 자본을 유지증거금 이상으로 높이도록 짧은 기간을 허용한다(아마도 72시간). 만약 이행되지 않으면, 중개인은 투자자의 증거금 보유된 증권을 매각하여 계정의 자본을 이 기준까지 높일 수 있다.

증거금 투자자는, 만약 시장이 변동적이면, 충격 받을 수 있다. 나스닥 주식시장이 2000년 4월 초 하루에 14% 하락했을 때, 중개회사들은 평소보다 훨씬 더 많은 증거금 납부요구를 통보했다. 투자자들은 증거금 납부요구를 이행하기 위해 급히 주식을 매각하면서 빈번하게 손실을 입었고, 며칠 후 시장이 회복하는 것을 지켜볼 수밖에 없었다.

유지증거금은 중개회사와 투자자 양측을 보호한다. 중개인은 과도한 투자자 손실을 흡수해야 하는 상황을 피하고 투자자는 완전 손실을 피한다. 주식증권의 유지증거금률은 현재 25%이다. 이는 거의 변하지 않으나, 중개인과 고객의 추가적 보호를 위해 중개회사에 의해 종종 약간 더 높게 설정된다. 국채 같은 일반적 부채증권의 경우, 중개회사에 의해 자체적으로 정해진 것 외에 공식적 유지증거금은 없다.

기본적 증거금 공식 증거금액은 항상, 투자자의 담보로 간주되는 자본의 상대금액 기준으로 측정된다. 모든 종류의 매입 보유에서, 단순한 공식이 주어진 시점에서 거래의 증거금액 결정을 위해 사용될 수 있다. 기본적으로, 단지 두 가지 정보만 필요하다. (1) 증거금 거래되는 증권의 현재 시장가치 그리고 (2) 증거금 대출에서 차입된 자금액인 신용잔고이다. 이 정보가 주어지면, 수식(2.1)에 따라 증거금이 계산될 수 있다.

수식 2.1

$$\text{증거금} = \frac{\text{증권 가치} - \text{신용잔고}}{\text{증권 가치}}$$

수식 2.1a

$$= \frac{V - D}{V}$$

다음 예시를 살펴보자. 개시증거금이 40%일 때, 당신은 주당 \$40에 100주를 매입하기 원한다고 가정하라. 거래의 70%는 자본으로 조달되어야 하기 때문에, 당신은 (30%) 잔액을 증거금 대출로 조달할 수 있다. 따라서 당신은 (0.30 × \$4,000), 또는 \$1,200를 차입할 것이다. 당연하게, 이 금액은 신용잔고이다. 나머지(\$4,000 − \$1,200 = \$2,800)는 거래의 자본을 나타낸다. 다시 말해 자본은 증거금 공식의 분자($V-D$)에 의해 표시된다.

증권 가치가 변하면 증거금은 어떻게 되는가? 만약 시간이 지나서 증권 가격이 \$65로 변동하면, 증거금은 이제 다음과 같다.

$$\text{증거금} = \frac{V - D}{V} = \frac{\$6{,}500 - \$1{,}200}{\$6{,}500} = 0.815 = \underline{\underline{81.5\%}}$$

이 투자 포지션의 증거금(자본)은 70%로부터 81.5%로 상승했음에 유의하라. 증권 가격이 상승할 때, 증거금 또한 증가한다.

역으로 증권 가격이 하락할 때, 증거금 또한 감소한다. 만약 우리의 예에서 증권 가격이 주당 \$30로 하락하면, 새로운 증거금은 단지 60%[(\$3,000 − \$1,200) ÷ \$3,000]이다. 이 경우 증거금 수준이 70%의 개시증거금 미만으로 하락하기 때문에, 우리는 제한된 계정을 다루게 된다.

마지막으로, 우리의 논의가 주로 개별 거래를 기준으로 전개되었으나, 동일한 증거금 공식이 증거금 계정들에 적용된다. 유일한 차이는 전체 계정에 해당하는 수치(계정의 모든 증권의 가치와 증거금 대출의 총액)를 다룬다는 것이다.

투자 자본의 수익 증거금 거래의 수익을 평가할 때, 당신은 자금의 일부만을 투입한 사실을 고려해야 한다. 따라서 당신이 제공한 일부 자금에서 얻은 수익률에 관심을 가져야 한다. 배당 또는 이자로 수취된 현금소득과 증거금 대출의 이자를 사용하여, 우리는 수식(2.2)를 적용함으로써 증거금 거래에서 투자 자본의 수익률을 결정할 수 있다.

수식 2.2

$$\text{증거금 거래의 투자 자본 수익률} = \frac{\text{총 현금소득 수취액} - \text{증거금 대출 이자 총지급액} + \text{매도 증권의 시장가치} - \text{매입 증권의 시장가치}}{\text{매입 시 자본액}}$$

증거금 거래의 기대 또는 실제 수익률 계산을 위해, 이 수식이 사용될 수 있다. 예시 목적으로, 당신은 주가가 6개월 안에 \$75로 오를 것으로 예상하기 때문에, 주당 \$50에 100주를 매입하기 원한다고 가정하라. 주식은 연간 배당으로 주당 \$2를 지급하고, 6개월의 보유기간 동안 당신은 그 금액의 절반 또는 주당 \$1를 받을 것이다. 당신은 50%의 증거금으로 그 주식을 매입하고, 증거금 대출에 10%의 이자를 지급할 것이다. 따라서,

당신은 6개월 안에 $7,500로 상승할 것으로 예상하는 $5,000 상당의 주식을 사기 위해 $2,500의 자본을 투입할 것이다. $2,500의 증거금 대출을 6개월 동안 10%의 이자로 빌리기 때문에, 당신은 총 이자비용으로 $125($2,500 × 0.10 × 6/12 = $125)를 지급한다. 우리는 이 정보를 수식(2.2)에 대입하여, 이 증거금 거래의 기대 투자자본 수익률을 계산할 수 있다.

$$\text{증거금 거래의 투자 자본 수익률} = \frac{\$100 - \$125 + \$7{,}500 - \$5{,}000}{\$2{,}500} = \frac{\$2{,}475}{\$2{,}500} = 0.99 = \underline{\underline{99\%}}$$

99%의 수치는 6개월의 보유기간 동안 얻는 수익률을 나타냄을 기억하라. 만약 이 수익률을 다른 투자기회에 대해 비교하려면, 2(1년 중 6개월 기간의 횟수)를 곱함으로써, 거래의 연율화된 수익률을 계산할 수 있다. 이는 198%(99 × 2 = 198)의 연 수익률이 될 것이다.

증거금 거래의 이용 투자자는 주로 두 용도 가운데 하나로 증거금 거래를 사용한다. 우리가 본 것처럼, 하나의 용도는 거래 수익의 확대이다. 다른 주요 증거금 전술은 확대된 수익을 극대화하는 개념인 피라미드 구조이다. 피라미드 구조는 추가적인 증권 인수자금의 일부 또는 전부 조달을 위해 증거금 계정의 서류상 이익을 사용한다. 이는 투자자로 하여금 개시증거금 수준 미만의 증거금에서 이런 거래를 할 수 있도록 만들며, 때로는 개시증거금보다 현저히 낮을 수 있다. 실제로 이 기법에 의해, 전혀 신규 현금 없이 증권을 매입하는 것도 가능하다. 대신, 이는 증거금 대출에 의해 완전히 조달될 수 있다. 이유는 계정의 서류상 이익은 초과 증거금(필요액보다 많은 계정 내 자본)을 초래하기 때문이다. 예를 들어 만약 증거금 계정이 $60,000 상당의 증권을 보유하고 $20,000의 신용잔고를 갖고 있으면, 증거금 수준은 66%[($60,000 - $20,000) ÷ $60,000]이다. 만약 현재 증거금 요건이 단지 50%이면, 이 계정은 상당한 금액의 초과증거금을 보유할 것이다.

피라미드 구조의 원리는 계정의 초과증거금을 이용하여 추가 증권을 매입하는 것이다. 유일한 제약(그리고 피라미드 구조의 핵심)은 추가 증권이 매입될 때 당신의 증거금 계정은 현재 개시증거금 요건 수준 이상이어야 한다는 것이다. 개별 거래가 아닌 계정이 최소 기준을 충족해야 함을 기억하라. 만약 계정이 초과증거금을 보유하면, 당신은 이를 이용하여 증권을 보유할 수 있다. 증거금 계정에 추가적인 서류상 이익이 있고, 매입 시 증거금 수준이 개시증거금 요건을 초과하면, 피라미드 구조는 지속될 수 있다. 이 전술은 다소 복잡하나, 특히 투자자 계정의 필요 신규자본을 최소화하기 때문에 이익을 낼 수 있다.

일반적으로, 증거금 거래는 난순하나 동시에 위험하다. 리스크는 주로 증거금에 기초하여 거래된 증권의 가격 하락 가능성에 연계되어 있다. 가격 하락은 제한된 계정을 초래할 수 있다. 만약 가격이 하락하여 실제 증거금이 유지증거금 미만으로 감소하면, 뒤이은 증거금 납부요구가 거의 즉시 당신으로 하여금 계정에 추가 자본을 예치하도록 만들 것이다. 또한, (가격 하락으로부터 초래된) 손실은 <표 2.3>의 B에 제시된 것과 비슷한 형태로 확대된다. 명백하게, 증거금 납부요구의 가능성과 손실의 확대는 증거금 거래를 비증거금 거래보다 위험하게 만든다. 증거금은 운용을 완전히 이해하고 단점을 숙지한 투자자에 의해 이용되어야 한다.

공매도

대부분의 경우, 투자자는 가격 상승을 희망하며 주식을 매입한다. 만약 당신이 특정 증권의 가격 하락을 예상하면, 무엇을 할 것인가? 공매도를 이용하여, 증권 가격의 하락으로부터 이익을 얻을 수 있다. 거의 모든 종류의 증권은 "매도"될 수 있다. 보통 및 우선주, 모든 종류의 채권, 전환증권, 상장 뮤추얼펀드, 옵션 그리고 신주인수권. 그러나, 실제로 대다수 투자자의 공매도 행위는 거의 보통주와 옵션으로 제한된다(그러나 투자자들은 하락하는 증권 가격으로부터 자신을 보호하기 위해 공매도하는 shorting-against-the-box로 불리는 전략을 사용하지 못하도록 금지되어 있다).

공매도의 기본 공매도는 일반적으로 차입된 증권의 판매행위로 정의된다. 상이하게 들릴 수 있으나, 빌린 증권을 파는 것은 (대다수 경우) 합법적이고 상당히 보편적이다. 공매도는 투자자가 중개인으로부터 증권을 차입하고 시장에서 이 증권들을 팔 때 시작된다. 나중에 증권의 가격이 하락할 때, 공매도자는 증권을 다시 사서 대여자에게 반환한다. 공매도자는 증거금 거래와 비슷한 규정에 따라, 중개인에게 개시 자본을 예치해야 한다. 예치금과 차입 주식의 판매 대금은, 심지어 가격이 상승하는 경우에도, 공매도된 주식을 나중에 다시 살 수 있는 충분한 자금이 이용가능함을 중개인에게 담보한다. 공매도는 증거금 거래처럼, 투자자로 하여금 중개인을 통해 거래하도록 요구한다.

가격 하락 시 이익 증권 가격의 하락 시 돈을 버는 것이 바로 공매도이다. 나머지 투자세계의 동료들처럼, 공매도자는 싸게 사서 비싸게 팔아서 돈을 벌려고 한다. 유일한 차이는 역의 투자과정이다. 그들은 거래를 매도로써 시작하고 매수로써 종료한다.

<표 2.5>는 공매도의 작동 방법과 이 거래로부터 투자자가 이익을 얻는 방법을 보여준다(단순화를 위해 거래비용을 무시한다). 거래는 초기의 주당 $50의 100주 매도(제1단계)와 뒤이은 주당 $30의 100주 매수(제2단계)의 결과로서, $2,000의 순이익으로 종결된다. 공매도에서 발생하는 이익 또는 손실 금액은 공매도자가 주식을 다시 살 수 있는 가격에 의존한다. 공매도자는 주식의 판매수입이 재매입 비용보다 높을 때 이익을 얻는다.

표 2.5 공매도의 구조

제1단계. 공매도 개시	
차입 주식 100주를 주당 $50에 매도:	
투자자의 판매수입	$5,000
제2단계. 공매도 종료	
나중에 주식 100주 주당 $30에 매입, 주식 대여한 브로커에게 반환	
투자자의 비용	−3,000
순이익	**$2,000**

누가 주식을 대여하는가? 중개인을 통해, 공매도자는 중개회사 또는 다른 투자자로부터 증권을 확보한다(중개인은 차입 증권의 주요 원천이다). 고객 서비스로서, 중개인은 자신의 포트폴리오 또는 일반 계좌의 보유 증권을 대여한다. 중개회사가 일반계좌의 증권을 대여할 때, 이는 공매도자에게 다른 투자자의 증권을 대여하는 것이다. 개별 투자자는 전형적으로 주식의 차입에 대해 중개인에게 수수료를 지급하지 않는다. 대신 투자자는 중개인에게 예치한 자금의 이자를 받지 않는다.

증거금 요건과 공매도 공매도를 위해 투자자는 중개인에게 공매도 수입에 적용되는

(현재 50%인) 개시증거금 요건과 동일한 예치금을 납부해야 한다. 또한 중개인은 공매도 수입을 보관한다.

예시를 위해 개시증거금 요건이 50%이고 공매도의 유지증거금이 30%일 때, 당신이 Smart, Inc.의 100주를 주당 $50에 공매도한다고 가정하라. <표 2.6> A열의 제1부터 제4행의 값들은 당신의 중개인이 이 거래에서 총 $7,500의 예치금을 보유할 것임을 나타낸다. B와 C 열에서, Smart의 추후 주가 변화에 무관하게, 당신의 중개인 예치금은 $7,500로 유지됨에 유의하라(제4행).

표 2.6 공매도의 증거금 포지션

		A	B	C
행	항목	개시 공매도 가격($)	이후의 주식 가격($)	
1	주당 가격	50	30	70
2.	개시 공매도 수입 [(1) × 100 shares]	5,000		
3.	개시 증거금 예치액	2,500		
4.	중개인에 대한 총 예치금	7,500	7,500	7,500
5.	현재의 주식 재매입 비용 [(1) × 100 shares]	5,000	3,000	7,000
6.	자본 계정[(4) − (5)]	2,500	4,500	500
7.	실제 증거금[(6) ÷ (5)]	50%	150%	7.14%
8.	유지증거금 포지션[(7) 7 30%?]	OK	OK	Margin call*

*투자자는 총예치금을, 100주의 현재 가치와 $2,100($7,500 + $1,600)의 유지증거금 예치액의 합계인, $9,100로 만들기 위해 (a) 중개인에게 추가로 적어도 $1,600(.30 × $7,000)를 예치 또는 (b) 주식 100주를 재매입하여 중개인에게 반환해야 한다.

총 예치금에서 공매도 주식의 재매입 비용(제5행)을 차감함으로써, 당신은 현재(A열)와 두 개의 미래 주가(B와 C열)에서 계정 내 자본(제6행)을 알 수 있다. 주당 $50의 개시 공매도 가격에서, 당신의 자본은 $2,500(A열)임을 알 수 있다. 만약 주가가 이후에 $30로 하락하면, 당신의 자본은 $4,500(B열)로 증가한다. 만약 주가가 이후에 $70로 상승하면, 당신의 자본은 $500(C열)로 감소한다. 이 계정의 자본 가치를 주식의 해당 재매입 비용(제5행)으로 나누면, 각 주가에서 실제 증거금(제7행)을 계산할 수 있다. 현재의 $50 가격에서 실제 증거금은 50%, $30의 주가에서 150%, 그리고 $70의 주가에서 7.14%임을 알 수 있다.

제8행에 나타난 것처럼, 주어진 30%의 유지증거금 요건에서, 당신의 증거금은 현재의 $50 가격(A열) 또는 더 낮은 가격(B열)에서 문제없다. 그러나 $70의 가격에서, 7.14%의 실제 증거금은 30%의 유지증거금에 못 미치며, 따라서 증거금 납부요구가 이루어진다. 이 경우(또는 공매도의 실제 증거금이 유지증거금 미만으로 하락할 때마다), 당신은 중개인에게 추가 자금을 납부하거나 주식을 재매입하여 매도 포지션을 종료함으로써 증거금 납부요구에 대응해야 한다.

만약 주가가 $70로 상승했을 때 당신이 매도 포지션을 유지하고 싶으면, 중개인에게 추가로 $1,600를 예치해야 한다. 이 자금은 총 예치금을 $9,100($7,500 + $1,600)(매도 주식의 가치 $7,000과 30%의 유지증거금 $2,100(.30 × $7,000)의 합)로 높인다. 매도 포지션을 종료하기 위한 주식 재매입은 $7,000의 비용을 소요하고, 따라서 당신 계정의 자본은 $500가 된다. 명백하게 증거금 요건은 공매도 거래, 그리고 매도 주식의 가격 상승이 중개인 예치금에 주는 영향을 복잡하게 만든다.

장점과 단점 당연하게, 공매도의 주요 장점은 가격 하락으로부터 이익을 얻을 가능성이다. 많은 공매도 거래의 핵심 단점은 투자자는 고-위험 노출과 함께 제한된 수익기회를 갖는다는 것이다. 증권 가격은 단지 그만큼(0 또는 0 가까이) 하락할 수 있으나, 실제로 이 증권 가격이 얼마나 상승할지에는 한계가 없다(공매도자는 가격 하락을 바란다는 것을 기억하라. 증권 가격이 상승할 때 공매도자는 손실을 입는다). 예를 들어, <표 2.5>에서 해당 주식은 $50 이상 하락할 수 없음을 기억하라. 그러나 그 가격이 얼마나 오를지 누가 알겠는가?

덜 심각한 단점은 공매도자는 배당(또는 이자)을 받지 않는다는 것이다. 실제로, 공매도자는 매도 증권의 대여자에게 거래기간 동안의 배당(또는 이자)를 빚지고 있다. 즉 만약 공매도 거래 중에 배당이 지급되면, 공매도자는 주식 대여자에게 동일 금액을 지급해야 한다(이 지급의 기술적 과정은 공매도자의 중개인에 의해 자동적으로 처리된다).

공매도의 이용 투자자는 증권 가격의 하락을 예상할 때, 주로 투기적 이익을 추구하기 위해 공매도한다. 공매도자는 시장에 역행하여 투기하기 때문에, 이 접근법은 상당한 크기의 리스크에 노출된다. 실제 과정은 <표 2.5>의 예시처럼 작동한다. 만약 당신이 주당 $50에 주식을 팔 수 있었고 나중에 주당 $30에 매입하면, $2,000(배당과 중개 수수료 무시)의 이익을 얻음에 주목하라. 그러나 만약 시장이 당신에게 불리하게 변동하면, $5,000의 투자금 전부 또는 대부분을 잃을 수 있다.

금융시장 위기 SEC의 공매도 금지

2008년 9월에 금융위기가 심화되었을 때, 증권거래위원회는 9월 19일부터 10월 9일까지 거의 800종목의 금융주의 공매도 일시금지를 공표했다. 연구들은 이 금지조치에 의해 영향받은 주가는 현저히 상승했으나, 금지가 해제되었을 때 이 가격상승들은 대체로 반전되었음을 보여준다. 위기기간 중의 과도한 공매도에 대한 주식시장의 취약성이 SEC로 하여금 가격의 심각한 하향압력을 방지하려는 규정을 만들게 하였으나, 제약되지 않은 가격회복이 발생하였다. 2010년에 승인된 대안적 공매도 호가제한 규정(규정 201)은 가격이 하루에 10% 이상 하락함으로써 주식의 일시매매정지를 촉발했을 때에만 공매도를 제한한다. 만약 증권 가격이 현재 전국적으로 최고 매수호가를 초과하면, 이 시점에 공매도는 허용된다.

개념리뷰

2.12 매입 보유는 무엇인가? 이런 매수는 어떤 기대에 기초하는가? 증거금 거래는 무엇이고, 왜 투자자는 때로 매입 보유의 일부로서 이를 이용하는가?

2.13 증거금 거래는 어떻게 이익과 손실을 확대하는가? 증거금 거래의 핵심 장점과 단점은 무엇인가?

2.14 증거금 거래에 관련된 과정과 규제를 논의하라. 반드시 제한된 계정, 유지증거금, 그리고 증거금 납부요구를 설명하라. 신용잔고 용어를 정의하고, 증거금 거래의 일반적 용도를 기술하라.

2.15 공매도의 주요 동기는 무엇인가? 기본적 공매도 과정을 기술하라. 왜 공매도자는 개시 자본금을 예치해야 하는가?

2.16 증거금 요건은 공매도 과정에서 무슨 역할을 하는가? 공매도 거래에 대한 증거금 납부요구가 있으려면, 무슨 일이 발생해야 하는가? 이 납부요구를 해결하는 두 가지 행위는 무엇인가?

2.17 공매도의 핵심적 장점과 단점을 기술하라. 공매도는 투기적 이익을 위해 어떻게 사용되는가?

토론 문제

LG 2 Q2.1 1990년부터 2005년까지, 평균적 IPO는 거래 첫날 20% 이상 상승했다. 1999년에 117건의 가격은 첫날 두 배로 상승했으며, 이는 지난 24년을 모두 합친 39건과 비교된다. 2000년 이후, 가격이 첫날 두 배로 상승한 경우는 없다. 어떤 요인이 IPO 첫날의 대규모 수익률에 기여했을까? 현재의 IPO 시스템에 대한 일부 비판자들은 인수기관들이 의식적으로 증권을 과소평가한다고 주장한다. 왜 그들이 이런 행동을 할 수 있겠는가? 왜 발행회사가 더 낮은 IPO 가격을 수용할 수 있는가? 기관투자자들은 IPO 가격결정에 어떤 영향을 주는가?

LG 1 LG 3 Q2.2 Cisco Systems, Intel 그리고 Microsoft 같은 일부 대형 유명 회사들이, 뉴욕 증권거래소 같은 조직화된 (그들이 쉽게 상장요건을 충족할 수 있는) 거래소 대신, Nasdaq OMX 시장 상장을 선호하는 이유는 무엇인가? 조직화된 증권거래소 상장의 장점과 단점을 논의하라.

LG 1 LG 2 LG 4 Q2.3 세계 금융시장의 현재 구조와 당신의 NYSE와 Nasdaq OMX 시장에 관한 지식에 기초하여, 모든 세계적 회사의 증권들이 거래될 수 있는 단일 세계 시장(거래소)의 핵심 특성, 기능, 그리고 문제점을 논의하라. 이 시장의 발전가능성을 논의하라.

LG 5 Q2.4 연장된 거래시간에 대한 비판자들은 더 긴 거래 세션은 주식시장을 카지노로 바꾸고 장기투자보다 단기투자 이익에 더 집중하는 현상을 초래한다고 믿는다. 당신은 동의하는가? 동의 또는 동의하지 않는 이유는 무엇인가? 당일의 시장활동을 돌이켜보는 "숨돌릴 시간"이 필요한가? 왜 비교적 작은 중개회사와 ECN이 NYSE와 나스닥보다 더 강하게 거래시간 연장을 주장하는가?

LG 6 Q2.5 보수적 또는 공격적 투자자들이 투자 프로그램의 일부로서, 다음 각 종류의 거래를 어떻게 이용할 수 있는지 기술하라. 이 두 종류의 투자자들을 각자의 선호를 기준으로 대비하라.

a. 매입 보유

b. 증거금 거래

c. 공매도

문제

LG 4 P2.1 미국 달러와 영국 파운드의 현재 환율은 1.6($/£)이다. $1,000를 대가로 몇 파운드를 받을 수 있는가?

LG 4 P2.2 어떤 투자자는 최근 250,000랜드 상당의 남아프리카 회사의 주식을 매도했다. 랜드/$ 환율은 현재 8.9이다. 투자자는 얼마의 미국 달러를 받겠는가?

LG 4 P2.3 다음 각 경우에서, 외국 주식 1주의 미국 달러(US$) 가격을 계산하라.

a. 환율이 0.7645€/US$일 때, 125.2유로(€)의 가격을 가진 벨기에 주식

b. 환율이 0.9273 Sf/US$일 때, 55.5 스위스 프랑(Sf)의 가격을 가진 스위스 주식

c. 환율이 81.8700 Y/US$일 때, 1,650엔(Y)의 가격을 가진 일본 주식

LG 4 P2.4 Erin McQueen은 정확하게 1년 전, 환율이 0.67€/US$일 때, 주당 €64.5로 프랑크푸르트 거래소에서 거래되는 독일 주식인 BMW 주식 50주를 매수했다. 현재 이 주식은 주당 €71.8에 거래되고, 환율은 0.75€/US$이다.

a. 지난 해 동안 €는 US$에 비해 평가절하 또는 평가절상 되었는가? 설명하라.

b. Erin은 1년 전 BMW 50주를 매입할 때, 얼마의 US$를 지불했는가?

c. Erin은 지금 BMW 주식을 얼마의 US$에 팔 수 있는가?

d. 중개수수료와 세금을 무시하면, Erin은 지금 BMW 주식을 팔 경우 얼마의 US$ 기준 이익(또는 손실)을 보는가?

LG 5 P2.5 어떤 투자자는 미국 달러가 일본 엔에 비해 평가절상할 것으로 믿는다. 이 투자자는 동일한 위험과 수익 특성을 갖는 두 개의 투자를 고려하고 있다. 하나는 일본 엔화 표시 투자이고, 다른 것은 미국 달러화 표시 투자이다. 이 투자자는 일본 엔화 표시 투자를 매입해야 할 것인가?

LG 6 **P2.6** Black Star Inc.의 주식은 현재 주당 $20에 거래된다. 다음 각 상황에서 (중개수수료를 무시하고), Priscilla Moyo가 100주를 거래할 경우 실현할 수 있는 이익이나 손실을 계산하라.

a. 그녀는 공매도하고, 차입한 주식을 주당 $15에 재매입한다.

b. 그녀는 매수 포지션을 취하고, 이 주식을 주당 $25에 판다.

c. 그녀는 공매도하고, 차입한 주식을 주당 $25에 재매입한다.

d. 그녀는 매수 포지션을 취하고, 이 주식을 주당 $20에 판다.

LG 6 **P2.7** 어떤 투자자가 70%의 증거금으로, 주당 $80에 주식 100주를 매입한다고 가정하라.

a. 이 거래의 차변 잔액은 얼마인가?

b. 이 증거금 거래를 하기 위해, 투자자는 얼마의 자기자본을 제공해야 하는가?

LG 6 **P2.8** 어떤 투자자가 50%의 증거금으로, 주당 $40에 주식 50주를 매입한다고 가정하라. 만약 주식이 주당 $48로 상승하면, 투자자의 새로운 증거금 포지션은 무엇인가?

LG 6 **P2.9** 어떤 투자자가 60%의 증거금으로, 주당 $12에 주식 50주를 매입한다고 가정하라.

a. 이 거래의 차변 잔액은 얼마인가?

b. 이 증거금 거래를 하기 위해, 투자자는 얼마의 자기자본을 제공해야 하는가?

c. 만약 주식이 주당 $130로 상승하면, 투자자의 새로운 증거금 포지션은 무엇인가?

LG 6 **P2.10** Miguel Torres는 최소한의 증거금으로, 주당 $50에 CantWin.com.com 100주를 매입했다고 가정하라. 그의 중개인은 50%의 개시증거금과 30%의 유지증거금 요건을 부과한다. 주식 가격이 주당 $30로 하락했다. Miguel은 무엇을 해야 하는가?

LG 6 **P2.11** Amy Jenkins는 50%의 개시증거금으로, 주당 $70에 주식 100주를 매입했다. 30%의 유지증거금 하에서, 얼마나 주가가 하락하면 Amy가 증거금 납부요구를 받겠는가? (증거금 계좌에 다른 증권은 없다고 가정하라.)

LG 6 P2.12 어떤 투자자가 60%의 증거금으로, 주당 $80에 거래되는 주식 200주를 샀다. 이 주식은 주당 $1의 연간 배당을 지급한다. 증거금 대출은 연 8%의 이자비용으로 차입될 수 있다. 만약 주식 가격이 6개월 안에 $104로 상승하면, 투자자의 투자 자본 수익률은 얼마인지 계산하라. 이 거래의 연 수익률은 무엇인가?

LG 6 P2.13 Marlene Bellamy는 일반적인 50%의 최소 개시증거금으로, Writeline Communications 주식 300주를 주당 $55에 매입했다. 그녀는 이 주식을 정확히 4개월 동안 보유하고, 해당 기말에 중개수수료 없이 매각했다. 4개월의 보유기간 동안, 이 주식은 주당 $1.50의 현금배당을 지급했다. Marlene은 증거금대출에 대해 9%의 이자를 지불했다. 최소 유지증거금은 25%였다.

a. 거래의 초기 가치, Marlene의 거래의 차변 잔액, 그리고 자본 포지션을 계산하라.

b. 다음 각 주가에 대해, 실제 증거금 백분율을 계산하고, Marlene의 증거금 계좌가 초과 자본을 갖거나, 제한되거나, 또는 증거금 납부요구를 받을지 판단하라.

1. $45
2. $70
3. $35

c. 4개월의 보유기간 동안 (1) 수취 배당금과 (2) 증거금 대출에 대해 지급된 이자 금액을 계산하라.

d. 다음 4개월 보유기간 말의 매각가격을 이용하여, Marlene의 Writeline Communications 주식 거래의 연 수익률을 가격별로 계산하라.

1. $50
2. $60
3. $70

LG 6 P2.14 근래에 Jack Edwards는 Almost Anything Inc. 200주를 주당 $45에 매입했다. 그는 60%의 증거금으로 주식을 샀다. 이 주식은 이제 주당 $60에 거래되고, 연방준비제도는 최근 개시증거금 요건을 50%로 낮추었다. Jack은 현재 약간의 피라미드형 투자를 원하고, 추가로 주식 300주를 매입했다. 그가 이 거래에 투입해야 할 최소 자본금액은 얼마인가?

LG 6 P2.15 어떤 투자자가 주식 100주를 주당 $50에 공매도한다. 개시증거금은 60%이다. 이 거래를 완료하기 위해, 얼마의 자본을 계좌에 예치해야 하는가?

LG 6 P2.16 어떤 투자자가 주식 100주를 주당 $10에 공매도한다. 개시증거금은 55%이다. 만약 이것이 투자의 유일한 거래이고 투자자는 필요 금액만 예치한다면, 거래비용을 무시할 때 거래 후 투자자 계좌의 금액은 얼마인가?

LG 6 P2.17 어떤 투자자가 주식 100주를 주당 $30에 공매도한다. 개시증거금은 60%이고, 유지증거금은 50%이다. 주식 가격은 주당 $25로 하락한다. 증거금은 얼마이며, 증거금 납부요구는 있을 것인가?

LG 6 P2.18 어떤 투자자가 주식 100주를 주당 $60에 공매도한다. 개시증거금은 55%이고, 유지증거금은 25%이다. 주식 가격은 주당 $80로 상승한다. 증거금은 얼마이며, 증거금 납부요구는 있을 것인가?

LG 6 P2.19 다음 각 공매도 거래에서, 주당 이익 또는 손실을 계산하라.

거래	공매도 주당가격($)	공매도 보호를 위한 주당 매입가격($)
A	75	83
B	30	24
C	18	15
D	27	32
E	53	45

LG 6 P2.20 Charlene Hickman은 신약의 FDA 승인 실패를 예상하여, Bio International의 주식 가격이 가까운 미래에 하락할 것으로 예측했다. 결국 그녀는 Bio International 200주를 $27.50에 공매도했다. 만약 Charlene이 4개월 후에 다음 주가에서 200주를 재매입하면, 각각 얼마의 이익 또는 손실을 입겠는가?

a. $24.75

b. $25.13

c. $31.25

d. $27.00

사례 문제 1.1 Dara의 고민: 무엇을 살 것인가?

LG 6 Dara Simmons는 40세의 재무분석가이고, 두 10대 자녀를 가진 이혼한 어머니이며, 스스로를 요령있는 투자자로 생각한다. 그녀는 지난 5년 동안 투자 포트폴리오를 현저하게 늘렸다. 그녀는 투자에 대해 상당히 보수적이었으나, 이제 자신의 투자지식에 관해 더 자신을 갖고 있고, 더 높은 수익률을 가져올 수 있는 새로운 영역으로 진출하려고 한다. 그녀는 $20,000 내지 $25,000의 투자금을 갖고 있다.

Dara는 기술주의 활황시장에 이끌려서 기술주 IPO 주식의 매입에 관심을 갖고, 무선 인터넷 접속을 위한 고성능 컴퓨터 칩을 제조하는 NewestHighTech.com을 전망 좋은 회사로 선택했다. 설립 후 1년 지난 이 회사는, 초기 자금조달 때 그리고 그 칩이 주요 휴대전화 제조업체에 의해 받아들여졌을 때, 다소 호의적으로 보도되었다.

Dara는 또한 Casinos International의 현재 주당 $54에 거래되는 보통주 400주 투자를 고려하고 있다. 주요 상업은행의 경제분석가인 친구와 논의 후, Dara는 장기적 강세시장은 냉각될 것이고 경제활동은 침체할 것으로 믿고 있다. Dara는 주식중개인의 도움을 받아 Casinos International의 현재 재무상태를 연구하였고, 회사의 미래 성공은 인근 하천의 선상 카지노 개설 신청을 심리 중인 법원의 결정에 의존한다는 것을 알았다. 만약 허가를 얻으면, 이 기업의 주식은 경제상황에 무관하게 급속한 가치상승을 경험할 가능성이 있다. 반대로 만약 허가 획득에 실패하면, 주가 하락 때문에 공매도의 좋은 후보가 될 것이다.

Dara는 다음 대안들이 자신에게 이용가능하다고 느꼈다:

대안 1: NewestHighTech.com의 기업공개 시, $20,000 투자

대안 2: 지금 Casinos International을 주당 $54에 매입하고, 주의 깊게 회사를 관찰

대안 3: Casinos의 상황이 어려워질 것으로 예상하여, 주당 $54에 공매도

대안 4: 카지노 허가가 어떻게 처리되는지 기다리고, Casinos International 주식의 매입

또는 공매도 여부를 결정

문제

a. 각 대안을 평가하라. 제시된 제한된 정보에 기초하여, 최선으로 느껴지는 대안을 추천하라.

b. 만약 Casinos International의 주가가 $60로 상승하면, 대안 2와 3에서 어떤 일이 발생하는가? 이 결과들의 장점과 단점을 평가하라.

c. 만약 주가가 $45로 하락하면, 대안 2와 3 하에서 어떤 일이 발생하는가? 이 결과들의 장점과 단점을 평가하라.

사례 문제 2.2: Ravi Dumar의 공격적인 증거금 계좌

Ravi Dumar는 위스콘신주 밀워키에서 부인 Sasha 그리고 다섯 자녀와 함께 사는 주식중개인이다. Ravi는 시장에서 돈을 버는 유일한 방법은 공격적 투자 태도를 따르는 것이라고 굳게 믿는다. 예를 들어 증거금 거래를 이용하는 것이다. 실제로 Ravi는 몇 년 동안 스스로 상당한 증거금 계좌를 만들었다. 그는 현재 증거금 계좌에 $75,000 상당의 주식을 보유하나, 계좌 차변의 잔액은 $30,000에 불과하다. 최근에 Ravi는 광범위한 분석에 기초하여, 곧 상승할 것으로 보이는 주식을 발견했다. 이 주식은 Running Shoes(RS)이며, 현재 주당 $20에 거래된다. Ravi는 1년 안에 적어도 $50로 급등할 것으로 느끼고 있다. RS는 배당을 지급하지 않고, 현재 개시증거금 요건은 50%이며, 그리고 증거금 대출은 현재 10%의 연 이자율을 소요한다. Ravi는 RS에 관해 확신하기 때문에, 이 주식 1,000주를 매수하기 위해 증거금계좌를 이용하여 피라미드 쌓기를 하고자 한다.

문제

a. 투자상황에 적용된 피라미드 구조의 개념을 논의하라.

b. Ravi의 계좌의 현재 증거금 포지션(백분율 단위)은 무엇인가?

c. Ravi는 증거금계좌를 통해 RS 100주를 매입한다(이는 $20,000 상당의 거래임에 유의하라).

1. 만약 Ravi가 일반적인 개시증거금(50%)을 따르고 주식을 사기 위해 자산의 돈 $10,000를 사용하면, RS 거래 이후 계좌의 증거금 포지션은 무엇인가?
2. 만약 그가 단지 $2,500의 자기자본을 사용하고 잔액($17,500)을 위해 증거금대출을 받으면, 어떻게 되는가?
3. 일반적 개시증거금 요건이 50%일 때, 주식이 단지 12.5%의 증거금으로 매입될 수 있다는 사실을 당신은 어떻게 설명하겠는가?

d. Ravi는 $2,500의 최저 현금투자와 함께 RS 주식 1,000주를 주당 $20에 사고, 이 주식의 가격은 1년 후 주당 $40로 상승한다고 가정하라.
1. 이 거래의 투자자본 수익률은 무엇인가?
2. 만약 Ravi가 증거금 없이(즉 전액을 자신의 자금으로 사용) 주식을 매입하면, 수익률은 무엇인가?

e. Ravi의 피라미드 구조 아이디어에 관해 당신은 어떻게 생각하는가? 이 전략의 위험과 보상은 무엇인가?

엑셀 스프레드시트

당신은 방금 증거금거래의 구조를 학습했고, 재무 레버리지의 잠재적 이득을 활용하려 한다. 당신은 중개회사에 증거금계좌를 개설하고 증거금 대출을 확보하기로 결정했다. 계좌의 구체적 내용은 다음과 같다.

- 개시증거금 요건은 70%이다.
- 유지증거금은 30%이다.
- 만약 계좌 가치가 유지증거금 미만으로 하락하면, 당신의 계좌는 증거금 납입요구를 받는다.

당신은 지난해 주식의 가격변동을 추적했으며, 이 주식은 현재 과소평가되어 있고 가까운 미래에 가격상승을 경험할 것으로 믿고 있다. 증거금 계좌 개설은 좋은 투자전략으로 느껴진다. 당신은 3개 거래단위(거래단위당 100주)의 주식을 주당 $25의 현재 가격에서 매입하기로 결정했다.

다음 거래를 모형화하고 분석하기 위해, <표 2.3>의 스프레드시트와 비슷한 스프레드시트를 만들어라.

문제

a. 당신이 증거금거래를 이용하지 않는 경우, 주식의 투자 가치를 계산하라. 다시 말해 만약 투자가 100% 현금 자본으로 조달되면, 투자 가치는 얼마인가?

b. 증거금 계좌 개설 시의 투자의 차변 잔액 및 현금 자본을 계산하라.

c. 만약 당신이 증거금 계좌를 이용하고 주식가격이 주당 $40로 $15만큼 상승하면, 발생한 자본이득과 투자자 자본의 수익률을 계산하라.

d. 문제 c.에 기초한 현재 증거금 백분율은 무엇인가?

e. 만약 당신이 증거금 계좌를 이용하고 주식가격이 주당 $10로 $15만큼 하락하면, 발생한 자본손실과 투자자 자본의 수익률을 계산하라.

f. 문제 e.에 기초한 새로운 증거금 백분율은 무엇이고, 투자자인 당신에 대한 시사점은 무엇인가?

Chapter 03

투자 정보와 증권 거래

학습목표 (Learning Goals)

이 장을 학습한 후, 아래와 같은 과제를 수행할 수 있어야 한다.

LG 1 온라인 투자의 성장과 투자 도구로서 인터넷의 장점과 단점을 논의한다.

LG 2 투자 정보의 주요 종류와 출처를 인식한다.

LG 3 일반적으로 언급되는 주식과 채권 시장의 평균과 지수의 핵심 특성을 설명한다.

LG 4 주식중개인의 제공 서비스, 선정, 계좌 개설, 그리고 거래의 기본을 포함한 역할을 검토한다.

LG 5 주문의 기본 종류, 온라인 거래, 거래비용, 그리고 투자자 보호의 법적 측면을 기술한다.

LG 6 투자자문사와 투자 클럽의 역할을 논의한다.

2012년의 페이스북 IPO보다 더 많은 기대를 낳았던 주식시장 이벤트는 거의 없다. 페이스북의 주식판매를 앞둔 몇 주 동안, 대다수 논평가들은 소셜 네트워크 회사의 주식에 대한 강한 수요를 예상했다. 페이스북이 IPO 수일 전 주식 판매가격을 38달러로 높였을 때, 이 예상이 들어맞는 것으로 보였다. 이 신호는 많은 전문가들로 하여금, 페이스북의 주식이 유통시장에서 거래될 때 가격이 급등할 것으로 예상하게 만들었다. 많은 투자자들이 페이스북 IPO가, 인터넷 관련 회사의 IPO가 빈번하게 거래 첫날 100% 이상 상승했던 1990년대 말 "닷컴 거품"의 재현을 신호할 수 있다고 생각했다.

페이스북 주식의 예상된 급등은 일부 전문가들로 하여금 투자자들이 주식의 시장가주문을 제출하는 데 대해 경고하게 만들었다. 투자자가 시장가주문을 제출하면, 이 주문은 최대한 빨리 실세 가격에서 체결된다. 따라서 페이스북 주식이 2012년 5월 18일 거래되기 시작할 때, 만약 페이스북 주식이 38달러보다 훨씬 높게 거래되기 시작하면, 시장가주문을 제출한 투자자는 매우 높은 가격을 지불할 리스크를 부담한다. 대신, 일부 조언가들은 투자자들로 하여금 페이스북 주식을 살 때 지정가주문을 이용하도록 권고했다. 투자자가 지정가주문을 제출하면, 이 주문은 투자자가 특정 가격 이하에서 주식을 매입할 것임을 의미한다. 만약 시장가격이 지정가주문에서 특정된 가격보다 높으면, 거래는 이루어지지 않는다. 이렇게 지정가주문은 투자자가 예상보다 높은 가격을 지불하는 것으로부터 보호한다. 거래 개시일에 페이스북 주식은 최초 7분 동안 1억 1,000만 주가 매매되며, 신속하게 주당 $45로 상승했다. 그러나 오후까지 주식은 $40 아래로 하락했고, $38.23에서 폐장했다. 따라서, 당일 아침에 주식 매수 시장가주문을 제출했던 투자자는 아마도 상당한 일간 손실을 겪었을 것이다. 지정가주문을 제출했던 사람들은, 그들의 주문에 지정된 가격에 따라 더 나은 형편이었을 것이다. 이 장에서 당신은 투자결정을 안내할 수 있는 많은 정보 출처들에 관해 학습하고, 어떻게 상이한 주식매매 방법들이 투자수익에 영향을 줄 수 있는지 살펴볼 것이다.

(출처: "Facebook's IPO Sputters," Shayndi Raice, Ryan Dezember, and Jacob Bunge, Wall Street Journal Online, May 18, 2012;"Facebook Raises Share Price Range after Strong Demand," BBC News Business, http://www.bbc.co.uk/news/business_18070141, May 15, 2012; "Facebook IPO: Limit Orders, Not Market Orders," Dunstan Prial, Fox Business, http://www.foxbusiness.com/ industries/ 2012/05/17/facebook-ipo-limit-orders-not-market-orders/.)

투자 연구와 계획

LG 1

주 각 장의 학습목표는 이 아이콘에 의해 본문의 설명에서 표시된다.

얼마 전까지, 투자자는 증권을 매매하거나 상이한 투자 옵션에 관해 연구할 때, 종합서비스 주식중개인에게 전화했다. 이 중개인들은 고객의 주문을 처리하는 데 (오늘날의 기준에서 보면) 비교적 높은 수수료를 부과했으나, 고객들은 또한 개인투자자가 얻기에는 매우 비싸거나 접근 불가능한 많은 정보에 접할 수 있었다. 고객이 지불한 수수료는 중개인들에게 거래처리뿐 아니라 정보와 연구의 이용에 대해서도 보상했다.

오늘날 인터넷은 투자환경에서 중요한 힘이다. 이는 극히 저비용의 거래실행 수단을 제공하고, 과거에는 전문가들로 제한되었던 도구를 사용할 수 있도록 만든다. 이 도구들을 이용하여, 당신은 많은 정보를 찾고 처리하며 다양한 종류의 증권을 거래한다. 이 정보는 실시간 주식가격부터 투자분석을 위한 증권분석 연구보고서까지 포함한다. 온라인 투자의 시간과 비용 절감은 막대하다. 종이 뭉치를 뒤지는 대신, 당신은 신속하게 방대한 데이터베이스를 분류하여 적절한 투자를 결정하고, 투자를 실행하는 증권거래를 하며, 투자의 진행을 감시할 수 있다. 모두 컴퓨터에서 작업한다. 이 절에서 우리는 투자연구를 수행하기 위한 광범위한 옵션을 소개한다.

투자연구의 시작

대단히 높은 가치에도 불구하고, 이용가능한 투자정보의 절대 다수는 위압적일 수 있다. 이 장이 당신으로 하여금 정보의 경이로움을 경험하기 시작하고 더 유식한 투자자가 되는 것을 돕는다는 사실은 고무적이다. 교육 사이트는 좋은 출발점이다. 이 사이트들에서 소개되는 기초 개념을 익힘으로써, 당신은 투자결정 능력을 향상시키기 위해 필요한 종류의 정보를 인식하는 데 더 잘 준비될 것이다.

투자교육 사이트 인터넷은 초보 투자자 교육을 위한 많은 기사, 교재, 그리고 강의를 제공한다. 경험 많은 투자자도 투자지식을 넓힐 수 있는 사이트를 발견할 수 있다. 여기에, 투자의 기본을 보여주는 몇 개의 좋은 사이트가 있다.

- **Investing Online Resource Center**(www.investingonline.org)는 온라인으로 투자를 시작하는 사람과 기존 투자자들에게 풍부한 정보를 제공한다. 이는 당신의 대답

에 기초하여 거래의 준비상태를 판별하는 온라인 퀴즈를 포함한다. 사용자가 온라인 거래를 "시험운전"할 수 있도록 양방향 학습경험을 제공하는 투자 시뮬레이션 프로그램도 있다.

- **InvestorGuide.com**(www.investorguide.com)은 투자와 개인재무의 교육자료 모음인 InvestorGuide University를 제공한다. 또한 이 사이트는 인용과 도표, 포트폴리오 추적 소프트웨어, 연구, 뉴스와 논평, 그리고 광범위한 투자 관련 용어의 색인을 제공한다.
- **The Motley Fool**(www.fool.com)은 투자의 기초, 뮤추얼펀드, 투자, 중개인 선택, 투자 전략과 스타일에 관한 섹션 그리고 활발한 토론방 등을 갖고 있다.
- **Investopedia**(www.investopedia.com)는 기본 및 고급 투자와 재무관리 주제, 투자 용어 사전, 그리고 다른 유용한 투자도구에 관한 많은 교육자료를 보여준다.
- **WSJ.com**(www.wsj.com)은 *Wall Street Journal*의 무료 사이트이며, 인터넷이 투자자에게 제공할 수 있는 것들을 알려주는 훌륭한 출발점이다.
- **나스닥**(www.nasdaq.com)은 많은 투자교육 자료에 대한 링크를 제공하는 투자 및 개인재무 섹션을 갖고 있다.

다른 좋은 교육자료로는 Money, Kiplinger's Personal Finance Magazine, 그리고 Smart Money가 있다.

투자의 도구 투자의 기초에 익숙해지면, 당신은 재무계획 개발과 투자목표 설정을 시작하고, 목적에 부합하는 증권을 찾으며, 가능한 투자를 분석하고, 포트폴리오를 구성할 수 있다. 한 때 전문적 투자자문가만 사용하던 이 도구들의 대다수는 온라인에서 무료이다. 당신은 일반 금융 사이트와 대형 중개회사의 사이트에서 재무계산기와 워크시트, 검색 및 도표 도구, 그리고 주식 호가와 포트폴리오 추적 프로그램을 찾을 수 있다. 당신은 다가오는 이익발표를 알려주고 어떤 주식이 미리 정해진 가격 목표에 도달하면 경보를 보내는 개인 달력도 만들 수 있다.

계획 온라인 계산기와 워크시트는 재무 계획과 투자의 문제에 대한 답을 찾도록 돕는다. 이를 이용하여, 당신은 첫 번째 집의 일시금, 자녀들의 대학교육, 또는 65세의 안락한 은퇴 같은 특정 목적을 위해 매월 얼마를 저축할지 결정할 수 있다. 예를 들어 중개회사 Fidelity는 많은 계획도구를 보유한다(대학 계획, 은퇴 계획, 그리고 연구 도구). 가장 좋은 재무계산기 사이트의 하나는 Financial Industry Regulatory Authority(FINRA)이다. 이는 투자자가 뮤추얼펀드의 평가, 대학 비용 또는 은퇴를 위한 저축액 계산, 또는 대출의 월 상환액 계산 같은 과제를 수행할 수 있는 많은 도구를 포함한다. <그림 3.1>은 FINRA 웹사이트의 Tools and Calculators 페이지를 보여준다. 예를 들어 만약 Loan Calculator 링크를 클릭하면, 이 사이트는 대출의 이자율과 기간(개월) 및 차입액을 입력하도록 요청하고 이어서 월간 대출 상환금을 계산해줄 것이다.

그림 3.1 FINRA의 투자계산기

Www.finra.org 같은 사이트에서, 당신은 문제를 푸는 데 사용할 수 있는 많은 계산기를 찾을 것이다. 아래는 몇 개의 투자 관련 계산기를 제공하는 Financial Industry Regulatory Authority 웹사이트의 Tools & Calculators 화면이다.

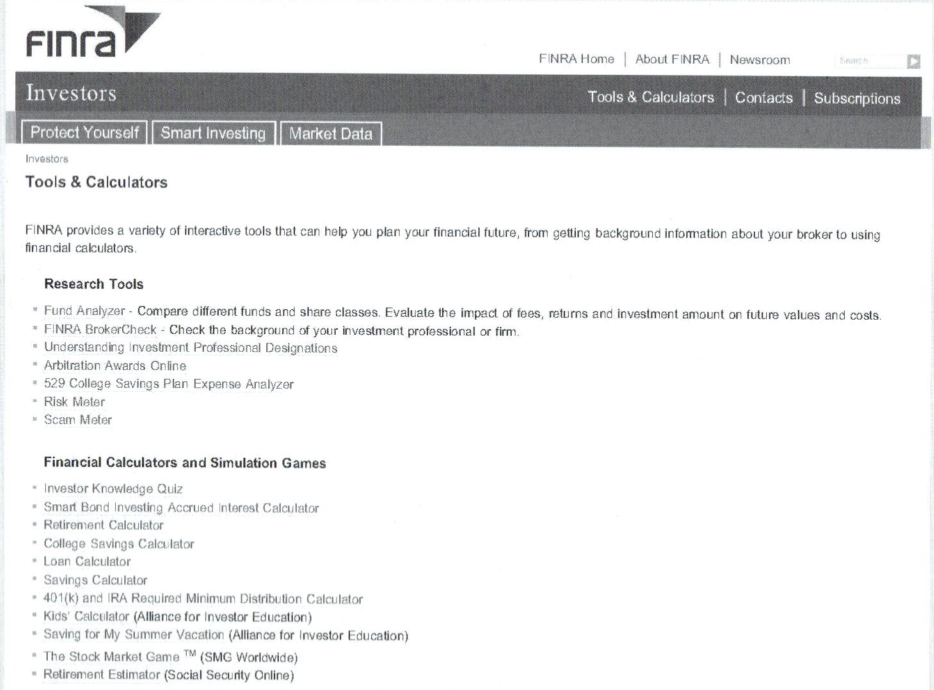

(출처: www.finra.org.)

검색 당신은 검색 도구를 사용하여 원하는 특성을 가진 주식, 채권, 그리고 뮤추얼펀드를 찾기 위해 거대한 데이터베이스를 신속하게 정렬할 수 있다. 주식의 경우, 당신은 주가수익비율, 시장가치, 배당수익률, 수입성장률, 부채-자기자본 비율, 그리고 많은 다른 특성들에 기초하여 주식을 선택할 수 있다. 채권의 경우, 채권 발행 기업이 속한 산업 그리고 채권의 만기일이나 수익률에 기초하여 검색 기준을 만들 수 있다. 뮤추얼펀드의 경우, 최소 요구투자액, 특정 산업 및 지리적 영역, 또는 투자자가 내야 하는 수수료에 기초하여 펀드를 식별할 수 있다. 이 도구들은 당신에게 주식 또는 펀드의 종류, 성과 기준, 비용 모수, 또는 다른 특성을 구체화하도록 요구한다. 그 다음에, 당신의 투자기준을 충족하는 증권의 목록을 제공한다. 각 검색 도구는 상이한 정렬 방법을 사용한다. 만약 필요하면, 어느 것이 투자목표에 가장 적합한지 결정하기 위해 개별 주식, 채권, 또는 뮤추얼펀드에 관해 추가 분석을 할 수 있다.

Zacks Investment Research는 웹사이트에서 몇 가지 최고의 도구를 제공한다. Zacks "Stock Screener"의 첫 페이지(<그림 3.2>)는 주식의 특성에 기초한 정렬 방법을 보여준다. 예를 들어 "Market Cap" 범주를 사용하여 1,000억 달러 이상의 시가총액(주당 가격과 발행주식 수의 곱)을 가진 회사를 선택하고, "Div Yield" 범주를 사용하여 어떤 수치(예를 들어 0.25%)보다 큰 수익률을 가진 기업들을 식별할 수 있다. Google은 데이터베이스 안의 모든 주식에 걸쳐 여러 개의 특성에 기초하여 주식을 선택할 수 있는 주식 검색 도구를 제공하고, 각 특성(예를 들어 주가수익비율)의 분포를 나타내는 그림 화면을 포함한다. 당신은 원하는 특성을 위한 수치를 입력하거나 분포의 상한 또는 하한을 선택함으로써 검색할 수 있다. Yahoo! Finance와 Morningstar는 주식, 뮤추얼펀드, 그리고 채권의 검색도구를 제공한다.

그림 3.2 Zacks Stock Screener

주식의 시가총액, 주가수익비율, 그리고 배당수익률 같은 광범위한 특성에 기초한 주식의 검색. Zack의 주식 검색 도구는 당신이 원하는 특성을 충족하는 주식의 목록을 제공한다.

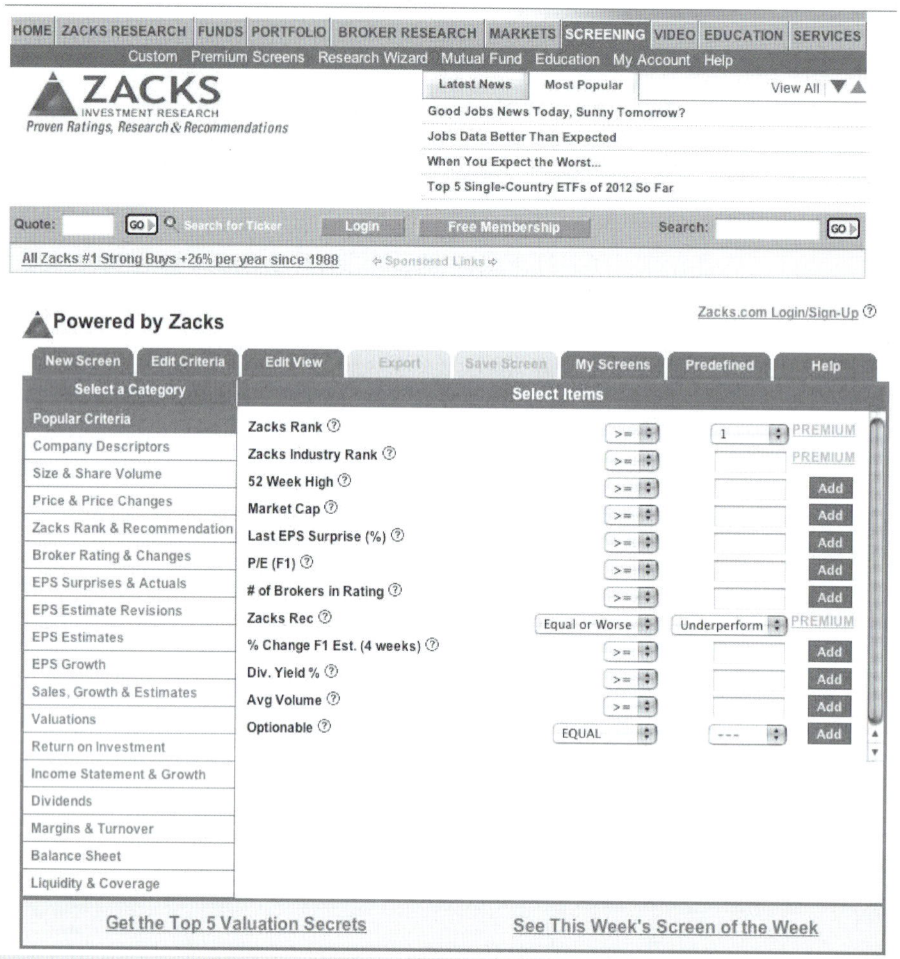

(출처: Zacks. www.zacks.com.)

도표화 도표화는 1일부터 10일 또는 그 이상의 특정 기간 동안 증권의 성과를 나타내는 기법이다. 도표를 작성함으로써, 당신은 어떤 기간이든지 한 회사의 가격성과를 다른 회사, 산업, 섹터 또는 시장 지수에 대해 비교할 수 있다. 몇몇 좋은 사이트는 Yahoo! Finance(finance.yahoo.com), Barchart(barchart.com), BigCharts(bigcharts.marketwatch.com), 그리고 Stock Charts(stockcharts.com)이다.

주식 호가와 포트폴리오 추적 거의 모든 투자 관련 웹사이트는 주식 호가와 포트폴리오 추적 도구를 포함한다. 단순히 주식 기호만 입력하면, 실시간 또는 몇 분 지연된 가격을 알 수 있다. 일단 포트폴리오 추적 프로그램에서 주식 포트폴리오를 만들면, 당신이 확인할 때마다 추적 프로그램은 자동적으로 포트폴리오 가치를 갱신한다. 일반적으로, 각 주식에 관한 더 상세한 정보에도 링크할 수 있다-많은 사이트들은 복수의 포트폴리오를 만들 수 있도록 한다. 주식과 포트폴리오 추적 프로그램의 특성, 품질, 그리고 용이성은 다양하므로 당신의 필요를 충족하는 대상을 찾기 위해 여러 프로그램을 확인하라. Yahoo! Finance, MSN Money, 그리고 Morningstar는 쉽게 설정되고 용도에 적합화될 수 있는 포트폴리오 추적 프로그램을 갖고 있다.

투자도구로서 인터넷의 장점과 단점

투자도구로서 인터넷의 힘은 매력적이다. 평범한 투자자와 증권매매 경험이 전혀 없는 초보자라도 스스로 투자하게 할 수 있다. 그러나 투자는 언제나 리스크를 수반함을 기억하라. 인터넷 거래는 투자자가 실제 중개인으로부터 정보를 얻고 주문을 제출할 때와 동일하게 주의를 기울일 것을 요구한다. 실제로, 당신의 거래에 관한 생각의 재고를 권고하는 살아 있는 중개인의 안전망이 없기 때문에, 더 많이 주의할수록 좋다. 마우스-클릭 투자의 용이성은 경험 없는 투자자로 하여금 너무 자주 거래하도록 유혹하고, 따라서 거래비용을 높일 수 있다. 많은 돈을 번 다른 사람들의 일화에 이끌려, 많은 초보 투자자들이 투자의 위험과 보상(가끔 재앙적 결과)을 이해하기 전에 뛰어든다.

현명한 투자의 기본 법칙은 온라인 또는 중개인을 통한 거래에서도 동일하다. 반드시 당신 투자의 리스크를 확실히 이해해야 한다. 의심을 품어라. 만약 투자가 믿을 수 없을 정도로 좋으면, 아마도 그럴 것이다! 항상 스스로 연구하라. 다른 사람의 어떤 증권을 사면 좋다라는 말을 받아들이지 말라. 매입 전에, 이 책의 다음 장들에서 제시될 기법들을 이용하여, 자신의 분석을 수행하라.

추가적 조언은 다음과 같다.

- **온라인 거래의 속도와 용이성 때문에, 현실에 눈감지 말라.** 더 빈번한 거래는 더 높은 총 거래비용을 의미한다. 일부 중개인이 거래당 $3의 비용을 광고하더라도, 평균적 온라인 거래수수료는 더 높다(일반적으로, 약 $10 내지 $15). 자주 거래할수

록, 비용을 회수하는 기간은 길어진다. 관련 연구들은 당신이 더 빈번하게 거래할수록 시장을 상회하기 더 어렵다는 것을 보여준다. 또한 1년 미만의 단기 거래에서는, 이익에 대해 자본이득세율 대신 더 높은 일반 소득세율에 의해 세금을 내야 한다.

투자자 현실

너무 많은 좋은 투자들 – 최근의 연구는 1990년대 중반 전화 거래로부터 온라인 거래로 전환한 한 집단의 개인투자자들의 투자성과를 살펴보았다. 전화 거래에서, 이 투자자들은 평균을 훨씬 넘는 수익을 올리면서 매우 좋은 성과를 냈다. 그러나 온라인 거래로 전환한 후, 이들은 더 빈번하게 더 공격적으로 거래했고 그 과정에서 더 많은 거래비용을 지출했다. 결국, 이들의 온라인 전환 후 수익률은 연간 약 5% 하락했다.
(출처: Brad M. Barber & Terrance Odean. (2002). Online Investors: Do the Slow Die First? Review of Financial Studies, 15(2), 455–487.)

- **당신이 읽는 모든 것을 믿지 말라.** 주식의 전망을 보여주는 화면 가득한 자료에 감동하거나, 또는 토론 게시판에서 읽거나 투자 관련 TV 쇼에서 본 강렬한 힌트에 기초하여 행동할 수 있다. 이런 투자를 권유하는 사람에 관해 얼마나 알고 있는가? 스스로 반문하라. 연구를 수행할 때, 주요 중개회사, 뮤추얼펀드, 학술기관, 그리고 유명한 사업과 금융 출판물에 의존하라.

- **만약 온라인 매수에 의해 발목이 잡히면, 증거금 차입을 사용하여 주식보유를 확대하려 하지 말라.** 제2장에서 언급된 것처럼, 오히려 손실을 확대할 수 있다.

이 장의 나머지 절들에서, 우리는 온라인 투자의 사기와 소문에 관한 주제를 다루고 온라인 거래의 지침을 논의할 것이다.

개념리뷰

3.1 인터넷의 개인투자자에 대한 영향을 논의하고, 제공 자원의 종류들을 요약하라.

3.2 중요한 네 가지 종류의 온라인 투자 도구를 밝혀라. 당신이 더 좋은 투자자가 되는 데 있어서 이들의 도움은 무엇인가?

3.3 인터넷을 이용하여 투자를 선택하고 관리하는 것의 장점과 단점은 무엇인가?

투자 정보의 종류와 출처

LG 2 제1장에서 학습한 것처럼, 성공적 투자자가 되려면 투자계획 개발과 유동성 수요 충족으로부터 시작해야 한다. 이 과제를 달성하면, 올바른 투자를 찾아서 투자계획을 실행하고 투자목표를 향한 진척을 감시할 수 있다. 인터넷 또는 인쇄 자료의 사용과 관계없이, 당신은 다양한 종류의 투자정보를 살펴보고 가능한 투자들의 위험과 수익을 예상해야 한다. 이 절은 투자정보 출처의 핵심적 종류들을 기술한다.

투자정보는 기술적이거나 분석적일 수 있다. 기술적 정보는 경제, 시장, 산업, 회사, 또는 주어진 투자의 과거 행태의 실제 자료를 제시한다. 분석적 정보는 현재 자료에 기초하여 가능한 투자에 관한 예측과 조언을 제시한다. <그림 3.3>에 포함된 Yahoo! Finance의 표본 페이지는 McDonald's Corporation에 관한 기술적 및 분석적 정보를 제공한다. 이 <그림>은 McDonald's는 (2012년 9월 현재) $940억 이상의 시가총액, $270억 이상의 매출액, 그리고 $50억 이상의 순이익을 가진 매우 큰 회사임을 강조한다. McDonald's 주식은 비교적 낮은 0.3의 베타를 갖고 있음에 주목하라. McDonald's는 식품 사업에 속하기 때문에 이는 그다지 놀랍지 않으며, 식품 소비는 경제가 활황 또는 불황인 것에 관계없이 크게 변하지 않는다.

정보의 출처

이 절의 논의는 현재의 경제적 사건, 산업과 회사, 그리고 가격에 관한 정보의 가장 일반적인 온라인 및 전통적 출처 그리고 다른 온라인 출처에 집중한다. 그러나 이 절에 언급되지 않은, 투자자가 이용가능한 투자정보의 무수한 출처가 존재한다.

경제적 및 현재 사건의 정보 현재의 경제적, 정치적, 그리고 사업 이벤트들을 알고 있는 투자자들은 더 좋은 투자결정을 하는 경향이 있다. 경제적 및 현재 사건 정보의 대중적 출처는 금융 잡지, 일반 신문, 기관지, 사업 관련 정기간행물, 정부 발간물, 그리고 특별 구독 서비스를 포함한다. 이들은 인쇄물과 온라인 버전으로 이용가능하다. 온라인 버전은 대부분 무료이나 제한된 내용을 담고 있다. 대다수는 무료로 검색할 수 있는 자료집을 제공하고, 다운로드되는 기사마다 약간의 수수료를 부과한다.

그림 3.3 기술적 정보를 포함하는 보고서

Yahoo! Finance의 2012년 9월의 McDonald's Corporation 보고서는 회사의 재무제표 및 주식의 가격성과에 관한 기술적 정보를 포함한다.

McDonald's Corp. (MCD) - NYSE

93.54 ↑0.34(0.36%) 12:34PM EDT - Nasdaq Real Time Price

Key Statistics

Data provided by Capital IQ, except where noted.

Valuation Measures	
Market Cap (intraday)[5]:	94.29B
Enterprise Value (Sep 27, 2012)[3]:	105.05B
Trailing P/E (ttm, intraday):	17.56
Forward P/E (fye Dec 31, 2013)[1]:	15.69
PEG Ratio (5 yr expected)[1]:	1.86
Price/Sales (ttm):	3.42
Price/Book (mrq):	6.70
Enterprise Value/Revenue (ttm)[3]:	3.83
Enterprise Value/EBITDA (ttm)[6]:	10.66

Financial Highlights	
Fiscal Year	
Fiscal Year Ends:	Dec 30
Most Recent Quarter (mrq):	Jun 30, 2012
Profitability	
Profit Margin (ttm):	20.03%
Operating Margin (ttm):	30.61%
Management Effectiveness	
Return on Assets (ttm):	15.87%
Return on Equity (ttm):	37.93%
Income Statement	
Revenue (ttm):	27.45B
Revenue Per Share (ttm):	26.90
Qtrly Revenue Growth (yoy):	0.20%
Gross Profit (ttm):	10.69B
EBITDA (ttm)[6]:	9.86B
Net Income Avl to Common (ttm):	5.50B
Diluted EPS (ttm):	5.32
Qtrly Earnings Growth (yoy):	-4.50%
Balance Sheet	
Total Cash (mrq):	2.50B
Total Cash Per Share (mrq):	2.48
Total Debt (mrq):	13.57B
Total Debt/Equity (mrq):	96.71
Current Ratio (mrq):	1.24
Book Value Per Share (mrq):	13.92
Cash Flow Statement	
Operating Cash Flow (ttm):	7.07B
Levered Free Cash Flow (ttm):	3.54B

Trading Information	
Stock Price History	
Beta:	0.30
52-Week Change[3]:	4.98%
S&P500 52-Week Change[3]:	23.52%
52-Week High (Jan 20, 2012)[3]:	102.22
52-Week Low (Oct 4, 2011)[3]:	83.74
50-Day Moving Average[3]:	90.04
200-Day Moving Average[3]:	91.91
Share Statistics	
Avg Vol (3 month)[3]:	5,388,160
Avg Vol (10 day)[3]:	4,825,640
Shares Outstanding[5]:	1.01B
Float:	1.01B
% Held by Insiders[1]:	0.07%
% Held by Institutions[1]:	67.20%
Shares Short (as of Sep 14, 2012)[3]:	9.58M
Short Ratio (as of Sep 14, 2012)[3]:	2.00
Short % of Float (as of Sep 14, 2012)[3]:	0.90%
Shares Short (prior month)[3]:	9.35M
Dividends & Splits	
Forward Annual Dividend Rate[4]:	3.08
Forward Annual Dividend Yield[4]:	3.30%
Trailing Annual Dividend Yield[3]:	2.80
Trailing Annual Dividend Yield[3]:	3.00%
5 Year Average Dividend Yield[4]:	3.10%
Payout Ratio[4]:	51.00%
Dividend Date[3]:	Dec 16, 2012
Ex-Dividend Date[4]:	Nov 29, 2012
Last Split Factor (new per old)[2]:	2:1
Last Split Date[3]:	Mar 8, 1999

View Financials
Income Statement - Balance Sheet - Cash Flow

See Key Statistics Help for definitions of terms used.
Abbreviation Guide: **K** = Thousands; **M** = Millions; **B** = Billions
mrq = Most Recent Quarter (as of Jun 30, 2012)
ttm = Trailing Twelve Months (as of Jun 30, 2012)
yoy = Year Over Year (as of Jun 30, 2012)
lfy = Last Fiscal Year (as of Dec 31, 2011)
fye = Fiscal Year Ending
[1] Data provided by Thomson Reuters
[2] Data provided by EDGAR Online
[3] Data derived from multiple sources or calculated by Yahoo! Finance
[4] Data provided by Morningstar, Inc.
[5] Shares outstanding is taken from the most recently filed quarterly or annual report and Market Cap is calculated using shares outstanding.
[6] EBITDA is calculated by Capital IQ using methodology that may differ from that used by a company in its reporting

Currency in USD.

(출처: Yahoo! Inc. 제공)

금융 잡지 *Wall Street Journal*은 금융뉴스의 가장 대중적인 출처이다. 월요일부터 토요일까지 매일 미국, 유럽, 그리고 아시아 판으로 발간되는 이 저널은 또한 WSJ Online으로 불리는 온라인 버전도 갖고 있으며, 이는 주말을 포함하여 하루 종일 빈번하게 갱신된다. 수천 개 투자 증권의 일간 호가를 제공하는 데 추가하여, 이 저널은 세계, 국가, 지역, 그리고 기업 뉴스를 보도한다. 셋째 섹션의 마지막 페이지는 일반적으로, 특정 시장과 회사의 미국 및 해외의 사건에 집중하는 "Heard on the Street"라는 제목의 컬럼을 포함한다. 또한 개인재무 이슈와 주제를 다루는 기사를 포함하는 넷째 섹션은 화요일, 수요일, 그리고 목요일 판에 포함되고, "Weekend Journal"로 불리는 이 섹션의 확장된 버전은 금요일 판에 포함된다. WSJ Online은 주식과 뮤추얼펀드의 도표, 회사 개요, 재무상태 및 분석가 평가, 기사 검색, 특별 온라인 기사, 그리고 Dow Jones 기사 자료집을 제공하는 호가 및 뉴스 같은 내용을 포함한다.

두 번째 대중적인 금융뉴스 출처는 주간으로 발행되는 *Barron's*이다. *Barron's*는 일반적으로 개인투자자에게 흥미로운 다양한 주제에 관한 장문의 기사를 제공한다. 아마도 *Barron's*의 가장 대중적인 컬럼은 "Up & Down Wall Street"이며, 이는 주식시장과 기업에 영향을 주는 주요 사건들의 비평적이고 종종 흥미로운 평가를 제공한다. *Barron's*는 또한 다양한 투자 증권의 현재 호가와 요약 통계를 포함한다. WSJ Online의 구독자는 또한 *Barron's* 온라인 판을 볼 수 있으며, 이들이 모두 Dow Jones & Company(Rupert Murdoch's New Corporation의 자회사)에 의해 발간되기 때문이다.

세 번째로 *Investor's Business Daily*는 전국적 사업 신문이며, 월요일부터 금요일까지 발간된다. 이는 *Wall Street Journal*과 비슷하나, 더 상세한 가격과 시장 자료를 포함한다. 이 웹사이트는 무료로 제공되는 한정된 내용을 담고 있다. 금융뉴스의 다른 출처는 *Financial Times*이며, 이는 미국, 영국, 유럽, 그리고 아시아 판을 갖고 있다.

일반 신문 *New York Times, Washington Post, Los Angeles Times,* 그리고 *Chicago Tribune* 같은 주요 대도시 신문들은 인쇄 및 온라인 판에서 많은 금융정보를 투자자에게 제공한다. 대다수 주요 신문들은 주요 거래소의 주식 호가, 지역적인 관심 대상 주식의 호가, 그리고 주요 주식시장 평균과 지수의 요약을 포함한다. 지역 신문은 금융 뉴스의 다른 편리한 출처이다. 대다수 대도시에서, 일간 신문은 적어도 몇 페이지를 금융 및 사업 뉴스에 할애한다.

금융 뉴스의 다른 대중적 원천은 월요일부터 금요일까지 발간되는 전국적 신문인 USA Today이다. 이는 인쇄 및 온라인 버전으로 이용가능하다. 각 호는 사업 및 개인재무 뉴스 그리고 현재 증권가격 호가 및 요약 통계에 할애된 “Money” 섹션(Section B)을 포함한다. 월요일의 “Money” 섹션은 상이한 산업집단의 성과를 S&P 500 지수에 대비하여 보여주는 흥미로운 그래프를 공표한다.

기관 소식지 *Bank of America*(Charlotte, North Carolina에 기반함), *Northern Trust*(시카고), 그리고 *Wells Fargo*(샌프란시스코) 같은 선도적 전국 은행의 월간 경제 소식지는 유용한 경제정보를 제공한다. *Dow Jones, Bloomberg Financial Services, AP*(Associated Press), 그리고 *UPI*(United Press International) 같은 유선 서비스들은 그들을 구독하는 중개회사, 다른 금융기관, 그리고 웹사이트들에게 경제 및 사업 뉴스를 제공한다. Bloomberg는 자체의 종합 사이트를 갖고 있다. 금융 뉴스에 특화한 웹사이트는 CNNMoney와 MarketWatch를 포함한다.

사업 정기간행물 사업 관련 정기간행물들은 다양한 범위를 다룬다. 일부는 일반적인 사업과 경제 기사를 제시하고, 다른 것들은 증권시장 및 관련 주제를 다루며, 그리고 또 다른 것들은 특정 산업에 집중한다. 주제 사안과 관련 없이, 대다수 사업 정기간행물들은 기술적 정보를 제시하고 일부는 분석적 정보도 포함한다. 이들은 권고는 거의 하지 않는다.

일반적 관심사를 다루는 *Newsweek, Times,* 그리고 *U.S. News & World Report* 같은 정기간행물의 사업 섹션은 사업과 경제 뉴스를 보도한다. 순전히 사업 및 금융 지향적인 *Business Week, Fortune,* 그리고 *The Economist* 같은 정기간행물은 더 많은 심도있는 가시를 제공한다. 이 잡지들은 또한 투자와 개인재무 기사를 다룬다.

일부 금융 정기간행물은 증권과 시장 기사에 특화한다. 가장 기본적이고 상식적인 기사는 *Forbes, Kiplinger's Personal Finance, Money, Smart Money,* 그리고 *Worth*에 실린다. 격주로 발행되는 *Forbes*는 가장 투자 지향적이다. *Kiplinger's Personal Finance, Money, Smart Money,* 그리고 *Worth*는 월간으로 발행되며 개인재무 관리와 투자에 관한 기사를 싣는다.

이 모든 사업과 개인재무 잡지는 최근 기사의 대부분을 무료로 볼 수 있는 웹사이트를 갖고 있다. 대다수는 많은 다른 내용들을 포함한다. 예를 들어 *Smart Money*는 1,000 종목의 미국과 국제 주식의 조감도를 제공하는 천연색으로 코드된 "Market Map 1000"을 포함한 양방향 투자도구를 갖고 있다. 여기에서, 당신은 가격이 오르는 (또는 내리는) 섹터와 주식들을 볼 수 있다.

정부 간행물 많은 정부기관들이 투자자에게 유용한 경제 자료와 보고서를 발간한다. 미국의 정부 인쇄국에서 찾을 수 있는 연간 *Economic Report of the President*는 경제의 현재 및 예상 상황에 관한 광범위한 개관을 제공한다. 이 문서는 경제 정책과 상황을 검토하고 요약하며, 경제의 중요한 측면들의 자료를 포함한다.

연방준비제도 이사회에 의해 월간으로 발행되는 *Federal Reserve Bulletin*과 12개 지역 연방준비은행 각각에 의해 발간되는 정기보고서는 경제 및 사업 활동의 다양한 영역에 관한 논문과 자료를 제공한다. Www.federalreserve.gov를 방문하면, 이 많은 발간물을 읽을 수 있다.

상무부의 유용한 발간물은 *Survey of Current Business*이다. 이는 월간으로 발행되며, 경제와 사업 상황에 관련된 지표와 자료를 포함한다. 모든 제조기업을 산업과 자산규모에 의해 구분하여 재무제표 정보를 제공하는 좋은 출처는 상무부에서 발간되는 Quarterly Financial Report for U.S. Manufacturing, Mining, and Wholesale Trade Corporations이다.

특별 구독 서비스 사업과 경제 상황에 관한 추가적 통찰력을 원하는 투자자들은 두 개의 특별 서비스를 구독할 수 있다. 이 보고서들은 사업과 경제 예측을 포함하고, 새로운 정부 정책, 노동조합 계획과 전술, 조세, 물가, 임금 등을 알려준다. 대중적인 서비스의 하나는 풍부한 경제 정보와 분석을 제공하는 주간 간행물인 *Kiplinger's Washington Letter*이다.

산업과 회사 정보 투자자의 특별한 관심사는 특정 산업과 회사에 관한 정보이다. 많은 거래 잡지들이 한 산업의 사업 경향을 심도있게 다룬다. *Chemical Week, American Banker, ComputerWorld, Industry Week, Oil and Gas Journal,* 그리고 *Public Utilities Fortnightly* 같은 거래 관련 발간물들은 산업과 회사에 관한 매우 집중적인 정보를 제공한다. 예를 들어 *Red Herring, CIO Magazine, Business 2.0,* 그리고 *Fast Company*는 당신으로 하여금 첨단기술 세계에 보조를 맞출 수 있도록 도와주는 잡지들이다. 이들은 모두 훌륭한 웹사이트를 갖고 있다. 투자자는 투자할 산업을 선택한 후, 종종 특정 회사를 분석하려 할 것이다. *Business Week, Forbes, Wall Street Journal*, 그리고 *Fortune* 같은 일반적인 사업 관련 정기간행물은 특정 산업과 개별 회사의 활동에 관한 기사를 싣는다. 또한 회사 웹사이트는 전형적으로 회사에 관한 풍부한 정보-투자자 정보, 연차 보고서, 제출문서, 그리고 재무 공시, 보도자료 등을 제공한다. <표 3.1>은 산업과 회사 정보를 강조하는 몇몇 무료 구독 자료를 제시한다.

표 3.1 산업과 회사 정보의 온라인 출처

웹사이트	개요	비용
Hoover's Online (www.hoovers.com)	공개 및 비공개 회사의 보고서 및 뉴스와 함께, 43,000개의 세계 최고 기업에 관한 심도 있는 보도	서비스 수준에 따라 변동
CNET (news.cnet.com)	첨단기술 뉴스, 분석과 새 소식의 가장 좋은 사이트의 하나. 훌륭한 검색 능력과 링크 보유	무료
Yahoo! Finance (finance.yahoo.com)	웹에서 수집된 회사 정보 제공, 주식 호가, 뉴스, 투자 아이디어, 연구, 재무분석가 등급, 내부자 거래 등	무료
Market Watch (www.marketwatch.com) Latest	다양한 유선 서비스의 최근 뉴스. 시장 또는 산업 별로 검색 가능, 이익발표와 회사 뉴스에 유익	무료

공정공시 규정 2000년 8월, SEC는 Regulation FD로 알려진 공정공시 규정을 제정했다. 이는 고위 간부가 이익 발표와 합병 및 신제품 뉴스 같은 중요한 정보를 투자전문가와 대중에게 동시에 보도자료나 SEC 보고를 통해 공시할 것을 요구한다. 만약 특정 정보가 보도자료를 요구하는지 확실하지 않으면, 회사는 전문적 주식분석가와의 접촉으로 제한할 수 있다. 그러나 Regulation FD는 언론이나 Moody's Investors Service와 Standard & Poor's 같은 증권평가회사와의 소통에 적용되지 않는다. 다시 말해, 기업들은 대중에게 보도자료를 통해 동시에 공시하지 않고, 언론의 구성원들에게 정보를 공시할 수 있다. 이 법은 언론은 분석가가 할 수 있는 것처럼 정보에 기초하여 거래하지 않고, 회사로부터 얻은 정보를 공개할 의무를 갖는다는 견해를 취하고 있다. 규정의 위반은 금지명령이

나 벌금에 처해질 수 있으나, 사기로 간주되지는 않는다.

주주 보고서 개별 기업에 관한 매우 좋은 자료 출처는 공개 기업에 의해 연간으로 발행되는 주주 보고서, 또는 연차 보고서이다. 이 보고서들은 수년간의 요약 재무제표가 첨부된 최근 영업연도의 재무제표를 포함한 넓은 범위의 정보를 수록한다. 이 보고서들은 무료이고, 일반적으로 회사의 웹사이트에서 볼 수 있다. AT&T의 2011 연차보고서 요약이 <그림 3.4>에 나타나 있다. 이 페이지는 AT&T의 여러 사업부문의 성장률과 수입을 보여주며, 상세한 재무제표는 보고서의 다른 부분에서 찾을 수 있다. 만약 당신이 회사마다 별도로 연차보고서를 찾는 게 번거로우면, AnnualReports.com은 가장 완전한 연차보고서 목록을 인터넷에서 찾을 수 있다고 자랑한다.

주주 보고서에 추가하여, 많은 심각한 투자자들은 회사의 10-K 양식 서류를 검토한다. 이는 증권거래소에 상장되었거나 OTC 시장에서 거래되는 주식을 갖고 있는 기업이 매년 SEC에 제출해야 하는 서류이다. 주요 거래소에서 거래되는 모든 회사에 의해 제출된 보고서를 보유한 SEC/EDGAR(Electronic Data Gathering and Analysis Retrieval) 덕분에, 10-K와 다른 SEC 제출서류를 찾는 것은 이제 단순한 작업이다. 당신은 SEC의 웹사이트 또는 EDGAR Online의 FreeEdgar 사이트에서 이들을 읽을 수 있다.

비교 자료의 출처 비교 자료의 출처는 전형적으로 산업과 기업규모에 의해 구분되며, 회사의 재무상태를 분석하는 좋은 도구이다. 이 출처들은 Dun & Bradstreet의 Key Business Ratios, RMA의 Annual Statement Studies, Quarterly Financial Report for U.S. Manufacturing, Mining, and Wholesale Trade Corporations(앞에서 인용), 그리고 Almanac of Business & Industrial Financial Ratios를 포함한다. 이 출처들은 전형적으로 대중 및 대학 도서관에서 이용가능하며, 회사의 재무상태를 평가하기 위한 유용한 준거를 제공한다.

구독 서비스 다양한 구독 서비스는 특정 산업과 회사에 관한 자료를 제공한다. 일반적으로 구독자는 서비스의 정보를 사용하기 위해 기본료를 지불하고, 또한 심도를 높이거나 범위를 확대하기 위해 우대 서비스를 구입할 수 있다. 주요 구독 서비스는 기술적 및 분석적 정보를 제공하나, 일반적으로 권고는 하지 않는다. 대다수 투자자들은 이 서비스

그림 3.4 주주 보고서의 페이지

(AT&T의 2011 연차보고서 요약은 투자자에게 기업의 지난 해 영업에 관한 일부 핵심 정보를 신속하게 알려준다.

2011 by the numbers...

strong revenue growth engines

AT&T's growth engines – wireless and wireline data/managed services – represented 76 percent of our 2011 revenues and grew 7.5 percent year over year.

full-year 2011 revenue mix >

- Wireless
- Wireline Data/Managed Services
- Wireline Voice
- Advertising Solutions/Other

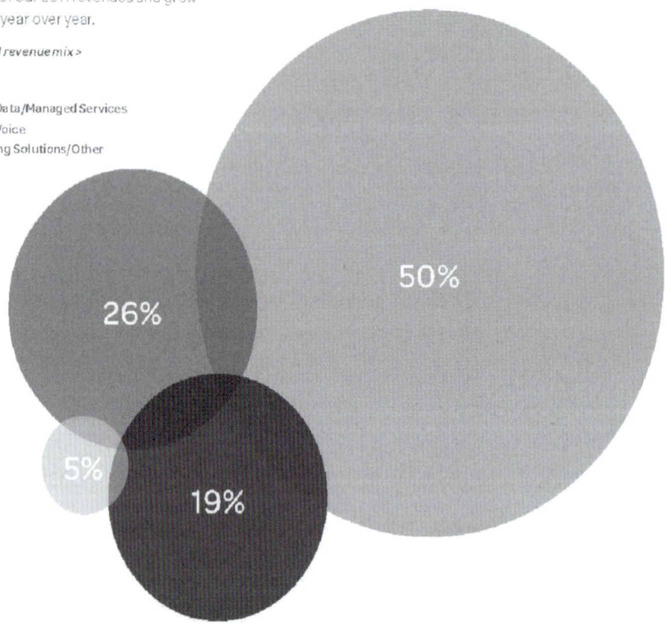

$20.3B	103.2M	$10.2B	$34.6B
Capital invested in 2011, including an increase in investment in wireless and mobile broadband capabilities.	Wireless connections on AT&T's network, an increase of 7.7 million in 2011.	Amount paid to our stockholders via our dividend. In December 2011, AT&T increased its dividend for the 28th straight year.	Cash generated from operating activities.

26 AT&T Inc.

(출처: http://www.att.com/gen/general?pid=22516, 2012년 6월 15일.)

그림 3.4 계속

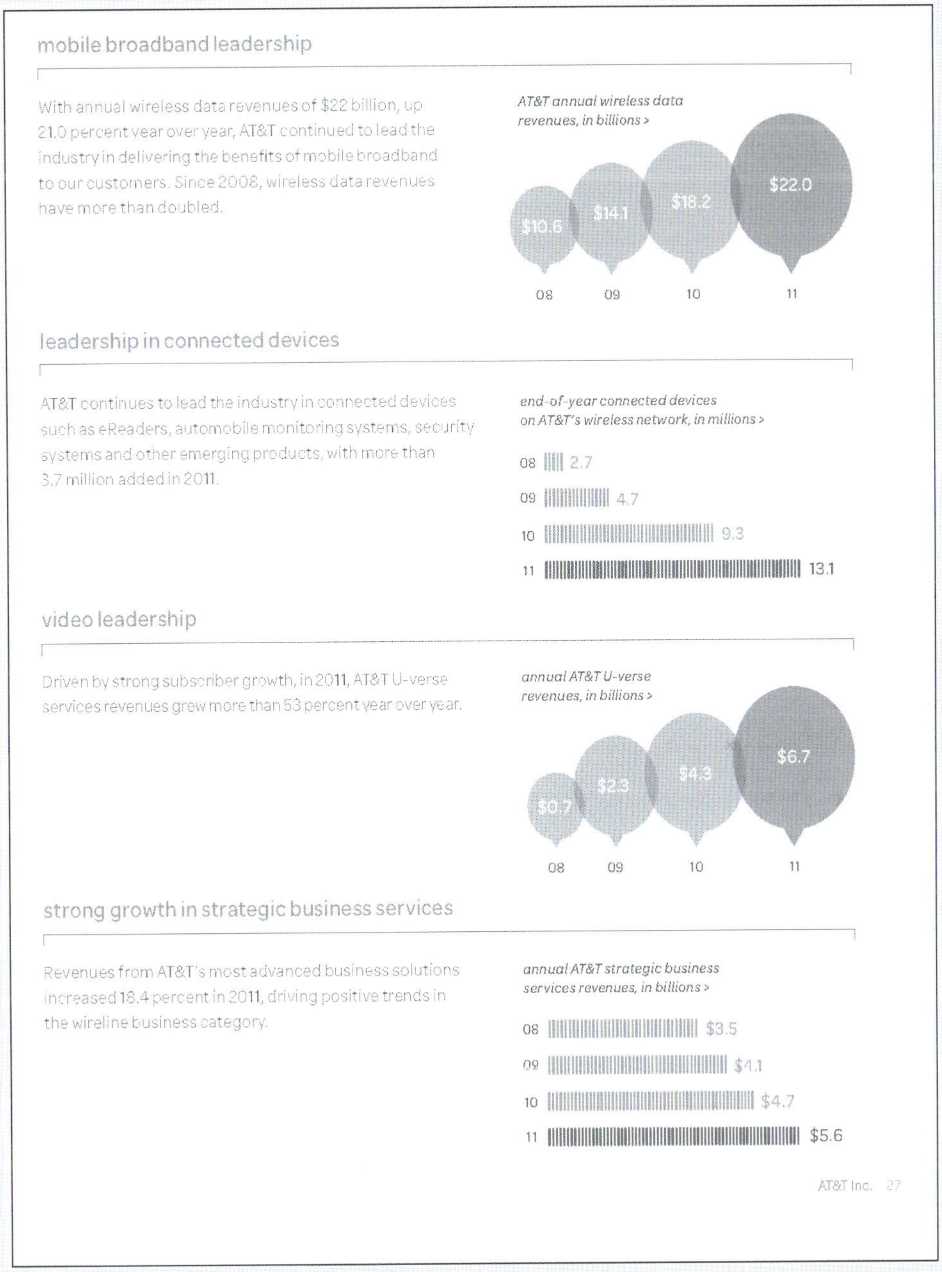

mobile broadband leadership

With annual wireless data revenues of $22 billion, up 21.0 percent year over year, AT&T continued to lead the industry in delivering the benefits of mobile broadband to our customers. Since 2008, wireless data revenues have more than doubled.

AT&T annual wireless data revenues, in billions >

08	09	10	11
$10.6	$14.1	$18.2	$22.0

leadership in connected devices

AT&T continues to lead the industry in connected devices such as eReaders, automobile monitoring systems, security systems and other emerging products, with more than 3.7 million added in 2011.

end-of-year connected devices on AT&T's wireless network, in millions >

08	09	10	11
2.7	4.7	9.3	13.1

video leadership

Driven by strong subscriber growth, in 2011, AT&T U-verse services revenues grew more than 53 percent year over year.

annual AT&T U-verse revenues, in billions >

08	09	10	11
$0.7	$2.3	$4.3	$6.7

strong growth in strategic business services

Revenues from AT&T's most advanced business solutions increased 18.4 percent in 2011, driving positive trends in the wireline business category.

annual AT&T strategic business services revenues, in billions >

08	09	10	11
$3.5	$4.1	$4.7	$5.6

AT&T Inc. 27

(출처: http://www.att.com/gen/general?pid=22516. 2012년 6월 15일.)

를 구독하는 대신, 주식 중개인이나 대형 공공 또는 대학 도서관을 통해 이용한다. 대다수 서비스의 웹사이트는 일부 무료 정보를 제공하고, 나머지에 대해서 요금을 징수한다.

대표적인 구독 서비스는 Standard & Poor's, Bloomberg, Mergent, 그리고 Value Line에 의해 제공되는 것들이다. <표 3.2>은 이 회사들의 가장 대중적인 서비스를 정리한다. Standard & Poor's Corporation(S&P)은 많은 상이한 재무 보고서와 서비스를 제공한다. 2009년의 *Business Week* 인수를 통해, Bloomberg는 기관투자자를 위한 상품의 보완재인 개인투자자를 위한 훌륭한 자원을 제공한다. 기본적 뉴스와 시장 해설은 무료이나, Business Week 구독자는 고급 온라인 서비스를 이용할 수 있다. Mergent(구 Moody's Financial Information Services Division)는 또한 주식과 채권 분석, 기업 연구, 여덟 개 산업의 유명한 참고 매뉴얼, 그리고 많은 다른 상품들을 포함한 다양한 자료를 발간한다. Value Line Investment Survey는 개인투자자에 의해 이용되는 가장 대중적인 구독 서비스의 하나이다. 이는 대다수 도서관에서 이용가능하고, 자료, 도표, 포트폴리오 추적, 그리고 기술적 지표를 포함한 추가적 서비스를 온라인으로 제공한다.

중개회사 보고서 중개회사는 빈번하게 고객들로 하여금 다양한 구독 서비스의 보고서와 자체의 증권분석 연구보고서를 이용할 수 있도록 한다. 이들은 또한 고객에게 신규 증권 발행의 사업설명서와 백오피스 연구보고서를 제공한다. 제2장에서 언급된 것처럼, 사업설명서는 증권, 발행기관, 그리고 경영 및 재무 상태의 핵심 영역을 상세하게 기술하는 서류이다. Yelp의 2012년 주식 발행을 기술하는 예비 사업설명서의 표지는 <그림 2.1>에 있다. 백오피스 연구보고서는 증권시장, 특정 산업, 또는 특정 증권의 전망에 관한 중개회사의 분석과 조언을 포함한다. 일반적으로, 중개회사는 연구인력에 의해 "매수," "보유," 또는 "매도"로 분류된 증권들의 목록을 발간한다. 중개회사의 연구보고서는 기존 및 잠재적 고객의 요구에 의해 무료로 이용가능하다.

증권분석 보고서는 이제 중개회사 사이트 또는 많은 중개회사의 연구를 수집한 사이트로부터 웹에서 이용가능하다. 선도적 연구 사이트인 Reuters.com에서 700개 이상의 중개회사와 조사기관의 150만개 이상의 회사와 산업 보고서가 이용가능하다. 투자자들은 Zack's Investment Research를 사용하여, 700종목 이상의 널리 추종되는 주식의 분석 보고서를 찾아서 구매하고, 중개회사에 의해 발간된 수정 이익과 권고를 포함한 무료 보고서 초록을 읽을 수 있다.

표 3.2 주요 구독 서비스의 대중적 내용

구독 서비스/상품	범위	발간 빈도
Standard & Poor's 회사(www.standardpoors.com)		
회사 기록	12,000개를 넘는 공개 기업의 대중적으로 거래되는 증권에 관한 상세한 기술	연간, 연중 수시 갱신
주식 보고서	5,000개 이상 회사의 과거 및 현재 재무상태, 그리고 미래 전망	연간, 연중 수시 갱신
주식 지침서	주요 주식의 통계자료와 투자 적합성의 분석적 순위	월간
채권 지침서	10,000종목 이상 채권의 통계자료와 투자 적합성의 분석적 순위	월간
전망	경제, 시장, 그리고 투자에 관한 분석적 기사와 투자 조언	주간 잡지
Mergent(www.mergent.com)		
Mergent 매뉴얼	여덟 권의 참고 매뉴얼–은행과 금융, 산업, 국제, 지방 및 정부, OTC 산업, OTC 비상장, 공공서비스, 그리고 운송–주요 기업의 과거 및 현재의 재무, 조직, 그리고 영업 자료	연간, 월별 갱신판 발행 (온라인 주별 갱신)
보통주 핸드북	약 900개 NYSE 회사의 보통주 자료	계간
배당 기록	30,000종목 이상의 증권의 최근 배당 발표와 지급	주별 2회, 연간 요약서
채권 기록	68,000종목 이상의 가격과 이자율 행태	월간
Value Line Investment Survey(www.valueline.com)		
세 개의 보고서 포함:		주간
1. 등급평가와 보고서 (〈그림 3.3〉에 표본)	약 130개 주식의 재무자료, 개요, 분석, 그리고 등급평가의 종합 보고서	
2. 선택과 의견	미국 경제와 주식시장, 상이한 종류의 투자자들의 표본 포트폴리오, 그리고 선택된 증권의 심도있는 분석을 담은 12 내지 16쪽 보고서	
3. 요약과 지표	가장 분산 소유된 주식 중 약 1,700종목에 관한 40쪽의 갱신 목록. 또한 다양한 주식 검색 기능 포함.	

투자 소식지 투자 소식지는 구독자에게 증권투자의 전문가에 의한 분석, 결론, 그리고 권고를 제공하는 소식지이다. 어떤 소식지는 특정 종류의 증권에 집중한다; 다른 것들은 순전히 경제 또는 증권시장의 평가에 관심을 갖는다. 비교적 대중적인 투자 소식지 중에

는 *Blue Chip Advisor, Dick Davis Digest, The Dines Letter, Dow Theory Letters,* 그리고 *The Prudent Speculator*가 있다. 대다수 투자 소식지는 *Barron's*와 다양한 사업 정기간행물에서 볼 수 있다. *The Hulbert Financial Digest*는 투자 소식지의 성과를 감시한다. 이는 투자 소식지에 관한 객관적 정보의 훌륭한 출처이고, 흥미로운 투자들을 확인할 수 있는 좋은 장소이다.

가격 정보 다양한 종류의 증권에 관한 가격 정보는 현재의 가격자료와 최근의 가격행태를 포함하는 호가 정보에 포함되어 있다. 웹은 활발하게 거래되는 증권들의 가격을 쉽게 찾도록 만든다. 이 사이트들의 대다수는 사용자로 하여금 티커 기호를 입력함으로써 증권을 선택하도록 만든다. <표 3.3>은 일부 유명한 회사의 티커 기호를 수록한다.

표 3.3 일부 유명 회사의 기호

회사	기호	회사	기호
Amazon.com	AMZN	Lucent Technologies	LU
Apple	AAPL	McDonald's Corporation	MCD
AT&T	T	Microsoft	MSFT
Bank of America	BAC	Nike	NKE
Cisco Systems	CSCO	Oracle	ORCL
The Coca-Cola Company	KO	PepsiCo, Inc.	PEP
Dell	DELL	Reebok	RBK
Estee Lauder Companies	EL	Sears Holdings	SHLD
ExxonMobil	XOM	Starbucks	SBUX
FedEx	FDX	Target	TGT
General Electric	GE	Texas Instruments	TXN
Google	GOOG	Time Warner	TWX
Hewlett-Packard	HP	United Parcel Service	UPS
Intel	INTC	Walmart Stores	WMT
Int'l. Business Machines	IBM	Yahoo!	YHOO

투자자들은 발행된 금융 또는 비금융 언론매체에서 전일의 증권 가격 호가를 쉽게 찾을 수 있다. 이들은 또한 금융 포탈(아래 기술됨), 대다수 사업 관련 정기간행물의 웹사이트, 그리고 중개 사이트를 포함하는 많은 사이트에서, 무료로 지연된 또는 실시간 호가를 찾을 수 있다. CNBC-TV의 웹사이트는 그들의 뉴스를 구독하는 사이트들과 마찬가지로 실시간 주식 호가를 갖고 있다.

다른 온라인 투자정보 출처 많은 훌륭한 웹사이트들은 당신의 투자 지식과 기술을 향상시키기 위한 모든 종류의 정보를 제공한다. 금융 포탈, 채권과 뮤추얼펀드 사이트, 국제 사이트, 그리고 투자 토론 포럼들을 살펴보자. <표 3.4>는 가장 대중적인 일부 금융 포탈, 채권 사이트, 그리고 뮤추얼펀드 사이트들을 수록한다. 이 장의 뒷부분에서, 우리는 온라인 중개회사와 투자자문회사 사이트를 살펴볼 것이다.

금융 포탈 금융 포탈은 실시간 호가, 주식과 뮤추얼펀드 검색, 포트폴리오 추적 프로그램, 뉴스, 연구, 거래 능력, 그리고 개인재무 내용 같은 광범위한 투자 사안을 결합한 초대형 사이트이다. 이 사이트들은 당신의 투자 홈페이지가 되기를 원한다.

일부 금융 포탈은 종합적 투자 내용을 다른 서비스와 함께 다루는 Yahoo! Finance와 Google Finance 같은 일반 사이트이거나 또는 투자지향적 사이트이다. 사이트들의 장점과 특징이 매우 다양하기 때문에, 당신은 필요에 가장 적합한 것을 찾기 위해 여러 사이트를 확인해야 한다. 어떤 포탈은 당신을 잡아두기 위해 첫 페이지가 당신이 원하는 자료를 포함하도록 만드는 맞춤 옵션을 제공한다. 당신의 투자를 관리할 수 있는 하나의 사이트를 찾으면 좋으나, 하나의 포탈에서 당신이 원하는 최선의 것을 찾지 못할 수 있다. 때문에 당신의 필요를 충족하는 사이트를 찾기 위해 여러 사이트를 탐색할 수 있다. <표 3.4>는 몇몇 대중적인 금융 포탈의 특징을 요약해 놓았다.

채권 사이트 많은 일반적 투자 사이트가 채권과 뮤추얼펀드 정보를 포함하나, 이 투자들에 특화한 사이트를 방문할 수도 있다. 개인은 일반적으로 주식처럼 채권을 거래하지는 않기 때문에, 개인을 위한 채권에 집중하는 사이트는 더 적다. 일부 중개회사는 고객으로 하여금, 종전에는 투자전문가로 한정되었던 채권 정보를 이용하도록 허용하기 시작한다. <표 3.4>에 수록된 사이트들에 추가하여, 채권과 이자율의 다른 좋은 사이트로는 *Bloomberg*와 *Wall Street Journal*이 있다.

표 3.4 대중적인 투자 웹사이트

다음 웹사이트들은 투자정보를 제공하는 수천 개 사이트들의 일부이다. 별도로 언급되지 않았으면, 모두 무료이다.

웹사이트	개요
금융 포탈	
Daily Finance (dailyfinance.com)	사업 뉴스, 시장과 주식 호가, 주식, 뮤추얼펀드, 투자 연구, 은퇴, 저축과 계획, 신용과 부채, 은행과 대출 등을 포함한 투자와 개인재무 영역을 다룸.
MSN Money (www.money.msn.com)	많은 사이트보다 더 편집된 내용; 훌륭한 연구와 양방향 도구. 포트폴리오 추적 프로그램에서 계정 결합 가능.
Motley Fool (www.fool.com)	교육적 내용, 연구, 뉴스, 그리고 메시지 게시판을 가진 종합적이고 재미있는 사이트. 모형 포트폴리오는 다양한 투자전략을 다룸. 무료이나, Stock Advisor 월간 소식지 같은 고급 서비스를 연간 $199에 제공.
Yahoo! Finance (finance.yahoo.com)	단순한 도안, 풍부한 내용; 쉽고 신속하게 정보 검색. 금융뉴스, 호가, 포트폴리오 추적 프로그램, 요금 납부, 개인별 홈페이지, 그리고 다른 주요 사이트의 디렉토리 포함.
Yodlee (www.yodlee.com)	은행, 신용카드, 중개회사, 뮤추얼펀드, 마일리지, 그리고 다른 사이트의 재무회계 자료를 수집한 통합 사이트. 1클릭 접속으로 시간을 절약하고, 사용자로 하여금 계좌를 관리하고 양방향 소통할 수 있도록 함. e-메일 계정 제공; 설정 및 금융 섹션 추적 용이. 증권 문제는 잠재적 사용자의 관심; 분석 도구 거의 없음.
채권 사이트	
Investing in Bonds (www.investinginbonds.com)	증권업 및 금융시장 협회에 의해 개발; 초보 투자자에 적합. 채권 교육, 연구 보고서, 과거 자료, 그리고 다른 사이트의 링크. 검색가능 데이터베이스.
BondsOnline (www.bondsonline.com)	뉴스, 교육, 무료 연구, 등급평가, 그리고 다른 종합적 채권 정보의 무료 사이트. 검색가능한 데이터베이스. 소식지와 연구에 대한 약간의 요금 있음.
CNN Money (www.money.cnn.com)	개인투자자는 채권 관련 뉴스, 시장 자료, 그리고 채권 상품을 검색할 수 있음.
Bureau of the Public Debt Online (www.publicdebt.treas.gov)	미국 재무부에 의해 운영. 미국 저축채권과 국채에 관한 정보. Treasury Direct 프로그램을 통해 온라인으로 국채 매입 가능.
뮤추얼펀드 사이트	
Morningstar (www.morningstar.com)	3,000개 이상 펀드의 등급을 포함한 프로파일; 검색 도구, 포트폴리오 분석과 관리; 펀드 매니저 인터뷰, e-메일 소식지; 교육 섹션. 고급 검색 및 분석 도구는 월 $14.95 또는 연 $135.
Mutual Fund Investor's Center (www.mfea.com)	Mutual Fund Education Alliance의 비영리, 사용 용이한 사이트이며, 투자자 교육, 검색 기능, 그리고 펀드 프로파일에 대한 링크, 은퇴자금 계산기, 자산 배분, 그리고 대학교육 계획 기능.
Mutual Fund Observer (mutualfundobserver.com)	뮤추얼펀드와 펀드산업의 정보와 분석을 제공하는 무료, 독립적 사이트.
MAXfunds (www.maxfunds.com)	최선의 펀드를 찾기 위한 몇몇 척도와 관찰값을 제공하고, 펀드를 선택하기 위한 과거 성과 외 투자자 도구를 제공. 다른 어떤 온 또는 오프라인 발간물보다 많은 펀드를 다룸. 고급 자문서비스인 MAXadvisor Powerful Portfolios는 90일에 $24.95.
IndexFunds.com (www.indexfunds.com)	지수펀드만 다루는 종합 사이트.
Personal Fund (www.personalfund.com)	특히, 수수료를 감안한 진정한 보유비용, 증개 수수료, 그리고 세금을 보여주는 뮤추얼 펀드. 비용계산 프로그램이 널리 알려짐. 비슷한 투자 목표를 가진 저비용 대안 투자를 제시.

주요 채권 신용평가기관(Moody's, Standard & Poor's, 그리고 Fitch)의 사이트는 등급 평가 목록, 최근의 등급 변화, 그리고 등급 결정 방법에 관한 정보를 제공한다.

뮤추얼펀드 수천 개의 뮤추얼펀드 중에서, 어떻게 투자목표에 가장 부합하는 것을 찾을까? 인터넷은 특정 펀드회사에 연계되지 않고 검색도구와 워크시트를 갖춘 많은 사이트를 제공함으로써, 이 작업을 훨씬 더 쉽게 만든다. 또한 모든 주요 뮤추얼펀드 집단은 자체 사이트를 갖고 있다. 일부는 방문자들이 펀드 매니저의 인터뷰를 듣거나 담화에 참여하도록 허용한다. Fidelity는 교육 기사, 펀드 선택 도구, 펀드 프로파일 등을 갖춘 가장 종합적인 사이트의 하나를 갖고 있다. 포탈과 중개 사이트도 이런 도구들을 제공한다. <표 3.4>는 확인할 가치가 있는 일부 독립적 뮤추얼펀드 사이트들을 포함한다.

국제 사이트 인터넷의 국제적 성격은 투자자가, 국가 연구부터 환율까지 세계적 투자의 복잡성을 정리하는 일을 아주 쉽게 만들었다. 모든 사이트가 마찬가지이다. International Investment Portal & Research Center는 국제 투자만을 위한 종합적 포탈이다. 많은 나라와 투자수단을 다루는 무료 일별 시장자료, 뉴스, 경제적 통찰, 연구, 그리고 분석과 논평은 이 사이트의 특징이다. 더 지역화된 내용을 필요로 하면, Euroland.com, UK-Invest.com, Latin-Focus.com을 확인하라. 그리고 다른 국가와 지역에도 비슷한 사이트들이 있다. J. P. Morgan은 투자자가 포트폴리오를 국제적으로 분산하는 가장 대중적인 방법의 하나인 미국 예탁증서(ADR)에 전적으로 특화된 사이트를 제공한다. 세계적 사업 뉴스의 경우, Financial Times가 높은 점수를 받는다. Dow Jones's MarketWatch는 세계시장뿐 아니라 기술통신 분야에서 훌륭한 뉴스를 전달한다.

투사 토론 포럼 투사사들은 선호하는 주식과 두사전략에 관해 내나수 주요 금융 웹사이트의 온라인 토론 포럼(메시지 게시판과 토론방)에서 의견을 교환할 수 있다. 그러나, 여기에서 핵심 단어는 의견임을 기억하라. 당신은 정보를 게시하는 사람의 자질에 관해 별로 알지 못한다. 어떤 눈에 띄는 힌트에 입각하여 행동하기 전에, 항상 스스로 연구하라. Motley Fool의 토론방은 가장 대중적인 것의 하나이며, Fool의 직원들이 토론을 감시한다. Yahoo! Finance의 메시지 게시판은 많은 사람들이 다른 사이트만큼 우수하지 않다고 느끼지만, 가장 큰 온라인 게시판의 하나이다. Raging Bull은 뉴스 및 다른 링크들과 함께 토론 그룹들을 포함한다. 기술주 투자자는, 가장 좋은 것으로 간주되는 첨단기술 게시판을 가진 Silicon Investor에 모여든다.

신용사기 방지 오늘날 모든 투자자가 쉽게 정보를 이용할 수 있는 현실은 사기꾼들이 거짓 뉴스를 퍼뜨리고 정보를 조작하기 쉽게 만들었다. 누구든지 온라인에서 전문가처럼 행세하면서, 실질적 내용은 없는 주식 관련 힌트를 올릴 수 있다. 앞의 언급처럼, 당신은 메시지 게시판에 주식을 광고하거나 선전하는 사람의 신원을 모를 수 있다. 예를 들어 San Diego's Avanir Pharmaceuticals의 축출된 전 최고경영자는 주식 메시지 게시판에 부정적 의견을 올려서, 회사의 주가에 악영향을 미쳤다. 회사는 소송을 제기해서 회사에 관한 부정적 언급을 영원히 올리지 못하도록 하는 명령을 얻어냈다.

급격히 변화하는 온라인 환경에서, 두 종류의 사기가 빈번하게 발생한다—"pump-and-dump"와 "get-rich-quick" 사기이다. Pump-and-dump 사기에서, 가해자는 선택된 주식을 매입하고 대중에게 거짓 또는 과장 광고한다. 허위 선전은 주가를 높이는 경향이 있고, 이 시점에 사기꾼은 과대 가격으로 주식을 팔아치운다. get-rich-quick 사기에서, 사기꾼은 가치 없는 투자를 순진한 매수자에게 판다.

잘 알려진 pump-and-dump 사기의 하나는 인터넷을 이용한 주식 광고의 용이성을 잘 보여준다. 2011년 12월, SEC는 Rudy Nutrition이라는 그의 회사가 개입된 pump-and-dump 사기혐의로 Daniel Ruettiger를 기소했으며 이는 영화 Rudy의 모티브가 되었다. Ruettiger의 회사는 Gatorade와 경쟁하기 위해 개발된 "Rudy"로 불리는 스포츠 음료를 광고했다. SEC는 Ruettiger가 그의 스포츠 음료가 시음 테스트에서 Gatorade와 Powerade를 2대 1로 이겼다고 주장하는 부당 e-메일을 보냈다고 주장했다. SEC는 또한 Ruettiger가 인위적으로 회사의 주가를 높이기 위해, 투자자들에게 미등록 증권을 매도함으로써 조작적 거래를 했다고 주장했다.

사이버 사기를 억제하기 위해 SEC는 1998년 Office of Internet Enforcement를 설치했으며, 이 기관은 2010년 Office of Market Intelligence로 통합되었다. 직원들은 사기 의심 보고를 신속하게 조사하고, 위반자를 기소한다. www.sec.gov에서, 당신은 인터넷 투자 사기를 식별하고 피하는 방법에 관한 구체적인 지침을 찾을 수 있다. 이 조언들 중에서, SEC는 투자 전에 다섯 가지 핵심 질문을 하도록 권고한다.

- **판매자가 면허를 보유하고 있는가?** 당신에게 투자를 권유하는 사람의 배경에 관해 조사하라. 예를 들어 당신은 FINRA에서 중개인의 배경을 조사할 수 있다.
- **투자가 등록되어 있는가?** SEC의 EDGAR 데이터베이스를 검색함으로써, 당신은 투자가 등록되었는지 알 수 있다.
- **어떻게 위험과 잠재적 보상이 대비되는가?** 큰 위험 없이 높은 잠재적 수익을 제공하는 것으로 선전되는 투자기회는 사기일 가능성이 있다.
- **당신이 투자를 이해하고 있는가?** Warren Buffet 같은 뛰어난 투자자도 준수하는 첫 번째 법칙은 자신이 이해하지 못하는 것에는 결코 투자하지 않는다는 것이다.
- **어디에서 도움을 얻을 수 있는가?** SEC는 투자자들이, SEC의 웹사이트와 FINRA 및 주 증권 규제기관에 의해 제공되는 사이트에서, 투자를 조사할 것을 촉구한다.

이 물음들에 답하는 것이 결코 투자 사기의 희생자가 되지 않을 것이라고 보장하지는 않으나, 당신을 더 유리하게 만든다.

개념리뷰

3.4 기술적 정보와 분석적 정보를 구별하라. 투자 정보 또는 권고의 취득이 경제적으로 정당화될 수 있는지 어떻게 논리적으로 평가할 것인가?

3.5 금융 뉴스를 추적하려면, 어떤 대중적인 금융 및 사업 관련 정기간행물을 사용할 것인가? 일반 뉴스? 사업 뉴스? 당신은 인쇄물 또는 온라인 중에서 어디에서 뉴스를 얻고 싶은가, 그리고 그 이유는 무엇인가?

3.6 다음 자원들이 제공하는 정보의 종류를 간단히 기술하라.

a. 주주 보고서
b. 비교 자료 출처
c. Standard & Poor's Corporation
d. Mergent
e. Value Line Investment Survey

3.7 다음 각 종류의 정보를 어떻게 입수할 것인가, 그리고 그 내용은 투자결정을 어떻게 도와줄 것인가?

a. 사업설명서
b. 백오피스 연구보고서
c. 투자 서신
d. 가격 호가

3.8 인터넷 발간에 특히 적합한 몇 가지 종류의 정보를 간단히 기술하라. 온라인과 인쇄물의 차이는 무엇인가, 그리고 언제 당신은 각각을 사용할 것인가?

시장 평균과 지수의 이해

LG 3 이 장에서 논의된 투자정보는 투자자로 하여금 언제 경제가 상승 또는 하락하고 어떻게 개별 투자가 성과를 냈는지 이해하도록 도와준다. 당신은 이것과 다른 정보를 사용하여 미래의 투자성과를 예측할 수 있다. 또한, 시장의 행태가 유리 또는 불리한지 알아야 한다. 다양한 시장척도의 해석능력은 투자행위 및 시점을 선택하는 데 도움을 준다.

증권시장의 행태를 평가하는 널리 사용되는 방법은 시장의 평균과 지수를 연구하는 것이다. 이 척도들은 미래의 시장 행태 예측을 위해 편리하게 (1) 전체적 시장상황을 측정, (2) 당신의 포트폴리오 성과를 대규모 분산된 (시장) 포트폴리오에 비교, 그리고 (3) 시장의 주기, 추세, 그리고 행태를 연구하도록 만든다. 여기에서 우리는 주식과 채권 시장의 주요 척도들을 논의한다. 다음 장들에서, 투자 증권에 관련된 다른 평균과 지수를 논의할 것이다. 가격 호가처럼, 시장성과의 척도는 많은 웹사이트에서 이용가능하다.

주식시장 평균과 지수

주식시장의 평균과 지수는 시간 경과에 따른 주가의 일반적 행태를 측정한다. 사람들이 시장행태를 논의할 때, 평균과 지수의 두 용어는 호환적으로 사용되나 양자는 다른 종류의 척도이다. 평균은 주어진 시점에서 대표적 주식 집단의 산술적 평균 가격 행태를 반영한다. 지수는 대표적 주식 집단의 과거 특정 시점의 기준값에 비교된 현재 가격 행태를 측정한다.

평균과 지수는 시장의 일반적 분위기를 측정하는 편리한 수단을 제공한다. 투자자들은 또한 시장의 상대적 강세나 약세를 평가하기 위해 상이한 시점들의 척도를 비교할 수 있다. 주요 평균과 지수의 현재와 최근의 값들은 금융 웹사이트, 금융 뉴스, 대다수 지역 신문, 그리고 많은 라디오 및 TV 뉴스 프로그램에서 매일 인용된다.

다우존스 평균 CME Group의 한 부문인 다우존스 지수는 네 개의 상이한 주식 평균과 넓은 범위의 주가 지수를 산출한다. 이 가운데 가장 잘 알려진 것은 다우존스 산업평균(Dow Jones Industrial Average: DJIA)이다. 이 평균은, 대다수가 긴 역사를 가진 대규모의 저명한 회사들에 의해 발행된, 30 종목의 주식으로 이루어진다. DJIA는 미국 경제의 광범위한 표본을 대변하고 기술주, 운송, 은행, 에너지, 보건, 소비재 등의 섹터들의 주식을 포함한다. DJIA는 가격가중 지수이며, 이는 높은 가격의 주식은 지수에서 낮은 가격의 주식보다 더 큰 가중치를 가짐을 의미한다.

때로, 합병 또는 파산은 평균의 구성 변화를 초래한다. 예를 들어 Kraft Foods는 American International Group(AIG)가 유동성위기를 겪고 미국 연방순비제도로부터 850억 달러의 신용지원을 받은 후, 2008년 9월 AIG를 대체했다. 2차대전 이후 최초의 세계적 불황에 의해 타격을 입은 후 Citigroup과 General Motors는 2009년 6월 지수로부터 제외되고, Cisco Systems와 Travelers에 의해 대체되었다. 30개 주식의 변동은 또한 다우존스 평균이 더 넓은 시장을 반영하지 못한다고 생각될 때 이루어진다. 새로운 주식이 추가될 때, 평균도 조정되어 직전 과거에 일치하는 형태로 계속 작동하게 된다.

DJIA의 값은 매 영업일에, 다음 수식에 30개 주식의 종가를 각각 대입함으로써 계산된다.

수식 3.1

$$\text{DJIA} = \frac{\text{주식 1의 종가} + \text{주식 2의 종가} + \cdots + \text{주식 30의 종가}}{\text{DJIA 분모}}$$

DJIA의 값은 단순히 포함된 30개 주식의 종가의 합을 "분모(divisor)"로 나눈 값이다. 분모의 목적은 주식 분할, 회사 변경, 또는 시간 경과와 함께 발생하는 다른 사건들에 대해 조정하는 것이다. 매우 복잡한 계산과정을 가진 분모가 없으면, DJIA 값은 완전히 왜곡될 것이다. 분모는 30개 주식의 성과를 시간경과와 함께 일관되게 추적하기 위해, DJIA를 사용할 수 있도록 만든다. 2012년 5월 30일, DJIA 분모는 0.132129493, 그리고 다우 30개 주식의 종가의 합은 1,641.03이었다. 수식(3.1)을 이용하여, 당신은 30개 회사의 종가의 합을 DJIA 분모로 나누어서, 당일의 DJIA 종가 12,419.86을 얻을 수 있다.

DJIA는 30개 주식의 가격의 합으로부터 계산되기 때문에, 더 높은 가격을 가진 주식은 더 낮은 가격을 가진 주식보다 지수에 더 많이 영향을 주는 경향이 있다. 예를 들어, 50달러짜리 주식의 5%의 가격변화(즉, $2.50)는 지수에 대해 $100짜리 주식의 5% 변화보다 덜 영향을 준다. DJIA는 이런 문제와 다른 비판들에도 불구하고, 가장 널리 인용되는 주식시장 지표이다.

DJIA의 실제 값은 과거의 값과 비교될 때에만 의미를 갖는다. 예를 들어, 2012년 5

월 30일의 DJIA는 12,393.45로 종료했다. 이 값은 전일의 종가 12,419.86에 비교될 때에만 의미있다. 약 −0.21%의 변화이다. 많은 사람들은 DJIA 1 "포인트"가 평균 주식 가격의 $1에 해당하는 것으로 오해한다. 실제로 1포인트는 현재 평균 주식 가격 약 0.25센트로 환산되나, 이 수치는 시간이 지나면서 변한다.

이밖에도 널리 인용되는 세 개의 다우존스 평균은 운송, 공공서비스, 그리고 종합이다. 다우존스 운송 평균(Dow Jones Transportation Average)은 철도, 항공, 운송주선, 그리고 혼합운송회사를 포함하는 20개 주식에 기초한다. 다우존스 공공서비스 평균(Dow Jones Utility Average)은 15개의 공공서비스 주식을 이용하여 계산된다. 다우존스 종합평균(Dow Jones Composite Average)은 30개 제조업, 20개 운송업, 그리고 15개 공공서비스로 구성된다. DJIA처럼, 다른 다우존스 평균 각각은 시간에 걸친 평균의 연속성을 위해 분모로 나누어진다. 운송, 공공서비스, 그리고 65개 주식의 종합은 빈번하게 DJIA와 함께 인용된다.

다우존스는 또한, 쉽게 얻어지는 가격자료를 가진 모든 주식의 성과를 추적하는 U.S. Total Stock Market Index를 포함한 많은 지표를 발표한다. 다우존스는 또한 기업규모(예를 들어, 대형주, 중형주, 소형주) 또는 산업에 기초한 다양한 섹터의 지수를 발표한다. 다우존스 지수상품은 미국 시장으로 제한되지 않는다. 이 회사는 세계 주식시장, 선진국 및 신흥 시장, 그리고 아시아, 유럽, 아메리카, 중동 그리고 아프리카의 지역적 시장을 추적하는 지수들을 제공한다.

Standard & Poor's 지수 다른 선도적인 금융자료 발행사인 Standard & Poor's Corporation은 6개의 주요 주가지수를 발표한다. 빈번하게 인용되는 S&P 지수의 하나는 500종목 주식의 종합지수이며, 이는 매 영업일에 각 주식의 시가총액 종가(종가 × 발행주식수)를 다음 수식에 대입함으로써 계산된다.

수식 3.2

$$\text{S\&P 500 지수} = \frac{\text{주식 1의 현재 시가총액 종가} + \text{주식 2의 현재 시가총액 종가} + \cdots + \text{마지막 주식의 현재 시가총액 종가}}{\text{분모}}$$

S&P 500 지수의 가치는 지수에 포함된 모든 주식의 시가총액의 합을 분모로 나눔으로써 계산된다. 분모는 두 기능을 수행하는 수치이다. 첫째, 이는 지수 값을 더 사용하기 쉽게 만드는 규모조정 인수이다. 규모조정 인수는 지수에 포함된 주식의 현재 시장가치를 기준연도(S&P 500의 경우, 기준연도는 1941~1943년) 값에 대해 상대적으로 측정함으로써 기능한다. 예를 들어 S&P 500 지수의 모든 주식의 시가총액 합계는 수조 달러이다. 수조 단위의 지수는 결코 바람직하지 않으므로, 분모는 지수의 값을 더 다루기 쉬운 값으로 낮춘다(예를 들어 S&P 500 지수는 2012년 5월 경 약 1,300이었다). 분모의 둘째 기능은 S&P 500 지수의 구성 변화를 고려하여 지수를 조정하는 것이다. 예를 들어, 지수의 한 회사가 합병이나 파산 때문에 제외되고 다른 회사가 대신 추가될 때이다. 이 경우, 단지 지수의 회사 목록이 변경되었다는 이유 때문에 지수 값이 "점프"하면 안 된다. 마찬가지로, 신주 발행 또는 자사주 매입 같은 어떤 회사의 사건은 지수에 포함된 기업의 시가총액을 변화시킬 수 있다. 분모는 이런 사건만으로 S&P 500 지수의 변동이 초래되지 않도록 계산된다.

S&P 500 지수는 분명히 다우 평균보다 많은 주식을 포함하고, 이들은 모두 지수에 포함된 회사들의 주가 대신 시가총액(발행주식수×주당 가격)에 기초한다. 따라서, 많은 투자자들은 S&P 지수가 다수 평균보다 더 넓은 범위에 기초하고 이를 대표하는 일반적 시장상황의 척도를 제공한다고 느낀다. 이 지수 등에 일부 기술적 계산문제가 있음에도 불구하고, 이들은 널리 사용된다. 제4장에서 소개되는 중요한 개념인 "시장 수익률"을 측정하는 기초로서 빈번하게 사용되고 Standard & Poor's에 의해 널리 발표되는 일부 주가 지수들은 다음과 같다:

- **S&P 500 지수**는 500개의 대기업으로 구성된다(그러나 반드시 가장 큰 500개 기업은 아니다).
- **S&P 100 지수**는 100개의 대기업으로 구성되며, 각각은 투자자들이 거래할 수 있는 주식옵션을 갖고 있어야 한다.
- **S&P 400 중형주 지수**는 400개의 중간 규모 기업으로 구성되며, 미국 주식시장의 약 7%를 차지한다.
- **S&P 600 소형주 지수**는 600개의 소규모 기업으로 구성되며, 미국 주식시장의 약

3%를 차지한다.

◎ **S&P 전체시장 지수**는 NYSE, NYSE Amex, 그리고 나스닥에 상장된 모든 주식으로 구성된다.

다우존스 평균과 S&P 지수는 시간경과와 함께 비슷하게 변동하는 경향이 있으나, 지수의 구성방법의 차이 때문에 그들의 하루하루의 크기나 방향(상승 또는 하락)은 현저하게 다를 수 있다. <그림 3.5>는 2012년 5월부터 2012년 5월까지 DJIA와 S&P 500의 성과를 보여준다. 이 기간 동안 두 지수는 상승추세를 따랐으며, DJIA는 약 25% 상승했고 S&P 500은 약 17% 상승했다. 두 지수는 2011년 여름에 큰 하락을 경험했다. 이 <그림>은 두 지수는 완전하게 상호 동조하면서 변동하지는 않으나, 빈번하게 동일한 전체적 추세를 따름을 강조한다.

그림 3.5 DJIA 평균과 S&P 500 지수, 2010년 5월부터 2012년 5월

두 지수는 이 기간 동안 약 20% 상승했고, 양자는 2011년 여름 대규모 하락을 경험했다.

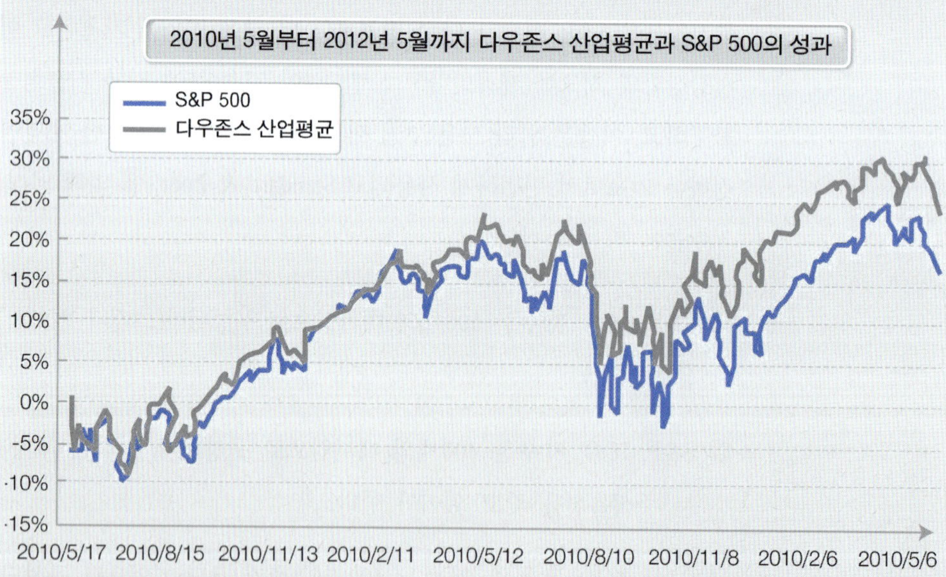

(출처: www.finance.yahoo.com.)

금융시장 위기 **PIIGS의 월스트리트 축제**

2011년 여름 경제위기가 유럽, 특히 포르투갈, 이태리, 아일랜드, 그리스, 그리고 스페인의 소위 PIIGS 국가들을 덮쳤다. 그들의 재정문제는 투자자들로 하여금 정부가 대규모 재정지출 삭감 없이 부채를 상환할 수 있을지 의심하게 만들었다. 투자자들은 심각한 지출축소가 전 세계로 확산되는 불황을 초래할 수 있음을 우려했다. 유럽연합 국가들의 일련의 지원방안이 적어도 잠시 투자자들을 안심시키기 전, DJIA는 2주 안에 거의 15% 하락했다.

NYSE, NYSE Amex, 그리고 나스닥 지수 세 개의 지수가 뉴욕증권거래소(NYSE), NYSE Amex 거래소, 그리고 나스닥(Nasdaq)의 하루 결과를 측정한다. 각각은 거래소에 상장된 주식의 변동을 반영한다.

NYSE 종합지수는 약 2,100종목 정도의 "Big Board"에 상장된 주식을 포함한다. 종합지수에 추가하여, NYSE는 금융 및 다른 소집단의 지수를 발표한다. NYSE 종합지수는 일반적으로 DJIA와 S&P 500 지수와 비슷하다. NYSE Amex 종합지수는 NYSE Amex 거래소에서 거래되는 모든 주식의 가격을 반영한다. Amex 지수는 항상 S&P와 NYSE 지수를 근접하게 따르지 않으나, 그들과 같은 일반적 방향으로 움직이는 경향이 있다.

나스닥 주식시장 지수는 나스닥 주식시장 활동을 반영한다. 가장 종합적인 나스닥 지수는 종합지수이며, 이는 나스닥 주식시장에서 거래되는 3,000 종목 이상의 주식을 사용하여 계산된다. 이 지수는 부동산투자신탁(REIT)과 미국 주식예탁증서 같은 다른 종류의 증권을 포함한다. 또한, 나스닥에 상장된 가장 큰 100개의 국내 및 국제적 비금융 기업을 포함하는 나스닥 100이 중요하다. 다른 일반적으로 참조되는 두 개의 나스닥 지수는 바이오기술(biotech)과 컴퓨터 지수이다. 나스닥 지수는 다른 주요 지수와 함께 동시에 같은 방향으로 움직이는 경향이 있으나, 나스닥 지수의 변동은 빈번하게 다른 주요 지수보다 더 첨예하다. 나스닥에 상장된 회사들은, DJIA와 S&P 500 같은 지수에 포함된 회사보다 더 작고 더 위험한 산업(예를 들어, 기술산업)에서 영업하는 경향이 있다.

Value Line 지수 Value Line은 포함된 각 주식의 가격을 등가중치 평균함으로써 만들어지는 다양한 주가지수를 발표한다. 이는 주가 변동의 백분율만을 고려함으로써 이루어진다. 이 접근법은 지수에 포함된 각 주식의 시장가격 또는 시가총액 변동이 그 주식의 상대적 중요성에 영향을 미치지 않도록 한다. Value Line 종합지수는 NYSE, NYSE Amex, 그리고 OTC 시장에서 거래되는 Value Line Investment Survey의 약 1,700개 주식을 포함한다. 종합지수와 함께 Value Line은 다른 특화된 지수들을 발표한다.

기타 평균과 지수 많은 다른 지수들이 존재한다. 연기금 자문회사인 Frank Russel Company는 세 개의 주요 지수를 발표한다. Russell 1000은 1,000개의 가장 큰 회사를 포함하고, 가장 널리 참조되는 Russell 2000은 2,000개의 중소 규모 회사들을 포함하며, Russell 3000은 Russell 1000과 Russell 2000에 포함된 3,000개 기업 모두를 포함한다.

또한, *Wall Street Journal*은 많은 세계 및 외국 주식시장 지수를 발표한다. 아메리카, 유럽, 아프리카, 아시아 및 태평양 지역 국가들의 다우존스 지수들이 여기에 포함된다. 주요 국가들에 관한 약 35개의 외국 주식시장 지수 또한 발표되며, 이는 World Index와 Europe/Australia/Far East(EAFE MSCI) Index를 포함한다. 순수한 국내 평균과 지수처럼, 이 국제적 평균과 지수들은 해당 시장에 상장되고 거래되는 주식의 일반적 가격행태를 측정한다. 시장 평균과 지수의 시간 및 시장 간의 비교는 빈번하게 전 세계의 해외 시장의 추세 및 상대적 강도를 평가하는 데 유용하다.

채권시장 지표

많은 지표들이 채권시장의 일반적 행태를 평가하는 데 사용된다. 다양한 종류의 채권 그리고 국내 및 해외 시장의 많은 수익률과 가격 지수 자료를 포함한 "Bond Market Data Bank"가 매일 *Wall Street Journal*에 게재된다. 그러나 전체적 채권시장 행태의 경우 주식시장 행태보다 적은 지표가 존재한다. 전체적 미국 채권시장 행태의 주요 척도는 채권 수익률과 채권지수이다.

채권 수익률 채권 수익률은 투자자가 채권을 매입해서 만기까지 보유하는 경우 얻을 수 있는 수익률이다. 채권 수익률은 연 수익률로 보고되고, 채권 투자자가 받는 이자뿐 아니라 채권의 매입일부터 상환일까지 가치 상승 또는 하락도 반영한다. 예를 들어 채권이 매입되어 만기까지 보유되는 경우, 수익률 5.50%의 채권은 소유자에게 동일 투자 금액에 대한 5.50%의 연 이익률에 상당하는 총수익(이자와 자본 이득 또는 손실 포함)을 제공할 것이다.

전형적으로, 채권 수익률은 종류와 질에 있어서 비슷한 한 집단의 채권에 대해 호가된다. 예를 들어 *Barron's*는 10종목의 고 등급 회사채, 10종목의 중간 등급 회사채, 그리고 등급 지수의 중간 등급 지수에 대한 비율인 신뢰지수를 발표한다. 또한 *Wall Street Journal*처럼, 국채와 지방채를 포함한 많은 다른 채권의 지수와 수익률을 발표한다. 비슷한 채권 수익률 자료가 S&P, Moody's, 그리고 연방준비제도에서 이용가능하다. 주식시장 평균과 지수처럼, 채권 수익률 자료는 특히 장기간에 걸쳐 관찰될 때 유용하다.

채권 지수 다양한 채권 지수가 존재한다. 다우존스 회사채지수는 96개 채권(32개 제조업, 32개 금융업, 그리고 32개 공공서비스/통신업 채권)을 포함한다. 이는 채권 종가의 단순한 산술평균을 반영한다. 이 지수는 매일 *Wall Street Journal*에 발표되고, 주간으로 *Barron's*에 정리된다.

금융시장 위기 **역사상 최저의 채권 수익률**

유럽의 심화되는 재정위기와 세계 경제에 대한 영향에 관한 우려가 2012년에 10년 만기 미국 국채 수익률을 약 1.5%를 약간 넘는 사상 최저 수준으로 낮추었다. 이 수익률에서 국채를 매입하는 투자자들은 거의 이득을 얻지 못했다. 그런데 왜 투자하는가? 답은 안정성이다. 투자자들은 오랫동안 미국 국채를 세계에서 가장 안전한 투자로 간주했다. 결국 불황의 두려움 또는 다른 경제위기가 시장을 덮칠 때, 투자자들은 수익률이 0을 겨우 넘더라도 미국 국채를 살 것이다

개념리뷰

3.9 주식시장 평균과 지수의 기본 철학과 용도를 기술하라. 평균 또는 지수의 행태가 어떻게 일반적 시장상황을 강세 또는 약세로 분류하는 데 사용될 수 있는지 설명하라.

3.10 (a) 다우존스와 (b) Standard & Poor's에 의해 제공되는 주요 평균 또는 지수 각각을 수록하라. 각 평균 또는 지수를 계산하는 데 사용되는 증권의 수와 출처를 표시하라.

3.11 다음 각 지수의 구성과 일반적 장점을 간단히 기술하라.
a. NYSE 종합지수
b. Amex 종합지수
c. 나스닥 주식시장 지수
d. Value Line 종합지수

3.12 다음 각각이 채권시장 행태의 평가와 어떻게 관련되는지 논의하라.
a. 채권 수익률
b. 채권 지수

증권의 거래

LG 4 LG 5 당신은 매력적인 증권투자를 선택하는 데 도움을 주는 정보를 어디에서 찾아야 하는지 알았으므로, 어떻게 증권투자를 하는지 이해해야 한다. 당신이 스스로 공부하는 온라인 투자 프로그램을 시작하든지 또는 전통적인 주식 중개인을 이용하든지, 먼저 중개 서비스에 계좌를 개설해야 한다. 이 절에서, 주식 중개인의 역할과 이 역할이 최근 어떻게 바뀌었는지 살펴본다. 우리는 또한 당신이 제출할 수 있는 기본적 종류의 주문, 정규 및 온라인 증권거래에 필요한 과정, 투자거래의 비용, 그리고 투자자 보호를 설명한다.

주식중개인의 역할

주식중개인(계정 관리인, 투자 관리인, 그리고 재무상담사로도 불림)은 증권의 매수자와 매도자 사이에서 중개인으로 활동한다. 그들은 일반적으로 이 증권거래들을 수행하기 위한 수수료를 부과한다. 주식중개인은 SEC와 그들이 주문을 제출하는 증권거래소의 면허를 취득하고, 두 기관의 윤리지침을 준수해야 한다.

브로커 시장의 주문체결 과정은 딜러 시장과 다를 수 있으나, 동일한 방법으로 시작한다. 투자자는 주식중개인에게 주문을 제출한다. 중개인은 증권거래소의 회원권을 보유한 중개회사를 위해 일하고, 증권거래소의 회원은 회사의 여러 판매부서의 중개인들이 전달한 주문을 체결한다. 예를 들어, 가장 큰 미국 중개회사의 하나인 Bank of America는 전국의 대다수 주요 도시의 부서들로부터 Bank of America(BofA) 본사로 다시 거래소(NYSE와 NYSE Amex)의 객장으로 상장증권의 주문을 전달하며, 여기에서 BofA의 거래소 회원들이 주문을 체결한다. 주문체결의 확인은 주문을 제출한 중개인에게 회신되고, 이는 고객에게 전달된다. 이 과정은 고도의 통신 네트워크와 인터넷 거래의 이용에 의해, 초 단위의 문제가 될 수 있다.

나스닥 같은 시장의 증권거래에서, 중개회사는 전형적으로 시장 조성을 위해 주문을 전달한다. 일반적으로 딜러들 사이에는 중개주문을 실행할 기회를 얻기 위한 상당한 경쟁이 존재하기 때문에, 이 거래들은 신속하게 체결된다. 시장 조성자가 주문 체결로부터 얻는 수입은 그들이 거래하는 증권의 재고를 유지하는 비용을 충당한다.

중개 서비스 주식중개인의 주요 활동은, 고객의 매수와 매도 주문이 가장 유리한 가격에서 체결되는 시장으로 전달하는 것이다. 중개인이 고객의 주문을 체결하는 속도는 중개회사가 일반적으로 안전을 위해 고객의 증권문서를 보유함으로써 향상된다. 이 방법으로 회사에 의해 보관된 증권은 일반 명의(street name)로 보유된다고 일컬어진다. 중개회사는 (고객 명의 대신) 자신의 명의로 증권을 발행하고 고객을 위해 수탁보유하기 때문에, 회사는 고객의 서명 없이 매도 시점에 증권을 이전할 수 있다. 대다수 투자자들이 증권문서의 처리와 보관에 따르는 부담을 원하지 않기 때문에, 일반 명의는 실제로 증권을 매입하는 일반적 방법이다. 이 경우 중개회사는 고객의 거래에 관한 세부사항을 기록하고, 일련의 장부기록 항목을 통해 투자자의 투자를 추적한다. 중개인에 의해 수취된 배당과 통보는 증권을 소유한 고객에게 전달된다.

주문 전달과 문서 보관에 추가하여, 주식중개인은 고객에게 다양한 서비스를 제공한다. 예를 들어, 중개회사는 일반적으로 투자에 관한 무료 정보를 제공한다. 통상적으로 중개회사는 경제, 시장, 산업, 그리고 기업 행태에 관한 정기적 보고서를 발행하고, 어떤 증권의 매수, 매도, 또는 보유 의견을 제시하는 연구 인력을 보유한다. 당신은 또한 월간 거래를 기술하고, 수수료와 이자 비용, 배당과 수취 이자, 그리고 현재 보유증권의 상세한 목록을 보여주는 보고서를 받는다.

오늘날 대다수 중개회사는 고객 계좌에 남은 잉여현금을 화폐시장 뮤추얼펀드에 투자하여, 고객이 이 잔고에 대해 적당한 이자를 받을 수 있도록 한다. 이런 조치는 투자자로 하여금 일시적 유휴자금에 대해 최대의 수익을 얻도록 돕는다.

중개회사의 종류 몇 년 전까지, 상이한 세 종류의 중개회사가 존재했다-종합 서비스, 프리미엄 할인, 그리고 일반 할인. 이 범주들은 현재는 더 이상 명백하게 구분되지 않는다. 대다수 중개회사는 심지어 가장 전통적인 경우에도 온라인 서비스를 제공한다. 그리고 많은 할인 중개회사가 이제, 한 때 종합 서비스 중개회사에서만 이용가능했던 고객을 위한 연구보고서 같은 서비스를 제공한다.

전통적 중개회사, 또는 종합 서비스 중개회사는 고객의 거래 주문을 처리하는 데 추가하여, 투자자들에게 전 범위의 중개서비스를 제공한다. 투자조언과 정보의 제공, 일반 명의의 증권 보유, 온라인 중개서비스 제공, 그리고 증거금 대출 실행 등이다.

단지 거래만을 원하고 다른 서비스를 이용하는 데 관심 없는 투자자들은 고급 또는 일반 할인 중개회사를 고려해야 한다.

프리미엄 할인 중개회사는 주로 고객을 위한 거래를 수행하는 데 집중한다. 그들은 낮은 수수료를 부과하고 제한적인 무료 연구정보와 투자조언을 제공한다. 투자자는 거래를 개시하기 위해 중개인 사무실을 방문하고, 수신자 부담 전화를 이용하며, 또는 중개인의 웹사이트를 이용한다. 중개인은 직접 또는 전화, e-메일, 또는 일반 우편으로 거래를 확인한다. 최초의 할인 중개회사인 Charles Schwab 같은 프리미엄 할인 중개회사는 이제 종합 서비스 중개회사에서 찾을 수 있는 많은 동일한 서비스를 제공한다. 다른 프리미엄 할인 중개회사도 비슷하다.

일반 할인 중개회사는 온라인 중개회사 또는 전자적 중개회사로도 불리며, 전형적으로 투자자들이 상업적 서비스, 인터넷 또는 전화를 통해 전산시스템으로 온라인 거래를 실행할 수 있는 큰 폭의 할인 중개회사이다. 투자자는 일반 할인 중개회사의 웹사이트에 접속하여 계좌를 개설하고, 수수료 체계를 살펴보며 또는 이용가능한 거래 서비스와 과정의 예시를 볼 수 있다. 온라인 거래의 확인은 단지 몇 초를 소요하고, 대다수 거래는 1분 이내에 이루어진다. 대다수 일반 할인 중개회사는 주로 온라인으로 영업하나, 웹사이트에 문제가 발생하거나 고객이 컴퓨터를 이용할 수 없는 경우 전화 및 대인 서비스로 대체한다. 온라인 투자자의 급증에 대응하여, 대다수 중개회사는 이제 온라인 거래를 제공한다. 일반적으로 이 회사들은 중개인의 대인 서비스가 요구될 때, 더 높은 수수료를 부과한다.

고급 및 일반 할인 중개회사의 영업규모 급증은 그들의 성공을 보여준다. 오늘날 많은 종합서비스 중개회사, 은행, 그리고 저축기관들은 주식, 채권, 뮤추얼펀드, 그리고 다른 투자 증권을 매입하려는 고객과 예금자들에게 할인 및 온라인 중개 서비스를 제공한다. 일부 주요 종합서비스, 프리미엄 할인, 그리고 일반 할인 중개회사들이 <표 3.5>에 수록되어 있다.

표 3.5 주요 종합서비스, 프리미엄 할인, 그리고 일반 할인 중개회사

종합서비스 중개회사	프리미엄 할인 중개회사	일반 할인 중개회사
A. G. Edwards	Bank of America	Firstrade
Morgan Stanley	Charles Schwab	Scottrade
UBS Financial Services	E*Trade	Thinkorswim
Wells Fargo	Fidelity.com	TradeKing
	TD Ameritrade Wall Street*E	
	Wells Trade	

주식 중개회사의 선택 만약 당신이 종합서비스 또는 프리미엄 할인 주식중개인의 도움을 받아서 투자활동을 시작하기로 결정하면, 당신의 투자 목표를 가장 잘 이해한다고 믿어지는 사람을 선택하라. 투자에 대한 성향이 당신과 비슷한 중개인을 선택하는 것이 탄탄한 업무관계를 형성하는 가장 좋은 방법이다. 당신의 중개인은 또한 당신의 목표와 위험에 대한 태도에 부합하는 투자 가능성을 알려주어야 한다.

또한 당신은 최저 비용으로 최선의 서비스를 받기 위해, 중개인이 속한 회사에서 이용할 수 있는 서비스의 비용과 종류를 고려해야 한다. 프리미엄 할인 중개서비스는 거래 위주이고, 일반 할인 중개서비스는 전적으로 거래만 다룬다. 조언 또는 연구 지원을 위한 중개인과의 접촉은 일반적으로 더 높은 가격을 요구한다. 이용가능한 조언의 양이 세 종류의 중개인 사이의 유일한 주요 차이이기 때문에, 투자자들은 종합서비스 중개인에게 지불하는 추가 수수료를 조언의 가치에 대해 비교해야 한다.

친구 또는 사업 동료의 조언은 주식중개인을 찾는 좋은 방법이다(조언하는 사람의 투자 스타일과 목표를 감안할 것을 잊지 말라). 그러나 개인적으로 주식중개인을 아는 것은 중요하지 않다—그리고 빈번하게 권고할 만한 일도 아니다. 지금과 같은 온라인 중개회사 시대에, 당신은 중개인을 전혀 대면하지 않을 수 있다. 순수한 사업관계는 개인적 관계가 투자목표의 달성을 방해할 수 있는 가능성을 배제한다. 주식중개인이 친구와 개인적 관계 때문에 곤란을 겪는 경우의 예로, 다음의 투자 윤리 기사를 보라.

투자 윤리

여보세요, 나는 내부거래자 Tim입니다

2012년 5월, SEC는 Philadelphia Consolidated Holding Corporation(PHLY)이 Tokio Marine에 인수되기 직전, 내부 정보를 이용하여 그 주식을 매입한 혐의로 주식중개인 Timothy McGee를 기소했다. McGee는 주당 $39 미만에서 PHLY 10,250주를 매입했다. 다음 날 Tokio가 이 회사를 매입할 계획을 발표한 후, PHLY의 주가는 거의 $60로 급등했고, McGee 씨에게 $200,000 이상의 이익을 남겼다. 또한 연방검사는 McGee가 Philadelphia Consolidated 주식을 산 친구와 인수 정보를 공유했다고 주장했다.

McGee는 PHLY의 간부였던 친구와 함께 Alcoholics Anonymous 모임에 참석한 후 임박한 인수에 관해 알았다. 이 기소에서, SEC는 McGee가 간부에게 Alcoholics Anonymous를 통한 그들의 오랜 친구관계에서 비롯된"신의와 성실 등 의무"를 지고 있었다고 주장했다.

내부자 거래의 유죄선고를 이끌어내기 위해, 정부는 정보를 전달한 사람과 받은 사람이 다른 개인적 또는 직업적 사안에 관해 비밀을 공유한 전력이 있음을 증명해야 할 것이다. 이 점은 실질적인 미공개 정보에 기초하여 거래하는 것이 신의성실 의무를 위배하지 않으면 불법이 아니기 때문에 중요하다. 정부는 그들이 Alcoholics Anonymous에 동참함으로써 이런 위법을 저질렀음을 증명하려 했다.

(출처: Alan Farnham,"Insider Trading Case Involves Secrets Shared Among AA Members,"2012년 3월 15일, abcnews.com.)

비판적 사고 문제 당신이 비행기에서, 회사의 두 간부가 임박한 합병에 관해 말하는 것은 엿들었다고 가정하자. 만약 당신이 엿들은 내용에 기초하여 주식을 사면, 내부자 거래죄를 짓는 것인가?

그러나 당신 중개인의 주요 관심사가 수수료가 되어선 안 된다. 책임 있는 중개인은 과당매매(즉, 수수료를 높이기 위한 고객 계정의 과도한 거래)를 하지 않는다. 과당매매는 증명되기 어려우나, SEC와 거래 규정 하에서 불법이고 비윤리적이다.

계좌의 개설 계좌를 개설하기 위해, 당신과 중개회사 사이에 법적 관계를 형성하는 다양한 양식을 기재해야 할 것이다. 주식중개인은 당신의 투자목표를 평가하기 위해 당신의 재무상태에 관해 합리적 수준에서 이해해야 한다. 그리고 당신이 매입하는 증권 대금을 지불할 능력이 있음을 알고 있어야 한다. 당신은 또한 중개인에게 증권의 이전과 보관에 관해 지시한다. 거래를 위해 자금을 차입하려는 고객은 증거금 계정을 개설해야 한다(아래에 기술). 만약 당신이 수탁인, 수임인, 실행인 또는 회사이면, 중개회사는 추가 서류를 요구할 것이다.

투자자들은 하나 이상의 주식중개인 계정을 가질 수 있다. 많은 투자자들은 다양한 집단의 중개인이 제공하는 혜택과 의견을 얻고 매수와 매도 거래의 전체적 비용을 절감하기 위해, 상이한 종류의 회사에서 계좌를 만든다.

다음으로, 당신의 필요에 가장 적합한 종류의 계좌를 선택해야 한다. 몇 가지 대중적인 종류들을 간단히 알아보자.

개인 또는 공동 중개 계좌는 개인 또는 공동 명의일 수 있다. 공동 계좌는 부부 또는 부모자식 사이에 가장 일반적이다. 미성년자(18세 미만)의 계좌는, 부모 또는 보호자가 모든 거래에 참여해야 하는 수탁계좌이다. 계좌의 형태에 무관하게, 계좌 보유자의 성명과 계좌번호가 식별을 위해 사용된다.

현금 또는 증거금 더 일반적인 종류인 현금 계좌는 고객이 현금 거래만 할 수 있는 계좌이다. 고객은 현금 거래를 전화 또는 온라인으로 개시할 수 있고, 중개회사에 송금하는 데 3영업일을 허용 받는다. 회사도 마찬가지로 고객의 현금 계좌에 증권의 판매대금을 예치하기 위해 3영업일의 여유를 갖는다.

증거금 계좌는 중개회사가 신용 높은 고객에게 차입권한을 부여하는 계좌이다. 회사에 증권을 담보로 맡김으로써, 고객은 증권 매입 가격의 정해진 일부를 차입할 수 있다. 중개회사는 당연하게 차입금에 대해 정해진 이자율을 고객에게 부과한다.

랩(wrap) 랩계좌(관리 계좌로도 불림)는 대규모 포트폴리오(일반적으로 $100,000 이상)를 가진 중개 고객으로 하여금 편리하게 증권선택 결정을, 회사 내부 또는 독립적인 전문적 자금 매니저에게 위임할 수 있도록 허용한다. 일정 요율의 연 수수료를 대가로,

중개회사는 투자자가 자금 매니저를 선택하고, 매니저 수수료를 지급하며, 그리고 자금 매니저가 거래를 체결하는 것을 돕는다. 초기에 투자자, 중개인, 그리고/또는 매니저는 고객의 전체적 목표를 논의한다.

랩계좌는 편리성과 다른 많은 이유 때문에 매력적이다. 연 수수료는 대부분의 경우 모든 거래의 수수료를 충당하며, 중개인이 계좌의 과당매매를 할 가능성을 거의 제거한다. 또한 중개인은 매니저의 성과를 감시하고, 투자자에게 상세한 보고서를 통상 분기별로 제공한다.

단주 및 일반 거래 투자자는 단주 또는 일반 거래로 주식을 매입할 수 있다. 단주 거래는 주식 100주 미만으로 구성된다. 일반 거래는 100주 단위이다. 예를 들어 만약 주식 25주를 매입하면 당신은 단주 거래를 할 것이고, 만약 200주를 매입하면 일반 거래를 할 것이다. 225주의 거래는 1건의 단주 거래와 2건의 일반 거래의 결합일 것이다.

단주 거래는 한 때 중개회사의 추가적 과정 또는 스페셜리스트의 도움을 요구했으나, 이제 전산화된 거래시스템이 단주 거래를 훨씬 더 쉽게 만든다. 따라서, 단주 거래는 일반적으로 과거처럼 더 높은 수수료를 발생시키지 않는다. 투자 프로그램의 초기 단계에 있는 소규모 투자자는 일반 거래로 매수할 만한 자금을 갖지 않은 경우가 많기 때문에, 주로 단주 거래를 이용한다.

주문의 기본적 종류

투자자들은 증권거래를 위해 다양한 종류의 주문을 이용할 수 있다. 제출되는 종류는 일반적으로 투자자의 목표와 기대에 의존한다. 주문의 세 가지 기본 종류는 시장가 주문, 지정가 주문, 그리고 역지정가 주문이다.

시장가 주문 투자자가 주문을 제출하는 시점에서 가장 유리한 가격에 주식을 사거나 팔려는 주문은 시장가 주문이다. 시장가 주문은 일반적으로 객장에 도착하거나 시장 조성자에 의해 접수되는 즉시 실행되기 때문에, 이는 일반적으로 주문을 체결하는 가장 빠른 방법이다. 시장가 주문이 실행되는 속도 때문에, 증권의 매수자 또는 매도자는 주문이 거래되는 가격이 주문이 제출되는 시점의 현재 시장가격에 매우 근접할 것이라고 믿을 수 있다.

지정가 주문 지정가 주문은 특정 가격 이하에서 매수(지정가 매수 주문) 또는 특정 가격 이상에서 매도(지정가 매도 주문)하려는 주문이다. 투자자가 지정가 주문을 제출할 때, 중개인은 해당 증권을 거래하는 시장 조성자에게 전달한다. 시장 조성자는 장부에 지정가 주문의 주식 수와 가격을 기재하고 특정 지정가(또는 더 유리한 가격)가 존재하면 즉시 주문을 체결한다. 시장 조성자는 우선 모든 다른 선순위 주문(먼저 전달된 비슷한 주문, 더 높은 특정 가격의 매수 주문, 더 낮은 특정 가격의 매도 주문)을 체결한다. 투자자들은 다음 중 하나의 형태로 지정가 주문을 제출할 수 있다:

- **즉시 집행 주문** 이는 즉시 체결되지 않으면 취소됨.
- **당일 유효 주문** 이는 체결되지 않으면 폐장 시에 자동적으로 취소됨.
- **취소시까지 유효(GTC) 주문**은 만약 체결, 취소, 또는 갱신되지 않으면, 일반적으로 6개월 동안 유효함.

사례 당신이 현재 $30.50에 거래되는 주식 100주를 $30에 지정가 매수 주문을 제출한다고 가정하라. 일단 스페셜리스트가 먼저 도착한 모든 비슷한 주문을 처리하고, 주식의 시장가격이 $30 또는 미만으로 하락하면 당신의 주문이 체결된다. 주가가 $30으로 하락하기 전에 당연히 당신의 주문이 취소될 수 있다(만약 GTC 주문이 아니면).

지정가 주문은 매우 효과적일 수 있으나, 거래가 체결되지 않을 수도 있다. 예를 들어, 만약 당신이 $30 이하에서 매입하기 원하고 당신이 기다리는 동안 가격이 현재의 $30.50로부터 $42로 변동하면, 주당 $11.50($42−$30.50)의 이익을 얻을 기회를 놓치게 된다. 만약 당신이 가능한 가장 유리한 가격($30.50)에서 매수하는 시장가 주문을 제출했으면, $11.50의 이익을 얻었을 것이다. 주식 매도를 위한 지정가 주문은 또한, 주가가 최저 매도 가격에 근접하나 도달하지 않다가 현저하게 하락할 때 불리하다. 일반적으로 지정가 주문은 주가가 크게 변동할 때, 주문이 실행될 가능성이 더 높으므로 가장 효과적이다.

역지정가 주문 투자자가 역지정가 주문을 제출하면 시장가격이 특정 수준 이하가 될 때, 중개인은 시장 조성자에게 주식을 팔겠다고 말한다. 역지정가 주문은 주식에 대한 유예된 주문이다. 이들은 주식이 특정 가격에 도달하면 그 때 활성화된다. 역지정가 주문은 시장 조성자의 장부에 제출되고 주식이 역지정가에 도달하면 활성화된다. 지정가 주문처럼, 역지정가 주문은 전형적으로 당일 유효 또는 GTC 주문이다. 역지정가 주문은 활성화 되면, 가장 유리한 가격에서 증권을 매도하는 시장가 주문이 된다. 따라서, 매도가 이루어지는 실제 가격은 제한 가격보다 훨씬 낮을 수 있다. 투자자는 주가의 급격한 하락의 부정적 영향으로부터 자신을 보호하기 위해 이 주문을 이용한다.

사례 당신이 현재 주당 $35에 거래되는 Ballard Industries의 100주를 소유한다고 가정하라. 당신은 주가가 언제든지 급락할 수 있다고 믿고, $30에 매도하는 역지정가 주문을 제출한다. 만약 주가가 실제로 $30로 하락하면, 시장 조성자는 그 시점에 가능한 최유리 가격에서 100주를 매도할 것이다. 만약 당신이 역지정가 주문이 제출되었을 때 시장가격이 $28로 하락하면, 당신은 주당 $30 미만을 받을 것이다. 만약 시장가격이 주당 $30 이상에서 유지되면, 당연히 역지정가 주문은 활성화되지 않기 때문에 당신이 주문의 결과로서 손실을 입는 일은 없다. 주식가격이 상승하면 투자자들은 빈번히 제한 가격 수준을 높인다. 이런 행위는 가격이 상승할 때 더 높은 이익을 확보하는 데 도움을 준다.

투자자들은 주식을 매입하기 위해 역지정가 주문을 제출할 수 있다. 그러나 매수 주문은 매도 주문보다 훨씬 드물다. 예를 들어, 현재 주당 $70에 거래되는 MJ Enterprises의 가격이 $75(제한 가격)로 상승하면, 당신은 100주를 매입하는 역지정가 주문을 제출할 수 있다. 이 주문은 일반적으로 (제2장에서 논의된) 공매도의 손실을 제한하거나 가격이 상승하기 시작한 주식을 매입하기 위해 사용된다.

당신의 역지정가 주문이 시장가 주문이 될 때 시장이 불리하게 변동할 리스크를 피하기 위해, 단순한 역지정가 주문 대신 가격역지정 주문을 제출할 수 있다. 이는 일단 가격이 지정된 제한 가격에 도달하면, 정해진 또는 더 유리한 가격에서 주식을 사거나 팔려는 주문이다. 예를 들어, Ballard Industries의 예에서 만약 가격역지정 주문이 사용되면, Ballard의 시장가격이 $30로 하락할 때, 중개인은 주당 $30 이상에서 당신의 100주를 매도하는 지정가 주문을 입력할 것이다. 따라서, 당신은 주식에 대해 주식 가격이 계속 하락하지 않으면 주당 $30 미만을 받는 리스크를 부담하지 않을 수 있다. 이 경우 여느 지정가 주문처럼, 당신은 완전히 시장에서 소외되어 $30보다 훨씬 못한 주식을 보유할 수 있다. 손실제한 매도 주문이 ($30에서) 활성화되어도 만약 가격이 계속 하락하면 가격역지정 주문에서 주식은 팔리지 않을 수 있다.

온라인 거래

온라인 영업의 경쟁은, 이미 복잡한 경기장에 더 많은 선수들이 입장하면서, 나날이 심화하고 있다. 중개회사들은 고객들에게 온라인 거래를 권유하고, 무료 거래를 포함한 다양한 유인을 제공한다. 그러나 낮은 비용이 중개회사를 선택하는 유일한 이유는 아니다. 여느 금융적 결정처럼, 당신의 필요를 고려하여 가장 부합하는 회사를 찾아야 한다. 어떤 투자자는 Bank of America 같은 종합서비스 중개회사 또는 Charles Schwab이나 TD Ameritrade 같은 프리미엄 할인 중개회사로부터 적시의 정보, 연구, 그리고 신속하고 믿을 수 있는 거래를 원할 수 있다. 다른 적극적 거래자는 연구보다 비용 그리고 빠른 거래에 집중하여 Firstrade 또는 Wall Street*E 같은 일반 할인 중개회사와 계약할 수 있다. 온라인 거래의 실행을 위한 일반 할인 중개회사의 선택에서, 사이트 이용의 용이성은 주요 요인이다. 일부 온라인 중개회사는 또한 채권과 뮤추얼펀드의 온라인 거래를 제공한다.

일중거래 일부 투자자들은 온라인 주식 거래에 이끌려서 일중거래자가 된다. 장기적 전망을 가진 매입-보유 투자자의 정반대인 일중거래자(day-trader)는 하루 종일 신속하게 주식을 사고 판다. 그들은 짧은 보유기간(때로, 몇 초 또는 몇 분)동안 주식 가격이 계속 오르고, 따라서 신속한 이익을 얻을 수 있기를 바란다. 일부는 또한 작은 가격 하락을 기대하여 공매도를 한다. 진정한 일중거래자는, 매일 급격하게 변하는 극단적 가격리스크가 대규모 손실을 초래할 수 있다고 믿기 때문에 주식을 밤새 보유하지 않는다. 여기에서 "일중거래자" 용어가 비롯되었다.

일중거래는 불법 또는 비윤리적이지 않으나, 매우 위험하다. 일반적으로 일중거래자들의 잠재적 이익을 확대하기 위한 증거금 매수는 리스크를 가중시킨다. 제2장에서 본 것처럼, 증거금 거래는 대규모 손실의 리스크를 높인다.

인터넷이 대중으로 하여금 투자 정보와 거래를 이용할 수 있도록 만들기 때문에, 일중거래의 대중성이 상승했다. 일중거래의 고점 매도가 빨리 돈 버는 쉬운 방법처럼 보이지만, 그 반대가 더 일반적이다. 일중거래자는 전형적으로, 거래를 시작할 때, 큰 금전적 손실을 부담한다. 또한 중개수수료, 훈련, 그리고 컴퓨터 장비의 비용이 높다. 그들은 수수료 충당만으로도 매년 큰 거래이익을 필요로 한다. 일부는 이익을 전혀 내지 못하기도 한다.

기술 및 서비스 문제 온라인 투자자 수가 증가하면서, 중개회사와 고객들을 괴롭히는 문제도 늘어났다. 지난 몇 년 동안, 대다수 중개회사는 서비스 오류의 빈도를 낮추기 위해 시스템을 개선했다. 그러나 잠재적 문제는 중개 사이트 수준을 넘어선다. 일단 투자자가 회사의 웹사이트에 주문을 제출하면, 몇몇 다른 거래상대방들을 거쳐 실행된다. 대다수 온라인 중개인들은 자체 거래부서를 갖고 있지 않고, 뉴욕 증권거래소 또는 나스닥 주식시장에서 주문을 실행하는 협약을 다른 거래회사와 맺고 있다. 이 과정의 어떤 지점에서 발생한 지연은 거래를 확인하는 데 문제를 초래할 수 있다. 투자자들은 그들의 거래가 완결되지 않은 것으로 생각하여, 다시 주문을 제출할 수 있다. 이들은 나중에 동일한 주식을 두 번 샀음을 발견한다. 즉각적 거래 실행과 확인을 받지 못한 온라인 투자자들은 온라인 접속이 안 되거나 다른 계좌문제를 해결하기 위해 전화를 이용하며, 이들은 종종 오랫동안 대기해야 한다.

성공적인 온라인 거래의 요령 성공적인 온라인 투자자는 주문 제출 전 추가적 주의를 기울인다. 일부 보편적 문제를 피하는 몇 가지 요령이 있다:

- **거래 전에 주문 제출 방법을 알고 주문을 확인하기** 이 간단한 단계는 추후의 문제를 방지하는 데 도움을 준다.
- **매수를 원하는 증권의 주식 기호 확인하기** 매우 다른 두 회사가 비슷한 기호를 갖고 있을 수 있다. 일부 투자자는 주문 제출 전 기호를 확인하지 않았기 때문에 잘못된 주식을 산다.
- **지정자 주문 이용하기** 컴퓨터 스크린에 보이는 가격은 당신의 거래가격이 아닐 수 있다. 지정가 주문으로, 급격히 변동하는 시장에서 손실을 방지하라. 지정가 주문은 더 많은 비용을 소요하나, 수천 달러를 절약할 수 있다. 예를 들어, 인기 있는 IPO 주식을 사는 데 열중한 고객들이 시장가 주문을 제출했다. $19의 판매가격에 주식을

매입하는 대신, 일부는 그들의 주문이 첫 거래일에 무려 $90에 체결된 것을 알고 충격을 받았다. 가격 급등을 인지한 투자자들은 주문을 취소하려 했으나, 중개인에게 전달할 수 없었다. 이 때문에 일부 중개인들은 첫 거래일의 온라인 IPO 매수의 경우 지정가 주문만 받는다.

- **확인과 재확인을 당부하는 온라인 주의를 무시하지 않기** 매입 금액에 숫자 한 자를 더 쓰는 오류를 범하기 쉽다.
- **휩쓸리지 않기** 자신의 계좌에서 과당매매하기 쉽다. 실제로, 새로운 온라인 투자자들은 온라인을 시작하기 전보다 약 2배의 거래를 한다. 충동 거래를 방지하기 위해 전략을 세우고 준수하라.
- **두 중개회사에 계좌 개설하기** 이는 온라인 중개인의 컴퓨터 시스템이 작동하지 않을 때, 당신을 보호한다. 또한 한 중개인이 대량의 거래 때문에 접속되지 않을 때, 대안을 제공한다.
- **정확성을 위해 주문을 재확인하기** 각 거래는 반드시 당신의 지시에 의해 완결되도록 하라. 오타 또는 잘못된 주식 기호를 사용하는 오류가 매우 쉽게 발생하기 때문에, 올바른 수의 주식이 매수 또는 매도되고 가격과 수수료가 호가와 같은지 확인하는 화면을 검토하라. 당신의 계좌에 "미승인" 거래가 있는지 점검하라.

거래 비용

중개인 또는 시장 조성자를 통한 거래는 투자자가, 매도를 원하는 증권을 사려는 사람(또는 역방향의 거래)을 찾으려고, 직접 협상하는 것보다 현저히 더 쉽다. 중개인의 거래 실행에 대한 보상으로 투자자는 거래비용을 지불하며, 이는 일반적으로 증권의 매수와 매도 모두에 부과된다. 거래비용이 수익에 영향을 주기 때문에, 당신은 투자결정 시 거래비용의 구조와 크기를 알아야 한다.

1975년 수정 증권법 통과 후, 중개인들은 제한 없이 자율적으로 수수료를 부과하도록 허용되었다. 대다수 회사들은 개인투자자들에 의해 가장 빈번하게 사용되는 소액 거래에 적용되는 고정 수수료를 만들었다. 대규모 기관 거래에서, 고객과 중개인은 협의 수수료(양자가 합의한 수수료)를 적용할 수 있다. 협의 수수료는 전형적으로 $50,000 이상인 거액 계좌를 유지하는 개인투자자도 이용할 수 있다. 수수료 구조는 증권 종류와 중개인 종류에 따라 다르다. 다음 장들에서, 우리는 다양한 종류의 증권들의 기본적 수수료 구조를 기술할 것이다.

중개기업들이 주식 거래에 대해 수수료를 부과하는 방법 때문에, 가격의 정확한 비교는 어렵다. 전통적 중개인은 일반적으로 거래 시 주식 수와 주가에 기초하여 수수료를 부과한다. 인터넷 중개인은 일반적으로 1,000주까지 일정 요율, 더 크거나 복잡한 주문에 대해서는 추가 수수료를 부과한다. 그러나 많은 전통적 중개회사들은 중개인의 도움을 받는 거래의 수수료를 낮추고, (랩계좌에 대해) 계좌 내 자산가치의 일정 비율로 정해진 고정 연 요율을 설정했다. 만약 당신이 대단히 활발한 거래자가 아니면, 거래 건별로 수수료를 지불하는 것이 유리할 수 있다.

명백하게, 프리미엄 및 일반 할인 중개회사는 동일한 거래에 대해 종합서비스 중개회사보다 현저히 낮은 수수료를 부과한다. 그러나, 일부 할인 중개회사들은 소규모 주문을 피하기 위해 최저 수수료를 부과한다. 할인 중개회사로부터 발생하는 비용절감은 상당할 수 있다. 거래의 규모와 종류에 따라, 프리미엄 및 일반 할인 중개회사는 전형적으로 종합서비스 중개회사에 의해 부과되는 수수료의 30% 내지 80%를 절감할 수 있다,

투자자 보호: SIPC와 중재

대다수 투자거래는 안전하게 이루어지나, 만약 일이 순조롭게 진행되지 않는 경우를 위해 당신이 어떤 보호를 받을 수 있는지 알고 있어야 한다. 고객으로서, 당신은 중개인에 의해 보관되는 증권 또는 현금의 손실로부터 보호된다. 비영리 회원제 기관인 증권투자자보호공사(Securities Investor Protection Corporation: SIPC)는 1970년 증권투자자보호법에 의해, 중개회사의 재무적 실패의 영향으로부터 고객 계좌를 보호하도록 승인되었다. SIPC는 현재 $500,000 한도 안에서, 고객당 $250,000 한도의 현금청구권을 포함하여 각 고객의 계좌를 보호한다. SIPC 보험은 투자자로 하여금 증권의 가액을 회복할 수 있도록 보장하지 않음을 유의하라. 이는 증권 자체의 반환을 보장한다. 일부 중개회사는 또한 $500,000를 초과하여 특정 고객 계좌를 보호한다. 확실히 중개회사들 사이의 이용가능한 서비스의 다양성과 질을 고려하면, 이는 당신이 회사 또는 개인 중개인을 선택할 때 고려해야 할 추가적 서비스일 수 있다.

SIPC는 당신의 중개회사가 파산하는 경우, 보호를 제공한다. 그러나 만약 당신의 중

개인이 잘못된 조언을 하고 결국 당신이 투자에서 큰 손실을 입으면, 어떻게 되는가? 또는 중개인이 당신의 계좌에서 과당매매를 하면 어떤가? 어느 경우에든 SIPC는 도움을 주지 않는다. 이는 잘못된 투자나 과당매매로부터 당신을 보호하려는 것이 아니다. 대신, 만약 당신이 중개인과 다툼이 있으면, 먼저 당신이 거래하는 지점의 관리자와 상황을 논의해야 한다. 만약 이 일이 아무 도움을 주지 않으면, 회사의 준법 담당자 그리고 거주하는 주의 증권 규제기관을 접촉하라.

만약 만족스럽지 않으면, 다툼을 해소하기 위해 소송(법정에서의 법률적 방법)을 제기할 수 있다. 소송을 피할 수 있는 대안적 분쟁해결 과정은 조정과 중재이다. 조정은 당신과 중개인이 문제를 해결할 수 있도록 협상을 도와주는 전문적 조정자의 도움을 받기로 합의하는 비공식적, 자발적 접근법이다. 조정자는 당신과 중개인에게 해결방안을 강제하지 않는다. Financial Industry Regulatory Authority와 증권 관련 기관은, 조정이 투자자와 중개인의 비용과 시간을 절약할 수 있기 때문에 투자자에게 분쟁의 중재보다 조정을 권고한다.

만약 조정이 시도되지 않거나 실패하면, 당신과 중개인이 각자의 주장을 중재위원회에 제시하는 공식적인 과정인 중재로 가는 수밖에 없다. 위원회는 이제 사안을 결정한다. 많은 중개회사들은 강제 중재에 의해 분쟁을 해결하도록 당신에게 요구한다. 이 경우, 당신은 소송을 제기할 수 없다. 당신은 중재위원회의 결정을 받아들여야 하고, 대부분의 경우 사안의 해결을 위해 법정으로 갈 수 없다. 계좌 개설 전, 중개계약이 강제 중재 조항을 포함하는지 확인하라.

조정과 중재 과정은 전형적으로 소송보다 적은 비용을 소요하고 더 빨리 종료된다. 최근의 입법은 많은 투자자에게 증권업계의 위원회 또는 미국중재협회(American Arbitration Association: AAA)에 의해 지원되는 단체 같은 독립적 중재위원회 가운데 하나를 선택할 권리를 부여한다. 또한, 위원회 가운데 한 명의 중재자만 증권업계 관련자일 수 있다. 웹사이트에서, FINRA는 2011년에 고객이 제기한 사안 가운데 약 74%가 합의 또는 보상을 통해 투자자의 금전적 또는 비금전적 회복으로 결정되었음을 보고한다.

조정, 중재 또는 소송을 피하는 최선은 세심하게 중개인을 선택하고, 중개인의 조언에 포함된 재무적 리스크를 이해하며, 중개인의 조언을 철저하게 평가하고, 그리고 지속적으로 중개인의 권고 또는 실행하는 거래의 규모를 감시하는 것이다. 명백하게, 처음에 중개인을 잘 선택하는 것이 추후에 잘못된 선택의 재무적, 감정적 비용을 부담하는 것보다 훨씬 더 경제적이다.

만약 온라인 거래에 문제가 있으면, 즉시 중개인에게 서면(e-메일이 아님)으로 불만을 제출하라. 날짜, 시간, 그리고 거래 금액을 명시하고 모든 관련 서류를 첨부하라. 같은 서류를 Financial Industry Regulatory Authority(www.finra.org)와 주의 증권규제기관에 제출하라. 만약 중개인과 문제를 해결할 수 없으면 조정, 다음에는 중재, 그리고 마지막 수단으로 소송을 시도할 수 있다.

개념리뷰

3.13 중개회사에 의해 제공되는 서비스의 종류를 기술하고, 적합한 중개인을 찾는 기준을 논의하라.

3.14 다음 중개계좌의 종류들을 간단히 구별하라.
- a. 단독 또는 공동
- b. 수탁
- c. 현금
- d. 증거금
- e. 랩

3.15 시장가 주문, 지정가 주문, 그리고 역지정가 주문을 구별하라. 지정가 주문 대신 역지정가 주문을 사용하는 이유는 무엇인가?

3.16 종합서비스, 프리미엄 할인 그리고 일반 할인 중개회사의 관련 서비스와 비용들을 구별하라. 반드시 온라인 거래를 논의하라.

3.17 일중거래는 무엇이고, 왜 위험한가? 어떻게 온라인 거래자의 문제를 피할 수 있는가?

3.18 거래 주식 수에 기초하여, 중개인이 전형적으로 거래실행의 수수료를 부과하는 두 가지 방법은 무엇인가? 온라인 거래 수수료는 중개인의 개입 정도에 따라 어떻게 구성되는가?

3.19 증권투자자보호공사(SIPC)는 증권 투자자에게 어떤 보호를 제공하는가? 투자자와 중개인 사이의 분쟁을 해결하기 위해, 조정과 중재 과정은 어떻게 이용되는가?

투자자문사와 투자클럽

LG 6 많은 투자자들은 스스로 재무정보를 분석함으로써 결정할 시간이나 전문성을 갖고 있지 않다고 느낀다. 대신 그들은 일반적으로 수수료를 지불하면서, 투자 조언을 제공하는 개인 또는 기업인 투자자문사를 찾는다. 일부 소액 투자자들은 투자클럽에 가입한다. 여기에서 우리는 투자자문사의 이용에 관해 논의하고, 투자클럽의 핵심적 측면을 간단히 다룬다.

투자자문사의 이용

투자자문사에 의해 제공되는 "상품"은 광범위한 일반적 조언부터 상세하고 특별한 분석과 권고까지 다양하다. 가장 일반적인 형태의 자문은 자문사에 의해 발간되는 소식지이다. 이 소식지들은 경제, 최근 사건, 시장 행태, 그리고 특정 증권을 다룬다. 투자자문사들은 또한 철저하게 개인화된 투자 평가, 권고, 그리고 관리 서비스를 제공한다.

투자자문사의 규제 제2장에 언급된 것처럼, 1940년 투자자문사법은 투자자문사들로 하여금 그들의 배경, 이해상충 등에 관한 정보를 완전히 공시하도록 만든다. 이 법은 전문적 자문사로 하여금 SEC에 등록하고 정기적 보고서를 제출하도록 요구한다. 1960년의 수정 법률은 SEC로 하여금 투자자문사의 기록을 검사하고 법 조항을 위반한 회사들의 등록을 취소할 수 있도록 허용한다. 그러나, 주요 업무활동에 추가하여 투자 조언을 제공하는 재무설계사, 주식중개인, 은행원, 변호사, 그리고 회계사들은 이 법에 의해 규제되지 않는다. 많은 주들도 투자자문사로 하여금 등록 및 주법에 의해 규정된 지침을 준수하도록 요구하는 비슷한 법을 입법화했다.

전문적 투자자문사의 활동을 규제하는 연방 및 주 법은 투자자문사의 실력을 보장하지는 않음에 유의하라. 대신, 이들은 사기적이고 비윤리적인 영업으로부터 투자자를 보호하려 한다. 현재 어떤 법이나 규제기관도 업무영역으로의 진입을 통제하지 않음을 알아야 한다. 따라서, 투자자문사들은 매우 유식한 전문가부터 완전히 형편없는 아마추어까지 다양하게 분포하고 있다. 전문적 자격증을 소지한 투자자문사들은 투자과정에 직접 또는 관련된 광범위한 학술 과목들을 이수했기 때문에 통상적으로 선호되는 사람들이다. 이런 자격증은 CFA(Chartered Financial Analyst), CIMA(Certified Investment Management Analyst), CIC(Chartered Investment Counselor), CFP®(Certified Financial PlannerTM), ChFC(Chartered Financial Consultant), CLU(Chartered Life Uniderwriter), 그리고 CPA(Certified Public Accountant)를 포함한다.

투자자문사의 규제 당신은 온라인에서도 투자자문사를 찾을 수 있다. 은퇴계획 도구이든 또는 자산의 분산방법이든, 자동화된 투자자문 프로그램은 당신을 도울 수 있다. 만약 당신의 필요가 종합적이라기보다 특별하면, 다른 사이트에서 좋은 조언을 찾을 수 있다. 예를 들어, T. Rowe Price는 훌륭한 대학교육 섹션(www.troweprice.com/college)을 갖고 있다. Financial Engines(www.financialengines.com), AdviceAmerica(www.adviceamerica.com), 그리고 DirectAdvice(www.directadvice.com)는 더 광범위한 계획도구를 제공하는 몇 개의 독립적 자문 사이트이다. 많은 뮤추얼펀드 웹사이트는 온라인 투자자문 프로그램을 갖고 있다. 예를 들어, Vanguard Group(www.vanguard.com)은 은퇴 또는 대학교육 충당 같은 특정 투자목표를 위한 펀드를 선택하는 데 도움을 주는 개인 투자 섹션을 갖고 있다.

투자자문의 비용과 용도 전문적 투자자문의 연간 비용은 전형적으로 관리금액의 0.25% 내지 3%이다. 대규모 포트폴리오의 경우, 수수료는 전형적으로 0.25%부터 0.75%의 범위에 있다. 소규모 포트폴리오의 경우($100,000 미만), 관리자금의 2%부터 3% 범위의 연간 수수료도 드물지 않다. 이 수수료들은 일반적으로 고객 자금의 전체 관리비용을 충당한다. 구독 서비스의 일부가 아닌 정기적 투자자문의 비용은 고정요율 체계에 기초하거나 상담시간당 비용으로 제시된다. 온라인 자문사는 훨씬 덜 비싸다. 이들은 무료이거나 연간 수수료를 부과한다.

당신이 전통적 투자자문 서비스를 선택하든 또는 온라인 서비스를 이용하기로 결정하든, 질적 차이는 존재한다. 더 비싼 서비스가 반드시 더 좋은 조언을 제공하지는 않는다. 서비스 구매 전, 투자자문사의 과거 기록과 일반적 평판을 주의 깊게 살펴보는 것이 최선이다. 투자자문사는 좋은 성과기록을 갖고 있어야 할 뿐 아니라, 당신의 개인적 목표에도 적합해야 한다.

온라인 투자자문사의 서비스는 어떤가? 이는 판단하기 매우 어렵다. 그들의 제시된 계획은 좋은 투입요소일 뿐이다. 초보 투자자는 미래의 저축, 세금, 또는 인플레이션율에 관한 현명한 가정을 하거나 결과를 완전히 분석할 수 있는 충분한 지식이 없을 수 있다. 고객과 대면하는 훌륭한 재무설계사는 당신의 투자실력을 평가하기 위해 많은 질문을 하고, 모르는 것들을 알려줄 것이다. 이 초기 단계의 질문들을 위한 자동화된 도구는 너무 좁은 초점을 갖고 당신의 투자 포트폴리오의 다른 부분을 고려하지 않을 수 있다. 많은 투자자들에게, 온라인 투자자문사는 첫 번째 도움(인간적 측면)을 주지 못한다. 투자자들은 계획을 추진할 개인적 지도, 전문성, 그리고 용기를 원한다.

투자클럽

투자 자문과 전문성을 얻는 다른 방법은 투자클럽에 가입하는 것이다. 이 경로는 투자자문사의 비용을 부담하고 싶지 않은 중간 정도의 능력을 가진 사람들에게 특히 유용하다. 투자클럽은 한 집단의 투자자(파트너)들을 특수한 조직구조, 업무과정, 그리고 목적에 의해 결합한 법적 합명회사이다. 대다수 클럽의 목표는 그룹의 투자목표에 부합하는 투자를 함으로써 좋은 장기수익을 얻는 것이다. 비슷한 목표를 가진 개인들은 일반적으로 투자클럽을 결성하여, 공동으로 소유되고 관리되는 포트폴리오에 지식과 자금을 결합시킨다. 어떤 구성원은 특정 투자전략에 관한 자료를 수집하고 분석하는 책임을 맡는다. 정기적 모임에서, 구성원들은 그들의 발견을 구성원들의 논의와 추가적 분석을 위해 제시한다. 일단 논의가 되면, 그룹은 제안된 전략을 따를지 여부를 결정한다. 대다수 클럽은 구성원들로 하여금 클럽의 자금에 예정된 공헌을 하도록 요구함으로써, 정기적으로 투자 가능 자금의 풀을 확대한다. 대다수 클럽들이 주식과 채권 투자에 집중하나, 일부는 옵션 또는 선물 같은 전문화된 투자에 집중한다. 투자클럽 가입은, 초보 투자자가 (바라건대) 자신의 자금에 대해 좋은 수익을 얻으면서 포트폴리오 구성과 투자 관리의 핵심 사안을 배울 수 있는 훌륭한 방법을 제공한다.

당신이 예상하는 것처럼, 투자클럽은 온라인 투자 추세에도 참여했다. 인터넷에 발맞춤으로써, 투자클럽은 지리적 한계로부터 벗어났다. 이제는 전 세계의 한 번도 만난 적 없는 투자자들이 클럽을 결성하고, 마치 직접 대면하는 것처럼 쉽게 투자전략과 주식 선택을 논의할 수 있다. 모임 시간과 장소는 더 이상 문제되지 않는다. 어떤 클럽은 친구들로 구성되고, 또 다른 클럽은 비슷한 투자철학을 공유하고 온라인에서 만난 모르는 사람들로 이루어진다. 온라인 클럽은 e-메일로 업무를 하거나 사적 웹사이트를 만든다. 비영리 조직인 Better Investing Community의 구성원들은 교육 자료, 투자 도구, 그리고 다른 투자 관련 사항들을 이용할 수 있다.

200,000명 이상의 개인 및 클럽 투자자 그리고 16,000개 이상의 투자클럽을 갖고 있는 Better Investing은 다양한 유용한 자료를 발간하고, 또한 지역 및 국가적 모임을 지원한다. 투자클럽을 시작하는 방법을 배우려면, Better Investing 웹사이트를 방문하라.

개념리뷰

3.20 전문적 투자자문사가 수행하는 서비스, 그들이 규제되는 방법, 온라인 투자자문사, 그리고 투자자문 비용을 기술하라.

3.21 투자클럽은 소규모 투자자에게 어떤 혜택을 제공하는가? 당신은 일반 또는 온라인 클럽 가운데 어디에 그리고 왜 가입하는가?

토론 문제

LG 2 Q3.1 Thomas Weisel은 자신의 이름을 딴 증권회사의 CEO이며, 개인투자자들은 이미 지나치게 많은 정보를 갖고 있다고 믿는다. 그는 "많은 사람들이 본질을 벗어난 자료에 기초한 지나치게 많은 거래 때문에 돈을 잃는다"고 말한다. 다른 산업 전문가는 같은 이유로 SEC의 공정공시법(Regulation FD)에 반대한다. 증권업협회의 상담실장은 이 규정은 정보의 흐름을 북돋기보다 제한한다는 우려를 표명했다. 다른 증권 전문가들은 개인투자자들은 지금 주어지는 많은 정보를 해석할 진정한 능력을 갖고 있지 않다고 주장한다. 당신이 이 의견에 동의 또는 반대하는 이유를 설명하라.

LG 2 Q3.2 Amazon.com은 온라인 서점으로부터 시작하여, 다른 소매업으로 확장했다. 관련 출처로부터 적합한 정보를 수집하여, Amazon.com에 대한 투자를 염두에 두고 다음을 평가하라.

a. 지난 12개월의 경제상황 및 핵심적 현안들
b. 서적판매업의 (과거와 현재) 상황과 성장에 관한 정보 및 Amazon.com과 경쟁기업들의 구체적 정보
c. Amazon.com에 관한 중개회사 보고서 및 분석가 권고
d. Nasdaq National Market에서 거래되는 Amazon.com의 과거 및 현재의 배당과 가격 자료
e. Amazon.com 투자의 추천가능성에 관한 조언

LG 2 LG 6 Q3.3 투자자에게 중요한 금융정보의 다양한 범주들을 기술하라. 각 범주의 몇몇 우수한 정보 출처들을 기술하라. 투자자가 입수된 정보의 진위를 판단하기 위해 물어야 할 중요한 질문들은 무엇인가?

LG 3 Q3.4 최근의 주식과 채권 시장 상황을 평가하기 위해, 지난 6개월의 관련 시장 평균 및 지수를 수집하고 평가하라. 각 시장의 상황을 기술하라. 최근의 역사적 자료와 함

께 관련된 경제와 현안 자료를 사용하여, 단기 시장상황을 예측하라. 시장상황에 관한 평가에 기초하여 당신은 주식, 채권, 또는 전혀 투자하지 않도록 권고하겠는가? 당신 권고의 기초적 이유를 설명하라?

LG 4 Q3.5 주식중개인을 물색할 때, 당신이 해야 하는 질문과 이슈 목록을 준비하라. 당신의 투자목표와 성향을 고려하여, 이상적인 중개인과 이상적인 중개회사를 기술하라. 프리미엄 할인 또는 일반 할인 중개회사 대신 종합서비스 중개회사 이용의 장점과 단점을 논의하라. 만약 당신이 온라인 거래를 계획하고 있으면, 어떤 추가적 질문을 할 것인가?

LG 4 Q3.6 <표 3.5>에 수록된 두 개의 일반 할인 중개회사 또는 당신이 아는 다른 중개회사의 사이트를 찾아서 방문하라. 사이트를 검색한 후 사용의 용이성, 정보의 질, 투자도구의 이용가능성, 신뢰성, 기타 서비스, 그리고 당신에게 중요한 다른 기준들에 관해서 비교하라. 당신의 발견을 요약하고, 만약 계좌를 개설하면 어느 회사를 선택할지 그리고 그 이유를 설명하라.

LG 4 Q3.7 보수적 또는 공격적 투자자가 투자 프로그램의 일부로서 다음 종류의 주문들을 사용할 수 있을지 기술하라. 이 두 종류의 투자자들을 선호에 기초하여 비교하라.

a. 시장　　b. 한도

c. 손절

LG 5 Q3.8 온라인 거래의 기술이 어떻게, 특히 개인투자자의 경우 투자전략을 변화시켰는지 기술하라. 온라인 거래의 일반적 장점과 단점, 그리고 특히 일중거래의 장점과 단점은 무엇이라고 생각하는가?

LG 6 Q3.9 전통적인 투자자문사로부터 기대되는 재무적 조언으로부터 최근의 온라인 설계 및 자문 사이트로부터 기대되는 재무적 조언을 구별하라. 당신은 개인적으로 무엇을 선호하며, 그 이유는 무엇인가? 유료 투자자문사의 대안으로 투자클럽 가입은 어떠한가?

문제

LG 2 P3.1 Ashley Morgan은, 만약 $90를 소요하는 자료를 이용하여 15시간의 연구를 하면, $20,000의 투자의 기대수익률을 7%로부터 10%로 높일 가능성이 있다고 추정한다. Ashley는 연구에 투입하는 시간당 적어도 $25를 벌어야 한다고 느낀다.

a. Ashley의 연구비용을 계산하라.

b. 연구의 결과로서, Ashley의 수익(금액 기준)은 얼마나 증가하는가?

c. 순전히 경제적인 입장에서, Ashley는 제시된 연구를 수행해야 할까?

LG 3 P3.2 Mini-Dow Average(MDA)는 5개 주식의 종가에 기초한다고 상상하라. 계산에 사용된 분모는 현재 0.765이다. MDA의 5개 주식 각각의 오늘 그리고 분모가 0.790이었던 정확히 1년 전 종가는 아래 <표>에 주어져 있다.

a. 오늘과 1년 전의 MDA를 계산하라.

b. 문제 a.에서 계산된 MDA 값들을 비교하고, 지난 해의 드러난 시장행태를 기술하라. 시장은 강세 또는 약세였는가?

주식	현재	1년 전
Ace Computers	$65	$74
Coburn Motor Company	37	34
National Soap & Cosmetics	110	96
Ronto Foods	73	72
Wings Aircraft	96	87

LG 3 P3.3 SP-6 지수(가상적 지수)는 많은 투자자들에 의해 주식시장의 일반적 행태를 감시하기 위해 사용된다. 이는 1975년 1월 1일을 100으로 정한 기준 가치를 갖고 있다. 다음 <표>에 지수에 포함된 6개 주식 각각의 3일의 종가가 주어져 있다.

주식	주식 종가		
	2013년 6월 30일($1,000)	2013년 1월 1일($1,000)	1975년 1월 1일($1,000)
1	430	460	240
2	1,150	1,120	630
3	980	990	450
4	360	420	150
5	650	700	320
6	290	320	80

LG 3 P3.4 Deepa Chungi는 주식시장의 시간경과에 따른 일반적 행태를 측정하는 데 사용될 수 있는 평균 또는 지수를 개발하려 한다. 그녀는 이 평균 또는 지수에 높은 관심의 대상인 6개의 우량 주식을 포함하기로 결정했다. 그녀는 자신의 생일인 1984년 8월 15일을 기준일로 정했으며, 2010년 8월 15일과 2013년 8월 15일의 평균 또는 지수 값을 측정하는 데 관심을 갖고 있다. 그녀는 A부터 F까지 6개 주식 각각의 각 일자의 종가를 찾았다. 그리고, 1.00의 분모를 가진 기준연도 이후 발생한 주식 분할, 회사 변경 등에 대해 조정하는 데 사용될 수 있는 분모를 계산했다.

a. <표>에 주어진 자료를 사용하고 다우 평균을 계산하는 데 사용된 같은 방법을 이용하여, 각 일자(1984년, 2010년, 그리고 2013년 8월 15일)의 평균을 계산하라.

b. <표>에 주어진 자료를 사용하고 1984년 8월 15일의 기초지수 값을 10으로 가정하여, S&P 지수를 계산하는 데 사용된 같은 방법을 이용하여 각 일자의 시장지수를 계산하라.

주식	주식 종가		
	2013년 8월 15일	2010년 8월 15일	1984년 8월 15일
A	$46	$40	$50
B	37	36	10
C	20	23	7
D	59	61	26
E	82	70	45
F	32	30	32
Divisor	0.70	0.72	1.00

주: 각 주식의 발행주식 수는 이 일자들에서 동일하다. 따라서, 주식의 종가는 시장가치의 종가와 동일하게 변동한다.

c. 문제 a.와 b.의 결과를 사용하여, 2010년 8월 15일부터 2013년 8월 15일까지 전체적 시장상황(강세 또는 약세)을 기술하라.

d. 문제 a.와 b.의 결과를 사용하여, 2010년 8월 15일부터 2013년 8월 15일까지 평균과 지수 값의 변화율(%)을 계산하라. 왜 이들은 다른가?

LG 5 P3.5 Al Cromwell은, NYSE에서 거래되고 현재 주당 $50에 호가되는 Thomas, Inc.의 보통주 1거래단위를 매입하는 시장가주문을 제출한다. 중개수수료를 무시하고, Cromwell이 지불해야 할 것 같은 금액을 계산하라. 만약 그가 매도 시장가주문을 제출하면 그는 얼마를 받을 것 같은가? 설명하라.

LG 5 P3.6 당신이 현재 $41에 거래되는, Sallisaw Tool 100주를 $38의 가격에 매입하는 지정가주문을 제출한다고 상상하라. 다음 각 상황의 결과를 논의하라.

a. 지정가주문의 취소 전에, 주가는 주당 $39로 하락한다.

b. 주가는 주당 $38로 하락한다.

c. 지정가주문의 취소 전에 도달한 최저 주가는 $38.50였다. 지정가주문이 취소되었을 때, 주식은 주당 $47.50에 거래되었다.

LG 5 P3.7 만약 당신이 현재 주당 $38에 거래되는 주식을 매도하는 역지정가주문을 제출하고, 주가가 주당 $33로 하락하면, 당신이 80주로부터 경험할 최소 손실은 얼마일 것 같은가? 설명하라. 만약 당신이 $35에 매도하는 가격역지정주문을 제출하고 주가는 $33로 하락하면 어떤가?

LG 5 P3.8 당신은 주당 $60에 100주를 공매도한다. 당신은 이 거래의 손실을 $1,000 이하로 제한하려 한다. 어떤 주문을 제출해야 하는가?

LG 5 P3.9 당신은 현재 주당 $50에 거래되고 있는 마음에 드는 주식을 연구했다. 만약 이 주식이 약간 덜 비싸면(예를 들어 주당 $47) 당신은 매입할 예정이다. 당신은 주가는 연말까지 $70로 상승하고, 그 이후 보합 또는 하락할 것으로 믿는다. 당신은 이 주식 100주를 $47에 매입하기 위한 지정가주문과 $70에 매도하기 위한 지정가주문을 제출하기로 결정한다. 주가의 방향에 관해 당신은 옳았고, 주가는 $75로 곧장 상승했다. 당신의 현재 포지션은 무엇인가?

LG 5 P3.10 당신은 Ups&Downs 주식 100주를 소유한다. 이는 현재 $50에 호가된다. 당신은 휴가를 떠나며, 당신의 부재 중에 이 회사가 이익을 보고할 것임을 깨닫는다. 가격의 급격한 하락으로부터 자신을 보호하기 위해, 당신은 주당 $40에 500주를 매도하는 가격역지정주문을 제출한다. 이익 보고는 양호하지 않고, 발표 직후 주가는 $30로 하락한다. 그러나 주가는 회복하고, 당일 폐장까지 $42로 돌아온다. 당신의 계좌에 어떤 일이 생기겠는가?

LG 5 P3.11 당신은 50%의 증거금 계좌에 $5,000를 갖고 있다. 당신은 사고 싶은 주식을 추적해왔다. 이 주식은 $52에 호가된다. 만약 주식이 $50로 하락하면, 당신은 매입하려 한다. 당신은 $50에 300주를 매입하는 지정가주문을 제출한다. 주식은 $50로 하락한다. 어떤 일이 생기는가?

사례 문제 3.1: Perez 가족의 재운

LG 2 LG 4 LG 6 Angel과 Marie Perez는 남부 뉴저지에서 작은 당구장을 운영한다. 그들은 약 3년 동안 유지한 이 사업을 즐겨왔다. 은퇴한 직업 당구선수인 Angel은 부부가 빚 없이 소유 중인

이 사업장을 매입하기 위해 약 10년 동안 저축했다. 당구장의 소득은 Angel, Marie, 그리고 자녀들인 Mary(10세)와 José(4세)가 편안하게 사는 데 충분하다. 비록 공식 교육은 10학년 이상 받지 않았으나, Angel은 독서에 열심이다. 그는 현안인 개인재무 특히 투자에 관한 독서를 즐긴다. 그는 특히 가족의 재정을 더 잘 관리하기 위한 많은 아이디어를 얻었던 Money 잡지를 좋아한다. Angel은 (직장에서) 하루 3~4시간을 독서에 쓸 수 있다.

최근에 Angel과 Marie는, Marie의 삼촌이 사망했고 그들에게 현재 시장가치 $300,000의 주식 및 채권 포트폴리오를 남겼다는 통보를 받았다. 그들은 행운을 알고 고무되었으나, 이 유산의 결과로서 생활방식을 바꾸는 것은 현명하지 않다고 결정했다. 대신, 그들은 새로운 재산을 자녀들의 대학 교육과 자신들의 노후를 위해 사용하려 한다. 그들은 삼촌처럼 이 돈을 주식과 채권에 계속 투자하기로 결정했다.

Angel은 이 계획을 고려하면서, 현재 포트폴리오에 포함된 증권들에 관해 잘 알아야 한다고 느꼈다. 그는 스스로 포트폴리오를 관리하려면, 증권시장과 전체적 경제를 추적해야 한다는 것을 알았다. 그는 또한 포트폴리오의 각 증권을 추적하고, 상황에 따라 서로 대체적으로 이용될 수 있는 대안적 증권들을 계속적으로 평

가해야 한다는 것을 인식했다. Angel은 남는 시간을 이용하여 시장을 추적하는 것을 좋아했기 때문에, 적합한 정보를 확보하면 포트폴리오를 관리할 수 있다고 굳게 믿었다. 주어진 관련 비용을 고려할 때, Angel은 정보비용에 크게 개의하지 않았다. 대신 그는 합리적 가격에서 최선의 정보를 얻고 싶었다.

문제

a. *Wall Street Journal*과 *Barron's*가 Angel의 필요를 충족하는 데 어떤 역할을 할 수 있을지 설명하라. 당신이 Angel에게 추천할 경제 및 현안 정보의 다른 일반적 출처는 무엇인가? 설명하라.

b. 포트폴리오의 증권들에 관해 알기 위해, 어떻게 Angel이 Standard & Poor's Corporation, Mergent, 그리고 Value Line Investment Service의 서비스를 이용할 수 있는가? 이 서비스들 가운데 어느 것을 추천하겠는가, 그리고 이유를 설명하라.

c. Angel과 Marie의 투자관리를 돕기 위해, 특정한 온라인 투자정보 출처와 도구를 추천하라.

d. 좋은 주식중개인을 찾아야 할 필요와 주식중개인의 정보 및 조언 제공 역할을 Angel

에게 설명하라.

e. 이 가족의 새로운 재산의 보전과 성장을 보장하는 데 도움을 줄 정보와 조언을 위한 요약된 처방을 Angel에게 제공하라

사례 문제 3.2: Paul과 Deborah의 중개인 및 자문사 선택

LG 4 LG 5 LG 6 Paul Chang과 Deborah Barry는 대형 소프트웨어 회사에서 일하는 친구들이다. 그들은 지금 다니는 회사의 상대적 안정성을 포기하고, 신속한 인터넷 접속을 위한 새로운 광섬유 기술을 다루는 설립 2년차 회사인 OnlineSpeed Inc.에 합류하기로 결정했다. Paul은 신제품 개발 담당 부사장 Deborah는 재무담당자가 될 것이다. 그들은 새로운 직장의 잠재력에 관해 기뻐하나, 전직에 따르는 재무적 결과를 고려해야 할 필요를 인식한다. 즉 각적 관심은 그들의 401(k) 은퇴 프로그램이다. 현재의 회사를 떠나면, 그들 각자는 약 $75,000의 목돈을 정산받고, 스스로 관리하고 세금이연되는 은퇴계좌로 옮겨야 한다. 이들은 이 자금의 투자 옵션을 논의하기 위해, 점심때 만났다.

Paul은 30세의 미혼이고, 컴퓨터과학 학사 학위를 갖고 있다. 그는 아파트를 임차하고 있으며, 곧 한 채 사고 싶으나 서두르지는 않는다. 현재 그는 인생의 즐거움을 위해 돈을 쓰는 데 만족한다. 그는 자신을 약간의 위험선호자로 간주하며, 기술 전문성을 이용하여 소프트웨어와 인터넷 회사에 투자함으로써 가끔 주식시장에도 참가한다.

Deborah의 학부 학위는 영문학이며, 재무금융 전공 M.B.A.를 받았다. 그녀는 32세의 기혼이며, 이제 곧 가정을 만들고 싶어한다. 그녀의 남편은 개업 내과의사이다.

Paul은 컴퓨터에 능숙하고, 자신의 인터넷 연구에 기초하여 주식을 선택하기 좋아한다. Deborah의 재무금융학 배경은 투자의 기본에 관한 탄탄한 이해를 제공하지만, 그녀는 비교적 보수적이며 따라서 대형 우량주와 뮤추얼펀드에만 투자한다. 점심 대화에서 나온 주제 가운데 주식중개인과 재무설계사가 있었다. Paul은 온라인 거래당 낮은 비용을 부과하면서 제한된 기간 동안 무수수료 거래를 제공하는 단순한 일반 할인 중개회사에 관심을 갖고 있다. Deborah도 비용에 관심을 갖고 있으나, 다른 서비스를 위해 더 많이 지불하거나 더 빈번하게 스스로 거래대상을 찾아야 한다면 낮은 비용은 착시일 수 있다고 Paul에게 경고한다. 그녀는 또한 Paul이 지나치게 기술 섹터에 집중한다고 생각하고, 포트폴리오 균형을 위해 재무 자문을 받을 것을 권한다. 그들은 많은 중개회사와 투

자자문사들을 조사하고, 다시 만나 결과를 비교하기로 했다.

문제

a. 적어도 2개의 상이한 종합서비스, 프리미엄 할인, 그리고 일반 할인 주식중개회사를 조사하고, 서비스와 비용을 비교하라. 어떤 중개회사가 Paul의 필요에 가장 적합하고, 그 이유는 무엇인가? 어떤 중개회사가 Deborah의 필요에 가장 적합하고, 그 이유는 무엇인가? 중개인 후보를 면담할 때, 물어야 할 핵심 질문들은 무엇인가?

b. 특정 중개인을 선택하기 전, Paul과 Deborah가 고려해야 할 요인들은 무엇인가? 종합서비스 중개인의 개별적 관심을 받는 것의 장점과 단점을 할인 중개인 서비스에 비교하라.

c. Paul 또는 Deborah가 거래를 도와주면서 개인적 관심에 초점을 맞추는 중개인을 선택하는 것이 좋다고 생각하는가?

d. Paul은 일중거래에 관한 기사를 읽었고 이를 시도하고 싶다고 Deborah에게 말했다. 당신은 Paul에게 이 전략의 위험과 보상에 관해 어떤 조언을 할 것인가?

e. Paul과 Deborah가 적절한 포트폴리오를 만들도록 돕기 위해, 전통적 및 온라인 투자자문의 간단한 개관을 준비하라. 당신은 Paul에게 어떤 종류의 자문사를 추천할 것인가? Deborah에게는? 당신의 이유를 설명하라.

엑셀 스프레드시트

Peter Tanaka는 주식 포트폴리오를 시작하는 데 관심을 갖고 있다. 그는 많은 금융기자들이 다우존스 산업평균을 전체적 주식시장의 대용변수로 언급하는 것을 들었다. 다양한 온라인 투자 사이트를 방문함으로써, Peter는 DJIA의 변화를 추적할 수 있다. Peter는 그의 선택된 포트폴리오의 일정 기간에 걸친 가격성과를 측정하는 평균 또는 지수를 개발하고 싶어한다. 그는 주식들을 주가에 비례하여 보유하는 다우와 비슷하게, 가격가중 지수를 만들기로 결정했다. 그는 다음 10개의 우량 주식들에 기초한 지수를 만들기 원하며, 1977년 10월 13일을 기준 연도로 정했다. 발행주식 수는 1977년부터 2011년 기간 동안 동일했다. 결론은 주식의 종가는 시장가치의 종가와 동일하게 변동한다는 것이다. 아래 자료로부터, 지수를 모형화하고 결과를 분석하는 스프레드시트를 만들어라.

문제

a. 분모는 1977년 10월 13일에 1.00, 2009년 10월 13일에 0.75, 그리고 2013년 10월 13일에 0.85이다. 이 정보와 앞에 제공된 자료를 이용하여, 다우 평균 계산과 동일한 방법에 의해 3일(1977년, 2009년, 그리고 2013년 10월 13일)의 시장 평균을 계산하라.

b. DJIA는 가장 널리 언급되는 주식시장 지표이나, 모형에 관한 비판이 존재한다. 비판의 하나는 포트폴리오에 포함된 더 높은 가격을 가진 주식이, 더 낮은 가격의 주식에 비해, 다우에 더 많은 영향을 준다는 것이다. 주식 J가 10% 상승한다고 가정하라. 앞의 3일의 시장 평균을 다시 계산하라.

	가격		
	2013.10.13.	2009.10.13.	1977.10.13.
A	45	50	55
B	12	9	15
C	37	37	37
D	65	66	67
E	36	42	48
F	26	35	43
G	75	68	59
H	35	38	30
I	67	74	81
J	84	88	92

c. 다음으로, 주식 J는 원래 수준으로 돌아오고 주식 B는 10% 상승한다고 가정하라. 3일 각각에 대해 시장 평균을 다시 계산하라. 3개의 모든 시나리오에서 발견한 것들을 비교하라. 다우에 대한 비판을 지지하는 결과를 얻었는가? 설명하라.

Part 2

중요한 개념적 도구

Chapter 04

수익과 위험

학습목표 (Learning Goals)

이 장을 학습한 후, 아래와 같은 과제를 수행할 수 있어야 한다.

LG 1 수익의 개념 및 요소, 수익 수준에 영향을 주는 요인, 그리고 역사적 수익을 검토한다.

LG 2 수익을 측정하고 만족스러운 투자를 정의하는 데 있어서, 화폐의 시간가치 개념의 역할을 논의한다.

LG 3 실실, 무위험, 그리고 요구 수익률 및 보유기간수익률의 계산과 적용을 논의한다.

LG 4 수익률의 개념과 계산 그리고 성장률의 계산 방법을 설명한다.

LG 5 잠재적 투자에 영향을 줄 수 있는 리스크의 핵심 원천을 논의한다.

LG 6 단일 자산의 리스크, 리스크의 평가, 그리고 수익과 리스크를 결합하는 단계들을 이해한다.

마크 트웨인에서 비롯된 것으로 알려진 격언은 "땅을 사라—더 이상 생산되지 않는다"라고 조언한다. 이 대중적 금언 한 마디는 미국의 부동산 호경기 기간 동안 대단한 인기를 얻었다. 20개 대도시의 주택 가격을 추적하는 S&P/Case-Shiller 지수에 따르면, 미국의 주택소유자들은 2002년부터 2005년까지 70%의 자산가치 상승을 경험했다. 같은 4년 동안, 미국 주식시장은 겨우 16%의 상승을 유지했다.

더욱이, 부동산의 달콤한 수익은 큰 위험을 수반하지 않는 것으로 보였다. 평균 주택가격은 1996년 7월부터 2006년 5월까지 매월 상승했다. 자연스럽게 A&E's Flip This House 같은 TV 쇼의 신설에서 보는 것처럼, 부동산 투자는 유행이 되었다.

불행스럽게, 주택가격은 2006년 여름 하락했고 이 하락은 2012년 3월까지 지속됐다. 이 기간 동안 평균 주택가격은 34% 하락했고, 360만 채의 자산이 압류되었다. 이는 주택소유자들에게 부동산 투자는 보상과 위험을 모두 갖고 있음을 상기시켰다. 압류는 2011년에 2010년보다 34%만큼 낮은 수준으로 감소했으나, 2012년에는 압류관행에 관한 대규모 조사에 의해 초래된 지연효과가 사라지면서 다시 급등할 것으로 예상된다. 정점부터 붕괴까지, 주택시장은 수익과 위험의 분리될 수 없는 관계를 보여주는 좋은 예이다.

(출처: standardandpoors.com과 RealtyTrac.com에서 다운로드된 S&P/Case-Shiller 가격지수"Year-End 2011 U.S. Foreclosure Market Report.")

수익의 개념

LG 1 LG 2 사람들은 어떤 자산의 기대수익에 의해 투자유인을 갖게 된다. 수익은 투자 이익(즉 투자에 대한 보상)의 수준이다. 당신은 2%의 연 이자율 지급을 보장하는 저축계좌에 $1,000를 보유하고 있고, 당신의 사업동료가 그 돈을 빌려줄 것을 요청한다고 가정하라. 만약 당신이 그녀에게 1년 동안 돈을 빌려주면, 그녀는 1년 후에 상환하고, 수익률은 이자에 의해 결정될 것이다. 만약 당신이 무이자로 빌려주면, 당신의 수익은 0일 것이다. 만약 2%의 이자율을 부과하면, 수익은 $20(0.02×$1,000)일 것이다. 당신은 이미 $1,000에 대해 안전한 2%의 이자를 받고 있기 때문에, 동등한 수익을 얻으려면, 동료에게 최소 2%의 이자를 부과해야 한다.

주 각 장의 학습목표는 이 아이콘에 의해 본문의 설명에서 표시된다.

투자자 현실

배당-먹기 좋은 알약–2011년의 첫 거래일에 거대 제약기업 Merck & Co.의 주식은, 정확하게 1년 전의 가격($33.16)보다 단지 1.6% 높은 주당 $33.66에 거래되었다. Merck의 주주들에게 2011년은 좋지 않은 해로 보일 수 있으나, 주식은 그 해에 총 $1.52의 배당을 지급했고 따라서 Merck 주식의 2011년 총수익률은 6.2%를 기록했다.

수익의 요소

투자의 수익은 하나 이상의 원천으로부터 발생할 수 있다. 가장 일반적인 원천은 배당과 이자 같은 정기적 지급이다. 다른 수익 원천은 투자자산 가격의 변화이다. 이 두 가지 수익 원천은 각각 경상소득과 자본이득(또는 자본손실)으로 불린다.

소득 소득은 주식이나 뮤추얼펀드의 배당 또는 채권의 이자 형태일 수 있다. 소득으로 간주되려면, 현금 또는 쉽게 현금으로 전환될 수 있는 형태이어야 한다. 우리의 목적 상, 투자의 소득은 일반적으로 투자 보유의 결과로서 투자자들이 정기적으로 수취하는 현금이다.

<표 4.1>의 자료를 사용하면, 우리는 $1,000에 매입되고 1년 동안 보유된 투자 A와 B의 소득을 계산할 수 있다. 투자 A는 $80, 투자 B는 $120의 소득을 제공한다. 1년 동안 받은 소득에만 기초하면, 투자 B가 더 좋다.

표 4.1 두 투자의 프로파일

	투자	
	A	B
매입가격(연초)	$1,000	$1,000
수취 현금		
제1분기	10	0
제2분기	20	0
제3분기	20	0
제4분기	30	120
총소득(연간)	$80	$120
매도가격(연말)	$1,100	$960

자본이득(또는 자본손실) 수익의 두 번째 차원은 투자자산 시장가치의 변화에 초점을 맞춘다. 제1장에서 언급된 것처럼, 투자의 매각 수입이 최초 매입가격을 초과하는 금액이 자본이득이다. 만약 투자가 최초 매입가격보다 낮게 매각되면, 자본손실이 발생한다.

<표 4.1>의 투자에서 자본이득 또는 손실을 계산할 수 있다. 투자 A는 1년 동안 $100(매도가격 $1,100−매수가격 $1,000)의 자본이득을 경험한다. 투자 B에서는 $40의 손실이 발생한다(매도가격 $960−매수가격 $1,000).

소득(앞 절에서 계산)과 자본이득(또는 손실)을 결합하면, 총수익이 나온다. <표 4.2>는 투자 A와 B의 해당 연도의 총수익을 보여준다. 투자 A는 총수익 $180를 얻고, 투자 B는 $80를 얻었다.

표 4.2 두 투자의 총수익

	투자	
수익	A	B
소득	$80	$120
자본이득(손실)	100	(40)
총수익	$180	$80

일반적으로, 수익의 금액보다 수익의 백분율이 더 널리 사용된다. 백분율은 다른 규모와 종류의 투자들을 직접 비교할 수 있도록 만든다. 투자 A는 18%($180 ÷ $1,000)의

수익률을 얻었고; 투자 B는 단지 8%($80 ÷ $1,000)의 수익률을 얻었다. 이 점에서 투자 A가 더 좋아 보이나, 다음에서 보는 것처럼 리스크의 차이는 일부 투자자로 하여금 B를 선호하도록 만들 수 있다.

왜 리스크가 중요한가

자산의 수익은 투자자의 부가 축적되는 속도를 나타내기 때문에, 투자결정의 핵심 변수이다. 자연스럽게 대다수 사람들은 더 많은 부를 선호하기 때문에, 만약 다른 조건들이 동일하면 고수익 투자가 저수익보다 선호된다. 그러나 우리는 이미 대다수 투자의 수익은 불확실하다고 밝힌 바 있다. 그러면 투자자들은 저수익을 낼 것 같은 자산으로부터 어떻게 고수익을 제공하는 자산을 구별할 수 있는가? 이런 종류의 평가를 하는 방법의 하나는 여러 종류의 투자들이 과거에 기록했던 수익을 살펴보는 것이다.

역사적 성과 대다수 사람들은 미래 성과는 과거 성과에 의해 보장되지 않는다는 것을 인식한다. 그러나 과거 자료는 빈번하게 미래 예상을 위한 의미 있는 기초를 제공한다. 미래를 예측할 때, 투자계의 일반적 관행은 역사적 기록을 주의 깊게 살펴보는 것이다.

이자율과 기타 재무적 수익의 척도들은 주로 연 단위로 언급된다. 과거 투자수익의 평가는 전형적으로 동일한 기준에서 이루어진다. <표 4.3>에 제시된 ExxonMobil Corporation의 자료를 살펴보자. ExxonMobil은 2002년부터 2011년까지 매년 배당을 지급했다. ExxonMobil의 주가는 이 10년 동안 $39.30에서 출발하여 $84.76에 도달함으로써, 대체로 상승했다. 전반적인 상승 추세에도 불구하고, 회사의 주식은 2002년에 (주로 9.11 테러와 이후의 불황 때문에) 약간 하락했고, 다시 2008년과 2009년에 (대불황 때문에 유가가 배럴당 $140 이상으로부터 $40 미만으로 폭락하면서) 하락했다.

이 자료들의 두 가지 측면이 중요하다. 첫째, 이 투자에 의해 지난 10년 동안 창출된 수익의 평균 수준을 측정할 수 있다. 이 기간 동안 ExxonMobil 주주의 총수익(제6열)은 평균 11.6%이며, 이는 같은 기간 동안에 대다수 다른 주식들을 훨씬 능가한다. 둘째, ExxonMobil의 수익률은 1년 단위로 현저한 변동성을 갖고 있다. 이 기업의 최고의 해는, 투자자들이 38.7%의 총수익을 얻은 2006년이었다. 그러나 ExxonMobil의 최악의 해였던 2008년, 주주들은 13.1%의 손실을 입었다.

표 4.3 EXXONMOBIL CORP.(XOM)의 역사적 투자 자료

	시장가치(가격)				총수익	
연도	(1) 배당 소득	(2) 연초	(3) 연말	(4) (3)−(2) 자본이득	(5) (1) + (4)	(6) (5) / (2)
2002	$0.92	$39.30	$34.94	−$4.36	−$3.44	−8.8%
2003	0.98	34.94	41.00	6.06	7.04	20.1
2004	1.06	41.00	51.26	10.26	11.32	27.6
2005	1.14	51.26	56.17	4.91	6.05	11.8
2006	1.28	56.17	76.63	20.46	21.74	38.7
2007	1.37	76.63	93.69	17.06	18.43	24.1
2008	1.55	93.69	79.83	−13.86	−12.31	−13.1
2009	1.66	79.83	68.19	−11.64	−9.98	−12.5
2010	1.74	68.19	73.12	4.93	6.67	9.8
2011	1.85	73.12	84.76	11.64	13.49	18.4
평균	$1.36			$4.55	$5.90	11.6%

(출처: Yahoo! Finance로부터 입수된 배당과 연말 종가)

기대수익 당연하게, 투자결정을 할 때 궁극적으로 중요한 것은 미래이다. 따라서, 기대수익은 필수적 성과 척도이다. 투자가 미래에 벌 것이라고 생각되는 금액이 지불용의를 결정한다.

예시를 위해 <표 4.3>의 자료로 돌아가자. 단순한 투자자는 ExxonMobil의 기대수익을 과거 10년의 평균수익과 같은 11.6%로 추정할 수 있다. 이는 반드시 나쁜 출발점은 아니나, "무엇이 ExxonMobil의 과거의 성공에 기여했는가, 그리고 동일한 요인들이 미래에도 작용할 것인가?"라는 의문을 갖는 것이 현명하다. ExxonMobil의 최근 성공의 중요한 요인은 유가의 전반적 상승추세였다. 2002년 초에 원유는 배럴당 약 $20에 거래되었으나, 가격이 지속적으로 상승하여 2008년 6월에 배럴당 $140 이상에서 정점을 기록했다. 유가가 영원히 오르지 않고 안정화될 것으로 믿는 투자자는 비교적 안정적인 유가를 유지하던 기간의 역사적 성과를 살펴봄으로써, ExxonMobil의 기대수익을 추정할 수도 있다.

수익의 수준

투자의 달성 또는 기대되는 수익의 수준은 다양한 요인에 의존한다. 핵심 요인은 내적 특성과 외적 영향이다.

내적 특성 투자의 어떤 특성은 수익에 영향을 준다. 회사에 의해 발행된 증권의 경우, 중요한 특성은 투자의 종류(예를 들어 주식 또는 채권), 기업 경영의 수준, 그리고 기업이 부채 또는 자본으로 영업자금을 조달하는지를 포함한다. 예를 들어, 투자자들은 안정적으로 운영되고 완전히 자기자본에 의해 조달된 대규모 플라스틱 제조기업의 보통주에 대해, 불안정한 경영과 주로 부채에 의해 조달된 소규모 의류 제조기업의 보통주와는 다른 수익을 기대할 수 있다. 다음 장들에서 보게 될 것처럼, 내적 특성과 수익에 대한 영향을 평가하는 것은 잠재적 투자를 분석하는 데 중요한 단계이다.

외적 영향 연방준비제도의 조치, 기근, 전쟁, 가격 통제, 그리고 정치적 사건 같은 외적 영향도 투자의 수익에 영향을 줄 수 있다. 이들 중 어느 것도 증권의 발행자에 의해 통제되지 않으며, 투자들은 이 영향들에 대해 달리 반응한다. 예를 들어, 만약 투자자들이 유가상승을 예상하면, ExxonMobil 주식의 기대수익을 높이고 휘발유 대량소비 자동차에 특화된 제조업체 주식의 기대수익을 낮출 수 있다. 비슷하게, 다양한 국가들의 경제는 다른 방법으로 외부 영향에 반응한다.

다른 극단적 영향은 일반적 가격 수준의 변화이며, 이는 상승(인플레이션)또는 하락(디플레이션)이다. 인플레이션은 부동산 같은 투자에 긍정적 영향, 그리고 주식과 고정소득증권에 부정적 영향을 주는 경향이 있다. 이자율 상승은 일반적으로 인플레이션율 상승을 수반하며, 수익에 상당한 영향을 줄 수 있다. 인플레이션을 통제하려는 연방준비제도의 조치 또한 투자에 상당한 영향을 줄 수 있다. 더욱이, 각 종류의 투자 수익은 인플레이션에 대해 독특한 반응을 보인다.

금융시장 위기 **불황에 따른 가격 하락**

당신의 일생 중 대부분에서, 대다수 재화와 용역의 가격들은 상승한다. 소비자 전자제품과 컴퓨터 가격 같은 중요한 예외가 존재하나, 미국에서 전체적 가격 수준은 1955년부터 2007년까지 인접한 연도 사이에는 지속적으로 상승했다. 그러나 2008년에 불황이 심화되면서, 미국의 소비자물가는 마지막 5개월 동안 매월 하락했다. 소비자물가의 연간 변화는 2009년 3월부터 10월까지 음수였고, 7월에는 거의 60년 동안의 가장 큰 연간 하락률인 −2.1%의 최저 수준을 기록했다. 뉴스는 일부 투자자들로 하여금 불황의 정도가, 1929년 11월부터 1933년 3월까지 −27%의 물가하락을 초래했던 공황의 수준으로 악화될 수 있다는 두려움을 갖게 만들었다. 다행히 물가는 다시 상승하기 시작했고, 다음 2년 동안 완만하게 4.9% 상승했다.

역사적 수익

수익은 시점과 투자 종류에 따라 다르다. 장기간의 역사적 수익의 평균을 통해, 다양한 종류의 투자수익들의 차이를 관찰할 수 있다. <표 4.4>는 1900년부터 2011년까지 112년 동안, 19개 국가의 여러 대중적인 증권투자의 평균 연 수익률(그리고 인플레이션율)을 보여준다. 100년 이상의 자료로부터 명백한 패턴이 나타난다. 주식, 장기 국채, 그리고 단기 국채의 실현된 평균 연 수익률들 사이에 현저한 차이가 있음을 볼 수 있다. 모든 19개 국가에서, 주식은 국채보다 높은 수익을 내고, 국채는 다시 단기 국채보다 높은 수익을 낸다. 이 장의 뒷부분에서, 우리는 이 투자들의 수익률 차이를 위험의 차이에 연계하는 방법을 볼 것이다.

표 4.4 선택된 자산집단의 역사적 수익률(1900~2011년)

	평균 연수익률			
	주식(%)	장기 국채(%)	단기 국채(%)	인플레이션(%)
오스트레일리아	11.3	5.5	4.6	3.9
벨기에	7.8	5.2	4.9	5.3
캐나다	8.9	5.3	4.6	3.0
덴마크	8.9	7.2	6.2	4.0
핀란드	12.6	7.1	6.7	7.2
프랑스	10.2	7.1	4.1	6.9
독일	8.1	2.9	2.2	4.6
아이슬란드	8.1	5.2	4.9	4.2
이탈리아	10.2	6.5	4.5	8.1
일본	10.8	5.8	4.9	6.8
네덜란드	7.9	4.5	3.6	2.9
뉴질란드	9.7	5.9	5.5	3.8
노르웨이	7.9	5.6	4.9	3.7
남아프리카공화국	12.5	6.8	6.0	5.0
스페인	9.4	7.2	6.1	5.8
스웨덴	9.9	6.2	5.5	3.7
스와질랜드	6.5	4.5	3.1	2.3
영국	9.4	5.5	5.0	4.0
미국	9.3	5.0	3.9	2.9

(출처: Elroy Dimson, Paul Marsh, and Mike Staunton, Credit Suisse Global Investment Returns Sourcebook 2012.)

우리는 이제 화폐의 시간가치라는 원리가 투자 수익을 결정하는 데 있어서 수행하는 역할에 주의를 기울인다.

화폐의 시간가치와 수익

화폐의 시간가치라는 용어는 현금을 일찍 받는 것이 일반적으로 늦게 받는 것보다 좋다는 사실을 의미한다. 예를 들어 두 투자 A와 B를 고려하자. 투자 A는 내년에 $100, 그 다음 해에 $100를 지급할 것이다. 투자 B는 2년 후에 $200를 지급한다. 어떤 투자도 전혀 리스크를 갖고 있지 않다고, 즉 이 현금 지급들은 확실하다고 가정하라. 명백하게 두 투자는 2년 동안 $200를 지급하나, 투자 A는 첫 해의 $100를 재투자해서 둘째 해에 더 많은 이자를 벌 수 있기 때문에 선호된다. 당신은 투자 결정을 할 때, 항상 화폐의 시간가치 원리를 고려해야 한다.

우리는 이제 화폐의 시간가치 계산을 단순화하는 데 쓸 수 있는 핵심적 계산 수단을 살펴보고, 수용가능한 투자를 결정하기 위한 화폐의 시간가치 기법의 적용을 예시한다.

시간가치 계산에 사용되는 계산 수단 화폐의 시간가치 기법을 적용하는 데 수반되는 지루한 계산은 몇 가지 계산 수단에 의해 단순화될 수 있다. 이 책에서, 우리는 휴대용 재무계산기와 컴퓨터의 스프레드시트 사용을 예로 들 것이다. 재무계산기는 많은 프로그램된 재무적 연산과정을 포함한다. 다양한 재무 계산에서 계산기에 숫자를 입력하는 과정을 예시하기 위해, 아래 정의된 키들을 포함하는 자판을 보여준다. 컴퓨터 스프레드시트는 현대 투자자들의 중요한 기술이 되었다. 재무계산기처럼, 컴퓨터 스프레드시트는 시간가치 계산을 단순화하는 내장된 연산과정을 갖고 있다. 이 책은 대부분의 시간가치 계산에서, 항목별 입력을 보여주는 스프레드시트 해법을 보여준다.

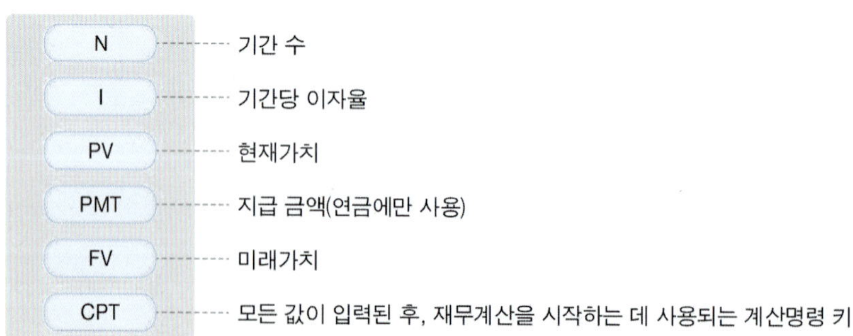

만족스러운 투자 결정 화폐의 시간가치 기법은, 주어진 비용 하에서 투자 수익이 만족스러운지 결정하는 데 사용될 수 있다. 이 시점에서 위험을 무시하면, 만족스러운 투자는 편익의 (적절한 할인율에 의해 할인된) 현재가치(present value)가 비용과 같거나 초과하는 것이다. 세 가지 가능한 비용-편익의 관계와 해석은 다음과 같다:

1. 만약 편익의 현재가치가 비용과 같으면, 당신은 할인율과 동일한 수익률을 얻을 것이다.
2. 만약 편익의 현재가치가 비용을 초과하면, 당신은 할인율보다 큰 수익률을 얻을 것이다.
3. 만약 편익의 현재가치가 비용보다 작으면, 당신은 할인율보다 작은 수익률을 얻을 것이다.

당신은 편익의 현재가치가 비용과 같거나 초과하는 투자(상황 1과 2)만을 선호할 것이다. 이 경우들에서 수익률은 할인율과 같거나 클 것이다.

<표 4.5>의 정보는 투자 결정에 대한 현재가치 적용의 예를 보여준다(참고: 재무계산기 또는 엑셀 스프레드시트를 사용하여, 제2열의 대수적 표현을 제3열의 수치로 전환할 수 있다). 이 투자는 다음 7년 동안 일련의 금액을 지급할 것으로 기대된다. 지급들이 상이한 시점에서 발생하기 때문에, 각 지급의 현재가치를 계산하여 현재 시점의 금액으로 얼마의 가치를 갖는지 결정할 수 있다. 이 투자에 의해 7년 동안 제공되는 편익(즉 소득)의 현재가치는 $1,175.85이다. 만약 현재의 투자비용이 $1,175.85 이하이면, 투자는 수용 가능하다. 이 비용에서 투자자는 적어도 8%의 수익률을 얻을 것이다. $1,175.85를 초과하는 비용에서는 수익률은 8%보다 작기 때문에, 투자는 수용가능하지 않다. 이 경우, 편익의 현재가치가 비용과 같거나 큰 대안적 투자를 찾는 것이 더 좋다.

표 4.5 투자에 적용된 현재가치

연말	(1) 소득($)	(2) 8%에서의 현재가치 계산($)	(3) 8%에서의 현재가치($)
1	90	$90/(1.08)^1$	83.33
2	100	$100/(1.08)^2$	85.73
3	110	$110/(1.08)^3$	87.32
4	120	$120/(1.08)^4$	88.20
5	100	$100/(1.08)^5$	68.06
6	100	$100/(1.08)^6$	63.02
7	1,200	$1{,}200/(1.08)^7$	700.19
		총 현재가치	$1,175.85

독자의 편의를 위해, 부록 4A는 핵심적 시간가치 기법을 전체적으로 살펴본다. 이 중요한 재무적 개념을 제대로 이해하고 있는지 확인하기 위해, 다음 내용을 학습하기 전에 반드시 그들을 복습하라.

개념리뷰

4.1 투자 수익의 의미를 설명하라. 수익의 두 요소-소득과 자본이득(또는 손실)-을 구별하라.

4.2 역사적 성과 자료가 투자의 기대수익 추정에서 하는 역할은 무엇인가? 투자 수익에 영향을 주는 핵심 요인-내적 특성과 외적 영향-들을 논의하라.

4.3 만족스러운 투자는 무엇인가? 언제 편익의 현재가치가 투자의 비용을 초과하는가 그리고 투자자의 수익률은 할인율에 비교하여 어떠한가?

수익의 측정

LG 3 LG 4 지금까지 우리는 수익의 개념을 두 요소(소득과 자본이득)와 수익 수준에 영향을 주는 핵심 요인(내적 특성과 외적 영향)들을 기준으로 논의했다. 이 논의들은 역사적 또는 기대수익을 결정하는 과정의 계산을 의도적으로 과도하게 단순화했다. 상이한 투자들의 수익을 비교하기 위해, 투자 소득과 자본이득의 시점 차이를 명시적으로 고려하는 화폐의 시간가치 개념을 고려해야 한다. 우리는 또한 미래 편익의 현재가치를 계산할 수 있어야 한다. 여기에서 우리는 대안적 투자들을 비교할 수 있도록 하는 몇 가지 척도들을 살펴본다. 먼저, 다양한 수익률들 사이의 관계를 정의하고 고려해야 한다.

실질, 무위험, 그리고 요구 수익률

인플레이션과 수익률 <표 4.4>를 다시 살펴보라. 이는 1900년과 2011년 사이에 미국에서 단기 국채의 평균 연 수익률은 3.9%였음을 보여준다. 이 <표>는 또한 평균 연 인플레이션율은 약 2.9%였음을 보여준다. 투자자들이 인플레이션율을 상회하는 수익률을 원하기 때문에, 단기 국채 수익률이 인플레이션율을 초과하는 것은 전혀 우연이 아니다. 인플레이션은 화폐의 구매력을 잠식한다. 예를 들어 만약 대다수 재화와 서비스의 물가가 1년에 3% 상승하면, $1는 연말에 연초보다 3% 적은 재화와 서비스를 구매할 수 있다. 따라서 만약 투자자들이 시간 경과와 함께 구매력을 높이려면, 인플레이션율을 초과하는 수익률을 내야 한다.

투자의 명목수익률은 경상 금액으로 표시된 투자의 수익률이다. 예를 들어 만약 당신이 3%의 이자율 지급을 약속하는 투자에 $50를 투입하면, 연말에 $51.50(초기 $50와 $1.50 수익)를 가질 것이다. 명목수익률은 3%이나 이는 인플레이션의 효과를 고려하지 않기 때문에, 이는 반드시 당신이 연말에 재정적으로 더 윤택해짐을 의미하지 않는다.

추가하여 연초에 식료품 한 봉지는 $50의 비용을 소요한다고 가정하고, 연중에는 식료품 가격이 3% 상승한다고 가정하라. 이는 연말에 식료품 1봉지는 $51.50임을 의미한다. 다시 말해, 연초에 당신은 $50를 식료품 1봉지를 사거나 3%의 수익을 약속하는 투자에 투입할 수 있다. 만약 당신이 식료품 대신 투자에 자금을 지출했으면, 1년 후에 여전히 1봉지의 식료품을 사는 데 충분한 $51.50를 갖고 있을 것이다. 다시 말해, 당신의 구매력은 연중에 전혀 상승하지 않았다. 투자의 실질수익률은 투자가 제공하는 구매력 상승을 측정한다. 우리의 계속되는 예에서, 명목수익률은 3%이나 실질수익률은 0이다. 금액 기준으로 $50를 투자함으로써, 당신의 부는 $51.50로 3% 증가했다. 그러나 당신은 단지 투자 전에 살 수 있었던 것과 같은 양의 재화만을 구매할 수 있기 때문에, 구매력 기준으로는 전혀 더 부유해지지 않았다. 수학적으로, 실질수익률은 명목수익률에서 인플레이션율을 차감한 값과 근사적으로 같다.

사례 당신이 현재 $50를 갖고 있고, 이 돈을 투자할지 또는 소비할지 결정하려 한다고 가정하라. 만약 10%의 명목수익률을 얻을 수 있으면, 돈은 1년 후에 $55로 늘어날 것이다. 만약 소비하면, 당신은 좋아하는 커피숍에서 각 $2.50의 라떼 20잔을 사서 카페인 욕구를 충족할 계획이다. 당신은 돈을 저축해서 투자하기로 결정하고, 따라서 1년 후 $55를 갖는다. 불행히, 이 기간 동안 인플레이션이 라떼 가격을 $2.50로부터 $2.62로 4.8% 상승시켰다. 새로운 가격에서, 당신은 단지 약 21잔의 라떼를 살 수 있다(21 × $2.62 = $55.02). 이 추가적 라떼는 당신의 구매력이 5% 증가했음을 나타낸다(즉, 21은 20보다 5% 많다). 따라서, 투자 전보다 5% 더 살 수 있기 때문에 당신 투자의 실질수익률은 5%이다. 실질수익률은 투자의 명목수익률(10%)과 인플레이션율(4.8%) 사이의 차이와 근사적으로 같다:

$$\text{실질수익률} \approx \text{명목수익률} - \text{인플레이션율}$$
$$5\% \approx 10\% - 4.8\%$$

위험과 수익 투자자들은 일반적으로 위험회피적이다. 이는 그들은 위험을 싫어하고, 보상을 기대할 때에만 위험을 수용함을 의미한다. 어떤 특정 투자의 위험이 클수록, 투자자가 투자로부터 요구하는 수익도 크다. 투자의 위험을 완전히 보상하는 수익률은 요구수익률로 불린다. 요구수익률은 일종의 예측임에 유의하라. 만약 투자자가 요구수익률과 같거나 더 큰 수익률을 예상하면, 투자를 매입할 것이다. 그러나, 투자의 실제 수익률은 투자자의 요구수익률과는 상당히 다를 수 있다.

투자 j의 요구수익률은 3개의 기본적 요소로 구성된다. 수식(4.1)과 같이 실질수익률, 기대 인플레이션 프리미엄, 그리고 리스크 프리미엄이다.

수식 4.1

$$\text{투자 } j\text{의 요구수익률} = \text{실질수익률} + \text{기대 인플레이션 프리미엄} + \text{투자 } j\text{의 리스크 프리미엄}$$

수식 4.1a

$$r_j = r^* + IP + RP_j$$

기대 인플레이션 프리미엄은 투자기간 동안 기대되는 인플레이션율을 나타낸다. 미국의 역사적 평균 인플레이션율은 3.0%에 가까우나, 투자자의 기대는 여러 이유로 역사적 법칙으로부터 벗어날 수 있다. 예를 들어, 대다수 사람들은 2012년에 세계적 불황의 지속효과에 기인한 매우 낮은 인플레이션을 예측했다. 수식(4.1)의 첫 두 항을 합계하면,

무위험수익률을 얻는다. 이는 미국의 단기 국채 같은 무위험투자에서 얻을 수 있는 수익률이다. 이 수익률의 공식은 수식(4.2)에 나타나 있다.

수식 4.2 무위험수익률 = 실질수익률 + 기대 인플레이션 프리미엄

수식 4.2a $r_f = r^* + IP$

요구수익률은 무위험수익률에, 특정 증권과 발행기관 특성에 의존하는 리스크 프리미엄을 더함으로써 계산할 수 있다. 증권 특성은 투자의 종류(주식, 채권 등), 만기(2년, 5년, 영구 등), 그리고 특성(의결권/무의결권, 중도상환/중도상환 불가능 등)이다. 발행기관 특성은 산업, 그리고 발행기관의 사업부문이나 재무상태 같은 기업 요인이다. 증권과 발행기관 요인들은 결합적으로 투자의 전체적 리스크에 기여하고, 투자자로 하여금 무위험수익률을 초과하는 리스크 프리미엄을 요구하도록 만든다.

수식(4.2a)의 무위험수익률 r_f를 수식(4.1a)의 등호 오른쪽의 첫 2개 항(r^* + IP)에 대입하면, 수식(4.3)을 얻는다.

수식 4.3 투자 j의 요구수익률 = 무위험수익률 + 투자 j의 리스크 프리미엄

수식 4.3a $r_j = r_f + RP_j$

예를 들어 무위험수익률이 6%일 때, 만약 Nike 보통주의 요구수익률이 11%이면, 투자자들은 보통주(증권)와 Nike(발행기관)에 관련된 위험에 대한 보상으로 5%(11% − 6%)의 리스크 프리미엄을 요구한다. 또한, 만약 투자자들이 3%의 인플레이션을 예측하면, Nike의 실질 요구수익률은 8%(11% − 3%)이다. 다음의 제5장에서, 우리는 리스크 프리미엄과 요구수익률의 관계를 더 고찰할 것이다.

다음으로, 우리는 수익률 척도의 세부사항들을 고려한다. 주로 단기투자에 사용되는 것과 장기투자에 사용되는 것, 2개의 수익률 척도를 살펴본다.

보유기간수익률

저축자의 수익은 주어진 예금에서 얻는 이자이다. 당연하게, 주식, 채권, 그리고 뮤추얼펀드에 투자된 금액처럼, 저축계좌에 "투자된" 금액의 가치는 변하지 않는다. 우리는 넓은 범위의 투자에 관심을 갖고 있기 때문에, 정기적 소득과 가치변화를 모두 반영하는 수익률 척도가 필요하다. 이런 척도의 하나는 보유기간수익률(holding period return)이다.

보유기간은 투자의 수익을 측정하려는 기간이다. 수익을 비교할 때, 동일한 길이의 보유기간을 사용해야 한다. 예를 들어, 주식의 6개월 수익률을 채권의 1년 수익률에 비교하는 것은 잘못된 투자결정을 초래할 수 있다. 이 문제를 피하기 위해, 보유기간을 정의해야 한다. 보유기간을 연 단위를 기준으로 사용하는 것이 일반적 관행이다.

수익 요소의 이해 이 장의 앞에서, 우리는 소득과 자본이득(또는 손실)이라는 투자 수익의 2개 요소를 인식했다. 투자기간 동안 투자자가 얻은 소득은 실현 수익이다. 한편 자본이득과 손실은 투자자가 투자시간 종료 시에 자산을 매각할 때 비로소 실현된다. 매각 때까지, 자본이득 또는 손실은 단지 서류상 수익이다.

예를 들어, 시장가치가 1년 동안 \$50로부터 \$70로 상승한 투자의 자본이득은 \$20이다. 자본이득의 실현을 위해, 당신은 당해 연도 말에 \$70에 투자를 팔 것이다. 동일한 자산을 매입했으나 3년 더 보유하려는 투자자도 첫 해에 \$20의 자본이득을 경험할 것이다. 그러나 그는 이득을 실현하여 \$20의 이익을 현금으로 회수하지 않을 것이다. 그렇지만, 자본이득은 실현되지 않더라도 총수익 계산에 포함되어야 한다.

수익에 관해 알아야 할 두 번째 요점은 소득과 자본이득 요소는 모두 음수일 수 있다는 것이다. 때로 투자는 음의 소득을 낼 수 있다. 즉, 당신은 어떤 의무를 이행하기 위해 현금을 지불해야 할 수 있다(이 상황은 정기적 유지비용을 소요하는 다양한 종류의 유형자산 투자에서 발생할 가능성이 가장 높다). 자본손실은 어떤 투자에서도 발생할 수 있다-주식, 채권, 뮤추얼펀드, 옵션, 선물, 부동산, 그리고 금은 모두 가치하락을 경험할 수 있다.

보유기간수익률의 계산 보유기간수익률(HPR)은 특정 기간(보유기간) 동안 투자를 보유할 때 발생하는 총수익률이다. 분석가들은 전형적으로 1년 이하의 보유기간을 사용한다. (이유는 나중에 설명된다.) 이는 보유기간 동안 발생한 소득과 자본이득(또는 손실)의 합을 기초 투자가치(시장가치)로 나눈 값을 나타낸다. HPR의 수식은 다음과 같다.

수식 4.4
$$\text{보유기간수익률} = \frac{\text{기간 중 소득} + \text{기간 중 자본이득(또는 손실)}}{\text{기초 투자가치}}$$

수식 4.4a
$$\text{HPR} = \frac{Inc + CG}{V_0}$$

여기에서 다음 관계가 성립한다.

수식 4.5
$$\text{기간 중 자본이득(또는 손실)} = \text{기말 투자가치} - \text{기초 투자가치}$$

수식 4.5a
$$CG = V_n - V_0$$

HPR 수식은 실현된 총수익률 또는 기대되는 총수익률을 측정하는 편리한 방법을 제공한다. 예를 들어 <표 4.6>은 4개 투자의 작년의 핵심 재무변수를 요약한다. 투자기간 동안 소득과 자본이득 또는 손실의 총액은 각각 (1)행과 (3)행에 나타나 있다. 이 해의 총수익은 (4)행과 같이 두 수익원천의 합계로 계산된다. 총수익 가치[(4)행]를 연초 투자가치[(2)행]로 나눔으로써, (5)행의 보유기간수익률을 계산한다. 1년의 보유기간 동안, 보통주가 가장 높은 HPR(12.25%)을 얻었다. 저축계좌는 가장 낮다(6%).

이 계산이 보여주는 것처럼, HPR 계산을 위해 기초와 기말의 투자가치 그리고 기간 중 소득을 알아야 한다. 만약 <표 4.6>의 (1)행과 (3)행의 경상소득과 자본이득(또는 손실) 가치가 1년 대신 6개월 기간에 대해 계산되더라도, 5행에 계산된 HPR 값은 동일할 것임에 유의하라.

표 4.6 네 개 투자의 핵심 재무변수

	투자			
	저축계좌	보통주	채권	부동산
수취 현금				
제1분기	$15	$10	$0	$0
제2분기	15	10	70	0
제3분기	15	10	0	0
제4분기	15	15	70	0
(1) 총 경상소득	$60	$45	$140	$0
투자가치				
연말	$1,000	$2,200	$970	$3,300
(2) 연초	1,000	2,000	1,000	3,000
(3) 자본이득(손실)	$0	$200	($30)	$300
(4) 총수익[(1)+(3)]	$60	$245	$110	$300
(5) 보유기간수익률[(4)÷(2)]	6.00%	12.25%	11.00%	10.00%

투자의 보유기간수익률은 음수 또는 양수일 수 있다. 수식(4.4)에 의해, 역사적 자료 또는 예측 자료를 사용하여 HPR을 계산할 수 있다.

투자 결정에서 HPR의 이용 보유기간수익률은 투자결정을 위해 사용하기 용이하다. 이는 투자의 초기비용 대비 투자수익률(소득과 자본이득 요소를 모두 포함)을 측정한다. 이 과정에서, 투자자의 요구금액을 기준으로 하면, 크게 다를 수 있는 투자성과들의 비교를 더 용이하게 만든다.

만약 <표 4.6> (4)행의 각 투자의 계산된 총수익률만을 살펴보면, 부동산 투자가 최고의 총수익률을 갖고 있기 때문에 최선으로 보인다. 그러나 부동산 투자는 가장 큰 투자금액($3,000)을 소요한다. 보유기간수익률은 총수익을 투자금액으로 나눔으로써, 상대적 비교를 제공한다. HPR들을 비교함으로써[(5)행], 우리는 투자된 금액 $1당 최고 수익을 내는 투자 대안인 12.25%의 HPR을 가진 보통주를 발견한다. 투자금액 $1당 수익은 투자의 효율성을 반영하기 때문에, HPR은 특히 1년 이하의 보유기간에서 투자수익을 평가하고 비교하는 논리적 방법을 제공한다.

수익률: 내부수익률

만족스러운 투자를 정의하는 대안적 방법의 하나는 복리계산된 연 수익률이다. 왜 HPR의 대안이 필요한가? HPR은 화폐의 시간가치를 완전하게 고려할 수 없기 때문이다. 보유기간수익률은 1년 이하 동안 보유된 투자에서 유용하나, 더 긴 보유기간에는 적당하지 않다. 정교한 투자자들은 일반적으로, 기간이 1년을 초과할 때, HPR을 사용하지 않는다. 대신 1년 이상 보유된 투자에서 얻은 복리계산된 연 수익률을 구하기 위해, 그들은 수익률(또는 내부수익률(internal rate of return)로 불리는 현재가치에 기반한 방법을 사용한다. 투자의 수익률은 투자의 비용과 투자자에게 제공되는 편익의 현재가치를 일치시키는 할인율이다.

일단 수익률을 이해하면, 당신은 투자가 수용가능한지 결정할 수 있다. 만약 투자의 수익률이 요구수익률과 같거나 크면, 투자는 수용가능하다. 요구수익률 미만의 수익률을 가진 투자는 수용불가능하다.

단일 미래 현금흐름을 제공하는 투자의 수익률의 계산은 상대적으로 쉽다. 일련의 현금흐름을 제공하는 투자의 수익률은 일반적으로 더 복잡한 계산을 포함한다. 휴대용 재무계산기 또는 엑셀 스프레드시트는 이 계산을 단순화한다.

단일 현금흐름의 수익률 미국의 저축채권, 배당을 지급하지 않는 주식, 무이표채 같은 일부 투자는 정기적 소득을 제공하지 않는다. 투자자들은 이 투자들을 매입하기 위해 초기에 목돈을 지불한다. 이 대가로, 투자자들은 만기 또는 투자의 매각 시에 단일한 미래 현금흐름의 수취를 기대한다. 이런 투자의 수익률은, 재무계산기 또는 엑셀 스프레드시트를 사용함으로써 쉽게 계산된다.

계산기 이용 현재 $1,000를 소요하고, 5년 후 연말에 $1,400를 지급하는 투자의 수익률을 계산한다고 가정하라. 재무계산기에서 이 투자의 수익률을 계산하기 위해, 당신은 투자비용을 현재가치(PV), 수익을 미래가치(FV)로 간주한다(참고: 대다수 계산기는, 미지의 수익률을 계산하기 위해, PV 또는 FV를 음수로 입력하도록 요구한다. 일반적으로 PV는 투자의 초기비용을 뜻하기 때문에, 음수로 입력된다). 왼쪽의 입력 자료를 이용하여, 수익률은 6.96%임을 보일 수 있다.

입력	기능
-1000	PV
1400	FV
5	N
	CPT
	I
결과	
6.96	

스프레드시트 이용 단일 현금흐름의 수익률은 또한 아래 엑셀 스프레드시트에서 계산될 수 있다.

	A	B
1	단일 현금흐름의 수익률	
2	투자	현금흐름
3	비용(현재가치)	−$1,000
4	수익(미래가치)	$1,400
5	햇수	5
6	수익률	6.96%
7	B6 항의 입력은 =Rate(B5,0,B3,B4,0)이다. 투자비용은 현금유출로 간주되기 때문에, B3의 1,000 앞에 음수 부호가 있다.	

일련의 소득흐름의 수익률 소득지향적 주식 및 채권 같은 투자는 전형적으로 일련의 소득을 투자자에게 제공한다. 정기적으로 소득을 지급하는 투자의 수익률(또는 내부수익률)은 투자의 현금흐름의 현재가치를 현재 가격에 일치시키는 할인율이다.

사례 〈표 4.5〉에 제시된 투자를 다시 한 번 고려하라. 이 〈표〉는 주어진 8%의 할인율에서, 투자의 현금흐름의 현재가치는 $1,175.85임을 보여준다. 만약 투자의 시장가격 또한 (현재가치와 같은) $1,175.85이면, 이 할인율에서 현재가치와 시장가격이 같기 때문에 내부수익률은 8%이다. 이 투자의 가격이 $1,100로 하락한다고 가정하라. 이 가격에서, 투자는 얼마의 수익률을 제공하는가? 〈표 4.7〉은 답을 찾기 위한 시도로 시행착오 접근법을 사용한다. 만약 투자의 현금흐름을 9%에서 할인하면, 이 현금흐름들의 현재가치는 $1,117.75이다. 이는 투자의 시장가격을 넘으므로, 수익률은 9%보다 크다. 〈표 4.7〉은 10%의 할인율에서 현금흐름의 현재가치는 $1,063.40임을 보이므로, 투자의 수익률은 10%보다 낮다. 따라서, 투자의 현금흐름이 $1,100와 같도록 만드는 정확한 할인율을 계속 찾아야 한다. 당신은 재무계산기 또는 엑셀 스프레드시트를 사용하여, 이 작업을 수행할 수 있다.

표 4.7 투자에 적용된 현재가치

연말	(1) 소득	(2) 9%에서 현재가치 계산	(3) 9%에서 현재가치	(4) 10%에서 현재가치 계산	(5) 10%에서 현재가치
1	\$90	$\$90/(1+0.09)^1$	\$82.57	$\$90/(1+0.1)^1$	\$81.82
2	100	$100/(1+0.09)^2$	84.17	$100/(1+0.1)^2$	82.64
3	110	$110/(1+0.09)^3$	84.94	$110/(1+0.1)^3$	82.64
4	120	$120/(1+0.09)^4$	85.01	$120/(1+0.1)^4$	81.96
5	100	$100/(1+0.09)^5$	64.99	$100/(1+0.1)^5$	62.09
6	100	$100/(1+0.09)^6$	59.63	$100/(1+0.1)^6$	56.45
7	1,200	$1{,}200/(1+0.09)^7$	656.44	$1{,}200/(1+0.1)^7$	615.79
총 현재가치			\$1,117.75		\$1,063.40

계산기 이용 재무계산기를 이용한 투자 수익률 계산은 전형적으로 세 단계를 포함한다—(1) 투자비용의 입력(전형적으로 시점 0의 현금유출로 불림). (2) 매 기간의 기대 현금흐름 입력(전형적으로 x연도의 현금유입으로 불림). (3) 수익률 계산(전형적으로 내부수익률 IRR로 불림).

스프레드시트 이용 또한 우리는 다음 엑셀 스프레드시트처럼 일련의 소득의 수익률을 계산할 수 있다.

	A	B
1	일련의 현금흐름 수익률	
2	연도	현금흐름
3	0	−\$1,100
4	1	\$90
5	2	\$100
6	3	\$110
7	4	\$120
8	5	\$100
9	6	\$100
10	7	\$1,200
11	수익률	9.32%
12	B11 항의 입력은 =IRR(B3:B10)이다. 투자비용은 현금유출로 간주되기 때문에, B3의 1,000 앞에 음수 부호가 있다.	

이자의 이자: 중요한 가정 수익률은 투자가 제공하는 수익의 척도이나, 수익률 계산은 미묘한 가정을 포함한다. 이 가정은 투자자가 투자의 모든 소득을 재투자할 수 있고, 재투자된 소득의 수익률은 원래 투자의 수익률과 같다는 것이다. 이 개념은 간단한 예에 의해 가장 잘 설명될 수 있다. 당신이 20년의 만기 동안 8%의 연 이자($80)를 지급하는, $1,000의 미국 장기국채를 매입한다고 가정하라. 당신은 매년 $80를 받고, 만기에 $1,000의 원금을 회수한다. 모든 지급은 제때 이루어진다. 그러나 이 투자에서 8%를 벌려면, 당신은 $80의 연 이자수입을 재투자해서 8%를 얻을 수 있어야 한다.

<그림 4.1>은 요점을 예시하기 위해, 이 투자의 수익 요소를 보여준다. 만약 당신이 매년 $80의 이자소득을 재투자하지 않으면, 결국 5%의 행에 머물 것이다. 당신은 20년 후에 $2,600($1,000의 원금과 $1,600($4,661 – $2,600)의 이자소득)를 갖고 있을 것이다

그림 4.1 이자에 대한 이자 획득

만약 20년 만기 8% 이표율의 $1,000 채권에 투자하고, $80의 연 이자를 재투자하지 않으면, 당신은 20년 후에 단지 $2,600를 가질 것이다. 이는 현재 $1,000를 투자하고 20년 동안 5%에서 증식하도록 하는 것과 대략적으로 동일하다.
만약 이자를 8%로 재투자하면, 당신은 20년 후에 $4,661를 가질 것이다. 이는 현재 $1,000를 투자하고 매년 8%로 증식할 때 얻는 것과 거의 동일한 금액이다. 계산된 8%의 수익률을 달성하려면, 이 이자율에 의해 이자에 대한 이자를 벌어야 한다.

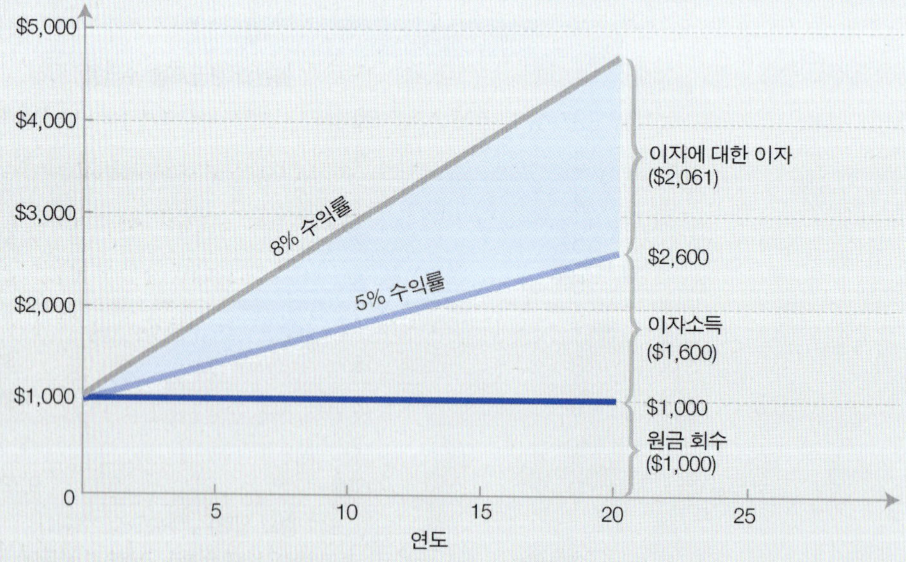

(현재의 $1,000에 대해, 20년 후에 $2,600가 될 단일 현금흐름의 수익률은 약 5%이다). 8%의 행으로 이동하려면, 당신은 연 이자수입에 대해 8%를 벌어야 한다. 만약 그렇다면, 당신은 20년 후에 $4,661($1,000의 원금과 20년 동안 $80의 이자수입 연금이 8%의 수익률로 재투자된 미래가치인 $3,661)를 가질 것이다(현재의 $1,000에 대해, 20년 후에 $4,661가 될 단일 현금흐름의 수익률은 8%이다.) 투자의 미래가치는 이자에 대해 이자가 발생할 때, 이자수입의 재투자가 없을 때보다 $2,061만큼 더 크다($80/년 × 20년). 이 예에서 채권이 이용되었으나, 동일한 원리가 많은 다른 투자들에 적용된다.

만약 당신이 8%의 투자에서 시작하면, 소득을 재투자할 때 동일한 수익률을 얻어야 한다는 사실을 명확히 알아야 한다. 당신이 시작하는 수익률은 요구, 또는 최저 재투자 수익률이다. 이는 해당 투자기간 동안 이자 또는 다른 수입 소득에 대한 수익률이다. 당신의 소득을 이 수익률에서 운용함으로써, 최초 수익률만큼 벌 수 있다. 만약 당신이 더 낮은 수익률로 재투자해야 하면, 수익률은 그만큼 하락할 것이다.

수익률 계산은 정기적 수취 소득에 대해 이자를 얻을 수 있다고 가정하기 때문에, 재무전문가들은 수익률(또는 내부수익률)은 완전복리 수익률이라고 말한다. 이는 중요한 개념이다. 당신은 투자에서 완전복리 수익률을 벌어야만, 모든 잠재 수익을 축적한다.

이자의 이자는 많은 소득을 수반하는 투자 프로그램에서 특히 중요한 수익 요소이다. 당신은 소득을 적극적으로 재투자해야 한다(자본이득이 발생하고, 당신이 이득을 실현하기 위해 자산을 매각하지 않으면 이 돈은 자동적으로 재투자된다). 따라서, 소득지향적 증권에 의존하는 투자 프로그램의 경우, 소득의 지속적 재투자는 투자의 성공에 중요한 역할을 한다.

증가율의 계산

복리의 연 수익률을 계산하는 데 추가하여, 증가율 계산이 종종 필요하다. 이는 주가 또는 배당 금액 같은 어떤 재무적 수량의 복리계산된 연 변화율이다. 여기에서, 우리는 재무계산기 또는 엑셀 스프레드시트를 이용하여 증가율을 추정하는 단순한 기법을 예시한다.

계산기 이용 당신은 2002년부터 2011년까지 ExxonMobil Corp.의 배당이 증가한 비율을 계산하려 한다고 상상하라. Exxon의 배당은 <표 4.3>에 제시되어 있다. 이 <표>는 10년의 배당 지급을 제시하고, 따라서 배당은 2002년 값으로부터 2011년까지 9년 동안 증가했다.

재무계산기를 사용하여 <표 4.3>에 제시된 ExxonMobil의 배당의 증가율을 계산하기 위해, 당신은 최초(2002년) 값을 현재가치인 PV, 그리고 최종(2011년) 값을 미래가치인 FV로 간주한다(대다수 계산기는 미지의 증가율을 계산하기 위해, PV 또는 FV를 음수로 입력하도록 요구한다). 앞에서 본 것처럼 10년의 배당이 <표 4.3>에 있으나, 최초 연도(2002년)는 기초 연도(연도 0)로 정의되어야 하기 때문에, 증가 연수는 단지 9년이다(N = 9). 왼쪽에 있는 입력자료를 사용하여, 우리는 증가율을 8.07%로 계산한다.

입력	기능
-0.92	PV
1.85	FV
9	N
	CPT
	I

결과: 8.07

스프레드시트 이용 또한 당신은 아래와 같이 엑셀 스프레드시트를 사용하여, 증가율을 계산할 수 있다. 계산기와 같이 스프레드시트 수식은 단순히, 2002년의 첫 배당 지급부터 2011년의 마지막 배당 지급까지 연 변화율을 계산한다(연 증가율 계산을 위해, 단지 첫째와 마지막 배당 그리고 그 사이의 9년만 필요함에 유의하라).

제8장에서, 훨씬 더 상세하게 증가율의 용도를 고찰한다. 이는 보통주 평가 과정에서, 종종 중요한 입력이다.

	A	B
1	배당 흐름의 증가율	
2	연도	배당
3	2002	$0.92
4	2003	$0.98
5	2004	$1.06
6	2005	$1.14
7	2006	$1.28
8	2007	$1.37
9	2008	$1.55
10	2009	$1.66
11	2010	$1.74
12	2011	$1.85
13	연 증가율	8.07%
14	B13 항의 입력은 =RATE((A12-A3),0,-B3,B12,0)이다. 입력된 (A12-A3) 표현은 증가한 햇수를 계산한다. 2002년의 배당은 현금유출로 간주되기 때문에, RATE 공식의 B3 앞의 음수 부호가 필요하다.	

개념리뷰

4.4 다음 용어들을 정의하고, 무위험수익률과 주어진 투자의 요구수익률을 계산하는 데 어떻게 사용되는지 설명하라.

a. 실질수익률
b. 기대 인플레이션 프리미엄
c. 주어진 투자의 리스크 프리미엄

4.5 보유기간은 무엇이고, 대안적 투자들을 비교할 때 동일한 길이의 보유기간 사용이 권장되는 이유는 무엇인가? 보유기간수익률을 정의하고, 전형적으로 어떤 길이의 보유기간에 대해 사용되는지 설명하라.

4.6 수익률(내부수익률)을 정의하라. 투자의 수익률을 측정하기 위해, HPR보다 수익률을 사용하는 것이 더 적합한 것은 언제인가?

4.7 수익률이 실제로 이미 계산된 10%의 값이 되려면, 투자의 보유기간 동안 모든 수취 소득에 대해 10%를 벌어야 하는 이유를 설명하라.

4.8 만족스러운 투자를 찾기 위해, 어떻게 현재가치(편익 대 비용) 또는 수익률 척도가 사용될 수 있는지 설명하라. 다음의 주어진 자료에서, 투자들 가운데 수용가능한 것이 있으면 지적하라. 당신의 답을 설명하라.

	투자		
	A	B	C
비용	$200	$160	$500
요구수익률	7%	10%	9%
소득의 현재가치	—	$150	—
수익률	8%	—	8%

리스크: 동전의 다른 면

LG 5 LG 6 지금까지 이 장의 주요 관심사는 수익이었다. 그러나 위험을 고려하지 않으면서 수익을 생각할 수는 없다. 제1장의 정의를 약간 확대하면, 위험은 투자가 창출할 실제 수익을 둘러싼 불확실성이다.

주어진 투자와 연계된 위험은 기대수익에 직접 관련되어 있다. 일반적으로, 투자의 위험이 클수록 투자자를 유인하는 데 필요한 기대수익도 더 높다. 더 위험한 투자는 더 높은 수익을 제공해야 한다. 만약 그렇지 않으면, 투자자가 자신의 자본을 리스크에 노출시킬 유인이 있겠는가?

위험과 수익의 관계는 위험-수익 상반관계로 불린다. 일반적으로 투자자들은 수용 용의가 있는 위험 수준의 대가로서, 가능한 가장 높은 수익을 얻으려고 한다. 우리는 여기에서 위험-수익 상반관계를 소개하고, 제5장에서 더 상세하게 논의한다. 리스크의 주요 원천을 살펴보는 데에서 시작한다. 다음으로, 리스크의 측정과 평가를 고려한다. 단일 자산의 리스크, 잠재적 투자에 연계된 리스크의 평가, 그리고 의사결정 과정에서 수익과 위험이 결합되는 단계이다.

리스크의 원천

투자에 관련된 리스크는 많은 상이한 원천들로부터 비롯될 수 있다. 건전한 투자자는 어떻게 주요 리스크 원천들이 잠재적 투자에 영향을 줄 수 있는지 고려한다. 상이한 리스크들의 결합된 효과는 투자자의 리스크 프리미엄에 반영된다. 이 장의 앞부분에서 논의되고 수식(4.3)에서 본 것처럼, 무위험수익률에 리스크 프리미엄을 더함으로써, 투자의 요구수익률을 계산할 수 있다. 넓은 의미에서 이 프리미엄은, 증권과 발행기관의 특성에 기인하는 리스크 원천들로부터 비롯한다.

사업리스크 일반적으로 사업리스크는 투자의 이익 그리고 투자자에 대한 수익(이자, 원금, 배당) 지급 능력에 관련된 불확실성의 정도이다. 예를 들어 만약 기업 이익이 채무를 이행하기에 부족하면, 사업주는 수익을 받지 못할 수 있다. 한편 법적으로 부채에 부여된 우선적 지위 때문에, 채권자는 일부(반드시 전액이 아닐 수 있음) 채권 금액을 받을 가능성이 있다.

투자에 관련된 사업리스크는 기업이 속한 산업에도 연계된다. 예를 들어, 공공 서비스 기업 보통주의 사업리스크는 고급패션 의류업체 또는 신생 인터넷 기업 주식의 리스크와는 다르다. 일반적으로 경영, 비용, 그리고 입지의 차이는 다양한 리스크수준을 초래하나, 비슷한 종류의 기업에 대한 투자는 비슷한 사업리스크를 갖는다.

재무리스크 많은 기업들이 투자자들에게 보통주를 발행하거나 돈을 빌림으로써 자금을 조달한다. 기업은 차입할 때 미래의 이자와 원금 상환을 약속하며, 이 지급금은 일반적으로 기업의 이윤에 연계되지 않고 기업과 대여자 사이의 계약에 의해 고정된다. 따라서, 사업환경이 양호하고 이윤이 높을 때, 대여자에 대한 지급금은 이윤에 따라 증가하지 않으면서 주주들의 몫을 높이므로, 주주들은 부채사용으로부터 이득을 얻는다. 만약 다른 조건들이 동일하면, 사업환경이 양호할 때에만 부채를 사용하는 기업은 부채 미사용 기업에 비해 주주들에게 더 높은 이익을 제공한다. 사업환경이 불리할 때, 기업들은 이윤이 없더라도 부채를 상환해야 한다. 이 경우 부채는 주주들이 감내해야 할 손실을 확대하므로, 부채 사용 기업은 부채 미사용 기업에 비해 더 큰 손실을 경험한다. 만약 부채 사용 기업이 (부채 미사용 기업에 비해) 유리한 시기에는 더 높은 이윤 그리고 어려운 시기에는 더 급격한 손실을 경험하면, 부채는 사업리스크를 확대한다고 할 수 있다. 모든 산업의 기업들이 사업리스크로 불리는 상승과 하락에 노출되나, 부채 사용 기업은 더 많은 리스크를 부담한다. 이 때문에 부채는 지렛대작용(레버리지)으로도 불린다. 기업의 차입에 기인하는 확대된 불확실성은 재무리스크로 분류된다. 기업의 자금조달을 위해 더 많은 부채가 사용되면, 재무리스크는 증가한다.

구매력리스크 예상되지 않은 물가 변화(인플레이션 또는 디플레이션)가 투자수익에 부정적으로 영향을 줄 가능성은 구매력리스크이다. 특히 이 리스크는 예상되지 않은 물가 상승(인플레이션)이 구매력($1로 살 수 있는 재화와 서비스)을 낮출 가능성이다.

일반적으로, 물가와 동행하는 가치를 가진 투자는 낮은 구매력리스크를 갖고 있고 물가상승기에 가장 유리하다. 고정된 수익을 제공하는 투자는 높은 구매력리스크를 갖고 있고, 저 인플레이션 또는 물가 하락 기간에 가장 유리하다. 예를 들어 내구재 제조업의 주식 수익은 일반적 가격 수준과 동행하는 경향이 있고, 예금 계좌 또는 채권의 수익은 그렇지 않다.

> **투자자 현실**
>
> **Tips 투자**–대다수 채권은 발행 이후 고정적 이자를 지급한다. 이들은 구매력리스크에 가장 취약한 투자에 속한다. 미국 재무부는 이런 성격을 가진 다양한 채권을 판매하나, 또한 TIPS(Treasury Inflation–Protected Securities)로 알려진 범주의 채권도 판매한다. Tips의 지급이자는 물가 상승 시 자동적으로 상승하므로, 이 채권을 보유한 투자자는 투자의 구매력이 보호된다는 것을 알고 있다.

이자율리스크 증권들은 특히 이자율에 의해 영향 받는다. 이는 특히 고정된 정기적 수익을 매입자에게 제공하는 증권의 경우에 그렇다. 이자율리스크는 이자율 변화가 증권 가치에 부정적 영향을 줄 가능성이다. 이자율 변화는 자금의 공급과 수요의 전체적 관계의 변화로부터 비롯한다.

이자율이 변화하면, 많은 증권의 가격이 등락한다. 제10장과 제11장에서 볼 것처럼, 고정소득증권(채권과 우선주)의 가격은 전형적으로 이자율 상승 시에 하락한다. 이자율이 상승하면 새로운 증권이 시장에 공급되고, 이 증권들은 새로운 더 높은 이자율을 지급한다. 이미 발행된 증권들은 과거의 더 낮은 시장이자율을 반영한 이자를 지급하므로, 더 높은 이자율의 시장에서 잘 팔리지 않는다. 투자자들은 그들을 매도하며, 따라서 가격은 하락한다. 이자율이 하락할 때, 반대 현상이 발생한다. 현재의 시장이자율을 상회하는 현금을 지급하는 기발행 증권은 더 환영받고, 따라서 가격이 상승한다.

둘째, 이자율리스크의 더 미묘한 측면은 소득의 재투자에 관련되어 있다. 앞에서 언급된 것처럼 투자로부터 얻은 소득에 대해서도 애초의 수익률을 벌 수 있을 때에만, 당신은 최초 수익률과 같은 완전복리 수익률을 달성할 수 있다. 다시 말해 만약 채권이 8%의 연 이자율을 지급하면, 채권의 보유기간 동안 8%의 완전복리 수익률을 얻기 위해, 당신은 이 기간 동안 수취하는 이자에 대해서도 8%를 벌 수 있어야 한다. 이자율리스크의 이런 성질은 만기 또는 매도 시에 받는 수입의 재투자에도 적용된다.

이자율리스크의 마지막 고려사항은 미국 단기국채와 양도성예금증서(제1장에서 논의됨) 같은 단기증권 투자에 관련된다. 단기증권의 만기에, 투자자들이 더 낮은 수익률의 새로운 단기증권에 수입금을 투자해야 할 때 위험에 당면한다. 처음부터 장기투자를 하면, 단기 이자율의 하락 리스크에 노출되는 대신, 당신은 몇 년 동안 수익률을 고정할 수 있다. 명백하게, 단기증권 투자는 이자율 하락 시 부정적 영향을 받는다(한편, 이자율 상승은 이런 전략에 긍정적 영향을 준다). 이자율 하락 가능성은 따라서 단기증권 투자 전략의 이자율리스크이다.

대다수 투자는 이자율리스크에 노출된다. 이자율 변동은 고정소득증권에 가장 직접적으로 영향을 주나, 또한 보통주와 뮤추얼펀드 같은 장기투자에도 영향을 준다. 일반적으로 이자율이 더 높으면 투자의 가치는 하락하며, 그 역도 성립한다.

유동성리스크 신속하게 합리적 가격으로 투자를 매도(또는 유동화)할 수 없는 리스크는 유동성리스크로 불린다. 일반적으로, 현저하게 가격을 낮추면 투자는 매각될 수 있다. 그러나 유동적 투자는 가격에 부정적 영향을 주지 않으면서도 신속하게 매각될 수 있는 자산이다. 예를 들어 최근 $1,000에 매입된 증권이 만약 $500 같이 크게 할인된 가격에서만 신속하게 팔리면, 매우 유동적인 것으로 간주되지 않는다.

투자의 유동성은 중요한 고려사항이다. 일반적으로, 작은 거래량의 시장에서 거래되는 투자는 광범위한 시장에서 거래되는 것들보다 덜 유동적인 경향이 있다. 뉴욕 증권거래소에 상장된 주요 회사의 주식과 채권 같은 자산들은 일반적으로 매우 유동적이다. 예술품과 골동품 가구 같은 다른 자산들은 상대적으로 비유동적이다.

세금리스크 의회가 세법을 불리하게 개정할 가능성은 세금리스크로 알려져 있다. 이 변화가 특정 투자의 세후 수익과 시장가치를 낮출 가능성이 높을수록, 세금리스크는 더 크다. 세법의 불리한 변화는 면세 제외, 공제 제한, 그리고 세율 인상을 포함한다.

의회는 최근 많은 세법 개정안을 통과시켰다. 가장 중요한 것의 하나인 1986년 세금 개혁법은 많은 투자의 매력도에 영향을 주는 조항을 포함했다. 이 법의 한 조항은 자본이득이 일반 소득과 같은 세율(최고세율 28%)로 과세되도록 만들었다. 1997년 납세자 구제법은 자본이득 최고세율을 21.2%로 낮추었다. 더 최근에, 2003년 직업 및 성장 납세 구제 조정법은 잠정적으로 자본이득 세율을 15%로 낮추었다(소득세 구간의 하위 두 집단들에 속한 개인의 경우 5%). 적격 배당과 장기 자본이득에 대한 15% 세율은 처음에는 2008년에 소멸될 예정이었으나, 부시 대통령에 의해 서명 발효된 2005년 증세 방지 및 조정법의 결과로서 2010년까지 연장되었다. 인하된 세율은 의회에서 통과되고, 2010년 12월 버락 오바마 대통령에 의해 서명된 법에 의해 2012년까지 연장되었다. 결국 (1) 2008년부터 2012년까지, 10% 및 15%의 소득세 구간 사람들의 경우 적격 배당과 장기 자본이득의 세율은 0%이다. (2) 2012년 이후, 배당은 납세자의 일반 소득세율에 따라 과세될 것이다. (3) 2012년 이후, 장기 자본이득세율은 20%일 것이다(15% 세율 구간의 납세자의 경우 10%). 그리고 (4) 2012년 이후, 5년 보유의 적격 투자에 대해 18%(15% 세율 구간의 납세자의 경우 8%)의 자본이득세율 부과가 재개될 것이다(적격 5년 보유 자본이득은 5년 이상 보유된 특정 자산의 매도로부터 발생하는 자본이득이다).

거의 모든 투자의 세율이 인상되었으나, 지방채와 다른 채권, 부동산, 그리고 천연자원 같은 일부 세금우대 투자는 일반적으로 더 큰 세금리스크를 갖고 있다.

사건리스크 사건리스크는 회사의 재무상태에 갑작스럽고 현저한 영향을 주는 일이 발생할 때 생긴나. 사건리스크는 사업과 재무 리스크를 넘어선다. 이는 반드시 회사 또는 시장이 불리함을 의미하지 않는다. 대신, 이는 투자의 기본적 가치에 현저하고 통상 즉각적인 영향을 주는 예상되지 않은 사건을 포함한다. 사건리스크의 한 예는 2012년 2월, Micron Technology, Inc.의 의장 겸 CEO의 사망이다. 그가 조종하던 실험 비행기가 추락한 사망일에 나스닥에서 Micron 주식의 거래가 정지되었다. Micron 주식이 다음 월요일 아침에 거래를 개시했을 때, 주가는 3.2% 하락했다.

사건리스크는 여러 형태를 띠고, 모든 종류의 투자에 영향을 줄 수 있다. 다행히, 대다수의 경우 그 영향은 제한적인 경향이 있다.

시장리스크 시장리스크는 해당 투자와는 독립적인 시장요인에 의해, 투자수익이 하락할 리스크이다. 이 예는 정치적, 경제적, 그리고 사회적 사건과 투자자 취향 및 선호의 변화를 포함한다. 시장리스크는 실제로 구매력리스크, 이자율리스크, 그리고 세금리스크를 포함한 많은 상이한 리스크들을 수반한다.

시장요인의 투자수익에 대한 영향은 일률적이지 않다. 수익 변화의 정도와 방향은 투자마다 다르다. 예를 들어 일본 상품의 수입을 제한하는 쿼터를 부과하는 법은, 일본 회사와 직접적으로 경쟁하는 국내 회사의 가치(따라서 수익)를 현저하게 높일 수 있다. 기본적으로, 시장리스크는 이런 광범위한 시장 효과에 대한 주식의 민감도에 반영된다. 다시 말해 만약 주식이 전체적 시장 변동 시 급격하게 등락하면, 이 주식은 높은 수준의 시장리스크를 갖는다.

단일 자산의 리스크

대다수 사람들은 때로 어떤 예정된 일련의 행위들이 얼마나 위험한 것인지 스스로에게 묻는다. 이런 경우, 대답은 일반적으로 주관적 판단이다. 재무금융학은 리스크를 정량화할 수 있으며, 이는 투자 사이의 비교를 개선하고 의사결정을 보완한다.

단일 자산과 자산들의 포트폴리오 모두에서 리스크를 측정하는 통계적 개념을 사용할 수 있다. 먼저 우리는 단일 자산의 리스크에만 집중하고, 어떻게 표준편차의 개념이 투자의 리스크에 관해 통찰력을 제공할 수 있는지 제시한다. 나중에 제6장에서, 자산 포트폴리오의 위험과 수익을 고려할 것이다.

표준편차: 리스크의 절대적 척도 자산 리스크의 가장 보편적 단일 지표는 표준편차 s이다. 이는 자산의 평균 또는 기대수익을 중심으로 하는 수익의 산포도(가변성)를 측정한다. 공식은 다음과 같다.

수식 4.6

$$\text{표준편차} = \sqrt{\frac{\sum_{t-1}^{n}(\text{결과 } t\text{의 수익 - 평균 또는 기대 수익})^2}{\text{결과에서 경우의 수의 합 - 1}}}$$

수식 4.6a

$$s = \sqrt{\frac{\sum_{t-1}^{n}(r_t - r)^2}{n-1}}$$

<표 4.8>에 기술된 두 개의 경쟁적 투자(Target Corporation(TGT)과 American Eagle Outfitters(AEO)의 주식)를 고려하라. 2002년부터 2011년까지 Target은 6.4%의 평균수익률을 보였으나, American Eagle Outfitters는 26.4%의 현저히 우월한 평균수익률을 달성했다. 매년의 수익률을 살펴보면, American Eagle Outfitters의 수익률(−53.5%부터 187.8%까지)은 Target의 수익률(−30.0%부터 42.5%까지)보다 훨씬 더 넓은 범위에 걸쳐 등락했음을 알 수 있다.

표 4.8 TARGET과 AMERICAN EAGLE OUTFITTERS의 역사적 연 수익률

	연수익률*(r_t)%	
연도(t)	Target	American Eagle Outfitters
2002	−26.5	−47.3
2003	29.0	19.1
2004	36.2	187.8
2005	6.6	−1.3
2006	4.7	105.8
2007	−11.6	−32.4
2008	−30.0	−53.5
2009	42.5	86.4
2010	26.3	−8.5
2011	−13.0	8.0
평균($\bar{r}$)	**6.4**	**26.4**

주석: 연 수익률은 연말 종가에 기초하여 계산된다.
(출처: 연말 종가는 Yahoo! Finance에서 수집되고, 배당과 주식분할에 대해 조정된다.)

표 4.9 TARGET과 AMERICAN EAGLE OUTFITTERS의 수익률 표준편차의 계산

Target

연도(t)	(1) 수익률 r_t (%)	(2) 평균수익률 $\overline{r}$ (%)	(3) (1) − (2) $r_t - \overline{r}$ (%)	(4) $(3)^2$ $(r_t - \overline{r})^2$ (%^{2})
2002	−6.5	6.4	−32.9	1080.8
2003	29.0	6.4	22.6	508.8
2004	36.2	6.4	29.8	885.1
2005	6.6	6.4	0.2	0.0
2006	4.7	6.4	−1.8	3.1
2007	−11.6	6.4	−18.0	323.5
2008	−30.0	6.4	−36.4	1326.4
2009	42.5	6.4	36.1	1299.7
2010	26.3	6.4	19.9	395.9
2011	−13.0	6.4	−19.4	375.8
			Sum	6199.0
		분산 %^{2}	s^2_{TGT} =	688.8
		표준편차 %	s_{TGT} =	26.2

$$s_{TGT} = \sqrt{\frac{\sum_{t=1}^{10}(r_t - \overline{r})^2}{n-1}} = \sqrt{\frac{6,199.0}{10-1}} = \sqrt{688.8} = 26.2\%$$

American Eagle Outfitters

연도(t)	(1) 수익률 r_t (%)	(2) 평균수익률 $\overline{r}$ (%)	(3) (1) − (2) $r_t - \overline{r}$ (%)	(4) $(3)^2$ $(r_t - \overline{r})^2$ (%^{2})
2002	−47.3	26.4	−73.7	5438.8
2003	19.1	26.4	−7.3	53.3
2004	187.8	26.4	161.3	26033.5
2005	−1.3	26.4	−27.7	768.2
2006	105.8	26.4	79.4	6304.7
2007	−32.4	26.4	−58.8	3461.3
2008	−53.5	26.4	−79.9	6388.3
2009	86.4	26.4	60.0	3600.8
2010	−8.5	26.4	−34.9	1215.6
2011	8.0	26.4	−18.4	337.3
			Sum	53601.7
		분산 %^{2}	s^2_{AOE} =	5955.7
		표준편차 %	s_{AOE} =	26.2

$$s_{AEO} = \sqrt{\frac{\sum_{t=1}^{10}(r_t - \overline{r})^2}{n-1}} = \sqrt{\frac{53,601.7}{10-1}} = \sqrt{25,955.7} = 77.2\%$$

표준편차는 투자리스크를 비교하는 정량적 수단을 제공한다. <표 4.9>는 Target과 American Eagle Outfitters의 표준편차 계산을 예시한다. 예상대로, Target 수익률의 표준편차 26.2%는 American Eagle Outfitters의 표준편차 77.2%보다 훨씬 낮음을 알 수 있다. American Eagle Outfitters 주식의 수익률이 매우 넓은 범위에서 등락한다는 사실은 더 큰 표준편차에 반영되어 있고, American Eagle Outfitters가 Target보다 더 변동적인 투자임을 나타낸다. 당연하게, 이 수치들은 역사적 자료에 기초한다. 이 두 투자의 리스크가 미래에도 동일하게 유지된다는 보장은 없다.

역사적 수익과 위험 우리는 이제 <표 4.4>의 역사적(1900~2011년) 투자수익률의 자료를 평가하는 위험의 척도로서, 표준편차를 사용할 수 있다. <표 4.10>은 각 투자에 연계된 평균수익률과 표준편차를 보여준다. 각 국가 안에서, 다양한 종류 투자의 평균수익률과 표준편차 사이에 밀접한 관계가 존재한다. 주식은 장기채권보다 높은 수익률을 얻고, 장기채권은 단기채권보다 높은 수익률을 얻는다. 비슷하게 주식 수익률은 장기채권 수익률보다 변동적이고, 단기채권 수익률은 가장 작은 변동성(즉 가장 낮은 표준편차)을 보인다. 국가에 상관없이 일반적 패턴은 명백한데, 더 높은 평균수익률을 가진 투자는 더 높은 표준편차를 갖는다. 더 높은 표준편차는 더 높은 리스크와 연계되기 때문에, 역사적 자료는 위험과 수익 사이에 양의 상관관계가 존재함을 확인한다. 이 관계는 시장참가자는 더 큰 위험에 대한 보상으로 더 높은 수익률을 요구한다는 사실을 반영한다.

리스크의 평가

투자 리스크를 정량화하는 기법은 매우 유용하다. 그러나 만약 당신이 리스크에 관한 느낌을 모르면, 이들은 별 가치가 없을 것이다. 개인투자자들은 전형적으로 이 문제의 대답을 추구한다 ― "기대수익을 얻기 위해, 추정된 크기의 위험을 수용할 가치가 있는가?" "같은 수준의 위험에서 더 높은 수익률을 얻거나, 더 낮은 위험을 수용하면서 같은 수익률을 얻을 수 있는가?" 대안적 투자들의 일반적인 위험-수익 특성과 수용가능한 수준의 위험에 관한 질문을 살펴봄으로써, 리스크의 평가 방법을 발견할 수 있을 것이다.

표 4.10 선택된 자산집단의 역사적 수익률과 표준편차(1900~2011년)

	주식		장기 국채		단기 국채	
	평균 연 수익률(%)	수익률의 표준편차	평균 연 수익률(%)	수익률의 표준편차	평균 연 수익률(%)	수익률의 표준편차
오스트레일리아	11.3	18.2	5.5	13.2	4.6	5.4
벨기에	7.8	23.6	5.2	11.9	4.9	8.0
캐나다	8.9	17.2	5.3	10.4	4.6	4.9
덴마크	8.9	20.9	7.2	11.7	6.2	6.0
핀란드	12.6	30.4	7.1	13.6	6.7	11.8
프랑스	10.2	23.5	7.1	13.0	4.1	9.5
독일	8.1	32.2	2.9	15.6	2.2	13.3
아일랜드	8.1	23.1	5.2	14.8	4.9	6.6
이탈리아	10.2	29.0	6.5	14.0	4.5	11.5
일본	10.8	29.8	5.8	20.0	4.9	13.9
네덜란드	7.9	21.8	4.5	9.4	3.6	4.9
뉴질랜드	9.7	19.7	5.9	9.1	5.5	4.7
노르웨이	7.9	27.3	5.6	12.2	4.9	7.1
남아프리카공화국	12.5	22.5	6.8	10.3	6.0	6.2
스페인	9.4	22.2	7.2	11.7	6.1	5.8
스웨덴	9.9	22.9	6.2	12.4	5.5	6.8
스와질랜드	6.5	19.7	4.5	9.3	3.1	5.0
영국	9.4	19.9	5.5	13.8	5.0	6.4
미국	9.3	20.2	5.0	10.3	3.9	4.7

(출처: Elroy Dimson, Paul Marsh, and Mike Staunton, Credit Suisse Global Investment Returns Sourcebook 2012.)

대안적 투자들의 위험-수익 특성 중요한 종류의 투자의 위험-수익 특성에 관한 매우 대략적인 일반화가 <그림 4.2>에 나타나 있다. 물론 각 범주 안에서, 특정 투자는 위험과 수익 기준에서 극적으로 다를 수 있다. 예를 들어 어떤 보통주는 저수익과 저위험을 제시하고, 다른 것들은 고수익과 고위험을 제시한다. 다시 말해, 일단 적합한 종류의 투자를 선택한 후, 당신은 어떤 특정 증권을 인수할지 결정해야 한다.

그림 4.2 다양한 투자의 위험-수익 상반관계

위험-수익의 상반관계가 존재하여, 더 높은 위험은 더 높은 수익을 기대하고 그 역도 성립한다. 일반적으로, 저위험/저수익 투자는 미국 국채와 예금계좌를 포함한다. 고위험/고수익 투자는 부동산 및 기타 유형자산 투자, 보통주, 옵션, 그리고 선물을 포함한다.

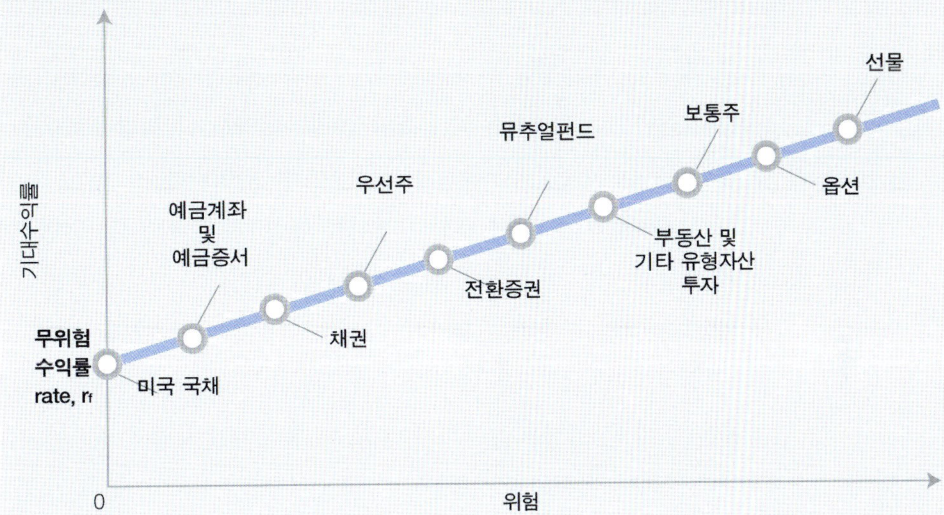

수용가능한 수준의 리스크 개인마다 수용할 용의가 있는 리스크 크기와 이 리스크를 수용하는 대가로 요구하는 수익률은 다르다. 일반적으로 말하면, 위험에 대한 선호가 근본적으로 다른 세 개의 상이한 범주의 투자자들을 <그림 4.3>과 같이 정의함으로써, 우리는 투자자의 위험에 대한 태도를 논의할 수 있다. 이 <그림>은 상이한 선호를 가진 투자자들에서, 어떻게 투자의 요구수익률이 위험에 연계되는지 보여준다. 세 범주는 위험무차별, 위험회피, 그리고 위험선호 투자자들이다.

- **위험무차별(또는 위험중립) 투자자들의 경우**, 요구수익률은 위험의 변화에 따라 달라지지 않는다. 예를 들어 <그림 4.3>에서 파란 수평선은, 투자의 위험이 x_1으로부터 x_2로 증가하더라도, 위험무차별 투자자는 동일한 수익률을 수용할 것임을 나타낸다.

- **위험회피 투자자의 경우**, 요구수익률은 위험에 따라 상승한다. 이들은 위험을 싫어하기 때문에, 더 높은 위험을 수용하는 보상으로 더 높은 기대수익률을 요구한다. <그림 4.3>에서, 위험회피 투자자의 선호는 우상향 검은선으로 묘사된다.

- **위험선호 투자자의 경우**, 요구수익률은 위험 감소에 따라 증가한다. 이 투자자들은 단순히 리스크를 감수하는 스릴을 즐기며, 따라서 더 많은 위험을 위해 약간의 수익률을 포기할 용의를 갖고 있다. 이는 <그림 4.3>의 우하향 회색선에 의해 묘사된다.

우리는 이미 전 세계의 상이한 투자들의 위험과 수익의 역사적 자료를 보았다. 그리고, 자료는 더 위험한 투자는 더 높은 수익률을 지불하는 경향이 있음을 보인다. 이는 단순히 대다수 투자자들은 위험회피적이고, 따라서 더 위험한 투자는 투자자를 끌기 위해 더 높은 수익률을 지급해야 한다는 사실을 반영한다.

투자자로 하여금 더 위험한 투자를 매입하도록 확신시키려면, 얼마의 추가적 수익률이 요구되는가? 이 문제의 답은 투자자의 위험회피 정도에 따라 사람마다 다르다. 매우 위험회피적인 투자자는 추가적 위험의 수용에 대해 많은 보상을 요구하며, 이 경우에 <그림 4.3>의 검은선은 매우 가파를 것임을 의미한다. 덜 위험회피적인 사람은 위험 수용을 위해 큰 보상을 요구하지 않고, 따라서 이런 사람의 경우에 검은선은 더 평평할 것이다(그러나 여전히 우상향함).

그림 4.3 위험에 대한 선호

위험무차별 투자자는 위험 증가의 대가로 수익률 변화를 요구하지 않는다. 위험회피 투자자는 위험 증가에 대해 수익률 상승을 요구한다. 위험선호 투자자는 더 많은 위험을 위해 약간의 수익률을 포기한다. 대다수 투자자들은 위험회피적이다.

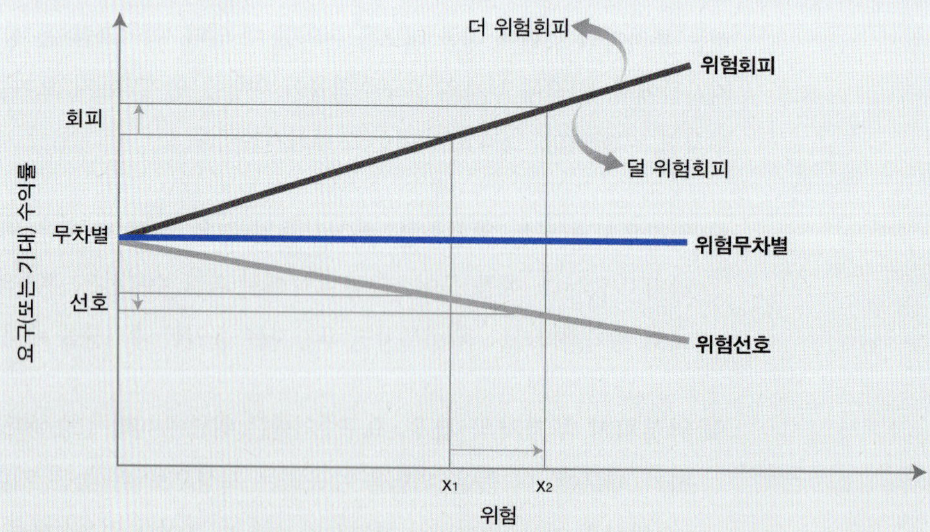

결정과정의 단계들: 수익과 위험의 결합

당신이 대안적 투자들 사이에서 결정할 때, 수익과 위험을 결합하는 다음 단계들을 거쳐야 한다.

1. 역사적 또는 예상 수익률 자료를 이용하여, 주어진 보유기간의 기대수익률을 추정하라. 투자의 기대수익률 추정치는 반드시 화폐의 시간가치를 고려해야 한다.

2. 역사적 또는 예상 수익률 자료를 이용하여, 투자에 연계된 리스크를 평가하라. 주관적 판단, 투자 수익률의 표준편차 계산, 또는 더 정교한 방법(제5장에서 개발)을 사용하여 투자의 리스크를 평가할 수 있다.

3. 기대수익률이 주어진 수용 위험에서 합리적임을 확인하기 위해, 각 투자 옵션의 위험-수익 특성을 평가하라. 만약 더 낮은 수준의 위험을 가진 다른 투자가 같거나 더 큰 기대수익률을 제공하면, 이 투자는 수용불가능하다.

4. 당신이 수용할 용의가 있는 위험 수준에 비해 가장 높은 수익률을 제공하는 투자를 선택하라. 수용가능한 수준의 위험에 대해 가장 높은 기대수익률을 얻으면, 당신은 "좋은 투자"를 하는 것이다.

아마도 이 과정의 가장 어려운 단계는 리스크의 평가일 것이다. 수익과 위험의 고려 외에, 세금과 유동성 같은 다른 요인들도 투자결정에 영향을 준다. 다음 장들에서, 당신은 이 다른 요인들의 평가에 관해 학습할 것이다.

개념리뷰

4.9 위험을 정의하라. 위험-수익 상반관계의 의미를 설명하라. 위험이 증가하면 요구수익률은 어떻게 되는가? 설명하라.

4.10 다음 리스크원천들을 정의하고 간단히 기술하라.

a. 사업리스크 b. 재무리스크
c. 구매력리스크 d. 이자율리스크
e. 유동성리스크 f. 세금리스크
g. 사건리스크 h. 시장리스크

4.11 리스크 또는 변동성의 척도로서 표준편차를 간단히 기술하라.

4.12 위험무차별, 위험회피, 그리고 위험선호라는 세 가지 기본적 위험성향을 구별하라. 이런 위험에 대한 태도들 가운데 무엇이 대다수 투자자들을 가장 잘 묘사하는가?

4.13 투자결정 과정에 포함되는 단계들을 서술하라. 반드시, 수용가능한 투자를 결정하기 위해, 어떻게 수익과 위험이 함께 평가될 수 있는지 언급하라.

토론 문제

LG 1 Q4.1 주요 거래소 또는 장외시장에 적어도 5년 이상 상장된 공개적으로 거래되는 회사를 선택하라. 당신이 선택한 자료 출처로부터, 이 회사의 과거 5년 동안의 연간 현금배당 지급액을 찾아라. 또한 직전 6년의 매년 말 주식 종가를 찾아라.

a. 지난 5년의 매 연말 수익률을 계산하라.

b. 투자에서 얻어진 수익률을 y축, 수익의 발생 연도를 x축에 표시하는 그래프를 만들어라.

c. 문제 b의 그래프에 기초하여, 올해의 수익률을 추정하고 당신의 답을 설명하라.

LG 2 Q4.2 다음 <표>와 같이, 향후 4년 동안 현금 지급의 흐름을 제공하는 두 개의 투자가 있다.

투자	1년	2년	3년	4년
1	$100	$200	$300	$400
2	$250	$250	$250	$250

a. 각 투자에 의해 향후 4년 동안 지급되는 현금 총액은 얼마인가?

b. 화폐의 시간가치 관점에서, 이 투자들 가운데 무엇이 매력적인가?

c. 투자자가 투자 1을 선호할 이유가 있는가?

LG 4 Q4.3 일부 분석가들은, 미국에서 지난 몇 년 동안 0에 가까웠던, 실질이자율이 곧 음수가 될 수 있다고 주장한다. 어떻게 실질이자율이 음수가 될 수 있는지 설명하라. 기대 인플레이션과 단기국채의 현재 수익률 자료를 사용하여, 이 예측을 평가하라.

LG 3 LG 6 Q4.4 3개의 NYSE 주식을 선택하고, 다음 6주 동안 배당 지급과 매주의 종가를 기록하라.

a. 6주 기간의 말에, 주별로 각 주식의 주간 HPR을 계산하라.

b. 각 주식에 대해, 문제 a에서 계산된 6주의 주간 HPR의 평균을 구하고 비교하라.

c. 문제 b에서 계산된 평균들을 이용하여, 각 주식별로 6개 HPR의 표준편차를 계산하라. 주식들의 상대적인 위험 및 수익 행태를 논의하라. 가장 높은 위험을 가진 주식이 가장 큰 수익률을 얻는가?

문제

LG 1 P4.1 만약 1년 전에 $70에 매입한 주식이 $4.35의 연간 현금배당을 지급하고 방금 $78.50에 팔렸으면, 투자자는 얼마의 수익을 얻는가? 투자자는 자본이득을 얻었는가? 설명하라.

LG 1 P4.2 투자자가 $1,000에 채권을 매입한다. 채권은 매 6개월마다 $40의 이자를 지급한다. 2년 후에 투자자는 채권을 $980에 매도한다. 투자자의 소득 그리고/또는 손실의 종류를 기술하라.

LG 1 P4.3 당신이 1년 전에 주식 1주를 $45에 매입했고, 오늘 $65에 매도하며, 그리고 한 해 동안 합계 $4.20의 3회의 배당을 지급받았다고 가정하라. 다음을 계산하라.

a. 소득

b. 자본이득(또는 손실)

c. 총수익

(1) 금액

(2) 초기 투자에 대한 백분율

LG 1 P4.4 당신이 채권을 $870에 샀다고 가정하라. 이 채권은 매 6개월마다 $25의 이자를 지급한다. 당신은 18개월 후 $950에 이 채권을 매도한다. 다음을 계산하라:

a. 소득

b. 자본이득 또는 손실

c. 총수익의 금액과 초기투자 대비 백분율

LG 1 **P4.5** 다음 <표>에 주어진 투자의 역사적 자료를 고려하라.

a. 매년 총수익(금액)을 계산하라.

b. 당신이 2015년과 2016년에 기대하는 수익 수준을 표시하라.

c. 당신의 예측을 논평하라.

연도	소득($)	시장가치(가격 $)	
		기초	기말
2010	1.00	30.00	32.50
2011	1.20	32.50	35.00
2012	1.30	35.00	33.00
2013	1.60	33.00	40.00
2014	1.75	40.00	45.00

LG 1 **P4.6** 문제 4.5의 <표>를 참조하라. 만약 당신이 이 투자의 100주를 2011년 초에 매입하고 2013년 말에 매도하면, 기대 총수익 및 초기투자 대비 수익률은 무엇인가?

LG 3 **P4.7** 3%의 실질이자율, 1.5%의 기대 인플레이션 프리미엄, 그리고 투자 A와 B의 각각 5%와 6.5%의 리스크 프리미엄 하에서 다음을 계산하라:

a. 무위험수익률 r_f

b. 투자 A와 B의 요구수익률

LG 3 **P4.8** 무위험수익률은 4.8%, 기대 인플레이션은 3.2%이다. 만약 인플레이션 기대가 변화하여 미래 기대 인플레이션이 4.5%로 상승하면, 새로운 무위험수익률은 얼마인가?

LG 3 **P4.9** 다음 두 투자대안의 보유기간수익률을 계산하라. 만약 당신이 각 투자를 1년 이상 계속 보유하면, 어느 수익률 요소가 실현되지 않을 것 같은가? 이들이 같은 리스크를 갖고 있다고 가정하면, 당신은 어느 투자를 선호할 것인가?

	투자	
	X	Y
현금수입		
제1분기	$1.00	$0
제2분기	1.20	0
제3분기	0	0
제4분기	2.30	2.00
투자가치		
연초	$30.00	$50.00
연말	29.00	56.00

LG 3 P4.10 당신은 두 투자대안을 고려한다. 첫째는 주당 $0.50의 배당을 지급하고 주당 $40에 거래되는 주식이다. 당신은 이 주식을 6개월 후에 $45에 팔 예정이다. 둘째는 주당 $0.75의 배당을 지급하고 주당 $25에 거래되는 주식이다. 당신은 이 주식을 1년 후에 $31에 팔 예정이다. 어느 주식이 더 높은 연간 보유기간수익률을 제공할 것인가?

LG 3 P4.11 당신은 기준가 $1,000당 $20의 연 이자를 지급하는 채권의 매입을 고려하고 있다. 이 채권은 1년 후 만기도래하고, 이 때 당신은 기준가와 이자지급을 받을 것이다. 만약 당신이 이 채권을 $920에 매입하면, 보유기간수익률은 얼마인가?

LG 4 P4.12 당신은 오늘, 정확히 10년 후 $9,000의 수익을 약속하는 투자에 $50,000를 투자한다.

a. 이 투자의 수익률을 추정하기 위해 현재가치 기법을 사용하라.

b. 만약 최소 9%의 최소수익률이 요구되면, 당신은 이 투자를 권유할 것인가?

LG 4 P4.13 당신은 주식에 $7,000를 투자하고, 다음 4년 동안 $65, $70, $70, 그리고 $65의 배당을 받는다. 4년 후 연말에, 당신은 $7,900에 주식을 매도한다. 이 투자의 수익률은 얼마인가?

LG 4 P4.14 당신의 친구가 벤처사업에 $10,000를 투자하도록 당신에게 요청한다. 당신의 추정에 기초하면, 당신은 4년 동안 전혀 수입을 못 얻고, 5년 말에 $4,690를 받으며, 그리고 6년 말에 $14,500를 받을 것이다. 만약 당신의 추정치가 옳으면, 이 투자의 수익률은 무엇인가?

LG 4 P4.15 재무계산기 또는 엑셀 스프레드시트를 이용하여 다음 각 투자의 수익률을 추정하라.

	투자		
연도	초기 투자($)	미래가치($)	연말
A	1,000	1,200	5
B	10,000	20,000	7
C	400	2,000	20
D	3,000	4,000	6
E	5,500	25,000	30

LG 4 P4.16 Sara Holliday는 $2,500의 초기 지출을 요구하고 8년 후 $6,000의 수익을 약속하는 투자에서 10%의 수익률을 얻어야 한다.

a. 이 투자의 수익률을 추정하기 위해 현재가치 기법을 사용하라.

b. 문제 a의 답에 기초하여 Sara는 제안된 투자를 해야 할 것인가?

LG 4 P4.17 재무계산기 또는 엑셀 스프레드시트를 이용하여 다음 각 투자의 수익률을 추정하라.

	투자	
	A	B
초기 투자($)	$8,500	$9,500
연말	소득($)	
1	2,500	2,000
2	2,500	2,500
3	2,500	3,000
4	2,500	3,500
5	2,500	4,000

LG 4 **P4.18** Elloitt Dumack은 다음 투자의 위험에 대한 적절한 보상으로 11%의 최소 수익률을 얻어야 한다.

초기 투자($)	$14,000
연말	**소득($)**
1	6,000
2	3,000
3	5,000
4	2,000
5	1,000

a. 이 투자의 수익률을 추정하기 위해 현재가치 기법을 사용하라.

b. 문제 a의 답에 기초하여 Elloitt은 제안된 투자를 해야 할 것인가?

LG 4 **P4.19** 어떤 투자가 다음 소득 흐름을 창출한다고 가정하라. 이 투자는 2014년 초에 $1,000에 매입가능하고, 2020년 말에 $1,200에 매도가능하다. 이 투자의 수익률을 추정하라. 만약 최소 9%의 수익률이 요구되면, 당신은 이 투자를 권유할 것인가? 설명하라.

연말	소득 흐름($)
2014	140
2015	120
2016	100
2017	80
2018	60
2019	40
2020	20

P4.20 다음 각 배당 흐름에서 첫 해부터 2014년까지 주어진 값을 이용하여, 복리계산된 연 성장률을 추정하라.

연도	배당 흐름 A	배당 흐름 B	배당 흐름 C
2005		$1.50	
2006		1.55	
2007		1.61	
2008		1.68	$2.50
2009		1.76	2.60
2010	$5.00	1.85	2.65
2011	5.60	1.95	2.65
2012	6.40	2.06	2.80
2013	7.20	2.17	2.85
2014	8.00	2.28	2.90

LG 4 P4.21 어떤 회사는 2006년에 주당 $1.00의 배당을 지급했고, 2013년에 $2.21를 지급할 것이라고 방금 발표했다. 배당의 복리계산된 연 성장률을 추정하라.

LG 4 P4.22 어떤 회사가 2009년 순이익이 3억 5,000만 달러임을 보고했다. 이 회사는 2013년에 4억 4,170만 달러의 순이익을 기대한다. 순이익의 복리계산된 연 성장률을 추정하라.

LG 4 P4.23 두 투자(A와 B)의 2010년부터 2014년까지 역사적 수익률이 아래 <표>에 요약되어 있다. 이 자료를 사용하여, 다음 문제에 답하라.

연도	A 수익률(%)	B 수익률(%)
2010	19	8
2011	1	10
2012	10	12
2013	26	14
2014	4	16
평균	12	12

a. 수익률 자료에 기초하여, 어떤 투자가 가장 위험한가? 그 이유는?

b. 각 투자의 수익률 표준편차를 계산하라.

c. 문제 b의 계산에 기초하여, 어떤 투자가 더 위험한가? 이 결론을 문제 a의 답과 비교하라.

사례 문제 4.1: Coates의 결정

LG 2 LG 4 2014년 1월 1일, Xavier 고등학교의 23세 수학교사인 Dave Coates는 $1,100의 세금환급을 받았다. Dave는 당장의 생활비로 이 돈이 필요하지 않았기 때문에, 장기투자를 하기로 결정했다. $1,100를 초과하지 않는 많은 대안적 투자들을 조사한 후, Dave는 그의 필요에 가장 적합한 두 가지를 골랐다.

각 투자는 $1,050를 소요하고, 10년 동안 소득을 제공할 것으로 예상되었다. 투자 A는 비교적 확실한 소득 흐름을 제공했다. Dave는 투자 B의 소득에 관해 다소 덜 확신했다. 적당한 대안을 찾는 과정에서, Dave는 상대적으로 확실한 투자의 적절한 할인율은 12%임을 발견했다. B와 같은 투자에 관해 다소 불안했기 때문에, 그는 이런 투자는 투자 A보다 적어도 4%만큼 높은 수익률을 제공해야 한다고 추정했다. Dave는 투자 수익금을 다른 비슷한 수익률을 제공하는 수단에 재투자할 계획이고, 10년의 전체 기간 동안 연간 복리로 5%의 이자를 지급하는 저축계좌에 별도의 $50($1,100−$1,050)를 예금하려 한다.

투자결정 과정에서, Dave는 이 투자들의 기대수익률 자료의 다음에 제시된 문제들에 답하기 위해 당신의 도움을 요청했다.

	기대수익	
연말	A	B
2014	$150	$100
2015	150	150
2016	150	200
2017	150	250
2018	150	300
2019	150	350
2020	150	300
2021	150	250
2022	150	200
2023	1,150	150

문제

a. 투자 A와 B는 동일한 리스크를 갖고, 12%의 할인율을 사용한다고 가정하라. 현재가치 기법을 이용하여, 각 투자의 채택가능성을 판단하고 선호되는 투자를 결정하라. 당신의 답을 설명하라.

b. 투자 B가 투자 A보다 위험하다는 것을 인정하고, 두 대안을 재평가하라. 투자 A의 12% 할인율에 4%의 리스크 프리미엄을 더한 수치인 16%의 할인율을 투자 B에 적용하라. 당신의 답을 수용가능성과 선호도와 관련하여, 문제 a의 답과 비교하라.

c. 문제 a와 b의 답으로부터, 투자 A의 수익률이 12%를 초과 또는 미달하는지 그리고 투자 B의 수익률이 16%를 초과 또는 미달하는지 확인하고 설명하라.

d. 현재가치 기법을 사용하여 각 투자의 수익률을 계산하라. 당신의 답을 문제 c의 답과 비교하라.

e. 주어진 정보로부터, 당신은 두 투자 가운데 무엇을 Dave에게 추천하겠는가? 당신의 답을 설명하라.

f. 별도의 $50는 해당 저축계좌로부터 인출은 없다고 가정할 때, 2023년말까지 얼마로 증식할 것인지 Dave에게 알려주어라.

사례 문제 4.2: 위험-수익의 상반관계: Molly O'Rourke의 주식매입 결정

LG 3 LG 6 지난 10년 동안, Molly O'Rourke는 보통주에 분산된 포트폴리오를 천천히 만들어왔다. 현재 그녀의 포트폴리오는 20개의 상이한 보통주를 포함하고, $82,500의 총 시장가치를 갖고 있다.

Molly는 현재 2개의 보통주 가운데 하나(X 또는 Y) 50주를 추가할 것을 고려하고 있다. 각 증권의 수익과 위험을 평가하기 위해, 그녀는 양사의 지난 10년(2004~2013년) 동안 배당소득과 주가 자료를 수집했다. 이 증권들의 전망에 관해 조사한 결과, Molly는 각각은 미래에도 과거와 평균적으로 동일한 행태를 보일 것으로 예상한다. 따라서 그녀는 각 주식의 지난 10년의 평균 HPR을 계산함으로써, 기대수익률을 추정할 수 있다고 믿는다. Molly에 의해 수집된 역사적 배당소득과 주가 자료는 다음 <표>에 주어져 있다.

	주식 X			주식 Y		
		배당가격			배당가격	
연도	배당소득	연초	연말	배당소득	연초	연말
2004	$1.00	$20.00	$22.00	$1.50	$20.00	$20.00
2005	1.50	22.00	21.00	1.60	20.00	20.00
2006	1.40	21.00	24.00	1.70	20.00	21.00
2007	1.70	24.00	22.00	1.80	21.00	21.00
2008	1.90	22.00	23.00	1.90	21.00	22.00
2009	1.60	23.00	26.00	2.00	22.00	23.00
2010	1.70	26.00	25.00	2.10	23.00	23.00
2011	2.00	25.00	24.00	2.20	23.00	24.00
2012	2.10	24.00	27.00	2.30	24.00	25.00
2013	2.20	27.00	30.00	2.40	25.00	25.00

문제

a. 각 주식의 지난 10년 동안의 HPR을 계산하라. Molly에 의해 채택된 접근법을 사용하여, 각 주식의 기대수익률을 계산하라.

b. 문제 a에서 계산된 HPR과 기대수익률을 사용하여, 각 주식의 지난 10년간 표준편차를 계산하라.

c. 당신의 답을 이용하여, 주식 X와 Y의 수익과 위험을 평가하고 논의하라.

d. 그녀의 현재 포트폴리오를 무시하면, Molly에게 주식 X와 Y에 관해 어떤 조언을 하겠는가?

엑셀 스프레드시트

투자분석 과목에서, Laura는 몇 개 증권을 위험-수익 상반관계에 기초하여 평가하는 과제를 부여받았다. 연구대상 증권은 International Business Machines, Helmerich & Payne, 그리고 S&P 500 지수이다. 각 주식의 티커 기호는 IBM과 HP이다. 그녀는 문제의 증권들에 관한 다음 자료를 찾았다.

연도	2006	2007	2008	2009	2010	2011
가격$_{IBM}$	\$97.15	\$108.10	\$84.16	\$130.90	\$146.76	\$183.88
배당소득$_{IBM}$	1.10	1.50	1.90	2.15	2.50	2.90
가격$_{HP}$	24.47	40.07	22.75	39.88	48.48	58.36
배당소득$_{HP}$	0.17	0.18	0.19	0.20	0.22	0.26
가치$_{S\&P}$	1,418.30	1,468.40	903.30	1,115.10	1,257.60	1,257.60

주: S&P 500 지수의 가치는 배당을 포함한다.

문제

제1부

a. Laura가 세 증권에 관해 찾은 자료를 사용하여, 각 연도의 보유기간수익률과 5년 기간의 평균수익률을 계산하기 위한 스프레드시트를 만들어라. 특히, HPR은 5개의 연간 자료에 기초할 것이다(즉 2006년부터 2007년, 2007년부터 2008년, 2008년부터 2009년, 2009년부터 2010년, 2010년부터 2011년). 다음 공식을 이용하라.

$$HPR = [Inc + (V_n - V_0)]/V_0$$

여기에서,

Inc = 기간 중 소득

V_n = 종료 시 투자가치

V_0 = 초기 투자가치

제2부

위험-수익 상반관계를 평가하기 위해, <표 4.9>의 스프레드시트와 비슷한 스프레드시트를 만들어라.

b. IBM, HP, 그리고 S&P 500 지수 수익률의 표준편차를 계산하라.

c. 어떤 산업이 IBM과 HP에 관련되어 있는가?

d. 문제 c의 답 그리고 평균수익률 및 표준편차의 결과에 기초하여, Laura는 IBM 또는 HP 투자에서 어떤 결론을 내릴 수 있는가?

장을 여는 문제

아래 <표>는 S&P/Case-Shiller 지수에 따른, 2002년부터 2011년까지 미국의 평균 주택가격의 연간 변화를 보여준다. 평균 연 수익률 및 표준편차를 계산하라. 이것을 <표 4.9>의 Target Corporation 및 American Eagle Outfitters, Inc.의 평균수익률과 표준편차에 대해 비교하라. 평균 수익률과 표준편차에 기초하여, 주거용 부동산 투자는 이 두 주식에 비해 어떤 특성을 갖는가?

연도	% 변화
2002	12.2
2003	11.4
2004	16.2
2005	15.5
2006	0.7
2007	−9.0
2008	−18.6
2009	−3.1
2010	−2.4
2011	−4.1

4A. 부 록
화폐의 시간가치

25세에, 당신이 5%의 연 이자를 지급하는 저축계좌에 매년 1,000달러를 예금하기 시작한다고 상상하라. 40년 후 65세에, 당신은 합계 $40,000(40년 × 연 $1,000)의 예금을 갖게 된다. 인출은 없다고 가정하면, 당신 계좌의 잔고는 얼마일 것으로 생각하는가—$50,000, $75,000, $100,000? 답은 이 가운데에 없다. $40,000는 거의 $121,000로 늘어날 것이다. 왜? 화폐의 시간가치는 40년 동안 예금이 이자를 벌고, 이자는 다시 이자를 벌도록 만들기 때문이다. 화폐의 시간가치는, 이자를 벌 기회가 존재하면, 돈의 가치는 수취 시기에 의해 영향을 받음을 뜻한다.

이자: 저축자의 기본적 수익

은행의 저축계좌는 가장 기본적 형태의 투자이다. 저축자는 유휴자금을 계좌에 예치하는 대가로서 이자를 받는다. 이자는 대여자의 자금을 사용하는 대가로 차입자에 의해 지급되는 "지대(rent)"로 간주될 수 있다. 투자 가치(최초 예금)는 단지 수취 이자에 의해서만 변할 것이기 때문에, 저축자는 자본이득이나 자본손실을 경험하지 않는다. 저축자에게 주어진 기간의 수취 이자는 해당 기간의 소득이다.

단리

이자를 지급하는 투자(CD와 채권 등)에서 지급되는 소득은 빈번하게 단리(오로지 최초 투자금액에 대해서만 매 투자기간마다 이자 지급)에 의해 계산된다. 예를 들어 만약 당신이 6%의 단리 이자율을 지급하는 계좌에 최초의 $1,000를 예금하면, 계좌에 자금을 예치하는 동안 매년 $6(0.06×$100)의 이자를 얻을 것이다. 1년 후 당신의 계좌 잔고는 $106, 2년 후에는 $112, 이런 형태로 증가할 것이다. 이자는 단지 최초 예금에 대해서만 지급되기 때문에, 계좌의 가치는 매년 $6씩 증가한다.

복리

복리는 최초 예금뿐 아니라 축적된 이자에 대해서도 매 기간 지급되는 이자이다. 이는 전형적으로 저축기관에서 사용되는 방법이다. 이자가 복리로 지급될 때 투자의 수익률은 상승하고, 이자의 복리빈도가 늘수록 더 상승한다. 다시 한 번 6%를 버는 계좌에 매년 $100를 투자한다고 가정하고, 그러나 이번에는 매년 1회 이자가 복리지급된다고 가정하라. 1년 후, 단리의 경우와 마찬가지로 당신의 계좌 잔고는 $106이다. 그러나, 둘째 해에 당신은 이자로 $6.36(0.06×$106)를 얻고, 계좌 잔고는 $112.36로 증가한다. 모든 자금이 계좌에 유지되면, 이자 지급은 해마다 증가한다.

사례 2013년 1월 1일, 당신은 5%의 이자를 지급하고 매년 복리계산되는 계좌에 $1,000를 예금한다고 가정하라. 당신은 2014년 초에 $300를 인출하고, 2015년 초에 $1,000를 추가로 투자할 계획이다. 2015년 말의 계좌 잔고는 얼마일 것인가?

〈표 4A.1〉의 자료는 이 문제의 해답을 제공한다. 2013년 중에, 당신은 이자로 $50를 번다. $1,000의 최초 예금에 대한 2013년의 이자 $50는 2014년의 이자가 지급되는 초기(최초) 잔고의 일부가 되며, 비슷한 일이 계속된다. 3년 후 2015년 말에, 당신 계좌의 잔고는 $1,876.88이다.

표 4A.1 저축계좌의 잔고 자료(연간 복리 이자 5%)

투자	(1) 예치 (인출)	(2) 초기 계좌 잔고	(3) 0.05×(2) 연간 이자	(4) (2)+(3) 종료 계좌 잔고
1/1/2013	$1,000	$1,000.00	$50.00	$1,050.00
1/1/2014	(300)	750.00	37.50	787.50
1/1/2015	1,000	1,787.50	89.38	**1,876.88**

지금까지 우리의 예에서, 이자는 연간 단 1회 복리 계산되었다. 실제로 많은 투자의 이자는 이보다 더 빈번하게 복리 계산된다. 일반적으로, 제시된 이자율 하에서 이자가 더 빈번하게 복리계산 될수록 진정한 유효이자율은 더 높다. 유효이자율은 복리효과를 고려한 후, 돈이 시간경과에 따라 증식하는 비율이다. 대조적으로 기술된 이자율은 단순히 매 기간의 이자수입을 계산하는 데 사용되는 비율이다.

사례

2013년 1월 1일, 당신은 5%의 이자를 지급하는 계좌에 $1,000를 투자한다. 앞과 같이, 당신은 1년 후 $300를 인출하고, 2년 후 추가로 $1,000를 예금할 계획이다. 그러나 이 경우, 이자는 연간 2회에 걸쳐(즉 반기별로) 지급되고 복리계산된다. 이것이 당신의 계좌에 돈이 축적되는 비율을 바꾸는가? 관련 계산은 〈표 4A.2〉에 나타나 있다. 각 6개월의 이자는 각 기간의 초기(최초) 잔고에 기술된 이자율인 5%의 절반을 곱함으로써 계산된다(〈표 4A.2〉의 제3열 참고). 더 빈번한 복리계산은 더 큰 수익을 제공한다는 것을 알 수 있다—5% 연간 복리 계좌의 2015년말 잔고와 5% 반기 복리 계좌의 2015년말 잔고를 비교하라. 반기 복리는 더 높은 잔고를 제공한다($1,876.88 대비 $1,879.19). 명백하게, 반기 복리의 경우 실질적으로 연간 복리보다 더 높은 이자율을 얻는다. 다시 말해, 유효이자율은 기술된 이자율인 5%보다 크다.

표 4A.2 저축계좌의 잔고 자료(연 이자 5%, 반기별 복리)

투자	(1) 예치 (인출)	(2) 초기 계좌 잔고	(3) 0.05 × 1/2 × (2) 6개월 이자	(4) (2)+(3) 종료 계좌 잔고
1/1/2013	$1,000	$1,000.00	$25.00	$1,025.00
7/1/2013	1,025.00	25.63	1,050.63	
1/1/2014	(300)	750.63	18.77	769.40
7/1/2014	769.40	19.24	788.64	
1/1/2015	1,000	1,788.64	44.72	1,833.36
7/1/2015		1,833.36	45.83	**1,879.19**

<표 4A.3>은 5%의 기술된 이자율에 연계된, 다양한 복리 빈도에 따른 유효이자율을 보여준다.

표 4A.3 다양한 복리 빈도의 유효한 이자율(5%의 기술된 이자율)

복리 빈도	유효이자율	복리 빈도	유효이자율
연간	5.000	월	5.120
반기	5.063	주	5.125
분기	5.094	연속	5.127

연속복리는 가능한 가장 작은 기간에 대해 복리 이자를 계산한다. 이는 주어진 기술된 이자율에서 달성가능한 최대의 유효이자율을 제공한다. <표 4A.3>은 더 빈번하게 이자가 복리계산되면 유효이자율은 더 높음을 보여준다. 복리 빈도의 차이가 수익에 미치는 영향 때문에, 당신은 예금 전에 다양한 대안들에 연계된 유효이자율을 평가해야 한다.

시간가치 계산에 사용되는 계산 도구

대다수의 경우 적절한 투자분석은 화폐의 시간가치를 고려하는 계산을 요구하며, 이 계산의 수작업은 매우 지루할 수 있다. 당신은 이 계산의 기초 개념과 수학을 이해해야 하나, 시간가치의 적용 기법은 단순화될 수 있다. 계산 도구로서, 재무계산기와 스프레드시트의 사용을 예시한다.

재무계산기

일반적으로, 재무계산기는 많은 프로그램된 재무 공식을 포함한다. 이 책에서는 다양한 재무계산의 키 입력을 보여준다. 일차적으로, <그림 4A.1>에 제시되고 정의된 키들에 집중한다. 우리는 선형적으로 왼쪽 열의 5개 키 가운데 4개 키와 계산(CPT) 키를 사용한다. 키들의 하나는 계산되는 미지수를 나타낸다(때로 모든 키가 사용되고, 하나는 미지수를 나타낸다). 일부 더 정교한 계산기의 키 입력은 메뉴에 의해 이루어진다. 이는 당신이 적합한 공식을 선택한 후, 계산기는 각 수치를 입력하도록 요구한다. 이런 계산기에서, 해답을 얻기 위한 계산 키는 필요하지 않다. 그러나 기본적인 시간가치 함수를 가진 모든 계산기는 수작업 계산 대신 사용될 수 있다. 다른 재무계산기의 키 입력은 그들의 첨부된 참고 가이드에 설명되어 있다.

일단 기본적 개념을 이해하면, 아마도 당신은 일상적 재무계산을 단순화하기 위해 계산기를 사용하려 할 것이다. 약간의 연습으로, 당신은 재무계산의 속도와 정확성을 높일 수 있다. 내용의 개념적 이해가 목적임을 기억하라. 계산기의 도움으로 문제를 해결하는 능력은 반드시 이런 능력을 반영하지 않으므로, 단순히 답만 구하려 하지 말라. 당신이 개념도 이해한다는 것을 확인할 때까지 내용을 숙지하라.

그림 4A.1

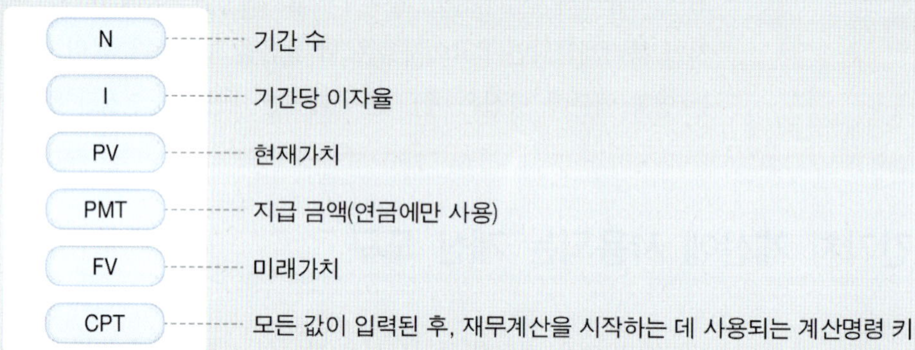

컴퓨터와 스프레드시트

스프레드시트를 사용하는 능력은 현대 투자자의 주요 능력이 되었다. 재무계산기처럼, 컴퓨터와 스프레드시트는 시간가치 계산을 단순화하는 내장된 공식을 갖고 있다. 우리는 책에서 시간가치 계산의 입력 항목을 보여주는 많은 스프레드시트 풀이를 제공한다. 각 변수의 값은 스프레드시트의 항에 입력되고, 계산은 개별 항들을 연계하는 수식을 사용함으로써 프로그램 된다. 만약 변수의 값이 바뀌면, 해는 자동적으로 변화한다. 이 책의 스프레드시트 풀이에서, 스프레드시트의 하단에 계산을 실행하는 수식을 보여준다.

우리는 이제 미래가치에서 시작하여, 핵심적인 시간가치 개념을 다룬다.

투자자 현실

시간은 당신의 편이다–은퇴를 위한 저축은 아무리 일찍 시작해도 지나치지 않다. 만약 다음 8년 동안 10%의 이자를 얻는 계좌에 매년 $2,000를 예금하고 그대로 유지하면, 40년 후에 당신이 예금한 $16,000는 $480,000 이상으로 증식할 것이다. 투자할 때, 시간은 당신의 최대 동맹이다.

미래가치: 복리의 확장

미래가치는 현재의 예금이 복리 이자를 지급하는 계좌에 일정 기간 예치되었을 때, 증식하여 도달한 금액이다. 8%(소수로는 0.08)의 연간 복리 이자를 얻는 $1,000의 예금을 고려하라. 다음 계산은 이 예금의 1년 후 미래가치(future value)를 보여준다.

수식 4A.1 연말의 미래가치 = \$1,000 × (1 + 0.08) = \$1,080

만약 돈이 1년 더 예치되면, $1,080의 계좌 잔고에 대해 8%의 이자가 지급될 것이다. 따라서 둘째 연도의 말에, 계좌에 $1,166가 있을 것이다. 이 금액은 $1,080의 연초 잔고와 $1,080의 8% 이자($86.40)의 합을 나타낸다. 둘째 연도 말의 미래가치는 다음과 같이 계산된다.

수식 4A.2 둘째 연도 말의 미래가치 = \$1,080 × (1 + 0.08) = \$1,166.40

$1,000의 n째 연도 말의 미래가치를 계산하려면, 위에 예시된 과정이 n회 반복될 것이다. 미래가치는 수리적으로 또는 재무계산기나 스프레드시트를 이용함으로써 계산된다. 여기에서, 우리는 계산기와 엑셀 스프레드시트의 사용을 예시한다.

계산기 이용[1] 직접 미래가치를 계산하기 위해, 재무계산기를 사용할 수 있다.[2] 먼저

---

1) 많은 계산기는 사용자로 하여금 연도별 지급 횟수를 정하도록 허용한다. 이 계산기들의 대다수는 월별 지급으로 미리 설정되어 있다(연도별 12회의 지급). 우리는 주로 연간 지급(연도별 1회의 지급)을 다루기 때문에, 당신의 계산기가 연간 1회의 지급으로 설정되도록 확인해야 한다. 그리고, 대다수 계산기는 모든 지급이 기말에 발생하는 것으로 인식하도록 미리 설정되어 있으나, 당신의 계산기가 제대로 END 모드로 설정되어 있는지 확인해야 한다. 이 값들의 설정을 위한 안내를 받기 위해, 계산기에 부속된 참조 안내서를 참고하라.

2) 현재 계산에 과거 자료를 포함시키지 않도록, 매번 값을 입력하고 계산할 때, 항상 계산기의 모든

입력	기능
-1000	PV
2	N
8	I
	CPT
	FV

결과

1,166.40

-1,000을 입력하고 PV를 누르고; 다음에 2를 입력하고 N을 누르고; 다음으로 8을 입력하고 I를 누른다.[3] [4] 마지막으로 미래가치를 계산하기 위해, CPT 그리고 FV를 누른다. 왼쪽의 예시처럼, $1,166.40의 미래가치가 계산기 액정에 나타나야 한다.

스프레드시트 이용 단일 금액의 미래가치는 또한 아래 엑셀 스프레드시트에서 계산될 수 있다.

	A	B
1	단일 금액의 미래가치	
2	현재가치	−$1,000
3	연 이자율	8.0%
4	햇수	2
5	미래가치	$1,166.40
6	B5 항의 입력은 = FV(B3,B4,0,B2,0)이다. 투자비용은 현금유출로 간주되기 때문에, B2의 1,000 앞에 음수 부호가 있다.	

연금의 미래가치

연금은 같은 시간 간격으로 발생하는 동일한 금액으로 이루어진 일련의 현금흐름이다. 현금흐름은 미래 수익을 얻기 위해 투자된 자금의 유출 또는 투자로부터 얻어진 수익의 유입일 수 있다. 다음 8년 동안 매 연말에 $1,000를 투자하는 것은 연금의 한 예이다. 투자자들은 빈번하게 연금의 미래가치를 계산하는 데 관심을 갖는다. 정상연금으로 불리

기존 수치들을 삭제하라.

3) 알려진 값들은 계산기에 어떤 순서로도 입력될 수 있다. 이 특정 순서 및 이 책의 다른 계산기 사용의 예시는 단순히 편의와 개인적 선호를 반영한다.

4) 계산기는 음수 부호를 이용하여 유입을 유출로부터 구별한다. 예를 들어 직전의 예시 문제에서, -1,000의 현재가치 (PV)는 음수(1,000)으로 입력되었기 때문에, 투자 현금유출 또는 비용으로 간주된다. 따라서, 1,146.40의 계산된 미래가치 (FV)는 투자 현금유입 또는 수익을 나타내기 위한 양수이다. 만약 $1,000의 현재가치가 양수(예를 들어 1,000)로 입력되었으면, 1,146.40의 미래가치는 음수(예를 들어 -1,166.40)로 표시되었을 것이다. 간단히 말해, 현재가치와 미래가치 현금흐름은 반대 부호를 가질 것이다.

는 전형적인 연금은 매 기간의 말에 현금흐름이 발생하는 연금이다. 정상연금의 미래가치는, 재무계산기 또는 엑셀 스프레드시트를 사용함으로써, 신속하게 계산될 수 있다.

입력	기능
-1000	PMT
8	N
8	I
	CPT
	FV
결과	
10,636.63	

계산기 이용 연금의 미래가치를 계산하기 위해 재무계산기를 사용할 때, 우리는 PMT 키를 이용하여 연금의 현금흐름을 입력한다. PMT 키 사용은 계산기에게 연금의 현금흐름은 N회(투입 연수)의 PMT 금액으로 이루어진 일련의 연말 예금임을 알려준다. 왼쪽의 계산기 입력 자료를 이용하여, 우리는 8%의 연 이자율을 버는 $1,000의 8년 정상연금의 미래가치는 $10,636.63임을 알 수 있다($1,000의 연금 현금흐름은 현금유출이라는 것을 나타내기 위해 음수로 입력됨에 유의하라).

스프레드시트 이용 우리는 또한 아래 엑셀 스프레드시트에서 정상연금의 미래가치를 계산할 수 있다.

	A	B
1	정상연금의 미래가치	
2	연간 연금 금액	−$1,000
3	연 이자율	8.0%
4	햇수	8
5	미래가치	$10,636.63
6	B5 항의 입력은 =FV(B3,B4,B2,0,0)이다. 연금 현금흐름은 현금유출이기 때문에, B2 항의 1,000 앞에 음수 부호가 있다.	

현재가치: 미래가치의 확장

현재가치는 미래가치의 역이다. 즉 현재 금액의 미래 어떤 시기의 가치를 측정하는 대신, 현재가치는 미래 총액의 현재 가치를 표현한다. 현재가치 기법을 적용함으로써, 우리는 미래 어떤 시기에 수취할 금액의 현재 가치를 계산할 수 있다.

미래 금액의 현재가치를 계산할 때 우리는 기본적 질문에 응답한다. "미래 n년 후에 수취할 특정 금액과 같도록 만드려면, 지금 i%의 이자를 지급하는 계좌에 얼마를 예금해야 하는가?" 현재가치를 계산할 때 적용되는 이자율은 일반적으로 할인율(또는 기회비용)로 불린다. 이는 비슷한 투자에서 현재 얻어지는 연 수익률을 나타낸다.

기본적 현재가치 계산은 단순한 예에 의해 가장 잘 표현된다. 당신이 지금부터 1년 후에 $1,000를 지급할 투자를 제안 받았다고 상상하라. 만약 당신이 비슷한 종류의 투자에서 8%를 벌 수 있으면, 이 투자에 대해 지불할 용의가 있는 최대 금액은 무엇인가? 다시 말해 8%의 할인율을 사용하면, 당신이 지금부터 1년 후에 받을 $1,000의 현재가치는 무엇인가? 현재가치를 x라고 하면, 수식(4A.3)을 사용하여 이 상황을 묘사할 수 있다.

수식 4A.3

$$x \times (1 + 0.08) = \$1,000$$

수식(4A.3)을 x에 대해 풀면, 다음과 같다.

수식 4A.4

$$x = \frac{\$1,000}{(1 + 0.08)} = \$925.93$$

입력	기능
1000	FV
7	N
8	I
	CPT
	PV
결과	
-583.49	

따라서, 8%에서 할인된, 지금부터 1년 후에 받을 $1,000의 현재가치는 $925.93이다. 다시 말해, 8%의 이자를 지급하는 계좌에 오늘 예금된 $925.93는 1년 후에 $1,000가 될 것이다.

미래에 받을 금액의 현재가치를 계산하는 데 수반되는 계산은 1년 투자의 계산보다 더 복잡하다. 우리는 $1,000가 지금부터 7년 후에 수취될 것으로 가정함으로써, 재무계산기 또는 엑셀 스프레드시트를 사용하여 앞의 예를 재검토할 수 있다.

계산기 이용 왼쪽의 재무계산기 입력처럼, 8%에서 할인된, 지금부터 7년 후에 받을 $1,000의 현재가치는 $583.49이다.

스프레드시트 이용 단일 미래 금액의 현재가치는 또한 아래 엑셀 스프레드시트에서 계산될 수 있다.

	A	B
1	단일 금액의 현재가치	
2	미래가치	$1,000
3	연 이자율	8.0%
4	햇수	7
5	현재가치	−$583.49
7	B5 항의 입력은 =PV(B3,B4,0,B2,0)이다. B5 항의 1,000 앞의 음수 부호는 이 값이 현금유출 또는 투자비용임을 나타낸다.	

수익흐름의 현재가치

앞 문단에서, 미래 어떤 시기에 받을 단일 금액의 현재가치를 계산하는 기법을 예시했다. 투자의 수익은 한 번의 목돈 대신 여러 번의 미래 시점에 받을 수 있기 때문에, 일련의 수익의 현재가치를 계산할 수 있어야 한다.

일련의 수익은 단일 금액 수익의 조합으로 간주될 수 있다—혼합된 흐름 또는 연금으로 분류될 수 있다. 수익의 혼합 흐름은 특별한 패턴을 보이지 않는 것이다. 앞에서 본 것처럼, 연금은 정기적인 동일 수익의 흐름이다. <표 4A.4>는 이 패턴들을 각각 예시함으로써, 연말 수익을 보여준다. 이 흐름들 각각의 현재가치를 계산하기 위해(2014년 초에 측정), 개별 연 수익의 현재가치 합계를 계산해야 한다.

표 4A.4 혼합 및 연금 수익의 흐름

	수익($)	
연말	혼합 흐름	연금
2014	30	50
2015	40	50
2016	50	50
2017	60	50
2018	70	50

혼합 흐름의 현재가치

<표 4A.4>에서 수익의 혼합 흐름의 현재가치를 계산하기 위해, 개별 수익들의 현재가치들을 계산하고 합계해야 한다. <표 4A.5>는 8%의 할인율을 사용하여, 흐름에 포함된 각 현금흐름의 현재가치를 보여준다. 일단 모든 개별 현재가치를 계산하고 합계하면, 모든 미래 현금흐름의 순현재가치(NPV)는 $193.51임을 알 수 있다. 재무계산기 또는 엑셀 스프레드시트를 이용함으로써, 우리는 혼합 흐름의 현재가치 계산을 단순화할 수 있다.

표 4A.5 혼합 흐름의 현재가치 계산

연도	연말	(1) 소득	(2) 8%에서의 현재가치 계산	(3) 8%에서의 현재가치
2014	1	$30	$\$30/(1+0.08)^1$	$ 27.78
2015	2	40	$40/(1+0.08)^2$	34.29
2016	3	50	$50/(1+0.08)^3$	39.69
2017	4	60	$60/(1+0.08)^4$	44.10
2018	5	70	$70/(1+0.08)^5$	47.64
			총 현재가치	$193.51

계산기 이용 213쪽에 예시된 대로, 단일 현금흐름의 현재가치를 계산하기 위해 재무계산기를 사용할 수 있다. 다음으로 현재가치들을 합계하여 일련의 현금흐름 현재가치를 계산한다. 그러나 대다수 재무계산기는 모든 현금흐름들을 입력하고, 할인율을 지정하며, 계산기의 NPV 함수를 사용함으로써 전체 수익 흐름의 순현재가치를 직접 계산하는 기능을 갖고 있다.

스프레드시트 이용 수익의 혼합 흐름의 현재가치는 또한 아래 엑셀 스프레드시트와 같이 계산될 수 있다.

	A	B
1	혼합 흐름의 현재가치	
2	연도	현금흐름
3	1	$30
4	2	$40
5	3	$50
6	4	$60
7	5	$70
8	연 할인율	8.0%
9	현재가치	($193.51)
10	B5 항의 입력은 =NPV(B8,B3:B7)이다. B9 항의 NPV 함수 앞에, 이 값이 현금유출 또는 투자비용임을 나타내기 위해, 음수 부호가 삽입될 수 있다.	

연금의 현재가치

혼합 흐름의 현재가치 계산과 같은 방법(현재가치들의 계산과 합계)으로, 연금의 현재가치를 계산할 수 있다. 그러나 재무계산기와 엑셀 스프레드시트는 모든 연금 현금흐름들을 동시에 다루는 내장된 함수를 갖고 있다.

입력	기능
50	PMT
5	N
8	I
	CPT
	PV
결과	
-199.64	

계산기 이용 왼쪽의 계산기 입력을 사용하여, 할인율이 8%일 때, $50의 5년 정상연금의 현재가치는 $199.64임을 계산할 수 있다.

스프레드시트 이용 연금의 현재가치는 또한 아래 엑셀 스프레드시트와 같이 계산될 수 있다.

	A	B
1	단일 금액의 현재가치	
2	연간 연금 지급액	$50
3	연 이자율	8.0%
4	햇수	5
5	현재가치	($199.64)
6	B5 항의 입력은 =PV(B3,B4,B2,0,0)이다. 현금흐름 결과의 괄호는 이 값이 현금유출 또는 투자비용임을 나타낸다.	

개념리뷰

4.A1 화폐의 시간가치는 무엇인가? 투자자가 양의 수익을 얻을 수 있어야 하는 이유를 설명하라.

4.A2 다음 용어들을 정의하고, 논의하며, 비교하라.
a. 이자
b. 단리
c. 복리
d. 유효이자율(또는 수익률)

4.A3 이자가 연간복리보다 더 빈번하게 복리계산 될 때, 유효이자율은 어떻게 되는가? 어떤 조건 하에서, 기술된 이자율과 유효이자율이 동일한가? 연속복리는 무엇인가?

4.A4 미래가치와 현재가치의 개념을 기술하고, 비교하며 그리고 대조하라. 현재가치 계산에서 할인율의 역할을 설명하라.

4.A5 연금은 무엇인가? 어떻게 연금의 미래가치 계산은 단순화될 수 있는가? 연금의 현재가치는 어떤가?

4.A6 수익의 혼합 흐름은 무엇인가? 이런 흐름의 현재가치를 계산하는 데 사용되는 과정을 기술하라.

문제

P4A.1 217쪽의 <표>에 제시된 저축계좌의 각 거래에서, 다음을 계산하라.

a. 연말 잔액(2013년 12월 31일의 계좌 잔액은 0이라고 가정하라).

b. 6%의 단리 이자율을 사용하고, 모든 이자는 취득 즉시 계좌로부터 인출된다

고 가정할 때 연간 이자

c. 진정한 이자율을 계산하고, 기술된 이자율에 비교하라. 당신의 답을 논의하라.

일자	예금(인출)	일자	예금(인출)
1/1/14	$5,000	1/1/16	$2,000
1/1/15	(4,000)	1/1/17	3,000

P4A.2 재무계산기 또는 스프레드시트를 사용하여, 다음을 계산하라.

a. 8년 동안 7%의 연 이자율을 지급하는 계좌에 있는 예금 $223의 미래가치

b. 6%의 연 이자율을 지급하는 계좌에, 8년 동안 연말에 예금되는 $300로 이루어진 연금의 미래가치

P4A.3 다음 각 초기 금액에 대해, 만약 이자가 주어진 투자기간 동안 특정 이자율로 매년 복리계산 되면, 투자기간 말의 미래가치를 계산하라.

투자	투자금액($)	수익률(%)	투자기간(년)
A	200	5	20
B	4,500	8	7
C	10,000	9	10
D	25,000	10	12
E	37,000	11	5

P4A.4 재무계산기 또는 스프레드시트를 사용하여, 10%의 기술된 연 이자율을 지급하고 월별로 복리계산되는 계좌에, 오늘 투자된 $15,000의 4년 후 미래가치를 계산하라.

P4A.5 재무계산기 또는 스프레드시트를 사용하여, 10%의 기술된 연 이자율을 지급하고 월별로 복리계산되는 계좌에, 오늘 투자된 $15,000의 4년 후 미래가치를 계산하라.

예금	연간 예금액($)	이자율(%)	예금기간(년)
A	2,500	8	10
B	500	12	6
C	1,000	20	5
D	12,000	16	8
E	4,000	14	30

P4A.6 만약 당신이 다음 3년 동안 매 연말에 $1,000를 계좌에 예금하고, 이 계좌는 4%의 연 이자율을 지급하면, 3년 후 계좌의 금액은 얼마인가?

P4A.7 만약 당신이 비슷한 리스크를 가진 투자들에서 9%의 수익률을 얻을 수 있으면, 아래 주어진 투자 금액과 시기 하에서, 받아들일 수 있는 6년 후 최소금액은 얼마인가?

a. 오늘 목돈 $5,000를 투자

b. 다음 5년 동안 매 연말에 $2,000를 투자

c. 오늘 목돈 $3,000, 그리고 다음 5년 동안 매 연말에 $1,000를 투자

d. 1, 3, 그리고 5년 후에 $900를 투자

P4A.8 다음 각 투자에서 주어진 할인율을 사용하고 합계금액은 주어진 연도 말에 수취된다고 가정하고, 미래 합계금액의 현재가치를 계산하라.

투자	미래 합계금액($)	할인율(%)	연말(년)
A	7,000	12	4
B	28,000	8	20
C	10,000	14	12
D	150,000	11	6
E	45,000	20	8

P4A.9 플로리다주 저축채권은 매입 후 5년인 만기에 $1,000로 전환된다. 만약 주 채권이 연간 복리계산되는 1%의 이자율을 지급하는 미국 저축채권에 대해 경쟁력을

가지려면, 만기 전에 현금을 지급하지 않는다는 가정 하에서, 얼마에 팔려야 하는가?

P4A.10 문제 4A.9을 참조하여, 만약 미국 저축채권이 연간 복리계산되는 1.5%의 이자율을 지급하면, 주 채권은 얼마에 팔려야 하는가? 당신의 답을 앞 문제의 답과 비교하라.

P4A.11 만약 당신이 다른 비슷한 투자에서 매 6개월마다 4%의 수익률을 얻으면, 지금부터 4년 후 $8,000의 목돈을 지급하는 투자에 얼마를 지불할 용의가 있는가?

P4A.12 12%의 할인율을 가정하여, 다음 각 소득 흐름의 현재가치를 계산하라

A		B		C	
연말	소득($)	연말	소득($)	연말	소득($)
1	2,200	1	10,000	1–5	10,000/연
2	3,000	2–5	5,000/연	6–10	0 8,000/연
3	4,000	6	7,000		
4	6,000				
5	8,000				

P4A.13 다음 <표>에 주어진 소득 흐름을 계산하라.

a. 15%의 할인율을 사용하여, 각 소득 흐름의 현재가치를 계산하라.

b. 계산된 현재가치들을 비교하고, 할인되지 않은 총소득은 각 경우에 $10,000라는 사실을 감안하여, 이들을 논의하라.

	소득 흐름	
연말	A	B
1	$4,000	$1,000
2	3,000	2,000
3	2,000	3,000
4	1,000	4,000
합계	$10,000	$10,000

P4A.14 아래 각 투자에서, 주어진 할인율을 사용하여 주어진 기간 동안 연말에 발생하는 연간 수익의 현재가치를 계산하라.

투자	연간 수익($)	할인율(%)	기간(년)
A	1,200	7	3
B	5,500	12	15
C	700	20	9
D	14,000	5	7
E	2,200	10	5

P4A.15 축하합니다! 당신은 복권에 당첨되었습니다! 당신은 다음 10년 동안 매 연말에 $200만를 받는 것과 오늘 $1,000만를 받는 것 중 어느 것을 선택하겠습니까(10%의 할인율을 가정)?

P4A.16 재무계산기 또는 스프레드시트를 사용하여, 다음을 계산하라.

a. 11%의 할인율을 사용하여, 지금부터 4년 후 받을 $500의 현재가치

b. 9%의 할인율을 사용하고 현재 2015년 초임을 가정하여, 다음 연말 소득 흐름의 현재가치

연말	소득($)/흐름 A	소득($)/흐름 B
2015	80	140
2016	80	120
2017	80	100
2018	80	80
2019	80	60
2020	80	40
2021	80	20

P4A.17 Terri Allessandro는 다음 투자 중 어느 것이든 선택할 수 있다. 각 투자의 매입가격, 미래가치의 목돈 금액, 수취연도가 아래에 주어져 있다. Terri는 현재 고려 중인 투자와 비슷한 투자에서 10%의 수익률을 얻을 수 있다. 각 투자를 평

가하여 만족스러운지 결정하고, Terri에게 투자조언을 하라.

투자	매입가격($)	미래가치($)	수취 연도
A	18,000	30,000	5
B	600	3,000	20
C	3,500	10,000	10
D	1,000	15,000	40

P4A.18 Kent Weitz는 다음 두 투자가 만족스러운지 평가하려 한다. 그의 17%의 요구수익률을 사용하여 각 투자를 평가하라. Kent에게 투자 조언을 하라.

	투자	
	A	B
매입가격	13,000	8,500
연말	소득 흐름($)	
1	2,500	4,000
2	3,500	3,500
3	4,500	3,000
4	5,000	1,000
5	5,500	500

P4A.19 당신은 일부 현금조달 그리고 연간 10%의 이자율로 30개월 동안 차입되는 $25,000(현재가치)으로 차를 샀다. 월간 지급액(연금)을 계산하라.

P4A.20 문제 4A.19를 참고하여, 당신이 15회 지급을 했다고 가정하라. 당신 대출의 잔액(현재가치)은 얼마인가?

Chapter 05

현대 포트폴리오 개념

학습목표 (Learning Goals)

이 장을 학습한 후, 아래와 같은 과제를 수행할 수 있어야 한다.

LG 1 포트폴리오의 목표와 포트폴리오 수익률 및 표준편차를 계산하는 과정을 이해한다.

LG 2 상관관계와 분산투자의 개념 그리고 국제 분산투자의 핵심 측면을 논의한다.

LG 3 리스크의 요소와 리스크 측정을 위한 베타의 이용을 기술한다.

LG 4 자본자산가격결정모형(CAPM)을 개념적, 수학적, 그리고 그래프로 설명한다.

LG 5 포트폴리오 관리의 전통적 그리고 현대적 접근법을 검토한다.

LG 6 포트폴리오 베타, 위험-수익의 상반관계, 그리고 포트폴리오 관리의 두 접근법의 통합을 기술한다.

United Rentals Inc.(URI)는 건설과 산업 장비를 기업, 정부, 그리고 개인을 포함하는 계약자들에게 대여한다. 이 회사는 토양운반 장비와 지게차 같은 중장비에 특화한다. 2007년에 시작된 불황 중에 많은 회사들은 이미 보유한 기계들의 유지에 충분한 일거리를 갖지 못했고, 따라서 임대 장비의 수요는 자연스럽게 침체됐다. URI의 주가는 2007년 5월에 주당 $35 약간 상회하는 정점에 도달했으나, 이후 장기적 하락을 시작하여 2009년 3월에 $2.52의 저점을 기록했다.

그 해 봄, 경제는 회복의 기미를 보이기 시작하였고, URI 주식은 급등하여 2009년 8월까지 저점으로부터 거의 200% 상승했다. Gabelli & Co. 자금관리회사의 주식 분석가인 Heiko Ihle는 URI에 대해, 회사의 높은 부채의존도(운영자금 조달을 위해 거액을 차입하고 있음)에도 불구하고 "매수" 등급을 부여했다. Ihle은 URI 주식은 높은 베타를 갖고 있으므로 전체적 시장이 상승할 때 급격하게 변동할 것이라고 언급했다.

Ihle 씨의 권고는 훌륭했음이 드러났다. 2009년 8월말부터 2012년 4월말까지, URI 주식 가치는 400% 이상 상승하여 주당 $46 이상에서 거래되었다. 동일 기간 동안, 전체적 주식시장의 널리 사용되는 지표인 S&P 500 지수는 덜 극적인 38%만큼 상승했다.

이 장에서 우리는 위험과 수익의 상반관계를 계속 탐구하고, 주식의 베타-전체 주식시장의 변동에 대한 민감도-가 주식이 투자자에게 제공하는 위험과 수익 모두에 큰 영향을 미치는 것을 볼 것이다.

(출처: Yahoo! Finance, "U.S. Hot Stocks: Legg Mason, JDA Software Active in Latte Trading," 2009년 7월 20일; The Wall Street Journal Digital Network, online.wsj.com/article/BT-CO-20090720-713541.html)

포트폴리오 계획의 원리

LG 1 LG 2

주 각 장의 학습목표는 이 아이콘에 의해 본문의 설명에서 표시된다.

투자자들은 단일 투자 대신, 투자 포트폴리오의 보유로부터 이득을 얻는다. 반드시 수익의 희생 없이도, 포트폴리오를 보유하는 투자자는 위험을 낮출 수 있다. 놀랍게도 포트폴리오의 변동성은 포트폴리오를 구성하는 개별 자산들의 변동성들보다 작을 수 있다. 다시 말해, 포트폴리오와 리스크의 문제에서 전체는 부분들의 합보다 작을 수 있다!
제1장에서 정의된 것처럼, 포트폴리오는 하나 또는 더 많은 투자목표를 달성하기 위해 결합된 투자들의 조합이다. 당연하게, 상이한 투자자들은 다른 포트폴리오 목표를 갖고 있다. 성장지향적 포트폴리오의 주요 목표는 장기적 가격상승이다. 소득지향적 포트폴리오는 정기적 배당과 이자 지급을 창출하도록 고안되어 있다.

포트폴리오 목표

포트폴리오 목표의 설정은, 위험과 수익 또는 잠재적 가격상승과 소득 사이의 상반관계 같은 분명한 상반관계를 수반한다. 어떻게 이 상반관계를 평가할지는 당신의 세율 구간과 경상소득 수요, 그리고 위험수용 능력에 의존한다. 핵심은 당신의 포트폴리오 목표는 투자 전에 설정되어야 한다는 것이다.

투자자의 궁극적 목표는, 주어진 위험에서 최고의 수익률을 제공하는 효율적 포트폴리오이다. 효율적 포트폴리오는 항상 쉽게 알 수 있는 것은 아니다. 일반적으로, 당신은 위험과 수익의 최선의 결합을 찾기 위해 투자 대안들을 탐색해야 한다.

포트폴리오 수익률과 표준편차

포트폴리오 구성의 첫 단계는, 투자자가 포트폴리오에 포함할 가능성 있는 증권의 특성 분석이다. 가장 중요하게 검토되어야 할 두 개의 특성은 각 자산이 창출할 것으로 기대되는 수익과 기대수익을 둘러싼 불확실성이다. 출발점으로서, 주식이 과거에 어떤 수익을 냈고 이 수익들이 얼마나 등락했는지 알고 미래에 대한 느낌을 얻기 위해, 역사적 자료를 살펴볼 것이다.

포트폴리오의 수익률은 포트폴리오를 구성하는 자산(즉 투자)들의 가중평균 수익률로 계산된다. 당신은 수식(5.1)을 이용하여, 포트폴리오 수익률 r_p를 계산할 수 있다. 포트폴리오 수익률은 포트폴리오의 각 자산의 수익률과 각 자산의 투자비중 w_i에 의존한다.

수식 5.1

$$\text{포트폴리오 수익률} = \begin{pmatrix} \text{자산 1에 투자된} \\ \text{총금액이} \\ \text{포트폴리오에서} \\ \text{차지하는 비중} \end{pmatrix} \times \begin{pmatrix} \text{자산 1의} \\ \text{수익률} \end{pmatrix} + \begin{pmatrix} \text{자산 2에 투자된} \\ \text{총금액이} \\ \text{포트폴리오에서} \\ \text{차지하는 비중} \end{pmatrix} \times \begin{pmatrix} \text{자산 2의} \\ \text{수익률} \end{pmatrix} + \cdots + \begin{pmatrix} \text{자산 } n\text{에 투자된} \\ \text{총금액이} \\ \text{포트폴리오에서} \\ \text{차지하는 비중} \end{pmatrix} \times \begin{pmatrix} \text{자산 } n\text{의} \\ \text{수익률} \end{pmatrix} = \sum_{t=1}^{n} \begin{pmatrix} \text{자산 } j\text{에 투자된} \\ \text{총금액이} \\ \text{포트폴리오에서} \\ \text{차지하는 비중} \end{pmatrix} \times \begin{pmatrix} \text{자산 } j\text{의} \\ \text{수익률} \end{pmatrix}$$

수식 5.1a

$$r_p = (w_1 \times r_1) + (w_2 \times r_2) + \cdots + (w_n \times r_n) = \sum_{j=1}^{n} = (w_j \times r_j)$$

당연하게 ($\sum_{t=1}^{n} w_j = 1$)이며, 이는 포트폴리오 자산의 100%가 이 계산에 포함되어야 함을 의미한다.

<표 5.1>의 패널 A는 두 주식, International Business Machines (IBM)과 Celgene Corp.(CELG)의 2001년부터 2010년까지 역사적 연 수익률을 보여준다. 이 기간 동안, IBM은 지난 1세기 동안 미국 주식시장의 평균 연 수익률에 가까운 10.4%의 연 수익률을 얻었다. 한편, Celgene Corp.는 32.1%의 놀라운 연 수익률을 얻었다. Celgene이 다음 10년에도 이런 종류의 성과를 반복할 가능성은 낮으나, 역사적 수치를 살펴보는 것은 도움이 된다.

표 5.1 INTERNATIONAL BUSINESS MACHINES(IBM)와 CELGENE(CELG)의 개별 및 포트폴리오의 수익률과 수익률 표준편차

A. 개별 및 포트폴리오 수익률

	(1) 역사적 수익률*	(2)	(3) 포트폴리오 비중		(4) 포트폴리오 수익률
연도(t)	r_{IBM} %	r_{CELG} %	W_{IBM} = 0.86	W_{CELG} = 0.14	r_p %
2001	43.0	−1.7	(0.86 × 43.0%) + (0.14 × −1.7%) =		36.7
2002	−35.5	−32.7	(0.86 × −35.5%) + (0.14 × −32.7%) =		−35.1
2003	20.5	108.9	(0.86 × 20.5%) + (0.14 × 108.9%) =		32.9
2004	7.2	18.2	(0.86 × 7.2%) + (0.14 × 18.2%) =		8.7
2005	−15.8	144.3	(0.86 × −15.8%) + (0.14 × 144.3%) =		6.6
2006	19.8	77.6	(0.86 × 19.8%) + (0.14 × 77.6%) =		27.9
2007	12.8	−19.7	(0.86 × 12.8%) + (0.14 × −19.7%) =		8.3
2008	−20.8	19.6	(0.86 × −20.8%) + (0.14 × 19.6%) =		−15.1
2009	58.6	0.7	(0.86 × 58.6%) + (0.14 × 0.7%) =		50.5
2010	14.3	6.2	(0.86 × 14.3%) + (0.14 × 6.2%) =		13.1
평균 수익률	10.4	32.1			13.5

B. 개별 및 포트폴리오 표준편차

IBM의 표준편차 계산

$$s_{IBM} = \sqrt{\frac{\sum_{t=1}^{10}(r_t - \bar{r})^2}{n-1}} = \sqrt{\frac{(43.0\% - 10.4\%)^2 + \ldots + (14.3\% - 10.4\%)^2}{10-1}} = \sqrt{\frac{7{,}375.2\%^2}{10-1}} = 28.6\%$$

CELG의 표준편차 계산

$$s_{CELG} = \sqrt{\frac{\sum_{t=1}^{10}(r_t - \bar{r})^2}{n-1}} = \sqrt{\frac{(-1.7\% - 32.1\%)^2 + \ldots + (6.2\% - 32.1\%)^2}{10-1}} = \sqrt{\frac{30{,}598.2\%^2}{10-1}} = 58.3\%$$

포트폴리오의 표준편차 계산

$$s_p = \sqrt{\frac{\sum_{t=1}^{10}(r_t - \bar{r})^2}{n-1}} = \sqrt{\frac{(36.7\% - 13.5\%)^2 + \ldots + (13.1\% - 13.5\%)^2}{10-1}} = \sqrt{\frac{5{,}770.7\%^2}{10-1}} = 25.3\%$$

* 역사적 수익률은 연말 가격에 기초하여 계산된다.
(출처: 연말 가격은 Yahoo! Finance에서 입수됨. 가격은 배당과 주식분할에 대해 조정됨.)

이제 IBM과 Celgene을 모두 포함하는 포트폴리오의 수익을 계산하려 한다고 가정하라. 이 계산의 첫 단계는 각 주식을 얼마나 보유할지 결정하는 것이다. 다시 말해, 각 주식이 포트폴리오 안에서 어떤 비중을 가져야 하는지 결정해야 한다. 우리는 자금의 86%를 IBM, 14%를 CELG에 투자하기 원한다고 가정하자. 이런 포트폴리오는 어떤 수익률을 거둘 것인가?

이 기간 동안 Celgene은 IBM보다 훨씬 더 높은 수익률을 얻었으므로, 우리는 직관적으로 두 주식을 포함하는 포트폴리오는 IBM보다 높으나 Celgene보다 낮은 수익률을 얻을 것으로 기대할 수 있다. 더욱이 포트폴리오의 대부분(86%)이 IBM에 투자되기 때문에, 포트폴리오 수익률은 Celgene보다 IBM에 가까울 것으로 추측할 수 있다.

패널 A의 제3행과 제4행은 매 연도의 포트폴리오 수익률을 보여준다. 이 포트폴리오의 평균 연 수익률은 13.5%였다. 예상처럼, 이 수익률은 IBM 주식의 수익률보다 약간 높다. Celgene에 약간 투자함으로써, 투자자는 IBM 주식만 단독으로 보유함으로써 얻는 것보다 높은 수익률을 얻을 수 있었다.

포트폴리오 리스크는 어떤가? 우리의 포트폴리오 리스크 척도는 표준편차이다. 포트폴리오 수익률의 표준편차는, 제4장에서 사용된 단일 자산의 표준편차 계산과 동일한 수식을 적용함으로써 계산된다. <표 5.1>의 패널 B는 이 공식을 다시 제시하고, IBM과 Celgene 주식 수익률의 표준편차를 계산하기 위해 적용한다. 또는, 만약 당신이 원하면 IBM과 Celgene의 수익률 표준편차를 계산하기 위해 <표 5.1>의 수식을 사용하는 대신, 아래와 같이 엑셀 스프레드시트를 만들어서 계산할 수 있다. IBM 수익률의 표준편차는 28.6%이고, Celgene 주식의 표준편차는 58.3%이다. 여기에서 다시, 우리는 위험과 수익의 상반관계의 증거를 보게 된다. Celgene 주식은 IBM 주식보다 훨씬 더 높은 수익률을 얻으나, 한편으로 Celgene의 수익률은 훨씬 더 많이 등락한다.

패널 B의 마지막 계산은, 포트폴리오 표준편차를 계산하기 위해, 패널 A의 제4행 IBM-Celgene 포트폴리오의 수익률 자료를 표준편차 공식에 삽입한다. 직관적으로, 이 포트폴리오는 많은 IBM 주식과 약간의 Celgene 주식을 포함하기 때문에, 당신은 포트폴리오 표준편차는 IBM 수익률의 표준편차보다 약간 더 높을 것으로 기대할 수도 있다. 실제로는, 패널 B는 포트폴리오 수익률은 포트폴리오에 포함된 모든 주식보다 덜 변동적이라는 놀라운 결과를 보여준다. 86%의 IBM과 14%의 Celgene으로 구성된 포트폴리오는 25.3%의 표준편차를 나타낸다. 이는 투자자에게 대단한 소식이다. IBM 주식만 보유한 투자자는 단지 10.4%의 평균 수익률을 얻을 것이나, 그는 이 수익률을 얻기 위해 IBM의 28.6%의 표준편차를 감수해야 한다. 약간의 IBM 주식을 매도하고 그 수입으로 약간의 Celgene 주식을 매입함으로써(결과적으로 <표 5.1>의 0.86과 0.14의 포트폴리오 비중을 달성하면), 투자자는 수익률을 13.5%로 올리고 동시에 표준편차를 25.3%로 낮출 수 있다. 다시 말해, 투자자는 더 높은 수익률과 더 낮은 위험을 동시에 달성할 수 있다.

	A	B	C	D
1	IBM, CELG 그리고 포트폴리오의 수익률 표준편차			
2	연도(t)	r_{IBM} %	r_{CELG} %	r_P %
3	2001	43.0	−1.7	36.7
4	2002	−35.5	−32.7	−35.1
5	2003	20.5	108.9	32.9
6	2004	7.2	18.2	8.7
7	2005	−15.8	144.3	6.6
8	2006	19.8	77.6	27.9
9	2007	12.8	−19.7	8.3
10	2008	−20.8	19.6	−15.1
11	2009	58.6	0.7	50.5
12	2010	14.3	6.2	13.1
13	표준편차	28.6	−0.08	25.3
14	BB : = STDEV(B3:B12), CB : = STDEV(C3:C12)			
15	DB : = STDEV(D3:D12)			

이는 IBM 주식만 소유한 투자자는 비효율적 포트폴리오를 보유함을 의미한다—더 좋은 수익 대 위험 상반관계를 가진 대안적 포트폴리오가 존재한다. 다음으로, 우리는 이를 가능하게 만드는 핵심 요인은 IBM과 Celgene 수익률의 낮은 상관관계임을 알게 될 것이다.

상관관계와 분산투자

제2장에서 본 것처럼, 분산투자는 포트폴리오에 많은 수의 상이한 투자들을 포함하는 일을 수반한다. 이는 효율적 포트폴리오를 만드는 중요한 부분이다. 분산투자의 직관적 설득력의 기반은 통계적 개념인 상관관계이다. 효과적인 포트폴리오 계획을 위해, 상관관계와 분산투자의 개념 그리고 포트폴리오의 총위험과 수익에 대한 관계를 이해해야 한다.

상관관계 상관관계는 두 일련의 수치들 사이 관계의 통계적 척도이다. 만약 두 계열이 같은 방향으로 변동하면, 그들은 양의 상관관계를 갖는다. 예를 들어 만약 매일 일조 시간과 평균 온도를 기록하면, 우리는 두 계열이 양의 상관관계를 보일 것으로 기대할 것이다. 더 많은 일조시간을 가진 날은 더 높은 기온을 갖는 경향이 있다. 만약 계열들이 반대 방향으로 변동하면, 그들은 음의 상관관계를 갖는다. 예를 들어 만약 매일 일조시간과 강우량을 기록하면, 강우량은 평균적으로 일조량이 많은 날에 더 낮기 때문에, 우리는 이 두 계열은 음의 상관관계를 보일 것으로 기대한다. 마지막으로 만약 두 계열이 아무 관계도 갖고 있지 않으면, 그들의 상관관계는 없다. 예를 들어, 우리는 아마도 특정일의 일조시간과 해당일의 미국 달러의 다른 세계 통화에 대한 환율 사이에 상관관계가 없을 것으로 기대할 것이다. 일조량과 세계 통화시장 사이에 명백한 연관성은 존재하지 않는다.

상관관계의 정도(양 또는 음)는 상관계수에 의해 측정되며, 이는 일반적으로 그리스 기호 로우(ρ)로 표현된다. 아래 스프레드시트처럼, 엑셀을 이용하여 IBM과 Celgene 주식 수익률들 사이의 상관관계를 계산하는 일은 쉽다.

	A	B	C
1	IBM과 CELG 수익률의 상관계수		
2	연도(t)	r_{IBM} %	r_{CELG} %
3	2001	43.0	−1.7
4	2002	−35.5	−32.7
5	2003	20.5	108.9
6	2004	7.2	18.2
7	2005	−15.8	144.3
8	2006	19.8	77.6
9	2007	12.8	−19.7
10	2008	−20.8	19.6
11	2009	58.6	0.7
12	2010	14.3	6.2
13		상관계수	−0.08
14	C13: = CORREL (B3:B12, C3:C12)		
15			

엑셀은 2001~2010년 기간 동안 IBM과 Celgene의 상관계수가 −0.08임을 신속하게 알려준다. 이 (작은) 음의 수치는 이 기간 동안 두 주식은 반대 방향으로 변동하는 약간

의 경향을 갖고 있었음을 의미한다. 대다수 주식들이 거대한 거시경제적 영향에 의해 같은 방향으로 영향을 받기 때문에, 두 주식 사이의 음의 상관관계는 다소 드물다. 다시 말해 대다수 주식은 전체 경제와 같은 방향으로 변동하는 경향이 있으며, 이는 대다수 주식들은 서로 적어도 약간의 양의 상관관계를 보일 것임을 의미한다. 이 사례에서 IBM과 Celgene의 상관관계는 0에 아주 가까우며, 이 기간 동안 두 주식 사이에 상관관계는 거의 없다. IBM과 Celgene 주식이 비교적 낮은 상관관계를 보이는 것은 크게 놀랍지 않다. IBM은 정보기술 서비스의 주요 기업이고, Celgene은 생약 제조기업이다. 이 회사들은 전혀 다른 산업에서 경쟁하고, 상이한 고객과 공급자를 갖고 있으며, 매우 다른 규제환경에서 영업한다. IBM의 수익성에 큰 영향을 주는 많은 요인들이 Celgene의 사업에는 거의 무관하고, 이 역도 성립한다.

상관계수는 완전 양의 상관관계를 갖는 계열들의 경우인 +1부터 완전 음의 상관관계를 갖는 계열들의 경우인 −1의 범위에 존재한다. 이 두 극단치는 <그림 5.1>의 계열 M, N, 그리고 P에 의해 묘사된다. 완전 양의 상관관계를 갖는 계열(M과 P)은 정확하게 함께 변동한다. 완전 음의 상관관계를 갖는 계열(M과 N)은 정확하게 반대 방향으로 변동한다. 이 두 극단적 경우들은 예시를 위한 것이며, 대다수 자산 수익률들 사이의 상관관계는 어느 정도(높은 수준부터 낮은 수준)의 양의 상관관계를 보인다. 음의 상관관계는 예외적이다.

그림 5.1 계열 M, N, 그리고 P의 상관관계

왼쪽 그래프의 완전 양의 상관관계를 갖는 계열 M과 P는 정확하게 함께 변동한다. 오른쪽 그래프의 완전 음의 상관관계를 갖는 계열 M과 N은 정확하게 반대 방향으로 변동한다.

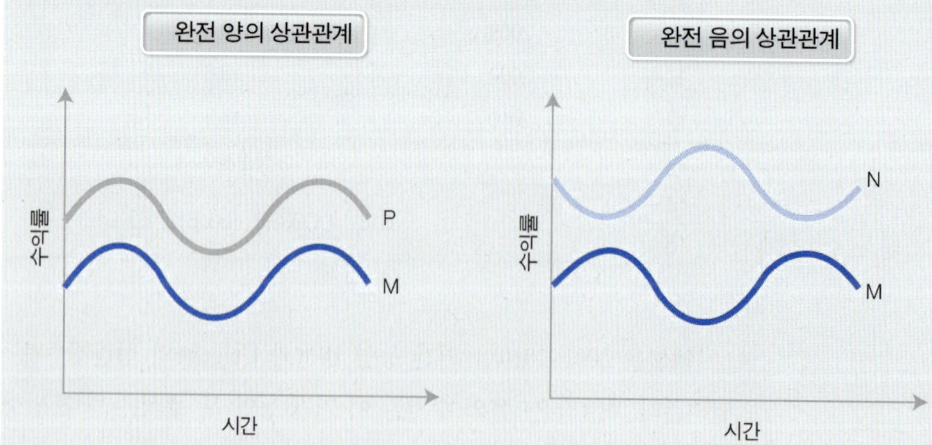

분산투자 일반적 법칙으로, 두 자산의 상관계수가 낮을수록, 포트폴리오에서 이 자산들을 결합함으로써 달성될 수 있는 위험감소 효과는 더 크다. <그림 5.2>는 동일한 평균수익률 $\bar{r}$를 갖고 음의 상관관계를 갖는 자산 F와 G를 보여준다. F와 G를 포함하는 포트폴리오는 같은 수익률 $\bar{r}$를 보이나, 자산 F의 일부 변동이 G의 변동을 상쇄하기 때문에 각 개별 자산보다 작은 리스크(변동성)를 갖는다. 결국, F와 G의 결합은 F 또는 G 각각보다 덜 변동적이다. 자산들이 음의 상관관계를 갖지 않아도, 양의 상관계수가 작을수록 리스크는 더 낮다.

그림 5.2 IBM과 Celgene 주식의 평균수익률과 표준편차

2003년 중반부터 2005년 사이에 미국 주식은 주택가격과 함께 상승했다. 그러나 미국 주택가격이 하락하면서 그 여파는 은행에 미치고, 주식가격도 폭락하여 이전 6년간 상승분을 모두 잃었다. 주식시장이 바닥을 치고 3년 뒤, 주식시장은 위기 이전의 정점에 이르지는 못했지만 회복되었고, 주택시장의 가격은 위기 이전에서 벗어나지 못하고 있다.

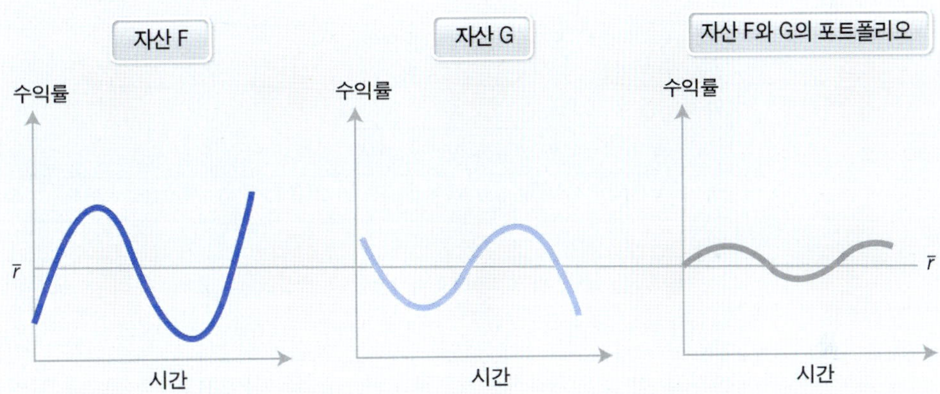

<표 5.2>는 IBM과 Celgene 주식의 다양한 결합의 평균수익률과 표준편차를 보여준다. 제1행과 제2행은 각각 IBM과 Celgene에 투자된 포트폴리오 백분율을 보여주고, 제3행과 제4행은 포트폴리오 평균수익률과 표준편차를 보여준다. <표>의 상부에서 하부로(즉, 전체 포트폴리오를 IBM에 투자하는 경우로부터 Celgene에 투자하는 경우로) 옮겨가면 포트폴리오 수익률은 상승한다. 상부로부터 하부로 이동하면 Celgene에 투자된 백분율이 상승하고, Celgene의 평균수익률은 IBM보다 높기 때문에 이는 이치에 맞는다. 제3행의 일반적 결론은, 포트폴리오가 두 주식을 포함하고 하나의 평균수익률이 다른 것보다 높을 때, 더 높은 수익률을 가진 주식에 더 많이 투자하면 포트폴리오 수익률은 상승한다는 것이다.

표 5.2 INTERNATIONAL BUSINESS MACHINES(IBM)과 CELGENE(CELG) 포트폴리오의 수익률과 표준편차

(1) 포트폴리오 비중	(2)	(3) 포트폴리오 평균수익률	(4) 포트폴리오 표준편차
W_{IBM}	W_{CELG}	$\bar{r}_{IBM}$ = 10.4, $\bar{r}_{CELG}$ = 32.1	
1.0	0.0	(1.0 × 10.4%) + (0.0 × 32.1%) = 10.4%	28.6%
0.9	0.1	(0.9 × 10.4%) + (0.1 × 32.1%) = 12.6%	26.0%
0.8	0.2	(0.8 × 10.4%) + (0.2 × 32.1%) = 14.8%	24.9%
0.7	0.3	(0.7 × 10.4%) + (0.3 × 32.1%) = 16.9%	25.5%
0.6	0.4	(0.6 × 10.4%) + (0.4 × 32.1%) = 19.1%	27.9%
0.5	0.5	(0.5 × 10.4%) + (0.5 × 32.1%) = 21.3%	31.5%
0.4	0.6	(0.4 × 10.4%) + (0.6 × 32.1%) = 23.5%	35.9%
0.3	0.7	(0.3 × 10.4%) + (0.7 × 32.1%) = 25.6%	41.0%
0.2	0.8	(0.2 × 10.4%) + (0.8 × 32.1%) = 27.8%	46.5%
0.1	0.9	(0.1 × 10.4%) + (0.9 × 32.1%) = 30.0%	52.3%
0.0	1.0	(0.0 × 10.4%) + (1.0 × 32.1%) = 32.1%	58.3%

예: 균등 가중치 포트폴리오의 표준편차 계산

s_{IBM} = 28.6% s_{CELG} = 58.3%

$p_{IBM,\ CELG}$ = −0.08

$$s_p = \sqrt{w^2{}_i s^2{}_i + w^2{}_j s^2{}_j + 2 w_i w_j r_{i,j} s_i s_j}$$

$$s_p = \sqrt{0.52 \times 28.6\%^2 + 0.52 \times 58.3\%^2 + 2(0.5 \times 0.5 \times -0.08 \times 28.6\% \times 58.3\%)} = 31.5\%$$

제4행은 IBM과 Celgene의 다양한 포트폴리오의 수익률 표준편차를 보여준다. 여기에서 다시, 우리는 놀라운 결과를 본다. IBM에 전액 투자된 포트폴리오는 28.6%의 표준편차를 갖고 있다. 직관적으로 Celgene 주식은 IBM 주식보다 훨씬 더 변동적이기 때문에, IBM 투자를 다소 줄이고 Celgene 투자를 늘이는 것은 포트폴리오 표준편차를 높일 것으로 예상될 수 있다. 그러나 적어도 어떤 수준까지는 사실 그 반대이다. Celgene에 투자된 백분율이 상승하면, 포트폴리오 표준편차는 처음에는 하락한다. 그러나 궁극적으로 Celgene에 투자된 금액의 증가는 포트폴리오 표준편차를 증가시킨다. 따라서 제4행의 일반적 결론은, 포트폴리오가 두 주식을 포함하고 하나가 다른 것보다 높은 표준편차를 갖고 있을 때, 당신이 더 높은 표준편차를 가진 주식에 더 많이 투자하면 포트폴리오 표준편차는 상승 또는 하락할 수 있다.

<그림 5.3>은 <표 5.2>로부터 나타난 두 교훈을 예시한다. 이 곡선은 <표 5.2>에 수록된 각 포트폴리오의 평균수익률(y-축)과 표준편차(x-축)을 표시한다. 포트폴리오 구성이 100% IBM으로부터 IBM과 Celgene의 혼합으로 이동할 때, 평균수익률은 상승하나

표준편차는 처음에는 하락한다. 따라서, IBM과 Celgene의 포트폴리오 궤적은 뒤로 굽은 곡선이다. 적어도 약간의 Celgene 주식을 보유함으로써 더 높은 수익률과 더 낮은 표준편차가 달성될 수 있기 때문에, 명백하게 어떤 투자자도 모든 돈을 IBM에 투자하지 않아야 한다. 그러나 가능한 최고의 수익률을 얻기 원하는 투자자는 Celgene에 많이 투자할 것이나, 더 높은 표준편차를 감수해야 한다.

그림 5.3 IBM과 Celgene의 포트폴리오

IBM과 Celgene의 수익률들은 높은 상관관계를 갖지 않기 때문에, IBM 주식만 보유한 투자자는 약간의 Celgene 주식을 보유함으로써, 동시에 포트폴리오 수익률을 높이고 표준편차를 낮출 수 있다. 그러나 어떤 수준에서, Celgene 투자의 확대는 포트폴리오 변동성을 증가시키고, 기대수익률도 증가시킨다.

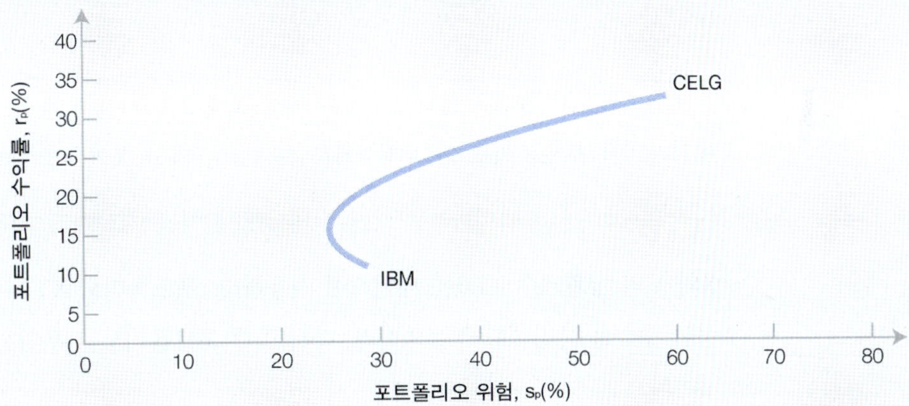

투자자 현실

이상적이지 않은 (상관) 관계–경제적 불확실성과 주식시장의 높은 변동성의 기간 중에, 상이한 자산들 사이의 상관관계는 상승하는 경향이 있다. 2011년 여름, 유럽 경제가 시장에 타격을 줄 우려와 함께, S&P 500 주가지수의 상이한 섹터들 사이의 상관계수는 2008년 금융위기 이후 가장 높은 상관계수인 97.2%에 달했다. 이 기간들 중에, 거시경제 뉴스 발표는 특정 회사의 개별적 사건보다 주식 수익률에 큰 영향을 미쳤다. 결국 주식들의 상관계수는 상승하고, 분산투자의 이득은 감소했다. (출처: Charles Rotblut, "AAII Investor Update: Highly Correlated Stock Returns Are Temporary," 2011년 9월 16일, http://seekingalpha.com/article/294067-aaii-investor-update-highly-correlated-stock-returns-are-temporary.)

IBM과 Celgene 사이의 관계는 명백히 특별한 경우이므로, 투자자들이 시장에서 당면하는 더 일반적인 패턴을 보자. 또한, 우리의 초점을 역사적 수익률로부터 기대수익률로 옮기자. <표 5.3>은 세 자산(X, Y, 그리고 Z)의 다음 5년(2015~2019년) 동안의 기대수익률과 평균수익률 및 표준편차를 제시한다. 자산 X는 12%의 평균 기대수익률과 3.2%의 표준편차를 갖고 있다. 자산 Y와 Z는 각각 16%의 평균 기대수익률과 6.3%의 표준편차를 갖고 있다. 따라서 자산 X는 저–수익, 저–위험 프로파일, 자산 Y와 Z는 고–수익, 고–위험 주식으로 간주될 수 있다. 자산 X와 Y의 수익률은 완전 음의 상관관계를 갖고 있다(이들은 시간이 지나면서 정확하게 반대 방향으로 변동한다. 자산 X와 Z는 완전 양의 상관관계를 갖는다). 이들은 정확하게 같은 방향으로 변동한다.

표 5.3 자산 X, Y, Z 및 포트폴리오 XY와 XZ의 기대수익률, 평균수익률, 그리고 표준편차

연도	자산의 기대수익률			포트폴리오의 기대수익률	
	$E(r_X\ \%)$	$E(r_Y\ \%)$	$E(r_Z\ \%)$	$E(r_{xy})$ [2/3 × $E(r_X\%)$ + 1/3 × $E(r_Y\%)$]	$E(r_{xz})$ [2/3 × $E(r_X\%)$ + 1/3 × $E(r_Z\%)$]
2015	8.0	24.0	8.0	13.3	8.0
2016	10.0	20.0	12.0	13.3	10.7
2017	12.0	16.0	16.0	13.3	13.3
2018	14.0	12.0	20.0	13.3	16.0
2019	16.0	8.0	24.0	13.3	18.7
평균 기대수익률	12.0	16.0	16.0	13.3	13.3
표준편차	3.2	6.3	6.3	0.0	4.2

(<표 5.3>처럼) 포트폴리오 XY는 자산 X에 2/3, 자산 Y에 1/3을 투자함으로써 만들어진다. 이 포트폴리오의 기대수익률 13.3%는 자산 X와 Y의 기대수익률의 가중평균 ($\frac{2}{3}\times 12\% + \frac{1}{3}\times 16\%$)이다. 포트폴리오의 표준편차를 계산하기 위해, <표 5.2>의 수식을 X와 Y의 상관계수 −1.0을 대입하여 사용하라. 포트폴리오 XY는 매년 13.3%의 예상가능한 수익률을 창출함에 유의하라. 다시 말해 포트폴리오는 무위험이고, 0의 표준편차를 갖는다.

포트폴리오 XZ는 같은 비중을 사용한다－X에 투자된 2/3, Z에 투자된 1/3. 포트폴리오 XY처럼 포트폴리오 XZ는 13.3%의 기대수익률과 0.0%의 표준편차를 갖고 있다. 그러나 포트폴리오 XY와는 달리, 포트폴리오 XZ는 리스크를 수반한다. 수익률은 8%와 18.7% 사이에서 등락하고, 표준편차는 4.2%이다.

요약하면, 두 포트폴리오 XY와 XZ는 동일한 기대수익률을 갖고 있으나 위험에서 다르다. 이 차이의 이유는 상관계수이다. X의 변동은 Y의 변동에 의해 상쇄되므로, 투자자는 포트폴리오에 두 자산을 결합함으로써 리스크를 축소하거나 제거할 수 있다. 자산 X와 Z는 함께 움직이므로, 하나의 변동은 다른 자산의 변동을 상쇄할 수 없다. 따라서, 포트폴리오 XZ의 표준편차는 자산 X의 표준편차 미만으로 감소할 수 없다.

<그림 5.4>는 포트폴리오의 기대수익률과 표준편차, 그리고 포트폴리오 자산들의 상관계수를 예시한다. 파란선은 상관계수가 −1.0인 포트폴리오 XY 같은 경우를 예시한다. 이 경우 두 위험자산을 정확히 적당한 비율로 결합하면, 포트폴리오 수익률은 완전하게

예측가능하다(즉 위험이 없다). 이 상황에서, 투자자가 가장 덜 위험한 자산에 분산되지 않은 포트폴리오를 보유하는 것은 매우 어리석다. 단지 하나의 자산 대신 포트폴리오를 보유함으로써, 투자자는 파란선을 따라 좌상향으로 이동하여 더 작은 위험에서 더 높은 수익률을 얻을 수 있다. 그러나 일정 수준 이상에서는, 더 위험한 자산의 투자를 늘리면 포트폴리오의 수익률과 위험은 상승한다. 따라서, 투자자의 포트폴리오는 파란선의 두 번째 영역을 따라 우상향으로 이동한다.

그림 5.4 다양한 상관계수를 가진 두 자산의 결합의 위험과 수익

이 그래프는 어떻게 저위험 자산이 고수익-고위험 자산과 결합될 수 있는지, 그리고 어떻게 이 포트폴리오의 성과가 두 자산의 상관계수에 의존하는지 예시한다. 일반적으로, 투자자가 저수익으로부터 고수익 투자로 포트폴리오 비중을 이동하면, 포트폴리오 수익률은 상승한다. 그러나, 포트폴리오의 표준편차는 상관계수에 따라 상승 또는 하락할 수 있다. 일반적으로, 상관계수가 낮을수록 분산투자에 의해 달성될 수 있는 위험 절감효과는 확대된다.

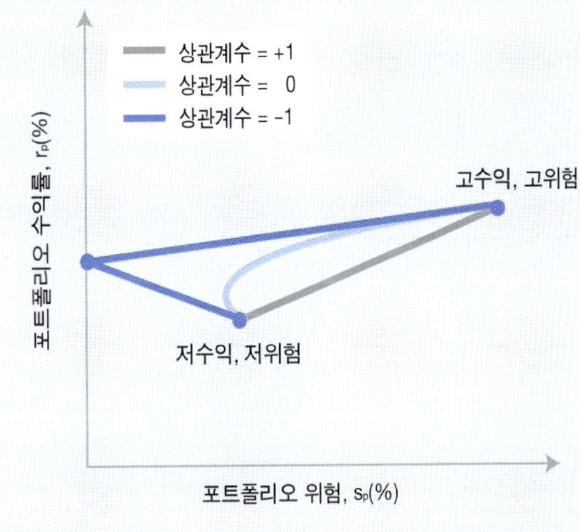

<그림 5.4>의 회색선은 상관계수가 +1.0인 포트폴리오 XZ 같은 상황을 예시한다. 이 경우, 투자자가 저위험 자산의 투자를 줄이고 더 많은 고위험 자산을 보유하면, 포트폴리오의 기대수익률은 상승하나 표준편차도 상승한다. 투자자는 회색선을 따라 우상향으로 이동한다. 투자자는 두 자산 모두에 투자하는 것을 선택할 수 있으나, 이 결정은 투자자의 위험수용도의 문제이고, 모든 투자자들이 이런 선택을 하지는 않는다. 다시 말해 두 자산의 상관계수가 -1.0일 때, 분산투자는 절대적으로 옳은 선택이다. 그러나 상관계

수가 +1.0일 때, 분산투자해야 하는지는 명백하지 않다.

<그림 5.4>의 연파란색선은 상관계수가 −1.0부터 +1.0 사이인 중간적 경우를 예시한다. 이는 실제 시장에서, 대다수의 경우 투자자가 당면하는 상황이다. 자산들이 완전 음의 상관관계를 갖지 않으며 완전 양의 상관관계도 갖지 않는다. 상관계수가 두 극단 사이에 있을 때, 두 자산의 상관계수는 곡선(즉 연파란색선)상에 존재한다. 두 자산이 매우 낮은 상관계수를 갖고 있을 때, IBM과 Celgene의 경우처럼 이 곡선은 뒤로 굽을 수 있다. 상관계수가 높으나 여전히 1보다 낮을 때, 곡선은 단순히 우상향하면서 굽는다. 이 경우에도 분산투자의 이득은 상관계수가 1.0일 때보다 좋으며, 이는 연파란색 곡선상의 포트폴리오들은 동일한 위험에서 회색 선보다 높은 수익률을 얻음을 의미한다.

국제 분산투자

분산투자는 분명히, 포트폴리오를 만들 때 일차적 고려사항이다. 앞에서 본 것처럼, 이제 국제 분산투자의 많은 기회가 존재한다. 여기에서는 효과, 수단, 그리고 비용이라는 국제 분산투자의 세 측면을 고려한다.

국제 분산투자의 효과 국제적 투자는 단순한 국내투자보다 더 큰 분산투자 효과를 제공한다. 이는 미국 투자자들뿐 아니라, 미국보다 훨씬 제한된 분산투자 기회를 제공하는 자본시장을 가진 국가의 투자자들에게도 사실이다. 광범위하게 말하면, 국제적 투자로부터 얻는 분산투자의 이득은 두 원천에서 비롯한다. 첫째 원천은 전 세계의 상이한 시장들의 수익률은 정확하게 동조하지 않는다는 것이다. 즉, 시장들 사이의 상관계수는 +1.0보다 작다. 이미 본 것처럼, 투자들의 상관계수가 낮을수록 분산투자의 효과는 더 크다. 세계화가 전 세계의 더 광범위한 시장들(금융시장과 재화 및 서비스 시장)의 통합을 가져오면서, 불행스럽게도 국가 시장들 사이의 상관계수는 증가했다. 이 추세는 국제 분산투자의 이득을 감소시켰다.

그러나 국제 분산투자 이득의 두 번째 원천은 여러 해 동안 증가했다. 시간이 지나면서, 전 세계의 주식시장 수는 늘어났다. 예를 들어 20세기 초에, 전 세계에서 활발한 주식시장을 가진 국가는 40개 미만이었다. 그러나 세기 말에 이런 주식시장의 수는 두 배 이상으로 증가했다. 포트폴리오에 더 많은 주식이 있으면 국내 주식에만 투자하는 투자자가 더 많이 분산된 포트폴리오를 만드는 것처럼, 세계의 많은 상이한 주식시장에 분산투자할 수 있는 투자자도 마찬가지이다.

결론적으로 시장들(특히 더 크고 더 발전된 시장)의 상승하는 상관관계가 어느 정도 이득을 제한하나, 국제 분산투자가 투자자에게 유리함은 의문의 여지가 없다. 다음으로, 투자자들이 포트폴리오 분산을 위해 어떻게 국제적 시장들을 이용할 수 있는지 논의한다.

국제 분산투자의 수단 다음 장들에서, 우리는 국제적 포트폴리오 분산투자의 광범위한 대안들을 살펴볼 것이다. 투자자들은 미국 달러 또는 외국 통화로 표시된 채권과 다른 부채증권들에 투자(직접 또는 국제 뮤추얼펀드를 통해)할 수 있음을 볼 것이다. 그러나, 외환투자는 환율리스크를 초래한다. 이 리스크는 통화 선도, 선물, 그리고 옵션 같은 계약에 의해 헤지될 수 있다. 외환리스크가 거의 또는 전혀 없는 경우에도, 해외투자는 국내투자보다 덜 편리하고 더 비싸며 그리고 더 위험하다. 해외에 직접 투자할 때, 당신의 행동에 관해 충분히 이해하고 있어야 한다. 당신이 원하는 이득에 관해 분명히 이해하고, 외국 시장을 감시하는 데 충분한 시간을 확보해야 한다.

미국 투자자들은 해외로 돈을 보내지 않더라도, 국제 분산투자 이득의 적어도 일부를 누릴 수 있다. 투자자는 미국 거래소에 상장된 외국 회사의 주식을 살 수 있다. 많은 해외의 기업과 정부 발행기관들이 미국에서 (양키 본드로 불리는) 채권을 매각한다. 50개 이상 국가의 2,000개 이상 외국 회사들의 주식이 미국 주식예탁증서(ADS)의 형태로 거래된다. 마지막으로, 국제 뮤추얼펀드는 해외투자 기회를 제공한다.

당신은 미국 기반의 다국적 기업의 포트폴리오에 투자함으로써, 국제 분산투자의 이득을 달성할 수 있을지 궁금할 수 있다. 대답은 "옳다"이면서 동시에 "옳지 않다"이다. 미국 기빈의 다국적 기업의 포트폴리오는 순수한 국내 기업의 포트폴리오보다 분산된다. 다국적 기업은 많은 시장과 통화에서, 수입, 비용, 그리고 이익을 창출하고, 세계의 일부가 부진할 때 다른 일부는 활발할 수 있기 때문이다.

그러나 미국 기반의 다국적 기업들에 투자하는 투자자들은 국제 분산투자의 모든 이득을 누리지 못한다. 이는 이 기업들의 수입과 비용의 대부분이 여전히 미국에서 발생하기 때문이다. 따라서 국제 분산투자의 이득을 완전히 실현하려면, 미국 외부에 위치하는 기업에 투자해야 한다.

국제 분산투자의 비용 당신은 해외의 외국 투자를 포함함으로써, 미국보다 높은 수익을 얻고 포트폴리오 위험을 낮출 수 있다. 그러나 당신의 모든 자금을 해외 자산에 투자한다는 결론으로 직행해서는 안 된다. 성공적인 세계 투자전략은 국내 투자전략과 마찬가지로 많은 요소들에 의존한다. 해외투자에 배분하는 포트폴리오의 백분율은 당신의 전체적 투자 목표와 위험선호에 의해 결정된다. 많은 투자자문가들은 약 20% 내지 30%의 해외투자 배분, 이 가운데 2/3는 성숙된 외국시장 그리고 나머지 1/3은 신흥시장에 배분할 것을 제시하고 있다.

일반적으로, 외화표시 증권에 대한 직접투자는 매우 비싸다. 당신이 수십만 달러의 투자 자금을 갖고 있지 않으면, 외국시장에서의 증권의 직접 매입 거래비용은 지나치다고 할 수 있다. 국제 분산투자의 덜 비싼 접근법은, 분산된 해외투자와 펀드매니저의 전문적 서비스를 제공하는 국제 뮤추얼펀드 투자이다. 또한 개별 주식의 해외투자를 위해, ADS를 매입할 수 있다. 뮤추얼펀드 또는 ADS를 이용하여, 당신은 저 비용, 편리성, 미국 달러 표시 거래, 그리고 미국 증권법의 보호와 함께 국제 분산투자를 달성할 수 있다.

> **투자자 현실**
>
> 미국 투자자들은 거대하고 경쟁적인 뮤추얼펀드 산업으로부터 이득을 얻는다. 이 산업은 투자자들에게 광범위한 분산투자 기회를 제공하며, 미국 뮤추얼펀드가 부과하는 수수료는 세계의 나머지 나라들에 비해 매우 경제적이다. 최근 연구는 평균적 미국 뮤추얼펀드에 대한 총 투자비용은 연간 투자금액의 약 1.04%라고 보고한다. 다음으로 가장 저렴한 뮤추얼펀드 비용의 국가는 1.41%의 오스트레일리아, 그 다음은 프랑스(1.64%), 독일(1.79%), 그리고 이탈리아와 스위스(1.94%)이다. 영국의 뮤추얼펀드 비용은 2.21%로서, 미국 비용의 두 배를 넘는다.
>
> (출처: Ajay Khorana, Henri Servaes, & Peter Tufano. (2009). Mutual Fund Fees Around the World. Review of Financial Studies (March), 1279–1310.)

개념리뷰

5.1 효율적 포트폴리오는 무엇이고, 이런 포트폴리오가 투자에서 하는 역할은 무엇인가?

5.2 포트폴리오의 수익과 위험은 어떻게 결정되는가? 포트폴리오의 표준편차를 단일 자산에 비교하라.

5.3 상관관계는 무엇이고, 왜 자산 수익률 관련해서 중요한가? (a) 양의 상관관계, (b) 음의 상관관계, 그리고 (c) 상관관계를 갖지 않는 수익률들의 특성을 기술하라. 완전 양의 상관관계와 완전 음의 상관관계를 구별하라.

5.4 분산투자는 무엇인가? 위험의 분산은 어떻게, 개별 자산의 리스크에 비교하여 포트폴리오 리스크에 영향을 주는가?

5.5 어떻게 자산 수익률들의 상관관계가 포트폴리오의 위험과 수익 행태에 영향을 주는지 논의하라. 두 자산의 상관계수가 (a) 완전 양, (b) 무상관, 그리고 (c) 완전 음일 때, 위험과 수익의 잠재적 범위를 기술하라.

5.6 국제 분산투자는 개인투자자에게 어떤 이득을 제공할 수 있는가? 해외투자에 의한 국제 분산투자의 수단을 국내투자에 비교하고 대비하라.

자본자산가격결정모형(CAPM)

LG 3 LG 4 직관적으로 우리는 어떤 위험투자도, 투자자가 무위험투자로부터 얻는 수익률보다 높은 수익률을 제공할 것으로 기대할 수 있다. 다시 말해, 투자자들이 위험자산에서 기대하는 수익률은 무위험수익률과 리스크 프리미엄의 합이다. 그러나, 리스크 프리미엄의 크기는 무엇에 의해 결정되는가? 앞 절은 특별히 시간이 소요되거나 비싸지 않은 과정인 포트폴리오 분산을 통해, 투자자는 많은 종류의 리스크를 제거할 수 있음을 보여주었다. 그러나, 분산투자는 리스크를 완전히 제거할 수 없다. 따라서, 투자자의 입장에서, 가장 우려스러운 리스크는 분산불가능 위험(분산투자를 통해 제거될 수 없는 위험)이다. 특정 투자가 수반하는 분산불가능 위험이 클수록, 투자자에게 제공해야 하는 리스크 프리미엄은 더 높다.

이 논리는 모든 자산의 수익과 위험의 관계에 관한 이론의 기초를 제공한다. 이 이론은 자본자산가격결정모형, 또는 CAPM으로 불린다. CAPM은 위험자산의 기대수익률은 무위험수익률과 리스크 프리미엄의 합이며, 리스크 프리미엄은 자산의 리스크 가운데 분산불가능 위험에 의존한다고 말한다. 이 절에서 분산불가능 위험의 개념을 소개하고, 어떻게 CAPM이 이 리스크를 정량화하며 투자수익에 연계하는지 설명한다.

리스크의 요소

투자의 리스크는 분산가능 및 분산불가능 위험이라는 두 요소로 구성된다. 분산가능 위험은 때로 비체계적 위험으로 불리며, 신제품의 성공 또는 실패, 고위 경영자의 성과, 또는 기업의 고객 및 공급자와의 관계 같은 기업 특유의 요인들로부터 비롯한다. 비체계적 위험은 분산투자를 통해 제거될 수 있는 일부 투자리스크이다. 분산불가능 위험은 또한 체계적 위험 또는 시장리스크로 불리며, 투자리스크의 피할 수 없는 부분이다. 다시 말해, 이는 포트폴리오가 잘 분산되더라도 잔존하는 리스크이다. 체계적 위험은 모든 투자에 영향을 주고, 따라서 단일 투자에 고유하지 않은 경제 성장, 인플레이션, 이자율, 그리고 정치적 사건 같은 영향에 연계되어 있다. 분산불가능 위험과 분산가능 위험의 합은 총위험으로 불린다.

수식 5.2 총위험 = 분산불가능 위험 + 분산가능 위험

세심한 투자자는 누구나 분산된 포트폴리오를 보유함으로써 분산가능 위험을 축소 또는 거의 제거할 수 있다. 연구들은 투자자가 주의 깊게 8개 내지 15개 증권의 포트폴리오를 선택하면, 대부분의 분산가능 위험을 제거할 수 있음을 보였다. 그리고 대다수 투자자들은, 뮤추얼펀드와 연기금 같은 투자를 통해, 훨씬 더 많은 증권을 보유한다. 분산투자를 통해 비체계적 위험을 제거하는 일은 비교적 용이하기 때문에, 투자자가 이런 종류의 위험을 수용하는 데 대한 보상(즉 더 높은 수익)을 기대할 이유는 없다. 분산투자하지 않는 투자자들은 단순히 보상 없이 더 많은 위험을 부담하는 것이다.

그러나 아무리 많은 증권들이 포트폴리오에 포함되어도 일부 체계적 위험은 잔존한다. 분산불가능 위험은 경제의 호황 또는 불황처럼, 대다수 주식에 동시적으로 영향을 주는 경향이 있는 광범위한 효과를 의미함을 기억하라. 어떤 주식은 다른 것들보다 이 영향에 더 민감하다. 예를 들어, 고급 재화를 생산하는 회사는 경제가 호황일 때 좋은 성과를 내는 경향이 있으나, 불황이 되면 고객을 찾기 어렵다. 한편 어떤 주식은 경기순환의 변동으로부터 상대적으로 차단되어 있다. 식품 및 기타 기본 필수품들을 생산하는 기업들은 경제의 등락에 따라 수입과 이익이 등락하는 경험을 하지 않는다. 이 논의는 체계적 위험은 주식에 따라 다르고, 더 큰 체계적 위험을 가진 주식은 투자자를 끌기 위해 더 높은 수익률을 제공해야 함을 의미한다. 이 주식들을 인식하기 위해, 우리는 특정 주식에 연계된 분산불가능 위험을 측정할 수 있는 수단을 필요로 한다. CAPM은 주식의 베타로 불리는 바로 이런 척도를 제공한다.

베타: 분산불가능 위험의 척도

과거 50년 동안, 재무금융학은 위험의 측정과 수익평가에 이용되는 많은 이론을 개발했다. 이 이론의 두 핵심 요소는 체계적 위험의 척도인 베타 그리고 투자의 베타를 수익에 연계하는 자본자산가격결정모형이다.

먼저, 우리는 분산불가능 위험을 정량화하는 베타를 살펴볼 것이다. 증권의 베타는 증권의 수익이 시장수익률의 등락에 어떻게 반응하는지 나타내며, 이는 시장리스크가 분산불가능 위험의 동의어인 이유이다. 증권의 수익률이 시장수익률에 민감하게 반응할수

록, 증권의 베타는 더 높다. 우리는 전체적 시장의 수익률을 논의할 때, 광범위한 주식의 포트폴리오 또는 주가지수의 수익률 같은 것을 염두에 둔다. 분석가들은 일반적으로 시장수익률 측정을 위해, Standard & Poor's 500 지수 또는 일부 다른 광범위한 주가지수의 수치 변동을 사용한다. 증권의 베타를 측정하기 위해, 당신은 해당 증권과 전체 시장의 역사적 수익률을 수집하여 이들이 서로 어떻게 관련되어 있는지 살펴본다. 당신은 스스로 베타를 계산할 필요는 없다. 다양한 발간물 또는 온라인 출처로부터, 활발하게 거래되는 증권의 베타들을 쉽게 구할 수 있다. 그러나 어떻게 베타가 도출되는지, 어떻게 해석되는지 그리고 어떻게 포트폴리오에 적용되는지 이해해야 한다.

베타의 도출 증권의 수익률과 시장수익률의 관계는 그래프에 의해 예시될 수 있다. <그림 5.5>는 두 증권 C와 D의 수익률, 그리고 시장수익률의 관계를 보여준다. 수평(x) 축은 역사적 시장수익률을 측정하고, 수직(y) 축은 개별 증권의 역사적 수익률을 측정함에 유의하라.

베타 도출의 첫 단계는 다양한 시점의 시장수익률과 증권수익률의 좌표들을 표시하는 것이다. <그림 5.5>는 증권 D에 관해, 2002년부터 2012년까지 이 연간 시장수익률과 증권수익률 좌표들을 보여준다(기간은 괄호 안에 표시되어 있다). 예를 들어 2010년 시장수익률이 10%였을 때, 증권 D의 수익률은 20%였다.

통계적 기법을 이용함으로써, 증권수익률과 시장수익률 좌표의 관계를 가장 잘 설명하는 "특성선"이 자료에 적합화된다. 이 직선의 기울기는 베타이다. 증권 D의 베타는 1.30이다. 증권 C의 베타 0.80에 비해(<그림 5.5>에 표시), 증권 D의 더 높은 베타(더 가파른 특성선)는 자신의 수익률이 시장수익률의 변동에 더 많이 반응함을 나타낸다. 따라서, 증권 D는 증권 C보다 더 위험하다.

베타의 해석 전체적 시장의 베타는 1.0이다. 이는 또한 "평균적" 주식의 베타는 1.0임을 의미한다. 모든 다른 베타는 이 값에 대해 상대적으로 평가된다. <표 5.4>는 일부 선택된 베타 값과 그들의 관련된 해석을 보여준다. 당신이 보는 것처럼 거의 모든 베타는 양수이나, 베타는 원론적으로 양수 또는 음수일 수 있다. 베타 값의 앞에 있는 양수 또는 음수 부호는 주식의 수익률이 시장수익률과 같은 방향(양의 베타) 또는 반대 방향(음의 베타)으로 변동하는지를 나타낸다.

그림 5.5 그래프에 의한 증권 C와 D의 베타 도출*

베타는 다양한 시점의 시장수익률과 증권수익률의 좌표들을 그래프에 표시하고, 통계적 기법에 의해 "특성선"을 자료에 적합화함으로써 도출될 수 있다. 특성선의 기울기가 베타이다. 증권 C와 D의 경우, 베타는 각각 0.80과 1.30이다.

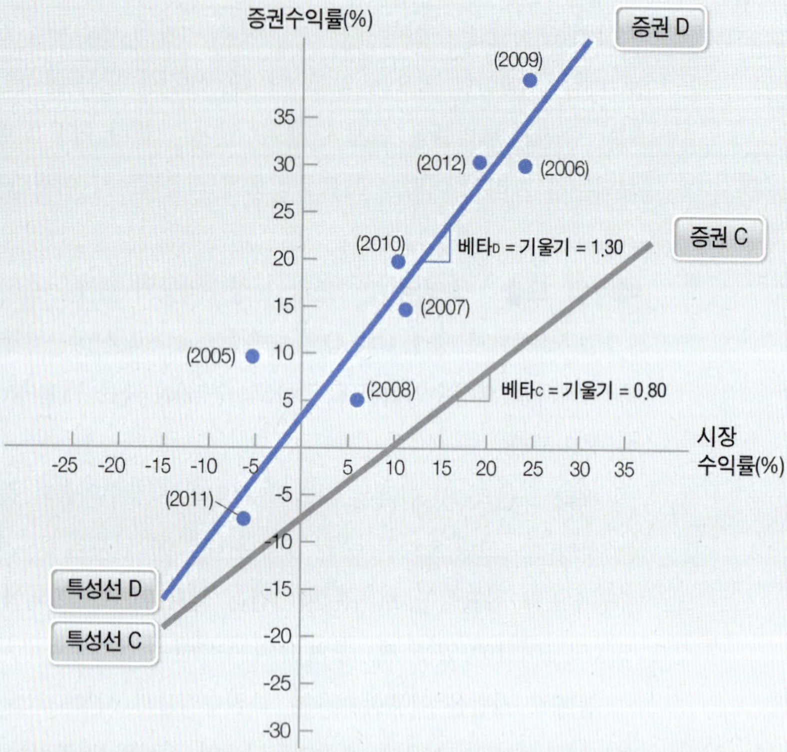

*모든 표시된 관찰값은 증권 D의 자료이다. 증권 C의 관찰값은 표시되어 있지 않다.

표 5.4 선택된 베타와 관련 해석

베타	논평	해석
2.0	시장과 같은 방향으로 변동	시장에 대해 두 배로 반응
1.0		시장과 동일하게 반응
0.5		시장에 대해 절반으로 반응
0.0		시장의 변동에 무반응
−0.5	시장과 반대 방향으로 변동	시장에 대해 절반으로 반응
−1.0		시장과 동일하게 반응
−2.0		시장에 대해 두 배로 반응

대다수 주식들은 0.50과 1.75 사이의 베타를 갖고 있다. 시장에 대해 절반만큼 반응하는(b = 0.5) 주식의 수익률은 평균적으로, 시장포트폴리오 수익률의 1% 변화에 대응하여 1%의 1/2만큼 변화한다. 시장에 대해 두 배로 반응하는(b = 2) 주식은 평균적으로, 시장포트폴리오 수익률의 1% 변화에 대응하여 2%의 수익률 변화를 경험한다. 예시를 위해, 2012년 5월 7일의 Yahoo! Finance에 게재된 일부 대중적 주식의 실제 베타가 여기에 수록되어 있다.

주식	베타	주식	베타
Amazon.com Inc.	0.64	Int'l Business Machines Corp.	0.62
Molson Coors Brewing Co.	0.75	Goldman Sachs Inc.	1.62
Bank of America Corp.	**1.96**	Microsoft Corp.	1.00
Procter & Gamble Co.	0.35	Nike Inc.	0.99
Walt Disney Co.	1.29	Celgene Corp.	0.81
eBay Inc.	1.11	Qualcomm Inc.	1.18
ExxonMobil Corp.	0.69	Sempra Energy	0.40
Gap Inc.	1.26	Walmart Stores Inc.	0.52
Ford Motor Co.	**1.84**	Xerox Corp.	1.79
INTEL Corp.	1.01	YAHOO! Inc.	0.99

많은 대형 중개회사 및 Value Line 같은 구독 서비스는 광범위한 증권들의 베타를 발표한다. 당신도 Yahoo! Finance(finance.yahoo.com) 같은 사이트에서 온라인으로 찾아볼 수 있다. 이 장의 뒷부분에서, 증권 포트폴리오의 계획과 구성에서 베타의 중요성을 논의한다.

베타의 적용 개인투자자들은 베타의 유용성을 알게 될 것이다. 이는 특정 투자의 위험을 평가하고, 시장이 주식의 기대수익률에 줄 영향을 이해하는 데 도움을 줄 수 있다. 간략하게, 베타는 증권이 어떻게 시장의 영향에 반응하는지 드러낸다. 예를 들어 만약 시장수익률이 다음 기간 동안 10% 상승할 것으로 예상되면, 우리는 1.5의 베타를 가진 주식은 약 15%(1.5 × 10%) 상승을 경험할 것으로 기대할 수 있다.

양의 베타를 가진 주식의 경우, 시장수익률의 상승은 증권수익률 상승을 초래한다.

불행하게도 시장수익률 하락은 증권수익률 하락으로 귀결된다. 앞의 예에서 만약 시장수익률의 10% 하락이 예상되면, 1.5의 베타를 가진 주식의 수익률은 15% 하락해야 한다. 이 주식은 1.0보다 큰 베타를 갖고 있기 때문에 평균적 주식보다 위험하고, 전체 시장이 변동할 때 극적인 등락을 경험하는 경향을 갖고 있다.

당연하게 1.0 미만의 베타를 갖는 주식은 시장의 수익률 변동에 덜 반응하고, 따라서 덜 위험하다. 예를 들어, 0.50의 베타를 가진 주식은 전체적 시장의 등락에 대해 약 절반만큼 등락할 것이다. 따라서, 만약 시장수익률이 8% 하락하면, 이 주식수익률은 단지 약 4%(0.5 × 8%)의 하락을 경험할 것이다.

베타에 관해 기억해야 할 몇 개 요점은 다음과 같다:

- 베타는 증권의 분산불가능(또는 시장) 위험을 측정한다.
- 전체적 시장 그리고 평균적 주식의 베타는 1.0이다.
- 이론적으로 주식은 양 또는 음의 베타를 가질 수 있으나, 대다수 주식은 양의 베타를 갖고 있다.
- 1.0보다 큰 베타를 가진 주식은 시장의 등락에 평균보다 많이 반응하고, 따라서 평균보다 위험하다. 1.0 미만의 베타를 가진 주식은 평균적 주식보다 덜 위험하다.
- 더 큰 위험은 일반적으로 더 높은 수익률에 연계되어 있기 때문에, 주식의 베타가 높을수록 기대수익률은 더 크다.

투자자 현실

어느 베타?–베타 측정은 완벽한 과학은 아니다. 한 연구자는 최근 16개의 금융 웹사이트를 검색함으로써, 동일한 회사(Walt Disney)의 베타 추정치가 0.72부터 1.39까지 분포함을 발견했다. 만약 당신이 스스로 베타를 추정하면, 그 추정치는 얼마나 많은 역사적 자료를 분석에 사용하는지 그리고 수익이 측정되는 빈도에 따라 다르다는 것을 발견할 것이다.

(출처: Pablo Fernández. (2009, May). "Beta Used by Professors: A Survey with 2,500 Answers." Working paper, IESE Business School, University of Navarra.)

금융시장 위기 **눈에 띄는 베타**

포드자동차 회사는 243쪽의 〈표〉에 나타난 1.84의 베타에 의해 예시되는 것처럼, 그 가치가 항상 경제상황과 함께 등락하는 경기동행적 주식으로 간주되었다. 포드의 베타는 (특히 자동차 제조업체에 큰 영향을 미치고 결국 경쟁사인 제너럴모터스사의 파산을 초래한) 금융위기 중에 2.80까지 상승했다. 불황에 의해 큰 타격을 입은 산업에 속하는 다른 회사인 Bank of America는 전체 경제의 변동에 극히 민감함을 의미하는 1.96의 베타를 기록했다.

CAPM: 베타를 이용한 수익률 추정

약 50년 전, 재무금융학 교수인 William F. Sharpe와 John Lintner는 위험과 수익의 개념을 공식적으로 연계하기 위해, 베타를 사용하는 모형을 개발했다. 자본자산가격결정모형으로 불리는 이 모형은 증권 가격의 행태를 설명하려고 시도한다. 또한, 이는 투자자로 하여금 제안된 증권투자가 포트폴리오의 위험과 수익에 주는 영향을 평가할 수 있는 체계를 제공한다. CAPM은 주식의 기대수익률은 무위험수익률, 전체적 시장의 기대수익률, 그리고 주식의 베타인 세 요인에 의존하는 것으로 본다.

수식 분산불가능 위험의 척도인 베타 b를 이용하여, 자본자산가격결정모형은 다음과 같이 투자의 요구수익률을 정의한다.

수식 5.3

$$\text{투자 } j\text{의 요구수익률} = \text{무위험 수익률} + \left[\text{투자 } j\text{의 베타} + \left(\text{기대 시장수익률} - \text{무위험 수익률}\right)\right]$$

수식 5.3a

$$r_j = r_f + [b_j \times (r_m - r_f)]$$

여기에서,

r_j = 베타에 의해 측정된 위험 하에서 투자 j의 요구수익률

r_f = 무위험수익률(무위험자산에서 얻을 수 있는 수익률)

b_j = 베타 계수, 또는 투자 j의 분산불가능 위험 지표

r_m = 기대 시장수익률; 모든 증권들의 평균 수익률(전형적으로, Standard & Poor's 500 종합수가지수 또는 다른 광범위한 주식시장 지수에 포함된 모든 증권들의 평균 수익률에 의해 측정)

CAPM은 (1) 무위험수익률 r_f 그리고 (2) 리스크 프리미엄 $(b_j \times (r_m - r_f))$의 두 부분으로 나누어질 수 있다. 리스크 프리미엄은 투자자들이, 베타에 의해 측정된 분산불가능 위험에 대한 보상으로, 무위험수익률을 초과하여 요구하는 수익률이다. 이 수식은 베타가 증가할수록, 주식의 리스크 프리미엄이 증가하고 따라서 요구수익률이 상승함을 보여

준다.

사례

다음 예는 CAPM의 용도를 예시한다. 당신은 1.25의 베타(b_Z)를 가진 증권 Z를 고려하고 있다고 가정하라. 무위험수익률(r_f)은 6%이고, 시장수익률(r_m)은 10%이다. 이 자료들을 CAPM에 대입하면, 수식(5.3a)는 다음과 같이 변형된다:

$$r_z = 6\% + [1.25 \times (10\% - 6\%)] = 6\% + [1.25 \times 4\%]$$
$$= 6\% + 5\% = \underline{\underline{11\%}}$$

따라서, 1.25의 증권 베타가 주어진 이 투자에서, 당신은 위험에 대한 보상으로 11%를 기대－실제로, 요구－해야 한다.

만약 베타가 더 낮아서, 예를 들어 1.00이면, 요구수익률은 더 낮을 것이다. 실제로, 이 경우 주식의 요구수익률은 시장의 기대(또는 요구) 수익률과 같다.

$$r_z = 6\% + [1.0 \times (10\% - 6\%)] = 6\% + 4\% = \underline{\underline{10\%}}$$

만약 베타가 더 높아서, 예를 들어 1.50이면, 요구수익률은 더 높을 것이다:

$$r_z = 6\% + [1.5 \times (10\% - 6\%)] = 6\% + 6\% = \underline{\underline{12\%}}$$

명백하게 CAPM은 위험과 수익의 양의 상반관계를 반영한다. 리스크(베타)가 높을수록, 리스크 프리미엄은 더 높고 따라서 요구수익률은 상승한다.

그래프: 증권시장선 자본자산가격결정모형이 그래프로 표현될 때, 증권시장선(SML)으로 불린다. CAPM을 그림으로써, 우리는 SML이 실제로 직선임을 알 수 있다. 분산불가능 위험(베타)의 각 수준에서, SML은 투자자가 시장에서 얻어야 하는 요구수익률을 반영한다.

다양한 베타에 대해 요구수익률을 계산함으로써, 우리는 CAPM을 그릴 수 있다. 예를 들어 앞에서 본 것처럼 6%의 무위험수익률과 10%의 시장수익률을 사용하면, 베타가 1.25일 때 요구수익률은 11%이다. 베타를 2.00으로 높이면, 요구수익률은 14%[6% + 2.0 × (10% - 6%)]이다. 비슷하게 여러 베타에 대해 요구수익률을 계산할 수 있고, 다음과 같은 위험(베타)과 요구수익률의 결합들을 얻는다.

위험(베타)	요구수익률(%)
0.0	6
0.5	8
1.0	10
1.5	12
2.0	14
2.5	16

그래프(수평축에 베타, 수직축에 요구수익률)에 이 값들을 표시하면, <그림 5.6>과 같은 직선을 얻는다. 음영표시된 영역은 요구수익률이 무위험수익률을 초과하는 값을 보여준다. 이는 리스크 프리미엄을 나타낸다. SML에서 위험(베타)이 클수록 리스크 프리미엄과 요구수익률은 더 높고, 이 역도 성립한다.

그림 5.6 증권시장선(SML)

증권시장선의 위험과 수익의 상반관계를 명백하게 나타낸다. 베타가 0이면, 요구수익률은 6%의 무위험수익률이다. 베타가 1이면, 요구수익률은 10%의 시장수익률이다. 이 자료로부터, 베타 1.25의 투자의 요구수익률은 11%이며 리스크 프리미엄은 5%(11% - 6%)이다.

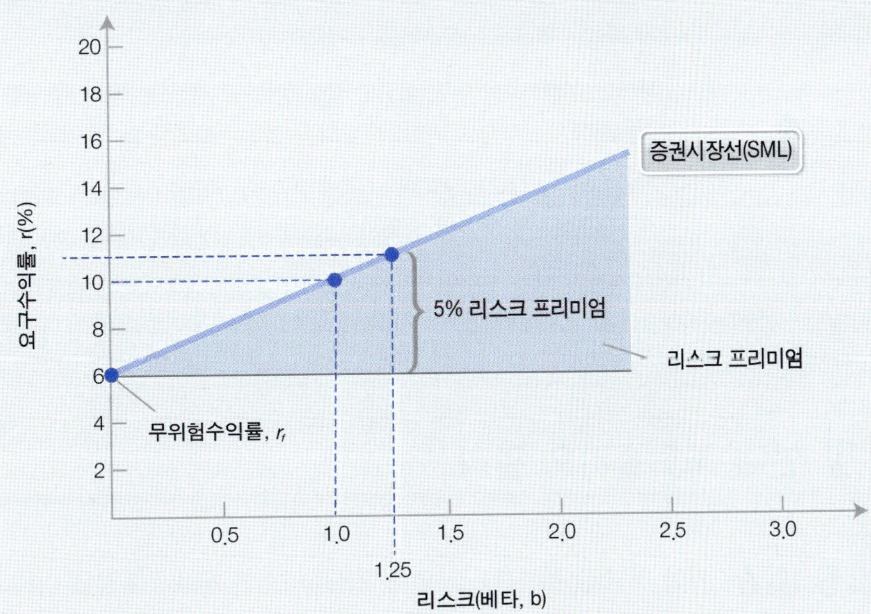

맺음말 자본자산가격결정모형은 일반적으로 역사적 자료에 의존한다. 베타는 실제로 미래 수익의 변동성을 반영하거나 또는 반영하지 않을 수도 있다. 따라서 모형에 의해 특정된 요구수익률은 대략적 근사값으로 간주될 수 있다. 베타를 사용하는 분석가들은 통상적으로, 미래에 관한 기대를 반영하기 위해, 역사적으로 결정된 베타에 주관적 조정을 가미한다.

이런 한계에도 불구하고, CAPM은 위험과 수익을 평가하고 연계하는 유용한 개념적 틀을 제공한다. 단순성과 실용적 매력 때문에, 베타와 CAPM은 위험을 측정하고 증권시장의 요구수익률에 연계하려 하는 투자자들의 중요한 도구로 남아 있다. CAPM은 또한 기업재무에서 널리 이용된다. 대형 투자사업에 거액을 지출하기 전, 회사는 주주들이 요구하는 수익률을 알아야 한다. 많은 조사들은, 주식의 요구수익률을 결정하기 위해, 회사들이 사용하는 주요 도구는 CAPM임을 보여준다.

개념리뷰

5.7 다음 총위험의 각 요소들을 간단히 정의하고 예를 들어라. 어떤 종류의 위험이 중요하며, 그 이유는 무엇인가?
a. 분산가능 위험 b. 분산불가능 위험

5.8 베타의 의미를 설명하라. 베타는 어떤 종류의 위험을 측정하는가? 시장수익률은 무엇인가? 베타의 해석은 어떻게 시장수익률과 관련되어 있는가?

5.9 베타는 전형적으로 어떤 범위의 값을 갖는가? 양 또는 음의 베타 중 무엇이 더 일반적인가? 설명하라.

5.10 자본자산가격결정모형(CAPM)은 무엇인가? 베타는 이 모형에서 어떤 역할을 하는가? 리스크 프리미엄은 무엇인가? 증권시장선(SML)은 CAPM에 어떻게 관련되는가?

5.11 CAPM은 예측 모형인가? 왜 베타와 CAPM은 투자자에게 중요한가?

전통 및 현대 포트폴리오 관리

LG 5 LG 6 개인 및 기관 투자자들은 현재 포트폴리오의 계획과 구성을 위해 두 가지 접근법을 사용한다. 전통적 접근법은, 공개된 증권시장의 진화 이후 투자자들이 사용해온 덜 정량적인 접근법을 뜻한다. 현대 포트폴리오 이론(MPT)은 투자결정을 위해 정량적 분석에 의존하는 최근의 보다 수학적인 발전이다.

전통적 접근법

전통적 포트폴리오 관리는 매우 다양한 주식 그리고/또는 채권을 결합함으로써, 포트폴리오의 "균형"을 강조한다. 전형적 초점은 산업간 분산투자이다. 이는 광범위한 산업에 속하는 회사의 증권들을 포함하는 포트폴리오를 낳는다. 전통적 포트폴리오는 제7장과 제8장에서 논의되는 증권분석 기법을 사용함으로써 만들어진다.

<표 5.5>는 전통적 접근법을 사용하는 전문가에 의해 관리되는 전형적 뮤추얼펀드의 일부 산업 집단 및 이들의 투자 백분율을 제시한다. 이 펀드는 American Fund의 Growth Fund of America(AGTHX)이며, 2012년 4월 현재 1,262억 달러의 순자산가치를 가진 개방형 뮤추얼펀드이다. 그 목표는 우월한 자본증식 기회를 제공하는 것으로 보이는 광범위한 회사들에 투자하는 것이다. The Growth Fund of America는 광범위한 산업의 300개 이상의 상이한 주식과 수십 개 발행기관의 단기증권들을 보유한다.

The Growth Fund of America 자산의 94.3%를 차지하는 주식 포지션을 분석하면, 포트폴리오 관리의 전통적 접근법의 작동을 알 수 있다. 이 펀드는 이용가능한 주식집단의 광범위한 횡단면에 포함되는 수많은 주식을 보유한다. 이 주식들은 크고 작은 기업들을 포함한다. 가장 큰 산업집단은 포트폴리오의 8.9%를 차지하는 석유, 가스, 그리고 소비자 연료이다. 펀드의 최대 단일주식 보유는 포트폴리오의 5.5%를 차지하는 애플사이다. 세계에서 가장 큰 온라인 소매업체의 하나인 아마존은 두 번째이며 약 2.5%이다. 세 번째 대규모 보유(2.4%)는 Comcast Corporation이다. 이 펀드의 많은 보유 주식들이 유명한 대기업들이나, 포트폴리오는 더 작고 덜 알려진 기업들의 주식도 포함한다.

전통적 포트폴리오를 관리하는 사람들은 세 가지 이유 때문에 잘 알려진 회사들에 투자하기를 원한다. 첫째, 이들은 성공적 기업으로 알려져 있기 때문에 이 투자는 덜 알려진 기업에 대한 투자보다 덜 위험한 것으로 간주된다. 둘째, 대기업의 증권은 더 유동적이고 대량으로 거래될 수 있다. 셋째, 기관투자자들은 고객들을 설득하기 쉽기 때문에 성공적이고 잘 알려진 회사들을 선호한다. 성공적이고 잘 알려진 주식들로 포트폴리오를 구성하는 윈도우 드레싱으로 불리는 이런 관행은 기관투자자의 서비스 판매를 더 용이하게 만든다.

최근 기관투자자들의 빈번한 경향은 "군집행동"(경쟁자들이 보유한 증권과 비슷한 증권에 투자하기)이다. 이런 기관투자자는 결과적으로 경쟁자들의 행위를 모방한다. 예를 들어 The Growth Fund of America의 경우, 매니저들은 다른 대규모, 성장지향적 뮤추얼 펀드들에 의해 보유되는 회사들의 주식을 살 것이다.

우리는 The Growth Fund of America의 매니저들이 특정 주식들을 산 이유를 정확히 알 수 없으나, 비슷한 목표를 가진 대다수 펀드들이 동일한 잘 알려진 주식들을 보유한다는 것은 명백하다.

표 5.5 The Growth Fund of America(AGTHX)의 선택된 산업집단 투자(2012.3.31 현재)

선택된 산업집단	백분율
Oil, gas, & consumable fuels	8.9
Media	6.7
Computers & peripherals	6.6
Semiconductors & semiconductor equipment	5.2
Biotechnology	4.9
Software	3.6
Internet & catalog retail	3.1
Hotels, restaurants, & leisure	3.0
Chemicals	2.9
Pharmaceuticals	2.9

(출처: Data from The Growth Fund of America, Class A Shares, Prospectus, March 31, 2012.)

현대 포트폴리오 이론(MPT)

1950년대, 노련한 수학자인 Harry Markowitz는 최초로 현대 포트폴리오 이론의 기초를 형성하는 이론을 개발했다. 마코위츠의 선구적 업적 이후 수년 동안, 많은 다른 학자들과 투자 전문가들이 이 이론에 공헌했다. 현대 포트폴리오 이론(MPT)은 포트폴리오 계획을 개발하기 위해, 몇 가지 기본적인 통계적 척도를 사용한다. 여기에는 증권과 포트폴리오의 기대수익률과 표준편차, 그리고 수익률 사이의 상관관계가 포함된다. MPT에 의하면, 분산투자는 개별 증권들의 수익률이 서로 음의(또는 낮은 양수의) 상관관계를 갖도록 포트폴리오에 증권들을 결합함으로써 달성된다. 따라서, 통계적 분산투자는 MPT 포트폴리오의 증권을 선택하는 결정적 요인이다. MPT의 두 가지 중요한 내용은 효율적 프런티어와 포트폴리오 베타이다.

효율적 프런티어 모든 시점에서, 당신은 수백 개의 선택대상 투자들에 직면한다. 가능한 포트폴리오는 무한히 많다. 예를 들어 단지 10개의 상이한 자산들을 사용하면서, 당신은 포트폴리오의 각 자산의 비중을 변화시키는 방법으로 수백 가지의 포트폴리오를 만들 수 있다.

만약 우리가 가능한 포트폴리오를 모두 만들고, 각각의 수익률과 위험을 계산하고, 그리고 각 위험-수익 조합을 그래프에 표시하면, 실현가능 또는 달성가능한 포트폴리오 집합을 갖게 될 것이다. 이 집합은 <그림 5.7>의 음영처리된 영역에 의해 표시된다. 이는 ABYOZCDEF에 의해 둘러싸인 영역이다. 앞에서 정의된 것처럼, 효율적 프런티어는 주어진 수준의 위험에서 가장 높은 수익률을 제공하는 포트폴리오이다. 예를 들어, <그림 5.7>의 포트폴리오 T를 포트폴리오 B와 Y에 비교하자. 포트폴리오 Y는 포트폴리오 T에 비해 동일한 수준의 위험에서 더 높은 수익률을 갖고 있기 때문에, 선호되는 것으로 나타난다. 포트폴리오 B 또한 동일한 수준의 수익률에서 더 낮은 위험을 갖고 있기 때문에 포트폴리오 T를 "지배"한다.

실현가능한 포트폴리오 집합의 경계 BYOZC는 모든 효율적 포트폴리오(위험과 수익의 최선의 상반관계를 제공하는 포트폴리오)들을 나타낸다. 이 경계는 효율적 프런티어이다. 효율적 프런티어의 모든 포트폴리오는 실현가능 집합의 모든 다른 포트폴리오들보다 선호된다. 효율적 프런티어의 왼쪽에 위치한 모든 포트폴리오는 달성가능 집합의 외부에 있기 때문에 투자불가능하다. 효율적 프런티어의 오른쪽에 위치한 모든 포트폴리오는, 위험-수익의 상반관계가 효율적 프런티어 상의 포트폴리오들에 비해 열등하기 때문에 바람직하지 않다.

이론적으로, 주어진 가능한 포트폴리오 집합에서 투자자가 달성할 수 있는 최고 수준의 만족을 발견하기 위해 효율적 프런티어가 사용된다. 이를 위해 우리는 그래프에 투자자 효용함수, 또는 위험-무차별곡선을 표시한다. 이 곡선은 주어진 효용(만족) 수준에서, 투자자가 무차별한 위험-수익 조합들을 나타낸다. <그림 5.7>의 I_1, I_2, I_3로 명명된 이 곡선들은 I_1로부터 I_2, 그리고 I_3로 이동하면서 만족의 상승을 반영한다. 최적 포트폴리오 O는 무차별곡선 I_2가 효율적 프런티어를 만나는 점이다. 곡선 I_3 상의 위험과 수익의 조합을 제공할 수 있는 현실적 투자는 없기 때문에, 투자자는 I_3에 속하는 더 높은 효용은 달성할 수 없다.

그림 5.7 실현가능 또는 달성가능 집합과 효율적 프런티어

실현가능 또는 달성가능 집합(음영처리 영역)은 모든 가능한 포트폴리오로 달성될 수 있는 위험-수익 조합을 제시한다. 효율적 프런티어는 모든 효율적 포트폴리오들의 궤적이다. 투자자의 가능한 최고의 무차별곡선이 효율적 프런티어에 접하는 O점이 최적 포트폴리오이다. 이는 투자자가 주어진 가능한 포트폴리오 집합에서 달성할 수 있는 최고 수준의 만족을 나타낸다.

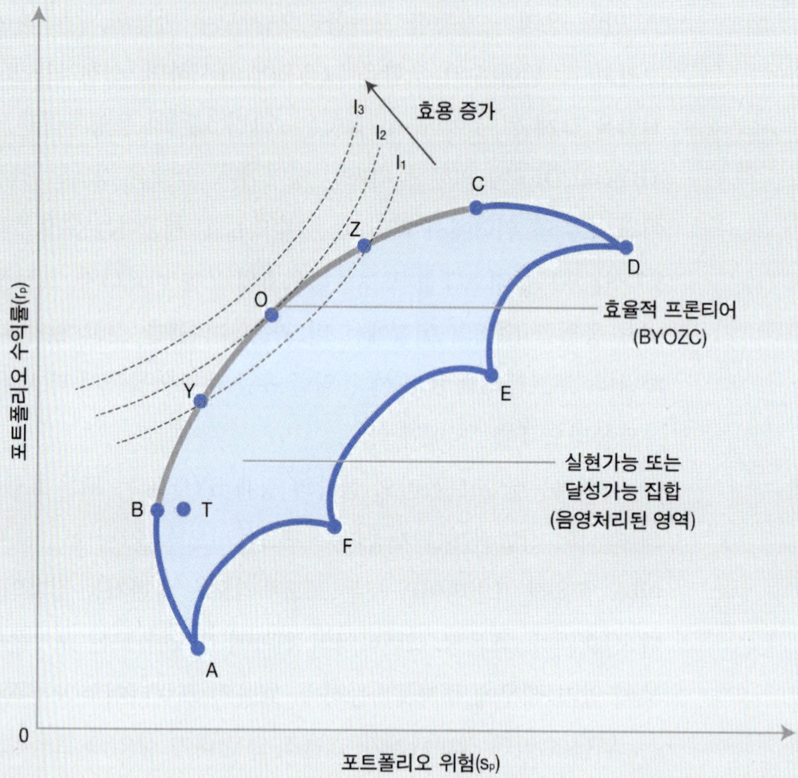

만약 우리가 수익률 r_f를 지급하는 무위험 투자를 <그림 5.7>에 도입하면, 궁극적으로 앞에 소개된 자본자산가격결정모형의 수식을 도출할 수 있다. 이론에 더 집중하는 대신, 우리의 관심을 효율적 프런티어와 그 확장의 더 실용적인 측면으로 돌리자.

포트폴리오 베타 앞에서 본 것처럼 투자자들은 수익률 목표를 달성하면서 위험을 낮출 수 있도록, 낮은 상관관계를 가진 다양한 투자들을 포함함으로써 포트폴리오를 분산하기 위해 노력한다. 투자는 두 기본적 종류의 위험을 수반함을 기억하라. (1) 특정 투자의 고유한 분산가능 위험, 그리고 (2) 모든 투자에 적어도 어느 정도 포함된 분산불가능 위험이다.

많은 연구가 증권투자에 관련된 위험을 주제로 수행되었다. 그 결과는 일반적으로 더 높은 수익을 얻으려면 더 많은 위험을 부담해야 한다는 것을 보여준다. 그러나 더 놀라운 것은 위험과 수익의 양의 상관관계는 분산불가능 위험에만 존재한다는 연구결과이다. 높은 수준의 분산가능 위험은 상응하는 높은 수준의 수익을 수반하지 않는다. 분산가능 위험을 부담하는 데 대한 보상은 없기 때문에, 투자자들은 포트폴리오를 분산함으로써 이 형태의 위험을 최소화하여 분산불가능 위험만 남도록 해야 한다.

위험 분산 우리가 본 것처럼 분산투자는 어떤 투자의 평균에 못 미치는 수익률을 다른 투자의 평균을 넘는 수익률로 상쇄함으로써, 분산가능 위험을 최소화한다. 세심한 투자를 통한 분산가능 위험의 최소화는 포트폴리오에 선택된 투자들은 광범위한 산업으로부터 나오도록 요구한다.

어떻게 분산투자가 투자자에게 도움을 주는지 더 잘 이해하기 위해, 단일 자산(증권)으로부터 시작하여 무작위로 추가적 증권을 선택함으로써 포트폴리오를 확대할 때, 어떤 일이 생기는지 살펴보자. <그림 5.8>과 같이 포트폴리오의 총위험을 측정하기 위해 표준편차 s_p를 사용하면, 더 많은 증권이 추가될 때 포트폴리오 총위험의 행태를 묘사할 수 있다. 포트폴리오에 증권을 추가하면(x-축), 분산투자 효과 때문에 포트폴리오 총위험(y-축)은 감소한다. 그러나 리스크의 감소 폭은 제한된다.

평균적으로 분산투자의 위험감소 혜택의 대부분은, 8개 내지 15개의 세심하게 선택된 증권을 포함하는 포트폴리오를 구성함으로써 달성된다. 그러나 효율적인 분산투자를 달성하려면, 40개 이상의 증권을 보유하는 것이 바람직하다. 이 권고는 뮤추얼펀드 투자의 대중성을 지지하는 편이다.

모든 투자자는 거의 모든 분산가능 위험을 제거한 자산 포트폴리오를 만들 수 있기 때문에 유일한 실질적 리스크는 분산불가능 위험이다. 따라서 당신은 분산불가능 위험만 고려해야 한다. 결국 분산불가능 위험의 측정이 일차적 중요성을 갖는다.

그림 5.8 포트폴리오 위험과 분산투자

포트폴리오 구성을 위해 더 많은 증권이 결합되면, 포트폴리오의 (표준편차 s_p에 의해 측정된) 총위험은 감소한다. 제거된 위험은 분산가능 위험이다. 남은 부분은 분산불가능, 또는 실질적 리스크이다.

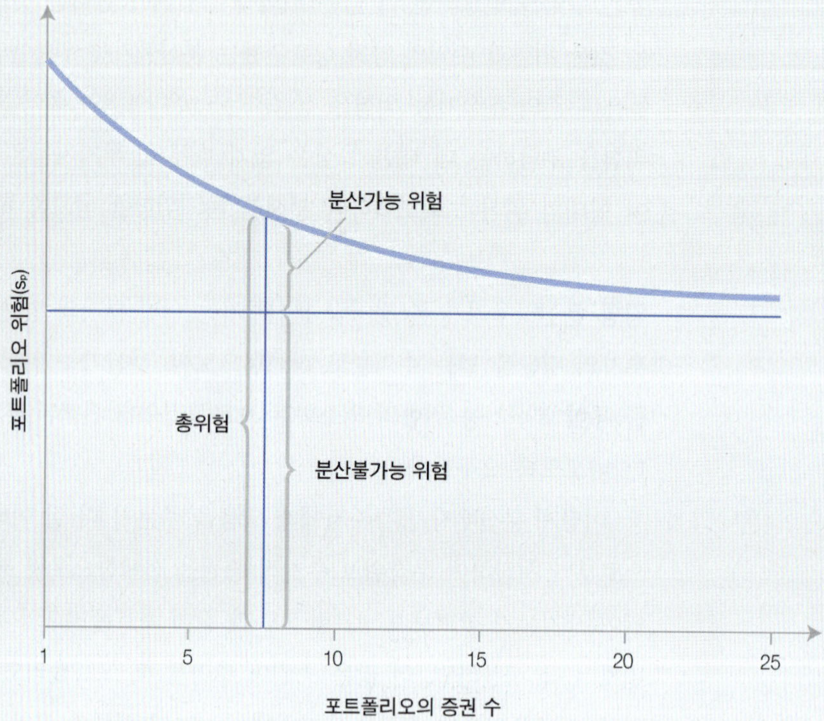

포트폴리오 베타의 계산 앞에서 본 것처럼 베타는 증권의 분산불가능, 또는 실질적 리스크를 측정한다. 시장의 베타는 1.0이다. 1.0보다 큰 베타를 갖는 증권은 시장보다 더 위험하고, 1.0보다 작은 베타를 갖는 증권은 시장보다 덜 위험하다. 무위험자산의 베타는 0이다.

포트폴리오 베타 b_p는 단순히 포함된 개별 자산들의 베타의 가중평균이다. 당신은 요소 자산들의 베타를 이용하여, 포트폴리오 베타를 쉽게 계산할 수 있다. 포트폴리오 베타 b_p를 계산하기 위해, 포트폴리오의 개별 주식들의 베타의 가중평균을 계산하라. 여기에서, 수식(5.4)와 같이, 가중치는 포트폴리오의 각 증권에 투자된 백분율을 나타낸다.

수식 5.4

$$\text{포트폴리오 수익률} = \left(\begin{matrix}\text{자산 1에 투자된}\\\text{총금액이}\\\text{포트폴리오에서}\\\text{차지하는 비중}\end{matrix} \times \begin{matrix}\text{자산 1의}\\\text{베타}\end{matrix}\right) + \left(\begin{matrix}\text{자산 2에 투자된}\\\text{총금액이}\\\text{포트폴리오에서}\\\text{차지하는 비중}\end{matrix} \times \begin{matrix}\text{자산 2의}\\\text{베타}\end{matrix}\right) + \cdots +$$

$$\left(\begin{matrix}\text{자산 } n\text{에 투자된}\\\text{총금액이}\\\text{포트폴리오에서}\\\text{차지하는 비중}\end{matrix} \times \begin{matrix}\text{자산 } n\text{의}\\\text{베타}\end{matrix}\right) = \sum_{t=1}^{n} \left(\begin{matrix}\text{자산 } j\text{에 투자된}\\\text{총금액이}\\\text{포트폴리오에서}\\\text{차지하는 비중}\end{matrix} \times \begin{matrix}\text{자산 } j\text{의}\\\text{베타}\end{matrix}\right)$$

수식 5.4a

$$b_p = (w_1 \times b_1) + (w_2 \times b_2) + \cdots + (w_n \times b_n) = \sum_{j=1}^{n} = (w_j \times b_j)$$

당연하게 $\sum_{j=1}^{n} w_j = 1$이며, 이는 포트폴리오 자산의 100%가 이 계산에 포함됨을 의미한다.

포트폴리오 베타는 개별 자산의 베타와 정확하게 같은 방법으로 해석된다. 이는 포트폴리오 수익률의 시장수익률 변화에 대한 반응 정도를 나타낸다. 예를 들어 시장수익률이 10% 상승할 때, 베타 0.75의 포트폴리오는 7.5%(0.75×10%)의 수익률 상승을 경험할 것이다. 1.25의 베타를 가진 포트폴리오는 12.5%(1.25×10%)의 수익률 상승을 경험할 것이다. 저-베타 포트폴리오는 고-위험 포트폴리오보다 덜 반응하고, 따라서 덜 위험하다. 명백하게, 주로 저-베타 자산들을 포함하는 포트폴리오는 낮은 베타를 가질 것이고, 이 역도 성립한다.

표 5.6 Austin Fund의 포트폴리오 V와 W

	포트폴리오 V		포트폴리오 W	
자산	비중	베타	비중	베타
1	0.10	1.65	0.10	0.80
2	0.30	1.00	0.10	1.00
3	0.20	1.30	0.20	0.65
4	0.20	1.10	0.10	0.75
5	0.20	1.25	0.50	1.05
합계	1.00		1.00	

예시를 위해, 2개의 포트폴리오 V와 W의 리스크를 평가하려고 하는 대형 투자회사인 Austin Fund를 고려하라. 두 포트폴리오는 <표 5.6>에 비중과 베타가 표시된 5개의 자산을 포함한다. 다음과 같이 <표>의 적절한 자료를 수식(5.4)에 대입함으로써, 우리는 포트폴리오 V와 W의 베타 b_v와 b_w를 계산할 수 있다.

$$b_v = (0.10 \times 1.65) + (0.30 \times 1.00) + (0.20 \times 1.30) + (0.20 \times 1.10) + (0.20 \times 1.25)$$
$$= 0.165 + 0.300 + 0.260 + 0.220 + 0.250 = 1.195 \approx \underline{\underline{1.20}}$$
$$b_w = (0.10 \times 0.80) + (0.10 \times 1.00) + (0.20 \times 0.65) + (0.10 \times 0.75) + (0.50 \times 1.05)$$
$$= 0.080 + 0.100 + 0.130 + 0.075 + 0.525 = \underline{\underline{0.91}}$$

포트폴리오 V의 베타는 1.20, 그리고 포트폴리오 W의 베타는 0.91이다. 포트폴리오 V는 상대적으로 높은 베타의 자산, 그리고 포트폴리오 W는 상대적으로 낮은 베타의 자산을 포함하기 때문에, 이 값들은 합리적이다. 명백하게, 포트폴리오 V의 수익률은 시장수익률 변화에 대해 포트폴리오 W보다 많이 반응하고 따라서 더 위험하다.

포트폴리오 베타의 해석 만약 포트폴리오가 1.0의 베타를 갖고 있으면, 이 포트폴리오는 시장수익률 변화와 같은 수익률 변화를 경험한다. 만약 전체적 주식시장이 10%의 수익률 상승을 경험하면, 베타 1.0의 포트폴리오는 10%의 수익률 상승을 경험하는 경향이 있다. 역으로, 만약 시장수익률이 6% 하락하면, 베타 1.0의 포트폴리오의 수익률도 6% 하락한다.

<표 5.7>은 두 상황에서 세 개의 포트폴리오 베타의 기대수익률을 수록한다—10%의 시장수익률 상승과 10%의 시장수익률 하락. 2.0의 베타를 가진 포트폴리오는 (평균적으로) 시장의 두 배만큼 변동한다. 시장수익률이 10% 상승할 때, 포트폴리오 수익률은 20% 상승한다. 시장수익률이 10% 하락할 때, 포트폴리오 수익률은 20% 하락할 것이다. 이 포트폴리오는 고-위험, 고-수익 포트폴리오로 간주될 것이다.

표 5.7 포트폴리오 베타와 연계된 수익률 변화

포트폴리오 베타	시장수익률의 변화(%)	포트폴리오 기대수익률의 변화(%))
+ 2.0	+ 10.0	+ 20.0
	− 10.0	− 20.0
+ 0.5	+ 10.0	+ 5.0
	− 10.0	− 5.0
− 1.0	+ 10.0	− 10.0
	− 10.0	+ 10.0

중간적인 베타 0.5의 포트폴리오는 저-위험, 저-수익 포트폴리오로 간주된다. 이는 저-위험 투자 형태를 유지하려는 투자자를 위한 보수적 포트폴리오일 것이다. 베타 0.5의 포트폴리오는 시장의 절반만큼 변동적이다.

베타 -1.0의 포트폴리오는 시장과는 반대 방향으로 변동한다. 하락시장을 예상하는 투자자는 아마도 음의 베타의 포트폴리오를 소유하기를 원할 것이다. 이런 종류의 투자는 주식시장이 하락할 때 가치상승하는 경향이 있고, 이 역도 성립하기 때문이다. 그러나, 음의 베타를 가진 증권을 찾는 것은 어렵다. 대다수 증권들은 주식시장의 변화와 같은 방향의 수익률 변동을 경험하는 경향이 있기 때문에, 양의 베타를 갖는다.

위험-수익의 상반관계: 맺음말 현대 포트폴리오 이론의 또 하나의 귀중한 발전은 분산불가능 위험과 투자수익률의 특정한 연계이다. 기본적 전제는 투자자는 비교적 높은 수익률을 얻으려면, 비교적 위험한 투자들의 포트폴리오를 보유해야 한다는 것이다. 이 관계는 <그림 5.9>에 예시된다. 우상향 곡선은 위험-수익 상반관계를 보여준다. 위험-수익 직선이 수익률 축을 교차하는 점은 무위험수익률 r_f로 불린다. 이는 투자자가 미국 장기국채 또는 부보된 화폐시장예금계좌 같은 무위험투자에서 얻을 수 있는 수익률이다.

그림 5.9 포트폴리오의 위험-수익 상반관계

투자 포트폴리오의 위험이 0으로부터 상승하면, 제공되는 수익률은 무위험수익률 r_f 이상으로 증가해야 한다. 포트폴리오 A와 B는 이들의 위험에 상응하는 수익률을 제공하고, 포트폴리오 C는 낮은 위험 수준에서 높은 수익률을 제공하며, 포트폴리오 D는 높은 위험 수준에서 낮은 수익률을 제공한다. 포트폴리오 C는 매우 바람직하고, 포트폴리오 D는 회피되어야 한다.

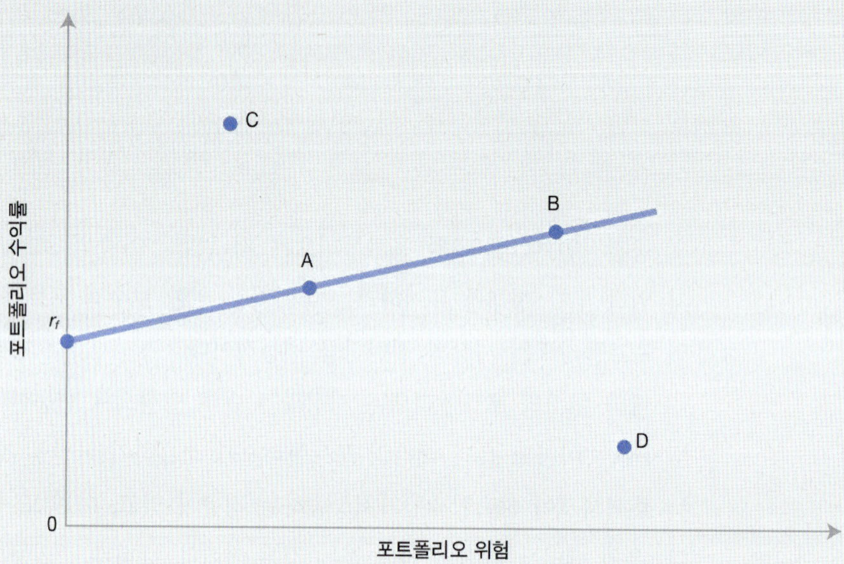

위험-수익 상반관계 직선을 따라 위로 이동하면, 네 개의 투자 포트폴리오 A부터 D에 의해 묘사된 위험한 투자들의 포트폴리오가 나타난다. 포트폴리오 A와 B는 각각의 위험 수준에 상승하는 수익률 수준을 제공하는 투자기회이다. 포트폴리오 C는 비교적 낮은 수준에서 높은 수익률을 제공하며, 따라서 훌륭한 투자이다. 대조적으로, 포트폴리오 D는 높은 위험, 그러나 낮은 수익률을 제공한다. 때문에 피해야 할 투자이다.

전통적 접근법과 MPT의 조화

우리는 포트폴리오 관리에 있어서 전통적 접근법과 MPT라는 두 개의 상당히 다른 접근법들을 살펴보았다. 자연스럽게 제기되는 질문은 어느 기법을 사용해야 하는지이다. 정해진 답은 없다. 질문은 각 투자자의 판단에 의해 해결되어야 한다. 그러나 약간의 유용한 아이디어가 제공될 수 있다.

평균적 개인투자자는 전체 MPT 포트폴리오 전략을 실행할 수 있는 자원, 컴퓨터, 그리고 수학적 감각을 갖고 있지 않다. 그러나, 대다수 개인투자자들은 전통적 그리고 MPT 접근법 모두로부터 아이디어를 얻고 이용할 수 있다. 전통적 접근법은 제7장과 제8장에서 논의되는 증권선택을 강조한다. 이는 또한 산업부문들에 걸친 포트폴리오 분산을 강조한다. MPT는 포트폴리오 안의 증권들의 상관계수를 낮출 것을 강조한다. 이 접근법은 분산가능 위험을 최소화하기 위한 분산투자를 요구한다. 따라서, 분산투자는 어느 전략에서든 만족스러운 성과를 위해 달성되어야 한다. 또한 베타는 포트폴리오의 분산불가능 위험 수준을 측정하는 유용한 도구이며, 의사결정 과정의 일부이어야 한다.

우리는 두 접근법의 특징들을 이용한 다음 포트폴리오 관리 정책을 권고한다.

- 얼마나 높은 위험을 수용할지 결정하라.
- 증권의 종류와 산업부문에 걸친 분산투자를 추구하고, 한 증권의 수익률이 다른 증권의 수익률과 어떻게 관련되어 있는지에 유의하라.
- 어떻게 증권이 시장에 반응하는지 고려하고, 당신의 수용가능한 수준의 위험에 맞도록 포트폴리오를 유지하기 위해, 포트폴리오 분산투자에서 베타를 이용하라.
- 선택된 포트폴리오가 수용가능한 수준의 위험에서 더 높은 수익률을 제공할 수 있도록 대안적 포트폴리오들을 평가하라

개념리뷰

5.12 전통적 포트폴리오 관리를 기술하라. 전통적 포트폴리오 매니저들이 유명한 회사에 투자하는 것을 선호하는 이유 세 가지를 제시하라.

5.13 현대 포트폴리오 이론(MPT)은 무엇인가? 모든 가능한 포트폴리오의 실현가능 또는 달성가능 집합은 무엇인가? 이는 주어진 투자집단으로부터 어떻게 도출되는가?

5.14 효율적 프런티어는 무엇인가? 이는 모든 가능한 포트폴리오의 달성가능 집합에 어떻게 관련되어 있는가? 최적 포트폴리오를 찾기 위해, 어떻게 투자자의 효용함수와 함께 사용될 수 있는가?

5.15 포트폴리오의 분산가능, 분산불가능, 그리고 총위험을 구별하라. 실질적 리스크로 간주되는 것은 무엇인가? 이는 어떻게 측정되는가?

5.16 베타를 정의하라. 포트폴리오에 포함된 각 자산의 베타를 알고 있을 때, 포트폴리오 베타는 어떻게 계산될 수 있는가?

5.17 전통적 및 현대 포트폴리오 접근법을 어떻게 조화시킬 수 있는지 설명하라.

토론 문제

LG 1 Q5.1 당신의 포트폴리오 목표를 기술하라. 이제, 당신의 목표에 부합하는 것으로 느껴지는 10개 주식의 포트폴리오를 만들어라(적어도 5년 동안 상장된 기업들을 이용하라). 지난 5년의 매년 연간 배당과 가격 자료를 수집하라.

a. 각 주식의 매년 역사적 수익률을 계산하라.

b. 문제 a.의 답을 사용하여, 5년 동안 매년 포트폴리오의 역사적 수익률을 계산하라.

c. 문제 b.의 답을 사용하여, 5년 동안의 포트폴리오 평균수익률을 계산하라.

d. 문제 b.와 c.의 답을 사용하여, 5년 동안의 포트폴리오 표준편차를 계산하라.

e. 문제 c.의 역사적 평균수익률과 문제 d.의 표준편차를 사용하고, 당신의 기술된 포트폴리오 목표에 기초하여 포트폴리오의 수익과 위험을 평가하라.

LG 2 Q5.2 다음 지침을 사용하여, 적어도 10년 동안 상장된 3개 기업의 주식(A, B, 그리고 C)를 선택하라. 주식 A는 당신이 매입을 고려하는 것이어야 한다. 주식 B는 같은 사업부문 또는 산업에 속할 수 있으며, 주식 A와 최고의 수익률 상관계수를 갖는다고 느껴지는 주식이어야 한다. 주식 C는 주식 A와 가능한 최저의 수익률 상관계수를 갖는다고 느껴지는 주식이어야 한다.

a. 각 주식의 지난 10년 동안의 매년 연 수익률을 계산하라.

b. 각 주식의 10개 연 수익률 값들을, x-축은 연도 그리고 y-축은 백분율로 표시된 연 수익률을 나타내는 동일한 평면에 표시하라.

c. 그래프의 각 주식의 수익률 관찰점들을 연결하라. 그래프의 주식 A와 B의 수익률을 평가하고 기술하라. 이들은 기대된 양의 상관계수를 보이는가? 그렇거나 그렇지 않은 이유는?

d. 그래프의 주식 A와 C의 수익률 사이의 상관관계를 평가하고 기술하라. 이들은 기대된 음의 상관계수를 보이는가? 그렇거나 그렇지 않은 이유는?

e. 문제 c.와 d.의 답을 주식 A, B, 그리고 C 사이의 예상된 관계에 비교하고 대비하라. 당신의 답을 논의하라.

LG 3 Q5.3 *Wall Street Journal*, Yahoo! Finance 같은 웹사이트 또는 다른 출처로부터, 무위험 수익률의 최근 추정치를 수집하라(10년 만기 장기국채를 이용하라). Value Line Investment Survey 또는 Yahoo! Finance를 이용하여, 다음 각 주식의 베타를 수집하라.

- Ford(자동차)
- Dell(컴퓨터)
- Sempra Energy(공공서비스)
- Kroger(식료품)
- Bank of America(금융서비스)

당신이 수집한 정보와 이 장에 주어진 대형주의 시장리스크 프리미엄을 사용하여, 자본자산가격결정모형에 기초하여 각 주식의 요구수익률을 계산하라,

LG 3 LG 4 Q5.4 *Wall Street Journal*, Yahoo! Finance 같은 웹사이트, 또는 다른 출처로부터 무위험 수익률의 최근 추정치를 수집하라(10년 만기 장기국채를 이용하라). Value Line Investment Survey 또는 Yahoo! Finance를 이용하여, 243쪽에 수록된 다음 각 회사의 베타를 수집하라.

a. 각 회사의 현재 베타를 이 장에 주어진 2012년 5월 7일의 베타에 비교하라.

b. 무엇이, 심지어 안정적 경제환경 속에서, 시간에 걸쳐 베타를 변화시키는가?

c. 현재 베타와 8.5%의 주식의 시장리스크 프리미엄을 사용하여, CAPM에 의해 각 주식의 요구수익률을 계산하라.

d. 문제 c.의 답을 각 회사의 특정 사업에 비교하고 논의하라.

LG 2 LG 5 LG 6 Q5.5 국제적 증권을 포함하는 대형 뮤추얼펀드의 투자설명서와 연차보고서를 수집하라. 투자설명서와 연차보고서를 주의 깊게 읽고, 펀드의 기술된 목표를 고려하여 포트폴리오 구성을 연구하라.

a. 보유 산업 및 회사의 분산투자 금액과 종류를 평가하라. 이 포트폴리오는 잘 분산되었는가?

b. S&P 500 같은 미국 주식 포트폴리오의 투자자에 비교하여, 이 펀드의 투자자가

당면하는 추가적 위험을 논의하라

LG 6 Q5.6 Value Line Investment Survey 또는 다른 출처를 사용하여, 0.50부터 1.50까지의 베타를 가진 4개 주식을 선택하라. 각 주식의 현재 시장가격을 기록하라. 당신은 4개의 주식을 결합하여, 약 1.10의 베타를 가진 포트폴리오를 만들려고 한다고 가정하라.

a. 시행착오를 통해, 모든 4개 주식을 사용하여 1.10의 목표 베타를 가진 포트폴리오를 만들어라.

b. 만약 당신이 이 포트폴리오에 투자할 $100,000를 보유하고 있으면, 문제 a.에서 계산된 가중치들에 기초하여 각 주식에 얼마를 투자하겠는가?

c. 문제 b.에서 계산된 금액 하에서, 당신은 4개 주식들 가운데 각각 대략 몇 주씩 살 것인가?

d. 1.10의 포트폴리오 베타를 만드는 다른 가중치 집합을 이용하여, 문제 a., b., 그리고 c.를 반복하라. 주어진 주식들로부터, 주어진 베타를 갖는 유일한 포트폴리오가 특정되는가?

문제

LG 1 P5.1 당신의 포트폴리오는 상장된 4년 동안 다음 <표>의 값들을 갖고 있다. 4년 기간 동안의 평균수익률을 계산하라.

연도	기초 가치($)	기말 가치($)
2010	50,000.00	55,000.00
2011	55,000.00	58,000.00
2012	58,000.00	65,000.00
2013	65,000.00	70,000.00

LG 1 P5.2 문제 5.1의 자료를 사용하여, 포트폴리오 표준편차를 계산하라.

LG 1 LG 2 P5.3 당신이 2개 자산 L과 M을 포함하는 포트폴리오를 고려하고 있다고 가정하라. 자산 L은 포트폴리오 금액의 40%를 차지하고, 자산 M은 나머지 60%를 차지한다. 다음 6년인 2015년-2020년의 각 자산의 기대수익률은 다음 <표>에 요약되어 있다.

연도	기대수익률(%)	
	자산 L	자산 M
2015	14	20
2016	14	18
2017	16	16
2018	17	14
2019	17	12
2020	19	10

a. 6년 동안 매년의 포트폴리오 기대수익률 $\overline{r_p}$를 계산하라.

b. 6년 기간의 포트폴리오 기대수익률 $\overline{r_p}$의 평균을 계산하라.

c. 6년 기간의 포트폴리오 기대수익률의 표준편차 s_p를 계산하라.

d. 당신은 자산 L과 M의 수익률 상관계수를 어떻게 특징짓겠는가?

e. 포트폴리오 구성을 통해 얻어진 분산투자의 이득을 논의하라.

LG 1 LG 2 P5.4 문제 5.3을 참조하라. 자산 L은 포트폴리오의 60%, 자산 M은 40%를 차지한다고 가정하라. 6년 기간의 평균 포트폴리오 기대수익률과 포트폴리오 기대수익률의 표준편차 s_p를 계산하라. 당신의 답을 문제 5.3의 답에 비교하라.

LG 1 LG 2 P5.5 당신은 다음 3개 자산(F, G 그리고 H)의 2015~2018년 기간의 수익률 자료를 갖고 있다.

연도	기대수익률(%)		
	자산 F	자산 G	자산 H
2015	16	17	14
2016	17	16	15
2017	18	15	16
2018	19	14	17

이 자산들을 이용하여, 당신은 3개의 투자대안을 선택했다:

대안	투자
1	100%의 자산 F
2	50%의 자산 F와 50%의 자산 G
3	50%의 자산 F와 50%의 자산 H

a. 3개의 대안 각각의 4년 기간의 포트폴리오 수익률을 계산하라.

b. 3개의 대안 각각의 4년 기간의 수익률 표준편차를 계산하라.

c. 문제 a.와 b.의 답에 기초하여, 당신은 3개 투자대안들 가운데 어느 것을 추천하는가? 그 이유는?

LG 1 LG 2 P5.6 당신은 자산 포트폴리오 선택을 위한 조언을 요청 받고, 다음 자료를 제공 받았다.

연도	기대수익률(%)		
	자산 A	자산 B	자산 C
2015	12	16	12
2016	14	14	14
2017	16	12	16

당신은 2개 요소 자산 각각에 같은 비중(50%)으로 투자함으로써, 2개의 포트폴리오(하나는 자산 A와 B, 그리고 다른 하나는 자산 A와 C)를 만들 수 있다.

a. 각 자산의 3년 동안의 평균 기대수익률 $\bar{r}$은 무엇인가?

b. 각 자산의 기대수익률의 표준편차 s는 무엇인가?

c. 각 포트폴리오의 평균 기대수익률 $\overline{r_p}$는 무엇인가?

d. 당신은 문제 c.에서 다루어진, 각 포트폴리오의 2개 자산의 수익률 상관관계를 어떻게 특징짓겠는가?

e. 각 포트폴리오의 기대수익률의 표준편차 s_p는 무엇인가?

f. 당신은 어느 포트폴리오를 추천하는가? 그 이유는?

LG 1 LG 2 P5.7 앞의 문제 5.6을 참조하여, 만약 같은 가중치의 자산 A, B, 그리고 C로 구성된 포트폴리오를 만들면 어떻게 되겠는가? 이는 위험을 낮추거나 또는 수익을 높일 것인가?

LG 1 LG 2 **P5.8** 당신은 자산 V와 W의 상관관계 정도에 관한 완전 양, 무상관, 완전 음의 상관관계의 3가지 가정 하에서, 다양한 결합의 위험과 수익을 평가하려 한다고 가정하라. 이 자산들에 대해, 다음의 평균 수익과 위험 값이 계산되었다.

자산	평균 수익률, $\bar{r}$(%)	리스크(자산의 표준편차), s(%)
V	8	5
W	13	10

a. 만약 자산 V와 W가 완전 양의 상관관계를 가지면(상관계수=+1), 모든 가능한 포트폴리오 결합의 (1) 수익률과 (2) 위험의 범위를 기술하라.

b. 만약 자산 V와 W가 상관관계를 갖고 있지 않으면(상관계수=0), 모든 가능한 포트폴리오 결합의 (1) 수익률과 (2) 위험의 대략적 범위를 기술하라.

c. 만약 자산 V와 W가 완전 음의 상관관계를 가지면(상관계수=-1), 모든 가능한 포트폴리오 결합의 (1) 수익률과 (2) 위험의 범위를 기술하라.

LG 1 **P5.9** 다음 <표>는 Home Depot(HD)와 Lowe's(LOW) 주식의 수익률을 포함한다. 수익률은 finance.yahoo.com으로부터 수집된 연말 가격을 사용하여 (배당과 주식분할에 대해 조정되어) 계산된다. 엑셀을 이용하여, HD와 LOW의 균등 가중치 포트폴리오의 수익률을 계산하는 스프레드시트를 만들어라. 또한, 두 주식과 포트폴리오의 평균 연 수익률을 계산하라(힌트: <표 5.1>의 패널 A를 복습하라).

연도	HD 수익률(%)	LOW 수익률(%)
2002	−52.6	−19.1
2003	49.0	48.0
2004	21.5	4.2
2005	−4.3	16.1
2006	1.0	−6.0
2007	−31.2	−26.8
2008	−11.4	−3.3
2009	30.6	10.6
2010	24.9	9.2
2011	23.5	3.4

LG 1 LG 2 **P5.10** 문제 5.9의 Home Depot(HD)와 Lowe's(LOW)의 연 수익률 <표>를 사용하여 HD,

LOW, 그리고 HD와 LOW의 균등 가중치 포트폴리오의 연 수익률 표준편차를 계산하는 엑셀 스프레드시트를 만들어라(힌트: 228쪽의 엑셀 화면사진을 복습하라).

LG 1 LG 2 **P5.11** 문제 5.9의 Home Depot(HD)와 Lowe's(LOW)의 연 수익률 <표>를 사용하여, HD와 LOW의 연 수익률 상관계수를 계산하는 엑셀 스프레드시트를 만들어라(힌트: 229쪽의 엑셀 화면사진을 복습하라).

LG 1 LG 2 **P5.12** 문제 5.9의 Home Depot(HD)와 Lowe's(LOW)의 연 수익률 <표>를 사용하여, HD와 LOW로 이루어진 다음 가중치의 포트폴리오 각각의 수익률을 계산하는 엑셀 스프레드시트를 만들어라-(1.0, 0.0), (0.9, 0.1), (0.8, 0.2), (0.7, 0.3), (0.6, 0.4), (0.5, 0.5), (0.4, 0.6), (0.3, 0.7), (0.2, 0.8), (0.1, 0.9), 그리고 (0.0, 1.0). 또한, 각 포트폴리오 구성에서 포트폴리오 표준편차를 계산하라. 당신은 앞에서 계산된 HD와 LOW의 표준편차 그리고 그들의 상관계수를 필요로 할 것이다(힌트: <표 5.2>를 복습하라).

LG 1 LG 2 **P5.13** 문제 5.9에서 Home Depot와 Lowe's에 관해 계산된 포트폴리오 수익률과 표준편차의 조합들을 그래프로 그리는 엑셀 스프레드시트를 만들어라(힌트: <그림 5.3>을 복습하라).

LG 3 **P5.14** 당신은 두 투자 A와 B의 베타를 추정하려 한다고 가정하라. 당신은 시장과 두 투자 각각의 지난 10년(2005~2014년) 수익률 자료를 아래와 같이 수집했다.

연도	역사적 수익률		
	시장	투자 A(%)	투자 B(%)
2005	6	11	16
2006	2	8	11
2007	−13	−4	10
2008	−4	3	3
2009	−8	0	3
2010	16	19	30
2011	10	14	22
2012	15	18	29
2013	8	12	19
2014	13	17	26

a. 시장수익률 (x-축)과 개별 수익률 (y-축) 좌표에서, 위 자료를 사용하여 한 그래

프 안에 투자 A와 B의 특성선을 그려라.

b. 문제 a.의 특성선을 사용하여, 투자 A와 B의 베타를 추정하라.

c. 문제 b.에서 계산된 베타를 사용하여, 투자 A와 B의 상대적 리스크를 논평하라.

LG 3 P5.15 당신은 Leverage Co.와 Value Corp.의 2개의 가능한 주식투자를 평가하고 있다. Leverage Co.는 10%의 기대수익률과 1.4의 베타를 갖고 있다. Value Corp.는 10%의 기대수익률과 0.9의 베타를 갖고 있다. 단지 이 자료에 기초하면, 당신은 어떤 주식을 사야 하는가, 그리고 그 이유는 무엇인가?

LG 3 P5.16 문제 5.15를 참조하여, 만약 당신이 현저한 시장침체를 예측하면 앞의 결정이 바뀔 것인가? 설명하라.

LG 3 P5.17 어떤 증권은 0.9의 베타를 갖고 있다. 이 증권은 시장보다 더 또는 덜 위험한가? 설명하라. 다음 각 경우에서, 이 증권의 요구수익률에 대한 영향을 평가하라.

a. 시장수익률이 10% 상승한다.

b. 시장수익률이 5% 하락한다.

c. 시장수익률은 변하지 않는다.

LG 3 P5.18 증권 A, B, 그리고 C의 베타는 아래와 같다고 가정하라.

증권	베타
A	1.4
B	0.8
C	−0.9

a. 시장이 다음 기간에 13.2%의 수익률 상승을 경험하는 경우, 각 증권의 수익률 변화를 계산하라.

b. 시장이 다음 기간에 10.8%의 수익률 하락을 경험하는 경우, 각 증권의 수익률 변화를 계산하라.

c. 당신의 답에 기초하여 각 증권의 상대적 리스크의 순위를 정하고 논의하라. 어

느 증권이 경제하락기에 최고의 성과를 낼 것 같은가? 설명하라.

LG 3 LG 6 P5.19 문제 5.18을 참조하여, 당신이 투자 A, B, 그리고 C 각각에 $20,000를 투자한 포트폴리오를 보유한다고 가정하라. 당신의 포트폴리오 베타는 무엇인가?

LG 3 LG 6 P5.20 문제 5.19를 참조하고 포트폴리오 베타를 이용하여, 만약 시장이 20% 상승하면 당신의 포트폴리오의 기대가치는 무엇인가? 만약 20% 하락하면?

LG 3 P5.21 자본자산가격결정모형을 사용하고 주어진 자료에 기초하여, 다음 증권들 각각의 요구수익률을 계산하라.

증권	무위험수익률(%)	시장수익률(%)	베타
A	5	8	1.3
B	8	13	0.9
C	9	12	0.2
D	10	15	1.0
E	6	10	0.6

LG 4 P5.22 Jay는 주식과 채권들을 포함하는 자신의 투자 포트폴리오를 검토하고 있다. 그는 2%를 지급하는 미국 단기국채에 큰 금액을 묶어두고 있다. 그는 단기국채로부터 주식으로 일부 자금의 이동을 고려하고 있다. 주식은 1.1의 베타를 갖고 있다. 만약 Jay가 이 주식으로부터 (현재 14%의 시장수익률보다 약간 더 높은) 16%의 수익률을 기대하면, 주식을 사야 하는가 또는 자금을 단기국채에 유지해야 하는가?

LG 4 P5.23 무위험수익률은 현재 7%, 그리고 시장수익률은 12%이다. 당신이 다음 투자들을 고려하고 있다고 가정하라.

투자	베타
A	1.5
B	1.0
C	0.75
D	0.0
E	2.0

a. 어느 투자가 가장 위험한가? 가장 덜 위험한 투자는?

b. 자본자산가격결정모형을 사용하여, 각 투자의 요구수익률을 계산하라.

c. 문제 b.의 답에 기초하여, 증권시장선을 그려라.

d. 문제 c.의 답에 기초하여, 위험과 수익 사이에 어떤 관계가 존재하는가? 설명하라.

LG 5 LG 6 P5.24 포트폴리오 A부터 J는 다음 <표>에 수익률(r_p) 및 위험(표준편차 s_p로 측정)과 함께 수록되었으며, 실현가능 또는 달성가능 집합의 모든 현재 이용가능한 포트폴리오를 나타낸다.

포트폴리오	수익률, r_p(%)	위험, s_p(%)
A	9	8
B	3	3
C	14	10
D	12	14
E	7	11
F	11	6
G	10	12
H	16	16
I	5	7
J	8	4

a. 포트폴리오 위험(x-축)과 포트폴리오 수익률(y-축)을 나타내는 그래프에, 이 자료들이 의미하는 실현가능 또는 달성가능 집합을 표시하라.

b. 문제 a.의 그래프에 효율적 프런티어를 그려라.

c. 어떤 포트폴리오가 효율적 프런티어에 위치하는가? 이 포트폴리오들은 왜 실현

가능 집합의 다른 것들을 지배하는가?

d. 최적 포트폴리오를 찾기 위해, 투자자의 효용함수 또는 위험-무차별곡선은 어떻게 효율적 프런티어와 함께 사용되는가?

LG 5 LG 6 P5.25 포트폴리오 구성을 위해, Jack Cashman은 뉴욕 증권거래소에 상장된 모든 증권들로부터 무작위로 증권을 선택했다. 그는 한 증권에서 시작하여, 총 20개 증권이 포트폴리오에 포함될 때까지 하나씩 증권을 추가했다. 각 증권이 추가된 후, Jack은 포트폴리오 표준편차 s_p를 계산했다. 계산된 값들은 다음과 같다.

증권 수	포트폴리오 위험 s_p(%)	증권 수	포트폴리오 위험 s_p(%)
1	14.5	11	7.00
2	13.3	12	6.80
3	12.2	13	6.70
4	11.2	14	6.65
5	10.3	15	6.60
6	9.5	16	6.56
7	8.8	17	6.52
8	8.2	18	6.5
9	7.7	19	6.48
10	7.3	20	6.47

a. 포트폴리오의 증권 수(x-축)와 포트폴리오 위험 s_p(y-축)을 나타내는 그래프에, 앞 <표>의 자료에 의해 주어진 포트폴리오 위험을 표시하라.

b. 그래프의 포트폴리오 위험을 분산불가능 및 분산가능 위험 요소로 구분하고, 그래프에서 각각을 표시하라.

c. 두 리스크요소 가운데 어느 것이 실질적 리스크인지 기술하고, 왜 그런지 설명하라. 이런 리스크가 Jack Cashman의 포트폴리오에 얼마나 많이 존재하는가?

LG 3 LG 6 P5.26 만약 포트폴리오 A가 1.2의 베타, 포트폴리오 Z가 -0.2의 베타를 갖고 있으면, 이 두 값은 무엇을 의미하는가? 만약 시장수익률이 10% 상승하면, 당신은 각 주식의 수익률에서 어떤 변화를 기대하는가?

LG 3 LG 6 P5.27 주식 A는 0.8의 베타, 주식 B는 1.4의 베타, 그리고 주식 C는 -0.3의 베타를 갖고 있다.

a. 이 주식들에 대해, 가장 위험한 것부터 가장 덜 위험한 것까지 순위를 정하라.

b. 만약 시장 포트폴리오의 수익률이 12% 상승하면, 당신은 각 주식의 수익률에서 어떤 변화를 기대하는가?

c. 만약 시장 포트폴리오의 수익률이 5% 하락하면, 당신은 각 주식의 수익률에서 어떤 변화를 기대하는가?

d. 만약 당신이 주식시장이 현저한 하락을 경험할 것으로 느끼면, 어느 주식을 포트폴리오에 추가할 가능성이 가장 높은가? 그 이유는?

e. 만약 당신이 대규모 주식시장의 상승을 예상하면, 어느 주식을 포트폴리오에 추가할 가능성이 가장 높은가? 그 이유는?

LG 6 P5.28 Jeanne Lewis는 동일한 5개의 자산을 상이한 비중으로 보유한 2개의 잠재적 포트폴리오를 평가하려 한다. 그녀는 특히 포트폴리오의 리스크를 비교하기 위해 베타를 사용하는 데 관심을 갖고 있고, 이런 취지에서 다음 자료를 수집했다.

		포트폴리오 가중치(%)	
자산	자산의 베타	포트폴리오 A	포트폴리오 B
1	1.3	10	30
2	0.7	30	10
3	1.25	10	20
4	1.1	10	20
5	0.9	40	20
합계		100	100

a. 포트폴리오 A와 B의 베타를 계산하라.

b. 각 포트폴리오의 리스크를 시장 및 상호 간에 비교하라. 어느 포트폴리오가 더 위험한가?

LG 4 P5.29 문제 5.28을 참조하여, 만약 무위험수익률이 2%이고 시장수익률이 12%이면, 각 포트폴리오의 요구수익률을 자본자산가격결정모형을 사용하여 계산하라.

LG 5 LG 6 P5.30 문제 5.28을 참조하여, 5개 자산 각각은 아래 <표>에 제시된 기대수익률을 갖는다고 가정하라. 이 수치들과 문제 5.28의 가중치들에 기초하여, 포트폴리오 A와 B의 기대수익률을 계산하라. 당신은 어느 포트폴리오에 투자하겠는가, 그리고 그 이유는 무엇인가?

자산	수익률(%)
1	16.5
2	12.0
3	15.0
4	13.0
5	7.0

사례 문제 5.1: 전통적 그리고 현대 포트폴리오 이론-무엇이 옳은가?

LG 5 LG 6 Walt Davies와 Shane O'Brien은 Lee, Inc.의 지역 책임자이다. 몇 년 동안 회사의 판매조직을 옮겨다니면서, 그들은 가까운 친구가 되었다(지금도 그렇다). 33세인 Walt는 현재 뉴저지주 프린스턴에 살고 있다. 35세인 Shane은 텍사스주 휴스턴에 산다. 최근 전국적 영업회의에서 그들은 회사의 여러 가지 일 그리고 투자 문제를 얘기할 때, 가족의 근황도 서로 얘기했다. 각자는 언제나 주식시장에 매혹되어 있었고, 이제 어느 정도의 경제적 성공을 이루었으므로 활발한 투자를 시작했다.

그들이 투자를 논의할 때, Walt는 수십만 달러를 갖지 않은 개인이 안전하게 투자할 수 있는 유일한 방법은 뮤추얼펀드 주식을 사는 것이라고 말했다. 그는 개인은 안전을 위해 광범위하게 분산된 포트폴리오를 보유해야 하고, 많은 돈과 시간을 가진 사람만이 뮤추얼펀드로부터 얻을 수 있는 분산투자 효과를 독립적으로 달성할 수 있다고 강조했다.

Shane은 완전히 다른 의견을 제시했다. 그는 "분산투자! 누가 그걸 필요로 하지?"라고 말했다. 그는 원하는 위험-수익 특성을 소유한 주식을 주의 깊게 살펴보고, 하나의 최선의 주식에 모든 돈을 투자하는 것이 옳다고 생각했다. Walt는 그에게 미쳤다고 말했다. 그는 "리스크를 편리하게 측정하는 방법은 없다—당신은 단지 도박을 하고 있다"라고 말했다. Shane은 동의하지 않았다. 그는 주식중개인이 리스크 척도인 베타에 관해 어떻게 알려주었는지 설명했다. Shane은 주식의 베타가 높을수록 더 위험하고, 따라서 더 높은 수익률을 갖는다고 말했다. 잠재적 주식 투자의 베타를 인터넷에서 찾아봄으로써, 투자자는 수용가능한 위험 수준을 가진 주식을 선택할 수 있다고 했다. Shane은 베타가 있으면 분산투자는 불필요하다고 설명했다; 투자자는 단순히 베타에 반영된 위험을 수용한 후, 최선을 바라야 한다.

대화는 계속되었으며, Walt는 베타에 관해 전혀 모르지만 하나의 주식만으로 안전하게 투자할 수 있을 것으로 믿지 않는다고 말했다. Shane은 그의 주식중개인이 베타는 하나의 주식뿐 아니라 주식의 포트폴리오에서도 계산될 수 있다고 설명했다고 계속 주장했다. 그는 "베타 1.2의 주식과 베타 1.2의 포트폴리오는 어떻게 다르지? 그들은 같은 위험을 갖고 있으므로, 비슷한 수익률을 제공해야 한다"라고 말했다.

Walt와 Shane은 계속 투자전략에 관해 다른 의견들을 말했기 때문에, 서로에게 화가 나기 시작했다. 누구도 상대방에게 자신을 납득시킬 수 없었다. 그들의 목소리는 이제 높아져서, 근처에 서 있던 회사의 재무담당 부사장인 Elinor Green의 주의를 끌었다. 그녀는 걸어와서 그들의 논쟁을 들었고, 자신의 전문적 재무지식을 이용하여 그들의 논쟁을 해결할 수 있다고 말했다. 그녀는 그들의 논쟁의 핵심을 설명하도록 요청했고, 각자는 자신의 견해를 다시 설명했다. 그들의 의견을 들은 후, Elinor는 "두 분의 설명 각각에 대해 좋은 소식과 나쁜 소식을 갖고 있다. 당신들 각각의 설명은 타당성과 오류를 동시에 갖고 있다. Walt는 포트폴리오 관리에서 전통적 접근법을 지지하는 경향이 있다. Shane의 견해는 현대 포트폴리오 이론을 더 지지한다"고 대답했다. 바로 그 때, 회사의 사장이 즉시 Elinor와 대화해야 했기 때문에 토론은 중단되었다. Elinor는 헤어져야 한다고 양해를 구하고, 그날 저녁 늦게 대화를 계속하자고 제안했다.

문제

a. Walt의 주장을 분석하고, 뮤추얼펀드 투자가 과도하게 분산될 수 있는 이유를 설명하라. 또한 투자가가 적절히 분산투자하기 위해 수십만 달러를 가질 필요는 없는 이유를 설명하라.
b. Shane의 주장을 분석하고, 그가 주장한 베타로써 분산투자를 대체한다는 논리의 주요 오류를 설명하라. 리스크 척도로서 베타를 사용하는 기반이 되는 핵심 가정을 설명하라.
c. 포트폴리오 관리의 전통적 접근법을 간단히 기술하고, Walt와 Shane에 의해 지지되는

접근법에 비교하라.

d. 현대 포트폴리오 이론을 간단히 기술하고, Walt와 Shane에 의해 지지되는 접근법에 비교하라. 반드시 분산가능 위험, 분산불가능 위험, 그리고 총위험 및 베타의 역할을 언급하라

e. 어떻게 전통적 접근법과 현대 포트폴리오 이론이 혼합되어, 개인투자자에게 유용한 포트폴리오 관리의 접근법이 될 수 있는지 설명하라. 이 논리가 Walt와 Shane의 상이한 관점들을 조화시킬 수 있는지 논의하라.

사례 문제 5.2: Susan Lussier의 상속 포트폴리오-그녀의 필요에 적합한가?

LG 3 LG 4 LG 5 LG 6

Susan Lussier는 35세이고, 대규모 석유 및 가스 탐사회사의 세무담당 회계사로 고용되어 있다. 그녀는 회사의 급여와 시추활동 참여로부터 1년에 약 $135,000를 번다. 석유 및 가스 관련 세금 전문가이기 때문에 그녀는 직업적 안정성을 우려하지 않는다. 그녀는 현재 소득에 만족하고, 자신이 원하는 것을 사고 실행하는 데 충분하다고 생각한다. 그녀의 현재 철학은 매일매일 최대한 누리는 것이고, 은퇴는 너무 먼 미래이기 때문에 당장 관심을 가질 필요는 없다는 생각으로 신경 쓰지 않고 있었다.

한 달 전, Susan의 생존했던 부모인 아버지가 선박사고로 사망했다. 그는 2년 전 캘리포니아주 라호야로 은퇴하여, 대부분의 시간을 요트에서 보냈다. 은퇴 전, 그는 사우스캐롤라이나에서 아동용 의류 제조업체를 경영했다. 은퇴 후 그는 회사의 주식을 팔고, 수입금을 연 $30,000 이상의 추가적 은퇴 소득을 제공하는 증권 포트폴리오에 투자했다. 그는 유언을 통해 모든 재산을 Susan에게 남겼다. 가문의 약간의 귀중품에 더해, Susan이 받는 유산은 약 $350,000의 시장가치를 가진 증권 포트폴리오와 약 $10,000의 현금으로 이루어졌다.

Susan 아버지의 포트폴리오에는 10개의 증권(5개 채권, 2개 주식, 그리고 3개 뮤추얼펀드)이 포함됐다. 다음 <표>는 이 증권들 및 핵심 특성을 수록한다. 보통주들은, 지난 5년 동안 지속적인 배당 패턴을 보인 대규모의 성숙되고 유명한 기업들에 의해 발행되었다. 주식들은 매년 2% 내지 3%의 가치상승을 넘지 않는 완만한 성장 잠재력을 보였다. 포트폴리오의 뮤추얼펀드는 소득지향적 주식과 채권에 분산되어 투자된 소득 펀드였다. 이들은 배당소득의 안정적 흐름을 제공했으나, 자본이득의 가능성은 거의 제공하지 않았다.

Susan Lussier가 상속받은 증권 포트폴리오

채권						
액면가($)	증권	S&P 신용등급	이자소득($)	호가($)	총비용($)	경상수익률(%)
40,000	Delta Power and Light, 10.125% 만기 2029년	AA	4,050	98.000	39,200	10.33
30,000	Mountain Water, 9.750% 만기 2021년	A	2,925	102.000	30,600	9.56
50,000	California Gas, 9.500% 만기 2016년	AAA	4,750	97.000	48,500	9.79
20,000	Trans-Pacific Gas, 10.000% 만기 2027년	AAA	2,000	99.000	19,800	10.10
20,000	Public Service, 9.875% 만기 2017년	AA	1,975	100.000	20,000	9.88
보통주						
주식 수	회사	주당 배당($)	배당소득($)	주당 가격($)	총비용($)	베타
2,000	International Supply	2.40	4,800	22	44,900	0.97
3,000	Black Motor	1.50	4,500	17	52,000	0.85
뮤추얼펀드						
주식 수	펀드	주당 배당소득($)	배당소득($)	주당 가격($)	총비용($)	베타
2,000	Internal Capital Income A 펀드	0.80	1,600	10	20,000	1.02
1,000	Grimmer Special Income 펀드	2.00	2,000	15	15,000	1.10
4,000	EEllis Diversified Income 펀드	1.20	4,800	12	48,000	0.90

총 연간 소득: $33,400 포트폴리오 가치: $338,000 포트폴리오 경상 수익률: 9.88%

이제 Susan은 보유한 포트폴리오가 자신의 상황에 적합한지 결정하려 한다. 그녀는 포트폴리오에 의해 제공되는 높은 수준의 소득은 약 40%의 세율(연방 및 주)로 과세된다는 것을 깨달았다. 그녀는 지금 소득을 필요로 하지 않기 때문에, 세후 소득을 주로 높은 자본이득 잠재력을 가진 보통주에 투자할 계획이다. 올해, 그녀가 과세대상 소득 창출을 피해야 할 필요가 있다는 것은 명백하다(Susan은 이미 소득의 상당한 부분을 세금으로 내고 있다). 그녀는 포트폴리오를 상속받아서 운이 좋다고 느끼며, 주어진 자신의 재정상태 하에서 그녀에게 최대의 혜택을 제공하도록 조정하려고 한다. 그녀에게 남겨진 $10,000의 현금은 특히 포트폴리오 조정에 관련된 중개 수수료를 지급하는 데 유용할 것이다.

문제

a. Susan의 재정상태를 간단하게 평가하고, 그녀의 필요에 부합하는 포트폴리오 목표를 개발하라.

b. Susan의 아버지가 그녀에게 남긴 포트폴리오를 평가하라. 목표로 보이는 것들을 추측하고, 포트폴리오가 이 목표를 달성하는 데 얼마나 효율적인지 평가하라. 총비용 가치를 이용하여, 포트폴리오에 반영된 자산배분 체계를 기술하라. 포트폴리오의 위험, 수익 그리고 세금 효과를 논평하라.

c. 만약 Susan이 그녀의 필요에 부합하는(문제 a.의 답에 나타난) 증권 포트폴리오에 투자하기로 결정하면, 당신이 그녀에게 매입을 추천할 증권들의 성격과 배합을 기술하라.

d. 문제 b.에서 다룬 Susan에게 상속된 증권 포트폴리오의 성격을 문제 c.에서 다룬 당신이 그녀에게 적합하다고 믿는 증권 포트폴리오에 비교하라.

e. 당신은 Susan에게 상속된 포트폴리오에 관해 어떤 조언을 할 것인가? 그녀의 필요에 맞게 포트폴리오를 조정하는 데 필요한 단계들을 설명하라.

엑셀 스프레드시트

Katie는 두 증권 Intel(INTC)과 Procter & Gamble(P&G)로 구성된 포트폴리오를 만들 계획이다. 그녀는 포트폴리오 수익률이, 각 주식에 투자된 금액에 의해 어떻게 결정되는지 궁금하다. Katie의 교수는 자본자산가격결정모형을 사용하여 두 회사의 요구수익률을 계산하도록 제안했다(수식(5.3)과 (5.3a)를 참고하라).

$$r_j = r_f + [b_j \times (r_m - r_f)]$$

Katie는 현재 5%의 장기국채 수익률을 사용하여 r_f를 측정한다. Katie는 S&P 500 지수의 지난 몇 년 동안의 평균수익률을 6.1%로 계산하고, 이 수치를 r_m을 측정하는 데 사용한다. 그녀는 베타 정보의 출처를 찾아서, 다음 단계들을 따른다:

- money.msn.com에 간다.
- Get Quote 창에서, INTC를 입력하고 Get Quote를 클릭한다.
- 다음 페이지에서 주식의 베타를 찾는다.
- PG 주식에 대해 같은 절차를 반복한다.

문제

a. INTC와 PG의 베타 값은 무엇인가? CAPM을 사용하여, INTC와 PG의 요구수익률을 계산하는 스프레드시트를 만들어라.

b. Katie는 포트폴리오를 INTC와 PG에 각각 60%와 40%로 분배하기로 결정했다. 따라서, 포트폴리오의 수익률 및 베타에서 가중평균이 계산될 수 있다. 이 개념은 <표 5.2>의 스프레드시트에 나타나 있다. 다음 모형을 계산에 이용하여, 스프레드시트를 만들어라.

$$\text{war} = (w_i \times r_i) + (w_j \times r_j)$$

여기에서 기호들은 다음과 같다:

war = 포트폴리오의 가중평균 요구수익률
w_i = 포트폴리오의 증권 i의 비중
r_i = 포트폴리오의 증권 i의 요구수익률
w_j = 포트폴리오의 증권 j의 비중
r_j = 포트폴리오의 증권 j의 요구수익률

$$\text{wab} = (w_i \times b_i) + (w_j \times b_j)$$

여기에서 기호들은 다음과 같다:

wab = 포트폴리오의 가중평균 베타
w_i = 포트폴리오의 증권 i의 비중
b_i = 포트폴리오의 증권 i의 베타
w_j = 포트폴리오의 증권 j의 비중
b_j = 포트폴리오의 증권 j의 베타

장을 여는 문제

이 문제에서, 우리는 이 장의 앞에서 소개된 United Rentals Inc.(URI)을 방문할 것이다. 다음 <표>는 URI 주식과 S&P 500 주가지수의 2007년 5월부터 2012년 4월까지 월간 수익률을 보여준다.

월/년	S&P 500 수익률(%)	United Rentals 수익률(%)	월/년	S&P 500 수익률(%)	United Rentals 수익률(%)
5/1/2007	3.3	0.1	11/2/2009	5.7	-2.8
6/1/2007	-1.8	-3.0	12/1/2009	1.8	6.4
7/2/2007	-3.2	-1.2	1/4/2010	-3.7	-18.3
8/1/2007	1.3	1.4	2/1/2010	2.9	-5.7
9/4/2007	3.6	-1.3	3/1/2010	5.9	24.2
10/1/2007	1.5	6.3	4/1/2010	1.5	53.1
11/1/2007	-4.4	-31.9	5/3/2010	-8.2	-15.4
12/3/2007	-0.9	-21.1	6/1/2010	-5.4	-23.3
1/2/2008	-6.1	-0.7	7/1/2010	6.9	41.4
2/1/2008	-3.5	10.3	8/2/2010	-4.7	-14.6
3/3/2008	-0.6	-6.3	9/1/2010	8.8	31.9
4/1/2008	4.8	0.0	10/1/2010	3.7	26.6
5/1/2008	1.1	9.3	11/1/2010	-0.2	4.4
6/2/2008	-8.6	-4.8	12/1/2010	6.5	16.0
7/1/2008	-.0	-17.5	1/3/2011	2.3	17.1
8/1/2008	1.2	0.1	2/1/2011	3.2	16.2
9/2/2008	-9.1	-5.9	3/1/2011	-0.1	7.4
10/1/2008	-16.9	-32.7	4/1/2011	2.8	-11.6
11/3/2008	-7.5	-21.3	5/2/2011	-1.4	-7.1
12/1/2008	0.8	13.0	6/1/2011	-1.8	-7.1
1/2/2009	-8.6	-38.8	7/1/2011	-2.1	-9.4
2/2/2009	-11.0	-27.4	8/1/2011	-5.7	-27.5
3/2/2009	8.5	4.0	9/1/2011	-7.2	1.0
4/1/2009	9.4	43.9	10/3/2011	10.8	39.0
5/1/2009	5.3	-21.6	11/1/2011	-0.5	20.2
6/1/2009	0.0	36.6	12/1/2011	0.9	5.0
7/1/2009	7.4	15.1	1/3/2012	4.4	29.4
8/3/2009	3.4	23.0	2/1/2012	4.1	9.0
9/1/2009	3.6	12.1	3/1/2012	3.1	2.9
10/1/2009	-2.0	-7.9	4/2/2012	-0.7	8.8

문제

a. URI 주식과 S&P 500의 평균 월 수익률을 계산하라.

b. URI 주식과 S&P 500의 월 수익률의 표준편차를 계산하라. 당신의 답은 분산가능 위험, 분산불가능 위험, 그리고 총위험에 관해 어떤 시사점을 제공하는가?

c. 그래프의 수직축에 URI 수익률 그리고 수평축에 S&P 500 수익률을 표시하라. URI와 S&P 500이 상관관계를 갖는 것으로 보이는가? 만약 그렇다면, 그들은 양 또는 음 가운데 어떤 상관관계를 갖는가?

d. 문제 c.에서 만들어진 산포도에 적합하다고 생각되는 직선을 그려라. 이 직선의 기울기는 무엇인가? 당신은 이 기울기를 어떻게 해석하는가? 이는 S&P 500의 리스크에 비교된 URI의 리스크에 관해 어떤 시사점을 제공하는가?

CFA 시험 문제

공인 재무분석사(Chartered Financial Analyst(CFA)) 인증은 당신이 자금관리 분야에서 취득할 수 있는 가장 높은 전문자격증으로 세계적으로 인정받고 있다. CFA 인증은, 각각 투자 분야의 전체 범위를 다루는 6시간의 시험으로 이루어진 일련의 3단계 시험을 성공적으로 통과한 후보자들에게 주어진다. CFA 프로그램은 버지니아주 Charlottesville에 소재한 CFA Institute에 의해 시행된다(CFA 프로그램에 관한 더 많은 정보를 원하면 www.cfainstitute.org를 방문하라).

이 교재의 제2부부터 시작하여 각 부의 말미에서, 당신은 Level I 시험 문제와 유사한 작은 문제샘플을 볼 수 있다.

투자환경과 개념적 도구

다음은 CFA의 Level I 시험 문제들과 유사한 문제샘플이다. 이 문제들은 이 책의 제1부와 제2부에서 논의된 많은 주제들을 다루며, 이는 화폐의 시간가치, 위험과 수익의 측정, 증권시장 그리고 포트폴리오 관리를 포함한다(문제에 답할 때, 각 문제당 1.5분을 배정하라. 목표는 16.5분 안에 11문제 중 8문제를 바르게 답하는 것이다).

1. 유동성을 가장 잘 설명한 표현:
   a. 미래의 필요를 충족하기 위한 포트폴리오의 실질가치 성장
   b. 큰 손실을 수반하지 않는, 자산의 현금 전환
   c. 손실위험 최소화와 구매력 유지에 대한 희망

2. 어떤 포트폴리오의 75%는 35%의 기대수익률을 가진 증권 A, 25%는 7%의 기대수익률을 가진 증권 B에 투자되어 있다. 포트폴리오 기대수익률을 계산하라.

3. 주식 A와 B는 각각 8%와 15%의 표준편차를 갖고 있다. 두 주식 수익률의 역사적 상관계수는 0.35이다. 주식 A에 60% 그리고 주식 B에 40% 투자한 포트폴리오의 표준편차는 얼마인가?

4. 다음 포트폴리오 가운데 효율적 프런티어를 벗어난 것은 무엇인가?

포트폴리오	기대수익률(%)	위험(%)
A	13	17
B	12	18
C	18	30

5. 포트폴리오 안의 두 증권의 상관계수가 변함에 따라,
   a. 기대수익률과 위험 모두 변화
   b. 기대수익률과 위험 모두 불변
   c. 위험만 변화

6. 포트폴리오 위험은?
   a. 포트폴리오 안의 각 증권 표준편차의 합과 동일하다.
   b. 포트폴리오 안의 각 증권의 상대적 비중에 의존하지 않는다.
   c. 포트폴리오 안의 각 증권 위험의 가중평균과 같지 않다.

7. 효율적 포트폴리오의 집합에서, 투자자는?
   a. 가장 높은 기대수익률을 가진 포트폴리오를 선택할 것이다.
   b. 효율적 프런티어 왼쪽 끝의 포트폴리오를 항상 선택할 것이다.
   c. 투자자의 가장 높은 무차별곡선 그리고 효율적 프런티어의 접점에 있는 포트폴리오를 선택할 것이다.

8. 포트폴리오 Y와 Z는 모두 잘 분산되어 있다. 무위험수익률은 6%, 시장의 기대수익률은 15%, 그리고 이 포트폴리오들은 다음 특성을 갖고 있다.

포트폴리오	기대수익률(%)	위험(%)
Y	17	1.20
Z	14	1.00

9. 다음 중 포트폴리오 Y와 포트폴리오 Z의 가치평가를 가장 잘 나타내는 것은 무엇인가?

	포트폴리오 Y	포트폴리오 Z
a.	과소평가	적정평가
b.	적정평가	과대평가
c.	과소평가	과대평가

40%의 요구증거금을 가진 주식의 경우, 필요 현금액은 매입비용의 몇 퍼센트인가?

a. 0%

b. 40%

c. 50%

10. 다음 중 주식시장 지수를 만드는 데 널리 사용되지 않는 가중치체계는 무엇인가?

a. 가격 가중

b. 산업 가중

c. 가치 가중

11. iCorporation은 전체 시장보다 상대적으로 40%만큼 큰 체계적위험 수준을 갖고 있다. 시장의 기대수익률은 16%, 무위험수익률은 7%이다. CAPM을 이용하면, iCorporation의 요구수익률은 다음 중 무엇에 가장 가까운가?

a. 16.0%

b. 19.6%

c. 22.4%

정답: 1. b; 2. 28%; 3. 약 8.9%; 4. 포트폴리오 B; 5. c; 6. c; 7. c; 8. c; 9. b; 10. b;11. b

Part 3

보통주에 투자하기

Chapter 06

보통주

학습목표 (Learning Goals)

이 장을 학습한 후, 아래와 같은 과제를 수행할 수 있어야 한다.

LG 1 주식의 투자 매력과 개인이 주식에 투자하는 것을 좋아하는 이유를 설명한다.

LG 2 역사적 관점에서 주가 수익률을 기술하고 역사적인 성과기준에 비해 현재의 수익률이 어느 정도인지를 이해한다.

LG 3 발행의 특성, 주식 시세표시, 거래비용을 포함하여 보통주의 기본적인 특징을 설명한다.

LG 4 다양한 종류의 보통주 가치를 이해할 수 있다.

LG 5 보통주 배당금, 배당금의 유형, 배당재투자계획을 설명한다.

LG 6 해외주식을 포함하여 다양한 유형의 보통주를 기술하고 주식을 투자 수단으로 어떻게 활용할 수 있는지를 정리한다.

최근 들어 미국을 비롯한 전세계 주식시장은 극심한 변동성을 겪고 있다. 2007년 10월부터 미국 주식은 시장가치의 절반 이상을 잃었고, 다른 나라는 더욱 심한 경우도 있다. 어려움을 겪는 국가들이 하나씩 깊은 불황의 늪으로 빠져 들어가는데 이러한 주식가치의 하락은 세계 경제를 반영하였다. 미국기업은 배당금을 삭감하는 것으로 대응하였다. 2009년 1분기에 기록적으로 많은 수의 기업이 배당지급액을 줄였고, 기록적으로 적은 수의 기업이 배당금을 늘릴 계획을 공시했다고 S&P는 보고하였다. 다행히 2009년 3월의 바닥에 비해서 미국 주식시장은 2년 뒤인 2011년 4월에 침체 이후 최고가로 거의 두 배 상승하였다. 주식 가격의 상승은 배당금 지급액 증가와 함께 일어났다. S&P 500 종목에 속하는 500개 기업 중에서 154개 기업이 2010년이나 2011년에 배당금을 증가시켰고 같은 기간에 3개 기업만이 배당금을 감소시켰다. 주식시장의 희소식은 그리 오래가지 못했다. 2011년 봄에 유럽의 불확실한 경제 위기는 미국 주식시장을 다시 강타했다. S&P 500 지수는 2011년 4월에서 8월 사이에 17% 이상 하락했다. 시장은 다음 해에야 다시 회복되었다.
이렇듯 변동성이 심한 시기에 일부 기업은 배당금을 매년 증가시켰다. S&P는 지난 25년간 연속적으로 배당금을 증가시켰던“배당금 귀족”기업의 포트폴리오 성과를 추적했다. 존슨앤존슨(Johnson & Johnson), 액손모빌(Exxon Mobil), 애프락(AFLAC)과 같은 회사를 포함해서 배당금 귀족 지수는 전반적인 시장의 등락에 따라 움직였다. 그러나 이러한 기업의 투자자는 최소한 일정하게 증가하는 배당금을 향유하였다.

(출처: IROC Press Release, August 10, 2009, CNW Telbec, www.cnw.ca/fr/releases/archive/August2009/10/c3719 Stephen Bernard, S&P: Record Number of Firms Cut Dividends in 1st Quarter," Pittsburgh Post Gazette, April 7, 2009; "S&P 500 Dividend Payers Rose to Dozen Year High,"May 1, 2012, http://seekingalpha.com/article/545451-s-p-500-dividend-payers-rise-to-dozen-year-high; http://www.standardandpoors.com/indices/sp-500-dividend-aristocrats/en/us/? indexId=spusa-500dusdff—p-us——&ffFix=yes)

주식이 제공하는 것

LG 1 LG 2

주 각 장의 학습목표는 이 아이콘에 의해 본문의 설명에서 표시된다.

보통주는 사람들로 하여금 회사의 이익에 참여할 수 있도록 한다. 모든 주주는 회사의 일부이고 회사가 창출한 부에 대한 권리를 가지고 있다. 이 권리에는 그러나 한계가 있다. 왜냐하면 보통주주는 말 그대로 회사의 잔여소유자(residual owners)이기 때문이다. 다시 말해 그들의 권리는 채권자와 같은 다른 투자자의 청구 권리에 비해 하위 순위에 서게 된다. 따라서 주주가 부를 얻기 위해서는 회사가 먼저 금전적 의무를 다 해야 한다. 그러므로 잔여소유자, 즉 보통주의 소지자가 자신의 투자에 대한 보상을 받으리라는 보장은 없다.

보통주의 매력

2008년부터 2009년 사이 미국 주식 시장의 급격한 쇠락에도 불구하고, 개인이나 기관 투자자에게 보통주는 여전히 인기 있는 투자 대안으로 남았다. 대부분의 투자자에게 보통주의 매력은 시간이 지남에 따라 주식이 상당한 자본이득을 창출할 것이며 가치가 올라갈 것이라는 전망이다. 많은 주식이 배당금을 지급하고 따라서 투자자에게 주기적인 소득을 제공한다. 그러나 대부분의 주식에서 어느 해에 지불된 배당금은 주식 가격의 변동에 의한 자연스러운 결과인 자본이득(손실)에 비해 비중이 작다고 할 수 있다.

주식가격 움직임의 전망

보통주의 특징에서 보듯이, 시장이 강세면 당신은 가격 상승에 의해 이익을 기대할 수 있다. 좋은 예로 2009년과 2010년의 성과를 들 수 있는데, 다우존스 산업평균지수(Dow Jones Industrial Average)에 따르면 시장은 각각 19% 그리고 11% 이상 상승했다. 불행하게도 시장이 불안정해지면 투자자에게 돌아오는 수익도 불안정해진다. 2008년에 일어났던 일을 보면, 시장이 34% 정도 떨어졌는데 그것은 배당금을 제외하고 $100,000의 투자가 $66,000가량의 가치로 하락했다는 것이다.

시장이 안 좋은 날이 있기는 하고, 가끔 그 안 좋은 날들이 몇 개월 동안 지속되기도 한다고 오해는 하지 말자. 그렇게 보이지 않을지는 몰라도, 나쁜 날들은 일반적이라기보다는 예외에 불과하다. 1956년부터 2011년까지 56년 동안의 경우를 보면 확실하다. 다우

지수가 내려간 경우는 전체의 30%에 불과한 17번이고, 나머지 70%의 경우에 시장은 해마다 적게는 2%부터 40%까지 상승했다. 위험과 가격의 변동이 있는 것은 사실이지만(좋은 시장에서도), 그것은 상승 가능성에 대해 당신이 지불해야 할 대가이다. 예를 들어 1982년부터 2000년 초 까지는 역사상 가장 긴 강세시장(bull market)이었다. DJIA는 18년 동안 평균적으로 해마다 17%씩 성장했다. 그러나 이런 시장에서도 몇몇 안 좋은 날들이 있었고 몇 년씩 지속되기도 했다. 확실히 그것은 일반적이기보다는 예외에 해당된다.

주식가격과 주가수익률

지금까지 우리의 논의는 주식의 가격을 중심으로 진행되어왔다. 그러나 주식의 가격보다 중요한 것은 가격의 행태와 배당금 소득을 고려한 주식의 수익이다. <표 6.1>은 S&P 500 지수를 이용해서 미국 주식 시장의 1950년대부터 실적을 보여주고 있다. 다우존스 산업평균지수(DJIA)와 같이 S&P 500은 전체 주식 시장의 지표이다. 이름이 암시하듯이 S&P 500 지수는 500개의 회사들을 추적하는데 대부분이 대형 회사들이며, 따라서 대다수의 전문가들은 30개의 회사만을 다루는 DJIA보다 전체 시장의 실적을 더 잘 보여주는 지표라고 생각한다. 전체 수익률에 추가하여 <표>는 시장의 실적을 수익의 기본적인 두 가지 원천, 배당과 자본이득으로 분류한다. 이 수치들은 물론 한 종류의 주식이 아니라

표 6.1 S&P 500의 역사적 수익률: 1950~2010년

	배당 수익률(%)	자본이득 수익률(%)	총수익률(%)
1950년대	5.4	13.2	19.3
1960년대	3.3	4.4	7.8
1970년대	4.3	1.6	5.8
1980년대	4.6	12.6	17.3
1990년대	2.7	15.3	18.1
2000년대	1.8	−.2.7	−.1.0
1950-2010	3.6	7.2	11.0

주석: 배당금이 수령 후 재투자된다고 가정했기 때문에 총수익률은 배당수익률과 자본이득 수익률의 합보다 높다.
(출처: www.simplestockinvesting.com/SP500-historical-real-total-returns.htm)

시장 전체의 일반적 행태를 반영한다. 수치들은 잘 균형 잡힌 보통주 포트폴리오의 수익률 행태로 생각되어야 한다.

<표>는 몇 가지 흥미로운 패턴들을 보여준다. 첫째, 자본이득으로부터 발생한 수익률은 시장이 활성화되었던 1990년대의 평균 15.3%부터 2000년대의 -2.7%까지 분포되어 있다. 배당으로 인한 수익률도 변화하는데, 1950년대의 5.4%부터 2000년대의 1.8%까지로 변화 정도가 덜하다. 수익률을 배당과 자본이득으로 나누었을 때, 놀랍지 않지만 수익은 자본이득에 의해 더 영향을 받는다는 것을 보여준다.

둘째, 주식은 보통 장기적으로 양의 수익을 얻는다. 1950년대부터 2010년까지 S&P 500 지수의 전체 평균 수익률은 1년에 11%였다. 그 수치에서는 6년에서 7년마다 돈을 두 배로 불릴 수 있다. 수익률을 다른 각도에서 볼 때 1950년에 당신의 돈 $10,000를 S&P 500 회사에 투자했다면, 당신의 투자는 그 이후 60년 동안 5.2백만 달러로 늘어났을 것이다. 당신에게 인내심이 있다면 당신은 주식에 투자하는 것만으로도 부자가 될 수 있다.

셋째, 주식에 투자하는 데는 명백히 위험이 존재한다. 50년 동안 주식의 평균 수익률이 양의 값을 보인 후 21세기 초에는 음의 평균 수익률이 나타났기 때문이다. 2000년부터 2009년까지 미국 주식 시장의 평균 수익률은 1년에 -1%였다. 다시 말해서 당신이 1950년에 $10,000를 주식에 투자했다면 당신의 포트폴리오는 50년 동안 5.7백만 달러로 증가한 후, 다음 10년 동안 5.2백만 달러로 줄어들 것이라는 것이다. 물론 그것도 많은 돈이며 주식이 장기적으로는 매우 좋은 투자가 될 수 있으나, 자신의 재산이 21세기 초반에 급격하게 줄어드는 것을 목격한 투자자들에게는 위로가 되지 못한다.

이제 여기의 숫자들이 시장의 실적을 의미한다는 것을 기억해야 한다. 개별 주식은 종종 다르게 움직일 수 있다. 그러나 최소한 평균값은 현재 우리의 주식 수익률과 기대에 대한 평가를 함에 있어 벤치마킹의 대상이 될 수 있다. 예를 들어 11%의 수익률이 장기적으로 좋은 수준이라면, 지속적으로 수익률이 16%에서 18% 사이라면 뛰어난 것으로 보일 것이다(물론 이러한 높은 수익률이 가능하지만 높은 수익률을 위해서 더 큰 리스크를 감수해야 할 것이다). 마찬가지로 장기 주식 수익률이 4%에서 6% 사이라면 기준 이하라고 생각될 것이다. 만일 그 수준이 최선이라면 비슷한 수익률을 얻을 수 있고 리스크가 적은 채권을 생각해봄이 바람직할 것이다.

금융시장 위기 비틀거리는 곰

침체 시장(bear market)은 주식가격이 떨어질 때 발생한다. 그러나 모든 하락시장이 시장 침체로 끝나는 것은 아니다. 다우존스 산업지수와 같은 주요 지수 중 하나가 5% 이상 하락하면 일상적 하락이라고 부른다. 일 년 중 몇 차례 발생하기 때문에 일상적 하락이라고 한다. 지수가 10% 이상 하락하게 되면 조정(correction)이며, 20% 이상 하락하면 침체 시장이라고 한다. 예측을 하는 것은 어렵지만, 침체 시장은 평균 3~4년마다 발생한다. 예를 들어, 1990년대는 완전히 침체 없는 시장이었다. 가장 최근의 침체 시장은 2007년 S&P 500이 1,600의 정점을 찍으면서 시작되었다. 그 이후 20개월 동안 미국 역사상 가장 최악의 침체 시장을 목격했는데, 2009년 3월까지 S&P 500는 57%가 하락하였다.

부동산 버블의 붕괴와 시장붕괴

오래된 투자에 대한 조언 중에 "땅을 사라. 왜냐하면 땅은 더 이상 땅을 만들어내지 않기 때문이다"라는 말이 있다. 주택의 가격이 오랜 기간 상승하는 추세를 보이면서 이 조언은 미국의 주택에 적용되는 듯했다. Standard & Poor's의 케이스-쉴러 주택 가격 지수(Case-Shiller Home Price Index)로 봤을 때, 미국의 한 가족 주택의 평균 주택 가격은 2006년 5월에 최고에 달했다. 그 다음 3년 동안 주택가격은 급격하게 떨어져 2009년 여름에는 32%나 하락했다. 가격이 하락하면서 일부 주택소유자들은 집의 실제 가치보다 더 많은 담보대출을 받았다는 것을 깨달았고 담보대출 채무불이행이 늘기 시작했다. 불행하게도 담보대출의 가장 큰 투자자는 미국의 상업은행과 투자은행이었다. 주택소유자들이 그들의 담보대출을 갚지 못하자 금융기관들의 주식 가격도 떨어지기 시작했고, 미국 전체이 금융 시스템에 대한 우려가 제기되었다. 이 공포는 최고의 투자은행 중 하나인 Leman Brothers가 2008년 9월에 파산하면서 실감나는 듯했다. 이 사건은 주식 시장의 끝 모를 하락을 가져왔다.

<그림 6.1>은 미국의 주식이 여러 해 동안 주택 가격과 함께 올랐으나 주택 분야의 약세가 은행에 영향을 미치자 주식 가격이 곤두박질쳤고, 세계 경제는 2009년 봄까지 불황을 맞이했다. 주식 시장은 2009년 3월에 시작하여 6개월 동안 연속적으로 오르면서 회복이 시작되고 있다는 신호를 보냈다. 실제로 불황은 공식적으로 2009년 6월에 끝났으나

그림 6.1 미국 주식과 주택지수의 모습(2003년 중반부터 2012년 중반)

2003년 중반부터 2005년 사이에 미국 주식은 주택가격과 함께 상승했다. 그러나 미국 주택가격이 하락하면서 여파는 은행으로 건너오고 주식가격도 폭락하여 이전 6년간의 상승분을 모두 깎아냈다. 주식시장이 바닥을 치고 3년 뒤, 주식시장은 위기 이전의 정점에 이르지는 못했지만 회복되었고, 주택시장의 가격은 위기 이전에서 벗어나지 못하고 있다.

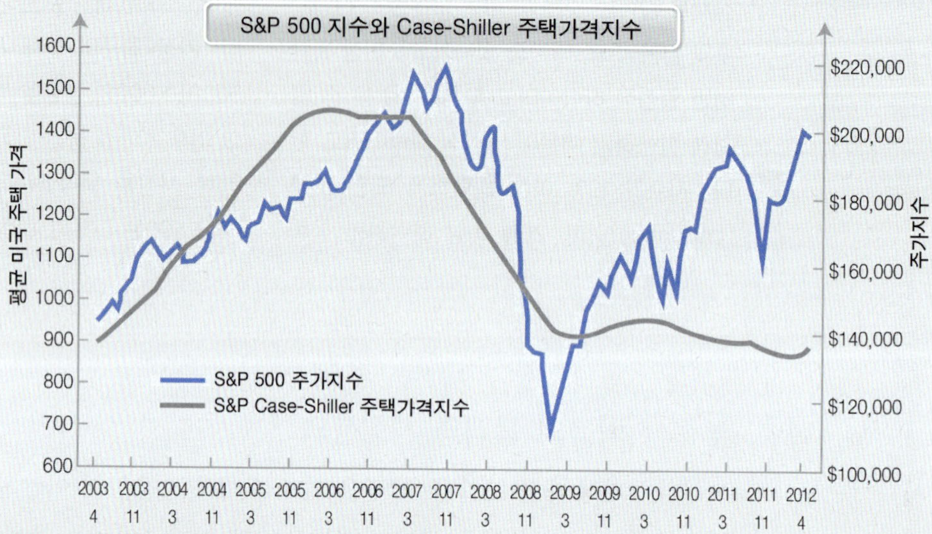

(출처: Yahoo! Finance와 S&P)

역사적 기준에 따르면 경제 회복은 아직 활발하다 볼 수 없다. 2012년 9월 주식 시장은 아직 손실을 다 회복하지 못했으며 실업률은 8% 정도에 머물고 있고, 주택 가격은 실제 개선의 징조가 보이지 않는다.

주식소유의 장단점

투자자들은 자본이득의 가능성, 경상 소득 혹은 높은 시장 유동성과 같은 여러 가지 이유에서 주식을 소유한다. 그러나 모든 투자가 그렇듯이 주식에도 장점과 단점이 있다.

주식소유의 장점 주식이 매력적인 것은 그들이 제공하는 커다란 수익의 가능성 때문이다. 앞에서 보았듯이 주식은 장기적으로 봤을 때 상대적으로 높은 수익률을 제공한다. 실제로 장기 회사채와 미국 재무부 발행의 장기 채권에 비해 보통주의 수익률은 선호할 만하다. 예를 들어 지난 세기에 높은 등급의 회사채 수익률은 보통주의 연간 수익률에

투자자 오류

손실을 끊어내지 못함 – 조사에 따르면 주택소유자는 손실 상태에서 주택을 매도하는 것을 매우 꺼린다. 주택 가격 하락 시기에, 주택소유자는 판매가격을 너무 높게 불러서 손실을 회피하려고 한다. 결과적으로 주택은 오랫동안 팔리지 않은 채로 남게 된다.

비해 절반 정도밖에 되지 않았다. 장기 채권이 어떤 연도에는 주식보다 좋은 실적을 내기도 하지만 반대의 경우가 더 많이 발생한다. 주식은 일반적으로 채권보다 실적이 좋으며 격차도 크다. 주식은 또한 물가상승 인플레이션에 대한 보호막을 제공한다. 왜냐하면 시간이 지남에 따라 주식의 수익률은 물가상승률을 넘어서기 때문이다. 다시 말해 주식을 매수함으로써 당신은 구매력을 높일 수 있다.

주식은 다른 이점도 제공한다. 사고 팔기가 쉬우며 주식 거래의 비용도 적당하다. 더 나아가 주식 가격과 시장에 대한 정보는 뉴스와 금융 매체를 통해 널리 알려진다. 마지막 장점은 보통주의 단위 비용이 일반적으로 매우 낮다는 것이다. 보통 최소 액면가의 가치가 $1,000인 채권과 달리 그리고 최소 투자금액이 꽤 큰 뮤추얼펀드와 달리 보통주는 그러한 최소 제한이 없다. 대신 오늘날 대부분의 보통주는 주당 $50나 $60 이하의 가격이 책정되어 당신이 원하는 만큼의 주식을 살 수 있다.

주식소유의 단점 물론 주식을 소유하는 데에는 단점도 존재한다. 위험이 가장 중요한 단점일 것이다. 주식은 사업 및 재무리스크, 구매력리스크, 시장리스크, 사건리스크와 같은 다양한 위험에 노출되어 있다. 이것은 모두 주식의 이익, 배당금, 가격 상승 그리고 수익률에 부정적으로 영향을 미칠 수 있다. 심지어 최고의 주식도 제거할 수 없는 위험을 보유하는데 그 이유는 회사의 이익은 정부 규제, 외국의 경쟁사, 그리고 경제 상태와 같은 여러 요인에 의해 영향을 받기 때문이다. 이러한 요인들이 매출과 이익에 영향을 주기 때문에 주식의 가격과 배당금 지급에도 어느 정도의 영향을 준다.

이 모든 것이 다른 단점으로 이어지는데, 주식의 수익률은 변덕스럽고 예측하기 힘들기 때문에 일관되게 좋은 실적을 내는 주식을 찾기가 쉽지 않다는 것이다. 회사가 어떤 실적을 낼지에 대해 너무 많은 요소들이 영향을 주기 때문에 주식 선택의 과정은 매우 복잡하다. 뿐만 아니라 회사의 주식 가격은 회사가 어떻게 실적을 낼지에 대한 현재의 투자자 기대를 반영한다. 다시 말해 높은 수익률을 가져다줄 주식을 선택하기 위해서 당신은 (매출과 이익에 있어서) 미래 재무 실적이 높을 회사를 찾아야 할뿐 아니라 다른 투자자가 그 기회를 찾아서 주식 가격을 올리기 전에 먼저 찾아야 한다는 것이다.

마지막 단점은 주식은 다른 투자에 비해서 경상소득(현재 소득)이 적게 분배된다는 것이다. 다른 종류의 투자는 (예를 들어 채권) 더 큰 확실성을 가지고 더 많은 경상소득을 지급한다. <그림 6.2>는 보통주의 배당금과 높은 등급 채권의 이자수입을 비교하고 있다. 그래프는 경상소득에 있어서 보통주 투자자들이 치르는 희생의 정도를 보여주고 있다. 명백하게, 지난 몇 년간 그 수익률의 차이가 줄어들기는 했지만 채권과 다른 종류의 고정소득증권의 경상소득을 따라 잡으려면 보통주는 아직도 갈 길이 멀다.

그림 6.2 주식과 채권의 경상소득

주주에게 지급되는 경상소득(배당금)은 채권자에게 지급되는 이자보다 작다. 배당수익률은 S&P 500 지수에 속한 주식의 평균 배당수익률이고, 채권수익률은 고등급 회사채 수익률이다.

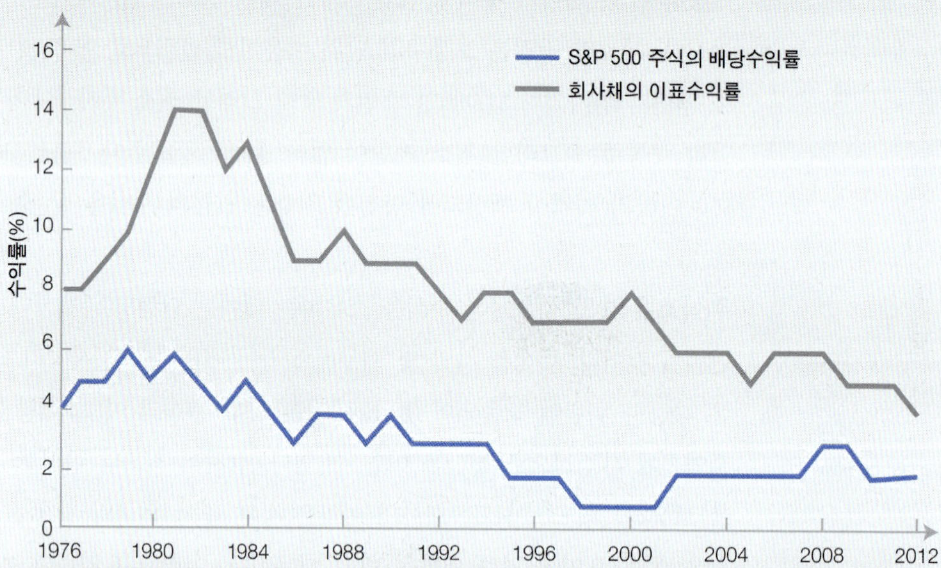

(출처: Data from Federal Reserve Board of Governors and www.multpl.com/s-p-500-dividend-yield/ table.)

개념리뷰

6.1 보통주는 무엇인가? 보통주식의 보유자는 기업의 잔여소유자라는 의미는 무엇인가?

6.2 보통주의 2-3가지 주요 투자 특성은 무엇인가?

6.3 20세기 후반에서 21세기 초반 사이의 미국 주식시장 행태를 간략하게 설명하시오.

6.4 배당금이 보통주의 수익률의 원천으로 얼마나 중요한가? 자본이득은? 총 수익률에서 좀 더 중요한 것은 어느 것인가? 총 수익률이 크게 변동하는 원인은 무엇인가?

6.5 보통주를 소유하는 장점과 단점은 무엇인가? 주주에게 노출되어 있는 중요한 위험에는 무엇이 있는가?

보통주의 기본적 특성

LG 3 LG 4 보통주 한 주는 회사의 자기자본 혹은 소유권을 의미한다. 이 자기자본의 위치는 보통주가 종종 자기자본증권(equity securities)이나 자기자본(equity capital)이라고 불리는 이유를 설명해준다. 각각의 주식은 주주에게 동등하게 회사의 이익, 배당, 투표권 그리고 회사 경영에 있어서 자기 의사를 표현할 수 있는 권리를 동반한다. 보통주 주주는 모두 함께 회사를 소유한다. 투자자는 더 많은 주식을 소유할수록 그의 소유권에 대한 권리는 커진다. 보통주는 만기일이 없으며 무기한으로 존재한다.

주식회사의 증권으로서의 보통주

모든 주식회사는 보통주를 "발행(issue)" 한다. 그러나 대부분은 아니지만 많은 경우, 주식회사의 주식은 회사가 너무 작든지 가족이 소유하고 있기 때문에, 결코 거래되지 않는다. 이 교재에서 관심을 가지는 주식은 공개적으로 거래되는 주식(publicly traded issues)으로 일반대중이 구할 수 있고 공개시장에서 매도 매수될 수 있다. 이런 종류의 주식을 발행하는 기업은 애플(Apple), 엑손모빌(Exxon Mobil)과 같은 대기업에서 규모가 훨씬 작은 소규모 지역 기업까지 다양하다. 공개적으로 거래되는 주식의 시장은 거대하다. 세계거래소연맹(World Federation of Stock Exchange)에 따르면 2012년 초반 미국 주식의 가치는 16조 달러가 넘는다.

신주의 발행 회사들은 여러 방법으로 새로운 보통주를 발행할 수 있다. 가장 많이 사용되는 절차는 주식공모(public offering)이다. 이 절차를 이용하면 회사는 투자를 원하는 대중에게 정해진 가격에 정해진 수의 주식을 제공하게 된다. <그림 6.3>은 그러한 공모의 공시를 보여준다. 이 경우에 Angie's List는 8,793,408주를 주당 $13에 내놓았다. 내놓은 8,793,408주 중에서 6,250,000주가 회사로부터 투자자에게 새로 발행된 주식이다. 주당 $13의 공모는 81.2백만 달러 이상의 자금을 벌어들일 것이다. 남은 2,543,408주는 기존 주주에게서 새로운 투자자에게 판매된다. 이 주식의 판매로 인한 대금은 회사가 아니라 회사의 원래 주주에게로 가게 된다.

회사들은 또한 신주인수권 발행(rights offering, 주주배정)을 통해 새로운 주식을 발

그림 6.3 새로운 주식 발행의 공시

이 공시발표는 Angie's List라는 회사가 8,793,408주를 주당 $13에 발행한다는 것을 말해준다. 전문적으로 서비스 제공자의 리뷰를 제공하는 이 회사의 새로운 주식의 발행은 81.3백만 달러의 새로운 자본을 의미한다.

PROSPECTUS

8,793,408 Shares

Angie's list.

Common Stock

This is Angie's List, Inc.'s initial public offering. We are selling 6,250,000 shares of our common stock and the selling stockholders, including members of our senior management, are selling 2,543,408 shares of our common stock. We will not receive any proceeds from the sale of shares to be offered by the selling stockholders.

Prior to this offering, there has been no public market for the shares. The shares of our common stock have been approved for listing on the NASDAQ Global Market under the symbol "ANGI."

Investing in our common stock involves risks that are described in the "Risk Factors" section beginning on page 10 of this prospectus.

	Per Share	Total
Public offering price	$13.00	$114,314,304
Underwriting discount[(1)]	$.91	$8,002,001
Proceeds, before expenses, to us	$12.09	$75,562,500
Proceeds, before expenses, to the selling stockholders	$12.09	$30,749,803

(1) We refer you to "Underwriting" beginning on page 124 for additional information regarding total underwriter compensation.

The underwriters may also exercise their option to purchase up to an additional 1,319,011 shares from us at the public offering price, less the underwriting discount, for 30 days after the date of this prospectus to cover overallotments, if any.

Neither the Securities and Exchange Commission nor any state securities commission has approved or disapproved of these securities or determined if this prospectus is truthful or complete. Any representation to the contrary is a criminal offense.

The shares will be ready for delivery on or about November 22, 2011.

BofA Merrill Lynch

Allen & Company LLC **Stifel Nicolaus Weisel** **RBC Capital Markets**

Janney Montgomery Scott **Oppenheimer & Co.** **ThinkEquity LLC** **CODE Advisors**

The date of this prospectus is November 16, 2011.

(출처: Angie's List, Initial Public Offer prospectus, http://www.thinkequity.com/banking/ prospectus-pdf/Angies-List-Prospectus-11-22-11.pdf.)

행할 수 있다. 신주인수권 발행에서 기존의 주주들은 새로운 주식을 살 기회를 먼저 얻게 된다. 신주인수권 발행의 핵심은 주주들이 기존에 회사에서 차지하던 소유권의 비율만큼 새로이 발행된 주식을 살 수 있는 의무가 아닌 권리를 줌으로써 지분율을 유지할 수 있도록 해주는 것이다.

예를 들어, 어떤 주주가 현재 회사 주식의 1%를 소유하고 있다면 회사가 10,000의 추가 주식을 발행했을 때 신주인수권 발행에서 주주에게 새로 발행된 주식의 1%에 해당하는 100주를 살 수 있는 기회를 줄 것이다. 투자자가 권리를 사용하고 싶지 않다면 그는 다른 사람에게 그 주식을 팔 수도 있다. 신주인수권의 실제 결과는 주식 공모의 경우와 같다. 회사의 자본 구조에 있어서 자기자본이 증가하고 유통주식 수(outstanding share)는 증가한다.

기업분할 시장에 신주의 발행을 가져오는 가장 창조적인 방법은 기업분할(spin-off)일 것이다. 기본적으로 기업분할은 회사가 자회사나 부서를 없애고 싶을 때 발생한다. 예를 들어, Sears는 2011년 12월 자회사인 Orchard Supply Hardware를 분할하고 싶을 때 이 방법을 사용했다. 회사는 단순히 자회사를 다른 회사에 팔지 않는다. 독립된 회사를 따로 설립하고 기존의 주주에게 그 회사의 주식을 분배해준다. 따라서 Sears의 주주는 그들이 소유하던 Sears의 22주당 새로 설립되고 이제 거래될 수 있는 Orchard Supply의 1주를 받았다.

지난 10년에서 15년 사이 매우 많은 기업분할이 있었다. 근래의 유명했던 사례로 Cablevision System에서 분할된 Madison Square Garden과 Expedia에서 분할된 Trip Advisor가 있다. 일반적으로 회사들은 자회사가 더 이상 맞지 않거나 너무 다변화되어서 핵심 제품에 집중하고 싶을 때 기업분할을 시행한다. 좋은 소식은 그런 기업분할은 종종 투자자에게 좋은 방향으로 작용한다는 것이다.

주식분할 회사들은 또한 주식분할(stock split, 액면분할)을 통해서 유통되는 주식의 수를 늘릴 수 있다. 주식분할을 결정할 때 회사는 유통되고 있는 1주당 몇 개의 새로운 주로 대체할 것이라고 발표한다. 예를 들어 2대1 주식분할은 오래된 하나의 주식을 새로운 2주로 교환해준다. 3대2 분할에서는 기존의 2주를 새로운 3주로 교환해준다. 따라서 200주의 주주들은 400주를 보유한 셈이 되고, 후자의 경우에서는 300주를 보유하게 된다.

회사는 시장 가격을 낮춰서 주식의 거래를 활성화하고 싶을 때 주식분할을 시행한다. 일반적으로 주식분할의 비율에 따라 주식의 가격은 크게 떨어지기도 한다(주식분할이 배당금의 증가를 동반하지 않는 경우). 예를 들어, 2대1 주식분할에서 과거 1주당 $100에 거래되던 주식이 $50에 거래될 것을 예상할 수 있을 것이다. 자세하게 말하자면 기존의 주당 가격을 새로운 주와 기존의 주와의 비율로 나누는 것이다. 3대2 분할의 경우라면 $100의 주식은 $67($100÷3/2 = $100÷1.5 = $67)에 거래되게 될 것이다(이 장의 후반부에서 주식배당(stock dividend)으로 알려진 주식분할의 변형에 대해 알아볼 것이다).

사례 2012년 6월 28일, Dollar Tree는 2대1 주식분할을 하였다. 주식분할 전날에 Dollar Tree는 $110.98에 거래되었다. 이론적으로, 2대1 분할 이후에 주식가격은 절반으로 떨어져서 $55.49가 되어야만 한다. 실제로는 주식분할이 실행되면서 Dollar Tree의 주식 가격은 $55.59가 되었다.

금고주 유통 주식의 수를 늘리는 대신에 회사는 가끔 자사주를 다시 사들여서 그 수를 줄이려고 할 때도 있다. 일반적으로 말해서 회사들은 주식의 가치가 시장에서 낮게 평가되어 있다고 생각할 때 자사주를 매입한다. 이런 경우가 발생하면 그 회사의 주식은 매력적인 투자 후보가 된다.

회사는 보통 다른 개인이나 기관과 같이 공개 시장에서 주식을 매수한다. 매입하게 되면 이 주식은 금고주(treasury stock)가 된다. 기술적으로 금고주는 단순히 발행된 주식이 추후에 발행 회사에 의해 재매입되었을 때의 주식을 일컫는다. 금고주는 회사에 의해 보관되었다가 훗날 여러 용도로 쓰여질 수 있다. 예를 들어, 회사 합병이나 인수의 경우 대금 지불을 위해 쓰여지거나 직원들의 주식옵션제도 혹은 주식배당을 지불하기 위해서도 사용된다. 아니면 주식은 금고주로 무기한으로 보관될 수도 있다.

자사주매입 혹은 주식 재매입(buyback)의 단기적 영향은 대체로 긍정적인데, 회사가 자사주매입 의사를 발표하면 주식의 가격이 일반적으로 올라가기 때문이다. 장기적 영향은 약간 불안정한데, 연구에 따르면 주식 재매입은 여러 기간 동안 평균 이상의 주가 수익률을 불러일으키기도 한다.

특별의결권주 대부분의 경우 회사의 주주는 소유권의 이점을 동등하게 누릴 수 있다. 그러나 간헐적으로 회사는 다른 종류의 특권과 혜택을 가진 보통주를 발행하기도 한다.

이런 주식은 특별의결권주(classified common stock)라고 알려져 있다. 잘 알려진 첨단 회사 같은 Google, Facebook을 포함한 많은 공개 기업들은 이러한 특별의결권주를 만들었다. 비록 동일한 회사에서 발행했더라도 각각의 보통주는 등급에 따라 독특한 특징을 가진다.

여러 등급의 주식을 발행하는 회사는 보통 다른 그룹의 투자자에게 다른 종류의 투표권을 주기 위해 주식을 발행한다. 예를 들어, Facebook이 2012년 IPO를 했을 때 Facebook은 A와 B등급의 주식을 발행했다. A등급의 주식은 대중도 구매가 가능했으며 주당 1장의 투표권을 행사할 수 있었다. B등급의 주식은 Facebook의 CEO이며 설립자인 마크 주커버그(Mark Zuckerberg)와 기타 Facebook 내부의 사람들이 가지게 되었으며 주당 10장의 투표권을 행사할 수 있다. 이것은 주식의 발행으로 A등급의 주식이 더 많이 발행되더라도 마크 주커버그가 회사에 대한 통제권을 잃지 않게 해주었다. 가끔 회사는 다른 투자자에게 배당금에 대한 다른 권리를 주기 위해 특별의결권주를 발행하기도 한다.

세부적인 특징이 어떻든 유통되는 주식 중 1개 이상의 등급이 존재한다면, 시간을 들여 각 등급의 주식이 가지는 특권, 혜택 그리고 한계를 고려해야 한다.

주식의 매수와 매도

숙련된 주식 거래자가 되기 위해서 당신은 어떻게 주식의 가격이 매겨지는지에 대한 기본적 지식이 필요하다. 또한 당신은 매도와 매수에 관련된 거래비용에 대해서도 이해하고 있어야 한다. 물론 매수 및 매도 결정에서 현재의 가격을 잘 아는 것도 중요한 요소이다. 가격은 당신이 소유한 주식에 관한 시장의 움직임을 관찰하는 데에 좋은 척도가 된다. 마찬가지로 거래비용은 투자의 수익률에 영향을 주기 때문에 중요하다. 사실 주식의 거래비용은 투자로부터 발생하는 이익의 대부분을 소진할 수 있다. 비용을 가볍게 생각해서는 안 된다.

시세표 읽기 주식시장의 투자자는 시장 가격을 빠르게 대중에게 알려주는 매우 효율적인 정보 시스템에 의존하고 있다. 경제 신문과 온라인에 게재되는 주식 가격은 그 정보 시스템의 핵심이다. 어떻게 주식 가격을 읽고 해석할 것인가에 대해서는 Yahoo! Finance에 나오는 가격을 고려하면 된다. 이 가격은 각 주식의 최신 가격뿐만 아니라 많

그림 6.4 Abercrombie & Fitch의 주식가격

이 표는 Abercrombie & Fitch의 2012년 8월 23일의 주식 가격을 보여준다.

Abercrombie & Fitch Co. (ANF) - NYSE

35.55 ↓0.83(2.27%) 4:00PM EDT | After Hours: **35.55** ↓0.01 (0.03%) 4:11PM EDT - Nasdaq Real Time Price

Prev Close:	36.38	Day's Range:	35.48 - 36.42
Open:	36.35	52wk Range:	28.64 - 77.49
Bid:	35.40 x 100	Volume:	2,332,560
Ask:	35.72 x 100	Avg Vol (3m):	3,472,700
1y Target Est:	38.23	Market Cap:	2.94B
Beta:	2.19	P/E (ttm):	34.35
Next Earnings Date:	N/A	EPS (ttm):	1.03
		Div & Yield:	0.70 (2.20%)

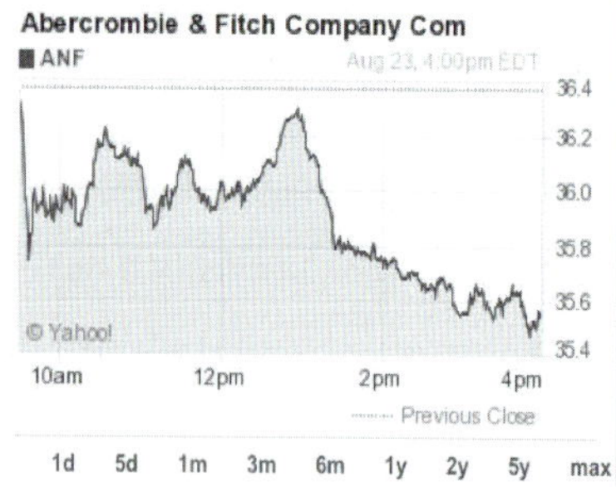

(출처: Yahoo! Finance, http://finance.yahoo.com/q?s=ANF&ql=0.)

은 추가적인 정보도 제공한다.

<그림 6.4>는 약자 ANF로 거래되는 Abercrombie & Fitch의 주식가격을 보여주고 있다. 가격은 2012년 8월 23일 목요일 거래가 끝난 후에 표시되었다. 그날 ANF 보통주의 가격은 주당 $33.55에 종료되었고, 전날 종가인 $36.42보다 $0.83 내려간(약 2.3% 하락) 가격에 결정되었다. 목요일 시장이 열릴 때 시가 $36.35에서 하루 동안 최고가 $36.42까지 도달했다가 제일 낮은 최저가 $35.48까지 떨어졌다는 점을 유의하자. <그림 6.4>는 또한 지난 52주 동안 ANF의 최고가는 $77.49이고 최저가는 $28.64였다는 것을 보여준다. 8월 23일에는 2.3백만 주가 거래되었는데 지난 3개월 동안의 하루 평균 거래량인 3.5백만 주보다는 적은 양이었다.

<그림 6.4>에서의 다른 항목도 알아둘 만하다. ANF 주식의 베타 값은 2.19인데(체계적 위험이 2배 이상) 시장의 평균 주식보다 2배 이상 위험하다는 것을 의미한다. ANF의 전체 시가총액(market capitalization, market cap)은 2.94조 달러이다. 회사의 시가총액은 간단히 말해 유통되고 있는 주식의 수에 주식 가격을 곱한 값이라는 것을 기억하자. 최신의 연간보고서에 따르면 회사는 주당 $1.03의 이익을 얻었으며 시장의 종가가 $35.55로 주어졌을 때 주가수익비율(price-to-earnings ratio)은 34 이상이다.

거래비용 제3장에서 설명했듯이 투자자들은 보통주를 거래단위(round lot)나 단주(odd lot)로 살 수 있다. 거래단위는 100주 혹은 100주의 곱을 말한다. 단주는 100주보다 적은 수의 주식을 거래할 때를 말한다. 예를 들어 400주의 매도는 거래단위 거래이고, 75주의 매도는 단주거래이다. 250주를 거래할 때는 두 가지 방법을 섞어서 사용해야 한다.

투자자는 주식을 매도 혹은 매수할 때 거래비용을 지불해야 한다. 소액의 전산 수수료와 매도자가 지불해야 하는 세금 이외에 주요한 비용은 거래 당시에 매도자와 매수자 모두 내야 하는 중개수수료(brokerage fee)이다. 할인 브로커나 종합서비스 브로커를 사용할 때 중개수수료는 규정에 따라 1% 혹은 2%가 된다(브로커의 종류와 중개 서비스는 제3장에서 논의하였다). 물론 중개수수료는 더 클 수도 있고 아주 작은 거래에서 더 비싸질 수 있다. 역사적으로 단주의 거래는 단주딜러(odd lot dealer)라는 전문인을 필요로 했고 단주차이(odd-lot differential)라는 추가적 비용을 발생시켰다. 오늘날 전자 거래 시스템이 단주거래를 쉽게 만들어서 단주거래는 더 이상 과거만큼 비싸지는 않다. 근래에 단주거래는 과거에 비해 더 일반적인 현상이 되었다. 예를 들어 Google 주식거래의 약 1/3 이상이 단주거래이다.

또 다른 종류의 거래 비용은 호가스프레드(bid-ask spread)로, 매수호가와 매도호가의 가격차이를 말한다. <그림 6.4>에서 ANF의 마지막 매도호가는 $35.73였는데 매수호가는 $35.40이었다. 따라서 호가스프레드는 $0.32로 주식 가치의 1% 미만의 값이다. 매도호가는 주식을 사기 위해 당신이 지불할 가격이고, 매수호가는 주식을 팔면 받을 금액이라는 것을 기억해라. 따라서 둘의 차이는 당신이 주식을 매수하여 훗날 팔 때 지불해야 하는 비용이다. 물론 이 가격과 스프레드는 거래일 동안 변화한다. 그러나 현재의 호가스프레드는 매일 주식을 거래하여 돈을 버는 투자딜러와 시장조성자에게 지불하는 거래비용을 대충이나마 예측해준다.

보통주의 가치

보통주의 가치는 여러 방법으로 설명될 수 있다. 액면가(par value), 장부가치(book value), 시장가치(market value), 그리고 투자가치(investment value)는 모두 금융매체에서 찾아볼 수 있다. 각각의 가치는 주식의 회계적 특성, 투자 특성 혹은 금전적 특성을 보여준다.

액면가 주식의 액면가(par value)는 주식이 처음 발행될 때 임의로 책정된 가격이다. 주식의 시장 가격과 아무런 관계도 없으나 대신에 최소한의 가치를 나타내서 회사 정관은 회사가 액면가 이하의 가격으로 주식을 팔지 못하게 한다. 액면가는 주식 가치의 바닥을 형성하므로 회사는 액면가를 매우 낮게 측정한다. 예를 들어 Facebook의 2012년 신규 상장 때 주식의 액면가는 $0.000006에 책정되었다. 회계 목적을 제외하면 액면가치는 영향력이 없다. 액면가는 주주의 법적 채무의 범위를 평가하는 데 쓰였던 과거의 회사법에서 비롯되었다. 투자자들에게 액면가는 거의 의미가 없기 때문에 오늘날 미국에서는 많은 주식들이 액면가 없이 발행되고 있다.

장부가치 또 다른 회계적 측정치인 장부가치(book value)는 재무상태표에 나타나는 주주들의 자기자본이다. 그리고 가끔 장부가치는 1주를 단위로 표기되기도 한다. 재무상태표에 주주의 자기자본은 단순히 회사의 자산과 부채의 차이임을 (우선주를 제외한 값) 기억해야 한다. 장부가치는 회사가 처음 주식을 팔 때 주주들이 회사에 기여한 자산과 회사에 재투자된 이익의 합에 해당한다.

본래 주식의 장부가치는 가치에 대한 과거 지향적인 예측이다. 장부가치는 주식의 신규 조달금액, 창출된 이익과 재투자된 이익 등 과거에 일어난 일에 중점을 두기 때문이다. 반면에 주식의 시장가치는 미래 지향적이고 미래에 회사의 성과가 어떨지에 대한 투자자들의 기대가 반영되어 있다.

사례 Social Networks Incorporated(SNI)는 재무상태표에 100백만 달러의 자산과 60백만 달러의 부채를 기록하고 있다. 우선주는 없고 10백만 주의 보통주가 유통되고 있다. SNI 주주들의 자기자본 장부가치는 40백만 달러 혹은 주당 $4이다. 40백만 달러의 자기자본 중에서 30백만 달러는 최초에 회사가 주식 공모를 할 때 조성되었고 나머지 10백만 달러는 신규 상장 이후 회사의 이익 중 사업에 재투자된 값에 해당한다.

시장가치 주식의 시장가치(market value)란 간단히 말해 널리 알려진 시장에서의 가격이다. 시장가치는 지금 회사를 취득하기 위해 전체 투자자들이 지불할 용의가 있는 가격을 반영하며 장부가치와 독립적이다. 사실 주식의 시장가격은 일반적으로 장부가치를 뛰어넘는데 가끔은 그 정도가 매우 크다.

앞에서 배웠듯이, 시장가격을 유통되고 있는 주식의 수에 곱함으로써 당신은 회사의 시가총액을 계산할 수 있는데 주주들이 보유하고 있는 시장가치의 총액을 말한다. 회사의 시가총액은 재무상태표의 자기자본 수치와 유사한데 시가총액은 오늘 시장에서 회사의 자기자본이 실제로 얼마인가를 나타내는 반면 주주의 자기자본 잔액은 주주들의 소유권에 대한 과거 지향적인 평가이다.

주식의 시장가치가 장부가치보다 떨어지면 그것은 회사가 재정적 위기를 겪고 있거나 성장의 전망이 보이지 않기 때문이다. 어떤 투자자는 주식이 미래에 회복되고 그 과정에서 더 많은 수익을 얻을 것을 기대하면서 장부가치보다 낮은 가격의 주식을 매수하기도 한다. 그러한 전략은 높은 수익률의 전망을 가지고 있기는 하지만 매우 큰 위험을 동반한다.

사례 투자자들은 SNI의 미래가 매우 밝고 회사의 매출과 이익이 앞으로 몇 년 동안 급격하게 늘어날 것이라고 믿는다. 따라서 투자자들은 SNI의 시장가격을 $20로 높게 봤는데, 회사의 주당 장부가치보다 5배는 높은 가격이다. 10백만 주의 보통주가 유통되는 가운데 SNI의 시가총액은 200백만 달러로 주주의 자기자본에 해당하는 40백만 달러와 비교된다.

투자가치 투자가치(investment value)는 아마 주주에게 있어 제일 중요한 척도일 것이다. 투자가치는 투자자들이 생각하는 주식의 가치로, 주식이 마땅히 거래되어야 한다고 생각하는 값이다. 주식의 투자를 결정하는 것은 수익률에 대한 기대와 주식의 위험 특성에 기반한 복잡한 절차이다. 어떤 주식이라도 수익에는 두 가지 원천이 있는데 배당과 시장가격의 상승으로 인한 자본이득이다. 투자가치를 결정하는데 있어 투자자는 두 원천으로부터 얼마만큼의 돈을 벌어들일 수 있을 지 결정한다. 그리고 이 예측 값을 기반으로 주식의 수익 잠재력을 예상한다. 동시에 그들은 주식을 보유하고 있음으로써 노출되는 위험을 평가한다. 이런 수익과 위험에 대한 정보는 주식의 투자가치를 정하는 데 도움을 준다. 이 가치는 투자자가 주식에 대해 지불할 용의가 있는 최대 가격을 의미한다. 투자가치는 제8장의 주요 주제이다.

개념리뷰

6.6 주식분할이란 무엇인가? 주식분할이 주식의 시장 가격에 무슨 영향을 미치는가? 회사가 주식의 배당금 비율을 바꾼다면 주식 가격에 차이가 생길 것이라고 생각하는가? 설명하라.

6.7 기업분할(spin-off)이란 무엇인가? 일반적인 개념으로서 기업분할이 어떻게 작동하는지 설명하라. 투자자들에게 기업분할이 어떤 영향이 있는가? 설명하라.

6.8 다음 용어들을 정의하고 차이점을 설명하라.
a. 금고주와 분류 주식
b. 거래단위와 단주
c. 액면가치와 시장가치
d. 장부가치와 투자가치

6.9 단주차이(odd-lot differential)는 무엇인가? 단주차이를 어떻게 피할 수 있는가? 다음 중 어떤 거래가 단주차이와 연관되어 있는가?
a. 90주 매수
b. 200주 매도
c. 125주 매도

보통주의 배당금

LG 5 2011년 미국의 회사들은 몇 조가 넘는 배당금을 지불했다. S&P 주가 지수에 포함된 회사들만 해도 그 해 지불한 배당금은 총 240조 달러가 넘었다. 그러나 이런 숫자에도 불구하고 배당금은 그다지 주목을 받지 못한다. 많은 투자자들 특히 젊은 사람들은 배당금에 거의 가치를 두지 않는다. 넓은 범위에서 그것은 최소한 장기적으로는 자본이득이 더 많은 수익을 제공하기 때문이다.

그러나 배당금에 대한 태도가 변화하기 시작하고 있다. 예상보다 오래 끈 2007년부터 2009년까지 약세시장은 자본이득이 얼마나 불확실할 수 있는지 보여주었고, 이득의 잠재력은 매우 큰 규모의 자본손실로 이어질 수 있었기 때문이다. 배당금 지급은 주식 가격만큼 변동하지는 않는다. 또한 시장이 요동칠 때 배당금은 쿠션의 역할을 한다. 뿐만 아니라 최근의 세법 변화는 배당금을 자본이득과 같은 위치에 놓이게 하였다. 비록 미래에 변

투자자 현실

York Water는 2011년 11월 배당금을 연속으로 15년째 증가시켰다. 매우 인상적인 기록이지만 York의 배당금 흐름에 있어 가장 중요한 점은 아니다. 이 회사는 인디아나주가 19번째 미국의 주로 받아들여진 1816년부터 한 해도 놓치지 않고 배당금을 지급했다. 어떤 미국의 회사도 거의 2세기 동안 방해 받지 않고 배당금을 지불한 York의 기록에 비교될 수 없다.

할 가능성이 있긴 하지만 둘 다 똑같은 비율(최대 15%)의 세율이 적용되기 때문이다. Bush 대통령의 세금 축소가 2012년에 예정대로 끝나게 되면, 장기적인 자본이득에 대한 세율은 배당금에 대한 세율보다 낮아질 것이다.

배당금 결정

보통 분기 기반으로 배당금을 지급함으로써, 회사는 주주와 이익을 나눈다. 회사의 이사진이 배당금으로 얼마를 지급할지 결정한다. 이사는 회사의 운영 결과와 재무 상황에 따라 배당금을 지급할지, 지급한다면 얼마나 지급할지를 결정한다. 그들은 또한 회사가 배당금 지급을 통해 현금을 투자자에게 분배해 주어야 할지 혹은 유통되고 있는 자사주식을 재매입해야 할지도 고려한다. 이사회에서 배당금을 지급하기로 결정한다면 그들은 몇몇 중요한 지급관련 날짜를 정한다. 이제 우리는 배당금을 결정하는 데 있어 영향을 주는 회사와 시장 요소들에 대해 살펴볼 것이다. 그리고 간략하게 지급관련 주요 날짜에 대해 조사할 것이다.

회사와 시장요소 이사회가 배당금 지급의 문제에 대해 고려해보기 위해 모이면 여러 가지 요소를 따져본다. 먼저 이사회는 회사의 이익을 본다. 회사가 배당금을 지급하기 위해 이익을 보여줄 필요는 없다고 해도 이익은 배당금을 결정하는 데 있어 고려하지 않을 수 없는 요소이다.

보통주에서 연간 이익은 주당순이익(EPS, earnings per share)이라는 척도를 통해 보고된다. 기본적으로 주당순이익은 회사 전체의 순이익을 주당 이익으로 보여준다. 주주에게 줄 수 있는 순이익을 편리한 수치로 보여주는 것이다. 주당순이익은 다음의 공식을 통해 구할 수 있다.

수식 6.1

$$\text{주당순이익} = \frac{(\text{세후 순이익} - \text{우선주 배당금})}{\text{발행되어 있는 보통주의 수}}$$

예를 들어, 회사의 순이익이 1.25백만 달러이고 $250,000를 우선주의 주주에게 배당금으로 지불하고 500,000주의 보통주가 발행되어 있다면, 주당순이익은 $2(($1,250,000 –

$250,000)/500,000)이다. 수식(6.1)에서 보통주의 주주에게 자금이 돌아가기 전에 우선주의 주주에게 먼저 지급되어야 하므로, 우선주의 배당금이 순이익에서 차감되는 것에 유념하자.

순이익을 평가할 때 이사회는 또한 회사의 성장 잠재력을 고려한다. 회사는 재투자의 목적과 미래 성장의 자금으로 이익의 일정 부분을 필요로 한다. 게다가 이사회는 배당금의 지급이 현금 부족의 결과를 낳지 않도록 회사의 현금 보유 상태를 확인할 필요도 있다. 뿐만 아니라 회사는 채무 계약에 따라 법적으로 지불할 수 있는 배당금에 제한을 가지고 있을 수 있다.

내부적 요인을 살펴본 다음에 이사회는 시장의 효과와 반응을 고려할 것이다. 대부분의 투자자는 이익을 배당금으로 지급하기보다 이익잉여금으로 보내서 이 자금을 더 빠른 성장과 더 높은 순이익을 위해 재투자하는 것이 바람직하다고 여긴다. 시장의 메시지는 분명하다. 회사가 돈을 현명하게 투자해서 수익률이 높아진다면 좋다. 그러나 그렇지 않다면 이익의 대부분을 배당금의 형태로 지급해야 한다.

더군다나 투자자는 유형에 따라 배당 유형이 각기 다른 회사에 매력을 느끼기 때문에, 이사회는 자사 주주의 배당에 대한 기대를 만족시키기 위해 노력해야만 한다. 예를 들어 소득을 중요시하는 투자자는 높은 배당을 지급하는 회사에게 이끌린다. 이러한 기대를 충족시켜 주지 못한다면 투자자는 보유 주식을 팔기 때문에 주식 가격이 내려가는 결과를 낳을 것이다. 또한 뮤추얼펀드나 연기금과 같은 기관투자자는 배당을 지급하는 회사에만 투자할 수 있도록 제한되어 있는 경우도 있다. 이러한 이유는 회사가 배당 지급을 시작하는 요소가 된다.

몇 개의 중요한 날짜 이사회에서 배당금을 지급하기로 결정했다고 가정하자. 우선 지급이 결정되면, 배당지급의 날짜와 배당금과 관련된 중요한 날짜들을 정해야 한다. 주주에게 세 날짜가 특히 중요한데, 배당기준일, 배당지급일, 배당락일이다. 배당기준일(date of record)이란 투자자가 배당금을 받기 위해서 주주로서 등록되어 있어야 하는 날짜이다. 그날의 업무종료 시점에 공식적 주주인 투자자가 공시된 배당금을 받게 될 것이다. 이러한 주주는 종종 명부상의 주주(holders of record)라고 불린다. 배당지급일(payment date)은 역시 이사회에서 결정되는 것으로 일반적으로 배당기준일의 1주 혹은 2주 후의 날짜이다. 이것은 회사가 실제로 주주명부상의 주주에게 배당금 수표를 발송하는 날로,

지급가능일(payable date)로도 알려져 있다.

주식이 거래된 후에 장부 기입에 필요한 시간이 있기 때문에 배당기준일을 포함하여 영업일 기준 3일 동안(한국은 2일) 주식은 배당금이 없는 상태로 (배당락) 매도된다. 배당락일(ex-dividend date)은 당신이 공식적인 주주인지 그리고 공고된 배당금을 받을 수 있는지를 선언해준다. 당신이 배당락일을 포함하여 그 이후에 주식을 팔았다면 당신은 배당금을 받을 것이다. 그 이유는 주식의 매수자, 즉 새로운 주주는 배당기준일에 주식을 보유하고 있지 않은 것이 되기 때문이다. 대신에 당신, 즉 매도자는 주주명부상의 주주일 것이다. 당신이 배당락일 전날에 주식을 매도한다면 반대의 경우가 일어날 것이다. 이 경우 새로운 주주, 즉 주식의 매수자가 배당금을 받게 될 것인데 왜냐하면 그가 주주명부상의 주주일 것이기 때문이다.

이것이 어떻게 작동하는지 알기 위해서 다음의 연속적인 사건을 생각해보라. 6월 3일 Cash Cow의 이사회는 6월 18일의 주주명부상의 주주들에게 주당 50센트의 분기 배당금을 지불하기로 공시한다. 수표는 6월 30일 배당지급일에 발송될 것이다. 아래의 달력은 배당관련 날짜들을 보여준다. 이 경우 당신이 6월 15일에 200주를 매수했다면 당신은 6월 30일 이후 $100의 수표를 받을 것이다. 반면에 당신이 주식을 6월 16일에 매수했다면 주식의 매도자가 주주명부상의 주주로 인식되어 당신이 아닌 그녀가 수표를 받게 될 것이다.

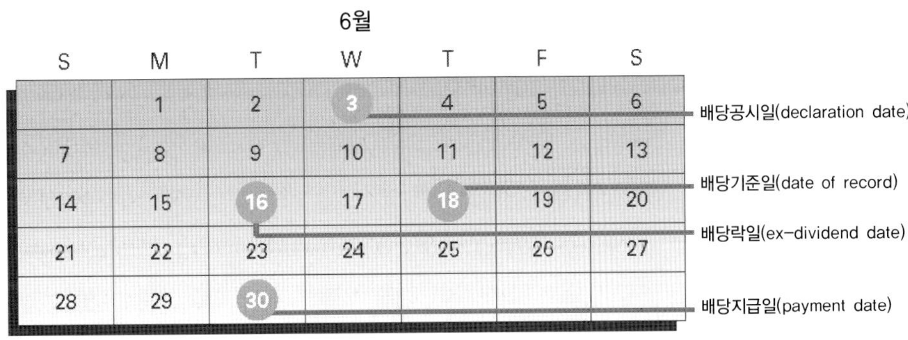

배당의 종류

일반적으로 회사는 현금의 형태로 배당을 지급한다. 가끔 새로운 주식을 추가로 발행하여 배당을 지불한다. 첫 번째 분배의 종류는 현금배당(cash dividend), 두 번째 종류는 주식배당(stock dividend)이라고 한다. 가끔 회사는 다른 형태로 배당을 지급하기도 하는데 (이 장의 앞에서 논의했던) 기업분할을 통한 주식이나 회사 제품의 샘플을 주기도 한다. 그러나 이런 다른 유형의 배당지급은 현금배당에 비해 상대적으로 드문 경우라고 할 수 있다.

현금배당 많은 회사들이 다른 어떤 형태의 배당 지급 방식보다도 현금배당을 채택하고 있다. 현금배당의 좋은 점은 회사의 이익이 증가하는 것처럼 시간이 흐를수록 증가한다는 것이다. 사실 현금배당을 하는 회사의 경우 평균 연간 배당금의 성장률은 3%에서 5%에 이른다. 다소 지루한 시장 상황에서 주기적으로 증가하는 배당의 흐름은 주식 수익률을 강화하므로 이런 성향은 투자자들에게 좋은 소식이다.

배당금을 얼마나 받았는지를 평가하기 위해 사용하는 관행적인 평가방법은 주식의 배당수익률(dividend yield)을 측정하는 것이다. 기본적으로 이 방법은 배당금을 금액으로 측정하는 절대적 측정이 아니라 비율에 기반한 상대적인 측정 방법이다. 주식의 배당수익률은 경상소득을 가격에 대한 비율로 측정한다. 배당수익률은 다음과 같이 계산된다.

수식 6.2

$$\text{배당수익률} = \frac{\text{연간 주당배당금}}{\text{주식의 현재 시장가격}}$$

따라서 주주에게 연간 주당 $2의 배당금을 주는 회사의 경우 주식이 $40에 거래될 때 배당수익률은 5%이다.

사례 2012년 5월 Radio Shack은 분기 배당금을 주당 $0.125 지불하였는데 이는 한 해에 배당금으로 $0.5를 받은 것이다. 당시 Radio Shack의 주식가격은 $4였다. 따라서 배당수익률은 12.5% ($0.5/$4)였는데, 보통주치고는 높은 수준의 배당수익률이었다.

회사는 보통 이익의 전부를 배당금으로 지급하지는 않는다. 대신 이익의 일부를 배당금으로 분배하고 나머지는 사업에 재투자하기 위해 유보한다. 배당성향(dividend payout ratio)은 회사의 이익에서 배당금으로 지급되는 비율을 측정하며 다음과 같이 계산된다.

수식 6.3

$$\text{배당성향} = \frac{\text{주당 배당금}}{\text{주당순이익}}$$

회사는 주당 순이익이 $4이고 연간 주당 배당금이 $2일 때 50%의 배당성향을 갖게 될 것이다. 주주가 배당금 받기를 좋아하기는 하지만 일반적으로 배당성향이 60%를 넘는 것을 좋아하지는 않는다. 배당성향이 높다면 유지하기가 힘들어 회사가 문제에 직면하게 될 가능성이 높다.

사례 2012년 6월 말 회계기간 말에 Coca-Cola는 투자자에게 주당 $1.96의 배당금을 지불했다. 그 기간에 회사의 주당순이익은 $3.76이었다. 따라서 Coca-Cola의 배당성향은 약 52%였다. 다시 말해 Coca-Cola는 이익의 절반 정도를 배당금으로 지불하고 나머지는 재투자를 했다고 볼 수 있다.

2003년 미국에서는 연방세가 바뀌어 배당금에 대한 세율이 줄게 되면서 현금배당의 매력은 매우 커지게 되었다. 그 이전에는 현금배당에 일반소득세율이 적용되어 최대 35%까지 세율이 올라갈 수 있었다. 그 이유 때문에 많은 투자자들이 현금배당을 상대적으로 매력적이지 않은 소득의 원천으로 보았다. 반면에 자본이득은 특혜 세율로 더 낮은 세율이 적용되었다. 2003년 이후 배당금과 자본이득은 똑같이 낮은 세율인 특혜 세율(15% 이하)이 적용되게 되었다. 이러한 조치는 높은 세율 계층의 투자자에게 배당금을 지급하는 주식을 매력적으로 만들었다. 기업들은 세율 변화에 두 가지 방식으로 대응했다. 첫째, 이미 배당금을 지급하던 기업은 그 양을 늘렸다. 2003년부터 2005년 사이 미국 기업이 지급하는 배당금은 30% 증가했다. 둘째, 한 번도 배당금을 지급하지 않았던 많은 기업이 배당금을 지급하기 시작했다. 세율 절감이 이루어진 해에는 분기당 약 4개의 기업이 배당금 지급을 시작하기로 한 계획을 공시했다. 다음 해에는 배당금 지급을 시작한 기업의 수는 분기당 29개로 늘어났는데 700%나 증가한 셈이다. 그러나 배당금에 대한 세금 절감은 2003년에 시작되어 2012년에 만기가 되기 때문에 의회나 새로 당선된 대통령이 낮은 배당세율을 연장할지 혹은 2003년 이전으로 되돌아갈지는 지켜봐야 한다(Bush의 감세조치가 2013년부터 끝남으로써 배당소득에 대하여 일반소득세율을 적용할 예정이었지만, 조세경감법(American Taxpayer Relief Act)에 의하여 계속적으로 자본이득세율이 적용됨).

주식배당 가끔 기업이 주식배당을 결정할 때가 있다. 주식배당은 기업이 추가적인 주식을 분배함으로써 배당을 지급하는 것을 의미한다. 예를 들어 이사회가 10%의 주식배당을 공시한다면, 당신은 당신이 소유하고 있는 10주당 1주의 새로운 주식을 받을 것이다.

주식배당은 당신이 주식배당을 받을 때 현금은 받지 않는다는 점에서 주식분할과 비슷하다. 배당으로 인해 유통되고 있는 주식의 수가 늘어나고 주식의 가격이 떨어지기 때문에 당신이 가지고 있는 주식의 가치는 변하지 않는다. 주식분할의 경우와 마찬가지로, 시장은 주식배당의 조건에 따라 주가를 하향 조정하는 방식으로 반응하기 때문에 주식배당은 단순히 외형뿐인 변화를 의미한다. 따라서 위의 예에서, 10%의 주식배당은 주당 주식가격을 약 10% 정도 낮추게 된다. 당신이 주당 $100에 거래되는 주식 200주를 소유하고 있었다면 투자의 시장 가치는 $20,000이다. 10%의 주식배당 이후 당신은 220주(200주 × 1.10)의 주식을 소유하게 되겠지만 각 주는 $90.91의 가치를 가지게 될 것이다. 당신은 더 많은 수의 주식을 보유하게 되겠지만 더 낮은 가격에 거래될 것이므로 투자의 전체 가치는 변하지 않을 것이다(220 × $90.91 = $20,000.20). 그러나 한 가지 좋은 점이 있다면 현금배당과 달리 주식배당은 당신이 주식을 매도할 때까지 세금이 붙지 않는다는 사실이다.

배당재투자계획

당신은 케이크를 가지고 있으면서 동시에 케이크를 먹고 싶은가? 배당의 경우 그 두 가지를 동시에 이룰 수 있다. 당신은 배당재투자계획(DRIP, dividend reinvestment plan)에 참여할 수 있다. 회사가 지원하는 이 프로그램에서 주주는 자신의 현금배당을 자동적으로 회사의 추가적인 보통주에 재투자할 수 있다(제12장에서 논의하겠지만, 뮤추얼펀드와 Bank of America나 Fidelity 같은 금융회사가 제공하는 비슷한 재투자 프로그램이 있다). 기본적인 투자 철학은 "만일 투자할 만큼 좋은 기업이면 재투자할 만큼 좋다"는 것이다. <표 6.2>에서 보여주듯이 이러한 방법은 시간이 흐르면서 당신의 투자 상황에 매우 큰

표 6.2 현금 혹은 재투자 배당

상황: 당신은 주당 $25의 주식 100주를 매수한다(총 투자금액은 $2,500); 주식은 현재 연간 주당 $1의 배당금을 지불한다. 주식의 가격은 연간 8%씩 증가하고 배당금은 연간 5%씩 증가한다.

투자기간	보유주식수	보유주식의 시장가치($)	현금배당 총수령액($)
배당금을 현금으로 수령			
5	100	3,672	552
10	100	5,397	1,258
15	100	7,930	2,158
20	100	11,652	3,307
배당재투자계획에 참여(현금배당의 100%를 재투자)			
5	115.59	4,245	0
10	135.66	7,322	0
15	155.92	12,364	0
20	176.00	20,508	0

영향을 미칠 수 있다.

오늘날, 주요 기업을 포함해서 1,000개 이상의 기업이 배당재투자계획을 제공한다. 이러한 계획은 투자자에게 자본을 축적하기 위한 편리하고 저렴한 방안을 제공한다. DRIP에서 대부분의 주식은 중개수수료 없이 획득되며 대부분의 계획은 부분 참여를 허용한다. 따라서 투자자는 주식 중에서 어느 분량만큼 배당재투자를 하고 어느 만큼을 현금배당으로 받을지 세세한 부분까지 결정할 수 있다. 어떤 계획은 심지어 배당재투자계획의 투자자에게 시장가격보다 3%에서 5% 할인된 가격에 주식을 매도하기도 한다. 또한 대부분의 계획은 투자자의 계좌로 소수점 이하의 주식을 신용으로 매입할 수 있게 하거나, 투자자로 하여금 회사의 주식에 배당을 초과하여 추가로 투자하는 것을 허용한다 예를 들어, General Mills의 계획에 가입했다면, 투자자는 수수료 없이 분기당 $3,000의 가치를 지닌 회사의 주식을 매수할 수 있다.

주주는 회사에 서류를 작성해서 보내는 것으로 쉽게 배당재투자계획에 참여할 수 있다. 일반적으로 전체 서류절차가 처리되는 데 30일에서 45일 정도의 시간이 소요된다. 한번 당신이 참여했다면 당신이 보유한 주식의 수는 각 배당마다 증가하기 시작할 것이다. 그러나 유의해야 할 것이 있는데, 배당이 추가적인 주식의 형태를 취하더라도 당신은 마치 현금배당을 받을 때처럼 세금을 내야 한다. 주식배당과 혼동하면 안 된다. 재투자된 배당금은 현금을 받았을 때처럼 받은 연도에 세금이 부과될 수 있는 소득으로 인정된다. 그러나 특혜세율이 유효한 이상 주식배당에 대한 세금은 2003년 이전의 세금보다는 덜 부담스러울 것이다.

개념리뷰

6.10 배당 결정이 어떻게 내려지는지 간략하게 설명하라. 배당을 지급할지, 얼마나 지급할지를 결정하는 데 회사와 시장의 어떤 요소들이 중요한가?

6.11 배당락일이 왜 주주에게 중요한가? 주식이 배당락일에 팔린다면 누가 배당을 받게 되는가? 매도자인가 매수자인가? 설명하라.

6.12 현금배당과 주식배당의 차이점은 무엇인가? 당신에게 무엇이 가치있겠는가? 주식분할에 비해 주식배당은 어떠한가? 200% 주식배당은 2대1 주식분할과 동일한가? 설명하라.

6.13 배당재투자계획은 무엇이고 투자자에게 어떤 혜택을 제공하는가? 단점은 없는가?

보통주의 종류와 사용

LG 6 보통주는 배당금이라는 경상소득과 자본의 안정성을 제공하고, 매력적인 자본이득까지 얻을 수 있는 모든 잠재력을 투자자에게 제공하기 때문에 매력적이다. 시장은 매우 보수적인 주식부터 투기적인 주식까지 다양한 범주의 주식들을 담고 있다. 일반적으로 투자자가 추구하는 주식은 투자 목적과 투자 프로그램에 따라 다르다. 우리는 대중적인 보통주를 살펴보고, 투자 프로그램에 따라 다양한 증권이 쓰일 수 있는 여러 가지 방법에 대해서 알아볼 것이다.

주식의 종류

어떤 주식도 비슷하지 않으며, 위험과 수익률의 분포는 각 주식을 발행한 기업의 특징에 달려 있다. 몇 가지 특징으로는 회사가 배당금을 지급하는지, 기업의 규모, 얼마나 빠르게 회사가 성장하고 있는지, 그리고 경기순환의 변화에 이익이 얼마나 취약한지 등을 말할 수 있다. 시간이 흐르면서, 투자자들은 어떤 특정 주식을 여러 분류 중 한 가지로 구별할 수 있는 방법을 발전시켰다. 투자자들은 포트폴리오를 구성할 때 위험과 수익률의 적당한 균형을 달성하기 위해 이 분류들을 사용한다. 가장 자주 들을 수 있는 분류로는 우량주(blue chip stock), 소득주(income stock), 성장주(growth stock), 기술주(tech stock), 경기순환주(cyclical stock), 방어주(defensive stock), 대형주(large-cap stock), 중형주(mid-cap stock), 그리고 소형주(small-cap stock)가 있다.

우량주 우량주는 보통주라는 농작물의 알짜에 해당하는 부분이라고 할 수 있다. 오랜 기간 동안 이익을 기록하고 배당금을 지급해온 기업이 발행한 주식이다. 우량주(blue-chip stock)는 흠잡을 데 없는 재무기록을 가진 잘 설립된 대규모 기업에 의해 발행된 주식이다. 이 회사들은 종종 산업의 대표기업이다.

그러나 모든 우량주가 동일하지는 않다. 어떤 우량주는 일관되게 높은 배당수익률을 제공하고, 어떤 우량주는 성장지향적이다. 성장 우량주의 좋은 예는 Nike, Procter & Gamble, Home Depot, Walgreen's, Lowe's Companies, UPS를 들 수 있다. <그림 6.5>는 Zacks 투자보고서 도입부에서 얻은 P&G 주식의 기본운영과 시장정보를 보여주고 있다. 수익률이 높은 우량주의 예로 AT&T, Chevron, Merck, Johnson & Johnson, McDonald's 그리고 Pfizer를 들 수 있다.

우량주가 약세시장으로부터 영향을 안 받을 수는 없지만 대부분의 주식보다 덜 위험한 것은 사실이다. 우량주는 질높은, 성장 잠재력을 가지고 있으며 배당을 지불하는 주식을 찾는 투자자들에게 매력적이다. 우량주는 큰 위험을 무릅쓰지 않고 채권보다 높은 수익을 얻고 싶은 투자자들에게 매력적이다.

소득주 어떤 주식은 단순히 배당금을 지급하기 때문에 매력적이다. 이것이 소득주(income stock)의 경우에 해당된다. 이 주식들은 규칙적으로 지급하는 평균보다 높은 배당금의 긴 역사를 가지고 있다. 소득주는 투자한 자본으로부터 발생하는 상대적으로 안전하고 높은 수준의 경상소득을 추구하는 사람들에게 이상적이다. 그러나 더 좋은 것이 있다. 소득주 주주들은 채권이나 우선주 투자와 달리 그들이 받는 배당금이 시간이 지남에 따라 증가하는 것을 기대할 수 있다. 1997년에 $1의 배당을 지급했던 기업의 배당금이 연간 약 4% 정도씩 증가했다면 2012년에는 주당 $1.8가 될 것이다. 시간에 따라 증가

그림 6.5 우량주

ZACKS INVESTMENT RESEARCH

July 10, 2012

Procter & Gamble (PG-NYSE)

Current Recommendation	UNDERPERFORM
Prior Recommendation	Neutral
Date of Last Change	07/10/2012
Current Price (07/09/12)	$61.55
Target Price	**$56.00**

SUMMARY

Procter & Gamble recently lowered its sales and earnings outlook for the final quarter of fiscal 2012 marking the second successive cut in the company's guidance in the last two months. Management blamed the latest guidance cut on lower-than-expected top-line growth due to a slowing global economy, sluggish market share growth in the developed countries and China, and foreign exchange headwinds. P&G is witnessing sluggish growth in the developed nations, principally in North America and Western Europe, due to weak economic conditions and market share declines. Moreover, rising commodity costs are constantly hurting the company's margins. Moreover, the company has also failed to make a break-through in the recent past which is hurting growth. Other short term headwinds include business disruptions in Venezuela, import restrictions in Argentina and negative impact of foreign exchange. We have thus downgraded our rating on P&G from Neutral to Underperform as most of these issues are expected to persist and pressure earnings in the near term.

SUMMARY DATA

52-Week High	$67.90
52-Week Low	$58.51
One-Year Return (%)	-1.55
Beta	0.44
Average Daily Volume (sh)	13,965,574
Shares Outstanding (mil)	2,740
Market Capitalization ($mil)	$168,647
Short Interest Ratio (days)	2.32
Institutional Ownership (%)	52
Insider Ownership (%)	0
Annual Cash Dividend	$2.25
Dividend Yield (%)	3.65
5-Yr. Historical Growth Rates	
Sales (%)	0.9
Earnings Per Share (%)	4.7
Dividend (%)	10.2
P/E using TTM EPS	15.7
P/E using 2012 Estimate	16.2
P/E using 2013 Estimate	15.8
Zacks Rank *: Short Term 1 – 3 months outlook	4 - Sell

* Definition / Disclosure on last page

Risk Level *	Low
Type of Stock	Large-Blend
Industry	Soap&Clng Preps
Zacks Industry Rank *	177 out of 267

ZACKS CONSENSUS ESTIMATES

Revenue Estimates
(In millions of $)

	Q1 (Sep)	Q2 (Dec)	Q3 (Mar)	Q4 (Jun)	Year (Jun)
2010	19,807 A	21,027 A	19,178 A	18,926 A	78,938 A
2011	20,122 A	21,347 A	19,893 A	20,860 A	82,559 A
2012	21,917 A	22,135 A	20,194 A	20,310 E	83,918 E
2013	21,217 E	21,664 E	20,565 E	20,651 E	84,469 E

Earnings Per Share Estimates
(EPS is operating earnings before non-recurring items, but including employee stock options expenses)

	Q1 (Sep)	Q2 (Dec)	Q3 (Mar)	Q4 (Jun)	Year (Jun)
2010	$0.97 A	$1.10 A	$0.89 A	$0.71 A	$3.67 A
2011	$1.02 A	$1.13 A	$0.94 A	$0.84 A	$3.93 A
2012	$1.03 A	$1.10 A	$0.94 A	$0.77 E	$3.80 E
2013	$1.04 E	$1.08 E	$0.95 E	$0.84 E	$3.90 E

Q210,Q310 EPS and rev has been restated. Future quarter results will be restated as and when the company reports.

Projected EPS Growth - Next 5 Years % 8

하는 배당금은 투자자들을 인플레이션의 영향으로부터 보호해준다.

소득주의 제일 큰 단점은 어떤 기업의 경우에는 성장 잠재력이 제한되어 있기 때문에 높은 배당금을 지급하고 있을 것이란 사실이다. 사실 수입보장이 상대적으로 낮은 이익 성장을 보이는 것은 이상하지 않은 현상이다. 이런 기업이 이익을 못 낸다던가 전망이 나쁘다는 뜻은 아니다. 오히려 반대이다. 소득주에 해당하는 기업은 이익이 높고 매우 좋은 전망을 가진 회사들이다. 소득주의 많은 회사들은 미국 산업에서 거대한 회사들이고 그 중 많은 회사들은 우량주로 분류되기도 한다. American Electric Power, Duke Energy, Oneok, Scana, DTE Energy, Southern Company 등의 전력 및 에너지 관련 기업이 이에 속한다. 또한 이 그룹에는 Conagra Foods, General Mills, Altria Group과 같은 일부 산업과 금융회사들이 해당된다. 기업의 특성에 맞게 소득주는 영업위험이나 시장위험에 많이 노출되어 있지 않다. 그들은 그러나 어느 정도의 이자율 위험에는 노출되어 있다.

성장주 매출과 이익이 매우 빠르게 성장하고 있는 회사들이 발행한 주식을 성장주(growth stock)라고 한다. 좋은 성장주는 보통주가 연간 6%에서 8% 정도 성장할 때 일관되게 15%에서 18%의 이익 성장률을 보인다. 일반적으로, 인정받는 성장 기업은 변함없는 이익 성장과 자기자본이익률(ROE)을 갖추고 있다. 그들은 또한 높은 영업이익률과 채무를 갚을 수 있는 풍부한 현금흐름이 있다. Amazon.com, Apple, Google, eBay, Berkshire Hathaway, Starbucks는 성장주의 좋은 예이다. 이 목록이 암시하듯이 어떤 성장주는 우량주이면서 높은 질의 성장을 제공하나, 다른 주식은 더 투기적 요소를 갖고 있다.

성장주는 일반적으로 배당을 주지 않거나 조금만 준다. 이익에 대한 비율인 배당성향은 10%니 15%를 넘는 경우가 드물다. 대신 이들 회사는 이익의 대부분을 추가적인 성장의 재원으로 재투자한다. 따라서 투자자는 성장주에서 배당이 아니라 가격 상승을 통해 수익을 얻는다. 그리고 이것은 장단점을 동시에 가지고 있다. 경제가 튼튼하고 주식시장이 상승 추세에 있을 때 이런 주식은 인기가 높다. 그러나 시장이 침체되면, 이러한 주식은 종종 크게 침체된다. 성장주는 일반적으로 배당보다는 자본이득을 찾는 그리고 더 높은 위험을 무릅쓸 수 있는 투자자에게 매력적이다.

기술주 지난 20여 년 동안 기술주는 긍정적이면서 부정적인 측면에서 시장에서 주도적인 존재가 되어, 그들만의 분류가 필요하다고 여겨지게 되었다. 기술주(tech stock)는 기본적으로 시장의 기술부문을 대표한다. 이는 컴퓨터, 반도체, 데이터 저장 장치 그리고 소프트웨어를 제작하는 회사를 포함한다. 또한 인터넷 서비스 네트워킹 장치, 그리고 무선 통신을 제공하는 기업이 포함된다. 대부분의 기술주는 Nasdaq에서 거래되지만 어떤 주식은 NYSE와 AMEX에서 거래되기도 한다. 기술주는 사실 Nasdaq을 지배하고 있고, 따라서 Nasdaq 종합지수도 장악하고 있다.

이러한 주식은 아마 성장주나 투기주의 분류에 속할 것이지만 일부는 당당한 우량주이다. 기술주는 높은 수익률의 잠재성을 지니지만 동시에 상당한 위험이 있기 때문에 위험을 감수할 수 있는 투자자에게 적합할 것이다. 기술주에 속한 회사들 중 잘 알려진 이름으로는 Apple, Cisco Systems, Google, Intel 등이 있다. 또한 그다지 크지 않은 이름들을 찾을 수도 있는데, NVIDIA, Marvell Technology, LinkedIn, SanDisk, Advantest, L-3 Communications, Electronic Arts 등이 있다(<그림 6.6>을 참조).

투기주 성공에 대한 일관성 있는 기록은 없으나 가격 상승에 대한 상당한 잠재력을 가지고 있는 것이 투기주(speculative stock)이다. 아마 투자자의 희망은 어려움을 겪는 회사를 새로운 경영진이 인수하거나 미래가 밝은 신제품의 도입에 의해 생겨날 것이다. 아니면 새로운 정보, 발명 혹은 생산 기술이 회사의 성장 전망에 좋은 방향으로 작용할 것이라는 힌트가 투자자의 희망을 부추긴다. 투기주는 주식의 특별한 종류로, 시장이 강세일 때 많은 추종자를 거느린다.

일반적으로 말해서 투기주의 이익은 불확실하고 안정적이지 않다. 이러한 주식은 가격의 변동이 심하며 배당이 전혀 없거나 매우 작다. 좋은 점으로는, Sirius XM Radio, Dreamworks Animation, Liberty Media, 그리고 Under Armour와 같은 투기주가 매력적인 성장 전망과 시장에서 "대박을 터뜨리는" 기회를 가지고 있다는 것이다. 그러나 성공하기 위해서는 투자자는 시장의 다른 이들이 알아채기 전에 큰 돈을 벌게 해줄 승자를 파악해야만 한다. 투기주는 매우 위험하다. 투자자에게 튼튼한 배짱과 상당한 노하우를 요구한다. 투기주는 자본이득을 추구하는 이들에게 유용하며 투자자는 상황적인 필요에 따라 이러한 주식을 공격적으로 팔거나 살 것이다.

그림 6.6 기술주

ZACKS INVESTMENT RESEARCH

June 13, 2012

Electronic Arts Inc. (EA-NASDAQ)

Current Recommendation	NEUTRAL
Prior Recommendation	Underperform
Date of Last Change	03/17/2010
Current Price (06/12/12)	$12.79
Target Price	**$13.00**

SUMMARY

EA reported a mixed fourth quarter with earnings comfortably beating the Zacks Consensus Estimate but revenue missing by miles. The guidance was also disappointing. We believe that EA's shift in focus to the digital format, its diversified portfolio and strong product pipeline will drive top-line growth going forward. However, a sluggish video game market keeps us on the sidelines. Moreover, EA faces stiff competition in both digital and packaged goods, which are expected to hurt profitability going forward. We don't foresee any turnaround in the near term and the long-term outlook is murky. Thus, we have a Neutral rating and set a price target of $13.00.

SUMMARY DATA

52-Week High	$25.20
52-Week Low	$12.79
One-Year Return (%)	-44.86
Beta	1.24
Average Daily Volume (sh)	5,036,886
Shares Outstanding (mil)	318
Market Capitalization ($mil)	$4,065
Short Interest Ratio (days)	2.15
Institutional Ownership (%)	90
Insider Ownership (%)	6
Annual Cash Dividend	$0.00
Dividend Yield (%)	0.00
5-Yr. Historical Growth Rates	
Sales (%)	2.5
Earnings Per Share (%)	-18.0
Dividend (%)	N/A
P/E using TTM EPS	36.5
P/E using 2013 Estimate	18.5
P/E using 2014 Estimate	14.4
Zacks Rank *: Short Term 1 – 3 months outlook	4 - Sell

* Definition / Disclosure on last page

Risk Level *	Average,
Type of Stock	Large-Value
Industry	Toys/Game/Hobby
Zacks Industry Rank *	71 out of 267

ZACKS CONSENSUS ESTIMATES

Revenue Estimates
(In millions of $)

	Q1 (Jun)	Q2 (Sep)	Q3 (Dec)	Q4 (Mar)	Year (Mar)
2011	539 A	884 A	1,410 A	995 A	3,828 A
2012	524 A	1034 A	1,651 A	977 A	4,186 A
2013	957 E	837 E	1,263 E	1,029 E	4,086 E
2014					4,539 E

Earnings Per Share Estimates
(EPS is operating earnings before non recurring items, but including employee stock options expenses)

	Q1 (Jun)	Q2 (Sep)	Q3 (Dec)	Q4 (Mar)	Year (Mar)
2011	-$0.44 A	-$0.02 A	$0.46 A	$0.20 A	$0.20 A
2012	-$0.57 A	-$0.06 A	$0.87 A	$0.11 A	$0.35 A
2013	-$0.51 E	$0.06 E	$0.92 E	$0.22 E	$0.69 E
2014					$0.89 E

Projected EPS Growth - Next 5 Years % 18

(출처: Copyright ©2012 Zacks Investment Research. All rights reserved. www.zacks.com, July 10, 2012.)

경기순환주 경기순환주(cyclical stock)는 회사의 이익이 전반적인 경제상황에 매우 밀접히 연관되어 있는 기업에 의해 발행된다. 이러한 주식은 경기순환의 주기에 따라 상승과 하락을 하는 경향이 있다. 집이나 자동차와 같이 돈이 많이 들고 오래가는 물품에 대한 소비 지출이나 자본 장비 지출과 연결된 시장에서 활동하는 기업이 전형적인 경기순환주이다. 예를 들어 Alcoa, Caterpillar, Genuine Parts, Lennar, Brunswick, Timken이 있다.

경기순환주는 일반적으로 경제가 앞을 향해 나아가고 있을 때는 잘되는데, 특히 국가 경제가 회복의 초기 단계에 있을 때 더 잘된다. 마찬가지로, 경제가 약화되기 시작하면 성과가 나빠진다. 경기순환주는 경제의 전망에 따라 주식을 매수하고 매도하려는 투자자와 그러한 투자에 동반하는 위험 노출을 감수할 수 있는 투자자에게 가장 적합하다.

방어주 가끔 전체 경제 활동이 줄고 있을 때 가격이 안정적으로 유지되거나 심지어 오르기도 하는 주식을 볼 수 있다. 이런 주식을 방어주(defensive stock)라고 한다. 이러한 주식은 경기순환의 약세 변동에 대해 다른 평균 주식보다 덜 취약하다.

방어주는 음료, 음식 그리고 제약과 같이 기초 필수품을 제조하는 산업 및 소비재 제품의 기업뿐만 아니라 전력 및 에너지 관련 주식을 포함한다. 방어주의 좋은 예로 Walmart를 들 수 있다. 불황에 잘 견디는 이 회사는 세계적인 선도 소매업자이다. 다른 예로, 도난방지 의류 안전클립 제조회사인 Checkpoint Systems, 유명한 다목적 윤활제를 만드는 WD-40, 장기적 보살핌과 보호기관인 Extendicare가 있다. 방어주는 일반적으로 공격적인 투자자들이 경기가 약세에 머물고 있는 상태이거나 투자 분위기가 나아질 때까지 자금을 일시적으로 "보관"하는 데 사용된다.

중형주 주식의 규모는 시장가치에 혹은 더 일반적으로 말하면 시가총액에 기반한다. 이 가치는 시장가격 곱하기 유통되는 주식의 수로 계산된다. 일반적으로 말해서 주식의 시장가치 측정치에 따라 미국의 주식 시장을 세 부분으로 나눌 수 있다.

소형주 : 2조 달러 미만

중형주 : 2조 달러부터 10조 달러까지

대형주 : 10조 달러 초과

대형주는 Walmart, Exxon Mobil, Apple과 같은 거대 회사이다. 대형주의 기업은 그

수가 적지만 미국의 전체 자기자본 시장가치의 75% 이상을 차지한다. 그러나 큰 것이 항상 좋은 것은 아니다. 이 문장이 주식시장보다 더 명확하게 적용되는 경우는 없을 것이다. 평균적으로 대형주보다 소형주가 더 높은 수익률을 얻는다.

중형주(mid-cap stock)는 투자자에게 매력적인 수익률의 기회를 제공한다. 그들은 소형주 정도의 수익률을 제공하지만 가격의 변동성이 더 작다(소형주는 곧 살펴볼 것이다). 동시에 중형주는 적당한 크기의 회사이고, 많은 수가 오랫동안 존재해왔으며 어느 정도 규모의 인정받는 주식으로 안전성을 제공한다. 중형주 중에 잘 알려진 기업으로는 Dick's Sporting Goods, Hasbro, Safeway, Williams-Sonoma가 있다. 이러한 주식은 소형주의 불확실성 없이 대형주의 대체품이 되어주긴 하지만, 대형주보다는 조금 더 큰 가격 변동성과 위험을 감수할 수 있는 투자자에게 적합하다.

중형주 중에서 특히 흥미를 끄는 한 종류는 아기 우량주이다(baby blue chip). "베이비 블루스(baby blues)"로도 알려진 이 회사들은 규모를 제외하고는 일반적인 우량주의 특징을 다 갖추고 있다. 다른 대규모 우량주와 같이 아기 우량주는 견고한 재무상태표, 적당한 수준의 부채, 그리고 몇 년간의 안정적인 이익 성장을 보인다. 아기 우량주는 일반적으로 적당한 수준의 배당을 지급하지만 대부분의 중형주와 같이 성장을 강조한다. 따라서 질 높은 장기 성장을 찾고 있는 투자자에게 딱 맞는 선택지이다. 잘 알려진 아기 우량주로는 Logitech, American Eagle Outfitters, Garmin Ltd가 있다.

소형주 일부 투자자는 소규모 기업을 매력적인 수익률의 기회로 보고 그들을 별도로 분류한다. 많은 경우에 이러한 생각은 사실인 것으로 드러났다. 소형주(small-cap stock)로 알려진 기업은 일반적으로 연간 250백만 달러보다 적은 매출액을 창출한다. 그러나 그들의 규모 때문에 성장의 추진력은 이익과 주식 가격에 극적인 영향을 미칠 수 있다. Callaway Golf, Wendy's, Shoe Carnival은 잘 알려진 소형주이다.

비록 어떤 소형주는 견고한 재무상태를 갖춘 회사들이지만 모든 소형주가 그렇지는 않다. 사실 많은 기업이 너무 작아서 발행된 주식의 수도 적고, 주식은 널리 유통되지 않는다. 또한 작은 회사의 주식은 "오늘은 있었다가 내일은 없어지는" 경향이 있다. 비록 일부 소형주가 높은 수익률의 잠재력이 있다고 해도, 투자자는 소형 주식에 동반하는 높은 위험 노출에 대해 주의해야 한다.

소형주의 특별한 분류로, 최초공모(IPO, Initial public offering)가 있다. 대부분의 IPO

는 작고, 대중에게 처음으로 공개되는 상대적으로 새로운 기업이다(최초공모 이전에 이 주식들은 사적으로 소유되어 공개적으로 거래되지 않았다). 다른 소형 기업 주식과 마찬가지로, IPO 주식은 투자자들이 얻을 수 있는 상당한 자본이득 때문에 매력적이다. 물론, 그 중에서도 좀 더 좋고 매력적인 IPO 주식을 매수하려면 당신은 활발한 거래자이거나 브로커에게 선호되는 고객이어야 할 것이다. 만약 그렇지 않다면, 당신에게 돌아오는 IPO 주식은 투자자들이 원하지 않는 것일 가능성이 많다. 의심할 바 없이 IPO 주식은 위험이 높은 투자로, 투자자에게 반갑지 않은 특이점이 있다. 믿을 수 있는 시장 기록이 없기 때문에, 회사의 무엇을 찾아봐야 할지 아는 투자자 그리고 상당한 위험을 감수할 수 있는 투자자만이 주식을 매수해야 한다.

외국 주식에 투자하기

지난 20년간 미국의 금융시장에 일어났던 제일 극적인 변화는 세계화의 추세이다. 사실 세계화란 1990년대의 유행어가 되었고 세계의 주식시장에서만큼 그것이 극명하게 드러나는 곳은 없었다. 예를 들어, 1970년대 미국의 주식시장이 전체 세계 시장의 2/3 정도를 차지했다는 것을 생각해보라. 핵심을 말하자면, 미국의 주식시장은 나머지 다른 세계의 주식시장들이 합쳐진 것보다 2배 정도 컸던 것이다. 그러나 이것은 더 이상 사실이 아니다. 2012년 미국이 세계 주식시장에서 차지하는 비중은 약 33%로 하락했다.

오늘날 세계의 주식시장은 6개의 시장에 의해 주도되고 있는데 전 세계에서 80%의 비중을 차지한다. 아직까지 미국은 제일 큰 주식시장을 가지고 있어, 2012년에는 전체 가치가 16조 달러에 이르렀다. 두 번째를 놓고 경쟁하는 일본과 중국 그리고 영국의 주식시장 가치는 3조 달러를 넘는다. 1조 달러가 넘는 주식시장을 가진 나라는 스위스, 독일, 스페인, 홍콩 그리고 캐나다이다.

상대적 수익률 미국은 아직 크기로 보자면 세계의 주식시장을 지배하고 있다. 10,000개 이상인 상장회사의 수만 해도 그렇다. 그러나 아직 답변을 듣지 않은 중요한 질문이 남아 있다. 다른 세계의 주요 주식시장에 비해 미국의 주식시장의 성과는 어떠했는가? 2011년, 주식에 대한 수익성이 전반적으로 낮았던 해에, 미국의 시장은 (S&P 500 지수로 측정하면) 2%의 이득을 간신히 채웠다. 그리 좋아 보이지는 않지만, 미국은 그 해에 실적이 제일 좋은 시장 중의 하나였다. 세계의 다른 시장들은 두 자리 숫자의 손실을 경험했는데, 거기에는 스페인, 오스트레일리아, 캐나다, 일본, 남아프리카공화국, 중국, 독일 그리고 많은 다른 나라들의 주요 주식시장들이 포함되었다. 한 해만을 보는 것은 아마 한 나라의 주식시장 실적을 평가하는 데 최선의 방법은 아닐 것이다. <그림 6.7>은 1900년부터 2011년까지 19개 국가 주식의 평균 연간 수익률을 보여주고 있다. 이 기간 동안 미국의 주식시장은 평균 수익률로 9.3%를 얻었는데 <그림 6.7>에 있는 나라들 중에서 대략 중간에 위치한다. 다시 말해, 오랜 시간 동안 미국의 주가수익률은 다른 주식시장의 수익률과 비교해 특출나지는 않았다는 것이다. 해마다 비교를 해보면 2011년은 미국의 주식들이 드물게 높은 수익을 얻은 예외적인 해였다는 것을 알 수 있다. 이것은 국경을 넘을 생각이 있는 투자자에게는 더 매력적인 수익률이 기다리고 있다는 것을 의미한다.

그림 6.7 세계의 평균 연간 주가수익률(1900년부터 2011년까지)

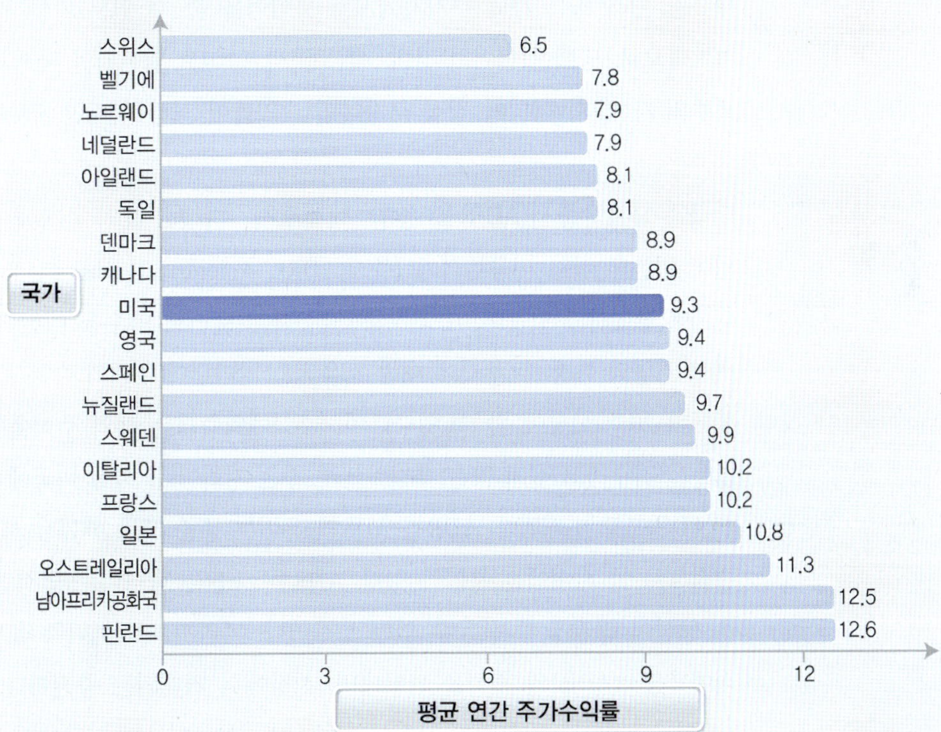

(출처: Elroy Dimson, Paul Marsh, and Mike Staunton, Credit Suisse Global Investment Returns Sourcebook 2012, https://www.credit-suisse.com/investment_banking/doc/cs_global_investment_returns_yearbook.pdf.)

세계로 진출: 직접투자 기본적으로 해외의 주식에 투자하는 방법에는 두 가지가 있다. 직접투자를 할 수도 있고, 미국주식예탁증서(ADR)를 통할 수도 있다(세 번째 방법인 국제적 뮤추얼펀드에 대해서는 제12장에서 논의할 것이다).

의심할 여지 없이, 가장 모험적인 형태는 해외 시장에서 직접 주식을 매수하는 것이다. 그러나 직접투자는 특별한 경험이 없는 이들에게는 맞지 않다. 당신은 무엇을 하고 있는지 알고 준비되어 있어야 하며 어느 정도의 시장 위험을 감수해야 한다. 비록 미국의 주요 브로커들이 해외 증권을 사는 데 흥미를 가진 투자자를 받아들이기 위해 준비하고 있지만 아직은 많은 연결의 문제에 직면하고 있다. 투자를 시작하기 위해, 수익률에 극적인 영향을 미칠 수 있는 환율 변동의 문제에 직면해야만 한다. 그러나 그것은 시작에 불과하다. 또한 당신은 서로 다른 규제와 회계 기준의 문제를 다루어야 한다. 사실 대부분의 해외 시장은 미국의 거래소처럼 잘 규제되고 있지 않다. 따라서 해외 시장에는 내부자 거래 또는 해외 투자자에게는 불이익을 줄 수 있는 다른 관행이 있을 수 있다. 마지막으로, 명백한 언어의 장벽, 세금 문제, 그리고 일반적인 국제 거래를 괴롭히는 "관료주의"가 있다. 해외에 직접 투자하면 수익률이 크긴 하지만, 장애물 또한 상당하다.

미국주식예탁증서(ADR)을 통한 세계투자 다행히 해외 주식에 투자하는 더 쉬운 방법이 있는데 바로 미국주식예탁증서(ADRs, American Depositary Receipts)를 사는 것이다. 제2장에서 보았듯이, 미국주식예탁증서는 달러로 액수를 매긴 상품(증서)으로, 특정 해외 기업의 특정 수 주식에 대한 소유권을 나타낸다(주식의 수는 주식의 1주 이하의 분할부터 20주 이상이 될 수 있다). 미국주식예탁증서는 해외 주식을 소유하고 싶지만 귀찮음을 감수하고 싶지 않은 투자자에게 좋은 기회이다. 사실 미국예탁증서는 미국예탁주식(ADS)으로 거래된다. ADR과 ADS의 용어는 종종 서로 바꿔서 사용되기도 하지만, 기술적으로 둘 사이에는 차이가 있다. ADR은 증권을 나타내는 법적인 서류인 반면, ADS은 당신이 증권에 투자할 수 있는 도구이다. 따라서 미국예탁주식(ADS)은 어떤 미국주식예탁증서(ADR)의 주식을 나타내며, 시장에서 거래되는 증권이다.

미국주식예탁증서는 미국 회사의 주식과 같이 미국의 시장에서 팔리고 구매된다. 그 가격은 미국의 달러로 매겨진다. 더 나아가 배당금도 미국의 달러로 지급된다. 약 400개의 외국기업 주식이 미국의 거래소에 상장되어 있지만 대부분의 회사는 미국주식예탁증서로 등록되어 있다. 사실 50개 이상의 나라로부터 온 2,100개가 넘는 회사의 주식이 NYSE, AMEX, Nasdaq 그리고 장외시장에서 거래되고 있다.

ADR의 구조를 보기 위해서 영국의 석유와 가스 회사인 BP의 예를 보겠다. BP의 ADR은 NYSE에서 거래되고 있다. 각각의 BP ADR은 BP의 6주에 대한 소유권을 나타낸다. 이 주식은 미국의 은행이나 외국 담당은행의 수탁계좌에 보관된다. 이들 은행은 배당금을 받고, 외국의 세금을 내며, 남는 이익을 투자자에게 전달되는 미국의 달러로 바꾼다. 매수할 수 있는 외국의 미국예탁증서의 주식으로는 Sony(일본), Ericsson Telephone(스웨덴), Nokia(핀란드), Royal Dutch Shell(네덜란드), Nestle(스위스), Elan Corporation(아일랜드), Suntech Power(중국), BASF(독일), Hutchison Wampoa Ltd(홍콩), Teva Pharmaceuticals(이스라엘), Norsk Hydro(노르웨이), Diageo(영국) 그리고 Group Televisa(멕시코)가 있다. 당신은 심지어 러시아의 모스크바에 기반을 둔 Vimpel-Communication과 같은 휴대폰 회사의 주식도 NYSE에서 ADR로 매수할 수 있다.

국제 수익률의 관점 당신이 외국의 주식을 직접 사든 ADR을 통해 사든 국제적 투자는 국내 투자보다 더 복잡하고 위험하다. 국제적으로 투자를 할 때, 당신은 좋은 주식과 좋은 시장을 선택해야 한다. 일반적으로, 외국 주식은 미국의 주식과 같은 방식으로 가치가 매겨진다. 사실, 미국의 주식 가격을 변화시키는 요소들(소득, 배당금 등)이 해외 시장의 주식가치에도 영향을 미친다. 그러나 이보다 먼저, 각각의 시장은 각각의 경제 동력(인플레이션, 이자율, 경제의 활성화 정도)에 의해 영향을 받아 시장의 분위기를 조성한다. 어느 시점에 어떤 시장은 다른 시장보다 실적이 좋다. 국제 투자자가 직면하고 있는 도전은, 적당한 시기에 적당한 시장을 찾는 데 있다.

미국 주식의 경우와 같이 외국의 주식도 수익의 기본적인 2가지 원천인 배당과 자본이득(혹은 손실)을 제공한다. 그러나 국제 투자에서는 세 번째 요소가 있는데, 환율이 미국 투자자의 수익에 영향을 준다. 특히, 해외 통화에 대해 상대적으로 미국의 달러가 약화되거나 강세를 보일 때는, 해외 주식에 투자중인 미국 투자자의 수익 또한 상승하거나 하락한다. 국제적 맥락에서 해외 증권에 투자중인 미국 투자자의 총수익은 아래와 같이 정리될 수 있다.

수식 6.4

$$\text{총수익(미국 \$)} = \begin{matrix}\text{경상소득}\\\text{(배당금)}\end{matrix} + \begin{matrix}\text{자본이득}\\\text{(혹은 손실)}\end{matrix} \pm \begin{matrix}\text{환율의}\\\text{변동}\end{matrix}$$

경상소득과 자본이득은 지역의 통화(해외 주식이 기반한, 유로나 일본의 엔 같은)로 거래되므로, 우리는 총수익의 공식을 다음과 같이 요약할 수 있다.

수식 6.5

$$\text{총수익(미국 \$)} = \begin{matrix}\text{경상소득과 자본이득으로부터의}\\\text{수익(현지 통화)}\end{matrix} \pm \begin{matrix}\text{환율의 변동에}\\\text{따른 수익}\end{matrix}$$

따라서 총수익의 2가지 기본 요소는 주식으로부터 나오는 것(배당금 더하기 주식가격의 변동)과 환율의 변동이다.

국제 수익률의 측정 수식(6.5)에서 나온 두 가지 기본 요소를 알고 환율을 고려해 만들어진 다음의 보유기간수익률(HPR) 수식을 이용해서 우리는 미국의 달러로 총수익률을 계산할 수 있다.

수식 6.6

$$\text{총수익률(미국 \$)} = \left[\frac{\begin{matrix}\text{해외통화로 계산한}\\\text{주식의 기말가치}\end{matrix} + \begin{matrix}\text{해외통화로}\\\text{받은 배당}\end{matrix}}{\begin{matrix}\text{해외통화로 계산한}\\\text{주식의 기초가치}\end{matrix}} \times \frac{\begin{matrix}\text{보유기간}\\\text{기말의 환율}\end{matrix}}{\begin{matrix}\text{보유기간}\\\text{기초의 환율}\end{matrix}}\right] - 1.00$$

수식(6.6)에서 환율은 미국의 달러로 나타낸 외국 통화의 가치이다. 즉, 한 단위의 외국 통화가 미국 돈으로 얼마만큼의 가치가 있는가 하는 것이다.

이 변형된 보유기간수익률 수식은 1년 이상 혹은 이하의 기간 동안 투자할 경우 제일 유용하다. 핵심적으로, 수식(6.6)의 첫 번째 요소는 현지의 통화로 주식의 수익률을 제공하고, 두 번째 요소는 환율의 변동의 영향을 고려한다.

이 수식이 어떻게 작동하는지 알기 위해서 프랑크푸르트 주식거래소에서 거래되는 독일의 전기 엔지니어링 전자회사인 Siemans AG의 주식을 몇 백주 매수한 미국 투자자의 경우를 고려해보자. 독일은 유럽공동체(EC)의 일부이기 때문에 통화는 유로이다. 투자자가 주당 €90.48의 가격을 지불했다고 가정하다. 당시에 달러와 유로의 환율(미국 $/€1)은 $0.945인데 즉 €1는 미국의 95센트의 가치를 가진다는 것이다. 주식은 연간 주당 €5의 배당금을 지급했다. 12개월 이후 주식은 €94에 거래되고 있었고 달러/유로의 환율은 $1.083이었다. 명백하게, 이 주식은 가격이 올랐고, 유로도 올랐으며, 즉 투자자는 좋은 실적을 냈다. 이 투자가 어떤 수익률을 창출했는지 알기 위해서 우리는 수식(6.6)을 이용해야 한다.

$$
\begin{aligned}
\text{총수익률(미국 \$)} &= \left[\frac{€94.00 + €5.00}{€90.48} \times \frac{\$1.083}{\$0.945}\right] - 1.00 \\
&= [1.0942 \times 1.1460] - 1.00 \\
&= [1.2540] - 1.00 \\
&= 25.4\%
\end{aligned}
$$

25.4%의 수익률로, 투자자는 명백하게 좋은 실적을 냈다. 그러나 대부분의 수익률은 주식이 아니라 환율의 변동에 의한 것이었다. 배당과 자본이득으로부터 비롯된 수익률을 보여주는 수식의 앞부분을 보라(1.0942 − 1.00 = 9.42). 따라서, 주식 그 자체만으로는 9.50% 이하의 수익률을 만들어낸 것이다. 약 16%(25.40 − 9.42)의 나머지 수익률은 환율 가치의 변화에서 비롯되었다. 이 경우, 미국 달러의 가치가 유로에 비하여 상대적으로 낮아졌기 때문에 수익률이 늘어난 것이다.

외환 환율 방금 보았듯이, 환율은 투자자의 수익률에 극적인 영향을 미칠 수 있다. 환율은 약간의 수익이나 심지어 손실도 매우 매력적인 수익으로 변환시킬 수 있고, 반대의 경우도 가능하다. 소위 환율 영향이 긍정적인지 부정적인지를 결정하는 유일한 요소는 증권의 가격을 표기한 나라의 통화에 대한 상대적인 미국 달러의 움직임이다. 핵심적으로, 달러가 강세일수록 미국 투자자의 수익에는 부정적인 영향이 가게 된다. 그리고 달러가 약할수록 긍정적으로 작용한다. 따라서, 외국 증권에 투자하기에 가장 좋은 시기는 달러의 가치가 떨어지고 있을 때이다.

물론 환율의 변동이 심할수록 총수익률에 미치는 영향도 커진다. 국제 투자자가 직면하는 문제는 실적이 좋은 해외 주식을 찾아내는 것뿐만 아니라 성과가 좋은 해외 통화를 찾아내는 것이다. 당신은 투자기간 동안에 해외 주식과 해외 통화의 가치가 올라가기를 바란다. 이것은 직접 해외 주식에 투자하는 것과 미국주식예탁증서를 사는 두 가지 경우에 똑같이 적용된다(미국 예탁증서가 달러로 값이 매겨지기는 하지만 매겨지는 가격은 환율의 변화에 따라 달라진다).

대체투자 전략

기본적으로 보통주는 (1) 가치의 저장창고, (2) 자본 축적의 수단, (3) 소득의 원천으로 사용될 수 있다. 가치의 저장창고는 모든 투자자에게 중요한데, 아무도 돈을 잃는 것을 원치 않기 때문이다. 그러나 어떤 투자자는 다른 투자자보다 더 손실에 민감하다. 그들은 주식을 선택하는 데 있어서 원금의 안전을 최우선의 선택 조건으로 본다. 이러한 투자자는 질을 의식하므로 우량주 혹은 비투기적 주식에 더 끌린다.

반면에 자본 축적의 수단은 장기적 투자자에게 중요한 목표이다. 이러한 투자자는 그들의 부를 축적하기 위해서 자본이득이나 배당금을 이용한다. 어떤 투자자는 이 목적을 위해 성장주를 이용하고 어떤 투자자는 소득주를 그리고 어떤 이들은 두 가지를 모두 이용한다.

마지막으로, 어떤 투자자는 주식을 소득의 원천으로 사용한다. 그들에게 믿을 만한 현금배당은 매우 중요하다. 이익이 높고 질이 좋은 소득주는 그들이 매우 선호하는 투자대상이다.

개인 투자자는 자신의 투자 목적을 달성하기 위해 다양한 투자 전략을 사용할 수 있다. 이러한 전략에는 매입보유전략, 경상소득 전략, 양질의 장기 성장, 공격적인 주식운용, 그리고 투기와 단기거래가 포함된다. 앞의 3가지 전략은 가치의 보존을 중요하게 여기는 투자자의 관심을 끈다. 투자자의 기질과 그녀가 투자 프로그램에 어느 정도의 시간을 할애할 수 있느냐에 따라서, 이 중 어떤 전략이라도 자본을 축적하기 위해 사용될 수 있다. 반면에, 경상소득 전략은 주식을 소득의 원천으로 삼는 투자자들에게 논리적인 선택이다.

우리는 이제부터 이러한 전략에 대해 더 자세히 논의해볼 것이다. 당신은 어떤 전략이 당신의 요구에 부합하는지 선택하기 위해 이러한 전략을 잘 이해하고 있어야 한다.

매입보유전략 매입보유전략은 투자 전략 중 가장 기본적이며 확실히 가장 보수적이다. 목적은 돈을 안전한 투자에 두고(원금의 안전성이 핵심적), 시간이 지남에 따라 증가하는 것을 지켜본다. 이 전략에서 투자자들은 매력적인 경상소득과 자본이득을 제공하는 양질의 주식을 선택하고, 10년에서 15년까지 오랜 기간 동안 보유한다. 이 전략은 퇴직기금의 자금을 조달하기 위해, 자녀의 교육 비용을 준비하기 위해, 혹은 단순히 오랜 기간 동안 자본을 축적하기 위해 이용된다. 일반적으로 투자자는 좋은 주식의 포트폴리오를 선택해서 투자 환경이나 회사의 상황이 극적으로 바뀔 때까지 장기간 동안 주기적으로 투자한다.

매입보유전략을 사용하는 투자자는 주기적으로 새로운 자본을 포트폴리오에 추가한다(많은 투자자가 이 전략을 저축계획처럼 취급한다). 대부분은 연간 배당금에서 나온 수입을 포트폴리오에 투자하거나 (종종 배당재투자계획을 통해) 추가적인 주식에 재투자한다. 장기적이고 대중적인 소위 가치지향적 투자자와 함께 이 전략은 장기간에 걸쳐 경쟁력 있는 수익률을 추구하는 질을 고려하는(quality-conscious) 개인들이 활용한다.

경상소득 전략 어떤 투자자들은 높은 경상소득(배당금)을 얻기 위해 보통주를 이용한다. 보통주는 이러한 목적에 적합한데, 높은 배당수익률뿐만 아니라 시간이 지남에 따라 배당금이 증가하는 경향을 보이기 때문이다. 이 전략에서 원금의 안전성과 소득의 안정성이 핵심이다. 자본이득은 이차적인 중요성을 가진다. 양질의 소득주(배당주)는 이 전략을 위한 명백한 선택이다. 어떤 투자자는 투자 자본에 대한 높은 수익률과 상대적 안정성 때문에 이 전략을 택한다. 그러나 경상소득 전략은 소득을 보충하고 싶어하는 이들에 의해 더 자주 사용된다. 사실, 대부분의 경상소득 투자자는 추가된 소득을 소비의 목적으로 쓰는데, 예를 들면 은퇴한 부부가 그들의 연금 혜택을 보충하기 위해 사용한다.

양질의 장기성장 이 전략은 자본이득을 주요 수익의 원천으로 본다는 점에서 앞의 두 전략보다는 덜 보수적이다. 이 접근법을 취할 경우 어느 정도의 거래가 요구된다. 대부분의 거래는 양질의(기술주, 아기 우량주, 중형주를 포함) 성장주로 제한된다. 이러한 주식들은 매력적인 성장 전망과 상당한 가격 상승의 기회를 제공한다. 많은 성장주가 배당을 지급하기도 하지만, 이 전략은 큰 수익을 얻기 위한 주요 방안으로 자본이득을 강조한다.

이 접근법은 더 큰 위험을 수반하는데, 자본이득에 많이 의존하기 때문이다. 따라서 어느 정도의 다각화가 종종 사용된다. 장기적인 자본의 축적이 이 방법을 사용하는 가장 일반적인 이유이다. 그러나 매입보유전략에 비해 투자자는 더 많이 거래하고 더 높은 시장리스크를 가정한다는 점에서 공격적으로 더 큰 수익을 추구한다.

이 투자전략의 변형으로 양질의 장기 성장과 높은 경상소득(배당금)을 합치는 것이 있다. 이것은 투자의 총수익 접근법(total-return approach)이다. 비록 장기 성장에 기반을 두기는 하지만 이 접근법은 배당소득 또한 수익의 원천으로 고려한다. 총수익 접근법을 사용하는 투자자는 자신의 포트폴리오에 소득주와 성장주를 동시에 보유함으로써 배당소득과 자본이득 모두에서 매력적인 장기 수익률을 추구한다. 혹은 투자자는 배당과 자본이득을 동시에 모두 제공하는 주식을 보유할 수 있다. 이 방법에서는, 반드시 높은 수익률의 주식을 찾기 보다는 배당 흐름에 있어서 높은 성장 잠재력을 갖고 있는 주식을 찾는다.

총수익을 추구하는 투자자는 질을 매우 중요시한다. 사실, 경상소득 투자자와 양질의 장기성장 투자자를 구분하는 것은 총수익 투자자가 수익의 원천보다는 수익의 양에 좀 더 신경을 쓴다는 점이다. 이런 이유에서, 증가하는 배당의 흐름에서든 주식가격의 상승으로 인한 것이든 총수익 투자자는 가장 매력적인 수익을 추구한다.

공격적 주식운용 공격적인 주식운용 전략은 잘 관리되는 포트폴리오를 통해 매력적인 수익률을 추구한다. 이 전략을 사용하는 투자자는 주로 자본이득을 통해 눈에 띄는 수익률을 달성하기 위해서 공격적으로 주식을 사고 팔곤 한다. 우량주, 성장주, 유명한 기술주, 중형주, 그리고 경기순환주가 주요 투자대상이다. 더 공격적인 투자자는 좀더 투기적인 기술주, 해외 주식, 그리고 ADR을 포함하여 심지어 소형주를 고려할 수 있다.

이 접근법은 양질의 장기성장 전략과 유사하다. 그러나 더 많은 거래가 동반되고, 투자기간이 일반적으로 더 짧다. 예를 들어, 주식이 움직이기를 2, 3년 동안 기다리기보다 공격적인 주식 거래자는 같은 정도의 성과를 위해 6개월에서 12개월 동안 투자하려 할 것이다. 시기선택 거래와 자주 투자자본을 회전하는 것은 모두 이 전략의 핵심이라고 할 수 있다. 이러한 투자자는 시장이 강세이면 주식에 자금을 전부 투자하는 것을 시도한다. 시장이 약해지면, 그들은 자금의 매우 많은 부분을 방어주나 심지어 현금 혹은 단기 채권상품에 투자한다.

이 공격적인 전략에는 상당한 위험과 거래비용이 든다. 또한 개인의 시간과 투자 기술을 정말로 요구한다. 그러나 그 보상은 매우 클 수 있다.

투기와 단기거래 투기와 단기거래는 모든 투자 전략 중 가장 보수적이 아니라는 특징을 가진다. 이 전략의 유일한 목적은 자본이득이다. 더 짧은 기간 안에 목적이 달성 가능할수록 좋다. 비록 이 전략을 쓰는 투자자가 그들의 흥미를 투기주나 소형주 그리고 기술주에 국한하기는 하지만, 충분히 매력적인 단기 기회를 가진다면 해외 주식(특히 소위 신흥국 시장)이나 다른 유형의 보통주를 이용하는 데 거부감은 없다. 많은 투기자들은 산업이나 회사의 정보가 시장의 심리나 전반적인 분위기보다 덜 중요하다고 느낀다. 이 전략은 새로운 기회가 생겨남에 따라 끊임없이 포지션을 바꾸는 과정이다.

이 전략은 위험이 너무 크기 때문에 많은 거래가 적은 수익을 내거나 거의 수익을 내지 못하거나 심지어 상당한 손실을 입기도 한다. 물론 희망이 있다면, 한 번 성공하면 그 수익이 모든 손실을 상쇄할 만큼 충분할 것이라는 점이다. 이 전략은 명백히 상당한 지식과 시간을 요구한다. 이것은 또한 재무적 손실의 충격을 견딜 심리적 그리고 재정적인 불굴의 용기를 요구한다.

개념리뷰

6.14 아래 주어진 투자상품을 정의하고 투자매력을 간략하게 논의하시오.

a. 블루칩(우량주)
b. 소득주(income stock)
c. 중형주(mid-cap stock)
d. 미국주식예탁증서(ADRs)
e. 최초공모주(IPOs)
f. 기술주(tech stock)

6.15 소득주(income stock)의 대부분이 잠재적인 자본이득을 제한하는 이유는 무엇인가? 지속적인 수익성의 전망이 제한되었다는 것을 의미하는가? 설명하시오.

6.16 투자가능한 증권이 많이 있는데, 미국의 투자자가 외국 주식을 매입하려는 이유는 무엇인가? 미국 투자자가 외국 기업의 주식을 매입할 수 있는 두 가지 방법을 설명하시오. 미국 투자자로서 어느 쪽이 더 선호되는가? 설명하시오.

6.17 질을 고려하는 투자자에게 가장 적합하다고 생각되는 투자접근법은 무엇인가? 어느 투자 접근법이 좀더 편안한가? 설명하시오.

토론 문제

LG 1 Q6.1 <표 6.1>의 주식 수익률 기록을 보자. 특히 1970년대, 1980년대, 1990년대, 그리고 2000년에서 2010년 동안의 수익률 성과를 살펴보자.

a. 1970년대의 수익과 1980년대에 창출된 수익을 어떻게 비교하겠는가? 1990년대의 시장 수익을 어떻게 특정짓겠는가? 이 시장에서 눈에 띄는 점이 있는가? 2000년대 초부터 2010년까지의 시장과는 어떻게 비교되는가?

b. 5년 이상의 기간 동안 창출된 평균 연간 수익을 고려할 때 일반적으로 주식 시장에서 어느 정도의 수익률이 전형적이라고 생각하는가? 미래에 이 정도의 평균 수익을 기대하는 것이 부당하다고 생각하는가? 설명하라.

LG 2 Q6.2 <그림 6.4>의 정보가 주어졌을 때 Abercrombie & Fitch에 대해 다음 질문에 답하라.

a. 어느 날에 거래 활동이 일어났는가?

b. 2012년 8월 23일 목요일 4시에 시장이 종료되었을 때 주식은 얼마의 가격에 팔렸는가?

c. 회사의 주가수익비율은 얼마인가? 무엇을 암시하는가?

d. 작년에는 주당 얼마의 배당이 지불되었는가?

e. 지난 52주의 기간 동안 주식 거래의 최고가와 최저가는 얼마인가?

f. 값이 매겨진 그날 얼마만큼의 주식이 거래되었는가?

g. 가격이 매겨진 날과 그 바로 다음날 가격의 변화가 있었다면 얼마나 변화하였는가? 그 바로 다음날 얼마의 가격에 주식 거래가 끝났는가?

LG 4 Q6.3 아래에는 세 쌍의 주식이 나열되어 있다. 당신이 더 큰 가치가 있는 것을 선택한다고 할 때 무슨 증권을 소유하고 싶을지 각각의 선택지를 살펴보라. 3번의 선택을 한 후, Wall Street Journal이나 혹은 다른 원천을 통해 증권의 최근 시장 가치를 찾아보라.

a. Berkshire Hathaway(주식종목명 BRKA)의 50주 혹은 Coca-Cola(주식종목명 KO)의 150주(둘 모두 NYSE에 상장되어 있다.)

b. WD-40(주식종목명 WDFC. Nasdaq National Market에서 발행)의 100주 혹은

Nike(주식종목명 NKE. NYSE 주식)의 100주

c. Walmart(주식종목명 WMT)의 150주 혹은 Sprint Nextel(주식종목명 S)의 50주(둘 다 NYSE에 상장되어 있다).

몇 번이나 더 큰 가치가 있는 것을 선택했는가? 이들의 가격이 당신을 놀라게 하였는가? 만약 그랬다면 어느 것인가? 주식의 가격이 가치를 대변하는지 설명하라.

LG 6 Q6.4 어떤 부자 여인이 당신에게 와서 투자에 대한 자문을 구한다고 가정하자. 그녀는 40대 초반이고 주식에 투자할 $250,000가 있다. 그녀는 15년 동안 그녀가 할 수 있는 만큼 최대한 자산을 축적하고자 하고, 적당한 정도의 위험을 감수할 준비가 되어 있다.

a. 투자자에게 어떤 종류의 주식이 제일 적합하다고 생각하는가? 최소 3종류의 주식을 생각해내고, 각각에 대해 간략하게 이유를 들어 설명하라.

b. 당신의 추천이 만약 더 적은 금액을 상대로 한다면 달라지는가? 가령 $50,000라면? 만약 투자자가 더 위험에 부정적이라면 어떻게 할 것인지 설명하라.

LG 6 Q6.5 해외 주식에 투자하는 미국 투자자들의 세 가지 수익의 원천을 알아보고 간략하게 설명하라. 환율이 얼마나 중요한가? 환율을 고려했을 때 해외 증권에 투자하기 위해 제일 좋은 때는 언제인가?

a. 아래의 <표>는 1년의 투자기간을 가정하고 영국의 파운드, 오스트레일리아의 달러, 그리고 멕시코의 페소에 대한 환율을 보여주고 있다.

외환 환율

통화	투자기간 초기	투자기간 1년 뒤
영국 파운드(B£)	1.55 U.S.$ per B£	1.75 U.S.$ per B£
오스트레일리아 달러(A$)	1.35 A$ per U.S.$	1.25 A$ per U.S.$
멕시코 페소(Mp)	0.10 U.S.$ per Mp	0.08 U.S.$ per Mp

해외 주식(영국, 오스트레일리아 혹은 멕시코)을 보유하고 있는 미국 투자자의 관점에서 위의 환율 중 어떤 것이 (미국 달러 기준) 수익에 긍정적인 영향을 미치는가? 어떤 것이 부정적인 영향을 미치는가?

b. 미국주식예탁증서(ADR)는 미국의 달러로 값이 매겨진다. 이것의 수익은 환율에 영향을 받는가? 설명하라.

LG 6 Q6.6 다음 종류의 투자 프로그램을 간략하게 정의하고 각 분류에 어울리는 주식의 종류(우량주, 투기주 등)를 적어라.

a. 매입보유전략

b. 경상소득 포트폴리오

c. 장기 총수익률

d. 공격적인 주식운용

문제

LG 3 P6.1 투자자는 Adam's Eve 주식을 가지고 있다. 주식은 최근에 3대2 주식분할을 실행하였다. 만일 분할이전에 주식이 주당 $90에 거래되었다면, 분할 이후 주식은 얼마의 가격에 가깝게 팔릴까? 만일 투자자가 분할 이전에 120주의 주식을 가지고 있었다면, 분할 이후 보유한 주식의 수는?

LG 3 P6.2 투자자는 새로운 증권계좌에 $20,000를 입금하였다. 그는 Tipco 주식을 주당 $19에 1,000주 매수하였다. 2주 후에 투자자는 Tipco 주식을 주당 $20에 매도하였다. 투자자가 증권 거래명세를 받았을 때 그의 계좌에 $20,900가 잔액으로 남아 있었다.

항목	주식수	주당가격($)	총 거래금액($)	잔액($)
1. 입금			20,000	20,000
2. Tipco 매수	1,000	19	(19,000)	20,000
3. Tipco 매도	1,000	20	20,000	21,000
4.				
5. 잔액				20,900

4번째 항목에는 무엇이 포함될까?

LG 4 P6.3 Coin Flip은 총자산이 8백만 달러, 장단기부채는 4.8백만 달러, 그리고 $650,000의 우선주(9%)를 가지고 있다. 회사의 자기자본 장부가치는 얼마인가? 보통주식이 50,000주 발행되었다면 주당 장부가치는 얼마인가?

LG 4 P6.4 Ben's Burgers는 주당 $23에 거래된다. 전체 390백만 주의 발행주식이 있다. 이 기업의 총 시가총액은 얼마인가?

LG 5 P6.5 MedTech는 최근에 세후 순이익으로 15.8백만 달러를 보고하였다. 보통주 발행주식수는 2.5백만이고, 우선주 배당금으로 매년 1백만 달러를 지급한다.

a. 기업의 주당순이익(EPS)을 계산하시오.

b. 주식은 현재 $60에 거래된다고 가정하자. 보통주 주주에게 주당 $2의 배당금을 지불한다면, 배당수익률은 얼마가 될 것인가?

c. 만일 배당금으로 주당 $2가 지급된다면 기업의 배당성향은 얼마인가?

LG 5 P6.6 2010년 1월1일에 투자자는 Gottahavit 주식 200주를 주당 $50에 매입하였다. 2011년 1월 3일 투자자는 주식을 $55에 매도하였다. 주식은 분기 배당금으로 매 분기 주당 $0.25를 지불했다. 투자자는 이러한 투자를 통해 얼마($)를 벌었는가? 투자자의 세율구간은 33%라고 가정하자. 그녀는 이 모든 거래에서 얼마를 소득세로 지불했는가?

LG 4 LG 5 P6.7 Truly Good Coffee에 대한 아래 정보를 가정하자.

총자산	$240 million
총부채	$115 million
우선주	$25 million
보통주 주주의 자본	$100 million
세후 순이익	$22.5 million
우선수 발행주식수	1 million shares
보통주 발행주식수	10 million shares
우선주 배당금	$2 per share
보통주 배당금	$0.75 per share
우선주 시장가격	$30.75 per share
보통주 시장가격	$25.00 per share

위 정보를 이용하여 아래를 구하시오.

a. 기업의 (자기자본) 장부가치

b. 주당 장부가치

c. 주식의 EPS

d. 배당성향(dividend payout ratio)

e. 보통주 배당수익률

f. 우선주 배당수익률

LG 5 **P6.8** Coastal Rail은 현재 주당 $35에 거래된다. 회사는 분기 배당금으로 주당 $0.92를 지불한다. 배당수익률은 얼마인가?

LG 5 **P6.9** Mountain Rail의 순이익은 750백만 달러이다. 발행주식수는 600백만 주이고 연간 배당금으로 주당 $1.1를 지급한다. 배당성향은 얼마인가?

LG 5 **P6.10** William Ross는 Blue Sky의 300주를 소유하고 있다. 회사의 이사회는 최근에 3월 22일 목요일의 주주명부상 주주에게 4월 18일 수요일에 현금배당을 주당 40센트씩 지불할 것이라고 공시했다.

a. William이 그의 주식을 3월 24일에 매도한다면 배당을 얼마나 받을 수 있겠는가?

b. William이 주식을 팔기보다 보유하기로 결정했다고 가정하다. 그가 회사의 배당재투자 계획에 속해 있다면, 최근 주식이 주당 $30에 거래되고 있고 계획이 주식 가격의 8%의 할인을 제공할 때 그는 어느 만큼의 새 주식을 받겠는가? (William의 모든 배당은 계획에 따라 주식으로 전환된다고 가정하라). William이 배당을 현금이 아니라 주식으로 받는 것을 고려할 때 이 배당에 대해 세금을 지불해야 하는가?

LG 5 **P6.11** Southern Cities Trucking은 다음과 같은 5년 간의 주당순이익 기록을 보유하고 있다.

연도	EPS($)
2009	1.40
2010	2.10
2011	1.00
2012	3.25
2013	0.80

다음 과정 중 어느 것이 5년간 주주에게 더 높은 배당금을 만들어주겠는가?

a. 배당금을 고정된 비율인 주당순이익(EPS)의 40%로 지불하는 것
b. 주당 고정된 액수인 $1씩 배당을 지불하는 것

LG 4 LG 5 P6.12 당신의 학교나 공공도서관 혹은 인터넷 등의 자료를 이용해서 당신이 좋아하는 3개의 보통주를 선택한 후 최근의 주당 장부가치, 주당순이익, 배당성향 그리고 배당수익률을 알아보라(계산 과정도 기술하라).

LG 4 LG 5 P6.13 2009년 1월 투자자는 빠르게 성장하고 있는 하이테크 복합기업인 Engulf & Devour의 800주를 구매했다. 2009년부터 2013년까지 주식은 다음과 같은 배당과 주식가격의 실적을 보였다.

연도	연초의 주식 가격	연간 지불된 배당금	연말의 주식 가격
2009	42.50*	0.82	54.00
2010	54.00	1.28	74.25
2011	74.25	1.64	81.00
2012	81.00	1.91	91.25
2013	91.25	2.30	128.75

*투자자는 2009년에 이 가격에 주식을 매수했음.

이 정보에 기반해서 2009년부터 2013년까지 연간 보유기간수익률의 값을 찾아라(힌트 : 제4장의 HPR 수식을 참조하라).

LG 4 P6.14 George Robbins는 스스로를 공격적인 투자자로 여긴다. 그는 해외 증권에 투자하는 것을 생각하고 있는데, (1) 독일의 대규모 화학 및 보건 회사인 Bayer AG, (2) 스위스의 텔레커뮤니케이션 회사인 Swisscom AG를 살펴보고 있다.

Bayer AG는 프랑크푸르트 거래소에서 거래되고, 최근의 가격은 주당 €53.25이다. 연간 주당 €1.50의 배당금을 지불한다. Robbins는 다음 12개월 동안 주식이 주당 €60.00까지 올라갈 것으로 예상한다. 최근의 환율은 €0.9025/$이다. 그러나 €1.015/$로 오를 것으로 예상된다. 다음 회사인 Swisscom은 취리히 거래소에서 거래되며 가격은 현재 주당 71.5스위스 프랑(Sf)이다. 주식은 연간 배당금을 주당 1.5Sf을 지불한다. 주식 가격은 1년 안에 76.0Sf으로 오르리라 예상된다. 현재 환

율에서, 1Sf는 미국에서 $0.75의 가치를 가진다. 그러나 이것 역시 1년간 보유하고 있으면 $0.85로 오르리라고 예상된다.

a. 환율을 무시하면 두 주식의 무엇이 더 높은 전체 수익률을 보장하는가(현지 통화로)? 이 정보에 기반하여 어떤 것이 더 좋은 투자로 보이는가?

b. 미국의 달러로 계산했을 때 두 주식 중 어느 것이 더 높은 총수익률을 보이는가? 환율이 이 수익률에 어떻게 영향을 미치는가? 질문 a에서 선택했던 주식을 고수하고 싶은가? 설명하라.

LG 6 **P6.15** Galen은 Pyramid Corporation의 주식을 $12,000 매수했다. 불행하게도 주요 신문사에 의해 그 회사가 회계 부정으로 조사받고 있다는 사실이 밝혀졌고, 주식 가격이 90% 떨어졌다. Galen이 $12,000의 가치로 돌아가기 위해서는 얼마의 비율 상승이 있어야 하는가?

사례 문제 6.1: 위험을 결심한 Sara

LG 1 LG 6 Sara Thomas는 아동 심리학자로 자신의 고향인 아이다호주 Boise에 상담소를 건립하려고 하였다. 지난 몇 년간 그녀는 상당한 액수를 모을 수 있었다. 그녀는 성공하기 위해 오랫동안 열심히 일했고, 다른 것은 꿈도 꾸지 않았다. 그러나 성공했다고 Sara는 변하지 않았다. 아직 독신이고, 그녀는 옛 친구들과의 관계를 유지하고 있다. 그녀의 친한 친구들 중 한 명은 Terry Jenkins로, Sara의 투자 자문이고 주식 브로커이다.

얼마 전 Sara는 주식 시장에 대한 투자 세미나에 다녀온 이후부터 시장에 대해 공부를 하고 있다. 그녀는 그녀의 모든 돈을 수익이 낮은 저축 계좌에 보관하는 것은 좋은 생각이 아니라고 결정을 내렸다. 결과적으로 그녀는 돈의 일부를 주식을 사는 데 사용하고자 결정했다. 어느 날 저녁 Sara는 Terry에게 자신의 결심을 설명하고, 그녀가 흥미롭다고 생각한 몇 개의 주식에 대해 말했다. 그 주식들은 다음과 같다

- *North Atlantic Swim Suit Company(NASS)*: 이 주식은 매우 투기적으로, 배당을 지급하지 않는다. NASS의 수익이 불규칙하긴 하지만 Sara는 성장 전망이 매우 밝다고 생각한다. 그녀는 요즈음 매우 많은 사람들이 해변에 간다고 말한다.

- *Town and Country Computer(T&C)*: 이것은 설립된 지 오래된 컴퓨터 회사로 적당량의 배당(약 1.50%)을 지급하는 양질의 성장주로 여겨진다. 그녀가 읽은 주식 기사에 의하면 Sara는 T&C가 훌륭한 장기 성장과 자본이득의 잠재력을 가지고 있다고 생각한다.
- *Southeastern Public Utility Company(SPU)*: 이 소득주는 약 5%의 배당금을 지불한다. 견고한 회사이지만 지리적 위치 때문에 성장 전망에는 한계가 있다.
- *International Gold Mines,Inc.(IGM)*: 이 주식은 과거실적이 좋은데 특히 인플레이션 문제가 있었던 시기에 그러했다. Sara는 이 회사가 인플레이션이 있던 시기에도 실적이 좋았다면, 경제가 강할 때에는 더 좋은 실적을 보일 것이라고 생각한다. 불행하게도, 이 주식은 과거에 폭넓은 가격 변동을 보였다. 이 회사는 거의 배당을 지급하지 않는다.

문제

a. 당신은 Sara가 상당한 양의 돈을 저축 계좌에 보관해두는 것에 대해서 어떻게 생각하는가? 보통주가 저축계좌보다 더 좋은 투자가 될 것인가? 설명해라.

b. Sara가 설명한 4개의 주식에 대한 당신의 의견은 어떠한가? 당신은 그녀의 투자 요구에 이 주식들이 적합하다고 생각하는가? 설명하라.

c. 당신은 Sara에게 어떤 종류의 보통주 투자 프로그램을 추천하겠는가? 그녀를 위해서 그녀는 어떤 투자 목적을 세워야 한다고 생각하는가? 그리고 그녀의 목적을 이루기 위해서 보통주가 어떻게 도움이 될 수 있는가?

사례 문제 6.2: Wally는 배당금을 위한 투자를 고려 중

LG 5 LG 6 Wally Wilson은 상업미술가로, 대부분 레이아웃과 일러스트 같은 프리랜서 활동을 통해 생활을 위한 충분한 돈을 번다. 지역 에이전시나 큰 백화점과 같은 기관 고객을 대상으로 일을 한다. Wally는 그동안 주식 시장에 투자를 해왔는데, 장기 성장 혹은 자본 상승을 위해 대부분 양질의 성장주(growth stock)만을 매수하여 왔다. 그는 증권 보유에 할애할 시간이 한정되어 있기 때문에 양질의 주식이 자신에게 가장 적합한 선택이라고 생각한다. 그러나 최근 그는 시장에서 그의 성장주가 다른 많은 좋은 등급의 소득주(income stock)만큼 실적이 좋지 않아서 당황하고 있다. 그래서 그는 브로커인 Al Fried와 이야기를 하기로 했다.

그들의 대화 중 Al과 Wally가 비슷한 생각을 해왔다는 것이 명백해졌다. Al은 소득주의 배당이 상당히 높으며, 경제 상황 때문에 성장주의 전망이 그리 높지 않다는 것을 지적했다. 그는 Wally에게 돈의 일부를 이용하여 소득주를 매수하여 높은 배당수익을 얻는 것을 고려해 보아야 한다고 제안했다. Al은 "핵심은 수익이 어디서 나오는지가 아니라 얼마만큼 나오는가" 라고 말한다. 그들은 다음으로 높은 수익을 내는 전력 및 에너지 주식인 Hydro-Electric Light and Power에 대해 이야기해보았다. Al은 이 회사에 대한 예측 정보를 Wally에게 보여주고 고려해보라고 하였다.

연도	예상 주당순이익($)	예상 배당성향(%)
2013	3.25	40
2014	3.40	40
2015	3.90	45
2016	4.40	45
2017	5.00	45

주식은 최근에 주당 $60에 거래되고 있다. Al은 5년 안에 주당 $75에서 $80까지 가격이 올라갈 것이라고 생각한다. Wally는 Hydro-Electric 주식을 사기 위해서 그가 보유하고 있는 주식인 CapCo Industries(높게 쳐주는 성장주지만 최근에 기준 이하의 실적으로 인해 Wally가 환멸을 느낀 회사의 주식)를 팔아야 한다는 것을 깨달았다.

문제

a. 당신은 Wally의 현재 투자 프로그램을 어떻게 묘사할 것인가? 그것이 그와 그의 투자 목적에 비해 어떻다고 생각하는가?

b. Hydro-Electric 주식에 대해 생각해보라.

1. 2013년부터 2017년까지 Hydro-Electric이 지불할 수 있을 것으로 예상되는 연간 배당의 금액을 결정하라.
2. Wally가 $6,000를 Hydro-Electric에 투자한다면 그가 얻을 수 있을 배당과 가격 예측으로부터의 수익을 달러로 계산하라.
3. Wally가 회사의 배당재투자계획에 참여한다면 2017년 말에 그는 몇 주를 보유하

고 있을 것인가? 2017년 12월 31일에 주식이 주당 $80에 거래된다면 주식의 총 가치는 얼마인가? 주식이 배당재투자계획에 의해 2013년에는 $50, 2014년에는 $55, 2015년에는 $60, 2016년에는 $65, 2017년에는 $70에 매수 가능할 것이라고 가정하라. 계산할 때 소수 2자리까지를 사용하라. 또한 b 문제에서 Wally는 100주의 주식을 가지고 시작하며 배당 예측은 모두 실현된다고 가정하라.

c. Wally가 Hydro-Electric의 주식을 매수한다면 그는 다른 투자 전략을 이용한 것이라고 말할 수 있겠는가? 전환이 이루어진다면, 당신은 어떻게 새로운 투자 프로그램을 설명할 것인가? 그의 새로운 접근법에 대해 어떻게 생각하는가? Wally는 더 많은 거래를 하게 될 것인가? 만약 그렇다면, 그가 그의 포트폴리오에 할애할 수 있는 제한된 시간을 생각했을 때 조정이 가능할 것인가?

엑셀 스프레드시트

아래 정보를 포함한 스프레드시트를 구성하시오. 주어진 정보를 기초로 기업의 현재 시가총액은 얼마인가? 기업의 순이익은 얼마인가?

City National Corp. (CYN) NYSE

Comprehensive Quote: 11/16/09 04:00 PM EST

Last	Change	% Change	Volume
37.95	0.66	1.77%	658,323

Open	High	Low	Prior Day's Volume
37.57	38.40	37.57	394,981

52-Week High	52-Week Low	Prior Day's Close
48.99	22.59	37.29
(12/31/2008)	(03/05/2009)	

Snapshot quotes reflect real-time trades reported through Nasdaq only; comprehensive quotes reflect trading in all markets and are delayed at least 15 minutes. Volume updates from 4:00 a.m. - 8:00 p.m. ET. (More Info)

Other Prices

U.S. Germany Xetra

Historical Quotes

Closing prices since 1/2/1970.

date: [ ] Go

Stock Data

Market Cap(Mil)	1920.56
P/E Ratio	151.96
Dividend Yield	1.07%
Latest Dividend	$0.1
Pay Date of Latest Dividend	11/18/09
Last Stock Split	5 for 4 or 25% stock div.
Date of Last Split	10/17/89
Shares Outstanding (Mil)	51.5
Public Float (Mil)	43.44

All data updated daily before market opens
Source: Reuters

장을 여는 문제

2012년 4월에 Exxon Mobil은 분기 배당금을 21% 삭감하여 주당 $0.57로 낮추는 계획을 공시하였다.

a. 만일 Exxon의 발행주식수가 4.7백만 주이면 1년 배당금으로 얼마의 현금을 지불해야 하는가?

b. Exxon의 공시일 2일 전에 주식이 주당 $85.72에서 $85.48로 하락했다. 이 기간 동안 Exxon의 총 시장가치는 얼마나 하락했는가?

c. 위에 a번의 해답이 맞는다면, b번의 해답이 적절한가? 이유는? 아니라면 그 이유는?

Chapter 07

보통주 분석

학습목표 (Learning Goals)

이 장을 학습한 후, 아래와 같은 과제를 수행할 수 있어야 한다.

LG 1 증권분석의 목적과 기능을 포함하여 증권분석 절차를 토론한다.

LG 2 경제분석의 목적과 유용성을 이해한다.

LG 3 산업분석을 기술하고 어떻게 사용되는지 확인한다.

LG 4 기본적 분석의 기초적인 유용성을 학습하고 사용되는 이유를 이해한다.

LG 5 다양한 재무비율을 계산하고 기업의 재무적 특성을 측정하기 위해서 어떻게 재무제표 분석이 사용되는지 설명한다.

LG 6 기업 성과를 평가하기 위한 다양한 재무 지표를 사용하고 가치평가 과정에서 사용되는 기본적인 변수에서 얻어지는 통찰력을 설명한다.

2012년 6월에 Zacks Investment Research에서 발간된 애널리스트 보고서는 식료품 체인점인 Kroger의 전망에 초점을 맞추었다. 보고서에서 Zacks는 침체에 들어선 거시경제 환경 때문에 고객들이 식료품 구매에 있어서 저렴한 가격을 찾게 되었다고 지적하였다. 이는 Kroger가 Walmart나 Costco와 같은 강력한 경쟁자와 직면해야 한다는 것을 의미한다. Zacks는 Kroger의 매장규모가 식료품 산업에서 지배적인 우위를 점하고 있고, 새로운 점포를 열기보다는 기존 점포를 개선하는 데 집중하여 자본을 적절하게 투자하였음을 관찰하였다. 그러나 보고서는 Kroger의 부채수준이 상승하고 있음에 우려를 표하였다. 증가한 부채는 Kroger를 경기침체와 경쟁 압력에 더 취약하게 만들 우려가 있다. 결국 Zacks는 Kroger 주식의 등급을 "시장상회(outperform)"에서 "중립(neutral)"으로 하향조정하였다.

Zacks의 보고서는 전문적인 증권 분석가가 매일 발간하는 것이다. 위와 같이 고객에게 투자를 권유하기 위해서, 주식 애널리스트는 전반적인 거시경제 추세, 산업요인, 그리고 개별 기업의 특성을 모두 고려하여야 한다. 이번 장에서 증권 분석의 첫 번째 단계인 경제, 산업, 그리고 Kroger와 같은 특정 기업의 미래를 평가하는데 사용될 수 있는 기법과 절차를 소개한다.

(출처: (1) http://www.zacks.com/stock/news/77172/kroger-treads-neutral-path (2) http://community.nasdaq.com/News/2012-06/kroger-treads-neutral-path-analyst-blog.aspx?storyid=149050 (3) http://zolmax.com/kroger-rating-lowered-to-neutral-at-zacks-kr/12287/)

증권분석

LG 1

주 각 장의 학습목표는 이 아이콘에 의해 본문의 설명에서 표시된다.

주식투자의 분명한 동기는 투자한 자금이 증식하는 것을 보려는 것이다. 예를 들어, 엄청나게 성공한 검색엔진이자 소프트웨어 회사인 구글(Google)의 경우를 생각해보자. 만약 2004년 8월 19일 최초공개(IPO) 시 구글의 주식을 $10,000 매수했다면, 7년 뒤인 2011년 8월 19일에 그 주식은 $54,482의 시장가치를 가질 것이다. 이것은 27.4%라는 평균 연간 수익률을 만든 것인데, 같은 기간 동안 S&P 500의 1.4%의 평균 연간 수익률에 비교된다. 불행하게도, 시장에 굉장한 성공사례가 하나 있다면 좋지 않은 결과를 가져온 사례는 십여 개가 넘는 비율을 보인다.

대개 이러한 투자 실패의 대부분은 적절치 못한 투자 시기, 준비되지 않은 계획, 또는 투자결정에 있어 잘못된 상식에 기인한다. 비록 주식투자에 관한 이 교재의 여러 장이 돈벼락 맞는 비법을 제공해줄 수는 없지만, 성공적인 장기적인 투자 프로그램을 만들 수 있는 견실한 원칙들을 제공해줄 수는 있다. 설명된 기법은 이미 수백만 명의 성공적인 투자자들에 의해 사용되어온 입증된 방법이다.

증권분석의 원칙

증권분석(security analysis)은 정보를 수집하고, 정보로부터 논리적 틀을 짜고, 정보를 이용하여 보통주의 내재가치를 결정하는 것으로 이루어진다. 즉, 제안된 거래에 수반된 위험과 그와 양립될 수 있는 수익률로 계산한 내재가치(intrinsic value)는 주식의 잠재된 가치의 측정치를 제공한다. 이것은 특정주식이 저평가되었는지, 적절한지, 과대평가되었는지를 판단하는 기준이 된다. 주식의 가치평가에 대한 모든 개념은 모든 주식의 시장가치가 시간이 흐르면 도달하는 내재가치를 가지고 있다는 생각에 기반하고 있다.

투자에서, 가치에 대한 문제는 수익률을 중심으로 다룬다. 즉, 수반된 위험에 비례하는 기대수익률을 제공해야 만족스러운 투자라고 할 수 있다. 그 결과, 투자는 반드시 수익성이 있어야 될 뿐만 아니라, 인식된 위험의 노출을 상쇄하는 높은 수익률을 기대할 수 있을 만큼 충분한 수익성이 있어야 한다.

문제는 주식의 수익률 예측이 어렵다는 것이다. 한 가지 투자 방법은 마음이 끌리는 대로 매수하는 것이다. 좀더 합리적인 방법은 유망한 후보를 찾기 위해 증권분석을 하는 것이다. 증권분석은 어떤 주식이 가치를 가지고 있는지 판단함으로써 어떤 주식을 매수해야 하는가에 대한 답변을 준다. 아마 투자자는 거래되고 있는 주식의 시장가격이 내재가치를 초과하지 않는 주식만을 매수할 것이다. 궁극적으로, 내재가치는 아래의 여러 가지 요소에 의해 결정된다.

1. 주식의 미래 현금흐름의 추정치(예를 들어, 주식 보유기간 동안 받을 것이라 기대되는 배당금과 매도 시점의 예상 주가)
2. 이러한 미래 현금흐름을 현재가치로 환산할 때 사용되는 할인율
3. 적절한 할인율을 결정하는 데 도움이 되는 미래 성과와 관련된 위험

하향식 증권분석 접근법 전통적인 증권분석은 보통 하향식 방식을 사용한다. 경제분석에서 시작해서, 산업분석으로 이어져, 특정 회사에 대한 기본적 분석으로 끝난다. 경제분석(economic analysis)은 전반적인 경제상태와 이것이 사업에 미치는 잠재적 영향을 평가한다. 예를 들어, Kroger에 대한 Zacks 연구보고서는 약화된 경제상황이 소비자가 제품구매에서 가격에 더 민감하도록 만든다는 점을 지적한다. 산업분석(industry analysis)은 특정 회사가 속한 산업에 대해 다룬다. 그 산업에 대해 종합적인 관점에서 분석하고, 또 그 산업 내에서 기업들이 어떻게 경쟁하는지를 분석한다. 식료품 산업의 경우, Zacks는 소비자들의 가격민감도가 증가할 때, Kroger와 같은 더 전통적인 체인점보다는 Walmart나 Costco 같은 체인점을 선호한다고 언급한다. 기본적 분석(fundamental analysis)은 특정 기업의 재정상태와 경영실적을 분석하는 것이다. 기업의 투자 결정, 자산의 유동성, 부채의 사용, 순이익률, 수익 성장률과 같은 것들을 포함한다. Zacks는 Korger에 대한 기본적 분석에서, Kroger가 상점을 리모델링 하는 데 투자하고, 기업의 부채를 늘리는 전략을 강조한다고 언급한다. 분석가나 투자자가 경제분석, 산업뷰석, 기본적 분석으로부터 얻은 모든 정보들을 종합하고 나면, 분석가는 그 정보를 이용해서 기업의 주식 가격의 내재가치를 추정하고, 추정된 내재가치를 실제 시장가치와 비교한다. 분석가들은 내재가치가 시장가치보다 높을 경우 주식을 매수할 것을 권하고, 반대일 경우에는 매도할 것을 권한다. 시장가격과 내재가치가 거의 같으면, Zacks가 2012년에 Kroger에 했던 것과 같이 "중립" 태도를 유지하거나 "보유"하기를 권한다.

기본적 분석은 내재가치라는 개념과 밀접히 연관되어 있다. 주식의 미래 현금흐름을

추정하는 데 기반이 되기 때문이다. 이 분석에 있어서 가장 중요한 과정이 기업의 실제 재무성과에 대해 자세히 분석하는 기업분석(company analysis)이다. 이것은 기업이 과거에 어떤 성과를 내어왔는지에 대하여 단순히 흥미로운 정보의 단면을 제공하는 것은 아니다. 그것보다는, 투자자에게 기업의 미래 성과와 주식에 대한 예측을 공식화하는 데 도움을 준다. 실수를 하지 말아야 한다. 투자를 할 때 중요한 것은 미래에 대한 것이다. 그러나 기업의 미래 전망에 대해 이해하기 위해서는 기업의 현재 상황과 이익창출 능력을 잘 다룰 수 있어야 한다. 그것이 바로 기업분석의 역할이다. 이것은 과거를 분석함으로써 또한 미래의 도전을 기업이 잘 맞이할 준비가 되었는지를 결정함으로써 투자자에게 미래를 예측하는 데 도움을 준다.

효율적 시장에서 누가 증권분석이 필요할까?

전반적으로 증권분석 특히 기본적 분석의 개념은 적어도 일부 투자자는 내재가치와 시장가치가 다른 주식을 식별할 수 있다는 가정에 바탕을 두고 있다. 기본적 분석은 적어도 가끔은 증권들이 시장에서 가격오류를 가질 수 있다는 일반적인 전제를 둔다. 증권이 때때로 잘못 평가되거나 혹은 투자자들이 가격오류를 가진 증권을 식별할 수 있다면, 기본적 분석은 의미가 있고 또 이익을 내는 시도일 수 있다.

많은 사람들에게, 이 두 가지 전제는 합당해 보인다. 그러나 이러한 기본적 분석의 가정을 받아들이지 않는 사람들도 있다. 소위 효율적 시장 옹호자라고 불리는 사람들은 시장이 새로운 정보를 처리하는 데에 있어서 너무도 효율적이기 때문에 증권이 항상 정확한 가치에 따라 또는 그것에 근접하여 거래되고, 증권이 가격오류를 가질 때 투자자는 주식이 고평가되었는지 저평가되었는지 알 수 없다고 믿는다. 따라서 꾸준히 시장을 앞지르는 것은 사실상 불가능하다고 본다. 이것의 가장 강한 형태인 효율적 시장가설(efficient market hypothesis)은 다음을 주장한다.

1. 증권이 시장에서 가격오류를 가지고 있다고 하더라도, 큰 폭인 경우는 드물다.
2. 아무리 자세히 분석한다고 할지라도, 어떤 증권분석으로도 우연 수준으로 기대되는 빈도보다 더 많은 빈도로 가격오류 증권을 식별할 수는 없다.

효율적 시장 가설은 맞는 것인가? 현대 투자론에서 기본적 분석이 설 자리는 있는가? 흥미롭게도, 대부분의 재무 이론가와 실무가들은 두 질문 모두에 '그렇다'고 대답한다.

이 명백하게 역설적인 상황에 대한 해답은 꽤 간단하다. 투자 대안을 선택할 때, 기본적 분석은 본질적으로 두 가지 중요한 이유 때문에 가치가 있다. 첫째, 수많은 사람과 금융기관에서 엄청난 시간과 돈을 들여 대부분의 투자에 대한 기본 특성(fundamentals)을 분석하기 때문에 금융시장은 효율적이다. 다시 말해, 아주 많은 사람이 각 증권이 어느 정도의 내재가치를 가져야 하는지 알아내기 위한 분석을 해왔다는 단순한 이유로 시장은 효율적인 경향이 있고, 증권은 그 내재가치에 혹은 내재가치에 근접한 수준으로 거래되는 경향이 있다.

둘째, 금융시장이 일반적으로 꽤 효율적이기는 해도, 결코 완벽하게 효율적이지는 않다. 가격결정의 오류는 불가피하다. 특정 증권의 기본 특성에 대해 가장 철저한 분석을 해온 개인들이 가격오류가 발생했을 경우 이익을 얻을 가능성이 가장 높다. 우리는 효율적 시장에 대한 견해와 영향에 대해 제9장에서 자세히 공부할 것이다. 그러나 여기서는 전통적인 증권분석이 매력적인 주식투자를 식별하는 데 유용하다고 하는 관점을 택할 것이다.

금융시장 위기 Lahde, 1000% 벌고 철수하다

대부분의 투자자들이 2007년과 2008년에 돈을 잃었던 것과 달리, Lahde Capital 헤지펀드의 포트폴리오 매니저인 Andrew Lahde는 미국의 부동산저당대출 시장이 붕괴한다는 것에 돈을 걸어 엄청난 수익률을 얻었다. 2007년에 1,000%에 기까운 수익률을 번 후, 2008년 9월에 Lahde는 미국 금융기관과 거래하는 것이 너무 위험해졌다며 갑작스레 그의 펀드를 폐쇄했다. 투자자들에게 작별을 고하는 편지에서, AIG, Lehman Brothers, Bear Sterns와 같은 기업의 대표들을 "그들이 받은 교육의 가치도 없는 바보들…"이라며 조롱했다. Lahde의 엄청난 투자성공은 특히 주거용 부동산과 같은 복잡한 금융 증권을 기반으로 한 자산에 대한 깊은 이해 덕분이다. Lahde는 부동산업에 대한 기본적 분석을 통해 주거용 부동산에 기반한 증권과 함께 미국의 부동산 가격이 붕괴할 것이라 믿었다. 그 분석에 기반한 거래가 Lahde를 그의 매우 짧은 경력에 비해 역대 가장 성공적인 펀드 매니저들 중 하나로 만들었다.

개념리뷰

7.1 증권분석의 세 가지 주요 부분을 확인하고, 주식 선택 과정에서 증권분석이 왜 중요한지 설명하라.

7.2 내재가치란 무엇인가? 증권분석 과정에서 얼마나 잘 맞는가?

7.3 만족스런 투자에 대해 어떻게 기술할 것인가? 증권분석이 투자 후보를 확인하는 데 얼마나 도움이 되는가?

7.4 효율적 시장 환경에서도 증권분석의 필요성이 있는가? 설명하시오.

경제분석

LG 2 주가는 경제상태와 경제적 사건에 지대하게 영향을 받는다. 대체로, 주가는 경제가 호황일 때 상승하고, 경제가 쇠퇴할 때 하락하는 경향이 있다. 완벽한 연관성이 있는 것은 아니지만, 꽤 강한 관계가 있다.

경제가 시장에서 왜 그렇게 중요한지 그 이유는 간단하다. 경제의 전반적인 성과는 거의 모든 기업의 성과와 수익성을 대부분 포함한 것이다. 경제 상황에 따라 기업의 성쇠가 좌우되고, 주가도 변동된다. 물론 그렇다고 해서 모든 주가가 같은 방향으로 혹은 같은 정도로 영향을 받는 것은 아니다. 식품 소매업과 같은 몇몇 경제 부문은 경제에 약간의 영향만 받는다. 반면, 건설이나 자동차 산업과 같은 부문은 경제가 어려울 때 종종 큰 타격을 입는다.

경제분석(economic analysis)은 보통 현재의 국제적 그리고 국내적(여기서는 주로 국내 경제에 대해 집중하겠지만) 경제 상황에 대한 전반적인 분석으로 이루어진다. 이러한 분석은 잠재적인 경제 상황에 대해 그리고 이러한 경제 상황이 주가의 변동에 미칠 잠재적 영향에 대해 투자자가 통찰력을 얻도록 도와준다. 이 과정은 경제의 세부 부문에 대한 자세한 분석을 포함할 수도 있으며 혹은 비공식적인 형태로 이루어질 수도 있다. 그러나 증권분석의 관점에서 경제분석의 목적은 역시 같은데, 그것은 확고하게 주식 가치평가의 기반을 세우는 것이다.

경제분석과 경기순환

경제분석은 하향식 접근의 첫 번째 단계이다. 이는 전체 증권분석 과정의 분위기를 설정한다. 그러므로 만일 미래의 경제 전망이 불투명해 보인다면, 아마 대부분의 주식 수익률 또한 암울할 것이라 예측할 수 있을 것이다. 만일 경제가 호황으로 예상되면, 주식 실적도 좋을 것이다. 경제의 움직임은 시간의 흐름에 따른 전체 경제활동의 변화를 반영하는 경기순환(business cycle)으로 포착될 수 있다.

경기순환 주기를 측정하는 가장 보편적인 수치는 국내총생산(GDP)과 산업생산지수이다. 국내총생산(GDP, gross domestic product)은 특정기간 동안 한 국가내에서 생산된 모든 재화와 서비스의 시장가치이다. 산업생산지수(industrial production)는 산업체에서 생산된 총산출량을 나타내는 지표이다. 보통 GDP와 산업생산지수는 경기순환에 따라 증감한다.

핵심적인 경제 요인

경제 상태는 수백만의 가계들에 의해 독립적으로 이루어지는 소비, 저축, 투자결정으로부터, 정부의 주요 경제 정책에 이르기까지 다양한 요인의 영향을 받는다. 분석가들이 폭넓은 경제분석을 할 때 관찰하는 가장 중요한 요인들은 다음을 포함한다:

정부 재정정책(government fiscal policy)
- 세금
- 정부 지출
- 국채 관리

통화정책(monetary policy)
- 통화공급
- 이자율

기타 요인(other factors)
- 인플레이션
- 소비자지출
- 사업투자
- 대외무역과 환율

정부의 재정정책은 다양한 경로로 경제 성장 속도에 영향을 줄 수 있다. 정부가 지출을 늘리거나 세금을 줄인다면, 이는 정부가 확장 재정정책을 하고 있는 것이다. 이러한 정책의 예로는 787십억 달러의 경제부양비를 투입한 2009년의 미국 경기부양책(American Recovery and Reinvestment Act)과 2010년에 국회에서 통과하고 오바마 대통령이 승인한 8,580억 달러의 경제부양비를 투입한 감세, 실업 보험 갱신 및 일자리 창출법(Tax Relief, Unemployment Insurance Reauthorization, and Job Creation Act)이 있다. 비슷한 맥락에서, 이자율이 상대적으로 낮고 통화가 원활하게 공급된다면, 통화정책이 확장정책의 성격을 띤다고 일컬어진다. 확장경제는 또한 소비자와 기업이 행하는 충분한 수준의 지출에 달려 있다. 이러한 변수들이 반대 방향으로 움직이게 되면 경제에 긴축(경기 축소)의 영향을 줄 수도 있는데, 그 예로는 세금과 이자율이 증가하거나 소비자와 기업의 지출이 감소할 때이다.

이러한 주요 요인의 영향은 경제시스템을 거쳐 경제의 몇 가지 핵심적인 특징에 영향을 준다. 그 중 가장 중요한 것은 산업생산, 기업의 이익, 소매 판매량, 개인 소득, 실업률, 그리고 인플레이션이다. 예를 들어 산업생산, 기업의 이익, 소매 판매량 및 개인 소득이 증가하고 실업률이 낮아질 때 경제는 강해진다.

따라서 경제분석을 할 때, 경제에 미칠 영향을 고려하여 재정정책과 통화정책, 소비자 및 기업의 지출, 그리고 대외무역을 주시해야 한다. 동시에 경기순환의 현 상태를 판단하기 위해 산업생산지수, 기업의 이익, 소매 판매량, 개인 소득, 실업률 및 인플레이션에 대해 정통하여야 한다.

경제를 파악하는 것을 돕기 위해, <표 7.1>은 몇 가지 중요 경제 지표를 간략히 제시한다. 이러한 경제 통계 수치는 다양한 정부 기관에 의해 취합되고 경제금융 방송을 통해 널리 보도된다. 대부분의 보고서는 월간으로 간행된다. <표 7.1>에 언급된 다양한 경제 지표와 보고서를 충분히 숙지하라. 시간이 지나면, 일련의 통계들이 각각 경기순환에 따라 어떻게 변동되고, 주식시장이 이러한 일련의 움직임에 어떻게 반응하는지를 배우게 될 것이다.

표 7.1 경제 추적하기

Washington D.C.에서 거의 매일 나오는 복잡하게 늘어진 수치들을 분석하는 것과 경제에서 일어나고 있는 일들을 파악하는 것을 도와주기 위해, 몇 가지 중요한 경제 지표들과 보고서를 제시한다.

- **국내총생산(GDP):** 이것은 경제활동의 가장 넓은 범위의 지표이다. 미국 상무부(Commerce Department)에 의해 매 3개월마다 발표되는 지표로서 국가에서 생산되는 모든 생산과 서비스의 총 달러가치의 추산이다. 경제의 여러 영역의 움직임은 GDP의 변동과 긴밀히 연결되어 있기 때문에, 좋은 분석 도구라고 할 수 있다. 특히, 실질 달러 혹은 고정(constant) 달러의 연간 증감률을 보라. 이 수치는 인플레이션의 영향을 배제하여 실제 생산량을 측정할 수 있다. 그러나 GDP 수치의 빈번한 변동은 간혹 경제의 모습을 바꾼다는 것을 기억하라.
- **산업생산지수:** 매월 연방준비제도 이사회에 의해 공표되는 이 지수는 미국 공장, 광산, 그리고 전기와 가스회사의 물질적 산출량의 변화를 보여준다. 이 지표는 경제와 동일한 방향으로 움직이는 경향이 있다. 즉, 이것은 GDP에 관한 보고서 발간 사이의 경기를 파악하는데 도움이 된다. 지표의 상세한 항목들을 통해 각 산업들이 어떻게 돌아가고 있는지 볼 수 있다.
- **선행 지표:** GDP의 변화를 예측하거나 선행하는 수치로 이것은 수십 개 통계치의 움직임을 요약하여 하나의 지표로 만든 것이다. 상무부가 발표하는 이 월간 지표는 노동자의 해고, 제조업자의 새로운 주문, 통화공급량의 변화, 그리고 원자재 가격 같은 것을 포함한다. 이 지표가 수개월 동안 같은 방향으로 움직인다면, 총 산출량이 가까운 장래에도 같은 방향으로 움직일 것이라는 꽤 좋은 신호이다.
- **개인소득:** 상무부가 발표하는 월간 지표로, 임금과 샐러리, 이자와 배당금, 임차료, 그리고 사회보장연금, 실업 보상금, 연금과 같은 기타 소득의 형태로 들어오는 세전 수입을 보여준다. 이 자료는 개인의 소비력을 측정하는 지표로 GDP의 중요 요소인 소비자들의 구매습관 추세를 설명해준다. 개인소득이 증가하면, 사람들은 보통 소비를 늘린다. 하지만 허점에 주의하자. 세무공무원이나 다른 공무원들에게 보고되지 않는 현금거래인 소위 지하경제에서 유통되는 수십억 달러가 제외된 것이다.
- **소매 판매량:** 상무부가 공표하는 소매업의 총 매출액 월간 추정치로 자동차에서 식료품까지 모든 것을 포함한다. 소매점의 표본(sample)을 바탕으로, 이 수치는 소비자 태도에 대한 대략적인 실마리를 제공한다. 이것은 미래의 상황에 대해서도 보여준다. 매출의 장기적인 하락은 생산의 중단에 이를 수도 있다.
- **통화공급량:** 매주 미국 연방준비제도 이사회에서 공표하는 통화량에 대한 지표는 통화공급량이라 불린다. 사실, 통화공급량에는 세 가지의 지표가 있다. M1은 기본적으로 통화, 요구불 예금, 당좌예금을 말한다. 가장 흔히 쓰이는 지표인 M2는 M1에 저축성 예금, 화폐시장 예금계좌, 그리고 수시입출금식 예금, 화폐시장 뮤추얼펀드를 더한 것이다. M3는 M2에 양도성 예금증서와 몇몇 기타 덜 중요한 예금/거래를 더한 것이다. 화폐공급의 합리적인 성장은, M2로 측정된 바, 확장경제에 필요하다고 간주된다. 그러나 통화량이 너무 급격히 증가하면, 인플레이션이라 판단된다. 대조적으로 성장률의 급격한 둔화는 불경기로 여겨진다.
- **소비자 물가지수:** 매월 노동부(Labor Department)에서 공표하는 이 지표는 고정 시장 바스켓의 재화와 서비스의 물가 변동을 보여준다. 가장 널리 공표되는 지표는 모든 도심지역 소비자들을 위한 것이다. 근로 계약과 몇몇 정부 프로그램에 쓰이는 두 번째 지표는 도심지 임금근로자들과 사무원들에게 쓰인다. 위의 두 수치 모두 인플레이션 지표로서 주시되지만, 많은 경제학자들은 결점들이 이 두 수치를 부정확하게 만든다고 믿는다.
- **생산자 물가지수:** 노동부에서 공표하는 월간 지표로서 면화 같은 원료에서부터 의복과 가구와 같은 완제품들까지, 생산의 여러 단계에 있는 재화의 물가변동을 보여준다. 이 지표의 급상승은 후에 더 높은 소비자 물가상승을 의미할 수 있다. 그러나 이 지표는 할인율을 고려하지 않기 때문에 가격상승 추세를 과장할 수 있다. 특히, 완제품의 가격 변화를 봐야 한다. 이것은 원료의 가격만큼 변동이 크지 않아 인플레 압력의 더 좋은 지표라고 볼 수 있다.
- **고용:** 비자발적 실업자 비율은 총체적인 경제의 체질을 보여주는 지표이다. 그러나 노동부가 공표하는 또 다른 월간 지표인 급여 일자리 수가 경기의 변화를 포착하기에 더 좋을 수 있다. 일자리 수의 감소는 기업이 생산을 줄이고 있다는 신호이다.
- **주택 착공:** 주택 착공 추세의 향상 뒤에는 일반적으로 화폐 가용성 및 비용(금리)의 완화가 일어나고 이것은 경기 개선의 지표이다. 상무부에서 공표하는 이 월간 지표는 미래의 건설 추세를 나타내는 선행 지표로 전국의 신축허가 건수를 포함한다.

경제전망의 도출

경제를 분석하는 것은 재정정책과 통화정책, 인플레이션 예측, 소비자 및 기업의 지출, 그리고 경기순환 상태에 대해 분석하는 것을 수반한다. 투자자들은 이러한 과정에서 상당 부분 형식에 얽매이지 않는다. 경제적 판단을 할 때, 다수는 대중적인 출판물(예: *Wall Street Journal, Barron's, Fortune, Business Week*)과 주요 브로커가 내놓는 정기 보고서를 참조한다. 이러한 자료들은 경제 활동에 대한 간결한 요약을 제시하며, 투자자들이 현재의 전반적인 경제 상태에 대해 감각을 갖도록 해준다.

전반적인 경제전망을 도출했다면, 다음 두 가지 방법 중 하나를 통해서 경제전망의 정보를 활용할 수 있다. 첫 번째 방법은 추가적인 분석이 가능한 영역을 결정하기 위해 경제전망에 포함된 정보를 활용하는 것이다. 예를 들어, 당신이 기업의 지출에 대한 전망이 매우 낙관적이라고 강력히 주장하는 정보를 알아냈다고 가정하자. 그러한 분석에 기초하여, 당신은 사무설비 제조사와 같은 자본재 생산업체에 대해 더 살펴보고자 할 것이다. 마찬가지로, 만일 당신이 세계 정치의 급격한 변화에 의해 미국 정부가 국방비를 줄일 것이라는 판단이 든다면 주요 방위산업의 주식을 피하고자 할 것이다.

경제 정보를 활용하는 두 번째 방법은 특정 산업 혹은 기업에 대해 고려하는 것이다. 즉, "예상되는 경제 발전에 의해 특정 산업이나 기업이 어떤 영향을 받을 것인가?"를 생각해보는 것이다. 예를 들어, 당신이 사무설비 주식에 관심이 생겼다고 하자. 이 산업 범주는 사무기기와 전자시스템으로부터 업무용 사물함과 최신 사무 가구에 이르기까지의 모든 제품을 생산하는 회사를 포함한다. 이 산업에는 Pitney Bowes, Diebold, Herman Miller와 Steelcase와 같은 회사가 있다. 이 주식들은 변동되는 경제환경에 매우 민감하다. 경제가 쇠퇴되기 시작하면, 회사들은 내구성 있는 설비와 기구의 구매를 미룰 수 있기 때문이다. 따라서 이 산업은 기업 이익과 사업투자에 대한 전망이 특히 중요하다. 이러한 경제요인들이 좋다면, 사무설비 산업 관련 주식에 대한 전망은 긍정적일 것이다.

주가에 대한 잠재적 영향력 평가하기

여기서 우리의 가상 투자자는 먼저 경기순환의 현재 상태를 평가하기를 원한다. 그 통찰력을 가지고, 투자자는 경제의 미래와 전반적인 주식시장 특히 사무설비 산업의 주식에 미칠 잠재적 영향력에 대해 예측할 수 있다. <표 7.2>에서 몇 가지 더 중요한 경제변수들이 주식시장의 변화에 어떻게 영향을 끼치는지 볼 수 있다.

이것이 어떻게 진행되는지 보기 위해, 경제가 1년간 긴 침체를 겪어왔고, 이제 경기 순환에서 회복기에 있다고 가정하자. 고용 상황은 개선되기 시작했고, 인플레이션과 이자율은 낮다. GDP와 산업생산 모두는 지난 2분기 동안 급상승했다. 의회는 세금을 낮추는 주요 입법을 마무리하고 있다. 더욱이, 경기가 이제 회복하기 시작했지만 앞으로 더 좋아질 것으로 예상된다. 경기는 이제 완전히 호황기에 접어들기 시작했고, 회사의 이익과 사업지출이 급상승할 조짐이 보인다. 이와 같은 모든 예측은 매출액의 상당 부분과 그보다 더 많은 비율의 이익이 기업의 이익과 사업지출 수준에 의존하는 사무 설비와 사무 가구의 생산자에게 좋은 소식임에 틀림없다. 요컨대, 우리의 가상 투자자는 경제 상태가 좋고 앞으로 더 좋아질 것이며 시장뿐만 아니라 사무설비 관련 주식 또한 결과가 좋을 것으로 보고 있다.

Barron's나 Business Week와 같은 자료를 기반으로 하여 이러한 결론에 이를 수 있었다는 것을 유념하자. 사실, 이 투자자가 유일하게 해야 할 "특별한 일"은 사무설비 산업에서 특히 중요한 기업의 이익이나 자본지출과 같은 경제 요인에 세심한 주의를 기울이는 것이다. 증권분석의 경제 분야는 가까운 미래에 예상되는 경제 환경의 유형을 제시함으로써 추가적인 평가를 위한 발판을 마련한다. 다음 단계에서는 초점을 조금 더 좁혀서, 산업분석 단계를 다루겠다.

선행지표로서의 시장

분석을 더 진행하기 전에, 주식시장과 경제 사이의 일반적인 관계를 분명히 할 필요가 있다. 앞에서 확인했듯이, 투자자들은 시장을 이해하고, 어떤 산업부문이 성장하고 있는지 알아내기 위해 경제전망을 살펴볼 필요가 있다. 하지만 일반적으로 실제 예상된 변화가 경제에서 실현되기 전에 주가가 변동된다는 것을 유념할 필요가 있다. 사실 주식 가격의 현재 추세가 경제의 방향을 예측하는 데 종종 도움이 된다.

신뢰할 수 있는 경제전망을 끌어내는 것과 현재의 전망이 잘못되었다는 것을 의미하는 경제적 변화에 민감하게 반응하는 것 모두가 중요한 것임을 인식하면 경제전망과 주가선행 사이의 명백한 갈등이 다소 해소될 수 있다. 주식시장의 투자자는 주식의 매수와 매도를 정당화하기 위해서 미래를 분석한다. 만일 미래에 대한 투자자의 전망이 바뀌게 되면, 주식가격도 변하기 쉽다. 따라서 경제 전반의 방향뿐만 아니라 주가의 추세를 함께 관찰하는 것이 좀더 정확한 투자 예측으로 이어질 수 있다.

표 7.2 경제 변수와 주식시장

경제변수	주식시장에의 잠재적인 영향
GDP의 실질적인 성장	긍정적인 영향 - 주식시장에 희소식이다.
산업생산 지수	지속적인 증가는 시장에 좋은 소식으로, 경제 강세의 신호다
인플레이션	주가에 좋지 않다. 인플레이션이 높아지면, 이자율을 높이고 주가수익배수가 낮아지며, 전반적으로 지분증권을 덜 매력적으로 만든다.
기업의 이익	기업의 높은 이익은 시장에 좋다.
실업률	하락 영향 - 실업률 증가는 경기가 침체되기 시작한다는 것을 의미한다.
연방 예산 흑자	예산 흑자는 이자율과 주가에 좋다. 반대로 예산 적자는 불경기에는 긍정적인 신호이지만, 호경기에는 인플레이션을 유도하여 부정적인 영향을 끼칠 수 있다.
달러화 약세	주로 큰 폭의 무역불균형에 기인한 결과로서, 달러 약세는 시장에 부정적인 영향을 끼친다. 이는 국내(미국) 시장을 해외 투자자들에게 덜 매력적이게 만든다. 그러나 이는 또한 국내 생산품을 해외시장에서 더 저렴하게 만들어주기 때문에 국내 경제에 좋은 영향을 줄 수도 있다.
이자율	또 다른 하락 영향 – 이자율의 증가는 주식 시장에 부정적인 영향을 끼치는 경향이 있다.
통화공급량	통화공급량의 안정적인 성장은 경제와 시장에 긍정적인 영향을 미칠 수 있다. 그러나 급격한 성장은 인플레이션을 유발할 수 있기 때문에 주식시장에 해롭다.

개념리뷰

7.5 경제분석의 일반적인 개념에 대해 서술하라. 이 유형의 분석이 필요한지, 이 분석이 개인투자자가 주식에 대한 결정을 내리는 데 정말 도움이 되는지 설명하라.

7.6 경제분석에 있어서 경기순환이 왜 그렇게 중요한가? 경기순환이 주식시장과 어떠한 관련이 있는 것인가?

7.7 다음의 개념에 대해 각각 간단히 서술하라.

a. 국내총생산 b. 선행 지표
c. 통화공급량 d. 생산자 가격

7.8 인플레이션이 보통주에 영향을 미친다면, 어떤 영향이 있는가?

산업분석

LG 3 석유, 자동차, 또는 화학물질 관련 주식을 매입하겠다는 생각을 해본 적이 있는가? 컴퓨터나 전자통신 관련 주식은 어떠한가? 개인투자자와 기관 투자자 모두 증권을 산업별로 묶어서 분석하는 방법을 많이 사용한다. 주가가 산업별 상황에 영향을 받기 때문에 이 접근법은 어느 정도는 그럴 듯 하다. 실제로 산업 내 수요 수준을 포함한 다양한 산업의 요인들은 개별 기업에게 실질적인 영향을 미친다.

산업분석은 실제로 개별 회사와 증권을 더 철저하게 분석하기 위한 기반이 된다. 확실히, 산업의 전망이 좋으면, 그 산업에 속하는 많은 기업들의 전망이 좋다. 게다가 산업분석은 투자자들이 기업의 위험성을 평가하고, 그에 따라 주식의 가치를 정할 때 사용되는 적절한 위험조정 이익률을 규정하는 데 도움이 된다. 동일 산업에 속하는 회사의 위험성이 항상 어느 정도의 유사성을 보이기 때문에 이것은 사실이다. 따라서 특정 산업에 내재된 위험에 대해 이해하고 있다면, 개별 기업과 그 증권에 내재된 위험에 대한 가치 있는 통찰력을 얻을 수 있을 것이다.

주요 문제

모든 산업이 동일하게 성과를 보이지 않기 때문에, 산업분석(industry analysis)의 첫 번째 단계는 특정 산업의 경쟁포지션을 다른 산업과 관련해서 규명하는 것이다. 다음 단계는 산업 내에서 장래를 보장하는 위치를 차지한 기업을 알아내는 것이다. 산업을 분석할 때는 산업의 구성과 기본 특징들, 산업의 성과에 영향을 주는 주요 경제변수와 영업 변수, 산업의 전망과 같은 것들을 다룬다. 또한 산업의 상태를 이용하기에 유리해 보이는 특정 기업을 주시해야 한다. 시장에서 경쟁적 위치를 점한 회사는 덜 안정적인 위치에 있는 회사보다 선호될 것이다. 이러한 지배 위치는 가격 주도력을 유지하는 능력을 보여주고 기업이 규모의 경제와 저비용 생산을 할 수 있는 상태라는 것을 암시한다. 시장 지배는 또한 회사에게 강력한 연구개발을 가능하게 하기 때문에, 미래에도 선두를 유지할 수 있게 해준다.

일반적으로, 다음의 질문에 대한 답을 찾으면서 산업에 대한 가치 있는 통찰력을 얻을 수 있다.

1. 산업의 본질은 무엇인가? 독점적인가, 아니면 많은 경쟁자들이 있는가? 소수가 나머지의 추세를 이끄는가? 그렇다면 그 소수는 누구인가?

2. 산업이 어느 정도로 규제되는가? 규제되고 있다면, 규제기관이 얼마나 우호적인가?

3. 산업에서 노동의 역할은 무엇인가? 노동조합은 얼마나 중요한가? 산업 내의 노사관계가 좋은가? 다음 계약 협의는 언제인가?

4. 기술 개발이 얼마나 중요한가? 새로 개발되고 있는 것이 있는가? 잠재적인 비약적 발전이 미치는 영향은 무엇인가?

5. 어떤 경제요인들이 그 산업에서 특히 중요한가? 그 산업의 재화와 서비스에 대한 수요가 주요 경제 변수들과 관련이 있는가? 그렇다면, 이 변수들에 대한 전망은 어떠한가? 산업의 건전성에 있어서 외국 경쟁자가 얼마나 중요한가?

6. 중요한 재무 또는 영업에 관한 고려사항들이 있는가? 노동과 원재료, 자본의 적절한 공급이 있는가? 자본지출 계획은 무엇이며 산업은 어떤 자본지출을 요구하고 있는가?

산업의 성장주기 위와 같은 질문은 때때로 시간의 흐름에 따른 산업의 생기를 보여주는, 산업의 성장주기(growth cycle) 관점에서 답할 수 있다. 첫 번째 단계인 발달초기(initial development) 단계에서는 대부분의 투자자에게 보통 투자기회가 없다. 산업이 새롭고 검증되지 않았으며 위험도 매우 높기 때문이다. 두 번째 단계는 급성장(rapid expansion) 단계로, 그 기간 동안 제품 사용이 확대되고 투자자는 산업의 전망을 보다 확실히 볼 수 있게 된다. 이 단계에서, 경제변수와 재무변수들은 산업의 전반적인 성과와 거의 관련이 없다. 투자자는 경제 상황을 거의 신경 쓰지 않고 투자에만 관심이 있을 것이다. 이는 투자자가 상당한 관심을 가지는 단계로, 이러한 기회를 발견하기 위해 많은 노력이 이루어진다.

불행하게도, 대부분의 산업들은 오랫동안 급성장의 기간을 가지지는 않는다. 그 대신, 결국에는 성장주기에서 다음 단계인 성숙성장기(mature growth)로 들어가는데, 경제발달에 가장 영향을 받는 단계이다. 이 단계에서, 확장은 경제의 성장으로부터 가능하다. 두 번째 단계에서보다 성장속도가 느리다. 세 번째 단계에서 산업의 장기적 특성은 분명해진다. 이 단계의 산업은 식품과 의류와 같은 방어적 산업도 포함하고, 자동차나 중공업 같은 경기순환 산업도 포함한다.

마지막 단계는 안정기(stability) 또는 쇠퇴기(decline)이다. 쇠퇴기에서 산업의 제품에 대한 수요는 감소하고, 기업은 산업을 떠나기 시작한다. 당신이 배당금 수입만을 추구하는 것이 아니라면 이 단계에서 투자 기회는 거의 존재하지 않는다. 성장 중심의 투자자들은 틀림없이 쇠퇴기에 있는 산업에 투자하기를 원하지 않을 것이다. 일부 투자자는 (담배와 같은) 산업이 성숙한 안정기에 지속적으로 머무른다면 투자기회들을 찾을 수 있다. 그러나 소수의 정말 좋은 기업이 지속적으로 신제품을 시장에 출시한다고 해도 기껏 성숙기에 머무를 것이기 때문에, 현실에서 그런 기업도 결국 언젠가 이 마지막 단계에 도달하게 된다.

산업전망의 도출

개별 투자자는 스스로 산업분석을 할 수 있다. 아니면 좀더 흔한 경우로, S&P 산업조사(Industry Survey)와 같은 발간된 산업보고서를 바탕으로 분석을 할 수 있다. 이 조사는 필수 통계자료와 평가를 제공하며, 산업의 모든 중요한 경제적 측면, 시장측면, 재무적 측면에 대해 다룬다. 널리 쓰이는 또 다른 산업정보 자료에는 Morningstar, Value Line, Mergent와 같이 재무분석의 잘 알려진 원천에서 나온 산업정보뿐만 아니라 증권회사의 보고서와 대중적인 재무금융 방송 기사를 포함한다. 또한 여러 산업과 하위 산업에 대한 모든 종류의 유용한 정보를 제공하는 yahoo.com, zacks.com, businessweek.com, bigcharts.com과 같은 많은 웹사이트가 있다.

이제 사무설비 주식을 매수하려고 하는 가상의 투자자 예시를 다시 시작해보자. 앞에서 했던 논의로부터, 경제분석 단계에서는 가까운 미래에 기업의 이익과 사업지출이 확대되는 튼튼한 경제를 제시하고 있다. 이제 투자자는 산업에 집중할 준비가 되어 있다. 예측된 경제성장에 따라 예상되는 산업의 반응을 평가하는 것이 논리적인 분석의 시작점이다. 상품에 대한 수요와 산업의 매출액은 특히 중요하다. 산업 내에는 크고 작은 많은 경쟁자들이 있으며, 노동 집약적인 산업이지만 노동조합은 중요한 고려요소가 아니다. 따라서 투자자는 여러 요소들이 산업의 비용 구조에 미치는 잠재적인 영향을 상세하게 살펴 보려고 할 것이다. 산업 내에서 연구개발이나 산업 디자인이 어떻게 이루어지는지도 살펴볼 가치가 있다. 투자자는 또한 새로운 제품과 아이디어를 출시하는 기업을 알려고 할 것이다. 이러한 기업이 업계 선두주자일 확률이 높기 때문이다.

산업분석을 통해 산업의 본질과 운영상 특징을 이해할 수 있는데, 이는 산업의 성장 전망에 대해 판단할 수 있게 해준다. 투자자가 다양한 유형의 발행된 보고서 또는 온라인 보고서를 사용하여 사무설비 산업의 핵심요소에 대해 검토했고, 그 산업 내에서도 특히 사무 가구부문이 빠르게 호전되고 있는 경제를 활용하는 데 유리한 입장에 있다고 결론 내렸다고 하자. 새롭고 흥미로운 수많은 제품들이 지난 수년 간 출시되어 왔고, 더 많은 제품들이 연구개발 과정에 있다. 장기적으로 생산성에 기여할 신제품에 현재 관심을 두고 있다. 따라서 사무 가구와 사무 설비에 대한 수요는 증가할 것이고, 순이익률은 조금 감소할 수도 있지만 성장에 대해 긍정적인 전망으로 봤을 때 이익 수준은 엄청나게 상승할 것이다.

산업에 대해 조사하는 과정에서, 우리의 가상 투자자는 눈에 띄는 여러 기업을 발견했는데, 그 중에서도 하나가 특히 더 매력적으로 보였다. 바로 가상의 기업인 Universal Office Furnishings이다. 오랫동안 최고의 디자인 회사 중 하나로 여겨진 Universal은 모든 종류의 고급 사무가구와 사무설비(책상, 의자, 식기 진열장, 모듈식 워크스테이션, 문서정리 기구 등)를 디자인, 제조, 판매한다. 게다가, 회사는 최신형 컴퓨터 가구와 호텔서비스, 의료, 교육 시장의 기관용 가구 특화 제품을 생산하고 유통시킨다. 회사는 50년 전에 설립되었고, (UVRS라는 주식기호로 거래되는) 주식이 1970년대 후반부터 뉴욕 증권거래소(NYSE)에 상장되었다. Universal은 총 시가총액이 약 2십억 달러에서 3십억 달러로 중형주로 간주된다. 회사는 생산라인을 확대시키며 과거 수십 년간 급성장을 이루어왔다. 기관용 가구 부서 덕분에, 최근의 약세시장에서도 다른 기업처럼 크게 타격을 입지 않았다. 장래를 내다보았을 때 회사가 이제 강세시장에서 꽤 혜택을 볼 것이라는 점에서 일반적으로 의견이 일치하고 있다. 경제나 산업에 대한 모든 것이 주식을 투자하기에 좋아보여서, 우리의 투자자는 Universal Office Furnishings을 좀더 자세히 살펴보기로 했다.

이제 주의를 돌려 이 장의 나머지 부분인 기본적 분석에 대해서 설명하겠다.

개념리뷰

7.9 산업분석이란 무엇이고, 이 분석이 왜 중요한가?

7.10 산업의 변동이나 운영 특성에 있어서 산업의 중요한 여러 측면에 대해 알아보고 간단히 논의하시오. 특히 경제문제가 산업분석에 어떻게 영향을 끼치는지 서술하시오.

7.11 산업 성장주기의 네 단계는 무엇인가? 이 중에 어떤 단계에서 투자자가 가장 큰 수익을 볼 수 있는가? 어떤 단계에서 경제 요인의 영향을 가장 많이 받는가?

기본적 분석

LG 4 LG 5 LG 6 기본적 분석(fundamental analysis)은 보통주를 발행하는 회사를 파악하기 위해 사업의 재무적 특성을 분석하는 것이다. 여기서는 기본적 분석의 여러 측면을 다룰 것이다. 기본적 분석의 일반적인 개념에 대해 살펴보고, 이러한 분석에 필요한 원자료를 제공해주는 여러 종류의 재무제표를 소개할 것이다. 그 다음 기업분석에서 널리 사용되는 주요 재무비율에 대해 설명하고, 그 재무비율에 대한 해석으로 결론을 지을 것이다. 이것이 보다 전통적인 증권분석의 접근법을 대표한다는 것을 이해하자. 이 접근법은 투자결정에 재무제표와 기타 정보에 최소한 일부라도 의존하는 투자자가 흔히 사용하는 방법이다.

개념 기본적 분석은 주식의 가치가 주식을 발행한 회사의 성과에 영향을 받는다는 믿음에 기반을 둔다. 회사의 전망이 매우 좋아 보인다면 주식의 시장가격은 이를 반영하여 값이 오를 것이다. 그러나 주식의 가치는 기대되는 수익률뿐만 아니라 위험 노출 정도에도 영향을 받는다. 기본적 분석은 이러한 (위험과 수익률의) 차원을 포착하여 가치평가 과정으로 통합시킨다. 이는 회사의 재무적 강점을 역사적으로 분석하는 기업분석(company analysis) 단계에서 시작한다. 투자자는 얻어진 통찰력을 활용하여 경제분석 및 산업분석과 함께 회사의 성장과 수익성에 대해 예측할 수 있다.

기업분석 단계에서 투자자는 회사의 강점과 약점을 알고, 향후 추세와 발전을 파악하고, 영업효율성을 평가하고, 기업의 본질과 영업 특성을 전반적으로 이해하기 위해 재무제표를 분석한다. 아래 내용이 특히 관심을 가질만한 것이다.

- 기업의 경쟁적 위치
- 기업이 소유한 자산의 유형과 매출 성장률
- 순이익률과 기업이익의 원동력
- 기업 자원의 구성과 유동성(회사의 자산 구성)
- 기업의 자본구조(회사의 자본조달 구성)

이 단계는 많은 점에서 가장 힘들고 시간이 걸리는 단계이다. 대부분의 투자자는 이러한 광범위한 연구를 할 시간도 의향도 없기 때문에, 발행된 보고서에 의존하여 기초자료로 사용한다. 운이 좋게도, 개인 투자자가 선택할 자료는 다양하게 있다. 이는 주요 증권회사의 보고서와 추천, 인기 있는 재무금융 보도, S&P나 Value Line과 같은 금융 잡지의 구독 서비스를 포함한다. Finance.yahoo.com, Morningstar.com, money.msn.com, wsj.com, money.cnn.com, smartmoney.com과 같은 모든 온라인 금융 자료도 포함된다. 이러한 것은 모두 가치 있는 정보이며, 아래 문장에서 말하는 스스로의 분석이 이러한 정보를 대체하는 것은 아니다. 그럼에도 불구하고, 현명한 투자자가 되기 위해서는 궁극적으로 기업과 주식에 대해 스스로 결론을 내야 하기 때문에 적어도 재무 보고서와 재무제표 분석을 기본적으로 이해하고 있어야 한다.

재무제표

재무제표는 기업분석에 있어서 필수적 부분이다. 투자자는 재무제표를 통해 기업의 영업성과와 재무 상태에 대한 견해를 발전시킬 수 있다. 투자자는 기업분석에서 세 가지의 재무제표를 사용하는데, 재무상태표, 손익계산서, 현금흐름표이다. 앞의 두 재무제표는 여러 재무비율을 계산하는데 필요한 정보를 포함하고 있기 때문에 기본적인 재무분석을 하는 데 필수적이다. 현금흐름표는 주로 회사의 현금/유동성 상태를 평가하는 데 사용된다.

기업은 분기별(매 3개월의 운영기간 별로 묶어 축약된 재무제표) 그리고 매년 말 혹은 회계연도 말에 재무제표를 준비한다. 회계연도는 회사가 운영연도로 정의한 12개월의 기간으로 12월 31일일 수도 있고 아닐 수도 있다. 연간 재무제표는 독립적인 공인회계사(CPA)가 완벽하게 검증해야 한다. 그 다음에 미국 증권거래위원회(SEC)에 제출해야 하며 시기에 맞춰 연간보고서 형태로 모든 주주에게 배부된다.

기업의 재무제표는 그 자체로 투자자에게 중요한 정보의 원천이다. 재무비율과 함께, 또 기본적 분석과 함께 쓰이면, 더 강력해진다. 그러나 재무비율을 최대로 활용하기 위해서는 재무제표 자체의 용도와 한계에 대해 잘 이해하고 있어야 한다.

재무상태표 재무상태표(balance sheet)는 특정 시기에 회사가 무엇을 소유하고, 무엇을 채무로 가지고 있는지의 상태를 보여준다. 재무상태표는 회사의 자산, 부채와 자기자본을 열거한다. 자산(asset)은 회사의 자원(회사가 소유한 것들)을 나타낸다. 부채(liabilities)는 회사에 돈을 대출해준 여러 채권자들에게 빚진 부채를 말한다. 회사의 채권자는 공급회사, 은행, 채권소유자를 포함할 수 있다. 자기자본(stockholder's equity)은 회사의 자산과 부채의 차이로서, 회사의 주주가 가진 청구권을 나타낸다. 대차의 균형표(balance sheet)라는 용어가 의미하듯, 정의에 따라 자산총계는 부채와 자기자본 총계와 일치해야 한다.

전형적인 재무상태표는 <표 7.3>과 같다. 이는 우리의 투자자가 분석하고 있는 Universal Office Furnishings의 2012년과 2013년의 비교 수치를 보여준다. <표 7.3, 7.4, 7.5>는 재무제표 분석에 사용되는 기업의 재무제표를 정확히 보여준다.

손익계산서 손익계산서(income statement)는 분기나 1년과 같이 특정기간 동안 회사의 영업성과의 재무적 요약을 제공한다. 한 기간 동안의 수익(매출)의 양, 발생한 비용과 지출, 기업의 이익(수입과 비용의 차)을 보여준다. 손익계산서는 일반적으로 수익(즉, 매출)으로부터 시작해서, 여러 유형의 지출, 이익이나 순이익을 열거한다. 재무상태표는 회사의 한 시점의 재무상태를 보여주기 때문에, 스냅사진으로 생각해볼 수 있다. 반면 손익계산서는 한 기간 동안 무슨 일이 있었는지 보여준다.

표 7.3 기업의 재무상태표

Universal Office Furnishings, Inc. 비교 재무상태표 12/31 (단위: 백만)

	2013	2012
자산		
유동자산		
현금 및 현금 등가물	$95.8	$80.0
매출채권	227.2	192.4
재고자산	103.7	107.5
기타 유동자산	73.6	45.2
총 유동자산	500.3	425.1
비유동자산		
유형자산(부동산, 공장, 설비), 총액	771.2	696.6
감가상각 누계액	(372.5)	(379.9)
유형자산(부동산, 공장, 설비), 순액	398.7	316.7
기타 비유동자산	42.2	19.7
총 비유동자산	440.9	336.4
자산 총계	**$941.2**	**$761.5**
부채와 자기자본		
유동부채		
외상매입금	$114.2	$82.4
단기 부채	174.3	79.3
기타 유동부채	85.5	89.6
총 유동부채	374.0	251.3
비유동부채		
장기부채	177.8	190.9
기타 비유동부채	94.9	110.2
총 비유동부채	272.7	301.1
부채 총계	**$646.7**	**$552.4**
자기자본		
납입 자본금	92.6	137.6
이익잉여금	201.9	71.5
총 자기자본	**$294.5**	**$209.1**
부채와 자기자본 총계	**$941.2**	**$761.5**

투자자 오류

날짜를 세지 않음 – 일부 기업은 회계분기를 13주 기간으로 정하여, 회계연도를 52주(364일)로 하고 있다. 이러한 기업은 5년이나 6년마다 1번의 분기에 "윤주(catch-up week)"를 더해야만 한다. 최근의 연구는 전문적인 주식 분석가와 투자자가 추가적인 주를 더하는 14주 분기를 고려하지 못한다는 것을 제시하는데, 그 결과 기업은 기대보다 높은 이익을 보고하고 주식 수익률도 이 기간에 더 높은 경향이 나타난다.

<표 7.4>에서 Universal Office Furnishings의 2012년과 2013년 손익계산서를 볼 수 있다. 이 연간 재무제표들이 12월 31일에 마감되는 12개월 간의 운영에 대해 다루고 있는데, 이것이 재무상태표의 날짜와 일치한다는 것을 유념하라. 손익계산서는 회사가 재무상태표에 열거된 자산을 얼마나 성공적으로 활용했는지를 보여준다. 즉, 경영진의 회사 운영 성과가 일년 간 발생한 이익이나 손실에 반영되어 있다.

표 7.4 기업의 손익계산서

Universal Office Furnishings, Inc. 손익계산서(회계연도 12/31에 끝남) (단위: 백만)

	2013	2012
매출액	$1,938.0	$1,766.2
매출원가	1,128.5	1,034.5
매출 총이익	**$809.5**	**$731.7**
판매관리비, 기타 운영비	$496.7	$419.5
감가상각비	77.1	62.1
기타 비용	0.5	12.9
총 영업비용	**$574.3**	**$494.5**
이자와 법인세 차감전 순이익(EBIT)	**$235.2**	**$237.2**
이자 비용	$13.4	$7.3
법인세 차감전 이익	221.8	229.9
법인세	82.1	88.1
세후 순이익	**$139.7**	**$141.8**
주당 배당금	$0.15	$0.13
주당순이익(EPS)	$2.26	$2.17
총 발행주식수(백만)	61.8	65.3

현금흐름표 현금흐름표(statement of cash flows)는 기업의 현금흐름과 현금 유동성의 변화를 일으키는 기타 사건들의 요약을 보여준다. 이 표는 기본적으로 회사가 현금을 어떻게 얻었고, 이 가치 있는 유동자산을 어떻게 썼는지 보여주기 위해 재무상태표와 손익계산서로부터의 항목들을 모아놓는다.

불행하게도, 특정 회계 관례(발생주의 개념이 대표적)에 의해 보고된 회사의 이익은 현금흐름과 유사하지 않을 수도 있다. 즉, 이익은 단순히 수익과 수익에 대응하여 청구된 회계적 비용의 차이인 것과 달리, 현금흐름(cash flow)은 회사가 실제로 사업의 결과로 얻는 돈의 액수이다. 예를 들어, 회사가 새 공장을 짓는데 현금 1십억 달러를 지출했다면, 현금흐름표는 이 지출로 1십억 달러가 현금유출 되었음을 보여준다. 그러나 손익계산서에는 1십억 달러 지출과 상응하는 것이 없을 것이다. 회계법칙에서는 회사가 수년에 걸쳐 이익을 주는 자산에 투자할 때, 그 자산의 비용 또한 수년에 걸쳐 표시되도록 명시한다. 회사가 공장을 설립하기 위해 올해 현금 1십억 달러를 지출하였을지라도, 올해의 손익계산서에서 감가상각비로 부분적으로만(아마 100백만 달러 정도) 차감할 것이다. 1십억 달러 비용 전체가 차감될 때까지, 추가적인 감가상각이 수년에 걸쳐 손익계산서에 나타날 것이다. 즉, 새 공장에 대한 비용은 회사가 공장이 설립된 그 해에 현금을 (모두) 지불했을지라도, 수년이 지날 때까지, 회사의 손익계산서에 완전히 계상되지 않을 것이다.

투자자 현실

이익과 현금흐름의 차이점이 단지 학문적 개념만은 아니다. 그것은 투자자들이 주의 깊게 살펴봐야만 하는 것이다. 최근의 연구는 고평가 주식을 확인하는 가장 좋은 방법 중의 하나가 자산에 비해 상대적으로 낮은 현금흐름을 가진 기업을 찾는 것임을 보여주고 있다.

현금흐름표는 투자자들이 회사가 특정 년도에 현금을 실제로 얼마나 지출하고 얻었는지 확인할 수 있게 해주기 때문에 이 표가 매우 가치가 있음을 의미한다. 이는 손익계산서상 이익을 보고 있는 회사가 실제로는 기록된 것보다 더 많은 현금을 지출하고 있고, 재무적 곤경으로 이어질 수도 있기 때문에 중요하다. 게다가 회계규칙에 따라 경영자는 특정 수익과 지출 항목을 융통성 있게 자유자재로 기록할 수 있다. 예를 들어, 새 공장을 설립하기 위해 1십억 달러를 지출한 회사는 여러 방법으로 감가상각비를 추산할 수 있다. 경영자가 어떤 방법에 따르느냐에 따라, 공장의 비용이 수년에 걸쳐 동일하게 분배될 수도 있고, 감가상각비를 처음에는 매우 높다가 시간이 지날수록 점차 감소하게 할 수도 있다. 현금흐름표의 항목 역시 어떤 유형의 회계선택을 하느냐에 따라 영향을 받겠지만 손익계산서에서와 같은 정도는 아니다. 지금까지의 논의에서, 경영자가 수익과 지출을 기록할 때 허용되는 법적재량권(legal discretion)을 강조하여 설명하였다 (그럼에도 불구하고 '투자윤리' 박스에서 논의하는 바와 같이, 회계 부정은 발생할 수 있다. 사례에서 제안하고 있듯이, 회계 감사는 기업의 재무제표의 중요한 측면이다).

<표 7.5>는 Universal Office Furnishings의 2012~2013년 현금흐름표를 보여준다. 현금흐름표는 3부분으로 나뉘어진다. 가장 중요한 부분은 "영업현금흐름(cash from operating activities)"이라고 쓰여 있는 첫 번째 부분이다. 영업활동으로부터의 순 현금흐름(표에서 색이 칠해진 부분)을 보여준다. 이는 기업에 의해 발생한 현금이고 투자와 재무

활동을 위해 사용 가능한 현금의 금액으로서, 사람들이 전형적으로 '현금흐름'이라고 부르는 것이다.

Universal의 2013년 영업 현금흐름이 전년도보다 약간 떨어진 202.1백만 달러라는 것을 유념해라. 이 액수는 회사의 투자활동(150.9백만 달러)과 재무활동(35.4백만 달러)을 할 때 필요한 액수보다 훨씬 더 많다. 따라서 Universal의 실제 현금상태는 현금흐름표 하단의 "현금 순증감액"을 보면, 15.8백만 달러 정도로 증가했다는 것을 알 수 있다. 그 수치는 전년도에 현금이 35백만 달러 이상 감소한 것에 비하면 엄청난 호전이다. 높은(가급적이면 증가하는) 현금흐름은 회사가 부채를 지불하고, 성장에 대한 자금을 조달하며, 배당금을 지급하기에 충분하다는 것을 의미한다. 또한, 투자자는 시간이 지나면서 회사의 현금유동성이 증가하기를 원할 것이다. 이는 회사의 유동성과 영업에 필요한 자금을 즉각적으로나 시기 적절한 때에 지급할 능력을 돕는 긍정적인 영향 때문이다.

표 7.5 현금흐름표

Universal Office Furnishings,Inc. 현금흐름표(회계연도12/31 마감) (단위: 백만)

	2013	2012
영업현금흐름		
당기순이익	139.7	$141.8
감가상각비	77.1	62.1
기타 현금 지출이 없는 비용	5.2	16.7
유동자산 증가(감소)	(41.7)	14.1
유동부채 증가(감소)	21.8	(29.1)
영업 순현금흐름	**$202.1**	**$205.6**
투자현금흐름		
유형자산(부동산, 공장, 설비) 매입, 순액(net)	($150.9)	($90.6)
투자 순현금흐름	**($150.9)**	**($90.6)**
재무 현금흐름		
장기차입금으로부터의 현금 유입액	$749.8	$79.1
당기 지불액과 조기퇴직금을 포함한 장기부채의 감소	(728.7)	(211.1)
자기주식 순매입액	(47.2)	(9.8)
주식 배당금	(9.3)	(8.5)
재무 순현금흐름	**($35.4)**	**($150.3)**
현금 순증감액	**$15.8**	**($35.3)**
기초 현금 및 현금 등가물	$80.0	$115.3
기말 현금 및 현금 등가물	$95.8	$80.0

투자윤리 장부 조작: 그들은 무슨 생각이었던 것일까?

불법회계 행위를 포함한 최근 스캔들은 미국뿐만 아니라, 전 세계적으로 대중적 격분을 초래했다. 2012년 2월에 Kettle Chips, Pop Secret Popcorn, Diamond Foods와 같은 샌프란시스코 기반 생산기업들은 호두생산자들에게 부당하게 보고된 80백만 달러를 지불한 것을 발견하고, 자신들의 CEO와 CFO를 해고했다. Diamond의 주가는 회계부정 소식으로 단 하루 만에 거의 40%나 하락했다. 2009년 1월에 Satyam Computer Services라는 인도 첨단기술 회사의 사장인 Ramalinga Rau는 해당 기업장부들이 위조되었고, 또한 지출을 줄이는 동시에 회사의 이익과 자산을 과장했다고 고백했다. 스캔들이 밝혀지면서, Satyam은 2008년과 2009년 사이 주식 가치의 거의 90% 이상을 잃었다.

위 사건들이 회계부정 때문에 재정적 파멸에 이른 첫 사건도 아니었다. 창의적이고 부정한 회계 관행으로 Enron, WorldCom, Xerox, Qwest Communications, Conseco, 그리고 기타 수십 개의 상장기업들은 실제 비용과 부채를 장부에는 넣지 않았던 것으로 보인다. 결국 환상이 현실이 되었을 때, 수천 명의 투자자와 직원은 노후를 대비하기 위해 저축했던 돈을 잃었다.

악덕 경영진은 수많은 회계적 속임수를 통해 대중을 속인다. 재무상태표에 영업비용을 자본화하고, 허구의 수익이나 아직 발생하지 않은 수익을 계상하고, 부외채무를 사용하고, 위험도를 축소하기 위해 부외 파생거래를 하고, 미래 이익성장률을 조정하기 위해 영업권을 여러 기간에 걸쳐 상각하는 대신 특별손실로 상각하는 것 같은 속임수가 있다.

비판적 사고 문제 기업보고를 강화하는 단계 중 하나는 회계감사가 내부감사와 외부감사를 같은 고객에게 제공하지 못하게 함으로써 회사의 내부 및 외부 감사를 분리하는 것이다. 이 규정이 이해 갈등을 제거할 수 있을 것인가? 논의하시오.

재무비율 기업의 재무상태와 경영성적에 대해 재무제표가 무엇을 말하려는지 보려면, 재무비율(financial ratios)을 보면 된다. 이러한 비율들을 통해 특히 재무상태표와 손익계산서와 관련해 기업의 재무 사건을 다른 시각으로 볼 수 있고, 기업의 재무제표 정보의 내용을 확장시킬 수 있다. 간단히 말하자면, 비율분석(ratio analysis)은 다양한 재무제표 계정들 사이의 관계를 연구하는 것이다. 각 측정치는 재무상태표나 손익계산서의 각 항목들을 서로 관련시키거나, 더 흔한 경우로 재무상태표 계정을 (손익계산서의) 영업 항목과 연결시킨다. 이처럼, 재무제표 계정의 절대적인 크기를 분석한다기보다는 기업의 유동성, 활동성, 수익성을 나타내는 지표를 분석한다.

비율들이 알려주는 정보 투자자들은 기업의 재무상태와 경영실적을 평가하기 위해, 또 이 결과들을 과거기준이나 산업기준과 비교하기 위해 재무비율을 사용한다. 과거기준으로 보면, 투자자들은 기업의 당해 연도와 차기 연도의 비율을 비교한다. 산업기준으로 보면, 특정 기업의 비율을 동종 업계의 다른 기업들의 비율과 비교한다.

우리가 비율을 사용하는 이유는 미래를 다루는 데 사용될 수 있는 과거에 대한 정보를 발전시키기 위함이라는 것을 기억하자. 기업의 과거 실적에 관해 이해해야만 어느 정도의 확신을 가지고 미래를 예측할 수 있다. 예를 들어, 매출액이 지난 몇 년 간 급격히 증가해왔을지라도, 순진하게 과거의 성장률 추세가 미래에도 지속될 것이라고 가정하지 말고, 성장의 이유에 대해 신중하게 평가해야만 한다. 이러한 통찰력은 재무비율과 재무제표 분석을 통해 얻어질 수 있다.

재무비율은 5개의 그룹으로 분류할 수 있다. (1) 유동성, (2) 활동성, (3) 레버리지, (4) 수익성, (5) 보통주 혹은 시장가치 지표이다. Universal의 2013년 재무제표 수치를 보면서(<표 7.3, 7.4>), 각 범주에서 더 널리 사용되는 몇 가지 측정치에 대해 알아보고 간단히 논의해보자.

유동성 지표 유동성 지표(liquidity measure)는 그날그날의 운영비를 지불하고 만기가 된 단기채무를 충족시키는 기업의 능력과 관련되어 있다. 주요 관심사는 기업이 즉각적으로 또는 적절한 시점에 부채를 지불하고 운용요구를 충족시킬 충분한 현금과 기타 유동자산들을 수중에 가지고 있느냐이다. 기업의 유동성에 대한 개관은 두 가지 간단한 비율(유동비율과 순운전자본)을 통해 얻을 수 있다. 일반적으로, 다른 조건이 같다면, 이 두 비율에서 모두 높거나 증가하는 지표를 원할 것이다.

유동비율 모든 재무비율 중에서 가장 흔하게 언급되는 비율 중에 하나는 유동비율(current ratio)이다. 유동비율은 기업의 단기자산으로 단기부채를 지불할 능력을 측정하고, 기업의 재정건전성을 측정하기에 가장 좋은 비율 중 하나이다.

수식 7.1

$$\text{유동비율} = \frac{\text{유동자산}}{\text{유동부채}}$$

$$\text{Universal의 경우} = \frac{\$500.3}{\$374.0} = \underline{\underline{1.34}}$$

이 수치는 UVRS가 유동부채 $1에 대해 유동자산 $1.34를 가지고 있음을 나타낸다. 이것은 꽤 좋은 수치로서, 오늘날의 대부분의 기준에 의하면, 기업이 당기의 부채를 지불하는 데 적절한 수준의 유동자산을 보유하고 있음을 보여준다.

순운전자본 엄밀히 따져서 비율이라고 할 수는 없지만, 순운전자본(net working capital)은 흔히 그와 같이 간주된다. 실제로 순운전자본은 절대적 측정치로, 기업의 운전자본 포지션에서 자기자본의 금액을 나타낸다. 이것은 유동자산과 유동부채의 차이이다. 2013년에, UVRS의 순운전자본은 다음과 같다.

수식 7.2

$$\text{순운전자본} = \text{유동자산} - \text{유동부채}$$

$$\text{Universal의 경우, } \$500.3 - \$374.0 = \underline{\underline{\$126.3(\text{백만})}}$$

$125,000,000을 초과하는 순운전자본 금액은 (특히 이 규모의 기업으로서) 사실 상당히 크다고 볼 수 있다. 이는 기업의 유동자산이 속도가 느리고 구식인 재고자산 혹은 만기가 지난 매출채권으로 이루어진 것만 아니라면 이 기업의 유동성 포지션이 좋다는 주장을 할 수 있다.

활동성 비율 일반적인 유동성을 측정하는 것은 비율분석의 시작일 뿐이다. 우리는 핵심 유동자산의 구성과 유동성을 평가해야 하고, 기업이 이 자원들을 얼마나 효과적으로 관리하는지 평가해야 한다. 활동성비율(activity ratio)은 기업이 자산을 얼마나 잘 활용하고 있는지 측정하기 위해 기업의 매출액을 다양한 자산범주들과 비교한다. 가장 널리 쓰이는 활동성 비율 중 세 가지는 매출채권, 재고자산, 총자산을 이용한다. 여기서도 다른 조건들이 동일하다면, 이 세 비율 모두에서 수치가 높거나 증가하기를 바랄 것이다.

매출채권 회전율 대부분의 재무제표를 분석하면, 재무상태표의 자산항목에서 총 자산의 80%에서 90%, 심지어 그 이상을 소수의 계정들이 차지하는 것을 볼 수 있다. Universal Office Furnishings의 경우가 바로 이와 같은데, <표 7.3>에서 볼 수 있는 바와 같이, 2013년에 세 가지 항목(매출채권, 재고자산, 순장기자산)이 총자산의 거의 80%까지 차지하고 있다. Universal과 같이, 대부분의 기업은 상당한 매출채권 잔액을 보유하고 있고, 이 때문에 기업들은 매출채권을 면밀히 감시하고자 한다. 매출채권은 기업이 고객에게 부여하는 신용을 나타낸다는 것을 기억하자. 다른 조건이 같다면, 기업은 그들의 고객으로부터 가능한 빨리 수금할 것을 원할 것이고, 기업의 고객이 그들의 대금을 빨리 지불할수록 매출채권 잔액은 줄어들 것이다. 반대로, 고객이 대금을 늦게 지불하는 것을 기업이 허락한다면, 매출채권 잔액은 상대적으로 커질 것이다. 매출채권회전율(account receivable turnover)은 기업의 매출채권 잔액과 매출액의 관계를 보여준다.

수식 7.3

$$\text{매출채권 회전율} = \frac{\text{매출액}}{\text{매출채권}}$$

$$\text{Universal의 경우} = \frac{\$1,938.0}{\$227.2} = \underline{\underline{8.53}}$$

높은 매출채권 회전율을 가진 기업은 고객에게 장기간 외상을 주지 않고도 매출을 낸다. 다른 조건이 같다면, 회전율이 높을수록 더 좋다. 2013년에 UVRS는 매출채권을 1년에 약 8.5회 정도 회전시켰다. 이러한 훌륭한 회전율은 매우 강한 신용 및 상환 정책을 보여준다. 매출채권에 투자된 $1당 매출액 $8.53를 만들어냈다는 것을 의미하기도 한다.

재고자산 회전율 경영진의 상당한 관심이 요구되는 또 다른 중요한 기업의 자원은 재고자산이다. 재고관리는 기업의 안녕에 있어 중요한데, 보통 재고자산회전율(inventory turnover)로 평가된다.

수식 7.4

$$\text{재고자산 회전율} = \frac{\text{매출액}}{\text{재고자산}}$$

$$\text{Universal의 경우} = \frac{\$1,938.0}{\$103.7} = \underline{\underline{18.69}}$$

대부분의 기업은 생산 제품을 재고로 비축해두기보다는 빨리 판매하려고 한다. 변질성 제품과 가전제품 같은 것은 선반에 오래 놓여 있을수록 가치를 잃는다. 더불어 기업은 그 제품이 팔릴 때까지 그 제품으로 인해 창출할 수 있는 이익을 얻을 수 없다. 이와 같은 이유로 기업은 재고자산 회전율을 높일 큰 동기를 가진다. Universal의 2013년의 한 해 19번에 달하는 회전율은 재고를 가지고 있는 기간을 한 달 미만(실제로 약 20일 정도 (365/18.69=19.5) 수준으로 유지하고 있었음을 의미한다. 이렇게 높은 회전율은 그 회사가 재고자산 관리를 훌륭히 하고 있음을 나타낸다.

재무상태표의 재고자산 계정이 손익계산서의 매출원가와 더 직접적으로 관련된다는 가정에 따라, 일부 분석가는 수식(7.4)의 분자에 매출액이 아닌 매출원가를 보다 선호한다는 것에 유념하자. 매출원가가 매출액보다 작은 액수이기 때문에, 당연히 매출원가로 계산했을 때 더 낮은 재고자산 회전율이 나온다. 2013년에 UVRS의 경우, 매출액으로 계산했을 때 18.69인 반면, 매출원가로 계산할 경우 $1,128.5/$103.7 = 10.88이다. (이 장에서 계속 사용되는) 매출액을 사용하든 매출원가를 사용하든, 분석의 목적에서 동일한 방법으로 지표를 사용하면 된다.

총자산 회전율 총자산 회전율(total asset turnover)은 매출액을 내는 데 얼마나 자산이 효율적으로 활용되었는가를 나타낸다. 다음과 같이 계산된다.

수식 7.5

$$\text{총자산 회전율} = \frac{\text{매출액}}{\text{총자산}}$$

$$\text{Universal의 경우} = \frac{\$1,938.0}{\$941.2} = \underline{\underline{2.06}}$$

이 경우에 UVRS는 자산에 투자된 매 $1당 $2 이상의 수익을 내고 있다는 것에 유의하자. 이는 꽤 높은 수치로서, 기업의 수익성과 직접적인 관계가 있기 때문에 중요하다. 사업의 원리는 개인 투자자의 수익률과 거의 같다. $1,000 투자해서 $100 버는 것이 $2,000 투자해서 같은 액수를 버는 것보다 훨씬 더 낫다. 높은 총자산 회전율은 기업의 자산이 잘 활용되고 있고 그 기업이 높은 수준의 매출액(궁극적으로 이익)을 실현할 수 있을 것이라는 것을 보여준다.

레버리지 지표 레버리지 지표(leverage measure)는 기업의 재무구조를 보여준다. 기업의 자원과 영업을 지원하는 데 사용되는 부채의 양을 나타낸다. 재무구조 내의 부채의 양과 기업이 부채를 지불할 능력은 잠재적인 투자자에게 중요한 관심사이다. 두 개의 널리 쓰이는 레버리지 지표가 있다. 첫째, 부채비율은 기업이 사용하는 부채의 양을 측정한다. 둘째, 이자보상비율은 기업이 부채를 얼마나 잘 감당할 수 있는가를 평가한다.

부채비율 부채비율(debt-equity ratio)은 채권자와 주주가 제공한 자금의 상대적 양을 측정한다. 다음과 같이 계산한다.

수식 7.6

$$\text{부채비율} = \frac{\text{장기부채}}{\text{자기자본}}$$

$$\text{Universal의 경우} = \frac{\$177.8}{\$294.5} = \underline{\underline{0.60}}$$

높은 차입비율을 가진(많은 부채를 사용하는) 회사일수록 채무불이행 위험이 높아지기 때문에, 이 비율이 주식의 위험 노출을 평가하는 데 특히 도움이 된다. UVRS의 2013년도 부채비율은 0.6으로 상당히 낮은 수치로서, 기업의 자본이 대부분 주주로부터 온다는 것을 보여준다. 달리 말하면, 자본구성에서 자기자본 1 달러마다 60센트의 부채만 있다는 것이다. 지금까지 봤던 비율과는 반대로, 부채비율이 '낮거나 감소'할 때 좋다고 할 수 있는데, 그것은 회사는 더 적절한 양의 부채를 가지고 있고 재무위험에 덜 노출되었다는 것을 보여주기 때문이다.

이자보상비율 이자보상비율(times interest earned)은 소위 보상비율(coverage ratio)이라 불린다. 회사의 고정 이자에 대한 기업의 지급능력을 측정한다. 다음과 같이 계산된다.

수식 7.7

$$\text{이자보상비율} = \frac{\text{이자 및 법인세 차감 전 이익(EBIT)}}{\text{이자지급비용}}$$

$$\text{Universal의 경우} = \frac{\$235.2}{\$13.4} = \underline{\underline{17.55}}$$

기업이 이자 지급(채권의 경우, 확정된 계약의무)을 적절한 시기에 할 수 있는 능력은 위험 노출을 평가할 때 중요하게 고려되어야 한다. Universal의 경우, 회사가 이자지급 비용 \$1마다 약 \$17.50를 감당할 수 있다. 이는 평균보다 훨씬 높은 굉장한 수치이다. 대체로 이자보상비율이 8에서 9 정도면 부담능력이 매우 강하다고 볼 수 있다. 이러한 수치를 고려하고, 또한 이자보상비율이 2나 3 미만으로 떨어지기까지는 거의 걱정하지 않아도 된다. 물론 낮거나 감소하는 수치를 절대 원하지는 않을 것이다.

최근에 이자보상비율의 분자에 이익에 관한 다른 대안적인 수치를 사용하는 것이 인기를 얻고 있다. 특히, 몇몇 분석가들은 이익을 계산할 때 감가상각비까지 추가해서, 법인세이자 감가상각비 차감전 영업이익(EBITDA)을 사용한다. 감가상각비는 비현금 비용이기 때문에(즉, 장부 기입상 항목에 지나지 않기 때문에), 좀더 실제적인 '현금에 기반한' 수치를 내기 위해, 이익계산시 감가상각비를 추가해야 한다고 주장한다. 문제는 EBITDA 수치가 성과를 항상 훨씬 더 유리하게 보여준다는 것이다(사실 많은 사람들이 이 점이 바로 EBITDA를 사용하는 근본 이유라고 주장한다). 그래서 EBITDA는 이자보상비율과 같은 수치를 급격히 증가시킨다. UVRS의 경우, 감가상각비(2013년, 77.1백만 달러)를 EBIT(2013년, 235.2백만 달러)에 추가하면, 종래의 EBIT만 계산하는 방법으로는 17.5인 것에 비해, 보상비율이 \$312.3/\$13.4 = 23.31이 된다.

금융시장 위기 **신용제약 속박**

2009년 6월 전 세계 1,309명의 CFO를 대상으로 한 조사는 신용제약을 겪은 회사들, 즉 신용을 얻지 못하거나 경영난이 시작되기 전보다 더 큰 비용을 치러야만 신용을 얻을 수 있는 회사들이 2008년에서 2009년까지 유동성 하락과 부채 증가를 경험했다는 것을 발견했다. 총자산 대비 현금보유 비율은 16%에서 13%로 하락했다. 더욱이, 신용제약을 받은 회사들은 최대허용치인 41%까지 신용한도를 끌어올렸다고 보고했다. 이런 회사들 중 60%는 그들의 대출기관과 더 좋은 조건으로 협상을 시도했다고 보고했지만, 이 회사들 중 2/3가 더 좋은 조건을 얻는 데 실패했다.

(출처: Duke/CFO Magazine Global CFO Survey, 2009년 6월.)

수익성 지표 수익성(profitability)은 성공의 상대적인 척도이다. 각각의 수익성 비율은 기업의 이익을 매출액, 자산, 자기자본과 관련시킨 것이다. 3개의 널리 사용되는 수익성 비율이 있다 – 순이익률, 총자산이익률, 자기자본이익률이다. 확실히 회사의 수익성이 높을수록 좋기 때문에, 다른 조건이 동일하다면, 수익률이 더 높거나 증가하기를 원할 것이다.

순이익률 이것이 바로 영업의 "최종결과(bottom line)"이다. 순이익률(net profit margin)은 매출액과 기타 수익에서 얻어지는 수익률을 나타낸다. 다음과 같이 계산된다.

수식 7.8

$$\text{순이익률} = \frac{\text{세후 순이익}}{\text{매출액}}$$

$$\text{Universal의 경우} = \frac{\$139.7}{\$1,938.0} = \underline{\underline{7.2\%}}$$

순이익률은 이익을 매출액(그리고 기타 수익)의 백분율로 측정한다. UVRS는 2013년에 순이익률이 7.2%였다. 즉 UVRS가 낸 수익 $1마다 7센트가 조금 넘는 이익을 벌었다는 것이다. 이 수치는 미국 대기업의 평균 정도되는 수치이지만, 사무설비 산업 내에서는 평균보다 훨씬 높은 수치이다.

총자산이익률 수익성 지표로서 총자산이익률(ROA)은 영업을 수행하는 데 소요된 자원의 양을 나타낸다. 총자산이익률은 사용가능한 자산으로부터 경영진이 얼마나 효율적으로 이익을 내는지를 보여주는데, 가장 중요한 수익성 지표라고 볼 수 있다. ROA는 다음과 같이 계산된다.

수식 7.9

$$\text{ROA} = \frac{\text{세후 순이익}}{\text{총자산}}$$

$$\text{Universal의 경우} = \frac{\$139.7}{\$941.2} = \underline{\underline{14.8\%}}$$

Universal Office Furnishings의 경우, 2013년에 자산을 투자하여 거의 15%의 이익을 냈다. 이는 굉장히 좋은 수익률로, 평균을 상회한다. 일반적으로, 기업은 가능한 높은 ROA를 유지하기를 원한다. ROA가 높을수록, 회사의 수익성이 좋기 때문이다.

자기자본이익률 회사의 전반적인 수익성 지표인 자기자본이익률(ROE)은 회사의 이익, 성장성, 배당과 직접적으로 연관되어 있기 때문에 투자자들은 이를 유심히 본다. 총자기자본이익률 혹은 때때로 투자수익률(ROI)이라 불리는 이 수치는 이익과 주주의 자기자본을 비교함으로써 회사 주주의 수익성을 측정한다.

수식 7.10

$$\text{ROE} = \frac{\text{세후 순이익}}{\text{총자기자본}}$$

$$\text{Universal의 경우} = \frac{\$139.7}{\$294.5} = \underline{\underline{47.4\%}}$$

ROE는 주주가 투자한 자기자본 대비 기업의 연간 이익을 보여준다. UVRS의 경우, 그 값이 자기자본 $1당 약 47센트에 이른다. 이는 뛰어난 성과를 낸 것으로, 회사가 주주가치를 최대화하기 위해 전력을 다하고 있음을 보여준다. 일반적으로 ROE가 하락하면 후에 문제가 생길 수 있음을 의미하기 때문에 주의해야 한다.

ROA와 ROE의 분해 ROA와 ROE는 모두 중요한 수익성 지표이다. 하지만 이 두 지표를 최대한으로 활용하기 위해서는 각각의 구성요소로 분해해 보아야 한다. 예를 들어, ROA는 순이익률과 총자산회전율이라는 두 가지 주요 구성요소로 이루어져 있다. 따라서 수식(7.9)를 이용하기보다, 전에 계산했던 순이익률과 총자산회전율(수식(7.8)과 (7.5) 각각으로부터) 수치를 이용해서 ROA를 구할 수 있다. 확장된 형태를 통해 Universal의 2013년 ROA를 구할 수 있다.

수식 7.11

ROA = 순이익률 × 총자산회전율

Universal의 경우 = 7.2% x 2.06 = 14.8%

수식(7.9)에서 구했던 것과 같은 결과 값이 나온 것을 확인하자. 그렇다면 왜 ROA의 확장된 형태를 쓰려고 하는 것인가? 주요 이유는 무엇이 회사의 이익을 만들어내는지 보여주기 때문이다. 투자자는 ROA가 증가하는 것이 순이익률의 향상 때문인지 총자산회전율의 향상 때문인지 알고 싶을 것이다. 이상적으로, 회사가 이익관리와 자산관리 모두를 잘하고 있다는 것을 보여주기 때문에 ROA가 상승 혹은 높이 유지되기를 원할 것이다.

ROA에서 ROE로 이동 ROA처럼, 자기자본수익률(ROE) 또한 여러 구성요소로 나눠질 수 있다. 실제로 ROE는 ROA의 연장이라고 할 수 있다. 이는 기업의 자본조달 결정을 수익성 평가에 연결하여 준다. 즉, 확장된 ROE 지표는 재무 레버리지가 주주의 수익률을 얼마나 증가시키는지 그 정도를 보여준다. 기업의 재무구조에서 부채를 사용하면 ROE가 언제나 ROA보다 크게 됨을 의미한다. 질문은 얼마나 더 큰가이다. 수식(7.10)의 ROE 축약 형태를 사용하지 않고, ROE를 다음과 같이 확장된 방식으로 계산할 수 있다.

수식 7.12

ROE = ROA × 자기자본 승수

여기서

자기자본 승수 = 총자산 / 총자기자본

수식(7.12)에 따라 ROE를 구하려면, 먼저 자기자본 승수를 구해야 한다.

Universal의 자기자본 승수 = \$941.2/\$294.5 = 3.20

이제 2013년 Universal의 ROE를 구하면,

ROE = 14.8 × 3.20 = 47.4%

위와 같이, 자기자본 승수로 본 부채의 사용이 주주 수익률을 크게 (이 경우에 3배 정도) 증가시킨 것을 확인할 수 있다.

확장된 ROE 수식 대안적으로, 우리는 수식(7.12)를 ROA의 구성요소로 분해하여 더 확장시킬 수 있다. 이 경우, ROE를 다음과 같이 계산할 수 있다.

수식 7.13

ROE = ROA × 자기자본승수
= (순이익률 × 총자산 회전율) × 자기자본 승수

Universal의 경우, 7.2% × 2.06 × 3.20 = 47.4%

ROE의 확장된 형태는 투자자들이 회사의 수익성을 순이익률, 총자산회전율, 재무 레버리지라는 3개 구성요소로 평가할 수 있도록 해주기 때문에 특히 도움이 된다. 위와 같이 ROE의 증가가 단순히 (반드시 이롭지만은 않지만) 회사가 부채를 더 사용하기 때문에 그런 것인지, (반드시 장기적으로 긍정적인 영향을 끼치는) 회사가 자산관리나 영업관리를 잘했기에 그런 것인지 판별할 수 있다. 주주에게 ROE는 중요한 성과 지표이다. 높은 ROE는 회사가 현재 매우 수익성이 있다는 것을 의미하고, 이익의 일부가 사업에 재투자됐을 경우에는 회사가 급성장하고 있음을 의미한다.

보통주 비율 마지막으로, 회사에 대한 핵심 정보를 주당 기준(per-share basis)으로 변환시키는 보통주비율(common-stock ratio) 지표가 있다. 시장가치비율(market ratio)이라고도 불리는데, 투자자에게 총이익, 총배당금, 총자기자본의 얼마가 한 주에 배분되는지를 정확히 알 수 있도록 해준다. 대표적인 보통주 비율로는 주당순이익, 주가수익률, 주당배당금, 배당수익률, 배당성향, 주당 장부가치가 있다. 제6장에서 주당순이익과 배당수익률 두 가지에 대해 살펴봤고, 이제 나머지 네 가지를 살펴보자.

주가수익률(P/E ratio) 주당순이익의 연장인 이 지표는 회사의 보통주 가격이 시장에서 얼마로 책정되는지 결정하는 데 사용된다. 주가수익률(price-earnings ratio)은 회사의 주가를 주당순이익(EPS)과 비교한다. P/E 비율을 계산하려면, 먼저 주식의 주당순이익을 알아야 한다. 주당순이익 수식을 통해 2013년 UVRS의 EPS를 구하면, 다음과 같다.

주당순이익 = (세후 순이익 – 우선주배당금) / 총발행주식수

Universal의 경우, ($139.7 – $0) / 61.8 = $\underline{\underline{\$2.26}}$

이 경우, 회사의 이익 139.7백만 달러는 주당순이익 $2.26이라고 바꿔 쓸 수 있다(이 경우, 회사가 우선주 발행을 하지 않았기에, 위와 같이 우선주배당금이 $0인 것을 주의하자). 주당순이익 값과 (현재 $41.5로 거래되고 있다는 것으로 추정한) 현재 주가를 가지고 수식(7.14)를 이용해 Universal의 P/E 비율을 구하면 아래와 같다.

수식 7.14

$$P/E = \frac{\text{보통주의 가격}}{\text{주당순이익}}$$

$$\text{Universal의 경우} = \frac{\$41.50}{\$2.26} = \underline{\underline{18.4}}$$

사실, 주식은 현재 2013년 이익의 18배 정도로 거래되고 있다.

P/E 배수는 재무금융 관련 출판물에서 널리 인용되고 있고, 많은 주식평가 모델의 필수적인 부분이다. 다른 조건들이 동일하다면, 증가하는 P/E 비율을 가진 주식을 발견하길 원할 것이다. 높은 P/E 배수는 보통 미래 주가가 더 높아지고, 주주에게 이익이 더 많이 갈 것을 의미하기 때문이다. 그러나 P/E 비율이 증가하는 게 좋다고 해도, 너무 높아질 때는 주의해야 한다(시장이나 주식이 과거에 어떠했는지에도 관련있기 때문에). 이 배수가 너무 높아지면, 주가가 과대평가되고 있다는 (그래서 떨어질 수밖에 없다는) 신호일 수도 있다.

P/E 비율을 평가하는 한 방법은 회사 이익의 성장률과 비교해보는 것이다. 시장은 PEG 비율(PEG ratio)이라고 불리는 이런 비교를 위한 수치를 개발해왔다. 기본적으로 최근 P/E를 3에서 5년간 이익 성장률과 비교하여 분석한다(이익 성장률은 전부 과거(최근 3~5년)의 값일 수도 있고, 부분적으로는 과거의 값, 부분적으로는 예측된 값일 수도 있다). 다음과 같이 계산된다.

수식 7.15

$$\text{PEG비율} = \frac{\text{주식의 P/E 비율}}{\text{3에서 5년의 이익 성장률}}$$

앞에서 봤듯이, Universal Office Furnishings는 2013년에 P/E 비율이 18.4였다. 과거 5년간 회사 이익이 예를 들어 연평균 15%로 증가해왔다면, PEG는 다음과 같다.

$$\text{Universal의 경우} = \frac{18.4}{15.0} = \underline{\underline{1.21}}$$

PEG 비율이 1.0에 가까울 때 확실히 합리적이다. 이는 회사의 P/E가 이익 성장률과 어긋나지 않는다는 것을 의미한다. 사실, 1 또는 1보다 적은 PEG 비율을 가진 주식을 찾는 것이 이상적이다. 반대로 높은 PEG는 주식의 P/E가 이익 성장률을 앞지른 것을 의미하고, 이런 주식이 있다면 주식이 아마도 "완전히 평가된(fully valued)" 것을 의미한다. 일부 투자자는 사실 PEG가 1.5나 2.0를 넘어 지나치게 높은 주식을 거들떠보지 않는다. 최소한, PEG는 주식의 P/E와 이익 성장률 사이의 관계를 예측하는 데 완전히 비합리적인 것은 아니기 때문에 살펴볼 만하다고 할 수 있다.

주당 배당금 EPS와 원칙은 동일하다. 회사의 총 보통주 배당금을 주당 개념으로 바꾸는 것이다(보통 주주에게로의 배당금지급액이 손익계산서에 보이지 않는다면, 일반적으로 현금흐름표에서 확인할 수 있다. <표 7.5>를 참고). 주당 배당금은 다음과 같이 계산될 수 있다.

수식 7.16

$$\text{주당 배당금} = \frac{\text{보통주의 연간 배당금}}{\text{총발행주식수}}$$

$$\text{Universal의 경우} = \frac{\$9.5}{\$61.8} = \underline{\underline{0.15}}$$

2013년 회계연도에, Universal은 한 분기에 주당 3.75센트로 주당 $0.15의 배당금을 지급했다.

앞의 장에서 본 것과 같이, 배당수익률(dividend yield)을 구하기 위해 주당 배당금을 주식의 시가와 비교할 수 있다. 즉, 배당수익률은 $0.15 / $41.50 = 0.4이다. 확실히, 경상소득(배당)을 원하는 시장의 소득 섹터에서 Universal Office Furnishings를 찾기는 힘들 것이다. 연간 배당금이 매우 적고, 배당수익률이 1%의 절반도 되지 않기 때문이다.

배당성향 또 다른 중요한 배당금 지표는 배당성향(payout ratio)이다. 이것은 회사가 주주에게 배당금의 형태로 얼마나 이익을 배분하는가를 나타낸다. 경영이 잘되는 회사들은 특정 배당성향을 유지하려고 한다. 이익이 계속해서 오른다면, 회사의 배당금 또한 오를 것이다. 배당성향은 다음과 같이 계산된다.

수식 7.17

$$\text{배당성향} = \frac{\text{주당 배당금}}{\text{주당순이익}}$$

$$\text{Universal의 경우} = \frac{\$0.15}{\$2.26} = \underline{\underline{0.07}}$$

2013년 Universal의 경우, 배당금은 수익의 7%정도 된다. 전통적으로, 배당금을 지급하는 대부분의 기업은 수익의 40%에서 60% 사이로 배당금을 지급한다. 그 기준으로 봤을 때, Universal은 배당수익률과 같이, 배당성향도 꽤 낮다. 그러나 회사의 급속한 성장을 위해 내부적으로 자본을 조달하기 위해 (적어도 부분적으로라도) 대부분의 이익을 유보하고 있다는 것을 의미하기에 반드시 나쁜 것은 아니다. 정말로 성장중심의 회사들이 낮은 배당성향을 가지는 것은 꽤 흔한 일이다. Genetech, Boston Scientific, EchoStar

Communications, Starbucks와 같이 꽤 알려진 일부 고도 성장회사는 이익의 100%를 유보한다(즉, 배당성향이 0이다).

낮은 배당성향 비율을 걱정할 필요는 없지만, 높을 경우에는 걱정해야 할 것이다. 특히, 배당성향이 이익의 70%에서 80%까지 이르면 특별한 주의가 필요하다. 배당성향이 그렇게 높으면 종종 회사가 현 수준의 배당금을 감당할 수 없을 수도 있다는 것을 의미하기 때문이다. 이는 일반적으로 배당금이 더 합리적인 수준으로 삭감되어야 하는 것을 의미한다. 시장이 꺼리는 것이 한 가지 있다면 그것은 배당금을 줄이는 것이기 때문에 대개 대규모 주가 하락과 관련이 된다.

주당 장부가치 마지막 보통주 비율은 주당 장부가치(book value per share) 비율로, 자기자본을 다루는 지표이다. 실제로 장부가치(book value)는 단순히 자기자본(또는 순 자산, net worth)의 다른 말이다. 이는 총자산과 총부채의 차이를 나타낸다. 여기서 자기자본을 우선주를 제외한 보통주주의 자기자본으로 정의하고 있다는 것에 유념하자. 즉, 보통주주의 자기자본 = 총자기자본 − 우선주(Universal은 우선주를 발행하지 않아서 총자기자본과 보통주주의 자기자본이 같다). 주당 장부가치는 다음과 같이 계산된다.

수식 7.18

$$\text{주당 장부가치} = \frac{\text{보통주주 자기자본}}{\text{총발행주식수}}$$

$$\text{Universal의 경우} = \frac{\$294.5}{\$61.8} = \underline{\underline{\$4.76}}$$

아마, 주식은 Universal의 경우도 그렇지만 장부가치 이상으로 거래될 것이다. 그렇지 않다면, 회사의 전망과 수익성에 심각한 문제가 있다는 것을 나타내는 것일 수도 있다.

회사의 장부가격을 주식의 시장가격과 관련시키는 편리한 방법은 시장가치 대 장부가치 비율(price-to-book-value ratio)을 구하는 것이다.

수식 7.19

$$\text{시장가치 대 장부가치 비율} = \frac{\text{주식의 시장가격}}{\text{주당 장부가치}}$$

$$\text{Universal의 경우} = \frac{\$41.50}{\$4.76} = 8.72$$

투자자에게 널리 쓰이는 이 비율은 주가가 얼마나 공격적으로 책정되었는지를 보여준다. 대부분의 주식은 시장가치 대 장부가치 비율이 1.0이 넘는데, 이는 단순히 주가가 장부가치보다 높게 거래되고 있다는 것을 나타낸다. 사실, 강세시장에서도 장부가치의 4배나 5배, 또는 그 이상으로 거래되는 주식을 찾아보기는 힘들다. Universal의 8.7이라는 시장가치 대 장부가치 비율은 확실히 높은 값이다. 이는 면밀하게 검토되어야 한다. 이는 주가가 이미 완전히 평가된 것을 의미하고, 어쩌면 너무 비싸게 매겨졌을 수도 있다. 또는 단순히 상대적으로 주당 장부가격이 낮은 것에 불과할지도 모른다.

숫자의 해석

많은 투자자들이 직접 모든 재무비율을 계산하기보다는, 그 정보를 얻기 위해 출판된 보고서를 이용한다. 많은 거대 증권회사와 다양한 투자 정보 서비스 기관이 그러한 보고서를 발행한다. 이러한 보고서들은 편리하고 읽기 쉬운 형태로 상당한 양의 필수 정보를 제공한다. 가장 좋은 점은, 그 보고서들이 투자자로 하여금 직접 재무비율을 계산하는 수고로움을 덜어준다는 것이다(다양한 소프트웨어 공급자들과 온라인 서비스를 통해 유사한 정보를 얻을 수 있다). 그렇더라도 투자자로서 이렇게 출판된 정보들을 평가할 수 있어야 한다. 그러기 위해서는 재무비율에 대한 기본적인 이해뿐 아니라 기업 실적의 양상을 평가하여 비교할 수 있는 성과 기준 혹은 기준점에 대한 이해가 필요하다.

기본적으로, 재무제표 분석에서는 과거기준과 산업기준이라는 두 가지 유형의 성과 기준을 사용한다. 과거기준에 따라, 회사에서는 다양한 재무비율과 지표들을 3년에서 5년의 (혹은 더 긴) 기간 동안 관리한다. 이와 같은 수치들을 기업 운영 및 재무 상태의 양상을 평가하는 데 사용된다. 즉, 기업이 흥하는가 쇠하는가, 그리고 기업의 강점과 약점이 어디에 있는지에 대한 평가이다. 반면에, 산업기준은 기업의 재무 비율을 비교할 만한 회사 혹은 산업 전체의 평균 결과와 비교하는 것이다. 여기서는 경쟁기업 대비 회사의 상대적 강점을 파악하는 데에 주력한다. Universal Office Furnishings를 통해, 이 두 가지 성과 기준 모두를 이용하여 재무비율을 어떻게 해석하고 평가할 것인지를 살펴볼 것이다.

과거 기준과 산업 기준의 사용 <표 7.6>은 앞에서부터 논의해왔던 비율들에 대한 과거 자료와 (최근 연도 기준) 산업 평균 수치의 요약을 보여준다(<표 7.6>에서 사용된 것과 같은 산업 평균 수치들은 S&P, Moody's와 같은 많은 산업 특화 간행물 등에서 활용할 수 있다.) 이러한 비율들을 주의 깊게 평가함으로써, UVRS의 재무 상태, 영업 성과, 전반적 재정 상태에 대한 몇 가지 기본적인 결론을 도출해낼 수 있어야 한다. <표 7.6>에 포함된 재무 비율을 비교하여 이 기업에 대해 다음을 관찰할 수 있다.

1. **Universal의 유동성 상태는 평균보다 약간 아래이다.** 그러나 이 점은 매출채권과 재고 상태에 대해 고려해본다면, 그렇게 큰 문제거리가 아니다. 즉, 각각의 회전율(2번 항)을 보면, 이 두 가지의 유동자산이 통제가 매우 잘되고 있고, 이는 상대적으로 낮은 유동비율을 설명할 수 있다. 다시 말해서, 유동비율이 평균보다 약간 아래인 것은 회사가 유동부채가 많아서가 아니라, 회사가 유동자산을 통제하는 데 탁월하기 때문이다.

2. **Universal의 활동성 지표는 전부 평균보다 훨씬 높다.** 이 기업은 지속적으로 매우 높은 회전율이 지속되었는데, 이는 회사의 유동성과 그 수익성에 상당 부분 기여한다. 해당 기업이 산업 전반보다 자산에서 더 많은 이익을 얻고 있음을 확실히 알 수 있다.

3. **기업의 레버리지 역시 잘 통제되는 것으로 보인다.** 사무설비 산업에 속한 회사들의 평균에 비해 재무구조 상 부채를 훨씬 적게 사용하는 편이다. 부채의 신중한 이용에 대한 대가는 평균보다 월등히 높은 채무이행비율로 나타난다.

4. **Universal의 수익성 역시 마찬가지로 매력적이다.** 순이익률, 총자산이익률(ROA) 및 자기자본이익률(ROE)이 산업기준보다 월등히 높다. 해당 기업이 이익 관리 면에서 탁월하고 매출액, 총자산, 자기자본에 대해 좋은 성과를 거두고 있음을 확실히 알 수 있다.

요컨대, 위 분석은 이 회사가 매우 잘 경영되고 있으며 수익성이 매우 높다는 것을 보여준다. 이러한 결과는 지속적으로 산업평균과 동일하거나 혹은 이보다 더 월등한 보통주 비율로 반영된다. Universal은 배당금 지급이 많지 않지만, 이는 단지 가치 있는 자원들을 통해 성장에 대한 자본조달을 하고, 지속적으로 높은 자기자본이익률로 투자자에게 보상하기 위함이다.

경쟁 분석하기 기업을 과거 기준과 산업 기준으로 분석함과 더불어, 2개 내지 3개의 주요 경쟁 회사들과 비교하여 평가하는 것도 유용하다. 기업이 경쟁사를 어떻게 견제하는지 관찰하는 것과 진행 중인 개발로부터 이점을 취하기 유리한 위치에 있는지 알아내는 것을 통해 많은 것을 얻을 수 있다. <표 7.7>은 Universal과 3개의 주요 경쟁사에 대해 재무 통계를 비교해놓았다. 하나는 Universal과 동일 규모의 경쟁사(Cascade Industries),

표 7.6 역사상의 비율과 산업 비율 비교

	Universal Office Furnishings, Inc.의 역사상 수치				사무설비 산업의 2013년 산업평균
	2010	2011	2012	2013	
유동성 지표					
유동비율	1.55	1.29	1.69	1.34	1.45
활동성 지표					
매출채권 회전율	9.22	8.87	9.18	8.53	5.70
재고자산 회전율	15.25	17.17	16.43	18.69	7.80
총자산 회전율	1.96	2.12	2.32	2.06	0.85
레버리지 지표					
부채비율	0.70	0.79	0.91	0.60	1.58
이자보상비율	15.37	26.22	32.49	17.55	5.60
수익성 지표					
순이익률	6.6%	7.5%	8.0%	7.2%	4.6%
총자산이익률	9.8%	16.4%	18.6%	14.8%	3.9%
자기자본이익률	25.9%	55.5%	67.8%	47.4%	17.3%
보통주 지표					
수당순이익(EPS)	$1.92	$2.00	$2.17	$2.26	N/A
주가수익률(P/E)	16.2	13.9	15.8	18.4	16.2
배당수익률	0.3%	0.4%	0.4%	0.4%	1.1%
배당성향	5.2%	5.5%	6.0%	6.6%	24.8%
시장가치 대 장부가치 비율	7.73	10.73	10.71	8.72	3.54

다른 하나는 훨씬 작은 규모의 회사(Colwyn Furniture), 그리고 마지막 하나는 훨씬 큰 규모의 회사(High Design, Inc.)의 수치이다.

<표 7.7>의 자료와 같이, Universal은 이 산업의 다른 선도 생산업체들에 견줄만 하다. 사실상 모든 범주에서 보듯, Universal의 수치는 3개 경쟁사들과 준하거나 혹은 훨씬 높다. 물론 가장 큰(혹은 작은) 수치를 보이지는 않지만, 순이익률과 (매출액과 이익의) 성장률에서 모두 경쟁사들을 압도한다. 또한 이와 마찬가지로 중요한 점은, 이 회사가 가장 높은 총자산회전율, 자기자본이익률, 그리고 주가수익률을 보인다는 것이다. <표 7.6>과 <표 7.7>은 Universal Office Furnishings가 경쟁이 치열한 산업에서 독자적인 이름을 구축할 수 있는 견고하고 유망한 회사라는 것이다. 또한 과거에도 경영이 잘 이루어져 왔고, 오늘날에도 잘 경영되는 것으로 보인다. 여기서 (그리고 제8장의 논의 주제에서) 주요 쟁점은, Universal이 투자자들에게 지속적으로 평균 이상의 수익률을 줄 수 있는지에 대한 것이다.

표 7.7 Universal Office Furnishings와 주요 경쟁기업들과의 비교 재무지표 통계 (모든 수치는 2013년 말 1년 또는 5년; $백만)

재무 지표	Universal Office Furnishings	Cascade Industries	Colwyn Furniture	High Design,Inc.
총자산	**$941.2**	$906.7	$342.7	$3,037.6
장기부채	**$177.8**	$124.2	$73.9	$ 257.8
자기자본	**$294.5**	$501.3	$183.9	$1,562.2
총자산 중 자기자본 비율	**31.3%**	55.3%	53.7%	51.4%
총매출액	**$1,938.0**	$1,789.3	$642.2	$3,316.1
순이익	**$139.7**	$87.4	$38.5	$184.2
순이익률	**7.2%**	4.9%	6.0%	5.5%
5년 성장률:				
총자산	**14.36%**	19.44%	17.25%	17.73%
총수익	**18.84%**	17.76%	15.91%	15.84%
주당순이익(EPS)	**56.75%**	38.90%	21.10%	24.66%
배당금	**1.48%**	11.12%	N/A	12.02%
총자산 회전율	**2.063**	1.973	1.883	1.093
부채비율	**0.60**	0.43	1.46	0.17
이자보상비율	**17.553**	13.383	8.353	14.363
총자산이익률(ROA)	**14.8%**	9.5%	6.7%	6.7%
자기자본이익률(ROE)	**47.4%**	18.8%	21.8%	13.0%
주가수익률(P/E)	**18.43**	14.43	13.33	12.43
PEG ratio	**1.21**	2.42	1.98	1.09
배당성향	**6.6%**	26.2%	N/A	32.4%
배당수익률	**0.4%**	1.8%	N/A	2.6%
시장가치 대 장부가치 비율	**8.72**	2.71	2.93	1.59

개념리뷰

7.12 기본적 분석이란 무엇인가? 회사의 성과는 주식의 가치와 어떠한 관계가 있는지 설명하라.

7.13 투자자들은 미래의 움직임이 정말 중요할 때, 왜 굳이 기업의 역사적 성과를 보려고 하는지 설명하라.

7.14 비율 분석이란 무엇인가? 비율 분석이 회사의 재무상태와 영업성과를 분석하는 데 어떠한 기여를 하는지 서술하라.

7.15 성과의 역사적 기준과 산업 기준을 대조하라. 기업의 재무상태와 영업성과를 분석하는 데 있어서 각각이 어떤 역할을 하는지 간단히 작성하라.

토론문제

LG 2 Q7.1 경제분석은 일반적으로 증권분석으로 이어지는 하향식 방식 중에서도 가장 포괄적인 과정으로 간주된다. 이를 고려하여 다음의 것들을 각각 설명하고 경제가 튼튼할 때 어떻게 변동하는지 서술하라.

a. 고용
b. 주택 가격
c. 소비자 지출
d. 대외무역
e. 인플레이션(물가상승)

LG 1 LG 2 Q7.2 다음의 것들에 투자하려고 할 때, 투자자로서 어떤 경제 정보를 참조할 것인가?

a. 시멘트 공장의 주식
b. 의류 디자이너 브랜드
c. 인터넷 기반 소셜 미디어 회사
d. 무선 통신망 제공기관
e. 방위산업에 많이 노출된 항공 우주 회사

LG 5 Q7.3 왼쪽의 비율들을 오른쪽에 각각 속한 범주와 연결시켜라.

a. 재고자산 회전율
b. 부채비율
c. 유동비율

1. 수익성 지표
2. 활동성 지표
3. 유동성 지표

d. 순이익률
e. 총자산이익률(ROA)
f. 총자산 회전율
g. 주가수익률
h. 이자보상비율
i. 시장가치 대 장부가치 비율
j. 배당성향

4. 레버리지 지표
5. 보통주 비율

문제

LG 5 P7.1 다음의 축약된 재무제표를 받았다고 가정해보자(단위 $백만).

	$150.0
고정자산과 기타 자산	200.0
자산총액	$350.0
유동부채	$100.0
장기부채	50.0
자기자본	200.0
부채와 자기자본 총액	$350.0
발행 주식수	10백만
총매출액	$500.0
총영업비용	435.0
지급이자	10.0
법인세	20.0
순이익	$ 35.0
보통주 배당금	$10.0

이 정보에 근거해서, 가능한 많은 유동성, 활동성, 레버리지, 수익성, 보통주 비율을 계산하라(보통주의 현재 시장가치가 주당 $75라고 가정하자).

LG 5 P7.2 회사는 주당 장부가치가 $10인 발행주식 1.5백만 주를 가지고 있다. 또 12백만 달러의 장부가치의 총자산이 있다. 우선주는 없다. 회사의 부채 총계는 얼마인가?

LG 5 P7.3 TRACKE는 670백만 달러의 총자산, 210백만 달러의 총부채가 있고, 우선주는 없다. 발행주식은 320백만 주를 가지고 있다. 주식은 주당 $5.75로 매입되고 있다. 시장가치 대 장부가치 비율은?

LG 6 P7.4 Amherst는 순이익이 10백만 달러, 매출액이 150백만 달러, 발행주식수가 2.5백만 주이다. 총자산은 75백만 달러이고, 총자기자본은 45백만 달러이다. 보통주 배당금으로 주당 $1를 주고 있고, 주식은 주당 $20로 거래되고 있다. 위의 정보로 다음을 계산해라.

a. Amherst의 주당순이익(EPS)

b. Amherst의 주당 장부가치와 시장가치 대 장부가치 비율

c. 회사의 P/E ratio

d. 회사의 순이익률

e. 주식 배당성향과 배당수익률

f. 주식의 PEG ratio(회사의 이익이 연평균 7.5%로 증가하고 있다고 가정할 때)

LG 5 P7.5 DRACO의 보통주는 과거 12개월 이익의 13배인 주가수익률(P/E ratio)로 거래되고 있다. 주가는 $17이다. 회사의 주당순이익은 얼마인가?

LG 5 P7.6 PEGCOR는 P/E 비율이 1.5이다. 주당순이익이 $2, 5년 뒤 예상 주당순이익이 $3.22이다. PEG 비율을 구하라(필요하면 제4장을 참고하라).

LG 5 P7.7 Highgate는 매출액 28백만 달러 중에 2백만 달러의 이익을 내고 있다. 총자산은 15백만 달러이다.

a. Highgate의 총자산회전율과 순이익률을 계산하라.

b. 총 순자산가치가 6백만 달러이고 보통주의 발행 주식이 500,000주라고 가정했을 때, 회사의 ROA, ROE, 주당 장부가치를 구하라.

LG 5 P7.8 다음은 HiFly의 재무제표 집계표이다.

	2012	2013
영업이익	$550,000,000	$600,000,000
지급이자	200,000,000	250,000,000
법인세	126,000,000	126,000,000
순이익	224,000,000	224,000,000

2012년과 2013년의 이자보상비율을 구하라. 위와 같이 측정했을 때, 2013년에 지급이자를 지불할 수 있는가?

LG 5 LG 6 P7.9 재무학습시스템은 보통주 발행 수가 2.5백만 주이고, 우선주는 100,000주이다(우선주는 주당 연간 $5씩, 보통주는 주당 25센트씩 현금 배당금을 지급한다). 작년에 회사의 (세후) 순이익이 $6,850,000였다. 회사의 재무상태표를 보면, 자산 총계가 78백만 달러, 부채 총계가 32백만 달러, 우선주가 5백만 달러가 있다. 회사의 보통주는 현재 주당 $45로 거래되고 있다.

a. 위의 정보로, EPS, P/E, 주당 장부가치를 구하라.

b. EPS가 $3.75로 상승하고, P/E는 유지된다면, 주가는 어떻게 될까?
EPS가 $1.5로 하락하고, P/E는 유지된다면, 주가는 어떻게 될까?

c. EPS가 $3.75로 상승하고, P/E가 이익의 25배로 급증한다면 주가는 어떻게 될까?

d. EPS도 $1.5로 하락하고, P/E도 10배 하락한다면 어떻게 될까?

e. EPS와 P/E가 주가에 끼치는 영향에 대해 설명하라.

LG 5 P7.10 Buffalo MF는 자산 총계가 10백만 달러, 총자산회전율이 2이고, 순이익률이 15%이다.

a. Buffalo의 총자산이익률(ROA)은?

b. 자산의 40%가 자기자본으로 조달된다고 할 때, Buffalo의 ROE를 구하라.

LG 5 P7.11 발행주식 수가 5백만 주(주가 $25)이고, 연매출액 150백만 달러 중 세후 10% 이익을 벌고, 배당성향이 35%인 회사의 EPS, P/E, 배당수익률을 구하라. 주가의 PEG가 2.0이라면, 회사의 순이익은 몇 %의 비율로 증가하는가?

LG 5 P7.12 Chater Enterprise는 총자산회전율이 2.6이고 순이익률이 7%이다. 회사의 총자산이익률(ROA)은 얼마인가?

LG 5 P7.13 Pisces Pools는 순이익률이 4%이고, 총자산 회전율이 2.2, 자산 총계가 350백만 달러, 총자본이 195백만 달러이다. 회사의 자기자본이익률(ROE)은 얼마인가?

LG 5 P7.14 El Dorado은 순이익률이 7%, 총자산 회전율이 2.5, 자산 총계가 12억 달러, 자기자본 총계가 650백만 달러이다. 회사의 매출액과 순이익은 얼마인가?

LG 5 P7.15 학교나 공공도서관(또는 인터넷)에서 자료를 찾아 원하는 보통주를 고르고 이번 장과 앞 장에서 다루었던 비율, 활동성 비율, 유동성 비율, 레버리지 비율, 시장가치 비율을 가능한 많이 구하라. 가장 최근 회계연도의 자료를 이용해 구하여라 (주의: 모든 계산과정을 쓰라).

LG 4 LG 5 LG 6 P7.16 밑에 6쌍의 주식 목록이 있다. 이 중에 한 쌍을 선택하여, 학교나 공공 도서관(또는 인터넷)에서 자료를 찾아 두 주식을 비교 분석하라. 어떤 주식이 근본적으로 강하고, 미래 전망이 좋은가? 적절히 가능한 비율들을 구하라. 분석의 일부로서, 두 주식의 가장 최근의 S&P와 Value Line 보고서를 찾아 각 회사와 그 주식에 대해 얻은 통찰력을 가지고 이해하여 보자.

a. Walmart vs. Target

b. Sara Lee vs. Campbell soup

c. IBM vs. Intel

d. Marriott International vs. Intercontinental Hotels Group

e. Liz Claiborne vs. Under Armour

f. General Dynamics vs. Boeing

LG 4 LG 5 LG 6 P7.17 다음은 최고급 선외 모터 산업의 주요 제조사인, Otago Bay Marine Motors의 2012년, 2013년 재무제표이다.

Otago Bay Marine Motors 재무상태표 (단위 : 천)

	12/31 현재	
	2013	2012
자산		
유동자산		
현금 및 현금 등가물	$56,203	$88,942
매출채권	20,656	12,889
재고자산	29,294	24,845
선급비용	5,761	6,536
총 유동자산	$111,914	$133,212
유형자산(부동산, 공장, 설비), 원가	$137,273	$85,024
차감: 감가상각 누계액	(50,574)	(44,767)
순 고정자산	$86,699	$40,257
기타자산	$105,327	$51,001
자산 총계	$303,940	$224,470
부채와 자기자본		
유동부채		
지급어음 및 외상매입금	$28,860	$4,927
미지급 배당금	1,026	791
발생부채	20,976	16,780
총 유동부채	$50,862	$22,498
비유동부채		
장기부채	$40,735	$20,268
자기자본		
보통주	$7,315	$7,103
주식발행초과금	111,108	86,162
이익잉여금	93,920	88,439
총 자기자본	$212,343	$181,704
부채와 자기자본 총계	$303,940	$ 224,470
평균 발행주식 수	10,848,000	10,848,000

Otago Bay Marine Motors 손익계산서 (단위 : 천)

	12/31 마감 1년간	
	2013	2012
매출액	$259,593	$245,424
매출원가	133,978	127,123
총 순이익	$125,615	$118,301
영업비용	72,098	70,368
영업이익	$53,517	$47,933
기타 수입(비용), 순액(net)	4,193	3,989
법인세 차감전 순이익	$57,710	$51,922
법인세 충당금	22,268	19,890
순이익	$35,442	$32,032
현금 배당금(주당 $0.35와 $0.27)	$3,769	$2,947
보통주 평균 주가(4분기)	$74.25	$80.75

a. 제공된 정보를 바탕으로, 2012년, 2013년의 재무비율을 계산하라.

	Otago Bay Marine Motors		산업 평균 (2013년)
	2013	2012	
유동비율			2.36
총자산 회전율			1.27
부채비율			10.00
순이익율			9.30
ROA			15.87
ROE			19.21
ERS			1.59
P/E ratio			19.87
배당수익률			.44
배당성향			.26
시장가치 대 장부가치 비율			6.65

b. 계산된 재무비율과 산업평균을 고려했을 때, Otago Bay Marine Motors의 재무 상태 특징을 설명하라.

LG 5 LG 6 LG 6 P7.18 다음의 요약된 재무 통계자료는 2012년의 Otago Bay Marine Motors(OBMM)의 연차 보고서에서 찾은 것이다.

	2012($백만)
매출액	179.3
총자산	136.3
순이익	20.2
자기자본	109.6

a. 이익과 총자산 회전율을 사용하여 OBMM의 2012년 ROA를 구하라. 그리고 자기자본 승수를 이용하여 ROE를 구하라.

b. OBMM의 2013년 재무제표의 요약된 재무정보들(문제 7.17 참고)을 이용하여, 2013년의 ROA와 ROE를 계산해라. 같은 절차를 통해 a에서 했던 바와 같이 위의 지표들을 구하라.

c. 계산한 것을 토대로, 3가지 구성요소(이익, 총자산회전율, 레버리지) 각각이 어떻게 OBMM의 2012년과 2013년 사이의 ROA와 ROE의 변화에 영향을 끼쳤는지 기

술하라.

d. 일반적으로, 위의 변화가 기업에게 근본적으로 좋은 것이라고 생각하는가?

사례문제 7.1: 어떤 재무비율은 실제로 안목을 높이는 데 도움을 준다

LG 5 LG 6 LG 6 Jack Arnold는 성공한 목장주이자 사업가이며, Texas의 Lubbock에 거주하고 있다. 그는 상당한 규모의 보통주 포트폴리오를 만들었는데, 이는 투자한 주식들에 대해 완벽하게 평가했기 때문이라고 믿고 있다. 그는 "이런 일에서는 조심에 조심을 더해야 한다. 내가 주식에 투자하려고 할 땐 언제나, 회사에 대해 가능한 많은 것을 알아보려고 작정했다는 것이다."고 말했다. Jack은 그의 브로커에게 무료로 분석보고서를 쉽게 받을 수 있음에도 불구하고, 스스로 재무비율을 구한다(실제로, 그의 브로커 Billy Bob Smith는 수년간 이런 서비스를 자원했다).

최근 Jack은 작은 화학원료 관련 주식을 주시하고 있다. Jack이 아주 잘 알고 있는 South Plains Chemical Company라는 회사는 비료 산업계에서도 큰 회사다. 얼마 전 그는 그 회사의 (아래에 요약된) 최근 재무제표를 받았고, 자세히 살펴보기로 결심했다.

South Plains 화학회사	재무상태표 ($천)		
현금	$1,250		
매출채권	8,000	유동부채	$10,000
재고자산	12,000	장기부채	8,000
유동자산	21,250	주주자본	12,000
고정자산 및 기타 자산	8,750	부채 및 자기자본 총계	$30,000
자산 총계	$30,000		

South Plains 화학회사	손익계산서 ($천)	
	매출액	$50,000
	매출원가	25,000
	영업비	15,000
	영업이익	10,000
	이자지급	2,500
	법인세	2,500
	순이익	$5,000
	보통주 배당금(천$)	$1,250
	발행주식 수	5백만
	최근 보통주 주가	$25

문제

a. South Plains Chemical Company의 재무자료를 이용하여 다음의 비율을 계산하라.

	최근 산업 평균		최근 산업 평균
유동성		**수익성**	
a. 순 운전자본	N/A	h. 순이익률	8.5%
b. 유동비율	1.95	i. 총자산이익률(ROA)	22.5%
활동성		j. 자기자본이익률(ROE)	32.2%
c. 매출채권 회전율	5.95	**보통주 비율**	
d. 재고자산 회전율	4.50	k. 주당 이익	$2.00
e. 총자산 회전율	2.65	l. P/E 비율	20.0
레버리지		m. 주당 배당금	$1.00
f. 부채비율	0.45	n. 배당수익률	2.5%
g. 이자보상비율	6.75	o. 배당성향	50.0%
		P. 주당 장부가치	$6.25
		q. 시장가치 대 장부가치 비율	6.4

b. 계산한 재무비율들과 a에 주어진 산업수치들을 비교해라. 회사의 강점은 무엇이고, 약점은 무엇인가?

c. South Plains Chemical에 대해 전반적인 평가를 해보아라. Jack이 주식에 대해 지속적으로 평가해야 한다고 생각하는가? 설명하라.

사례문제 7.2: Doris의 자동차 주식 투자

LG 2 LG 3 LG 5 Doris Wise는 젊은 직장인 여성이다. 그녀는 자신이 직접 소유하고 매우 성공적으로 운영하고 있는 패션모델 소개소가 위치한 Arizona의 Phoenix에 산다. Doris는 높은 등급의 보통주로 주로 구성된, 그다지 대단하지는 않지만 급성장 중인 투자 포트폴리오를 관리하고 있다. 그녀가 젊고 미혼이며 그녀를 힘들게 하는 가정의 의무가 없기에, Doris는 상당한 자본이득의 잠재성이 있는 주식에 대부분 투자해왔다. 그녀의 브로커는 최근 자동차 회사 주식을 추천하였고, 그녀에게 보고서류와 분석 보고서를 보내주었다. 그녀가 거래하는 브로커가 준비한 보고서 중 하나는 경제에 대한 최근 전망, 자동차 산업에 대한 광범위한 연구, 여러 자동차 회사들(그녀의 브로커가 추천해준 곳을 포함)에 대한 동일한 정도로 광범위한 분석을 제공한다. 그녀는 이러한 증권분석의 이점에 대해 강하게 끌려, 투자결정을 하기 전에 주식에 대해 충분한 시간을 들여 분석하는 것이 중요하다고 믿는다.

문제

a. Doris는 정기적으로 경제에 대해 정보를 얻고자 한다. 현재 시점에서, 많은 경제학자들이 현재 경제가 회복기 3년차에 접어드는 시점이며 산업활동이 건재함에 따라 양호한 상태라는 점에 동의한다. Doris가 자동차 관련 주식을 평가하는 데 도움이 될 경제에 대한 다른 정보에는 어떤 것이 있을 것이라 생각하는가? 목록을 준비하고 구체적으로 파고들라. (당신의 목록에서) 가장 중요한 경제 정보 3가지가 무엇이라고 생각하는가? 설명하라.

b. 자동차 산업에 대한 분석과 관련하여, 다음에 나오는 각 요소들의 중요성에 대해 간단히 기술하라.

1. 자동차 수입량
2. 자동차노동조합연맹
3. 이자율
4. 갤런당 유가(휘발유 가격)

c. 다양한 재무비율과 지표들은 여러 자동차 기업 중 한곳과 그 주식에 대해 제시한다. 그러나 이들은 불완전한 정보이며 따라서 추가적인 정보가 더 계산되어야 한다. 구체적으로, 우리는 다음을 안다:

순이익률	15%
자산총계	$25(10억 달러)
주당순이익	$3.00
총자산 회전율	1.5
순운전자본	$3.4(10억 달러)
배당성향	40%
유동부채	$5(10억 달러)
P/E 비율	12.5

위의 정보로 다음을 계산해라.

1. 매출액
2. 세후 순이익
3. 유동비율
4. 주식의 시장가격
5. 배당수익률

엑셀 스프레드시트

2012년 2013년의 2년간 Dayton 법인의 재무제표 분석 요청을 받았다.

	A	B	C	D	E
1	Dayton Corperation				
2	재무 데이터				
3		2012	2013		
4	매출액	47,715	40,363		
5	매출원가	27,842	21,485		
6	판매관리비	8,090	7,708		
7	감가상각비	628	555		
8	이자비용	754	792		
9	세금	3,120	3,002		
10	현금 및 현금등가율	2,144	2,536		
11	매출채권	5,215	5,017		
12	재고자산	3,579	3,021		
13	기타 유동자산	2,022	2,777		
14	공장설비	18,956	16,707		
15	감가상각누계액	5,853	5,225		
16	무형자산	7,746	7,374		
17	기타 비유동자산	10,465	7,700		
18	외상매입금	5,108	4,361		
19	단기부채	4,066	3,319		
20	기타 유동부채	2,369	2,029		
21	장기부채	4,798	3,600		
22	기타 비유동부채	4,837	5,020		
23	보통주	7,046	6,746		
24	이익잉여금	16,050	14,832		
25	발행주식수	2,300	2,300		
26	현재 보통주 주가	$45	$45		

질문

a. 본문에서 볼 수 있는 <표 7.3>의 스프레드시트와 같이, 2013년과 2012년의 비교 재무상태표를 작성하라.

b. 본문에서 볼 수 있는 <표 7.4>의 스프레드시트와 같이, 2013년과 2012년의 비교 손익계산서를 작성하라.

c. 본문에서 볼 수 있는 <표 7.6>의 스프레드시트와 같이, 2013년과 2012년의 재무비율을 계산하여 다음의 스프레드시트에 작성하라.

재무 지표	2012	2013
유동비율		
당좌비율		
매출채권 회전율		
재고자산 회전율		
총자산 회전율		
부채비율		
이자보상비율		
순이익률		
ROE		
EPS		
P/E		
주당 장부가치		
시장가치 대 장부가치 비율		

장을 여는 문제

이번 장을 시작하면서 애널리스트의 Kroger에 대한 보고서를 읽었다. Yahoo나 Kroger의 홈페이지 등 온라인 정보를 이용하여 회사의 2013년 회계연도의 손익계산서를 찾아보자. Kroger의 2012년과 2013년 순이익률(net profit margin)은 얼마였는가? Costco나 Walmart와 같은 저가 경쟁자와의 경쟁심화에 직면하여 순이익률은 개선되었는가 혹은 악화되었는가?

Chapter 08

주식의 가치평가

학습목표 (Learning Goals)

이 장을 학습한 후, 아래와 같은 과제를 수행할 수 있어야 한다.

LG 1 주식의 가치평가 과정에서 기업의 미래에 대한 예측의 역할을 설명한다.

LG 2 매출액과 이익에서 시작하여 기대 배당금과 주당 가격까지 주식의 기대현금흐름을 예측한다.

LG 3 내재가치와 요구수익률의 개념을 논의하고 어떻게 사용되는지를 확인한다.

LG 4 주식의 기초적인 가치를 무성장, 일정성장, 그리고 변동성장의 배당 가치평가 모형을 이용하여 결정한다.

LG 5 다양한 현재가치 기반 모형뿐만 아니라 대안적인 방법인 주가배수 절차를 이용하여 주식의 가치를 산출한다.

LG 6 전통적인 배당지급 주식에서 좀더 성장지향적인 주식까지 여러 종류의 주식의 가치를 평가하기 위해 사용되는 기본적인 평가 절차를 확인한다.

무엇이 주식의 가치를 만드는가? 기업이 산출한 이익, 신제품의 위상, 전반적인 경제 상황을 포함하여 여러 요인이 작용할 것이다. 그러나 가장 중요한 요인은 기업의 미래에 대한 투자자의 믿음이다.

2012년 6월 20일에 있었던 Bed Bath & Beyond(BBBY)의 이익 발표일에 있었던 BBBY 주식만큼 이러한 원칙을 잘 설명하는 주식은 없다. 그날 업무시간이 끝나고, 회사는 분기 영업 실적을 발표했다. BBBY는 주당 $0.89의 이익을 얻었고, 이것은 2011년 같은 기간의 $0.72보다 높을 뿐더러 애널리스트가 기대했던 $0.85를 뛰어넘는 것이었다. 이것은 희소식이었지만 BBBY의 다음날 주가는 약 17% 하락했다. 주가의 폭락은 분기 영업보고서 때문이었다. 회사는 다음 분기 영업이익이 주당 $0.97에서 $1.03 사이가 될 것이라고 예측했는데, 애널리스트는 $1.08로 예측하고 있었고 투자자들은 이러한 BBBY의 이익에 대한 실망이 한 분기에 그치지 않고 계속될 것이라고 믿는 것 같았다. 따라서 투자자들은 주식을 매도하고 주가는 폭락한 것이다.

기업의 진정한 가치는 어떻게 결정할 수 있는가? 이번 장에서 배당금, 배당과 이익, 주가수익률(P/E 비율), 기타 가치평가 모형을 이용하여 주식의 내재가치를 결정하는 것을 설명한다.

(출처: "Bed Bath & Beyond (BBBY) Is Sharply Lower on Weak Q2 Forecast," RTT News, http://www.rttnews.com/1910352/bed-bath-beyond-bbby-is-sharply-loweron-weak-q2-forecast.aspx?utm_source=google&utm_campaign=sitemap, accessed on July 8, 2012.)

가치평가: 성과에 대한 기준 찾기

LG 1 LG 2 LG 3 주식의 투자 매력을 결정하는 데 사용될 수 있는 주식의 내재가치에 대한 성과 예측은 주식가치평가(stock valuation)의 기본적인 목적이다. 투자자는 현재의 주식 시장가격이 내재가치에 비해 저평가 혹은 고평가 되었는지 여부와 그렇다면 어느 정도 그런지에 대한 답을 얻으려고 한다. 어느 때나 주식의 가격은 주식을 발행한 기업의 미래 성과에 대한 투자자의 예측에 달려 있다. 기업의 전망이 개선될 것으로 예상되면 주가는 아마도 상승할 것이다. 만일 투자자의 기대가 덜 장밋빛으로 변한다면 주가는 하락하게 될 것이다. 주식의 가치평가에서 가장 중요한 이슈인 "미래"에 대해 살펴보자.

기업의 가치평가와 기업의 미래

이제까지 우리는 증권분석의 몇 가지 측면에 대해 검토했다. 즉, 거시경제적 요인, 산업 요인, 기업특유의 요인이 그것이다. 그러나 알다시피 중요한 것은 과거가 아니라 미래다. 과거 성과를 살펴보는 가장 기본적인 이유는 기업의 미래 방향에 대한 통찰력을 얻기 위해서이다. 비록 과거 성과가 미래 수익률에 대한 확신을 줄 수는 없지만, 기업의 장단점에 대한 판단의 근거를 줄 수는 있다. 예를 들어, 역사는 회사의 제품이 얼마나 시장에서 성공적이었는지, 재무적 건전성이 갖추어졌는지, 경영진이 어려운 상황에서 잘 처신하는지에 대해 말해줄 수 있다. 간단히 말해서, 과거는 기업이 미래에 발생할 상황에 얼마나 잘 대응할 것인지를 보여준다고 할 수 있다.

주식의 가치는 기업의 미래 성과에 달려 있기 때문에, 당신의 과제는 역사적 자료를 이용하여 핵심적인 재무 변수를 미래에 투영하는 것이다. 이러한 방법을 통해서, 주식의 시장가격이 기업의 전망과 얼마나 일치되고 있는지를 판단할 수 있을 것이다.

추정 매출액과 이익 당신의 예측에서 핵심은 물론 기업의 미래 행태이고 이런 점에서 가장 중요하게 고려해야 할 측면은 매출액과 이익의 전망이다. 매출액 예측의 방법 중 하나는 기업이 과거에 했던 것처럼 성과를 지속할 것이라고 가정하고 단순히 과거 추세를 연장하는 것이다. 예를 들어, 만일 기업의 매출액이 연간 10% 성장해왔다면 앞으로도 이 비율로 성장할 것이라 가정할 수 있다. 물론 경제, 산업, 혹은 기업에 더 빠르거나 더 늦은 성장률을 보여줄 것이라는 증거가 있다면 이에 따라 예측을 조정할 수 있다. 그러나 종종 "순진한" 접근법이 복잡한 기법보다 효과적일 때가 있을 것이다.

매출액 예측이 끝나면 이제 순이익률로 관심을 옮길 수 있다. 기업이 달성한 매출액에서 얼마의 이익을 얻는지 알아야 한다. 가장 좋은 방법 중 하나는 공통형 손익계산서(common-size income statement)로 알려진 재무제표를 이용하는 것이다. 기본적으로 공통형 재무제표는 일반적인 손익계산서나 재무상태표의 모든 숫자를 퍼센트로 전환한 것이다. 공통형 손익계산서를 만들기 위해서, 모든 계정을 순매출액(net sales)인 공통 분모로 나누어야 한다. 예는 Universal Office Furnishings의 2013년 달러 금액 기준과 공통형 손익계산서를 보여주고 있는 <표 8.1>에서 볼 수 있다(이것은 <표 7.4>에서 보았던 손익계산서와 같은 것이다).

표 8.1 금액 기준과 공통형 손익계산서의 비교: Universal Office Furnishings의 2013년 손익계산서

	($백만)	% (공통형)*
순매출액	1,938.0	100.0
매출원가	1,128.5	58.2
매출 총이익	**809.5**	**41.8**
판매, 관리, 기타 운영 비용	496.7	25.6
감가상각비	77.1	4.0
기타 비용	0.5	0.1
총 운영비용	**574.3**	**29.7**
이자 및 법인세 차감전 이익(EBIT)	235.2	12.1
이자비용	13.4	0.7
세금	82.1	4.2
세후 순이익	**139.7**	**7.2**

* 공통형 숫자는 순매출액을 공통 분모로 하여 산출하였고 모든 숫자는 순매출액으로 나눈 것이다. 예를 들어, 매출원가 = $1,128.5 ÷ $1,938.0 = 58.2%; EBIT = $235.20 ÷ $1,938.0 = 12.1%

사례

이러한 재무제표를 어떻게 만드는지를 이해하기 위해서 매출 총이익 마진(41.8%)으로 설명해보자. 이 경우 매출 총이익 809.5백만 달러를 순매출액 1,938.0백만 달러로 나눈다.

$$\$809.5 \div \$1,938.0 = 0.4177 = 41.8\%$$

순 매출액 1,938.0백만 달러를 이용하여, 동일한 절차를 손익계산서 내에 있는 모든 다른 항목에 적용한다. 공통형 재무제표는 금액 기준처럼 더할 수 있다. 예를 들어, 순매출액 100.0%에서 매출원가 58.2%를 차감하면 매출 총이익 마진 41.8%를 얻을 수 있다(공통형 재무상태표에도 적용할 수 있는데, 공통 분모로 총자산을 사용한다).

증권분석가들과 투자자들은 공통형 손익계산서를 이용하여 어떤 해의 영업 결과를 다음 해의 결과와 비교한다. 공통형 포맷은 투자자에게 이익 마진의 변화를 확인하는 데 도움을 주고 이러한 변화를 야기할 만한 원인을 알린다. 예를 들어, 공통형 손익계산서는 기업의 순이익률이 매출 총이익 마진의 감소에서 발생한 것인지 혹은 다른 비용의 증가에서 온 것인지 쉽게 확인할 수 있도록 한다. 이러한 정보는 또한 분석가들이 미래 이익을 예측하는 데 도움을 준다. 예를 들어, 분석가들은 가장 최근의 공통형 재무제표(혹은 지난 몇 년간 축적된 재무제표의 평균)와 매출액 추정을 함께 이용하여 내년 혹은 그 이후의 추정 손익계산서를 작성한다. 분석가들은 이러한 예측을 좀더 가다듬기 위해서 특정 항목을 조정할 수 있다. 예를 들어, 만일 분석가들이 기업이 올해 비교적 많은 재고자산을 쌓아놓고 있다는 것을 알면 내년에 재고 보유를 줄이기 위해 가격을 낮출 가능성이 크고, 따라서 이익 마진을 낮추는 압력이 될 수 있다. 이와 같은 조정은 미래 이익의 예측에 대한 정확성을 (바라건대) 개선시킨다.

추정 매출액과 미래의 예측 순이익률이 만족스럽게 주어지면 우리는 이 두 가지 정보를 결합하여 미래 이익을 얻게 된다.

수식 8.1

$$\text{미래 } t\text{년의 세후 이익} = t\text{년의 추정 매출액} \times t\text{년의 예측 순이익률}$$

수식에서 t년은 단순히 미래의 실제 연도나 회계 연도를 의미한다. 어느 해가 종료되고 기업이 100백만 달러의 매출액을 보고했다고 가정하자. 기업의 과거 성장률과 산업의 추세에 기초하여, 매출액이 연간 8% 상승할 것으로 예측하고 순이익률은 6%가 될 것으로 생각한다. 따라서 내년의 추정 매출액은 108백만 달러($100백만 × 1.08)가 되고 내년 이익은 6.5백만 달러가 될 것이다.

$$\text{미래 내년의 세후 이익} = \$108(\text{백만}) \times 0.06 = \underline{\underline{\$6.5(\text{백만})}}$$

동일한 절차를 이용하여 추정기간 동안의 매출액과 이익을 추정할 수 있다.

추정 배당금과 가격 이제 기업의 미래 이익 성과에 대하여 알게 되었다. 다음 단계로 이러한 결과가 기업의 주가에 어떻게 영향을 줄 것인지를 평가하는 것이다. 기업의 이익 추정치가 주어지면, 세 가지 추가적인 정보가 필요하다.

- 미래 배당성향의 추정
- 추정기간 동안의 보통주 발행주식수
- 미래 주가수익률(P/E 비율)

변경된다는 증거가 없는 한, 처음 2가지 정보는 최근의 경험을 가지고 쉽게 미래를 추정할 수 있다. 배당성향은 일반적으로 안정적이라서 최근 정보는 미래에 관한 꽤 유용한 지표가 된다. 마찬가지로, 발행주식수 역시 해마다 크게 바뀌는 것이 아니라서, 추정치에 현재의 주식수를 사용하더라도 크게 잘못된 결과를 내지는 않는다.

P/E 비율 얻기 기업의 주가에 미치는 영향을 평가하는 과정에서 가장 어려운 부분은 주식의 미래 가격 행태에 대해 많은 정보를 담고 있는 미래의 P/E 비율을 추정하는 것이다. 일반적으로 말해서, P/E 비율 (P/E 배수)은 몇 가지 변수의 함수이다.

- 이익의 성장률
- 기업 자본구조에서 부채의 양
- 배당금 수준
- 시장의 일반적인 상황
- 현재와 미래 추정 인플레이션율

일반적으로 높은 P/E 비율은 높은 이익의 성장률, 긍정적인 시장 전망, 낮은 부채 수준(낮은 부채는 낮은 재무위험을 의미)과 관련되어 있다.

그러나 인플레이션율과 P/E 배수의 연결은 좀더 복잡하다. 일반적으로 말해서, 인플레이션율이 증가하면 채권의 이자율도 오른다. 채권 수익률이 증가하면, 투자자는 채권보다 위험한 주식에 더 높은 수익률을 요구한다. 기업의 이익이 오르고 배당금 지급이 늘어나면 주식의 미래 수익률은 증가할 수 있다. 그러나 만일 이익이 오르지 않는다면 투자자는 오늘날의 주식 가격이 내려야만 높은 미래 수익률을 얻을 수 있다. 따라서 인플레이션은 주식 가격과 P/E 배수에 종종 하락 압력으로 작동한다. 반면에 인플레이션율(그리고 이자율)이 하락하면 정상적인 경우 경제와 사업 환경에 긍정적인 효과가 있고, 이는 높은 P/E 비율과 높은 주식 가격으로 전환된다. 재투자 같은 나머지 요소들이 일정하다면, 높은 배당성향 비율은 높은 P/E 비율로 나타난다. 그러나 사실, 높은 P/E 비율을 가진 대부분의 기업은 빠르게 성장하는 기회를 가지고 있고, 대부분의 이익을 재투자하는 경향이 있기 때문에 비교적 낮은 배당성향을 가진다. 이 경우, 높은 이익 성장률의 전망은 낮은 배당성향을 상쇄하는 것보다 크게 P/E 비율을 상승시킨다.

상대적 주가수익률(P/E) 배수 P/E 비율을 평가하는 유용한 출발점은 평균 시장배수(average market multiple)이다. 단순히 이것은 S&P 500나 DJIA와 같이 주어진 시장 지수에 속하는 모든 기업의 평균 P/E 비율이다. 평균 시장배수는 시장의 일반적인 상황을 가리킨다. 일반적으로 시장이 주식의 가격을 매기는 데 얼마나 공격적인지를 알려준다. 다른 것이 일정하다면, 비록 일반적인 원칙에 예외는 있겠지만 높은 P/E 비율은 낙관적인 시장을 의미한다. <그림 8.1>은 1940년부터 2012년 사이 S&P 500의 주가수익률 배수를 보여준다. 이 그림은 이전 12개월 동안의 이익을 연초의 가격으로 나누어서 계산한 시장 P/E 비율을 보여준다. 그림은 시장 배수가 꽤 폭넓게 움직이고 있음을 보여준다. 예를 들어, 2009년에 시장 P/E 비율은 70 이상으로 가장 높은 수치였고, 불과 1년 뒤에는 21 이하로 떨어졌다. 극단적으로 높은 2009년의 P/E 비율은 주식 가격이 최고치로 상승했던 것이 원인이 아니었음을 알 필요가 있다. 대신에, P/E 비율이 높은 것은 직전 12개월 동안의 이익이 급격한 경기침체로 인해 특히 낮았기 때문이다. 따라서 개별 주식이나 전반적인 시장의 건전성에 대한 신호로 P/E 비율을 해석할 때 주의해야만 하는 것이다.

그림 8.1 S&P 500 주식의 평균 P/E 비율

1940년부터 1990년 사이에 S&P 500에 속한 주식의 평균 주가수익률(P/E 비율)은 상승세를 타기 전까지 13 근처에서 등락을 하였다. P/E 비율의 상승은 반드시 강세 시장을 뜻하는 것은 아니다. 2009년의 P/E 비율은 치솟았는데, 그것은 가격이 올랐기 때문이 아니라 경기침체로 인한 매우 낮은 이익 때문이었다.

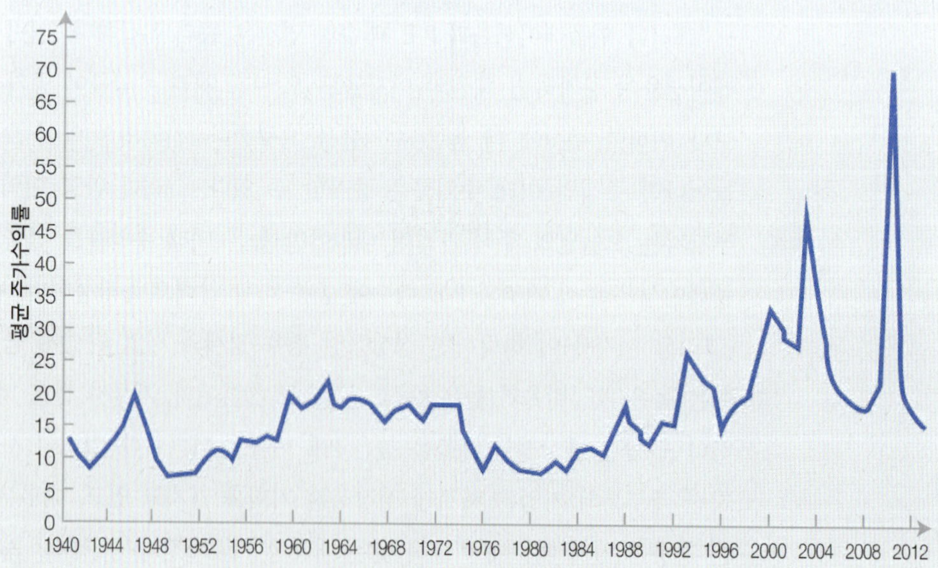

금융시장 위기 P/E 비율은 오해를 일으킬 수 있다

가장 최근의 S&P 500 P/E 비율의 상승은 경제 호황이나 주식시장의 상승으로 설명할 수 없다. 전체 시장이 30% 이상 하락했던 2008년 주식 가격의 극적인 하락을 돌이켜보자. 즉, 2009년이 시작하면서 평균 P/E 비율은 예외적으로 높은 수준이 되었다. 이유는 2008년의 극심한 경기 침체로 기업의 이익이 주식 가격 하락보다 더 심하게 하락했기 때문이다. 따라서 시장 P/E 비율에서 분모(작년의 이익)가 분자(가격)보다 더욱 빨리 하락한 것이고 전반적인 P/E 비율은 치솟았다. 사실 2009년 중반에 평균 S&P 500의 P/E 비율은 역사상 최고치인 144에 이르렀다!

<그림 8.1>을 보면 시장의 P/E 비율이 최근에 증가하였음을 볼 수 있다. 1940년에서 1990년 사이에 시장 P/E는 평균 13이지만, 그 이후 평균값이 24 이상(2009년의 최고점을 제외하면 평균 22 이상)이 되었다. 최소한 1990년대에 상승 추세는 경제의 호황으로 쉽게 설명이 가능할 것이다. 사업은 호황이었고 신기술이 빠른 속도로 출현했다. 1991년에서 2000년 사이에 침체는 없었다. 만일 투자자들이 이러한 호시절이 계속 지속될 것이라고 믿는다면, 시간이 가면서 더 높은 P/E 비율을 지불할 의향도 가지고 있다는 것을 쉽게 이해할 수 있다.

벤치마크로 시장 배수를 이용하여, 시장에 대한 주식의 상대적 P/E 성과를 평가할 수 있다. 즉, 주식의 P/E를 시장 배수로 나누어서 상대적 P/E 배수(multiple)를 계산할 수 있다. 예를 들어, 만일 현재 주식이 35의 P/E비율을 가지고 S&P 500의 시장 배수가 25라면, 주식의 상대적 P/E는 35/25 = 1.4이다. 상대적 P/E를 보면, 주식이 시장에서 얼마나 강하게 가격이 형성되었으며 주식의 상대적 P/E가 어떨 경우에 정상인지 쉽게 느낄 수 있다.

다른 것이 일정하다면, 최소한 높은 상대적 P/E는 바람직한 것이다. 비정상적으로 높은 P/E가 문제가 있을 수 있는(즉, 주식이 고평가되었고 하락을 앞두고 있을 수 있는) 것처럼, 비정상적으로 높은 상대적 P/E도 문제가 있을 수 있다. 상대적 P/E 수치가 높을수록, 주식이 시장에서 고평가되었다는 의미가 될 수 있다. 또한 높은 상대적 P/E 배수는 큰 이득과 큰 손실이 모두 발생 가능한 주식 가격의 높은 변동성을 의미하기도 한다(마찬가지로, 해당 산업을 기준으로 해서 P/E 배수의 감을 잡기 위해 평균 산업 배수를 사용할 수 있다. 또한 특정 주식의 P/E를 평가하고 추정하기 위해서 시장 배수와 함께 산업 배수 정보를 이용할 수 있다).

다음으로, 예상되는 투자기간(investment horizon) (당신이 주식을 보유할 것으로 예상하는 기간) 동안의 주식의 미래 P/E를 추정할 수 있다. 예를 들어, 기존의 P/E 배수를 기초로 해서, 시장 배수가 상승할 것이라고 믿는다면 (시장이 좀더 강세가 될 것이기 때문에) 상대적 P/E가 변화하지 않는다고 예상된다고 해도 P/E 배수의 추정치를 높일 수 있다. 물론, 주식의 상대적 P/E가 상승한다고 믿는다면, 결과는 더 강한 강세 추정치로 나타날 것이다.

주당순이익(EPS)의 추정 지금까지 우리는 배당성향, 발행주식수, 주가수익률 배수의 추정치를 구할 수 있었다. 이제 주식의 미래 주당순이익(EPS)를 추정할 준비가 되었다. 수식은 아래와 같다.

수식 8.2

$$t\text{년의 추정 EPS} = \frac{\text{미래 } t\text{년의 세후 이익}}{t\text{년의 보통주 발행주식수}}$$

주당 이익은 가치평가 과정에서 매우 중요한 부분이다. EPS를 구하게 되면 이를 이용해서 (1) 배당성향으로 (미래) 주당 배당금을 구하고 (2) 주가수익률 배수로 (미래) 주식 가격을 예측할 수 있다.

수식(8.2)는 기업의 전체 추정 이익을 추정 발행주식수로 나누어서 기업의 전체 혹은 총합계 이익을 단순히 주당 기준으로 바꾼 것이다. 비록 이 방법이 효과적이지만, 일부 투자자는 총매출액이나 총이익을 건너뛰고 시작부터 바로 주당순이익에 집중한다. 주당순이익에 영향을 주는 주요 요인인 ROE와 장부가치를 살펴봄으로써 그것이 가능하다. 두 변수를 이용하여 비교적 단순하게 주당순이익을 다음 수식으로 표현할 수 있다.

수식 8.3

$$\text{주당순이익} = \frac{\text{세후 이익}}{\text{자기자본 장부가치}} \times \frac{\text{자기자본 장부가치}}{\text{발행주식수}}$$

$$= \text{ROE} \times \text{주당 장부가치}$$

위 공식은 제6장(수식(6.1))에서 처음 나오고 제7장에서 응용된 기본적인 EPS 수식과 동일한 결과를 낳는다. 이런 형태 수식의 주요 장점은 EPS가 기업의 장부가치와 (특히) ROE에 영향을 받는다는 것을 알 수 있게 해준다는 점이다. 이전 장에서 보았듯이, ROE는 기업의 성공(수익성)이 자산, 운영, 자본구조를 관리하는 것이라는 것을 알려주기 때문에 핵심적인 재무 수치이다. 여기서 보듯이, ROE는 기업의 전반적 수익성을 확인하는 데 중요할 뿐만 아니라 주식의 EPS를 확인하는 데에도 중요한 역할을 한다.

수식(8.3)을 이용하여 추정 EPS를 산출하기 위해서, 우리는 수식의 두 가지 기본적인 요소를 찾고 미래 행태를 얻으려고 할 것이다. 구체적으로, 어떤 종류의 성장이 기업의 주당 장부가치에 예상되며 기업의 ROE는 어떻게 될 것인가? 대부분의 경우에, ROE가 진정한 추진력이기 때문에 이 변수를 잘 추정하는 것이 중요하다. 투자자들은 때때로 ROE를 구성 요소인 순이익률, 총자산회전율, 자기자본 배수(수식(7.12)를 참고)로 나누어서 추정한다.

추정 ROE와 주당 장부가치를 얻으면, 이 수치들을 수식(8.3)에 넣어서 추정 EPS를 구할 수 있다. 결론은 어떤 방식이든(수식(8.2) 혹은 수식(8.3)의 방법을 이용하든) 만족스러운 추정된 EPS를 얻어야 한다. EPS를 추정하게 되면 추정된 배당성향을 이용하여 주당 배당금을 예측하는 것은 쉬운 일이다.

수식 8.4 t년의 추정 주당 배당금 = t년의 추정 EPS × 추정 배당성향

그리고 미래의 주식 가격은 아래 수식으로 결정할 수 있다.

수식 8.5 t년의 추정 주식가격 = t년의 추정 EPS × 추정 P/E 비율

모두 하나로 합치기 미래 배당금과 주식 가격의 추정에 관련된 여러 요소들을 살펴보았다. 이제, 이 모든 것이 어떻게 합쳐지는지 보기 위해서 위에서 시작한 예를 계속해 보자. 총매출액과 총이익 접근법을 이용해서, 만일 기업이 2백만 주의 보통주 발행주식수를 가지고 있고 일정할 것이라고 예측되면, 앞에서 추정한 이익 6.5백만 달러를 예상하

면 기업은 내년에 주당순이익으로 $3.25를 창출할 것이다.

추정된 내년 EPS = $6.5(백만) / 2백만 = $3.25

기업의 ROE와 주당 장부가치를 추정하여 동일한 수치를 얻을 수 있다. 예를 들어, 기업의 ROE를 15%로 예측하고 주당 장부가치가 $21.67이라고 가정하자. 수식(8.3)에 따르면 이러한 상황은 역시 $3.25의 추정 EPS를 산출한다(즉, 0.15 x $21.67). 이러한 EPS의 수치를 이용하여 추정 배당성향 40%와 함께, 내년 주당 배당금을 아래와 같이 계산한다.

추정된 내년 주당 배당금 = $3.25 × 0.40 = $1.30

그러나 기업이 고정된 배당정책을 유지한다면, 기업의 일정한 배당금을 반영하기 위해서 이 추정치를 조정해야만 할 것이다. 예를 들어, 만일 기업이 연간 배당금을 주당 $1.25의 비율로 지급해왔고, 앞으로도 그럴 것으로 예상된다면 추정 배당금을 적절하게 조정해야 할 것이다(예, $1.25/주). 마지막으로, 만일 주식이 이익의 17.5배로 거래된다고 추정되었다면 이 기업의 주식은 내년 말에 주당 $56.88로 거래되어야 할 것이다.

추정된 내년 말의 주식가격 = $3.25 × 17.5 = $56.88

사실, 당신은 예상되는 투자 기간 말의 주식 가격에 흥미가 있다. 따라서, $56.88의 수치는 당신이 1년의 투자기간을 가진다면 적절할 것이다. 그러나 만일 3년의 보유기간을 가진다면 EPS의 추정을 2년 더 늘려야 하고 동일한 계산을 새로운 자료를 가지고 반복해야 할 것이다. 아무튼 결론적으로, 추정 주가에 내포되어 있는 것은 주식의 총 수익률 중 자본이득 부분이기 때문에 추정 주가가 중요한 것이다.

투자자 현실

목표주가 – 목표주가(target price)는 주식이 어느 기간 동안(일반적으로 1년)에 도달할 것이라는 애널리스트의 예측 가격이다. 목표가격은 일반적으로 기업의 매출액, 이익, 기타 지표에 대한 애널리스트의 예측에 기반한다. 일부 예측은 매우 주관적이다. 하나의 공통되는 관행은 주식이 주가수익률(P/E 배수)에 따라 거래된다고 가정하는데, 예를 들어 유사 주식의 평균 P/E 배수를 구하고 목표주가는 이 P/E 비율과 1년 뒤의 EPS의 추정치를 곱해서 얻는다. 그러나 이러한 가격은 주의를 기울어야 한다. 왜냐하면 애널리스트는 종종 주식이 예상보다 빨리 원래의 목표주가에 도달했다는 이유로 목표주가를 올릴 수 있다.

미래 행태에 관한 추정치 산출

Universal Office Furnishings(UVRS)에서 얻은 정보를 이용하여, 우리는 위에서 논의한 추정 절차를 보여줄 수 있다. 제7장에서 보았듯이, 경제와 사무가구 산업의 평가가 긍정적이고 기업의 영업 실적과 재무 상황이 과거보다 또한 산업 평균에 비해 좋다는 것을 기억하자. Universal의 모든 상황이 좋아 보이기 때문에 기업과 주식의 미래 전망에 대해 살펴보기로 결정한다.

우리는 (경제와 산업 요인에 대한 연구를 통해) 2016년말이나 2017년초에 이르면 경제와 사무가구 시장의 김이 빠지기 시작할 것이라고 믿기 때문에 투자 기간은 3년으로 선택한다(일부 투자자는 1년 이상의 기간에 대한 추정이 너무 많은 불확실성을 가지고 있기 때문에 1년의 투자기간을 선호한다. 우리는 3년 추정이 부담스럽지 않기 때문에 여기서는 설명을 위해 3년 투자기간을 사용한다. 만일 추정 기간이 부담이 되면 더 짧은 투자기간을 사용할 수 있다).

표 8.2 UNIVERSAL OFFICE FURNISHINGS의 일부 역사적 재무자료

	2009	2010	2011	2012	2013(년)
총자산(백만)	$554.2	$694.9	$755.6	$761.5	$941.2
총자산회전율	1.72×	1.96×	2.12×	2.32×	2.06×
순매출액(백만)	$953.2	$1,283.9	$1,495.9	$1,766.2	$1,938.0
연간 매출액 성장률*	11.5%	34.7%	16.5%	18.1%	9.7%
순이익률	4.2%	6.6%	7.5%	8.0%	7.2%
배당성향	6.8%	5.2%	5.5%	6.0%	6.6%
주가수익률(P/E 비율)	13.5×	16.2×	13.9×	15.8×	18.4×
보통주 발행주식수(백만)	77.7	78.0	72.8	65.3	61.8

* 연간 매출액 성장률 = 해당해와 다음해의 매출액 변화 기본 (혹은 가장 빠른) 연도의 매출액 수준. 2010년에 연간 매출액 성장률은 34.7% = (2010년 매출액 - 2009년 매출액) / 2009년 매출액 = ($1,283.9 - $953.2)/$953.2 = 0.3469.

<표 8.2>는 해당 기업에 대한 대부분 추정의 기본 자료가 되는 (가장 최근의 회계연도를 포함한) 5년 기간의 역사적 재무자료의 일부를 보여준다. 자료를 보면 한두 번의 예외는 있지만, 기업이 비교적 일정하게 성과를 내왔고 매우 매력적인 성장률을 유지했음을 알 수 있다. 우리의 경제 분석가는 경제가 살아날 것이라고 제안하고 있고, 연구 분석은 (제7장에서) 산업과 기업이 이러한 성장 분위기를 잘 이용할 것임을 지적하고 있다. 따라서 우리는 매출액 성장률이 2013년의 비정상적인 수준에서 극적으로 살아나서 5년 평균을 초과하여 2014년에 20% 이상을 달성할 것이라고 결론을 내린다. 비교적 억눌렸

던 수요가 표출된 이후에, 매출액 성장률은 2015년에 19%, 2016년에 15%로 하락할 것이다.

2014년에서 2016년까지 재무 추정치의 핵심적인 요소들이 <표 8.3>에 제공되고 있다. 이와 같은 추정의 배후에 사용된 핵심적인 가정과 이유는 아래와 같다.

- **순이익률**: 산업과 기업에 대한 다양한 보고서는 이익의 안정적인 개선을 제시한다. 따라서 우리는 2014년에 (2013년의 7.2%에서 다소 상승한) 8.0%의 순이익률을 사용하기로 결정한다. 2015년과 2016년에는 일부 비용 개선이 나타날 것이기 때문에 더 나은 순이익률(8.5%)을 예상한다.

- **보통주 발행주식수**: 기업이 2010년에서 2013년 기간보다는 상당히 낮은 수준이지만 자사주매입 프로그램을 지속할 것으로 믿는다. 현재의 6.8백만 주 수준에서 발행주식수는 2014년에 61.5백만 주, 2015년에 60.5백만 주, 2016년에 59.0백만 주로 낮아질 것이라 예상한다.

- **배당성향**: 배당성향은 과거 몇 년간 유지했던 것처럼 이익의 6% 수준으로 꾸준히 유지될 것으로 가정한다.

- **P/E 비율**: 매출과 이익의 개선된 성장의 예측에 기반하여 우리는 P/E 배수가 현재 이익의 18.4배 수준에서 대략 2014년에는 이익의 20배 수준으로 올라갈 것이라 예측하고 있다. 비록 보수적인 P/E 증가를 추정하는 것이지만, EPS의 성장과 합쳐지면 Universal 주식 가격에 미치는 순 효과는 가격의 큰 폭 상승으로 나타날 것이다.

<표 8.3>은 배당금과 주가 행태의 추정과 관련된 흐름을 보여준다. 그것은 아래와 같다.

1. 기업 전체의 추정치를 먼저 다룬다. 여기에는 매출액 추정, 순이익률, 순이익, 보통주 발행주식수가 포함된다. 이 장의 앞에서 기술한 절차에 따라 세후 이익을 얻어야 함을 기억하자.
2. 다음으로 주당순이익을 절차에 따라 추정한다.

표 8.3 UNIVERSAL OFFICE FURNISHINGS의 추정된 통계치 요약

	최근의 실제수치 (2013 회계연도)	지난 5년간 평균 (2009-2013)	추정된 수치 2014	2015	2016
연간 매출액 성장률	9.7%	18.1%	22%	19%	15%
순매출액(백만)	$1,938.0	N/A*	$2,364.4**	$2,813.6**	$3,235.6**
× 순이익률	7.2%	5.6%	8.0%	8.5%	8.5%
= 세후 순이익(백만)	$139.7	N/A	$189.2	$239.2	$275.0
÷ 보통주 발행주식수(백만)	61.8	71.1	61.5	60.5	59.0
= 주당순이익	$2.26	N/A	$3.08	$3.95	$4.66
× 배당성향	6.6%	6.2%	6.0%	6.0%	6.0%
= 주당 배당금	$0.15	$0.08	$0.18	$0.24	$0.28
주당순이익	$2.26	N/A	$3.08	$3.95	$4.66
× P/E 비율	18.4	16.8	20.0	19.0	20.0
= 연말 주식가격	$41.58	N/A	$61.60	$75.05	$93.20

* N/A: 구할 수 없음

** 추정된 매출액 수치: 전년도 매출액 x 매출액 성장률 = 늘어난 매출액; 따라서, 늘어난 매출액 + 전년도 매출액 = 올해 추정된 매출액: 예를 들어, 2014년: 2013년 매출액($1,938.0) x 2014년 매출액 성장률(0.22) = 늘어난 매출액($426.4); 2014년 추정된 매출액 = $426.4 + $1,938.0 = $2,364.4.

3. 물론, 추정의 결론은 배당금과 자본이득의 형태로 Universal 주식에서 기대되는 수익이다. 순매출액, 순이익률, 주당순이익 등의 가정을 유지한다. <표 8.3>에서 배당금이 주당 28센트로 올라가는 것을 보는데 이것은 현재(주당 15센트)에 비해서 큰 변화이다. 그렇다고 하더라도 주당 25센트 조금 넘는 배당금은 주식의 수익률에서 그리 큰 금액은 아니다. 사실 우리의 예측은 배당수익률이 2016년에 0.3% 떨어질 것임을 보여준다. 명확하게 이 주식의 수익률은 배당금이 아니라 자본이득에서 온다. 향후 3년 동안 약 두 배가 넘을 것으로 예상되는 연말의 주식가격을 보면 명확해진다. 즉, 우리의 예측이 타당하다면, 주식가격은 약 $41.50에서 2016년말에 $93.00 이상으로 상승할 것이다.

이제 우리는 투자의 미래 현금흐름이 어떻게 될 것인지에 대해 알았다. 이제 우리는 Universal Office Furnishings 주식의 내재가치를 알기 위해 이런 정보를 사용할 수 있다.

가치평가 과정

가치평가(valuation)는 투자자들이 제4장과 제5장에서 배운 위험과 수익률의 개념을 이용하여 증권의 값어치를 결정하는 과정이다. 이 과정은 주식, 채권, 부동산, 혹은 유전 등 현금흐름이 발생하는 모든 자산에 적용이 가능하다. 자산의 가치를 결정하기 위해서 투자자는 미래의 현금흐름의 양, 이러한 현금흐름의 발생시기 그리고 투자에 요구되는 수익률 등을 포함한 주요 핵심 요소에 대한 값을 결정해야만 한다.

보통주의 경우에 가치평가의 핵심은 과연 주식의 주주에게 돌아갈 (배당금과 미래의 가격 행태인) 수익과 잠재적인 위험 하에서 주식이 매수할 만한 가치가 있는가를 결정하는 것이다. 우리가 다양한 유형의 주식 가치평가 모형을 채택하는 이유는 이 모형들이 우리가 그동안 추구했던 알아내기 어려운 내재가치를 대표하는 결과물을 만들어내기 때문이다. 즉, 주식의 가치평가 모형은 사실상 주식의 "정당화될 수 있는 가격"을 나타내는 주식의 기대수익률이나 내재가치를 계산한다. 이러한 방식으로, 우리는 추정된 주식 행태를 기초로 특정 증권의 투자 장점을 판단하는 데 이용할 수 있는 성과의 기준을 얻는다.

아래 두 가지 조건 중 하나가 주식이 투자할 만한 가치를 갖는 후보가 될 수 있는지를 고려할 수 있는 조건이 된다. 즉, (1) 계산된 수익률이 우리가 느끼는 수익률과 같거나 초과하는 것이 확실하거나, (2) 정당한 가격(즉, 내재가치)이 현재의 시장가격보다 같거나 크다. 증권은 수익률이 단순히 요구수익률과 같더라도 혹은 단순히 내재가치가 현재 주식의 시장가치와 같더라도 채택할 만하다는 것을 기억하자. 이러한 상황에서 증권을 매수하는 것은 비이성적인 것이 아니다. 어떤 경우라도, 증권은 당신이 원하는 수익률을 제공하는 최소한의 기준을 맞추는 것이다.

그러나 가치평가 과정을 기억하자. 가치평가가 투자 과정에서 중요한 부분을 차지한다 하더라도, 실제 결과가 조금이라도 추정과 유사할 것이라는 확신은 절대적으로 없다. 주식은 여전히 경제, 산업, 기업, 시장 위험, 그리고 미래에 대한 당신의 가정을 부정하는 어떤 사건에 의해 변할 수 있다. 증권분석과 주식 가치평가 모형은 성공을 보장하지 못한다. 단지 당신에게 잠재적인 거래에 관련된 수익률과 위험에 대한 이해도를 높이는 데 도움을 줄 뿐이다.

요구수익률 주식 가치평가 과정의 핵심 요소 중 하나는 요구수익률(required rate of return)이다. 일반적으로 말해서 투자자에게 요구되는 수익률의 크기는 수익을 발생시키는 데 필요한 위험의 정도와 관련되어야 한다. 간단히 말해서, 요구수익률은 관련된 위험에 맞는 적절한 보상의 수준을 말한다. 위험의 기준은 주식(혹은 다른 증권)의 기대수익률이 만족스러운지를 결정하는 데 도움을 준다. 투자의 현금흐름이 얼마가 될지 확실히 알지는 못하기 때문에, 이러한 불확실성(위험)을 반영한 수익률을 얻을 것이라고 기대해야만 한다. 따라서 인식된 위험이 클수록, 얻을 것이라고 기대하는 수익률은 커져야 한다. 제5장에서 보았듯이, 이것은 기본적으로 자본자산가격결정모형(CAPM)의 배경이 되는 생각이다.

CAPM을 이용하여 주식의 요구수익률을 아래 수식으로 정의해보자.

수식 8.6 요구수익률 = 무위험 수익률 + [주식의 베타 × (시장수익률 − 무위험 수익률)]

수식에서 요구되는 정보는 쉽게 구할 수 있다. 주식의 베타는 다양한 온라인 사이트나 발간된 자료에서 구할 수 있다. 무위험 수익률은 기본적으로 단기 국채 수익률이고, 시장수익률의 근사치로는 주식시장의 장기 평균 수익률을 사용한다. 평균 수익률은 물론 향후 몇 년간 시장을 어떻게 예상하는가에 다라 약간 상향 혹은 하향 조정되어야만 한다.

CAPM에서 주식의 위험은 베타로 측정된다. 이런 이유에서, 주식의 요구수익률은 베타의 상승(혹은 하락)에 따라 상승(혹은 하락)한다. CAPM이 보여주듯이, 1.30의 베타를 가진다고 가정되는 Universal의 주식을 고려해보자. 만일 무위험 수익률이 5.5%이고 기대 시장수익률이 15%라고 하면, CAPM에 따라 주식의 요구수익률은 아래와 같을 것이다.

$$요구수익률 = 5.5\% + [1.30\times (15.0\% - 5.5\%)] = \underline{\underline{17.85\%}}$$

이 수익률(여기서 18%로 소수점을 정리한다)은 이제 주식의 투자에서 얻는 이득을 평가하는 주식 가치평가 모형에 사용될 수 있다.

대안적으로 혹은 CAPM과 결합하더라도, 요구수익률을 구하는 데 좀더 주관적인 방법을 택할 수 있다. 예를 들어, 기업의 과거 성과에 대한 평가인 매출액과 이익의 변동성을 보면, 주식이 사업위험에 따라 어느 정도 영향을 받는다는 것을 알 수 있다. 그리고 주식의 베타로 측정하는 시장위험 또한 중요하다. 위험을 측정하는 쓸만한 기준점은 덜 위험하면서 경쟁적인 투자에서 얻을 수 있는 수익률이다. 따라서, 장기 국채나 고등급의 회사채 수익률을 바람직한 수익률을 정의하는 출발점으로 사용할 수 있다. 즉, 장기 채권 수익률로 출발하여, 관심이 되는 보통주가 노출되었다고 믿는 사업위험이나 시장위험 수준을 반영하여 수익률을 조정할 수 있다.

이러한 요소들이 바람직한 요구수익률을 어떻게 구성하는지를 보기 위해서 Universal Office Furnishings로 돌아가 보자. 지금이 2014년초이며 고등급 회사채의 수익률이 9% 부근에서 형성된다고 가정하자. 우리의 분석에서 지금까지 Universal이 포함된 가구 산업이 일반적으로 "적당한" 사업위험을 가지고 있다고 하면, 수익률을 약 2 내지 3포인트 상향 조정하기를 원할 것이다. 더불어서, 1.30의 베타를 통해 주식이 어느 정도 시장위험을 가지고 있다고 결론 내릴 수 있다. 따라서 우리는 수익률을 조금 더 예를 들어 4 내지 5포인트 올려야 한다. 즉, 기초(고등급 회사채) 수익률 9%에서 시작해서, 우리는 3%의 사업위험을 더하고 4.5% 혹은 5%의 주식의 시장위험을 추가한다. 이들을 모두 더하면 적절한 Universal 보통주의 요구수익률은 17% 내지 17.5%로 나타난다. 이 수치는 1.30의 베타, 5.5%의 무위험 수익률, 기대 시장수익률 15%를 이용하여 CAPM에서 얻을 수 있는 (수식(8.6)을 이용한) 수익률과 비교적 가깝다. 두 수치가 가깝다는 사실은 놀라운 것이 아니다. 세심하게 (그리고 정직하게) 계산을 하면, CAPM과 주관적 접근법은 유사한 결과를 만들어야 한다. 어느 절차를 따르든, 요구수익률은 투자로부터 받을 것으로 기대되는 최소한의 수익률을 의미한다. 그보다 작은 수익률을 택하는 것은 투자에서 가정해야만 하는 위험을 완전히 보상하는 데 실패할 것임을 의미한다.

투자자 현실

어떻게 저평가(혹은 고평가) 시장을 맞추는가 – 보통주 주식이 고평가 혹은 저평가되는 것처럼 시장 전체도 그럴 수 있다. 어떻게 시장이 고평가되었는지 알 수 있을까? 일부 시장의 참여자는 비교 수익률을 확인하라고 한다. 그것은 소위 주식의 이익수익률과 10년 만기 국채수익률을 비교하는 것이다. 주식의 이익수익률은 시장의 P/E 비율의 역수이다. 만일 시장 P/E가 이익의 18배하면 이익수익률은 5.56%(1/18)이다. 만일 이익수익률이 10년만기 국채수익률보다 높다면 주식은 저평가(저렴)된 것이다(현재의 주가가 낮으면 수익률이 높다). 반면에 일반적으로 주식의 이익수익률은 10년만기 국채수익률보다 낮다. 그런데 스프레드가 점차 넓어지고 있다면 시장은 점점 고평가되고 있는 것이다. 이것은 분명히 좋은 것은 아니다.

개념리뷰

8.1 주식 가치평가의 목적은 무엇인가? 주식 가치평가 과정에서 내재가치의 역할은 무엇인가?

8.2 기업의 미래 추정 이익이 주식의 가치평가에 대한 적합성을 결정하는 데 중요한가? 추정 이익 혹은 기타 미래 추청치가 어떻게 주식의 가치평가에 필요한지 논의하시오.

8.3 기업의 성장 전망이 주가수익률 배수에 영향을 미칠 수 있는가? 설명하시오. 기업이 사용하는 부채의 양은 어떤가? 기업의 P/E 비율에 영향을 주는 기타 다른 변수가 있는가?

8.4 시장 배수는 무엇이고, 주식의 P/E 비율의 평가에 어떻게 도움이 될 수 있는가? 주식의 상대적 P/E는 시장 배수와 같은가? 설명하시오.

8.5 수식 가지평가 과정에서, 특정 증권이 투자할 만한 후보가 될 수 있는지 어떻게 알 수 있는가? 요구수익률이 이러한 과정에서 어떤 역할을 하는가? 투자에서 얻을 수 있는 수익률이 당신의 요구수익률과 정확하게 같다면 그 주식에 투자할 것인가? 설명하시오.

주식 가치평가 모형

LG 4 LG 5 LG 6 투자자들은 몇 가지의 주식 가치평가 모형을 사용한다. 그들이 모두 증권의 미래 현금 이득을 목적으로 하더라도, 가치평가 방법론은 상당히 다르다. 예를 들어, 일부 투자자는 기업의 장부가치, 부채수준, ROE, 현금흐름 등과 같은 요소를 중심으로 재무자료에서 가치를 얻으려고 한다. 소위 가치주 투자자들은 저평가된 주식을 찾기 위해서 이익 전망뿐만 아니라 과거 성과에 의존한다. 성장주 투자자들은 이익의 성장성에 주로 집중한다. 그들에게 과거 성장이 중요하기는 하지만 그들이 진정으로 중요하게 생각하는 것은 큰 P/E 배수를 가지면서 앞으로도 큰 이익을 만들 기업을 발견하는 것, 즉 미래 추정 이익이다.

의사결정 과정에서 중요한 역할을 하는 요소인 배당수익률, 비정상적으로 낮은 P/E 배수, 상대적 가격 성과, 심지어 기업의 규모나 시가총액과 같은 변수들을 이용하는 다양한 모형들이 사용되고 있다. 논의의 목적에 맞춰서, 우리는 기본적인 기업의 성과로부터 가치를 산출하는 몇 가지 주식 가치평가 모형에 초점을 맞춘다. 우선 배당금을 지불하는 주식을 통해 배당 가치평가 모형으로 알려진 절차를 알아본다. 그리고 배당금을 적게 지불하거나 지불하지 않는 기업에도 사용할 수 있는 몇 가지 가치평가 절차를 살펴본다. 마지막으로, 주식가격이 이익, 현금흐름, 매출액, 혹은 장부가치에 대해 상대적으로 어떻게 움직이는지를 근거로 주식가격을 정하는 절차에 대해 학습할 것이다. 우리가 이 장에서 검토하려고 하는 주식의 가치평가 절차는 대부분의 전문적인 증권 분석가들이 사용하는 것과 같으며, 사실 CFA 시험의 Level-I의 "주식 투자" 부분에서 찾을 수 있다.

물론, 이러한 가치평가모형을 이해하는 것이 애널리스트의 추천을 잘 평가하는 데 도움이 될 것이며 그것은 아래 투자윤리(Ethics in Investing) 박스에서 충분히 논의되고 있다.

배당가치평가모형

가치평가 과정에서, 어떤 투자의 내재가치는 기대되는 현금 이득의 현재가치와 같다. 보통주의 경우에, 이 금액은 매년 받는 현금 배당금과 미래의 주식 매도 가격이다. 보통주의 현금흐름 이득을 살펴볼 때, 기업이 "계속 기업(going concern)"으로 간주된다고 가정하면 무한한 시간 동안 배당금을 받을 것이라고 가정할 수 있다. 이런 관점에서 보면 주식의 가치는 무한한 시간 동안에 걸쳐 제공될 모든 미래 배당금의 현재가치와 같다.

엄격한 이론적 관점에서, 투자자가 주식을 매도하게 되면 이는 실제로 모든 미래 배당금의 권리를 매도하는 것이다. 따라서, 주식의 현재가치가 미래 배당금의 함수인 것처럼, 미래 주식 가격은 역시 미래 배당금의 함수가 된다. 이러한 관계에서, 주식의 미래 가격은 배당금 (그리고 요구수익률) 전망이 변함에 따라 상승 혹은 하락할 것이다. 주식의 가치가 미래 배당금의 함수라는 이러한 접근법은 배당가치평가모형(dividend valuation model, DVM)으로 알려져 있다.

배당가치평가모형은 세 가지 유형으로 나뉘는데, 각각은 미래 배당금의 성장률에 대해 각기 다른 가정을 하고 있다.

1. 무성장모형(zero-growth model)은 배당금이 시간이 지나도 성장하지 않을 것이라 가정한다.

2. 일정성장모형(constant-growth model)은 배당가치평가모형의 기본모형으로 배당금이 일정한 비율로 시간에 따라 성장할 것이라고 가정한다.

3. 변동성장모형(variable-growth model)은 배당금의 성장률이 시간에 따라 변동한다고 가정한다.

어떤 유형이든 DVM은 실무에서 규모가 크고 성숙한 기업의 가치평가에 널리 사용된다.

투자 윤리 주식 분석가: 언제나 과대광고를 믿지 마라

매도, 매수, 혹은 유지? 불행히도, 많은 투자자들은 이러한 추천을 믿지 않는 것이 어렵다는 것을 학습해왔다.

1990년대말 주식시장 버블을 생각해보자. 투자 연구 기업인 Zacks에 따르면, 2000년 시장이 하락하기 시작하면서, 상장 주식의 95%가 매도 추천에서 거리가 멀었고, 단지 5%의 주식이 한 명의 애널리스트로부터 매도 등급을 받았다. 시장이 다시 회복될 때, 애널리스트들은 다시 실수를 했다. 2000년에서 2004년 사이에 분석가들이 매도라고 말한 주식은 연간 평균 19% 늘었지만 "매수"와 "유지"는 불과 7% 증가했다.

왜 최고의 분석가들이 이런 실수를 할까? 이해상충 관계가 하나의 설명이 된다. 분석가들은 투자은행 업무에서 보상을 받는다. 따라서 분석가들은 현재 혹은 잠재적인 투자은행 고객을 기쁘게 해야 한다는 압력을 종종 느낀다. 또한, 분석가들은 매도와 매수 추천을 해야만 회사에게 브로커 수수료를 발생시킬 수 있다고 생각한다.

애널리스트의 과대광고는 금융계와 산업계에 모두 문제가 되고, 증권 산업은 이를 바로잡기 위해 조치를 취했다. 증권거래위원회(SEC)의 공정공시 규제(Regulation Fair Disclosure)는 모든 기업 정보가 분석가들 사이에 암암리에 배포되기보다는 대중에게 공개되어야 한다고 규정했다. 일부 브로커 기업은 분석가들이 주식을 소유하지 못하도록 했다. 2003년 SEC는 애널리스트 분석 업무가 투자은행 수수료와 완전히 분리되도록 규제하였고, 따라서 분석가의 업무는 고객을 모으는 것이 아니라 주식 분석으로 집중되었다.

더욱 중요한 것은 투자자들이 애널리스트의 분석 보고서에 숨겨진 의미를 읽을 수 있도록 배워야만 한다. 2012년 초에 S&P 500에 속하는 주식 중 "매수"가 "매도"의 10배가 넘었다. 만일 분석가들이 편견 없이 공정하다면, 추천이 매수에 기울어진다는 것은 일어나기 어려울 것이다. 투자자들은 어떻게 해야만 할까? 우선, 분석가의 등급을 아마도 한 등급 낮춰서 보아야 할 것이다. 강력 매수는 매수로, 매수는 유지로, 유지 혹은 중립은 매도로 낮추는 것이다. 또한 투자자는 긍정적인 등급보다 부정적인 등급에 좀더 무게를 둬야 한다. 등급하락과 매도 추천은 미래 문제점의 신호일 수 있다. 투자자는 또한 등급 변화가 이익 추정과 같은 방향으로 동반되는 경우에 주의를 기울여야 한다. 즉, 만일 애널리스트가 주식을 매수에서 매도로 옮기고 동시에 주식의 이익 추정치를 상향한다면 이것은 단순히 "매수"로 등급을 변경한 리포트보다는 믿을 만한 신호가 된다. 마지막으로, 의심스러울 때, 투자자는 이 책에서 배운 기법을 가지고 스스로 확인해야 한다.

비판적 사고 문제: 당신은 애널리스트로 하여금 자신이 분석하는 기업의 주식을 소유하지 못하도록 하는 정책에 동의하는가?

(출처: Jack Hough, "How to Make Money off Analysts' Stock Recommendations," Smart Money, January 19, 2012, http://www.smartmoney.com/invest/stocks/how-to-make-money-offanalysts-stock-recommendations-1326759491635/ Rich Smith, "Analysts Running Scared," The Motley Fool, April 5, 2006, www.fool.com.)

무성장(Zero Growth) 배당 가치평가 모형을 살펴보는 가장 단순한 방법은 주식이 고정된 배당금 흐름을 가진다고 가정하는 것이다. 다시 말해서, 배당금이 매년 같은 수준에 머물고 미래에도 그럴 것이라고 예상한다. 이러한 조건에서 무성장 주식의 가치는 연간 배당금의 자본화된 가치이다. 자본화된 가치를 알기 위해서 연간 배당금을 요구수익률로 나누면 된다. 사실 요구수익률이 자본화율로 기능하며 수식은 다음과 같다.

수식 8.7

$$\text{주식의 가치} = \frac{\text{연간 배당금}}{\text{요구수익률}}$$

사례 연간 주당 $3의 배당금을 지불하는 주식이 있고 배당금은 변하지 않는다고 가정하자. 만일 당신이 투자에 있어서 10%의 수익률을 원한다면 이 주식에 대해 얼마를 지불할 용의가 있는가?

$$\text{주식의 가치} = \$3 \div 0.10 = \$30$$

만일 이보다 높은 가격을 지불한다면 10% 보다 낮은 수익률을 얻게 될 것이다. 마찬가지로 이 주식을 이보다 낮은 가격에 매입할 수 있다면, 당신의 수익률은 10%를 초과하게 될 것이다.

보면 알 수 있듯이, 이 모형에서 사용되는 유일한 현금흐름 변수는 고정된 연간 배당금이다. 이 주식에 대한 연간 배당금은 결코 변하지 않는다는 조건에서는, 주식의 가격도 변하지 않는다는 의미일까? 결코 아니다! 요구수익률(자본화율)이 변화하면 주식의 가격은 변할 것이다. 따라서, 요구수익률이 예를 들어 15%로 증가하면 주식의 가격은 $20($30.15)로 하락할 것이다. 가치평가 모형으로 가장 단순화된 관점으로 보이지만, 이 방법은 기본적으로 시장에서 우선주 가격을 구할 때 사용되는 절차이다.

일정성장(Constant Growth) 무성장 모형이 훌륭한 출발이지만, 그것은 배당금의 성장 흐름을 고려하지 못하고 있다. 일반적이고 좀더 널리 인식된 배당 가치평가 모형은 배당금이 정해진 비율로 시간에 따라 성장한다고 가정한다. 이 모형에서 주식의 가치는 여전히 미래 배당금의 함수로 간주되지만, 배당금이 일정한 성장률인 g로 영구히 성장한다고 예측된다. 따라서 주식의 가치는 다음 식에서 구할 수 있다.

수식 8.8

$$\text{주식의 가치} = \frac{\text{내년의 배당금}}{(\text{요구수익률} - \text{배당금의 일정한 성장률})}$$

수식 8.8a

$$V = \frac{D_1}{(r-g)}$$

여기서

D_1 = 내년(추정기간의 첫 번째 연도)에 예상되는 연간 배당금

r = 자본화율, 혹은 할인율(투자의 요구수익률로 정의함)

g = 배당금의 연간 성장률

이 유형의 모형이 배당금이 일정한 비율로 영구히 성장한다고 가정하더라도, 투자자들이 영구히 해당 주식을 보유한다고 가정하는 것은 아니다. 사실, DVM은 투자자들이 주식을 얼마나 오랜 기간 동안 보유하는지에 대해서는 아무런 가정도 하지 않는다. 그 이유는 단순히 투자 기간이 주식의 가치를 계산하는 데 아무런 영향을 주지 않기 때문이다. 따라서 일정성장 DVM에 있어서 투자자들이 1년, 5년, 혹은 10년의 투자 보유기간을 가지든 주식의 가치와는 무관련하다. 주식의 계산된 가치는 어떤 경우라도 동일할 것이다. 계산에 필요한 투입 변수(r, g, 그리고 D_1)가 일정하다면, 주식의 가치는 의도된 투자기간에 상관없이 동일할 것이다.

이 모형이 단순한 만큼 주식의 가치평가의 핵심을 간결하게 보여주고 있다는 것을 기억하게 될 것이다. 현금흐름이 (D 혹은 g를 통해) 증가하거나 혹은 요구수익률(r)이 감소하면 주식 가치는 증가한다. 또한 DVM에서 r은 주주에게 돌아가는 총수익률(total return)을 의미하고 g는 투자에서 기대되는 자본이득을 대표한다. 실제로, 주주의 총수익률은 두 가지 요소로 구성된다는 것을 알고 있다. 따라서 배당금과 자본이득으로부터 발생하는 수익률은 DVM으로 파악이 된다. 즉, r이 총수익률을 g가 r에 내포된 자본이득의 수익률을 의미하기 때문에 r에서 g를 차감하면 주식의 기대 배당수익률($r - g$)을 얻게 될 것이다. 따라서 주식의 기대 총수익률(r)은 자본이득

투자자 현실

꾸준한 배당흐름 – 아칸소(Arkansas) 주에 있는 Windstream은 2006년 12월부터 2012년 6월까지 23분기 연속으로 주당 \$0.25의 배당을 지급했다. 같은 금액의 배당금을 오랫동안 받아온 투자자들은 연간 \$1의 배당금을 영원히 지급할 것이라고 가정하여 Windstream의 가치를 평가할 수 있을까? 투자자들이 10%의 수익률을 요구한다고 가정하면 일정배당 가정해서 Windstream의 주식은 주당 \$10(\$1.00/0.10)이 된다. 사실, 주식은 2012년 6월에 \$9 부근에서 거래되었다. 그러므로, 우리는 투자자들의 요구수익률이 10%보다 작든지 배당이 성장할 것이라 가정하고 있다고 생각할 수 있다. 뒤의 기대가 맞는지는 시간이 흐르면 알 수 있을 것이다.

수익률(g)과 배당수익률($r - g$)을 합한 것이다.

일정성장 DVM은 모든 주식에 적용되어 사용되는 것은 아니다. 그 대신에 성숙형 배당지급 기업의 가치평가에 가장 적합하다. 오래된 좋은 기록을 지닌 기업이 "성숙형(mature)" 성장 단계에 이른다. 이러한 기업은 아마도 눈에 띄는 성장률은 아니라도 일정한 수준의 성장률을 꾸준히 보여주는 대규모(혹은 성숙한 중형) 기업일 것이다. 성장률이 매년 동일하지는 않겠지만, 비교적 좁은 범위 내에서 움직이는 경향을 가질 것이다. 이러한 기업은 이익과 배당금에 있어서 비교적 예측이 가능한 성장률을 가지고 배당정책을 세워왔을 것이다.

사례 1992년에서 2012년 사이 12년 동안, 식품 회사인 General Mills는 배당지급액을 연간 약 6%씩 증가시켰다. 식품산업은 폭발적인 성장을 기대할 수 없는 산업이다. 식품소비는 인구 성장과 연관되어 있고, 따라서 이 사업의 이익은 비교적 천천히 성장한다. 전통적으로 General Mills는 배당금을 매 여름에 증가시켰고, 2012년 여름에 투자자들은 내년도에 주당 $1.34로 배당금을 올릴 것이라 기대하고 있었다. 만일 General Mills 주식의 요구수익률이 10%라면, 투자자들은 주식에 대해 $33.50(= $1.34(0.10 - 0.06))를 지불할 의향을 가지고 있었던 것이다. 사실, General Mills의 주식은 2012년 7월에 $38에서 $39사이에서 거래되고 있었고, 일정성장 모형은 이 기업에 대해 비교적 잘 작동하는 것으로 보인다.

성숙형 배당지급 기업의 가치평가에 사용되는 것 이외에 일정성장 DVM은 시장 전반의 가치평가에도 널리 사용된다. 즉, DJIA나 S&P 500와 같은 지수를 이용하여 분석가들은 DVM을 내년도 시장의 기대수익률을 예측하기 위해 사용한다. 다시 말해서, 분석가들은 모형을 자본자산가격결정모형(CAPM)의 시장수익률(r_m)을 구하는 데 사용한다.

일정성장 DVM 적용하기 일정성장 DVM의 사용은 주식의 요구수익률, 현재의 배당수준, 배당금의 기대 성장률과 같은 몇 가지 기본 정보를 요구한다. 배당성장률 g를 구하는 비교적 단순하고 쉬운 방법은 배당금의 역사적 움직임을 살펴보는 것이다. 비교적 일정한 비율로 성장하였다면 미래에도 평균 비율로(혹은 평균 근방으로) 성장을 계속할 것이라고 가정할 수 있다. 역사적 배당금은 기업의 연간보고서, 혹은 온라인이나 Value Line과 같은 출판물을 통해서 얻을 수 있다.

계산기나 스프레드시트를 이용하여 우리는 배당금의 흐름에 내포된 성장률을 발견하여 산술적으로 현재가치를 구하는 데 사용할 수 있다. 방법은 다음과 같다. 예를 들어 10년 전 배당금 수준과 지금 지급되는 배당금 수준을 구한다. 아마도 오늘의 배당금이 10년 전보다 (매우) 높을 것이다. 계산기를 이용해서 오늘의 배당금과 10년 전 지급된 배당금의 현재가치가 같도록 할인율을 구한다. 할인율을 구하게 되면 성장률은 구한 셈이다. 이 경우에 할인율은 배당금의 *평균* 성장률이다(제4장에서 성장률을 계산하기 위한 상세한 과정을 보자). 적당한 성장률 g는 DVM의 핵심요소이다. 따라서 우리는 이 장의 후반부에서 성장률을 구하는 다른 방법을 검토할 것이다. 여기서 우리는 (위에서 적용한) 단순한 방법으로 성장률을 정의하고, DVM 설명을 위해 계속 진행하자.

배당성장률을 구하고 나면, 내년의 배당금 D_1을 $D_0 \times (1+g)$를 통해서 구할 수 있는데, D_0는 현재의 배당금이다. 가장 최근 연도에 Amalgamated Anything이 주당 $2.50의 배당금을 지급했다고 가정하자. 배당금이 연간 6%의 비율로 성장할 것이라고 예상한다면 내년의 배당금을 아래와 같이 구할 수 있다.

$$D_1 = D_0(1+g) = \$2.50(1+0.06) = \$2.50(1.06) = \$2.65$$

이제 필요한 정보는 요구수익률(자본화율) r이다(수학적 계산이 가능하기 위해서 일정성장 모형에서 r은 g보다 커야 한다는 것을 기억하자).

사례 연간 배당금으로 주당 $1.75를 현재 지급한 주식을 고려해보자. 위에서처럼 현재가치 방법을 사용한다고 가정하자. 당신은 배당금이 연간 8%의 비율로 성장하고 계속 그럴 것이라는 것을 알았다. 또한 CAPM에 따라서 이러한 투자는 요구수익률이 12%이다. 이러한 정보를 가지고 수식(8.8)을 이용하여 주식의 가치를 구할 수 있다. 즉, 주어진 정보는 D_0=$1.75, g=0.08, r=0.12이다. 따라서 다음과 같이 주식의 가치를 구한다.

$$\text{주식의 가치} = \frac{D_0(1+g)}{(r-g)} = \frac{\$1.75(1.08)}{(0.12-0.08)} = \frac{\$1.89}{0.04} = \$47.25$$

따라서, 투자에서 12%를 얻기를 원한다면, 8%는 자본이득(g)으로 4%는 배당수익률($1.89÷$47.25 = 0.04)로 얻는 것이고, 당신은 이 주식에 대해 주당 $47.25 이상 지불하고 매수해서는 안 된다.

일정성장 DVM에서 주식의 가격은 r과 g가 변하지 않는다면 상승할 것이다. 사실, 앞에서 보았듯이, 성장률(g)은 미래 주식가격에 내포된 (기대) 자본이득의 수익률이다.

따라서 만일 g = 8%라면, 미래 주식가격이 연간 약 8% 상승할 것이라고 기대할 수 있다. 이것은 투자의 현금흐름이 배당금이 증가하면서 늘어나기 때문에 발생한다. 어떻게 되는지 보기 위해서 우리의 예를 조금 더 살펴보자. $47.25의 가격은 내년의 배당금이 8% 증가하여 $1.89가 되었고 요구수익률이 12%일 때 적절한 것이었음을 기억하자. 우리는 수식(8.8a)를 확장하여 1년 뒤의 주식가격을 예상할 수 있다. 그렇게 하기 위해서, 우선 2년차의 배당금을 예상해야만 한다. 만일 내년의 배당금이 $1.89이고, 배당금이 8%로 증가한다면 $2.04가 될 것이다. 이 수치를 수식(8.8a)에 삽입하면 내년의 주식 가격 $51를 얻을 수 있다.

$$\$51 = \frac{\$2.04}{0.12 - 0.08}$$

내년의 주가 $51는 오늘의 주가 $47.25보다 8% 증가한 것임을 알 수 있다. 앞에서 언급했듯이, DVM에서 g는 배당금의 성장률뿐만 아니라 주식의 기대 자본이득을 대표한다. 아래 <표>는 r과 g가 일정할 때 주식가격이 매년 8%씩 증가할 것을 보여준다.

연도	배당금($)	주식가격*($)
(올해)0	1.75	47.25
1	1.89	51.00
2	2.04	55.00
3	2.20	59.50
4	2.38	64.25
5	2.57	69.50

* g=0.08, r=0.12로 주어졌을 때, 배당가치평가모형에 의해 결정되었음

오늘 주식의 가치평가를 하는데 일정성장 DVM을 이용할 수 있는 것처럼, 동일한 가치평가 모형으로 미래의 기대 주식가격을 구할 수 있다. 그렇게 하기 위해서는 단지 배당금의 적정한 수준을 다시 정하기만 하면 된다. 예를 들어, 3년차 주식의 가격을 구하기 위해서 우리는 3년째 기대 배당금 $2.20를 (1+$g$)의 요소만큼 증가시켜 사용할 수 있다. 따라서 3년째 주식가격은 $D_3 \times (1 + g) \div (r - g)$ = $2.20×(1 + 0.08) ÷ (0.12 − 0.08) = $2.38 ÷ 0.04 = $59.50이 된다. 물론 r과 g에 대한 미래의 기대값이 변한다면 미래 주가는 그에 따라 변할 것이다. 그렇게 된다면 계속 주식을 보유할 것인지를 결정하기 위해

서는 새로운 정보를 사용해야 할 것이다.

변동성장(Variable Growth) 일정성장 배당가치평가모형이 무성장 모형보다 개선된 것이기는 하지만, 여전히 몇 가지 문제를 가지고 있다. 가장 명확한 문제는 기대 성장률의 변동을 허용하지 않는다는 사실이다. 이 문제를 극복하기 위해서 우리는 시간에 따른 성장률의 변동을 허용하는 DVM 모형을 사용할 수 있다. 기본적으로, 변동성장 배당가치평가모형은 두 단계로 주식가격을 계산한다. 첫 번째 단계에서 배당은 단일 성장률일 필요가 없이 빠르게 성장한다. 배당 성장률은 이 초기 단계에서 상승 혹은 하락할 수 있다. 초기 단계가 지난 후에 (두 번째 단계에서), 기업은 성숙해지고 배당성장은 어떤 장기적이며 지속할 수 있는 비율로 안정화된다. 이 시점에서 주식의 가치를 일정성장 DVM 모형을 이용하여 평가할 수 있다. 변동성장 모형을 이용하여 아래와 같이 주식의 가치를 구할 수 있다.

수식 8.9
$$\text{주식의 가치} = \begin{array}{c}\text{초기 변동성장 기간 동안}\\ \text{미래 배당금의 현재가치}\end{array} + \begin{array}{c}\text{변동성장 기간 말의}\\ \text{주식가격의 현재가치}\end{array}$$

수식 8.9a
$$V = \frac{D_1}{(1+r)^1} + \frac{D_2}{(1+r)^2} + \cdots \frac{D_v}{(1+r)^v} + \frac{\dfrac{D_v(1+g)}{(r-g)}}{(1+r)^v}$$

여기서

D_1, D_2, 등 = 미래 연간 배당금

v = 초기 변동성장 기간의 연도 수

이 수식의 마지막 요소가 정상적인 일정성장 배당가치평가모형으로 초기 변동성장 기간 말의 주식가격을 발견하기 위해서 사용되고 v 기간 동안 할인된다는 것을 기억하자.

이 유형의 DVM은 처음 3년에서 5년 동안 빠르고 변동성이 큰 성장률을 경험하고 그 이후에는 좀더 안정적인 성장률로 안정화되는 기업에 적합하다. 사실 이런 모습이 많은 기업의 성장 패턴이며, 따라서 이 모형이 실제에서 훨씬 유용성이 크다(초기 단계에 r이 g보다 크지 않을 수 있는 일정성장 DVM의 문제점을 극복할 수 있다. 즉, 변동성장의 시기에 성장률 g는 요구수익률 r보다 클 수 있으며, 변동성장 모형을 사용할 수 있을 것이다).

수식(8.9)을 이용하여 주식의 가치를 구하는 것은 보기보다는 더 쉽다. 아래 제시된 단계를 따라서 가치를 구해보자.

1. 초기 변동성장 시기 동안의 연간 배당금을 추정하고 초기 기간이 끝난 후 배당금이 성장하게 될 일정성장률 g를 구한다.
2. 초기 변동성장 시기 동안 예상되는 배당금의 현재가치를 구한다.
3. 일정성장 DVM을 이용하여 초기 성장 기간 말의 주식 가격을 구한다.
4. (3단계에서 구한) 주식 가격의 현재가치를 구한다. 주식은 초기 기간 말의 (3단계 시점의) 가격이기 때문에 주식 가격은 초기 성장기간에 지급된 마지막 배당금과 동일한 기간만큼 할인되어야 한다.
5. (2단계와 4단계에서 구한) 2개의 현재가치를 더하여 주식의 가치를 구한다.

변동성장 DVM 적용하기 변동성장 DVM을 어떻게 이용하는지 보기 위해서 우리의 관심 기업 중 하나인 Sweatmore Industries에 적용해 보자. 배당금이 처음 3년(2013, 2014, 2015년) 동안 변동 비율로 성장할 것이라고 가정하자. 그 이후에 배당금의 연간 성장률은 8%로 안정화되어 예측 가능한 미래 동안은 일정하게 머물 것이라고 예상된다. 가장 최근(2012년)의 연간 주당 배당금 \$2.21로 시작해서, 우리는 Sweatmore의 배당금이 8%로 떨어지기 전에 내년(2013년)에는 20%, 2014년에 16%, 2015년에 13%로 성장할 것이라고 예상한다.

이러한 (초기) 성장률을 이용하여 우리는 2013년의 배당금이 \$2.65(\$2.21 × 1.20), 2014년에 \$3.08(\$2.65 × 1.16), 2015년에 (\$3.08 × 1.13)이 될 것으로 예상한다. 또한 CAPM을 이용하여 Sweatmore의 주식이 적어도 14%의 최소(요구)수익률(r)을 산출해야 한다고 계산한다. 이제 모든 필요한 정보를 가지고 Sweatmore의 주식 가치평가를 할 준비가 되었다. <표 8.4>는 변동성장 DVM의 활용을 보여준다. Sweatmore 주식의 가치는 변동성장 DVM에 따라 주당 \$49.34를 얻게 된다. 결론적으로 그것은 14%의 요구수익률을 얻기를 원한다면 주식의 매입을 위해 지불할 의사가 있는 최대한의 가격이다.

표 8.4 Sweatmore 주식의 가치평가를 위해 변동성장 DVM 이용하기

단계

1. 추정된 연간 배당금:

2013	\$2.65
2014	3.08
2015	3.48

2016년 이후의 추정된 연간 성장률 g : 8%

2. 요구수익률 r = 14%를 이용하여 초기 변동성장 기간 동안 배당금의 현재가치:

연도	배당금(\$)	현재가치(\$)
2013	2.65	2.32
2014	3.08	2.37
2015	3.48	2.35
		총액 \$7.04(5단계로)

3. 초기 성장기간 말의 주식의 가치:

$$P_{2015} = \frac{D_{2016}}{r-g} = \frac{D_{2016} \times (1-g)}{r-g} = \frac{\$3.48 \times (1.08)}{0.14-0.08} = \frac{\$3.76}{0.06} = \underline{\underline{\$62.67}}$$

4. 위에서 계산된 주식을 r = 14%로 현재가치로 할인:
$\$62.67 \div (1.14)^3 = \$42.30$(5단계로)

5. 초기 배당금 흐름(2단계)의 현재가치를 초기 성장기 말 주식 가격의 현재가치(4단계)에 가산:
Sweatmore 주식의 가치 = \$7.04 + \$42.30 = $\underline{\underline{\$49.34}}$

기대 성장률 구하기 기계적으로 DVM을 적용하는 것은 매우 간단하다. 미래 배당금, 미래 배당금의 성장률, 요구수익률의 단지 3가지 핵심 정보만 필요하다. 그러나 이 모형이 어려움이 없는 것은 아니다. DVM의 가장 어려운 (그리고 가장 중요한) 것은 미래 기간에 해당하는 적합한 성장률 g를 구하는 것이다. 일정성장이든 변동성장이든 배당가치평가모형을 사용하면 성장률 g는 모형에서 구한 가치에 커다란 영향을 미친다. 사실 성장률은 DVM 모형의 분자와 분모 모두에게 영향을 미치기 때문에 DVM은 사용된 성장률에 민감하다. 따라서 실무에서 분석가들은 주어진 기업과 주식의 성장률 g를 구하기 위해서 많은 시간을 사용한다.

이 장의 앞에서 보았듯이, 우리는 성장률을 역사적 관점에서 (현재가치를 사용하여 과거 성장률을 구함으로써) 정의하고 그것을 (혹은 유사한 수치를) DVM에 사용할 수 있다. 그러나 이 접근법이 유용하기는 하지만 몇 가지 중대한 단점이 있다. 우리에게 필요한 것은 실제로 성장률을 만들어내는 핵심적 요인이 무엇인지 알아보는 절차이다. 다

행히, 우리는 성장률 g를 구하는 실무에서 널리 사용되는 방법을 가지고 있다. 그것은 아래와 같다.

수식 8.10

$$g = \text{ROE} \times \text{기업의 유보율}(rr)$$

여기서

수식 8.10a

$$rr = 1 - \text{배당성향}$$

수식(8.10)에 있는 두 변수(ROE와 rr)는 모두 기업의 성장률과 직접 관련되어 있고 기업의 미래성장에서 중요한 역할을 한다. 유보율(retention rate)은 이익 중에서 기업이 기업 내로 회수하는 퍼센티지를 의미한다. 따라서 만일 기업이 이익의 35%를 배당금으로 지급하면(즉, 35%의 배당성향을 가진다), 유보율은 65%가 된다. $rr = 1 - 0.35 = 0.65$. 사실 유보율은 기업이 성장을 위해 자금을 회수하는 자본의 양을 말한다. 다른 것이 일정하다면, 더 많은 현금이 기업 내에 유보될수록 성장률은 높아진다.

수식(8.10)의 또 다른 요소는 익히 알고 있는 자본이익률(ROE)이다. 확실히 유보된 자본에서 더 많은 이익을 얻을수록 성장률은 높아진다. ROE는 순이익률, 총자산회전율, 그리고 자기자본 승수(수식(7.13))로 구성되어 있으며, 따라서 어떻게 ROE가 기업의 성장률에 영향을 미치는지를 알고 싶으면 3개 요소를 살펴보면 된다.

사례 기업이 평균적으로 이익의 80%를 유보하고 ROE는 약 18%를 산출하는 상황을 고려하자(기업의 ROE는 순이익률 7.5%, 총자산회전율 1.20, 자기자본승수 2.0에서 나왔음). 이러한 상황에서, 우리는 기업의 성장률을 약 14.5%로 기대할 수 있다.

$$g = \text{ROE} \times rr = 0.18 \times 0.80 = 14.4\%$$

수식(8.10)은 성장을 확대시킬 수 있는 재무 레버리지를 무시하고 있기 때문에, 실제로 성장률은 14.5%를 약간 상회할 것이다. 그러나 최소한 이 수식은 무엇을 기대할 수 있는지 알려준다. 또한, 수식(8.10)은 과거와 미래 성장을 평가하는 출발점이 될 수 있다. 수식을 이용하여 기대 성장률을 계산하고, 수식의 2가지 요소(ROE와 rr)가 미래에 중요한 변화를 할 것인가 확인하고 두 요소를 평가할 수 있다. 그렇다면 ROE 혹은 *rr* 변화가 성장률 *g*에 어떤 영향을 미칠 것인가? DVM 자체가 사용된 성장률에 민감하기 때문에 성장률을 일으키는 요소(ROE와 *rr*)를 연구하는 데 시간을 들여야 한다. 너무 높은 성장률을 채택하면 너무 높은 내재가치를 얻게 될 것이다. 물론 단점은 매수해서는 안 되는 주식을 매수하게 되는 결과로 나타나게 될 수 있다.

기타 주식의 가치평가 방법

DVM 이외에 시장은 주식의 또 다른 가치평가 방법을 개발해왔다. 일부는 단순히 DVM의 변형이지만, 다른 대안적인 방법들도 있다. 이러한 방법을 사용하는 동기는 투자자들에게 무배당 주식의 가치평가를 가능하게 하는 기술을 찾기 위해서이다. 또한 다양한 이유 중에 일부 투자자들은 가치평가의 기초로 기업의 이익에 의존하지 않는 방법을 선호하기 때문이다. 이러한 투자자들을 위해 이익이 아니라 현금흐름, 매출액, 혹은 장부가치를 대신에 중요하게 사용한다.

많은 투자자들에게 유명한 가치평가 방법 중 하나는 소위 배당-이익 접근법(dividends-and-earnings approach)이라고 불리는 것이다. 이것은 관련 현금흐름으로 미래의 배당금과 미래의 주식 매도가격을 직접 사용한다. 또 다른 것으로 주가수익률을 중심으로 주식의 가치평가를 행하는 주가수익률접근법(P/E approach)이 있다. 이러한 절차의 중요한 장점 중 하나는 투입 변수를 배당금에 의존하지 않는다는 것이다. 따라서 투자자는 이 방법들은 이용하여 좀더 성장중심적이고 배당금을 거의 지급하지 않거나 무배당인 기업의 주식 가치를 평가할 수 있다. (금액 기준의) "정당한 가격"보다는 주식의 (퍼센트 기준의) 기대 수익률을 얻는 기법과 더불어 두 가지 접근법을 살펴보자.

배당 - 이익 접근법 앞에서 보았듯이, 주식의 가치는 미래 현금흐름의 양과 시기 그리고 수익을 창출하는 데 고려되어야 하는 위험의 수준에 대한 함수이다. 배당-이익 접근법(dividends-and-earnings approach) 혹은 현금흐름할인법(discounted cash flow, DCF 방법)으로 알려진 D&E 접근법은 전형적으로 기대 위험과 수익률의 핵심 요소를 현재가치 맥락에서 포착한다. 모형은 아래와 같다.

수식 8.11

$$\text{주식의 가치} = \frac{\text{미래 배당금의}}{\text{현재가치}} + \frac{\text{매도 시점 주식가격의}}{\text{현재가치}}$$

수식 8.11a

$$V = \frac{D_1}{(1+r)^1} + \frac{D_2}{(1+r)^2} + \cdots + \frac{D_N}{(1+r)^N} + \frac{SP_N}{(1+r)^N}$$

여기서

D_t = 미래 t년의 연간 배당금

SP_N = 매도 시점(연도 N) 추정된 주식가격

N = 투자기간의 연수

변동성장 DVM과 유사성이 있음을 알 수 있는데, 수식(8.11a)는 현재가치 기준이고 가치는 미래 배당금과 미래 추정된 주식가격에서 얻게 된다. 두 방법의 가장 큰 차이점은 배당금이 미래 주식의 가격을 결정하는 역할에서 나타난다. 즉, D&E 접근법은 일정한 비율로 성장하는 배당금 흐름의 현재가치를 계산하여 미래 주식 가격을 예측하지 않는다. 대신에, D&E는 미래 주식가격을 미래 이익에 P/E 비율을 곱하여 예측한다. D&E 계산이 주식의 장기 배당흐름 예측을 필요로 하지 않기 때문에 배당금을 많이 지급하는 주식뿐만 아니라 배당을 적게 지급하거나 무배당인 기업에도 활용될 수 있다. 따라서 D&E 접근법은 DVM보다 많은 유연성을 가진다. <표 8.3>의 Universal Office Furnishings에서 그랬던 것처럼, D&E 가치평가 방법을 이용하여 미래 배당금과 정해진 투자기간 동안의 주식가격 행태를 알아내는 데 집중할 수 있다.

D&E 방법론에서 특히 중요한 것은 미래 주식가격을 알아내는 데 사용할 적합한 P/E 배수를 구하는 것이다. 자본이득(그리고 매도 시점의 추정된 주식가격)이 증권 수익률을 구하는 데 중요한 역할을 하기 때문에 P/E 배수를 구하는 것은 D&E 가치평가 과정에서 핵심적인 부분이다. 시장이나 산업의 P/E 비율을 벤치마크로 사용하여 미래에 거래될 주식의 배수를 구할 수 있다. DVM의 성장률 g처럼 P/E 배수는 D&E 방법에서 필요한 가장 중요한 (그리고 가장 어려운) 변수이다.

추정된 미래 배당금과 주당 이익과 더불어 투입 변수를 이용하여 현재가치 기반의 모형은 추정된 수익률을 기초로 정당화된 가격을 계산한다. 계산된 가치는 주어진 추정

배당금과 가격 행태 하에서 당신이 요구수익률과 같거나 큰 수익률을 얻기를 원한다면 주식 매수에 지불할 의사가 있는 가격이다.

사례 D&E 방법을 보기 위해서 다시 Universal Office Furnishings(UVRS)의 사례를 고려하자. 원래의 3년 투자기간으로 돌아가자. 주어진 추정된 연간 배당금과 <표 8.3>의 주식가격 요구수익률 18%(수식(8.5)에서 계산) 하에서 우리는 Universal 주식의 가치를 구할 수 있다.

$$V = \frac{\$0.18}{1.18} + \frac{\$0.24}{1.18^2} + \frac{\$0.28}{1.18^3} + \frac{\$93.20}{1.18^3} = \$0.15 + \$0.17 + \$0.17 + \$56.72 = \$57.22$$

D&E 방법에 따르면, Universal의 주식은 주당 약 $57로 평가되어야 한다. 물론, 그것은 우리의 예측이 특히 2017년의 추정된 EPS와 P/E 배수에 관한 예측이 적당하다고 가정한다. 예를 들어, 만일 P/E가 이익의 20배에서 17배로 하락하면 주식의 가치는 $50 아래(주당 약 $48.75)로 하락할 것이다. 예측에 대한 확신 하에서 계산된 현재가치 수치는, 우리가 주식을 주당 $57 이하로 매수할 수 있는 한, 원하는 수익률 18%를 달성한다는 것을 의미한다. UVRS는 현재 약 $41.50으로 거래되고 있기 때문에 주식은 현재 매력적이라고 결론지을 수 있다. 즉, 주식을 계산된 내재가치보다 낮은 가격에 살 수 있기 때문에 우리는 요구수익률을 약간 상회하는 수익을 얻을 수 있을 것이다. 여러 가지 기준으로 보면 Universal은 매우 위험한 투자일 수 있다. 그것은 주식의 거의 모든 수익률이 자본이득에서 발생한다는 사실 때문이다. 사실 배당금만으로는 주식 가치의 1% 미만을 차지한다. 즉, $57.22의 49센트만이 배당금에서 발생한다. 명확하게 말하면, 우리가 EPS나 P/E 배수에서 틀렸다면, 2013년 미래의 주식가격은 계산에서 벗어날 것이고 우리의 추정 수익률 또한 틀릴 것이다.

실제로, 주식의 가치평가를 위한 D&E 접근법은 사실은 DVM 모형의 변형이다. 즉, D&E 접근법에서 얼마의 보유기간을 설정하든 계산된 가치는 g와 D_0에 관한 가정이 동일하다면 일정성장(혹은 변동성장) DVM에서 얻어진 가치와 같다. 증명이 필요한가? 앞서 사용했던 일정성장 DVM의 예(앞의 일정성장 DVM 적용의 사례)를 고려해보자. 우리는 현재 연간 배당금(D_0)으로 주당 $1.75를, 성장률($g$)로 8%를, 그리고 요구수익률($r$)로 12%를 가지는 주식을 사용했다. 동일한 가정을 가지는 같은 주식을 사용하여 투자기간 3년을 가지는 주식의 가치평가에 D&E 접근법을 사용하자. 이러한 상황 하에서 8%의 성장률을 가지면 배당금은 내년에 $1.89($1.75 × 1.08), 2년차에 $2.04로, 그리고 3년째에는 $2.20으로 증가한다. 또한 8%의 적정한 성장 비율을 적용하면 주식의 가격은 3년말에 $59.50이 될 것이다. 이러한 D&E 모형에 필요한 정보를 이용하면 주식의 가치는 아래와 같이 될 것이다.

$$V = \frac{\$1.89}{1.12^1} + \frac{\$2.04}{1.12^2} + \frac{\$2.20}{1.12^3} + \frac{\$59.50}{1.12^3} = \$1.69 + \$1.63 + \$1.56 + \$42.35 = \$47.23$$

DVM을 이용하여 계산한 것과 동일한 가치를 얻게 됨을 확인한다. 따라서 보유기간이 얼마가 되든 D&E든 DVM이든 어떤 방법을 사용하든 투입 변수에 대한 가정이 동일하면 계산된 주식의 가치는 같다.

무배당 주식의 가치평가 배당을 지불하지 않는 그리고 가까운 미래에 배당을 지불하지 않을 것 같은 주식의 가치는 어떨까? 그것은 D&E 방법에서는 문제가 아니다. 수식 (8.11)을 이용하여 모든 배당금을 0으로 놓고, 주식의 계산된 가치를 구하면 추정된 미래 가격을 얻을 수 있을 것이다. 다시 말해서 주식의 가치는 보유기간 말의 가격의 현재가치와 같을 것이다.

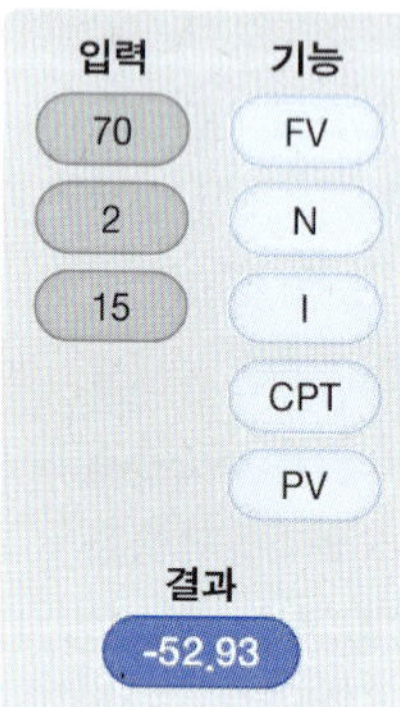

예를 들어, 배당금을 지불하지 않는 주식을 찾는 투자자를 고려해보자. 2년의 보유기간 말에 주식이 약 $70에 거래될 것이라고 예상하고 있다. 15%의 요구수익률을 이용하면 이 주식은 $\$70 \div 1.15^2 = \$52.93$의 현재가치를 가질 것이다. 물론 이 가치는 내재가치 혹은 주식의 정당화될 수 있는 가격이다. 거래 가격이 $53보다 낮은 가격에서 형성된다면 투자할 만한 후보라고 할 수 있다(주의: 주식의 가치를 재무계산기를 이용하면 쉽게 구할 수 있다).

기대수익률의 결정 투자자들은 때로는 금액 단위의 정당화된 가격보다는 기대수익률로 투자를 판단하는 것에 익숙하다. 이것은 문제가 아니고, 주식 가치평가 모형으로 궁극적으로 얻게 되는 현재 가치를 희생할 필요도 없다. 기대수익률은 제4장에서 처음 소개되었던 (현재가치 기준의) 내부수익률(IRR) 절차를 통해 발견할 수 있다. 주식 가치평가를 위한 이 접근법은 현재 시장가격과 더불어서 추정 배당금과 가격 행태를 이용하여 주어진 투자에서 얻을 것으로 기대되는 복리 수익률을 계산한다.

주식의 기대수익률이 어떻게 계산되는지를 보기 위해서 Universal Office Furnishing을 다시 고려해보자. <표 8.3>의 2014~2016년 자료와 현재 주가 $41.58을 이용하여, Universal의 기대수익률을 결정할 수 있다. 그렇게 하기 위하여, 미래 이득의 흐름(즉, 미래 연간 배당금과 미래 주식의 가격)과 주식의 현재 시장가격을 일치시켜 주는 할인율을 구해야만 한다. 다시 말해서, 미래 이득의 현재가치와 주식의 가격을 일치시켜 주는 할인율 혹은 주식의 기대수익률을 구한다.

어떻게 되는 것인지 살펴보자. Universal 사례에서 우리는 주식이 주당 배당금으로 향후 3년간 $0.18, $0.24, $0.28을 지급할 것으로 예상하였다. 보유기간 말에 주식은 $93.20에 매도할 것으로 기대한다. 주식이 현재 $41.58로 거래된다면 할인율 r은 (미래 연간 배당금과 주식가격의) 현재가치가 $41.58과 같도록 만들 것이다. 즉,

$$\frac{\$0.18}{(1+r)^1} + \frac{\$0.24}{(1+r)^2} + \frac{\$0.28}{(1+r)^3} + \frac{\$93.20}{(1+r)^3} = \$41.58$$

위 수식에서 (현재가치 이자율 요인인) 할인율을 구하는 것이 필요하다. "추정과 실패(시행착오법)"의 과정(혹은 스프레드시트나 계산기)을 통해서 이자율 요인이 31.3%라는 것을 알 수 있다. 이것은 투자를 통한 미래 현금 이득의 현재가치가 정확하게 $41.58과 같아지는 할인율이다. 따라서 주식을 $41.58에 매수하여 3년간 보유하고 (이 기간 동안 연간 배당금을 받고), 3년 말에 $93.20에 매도한다면 Universal에서 복리로 연간 수익률 약 31%를 얻을 것이라고 기대할 수 있다. 18%의 요구수익률과 비교해보면 31.3%의 기대수익률은 Universal이 매우 매력적인 투자 후보라는 것을 보여준다.

입력	기능
-41.58	PV
93.20	FV
3	N
	CPT
	I

결과

30.87

배당금을 지급하지 않는 주식의 수익률을 구하는 것은 오히려 더 쉽다. 추정된 미래 주식의 가격과 현재 주식 가격을 일치시키는 할인율을 구하면 된다. 예를 들어, 만일 Universal이 배당금을 지급하지 않는다면 추정된 주식가격 $93.20(지금부터 3년 뒤)을 현재 주식가격 $41.58과 일치시키는 할인율을 구하기만 하면 된다. 계산기를 이용하면 약 30.9%의 기대수익률을 구하게 된다. 배당금을 지급할 경우 31.3%의 수익률과 무배당금의 30.9%의 수익률을 보면, 배당금으로부터의 현금흐름이 주식의 잠재적 수익률을 결정하는 데 큰 역할을 하는 것은 아니라는 것을 확실히 알 수 있다.

주가수익률(P/E) 접근법 지금까지 살펴본 주식 가치평가 절차의 문제점 중 하나는 가치평가 절차가 상당히 기계적이라는 것이다. 대량의 "자료 처리"와 관련되어 있다. 그러한 접근법이 어떤 주식에는 괜찮겠지만 일부 주식에는 적당하지 않다. 다행히 좀더 직관적인 방법이 있다. 주식의 가치평가를 위한 대안은 주가수익률(P/E) 접근법이다.

P/E 접근법은 전문적인 증권 분석가들이 애용하고 있고 실무에서 널리 사용되고 있

다. 사용 방법은 비교적 단순하다. 즉, 제7장(수식(7.14))에서 처음 소개된 표준 P/E 공식에 기반한다. 그 때 주식의 P/E 비율은 주식의 시장가격을 EPS(주당이익)로 나눈 것과 같다는 것을 보여주었다. 수식을 이용하여 주식의 시장가격을 구할 수 있다.

수식 8.12

$$\text{주식가격} = \text{EPS} \times \text{P/E 비율}$$

수식(8.12)는 기본적으로 주식 가치평가를 위한 P/E 접근법을 나타낸다. 즉, 주어진 추정 EPS 수치와 주식에 적합하다고 느끼는 P/E 비율로 주식가격을 결정한다. 수식(8.12)를 이용하여 어떤 주식의 가격을 구할 수 있고 이를 주식의 현재 가격과 비교할 수 있다.

실제로 이 접근법은 시장에서 매일 사용되는 방법과 다르지 않다. *Wall Street Journal*이나 온라인 정보를 통해 주식의 시세를 살펴보자. 시세표는 주식의 P/E 비율을 포함하고 있고, 그것은 $1의 이익에 대해 투자자들이 얼마를 지불할 용의가 있는지를 보여준다. 특히 이 비율은 지난 12개월 동안의 주당 이익(후행 이익으로 알려진)과 최신 주가를 연결한다. 그러나 실제로 투자자들은 과거이익 때문이 아니라 추정된 미래 이익 때문에 주식을 매수한다. 따라서 수식(8.12)에서 내년의 추정 EPS를 사용하는 것이 일반적이다. 즉, 1년 뒤의 예상 이익을 사용한다.

P/E 접근법을 실행하는 데 우선 해야 할 것은 내년의 추정 EPS 수치를 얻는 것이다. 이 장의 앞부분에서 우리는 어떻게 해야 하는지를 보았다(예를 들어 수식(8.2)와 (8.3)을 보자). 주어진 추정 EPS를 가지고 다음 단계로는 P/E 비율을 산출하는 변수들을 평가한다. 대부분의 평가는 직관적이다. 예를 들어, 해당 주식 이익의 기대성장률, 기업의 자본구조나 배당금의 잠재적인 변화, 그리고 시장이나 산업의 상대적 P/E 배수와 같이 주식의 배수에 영향을 미칠 수 있는 기타 요인들을 살펴볼 수 있다. 기본 P/E 비율을 얻기 위해서 이러한 변수들을 사용할 수 있다. 그리고 인지된 시장의 상태, 인플레이션의 예측된 변화를 반영하기 위해서 필요에 따라 기본 P/E 비율을 조정한다.

추정 EPS와 함께 P/E 비율을 가지고 (수식(8.12)를 통해) 주식이 거래되는 가격을 계산할 수 있다. 예를 들어, 시장에서 현재 주식이 $37.80으로 거래된다고 하자. 지금부터 1년 뒤 이 주식이 주당 $2.25의 EPS를 가져야 한다고 추정되었다. 만일 주식이 추정이익의 20배의 P/E 비율로 거래되어야 한다고 느낀다면 주식은 주당 $45(즉, $2.25 × 20)로 평가되어야 한다. 주식의 현재 시장가격과 수식에서 얻은 목표가격을 비교하면 주식이 좋은 투자처인지 결정할 수 있다. 이 경우에 시장가격 $37.80보다 주식의 계산된 가격 $45가 높기 때문에 주식은 저평가되었고 좋은 투자처가 된다.

위 방법이 P/E 접근법의 주된 응용이기는 하지만 이 접근법의 변형은 D&E와 IRR 접근법과 함께 사용될 수 있다. EPS와 P/E 배수의 추정된 수치를 이용하여 주어신 투자기간 말에 얻을 것으로 기대되는 주식가격을 얻을 수 있다. 지급받을 모든 배당금을 나열하고 그 현금흐름(배당금과 미래 주식가격)을 현재로 할인하는 방법으로, D&E 접근법에서처럼 정당화된 가격을 얻거나 혹은 IRR 접근법에서처럼 기대수익률을 얻는다.

기타 주가-상대가치 방법

P/E 접근법에서 보았듯이 주가-상대가치 방법은 주식의 가치가 주당이익과 같은 주어진 기업의 성과특성과 직접적으로 관련되어 있다는 가정을 기초로 한다. 이러한 방법들은 판단과 직관에 크게 관련되어 있고 애널리스트의 시장 전문성에 크게 의존한다. P/E 접근법뿐 아니라, 주식의 가치평가를 위해 한두 가지 이유에서 이익 외의 다른 추정치를 사용하기 원하는 투자자들이 이용하는 몇 가지 주가-상대가치 방법이 있다. 그러한 방법들은 아래와 같다.

- 주가-현금흐름(P/CF) 비율
- 주가-매출액(P/S) 비율
- 주가-장부가(P/BV) 비율

P/E 배수와 같이 이러한 방법들은 주식가격과 현금흐름, 매출액, 혹은 장부가치를 연결함으로써 주식의 가치를 결정한다. 차례대로 이들 방법이 주식의 가치평가에 어떻게 사용되는지 살펴보자.

> **투자자 현실**
>
> **잉여현금흐름** – 현금흐름은 기업이 제조상품과 서비스의 비용을 감당할 수 있는 능력뿐만 아니라 주주에게 초과현금을 발생시킬 수 있는 능력을 보여준다. 기업이 얼마나 잘하고 있는지를 알 수 있는 방법 중 하나는 "잉여현금흐름"을 보는 것이다. 기업의 자본지출액과 배당금을 영업현금흐름(현금흐름표에서 얻음)에서 차감한다. 잉여현금흐름은 "초과" 현금흐름으로 간주되는데, 기업은 가장 유익하다고 판단되는 곳에 사용할 수 있다. 잉여현금흐름이 많으면, 기업은 부채를 상환하고 신제품을 개발하고 자사주 매입을 하고 배당을 늘릴 수 있다. 확실히 기업의 잉여현금흐름이 많을수록 주주는 더 나아질 수 있다.

주가-현금흐름(P/CF) 방법(Price-to-Cash-Flow Procedure) 이 측정치는 현금흐름이 순이익보다 좀더 정확한 기업의 진정한 가치를 보여준다고 믿는 투자자들에게 익히 알려져 왔다. 주식의 가치평가에 사용할 때, 계산 절차는 P/E 접근법과 거의 동일하다.

즉, 분석가들은 P/CF 비율을 이용하여 주식의 가치를 추정하기 위해 주당 현금흐름을 추정한다.

매우 간단하기는 하지만, 그럼에도 불구하고 이 절차는 하나의 문제점을 가지고 있다. 적절한 현금흐름의 측정치를 어떻게 정의하느냐의 문제이다. 일부 투자자들은 현금흐름표에서 얻어지는 영업활동으로부터의 현금흐름을 사용하고 일부 투자자는 잉여현금흐름(free cash flow)를 사용한다. 전문 분석가들이 사용하는 가장 보편적인 수치는 EBITDA(이자, 세금, 감가상각비를 제외한 이익)이고 여기서도 그것을 사용할 것이다. EBITDA는 주요 비현금비용(감가상각비 등)이 영업이익(EBIT)에 다시 더해진 "현금이익"을 의미한다.

주가-현금흐름 비율은 아래와 같이 계산한다.

수식 8.12

$$P/CF \text{ 비율} = \frac{\text{보통주의 시장가격}}{\text{주당 현금흐름}}$$

여기서, 주당 현금흐름 = EBITDA ÷ 보통주의 발행주식수.

P/CF 절차를 현재 주식의 시장가격을 평가하기 위해 사용하기 전에 먼저 1년 뒤의 추정 현금흐름을 얻어야 하고 적절한 P/CF 배수를 정의해야만 한다. 대부분의 기업에서 현금흐름(EBITDA)는 주주에게 돌아가는 순이익보다 큰 편이다. 따라서 현금흐름 배수는 대개 P/E 배수보다 낮을 것이다. 어떤 경우라도, 일단 (주관적이든 혹은 과거 시장정보를 이용하여 구하든) 적절한 P/CF 배수를 결정하면, 이 배수를 지금부터 1년 뒤 추정 주당 현금흐름에 곱하면 거래될 주식의 가격을 얻는다. 즉, 계산된 주식의 가격 = 주당 현금흐름 × P/CF 비율이 된다.

사례

어느 회사가 현재 325백만 달러의 EBITDA를 창출하고 있고 향후 12개월 뒤에는 12% 상승한 364백만 달러($325백만 × 1.12)을 얻을 것으로 예상되고 있다. 회사는 5.6백만 주의 발행주식을 가지고 있다고 가정하자. 주당 기준으로 기업의 추정 현금흐름은 $6.50이다. 만일 이 주식이 추정된 현금흐름의 약 8배의 가격으로 거래될 것으로 느낀다면 주당 약 $52의 가치를 가져야 할 것이다. 따라서 만일 시장에서 $45.50(혹은 추정된 현금흐름의 7배)에 현재 거래되고 있다면 우리는 주식이 저평가 되었고, 따라서 가치 있는 투자 후보로 고려해야 한다고 결론을 내릴 수 있다.

주가-매출액(P/S)와 주가-장부가(P/BV) 비율(Price-to-Sales and Price-to-Book-Value Ratios) 하이테크 신생기업과 같은 일부 기업은 이익이 거의 없다. 혹은 이익이 있더라도 매우 변동적이고 따라서 매우 예측 불가능하다. 이러한 경우에 이익에(심지어 현금흐름에) 기반한 가치평가 방법은 큰 도움이 되지 못한다. 따라서 투자자들은 예를 들어, 매출액이나 장부가치에 기반한 다른 방법을 찾는다. 거의 이익을 얻지 못하는 기업이라고 해도 거의 모든 기업은 매출액과 장부가치를 가지고 있다(제7장에서 설명했듯이, 장부가치는 단순히 자기자본(equity)이나 순자산(net worth)의 다른 이름이다).

P/S 비율과 P/BV 비율을 사용하는 투자자는 P/E와 P/CF 방법을 사용하는 투자자와 정확하게 같다. 수식(7.19)에서 P/BV 비율을 아래와 같이 정의했음을 기억하자.

P/BV 비율 = 보통주의 시장가격 / 주당 장부가치

우리는 P/S 비율을 유사한 방법으로 아래와 같이 정의할 수 있다.

수식 8.12

$$\text{P/S 비율} = \frac{\text{보통주의 시장가격}}{\text{주당 매출액}}$$

여기서 주당 매출액은 순연간매출액(혹은 수익)을 보통주 발행주식수로 나눈 것과 같다.

저렴한 주식을 추구하는 투자자들은 P/S 비율이 2.0보다 낮은 주식을 찾는다. 이들은 이러한 증권이 잠재적인 미래 가격 상승의 가능성을 가진다고 믿는다. 이러한 투자자들에게 특별히 매력적인 주식은 P/S 배수가 매우 낮아서 1.0보다 작은 것이다. 생각해보자. 예를 들어 P/S 비율이 0.9이면 $1의 매출액을 단지 90센트에 살 수 있다는 것이다. 기업이 빈 깡통이 아닌 이상 낮은 P/S 배수는 투자할 가치가 있는 것이다.

> **투자자 현실**
>
> **Fender의 주가** – 2012년 7월에 유명한 기타 제조회사인 Fender Musical Instruments는 기업공개(IPO)를 하기로 공시하였다. 회사의 IPO를 통한 기업가치를 약 400백만 달러로 추정하였다. 당시 회사의 수익은 거의 700백만 달러였는데 이것은 Fender의 P/S 비율이 1.75라는 것을 의미했다. 이것은 IPO시장을 지배하던 하이테크 기업에 비해 매우 낮은 배수였다.

낮은 배수에 강조점이 있다고 하더라도 높은 P/S 비율이 반드시 나쁜 것은 아니라는 점을 명심하자. 예를 들어 3.0이나 4.0 이상의 높은 배수가 정당화될 수 있는데, 기업의 순이익률을 살펴보자. 지속적으로 높은 순이익률을 창출하는 기업은 높은 P/S 비율을 가진다. 기억해야만 하는 가치평가 규칙이 있다. 높은 순이익률은 높은 P/S 배수와 직접적인 관련이 있다. 높은 순이익률을 가진 기업은 매출액의 많은 부분이 손익계산서의 맨 아래

줄에 있는 순이익의 형태로 내려오기 때문에 일리가 있는 것이다.

또한 주가-장부가 비율은 낮더라도 P/S 비율만큼 낮지는 않다는 것을 생각해야 한다. 사실 시장이 전반적으로 고평가(1999년에서 2000년 사이의 IT버블을 생각해보자)되지 않는 한, 대부분의 주식은 장부가치의 3에서 5배 이상의 배수로 거래되기는 어렵다. 이 경우에 자본구조에서 비정상적으로 낮은 수준의 자기자본을 가진 기업을 제외하고 P/S 배수와는 달리 비정상적으로 높은 주가-장부가 비율을 정당화하기 어렵다. 그것을 제외하고 높은 P/BV 배수는 거의 대부분 "초과적인 열기"에 의해 유발된다. 대략 주식이 장부가치의 7에서 8배 이상에 거래되면 주식은 고평가된 것이다.

투자자 오류

영원한 성장 – 소위 가치주는 낮은 P/B 비율을 가진 주식이고 성장주는 상대적으로 높은 P/B 비율을 가진다. 많은 연구에서 가치주가 성장주의 성과를 앞서는 것을 보여준다. 아마도 투자자들이 과거에 빠르게 성장했던 기업의 주식이 지속적으로 그럴 것이라고 과대평가하기 때문일 것이다.

개념리뷰

8.6 배당가치평가모형(DVM)을 간략하게 기술하고 이 모형의 3가지 유형을 설명하시오. CAPM이 어떻게 DVM과 어울리는지 설명하시오.

8.7 주식의 가치평가에서 변동성장 배당가치평가모형과 배당-이익(D&E) 접근법의 차이점은 무엇인가? 어느 방법이 배당금이 작거나 없는 성장형 주식의 가치평가에 더 적합한가? 설명하시오.

8.8 주식의 기대수익률을 어떻게 발견할 것인가? 그러한 정보가 주식의 선택 과정에 어떻게 사용될 수 있는지 요약하시오.

8.9 주식의 가치평가를 위한 P/E 접근법을 간략하게 기술하고 이 방법이 변동성장 DVM과 어떻게 다른지 요약하시오. P/CF 접근법을 설명하고 주식의 가치평가 과정에서 어떻게 사용되는지 요약하시오. P/CF 접근법과 P/E 접근법을 비교하고 각 방법의 상대적인 장단점을 요약하시오.

8.10 주가-매출액 비율을 설명하고 주식의 가치평가에 어떻게 사용하는지 설명하시오. 단순히 P/E 배수를 사용하지 않는 이유는 무엇인가? P/S 비율은 P/BV 측정치와 어떻게 다른가?

토론문제

LG 1 Q8.1 대학의 도서관이나 공공 도서관의 자료를 이용하여 Value Line(미국의 투자참고 자료, 국내 기업의 경우에는 인터넷 자료 검색을 통해 자료를 수집)에서 관심이 가는 회사를 선택한다(힌트: 최소한 10년 이상 상장된 기업 중에서 은행 등 금융 회사를 제외한다). 선택한 회사에 관한 최근의 분석 보고서를 구한다. 이 장에서 배운 가치평가 기법과 함께 역사적 자료와 예상 자료를 이용하여 당신이 이 주식에 지불할 최대 (정당한) 가격을 계산한다. CAPM을 이용하여 주식의 요구수익률을 구한다(여기서 시장수익률은 12%, 무위험 수익률로는 최근의 3개월 만기 국채 이자율을 이용한다).

a. 최근의 주식 시장가격과 비교해서 당신이 계산한 정당한 가격은 어떠한가?

b. 당신은 이 주식을 투자 후보로 간주할 수 있다고 생각하는가? 설명하시오.

LG 5 LG 6 Q8.2 이번 장에서 우리는 9가지 주식 가치평가 절차를 검토하였다.

- 무성장 DVM
- 일정성장 DVM
- 변동성장 DVM
- 배당-이익(D&E) 접근법
- 기대수익률(IRR) 접근법
- 주가수익률(P/E) 접근법
- 주가-현금흐름(P/CF) 비율
- 주가-매출액(P/S) 비율
- 주가-장부가(P/BV) 비율

a. 이러한 절차들 중에서 어떤 방법(들)이 다음 상황의 가치평가에 적절할 것인가?

1. 배당금을 (거의) 지급하지 않는 성장 주식
2. S&P 500
3. 이익에 대한 기록이 거의 없는 비교적 신생 기업
4. 대규모, 성숙형, 배당지급 기업

5. 고정 배당금을 지급하는 우선주
6. 대규모 감가상각비를 가진 기업

b. 언급된 9개의 절차 중에서 3가지 최선의 방법을 선택한다면? 설명하시오.

c. 만일 실무에서 한 개의 방법을 선택한다면 어떤 것이 되어야 할까? 설명하시오. (주의: 선택을 위해 언급된 것 중에서만 고르시오)

LG 1 LG 3 Q8.3 주식의 가치평가 절차에서 미래가 기여하는 역할을 설명하시오. 역사적 정보만을 기초로 가치평가를 하지 않는 이유는 무엇인가? 주식의 내재가치는 요구수익률과 어떻게 연관되어 있는가? 요구수익률이 증가하면 주식의 가치에 어떤 일이 일어나는지 설명하시오.

LG 4 Q8.4 투자자가 일정성장 DVM으로 주식의 가치를 평가한다고 가정하자. 아래 기술된 것은 주식의 가치를 계산하는 데 영향을 주는 다양한 상황이다. 이러한 상황들을 각각 살펴보고 이러한 상황이 주식의 가치를 올리는지, 내리는지, 혹은 일정하게 유지하는지 설명하시오.

a. 배당성향의 증가
b. 주식의 베타 상승
c. 주가배수의 하락
d. 무위험 수익률의 하락
e. 순이익률의 상승
f. 총자산회전율의 하락
g. 시장수익률의 상승

현재의 배당금(D_0)이 일정하게 유지되고, 기타 모든 다른 변수들이 일정하다고 가정하자.

문제

LG 2 P8.1 투자자는 Dursley Hotel의 내년 매출액이 약 100백만 달러가 될 것이라 예측한다. 회사는 5.0백만 주의 발행주식을 가지고 있고 영업이익률(profit margin)은 약 10%, 배당성향은 50%이다. 모든 수치는 내년에도 유지될 것이라 예상한다. 주어진 정보를 가지고 다음을 계산하시오.

a. 내년의 순이익 추정

b. 내년의 주당 배당금

c. 주식의 추정가격(P/E 비율이 이익의 24.5배라고 가정)

d. 추정 보유기간수익률(최근의 주가: 주당 $40)

LG 2 P8.2 Taurus Corp은 2011년에 35백만 달러의 매출액을 기록했고 2014년에는 $51,230,000의 매출액을 기대하고 있다. 회사의 영업이익률은 2011년에 4%였고 2014년에는 6%로 증가할 것으로 예상된다. 회사의 2014년 순이익을 추정하시오.

LG 2 P8.3 Sirius Lawnmower의 총 자기자본은 450백만 달러이고 발행주식수는 150백만 주이다. ROE는 18%이다. EPS는 얼마인가?

LG 2 P8.4 Hyra Corporation의 총 자기자본은 300백만 달러이고 발생주식수는 120백만 주, ROE는 20%이다. 배당성향이 25%이다. 회사의 주당 배당금을 구하시오(센트에서 반올림).

LG 2 P8.5 Indus의 ROE는 14%이다. 주당이익은 $1.50이고 주당 배당금은 $0.15이다. Indus의 성장률을 추정하시오.

LG 2 P8.6 지난해에 Black Hole Company는 이자비용으로 90백만 달러를 지불하였고 연간 평균 이자율은 15%이다. 회사의 ROE는 20%이고 배당금은 없다. 이자율이 20% 하락할 것이라면 이자비용은 얼마인가? 회사는 일정한 주식 배수 25%를 유지한다.

LG 2 **P8.7** Holly Ring은 Centaur Finance의 주식을 주당 $56에 매수하려고 한다. 그녀는 주식 가격이 앞으로 3년 뒤 $64로 오를 것이라 기대한다. 이 기간 동안 그녀는 연간 배당금으로 매년 $8를 받을 것이다.

a. 요구수익률이 11%라면 이 주식의 내재가치는 얼마인가?

b. 기대수익률은?

LG 4 **P8.8** Cygnus Entertainment는 돌아오는 해에 배당금으로 $1.20을 지급할 것으로 예상된다. 요구수익률은 15%이고, 배당금은 연간 5%로 성장할 것이다. 배당 가치평가 모형을 이용하여 주식의 내재가치를 구하시오.

LG 4 **P8.9** Simon은 주식 매수를 고려 중이다. 주식은 일정한 연간 배당금 $3.00를 지급하고 현재 $40에 거래되고 있다. Simon의 요구수익률은 10%이다. 이 주식을 매수해야 하는가?

LG 4 LG 5 **P8.10** Larry, Moe, 그리고 Curley는 형제이다. 그들은 모두 진지한 투자자이지만 서로 다른 주식 평가 방법을 사용한다. Larry는 1년 보유기간으로 주식가치를 평가한다. Moe는 여러 해를 보유기간으로 사용한다. Curley는 배당가치평가모형을 선호한다.

현재 모두 동일한 주식(American Home Care Products, AHCP)을 고려하고 있다. 회사는 NYSE에 50년간 상장되어 있고 탄탄한 성숙형 기업으로 배당금을 지급한다. 형제들은 AHCP에 대한 다음 정보를 모았다.

현재 배당금(D_0) = $2.50/주

기대성장률(g) = 9.0%

요구수익률(r) = 12.0%

모두 이러한 변수가 적절하다고 동의하였고 주식을 평가하는 데 사용할 것이다. Larry와 Moe는 D&E 방법을 사용하려고 한다. Curley는 일정성장 DVM을 사용하려고 한다. Larry는 1년 보유기간을 사용하고 9%의 성장률로 주식가격이 내년 말에 $98.80로 성장할 것이라고 추정하였다. Moe는 3년 보유기간을 이용하여 동일한 9% 성장률에 주식이 투자기간 말이 되면 $117.40가 될 것이라고 예측하였다. Curley는 일정성장 DVM으로 투자기간이 불필요하다.

a. 주어진 정보를 이용하여 Larry, Moe, Curley의 방식으로 주식의 가치를 평가하시오.

b. 알게 된 내용은 무엇인지 설명하시오. 어떤 방법이 가장 합당한 것으로 보이는가?

LG 5 P8.11 당신은 Bufford's Burger Barns 주식에 대하여 다음 정보를 얻었다고 가정하자. 회사의 최근 배당금은 주당 $4이고, 내년에 $4.32로, 그 이후에는 $4.67 그리고 3년차에는 $5.04로 성장할 것으로 예상된다. 또한 주식의 가격은 $56.50(현재 가격)에서 3년뒤에 $77.75로 상승할 것이다.

a. 배당-이익 접근법과 요구수익률 15%를 사용하여 주식의 가치를 구하시오.

b. IRR 절차를 이용하여 주식의 기대 수익률을 구하시오.

c. 배당금이 영원히 8%로 성장한다는 가정 아래 요구수익률 15%를 사용하여 배당가치평가모형으로 주식의 가치를 구하시오.

d. 3년째 배당금이 실제 $5.04이고 배당 성장률이 8%에 머문다고 가정하자. 요구수익률은 15%이다. 배당가치평가모형으로 3년말 주식의 가격을 구하시오 (힌트: 이 경우, 주식의 가치는 4년 배당에 달려 있으며 그것은 $D_3 \times (1+g)$이다). 여기에서의 해답과 문제에서 주어진 주식의 추정가격인 $77.75 사이의 유사점을 확인했는가? 설명하시오.

LG 6 P8.12 당신은 West Coast Electronics 주식을 매수하는 것을 고려 중이다. 지금까지 당신의 분석으로 다음과 같은 정보를 알게 되었다. 주식은 연간 배당금으로 주당 $2.50을 지급한다(그리고 앞으로 몇 년간 다른 변수와 함께 변동이 없을 것이다). 주식은 P/E가 이익의 18배로 거래되고 베타는 1.15이다. 추가적으로 CAPM에 무위험 수익률로 7%를, 시장수익률로 14%를 사용할 것이다. 당신은 주식을 3년 동안 보유할 것이고 그때 EPS는 주당 $7에 이를 것이라 생각한다. 주식이 현재 $70에 거래되고 있다면 IRR 방법으로 이 증권의 기대 수익률을 구하시오. 이제 현재가치(배당-이익) 방법으로 이 주식의 가격을 구하시오. 이 주식이 당신에게는 좋은 투자로 보이는가? 설명하시오.

LG 6 **P8.13** Myrtle's Plumbing Supply의 가격은 현재 \$80이다. 회사는 배당금을 지급하지 않으며 Ms. Bossard는 지금부터 4년 뒤에 가격이 \$110가 될 것이라 예상한다. 만일 10%의 요구수익률을 원한다면 그녀는 Myrtle's Plumbing 주식을 매수해야 하는가? 설명하시오.

LG 5 **P8.14** 올해 Shoreline Light and Gas(SL&G)는 주주에게 연간 배당금으로 주당 \$3를 지급했다. 주요 브로커 회사는 SL&G에 대한 보고서에서 회사의 연간 배당금이 앞으로 5년간 연간 10%의 비율로 성장할 것이고, 그 이후로는 연간 6%로 고정될 것이라고 발표했다.

a. 변동성장 DVM과 요구수익률 12%를 사용하여 당신이 이 주식에 지불할 수 있는 최대 가격을 구하시오.

b. 앞의 a에서 문제를 다시 푸는데, 이번에는 5년이 지난 후 배당금의 성장이 멈춘다고 가정하시오(6년 및 그 이후부터 g=0). 모든 다른 정보를 이용하여 내재가치를 구하시오.

c. 위 2개의 답을 비교하고 의견을 피력하시오. 가치평가 모형에서 성장은 얼마나 중요한가?

LG 5 **P8.15** 지난해에 주당 \$2.25의 동일한 연간 배당금을 지급한 3개 회사가 있다고 가정하자. 추가적으로 미래의 배당 성장률은 다음과 같이 추정되었다.

Buggies-Are-Us	Steady Freddie, Inc.	Gang Buster Group	
g = 0	g = 6%	1년	\$2.53
(배당금은 주당 \$2.25로 정체)	(예측가능한 미래 동안)	2년	\$2.85
		3년	\$3.20
		4년	\$3.60
			5년 이후: g = 6%

또한 조금 이상한 상황을 가정하자면, 이 3개 회사는 모두 동일한 요구수익률(r =

10%)을 가진다.

a. 적절한 DVM을 이용하여 이들 회사의 가치를 평가하시오.

b. 이들 3개 회사의 상대적 가치에 대해 논의하시오. 가치평가에서 차이를 일으킨 주요 원인은 무엇인가?

LG 6 P8.16 Hercules Software의 주식은 P/E 비율로 이익의 18배에 거래된다. 이 회사는 앞으로 6년 동안 주당 $2.50의 배당금을 지급하고 6년째의 EPS는 $6일 것으로 예상된다. 배당-이익 모형과 10%의 할인율을 이용하여 주식의 합당한 가격을 계산하시오.

LG 6 P8.17 어떤 회사가 현재 250백만 달러의 매출액을 올렸다. 매출액은 내년(1년차)에 20% 성장할 것으로 예상된다. 그 이후(2년차) 매출액 성장률은 10%가 될 것이다. 2년 동안 회사는 8%의 순 영업이익률과 50%의 배당성향을 가질 것으로 추정된다. 회사는 15백만 주의 발행주식수를 유지할 것이다. 주식은 항상 P/E 15배로 거래될 것이고 투자자의 요구수익률은 20%이다. 주어진 정보를 이용하여,

a. 주식의 내재가치(합당한 가격)을 구하시오.

b. 주식이 현재 주당 $15에 거래된다면, IRR 방법을 이용하여 주식의 기대수익률을 구하시오.

c. 1년 동안 그리고 2년 동안 주식의 보유기간수익률을 구하시오.

LG 3 LG 5 P8.18 주요 투자서비스가 강한 매수 조언과 함께 Libra Consulting에게 주어졌다. 이에 따라 당신은 회사 주식의 가치를 평가해보기로 했다. 당신은 다음과 같은 정보를 알아냈다. 올해 Libra는 주주에게 연간 배당금으로 주당 $4를 지급했다. 그러나 이익의 높은 성장률로 인해 배당금은 앞으로 4년 동안 연간 10%씩 성장하고 그 이후 8%에 머물 것으로 예상된다. 또한 주식의 베타가 1.50이며 무위험 수익률이 4%이고, 시장의 기대수익률이 10%라는 것을 알았다. CAPM을 이용하여 요구수익률을 구하고 주식의 가치를 구하시오.

LG 5 P8.19 Orion Digital은 현재 배당금을 지급하지 않지만 4년차에는 지급할 예정이다. 즉,

Orion은 배당금 없이 3년을 지낼 것이고, 첫 번째 배당금(주당 $5)을 4년째에는 지급할 계획이다. 회사가 배당금을 지급하게 되면, 계속 지급할 것이다. 회사는 배당성향을 50%로 할 것이고 ROE는 15%로 유지할 것이다. DVM에 근거해서 요구수익률이 12%라면 이 주식을 오늘 매수하기 위해 당신은 최대한 얼마를 지불하겠는가?

LG 5 P8.20 어떤 회사에 대해 다음과 같은 정보를 얻었다.

총자산	$50,000,000
총 자기자본	$25,000,000
순이익	$3,750,000
EPS	$5.00 주당
배당성향	40%
요구수익률	12%

일정성장 DVM으로 이 회사 주식의 가치를 평가하시오.

LG 6 P8.21 당신은 Ursa Media Solutions 주식을 매수하려고 하는데 P/E 방법으로 주식의 가치를 평가하려고 한다. 내년의 이익을 주당 약 $3.50으로 추정하고 있으며, 주식의 상대적 P/E가 시장의 1.3배라고 하더라도 상대적 P/E가 1.5로 상승할 것이라 믿는다. 반면에 시장 P/E는 이익의 약 15배일 것이다. 이러한 정보를 가지고, 당신이 지불할 이 주식의 최대 가격이 얼마가 될 것인가? 만일 오늘 주식을 매수하면 $75.50인데, 연말에 주가가 $100.00로 상승한다면 12개월 뒤에 얻을 수익률은 얼마인가(주식은 배당을 지불하지 않는다)?

LG 5 P8.22 Lynx Auto는 지난 12개월 동안 $3.50의 EPS(주당순이익)을 창출했다. 회사의 이익은 내년에 20% 증가할 것으로 예상된다. 발행주식수의 변동이 없기 때문에 EPS는 같은 비율로 증가할 것이다. P/E를 보면 주식은 이익의 약 20배로 거래되고 있다고 생각한다. P/E 방법을 사용하여 주식의 가치를 구하시오.

LG 6 P8.23 Newco는 신생기업으로 아직 이익을 내지 못하고 있다. 당신은 이 주식의 가치를 평가하려고 하는데 회사는 배당금을 지불하지 않으며 이익이 없으니 P/E 비율도 계산할 수 없다. 결과적으로 당신은 동일한 산업에 속한 다른 주식을 살펴보기로 했다. 다음과 같은 정보를 얻었다.

	주당 자류($)			
	Newco	Adolescentco	Middle-Ageco	Oldco
매출액(Sales)	10	200	800	800
이익(Profit)	−0	10	60	80
장부가치(Book value)	−2	2	5	8
시장가치(Market value)	?	20	80	75

Newco의 시장가치를 추정하시오. 만일 Newco가 다른 기업에 비해 더 빨리 성장한다면 당신의 추정이 어떻게 바뀌는지 논의하시오.

LG 4 P8.24 World Wide Web Wares(4W)는 온라인 매장으로 부엌에서 사용하는 소형가전과 살림 도구를 판매한다. 회사는 몇 년 동안 노력 끝에 틈새시장을 창출했다. 사실, 크지는 않지만 작년에 이익으로 돌아섰다. 회사에 대한 기본 분석을 한 후에 당신은 좀더 세밀히 살펴보고자 한다. 우선 주가매출액(P/S) 비율로 주식의 가치를 평가하려고 하는데 인터넷 매장을 운영하는 주식의 P/S 배수는 아래와 같다.

회사명	P/S 배수
Amzaing.com	4.5
ReallyCooking.com	4.1
Fixtures & Appliances Online	3.8

이들 3개 기업의 평균 P/S 비율을 계산하시오. 4W가 내년에 40백만 달러의 매출액을 창출할 것으로 예상되고 10백만 주의 주식이 발행되어 있다면, 앞에서 계산한 평균 P/S 비율을 이용하여 4W의 주식 가치를 구하시오.

사례 문제 8.1: Chris는 새로운 재산을 투자할 방법을 찾고 있다

LG 1 LG 2 LG 4 Chris Norton은 TV 수퍼스타로 성장하고 있는 젊은 Hollywood 작가이다. 몇 개의 성공적인 TV 스페셜을 쓴 후에, 최근에 TV의 최고 시트콤의 수석 작가로 이름을 올렸다. Chris는 자신의 사업이 변덕스러운 것임을 잘 알기에 아버지와 매니저의 조언에 따라 투자 프로그램을 구축하려 했다. Chris는 올해 5십만 달러를 벌어들일 것이다. 그의 나이와 수입 때문에 그리고 투자금액으로 될수록 큰 돈을 벌고자 결심했기 때문에 그는 투기성 고성장 주식에 투자하기로 했다.

Chris는 현재 믿을 만한 Beverly Hills의 브로커와 함께 하고 있으며 분산된 투기성 주식의 포트폴리오를 구성하는 과정이다. 브로커는 최근 그에게 새로운 신주에 대한 정보를 보냈다. 그녀는 Chris에게 관심이 있으면 숫자를 확인하고 1,000주를 매수하라고 조언했다. 그 중에서 기업의 3년 동안의 매출액은 다음과 같이 예측되었다.

연도	매출액($백만)
1	22.5
2	35.0
3	50.0

회사는 발행주식수 2.5백만 주를 가지고 있다. 현재 주당 $70에 거래되고 있으며 배당금은 없다. 회사의 순영업이익률(net profit margin)은 20%이며, 주식은 이익의 약 40배인 P/E로 거래되고 있다. 이 모든 운영 특성은 미래에도 지속될 것이다.

문제

a. 주식에 대해 살펴보자

1. 향후 3년간 동안 회사의 순이익과 EPS를 각각 계산하자.
2. 지금부터 3년 뒤 주식의 가격을 계산하자.
3. 모든 예측이 맞고 Chris가 주식을 $70에 매수한다고 가정하면 기대 투자수익률은 얼마인가?
4. 이 주식의 매수가 직면한 위험은 무엇인가? 구체적으로 설명하시오.

5. 그는 투자할만한 주식으로 간주해야 하는가? 설명하시오.

b. Chris의 투자 프로그램에 대해 살펴보자.

1. 그의 투자 프로그램에 대해 어떻게 생각하는가? 강점과 약점은 무엇이라고 생각하나?
2. 당신이 해줄 수 있는 조언이 있는가?
3. Chris가 외국 주식을 포트폴리오에 추가해야 한다고 생각하는가? 설명하시오.

사례 문제 8.2: 고성장 주식의 분석

LG 2 LG 6 Marc Dodier는 최근 대학을 졸업하고 캔자스 시티의 Lippman, Bricbats, and Shaft 브로커 회사에 증권 분석가로 취업했다. Marc는 Wall Street의 가장 인기있는 증권이었던 C&I Medical Supplies을 분석했다. 이 회사는 최근에 괄목할 만한 성과를 냈고 심지어 뛰어난 성장 잠재력을 지녔다. 이 회사의 발행주식수는 5백만 주이고 연간 5센트의 배당금을 지급한다. Marc는 아직 투자할 가치가 있는지 C&I를 좀더 분석하기로 했다. 회사의 과거 5년 매출액은 아래와 같다.

연도	매출액($백만)
2009	10.0
2010	12.5
2011	16.2
2012	22.0
2013	28.5

Marc는 회사의 과거가 아니라 미래전망에 대해 우려한다. 그 결과 그는 곰곰이 생각한 후에 미래 성과에 대해 아래와 같은 추정치를 만들 수 있었다.

추정된 순이익률(net profit margin)	12%
추정된 연간 주당 배당금	5센트
발행주식수	변화 없음
P/E 비율(2014년 말)	35
P/E 비율(2015년 말)	50

문제

a. 과거 5년간의 연간 매출액 평균성장률을 계산하시오(2008년의 매출액은 7.5백만 달러로 가정한다).

1. 이 평균 성장률을 이용하여 내년(2014년)과 그 이후(2015년)의 수익(매출액)을 추정하시오.
2. 향후 2년(2014년과 2015년)의 회사 순이익과 EPS를 구하시오.
3. 마지막으로, 이 2년의 말에 미래 주식가격을 추정하시오.

b. 내재적인 요인과 시장요인 때문에, Marc는 원하는 수익률의 가능한 수치로 25%를 생각하고 있다.

1. 25%의 수익률과 문제 a에서 얻은 예상 수치들을 이용하여 주식의 정당한 가격을 계산하시오.
2. 만일 C&I가 현재 주당 $32.50에 거래되고 있다면, Marc는 이 주식을 투자할만한 후보로 고려해야 하는가? 설명하시오.

엑셀 스프레드시트

가치평가의 기초는 증권의 내재가치를 결정하는 것이다. 이때 투자자는 투자의 미래 기대 현금 이득의 현재가치를 계산한다. 특히 보통주의 경우에는 이러한 미래 현금흐름은 기대되는 미래 배당금 지급과 미래의 잠재적인 가격 상승이다. 주식의 가치를 평가하는 간단하지만 유용한 방법은 무한한 시간 동안 기업이 제공할 모든 미래 기대 배당금의 현재가치를 계산하는 것이다.

마지막 개념에 근거해서 배당가치평가모형(DVM)이 만들어졌다. 이 모형은 3가지 유형(무성장 모형, 일정성장 모형, 변동성장 모형)으로 구분된다.

변동성장모형으로 Rhyhorn 보통주의 내재가치를 추정하는 스프레드시트를 만든다. 배당금은 3년(2013, 2014, 2015) 동안 변동 비율로 성장할 것이다. 그 이후 배당금은 연간 7%로 성장하며 미래에 계속 유지될 것으로 기대된다. 최근(2012년)의 연간 배당금인 주당 $2로 시작해서, Rhyhorn의 이익과 배당금은 7%로 떨어지기 전에 2013년에 18%,

2014년에 14%, 그리고 2015년에 9%로 성장할 것으로 추정된다. 주어진 기업의 위험에 따라 최소 요구수익률은 12%로 가정한다. <표 8.4>의 스프레드시트는 이 문제를 풀기 위한 좋은 참고자료이다.

질문

a. 추정되는 2013, 2014, 2015년의 연간 배당금을 계산하시오.

b. 초기 변동 성장 기간 동안의 배당금의 현재가치를 구하시오.

c. Rhyhorn 주식의 가격이 초기 성장기(2015년)가 끝날 때 얼마가 될 것이라고 생각하는가?

d. 위 c번에서 Rhyhorn 주식의 추정 미래 가격을 가지고 주식의 가격을 현재가치로 할인하시오.

e. 위 계산에 근거하여 Rhyhorn 주식의 총 내재가치를 구하시오.

장을 여는 문제

이번 장을 시작하면서 Bed Bath & Beyond(BBBY)의 주당순이익이 분기별 $0.89라고 하는 2012년 이익공시에 대해 읽었다. 이제 1년간 주당순이익을 분기 순이익에 4를 곱해서 주당 $3.56이라고 단순한 가정을 하자. 공시시점에 미국 주식의 평균 P/E는 15에 가까웠다.

질문

a. 만일 시장의 P/E와 BBBY의 현재 이익을 이용하여 주식의 내재가치를 추정한다면, 어떤 값을 얻을 수 있는가?

b. 이익공시 이후 BBBY의 실제 가격은 약 $60였다. 이것이 a번 답안에 대해 의미하는 것은 무엇인가?

c. BBBY가 모든 이익을 배당금으로 지급했다고 하자. 그리고 회사는 이익을 재투자하지 않으며 배당금은 증가하지 않기 때문에 투자자는 동일한 배당이 계속될 것이라고 기대한다고 가정하자. 만일 BBBY 주식에 대한 요구수익률이 9%라면 주식가격은 얼마가 되는가?

d. 시장에서의 BBBY의 가격을 가지고 위 c번의 답안에 대해 논의하라.

Chapter 09

시장효율성과 행태재무

학습목표 (Learning Goals)

이 장을 학습한 후, 아래와 같은 과제를 수행할 수 있어야 한다.

LG 1 효율적 시장의 특성을 기술하고 시장 이례현상을 설명한다. 그리고 시장이 효율적일 때 투자자가 직면하게 되는 과제를 확인한다.

LG 2 주식시장이 효율적임을 나타내는 증거를 요약한다.

LG 3 투자결정에서 투자자에게 체계적인 오류를 야기하는 4가지 "의사결정 함정"을 나열한다.

LG 4 행태 재무학이 시장의 이례현상과 투자자의 인지적 오류를 어떻게 연결하는지 설명한다.

LG 5 기술적 분석의 일부 방법을 설명한다.

LG 6 개별주식과 전반적인 시장에 적용하는 기술적 거래 규칙을 계산하고 이용한다.

누가 백만장자가 되기를 원하는가?(Who Wants to Be Millionaire?)라는 TV 쇼에서 참가자들은 1백만 달러의 상금을 얻기 위해서 일련의 사소한 질문에 답변을 한다. 단 한 번의 오답만으로도 참가자는 하찮은 위로 선물만을 들고 집으로 돌아가야 한다. 그러나 자신의 답에 확신이 없는 경우에는 몇 가지 "생명줄(life line)"을 사용할 수 있다. 프로그램 초기에는 생명줄의 하나로 친구에게 도움을 청하는 전화가 허용되었다. 친구에게 전화를 걸었을 경우 성공률은 약 65%였다.

이러한 성공률은 또 다른 생명줄인 단순히 청중의 의견을 투표로 물었을 경우의 성공률 91%에 비하면 낮은 수준이다. 정답을 모르는 청중은 단순히 추측을 하기 때문에 질문에 대한 4가지 선택지에 투표 결과가 무작위로 균등하게 퍼진다. 그러나 정답을 아는 청중의 선택은 정확한 답안에 집중되기 때문에, 결국 정답은 투표에서 가장 많은 수를 얻게 된다. 따라서 청중의 지혜를 무시하면서 게임에서 살아남는 참가자는 매우 드물다. 이런 현상이 투자와는 어떻게 관련이 되는가? 기업 주식의 가치를 추정하는 것은 사소한 질문에 답하는 것보다 어렵다. 많은 변수들이 주식의 가치에 영향을 미친다. 그리고 이런 변수들과 관련된 정보는 각기 다른 시점에 다른 투자자에게 알려진다. 또한 수많은 전문적인 투자자들이 주식시장을 따라 다니면서 다른 투자자에 비해 유리함을 얻기 위해 정보를 캐고 있다. 효율적 시장가설로 알려진 유명한 이론에 따르면, 모든 분석의 최종적인 결론은 청중 투표가 대부분 옳은 것처럼 시장가격이 옳다는 것이다. 주식의 시장가격은 증권에 대해 투자자가 아는 모든 것을 반영한다. 그리고 시장에 알려진 집단적인 정보는 단일 투자자가 모방하는 것보다 크다. 따라서 시장가격이 주식의 진정한 가치를 반영하지 않는다고 생각하면서 투자자가 주식을 매입한다면, 그것은 TV 쇼에 출연한 참가자가 청중 선택의 결과를 거절하는 것과 같다. 그러한 전략이 성공하는 경우는 명확하게 아주 드물다. 시장이 효율적이라면, 시장이 특정 주식을 고평가 혹은 저평가하였다고 판돈을 걸기 전에, 한 번 더 생각해보는 것이 현명한 것이다.

(출처: James Surowiecki, The Wisdom of Crowds, www.randomhouse.com)

효율적 시장

LG 1 LG 2

주 각 장의 학습목표는 이 아이콘에 의해 본문의 설명에서 표시된다.

주식시장을 합법적인 도박장과 별로 다르지 않은 것으로 보는 사람들도 있다. 그들은 주식가격은 거의 무작위로 움직이며, 경제나 특정 기업의 재무 성과와 주가가 실질적인 연관성이 없다고 주장한다. 이런 관점을 지닌 사람의 눈에 시장의 등락은 사업의 본질적 결과가 아니라 투자자의 탐욕과 공포와 같은 감정에 의해 움직이는 것으로 보인다. 이번 장에서 우리는 주식시장(그리고 기타 금융시장)에서 가격과 실제 사업이 처한 상황의 연관성을 연구하고 어떻게 주식가격이 인간 감정에 영향을 받는지 학습한다.

우선 2000년에서 2012년 사이 Walmart의 분기별 매출액을 보여주는 <그림 9.1>을 보자. 잠깐만 살펴보더라도 두 가지 특징을 발견할 수 있다. 우선, Walmart의 매출액이 계속 증가해 왔다는 것이다. 2012년 초반에 회사는 1분기 매출액으로 $1,130억을 기록했는데 그것은 2000년 같은 시기 매출액의 2배가 넘는 것이다. 아마 좀더 놀라운 현상은, 매년 특정한 분기 Walmart의 매출액이 다른 분기보다 확실히 높다는 것이다. 매년 분기별 최고 매출액은 <그림 9.1>에 파란 점으로 표시했는데 그것은 Walmart의 4분기 매출액임을 알 수 있다. 다시 말해서, 2000년 이후 매년 Walmart는 다른 분기보다 연말 3개월 동안에 안정적으로 높은 매출액을 보이고 있다. 이러한 패턴을 좀더 생각해보면 놀라운 일은 아니다. 거의 모든 미국의 소매기업이 크리스마스 시즌 때문에 연말 3개월 동안에 더 많은 매출을 올리고 있으며 Walmart도 예외는 아니다. <그림 9.1>은 Walmart의 매출액이지만 순이익의 그래프도 유사한 패턴일 것이다.

Walmart는 거대한 기업으로, 미국 소매(자동차 제외) 매출액의 약 10%가 Walmart에서 발생한다. 그것은 매장이 넓어서 그렇기도 하겠지만 Walmart가 일상적인 생필품 판매에 집중하고 있기 때문이다. <그림 9.1>에서 어느 정도 알 수 있듯이, Walmart의 재무 성과는 예측하기 어렵지 않다. 오랜 기간 동안에 걸쳐 일어난 Walmart의 매출액 패턴의 지속성은 Walmart의 미래 성과의 예측이, 최소한 아주 멀지 않은 미래에는 꽤 정확할 것임을 의미한다. Walmart의 주식가격 역시 예측이 가능할까?

그림 9.1 Walmart의 분기별 매출액

2000년부터 2012년까지 Walmart는 430억 달러에서 1,130억 달러로 매출액의 꾸준한 성장을 이루었다. 장기적인 우상향 추세는 파란 점으로 표시된 매년 4분기 매출액의 연간 정점으로 계절적 추세로 표현된다. 4분기의 매출액 정점은 크리스마스 쇼핑시즌 때문이며 소매기업에서는 일반적인 현상이다.

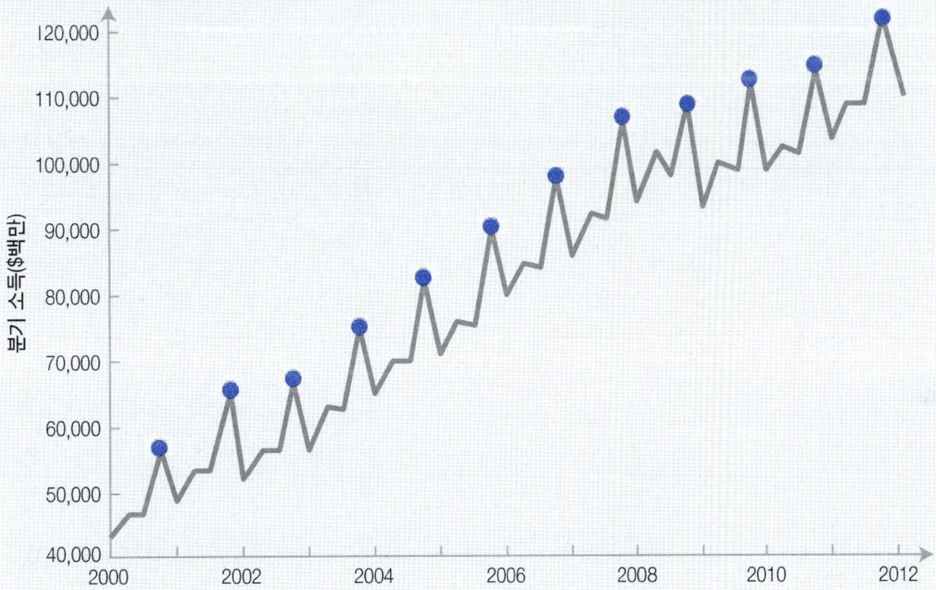

<그림 9.2>는 <그림 9.1>과 같은 시기인 2000년부터 2002년 사이의 Walmart의 4분기 주식가격을 보여준다. Walmart의 주식가격은 2012년에 2000년보다 높은 것을 볼 수 있으나, 회사의 매출액처럼 비교적 부드러운 상승 추세를 보여주는 것은 아니다. <그림 9.1>과 <그림 9.2>의 가장 눈에 띄는 차이점은 예측 가능한 매출액의 움직임과는 달리 Walmart의 주식가격은 겉보기에는 무작위 움직임을 보인다는 것이다. 확실히 Walmart의 주식가격 정점은 매출액 정점과는 달리 어떤 경향성을 찾기 어렵다(<그림 9.2>에 파란 점은 4분기를 의미한다). 이것은 Walmart의 재무 성과와 주식의 움직임 사이에 연관성이 없다는 것을 의미하는 것일까?

보다시피 질문에 대한 우리의 답변은 확실한 '관련 없음'이다. 이유를 이해하기 위해서는 Walmart의 주식가격이 매출액과 동조하여 매년 연말에 계절적인 정점을 찍으며 움직인다면 어떤 일이 일어날 것인지 생각해보는 것이 좋다. 오랜 기간 동안 수년에 걸쳐 Walmart가 정기적이고 예측 가능한 연말 4분기의 주가 상승 패턴을 보여주었다고 가정

그림 9.2 Walmart의 주식 가격

2000년에서 2012년 사이에 Walmart의 주식가격은 상승했지만, 예측 가능한 우상향을 보여준 것은 아니다. 더구나 Walmart 매출액이 보여주는 계절적 변동은 주식가격에서 나타나지 않는다. 4분기의 주식가격을 파란 점으로 표시했는데, 이 점들은 지난 12년 동안 어떠한 패턴도 보여주지 않는다.

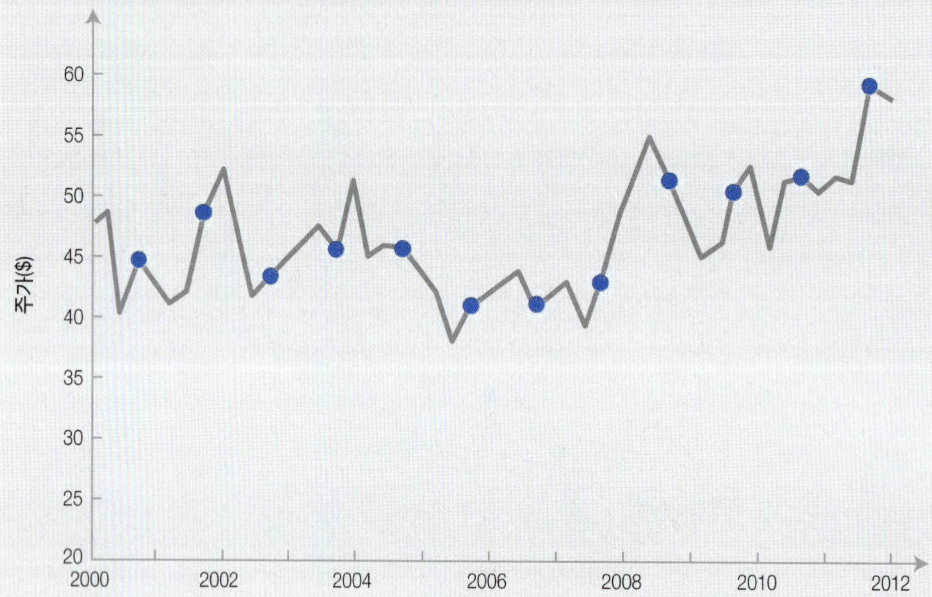

하자. 만일 이러한 패턴이 지속적이고 투자자들이 알고 있다면 그들은 어떻게 할 것인가? 똑똑한 투자자라면 Walmart의 주식을 매년 3분기에 매입하여 4분기의 주가상승을 기대할 것이다. 그러나 만일 투자자들이 Walmart의 주식을 매년 3분기에 사기 위해 모여든다면 4분기가 아니라 3분기에 주가를 밀어올리는 압력이 작동할 것이다. 다시 말해서, 4분기 주가 정점의 패턴은 3분기 정점의 패턴으로 바뀔 것이다. 이제 곧 투자자들은 새로운 패턴을 보게 되고 매년 2분기로 옮겨갈 것이다. 결과적으로 주식가격의 정점에 앞서서 주식을 사려는 투자자의 행동은 계절적 패턴을 사라지게 만들 것이다. 따라서 여기서의 교훈은 비록 기업의 재무 성과가 매우 예측 가능성인 높은 패턴을 보인다고 하더라도 주식가격은 동일한 패턴을 보이지 않을 것이라는 점이다(혹은 아무런 패턴도 보이지 않을 것이다). 만일 주식가격이 예측 가능한 패턴을 보여준다면 투자자의 행동이 이러한 패턴을 사라지게 만들 것이다.

논쟁의 두 번째 관점은 Walmart 주식 가격(혹은 다른 주식 가격)의 무작위 움직임이 주식 시장과 Walmart 재무 성과 사이의 무관련성을 의미하지 않는다는 것을 설명한다. 제8장에서 주식의 가격은 주식을 발행한 기업의 미래 성과에 대한 투자자의 예측에 달려있다고 배웠다. 투자자의 예측이 낙관적이면 가격은 상승하고 반대의 경우에는 하락한다. 2000년에 Walmart의 주식을 매수한 투자자는 아마도 12년 뒤에 회사의 매출액이 성장하고 매년 말에 정점에 이를 것임을 기대했을 것이다. 그러나 2000년에 Walmart는 이미 오랫동안 성장의 기록을 세웠고, 매출액의 계절적 패턴도 투자자 사이에 널리 알려져 있었다. 다시 말해서 <그림 9.1>에서 보여주는 성과는 투자자에게 놀라운 것이 아니기 때문에 Walmart의 주식을 크게 움직이게 만들지 않는다. 갑자기 그리고 상황에 따라 크게 Walmart의 주식 가격을 변동시키는 것은 기업의 미래 재무 성과가 투자자의 예측에서 벗어나는 경우이다. 예를 들어, 2008년에 Walmart의 매출액이 평소처럼 4분기에 높았는데 투자자의 기대보다 더 높았다고 가정하자. 이 경우 투자자는 Walmart의 미래 성과에 대한 예측을 높이게 될 가능성이 크며 그 결과 회사의 주식가격은 상승하게 될 것이다. 만일 Walmart의 재무성과가 투자자의 기대에 못 미쳐 나타나면, 투자자는 기업이 미래에 성취할 성과에 대한 관점을 수정하게 되고 그에 따라 주식가격은 하락하게 될 것이다.

여기서 주요 핵심은 주식 가격이 새로운 정보에 반응한다는 것이다. 정의에 의해, 새로운 정보는 사람들이 이미 알고 있는 것이 아니며 기대하고 있는 것이 아니다. Walmart의 매출액 움직임은 새로운 정보가 아니고, 따라서 매년 4분기 정점이 발생해도 회사 주가를 올리지 못한다. 4분기 매출액이 (예측보다 높거나 낮은) 놀라운 경우에만 Walmart의 주식 가격은 반응을 한다. 새로운 정보는 예측이 불가능하기 때문에 주식 가격 역시 대체로 예측 불가능하게 움직인다. 이것이 무작위행보가설(random walk hypothesis)의 핵심개념이다. 무작위행보가설은 주식가격 움직임의 예측은 매우 어렵다고 말한다. 주식가격의 움직임이 무작위라고 해서 주식시장이 도박장이거나 실제 세상과 유리되어 있다고 말하는 것이 아니다. 오히려 반대의 견해가 진실이다. 주식가격이 겉보기에 무작위로 움직이는 것은 주식시장이 정보를 빠르고 효율적으로 처리하고 있음을 보여준다. 사실 경제학자들은 시장이 모든 새로운 정보를 빠르고 완전히 반영하는 것을 효율적 시장(efficient market)이라고 한다.

효율적 시장가설

주식 가격(그리고 기타 금융상품의 가격)이 새로운 정보를 빠르게 반영한다는 생각은 공식적으로 효율적 시장가설(efficient market hypothesis, EMH)로 알려져 있다. 이러한 아이디어가 주는 시사점은 투자자가, 심지어 전문적 투자자라도, 저평가된 주식을 찾고 이를 매수하여(혹은 고평가된 주식을 찾고 이를 매도하여) 비정상적으로 높은 수익률을 얻는 것이 매우 어렵다는 것이다. 주식시장에서 거래 기회를 찾는 것은 어렵다. 왜냐하면 만일 시장이 실제로 효율적이라면, 어떤 주식의 매수가 좋은 기회라고 믿을 수 있는 정보를 당신이 처리하는 시간이면 시장은 이미 그 정보를 통합하였고 정보는 주식의 가격에 반영되기 때문이다.

EMH는 투자자에게 지속적인 비정상 수익률을 얻을 것을 기대해서는 안 된다고 말한다. 무엇이 비정상 수익률을 구성하는가? 제4장과 제5장에서 우리는 위험과 수익률 사이에 양(positive)의 관계가 있다는 것을 배웠다. 더 높은 수익률을 얻을 투자는 더 큰 위험을 가질 것이다. 따라서 투자의 기대 수익률은 위험과 직접적으로 연관되어 있다. 비정상 수익률(abnormal return)은 투자의 실제 수익률과 기대 수익률(즉, 주어진 위험에서 얻을 수 있는 수익률) 사이의 차이이다.

수식 9.1

비정상 수익률 = 실제 수익률 - 기대 수익률

제5장에서 우리는 자본자산가격결정모형(CAPM)을 이용하여 어떤 주식의 기대 수익률을 추정할 수 있다는 것을 배웠다. CAPM은 어떤 주식의 기대 수익률($E(r_j)$)이 무위험 수익률(r_f)에 주식의 베타(b_j)와 전반적인 시장의 위험프리미엄($r_m - r_f$)의 곱을 더한 것과 같다고 말한다.

수식 9.2

$$E(r_j) = r_f + b_j(r_m - r_f)$$

사례 어떤 특정 주식이 1.0의 베타를 가진다고 하자. 이것은 주식이 평균적인 위험을 가지고 전반적인 시장의 수익률과 같은 평균의 수익률을 얻는다는 것을 의미한다. 어느 해에 무위험 수익률이 2%이고 전반적인 주식시장의 수익률이 10%라고 가정하자. 위 수식에 의하면 이 주식에서 10%의 수익률을 기대하게 된다.

$$E(r) = 2\% + 1.0\ (10\% - 2\%) - 10\%$$

이제 그 주식이 12%의 수익률을 얻었다고 가정하자. 이 경우 비정상 수익률은 2%가 된다.

비정상 수익률 = 실제 수익률 - 기대 수익률
= 12% - 10%
= 2%s

EMH는 이러한 (양의 비정상 수익률을 가지는) 주식을 지속적으로 찾는 것은 고도의 훈련을 받은 매우 정교한 투자자라고 하더라도 거의 불가능하다고 말한다.

효율적 시장가설은 시장이 정보를 가격에 포함시키는 범위에 관심을 가지고 있다. 더 많은 정보가 주식가격에 포함될수록 더 빨리 정보는 가격에 반영되고 시장은 더 효율적으로 될 것이다. 시장의 효율성을 특징 짓는 범위로 가격이 반영하는 정보의 유형에 따라 효율성의 수준을 정의한다. 이러한 시장효율성의 수준은 약형, 준강형, 강형으로 알려져 있다.

약형 약형 EMH(weak form EMH)는 주식가격이 과거의 가격움직임 분석으로부터 얻어지는 관련 정보를 완전히 반영한다는 것이다. 만일 투자자가 역사적 주식 가격의 기록을 연구하여 어떤 종류의 반복적인 패턴을 알아내면, 그리고 거래를 통해서 패턴을 활용해 이익을 얻으려고 하는 시도는 시간이 지나면서 패턴을 사라지게 만들 것이다. 뚜렷한 계절적 패턴을 보이는 매출액을 가지고 있음에도 불구하고 Walmart의 주식가격이 예측 가능한 패턴을 보여주지 못하는 이유를 우리는 이미 설명했다. 간단히 말해서, 약형 EMH는 주식가격에 관한 과거 자료가 미래 가격 변화를 예측하는 데 소용이 없다는 것이다. 이러한 가설에 따르면, 가격은 무작위 행보를 보이는데 이것은 내일의 가격 변화는 오늘, 어제 그리고 과거의 어느 날과도 무관하다는 것을 의미한다.

약형 시장효율성에 대한 초기 연구는 가격이 무작위로 움직인다는 예측을 확인하였다. 미국시장의 상장 주식의 과거 가격을 포함한 데이터를 이용하여 연구자들은 다양한 "거래규칙"(예를 들어, 52주 최저가에 주식을 매입)을 만들고 역사적 정보를 이용하여 규칙을 검증하기 위해서 이러한 규칙을 따를 때 얻을 수 있는 수익률을 관찰하였다. 연구

결과는 거래자가 아니라 이론가의 손을 들어 주었다. 즉 어떠한 거래규칙도 비정상 수익률을 얻지 못했고 심각한 거래 비용만 발생시켰다. 연구자들은 결국 분산된 포트폴리오를 매입하고 보유하는 것이 더 나은 투자 방안이라고 결론을 내렸다.

준강형 준강형 EMH(semi-strong form EMH)는 주식가격이 공개된 출처에서 얻을 수 있는 모든 관련된 정보를 완전히 반영한다고 주장한다. 이것은 투자자가 연차보고서, 공시 자료, 증권분석가 리포트, 소비자 평가 등을 포함하여 공개적으로 얻을 수 있는 정보를 이용하여 비정상적으로 높은 수익률을 얻을 수 없다는 것을 의미한다. 설명을 위해서, 어느 특정 회사가 최근의 재무 성과를 온라인에 방금 공시했다고 가정해보자. 투자자는 리포트를 읽고 기업이 직전 분기에 예상치 못한 높은 이익을 얻었다는 것을 알게 되었다. 증권사에 전화를 해서 주식을 매입해야만 할까? 준강형 EMH는 당신이 리포트를 다운로드하고 읽고 증권사에 전화를 거는 그 시간에 주식의 시장가격은 회사의 최근 희소식을 반영하면서 이미 오를 것이라고 말한다.

<그림 9.3>은 이러한 형태의 EMH를 검증한 최근의 연구결과를 보여준다. 연구자들은 여러 기업의 이익공시 자료를 모으고 이익공시 전후의 회사의 주가 움직임을 추적하였다. 이러한 공시의 공통적인 요인으로는 증권분석가들이 예상했던 것보다 기업의 이익이 높아서 희소식을 보고하고 있다는 점이다. 연구자들이 궁금했던 질문은 이러한 종류의 희소식을 공시한 기업의 주식을 매수하는 것이 현명한 것인가 여부이다.

<그림 9.3>의 가로축은 이익공시일의 상대적인 시간을 측정한다. 이익공시일은 0이고, 공시일 전날은 -1, 공시일 다음날은 +1이다. 많은 기업들이 재무정보를 시장이 문을 닫은 이후에 발표한다는 것을 명심하자. 따라서 새로운 정보를 주식시장이 반영하기 위한 최초의 기회는 공시 다음날인 +1에 일어나기도 한다. <그림>의 세로축은 표본에 들어있는 기업의 평균 비정상 수익률을 측정한다. <그림 9.3>에서 보이는 주식가격의 움직임은 준강형 EMH가 예상하는 것과 매우 가깝다. 이익공시일까지 표본 기업의 수익률은 기본적으로 (비정상 수익률이 0이고 실제 수익률이 기대수익률과 일치되는) 정상임을 관찰할 수 있다. 그러나 0일에서 +1일 사이에는 표본에 속한 기업이 평균 약 2.5%의 비정상 수익률을 그리고 +1일에서 +2일 사이에는 추가적으로 1%의 비정상 수익률을 얻었다. 그러나 그 이후에 비정상 수익률은 다시 0%로 돌아갔다. 다시 말해서 시장은 (하루 혹은 기껏 이틀 동안) 신속하게 이익공시의 희소식을 반영한다.

그림 9.3 긍정적인 이익발표를 전후한 주식가격의 일별 반응

〈그림〉은 긍정적인 이익 발표를 보고한 기업들을 보여주고 있는데, 공시일에 이르기까지 그리고 공시 이후 이틀이 지난 후부터는 비정상 수익률이 0에 가깝다. 시장은 1일 혹은 기껏해야 2일 동안 새로운 정보에 대해 완전히 반응한다.

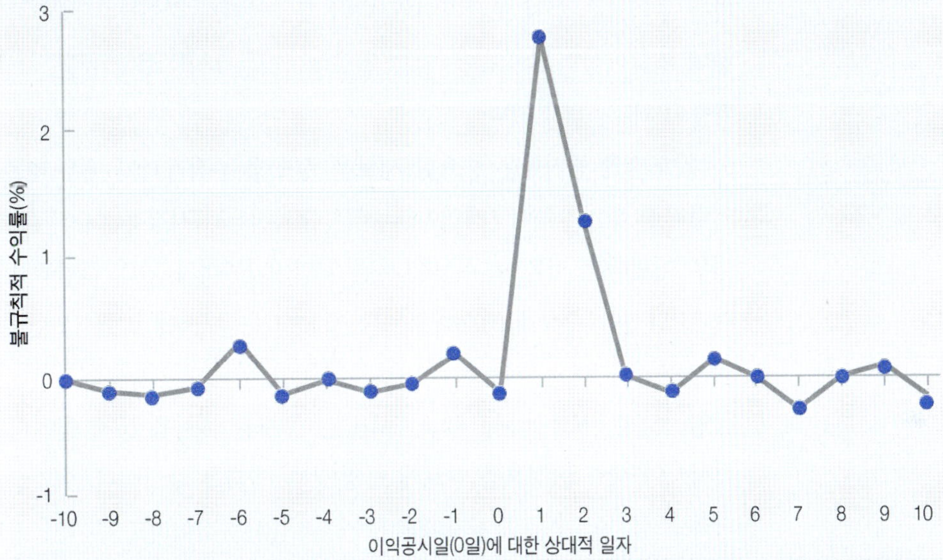

(출처: Andreas Neuhier, Anna Scherbina, and Bernd Schlusche, "Market Reaction to Corporate Press Releases." forthcoming in the Journal of Financial and Quantitative Analysis.)

준강형 효율성에 대한 많은 연구들은 특정 형태의 뉴스 사건의 전후에 어떻게 주식 가격이 반응하는지를 분석하였다. 우주 비행선 프로그램의 주요 계약자로 참여한 4개 기업에 대한 연구가 있다. 우주 비행선 Challenger가 1986년 이륙 직후 폭발하자 4개 기업의 주가가 모두 하락했지만 Morton Thiokol 주가의 하락이 가장 컸다. 이 회사는 비행선을 궤도에 올려놓는 추진 로켓을 만들었는데, 사고가 발생하고 몇 개월 후 사건조사단은 추진 로켓의 부품인 O-ring에 문제가 있어서 사고가 일어났다고 결론을 내렸다. 다시 말해서 사건 직후 몇 분간 시장의 초기 반응은 차후 조사에서 내리게 된 것과 동일한 결론을 이미 지적하고 있었던 셈이다.

수많은 연구가 뮤추얼펀드 매니저와 같은 전문 투자자의 투자성과를 분석하였다. 일부 사람들은 주식시장이 개인투자자에게 높은 비정상 수익률을 얻을 수 없도록 할 만큼 효율적이겠지만, 선도적인 투자 훈련으로 단련되었고 매일 투자만을 생각하면서 시간을 보내는 전문 투자자는 확실히 높은 성과를 얻을 수 있을 것이라고 주장한다. 연구에서 얻어진 결론은 만장일치가 아니다. 대부분의 연구는 전문 투자자라고 해도 지속적으로 비정상 수익률을 얻기 위해서는 고통을 겪고 있다는 결론을 내고 있다. 평균적으로 뮤추얼펀드 매니저는 투자자에게 부과하는 수수료를 충분히 만회할 만큼 시장 평균을 초과하는 수익률을 얻지 못한다. 더군다나 뮤추얼펀드 수익률은 지속적이지 못하다. 즉 어느 해에 평균이상의 수익률을 얻은 펀드매니저는 다음 해에 평균 이상의 수익률을 창출할 확률이 매우 높지 않다.

압도적인 증거들은 중요한 새로운 정보에 주식가격이 매우 빠르게 반응하고 있으며, 그렇기에 투자자들이 (개인이든 전문 투자자든) "시장을 이기는(beat the market)" 것이 매우 어렵다는 것을 보여준다. 사건이 일어나자마자 거의 순간적으로 뉴스를 듣지 않는다면, 당신이 주식을 거래하기 이전에 주가는 뉴스에 맞춰 조정될 것이다.

강형 강형 EMH(strong form EMH)는 공개된 출처를 통해 알려지지 않은 것이라도 주식시장이 새로운 정보를 빠르게 반영할 수 있다는 주장이다. 이것은 어떠한 정보라고 하더라도 심지어 모든 투자자에게 알려지지 않은 것이라도 주가가 정보에 따라 빠르게 적응한다고 말한다.

사적인 정보 중에는 기업의 이사나 전문경영진과 같은 내부자에 의해 얻어지는 것이 있다. 이들은 회사가 추진하는 중요한 전략이나 전술적 결정과 같은 가치 있는 정보에 접근할 수 있다. 그들은 또한 다른 주주들은 알 수 없는 기업의 재무 상태에 대한 상세한 정보를 가진다. 내부자는 일반적으로 중요 뉴스가 공개되기 전에 회사의 주식을 거래하는 것이 금지된다. 그러나 증권거래위원회(SEC, Securities and Exchange Commission)에 거래를 보고한다면, 기업의 내부자도 합법적으로 자신이 속한 회사의 주식을 거래할 수 있다. 내부자가 SEC에 필요 서류를 제출하면 인터넷을 통해 그들의 거래가 빠르게 공개된다. 기업 내부자에 대한 연구는 내부자의 거래가 특히 시기를 잘 맞춘다는 것을 발견하고 있는데 이것은 그들이 중요한 가격 상승 이전에 매수하고 가격 하락 이전에 매도하는 경향이 있음을 의미한다. 물론 이것은 강형 EMH가 사실이라면 목격할 수 없는 것이다.

내부자와 일부 시장 참자가들은 때때로 공개되지 않은 내부 정보를 가지고 불법적으로 거래를 한다. 이런 정보를 가지고 그들은 비정상 수익률

투자자 현실

시장을 이기기 어렵다 – EMH에서 단기에 증권을 팔고 사는 거래는 말이 안 된다고 한다. 그것은 바로 66,000명의 투자자를 대상으로 얼마나 자주 거래하는가에 대한 연구에서 얻은 결론이다. 전체 포트폴리오의 2%만을 1년에 거래하는 매입보유 투자자는 자주 거래하는 투자자보다 연간 7%의 수익률을 더 얻었다. 빈도 높은 거래자는 1년에 2번 이상 전체 포트폴리오를 교체하는 것으로 나타났다.

(출처: Brad Barber and Terrance Odean, 2002."Trading Is Hazardous to Your Wealth: The Common Stock Investment Performance of Individual Investors." Journal of Finance, December.)

을 얻을 수 있는 불공정한 우위를 점할 수 있다. 명백하게 불공정한 우위를 가지고 거래를 하는 것은 법을 위반하는 것이다. 실증연구들은 이러한 내부 정보를 가진 사람들이 사실 비정상 수익률을 얻을 기회를 가지고 있음을 확인해준다. 그러나 만일 체포된다면 감옥에서 시간을 보내야 하는 대단히 높은 가격이 내부 거래에 수반되는 것이다.

시장 이례현상

EMH를 지지하는 수많은 증거가 있음에도 불구하고 연구자들은 이론과 부합되지 않는 것처럼 보이는 패턴들을 발견해왔다. 종합적으로 이러한 당혹스러운 증거는 시장 이례현상(market anomalies)으로 알려져 있는데, 이례적이라는 이름 자체가 EMH를 지지하는 증거보다는 반대되는 증거가 적다는 것을 암시하고 있다. 이러한 이례현상은 모두 공통적으로 어떤 패턴이나 거래 전략을 보여주고 있고, 사후적이라 하더라도 효율적 시장에서 기대되는 것보다 높은 수익률을 얻는다.

달력효과 널리 인용되고 있는 이례현상 중 하나는 주식 수익률이 연간 어느 시점 혹은 주간 어느 시점과 밀접하게 연결되어 있다는 소위 달력효과(calendar effect)이다. 그것은 특정 달에 혹은 주간 어느 요일에 다른 시점보다 더 좋은 투자성과를 산출한다는 것이다. 달력 이례현상으로 가장 유명한 것은 1월에 시가총액 기준으로 소규모 기업 주식이 대규모 기업 주식을 투자성과에서 대체로 큰 폭으로 압도하는 경향이 있다는 일월효과(January effect)이다. 이러한 패턴에 대한 가능한 설명 중의 하나는 세금과 관련된 것이다. 어떤 특정 조건에서, 투자자는 연방 소득세를 산출할 때 투자 손실을 감면 받을 수 있다. 따라서 투자자에게는 일 년 동안 가치가 하락한 주식을 매도하려는 동기가 있으며, 그러한 동기를 가진 투자자는 세금을 정산하는 기준월인 12월이 가까워짐에 따라 손실 주식을 매도하려고 할 것이다. 연중에 주가하락을 경험한 기업의 시가총액을 생각해 보면 시가총액은 더욱 작아졌을 것이다. 따라서 만일 투자자가 손실을 입은 주식을 12월에 매도하려는 세금 동기를 가지고 있다면, 이러한 주식은 평균보다 작은 경향이 있고 주식 가격은 12월 세금 목적 매도로 인해 일시적으로 위축되었다가 1월에 반등할 것이다. 이러한 설명은 그럴 듯하게 들리지만, 1월 소규모 주식의 당황스런 움직임을 설명할 수 있는 기껏해야 혼재된 증거가 있을 뿐이다.

소기업 효과 또 다른 이례현상으로 소규모 기업이 양(+)의 비정상 수익률을 얻는 경향이 있다는 소기업 효과(small-firm effect) 혹은 규모 효과가 있다. 사실 많은 연구에서 소기업(혹은 소규모 시가총액 주식)이 대규모 시가총액 주식보다 (1월뿐만 아니라) 대부분의 소기업이 가진 특징인 높은 베타를 고려하더라도 더 높은 수익률을 얻는다는 결과를 보여주고 있다. 이러한 현상은 미국뿐만 아니라 전 세계의 여러 주식시장에서도 발견되고 있다.

이익공시 이후 추세 또 다른 이례현상은 이익공시에 대한 주식가격의 반응과 관련되어 있다. <그림 9.4>는 이익공시 전후의 주식 수익률의 궤적을 추적한 연구의 결과를 보여준다. 이 연구에서는, 높은 이익을 보고한 주식은 하루 이틀 정도 비정상 수익률을 보여주지만 이러한 비정상 수익률은 빨리 소멸된다. 그러나 좀더 오래된 연구들은 주식의 초기 반응과 같은 방향으로 이익공시 이후에도 주식이 움직이는 지속현상인 "추세(drift)"를 보고하였다. 다시 말해서 기업이 기대보다 나은 이익을 보고하면 주식가격은 즉시 상승하고 양(+)의 비정상 수익률을 얻는다. 그러나 놀랍게도 이러한 기업의 주식가격은 이익공시 이후에 몇 주 혹은 몇 달 동안 계속해서 양(+)의 비정상 수익률을 얻는 것이다. 마찬가지로 나쁜 이익을 보고한 기업은 초기 공시를 넘어서 몇 개월 지속되는 음(-)의 비정상 수익률을 얻는다. 이것은 투자자들이 이익공시의 정보에 대해 과소반응하는 것을 보여주는 것과 같다. 기업이 희소식을 보고하면 투자자는 얼마나 좋은 것인지 깨닫지 못하고, 마찬가지로 나쁜 뉴스에 대해서도 얼마나 나쁜 것인지 완전히 평가하지 못한다. 따라서 주식가격이 새로운 수준으로 완전히 적응하는 데 오랜 시간이 걸린다. 이러한 패턴은 최근에 좋은 이익 뉴스를 보고한 주식을 매입하고 최근에 나쁜 이익 결과를 보고한 주식을 공매도하여 투자자에게 비정상 수익률을 얻을 수 있는 기회를 만들어 줄 수 있다.

<그림 9.4>는 이익공시 이후 추세 패턴을 보여준다. 가로축은 이익공시에 대한 상대적인 주간으로 시간을 표시한다. 그리고 세로축은 이익공시 이전 52주에서 공시 이후 52주 사이의 누적 비정상 수익률을 측정한다. 이익공시는 0주에 발생했다. 기대보다 나은 이익을 공시한 기업과 기대보다 나쁜 이익을 공시한 두 종류의 기업이 <그림 9.4>에서 표현되고 있다. <그림 9.4>의 위쪽 선은 "좋은 뉴스" 주식 표본이 얻은 누적 비정상 수익률(전체 기간 동안의 비정상 수익률)을 보여주고, 아래쪽 선은 "나쁜 뉴스" 주식의 비정

그림 9.4 이익공시 이후 추세

기업이 기대보다 나은 이익을 보고할 때 주식가격은 EMH에서 예측하는 것처럼 즉각 상승하지만, 반면에 EMH와 달리 주식가격은 이후 1년 정도 비정상적으로 상향 추세를 지속한다. 기업이 나쁜 이익을 공시한 경우에 동일한 현상이 역으로 발생한다.

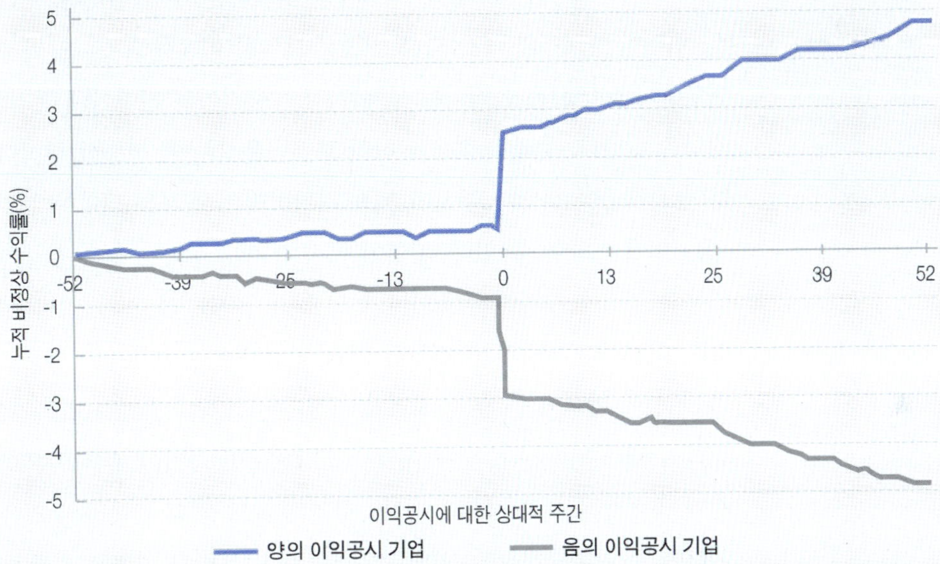

상 수익률을 추적하고 있다. 기업이 좋은 뉴스를 발표하면 주식가격이 0주에 위쪽선 점프가 보여주는 것처럼 빠르게 반응하는 것을 주목하자. 마찬가지로 기업이 투자자 기대보다 낮은 이익을 발표하면 0주에 있는 아래쪽선의 추락이 보여주는 거의 즉각적으로 주식가격이 하락한다. 급작스런 초기 반응은 정확하게 효율적 시장이 만들어내는 패턴이다.

그러나 투자자는 이익공시가 지닌 뉴스에 대해 과소반응하는 것 같다. 이익공시에 대한 초기 반응 이후에 위쪽선과 아래쪽선 모두 추세를 보이는데 위쪽 선은 천천히 상승하고 아래쪽 선은 천천히 하락한다. 이것은 이익공시에 대한 초기반응이 충분히 크지 않아서 주식가격이 이익공시가 지닌 정보에 대해 천천히 적응하고 있음을 의미한다. 이러한 정보에 대한 지연된 적응 과정은 투자자에게 기회를 제공한다. 예를 들어, 기업이 긍정적인 이익 뉴스를 발표한 이후에(투자자는 공시의 내용이 무엇이 될 것인지에 대해 기대할 필요가 없다), 주식을 매입한 투자자는 상당한 비정상 수익률을 얻는다. <그림 9.4>의 위쪽 선을 보면 이익공시 이후 52주에 걸쳐서 약 2%의 추세를 볼 수 있다. 다시 말해서 <그림 9.4>는 이익공시를 유심히 관찰하고 기업이 기대보다 나은 이익을 공시한 직후에 주식을 매입한 투자자는 정상보다 약 2% 높은(즉, 주어진 위험 수준의 주식을 매입하여 얻을 것으로 기대되는 수익률보다 2% 높은) 수익률을 얻게 될 것이다. 투자자는 또한 나쁜 이익 결과를 공시한 기업의 주식을 공매도하여 이익을 취할 수 있다. 이익공시 이후의 주식가격 추세는 EMH의 예측과는 일치하는 것이 아니다.

이러한 스토리와 약간 다른 변형은 모멘텀 이례현상으로 알려져 있다. 물리학에서 모멘텀(momentum)은 움직이는 물체가 계속 움직이는 경향이나 정지한 물체가 정지하려는 경향을 말한다. 주식에 적용을 하면 모멘텀은 최근에 상승한 주식이 계속 상승하려는 경향이나 최근에 하락한 주식이 계속 하락하려는 경향을 의미한다. 이익공시 추세와 관련성은 쉽게 이해할 수 있다. 기업이 특정 분기에 성과가 좋으면 좋은 뉴스가 공식적인 이익공시 이전에 시장에 누출되는 것은 일반적이다. 따라서 <그림 9.4>의 위쪽 선이 이익 뉴스 이전까지 상승하는 것처럼 이익 발표까지 주식가격은 상승한다. 이전에 논의했듯이, 기업이 매우 높은 분기 성과를 가졌다는 뉴스를 발표하면 가격은 더 상승하고 몇 주 동안 추세가 지속된다. 전체 패턴을 고려해보면 기업이 매우 좋은 이익 뉴스를 발표하기 전에 주식가격이 상승하고, 이익공시 이후에도 계속 상승하는 것을 볼 수 있다. 따라서 이러한 주식은 긍정적인 모멘텀을 보여준다. 특별히 나쁜 분기를 보낸 기업에게 동일한 현상이 역으로 발생한다. 나쁜 뉴스가 일찍 누출되어 주식은 하락하고(<그림 9.4>의 아래쪽 선을 보자), 주식은 공시 이후에도 계속 하락한다.

가치주 효과 가치주 효과(value effect)에 따르면, 시장에서 돈을 벌 수 있는 가장 좋은 방법은 장부가치나 이익과 같은 기본적 가치에 비해 상대적으로 낮은 가격을 가진 주식을 매수하는 것이다. 가치주 전략을 따르는 투자자는 주식의 P/E 비율이나 시장가-장부가 비율을 계산하고 가장 낮은 비율의 주식을 매수한다(그리고 아마도 P/E 비율이나 시장가-장부가 비율이 높은 주식을 공매도한다). 많은 연구들이 평균적으로 가치주 주식이 성장주 주식(높은 P/E 혹은 높은 시장가-장부가 비율)을 성과에서 압도한다는 것을 보여준다. 이 패턴은 미국뿐만 아니라 전세계 대부분의 시장에서 수십 년간 반복되어 왔다.

가능한 설명들

EMH를 위반하는 이례현상의 모든 새로운 발견은 관찰된 패턴에 대한 합리적 설명을 제공하는 연구자들에게 분노를 일으켰다. 시장 이례현상에 대한 가장 일반적인 설명은 비정상적으로 높은 수익률을 얻은 주식은 단순히 다른 주식보다 위험하고 높은 수익률은 시장의 가격오류라기보다는 위험 프리미엄을 반영한다는 것이다. 예를 들어, 대부분의 학자와 전문가들은 소기업이 대기업보다 위험하다는 것에 동의한다. 따라서 소기업이 높은 수익률을 얻는다는 것이 놀라운 일이 아니다. 진짜 질문은 얼마나 소기업이 위험하고 이들 증권의 위험 프리미엄이 얼마나 크냐는 것이다. CAPM에 따르면 소기업 주식이 베타 2.0을 가지고 대기업 주식이 베타 1.0을 가지면 소기업 주식은 대기업 주식보다 대략 (무위험자산 대비) 2배의 위험 프리미엄을 얻어야 한다. 소기업 효과가 이례현상으로 알려진 이유는 소기업 주식이 그들의 베타가 제시하는 것보다 더 높은 수익률을 얻는 것으로 보이기 때문이다. EMH의 신봉자들은 베타는 위험의 불완전한 측정치이기 때문에 만일 더 나은 위험 측정치가 있다면 소기업 주식과 대기업 주식의 수익률 차이는 위험의 차이로 돌릴 수 있을 것이라고 주장한다.

시장 이례현상에 대한 또 다른 설명은 가격이 기본적으로 무작위로 움직이는 효율적 시장이라고 하더라도 일부 거래규칙은 운에 의해서 비정상적으로 높은 수익률을 얻을 수도 있다는 것이다. 예를 들어, 훨씬 흥미로운 시장 이례현상 중 하나는 슈퍼볼(Super Bowl) 이례현상이다. 이것은 만일 어떤 해에 슈퍼볼 경기에서 NFL(National Football League) 소속 팀이 우승을 하면 주식시장은 상승한다는 것이다. 그렇지 않으면 주식시장은 하락할 것이다. 이러한 "거래규칙"은 지난 40년간 시장의 움직임을 80% 이상 정확하게 예측하였다. 그러나 투자자들이 이 규칙에 따라 미래 투자를 해야 할 것인가? 대부분의 사람들은 슈퍼볼 우승팀과 주식시장의 관계는 순전히 운에 의한 것에 동의하고, 향후 40년 동안 유사한 일이 일어날 것이라고 기대하지 않을 것이다. 일부 EMH 옹호자들은 대부분의 시장 이례현상도 단순한 우연의 산물과 유사하다고 믿는다. 그러나 이러한 설명은 소기업 효과, 모멘텀, 가치주 효과와 같은 이례현상이 전세계 대부분의 시장에서 발견된다는 증거에 의해 설득력을 잃고 있다.

이러한 이례현상의 발견은 행태 재무학(behavioral finance)으로 알려진 금융시장의 작동에 대한 완전히 새로운 관점의 발전을 이끌었다. 금융시장의 투자자, 경영자, 기타 참여자가 합리적이라는 가정에서 출발하는 전통적인 재무이론과 달리, 행태 재무학은 시장 참여자가 체계적인 실수를 범하고 이러한 실수는 인간 본성에 깊이 자리잡은 인지적 오류와 불가분의 연관을 가진다고 주장한다. 이제 행태 재무학의 기본적 관심 사항에 대하여 논의하고 이들이 어떻게 시장 이례현상을 설명하는 데 도움을 줄 수 있는지 알아본다.

개념리뷰

9.1 무작위행보가설은 무엇이고, 어떻게 주식에 적용될 수 있는가? 효율적 시장은 무엇인가? 가격이 무작위 형태로 움직인다면 어떻게 시장이 효율적이 될 수 있는가?

9.2 효율적 시장을 성과에서 압도하는 것이 불가능하지는 않더라도 어려운 이유를 설명하시오.
a. 이것은 높은 수익률을 주식시장에서 얻는 것이 어렵다는 것을 의미하는가?
b. 어떻게 투자자는 효율적 시장에서 높은 수익률을 얻을 수 있는가?

9.3 시장 이례현상은 무엇이고 어떻게 발생하는가? EMH를 지지하는가 혹은 부정하는가? 다음에 대해 간단히 기술하시오.
a. 일월 효과
b. 규모 효과
c. 가치주 효과

행태 재무학: 효율적 시장가설에 대한 도전

LG 3 LG 4 30년 이상 효율적 시장가설이 금융시장에 영향력을 행사해왔다. 자산 가격이 모든 입수 가능한 정보를 완전히 반영한다는 생각은 학계의 전반적인 지지를 받았다. 실무에서 시장 효율성의 지지자는 인덱스 펀드로 알려진 뮤추얼펀드를 개발하는 데 선도적인 역할을 했던 Vanguard의 John Bogle이 있다. 인덱스 펀드의 매니저는 시장이 효율적이라고 가정하기 때문에 개별 주식이나 채권을 매입하려 하지 않는다. 개별 증권을 분석하는 데 들어가는 시간과 에너지는 단순히 펀드의 비용을 증가시키고 투자자의 수익률을 낮출 뿐이라고 주장한다.

시장효율성의 개념을 지지하는 수많은 증거가 있음에도 불구하고 학계에서 EMH에 의구심을 나타내는 연구가 증가하고 있다. 이러한 연구는 다양한 이례현상을 제시하고 이례현상에 대한 설명으로 인지 심리학의 연구를 제시하고 있다. 이 분야의 중요성을 알린 획기적인 사건은 2002년 노벨 경제학상이 심리학과 경제학의 통합된 통찰력을 보여준 Daniel Kahneman에게 돌아간 것이다. 학계를 비롯하여 일부 전문 매니저들도 행태 재무학의 개념을 포트폴리오 설정과 운용에 활용하고 있다.

투자자 행동과 증권가격

행태 재무학의 연구자들은 투자자의 의사결정이 어떤 특정 의사결정 상황에서 체계적이고 예측 가능한 실수를 일으키는 여러 심리학적 오류에 영향을 받는다고 믿는다. 또한 이러한 투자자의 실수는 비정상적으로 높은 위험을 감수하지 않고 비정상적으로 높은 수익률을 얻을 수 있는 기회를 다른 투자자에게 만들어주는 자산가격의 예측가능한 패턴을 만들 수 있다. 투자자의 행동에 영향을 끼칠 수 있는 몇 가지 행동 요인에 대해 살펴보도록 하자.

과잉확신과 자기귀인 오류 심리학 연구는 평균적으로 사람들이 복잡한 과제를 수행하는 자신의 능력에 과도한 믿음을 가지는 과잉확신(overconfidence)하는 경향이 있다는 압도적으로 많은 증거를 제공한다. 실험을 해보자. 대규모 그룹의 사람들과 함께 있을 때, 사람들에게 스스로의 운전능력이 평균 이상인지, 평균인지, 평균 이하인지 질문을 해 보자. 아마도 대부분의 사람들이 평균 이상이라고 믿고 있으며 어느 누구도 평균 이하라고 말하지 않음을 발견하게 될 것이다. 그러나 평균의 개념에서 어떤 사람은 평균 이상이고 어떤 사람은 평균 이하여야만 한다. 따라서 최소한 그룹에 속한 일부 사람들은 운전능력에서 과잉확신하는 것이다.

과잉확신과 밀접하게 관련된 것으로 자기귀인 오류로 알려진 현상이 있다. 자기귀인 오류(self-attribution bias)는 대략 사람들이 좋은 일이 발생하면 그 일을 자신이 취한 행동결과의 탓으로 돌리고 나쁜 일이 발생하면 운이 나쁘거나 자신의 통제를 넘어선 외부 요인의 탓으로 돌리는 것을 의미한다. 과잉확신과의 관련성은 명확하다. 개인은 긍정적인 결과를 얻는 행동을 취하거나 의사결정을 행한다. 자기귀인 오류는 개인으로 하여금, 결과를 결정하는 데 기여한 우연의 역할을 낮춰보고 자신의 행동을 원인으로 지나치게 강조하도록 만든다. 이것은 개인에게 과잉확신 하도록 유발한다.

과잉확신과 자기귀인 오류는 투자의 세계에 어떤 영향을 미치는가? 개인 투자자 혹은 어떤 주식이 고평가되고 어떤 주식이 저평가되었는지 주식을 분석하는 전문적인 매니저를 고려해보자. 어떤 해에 투자자의 포트폴리오가 매우 높은 수익률을 얻었다고 가정하자. 아마도 높은 수익률은 대부분 주식시장의 호황 때문이겠고, 더불어 일부는 투자자의 주식 선택 능력 때문일 것이다. 그렇다면 높은 수익률은 행운의 결과인가 혹은 훌

> **투자자 현실**
>
> **과잉확신과 기업인수** – Warren Buffet은 주주에게 보낸 유명한 편지 내용에서 기업인수에 있어서 과잉확신의 역할을 요약하였다. "아름다운 공주의 키스로부터 두꺼비의 몸에 갇힌 멋진 왕자가 해방된다는 유년시절의 동화에 많은 경영자들이 과도하게 노출되었다. 따라서 그들은 자신의 경영관리 키스가 표적 기업의 수익성에 확실히 마력을 발휘할 것이라 믿고… 우리는 많은 키스를 보았지만 기적은 거의 보지 못했다. 그럼에도 불구하고 많은 경영자 공주들은 그들 회사의 뒷마당이 반응 없는 두꺼비들로 무릎 깊이 가득 찬 후에도 자신의 키스가 가져올 미래의 예언에 대해 담담하게 믿고 있다."

륭한 분석의 결과인가? 기술과 행운의 역할을 분리하는 것은 쉬운 일이 아니다. 그러나 대부분의 투자자는 아마도 긍정적인 결과를 자신의 투자 솜씨 때문이라고 할 것이다. 만일 투자자가 투자 성공을 자기 자신의 기술 때문이라고 원인을 돌리게 되는 실수를 범하게 되면 어떤 결과가 발생할까? 과거에 시장을 이겼던 포트폴리오 투자자는 다음 해에 거래 활동을 늘리게 된다는 연구가 있다. 전반적인 시장을 몇 년간 평균 연간 2%로 이긴 후에 투자자들은 거래 활동을 70% 이상 증가시킨다. 거래의 증가는 높은 거래비용과 낮은 수익률을 야기한다. 거래 활동을 늘린 후에 같은 그룹의 투자자는 연간 3% 차이로 시장에 끌려다녔다.

이러한 경향은 개인 투자자에 국한되는 것이 아니다. 최근의 연구에서 다른 기업을 인수하는 CEO도 유사한 행동을 하고 있음이 밝혀졌다. CEO가 다른 기업을 인수하고 그 후 인수기업의 성과가 좋으면, CEO는 또 다른 기업을 인수하려고 한다. 또한 CEO는 종업원의 주식을 두 번째 인수 이전에 더 많이 매입하려고 한다. 그러나 실제 이러한 두 번째 인수는 평균적으로 주주의 가치를 훼손한다. 다시 말해서, CEO는 다른 기업을 인수하고 이익을 내도록 관리하는 자신의 능력을 과잉확신하게 되는 것 같다.

손실회피 아래에 흥미로운 질문이 있다. 우선 당신이 도박에서 \$8,500를 벌었다고 가정하자. 승리한 채로 중단할 수 있고 혹은 추가 도박에 참여할 수 있다. 도박을 선택한다면, 추가적인 \$1,500를 90%의 확률로 이기거나 혹은 모든 것을 잃을 확률이 10%이다. 중단할 것인가 아니면 추가 도박에 참여할 것인가? 대부분의 사람들은 확실한 \$8,500를 가지고 떠난다고 말한다. 비록 추가 도박의 기대값이 \$500라고 하더라도 중단한다. 이때 기대값은:

$$
\begin{aligned}
\text{기대값} &= (\text{승리의 확률}) \times (\text{승리의 금액}) - (\text{패배의 확률}) \times (\text{패배의 금액}) \\
&= 0.90 \times \$1{,}500 - 0.10 \times \$8{,}500 = \underline{\underline{\$500}}
\end{aligned}
$$

이 경우에 \$8,500를 가진다는 결정은 개인이 위험회피적 선택을 한다는 것을 가리킨다. \$8,500를 잃어버릴 위험은 기대값 \$500를 얻는 것만큼 가치는 없다.

그러나 만일 질문을 다르게 틀을 짜게 되면 사람들의 답변은 달라진다. 당신은 도박에서 이미 $8,500를 잃었다고 가정하자. 당신은 손실을 여기서 끊고 떠나거나 혹은 추가 도박에 참여할 수 있다. 만일 도박에 참여하게 되면, 추가적으로 $1,500를 90% 확률로 잃거나 혹은 초기 손실을 완전히 만회할 수 있는 $8,500를 얻을 수 있는 확률이 10%이다. 이러한 선택에 직면할 때, 도박의 기대값이 -$500 임에도 불구하고 대부분의 사람들은 "본전"을 찾기 위해 위험을 선택할 것이라고 말한다.

$$\text{기대값} = 0.10 \times \$8,500 - 0.90 \times \$1,500 = \underline{\underline{-\$500}}$$

이 경우에, 사람들은 위험선호 행동을 보여주고 있다. 택하지 않아도 되는 음(-)의 기대값을 가지는 위험을 선택하고 있다.

행태 재무학에서 이득 앞에서 위험회피 행동을 보이고 손실 앞에서 위험선호 행동을 보이는 경향을 손실회피(loss aversion)라고 한다. 손실회피는 쉽게 말해서 손실에서 느끼는 고통이 이득의 기쁨보다 강하다는 것을 의미한다. 투자의 맥락에서 손실회피는 사람들로 하여금 손실을 입은 투자를 적정한 기간보다 오래 보유하도록 한다. 사실 여러 연구에서 투자자가 포트폴리오의 주식을 매도하기 원할 때 가치가 하락한 주식보다는 상승한 주식을 더 많이 매도하는 경향이 있음을 주장하고 있다.

금융시장 위기 손실회피와 거래량

사람들이 손실 회피적일 때, 가치 하락한 투자자산을 매도하는 것은 손실을 실현하는 것이기 때문에 매도를 꺼린다. 그러나 투자자가 가격이 하락할 때 매도를 꺼린다면 거래 활동도 줄어들 수 있다. 보스턴 지역의 경기 등락 동안 주택 부동산의 거래에 대한 연구에서 발견한 것이다. 연구자들은 시장가격이 오를 때 주택 소유자들은 일반적으로 기꺼이 시장가격에 매도할 의사를 보인다는 것을 알아내었다. 그러나 가격이 하락하여 주택의 시장가치가 매입했던 가격보다 하락하는 상황에 놓인 주택소유자들은 실제 시장가치보다 높은 매매가격을 원하는 경향이 있다. 결과적으로 주택은 안 팔린 채 몇 개월이 흐르고 아주 적은 숫자의 거래만 발생한다.

(출처: David Genesove and Christopher Mayer. 2001. "Loss Aversion and Seller Behavior: Evidence from the Housing Market," Quarterly Journal of Economics.)

대표성 오류

과잉반응(Overreaction) 동전을 6명의 사람에게 20번씩 던지게 하고 앞면이 나온 횟수를 세도록 하는 흥미로운 실험이 있다. 또 다른 6명의 그룹에게는 20번 동전 던지기를 한다고 상상하고 앞 뒷면이 어떻게 나올 것인지 물었다. 아래 <표>는 양쪽 그룹이 보고한 결과이다.

그룹	참가자	앞면의 수	그룹	참가자	앞면의 수
A	1	10	B	1	6
	2	10		2	13
	3	8		3	7
	4	10		4	11
	5	10		5	8
	6	10		6	14

각 그룹의 개인의 반응을 보면 어느 쪽이 실제 동전을 던진 그룹이고 어느 쪽이 상상을 한 그룹인지 알겠는가?

그룹 A가 상상으로 동전을 던진 그룹이다. 거의 모든 사람들이 20번의 동전 던지기에서 10번의 앞면이 나온다고 기대하고 있다. 그러나 실제로 동전을 던진 그룹을 보면 앞면의 숫자는 6에서 14까지 범위가 다양하다. 두 집단 사이의 차이를 설명하는 것은 무엇인가?

대표성 오류(representativeness)는 사람들이 결과의 무작위성(randomness)을 생각하기 어렵기 때문에 발생하는 오류이다. 그룹 A의 참가자들은 동전 던지기에서 앞면이 나올 확률이 50%라고 (옳은) 가정을 한다. 그러나 이것이 20번의 동전 던지기에서 10번의 앞면이 정확하게 나올 것임을 의미하는 것이라고 (잘못된) 가정을 한다. 다시 말해서, 사람들은 특정 사건의 확률을 알 때 연속된 사건이 확률을 그대로 모방할 것이라고 가정한다. 그룹 B의 동전 던지기가 명백하게 보여주는 결과처럼 20번에서 정확하게 10번이 나오는 것은 오히려 드문 일이다. 여러 가지 결과가 나올 수 있다.

비슷한 문제는 일련의 사건 결과에 무작위성이 어떻게 얼마나 영향을 끼치는지 모를 때 발생한다. 즉, 연속적인 숫자의 결과가 체계적인 패턴처럼 보이면 사람들은 그러한 패턴이 우연의 산물이라는 것을 과소평가하고 어떤 근원적인 힘이 패턴을 반복하게 한다고 과대평가한다. 다시 말해서 사람들은 유사한 사건의 연속에 과잉반응한다. 예를 들어, 어떤 뮤추얼펀드가 S&P 500 지수를 3년 연속으로 성과에서 앞섰다고 하자. EMH에 따르면 평균이상의 수익률을 얻는 것은 기술이라기보다는 운에 가깝다. 따라서 특정 투자자(개인이든 전문가든)는 어떤 해에 시장을 이길 수 있는 50%의 확률을 가진다. 많은 뮤추얼펀드가 있다 보니 일부 펀드가 시장을 3년 연속 이길 수 있다는 것이 놀랄 일은 아니고 심지어 EMH가 제안하듯이 단순히 운에 의한 것일 수 있다. 사실, 대부분의 전문 뮤추얼펀드 매니저가 장기간에 걸쳐서 시장을 압도하지 못한다는 수많은 증거가 있다.

그건 그렇고, 당신은 어떤 펀드가 3년 연속으로 잘한다면 어떤 생각을 하게 되는가? 연구결과는 투자자가 성공적인 펀드에 과잉반응하고 돈을 쏟아붓는다는 것을 보여준다. 그것은 펀드 투자자가 아니라 펀드매니저를 부자로 만들 뿐이다. 확실히 많은 투자자들은 연속적인 좋은 성과를 보고 추세가 계속될 것이라고 과도하게 예측한다. 투자자는 과거 성과가 미래 성공의 좋은 예측치라는 객관적인 증거가 없더라도 과거 펀드의 성과에 과잉반응한다.

이런 논리가 앞에서 언급했던 가치주 현상에 대한 행태론적 설명을 제공할 수 있다. 가치주 주식은 이익이나 장부가치에 비해 상대적으로 낮은 주가를 가진 주식임을 기억해 보자. 이러한 주식은 일반적으로 과거 다소 나쁜 성과를 기록해서 몇 년간의 가격하락으로 가치주에 속하게 된 것일 수 있다. 마찬가지로, 성장 주식은 장부가치에 비해 높은 가격을 가진 주식으로 일반적으로 매우 좋은 성과를 가지고 있다. 가치주 효과에 관한 초기의 연구 중에서 매우 단순한 거래 규칙의 결과에 관한 연구가 있다. 매년 모든 주식을 과거 3년간의 누적 성과를 근거로 구분한다. 거래 규칙은 가장 나쁜 성과를 보인 주식(가치주 주식)을 매입하고 가장 좋은 성과를 보인 주식(성장 주식)을 공매도 하는 것이었다. 연구의 결과는 이러한 전략이 매년 시장보다 8% 높은 성과로 이기는 수익률을 얻은 것이다! 누구나 따라 할 수 있는 이런 단순한 거래 규칙이 어떻게 잘 작동했을까?

투자자 오류

수익률을 따라가면 손해 – 개인투자자는 최근에 좋은 성과를 낸 뮤추얼펀드를 매입하고 나쁜 성과를 낸 펀드를 매도하면서 뮤추얼펀드 수익률을 "추종"하는 경향이 있다. 최근 연구는 이런 행동이 연간 평균 1.5%의 수익률 하락을 가져온다는 것을 보여준다.

연구자들은 이것이 대표성 오류 때문이었다고 주장했다. 3년 동안 연속해서 가치가 하락한 특정 주식을 관찰한 투자자들은 이러한 추세가 영구히 지속될 것이라고 보고 이러한 주식을 실제 가치보다 낮게 평가하게 된다.

유사하게, 몇 년간 연속해서 좋은 성과를 보인 주식을 관찰한 후에 투자자들은 이러 뛰어난 성과가 계속될 것이라고 순진하게 가정하며 실제 가치보다 높게 주식을 평가하게 된다. 시간이 흐르면서 성과가 나빴던 기업은 반등하여 투자자를 놀라게 하고 뛰어난 수익률을 얻었던 기업은 성과를 유지하는 데 실패하게 된다. 결과적으로 과거 가격은 스스로 역전되며 가치주 투자자는 이익을 본다.

개인 투자자만이 대표성 오류에 영향을 받을 것 같은 시장참가자는 아니다. 인수합병을 계획중인 기업을 고려하자. 표적 기업을 매력적으로 만드는 것은 무엇인가? 한 가지 기준으로 최근에 매출액과 이익이 늘어난 기업일 수 있다. 최근 몇 년간 경쟁자보다 더 빨리 성장한 기업을 인수하기 위해 인수기업이 프리미엄을 지불하는 것이 현명한 것인가? 연구 결과는 이를 부정한다. 기업이 과거에 얼마나 빨리 성장했는가와 미래에 어떻게 성장할 것인가 사이에는 거의 아무런 관련성이 없다. 사실 이것은 기본적인 경제이론의 예측이다. 어느 기업이 특정 시장에서 성공을 하면 다른 기업들이 그 산업에 진입할 것이다. 경쟁은 기업에게 초기에 새로운 진입자를 유인했던 높은 성장을 유지하기 더욱 어렵게 만든다. 그러나 성장을 유지할 전망이 낮더라도 인수합병 이전에 빠른 성장을 경험한 기업을 인수하기 위해 경영자들이 많은 프리미엄을 지불한다는 증거들이 많이 있다.

투자자 현실

뉴스에 누가 과소반응하는가? – 최근의 연구결과에서 개인투자자들이 이익공시와 같은 정보에 과소반응하는 것으로 나타났다. 예를 들어, 기업이 좋은 이익뉴스를 발표한 후에 개인은 가격이 새로운 정보를 충분히 반영할 만큼 오르기 전에 빨리 주식을 매도하는 경향이 있다. 이러한 개인매도 주식을 누가 매수하는가? 뮤추얼펀드와 같은 전문 투자자들이다.

과소반응(Underreaction)

대표성 오류는 어떤 경우에 투자자를 새로운 정보에 대해 과소반응하도록 만들기도 한다. 이 문제를 통계를 통해 살펴보자. 테이블 위에 100개의 자루가 있고 각 자루는 1,000개의 포커 칩이 들어 있다. 자루 중 45개는 70%의 검정 칩이 30%의 빨강 칩이 들어 있다. 다른 55개의 자루에는 70%의 빨강 칩과 30%의 검정 칩이 들었다. 만일 자루를 무작위로 선택한다면 검정 칩이 많은 자루를 선택할 확률은 얼마인가?

대부분의 사람들은 이 질문에 대해 정답을 말한다. 만일 100개 중 45개가 검정 칩을 더 많이 가지고 있다면 무작위로 자루를 선택하여 대부분 검정 칩이 들어 있을 확률은 45%이다. 이제 좀더 어려운 문제이다. 자루 하나를 무작위로 선택하여 자루 안을 확인하지 않고 12개의 칩을 꺼낸다. 꺼낸 12개의 칩 중에서 8개는 검정이고 4개는 빨강이었다.

당신이 선택한 자루가 검정 칩이 많은 자루일 확률은 얼마인가?

직관적으로 사람들은 자루에서 꺼낸 12개 칩 표본 안에 검정이 다수이기 때문에 단순히 무작위로 자루를 선택했던 첫 번째보다는 검정 칩이 다수일 확률이 높다고 생각한다. 그렇다면 얼마나 확률이 더 높은가? 정확한 확률은 95%를 넘는다! 사람들은 이 경우 확률에 가까이 가지도 못한다. 다시 말해서 사람들은 두 번째 질문에서 얻은 새로운 정보에 과소반응하는 경향이 있다.

자루에서 포커 칩을 뽑는 것과 기업의 이익공시를 읽는 것 사이에는 유사성이 있다. 이익공시는 시기에 따라 좋은 소식과 나쁜 소식이 혼재되어 나온다. 기업이 특별히 좋은(혹은 나쁜) 뉴스를 공시하면 대표성 오류는 투자자로 하여금 새로운 정보에 과소반응하게 만든다. 그리고 다음 분기에는 주가가 오른다(이번 분기에 나쁜 뉴스인 경우 반대로 나타남). 이것으로 앞에서 논의했던 이익공시 이후 추세(혹은 모멘텀) 현상을 설명할 수 있다.

신중한 독자라면 대표성 오류로 과잉반응(가치주 주식의 경우)과 과소반응(모멘텀의 경우)을 동시에 주장하는 것에 반대할 것이다. 각각의 경우에 투자자가 반응하는 정보의 본질에 있어서 중요한 차이가 있음을 기억하자. 가치주 현상에서 투자자는 몇 년간의 좋은 혹은 나쁜 성과와 같이 정보의 연속성에서 공통점을 본다. 그리고 산출 결과에 우연이 미친 역할을 간과하게 되고 일련의 사건에 과잉반응한다. 이익공시 후 추세의 경우에는 투자자가 아주 좋은 혹은 아주 나쁜 극단적인 새로운 정보의 조각에 반응한다. 이 경우에 대표성 오류가 투자자로 하여금 새로운 정보에 과소반응하도록 이끌 수 있다.

좁은 틀 짜기 많은 사람들이 더 큰 맥락을 무시하면서 격리된 상황을 분석하는 경향이 있다. 이런 행동을 좁은 틀 짜기(narrow framing)라고 한다. 일반적인 투자의 예로 투자자가 은퇴자금 투자계획을 하는 자산배분 결정과 관련이 있다. 아래 <표>는 2개 기업의 종업원에게 제공된 은퇴자금 투자계획을 요약하고 있다. 기업 A는 종업원에게 주식펀드와 채권펀드라는 2개의 옵션을 제안한다. 기업 B는 주식펀드와 주식 50%와 채권 50%의 혼합펀드를 옵션으로 제안한다.

제안된 펀드	기업 A	기업 B
주식펀드(100% 주식)	예	예
채권펀드(100% 채권)	예	제공 안됨
혼합펀드(50% 주식, 50% 채권)	제공 안됨	예

연구는 많은 투자자들이 50%를 하나의 펀드에 50%를 다른 펀드에 투자하는 간단한 지침을 따르는 2가지 선택을 좁은 틀짜기를 통해서 본다는 것을 보여준다. 분산투자를 해야 한다는 것을 알기 때문에 투자자들은 투자금액을 정확하게 2개의 선택에 균등하게 배분한다. 그러나 투자자들은 개별 펀드의 자산배분이 전반적인 포트폴리오의 구성에 영향을 준다는 것을 알지 못할 것이다. 각 기업이 제공하는 옵션의 조합으로 이루어진 좁은 틀(2개의 펀드에 균등하게 분배하기)은 엉뚱한 결과를 낳는다. 주식펀드와 채권펀드에 투자한 기업 A의 종업원은 50% 주식과 50% 채권을 포함한 포트폴리오에 이를 것이다. 기업 B의 종업원도 균등하게 2개의 펀드에 배분하는데, 이 경우 2개의 펀드는 주식펀드와 혼합펀드이다. 동일하게 2개의 선택에 돈을 나누어 투자하게 되면 결과는 75% 주식과 25% 채권에 전반적인 포트폴리오를 배분한 결과를 얻게 된다. 기업 B의 종업원이 보유한 은퇴자금 포트폴리오는 기업 A의 종업원이 보유한 것보다 훨씬 위험하게 되는 것은 기업 B의 종업원이 더 큰 위험을 선호해서가 아니다. 대신에 포트폴리오의 위험은 틀 짜기 효과에 의해 영향을 받는다.

신념유지 사람들은 기존의 신념과 갈등을 일으키는 정보는 무시하는데 이런 현상을 신념유지(belief perseverance)라고 한다. 예를 들어, 주식이 좋다고 생각하고 매수했다고 믿고 있다면 나중에 문제가 있다는 어떤 신호도 무시하는 경향이 있다. 많은 경우에 자신의 초기 견해에 반대될 것을 우려해서 심지어 새로운 정보를 수집하려고 하지 않는다. 주기적으로 포트폴리오를 검토할 때 "새로운" 주식처럼 이미 보유한 주식을 검토하는 것이 낫고, 검토하는 시점에서 주식을 매도 혹은 매수하기로 결정할 것인가를 가지고 정보를 판단하여야 한다.

친근성 오류 이 교재에서 우리는 투자자가 특정한 투자 상품을 매수할 것인지 결정하는 데 사용할 수 있는 여러 분석 방법을 논의했다. 많은 경우에 사람들은 단순히 자신에게 친근한 것에 투자하는 것으로 밝혀졌는데, 이러한 행동을 친근성 오류(familiarity bias)라고 한다. 연구에 따르면 투자자는 자신의 집에서 가까운 곳에 위치한 기업의 주식에 투자하는 경향이 있다. 심지어 전문적인 투자자들도 이러한 오류에서 자유롭지 못하다. 최근 연구는 뮤추얼펀드 매니저가 자신의 고향 주(state)에 위치한 기업의 주식에 더 많이 투자하는 경향이 있음을 발견하였다.

친근한 것에 투자하는 것이 반드시 나쁜 것은 아니다. 아마도 기업이 친근하면 투자자는 기업의 주식이 좋은 투자처라고 결정하는 데 도움을 주는 것 같다. 그러나 만일 친근성으로 인해 투자자가 정보 우위를 가진다면 투자자들은 친근성에 근거한 투자에서(즉, 자신의 근처에 위치한 기업에 대한 투자에서) 더 높은 수익률을 얻어야만 할 것이다. 심지어 전문적인 투자자들도 이러한 질문에 대한 결과는 명확하지 않다. 어떤 연구에서는 근처 기업에 투자하는 경우 뮤추얼펀드 매니저가 높은 수익률을 얻는다는 것을 발견했지만, 또 다른 연구에서는 친근성에 근거한 투자는 펀드 매니저로 하여금 완전히 분산된 포트폴리오를 구성하지 못하도록 영향을 준다는 것을 발견하였다. 그 결과, 이러한 펀드는 더 높은 수익률을 얻지 못하고, 오히려 더 높은 위험을 경험한 것으로 나타났다.

표 9.1 투자 성과를 개선하기 위해 행태 재무학을 이용함

연구 결과는 투자자의 의사결정에 영향을 미치고 수익률을 망치는 행동 요인에 대해 언급하고 있다. 아래 가이드라인을 따라 당신은 실수를 회피할 수 있고 포트폴리오 성과를 개선할 수 있다. 약간의 상식이 금융시장에서는 오래 갈 수 있다!

- **손실 주식의 매도를 주저하지 마라.** $20에 매입한 주식이 $10로 하락했다면, 오늘 $10의 현금을 가지고 시장에 왔다면 같은 주식을 매입할 것인지 반문해보자. 그렇다는 답변이면 계속 보유하자. 아니라면 그 주식을 팔고 다른 주식을 사야 한다.
- **성과를 뒤쫓지 마라.** 투자운용에 있어서 "신의 손(hot hands)"이 없다는 것이 증명되었다. 상식적으로 말이 된다고 생각되지 않는다면 작년 성과가 좋은 뮤추얼펀드라고 사지 말자. 본인의 투자 목적을 따르고 마음에 새기자.
- **겸손하고 마음을 열어라.** 엄청나게 많은 연봉을 받는 투자 전문가들도 예측에서 종종 틀린다. 당신의 실수를 인정하고 옳은 행동을 취하는 것을 두려워 마라. 사실 당신의 실수는 매우 좋은 경험이 될 수 있고 모든 투자자는 실수를 한다. 현명한 사람은 실수에서 배운다. 시장에서 이기는 것은 잃지 않는 것이고 손실을 피하는 방법은 실수에서 배우는 것이다.
- **투자성과를 주기적으로 검토하라.** "눈에서 멀어지면 마음에서 멀어진다"는 오래된 격언을 기억하자. 진실을 마주하는 것을 두려워 말고 상황이 변했다면 바꾸어야 한다. 투자 포트폴리오를 포함해서 어떠한 것도 영원히 "자동비행"하지 않는다.
- **너무 자주 거래하지 마라.** 투자수익률은 불확실하다. 그러나 거래비용은 확실하다. 너무 자주 거래하는 투자자가 실패한다는 연구결과는 넘쳐난다.

증권분석을 위한 행태 재무학의 시사점

재무 의사결정에 영향을 미치는 심리학적 요인에 대한 논의는 행태 재무학이 투자에서 중요한 역할을 할 수 있다는 것을 제시한다. 자연스럽게, 시장의 효율성에 대한 논쟁은 수년간 분노를 일으켰고 지속될 것이다. 행태 재무학의 공헌은 체계적인 실수를 일으키는 투자자의 특정 심리학적 요인을 확인하고 이러한 실수가 주식가격의 예측 가능한 패턴에 공헌을 하는지 결정하는 것이다. 만일 그렇다면 일부 투자자의 실수는 다른 사람들의 이익 기회가 될 수 있다. <표 9.1>은 자신의 실수를 어떻게 최소화할 수 있는지 알려주고 있다.

개념리뷰

9.4 행태 재무학이 투자자 수익률에 어떤 관련이 있을 수 있는가? 행태 재무학의 지지자는 효율적 시장을 믿는가? 설명하시오.

9.5 행태 재무학이 다음 사항에 어떻게 영향을 미치는지 간략하게 설명하시오.
a. 투자자의 거래 행동
b. 가치주 주식이 성장주 주식을 성과에서 압도하는 경향
c. 대체로 좋은(나쁜) 이익뉴스 이후에 주식가격이 상승(하락) 추세를 보이는 경향

기술적 분석

LG 5 LG 6 이번 장의 첫 번째 절에서 우리는 시장효율성의 개념을 소개하고 주식 가격이 (그리고 기타 금융 시장의 가격이) 본질적으로 예측 불가능하다고 믿을 만한 충분한 이유가 있다는 것을 알게 되었다. 두 번째 절에서 시장효율성에 도전하는 행태 재무학을 설명하였고 주식 수익률의 예측 가능성을 보여주는 일부 증거를 논의했다. 이번 절에서 우리는 기술적 분석(technical analysis)을 소개하는데 이것은 주식가격과 수익률의 기록을 통해서 패턴을 찾으려는 시도이다. 이러한 패턴이 반복된다면 패턴을 아는 투자자는 패턴의 시작점을 일찍 찾아서 평균 이상의 수익률을 얻을 수 있는 기회를 가지게 될 것이다.

과거의 가격 움직임을 이용하여 미래 수익률을 예측하는 것에 초점을 맞추고 있기 때문에 기술적 분석은 기본적으로 약형 시장효율성에 반하는 것이다. 이러한 이유로 기

술적 분석의 실행은 논쟁으로 남아있다. 일부 투자자들은 기술적 분석을 주식의 매도, 보유, 매수 결정에서 사용할 수 있는 정보의 또 다른 조각이라고 본다. 반면에 어떤 이들에게는 기술적 분석이 투자결정에서 사용하는 유일한 정보이다. 그리고 어떤 사람들은 여전히 기술적 분석을 시간 낭비로 간주한다.

시장 움직임을 분석하는 것은 산업이나 기업 분석이라는 것이 존재하기 이전인 1800년대로 거슬러 올라간다. 개별기업의 상세한 재무 정보는 일반 대중뿐만 아니라 주주에게도 제공되지 않았다. 투자자들이 연구할 수 있는 유일한 정보는 시장 그 자체였다. 일부 투자자들은 상세한 차트를 이용하여 커다란 시장의 운영을 모니터하였다. 이러한 차트들은 주요 거래자들이 특정 주식을 사거나 파는 움직임을 보여주기 위해 고안되었고 수익을 내기 위한 매수-매도 결정에 유용한 정보를 제공하였다. 차트의 중심에는 주식 가격의 움직임이 있었다. 이러한 움직임은 어떤 "유형"을 제공하게 되었는데 그것은 특정 주식을 사고 파는 정확한 시기를 알려주었다. 동일한 원칙이 오늘날에도 적용되고 있다. 즉, 기술적 분석은 거래량과 주식 가격 움직임과 같은 내부의 시장 요인들이 종종 시장의 미래 방향을, 명백하게 재무 통계 수치로 알려지기 훨씬 전에, 밝혀준다고 주장한다.

시장을 측정하는 도구

기술적 분석을 이용하여 전반적으로 시장을 평가하는 것이 해볼 만한 노력이라면, 우리는 그것을 위한 어떤 도구 혹은 측정치가 필요하다. 차트는 시장과 개별 주식의 주가 움직임에 대한 시각적인 요약을 제공하기 때문에 많은 투자자들에게 널리 알려져 있다. 차트의 대안 혹은 보조적인 도구로 일부 투자자들은 다양한 시장 통계를 연구하기도 한다. 시장 지수의 추세를 살펴보거나 거래량, 공매도, 혹은 소규모 투자자의 거래 행동(예를 들어, 단주 거래)과 같은 시장 움직임을 추적한다.

기술적 분석은 시장에서 목격되는 이러한 요인들이 일반적으로 주식의 가격 움직임에 영향을 줄 수 있거나 줄 것이라고 주장한다. 시장의 일반적인 상황(혹은 분위기)을 다룰 수 있고 향후 몇 달간 시장이 어디로 향할 것인지에 대한 통찰력을 얻을 수 있다고 생각한다. 기술적 분석에서는 이를 위해 노력하고 있으며, 우리는 그 중 널리 사용되는 일부 방법을 아래에 요약할 것이다.

신뢰성 지수 시장의 분위기를 알아채기 위한 측정치의 하나로 신뢰성 지수(confidence index)가 있는데, 이것은 주식시장이 아니라 채권시장의 수익률을 다룬다. Barron's 가 산출하여 제공하는 신뢰성 지수는 고등급 회사채의 평균 수익률과 평균 혹은 저등급 회사채의 수익률의 차이(spread)를 반영한 비율이다. 기술적으로 이 지수는 10개의 고등급 회사채의 평균 수익률과 10개의 중등급 채권의 수익률의 비율로 구한다. 아래 수식을 보자.

수식 9.3

$$\text{신뢰성 지수} = \frac{\text{10개의 고등급 회사채의 평균 수익률}}{\text{10개의 중등급 회사채의 평균 수익률}}$$

따라서, 이 지수는 고등급 채권과 중등급 채권의 수익률 스프레드를 측정한다. 고등급 채권의 수익률은 항상 중등급 채권의 수익률의 평균보다 낮기 때문에 신뢰성 지수는 1을 넘지 않는다. 대신에 1(혹은 100%)에 근접하게 되면 두 그룹 채권의 스프레드가 작아지는 것이고, 이론에 따라서 이것은 좋은 징조가 된다. 투자자의 경제에 대해 신뢰성이 커지면서 투자자는 위험한 채권에도 투자를 할 것이고 따라서 수익률이 떨어지고 신뢰성 지수는 올라가게 된다는 것이다. 신뢰성 지수를 따르는 사람들은 지수의 상승이 미래 주식 수익률의 긍정적인 신호로 해석한다.

예를 들어, 고등급 채권의 수익률이 4.50%이고 중등급 채권의 수익률이 평균 5.15%라고 가정하자. 이것은 수익률 스프레드 65 "bp(basis point)" 혹은 1%의 65/100(즉, 5.15% − 4.50% = 0.65%)를 의미하고, 신뢰성 지수는 4.50% ÷ 5.15% = 87.38%이다. 이제, 수익률과 수익률 스프레드가 상승하거나 하락하면 어떻게 되는지 살펴보자.

	수익률(수익률 스프레드)	
	하락	상승
고등급 채권 수익률	4.25%	5.25%
평균채권 수익률	4.50%	6.35%
수익률 스프레드	0.25%	1.10%
신뢰성 지수	94.44%	82.68%

낮은 수익률 스프레드는 사실 높은 신뢰성 지수를 가져온다. 따라서 투자자는 더 낮은 등급(더 위험한) 채권의 수익률에서 더 낮은 프리미엄을 요구한다는 것을 의미하고 이렇게 하는 것은 경제에 대해 더 큰 신뢰성을 가지고 있음을 보여준다. 이 이론은 "능숙한 투자자(smart money)"의 추세가 주식시장에 나타나기 이전에 채권시장에서 밝혀진다는 것을 암시한다. 즉 오늘 신뢰성 지수의 상승은 미래 주식시장의 상승을 예견한다는 것을 의미한다.

시장 거래량 시장 거래량은 확실히 주식에 대한 투자자 관심의 정도를 반영한다. 시장 거래량을 관찰하는 기술적 분석가들은 상승 시장에서 거래량이 증가하는 것은 주식이 계속 상향 움직임을 보일 것이라는 긍정적인 신호라고 말한다. 반면에 주식이 하락할 때 거래량이 줄어드는 것은 주가 하락이 거의 끝나간다는 것을 의미할 수 있다. 같은 맥락에서 주식이 상승했는데 거래량이 줄어들기 시작하면 상승시장의 종료를 알리는 것일 수 있다. 수많은 금융 사이트에서 전체 시장의 일간 거래량을 알리고 있기 때문에 쉽게 찾을 수 있는 통계치이다.

시장의 폭 거래일마다 일부 주식은 가격이 오르고 어떤 주식은 가격이 내린다. 시장의 용어로 일부 주식은 상승(advance)이고 다른 것은 하락(decline)이다. 시장의 폭은 이러한 상승과 하락을 다룬다. 이 지표가 내포한 원칙은 상승과 하락의 숫자가 투자자의 내재된 감정을 반영한다는 것이다.

시장의 폭을 사용하는 분석가들은 투자 결정에서 숫자를 다음과 같이 해석한다. 어떤 날에 주가가 상승한 주식의 수가 하락한 주식의 수보다 크다면 시장은 강세장이다. 강세의 정도는 상승과 하락의 숫자 사이의 차이에 따른다. 예를 들어, 차이가 줄어들면(하락의 숫자가 상승의 숫자에 근접히면) 시장의 세기는 약화된다. 마찬가지로, 하락이 숫자가 상승의 숫자를 계속 앞지르면 시장은 약세장이다. 시장 분위기가 낙관적일 때, 상승은 하락을 앞선다. 또한, 상승과 하락의 데이터는 쉽게 얻을 수 있다. <그림 9.5>는 시장 거래량, 상승, 하락에 관한 데이터를 보여준다.

그림 9.5 기본적인 시장 통계

여기에 제시된 시장 거래량, 상승, 하락에 대한 정보의 예는 웹에서 쉽게 볼 수 있다.

상승 및 하락

	NYSE	AMEX	NASDAQ	BB
상승 종목수	1,659(52%)	688(49%)	1,093(42%)	206(41%)
하락 종목수	1,392(44%)	658(47%)	1,366(53%)	176(35%)
보합 종목수	125(4%)	50(4%)	124(5%)	122(24%)
총 종목수	**3,176**	**1,396**	**2,583**	**504**
신고가	**109**	**26**	**48**	**10**
신저가	**7**	**29**	**38**	**51**
상승 거래량	1,680,443,020(61%)	123,480,477(42%)	808,471,279(51%)	40,718,961(20%)
하락 거래량	1,036,423,723(38%)	167,711,649(57%)	723,518,165(45%)	145,902,309(70%)
보합 거래량	24,923,884(1%)	3,055,557(1%)	62,973,654(4%)	20,497,090(10%)
총 거래량	**2,741,790,6271**	**294,247,6831**	**1,594,963,0981**	**207,118,3601**

(출처: http://finance.yahoo.com/advances, 2012년 8월 12일에 검색)

공매도 물량 투자자들이 시장하락을 예상하게 되면 때로는 공매도를 통해 주식을 매도한다. 즉, 주식을 빌려서 매도하는 것이다. 어느 시점에 시장에서 공매도를 통해 매도되는 주식의 수를 일컬어 공매도 물량(short interest)이라고 한다. 더 많은 주식이 공매도로 팔리면 공매도 물량은 더 커진다. 모든 공매도가 궁극적으로 "상환(covered)"되어야 하기 때문에(빌린 주식은 돌려줘야만 한다), 공매도는 사실 미래의 주식 수요를 보증한다. 따라서 공매도 물량이 역사적 기준보다 상대적으로 높아지면 시장은 긍정적으로 평가된다. 공매도 포지션을 커버하기 위해서 미래에 주식을 매수하게 되면 추가적인 수요가 주식 가격을 상승시키게 될 것이라는 논리이다. NYSE, AMEX, Nasdaq의 공매도 물량은 *Wall Street Journal*과 *Barron's*에 그리고 기타 자료로도 공표된다.

공매도 물량을 추적하면 미래의 시장 수요를 알 수 있지만 그것은 또한 현재의 시장 낙관이나 비관의 정도를 알려준다. 공매도는 일반적으로 지식을 가진 투자자에 의해서 일어나며, 공매도 물량의 눈에 띄는 증가나 감소는 시장이나 기업의 현재 상황에 대한 능숙한 투자자의 감정에 대한 힌트를 준다. 예를 들어, 공매도 물량의 심각한 증가는 비록 미래의 주식 수요 수준에 있어서는 긍정적인 신호가 되겠지만, 시장의 현재 상태에 대한 비관적인 우려를 알리는 것일 수 있다.

단주 거래 월스트리트의 다소 비꼬는 듯한 격언으로 가장 좋은 전략은 소액 투자자가 하는 것과는 반대로만 하면 된다는 말이 있다. 이러한 논리의 배경은 대체로 소액 투자자들이 악명 높은 최악의 시기선택 능력을 보여주기 때문이다. 투자자 대중은 일반적으로 강세장이 어느 정도 무르익은 후까지도 시장에 참여하지 않으며 약세장의 끝에 도달할 때까지도 시장에서 나가지 않는다. 이런 주장의 타당성이 논란의 여지가 있겠지만, 이것은 기술적 지표를 널리 추종하는 배경에 놓여 있는 가정이며 반전투자 의견이론(theory of contrary opinion)의 기본이 된다. 이 이론은 단주 거래의 양과 유형을 시장의 현재 상태와 당면한 변화의 지표로 사용한다.

많은 개인투자자들이 100주 이하의 거래에 참여하기 때문에, 그들의 일반적 감정은 단주거래를 보면 어느 정도 알 수 있다. 즉, 단주 투자자가 "균형적으로" 무엇을 하느냐를 보는 것이다. 단주 매수와 단주 매도 물량 사이에 차이가 작거나 없으면 반전투자 의견 이론은 시장이 현재 추세(상승이든 하락이든)를 따라 지속적으로 움직일 것이라고 본다. 단주 매수와 단주 매도 사이의 균형에 극적인 변화가 발행하면 그것은 강세장 혹은 약세장이 곧 끝난다는 신호가 될 수 있다. 예를 들어, 만일 단주 매수가 단주 매도를 초과하기 시작하면 소액 투자자들의 일부가 이성을 잃기 시작하여 투기를 하기 시작했으며 이것은 강세장의 최종 단계가 도래할 것이라는 불길한 신호가 된다.

거래 규칙과 측정 도구

주식의 공급과 수요가 주로 (혹은 유일하게) 주식 가격을 결정한다고 믿는 시장의 기술적 분석가(market technician)는 다양한 수학공식과 측정도구(수치)를 이용하여 시장의 기본적인 상황을 평가한다. 이러한 분석가들은 필요한 수치를 산출하기 위해서 때로는 컴퓨터를 사용하고 매일 그림으로 그린다. 그들은 이러한 수치를 시장이나 특정 주식에 언제 들어가고 나와야 하는지를 가리키는 지표로 사용한다. 즉, 그들은 이러한 시장의 수치를 근거로 거래 규칙을 개발한다. 하나의 수치가 모든 주식에 적용이 가능하지 않기 때문에, 기술적 분석가는 거의 항상 한두 개가 아닌 몇 가지의 시장 수치를 이용한다. 더구나 일반적으로 그들은 하나의 수치로 다른 수치를 확인하고자 한다. 다시 말해서, 시장 분석가는 3개 내지 4개의 비율을 보고 모든 수치가 같은 방향을 가리키고 있는지 확인하고자 한다.

이러한 시장의 측정 도구와 거래 규칙이 수십 개 있다고 하지만, 우리는 기술적 지표로 널리 사용되고 있는 일부만을 논의할 것이다. 그것은 (1) 등락주선, (2) 신고가-신저가, (3) 암스 지표(arms index), (4) 뮤추얼펀드 현금비율, (5) 잔량 거래량(OBV), (6) 상대강도 지수(RSI)이다.

등락주선 거래일마다 NYSE, AMEX, Nasdaq은 얼마나 많은 종목의 주식이 당일 종가가 상승(가격 상승)하였고 얼마나 많은 주식의 종가가 하락(가격 하락)하였는지 발표한다. 등락주선(advance-decline line, ADL)은 등락한 주식의 숫자를 선으로 표현한 것이며 단순히 상승 종목과 하락 종목의 숫자 사이의 차이를 말한다. 계산은 가격이 상승한 종목의 숫자에서 하락한 종목의 숫자를 빼면 되는데 주로 전날을 기준으로 하여 오늘 등락을 정한다. 예를 들어, 만일 1,000주의 종목이 상승하고 450주의 종목이 하락하였으면, 오늘의 순 숫자는 550(즉, 1,000 - 450)이다. 만일 450주가 상승하고 1,000주가 하락했으면 순 숫자는 -550(즉, 450 - 1,000)이다. 매일 순 숫자는 누적된 총 숫자에 더해지며(혹은 빼지며), 이것이 그래프로 그려진다.

만일 그래프가 상승세이면, 상승주가 하락주를 지배하고 있는 것이고, 기술적 분석가들은 시장이 강세라고 결론을 내린다. 하락주가 상승주를 지배하기 시작하면 시장은 약화되기 시작하면서 그래프는 떨어질 것이다. 기술적 분석가들은 등락주선(A/D 라인)을 주식을 매도하거나 매수하기 위한 신호로 사용한다.

신고가-신저가 이 수치는 등락주선과 유사하지만 더 긴 시간 동안의 가격 움직임을 관찰한다. 현재 주가가 지난 1년 동안 가장 높은 수준에 도달하면 주식이 "신고가(new high)"에 도달했다고 정의한다(혹은 "52주 고가"라고 부르기도 함). 반대로 만일 현재 주가가 지난 1년 동안에 가장 낮은 수준이면 주식이 "신저가(new low)"에 도달한 것이다.

신고가-신저가 지표(NH-NL indicator)는 새로운 52주 고가에 도달한 종목의 숫자에서 새로운 저가에 도달한 숫자를 뺀 것이다. 따라서 순 숫자는 등락주선에서처럼 양수(신고가가 지배)이거나 음수(신저가가 신고가를 초과)를 얻을 수 있다. 하루하루의 변동을 완화하기 위해서 순 숫자를 10일간의 이동평균에 더하고(혹은 빼고), 그것을 그래프로 그린다.

예상하겠지만, 시간이 흐르면서 상승하는 그래프는 신고가가 지배하기 때문에 강세장을 가리킨다. 하락하는 그래프는 신저가가 신고가보다 일반적이기 때문에 약세장을 가리킨다. 모멘텀 기반의 전략을 따르는 기술적 분석가들은 신고가가 지배적일 때 매수하고 신저가가 신고가보다 많을 때 매도할 것이다. 혹은 시장이 강세일 때 자금을 주식으로 전환하는 신호로 시장이 약세로 보일 때 주식에서 자금을 회수하여 현금이나 채권으로 선환하는 신호로 사용할 수도 있다.

암스 지수(The Arms Index) 등락주선을 이용하여 만들어진 거래지수(trading index, TRIN)로도 알려진 암스 지수는 상승주와 하락주의 숫자뿐만 아니라 상승주와 하락주의 거래량을 고려한다. 공식은 아래와 같다.

수식 9.4

$$\text{TRIN} = \frac{\text{상승종목수}}{\text{하락종목수}} \div \frac{\text{상승종목 거래량}}{\text{하락종목 거래량}}$$

예를 들어, S&P 500지수를 분석한다고 가정하자. 어느 특정일에 300개 종목이 상승했고 200개는 하락했다. 그리고 상승 주식의 총 거래량은 400백만 주이며, 하락 주식의 총 거래량은 800백만 주라고 하자. 그날의 TRIN은 3.0이 된다.

$$\text{TRIN} = (300/200) \div (400\text{백만}/800\text{백만}) = 3.0$$

반면에 상승주식의 거래량이 700백만이고 하락주식의 거래량이 300백만이고 가정하면, TRIN은 0.64가 된다.

$$\text{TRIN} = (300/200) \div (700\text{백만}/300\text{백만}) = 0.64$$

TRIN이 높으면 상승종목이 하락종목보다 많다고 해도 하락종목 주식 거래량이 훨씬 크기 때문에 시장에서는 나쁜 것으로 해석된다. 기본적인 개념은 강세장은 상승하는 종목이 하락하는 종목보다 많으며, 두 번째 예에서 보듯이 상승종목의 거래량이 하락종목의 거래량보다 많은 것으로 특징지을 수 있다.

뮤추얼펀드 현금비율(Mutual Fund Cash Ratio) 이 지표는 뮤추얼펀드의 현금포지션을 미래 시장 성과의 지표로 본다. 뮤추얼펀드 현금비율(MFCR)은 관리하고 있는 뮤추얼펀드 자산 중에서 현금으로 보유하고 있는 비율을 측정한다. 수식은 다음과 같다.

수식 9.5 MFCR = 뮤추얼펀드 현금포지션 ÷ 총 운용자산

MFCR이 높으면 시장이 강세라는 가정이다. 비율이 매우 높은 수준으로 올라가면(즉, 뮤추얼펀드 현금이 자산의 10% 혹은 12%를 초과하면) 시장은 매우 강세라고 간주된다. 반면에 비율이 매우 낮은 수준(예를 들어, 5% 미만)으로 내려가면 약세장으로 본다. 논리는 다음과 같다. 펀드매니저가 많은 현금을 보유하고 있으면(MFCR이 높으면), 결국은 현금을 투자해야 하며, 따라서 주식을 매수할 것이고, 가격은 상승하게 될 것이기 때문에 시장에 호재로 작용한다. 만일 펀드매니저가 현금을 적게 보유하고 있으면, 투자자는 두 가지 우려를 하게 된다. 첫째, 이미 모든 현금이 투자되었다면 주식에 대한 수요가 남아 있지 않다. 둘째, 시장이 하락세이면 투자자는 현금을 회수하려고 할 것이다. 펀드매니저는 투자자의 이러한 펀드 환매를 수용하기 위해서 주식을 매도해야만 하고, 추가적인 가격 하락의 압력이 될 것이다.

잔량 거래량 기술적 분석가들은 일반적으로 시장활동의 핵심 측정치로서 주식 가격을 고려한다. 그러나 그들은 또한 거래량을 두 번째 중요 지표로 간주한다. 잔량 거래량(on-balance volume, OBV)은 거래량과 가격변화를 연결해주는 모멘텀지표이다. 이 지표 산출을 위해서 가격뿐만 아니라 거래량을 이용하는데 연속 총량(running total)으로 거래량을 추적한다. 즉, OBV는 거래량이 증권으로 흘러 들어왔는지 나갔는지를 가리킨다. 증권이 전날 종가보다 높은 가격에 종료되면 모든 일간 거래량이 "상승 거래량(up-volume)"으로 간주되어 연속 총량에 더해진다. 반대로 주식이 낮은 가격으로 종료되면 모든 거래량은 "하락 거래량(down-volume)"으로 간주되어 연속 총량에서 차감된다.

OBV 지표는 가격 추세를 확인하는 데 사용된다. 이 수치에 따르면, 주가가 오르면서 OBV가 늘어나면 앞으로 좀더 가격이 상승할 것임을 의미하기 때문에, 투자자는 주식 가격이 상승할 때 OBV가 늘어나길 원할 것이다. 반면에 가격은 오르는데 OBV가 하락하면, 기술적 분석가들은 이 상황을 발산으로 기술하고 약세장의 가능성을 보여주는 신호로 해석한다.

OBV를 분석할 때 실제 가치가 아니라 방향이나 추세가 중요하다. OBV의 계산을 시

작하기 위해서 우선 50,000과 같이 임의의 숫자를 가지고 시작할 수 있다. 어제 주당 $50의 종가로 거래가 끝난 주식의 OBV를 50,000의 OBV를 시작으로 계산하려고 한다고 가정하자. 오늘 80,000주의 주식이 거래되었고 종가는 $49라고 하자. 가격이 하락했기 때문에 어제의 잔량(50,000의 출발점)에서 80,000을 차감한다. 이제 OBV는 50,000 − 80,000 = −30,000이다. (OBV는 단순히 거래량의 연속 총량임에 주의하자.) 만일 주식이 다음날 120,000주 거래되었고 종가가 $52였다면 우리는 전날의 OBV에 120,000주를 더해야 한다. 즉 OBV = −30,000 + 120,000 = +90,000이다. 이러한 절차는 매일 매일 계속된다. 정상적인 절차는 일별 OBV를 그래프로 그리는 것이다. 그래프가 상승하는 한 시장은 강세이다. 그래프가 하향하기 시작하면 시장은 약세이다.

상대강도 지수 가장 널리 사용되는 기술적 지표 중 하나는 시간별로 증권의 상승과 하락 강도를 측정하는 상대강도 지수(relative strength index, RSI)이다. RSI는 증권의 모멘텀을 가리키고 단기 거래 기간에 최고의 결과를 가져다 준다. 또한 증권이 가격 고점이나 저점에 도달했음을 신호해주고 임박한 역전 추세를 보여주기 때문에 이를 통해 시장의 극단을 확인할 수 있다. RSI는 같은 기간 동안 "하락일"의 평균 가격 변화에 대한 "상승일"의 평균 가격 변화의 비율이다. 이 지표의 공식은 아래와 같다.

수식 9.6 RSI = 100 − [100 ÷ (1 + 상승일 평균 가격 변화 / 하락일 평균 가격 변화)]

RSI는 (일, 주, 월 등) 여러 기간을 다룰 수 있다. 가장 많이 사용되는 RSI는 9일, 14일, 25일 기간이다.

RSI는 0 에서 100 사이의 값을 가지지만, 대부분은 30에서 70 사이의 값을 가진다. 일반적으로 70 혹은 80 이상의 값은 과잉매수(overbought) 상황(기본가치로 정당화될 수 있는 수준보다 강하게 많이 매수)이다. RSI 값이 30 이하라면 과잉매도(oversold) 상황(기본가치가 제시하는 것보다 많이 매도)이다. RSI가 이러한 값을 넘어서게 되면, 추세 역전의 가능성을 알리는 것이다. 기간이 긴 RSI보다 9일 RSI는 변동성이 크며, 80-20 범위가 사용된다. 강세 시장에서 70보다는 80이 상한 지표로 좋으며 약세 시장에서 20이 좀더 정확한 하한 수준이다. 섹터나 산업에 따라 RSI의 기준은 달라질 수 있다.

거래에 RSI를 사용하기 위해서, RSI가 70을 넘으면 매도하고 30 아래로 떨어지면 매수하는 것처럼 투자자들은 매도와 매수 구간을 정한다. 다른 전략으로 주식 차트와 RSI를 비교하는 것이 있다. 대부분의 경우 두 그래프는 같은 방향으로 움직이는데, RSI와 가격의 차트가 서로 벌어지는 것은 추세가 변하는 것을 보여주는 강력한 예측이 될 수 있다.

차트분석

차트분석(charting)은 가장 잘 알려진 기술적 분석 활동일 것이다. 사실 기술적 분석가들은 다양한 유형의 차트를 이용하여 다우존스 산업평균 지수부터 개별 주식의 주가 움직임까지 이동평균과 등락주선 등의 모든 행태를 그린다. 결국 앞에서 보았듯이 모든 유형의 기술적 지표들은 어떤 형태로든 차트로 그릴 수 있다.

차트는 시간의 흐름에 따른 시각적인 행태의 요약을 보여주기 때문에 유명하다. 아마도 더 중요한 것은 (최소한 기술적 분석가의 눈으로 보면) 차트가 시장이나 개별 주식의 추세나 미래 행태를 유발하는 가치 있는 정보를 포함하고 있다는 것이다. 차티스트는 가격 패턴이 시장과 주식의 미래 방향에 대한 신호를 알려주는 차트 유형(formation)으로 나타난다고 믿는다.

차트 유형 차트 그 자체는 시장이나 주식이 어느 위치에 있는지 이상을 말하지는 않는다. 그러나 차티스트에게 이러한 가격의 패턴은 미래에 예측할 수 있는 무엇인가를 말해주는 유형을 낳는다. 차티스트는 역사가 반복된다고 믿기 때문에 다양한 유형에 대한 과거의 주식(혹은 시장) 반응을 연구하고 이러한 관찰에 기초하여 거래 규칙을 고안한다. 차티스트에게 시장을 좇든 개별 주식을 좇든 차이는 없다. 중요한 것은 유형이고 그려진 주식이 아니다. (쉬운 일은 아니지만) 차트를 어떻게 해석하는지를 안다면, 당신은 만들어진 유형을 볼 수 있고 매도와 매수 신호를 인식할 수 있다. 이러한 차트 유형은 때로는 이국적인 이름을 가지고 있는데, 머리어깨형(head and shoulders), 떨어지는 쐐기형(falling wedge), 접시형(scallop and saucer), 상승 삼각형(ascending triangle), 뒤집힌 섬형(island reversal) 등 무궁무진하다.

<그림 9.6>은 6개의 차트 유형을 보여준다. “지지선”과 저항선”의 패턴이 기본적인

그림 9.6 일부 유명한 차트 유형

차트분석가들에게 이러한 유형은 미래 사건의 방향에 있어서 의미를 가진다.

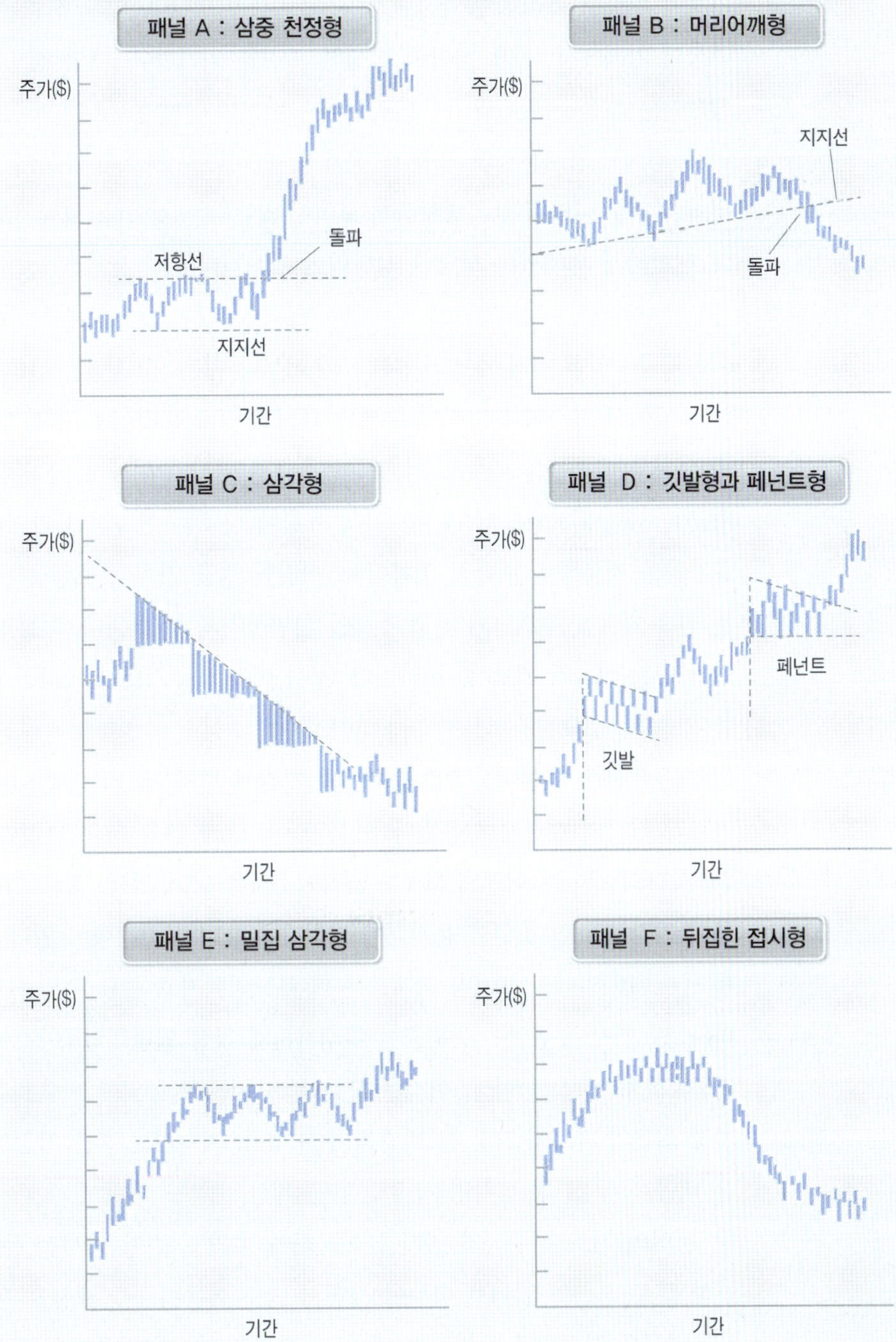

유형과 결합할 때 매도와 매수 신호를 보내게 된다. 패널 A는 가격이 특정 패턴의 저항선을 돌파할 때 매수 신호의 예를 보여준다. 반면에 패널 B의 끝 부분에서 그런 것처럼 가격이 저항선 아래로 돌파하면 매도 신호가 발생한다. 매도 신호는 시장에서(혹은 개별 주식의 가격에서) 중요 하락이 발생하는 것을 의미한다. 매수 신호는 반대의 상황이 발생하려는 것을 가리킨다.

불행히도 차트분석의 가장 큰 문제점 중 하나는 차트의 유형이 <그림 9.6>에서 보는 것처럼 자주 나타나거나 명확하게 보이지 않는다는 것이다. 그렇기보다는 유형을 확인하고 해석하기 위해서는 상당한 상상력이 필요하다.

이동평균 일별 가격 차트의 문제점은 너무나 많은 의미 없는 단기의 주가 변동을 포함하고 있어서 가격의 전반적인 추세를 가리고 있다는 것이다. 결과적으로, 기술적 분석가들은 작은 흔적들을 지우고 기본적인 추세를 밝히기 위해서 이동평균을 사용한다. 이동평균(moving average, MA)은 시간의 흐름에 따르는 연속적인 가격이나 기타 자료의 평균가치를 기록하는 수학적 절차이다. 이러한 평균 가치의 흐름을 포괄하기 때문에 MA는 연속 자료를 부드럽게 하고 추세를 확인하기 쉽게 만든다. 이동평균은 가장 오래되고 인기 있는 기술적 지표 중 하나이다. 사실 이것은 주가뿐만 아니라 시장 지수나 기타 다른 기술적 지표에도 사용이 가능하다.

이동평균은 10일에서 200일 사이의 기간에 걸쳐 계산되는데 이때 10개에서 200개의 자료가 각각의 계산에 사용된다. 예를 들어, 15개 연속 자료가 15일 이동평균에 사용된다. 시간의 길이는 어떻게 MA가 움직이는지를 담고 있다. 짧은 기간(10일에서 30일)은 좀더 민감하고 실제 일별 움직임에 밀접하게 움직이는 경향이 있다. 기간이 길어지면(예를 들어, 100일에서 200일) 그래프는 더 부드러워지고 주요 추세를 찾아내는 데 더 유용하다. 몇 가지 유형의 이동평균이 존재하는데 가장 일반적인 (여기서 사용될) 것은 단순평균(simple average)이다. 이것은 모든 관찰 자료에 동일한 비중을 주는 것이다. 반면에 가장 최근의 자료에 가장 큰 비중을 주거나(즉, 지수평균 혹은 가중평균) 중간 시기에 많은 비중을 두는(즉, 삼각평균) 이동평균 계산 절차도 있다.

논의의 기초로 주식의 종가를 이용하여 우리는 주어진 시간 동안(예, 10일) 종가를 더하고 총 시간의 길이로 나누어 가면서 단순 이동평균을 계산할 수 있다. 따라서 단순 이동평균은 산술평균과 다르지 않다. 이해를 위해, 아래 종가의 흐름을 고려해 보자.

일자:	1	2	3	4	5	6	7	8	9	10	11	12	13	…
가격:	$4	$5	$6	$6	$7	$5	$3	$5	$8	$9	$6	$2	$4	…

10일 이동평균을 이용하기 위하여 우리는 종가를 1일부터 10일까지 더하고($4 + $5 + … + $8 +$9 =$58), 총 10일로 나누면 ($5810 = $5.8) 된다. 따라서 10일 기간 동안의 평균 종가는 $5.80이다. 다음날, 이러한 절차는 다시 반복되어 2일부터 11일까지의 자료를 이용하면 $6010 = $6.00이 된다. 이 절차는 매일 반복되고 시간이 흐르면서 우리는 개별 평균의 시계열을 얻게 되고, 이들을 연결하면 이동평균선이 된다. 이 선은 그 자체 혹은 다른 시장 유형과 함께 차트에 그려진다.

<그림 9.7>은 Exxon Mobil의 100일 이동평균(점선)이 일별 종가(실선)와 함께 그려져 있음을 보여준다. 실제 종가와 비교해보면 이동평균은 훨씬 부드러운 선이고 단기 변동이 없다. 이것은 확실히 일반적인 주식 가격의 추세를 밝혀준다.

기술적 분석가들은 종종 <그림 9.7>의 차트를 가지고 주식의 매수와 매도 결정을 내리는 데 이용한다. 예를 들어, 만일 증권의 가격이 이동평균보다 올라가면 그들은 가격이 상승하여 움직이고 있기 때문에 매수하기에 좋은 상황이라고 해석한다(차트의 매수 신호로 본다). 반면에, 매도 신호는 증권의 가격이 이동평균선 아래로 내려갈 때 발생한다(매도 신호로 본다). 주식 가격의 변동성으로 인해 매도와 매수 신호가 반복해서 나타나게 되면 <그림 9.7>에서처럼 여러 차례 거래 신호가 발생하는 문제가 있다. 모든 매수와 매도 신호에 따라 움직이게 되면 뛰어난 수익률을 발생시키지는 못하고 높은 거래 비용만을 발생시킬 수 있다.

그림 9.7 100일 이동평균선

이동평균선은 종종 실제의 일별(혹은 주별) 주식 종가와 함께 그려진다. 이동평균은 S&P 500과 같은 시장 지수, 등락주선과 같은 여러 가지 기술적 지표에도 널리 사용된다.

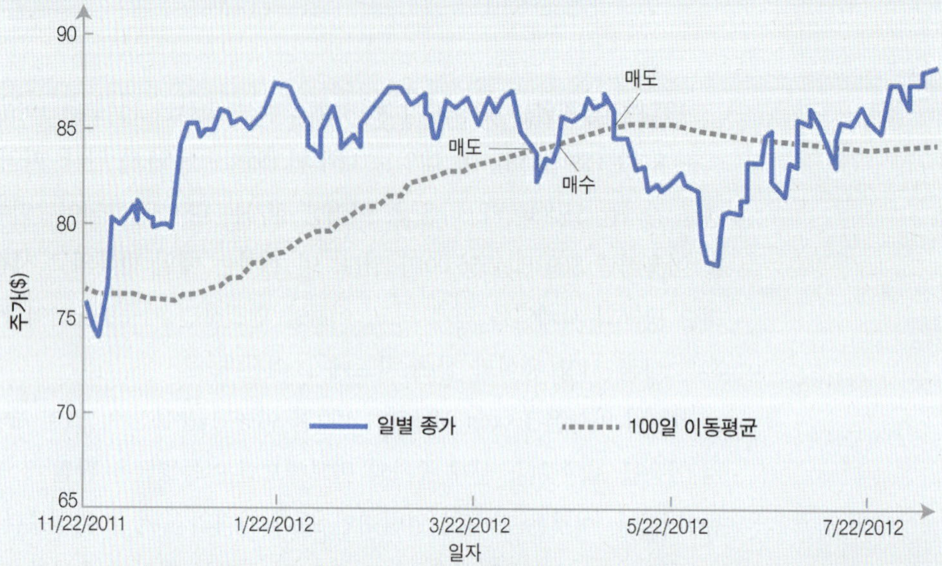

개념리뷰

9.6 기술적 분석의 목적은 무엇인가? 어떻게 사용되고 왜 사용되는지 설명하시오. 투자결정에서 시기 선택에 어떻게 도움을 줄 수 있는지 확인하시오.

9.7 시장은 개별 증권의 가격 움직임에 측정할 수 있는 영향을 줄 수 있는가? 설명하시오.

9.8 신뢰성 지수를 설명하고 지수가 가지고 있는 독특한 특성을 설명하시오.

9.9 아래 용어를 간략하게 설명하고 기술적 분석에서 어떻게 사용되는지 설명하시오.

a. 시장의 폭
b. 공매도 물량
c. 단주 거래

9.10 아래 용어를 간략하게 설명하고 기술적 분석가들이 어떻게 계산하고 사용하는지 기술하시오.

a. 등락주선(ADL)
b. 암스 지수
c. 잔량 거래량(OBV)
d. 상대강도 지수(RSI)
e. 이동평균(MA)

9.11 주식 차트는 무엇인가? 차트에서 어떤 종류의 정보를 얻을 수 있는가? 차트분석의 목적은 무엇인가?

토론문제

LG 1 Q9.1 효율적 시장의 개념에 대해 많은 말들이 있다. 시장이 효율적이라고 믿는 사람과 믿지 않는 사람이 있다고 말하는 것이 맞다. 이 문제를 풀 수 있는지 논쟁을 해보자. 효율적 시장을 믿는 혹은 믿지 않는 한쪽 편을 택하고 당신의 "정보"를 준비해 보자. 아래 3가지 측면에 대한 논쟁을 준비하자.

a. 효율적 시장은 무엇인가? 그런 시장이 정말로 존재하는가?

b. 주식가격은 항상(혹은 거의 항상) 시장에서 옳게 정해지는가? 그렇다면 저평가 주식을 발견하는 기회는 거의 없다는 것을 의미하는가?

c. 당신은 주식 선택에서 기본적 분석이나 기술적 분석을 사용할 어떤 이유를 말할 수 있는가? 그렇지 않다면, 당신은 어떻게 주식을 선택하는가?

LG 1 LG 2 Q9.2 매년 *Wall Street Journal*이나 *Money Magazine*과 같은 금융 정보지는 최우수 성과를 낸 뮤추얼펀드 매니저를 선정한다. 그리고 평균 이상의 위험을 감수하지 않고도 시장 평균보다 훨씬 높은 수익률을 달성한 펀드 매니저가 매년 있다. 이것은 효율적 시장가설과 일치하는 결과인가?

LG 3 LG 4 Q9.3 행태 재무학은 전통 재무론과 어떻게 다른가? 이 맥락에서 다음을 설명하시오.

a. 신념유지

b. 과잉반응 경향

c. 좁은 틀 짜기

d. 친근성 오류

e. 자기귀인 오류

LG 3 LG 4 Q9.4 손실회피가 어떻게 거래 행동을 줄이는지 설명하시오.

LG 5 Q9.5 효율적 시장가설과 일치하지 않는 주식시장의 일부 이례현상을 기술하고 기술적 분석이 어떻게 그런 시장의 움직임을 찾고 추적할 수 있는지 설명하시오.

LG 5 Q9.6 기술적 분석의 아래 방법을 설명하고 이것이 투자자에게 어떻게 사용될 것인지 설명하시오.

a. 신뢰성 지수

b. 암스 지수

c. 단주 거래

d. 차트분석

e. 이동평균

f. 잔량거래량(OBV)

수학적 수식이나 비율 형태로 되어 있는 접근법은 무엇인가?

LG 5 Q9.7 다음을 간략하게 설명하고 시장이 강세일 때를 알려주는 상황을 알아보자.

a. 시장의 폭

b. 공매도 물량

c. 상대강도 지수

d. 반전투자 견해 이론

e. 머리어깨형

문제

LG 5 LG 6 P9.1 다음 3일에 대한 S&P 500의 암스 지수를 계산하시오.

날짜	상승 종목수	하락 종목수	상승종목 거래량	하락종목 거래량
1	350	150	850백만 주	420백만 주
2	275	225	450백만 주	725백만 주
3	260	240	850백만 주	420백만 주

3일 중에서 어느 날이 가장 강세장인가? 설명하시오.

LG 5 LG 6 P9.2 아래 자료는 회사채 시장에 관한 것이다(주의: 각 "기간"은 6개월을 측정한다).

	기간1	기간2	기간3	기간4
10개의 고등급 회사채의 평균수익률	5.30%	5.70%	5.10%	?
다우존스 평균 40개 회사채 수익률	6.50%	?	6.00%	4.90%
수익률 스프레드(베이시스 포인트)	?	155	?	25
신뢰성 지수				

a. 기간에 대한 신뢰성 지수를 각각 계산하시오.

b. 최근의 신뢰성 지수(기간0)는 86.83%였고, 고등급과 중등급 회사채 수익률 스프레드는 85베이시스 포인트였다고 가정하자. 당신의 계산에 근거하여, 문제에 제시된 기간 동안에(기간 0에서 기간 4 사이에) 채권 수익률 스프레드와 신뢰성 지수에 무슨 일이 일어났는가?

c. 계산한 신뢰성 지수에 근거하여, 당신의 전반적인 시장에 대한 평가는 어떠한가? 어떤 기간 혹은 기간들 중에 신뢰성 지수가 강세인가? 언제 약세인가?

LG 5 LG 6 P9.3 시작 시점의 OBV가 50,000이고 주식의 종가는 $25였다고 가정하고, 아래 3일간의 잔량거래량(OBV)을 계산하시오.

날짜	종가($)	거래량(주)
1	27	70,000
2	26	45,000
3	29	120,000

OBV의 움직임이 주가의 상승 추세를 보여주는가? 설명하시오.

LG 5 LG 6 P9.4 아래 <표>는 6개월 동안 매월 신고가와 신저가를 기록한 주식의 숫자를 보여준다.

월	신고가	신저가
7월	117	22
8월	95	34
9월	84	41
10월	64	79
11월	53	98
12월	19	101

기술적 분석가는 이 기간을 강세 혹은 약세 어느 쪽으로 판단할까? 설명하시오.

LG 5 LG 6 P9.5 당신은 TV에서 시장 분석가가 신고가(NH)-신저가(NL) 지표가 이번 달에 10% 상승했다고 말하는 것을 보았다. 무슨 의미인가?

LG 5 LG 6 P9.6 거래일이 끝날 때 NYSE의 1,200개 종목이 상승하고 700개 종목이 하락한 것을 알았다. 이날의 등락주선의 가치는 무엇인가?

LG 5 LG 6 P9.7 다음과 같은 정보가 주어졌다.

날짜	신고가	신저가
1(어제)	117	22
2	95	34
3	84	41
4	64	79
5	53	98
6	19	101
7	19	105
8	18	110
9	19	90
10	22	88

a. 10일 이동평균 NH-NL 지표를 계산하시오.

b. 120개의 신고가와 20개의 신저가 종목이 있다면 새로운 10일 이동평균 NH-NL 지표는 무엇인가?

LG 5 LG 6 P9.8 당신은 NH-NL 지표로 다음과 같은 정보를 얻었다.

날짜	NH-NL 지표	날짜	NH-NL 지표
1(어제)	100	6	−45
2	95	7	−82
3	61	8	−86
4	43	9	−92
5	−15	10	−71

당신이 모멘텀 전략을 추구하는 기술적 투자자라면 당신은 오늘 매수(혹은 매도) 하겠는가?

LG 5 LG 6 P9.9 당신은 아래 자료를 준비하였다.

주	뮤추얼펀드 현금포지션($)	뮤추얼펀드 총자산($)
가장 최근	281,478,000.00	2,345,650,000.00
2	258,500,000.00	2,350,000,000.00
3	234,800,000.00	2,348,000,000.00
4	211,950,000.00	2,355,000,000.00
5	188,480,000.00	2,356,000,000.00

각각의 주별로 MFCR을 계산하시오. 결과에 근거하면 강세 혹은 약세인가?

LG 5 LG 6 P9.10 당신은 보유 주식의 종가를 안다. 그리고 10일 이동평균을 살펴보고 있다. 11일에서 20일 사이의 10일 이동평균을 계산하시오. 아래 <표>를 근거로 할 때, 이동평균은 거래 신호가 되는가? 설명하시오.

날짜	종가($)	날짜	종가($)
1	25.25	11	30.00
2	26.00	12	30.00
3	27.00	13	31.00
4	28.00	14	31.50
5	27.00	15	31.00
6	28.00	16	32.00
7	27.50	17	29.00
8	29.00	18	29.00
9	27.00	19	28.00
10	28.00	20	27.00

사례 문제 9.1: Brett는 주식의 기술적 지표들을 분석한다

LG 5 Brett Daly는 적극적 주식 거래자로 시장의 기술적 투자자이다. 그는 기술적 분석을 약 10년 전부터 시작했고 분석 도구로 인터넷을 사용하고 있으며 여전히 자신의 기법과 차트를 이용하고 있다. Brett는 투자 결정을 위한 정보로 전적으로는 아니지만 일부 기술적 분석에 의존한다. 일부 시장의 기술적 분석가들은 주식의 기본을 완전히 무시하지만, 그는 그렇지 않은 진지한 주식 투자자로 자신을 정의하고 싶어한다. 현재 그에게는 과거 3~4개월 동안 추적해온 주식이 있다.

그 주식은 Nautilus Navigation으로 중형규모의 하이테크 주식인데 몇 년간 이익을 창출해왔다. 문제는 이익이 다소 변덕스럽다는 점인데, 해에 따라 등락이 심하기 때문에 주가 역시 변동이 심하다. 사실 그 점이 Brett이 이 주식을 좋아하는 이유이다. 투자자로서 높은 가격 변동성은 상대적으로 짧은 기간(3~6개월)에 주식을 사고 파는 거래를 할 수 있게 한다.

Brett는 이미 주식의 "탄탄한" 기본에 대해 알기 때문에, 근간이 흔들리지 않는다는 점에서 걱정을 하지 않는다. 따라서 그는 주식의 기술적 분석에만 집중을 할 수 있다. 특히, 그는 증권의 시장 가격 움직임을 측정하는 기술적 지표를 원한다. 그는 최근 종가를 구하였고, 아래 <표>와 같다.

최근의 가격 움직임: Nautilus Navigation			
14 (8/15/13)	18.55	20	17.50
14.25	17.50	20.21	18.55
14.79	17.50	20.25	19.80
15.50	17.25	20.16	19.50
16	17	20	19.25
16	16.75	20.25	20
16.50	16.50	20.50	20.90
17	16.55	20.80	21
17.25	16.15	20	21.75
17.20	16.80	20	22.50
18	17.15	20.25	23.25
18 (9/30/13)	17.22	20	24
18.55	17.31 (10/31/13)	19.45	24.25
18.65	17.77	19.20	24.15
18.80	18.23	18.25 (11/30/13)	24.75
19	19.22	17.50	25
19.10	20.51	16.75	25.50
18.92	20.15	17	25.55 (12/31/13)

Nautilus 주식은 Nasdaq Global Market에서 활발하게 거래되고 있고, 시장의 관심을 받고 있다.

문제

a. <표>의 종가를 이용하여 (1) 2013/09/30에서 2013/10/31 사이의 20일 기간, (2) 2013/11/30부터 2013/12/31 사이의 22일 기간 동안 주식의 상대강도 지수를 계산하시오.(힌트: RSI의 분모(상승한 날의 평균 가격 변화)와 분자(하락한 날의 평균 가격변화)를 계산할 때 단순평균을 사용한다).

1. 계산한 2개의 RSI를 비교하시오. 지수가 커지거나 작아졌는가? 그리고 그것은 좋은 것인가 혹은 나쁜 것인가?
2. 최근의 RSI 수치는 매수 신호인가 매도 신호인가? 설명하시오.

b. <표>의 종가를 이용하여 이동평균선을 준비하시오. 개별 평균값을 계산하기 위해서 10일 기간을 사용한다.

1. Nautilus의 일별 종가를 2013/08/15부터 2013/12/31 사이에 차트로 그린다.
2. 동일한 차트에, 앞에서 계산한 개별 평균값을 이용한 이동평균선을 그린다. 매수 신호인지 매도 신호인지 확인하시오.
3. 2013/12/31 기준으로 이동평균선은 매수, 유지, 매도 신호 중 어느 것인가? 설명하시오. 이 결과를 a에서 얻는 RSI의 결과와 어떻게 비교할 수 있는가? 설명하시오.

c. 이제까지 만들었던 기술적 분석 수치와 차트를 이용하여 Brett에게 Nautilus Navigation 주식에 대해 어떻게 하라고 조언하겠는가? 설명하시오.

사례 문제 9.2: Deb의 시장 지표

LG 5 몇 개월 전에 Deb Forrester는 돌아가신 고모로부터 엄청난 유산을 받았다. Deb은 돈으로 무엇을 해야 할지 확신이 없어서, 우선 은행 계좌에 저축을 했다. 그러나 그 이후에 그녀는 대학에서 투자론 강의를 들었다. 수업 교재를(지금 이 책을) 방금 전에 이번 장까지 읽었다. 수업에서 배운 바에 흥미를 느낀 Deb은 주식에 투자하기로 했다. 그러나 투자를 하기 전에 그녀는 기술적 분석에 대한 새로운 지식을 사용하여 지금이 시장에 들어갈 시기인지 아닌지를 확인하고 싶다.

Deb은 지금이 현금을 주식시장에 투자할 시기인지 아닌지를 결정하기 위해서 아래 측정치를 사용하기로 했다.

- 등락주선
- 신고가-신저가 지표(최근 10일간 이동평균을 0, 과거 10기간이 모두 0으로 가정)
- 암스 지수
- 뮤추얼펀드 현금비율(MFCR)

Deb는 인터넷을 이용하여 이에 필요한 자료를 구할 수 있었다.

문제

a. 아래 <표>에 제시된 자료를 이용하여 기간 1에서 기간 5까지 위에 나열된 4가지 측정치를 계산하시오. 가능한 경우 결과를 그래프로 그리시오.

b. 각각의 측정치가 시장을 어떻게 보고 있는지 설명하시오. 모든 지표를 통합하여 살펴볼 때 시장의 현재 상황을 어떻게 판단할 수 있는가? 이들 측정치를 통해 Deb은 현재 시장에 투자를 해야 하는가 아니면 기다려야 하는가? 설명하시오.

c. 이 <표>에 사용된 기간은 정해져 있지 않다. 상대적으로 긴 기간이라면 어떻게 해석할 수 있는가? 상대적으로 짧은 기간이라면 어떻게 해석할 수 있는가? 기간의 길이가 측정치에 영향을 미칠 수 있는지 설명하시오.

	기간 1	기간 2	기간 3	기간 4	기간 5
다우존스산업평균지수(DJIA)	8,300	7,250	8,000	9,000	9,400
다우운송평균지수(DTI)	2,375	2,000	2,000	2,850	3,250
신고가 종목수	68	85	85	120	200
신저가 종목수	75	60	80	75	20
거래량 증가	600,000,000	836,254,123	275,637,497	875,365,980	1,159,534,297
거래량 감소	600,000,000	263,745,877	824,362,503	424,634,020	313,365,599
뮤추얼펀드현금(조$)	$0.31	$0.32	$0.47	$0.61	$0.74
총 운용자산(조$)	$6.94	$6.40	$6.78	$6.73	$7.42
상승종목(NYSE)	1,120	1,278	1,270	1,916	1,929
하락종목(NYSE)	2,130	1,972	1,980	1,334	1,321

엑셀 스프레드시트

기술적 분석은 거래량과 주식가격의 분석을 기반으로 증권의 수요와 공급을 살펴본다. 차트분석은 증권의 가격 추세를 알기 위해 많이 사용된다. 잘 알려진 기술적 지표는 볼린저 밴드(Bollinger Band)가 있다. 두 개의 선을 그리는데, 하나는 주식 가격 위에 하나는 아래에 그린다. 위에 그린 선은 저항선으로 주식이 그 이상 거의 오르지 않는 수준이다. 아래는 지지선으로 주식이 그 아래로는 거의 내려가지 않는 수준이다.

기술적 분석가에 따르면 저항선을 큰 폭으로 "돌파"하면 주식가격이 가까운 미래에 하락할 것이라고 예상할 수 있다. 하한선을 "돌파"하면 증권의 가치가 오를 것이라는 신호이다. 이러한 것은 독특한 투자 전략이 될 수 있다.

아래 과정을 따라서 아마존 주식(AMZN, Amazon.com)의 기술적 분석을 실행해보자.

- 인터넷으로 money.msn.com을 방문
- 주식을 찾음: AMZN
- 왼쪽 열에서 Interactive Chart를 클릭
- 5년 차트를 선택
- 기술적 지표(Technical Indicators)를 클릭
- Bollinger Bands를 선택
- 아마존 주식에 대한 빨간 Bollinger Bands가 있는 가격 그래프가 나타날 것임
- 그래프에 최소한 2012년의 첫 6개월이 나오도록 할 것

문제

a. 2012년 4월 27일경에 아마존 주식의 상한 밴드(저항선)에 무슨 일이 있었나?

b. 그 이후 9일 동안 주식가격은 어떻게 움직였나?

c. 기술적분석가의 예측과 일치하는가?

d. 4월 27일에 어떤 전략을 채택해야 할까?

e. 거의 같은 기간에 아마존 주식의 하한 밴드(지지선)에는 무슨 일이 있었나?

f. 2012년 5월에 주식은 어떻게 움직였나?

CFA 시험 문제

보통주에 투자하기

아래 11개의 Level-I CFA 시험문제는 재무비율의 이용, 다양한 주식 가치평가 모형, 효율적 시장 개념 등을 포함하여 교재 제6, 7, 8, 9장의 내용을 다루고 있다(주의: 질문에 답할 때 "미래 P/E"는 1년 뒤 이익 추정에 근거한 P/E와 같다는 것을 기억하자). 문제당 1.5분의 시간을 사용하고 11개의 문제를 16.5분에 풀고 8개를 맞추는 것을 목표로 한다.

1. 가치를 결정하는 변수를 제외하고 모든 변수가 일정할 때, 기업의 P/E 비율을 증가시키는 것은 다음 중 무엇인가?
   a. 위험 프리미엄이 증가
   b. 유보율이 증가
   c. 주식의 베타가 증가

2. 주가-매출액(P/S) 비율을 사용하는 이유는:
   a. 매출액은 이익보다 변동성이 크다
   b. P/S 비율은 비용구조를 정확하게 평가한다
   c. 매출액은 이익보다 덜 빈번하게 회계조작 수단으로 이용된다

3. 경기순환적인 기업은 어떤 경향이 있나?
   a. 전반적인 경기를 따라 움직이는 이익을 가진다
   b. 높은 P/E 비율을 가진다
   c. 전반적인 시장보다 덜 변동하는 이익을 가진다

4. 작년에 주당 $4를 벌고 $1를 배당금으로 지급한 기업을 고려하자. 회사는 지속적인 배당성향을 유지해 왔는데 증권분석가들은 계속 그런 정책을 유지할 것이라고 예상하고 있다. 내년에 주당 $4.40의 이익을 예상하고 있고, 주식은 $30에 거래될 것으로 예상된다. 요구수익률은 12%이다. 주식의 현재가치를 예측하면 얼마인가?
   a. $44.00
   b. $22.67
   c. $27.77

5. 주식의 현재 배당금은 $1이고 내년 배당금은 $1.10으로 예상된다. 만일 투자자의 요구수익률이 15%이고 주식이 현재 $20에 거래된다면 내년 주식의 가격은 얼마로 추정되는가?
   a. $21.90
   b. $22.00
   c. $23.00

6. 기업의 총매출액은 $187,500, 순이익은 $15,000, 유동부채는 $50,000, 총자기자본은 $75,000, 총자산은 $150,000이다. ROE는 얼마인가?
   a. 15%
   b. 20%
   c. 24%

7. 현재 주식은 주당 $2의 배당금을 지급한다. 기대 배당성장은 향후 3년간 20%이고 그 이후 영구적으로 7%가 될 것으로 추정된다. 주식의 요구수익률은 15%이다. 주식의 현재 내재가치는 얼마인가?
   a. $6.54
   b. $165.63
   c. $36.93

8. 주식의 가치평가에 사용된 요구수익률은 다음 중 어느 것에 가장 영향을 많이 받는가?
   a. 기대 인플레이션
   b. 실제 인플레이션

c. 공매도 할 수 있는 능력

9. 확증편향은 투자자들이 어떻게 하려는 경향인가?
   a. 이전의 견해나 행동을 확증하는 정보에 초점을 맞춤
   b. 미래 성장을 예측하는 데 과잉확신을 함
   c. 나쁜 투자성과에 대해 책임감을 느끼고 더 잘못함

10. 다음 중 준강형 효율적 시장가설에 가장 반대되는 증거가 되는 것은 무엇인가?
   a. 거래비용이 높다
   b. 낮은 P/E 주식이 장기적인 양(+)의 비정상 수익률을 가진다
   c. 대략적으로 전문 매니저가 운용하는 펀드의 절반 정도가 전반적인 시장보다 성과가 좋다

11. 강형 효율적 시장가설은
   a. 아무도 정보 우위를 가지지 않는다고 가정한다.
   b. 어떤 그룹이 특권적 정보에 접근할 수 있다고 가정한다.
   c. 기술적 분석 방법에 대한 직접적인 도전이다.

해답: 1. b; 2. c; 3. a; 4. c; 5. a; 6. b; 7. c; 8. a; 9. a; 10. b; 11. a.

Part 4

채권에 투자하기

Chapter 10

채권

학습목표 (Learning Goals)

이 장을 학습한 후, 아래와 같은 과제를 수행할 수 있어야 한다.

LG 1 채권의 기본적인 투자 특징과 투자상품으로서의 유용성을 설명한다.

LG 2 채권의 핵심적인 특성을 설명하고, 시장에서 채권 등급의 역할을 확인하며, 콜 조항, 차환 조항, 감채기금 조항 등을 구분한다.

LG 3 시장에서 채권의 가격이 어떻게 형성되는지 설명하고 채권마다 변동성의 차이가 있는 이유를 설명한다.

LG 4 다양한 종류의 채권을 구분하고, 여러 채권들이 어떤 투자 목적을 가지는지 확인한다.

LG 5 채권시장의 국제적 특성과 달러표시 외국채권과 비달러표시 외국채권의 차이를 토론한다.

LG 6 전환사채의 기본적인 특성과 특징을 기술하고 전환사채의 가치를 측정한다.

국제적인 심각한 경기침체의 징표로 Standard & Poor's Ratings Service는 2009년 3월 General Electric이 지닌 명성의 AAA 채권등급을 떼어버렸다. 그것은 GE 채권이 50년 이상 지녔던 최상의 투자등급에서 하락한 것을 나타내는 최초의 사건이다. 같은 날, 또 다른 신용평가 회사인 Fitch는 Warren Buffett의 회사인 Berkshire의 등급을 AAA에서 AA로 하락시켰다. 이러한 등급하락의 결과로 미국에서 오직 5개(Automatic Data Processing, Exxon Mobil, Johnson & Johnson, Microsoft, Pfizer) 기업만이 AAA 등급의 채권을 가지게 되었고, 2012년에 Pfizer도 등급하락을 경험하였다.

등급하락을 경험한 것은 기업뿐만이 아니다. 2011년 8월 5일에 S&P는 미국의 장기국채 등급을 AAA에서 AA+로 강등했다. S&P는 미국의 등급하락이 공공부문 부채부담의 증가에 대한 부정적인 견해와 정책의 불확실한 전망을 반영한 것임을 지적했다.

(출처: "And Then There Were Six," Seeking Alpha, March 12, 2009, seekingalpha.com/article/125625-aaa-rated-companies-and-then-there-were-six "GE, Berkshire Lose AAA Ratings; Ranks of Top Firms Thinning," The China Post, March 14, 2009, www.chinapost.com.tw/business/americas/2009/03/14/200120/GE-Berkshire.htm Standard & Poor''s, Global Credit Portal Ratings Direct, August 5, 2011, S&P | RatingsDirect® on the Global Credit Portal | Americas, www.standardandpoors.com/ratingsdirect "S&P Downgrades the Credit of Nine European Countries, Including France," January 13, 2012, www.npr.org/blogs/thetwo-way/2012/01/13/145178453/s-p-downgrades-france -deals-a-blow-to-eurozone.)

왜 채권투자인가?

LG 1

주 각 장의 학습목표는 이 아이콘에 의해 본문의 설명에서 표시된다.

주식과는 대조적으로 채권은 부채로서, 채권 소유자들이 발행자들에게 실제로 돈을 빌려주는 형식의 공개적으로 거래되는 차용증서이다. 기술적으로 말하자면 채권(bond)이란 양도 가능하고 공개적으로 거래되는 장기채무증권이다. 채권은 정부, 정부기관, 주/지방정부, 기업 등 차입하고자 하는 다양한 단체에 의해 다양한 액면가로 발행된다. 채권은 고정소득증권(fixed-income securities)으로 불리기도 하는데, 이는 발행자의 채무 지급액이 대부분 고정되어 있기 때문이다. 즉, 일반적으로 발행자는 고정된 이자를 주기적으로 지급하고 만기에 고정된 원금을 상환하는 계약을 체결한다.

주식과 같이 채권은 (1) 경상소득(current income)과 (2) 자본이득(capital gain) 두 종류의 수익을 제공한다. 경상소득은 채권의 기간 동안 주기적으로 지급되는 이자에서 발생한다. 자본이득 요소는 조금 다르다. 채권 발행 기업은 채권의 만기에 고정된 금액의 상환을 약속하기 때문에 주식과는 달리 채권의 가격은 기업의 이익이 증가함에 따라 함께 증가하지 않는다. 그러나 채권의 가격은 시장의 이자율이 변동하면 이에 따라 오르고 내린다. 항상 기억해야 할 기본적인 관계는 이자율과 채권의 가격이 언제나 반대 방향으로 움직인다는 것이다. 이자율이 상승하면 채권의 가격은 하락하고, 이자율이 하락하면 채권의 가격이 오른다. 이러한 관계에 대해서는 이 장의 후반에서 더욱 자세히 다루겠지만, 직관적인 설명으로는 다음과 같다. 만약 당신이 GE가 새로 발행한 6% 이율의 채권을 구입했고, 이로부터 한 달 후 시장이자율이 올라 새로운 채권이 투자자에게 7%의 이자를 지급한다고 가정해보자. 만약 당신이 가지고 있는 GE 채권을 팔려고 한다면 당신은 아마 자본손실을 겪을 가능성이 높다. 투자자들은 현행 시장이자율이 7%일 때 6%의 이자를 지급하는 채권을 사고 싶어하지 않을 것이고, 사고 싶어하는 사람이 적어지면 GE 채권의 가치는 감소할 것이기 때문이다. 만약 운이 좋아 시장이자율이 하락할 경우 반대의 결과를 생각할 수 있다. 만약 현행 이자율이 5%라면 6%의 이자를 지급하는 당신의 GE 채권은 시장에서 프리미엄이 붙을 것이다. 이를 종합하여 고려해보면 채권에서 발생하는 경상소득과 자본이득은 상당히 매력적인 투자 수익이 될 수 있다.

시장에는 보수적인 투자자들이 추구하는 비교적 안전한 채권(예를 들어, General Electric 채권)부터 큰 위험을 감수할 수 있는 투자자에게 적합한 투기적인 채권(예를 들어, Sirius XM 채권)까지 다양한 종류의 채권이 있다. 또한 모든 유형의 채권이 제공하는 위험과 수익률은 부분적으로 이자율의 변동성에 영향을 받는다. 이자율의 변화가 채권 가격의 변화를 일으키기 때문에 높은 이자율 변동성은 채권의 수익률을 예측하기 어렵게 한다.

또한 특정 유형 투자자의 필요에 맞게 구성된 독특한 특성을 가진 채권이 있다. 높은 세율 때문에 채권의 수익을 세금으로부터 보호하고 싶어하는 투자자에게는 면세 채권이 매력적일 것이다. 예를 들어 지방채가 지급하는 이자는 연방 소득세가 과세되지 않고, 국채(Treasury bond)의 이자는 주 소득세(state income tax)가 면제된다. 몇몇 채권의 이자는 고정소득(fixed income)이라는 용어에도 불구하고 어떤 공식에 의해 계산되어 기간마다 다르게 지급된다. 그러나 그러한 이자를 결정하는 공식이 계약에 의해 확정되어 있기 때문에 고정소득이라는 용어는 여전히 적절하다고 볼 수 있다. 예를 들어 미국을 비롯한 많은 국가의 정부는 물가 상승에 따라 이자율이 오르는 물가지수 연동채권(inflation-indexed bond)을 발행한다. 물가지수가 변동함에 따라 이 채권의 이자 지급액은 달라지지만 투자자는 사전에 물가가 상승할 때 이자 지급액이 어떻게 변할지 정확하게 알고 있다. 이러한 채권은 물가 상승의 위험에서 벗어나고 싶어하는 투자자들에게 매력적으로 느껴질 것이다.

채권시장의 성과를 바라보는 견해

이자율은 채권시장을 움직이는 동력이다. 사실 이자율의 움직임은 채권 수익률에 가장 큰 영향을 끼친다. 이자율은 채권의 경상소득을 결정할 뿐만 아니라 투자자에게 자본이득(혹은 손실)을 발생시키기도 한다. 따라서 채권 시장의 참여자들이 이자율을 유심히 관찰하는 것은 놀랄 만한 일이 아니다. 뉴스 매체에서 특정 날짜의 시장 성과를 언급할 때 보통 그날의 채권 가격보다는 채권 이자율이 어떤지를 설명한다.

<그림 10.1>은 미국 기업과 정부가 발행한 채권의 1963년부터 2011년까지의 이자율을 나타내고 있다. 이를 보면 이자율은 1960년대와 1970년대를 걸쳐 꾸준히 증가하다가 1980년대 초에 1963년도의 3배의 수준에서 최고점을 기록하고 있다. 이자율은 그 후 꾸준한 하락세를 보이고 2011년 말에는 사상 최저를 기록한다(이러한 추세는 교재의 집필 시점인 2012년 10월까지도 지속되고 있다). 이자율의 상승은 채권 가격의 하락으로 이어

진다는 점을 생각해볼 때, 1960년대에 발행된 채권을 소유한 사람은 1970년대에 걸쳐 자본손실을 경험하였을 것이다. 같은 논리로 이자율이 매우 높았던 1980년대 초반에 채권을 구입한 투자자는 이후 이어진 시장이자율의 감소로 인해 큰 자본이득을 얻었을 것이다.

<그림 10.1>을 보면 회사채와 국채의 이자율이 함께 움직이지만 회사채의 이자율이 더 높은 것을 볼 수 있다. 이러한 회사채의 더 높은 이자율은 기업이 채무에 대해 파산할 수 있는 위험에 대한 보상이다. 회사채와 국채의 이자율의 차이는 이자율스프레드(yield spread) 혹은 신용스프레드(credit spread)라고 불린다. 사업 조건이 좋지 않고 회사채에 대한 파산의 위험이 증가할 때 2008년도에 그랬듯이 이자율 스프레드는 증가한다.

역사적 수익률 주식과 같이 채권시장의 총 수익은 채권의 이자 지급으로 인한 경상소득과 채권 가치의 변화로 인한 자본이득(손실)의 두 부분으로 구성되어 있다. <표 10.1>은 1962년도부터 2011년도까지의 연말 채권이자율과 미국 국채의 연간 총수익률을

그림 10.1 1962년부터 2011년까지의 이자율의 양상

이자율은 1963년도부터 1980년대 초까지 크게 증가하였고, 이후 2012년 까지 장기적으로 하락하였다. 회사채의 이자율은 발행 회사의 파산위험을 반영해 더 높긴 하지만 국채에 대한 이자율과 매우 흡사하다. 또한 미국 회사채와 미국 국채의 이자율 사이의 간격, 혹은 스프레드가 2008년 금융위기 동안 특히 컸다는 것이 주목할 만하다.

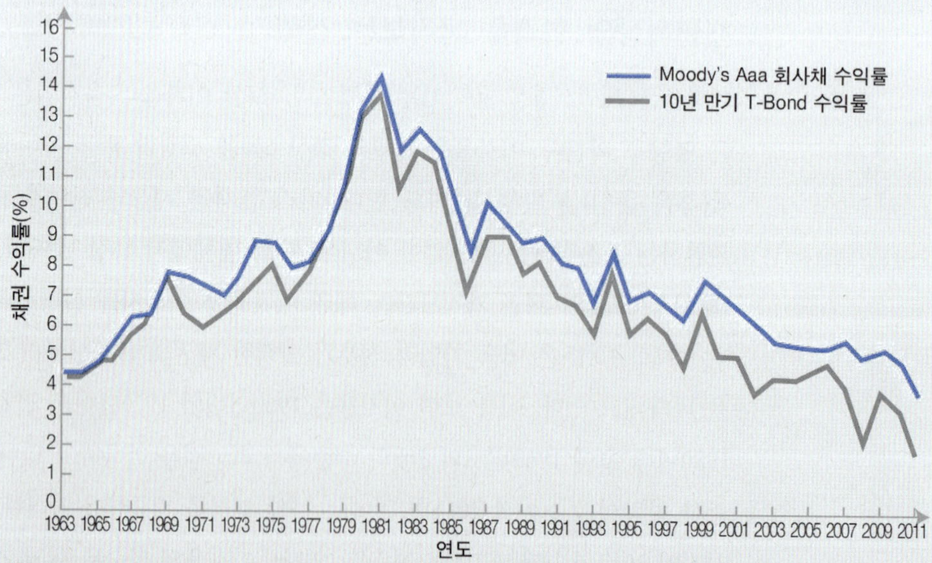

(출처: Aswath Damodaran, The Data Page, http://pages.stern.nyu.edu/~adamodar/.)

나타내고 있다. 연말 이자율과 총 수익률과의 차이를 살펴보라. 이러한 차이는 시장이자율의 변화와 채권 가치 변화간의 역관계에서 기인하는 것으로 볼 수 있다. 시장이자율이 상승할 때, 채권 가치는 하락한다. 이자율이 상승하는 기간 동안 채권의 총 수익률 중 자본 손실이 채권의 경상소득을 초과하는 경우가 있는데, 이 경우 채권은 음의 총 수익률을 갖게 된다. 미국 국채의 총 수익률이 음의 값을 가진 경우는 50년 가운데 8년이 있었는데 <표 10.1>에서 볼 수 있듯이 이러한 시기는 모두 시장이자율이 상승한 경우였다. 이와 대조적으로 시장이자율이 하락하는 시기에는 채권 수익률이 매우 높았는데, 1982년, 1984년부터 1986년, 최근에는 2008년이 그러한 시기이다.

표 10.1 국채(T-bond)의 역사적 이자율과 수익률

연도	연말 채권이자율(%)	연간 총수익률(%)	연도	연말 채권이자율(%)	연간 총수익률(%)
1962	3.9	5.7	1987	9.0	−5.0
1963	4.1	1.7	1988	9.1	8.2
1964	4.2	3.7	1989	7.8	17.7
1965	4.6	0.7	1990	8.1	6.2
1966	4.8	2.9	1991	7.1	15.0
1967	5.7	−1.6	1992	6.8	9.4
1968	6.0	3.3	1993	5.8	14.2
1969	7.7	−5.0	1994	7.8	−8.0
1970	6.4	16.8	1995	5.7	23.5
1971	5.9	9.8	1996	6.3	1.4
1972	6.4	2.8	1997	5.8	9.9
1973	6.7	3.7	1998	4.7	14.9
1974	7.4	2.0	1999	6.4	−8.3
1975	8.0	3.6	2000	5.1	16.7
1976	6.9	16.0	2001	5.1	5.6
1977	7.7	1.3	2002	3.8	15.1
1978	9.0	−0.8	2003	4.3	0.4
1979	10.4	0.7	2004	4.2	4.5
1980	12.8	−3.0	2005	4.4	2.9
1981	13.7	8.2	2006	4.7	2.0
1982	10.5	32.8	2007	4.0	10.2
1983	11.8	3.2	2008	2.2	20.1
1984	11.5	13.7	2009	3.8	−11.1
1985	9.3	25.7	2010	3.3	8.5
1986	7.1	24.3	2011	1.9	16.0

(출처: Aswath Damodaran. The Data Page. http://pages.stern.nyu.edu/~adamodar/.)

<표 10.1>의 수익률 자료를 이용하여 각기 다른 투자기간에 대한 평균 채권 수익률을 살펴볼 수 있는데 이는 다음과 같다.

투자기간	평균 연간수익률(%)
5년: 2007-2011	8.7
10년: 2002-2011	6.9
20년: 1992-2011	7.4
30년: 1982-2011	9.7

이 수치를 보면 지난 30년간은 채권 투자자에게 전반적으로 좋은 시기였다는 것을 알 수 있다. 이는 무엇보다도 당시 미국 경제가 지속적으로 이자율이 하락하는 시기에 있었고, 이로 인해 큰 자본이득과 평균 이상의 수익률을 얻을 수 있었다는 점에 기인한다. 실제로 지난 30년 중 채권 수익률이 두 자리 수를 기록한 해가 14년이나 된다. 물론 과연 시장이자율이 계속 그러한 추세를 유지할 것인지는 (그리고 이것이 가능한 일인지는) 어려운 질문이다. 최근의 기록적인 낮은 이자율을 고려해볼 때, 대부분의 시장 관찰자들은 이후 몇 년간은 평균 이하의 수익률을 예상하고 있다.

채권과 주식 주식에 비교했을 때 채권은 전반적으로 덜 위험하며 더 높은 경상소득을 제공한다. 채권은 주식과 같이 다양한 기업과 정부 기관에 의해 발행되기 때문에 투자자들은 주식처럼 채권으로도 잘 분산된 포트폴리오를 구성할 수 있다. 반면에 채권을 통해 매우 높은 수익을 얻을 수 있는 가능성은, 비록 지난 20년 동안 채권이 예외적인 상황에 있었음에도 불구하고, 주식에 비해 제한되어 있다.

<그림 10.2>는 만약 한 투자자가 1992년부터 2011년까지 $10,000를 각각 주식과 채권에 투자하였다면 얻게 되었을 결과를 보여주는데, 이를 통해 주식과 채권의 성과 차이를 일부 알아볼 수 있다. 비록 1990년대 초에는 채권의 투자가 주식을 살짝 앞지르지만 1990년대 후반에는 주식 시장이 붐을 일으키며 주식 투자자의 성과가 훨씬 뛰어난 것을 볼 수 있다. 주식 투자의 성과는 2000년 8월에 최고치를 기록하고 이후 급격히 하락한다. 주가는 2001년 9월 11일 테러 공격 이후 더 하락하고 2002년 9월 바닥을 친다. 2002년에 이르러서는 채권 투자가 다시 우위를 되찾지만 오래가지 못한다. 주식 투자는 2007

그림 10.2 **1992년부터 2011년까지의 채권과 주식의 비교 성과**

이 그래프는 만약 한 투자자가 1992년 1월부터 2011년 겨울까지 20년 동안 주식과 채권에 각각 $10,000를 투자했다면 어떻게 되었을지를 보여준다. 주식은 1990년대 후반까지 명확히 우위를 점하지만 뒤따른 약세 시장으로 인해 우위를 잃는다. 이러한 패턴은 반복되어 2003년부터 2007년 후반까지 주식이 채권의 성과를 다시 초과하였지만 2008년 후반 급격히 하락한다. 2009년 초부터 2011년 말까지 주가는 불안정하게 반등하는 방향으로 움식인다.

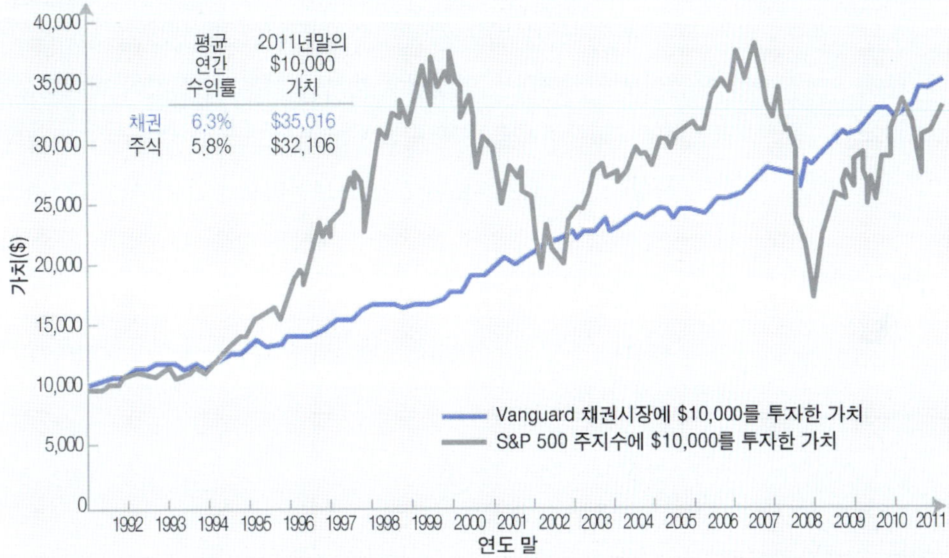

주 : 성과 그림과 그래프는 복리이자율을 바탕으로 하였으며 경상소득(배당과 이자)과 자본이득(손실)의 재투자를 포함한다. 세금은 모든 계산에서 제외되었다.

년 10월 다시 최고조에 달하지만 바로 미국 주택 버블이 붕괴되며 경제 위기가 시작된다. 2008년 가을 주식 시장이 폭락하며 주식 투자는 2009년 2월 다시 바닥을 친다. 경제 위기가 진정되기 시작하자 주식 투자는 불안정하게 회복하기 시작하고 2011년 말에는 채권 투자와 몇 천 달러 이하의 차이를 낸다.

<그림 10.2>는 주식 수익률이 채권 수익률에 비해 훨씬 더 변동성이 크다는 것을 보여준다. 만약 주식이 더 위험하다면 투자자는 평균적으로 채권보다 높은 수익률을 얻을 것이고 우리는 이미 제4장의 역사적 증거에서 주식의 수익률이 오랜 기간 동안 채권의 수익률을 초과했다는 것을 보았다. 그러나 <그림 10.2>는 채권이 10년, 20년이나 되는 긴 기간에도 주식의 성과를 초과할 수 있다는 것을 보여준다. 실제로 우리는 <그림 10.2>에서 채권이 주식보다 덜 위험함에도 불구하고 평균 수익률이 6.3%로 5.8%인 주식보다 높다는 것을 볼 수 있다. 주식과 채권의 수익률의 차가 가장 큰 경우는 보통 주식

수익률이 음의 값인 하락 장세에서 나타난다. 이는 투자자들이 자금을 주식시장에서 채권과 같은 덜 위험한 증권으로 옮기는 현상인 "고품질 선호현상(flight to quality)"을 일부 반영하는 것이다. 예를 들어 <그림 10.2>에서 주식 투자자들이 2008년 그들 자금의 약 40%를 잃은 것을 볼 수 있는 반면 <표 10.1>에선 같은 해 국채 투자자들이 20%의 수익률을 얻은 것을 볼 수 있다.

많은 투자자들은 비록 채권이 주식에 비해 평균적으로 낮은 수익률을 내지만 채권이 포트폴리오에 기여하는 안정성에 비하면 이는 비싼 값이 아니라고 주장한다. 실제로 채권 수익은 주식 수익에 비해 훨씬 안정적이고 또한 채권은 포트폴리오를 매우 잘 분산시키는 특성을 지니고 있다. 채권을 포트폴리오에 추가하면 포트폴리오의 수익률을 크게 떨어뜨리지 않으면서 일정 수준까지 위험을 낮출 수 있다는 것이 일반적인 원칙이다. 투자자는 이자율이 내려갈 것이라고 예상되지 않는 이상 높은 수익률을 위해서 채권을 사지는 않는다. 이보다 투자자들은 채권의 경상소득과 포트폴리오에 가져올 안정성 때문에 채권을 구입한다.

위험 노출

다른 투자와 마찬가지로 채권은 다양한 종류의 위험에 노출되어 있다. 일반적으로 채권에 관련된 위험은 크게 다섯 가지가 있는데, 이자율 위험, 구매력 위험, 사업/재무적 위험, 유동성 위험, 콜 위험이 그것이다.

- **이자율위험(interest rate risk)**: 이자율 위험은 채권시장 가격변동성의 가장 큰 이유가 되기 때문에 고정소득 투자자에게 가장 중요한 위험이다. 채권의 경우 이자율 위험은 시장위험으로 변환되는데, 즉 이자율의 변화는 미국 국채 시장을 포함한 거의 모든 시장 부문에 영향을 끼친다. 시장이자율이 오를 경우 채권의 가격은 떨어지고 반대의 경우 채권의 가격은 오른다. 이자율의 변동성이 증가하면 채권 가격의 변동성 또한 증가한다.

- **구매력위험(purchasing power risk)**: 물가상승은 화폐의 구매력을 약화시키는데 이는 구매력 위험의 원인이 된다. 당연히 투자자들은 이러한 사실을 알고 있기 때문에 채권에 대한 시장이자율은 채권의 수명에 걸쳐 투자자가 예상하는 물가 상승폭

을 고려한 만큼이 된다. 물가가 낮고 예상가능하게 상승하는 경우 채권은 좋은 결과를 내는데, 이는 채권의 수익률이 물가상승률보다 충분히 높아 물가상승으로 인한 구매력 하락 효과를 상쇄하고도 남게 되기 때문이다. 만약 1970년대처럼 예상치 못하게 물가가 상승한다면 채권 이자율은 점차 물가상승률에 미치지 못하게 되고 채권이 이에 맞는 충분한 이자를 지급하지 못하게 된다. 그 결과 투자자들이 받게 되는 화폐의 구매력이 그들의 예상보다 빠르게 하락하게 된다. 이것이 구매력위험(purchasing power risk)이 의미하는 바이다. 물론 위험은 양쪽 방향으로 영향을 미칠 수 있다. 만약 물가상승률이 예기치 못하게 하락한다면 채권은 매우 좋은 결과를 내게 된다.

- **사업/재무적 위험(business/financial risk)**: 사업/재무적 위험은 발행자가 이자나 원금을 갚지 못하게 되는 채무불이행의 위험이다. 이는 신용위험(credit risk) 혹은 디폴트 위험(default risk)이라고도 불린다. 사업/재무적 위험은 발행자의 재무적 건강성과 수준에 관련되어 있다. 발행자의 재무적 위치가 튼튼할수록 사업/재무적 위험이 작아진다. 그리고 일부 채권의 경우 이러한 디폴트 위험이 무시해도 좋을 정도로 낮다. 비록 최근 미국의 부채가 증가하며 채무불이행에 대한 우려를 일으키고 있긴 하지만 채권자들은 역사적으로 미국 국채를 디폴트 위험이 없는 채권으로 보아왔다. 지방채 등 그 외 종류의 채권의 경우 디폴트 위험은 훨씬 더 중요하게 고려된다.

- **유동성 위험(liquidity risk)**: 유동성 위험이란 투자자가 채권을 팔고 싶어할 때 합리적인 가격에 채권을 팔지 못할 위험이다. 이러한 유동성 위험은 특정 시장 부문에서는 심각한 문제가 될 수 있는데, 채권 시장은 규모가 매우 크지만 많은 채권들이 일단 발행된 후에는 활발히 거래되지 않는 경우가 많기 때문이다. 예외적인 경우인 미국 국채를 제외하면 대부분의 회사채나 지방채는 상대적으로 비유동적이다.

- **콜위험(call risk)**: 콜위험, 혹은 만기이전상환위험(prepayment risk)은 채권이 정해진 만기일 훨씬 이전에 콜이 행사될(상환될) 위험이다. 이자율이 하락하는 경우 발행자들은 종종 발행한 채권의 지급액을 미리 상환한다(콜 조항에 대해서는 이 장 뒷부분에서 더 살펴볼 수 있다.) 발행자가 채권에 대해 콜을 행사하는 경우, 채권 소유자는 현금을 돌려받게 되는데, 이 때 소유자들은 돌려받은 자금을 투자할 다른 방법을 찾

투자자 오류

버핏의 채권폭탄 – 심지어 가장 노련한 투자자도 실수를 한다. 워렌 버핏(Buffett)은 최근에 Energy Future Holdings가 발행한 채권에 2십억 달러 투자한 것이 자신의 가장 큰 실수였음을 알게 되었다. 천연가스 가격의 지속적인 하락이 회사의 전망을 망치고 2012년 버핏의 채권 가치는 9억 달러 아래로 하락했다.

아야 한다는 문제가 생긴다. 이자율이 내리고 난 후에는 거의 언제나 채권에 콜이 행사되는데, 따라서 채권 소유자들이 이전의 채권과 비슷한 투자처를 찾기는 거의 불가능하다. 즉, 투자자들은 높은 이자율의 채권을 낮은 이자율의 채권으로 대체해야 하는 상황에 처한다.

채권의 수익률은 당연히 위험과 연계되어 있다. 만약 다른 조건이 동일하다면 채권에 내재된 위험이 클수록 예상 수익률도 커진다. 채권 투자의 위험은 채권과 발행하는 주체의 특성에 의해 결정된다. 예를 들어, 이 장 후반에 설명하겠지만, 장기 채권은 단기 채권보다 이자율 위험이 더 크다. 또한, 어떤 채권의 경우 여러 종류의 위험에 각각 다른 방향의 영향을 미치는 특성들이 있는 경우가 있는데, 이 경우 각 채권의 위험을 비교하는 것은 매우 어려워진다. 즉, 어떤 채권은 다른 채권보다 이자율 위험과 콜위험이 높지만 신용위험과 유동성 위험은 낮을 수 있다. 이번 장을 더 공부하면서 채권의 위험 노출에 영향을 주는 다양한 채권의 특성에 대해 검토하게 될 것이다.

개념리뷰

10.1 채권은 투자자들에게 어떤 점에서 매력적인가? 채권이 매력적인 투자수단일 수 있는 이유를 말해보자.

10.2 30년간의 시장이자율과 채권 수익률의 변동을 어떻게 묘사할 수 있을까? 시장이자율의 변동이 채권 수익률에 영향을 주는가? 설명해보자.

10.3 채권이 가지고 있는 5가지 종류의 위험이 무엇인지 간단히 설명해보자. 일반적으로 채권의 위험에 가장 큰 영향을 미치는 것은 무엇인가? 설명해보자.

채권의 기초적 특성

LG 2 LG 3 채권이란 발행자에게 (이자의 지급과 원금 상환이라는) 특정한 의무를 발생시키는 양도가능한 장기 부채증서이다. 만약 당신이 채권을 구입한다면 당신은 발행자에게 자금을 빌려줄 뿐이기 때문에 주주총회에서의 투표권 등 보통주의 권리나 특혜를 가지지 않는다. 대신 당신은 발행자의 채권자로서 몇몇 명확한 권리와 의무를 가지는데, 이는 채권의 기초적인 특성을 잘 보여준다. 이러한 채권의 특성을 잘 살펴보면 채권을 살 때는 채권의 모든 특성에 세심하게 주의를 기울여야 한다는 것을 알게 될 것이다. 이는 채권의 사소해 보이는 특징들이 채권가격 변동과 투자 수익률에 극적인 효과를 일으킬 수 있기 때문이다.

채권 이자와 원금

채권은 주기적으로 이자를 지급하고 원금을 상환한다. 대부분의 채권은 6개월마다 이자를 지급하는데 몇몇 채권은 달마다 이자를 지급하기도 하고 해마다 이자를 지급하는 채권도 있다. 채권의 액면이자(coupon)는 발행자가 채권 소유자에게 지급할 연간 이자금액을 결정한다. 예를 들어 만약 원금(혹은 액면가)이 $1,000이고 연간 $80의 이자를 지급하는 채권의 경우, 액면이자가 $80이고 액면이자율이 8%($80/$1,000)라고 한다. 만약 이 채권이 일 년에 두 번 이자를 지급할 경우 매 6개월마다 $40의 이자가 지급될 것이다. 마찬가지로 만약 채권이 매달 이자를 지급할 경우 $80의 액면이자는 총 12개월 동안 균등하게 분배되어 매달 지급될 것이다. 채권의 경상수익률(current yield)은 채권가격 대비 채권수익 중 이자요소를 나타낸다. 경상수익률은 연간 액면이자를 채권의 시장가격으로 나눈 값과 같다.

사례 액면가 $1,000, 8%의 채권이 현재 시장에서 $875라고 가정해보자. 이 채권의 경상수익률은 다음과 같다.

$$\frac{\$1,000 \times 0.08}{\$875} = 0.0914$$

산출된 값이 9.14%로 채권의 액면이자율(이표율)보다 높은 것을 볼 수 있다. 이는 채권의 시장가격이 액면가보다 낮기 때문이다.

채권의 액면가(par value)라고도 불리는 채권의 원금(principal)은 채권의 발행자가 채권만기에 상환해야 하는 금액을 나타낸다. 채권의 원금은 또한 채권의 액면가치(face value), 혹은 만기가치(maturity value)로도 불린다. 주의할 점은 채권의 시장 가격은 액면가와 같을 필요가 없으며, 실제로 대부분의 경우 채권의 시장 가격은 액면가와 같지 않다는 것이다. 앞에서 논의했듯이 채권의 가격은 이자율이 변화할 경우 그에 따라서 변동하지만 채권의 액면가는 채권의 수명 동안 일정하게 유지된다.

만기일

보통주와 달리 모든 채무 증서들은 수명이 한정되어 있으며 미래 한 시점인 만기일(maturity date)에 만기를 맞는다. 채권 발행자들은 채권의 수명 동안 매년, 혹은 매 6개월마다 이자를 지급하지만 원금의 상환은 오직 만기에만 이루어진다. 채권의 만기일은 고정되어 있는데, 만기일은 새로 발행되는 채권의 기간을 확정할 뿐만 아니라 이미 발행되어 있는 채권의 남아 있는 기간을 보여준다. 이러한 남은 기간은 채권의 잔존만기(term to maturity)라고 불린다. 예를 들어 한 채권이 25년의 기간으로 새로 발행되었다면 5년 후 이 채권의 잔존만기는 20년이 될 것이다.

채권은 발행자의 만기까지의 상환방식에 따라 두 종류로 나눌 수 있는데, 일괄상환 채권과 연속상환 채권이 그것이다. 일괄상환 채권(term bond)은 비교적 장기의 만기일이 하나만 있는 채권인데 가장 일반적인 종류의 채권이다. 이와 대조적으로 연속상환 채권(serial bond)은 하나의 채권에 약 15개에서 20개에 이르는 연속적인 만기일이 있는 채권이다. 예를 들어 2010년에 발행된 20년만기의 채권은 모두 2030년에 하나의 만기일을 갖는다. 만약 이 채권이 연속상환 채권이었다면 2010년에서부터 2030년에 걸쳐 20개의 만기일을 가질 수 있을 것이다. 이 경우 각각의 만기일에는 발행된 채권의 일정 부분(예를 들어 특정 수량의 채권)이 만기를 맞을 것이다.

채무증권은 각기 다른 만기에 따라 다른 이름으로 불린다. 채권(bond)은 10년 이상의 만기를 가져야 하는데, 2년에서 10년 사이의 만기로 발행된 채무증권은 중기채로 노트(note)라고 불린다. 보통 노트는 5년에서 7년 사이의 만기로 발행되는 반면 채권은 보통 20년에서 30년 이상의 만기를 가진다.

채권가격 변동의 원리

채권의 가격은 액면이자, 만기, 시장이자율 수준의 함수이다. <그림 10.3>은 시장이자율과 채권의 관계를 보여주고 있다. 이 그래프는 기본적으로 시장이자율과 채권가격 사이에 역의 관계(inverse relationship)가 있음을 보여준다. 시장이자율이 낮으면 채권가격은 높다.

또한 <그림 10.3>은 할증채권과 할인채권의 차이를 보여준다. 할증채권(premium bond)이란 액면가보다 높은 가격에 판매되는 채권이다. 프리미엄은 시장이자율이 채권의 액면이자율보다 낮은 결과 발생한다. 반대로 할인채권(discount bond)은 액면가보다 낮은 가격에 판매되는 채권인데, 할인은 시장이자율이 채권의 액면이자율보다 높은 결과 발생한다. 따라서, <그림 10.3>의 10% 채권은 시장이자율이 8%일 때 할증채권으로 거래되지만 시장이자율이 12%이면 할인채권으로 거래된다.

채권이 처음 발행되면 보통 액면가와 같거나 비슷한 가격으로 판매되는데, 이는 발행자가 일반적으로 발행 시점의 시장이자율에 맞춰 액면이자율을 설정하기 때문이다. 이와 비슷하게 이 채권이 10년, 20년 혹은 30년이 지나 만기에 다다르면 채권의 가격은 다시 한번 액면가와 같게 책정된다. 대부분의 채권 투자자에게 발행에서 만기까지 사이에 발생하는 채권가격의 변화는 매우 중요하다. 따라서 채권가격의 변동 정도는 시장이자율이 변화하는 방향뿐만 아니라 그러한 변화의 크기에도 영향을 받는다, 이자율의 변화가 클수록 채권가격의 변동폭도 커진다.

그림 10.3 채권의 가격 움직임

채권은 시장이자율이 채권의 액면이자율(여기서는 10%)와 같다면 액면가에 판매될 것이다. 그러나 시장이자율이 액면이자율과 같지 않더라도 채권이 만기에 다다르면 채권가격은 액면가를 향해 움직인다.

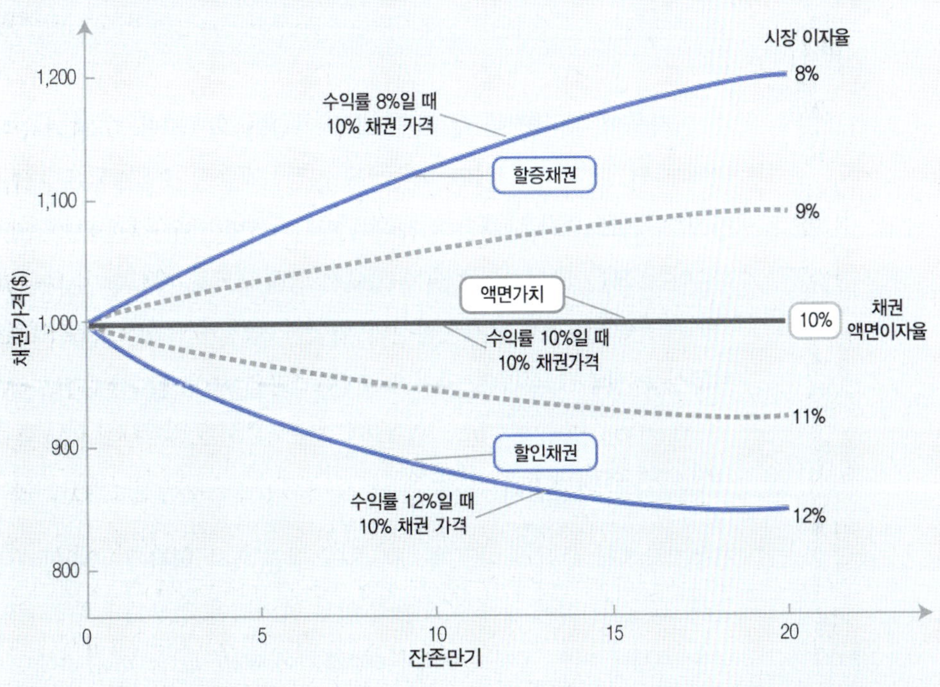

그러나 채권가격의 변동성은 채권의 액면이자율과 만기의 영향을 받는데, 액면이자율이 낮고 만기가 긴 채권은 가격 변동성이 높아 시장이자율의 변화에 더욱 크게 반응한다. (<그림 10.3>을 보면 주어진 이자율이 예를 들어, 10%에서 8%로 변화하는 경우, 만기까지의 기간이 가장 많이 남은 채권의 가격 변화가 가장 큰 것을 볼 수 있다.) 즉 만약 이자율의 하락이 예상되는 경우에는 액면이자율이 낮고 만기까지의 기간이 긴 채권을 사야 자본이득을 최대로 얻을 수 있을 것이다. 만약 이자율이 상승한다면 이와 반대로 액면이자율이 높고 만기까지의 기간이 짧은 채권을 사야 하는데, 이로 인해 가격 변동을 최소화하고 최대한의 자본을 보존할 수 있게 된다.

사실, 채권의 만기는 액면이자율 보다 채권의 가격 변동성에 더 큰 영향을 미친다. 예를 들어 만기까지 각각 5년, 25년이 남은 이표율 8%의 채권을 가정해보자. 시장이자율이 오르고 내릴 때 이 채권들의 가격이 어떻게 변하는지 보자.

시장이자율이 5%에서 10%일 때 이표율 8%인 채권가격의 변화

시장이자율(%)	5	6	7	9	10	11
채권 만기(년)						
5	13.0	8.4	4.1	−3.9	−7.6	−11.1
25	42.3	25.6	11.7	−9.8	−18.2	−25.3

이자율이 하락할 때 두 채권 모두 가격이 오르지만 그 효과는 만기가 25년 남은 채권에서 훨씬 더 크다. 이와 비슷하게 시장이자율이 오를 때 두 채권 모두 가격이 내리지만 만기가 25년 남은 채권의 가격이 만기가 5년 남은 채권의 가격보다 훨씬 크게 하락한다. 이는 모든 고정소득증권(채권)에서 공통적으로 확인할 수 있는 매우 중요한 특성이다. 즉, 만약 투자자가 자본손실의 위험을 줄이거나 혹은 채권의 보유기간 동안 가격의 변동성을 낮추고 싶다면 만기가 짧은 채권을 사야 할 것이다.

채권가격의 표시

유통시장에서 주식과 다르게 대부분의 채권(특히 회사채와 지방채)은 거의 거래되지 않는다. 그 결과 미국 국채를 포함해 일부 예외적인 정부기관채를 제외하면 채권의 가격은 금융 매체에 거의 공시되지 않는데, 심지어 *Wall street Journal*에도 잘 공시되지 않는다.

채권의 가격은 대부분 액면가에 대한 비율로 나타내는데, 예를 들어 가격이 85로 공시된 채권은 액면가의 85%, 즉 액면가가 $1,000인 (대부분의 회사채와 지방채) 채권의 경우에 $850라고 해석할 수 있다. 또한 모든 채권의 가격은 그 액면이자율과 만기에 의해 결정되기 때문에 이 두 정보는 가격을 공시할 때 항상 포함된다.

회사채와 지방채 시장에서 채권의 가격은 소수점 셋째 자리까지의 숫자를 사용하여 나타낸다. 따라서 87.562로 나타낸 액면가 $1,000의 채권가격은 $875.62로 환산될 수 있다. 이와 비슷하게 121.683으로 나타낸 채권가격은 $1,216.83으로 변환될 수 있다. 이와는 대조적으로 미국 국채와 정부기관채의 가격을 표기할 때는 1포인트를 32진법으로 표기한다(1포인트는 $10). 예를 들어 T-bond의 가격이 94:16으로 표기되어 있을 때 이 채권의 가격은 액면가의 94와 16/32, 혹은 94.5%인 $945.00이라고 해석할 수 있다. 정부발행 채권의 표기된 가격에서 콜론(:) 오른 편의 숫자는 32진법으로 나타내어져 있다. 141:08로 거래되고 있는 채권을 생각해보자. 이 채권은 액면가의 141과 8/32, 혹은 141.25%의 가격으로 거래되고 있다. 즉, 달러로 표기된 이 채권의 가격은 $1,412.50가 된다.

콜조항: 매수자 주의사항

다음과 같은 상황을 생각해보자. 당신은 방금 높은 이자율의 25년만기 채권에 투자를 하였다. 이제 당신은 느긋하게 앉아서 현금이 유입되기를 기다리기만 하면 되는 것일까? 글쎄, 물론 처음 몇 년 동안은 그럴 것이다. 그러나 만약 시장이자율이 하락한다면, 당신은 아마 발행자로부터 채권에 콜(call, 수의상환)이 행사되었다는 연락을 받게 될 것이다. 이것은 채권이 만기일 이전에 상환된다는 것이다. 이 경우 당신은 채권을 반납하고 다른 투자처를 찾는 수밖엔 없다. 모든 채권은 콜조항(call feature)과 함께 발행되는데, 이 조항은 콜을 행사할 수 있는지, 또 어떤 조건 하에서 콜을 행사하여 만기 전에 채무를 상환할 수 있는지를 규정한다.

기본적으로 콜조항은 세 가지 종류가 있다.

1. **자유로운 콜조항(freely callable)**이 있는 채권은 발행자가 만기 이전 어느 시점에나 조기에 상환할 수 있다
2. **콜금지조항(noncallable)**이 있는 채권의 발행자는 만기 이전에 상환할 수 없다.

3. **지연콜조항(deferred call)**이 있는 채권은 발행자가 채권을 발행한 후 일정한 시간이 지나기 전에 콜을 행사할 수 없다. 즉, 이러한 채권은 유예기간 동안에는 콜이 불가능하고 그 이후에는 자유롭게 콜을 행사할 수 있다.

콜조항은 발행자가 시장이자율이 하락할 때 이익을 얻을 수 있게 해준다. 회사들은 보통 높은 이자를 지급해야 하는 기존 채권에 콜을 행사하고, 더 낮은 금리의 새로운 채권을 발행한다. 즉 콜조항은 발행자에게 유리한 특성이다. 채권에 콜이 행사되면 투자자들은 결과적으로 콜이 행사되지 않았을 때보다 훨씬 낮은 수익률을 얻게 된다.

보유하고 있는 채권에 콜이 행사된 투자자들은 그 대신 콜프리미엄(call premium)이라는 약간의 보상금을 더 받는다. 발행자가 콜을 행사하는 경우 그들은 투자자에게 액면가와 함께 콜프리미엄을 함께 지급한다. 이러한 콜프리미엄과 액면가의 합이 이 채권의 콜가격(call price)인데, 이는 발행자가 만기보다 일찍 채권을 상환하려 할 때 지급해야 하는 금액이다. 일반적으로 콜프리미엄은 콜이 가능한 첫날엔 8~12달의 이자에 해당하는 금액과 맞먹고 이후 만기에 가까워질수록 계속해서 작아지는 것이 원칙이다. 이러한 법칙을 이용해 보면 9% 채권의 최초 콜 가격은 $1,090이 될 수 있는데, 그 중 $90이 콜프리미엄에 해당한다.

콜조항 외에도 어떤 채권은 차환조항(refunding provision)을 포함하고 있다. 차환조항은 콜조항과 매우 비슷한데, 더 낮은 액면이자율의 다른 채권 발행을 통해 조달된 자금으로 기존 채권의 만기 이전 상환을 한다는 차이가 있다. 예를 들어, 자유롭게 콜을 행사할 수 있지만 5년간 차환이 금지된 채권이 발행되었다고 생각해보자. 이 경우 브로커들은 아마 콜 조항에 대한 많은 설명 없이 이 채권을 지연차환채권(deferred refunding issue)으로 판매할 것이다. 그러나 차이를 아는 것은 중요하다. 차환이 금지된 혹은 지연된 채권은 차환이 아니라면 콜이 행사될 수 있고, 만기 이전에 상환될 수 있다. 따라서, 높은 이자율의 차환금지조항이 있는 채권에 투자한 투자자라도 발행자가 만기 이전에 채무를 상환할 수 있는 "순 현금(clean cash)"이 있는 한 여전히 콜 위험에 노출되어 있다.

감채기금

투자자에게 중요한 또 다른 조항은 감채기금(sinking fund)이다. 감채기금조항은 시간이 흐르면서 채권자가 어떻게 채권을 상환할 것인가에 대하여 규정한다. 이 조항은 물론 일괄상환 채권에만 해당되는데, 연속상환 채권에는 이미 정해진 상환계획이 존재하기 때문이다. 모든 연속상환 채권에 감채기금조항이 있는 것은 아니지만 조항을 가진 채권은 감채기금을 통해 발행 금액을 상환하기 위한 연간 상환계획을 확정하는데, 감채기금은 매년 얼마만큼의 원금이 상환되어야 하는지를 보여준다.

감채기금조항은 보통 채권의 발행일에서 1~5년 후에 시작하여 발행액의 전부 혹은 대부분이 상환될 때까지 매년 계속된다. 미처 상환되지 않은 (발행액의 10~25%에 이르는) 부분은 만기에 "일괄(balloon)" 상환으로 지급한다. 콜 및 차환조항과는 달리 발행자가 감채기금 콜을 행사할 때에는 콜프리미엄을 지급할 필요가 없다. 대신에 감채기금 목적으로 일반적으로 액면가에 콜이 행사된다.

감채기금조항과 콜 및 차환조항과의 차이점은 또 있다. 콜 및 차환조항이 발행자에게 만기 이전에 채권을 상환할 권리를 주는 반면 감채기금조항은 발행자가 채권 기간에 걸쳐 조직적으로 채권을 상환하도록 강제한다. 발행자에게는 선택의 여지가 없는 것이다. 발행자는 감채기금 지급시기에 맞춰 즉각적으로 상환하지 않으면 채무불이행 상태에 빠질 위험에 처하게 된다.

담보 부채와 무담보 부채

한 발행자는 어느 한 시점에 동시에 여러 채권의 발행자일 수 있다. 채권은 액면이자와 만기 외에도 담보의 종류에 의해 구분될 수 있다. 채권은 후순위 채권과 선순위 채권으로 나눠진다. 선순위 채권(senior bond)은 발행자의 특정한 소유물에 대한 법적권리로 뒷받침되는 보증된 채무이다. 선순위 채권에는 아래와 같은 채권들이 있다.

- **모기지채권(mortgage bond)**은 부동산으로 보증된다.
- **증권신탁채(collateral trust bond)**는 발행자가 소유하지만 제3자가 맡고 있는 금융 자산으로 보증된다.
- **설비담보증권(equipment trust certificate)**은 철도, 비행기 등 특정 설비에 의해 보증되는데 주로 철도와 항공사에서 많이 쓰인다.
- **차환 1차 모기지 채권(first and refunding bond)**은 1차 채권과 후순위 담보 채권이 결합된 것이다(예를 들어, 발행자의 일부 재산에 대한 1차 모기지로 일부 보증이 되고 나머지 재산에 대해서 2순위, 혹은 3순위 모기지로 보증 받을 수 있다. 만

기에 가까운 차환 모기지 채권을 상환하기 위해 발행된 1차 모기지 채권이다).

차환 1차 모기지 채권은 순수한 1차 모기지 채권과는 다르고 보증의 정도가 더 낮은 채권임에 유의하다.

이와는 대조적으로 후순위 채권(junior bond)은 이자와 원금을 제때 지급하겠다는 발행자의 약속으로만 뒷받침된다. 담보가 없는 채권에는 여러 종류가 있는데, 가장 인기가 많은 것은 무담보채권(debenture)이다. 예를 들어, Hewlett-Packard 같은 대기업은 500백만 달러 상당의 20년만기 무담보채권을 발행할 수 있다. 무담보채권이기 때문에, 이 채권은 전혀 보증되지 않는데, 즉 발행자의 신용 외에 이 채권을 담보하는 것이 없다는 뜻이다. 최종적인 결정을 내리는 데는 발행자의 신용이 매우 중요하다. 이러한 이유 때문에 높은 평판의 회사들은 무리 없이 상당히 경쟁적인 이율로 몇 십억 달러의 무담보채권을 팔곤 한다.

시장에는 후순위 무담보사채(subordinated debenture)도 있는데, 이것은 발행자의 이익에 대해 다른 무담보채권에 이어 2차적인 권리가 있다. 이익사채(income bond)는 여러 채권 중 가장 후순위의 채권인데, 이것은 일정한 수준 이상의 이익이 달성된 후에야 이자를 지급하도록 하는 담보가 없는 부채이다. 이러한 채권의 경우 일정 수준의 이익이 달성되지 않은 이상 주기적으로 제때에 이자를 지급할 법적 의무가 없다. 이는 지방채 시장에서 찾아볼 수 있는 수익채권(revenue bonds)과 비슷한 면이 많다.

채권 등급평가

많은 투자자에게 채권에 대한 평가기관 등급평가(agency rating)는 채권의 액면이자율, 만기, 콜 조항들만큼이나 채권에 있어 중요한 특성이다. 이러한 평가는 채권에 포함된 신용위험을 나타내는데, 많은 채권 투자자들이 사용한다. 채권 등급평가(bond rating)는 평점과 같다. 각 채권은 광범위한 재무 분석을 거쳐 투자의 우수함의 정도를 나타내는 알파벳 평점이 부여된다. 채권 등급평가는 지방채와 회사채 시장에서 매우 중요한 부분을 차지하는데, 몇몇 평가기관들은 정기적으로 채권을 평가하고 등급을 매긴다. 테네시강 유역개발공사(Tennessee Valley Authority, TVA) 같은 일부 정부기관채 역시 평가되는데, 항상 매우 훌륭한 평가를 받는다. 가장 잘 알려진 두 대형 평가기관은 Moody's와 Standard & Poor's인데, 이보다 덜 유명하지만 Fitch Investors Service 또한 중요한 기관이다.

등급 평가방식 시장에 새롭게 채권이 대규모로 발행될 때면 여러 전문 신용 평가자는 이 발행자가 원금이나 이자 지급에 실패할 가능성을 추정한다. 등급평가기관에서는 발행기관의 재무 기록을 분석하고 그 전망을 평가한다. 물론 기업의 재무적 능력과 안정성은 채권의 등급을 매기는 데 매우 중요하다. 채권의 등급을 평가하려면 당연히 재무비율 몇 개를 계산하는 것보다 훨씬 많은 노력이 필요하나, 회사의 운영 결과와 재무적 상태는 채권의 등급과 상당히 강한 연관성이 있다. 일반적으로 높은 등급을 받는 기업의 특성으로는 수익성 높은 기업, 자금을 조달할 때 부채에 덜 의존하는 기업, 유동성이 높은 기업, 현금흐름이 좋은 기업, 때 맞춰 적절히 부채를 상환하는 데 문제가 없는 기업 등이 있다.

<표 10.2>에는 두 주요 기관에 의해 평가된 채권의 등급이 있다. <표>에 나와 있는 정규 평가등급 외에도 Aa에서 Caa 사이의 주요등급에는 같은 등급 내에서의 상대적인 차이를 나타내기 위해 Moody's는 (1,2,3) 숫자를, S&P는 플러스(+) 혹은 마이너스(-) 기호를 사용한다. 예를 들어 A+(혹은 A1)은 높고 안정적인 A등급을 나타내는 반면, A-(혹은 A3)은 해당 채권이 A등급 범위 내에서 아래쪽에 위치하고 있음을 나타낸다.

표 10.2 채권의 등급평가

Moody's	S&P	정의
Aaa	AAA	고등급 투자채권. 최상등급이며 원금과 이자를 지급할 월등히 강한(extremely strong) 능력을 의미한다. "금테(gilt-edge)" 증권이라고 한다.
Aa	AA	고등급 투자채권. 높은 양질이지만 AAA 채권만큼 보호 여력이 강한 것은 아니기 때문에 약간 낮은 등급이다.
A	A	중등급 투자채권. 긍정적인 투자 특성을 많이 가지고 있으나 경제적 상황의 변화에 따른 악영향에 다소 민감한 요인이 있다.
Baa	BBB	중등급 투자채권. 원금과 이자를 지급할 적절한(adequate) 능력을 가지고 있으나 경제적 상황이 나빠질 때 확실한 보호 요인이 부족할 수 있다.
Ba	BB	투기적 채권. 경제 상황의 여러 변화에 따라 원금과 이자에 대한 중간의(moderate) 보호 능력을 가질 뿐이다. (정크본드에 부여되는 등급이다)
B	B	투기적 채권. 투자채권으로 가져야 할 바람직한 특성이 일반적으로 부족하다. 원금과 이자의 확실성이 작을 수 있다. 역시 정크본드 등급이다.
Caa	CCC	채무불이행. 나쁜 질의 채권으로 채무불이행이 발생할 수 있거나 혹은 채무불이행 위험에 처할 수 있다.
Ca	CC	채무불이행. 매우(highly) 투기적 채권. 채무불이행이 종종 일어나거나 시장의 다른 결점을 가질 수 있다.
C		채무불이행. 이러한 채권은 매우 열악한(extremely poor) 투자 품질로 간주될 수 있다.
	C	채무불이행. 이자를 지급하지 않는 이익사채(income bond)에 주어지는 등급이다.
	D	채무불이행. 채권은 원금이나 이자를 지체한 실제 채무불이행 상태이다.

(출처: Moody's Investors Service and Standard & Poor' s Ratings Services.)

상위 4개의 등급(Aaa에서 Baa, 혹은 AAA에서 BBB)은 투자적격증권을 나타낸다. 투자자들은 이러한 등급의 채권을 원하는데, 이들이 재무적으로 강력하고 잘 운영되고 있는 회사를 의미하기 때문이다. 채권을 발행해 자금을 조달하려 하는 정부 기관이나 기업 중 높은 등급을 받은 이들은 낮은 등급의 발행자보다 낮은 액면이자율로 채권을 발행해도 투자자의 선택을 받을 수 있기 때문에 비용을 절약할 수 있다. 투자적격증권 미만의 등급을 받은 채권들은 고수익채권(high yield bond), 혹은 정크본드(junk bond)라고 불린다. 이러한 채권 발행자는 투자적격증권의 발행자에 비해 전반적인 재무적 능력이 부족하다. 대부분의 경우 Moody's나 S&P는 한 채권에 같은 등급을 매긴다. 그러나 종종 둘 사이에서 다른 등급을 받는 채권이 있을 수 있다. 예를 들어 Moody's에서는 Aa를 받고 S&P에서는 A나 A+를 받을 수 있다. 이러한 등급분리(split ratings)는 결과적으로는 채권의 품질에 부정적인 영향을 미치는 것으로 보여진다.

또한 채권이 발행될 때 특정한 등급을 받았다고 해서 그 등급이 굳이 채권의 수명 동안 지속되는 것은 아니다. 등급은 발행자의 재무적 상황이 바뀌면 함께 바뀔 수 있다. 실제로 등급이 매겨진 모든 채권은 그 등급이 유효한지 주기적으로 검토를 받는다. 많은 채권이 처음 받은 등급을 만기까지 유지하지만 드물지 않게 등급이 차후에 상향/하향 조정되는 경우가 있다. 등급이 조정되는 경우 시장은 이에 반응하여 채권 이자율을 적절히 조정한다. 예를 들어 등급이 (A에서 AA로) 상향 조정된 경우, 채권에 대한 시장이자율이 하락하여 채권의 향상된 품질을 반영한다. 같은 맥락으로 기업의 재무 상황이 악화되어 채권의 등급이 하락할 수도 있다. 특히 투자적격등급에서 정크본드로 등급이 하락한 채권의 경우 추락한 천사(fallen angel)라는 이름으로 불리기도 한다. 기관에 의해 등급이 매겨지는 것이 회사라고 생각하기 쉬운데, 사실 등급을 받는 것은 개별 채권이다. 따라서 한 기업의 채권은 서로 다른 등급을 가질 수 있다. 예를 들어 어떤 기업의 선순위 채권은 다른 채권이나 후순위 채권보다 높은 등급일 수 있다.

투자자 현실

유명한 정크 – 정크본드는 비교적 높은 채무불이행위험을 가지는 낮은 등급의 채권이다. 정크본드를 발행하는 이름 모를 회사를 많이 볼 수 있지만 항상 그런 것은 아니다. 여기 꽤 유명한 회사들이 2012년 여름에 Moody's의 등급에서 정크로 분류되어 있다.

- Weyehaeuse(Ba1)
- JC Penny(Ba1)
- Sprint Nextel(B3)
- Toys R Us(B3)
- Wendy's International(Caa1)
- Clear Channel Communications(Ca)

이러한 추락한 천사는 여전히 부채를 잘 갚고 있다. 낮은 등급으로 미끄러진 것은 영업이익의 질이 높은 등급을 유지하는 데 부족하기 때문이다. 이러한 채권에 투자하면 어떨까? 높은 수익률을 위해서!

채권 등급의 의미 채권의 등급은 시장의 움직임 뿐만 아니라 상대적인 시장이자율에도 영향을 미치기 때문에 투자자들은 채권 등급평가에 큰 관심을 갖는다. 다른 조건이 같다면, 채권의 등급이 높을수록 이자율은 낮다. 예를 들어 A-로 평가된 채권의 이자율이 7.5%라면 이에 비해 AAA등급 채권의 이자율은 7% 정도가 될 것이다. 더욱이 투자적격등급의 증권들은 정크본드나 다른 낮은 등급의 채권에 비해 훨씬 이자율에 민감하게 반응하고 균일한 가격 행태를 보인다.

채권 등급평가의 가장 큰 장점은 개인 투자자들이 스스로 채권 투자의 질을 평가할 필요가 없도록 한다는 것이다. 대형 기관투자자들의 경우 신용 분석가를 고용하여 독자적으로 여러 회사채, 지방채 발행자의 신용도를 평가하곤 한다. 이와는 대조적으로 개인 투자자는 독자적인 신용 분석을 통해 얻을 수 있는 것이 거의 없다. 신용 분석은 많은 시간과 비용이 들고, 평균적 투자자들이 가지지 않은 전문성을 필요로 하기 때문이다. 그러나 두 가지 주의해야 할 점이 있다. 첫째, 채권 등급평가는 발행자의 채무불이행 위험만을 측정한 결과이고, 채권의 이자율 위험은 전혀 반영하지 않았다는 것이다. 따라서 만약 이자율이 오르는 경우, 아무리 최고급 채권이라도 가격이 하락할 수 있고 투자자에게 자본손실과 시장 위험을 안겨줄 수 있다. 둘째, 등급 평가기관도 실수를 할 수 있다는 점인데 금융위기를 겪는 동안 그들의 실수는 큰 주목을 받았다.

금융시장 위기 수익률 스프레드로 보는 기록

저위험의 정부 채권과 정크본드라고도 불리는 고위험의 회사채 사이의 수익률 스프레드는 경제가 어떤 상황인지 보여주는 흥미로운 지표이다. 1990~1991년의 불경기에 수익률 스프레드는 10.5%의 기록을 세웠다. 이는 만약 투자자가 정부 채권에 대해 5%의 이자율을 요구한다면 그들은 가장 위험한 회사채에는 15.5%의 이자율을 요구할 것이라는 의미이다. 2008년, 정크본드의 신용 스프레드가 다시 커졌는데 이 때 신용 스프레드는 14.68%에 도달하여 1990년대의 기록을 깨고 새로운 기록을 세웠다. 흥미로운 점은, 이 두 사건이 모두 투자은행 산업에 중대한 위기가 발생한 때와 같은 시기에 일어났다는 것이다. 1990년도에 정크본드의 스프레드를 키운 것은 Drexel Burnham의 실패와 정크본드의 왕으로 불렸던 Michael Milken의 추락이었다. 2008년도의 수익률 스프레드는 2007년도 Lehman Brothers의 실패와 기타 몇몇 대형 금융기관의 구제금융으로 인한 투자자의 우려를 반영하고 있다. 2011년에도 정크본드의 신용 스프레드는 증가하기 시작했는데, 이는 일부 유럽에서 심화되고 있는 경제위기 때문이라고 볼 수 있다. 스프레드는 2011년 10월 7%에서 최고점을 기록했지만 이는 2011년 후반과 2012년 초를 걸쳐 진정되었다.

(출처: New York University Salomon Center and FRED Economic Data, St. Louis Fed.)

개념리뷰

10.4 액면이자율과 콜조항 같은 채권의 특성이 채권의 수익률과 가격의 변화에 영향을 줄 수 있는가? 설명해 보자.

10.5 콜조항과 감채기금 조항의 차이는 무엇인가? 콜조항의 3가지 종류를 짧게 설명해 보자. 자유롭게 콜 행사가 가능하지만 차환이 불가능한 채권이 존재할 수 있는가?

10.6 할증채권과 할인채권의 차이는 무엇인가? 채권의 가격변동성을 결정하는 가장 중요한 3가지 특성은 무엇인가?

10.7 채권의 가격은 "액면가의 퍼센트로" 공시된다고 한다. 이 말의 의미는 무엇인가? 채권 시장에서 1포인트는 얼마만큼의 가치를 가지는가?

10.8 채권 등급평가는 무엇이고, 어떻게 투자 수익률에 영향을 줄 수 있는가? 채권의 등급 분리는 무슨 뜻인가?

10.9 개인 투자자에게 채권 등급평가의 장점은 무엇인가? 채권 등급은 채권에 내재된 시장 위험의 양을 나타내는가? 설명하시오.

채권이 거래되는 시장

LG 4 LG 5 지금까지 우리는 채권의 기본적인 특성에 대해 알아보았다. 이제 이러한 증권들이 거래되는 시장으로 관심을 돌려보자. 먼저, 채권시장은 기본적으로 장외시장(over-the-counter)의 특성을 가지고 있는데, 상장된 채권은 발행된 전체 채권의 작은 부분만을 나타낸다. 또한 이 시장은 주식 시장에 비해 훨씬 안정적이다. 비록 이자율이 시간에 따라 오르고 내리며 채권 가격 또한 오르고 내리지만 매일의 채권 가격 변동을 기록해보면 이는 매우 안정적임을 알 수 있다. 이 밖에도 채권시장은 두 가지 특징이 있는데, 바로 시장의 크기와 그 성장률이다. 채권 시장은 1950년의 250십억 달러에서 시작해 2012년 3월에는 미국 내에서 발행되어있는 채권의 총액이 36.9조 달러에 이르렀다. 이는 미국의 주식시장 규모의 두 배에 해당한다.

2012년 3월의 미국의 채권시장은 다음과 같다.

	발행금액($조)
미국 국채	10.1
정부기관채	2.3
지방채	3.7
회사채	8.1
기타	12.7
합계	36.9

(출처: Securities Industry and Financial Markets Association,"U.S. Bond Market Outstanding—uarterly Data to Q1 2012."June 2012.)

주요 시장 부문

오늘날, 채권시장에는 거의 모든 종류의 투자자들의 투자목표에 부합할 수 있는 여러 종류의 채권이 있다. 편의를 위해서, 미국 내의 채권 시장은 보통 발행자의 종류에 따라 4개의 주요 부문으로 나뉘어지는데, 이는 국채, 미국 정부기관채권, 지방채, 회사채이다. 각 부문은 고유한 특성과 거래 특징을 발달시켰다.

미국 국채(Treasury bonds) 미국 국채(Treasury, 혹은 종종 재정증권)는 채권시장의 지배적인 위치를 차지한다. 그것은 채권 중 가장 인기 있고 잘 알려진 종류이다. 미국 재무부에서는 인기 있는 단기 채무증권인 T-bill 외에도 중기채권(notes)와 장기채권(bonds)을 발행한다. 또한 물가지수 연동채권(inflation-indexed securities)을 발행하기도 한다.

미국 재무부가 발행한 모든 부채는 미국 정부의 "전폭적인 신뢰와 신용(full faith and credit)"으로 뒷받침되기 때문에 가장 높은 품질의 채무이다. 이러한 특성에 유동성까지 갖춘 미국 국채는 따라서 미국 국내외의 개인, 기관투자자에게 인기가 매우 높다. 실세로 미국 국채는 뉴욕에서 런던, 시드니, 도쿄까지 모든 주요 세계 시장에서 거래되고 있다.

Treasury Notes는 2, 3, 5, 7, 10년의 만기로 발행되는 반면 Treasury Bond는 30년의 만기를 가진다. 모든 T-note와 T-bond는 연간 2회 이자를 지급한다. 이러한 증권에서의 이자수입은 일반 연방 소득세의 대상이 되지만 주 정부와 지방 세금에서는 면제된다. 오늘날 발행되는 국채는 모두 콜이 금지되어 있는데, 콜이 가능한 채권은 1984년에 마지막으로 발행되었다. 미국 재무부는 주기적인 경매를 통해서 증권을 판매하는데, 그 결과는 금융 미디어를 통해 널리 보고된다(<그림 10.4> 참고). 재무부는 이 경매 과정을 통하여 채권의 최소 수익률과 액면이자율을 결정한다.

그림 10.4 30년만기 국채의 경매 결과

국채 경매는 금융 미디어에 의해 자세히 보도된다. 보통 발행된 규모를 훨씬 초과하는 규모로 입찰이 제출되고 따라서 최고 입찰가와 최저 입찰가의 간격은 상당히 작다. 보통 2basis point, 혹은 1%의 2/100 정도이다.

2012년 2월 15일 경매결과	
증권의 종류	30-Year Bond
이표율	3.125%
경매가격	97.80394
수익률	3.24%
총 입찰금액($십억)	$41.45
경쟁입찰($십억)	$15.96
비경쟁입찰($십억)	$0.36

1. 경매가격은 $100,000 액면가 당 $97,803.94에 해당하는 97.80394이다.

(출처: Department of the Treasury—ureau of Public Debt—ashington, DC 20239, February 9, 2012.)

경매에 참가하는 투자자는 경쟁과 비경쟁 두 종류의 입찰 방식을 선택할 수 있다. 경쟁입찰을 선택한 투자자는 그들이 (구입할 용의가 있는 가격인) 수용할 수 있는 수익률을 명확히 표기한다. 이 경우 그들이 증권을 받을 수 있을 지의 여부는 그들이 제출한 입찰가와 다른 사람의 입찰가를 비교하여 결정된다. 비경쟁입찰을 선택하는 경우 투자자는 경매에 의해 설정된 수익률을 수용하기로 한다. 이러한 경매를 진행하기 위해 재무부에서는 먼저 비경쟁입찰을 받은 이후 발행 수량이 다 찰 때까지 수익률의 오름차순으로(즉, 가격의 내림차순으로) 경쟁입찰을 받는다. 모든 입찰자들은 최고 입찰가의 수익률과 같은 수익률을 받게 된다.

금융시장 위기 **채권등급평가기관의 큰 실수**

모기지유동화증권(MBS) 특히 거주용 부동산 모기지 풀의 지급액에 수익이 달려있는 채무증서는 2007년에 시작된 금융위기 그 후의 심각한 불경기에 중심적인 역할을 하였다. Moody's와 S&P는 회사채와 같이 이러한 채무증서의 등급도 평가하였다. 이러한 증권의 등급을 평가하는 것은 회사채의 등급을 평가하는 것보다 훨씬 복잡한데, 그 이유 중 하나는 평가기관이 모기지에 포함된 개인 집주인들의 신용에 대해서 비교적 아는 것이 적다는 것이다. 등급평가기관은 많은 모기지 증권에 투자적격등급을 주었고, 이는 대형 금융기관을 포함한 모든 투자자들이 이러한 자산에 돈을 쏟아붓도록 하였다. 부동산의 가격이 하락하기 시작하자 "위험한(toxic)" 모기지 증권의 가치 또한 폭락하기 시작하였고, 이는 Lehman Brothers의 실패와 다른 많은 대형 금융기관의 구제금융 원인이 되었다.

물가연동증권 TIPS라고도 알려진 물가연동증권(Treasury Inflation-Protected Securities)은 미국 국채의 종류 중 가장 최근에(1997년 최초) 발행된 종류이다. 이들은 5, 10, 30년의 만기로 발행되고 연 2회 이자를 지급한다. 물가연동국채는 주기적으로 상승한 물가에 맞추어 수익률을 조정함으로써 투자자가 물가상승의 영향을 받지 않도록 해준다. 이러한 조정은 채권의 원금 혹은 액면가를 조정하여 이루어진다. 즉, 물가상승률에 맞춘 속도로 액면가가 시간에 따라 오르는 것이다. 액면이자율은 물가상승에 맞춰 조정된 원금에 대해 지급되기 때문에 액면이자 또한 증가하게 된다.

이러한 종류의 채권은 자동적으로 물가상승에 맞춰 조정되기 때문에 투자자는 채권의 수명 동안 물가상승률을 예상할 필요가 없다. 즉, TIPS는 구매력 위험을 제거하는 것이다. TIPS는 다른 채권보다 덜 위험하기 때문에 보통 다른 국채에 비해 낮은 액면이자율을 가진다.

사례 당신이 액면가 $1,000, 액면이자율 2%인 30년만기의 TIPS를 구입했다고 가정해보자. 당신은 매 반년마다 $10씩, 매년 $20($1,000 x 0.020) 이자를 예상하고 있다. 그런데 당신이 채권을 구입한 지 일년 후 물가가 상승하여 재화와 서비스에 대한 가격이 3% 증가하였다고 한다. 채권의 액면가는 3% 상승하여 $1,030이 될 것이고 이자 지급액은 연간 $20.60($1,030 x 0.020)이 될 것이다. 즉, 당신의 이자 지급액이 3% 증가하여 채권을 보유할 동안의 물가상승을 보상하고 있음을 볼 수 있다.

정부기관채 정부기관채(agency bond)는 미국 정부의 다양한 기관과 단체에 의해 발행되는 채무증권인데, 정부기관으로는 연방주택대부은행(Federal Home Loan Bank), 연방농업신용시스템(Federal Farm Credit System), 중소기업청(Small Business Administration), 학생융자조합(Student Loan Marketing Association), 그리고 연방주택저당협회(Federal National Mortgage Association)와 같은 기관이 있다. 비록 이 증권들은 국채와 매우 비슷하지만 그들은 미국 재무부의 부채가 아니며 따라서 엄밀히 따지자면 미국 패스쓰루 증권과 같게 취급되어서는 안 될 것이다. 그럼에도 불구하고, 그들은 채무불이행 위험이 거의 없는 매우 질이 좋은 증권이다. 채무불이행 위험은 비슷한 수준이지만 이러한 증권은 보통 국채의 시장 시세보다 약간 높은 수익률을 가진다. 따라서, 그들은 실제 위험에는 거의 차이를 두지 않고 수익률을 증가시킬 방법을 제공한다.

정부기관채의 발행 기관은 크게 두 종류가 있는데. 정부지원기관(government sponsored)과 연방기관(federal agencies)이다. 6개의 정부지원기관과 20여 개가 넘는 연방기관에서 정부기관채를 발행한다. 많은 비교적 작은 규모의 정부기관채가 겪는 마케팅 문제를 해결하기 위해서 국회는 연방재무은행(Federal Financing Bank)을 설립하여 모든 연방기관의 재무활동을 통합하였다(일반적으로 기관(agency)은 정부지원기관과 연방기관을 모두 의미한다).

금융시장 위기 암묵적 보증이 공식적인 것이 되다.

연방주책저당협회(Federal National Mortgage Association)가 발행하는 채권이나(Fannie Mae) 연방주택대부은행(Federal Home Loan Bank)이 발행하는 채권(Freddie Mac)들은 연방정부가 암묵적으로 보증하는데, 이는 아무리 이러한 채권들이 T-bills, T-notes, T-bonds와 같이 "공식적으로" 연방 정부의 전폭적인 신뢰와 신용에 의해 보증되지 않더라도 미국 정부가 이러한 채권의 채무불이행을 허락하지 않을 것이라 투자자는 믿고 있다는 의미이다. 2007년, 주택저당대출의 채무불이행이 시작되면서 Fannie Mae와 Freddie Mac 또한 심각한 재무적 위기에 처하게 되었다. 2008년 9월 7일, 연방정부는 이들 기관을 인수하고 각각 100십억 달러의 신규 자본을 투입하여 시장을 안정시키고, 투자자에게는 5.5조 달러의 주택저당부채를 부담하거나 보증하는 이 모기지 산업의 거인들이 계속 유지될 것이라는 확신을 주었다. 자본 투입이 초반엔 도움이 되었지만 정부의 지원을 받는 이 두 기업에 대한 투자자의 신뢰는 2011년 8월 8일 그들의 신용등급이 하향 조정되며 다시 한 번 흔들렸다. S&P는 이러한 하향조정은 3일전 이미 신용등급이 하향 조정된 미국 정부와의 직접적인 의존관계를 반영한 것이라 밝혔다.

<표 10.3>은 인기있는 정부기관채의 특징을 보여준다. 발행자의 이름에서 알 수 있듯이, 대부분의 정부기관채는 농업이나 주택공급을 지원하기 위한 것이다. 비록 정부기관채가 미국 정부의 직접적인 부채는 아니지만 일부는 미국 재무부의 전폭적인 신뢰와 신용을 나타내는 미국 정부의 보증을 받고 있다. 정부의 보증을 받지 않은 정부기관채도 미국 정부의 도덕적 책무로 인식되는네, 이는 즉 의회에서 이러한 채권의 채무불이행을 허락할 가능성이 매우 낮다는 것을 의미한다. 정부 기관채는 보통 콜을 행사할 수 없거나 오랜 기간 동안 콜 행사가 금지되어 있다. 마지막으로 기억할 것은 1986년부터 새로 발행되는 모든 정부기관채와 국채는 실물발행이 아니라 계좌기재방식(book entry form)으로 발행되었다는 것이다. 즉 채권의 구매자에겐 소유를 증명하는 어떠한 서류도 발행되지 않는 대신 거래 확인서만 주어지고 증권을 소유하는 동안 그의 이름이 전산 장부에 기입되어 있게 된다.

표 10.3 일부 유명한 정부기관채의 특징

발행기관	최소 액면가 ($)	만기	세금상황		
			연방세	주세	지방세
Federal Farm Credit System	1,000	13 months to 15 years	T	E	E
Federal Home Loan Bank	10,000	1 to 20 years	T	E	E
Federal Land Banks	1,000	1 to 10 years	T	E	E
Farmers Home Administration	25,000	1 to 25 years	T	T	T
Federal Housing Administration	50,000	1 to 40 years	T	T	T
Federal Home Loan Mortgage Corp.** ("Freddie Mac")	25,000	18 to 30 years	T	T	T
Federal National Mortgage Association** ("Fannie Mae")	25,000	1 to 30 years	T	T	T
Government National Mortgage Association** (GNMA—"Ginnie Mae")	25,000	12 to 40 years	T	T	T
Student Loan Marketing Association ("Sallie Mae")	10,000	3 to 10 years	T	E	E
Tennessee Valley Authority (TVA)	1,000	5 to 50 years	T	E	E
U.S. Postal Service	10,000	25 years	T	E	E
Federal Financing Corp.	1,000	1 to 20 years	T	E	E

* T = 과세, E = 면세

** MBS

지방채 지방채(municipal bond)는 주, 카운티, 시, 혹은 학군, 상/하수 구역 등 여러 정치적인 지역단위에서 발행한 채권이다. 오늘날 2.7조 달러 규모의 시장이 존재하고, 개인투자자가 지배적인 역할을 하는 채권시장의 유일한 부문이다. 지방채의 약 40%가 개인투자자에 의해 보유되고 있다. 이 채권은 종종 연속상환 채권(serial obligation)으로 발행되는데, 즉 채권이 서로 다른 만기일과 액면이자율을 가진 연속적인 작은 채권들로 분리되는 것을 뜻한다.

"지방채(munis)"는 일반보증채권 혹은 수익채권의 형태로 발행된다. 일반보증채권(general obligation bond)은 발행자의 전폭적인 신뢰와 신용, 그리고 발행자의 과세 능력에 의해 보증되는 채권이다. 이와 반대로 수익채권(revenue bond)은 특정한 프로젝트(예를 들어, 유료 도로)에서 발생하는 수익으로만 지급된다. 오늘날 대부분의 지방채는 수익채권으로 발행되는데, 전체 발행량의 70~75%를 차지한다. 지방채는 전통적으로 $5,000의 액면가로 발행된다.

일반보증채권과 수익채권을 구분하는 것은 매우 중요한데, 수익채권의 발행자는 일정 수준 이상의 수익이 발생할 경우에만 원금과 이자를 지급할 의무가 생기기 때문이다. 반면 일반보증채권은 지방정부의 세수 수준에 관계없이 제 때에 이자와 원금을 지급하여야 한다. 당연히 수익채권은 일반보증채권보다 더 큰 위험에 노출되어 있고, 따라서 더 높은 수익률을 제공한다.

지방채의 특이한 특성으로는 지방채보증(municipal bond guarantee)이 널리 쓰인다는 것이다. 이렇게 보증된 채권에서 발행자가 아닌 다른 당사자가 채권 소유자에게 원금과 이자가 적시에 지급될 것을 보증한다. 이러한 제3자는 보험의 형태로 채권에 대한 추가적인 담보를 제공하는데, 이러한 보험은 채권의 발행일자에 주어지며 채권의 수명 동안에는 취소할 수 없다. 지방채투자자보증회사(Municipal Bond Investors Assurance Corporation, MBIA)와 미국지방채보증회사(American Municipal Bond Assurance Corporation, AMBAC)는 지방채에 보험을 제공하는 가장 주요한 두 보험업자이다. 이 보증인들은 S&P등급이 BBB이상인 거의 모든 일반보증채권이나 수익채권에 보증을 제공한다. 지방채 보험의 결과 이러한 채권은 더 높은(보통 AAA이상) 등급을 받고 유동성이 증가하는데, 그 결과 유통시장에서 훨씬 활발히 거래된다. 보험에 가입된 채권은 수익채권 시장에서 특히 많이 찾아볼 수 있는데, 수익채권은 이러한 보험을 통해 훨씬 더 매력적으로 변한다. 즉, 보험에 들지 않은 수익채권은 이자와 원금의 지급이 확실하지 않은 반면, 보증된 채권은 투자자들이 그 지급이 적시에 이루어질 것임을 확신할 수 있기 때문에 일반보증채권과 비슷하게 된다.

절세효과 대부분의 경우 지방채로부터의 수익은 연방소득세의 대상이 되지 않는데, 이는 지방채를 매우 특별하게 만들어준다. 따라서 지방채는 면세 혹은 비과세 채권이라고도 알려져 있다. 이러한 채권은 보통 발행된 주나 지방의 세금도 면제된다. 예를 들어, California에서 발행된 채권의 이자수익은 채권 소유자가 California에 거주한다면 면세되지만 Arizona에 거주한다면 과세의 대상이 된다. 지방채의 자본이득은 비과세가 아님에 주의하자.

개인투자자는 지방채 투자자 중 큰 비중을 차지하는데, 지방채의 비과세 수익이 그 주요한 원인이다. 만약 당신이 지방채를 매입하려고 한다면 지방채의 면세 수익률과 비슷한 과세 채권의 과세 후 수익률을 비교해보아야 할 것이다.

사례 당신의 적용 세율이 25%라고 가정해보자. 당신이 버는 $1는 $0.25의 세금을 발생시킬 것이고 당신은 $0.75의 소득을 갖게 된다. 이 때, 비과세 지방채의 수익률이 9%이라고 한다. 만약 과세 채권이 과세 후 이와 같은 9% 수익률을 가지려면 수익률이 몇 %이어야 하는가? 세후 채권의 수익률은 채권의 수익률과 1에서 세율을 뺀 값의 곱으로 구할 수 있다.

$$\text{세후 수익률} = \text{과세채권의 수익률} \times (1 - \text{세율})$$

만약 당신의 세율이 25%이고 당신이 세후 9%의 (지방채의 수익률과 같은) 수익률을 얻고 싶다면, 우리는 다음과 같은 계산을 통해서 과세 채권의 수익률을 구할 수 있다.

$$0.09 = \text{과세채권의 수익률} \times (1 - 0.25)$$
$$\text{과세채권의 수익률} = 0.09 \,/\, (1 - 0.25)$$
$$= 0.12$$

만약 과세채권의 세율이 12%이고 지방채의 세율이 9%라면, 그리고 두 채권의 위험이 비슷하다면 그리고 주 소득세의 세금혜택은 제외할 때, 두 채권은 동일하다고 볼 수 있다.

<표 10.4>에서는 투자자의 한계세율(marginal tax rate)에 따라 지방채의 수익률과 동일한 효과를 내려면 과세채권의 수익률이 어때야 하는지를 보여준다. 적용되는 한계세율이 높은 투자자일수록 지방채가 제공하는 세금 우대 효과가 더 크다는 것을 직관적으로 알 수 있는데, 이러한 투자자는 과세채권의 수익률이 지방채의 수익률보다 훨씬 크지 않

표 10.4 여러 면세수익률과 과세상당수익률

과세소득*			면세수익률(%)					
종합소득 ($천)	개인소득 ($천)	연방세율 (%)	5%	6%	7%	8%	9%	10%
0-$16.7	0-$8.35	10	5.56	6.67	7.78	8.89	10.00	11.11
16.7-$67.9	8.35-$33.95	15	5.88	7.06	8.24	9.41	10.59	11.76
67.9-$137.05	33.95-$82.25	25	6.67	8.00	9.33	10.67	**12.00**	13.33
137.05-$208.85	82.25-$171.55	28	6.94	8.33	9.72	11.11	12.50	13.89
208.85-$372.95	171.55-$372.95	33	7.46	8.96	10.45	11.94	13.43	14.93
372.95 이상	372.95 이상	35	7.69	9.23	10.77	12.31	13.85	

*과세소득과 연방세율은 2009년 1월 기준

는 이상 과세채권에 투자하려 하지 않을 것이다. 즉 달리 설명하자면 높은 세율을 적용 받는 투자자는 지방채의 수익률이 과세채권에 비해 약간 낮다고 해도 지방채를 매입할 것이다. 예를 들어, <표 10.4>를 보면 10%의 세율을 적용 받는 투자자에게는 수익률이 6%인 지방채와 수익률이 이보다 살짝 높은 6.67%인 과세채권이 무차별함을 알 수 있다. 이와 대조적으로 35%의 세율을 적용 받는 투자자의 경우, 과세채권의 수익률이 9.23%를 초과하지 않는 이상 수익률 6%의 지방채를 선택하였다. 따라서 높은 세율을 적용 받는 투자자들이 지방채의 주요 매입자라는 사실은 놀랍지 않을 것이다. 세율이 더 낮은 투자자의 경우 보통 지방채에 비교적 그렇게 많이 투자하지는 않는데, 이는 그들에게 과세채권의 더 높은 수익률이 비과세 채권의 세금우대 효과를 초과하기 때문이다. 지방채의 이러한 유리한 세금에서의 위치는 주 정부와 지방 정부가 시장에서 보다 낮은 이율로 자금을 조달할 수 있게 해준다.

과세상당수익률 위의 예와 <표 10.4>에서 보았듯이 과세채권이 비과세채권과 동일한 수익을 내기 위해서 필요한 수익률을 계산해볼 수 있다. 지방채의 더 낮은 비과세 수익률에 상당하는 과세채권의 수익률을 과세상당수익률(taxable equivalent yields)이라고 부르는데, 과세상당수익률은 투자자들이 지방채의 수익률과 과세채권의 수익률을 쉽게 비교할 수 있게 해준다. 다음 수식은 투자자의 적용 세율과 지방채의 수익률을 이용하여 과세상당수익률을 계산하는 것을 보여준다.

수식 10.1

$$\text{과세상당수익률} = \frac{\text{지방채수익률}}{(1 - \text{한계 연방세율})}$$

예를 들어 만약 지방채의 수익률이 6.5%이라면, 35%의 세율을 적용 받는 투자자는 수익률이 10.0%인 과세채권을 찾아야 지방채와 같은 세후 수익률을 얻을 수 있을 것이다.

그러나 수식(10.1)에서는 연방세금만을 고려하고 있다는 것에 주의하여야 한다. 그 결과 계산된 과세상당수익률은 아래 특정 상황에만 적용될 수 있다ㅡ(1) 소득세가 없는 주일 경우, (2) 다른 주에서 발행된 (투자자가 거주하는 주에서 과세될) 채권을 찾고 있는 투자자의 경우, 혹은 (3) 지방채를 국채 혹은 정부기관채와 비교하려는 경우(이 경우 국채와 지방채 둘 다 주 소득세가 부과되지 않는다). 위의 상황에서 과세되는 세금은 연방 소득세밖에 없기 때문에 수식(10.1)의 사용이 적절하다.

만약 거주하는 주에서 발행한 채권(in-state bond)과 회사채를 비교한다면 어떨까? 이 경우 동일 주에서 발행한 채권은 연방세와 주 세금이 둘 다 면제되는 반면, 회사채는 그렇지 않을 것이다. 결과적으로 수식(10.1)로는 올바른 과세상당수익률을 계산할 수 없으며, 그 대신 연방 소득세와 주 소득세를 모두 고려하는 수식을 사용하여야 할 것이다:

수식 10.2

$$\begin{array}{c}\text{연방세와 주세를 고려한}\\ \text{과세상당수익률}\end{array} = \frac{\text{지방채수익률}}{\{1 - [\text{연방세율} + \text{주세율}(1 - \text{연방세율})]\}}$$

주 세금을 포함할 경우 수식(10.2)의 분모가 수식(10.1)의 분모보다 약간 작아지는데, 이는 결과적으로 주 세금을 추가적으로 고려하는 경우 과세상당수익률을 조금 더 높게 만든다는 것임을 주의하자. 이는 직관적으로 이해할 수 있는데, 만약 지방채가 연방세와 주 세금에 대해 모두 혜택을 제공한다면 과세채권은 경쟁력을 유지하기 위해 더 높은 수익률을 제공해야 할 것이기 때문이다.

사례 당신의 연방세 한계세율이 35%이고 주 소득세율은 3%라고 가정해보자. 6.305%의 수익률을 제공하는 지방채가 있을 때 수식(10.2)에 따르면 과세상당수익률은 10%이다.

$$\frac{0.06305}{1-[0.35+0.03(1-0.35)]}=0.10$$

이 수식이 맞는지 확인해보기 위해, 당신이 액면가 $1,000에 액면이자율 10%의 채권을 매입했다고 가정해보자. 첫 해에 당신은 $100의 이자를 지급받고 여기에 연방세와 주 세금이 과세될 것이다. 연방세를 내기 전에 소득에서 주 세금을 먼저 차감하는 것을 잊지 말자. $100의 이자소득 중 연방세와 주 세금으로 얼마를 납부하여야 할 것인가?

소득	$100.00
주세금(3%)	3.00
과세소득(연방)	97.00
연방세금(35%)	33.95
순소득	$63.05

주 세금으로 $3, 연방세로 $33.95를 지급한 후, $100의 액면이자 중 $63.05이 남을 것이다. 채권을 구입하는 데 $1,000를 지불하였기 때문에, 당신의 수익률은 6.305%가 된다. 즉, 수식(10.2)를 통하여 도출한 것과 같이 비과세채권의 6.305%의 수익률은 과세채권의 10%의 수익률에 상당하는 것을 볼 수 있다.

만약 위의 사례에서 주 세금이 없었다면 과세상당수익률은 9.7%가 되었을 것이다. 이는 큰 차이는 아니지만 이 차이는 주 세율이 높을수록 커지는데 미국의 일부 주에서는 세율이 11%에 상당하기도 한다.

회사채 기업은 정부를 제외한 채권의 주요 발행자이다. 회사채 시장은 전통적으로 4부문으로 나누어지는데, 가장 다양한 그룹인 산업(industrial), 신규발행에서 가장 물량이 큰 공공시설서비스(public utility), 철도 및 교통 채권(rail and transportation bonds), 그리고 은행 및 금융회사가 발행하는 금융채권(financial issue)이 그것이다. 회사채 채권시장에서 투자자들은 AAA등급의 질 좋은 채권부터 채무불이행 상태이거나 그 위험이 매우 높은 정크본드까지 다양한 위험의 채권을 찾을 수 있다. 채권의 종류 또한 다양한데, 제1모기지채권, 전환사채(이 장의 후반에서 더 자세히 다룰 것), 무담보채권, 후순위 무담보사채, 선순위 하위 채권, capital-note(은행이나 기타 금융회사가 발행한 무보증 사채), 이익사채 등이 있다. 회사채의 이자는 보통 연간 2회 지급되고 감채기금 조항이 상당히 일반

투자자 현실

매우 긴 열차 – 미국 남부에서 4번째로 큰 철도회사인 Norfolk Southern은 2011년 5월에 채권을 매도하여 역사적으로 낮은 이자율의 혜택을 보았다. Norfolk.이 채권은 6%이 이자율을 약속한 것으로 발행 당시 특별한 것은 아니었다. 특별한 것은 채권의 만기이다. Norfolk 채권은 발행한 이후 100년이 지나서 2111년에 만기에 도달할 것이다. (출처: Sapna Maheshwari, "orfolk Southern Follows MIT with $400 Million of 100 Year Bonds," May 18, 2011, Bloomberg.com)

적이다. 회사채는 보통 $1,000의 액면가로 발행되고 하나의 만기일이 확정되어 있다. 만기는 보통 25년에서 40년 이상으로 발행된다. 대부분의 회사채, 특히 만기가 긴 회사채는 발행 후 5년에서 10년간의 콜 행사 금지기간이 설정되어 있다. 회사채는 비교적 수익률이 높아 개인 투자자들이 선호한다.

대부분의 회사채가 위에서 설명한 일반적인 특성을 가지는 반면 설비담보증권(equipment trust certificate)은 그렇지 않은데, 이는 철도회사, 항공사 혹은 기타 교통에 관련한 일로 발행된 증권이다. 설비담보증권은 (여객기, 철도 엔진 등) 설비를 구입하기 위해 발행되는데, 이 설비는 채권의 담보 역할을 한다. 이 채권은 보통 연속상환 채권으로 발행되고 상환 기간 동안 일정한 연간지급액을 가지는데 설비담보증권은 보통 1년에서 17년에 이르는 만기를 가진다. 이 채권은 대공황 이전부터 거의 완벽한 지급 기록을 가지고 있는데 반해 평균이상의 수익률을 제공한다.

특수한 채권

위에서 설명한 기본적인 채권 외에도 투자자는 특이한 채권 특성을 가진 특수한 채권을 선택할 수 있다. 이러한 채권은 비정상적인 액면이자율이나 상환에 관련된 특수 조항을 포함한다. 대부분은 기업에 의해 발행되지만 최근 그 외의 발행자에 의한 발행도 증가하고 있다. 특수한 채권 중 가장 활발히 거래되는 4종류는 무이표채(zero-coupon bonds), 모기지유동화증권(mortgage-backed securities), 자산유동화증권(asset-backed securities), 고수익률 정크본드(high yield-junk bonds)이다. 이들은 모두 Wall Street에서 가장 인기있는 채권 중 하나이다.

무이표채 이름에서 알 수 있듯이 무이표채(zero-coupon bond)는 액면이자가 없다. 대신 이 증권은 액면가에서 할인된 금액으로 판매되고 시간이 지나면서 복리의 수익률로 가격이 오른다. 따라서 만기에 이들의 가치는 초기 투자금을 초과하게 되고, 이 차이가 채권의 수익률을 나타내게 된다. 다른 조건이 동일하다면 무이표채가 저렴할수록 투자자가 얻을 수 있는 수익은 크다. 예를 들어, 수익률이 6%인 채권의 가격이 $420일 때, 수익률이 10%인 채권의 가격은 겨우 $240 정도일 수 있다.

무이표채에는 액면이자가 없기 때문에 연간 2회의 이자지급은 물론 만기까지 어떠한 지급도 하지 않는다. 낯설게 들릴 수 있지만 이러한 특징은 무이표채의 가장 큰 매력 중 하나이다. 액면이자의 지급이 없기 때문에 연간 2회씩 이자를 재투자할 걱정이 없기 때문이다. 대신 무이표채의 수익률은 이를 만기까지 보유하는 이상 사실상 구매 시점의 수익률로 보장되어 있다. 예를 들어 2012년 중반, 10년만기의 무이표 국채의 수익률은 약 1.66% 정도였다. 당시 약 $848의 가격으로 10년 후 만기일에 $1,000의 가치를 가지는 채권을 살 수 있었고, 그 1.66%의 수익률은 채권의 기간 동안 고정된 복리 수익률이다.

위에서 언급한 장점에도 불구하고 무이표채에는 몇 가지 심각한 단점이 있다. 그 중 하나는 시장이자율이 오를 때 (재투자할 이자수입이 없기 때문에) 다른 사람과 같이 더 높은 수익률의 혜택을 누릴 수 없다는 것이다. 또한, 무이표채는 매우 큰 가격변동성을 지닌다. 만약 시장이자율이 오르면 무이표채의 가격이 폭락할 것이고, 따라서 상당한 자본손실을 겪게 될 것이다. 물론 장기 무이표채가 있을 때 이자율이 하락하면 엄청난 자본이득을 얻을 수 있을 것이다. 사실 무이표채는 자본이득 획득 확률이 가장 높은 채권이다. 마지막으로 무이표채의 단점은 미 국세청이 무이표채로 인해 발생한 이자에 세금을 부가한다는 점인데, 채권 소유자들은 실제로 지급된 이자가 없어도 발생된 이자에 대한 세금을 납부하여야 한다.

무이표채는 기업, 지방정부, 연방기관에 의해 발행된다. 사실 미국 재무부에서는 중장기 무이표채를 발행하지 않는데, 대신 정부는 증권딜러들이 일반적인 액면이자가 있는 note와 bond를 국채스트립(Treasury strip)이라는 무이표채의 형태로 판매할 수 있도록 한다. 이들은 국채에서 이자 지급액을 분리하여 무이표채로 따로 판매한다. 예를 들어, 10년만기의 Treasury note는 반 년씩 20회의 이자를 지급하고 추가적으로 원금을 1회 지급한다. 이 21회의 현금 흐름은 6개월에서 10년의 만기를 가진 21개의 각기 다른 무이표 증권으로 판매된다. 이러한 방식으로 판매되기 위한 Treasury note 혹은 미국 국채의 최소 액면가는 $100이고, 이 이상은 $100단위의 금액을 가진다. 만기가 같은 여러 Treasury strip은 종종 함께 묶여 판매되는데, 이때는 최소 $10,000의 액면가를 가진다. Treasury strip은 매우 활발한 유통시장이 있는데, 따라서 투자자들은 원할 때 손쉽게 이러한 증권들을 사고 팔 수 있다. 스트립은 최고의 품질과 다양한 범위의 만기를 가지며 활발한 유통시장을 제공하는데, 이는 이들의 높은 인기를 잘 설명해준다.

모기지유동화증권 모기지유동화채권(mortgage-backed bond)은 간단히 말해서 거주용 부동산저당대출인 모기지가 담보가 되는 부채 채권이다. 정부주택저당금고(Government National Mortgage Association, GNMA)와 같은 발행자는 주택 모기지를 모아서 풀(pool)을 구성하고 총 모기지 풀의 금액만큼 증권을 발행한다. 패스쓰루증권(pass through securities), 혹은 모기지참가증서(participation certificates)라고도 불리는 이 증권은 보통 최소 $25,000의 액면가로 판매된다. 이들의 액면가는 30년 이상까지도 갈 수 있지만 대부분의 모기지가 미리 상환되기 때문에 보통 이러한 채권의 만기는 (아마 8년 정도로) 훨씬 짧다.

이러한 증권에 투자한 투자자들은 모기지 풀에서 분리되지 않은 권리를 가진다. 주택 소유자가 매달 모기지 금액을 납입하면 그 금액은 자동적으로 투자자(채권 소유자)에게 전달되어 그들이 가진 모기지 담보증권에 납부된다. 이런 증권들은 일반적인 액면이자를 가지는데, 이자는 연간 2회가 아니라 매달 지급된다. 사실 투자자들이 받는 모기지 상환액은, 모기지 납부액과 같이 원금과 이자의 합으로 구성되어 있다. 상환액에서 원금이 차지하는 부분만큼은 자본의 상환을 나타내기 때문에 이 부분은 과세되지 않는다. 그러나 이자부분은 일반적인 주 소득세와 연방 소득세의 과세 대상이 된다.

모기지유동화증권(MBS)은 크게 3개의 연방기관에 의해 발행된다. 비록 일부 주(state) 발행자나 사적 발행자인 대형 은행과 저축대부조합인 S&L이 있긴 하지만 연방기관이 발행한 채권이 시장에서 지배적인 위치를 차지하며 90~95%의 채권 활동을 차지하고 있다. 모기지유동화증권(MBS)를 발행하는 주요 연방 기관들은 다음과 같다.

- **정부주택저당금고(Government National Mortgage Association, GNMA)**: Ginnie Mae라고도 알려졌으며 가장 오래되고 큰 규모의 MBS 발행자이다

- **연방주택대부은행(Federal Home Loan Mortgage Corporation, FHLMC)**: Freddie Mac이라고도 알려졌으며 최초로 전통적 모기지를 풀로 발행하였다.

- **연방주택저당협회(Federal National Mortgage Association, FNMA)**: Fannie Mae라고도 불리며 이미 발행된 모기지 판매를 선도하고 있다.

모기지유동화증권(MBS)의 특징 중 하나는 이 증권이 스스로 유동화하는(현금화되는) 것이다. 즉, 매달 투자자에게 돌아가는 현금흐름의 일정 부분은 원금의 상환이다. 따

라서, 원래 투자한 자금의 일정 부분을 항상 수령하게 되고 만기에는 원금 지급액이 크게 남지 않는다. 이러한 효과로 인해 MBS에 투자하는 많은 뮤추얼펀드들이 현금흐름의 원금 부분을 자동으로 재투자한다. 그렇게 하여 뮤추얼펀드는 그들 투자액의 이자만을 받게 되고 자본은 완전히 투자한 상태가 된다.

복수만기 다계층 채권 만기이전 조기상환은 MBS의 또 다른 문제점이다. 사실 복수만기 다계층 채권(collateralized mortgage obligation, CMO)을 개발한 이유 중엔 조기상환의 불확실성을 분산하려는 이유도 있었다. 보통, 모기지풀이 조기상환되면 모든 채권소유자는 할당된 비율의 상환액을 배분 받는데, 이는 결과적으로 채권의 수명을 크게 감소시킨다. 이에 반해 CMO는 단기, 중기, 장기 투자를 원하는 투자자들을 각각 다른 그룹(이는 불어로 '조각'이란 뜻인 tranches라고 불린다)으로 분류한다. 이자는 모든 채권소유자에게 지급되지만 가장 단기 tranche의 원금이 모두 상환될 때까지 원금 상환분은 모두 첫 tranche의 투자자에게 귀속된다. 그 후엔 그 다음 tranche의 투자자가 상환되는 원금을 모두 받게 되고, 이러한 과정은 마지막 tranche의 원금이 상환될 때까지 계속된다.

CMO는 기본적으로 신탁된 전통적 모기지유동화증권에서 창조된 파생증권(derivative securities)이라고 할 수 있다. 이 신탁자산의 참여증서가 CMO의 형태로 투자 대중에게 판매되는 것이다. 이러한 변형의 순 효과는 CMO를 다른 채권과 매우 비슷한 형태와 성질을 지니게 만든다. 그들은 예상 가능한 이자를 지급하고 (비교적) 예상 가능한 만기를 지닌다. 그러나 CMO는 그 기초 자산인 모기지유동화증권과 같이 AAA등급과 암묵적인 미국 정부의 보증을 받지만 복잡성은 급격한 도약(quantum leap)이라고 할 수 있다. 어떤 유형의 CMO는 국채만큼 단순하고 안전할 수 있다. 일부 종류는 그들의 원재료인 모기지유동화증권보다 훨씬 더 변동의 폭이 크고 위험하다. 이는 CMO를 한데 묶을 때 Wall Street에서 마치 유전자 접합과 비슷한 기술을 사용하였기 때문인데, 투자은행에서는 기초자산인 MBS에서 이자와 원금 부분을 분리해 각기 다른 tranches에 재분배한다. 여기서 문제가 되는 것은 품질이나 채무불이행 위험이 아니라 오히려 조기상환 혹은 콜 위험이다. 모든 채권은 모두 언젠가는 상환된다. CMO의 각기 다른 종류의 tranche는 각자 다른 수준의 조기상환 위험을 지니고 있다. CMO의 총 위험은 물론 기초자산인 모기지유동화채권의 총 위험을 초과할 수는 없기 때문에 조기상환 위험이 거의 없거나 매우 작은

tranche가 존재하기 위해서는 다른 tranche가 훨씬 큰 위험을 가져야 한다. 이는 결국 일부 CMO는 위험이 낮은 반면 다른 CMO는 그만큼 더 높은 위험을 갖게 되는 효과를 낳는다.

투자자들은 2007년과 2008년에 금융위기가 발생하며 이러한 증권들이 얼마나 복잡하고 위험할 수 있는지 알게 되었다. 주택 모기지에 대한 주택 소유자의 채무불이행이 늘어나며 CMO의 가치는 폭락했다. 유통시장에서의 거래도 거의 사라졌고 따라서 어떤 CMO의 실제 가치가 얼마인지 알기도 힘들어졌다. 이러한 증권에 많이 투자한 투자은행과 상업은행은 그들의 지불능력에 대한 우려가 점점 패닉으로 바뀌며 큰 압박을 받게 되었다. 모두들 어떤 기관이 재무제표에 이러한 "위험한 자산(toxic asset)"을 가졌는지, 또한 이러한 자산에 대한 손실이 얼마나 큰지 알고 싶어했다. Lehman Brothers, Bear Stearns, Merrill Lynch, 그 외 많은 금융기관이 파산하거나 헐값에 다른 기관에 매각되었고, 연방정부는 완전한 붕괴를 막기 위해 몇 천억 달러를 은행 시스템에 쏟아부었다.

자산유동화증권 MBS와 CMO의 등장은 새로운 시장 기술의 발달을 불렀는데, 금융증권화(securitization)는 다양한 대출수단을 MBS 같이 시장에서 거래 가능한 증권으로 변화시키는 것이다. 최근 몇 년간 투자은행은 몇 십억 달러어치의 자산유동화증권(asset-backed-securities, ABS)이라고 알려진 패스쓰루 증권을 판매하였다. 이들은 3대 주요 담보인 자동차 대출(자동차 구입시 자동차를 담보로 한 부채), 신용카드 청구액, 주택 2차 융자(home equity lines)뿐만 아니라 컴퓨터 리스, 병원비 청구액, 소형사업 부채, 트럭 렌탈, 심지어 로열티 비용까지도 담보로 한다.

1980년 중반에 처음 등장한 이러한 증권들은 투자은행이 몇 가지 종류의 부채관련 자산(대출금이나 미수금)을 함께 묶어서 이러한 미래에 상환될 금액의 일부/전부를 받을 권리를 자산유동화증권을 통해 투자자에게 판매하면서 시작되었다. 예를 들어보자. General Motors의 금융부서인 GMAC은 정기적으로 담보부 자동차 대출금 증권을 발행한다. 만약 이들이 이러한 대출금의 일부를 장부에서 없애고 싶다면, GMAC은 매달의 현금흐름을 자동차 대출금 pool에서 분리하여 새로 발행하는 채권의 담보로 하고 이를 투자자에게 판매한다. 비슷한 방식으로 신용카드 미수금을 담보로 한 채권도 정기적으로 발행된다(사실, 신용카드 미수금이 ABS시장에서 가장 큰 부분을 차지하고 있다). 주택 2차융자금도 마찬가지인데, 이것은 시장에서 두 번째로 큰 ABS 종류이다.

투자자는 여러 가지 이유로 ABS에 끌린다. 그 중 하나는 비교적 높은 수익률이다. 또 다른 이유로는 5년을 거의 넘지 않는 짧은 만기가 있다. 세 번째 이유로는 많은 이러한 증권들이 연간 2회가 아니라 달마다 원금/이자를 지급한다는 것이다. 또한, 그들의 높은 신용도 또한 투자자들에겐 중요한 이유이다. 이는 이러한 계약의 대부분이 매우 관대한 신용보호로 보증되고 있기 때문이다. 예를 들어 이 증권은 종종 과한 담보를 가진다. 이러한 채권을 담보하는 자산 풀은 채권 자체보다 25%에서 50% 더 클 수 있다. 이유가 어찌됐든, ABS의 대부분은 주요 등급평가기관으로부터 최고의 신용등급(AAA)을 받는다.

정크본드 정크본드(junk bond) 혹은 고수익채권(high-yield bond)은 투자적격등급 미만의 낮은 등급(보통 Ba나 B)을 받은 매우 투기적인 채권이다. 이러한 채권은 주로 기업에 의해 발행되는데 지방정부에 의해서도 발행된다. 정크본드는 종종 후순위 무담보 사채(subordinated debentures)의 형태로 발행되는데 이는 채권이 보증되지 않으며 자산에 대해 낮은 권리를 가진다는 뜻이다. 이러한 채권은 매우 높은 채무불이행 위험 때문에 "정크(junk)"라고 불린다. 이러한 채권을 발행하는 기업은 보통 재무구조에 과도한 양의 부채를 가지고 있으며 그러한 부채에 대한 상환능력에 상당한 우려가 있다.

PIK 채권(PIK bond)은 아마도 정크본드 중 가장 특이한 종류의 채권일 것이다. PIK은 현물지급(payment in kind)의 약자인데, 이는 발행자가 채권의 액면이자를 현금으로 지급하지 않고 추가적인 채권(현물)의 형식으로 지급할 수 있는 것을 뜻한다. 이러한 "채무 인쇄"는 보통 5, 6년 동안 지속되고 그 후부터는 실제 현금으로 이자를 지급하기 시작한다.

그렇다면 이성적인 투자자가 정크본드에 끌리는 이유는 무엇일까? 대답은 간단하다. 정크본드는 매우 높은 수익률을 제공하기 때문이다. 사실 일반적인 시장에서 정크본드는 투자적격채권의 수익률에 비해 2.5~5% 더 높은 수익률을 기대할 수 있다. 예를 들어, 얼마 전까지만 해도 투자자는 투자적격등급 채권에서는 7~8%의 수익률을 얻었던 반면 정크본드에서는 10~12%의 수익률을 얻었다.

그러나 채권 수익에는 수익률만 중요한 것이 아니다. 투자자가 실제로 얻게 되는 수익률은 항상 그들이 거래를 시작할 당시의 수익률과 같은 것은 아니다. 정크본드는 상당한 위험에 노출되어 있고 가격은 불안정하다. 사실, 가격이 시장이자율의 변화와 긴밀히 연결되어 있는 투자적격등급 채권과 다르게 정크본드의 가격 변동은 주식과 좀더 비슷하다. 결과적으로, 수익률은 매우 불확실하다. 따라서 관련된 위험에 대해 충분히 숙지하고, 이러한 위험에 거부감이 없는 투자자들만 이러한 증권에 투자하여야 할 것이다.

채권시장에 대한 글로벌 관점

세계화는 주식시장에서처럼 채권시장에도 큰 영향을 끼쳤다. 외국채권은 그들의 높은 수익률과 매력적인 수익으로 투자자를 사로잡았다. 물론 외국채권에도 위험이 있지만 채무불이행 위험이 굳이 꼭 더 높은 것은 아니다. 대신 외국채권에 관련된 가장 큰 위험은 달러로 환산하는 수익률에 미칠 수 있는 통화 가치의 변동이다.

미국에는 세계 시장의 절반 정도를 차지하는 세계 최대의 채권시장이 있다. 미국 다음으로 큰 시장은 유로화를 사용하는 (주로 독일, 이태리, 그리고 프랑스) 유럽국가와 근소한 차이로 일본, 영국, 캐나다의 순서이다. 이들은 총 세계 채권시장의 약 90%를 차지한다. 세계적으로는 다양한 종류의 정부 발행 채권(예를 들어 국채, 정부기관채, 지방채)이 시장을 지배한다.

달러표시 채권과 외화표시 채권 외국채권에 투자하는 데에는 몇 가지 방법이 있다(외국채권 뮤추얼펀드는 제12장에서 다루기 때문에 제외). 미국 투자자의 관점에서 우리는 외국채권을 채권의 통화를 기준으로 크게 두 카테고리로 나눌 수 있는데, 달러표시 채권(U.S.-pay bond)과 외화표시 채권(foreign-pay bond)이 그것이다. 달러표시 채권에서는 발생하는 구매 가격, 만기 가치, 액면이자소득을 포함한 모든 현금흐름이 U.S. 달러로 표시된다. 유로, 영국 파운드, 스위스 프랑과 같은 달러 외화표시 채권에서 발생하는 현금흐름은 외국 통화로 표시된다.

달러표시 채권(dollar-denominated bonds) 달러표시 외국채권에는 양키본드와 유로달러본드 2가지가 있다. 양키본드(Yankee bond)는 외국의 정부나 기업, 혹은 세계은행(World Bank)과 인터아메리칸 은행(InterAmerican Bank) 같은 초국적 기관(supernational agency)에 의해 발행된다. 이 채권들은 미국 내에서 발행된다. 이것은 미국증권거래위원회(SEC)에 등록되고 모든 거래는 미국 달러로 이루어진다. 놀라운 사실은 아니지만, 양키본드 시장의 지배적 발행자는 캐나다인들이다. 양키본드를 구입하는 것은 다른 미국 채권을 구입하는 것과 거의 차이가 없다. 이 채권은 미국의 거래소와 OTC시장에서 거래된다. 또한, 모든 것이 달러로 표시되기 때문에 걱정할 환율 위험도 없다. 이 채권은 보통 품질이 매우 높고(발행자의 품질을 생각해 보면 놀랍지 않다) 매우 경쟁력 있는 수익률을 제공한다.

이와 대조적으로 유로달러채권(eurodollar bond)은 미국 밖에서 발행되고 거래된다. 이 채권은 미국 달러로 표시되지만 미국증권거래위원회에 등록되지 않으며, 따라서 인수업자(underwriter)들이 새로운 채권을 미국 대중에게 판매하는 것이 금지되어 있다(오직 기발행된 유로달러채권만이 미국에서 거래될 수 있다). 오늘날 유로달러시장은 외국에 기반을 둔 투자자들이 지배적인데, 주로 기관투자자들을 대상으로 하고 있다.

외화표시 채권(foreign-pay bonds) 미국 투자자의 관점에서, 외화표시 국제 채권은 달러 외의 모든 통화로 표시된 모든 채권을 포함한다. 이들은 SEC에 등록되지 않았으며 외국에서 발행되고 거래된다. 예를 들자면 유로로 상환되는 독일 정부 채권, 엔화로 발행된 일본 채권 등이 있다. 보통 투자자들이 외국채권을 생각할 때 떠올리는 것이 이 부문이다.

외화표시 채권은 환율변동의 대상이 되는데, 이는 미국 투자자의 총 수익률에 큰 영향을 끼칠 수 있다. 외화표시 채권의 총 수익은 세 가지 변수의 함수인데, 이들은 (1) 채권의 액면이자 소득, (2) 자본이득(손실)을 결정하는 시장이자율의 변화, (3) 환율의 변동이다. 처음 두 변수는 국내에서 이익을 내는 다른 채권과 같은데, 물론 외국채권에서도 똑같이 중요한 요소이다. 따라서, 투자자들이 해외에 투자를 할 때에도 그 날의 수익률과 그 전망에 대해 큰 관심을 가질 것이다. 세 번째 변수는 외화표시 채권을 달러표시 채권의 가격변동과 구별 짓는 요소이다.

우리는 다음과 같은 수식을 사용하여 외화표시 채권의 수익을 측정해볼 수 있다.

수식 10.3

$$\text{총수익(\$)} = \frac{\text{채권의 말기 외화가치} + \text{외화표시 이자}}{\text{채권의 초기 외화가치}} \times \frac{\text{보유기간 말의 환율}}{\text{보유기간 초의 환율}} - 1.00$$

예를 들어, 미국 투자자가 7.5%의 매력적인 액면이자율 때문에 스웨덴 정부의 채권을 구매했다고 가정해보자. 만약 액면가에 채권을 구매한 후 몇 년간 시장이자율이 하락했다면 (이자율의 하락으로 자본이득을 얻었을 것이기 때문에) 구매한 증권은 7.5%를 초과하는 수익을 냈을 것이다. 그러나, 만약 스웨덴 크로나(SEK)의 가치가 달러에 비해 하락한 경우, 실제 (U.S.달러로 표시한) 총 수익률은 달러/SEK 환율변동 결과에 따라 7.5%보다 훨씬 낮을 수 있다. 위의 수식을 사용하면 정확한 투자 결과를 얻을 수 있다. 외국주식과 같이 외화표시 채권은 채권 가격 변동과 환율의 변동을 모두를 통해 이익을 얻을 수 있다. 지식이 풍부한 투자자들은 이 채권의 경쟁력 있는 수익률뿐만 아니라 이들이 채권 포트폴리오에 가져올 수 있는 분산효과 때문에 이러한 채권을 선호한다.

개념리뷰

10.10 나음 채권종류를 간단히 설명해보자: (a) 국채, (b) 정부기관채 (c) 지방채 (d) 회사채. 각각의 주요한 장점과 단점은 무엇인가?

10.11 다음 채권들을 간단히 정의해보고 채권 투자자들이 그들을 어떻게 활용하는지 말해보자. (a) 무이표채 (b) CMO (c) 정크본드 (d) 양키본드

10.12 다음 채권들의 세금에 관련된 특징들은 무엇인가? (a) 국채 (b) 정부기관채 (c) 지방채

10.13 자산유동화증권(ABS)을 설명하고 이러한 채권에 쓰이는 특이한 형태의 담보들을 나열해보자. ABS와 MBS의 차이점은 무엇인가? 또, 금융증권화의 기본적 개념은 무엇인가?

10.14 달러표시 채권과 외화표시 채권의 차이는 무엇인가? 달러표시 채권의 중요한 두 종류를 설명해보자. 환율변동이 달러표시 채권의 총 수익률에 영향을 미칠 수 있는가? 외화표시 증권은 어떠한가? 설명해보자.

전환증권

LG 6 앞서 다룬 다양한 종류의 채권 외에도 이 시점에 장점을 거론해야 할 고정소득증권이 있는데, 바로 전환사채(convertible bond)이다. 전환사채는 기업에 의해서만 발행되고 기업이 발행하는 대부분의 다른 채권과 매우 다른데, 채권으로 시작해서 보통주로 끝날 수 있기 때문이다. 즉, 이 증권은 처음에는 채권으로(혹은 심지어 우선주로) 발행되었지만

투자자들에게 채권을 발행 기업의 주식으로 전환할 수 있는 선택권을 부여하는 조항이 포함되어 있다. 전환사채는 부채와 자기자본의 성격을 함께 갖고 있기 때문에 혼성증권(hybrid securities)이다. 그러나 비록 전환사채가 채권과 주식의 성격과 성과 특성을 갖고 있기는 하지만, 전환사채는 기본적으로 자기자본의 형태로 보아야 한다. 이는 대부분의 투자자가 채권이 제공하는 수익률보다는 이 증권의 주식측면이 가진 잠재적 가격상승에 기대하고 이러한 채권에 자금을 투자하기 때문이다. 사실, 어떤 기업의 보통주에 투자를 고려할 때에는 그 기업이 발행한 전환사채가 있는지 확인해 보는 것이 좋다. 어떤 경우에는 전환사채가 기업의 보통주보다 더 좋은 투자기회를 제공한다(우선주 역시 자기자본과 채권의 성격과 특성을 동시에 가지기 때문에 또 다른 종류의 혼성증권이다).

투자수단으로서의 전환증권

전환증권은 주식첨가제(equity kicker) 때문에 투자자에게 매우 인기가 있는데, 주식첨가제란 이러한 사채를 기업의 보통주로 전환할 수 있는 권리를 뜻한다. 이 특성 때문에 시장에서 전환사채의 가격은 기초 보통주의 가격과 매우 비슷하게 움직인다. 전환증권은 모든 종류의 기업에 의해 발행될 수 있는데, 가장 일반적인 유형인 전환사채나 전환우선주(convertible preferred)의 형태로 발행된다. 전환증권은 기업이 비교적 유리한 가격으로 자본을 모을 수 있게 해준다. 설명하자면, 기업이 일반적인 방식으로 주식을 발행할 경우(회사의 주식을 더 판매하는 방식) 그들은 시장의 가격보다 약간 낮은 가격을 정해서 판매한다. 예를 들어 현재 시장에서 1주에 $27일 때, $25 정도의 가격으로 신주를 판매할 수 있을 것이다. 반면, 만약 기업이 전환사채를 통하여 간접적으로 주식을 발행하는 경우, 기업은 시장가격을 초과하는 가격을 설정할 수 있다. 예를 들어 같은 주식에 대해 $35를 얻을 수도 있을 것이다. 이 경우, 전환사채 투자자는 차후에 주식의 시장가격이 $35를 크게 초과하는 경우에만 전환사채를 주식으로 전환하려 할 것이다. 결과적으로, 기업은 같은 양의 자금을 모으는데 더 적은 수의 주식을 발행할 수 있다. 따라서, 기업들은 부채 자본이 아닌 자기자본을 늘리기 위한 방법으로 전환사채를 발행한다. 전환사채는 결과적으로 발행 기업의 보통주로 전환되기 때문에 지연된 자본(deferred equity)의 한 형태로 구분되기도 한다.

전환사채와 전환우선주는 모두 기업의 자기자본과 연결된다. 따라서 투자목적이 서로 교환될 수 있다고 간주된다. 일부 특별한 차이(우선주는 반 년마다 이자를 지불하는 대신에 분기마다 배당금을 지불한다)를 제외하고, 전환사채와 전환우선주는 거의 동일한 방법으로 평가를 받는다. 그들의 유사성 때문에, 아래의 논의는 전환사채를 중심으로 할 것이다. 그러나 관련된 정보와 시사점은 전환우선주에도 동일하게 적용된다.

전환노트와 전환채권(convertible notes and bonds) 전환사채는 보통 후순위 무담보채로 발행되고 약정한 기간 내에 회사채가 일정한 숫자의 발행기업 보통주로 변환될 수 있다는 조항이 포함된다(전환노트는 만기가 보통 5~10년으로 전환사채보다 더 짧다는 것을 제외하고 전환사채와 동일하다. 그 외에는 차이가 없는데, 둘 다 보증되지 않은 채권이고 보통은 다른 형태의 채권보다 후순위의 채권이다).

일반적으로 전환의 시점에서는 현금을 거의 주고받지 않는다. 투자자들은 전환사채(혹은 노트)를 약정된 수의 보통주와 교환할 뿐이다. 예를 들어, 전환사채가 새로 시장에 발행되었고, 각 $1,000의 노트가 주당 $62.55로 발행기업의 주식으로 교환될 수 있다는 조항이 포함되어 있다고 가정해보자. 즉, 주식의 시장가격이 어떻게 변화하던 상관없이 투자자는 각 노트를 15.98개의 발행 기업 주식으로 바꿀 수 있는 것이다($1,000 ÷ $62.55 = 15.98주). 따라서 만약 전환 시점에서 기업의 주식이 시장에서 주당 $125에 거래되고 있다면 투자자는 $1,000의 채권을 $1,997.50어치의 주식으로 전환할 수 있는 것이다(15.98 × $125 = $1,997.50). 당연히 전환 혜택에는 대가가 따르는데, 이는 전환증권의 낮은 액면이자(혹은 배당)이다. 즉, 만약 전환사채가 새로 발행되면 그들의 액면이자는 보통 다른 비전환채권의 일부분밖에 되지 않는다. 사실, 전환사채의 전환 조건이 매력적일수록 액면이자는 낮아진다.

회사채를 언제든 전환할 수 있는 권리는 채권소유자에 있지만 상당히 많은 경우 발행 기업이 채권에 콜을 행사하여 전환을 시작하는 경우가 있는데, 이를 강제전환(forced conversion)이라고 한다. 기업에게 부채를 상환하고 전환을 강제할 수 있는 자율권을 주기 위해 대부분의 전환사채는 자유롭게 콜을 행사할 수 있게 발행되거나 매우 짧은 콜 금지기간이 있다. 전환을 강제하려면 기업은 채권에 콜을 행사해서 상환하고 채권자에게 두 가지 선택권을 준다. 채권자는 채권을 보통주로 변환할 수 있고, 혹은 약정된 콜 가격으로 현금을 받을 수도 있다(전환사채의 경우 콜프리미엄이 매우 작다). 채권의 전환이 이뤄질 때 주식의 시장가격이 채권의 콜 가격을 초과하는 이상 (거의 대부분의 경우), 경험 있는 투자자들은 절대 두 번째 선택을 택하지 않을 것이다. 대신 그들은 기업이 원하는 대로 채권을 주식으로 전환할 것이다. 그 후 그들은 원한다면 주식을 보유하고 있을 수도 있고 혹은 새 주식을 시장에 매도할 수도 있다(결과적으로 콜 가격을 선택했을 때보다 더 많은 현금을 갖게 된다). 전환이 완료되면 채권은 더 이상 존재하지 않는다. 대신 그 자리에 추가적인 보통주가 생기게 된다.

전환특권 전환사채의 핵심 요소는 전환특권(conversion privilege)인데, 이는 전환시의 조건과 구체적인 특징을 규정한다. 먼저 전환특권에서는 사채가 정확히 언제 전환될 수 있는지 표기한다. 어떤 채권의 경우 최초 발행 후 6개월에서 2년 정도까지 사채가 전환될 수 없는 초기 대기기간이 있을 수 있다. 그 후엔 전환기간(conversion period)이 시작되는데, 사채는 어느 때나 전환될 수 있다. 전환기간은 보통 사채의 남은 수명 동안 연장되는데, 일부의 경우에 몇 년 동안만 유지되는 경우도 있다. 만약 사채가 전환기간이 끝날 때까지 전환되지 않는다면 이는 전환특권이 없는 평범한 채권으로 돌아간다.

투자자의 입장에서 가장 중요한 정보는 전환가격, 혹은 전환비율이다. 이 두 단어는 함께 쓰일 수 있는데, 이들은 직간접적으로 채권이 전환될 수 있는 주식의 수를 명시한다. 전환비율(conversion ratio)은 채권이 전환될 수 있는 보통주 주식의 수를 나타낸다. 전환가격(conversion price)은 주당 얼마에 주식이 채권과 교환될지 확정한다. 이 두 숫자에 대해 생각해보면 주어진 전환비율이 결국 일정한 전환가격을 의미하고, 반대도 마찬가지라는 것을 알게 될 것이다.

사례 액면가 $1,000의 전환사채의 전환비율이 20이어서 채권이 20주의 보통주로 전환될 수 있다고 가정해보자. 즉, 투자자는 $1,000의 사채를 20주의 주식과 교환하는 것이기 때문에, 20주의 주식을 $1,000에, 즉 1주에 $50의 가격에 구입하는 것과 같게 된다. 다르게 표현하면, 전환비율 20은 전환가격 $50과 같다(전환사채와 전환우선주의 기본적인 차이도 전환비율에 관련되어 있다. 전환사채의 전환비율은 보통 15, 20 혹은 30과 같은 큰 단위의 보통주로 이루어져 있는데 비해 전환우선주의 전환비율은 매우 작아 3, 4주를 넘는 경우가 거의 없고 가끔 1주 이하일 때도 있다).

전환비율은 보통 주식의 액면분할이나 중대한 주식배당이 있을 때 함께 조정된다. 만약 기업이 1주를 2주로 분할한 경우 발행되어 있는 전환사채의 전환비율도 함께 두 배가 된다. 전환비율(예를 들어 33.5주처럼)이 분주(fraction)를 포함할 경우, 전환특권은 이런 분주를 어떻게 처리할 것인지도 명시한다. 보통 투자자는 명시된 전환가격으로 1주의 나머지 부분을 구입할 수도 있고 혹은 전환가격대비 분주의 가격에 해당하는 현금을 수령할 수도 있다.

LYONs Wall Street는 간단한 투자상품을 복잡한 투자수단으로 바꾸는 것으로 유명하다. LYON도 그렇게 탄생하였는데, 몇몇 사람들은 이를 "스테로이드를 맞은 무이표채(zeros on steriod)"라고 부르기도 한다. LYON(liquid yield option note)은 무이표채를 기본으로 전환사채의 특성과 풋 옵션을 첨가해 만들어졌다. LYON은 채권의 기간 동안 정해진 전환비율로 전환될 수 있는 무이표 전환사채이다. 따라서 이것은 여타 다른 무이표채처럼 시간이 지날수록 가치가 상승하고 (만기에 다다를수록 갈수록 액면가에 가까워지기 때문에) 추가적으로 주식첨가제(equity kicker)를 통하여 채권의 자기자본 특성을 완전히 활용할 수 있다는 장점이 있다. 대부분의 전환사채와 다르게 LYON은 (무이표채이기 때문에) 경상소득(액면이자)을 제공하지 않는다. 그러나 LYON은 풋 옵션이 포함되어 있는데, 이를 통해 투자자들은 채권을 발행자에게 (미리 정해진 가격으로) 다시 되팔 수 있다. 즉, 풋 옵션은 투자자들이 미리 약정된 금액에 주기적으로 채권의 상환을 요구할 권리를 부여하는 것이다. 따라서, 투자자들은 만약 상황이 불리하게 변한다면 미리 정해진 금액으로 이 증권을 되팔 수 있다는 것을 알고 있다.

LYON에는 장점밖에 없는 것처럼 보이지만 그들도 단점이 있다. LYON이 가격 하락에 대한 보호장치가 있고 (풋 옵션 특성을 통하여) 주식첨가제의 완전한 활용이 가능한 것은 사실이다. 그러나 모든 무이표채와 같이 LYON은 경상소득을 제공하지 않는다. 또한 투자자들은 풋 옵션에도 주의하여야 한다. 풋 옵션의 종류에 따라서 대가가 현금으로 지급되지 않고 주식이나 채권으로 지급될 수 있는 경우도 있기 때문이다. 또 주의해야 할 중요한 점은 LYON의 전환비율은 고정되어 있기 때문에 시간이 흐르면 전환가격이 상승한다는 것이다. 이는 무이표채가 만기에 가까워 지면서 가격이 상승하기 때문이다. 따라서, 채권 가격의 상승률보다 주식의 시장가격이 크게 증가하지 않는다면 투자자들은 LYON을 전환하지 못할 것이다.

가치의 원천

> **투자자 현실**
>
> **버스트된 전환사채** – 투자자는 전환사채가 제공하는 상향 가능성을 보고 투자한다. 전환사채는 주가가 오르면 채권보다는 주식과 유사하기 때문에 강세 주식시장에서 매우 인기가 높다. 만약 주가가 폭락하면 어떻게 될까? 전환사채에 내재된 주가가 전환사채의 전환가격 아래로 하락하면 전환특성은 거의 무용지물이 되고 투자자는 버스트된 전환사채의 자랑스런 주인이 된다. 이 때 전환사채는 주식보다는 채권에 가깝게 움직인다.

전환증권은 기업의 자기자본과 연계된 채권이기 때문에 주식 측면과 채권 측면 모두를 고려하여 가치를 평가한다. 따라서 채권을 투자 수단으로 고려할 때에는 채권의 기초자산인 보통주와 이자율 예측을 세심히 분석하는 것이 중요하다. 먼저 주식 측면을 살펴보자.

전환증권은 주식의 가격이 미리 정해진 전환가격에 가까워지면(혹은 초과하면) 주식과 매우 비슷하게 거래된다. 그런 경우, 전환사채의 가격은 해당하는 주식의 가격의 변화와 매우 비슷하게 변동한다. 만약 주가가 오르면 전환사채의 가격도 오르고, 반대의 경우도 마찬가지이다. 실제로 전환사채의 절대적인 가격변화는 보통주의 가격변화를 초과하는데, 이는 전환사채의 전환가격을 결정하는 전환비율 때문이다. 예를 들어, 만약 20의 전환비율을 가지는 전환사채의 경우, 보통주의 가격이 1포인트 오를(내릴) 때마다 전환사채의 가격 또한 같은 방향, 대략적으로 같은 비율(여기서는 20)로 변화하게 된다. 결국, 전환사채가 주식처럼 거래될 때 그 시장가격은 그 보통주의 가격과 전환비율에서 정의된 주식 수의 곱이 된다.

보통주의 시장가격이 전환가격보다 훨씬 낮은 경우, 전환사채는 기초자산인 보통주와 연관성을 잃고 채권으로 거래된다. 그런 경우, 전환사채는 일반적인 채권수익률과 관련이 있고 투자자는 시장이자율에 관심을 기울이게 된다. 그러나 전환사채의 주식첨가제와 비교적 낮은 평가등급 때문에 전환사채는 보통의 경우 이자율에 민감하게 반응하지 않는다. 일반적인 전환사채에게 기대되는 수익률보다 높은 수익률을 얻는 것이 어려울 때가 많다. 예를 들어, 채권의 등급이 Baa이고 이 품질의 채권에 대한 시장수익률이 9% 정도일 때, 전환사채 역시 그와 비슷한 수익률인 9% 정도, 혹은 9%에 0.5퍼센트 포인트 범위의 수익률을 얻게 될 것이다. 전환사채는 이자와 원금을 지급하기 때문에 하한가격이 존재하는데, 이는 즉 전환사채의 가격은 기초자산인 주식 가격이 떨어질 수 있는 것만큼 떨어질 수 없다는 것을 뜻한다. 만약 기업에 재무적 문제가 생겨 주식의 가격이 급격히 하락한다고 해도 그 기업에서 발행한 전환사채의 투자자는 이자와 원금을 여전히 상환 받을 수 있고, 따라서 전환사채는 가격을 거의 유지할 수 있을 것이다. 즉, 전환사채의 가격이 그 하한가격 이하로 떨어지려 해도 전환사채의 채권 가치가 있기 때문에 그 이하로 크게 떨어지지 않을 것이다(여기에 대해서는 이후에 더 자세히 다룰 것이다).

전환증권의 가치 측정

전환증권의 투자 매력을 평가하려면 이 증권의 주식과 채권 측면을 모두 고려해야 한다. 주식 측면에 대한 기본적 증권분석은 주식첨가제가 전환사채의 가격변동에 미치는 핵심 역할을 고려해 보면 특히 중요하다. 반면 시장이자율과 채권의 등급은 증권의 채권 측면을 평가하는 데 쓰인다. 여기에 고려할 것이 또 있다. 채권과 주식 측면을 분석하는 것 외에도 전환 특징 그 자체를 평가하는 것이 필요하다. 여기에 관련된 두 가지 중요한 부분이 전환가치와 투자가치이다. 이러한 측정치는 전환증권의 가격변동에 중요한 영향을 끼치고 따라서 보유기간 수익률에도 큰 영향을 준다.

전환가치 간단히 말해서 전환가치(conversion value)는 주식가치를 기준으로 전환사채의 가격이 책정되고 팔린다면 얼마에 거래될 것인지를 나타낸다. 전환가치를 구하는 것은 아래 수식처럼 쉽다.

수식 10.4

$$\text{전환가치} = \text{전환비율} \times \text{주식의 현행 시장가격}$$

사례 어떤 전환사채의 전환비율이 20이라고 가정해보자. 만약 기업의 주식이 주당 $60일 때 채권의 전환가치는 $1,200(20 x $60 = $1,200)이다.

일부 애널리스트는 종종 전환패리티(conversion parity)라고도 알려진 전환등가(conversion equivalent)를 구하여 전환사채를 평가한다. 전환등가는 전환사채의 현재 시장가치를 만족하기 위해 보통주가 거래되어야 할 가격을 나타낸다. 전환등가는 다음과 같이 계산된다:

수식 10.5

$$\text{전환등가} = \frac{\text{전환사채의 현행 시장가격}}{\text{전환비율}}$$

사례 회사채의 현재 시장가격이 $1,400이고 전환비율이 20일 때 보통주의 전환등가는 주당 $70이 될 것이다($1,400/20 = $70). 비록 전환사채가 시장이자율이 하락해서 액면가인 $1,000보다 높게 거래될 수는 있지만 현실적으로 시장이자율 하락만으로 채권이 $1,400에 거래되기는 힘들다. 따라서 사례의 전환사채가 $1,400에 거래되려면 보통주의 현재 시장가격은 주당 $70 근처일 것이라고 예상할 수 있다.

전환프리미엄 전환사채가 정확하게 전환가치만큼의 가격으로 거래되는 일은 매우 드문데, 그들은 보통 내재된 전환가치를 초과하는 가격으로 거래된다. 전환사채의 가격 중 전환가치를 초과하는 부분은 전환프리미엄(conversion premium)으로 불린다. 전환사채의 전환프리미엄의 절대적 크기는 전환사채의 시장가격과 전환가치(수식(10.4) 참고)의 차이로 구할 수 있다. 전환프리미엄의 상대적 가치를 측정하려면 전환프리미엄을 채권의 전환가치로 나누면 된다.

수식 10.6

$$\text{전환프리미엄(\$)} = \text{전환사채의 현행 시장가격} - \text{전환가치}$$

여기서 전환가치는 수식(10.4)로 구할 수 있다. 그리고 퍼센트로 표현된 전환프리미엄을 수식(10.7)로 구한다.

수식 10.7

$$\text{전환프리미엄(\%)} = \frac{\text{전환프리미엄(\$)}}{\text{전환가치}}$$

사례 전환사채가 $1,400에 거래되고 전환가치는 $1,200라고 한다. 이 채권의 전환프리미엄은 $200이다($1,400 − $1,200 = $200). $200은 채권의 전환가치 대비 16.7%($200/$1,200 = 0.167)의 전환프리미엄을 나타낸다고 한다.

전환프리미엄은 시장에서 흔하게 찾아볼 수 있는데 종종 전환사채 전환가치의 30~40%(혹은 그 이상)에 이르기도 한다. 투자자는 전환사채가 내재된 주식에 비해 경상소득을 더 제공한다는 점과 전환사채의 가격상승 가능성 때문에 프리미엄을 지불하려고 한다. 투자자는 경상소득을 통해 혹은 구입시보다 더 높은 프리미엄에 전환사채를 매도하여 이 프리미엄을 회수한다. 불행히도 후자의 경우를 통한 회수는 어려운데, 이는 전환사채의 가격이 상승할수록 전환프리미엄이 사라지는 경향이 있기 때문이다. 만약 당신이 잠재적인 가격상승을 예상하고 전환사채를 매입한다면, 시간이 흐르면서 전환사채의 가치가 상승하고 진정한 전환가치에 가까워짐에 따라 전부 혹은 대부분의 가격 프리미엄이 사라질 것이라는 사실을 받아들여야 한다. 따라서 만약 당신이 전환프리미엄을 회수하려면 아마도 전환사채가 지급하는 경상소득을 통해 얻어야 할 것이다.

회수기간 전환프리미엄의 크기는 투자자 수익률에 중대한 영향을 줄 수 있다. 전환사채를 선택할 때 당신이 생각해봐야 할 중요한 질문 중 하나는 채권의 프리미엄이 정당한지이다. 전환프리미엄을 평가하는 한 방법으로는 채권의 회수기간(payback period)을 계산하는 것이 있는데, 회수기간은 전환사채에서 얻을 수 있는 추가적인 이자수입으로 전환프리미엄을 회수하려면 걸리는 기간을 뜻한다. 전환프리미엄의 주요한 이유가 이러한 추가적 수입이기 때문에 이를 사용하여 프리미엄을 평가하는 것은 설득력이 있다. 회수기간은 다음과 같이 구할 수 있다.

수식 10.8

$$\text{회수기간} = \frac{\text{전환프리미엄(\$)}}{\text{(전환사채의 연간 이자수입 - 주식의 연간 배당수입)}}$$

이 수식에서 연간 배당은 주식의 최근 주당 연간 배당과 채권의 전환비율을 곱하여 구할 수 있다.

사례 위의 사례에서 채권의 전환프리미엄이 \$200라고 해보자. 전환비율이 20인 전환사채의 액면이자율은 8.5%이고 연간이자는 \$85, 내재된 주식이 지난 해에 주당 50센트의 배당을 지급했다고 한다. 이 정보와 수식(10.8)을 이용하면 회수기간을 구할 수 있다.

$$\text{회수기간} = \frac{\$200}{\$85 - (20 \times \$0.50)}$$

$$= \frac{\$200}{\$85 - (\$10.00)} = 2.7\text{년}$$

즉, 이 채권의 프리미엄을 2.7년 만에 회수할 수 있다(비교적 짧은 기간이다).

다른 조건이 동일하다면 회수기간은 짧을수록 좋은 것이 일반적인 법칙이다. 또한 너무 큰(50% 이상) 프리미엄은 조심할 필요가 있다. 이렇게 너무 큰 프리미엄은 회수하는 것이 매우 어려울 수 있다. 사실 이러한 프리미엄을 피하기 위해 많은 전문가들은 회수기간이 5~7년 이하인 전환사채를 찾는 것을 추천한다. 그러나 이 방법을 사용할 때에도 조심하여야 한다. 어떤 전환사채는 단순히 매우 낮은(1~2% 이하) 액면이자율 때문에 매우 긴 회수기간을 가질 수 있다.

투자가치 전환사채의 하한가는 채권의 특성에 의해 정해지고 투자가치 측정의 초점이 된다. 또한 시장의 현재와 미래의 예상 시장이자율에 관심을 두는 가치평가 과정 내에 있다. 투자가치(investment value)는 전환사채와 비교할 만한 전환불가능 채권의 시장수익률에 가격이 결정된다면, 거래될 전환불가능 채권의 가격이다.

채권의 가격 결정에 대해서는 제11장에서 더 자세히 다룰 예정이다. 여기서는 전환사채의 투자가치는 전환사채와 비교할 만한 전환불가능 채권의 수익률을 사용하여 전환사채의 액면이자 흐름과 액면가를 현재가치로 할인한 가격이라고 이해하면 충분하다. 다른 말로, 비교할 만한 전환불가능 채권의 수익률을 할인율로 사용하여 전환사채의 액면이자 흐름의 현재가치를 구하고, 액면가의 현재가치를 더하면 전환사채의 투자가치를 구할 수 있다. 보통의 경우 전환사채의 액면이자율과 만기일은 이미 알려져 있기 때문에 필요한 유일한 정보는 비슷한 등급 채권의 시장수익률이 된다.

예를 들어, 만약 비교할만한 전환불가능 채권이 9%의 수익률로 거래되고 있을 때. 이 9%의 수익률을 할인율로 사용해 전환사채의 현재가치인 투자가치를 구할 수 있다. 따라서 만약 만기가 20년이고 액면가가 $1,000인 특정한 전환사채의 액면이자가 6%라면, 그 투자가치는 (9%의 할인율을 이용해) 재무계산기를 사용해 구할 수 있다. 전환사채의 가치는 결과적으로 약 $726가 된다. 이는 전환사채가 하한가에 이르러 일반적인 채권으로 거래되려면 얼마나 가격이 떨어져야 하는지를 나타낸다.

입력	기능
60	PMT
1000	FV
20	N
90	I
	CPT
	PV

결과

-726,14

다른 조건이 일정할 때, 전환사채의 현재 시장가격과 투자가치의 차이가 클수록 전환사채의 가격이 떨어질 수 있는 폭도 커지고, 그 결과 더 큰 가격하락 위험에 노출되어 있다.

개념리뷰

10.15 전환사채는 무엇인가? 전환사채는 어떻게 전환우선주와 다른가?

10.16 전환증권의 주식첨가제는 무엇인가? 주식첨가제가 전환사채의 가격변동에 어떻게 영향을 미치는지 설명해보라.

10.17 전환사채의 투자 매력을 분석할 때 왜 채권 측면과 주식 측면을 모두 고려해야 하는가?

10.18 전환등가와 전환가치의 차이는 무엇인가? 전환사채의 회수기간을 설명해보라. 전환사채의 투자가치는 무엇이며 이는 무엇을 나타내는가?

토론문제

LG 1 Q10.1 <표 10.1>의 채권 수익률을 사용해 다음을 토론해보자.

a. 1970년대의 수익률과 1980년대의 수익률을 비교하여 보자. 왜 이런 차이가 생겼는가?

b. 1990년대의 채권시장의 성과는 어땠는가? 이때의 성과와 1980년대의 성과를 비교해 설명해보자.

c. 미래의 채권 수익률을 합리적으로 예상하여 보고 설명해보자.

d. 당신이 만약 학교를 졸업하고 미래가 유망하고 연봉이 높은 직장에 있다고 가정해보자. 당신은 포트폴리오의 얼마의 비율을 채권에 투자할 것인가? 설명해보자. 포트폴리오에서, 특히 장기적으로 볼 때 채권의 역할은 무엇일까?

LG 4 LG 5 Q10.2 다음 종류의 채권들을 정의하고 간단히 설명해보자.

a. 물가연동국채 b. 회사채

c. 무이표채 d. 자산유동화증권

e. 유로달러본드 f. PIK 채권

각각 어떤 종류의 투자자들이 이러한 채권을 가장 선호할까?

LG 1 LG 4 Q10.3 신용등급 평가기관이 하는 일은 무엇인가? 투자자들이 채권의 가치를 결정하기 전에 채권등급을 고려하는 것이 왜 중요한가?

LG 4 LG 5 **Q10.4** 오른쪽의 투자자들의 필요에 가장 맞는 종류의 증권을 왼쪽에서 선택해 연결해 보자.

a. 5년만기 Treasury note	1. 높은 액면이자율의 확보
b. 낮은 액면이자율과 긴 만기의 채권	2. 장기에 걸쳐 자산을 축적
c. 양키본드	3. 매달 소득 창출
d. 보험에 가입된 수익채권	4. 가격변동성의 회피
e. 장기 Treasury strip	5. 비과세 소득의 창출
f. 콜 금지 채권	6. 외국 채권에 투자
g. CMO	7. 가장 높은 수익률 추구
h. 정크본드	8. 신용카드 채권 풀에 투자
I. ABS	9. 최대 가격상승 추구

LG 6 **Q10.5** 혼성증권은 무엇인가? 투자자들은 왜 이 증권에 투자하는가?

LG 6 **Q10.6** LYON을 설명하고 그들이 전통적인 전환사채와 어떻게 다른지 설명하라. LYON과 전통적 전환사채 사이의 공통점이 있다면 설명하라.

LG 6 **Q10.7** 학교 도서관과 인터넷의 자료를 이용하여 다음의 정보를 찾아보라.

a. 임의의 전환사채 2개를 골라 각각의 전환비율, 전환등가, 전환가치, 전환 프리미엄, 회수기간을 구하여보라.

b. 임의의 전환우선주를 2개 선택하여 각각의 전환비율, 전환등가, 전환가치, 전환 프리미엄, 회수기간을 구하여보라.

c. 선택한 전환사채와 전환우선주는 어떻게 비슷한가? 차이점은 있는가? 설명해 보라.

문제

LG 2 P10.1 액면이자율 7%, 만기 5년의 채권이 발행 후 2년 후 $2,000에 콜 행사가 가능하다고 한다. 이 채권이 현재 시장에서 $1,770에 거래될 때 이 채권의 경상수익률은?

LG 2 P10.2 어떤 채권의 경상수익률이 8.1%이고, 시장가격이 $925.50이라고 한다. 이 채권의 액면이자율은 무엇인가?

LG 2 P10.3 Connor는 12%의 회사채를 8%의 경상수익률에 매입하였다. 그는 이 채권을 얼마에 매입하였나?

LG 4 P10.4 어느 투자자는 33%의 세금을 적용 받고 소득세가 없는 주에 살고 있다고 한다. 그는 다음 둘 중 하나의 채권을 매입하려 한다. 하나는 액면가에 판매되는 6%의 회사채이고, 다는 하나는 액면가에 판매되는 액면가 3.75%의 지방채이다. 만약 이 채권들의 다른 조건들이 동일하다면 이 투자자는 어느 채권을 왜 선택해야 하는가? 만약 투자자가 높은 소득세를 부과하는 주에 살고 이것이 동일한 주에서 발행한 지방채였다면 다르게 선택할 것인가? 설명하라.

LG 4 P10.5 한 투자자가 거주하는 주의 세율이 5%라고 한다. 그녀의 연방 소득세율은 28%이다. 그녀는 위험이 비슷한 두 채권 중 하나에 투자하려 한다(두 채권은 모두 액면가에 판매된다). 첫 번째 채권은 과세대상이고 8%의 수익률을 제공한다. 두 번째 채권은 주와 연방 소득세에서 면제되고 5%의 수익률을 가진다. 어떤 채권을 선택해야 하는가?

LG 4 P10.6 Maria Lopez는 세금 혜택을 찾고 있는 부유한 투자자이다. Maria는 최대 연방 세율인 35%를 적용 받고 주 소득세가 매우 높은 지방에 살고 있다(그녀는 최대 주 소득세인 11 1/2 %의 세율을 적용 받는다). Maria는 현재 액면가에 판매되는 두 지방채를 보고 있다. 하나는 AA등급의 해당 주에서 발행된 채권이고, 6 3/8 %의 액면이자율을 제공한다. 다른 하나는 AA등급의 다른 주에서 발행된 채권으로 7 1/8 %의 액면이자율을 제공한다. 그녀의 브로커는 이와 비슷한 완전 과세 되는 회사채가 현재 9 3/4 %의 수익률로 구매할 수 있다고 말했다. 아니면, 만기가 긴 9%의 수익률의 국채를 살 수도 있다. 그녀는 현재 $100,000을 투자하려는데 위의 모든 채권의 품질이 매우 좋기 때문에 최대의 세후 수익을 제공하는 채권을 고르려고 한다.

a. 네 채권 중 어느 것을 사야 할까?

b. 네 채권을 과세상당수익률의 순으로 나열해보자(최고부터 최악의 순서).

LG 4 P10.7 Denise Tay는 채권 투자를 생각하고 있다. 그녀는 두 채권을 고려하고 있는데:

a. 수익률 3%의 국채

b. 수익률 2%의 해당 주 발행 지방채

Denise는 35%의 연방 소득세율과 9%의 주 세율을 적용 받는다. 어떤 채권이 Denise에게 더 높은 세후 수익률을 제공할 것인가?

LG 2 P10.8 다음 중 어떤 채권이 가장 높은 경상수익률을 제공하는가?

a. 97 3/4로 표시된 9 1/2% 액면이자율의 20년만기 채권

b. 164 5/8로 표시된 16% 액면이자율의 15년만기 채권

c. 54로 표시된 5 1/4% 액면이자율의 18년만기 채권

LG 2 P10.9 액면이자율이 7 1/2%인 장기 채권을 $850을 주고 구매했다고 가정해보자. 다음 12개월의 기간 동안 이자율이 급격하게 떨어졌고 결과적으로 당신은 $962.50에 채권을 판매하였다.

a. 이 연도의 초에 이 채권에 적용된 경상수익률을 구해보라. 1년간 보유 후 연말에는 어떠했는가?

b. 보유기간 수익률을 구해보라(HPR공식은 제5장을 참고).

LG 3 P10.10 Caroline은 액면이자율 8%의 회사채를 5%의 경상수익률에 구매했다고 한다.

그녀가 이 채권을 일 년 후 판매할 때 이 채권의 경상수익률은 6%였다. Caroline은 이 투자로 얼마나 얻었는가?

LG 1 **P10.11** 2007년 1월 초, 당신은 $30,000 상당의 높은 등급 회사채를 구입했다. 이 채권들은 액면이자율이 8 1/8%이고 만기는 2021년이다. 당신은 채권을 살 때 $94.125를 지불하였다. 2007년부터 2011년까지 5년간 채권의 가격은 다음과 같았다. 액면이자는 5년간 제때 지급되었다.

	시세표		
연도	연초($)	연말($)	연말 채권수익률
2007	94.125	100.625	8.82
2008	100.625	102.000	8.70
2009	102.000	104.625	8.48
2010	104.625	110.125	8.05
2011	110.125	121.250	7.33

a. 2007년부터 2011년까지의 연간 보유수익을 구하여라(HPR공식은 제5장을 참고하라).

b. <표 10.1>의 수익률에 대한 정보를 사용하여 이 채권의 투자성과를 평가해보자. 이 채권은 시장과 어떻게 비교할 수 있나? 설명하라.

LG 4 **P10.12** Scarlet은 20년전에 20년 만기, 액면가 $10,000의 15%의 무이표채를 구입하였다. 이 채권의 만기일은 내일이다. 만약 모든 금액이 예상대로 지급된다면 Scarlet은 이 투자를 통해서 총 얼마를 받는가?

LG 4 **P10.13** Nate는 작년에 만기까지 보유할 계획으로 이표채를 구입하였다. 그는 이자금액을 받고 또한 놀랍게도 첫 해 일정량의 원금을 지급받았다. 이는 2년째에도 마찬가지였다. Nate는 어떤 종류의 증권을 구입하였는가?

LG 5 **P10.14** 공격적인 채권투자자 Letticia Garcia는 현재 (외화표시) 외국정부채권에 투자하는 것을 고려하고 있다. 특히 그녀는 15년만기, 액면이자율 9 1/2%의 스위스 정부채권을 고려하고 있다. 이 채권의 액면가는 10,000 스위스 프랑(CHF)이고 현재 110에(즉, 액면가의 110%에) 거래되고 있다.

Lettica는 이 채권을 1년간 보유할 계획인데, 그 때에는 채권이 117 1/2에 거래될 것으로 예상하고 있다. 그녀는 스위스 이자율의 급격한 감소를 예상하고 있는데 따라서 채권의 가격이 오를 것으로 예상한다. 현행 환율은 1.58 CHF/U.S.$이지만 그녀는 1.25 CHF/U.S.$로 떨어질 것으로 예상하고 있다. 해외 투자 총수익률 공식(수식(10.3))을 사용하여 다음 정보를 찾아보자.

a. 환율효과를 무시하고 채권의 총 수익을 구하여라(현지 통화로).

b. 이 채권의 총 수익을 U.S. 달러로 구해보라. 환율이 수익에 영향을 주는가? 이 채권이 좋은 투자기회라고 생각하는가? 설명하라.

LG 5 P10.15 Red Electrica Espana SA(E.REE)는 투자자들에게 유로본드를 발행하여 그들의 은행 융자를 재조정하려고 한다. 당신은 7%의 수익률을 제공할 이 채권을 $8,000만큼 사는 것을 고려하고 있다. 당신은 또한 비슷한 위험을 가지고 수익률이 4%인 미국의 채권 또한 고려 중이다. 당신은 다음 몇 년간은 이자율의 변화가 없을 것으로 예상하고 있고 그 후에는 채권을 판매할 것이다.

a. 만약 당신이 채권을 사서 1년간 보유하고 $8,000에(혹은 유로달러 등가에) 판매한다면 각 채권에서 얼마만큼씩 얻을 수 있을 것인가?

b. 달러/유로환율이 1.3에서 1.0로 변화한다고 가정해보자. 이러한 환율 변화가 유로본드의 성과에 얼마나 영향을 미칠까(유로본드를 판매할 때 연간 이자 지급액을 받는다고 가정하자)?

LG 6 P10.16 어느 전환사채의 전환비율이 25이고 전환 프리미엄이 18%라고 한다. 잠재 주식의 현재 시장가격이 $62일 때 이 채권의 전환등가는 무엇인가?

LG 6 P10.17 당신은 Hadron C. Technology에 $650을 투자하는 것을 고려하고 있다. 당신은 주당 $13에 보통주를 구입할 수 있는데, 이 주식은 배당을 지급하지 않는다. 아니면 당신은 (액면가 $1,000) 전환사채를 구입할 수도 있는데, 이는 현재 $180

에 거래되고 전환비율은 25, 연간 $50을 이자로 지급한다. 만약 주식의 가격이 일 년 후에 주당 $20로 오를 것으로 예상한다면 당신은 어떤 자산을 구입할 것인가?

LG 6 P10.18 연간 6%를 지급하는 어느 만기 20년 전환사채는 보유자의 선택에 따라 20개의 보통주로 전환할 수 있다고 한다. 이 채권은 현재 $800에 거래되고 있고 연간 배당으로 75센트를 지급하는 주식의 시장가격은 주당 $35이다.

a. 이 채권의 전환가격은?
b. 전환비율은 얼마인가?
c. 채권의 전환가치는 얼마인가? 전환등가는 얼마인가?
d. 전환 프리미엄은 얼마인가? 달러와 비율로 각각 나타내어라.
e. 채권의 회수기간은?
f. 만약 비슷한 등급의 전환할 수 없는 채권이 8%의 수익률로 판매된다면 전환채권의 투자가치는?

LG 6 P10.19 8% 전환사채의 액면가는 $1,000이고 전환비율은 20이다. 어느 투자자가 $5,000를 투자하려 하고 전환사채는 $1,000(전환 프리미엄 25% 포함)의 가격에 판매된다고 가정해보자. 만약 이후 12개월 동안 주식의 가격이 주당 $75로 오르고 전환사채의 가격이 10%의 전환프리미엄을 포함하게 된다면 이 투자가 제공하는 총소득(액면이자와 자본이득)은 얼마인가? 이 투자의 보유기간수익은 얼마인가? 마지막으로 위 상황을 가정할 때 잠재된 보통주의 현재 판매가격을 구하라.

LG 6 P10.20 액면이자율 7%에 만기가 10년인 전환사채를 $1,500에 구매했다고 가정해 보자. 이 채권은 현재 주당 $60에 거래되는 주식 30주로 전환될 수 있다고 한다. 이 채권과 비슷한 전환되지 않는 채권이 현재 8%의 수익률로 거래될 때 이 전환사채의 투자가치를 구하여라.

LG 1 P10.21 전환비율이 1.8이고 잠재된 보통주의 가격이 주당 $40인 전환우선주의 전환가치를 구하여라. 만약 이 전환우선주가 주당 $90로 거래된다면 전환 프리미엄이 있겠는가? 있다면 얼마인가? (달러와 비율로 나타내보라.) 또한 전환등가의 개념을 설명하고 이 경우 전환우선주가 주당 $90에 거래될 때 전환등가를 구하여라.

사례문제 10.1: Max와 Veronica의 채권투자 프로그램 만들기

LG 1 LG 4 Max와 Veronica Shuman부부는 그들의 두 십대 아들인 Terry와 Thomas와 함께 Oregon주 Portland에 살고 있다. Max는 큰 제약업체의 영업사원으로 일하고 Veronica는 지역은행의 인사과 직원이다. 그들은 함께 연간 약 $100,000 정도의 수입을 낸다. Max는 최근 돌아가신 그의 삼촌이 그의 이름으로 세후 $250,000정도의 유산을 남겨주신 것을 알게 되었다. 말할 것도 없이 가족들은 매우 기뻐하고 있다. Max는 유산의 $50,000 정도를 오랫동안 미뤄왔던 가족의 일(급히 수리가 필요한 주방이나 거실, Porsche Boxster의 할부금, Tom의 부정교합을 위한 교정기 등)을 위해 쓸 계획이다. 또한 Max는 남은 $200,000는 다양한 종류의 채권에 투자하려고 한다.

Max와 Veronica는 예기치 못한 지출이나 건강문제가 없다. 그들의 유일한 투자 목표는 자본가치 상승에 따른 이익을 얻는 것이고 적어도 20년 동안은 자금을 완전히 투자하고 싶어한다. 그들은 경상소득을 얻기 위해서가 아니라 혹시 모를 때를 대비하여 그들의 포트폴리오에 어느 정도의 유동성을 유지하려 한다.

문제

a. Shuman 가족에게 추천할 만한 채권투자프로그램을 설명해보자. 수익률과 위험 두 측면을 잘 고려해보자.

b. 그들에게 추천할 채권의 종류를 나열해보고 왜 추천하고 싶은지 간단히 설명해보자.

c. *Wall Street Journal*이나 *Barron's*의 최근호를 이용하여 Shuman 가족에게 추천할 $200,000 크기의 채권포트폴리오를 구성해보자. 다음의 규칙을 따라 실제 증권과 마음에 드는 채권(혹은 note)을 자유롭게 사용해서 구성해보자.

1. 포트폴리오는 적어도 하나의 국채, 정부기관채, 회사채를 포함하여야 한다. 또한 포트폴리오는 최소 5개, 최대 8개의 채권을 포함해야 한다.
2. 단기 미국 국채의 비율이 5%를 넘지 않도록 한다(그러나 만약 T-bill을 포함한다면 이는 당신의 선택을 7개의 다른 채권/note로 한정시킨다).
3. 모든 거래비용은 무시하고 $200,000를 모두 투자하라. 시장에서는 액면가 이외의 가격으로 거래될 수 있지만 모든 증권은 $1,000의 액면가를 가졌다고 가정하라.
4. 구입할 채권/notes/bills의 수를 결정할 때에는 가능한 최신의 공표된 가격정보를 이용하라.

d. 추천 포트폴리오에 있는 증권들로 표를 만들어보라. 아래의 <표> 형식을 사용하여 각 증권의 해당 정보를 채워넣어라.

e. 추천 포트폴리오의 주요 투자 특성과 달성하고 싶은 투자 목표를 한 문단으로 표현해 보자.

증권 발행자–이표율–만기	최근호가	매입채권수	투자금액	연간이표수입	경상수익률
Example: U.S. Treas – $8\frac{1}{2}$%–'18	146 8/32	15	$21,937.50	$1,275	5.81%
1.					
2.					
3.					
4.					
5.					
6.					
7.					
8.					
Totals	–		$200,000.00	$	%

사례문제 10.2: 채권 등급 맞추기

LG 2 채권의 등급을 결정하는 데 가장 중요한 것은 채권을 발행하는 회사의 재무 상태와 운영 결과일 것이다. 재무비율이 보통주를 분석할 때 쓰이는 것과 같이 이들은 신용분석이라고 불리는 채권의 분석에도 쓰인다. 신용분석을 할 때는 기업의 기본적인 유동성과 수익성, 기업이 부채를 발행한 정도, 기업이 부채를 상환할 수 있는 능력에 중점을 두게 된다.

재무비율 표
(모든 비율은 실제기업의 실제 비율이다)

재무비율	회사1	회사2	회사3	회사4	회사5	회사6
1. 유동비율	1.13×	1.39×	1.78×	1.32×	1.03×	1.41×
2. 당좌비율	0.48×	0.84×	0.93×	0.33×	0.50×	0.75×
3. 순이익률	4.6%	12.9%	14.5%	2.8%	5.9%	10.0%
4. 총자기자본이익률	15.0%	25.9%	29.4%	11.5%	16.8%	28.4%
5. 장기부채비율	63.3%	52.7%	23.9%	97.0%	88.6%	42.1%
6. 자기자본비율	18.6%	18.9%	44.1%	1.5%	5.1%	21.2%
7. 세전이자보상비율	2.3×	4.5×	8.9×	1.7×	2.4×	6.4×
8. 현금흐름 대 총부채	34.7%	48.8%	71.2%	20.4%	30.2%	42.7%

위의 재무비율은 이러한 분석을 할 때 자주 유용하게 쓰인다. 첫 두 비율은 기업의 유동성을 측정하고, 다음 두 개는 수익성을, 다음 두 개는 부채 부담을, 그리고 마지막 두 개는 부채를 상환할 기업의 능력을 나타낸다(비율 5번의 경우, 비율이 낮을수록 바람직하다. 나머지의 경우 비율이 높을수록 바람직하다). 위 <표>는 6개 기업의 이러한 비율을 보여준다.

문제

a. 이 중 세 회사는 발행한 채권에 투자적격등급을 받았고 다른 세 회사는 정크본드 등급을 받았다. <표>의 정보를 이용해 어떤 세 회사가 투자적격등급을 받고 어떤 세 회사가 정크본드 등급을 받았을지 추측해보고 설명하라.

b. 위의 6개의 기업 중 하나는 AAA 등급을 받았고 하나는 B 등급을 받았다. 어느 회사일지 추측해 보고 간단히 설명하라.

c. 남은 4개의 회사 중 하나는 AA 등급을 받았고 하나는 A 등급, 두 개는 BB 등급을 받았다. 각각 어떤 회사인가?

엑셀 스프레드시트

채권 투자의 현금흐름 요소는 연간 이자지급액과 미래 액면가의 상환으로 이루어져 있다. 현금의 시간가치를 고려하는 다른 경우와 같이 채권의 현금흐름도 그 현재가치를 구하기 위해서 순서대로 할인된다.

채권과 주식을 비교할 때 많은 투자자들은 각각의 수익에 주목한다. 채권 시장의 총수입은 경상소득과 자본이득으로 이루어져 있다. 채권투자 분석은 경상수익률을 구하는 것뿐만 아니라 특정한 보유기간 수익률도 포함하여야 한다.

2013년 1월 13일, 당신은 General Pineapple Corporation(GPC)이 발행한 세 회사채에 대한 다음과 같은 정보를 얻었다. 회사채는 각각의 액면가에 대한 비율로서 가격이 표시되는 것에 주의하라. 각 채권의 액면가는 $1,000로 가정하라. 이 회사채들은 1포인트의 1/8단위로 표시된다. 다음의 채권투자 문제를 답할 수 있는 스프레드시트를 만들어보라.

채권	경상수익률	거래량	종가
GPC 5.3 13	?	25	105 7/8
GPC 6.65s 20	?	45	103
GPC 7.4 22	?	37	104 6/8

문제

a. 이 세 GPC회사채의 경상수익률을 구하여라.

b. 다음과 같은 상황에서 보유기간 수익률을 구하여라.

1. 2012. 1/13에 5.3 채권을 $990에 구입
2. 2012. 1/13에 6.65s채권을 $988에 구입
3. 2010. 1/13에 7.4채권을 $985에 구입

c. 2013. 1/13일자 GPC 보통주의 종가는 $26.20이다. 2010 1월의 GPC 주식의 가격은 $25.25이다. 이 주식은 2010년 $0.46의 배당을 지급하였고, 2011년엔 $0.46, 2012년엔 $0.46의 배당을 지급하였다.

1. 이 주식의 현재(2013.1.13) 배당수익률을 구하라.

2. 이 주식을 2012년 1월에 구입하였다면 2012년 1월의 보유기간 수익률은 얼마인가?

장을 여는 문제

다음의 그래프는 1981년부터 2011년까지 매년 Standard & Poor's의 평가등급이 상향조정 되거나 하향조정 된 채권의 수를 나타낸다.

a. 등급이 바뀐 채권들(상향과 하향조정)의 수는 시간에 따라 어떤 추세를 보이는가?
b. 대부분의 해에서 가장 흔한 등급변화 종류는 무엇인가? 상향조정인가 하향조정인가? 왜 그렇다고 생각하는가?
c. 어느 해에 하향/상향조정이 특히 높게 나타나는가? 왜인가?

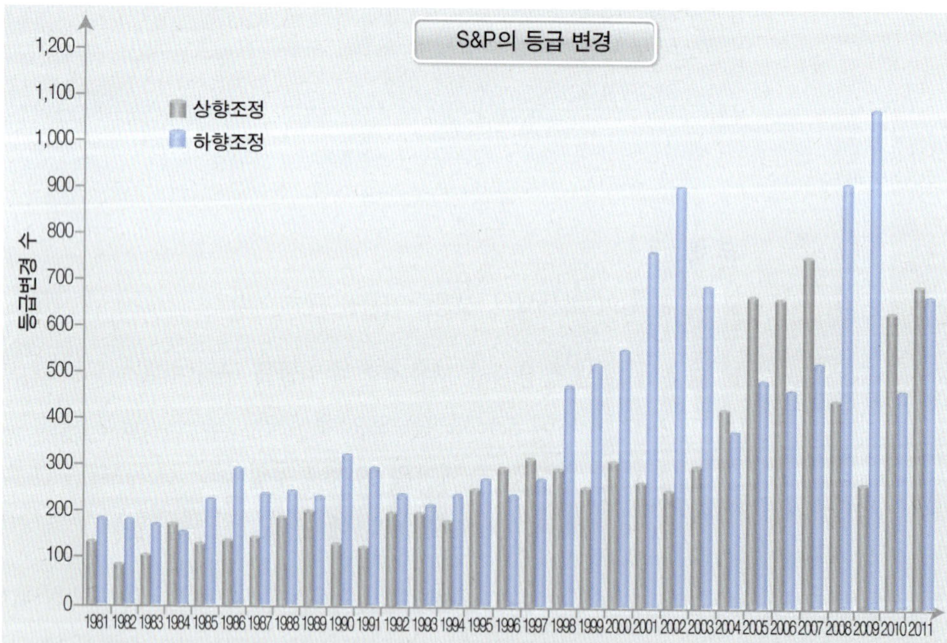

Chapter 11

채권의 가치평가

학습목표 (Learning Goals)

이 장을 학습한 후, 아래와 같은 과제를 수행할 수 있어야 한다.

LG 1 시장이자율의 행태를 설명하고 이자율 변동을 일으키는 요인을 확인한다.

LG 2 이자율의 기간구조를 기술하고 어떻게 수익률곡선이 투자자에게 유용한지 확인한다.

LG 3 어떻게 채권이 시장에서 가치 평가되는지 이해한다.

LG 4 다양한 수익률의 측정치를 기술하고 이러한 평가 기준이 어떻게 채권의 가치 평가에 활용되는지 설명한다.

LG 5 듀레이션의 기본 개념을 이해하고, 측정 및 채권 포트폴리오 관리를 위한 활용을 이해한다.

LG 6 여러 가지 채권투자 전략을 논의하고 투자자가 활용할 수 있는 채권의 다양한 활용 방안에 대해 논의한다.

화폐시장의 투자자들은 대공황 시기에 화폐시장을 구성하는 단기 채권의 역사적으로 낮은 이자율 때문에 거의 돈을 벌지 못했다. 2007년 초반에, 화폐시장의 구성에서 큰 부분을 차지하는 미국의 단기국채인 T-bill의 6개월 만기 채권 이자율은 5% 정도였다. 그 후 2년 동안, T-bill은 역사적으로 낮은 수익률을 기록했다. 2009년말에 6개월 만기 국채를 매입한 투자자들은 단지 1%의 5분의 1(0.20%)을 기대할 수 있었다. 더욱 심각한 것은 2012년 초 투자자들은 6개월 만기 채권에서 6베이시스포인트(6bp, 0.06%)를 기대할 수 있었다는 것이다.
국채이자율의 하락 때문에 화폐시장 채권의 이자율은 하락했다. 2010년에서 2012년 사이에 미국 화폐시장 투자자들의 평균 연간 수익률은 1%의 10분의 1(0.10%) 미만이었다. 그 이자율에서는 1백만 달러를 화폐시장에 투자하면 단지 $1,000를 이자로 받는다는 것이다.
낮은 이자율은 불황으로부터 나라를 건져내기 위해서 경제를 자극하기 위한 미국 중앙은행의 정책에 의한 것이었다. 다른 나라의 중앙은행도 같은 정책을 취했고, 유럽에서는 극단적으로 낮은 회사채 이자율이 엄청난 대출을 불러왔다.
이번 장에서 우리는 시장이자율의 상승과 하락에 영향을 주는 요인을 배울 것이다. 그리고 그러한 이자율의 변동이 채권과 투자자에게 어떤 영향을 주는지 학습할 것이다.

(출처: Paul Armstrong and Esteban Duarte, "Corporate Bond Market on Fire in Europe as New Issues Jump," September 8, 2009, Bloomberg.com Forbes, "Low Interest Rates Are Killing Money Market Funds," July 9, 2012, www.forbes.com/sites/ kenkam/2012/07/09/low-interest-rates-are-killing- money-market-funds-2/ U.S. Department of the Treasury, Data and Charts Center, July 18, 2012, www.treasury.gov/))

시장이자율의 행태

LG 1 LG 2

주 각 장의 학습목표는 이 아이콘에 의해 본문의 설명에서 표시된다.

제4장에서 합리적 투자자는 위험을 충분히 보상하는 수익률을 얻으려고 한다는 것을 배웠다. 채권자에게 있어서 요구수익률(r_i)는 3개의 구성요소를 가지고 있다. 그것은 실질이자율(r^*), 추정된 인플레이션프리미엄(IP), 그리고 위험프리미엄(RP)이다. 따라서 채권의 요구수익률은 다음 수식으로 표현할 수 있다.

수식 11.1

$$r_i = r^* + IP + RP$$

실질이자율과 인플레이션프리미엄은 외부의 경제적 요인으로, 함께 합쳐서 무위험이자율(r_f)과 같다. 요구수익률을 구하기 위해서 우리는 발행 채권의 위험에 영향을 미칠 수 있는 채권의 고유한 특성을 고려해야 할 필요가 있다. 그리고 난 다음에 요구수익률을 구하기 위해서 위험프리미엄을 무위험이자율에 더한다. 채권의 위험프리미엄(RP)은 채권의 유형, 채권의 만기까지 기간, 수의상환 조항, 채권의 등급 등을 포함한 채권 발행자의 특성을 고려할 것이다.

수식(11.1)의 3가지 요소(r^*, IP, RP)는 함께 채권의 요구수익률을 결정한다. 이전 장에서 채권이 가지고 있는 5가지 유형의 위험에 대해 배웠다. 이러한 위험은 모두 채권의 요구수익률에 내포된다. 즉, 무위험이자율(r_f)이 이자율위험과 구매력위험을 고려하고 있고 채권의 위험프리미엄은 유동성위험 및 수의상환위험과 함께 발행자의 사업위험과 재무(신용)위험의 특성을 말해준다.

이자율이 채권의 가격과 수익률에 크게 영향을 주기 때문에 투자자들은 이자율을 면밀히 관찰한다. 예를 들어, 좀더 보수적인 투자자는 투자의 주요 목적 중 하나가 고수익률을 확보하는 것이기 때문에 이자율을 관찰한다. 공격적인 투자자는 그들의 투자 프로그램에서 이자율 변동이 동반되는 자본이득 기회를 노리기 때문에 역시 이자율에 관심을 가진다.

시장이자율 주시하기

채권시장은 하나의 시장이 아니다. 오히려 매우 다른 여러 섹터로 구성된다. 마찬가지로 단일 이자율이 채권시장의 모든 부분에 적용되는 것은 아니다. 대신에 상이한 이자율이 각기 다른 부분에 적용된다. 주어진 다양한 이자율이 시간의 흐름에 따라 같은 방향으로 움직이는 경향이 있다. 그러나 (이자율 사이의 격차인) 수익률스프레드(yield spread)가 다양한 시장 부분 사이에서 존재하는 것 또한 일반적이다. 채권의 이자율을 생각할 때 명심해야 하는 몇 가지 중요한 요소는 아래와 같다.

- 지방정부채(municipal bond)는 면세 특성(한국에서는 해당되지 않음)으로 인해 일반적으로 낮은 시장이자율을 제공한다. 시장 이자율이 회사채 이자율보다 약 20%에서 30% 낮다.
- 지방정부채에서, 수익채권(revenue bond)은 일반 보증채보다 높은 이자율을 지급한다. 과세 채권에서, 국채(Treasury securities)는 (가장 낮은 위험 때문에) 가장 낮은 이자율을 가진다. 다음으로 연방기관채(agency bond), 그리고 가장 높은 이자율을 제공하는 것은 회사채이다.
- 신용등급을 가지는 채권(예를 들어, 지방정부채나 회사채)에서 일반적으로 낮은 신용등급은 높은 이자율이라는 동일한 행태를 보인다.
- 일반적으로, 만기가 긴 채권은 짧은 만기 채권보다 높은 수익률을 얻는 경향이 있다. 그러나 이 규칙은 항상 성립하는 것은 아니다. 2006년 2월처럼 장기채권 수익률과 같거나 높은 단기 이자율은 다가오는 불황의 초기 신호가 될 수 있다.
- 자유롭게 수의상환될 수 있는 채권(callable bond)은 최소한 발행 시점에는 가장 높은 이자율을 지급한다. 그리고 그 다음 높은 이자율을 지급하는 일정기간 수의상환을 금지하는 지연수의상환채권(deferred callable bond)과 가장 낮은 이자율을 지급하는 콜금지 만기상환채권(non-callable bond)이 있다.

이러한 명단은 시장에서 높은 이자율을 제공하는 채권에 대한 일반적인 안내가 될 수 있다.

금융시장 위기 **불황의 신호**

T-bill에 대한 단기 이자율이 장기 T-bond의 이자율을 넘어설 때 주의를 해야 한다. 이것은 종종 불황의 전조일 수 있다. 이러한 단기와 장기 이자율의 "역전"은 지난 5번에 걸친 미국 불황기마다 그 직전에 발생해왔다. 중요성이 의미하는 만큼 이 지표는 거의 오작동의 신호를 낸 경우가 드물다.

투자자로서 당신은 이자율과 수익률스프레드에 관심을 기울여야만 한다. 현재의 시장 상황과 미래의 시장 이자율의 방향에 관한 동향을 살피려고 노력해야 한다. 따라서 만일 당신이 보수적(이익 중심) 투자자이고 이자율이 이제 고점에 도달했다고 생각한다면, 그것은 현재 시장의 높은 수익률을 확보하려고 노력해야 한다는 신호이다(예를 들어, 국채나 AA-등급의 수의상환이 지연된 혹은 수의상환이 불가능한 만기상환채권을 매수한다). 반면에, 만일 당신이 공격적 투자자이고 이자율이 이미 고점에 있다고(곧 하락 직전이라고) 생각한다면 (만기까지 기간이 많이 남아 있고 낮은 액면이자를 지급하는 채권인) 최대한 가격 상승 가능성을 가진 채권을 매입해야 한다.

그러나 어떻게 그러한 예측을 수식화할 수 있을까? 경제학에 대한 확고한 훈련이 되지 않았다면 다양한 출판 매체에 의존할 필요가 있을 것이다. 다행히도, 풍부한 정보가 입수 가능하다. 증권회사는 그러한 보고서의 훌륭한 출처가 된다. 또한 온라인 자료도 많이 있다. 마지막으로 널리 읽히고 있는 경제관련 신문잡지(*Wall Street Journal, Forbes, Business Week, Fortune*)도 정기적으로 현재의 시장이자율 상황과 미래 방향에 대해 알려준다. 이자율의 방향을 예측하는 것은 쉽지 않다. 그러나 이러한 자료와 보고서를 정기적으로 주의 깊게 읽는 시간을 들여서 최소한 전문가들이 가까운 미래에 발생할 것으로 예상하는 것을 다룰 수 있게 된다.

무엇이 이자율을 움직이는가?

이자율의 결정요인이 복잡한 경제 이슈라고 하더라도, 우리는 이자율의 움직임에 영향을 주는 데 특히 어떤 힘이 중요하다는 것은 알고 있다. 진지한 채권 투자자들은 이자율의 주요 결정요인에 대해 반드시 잘 알아야만 하고, 이러한 변수를 최소한 비공식적이라도

투자자 오류

화폐환상 – 높은 이자율을 제공하는 투자가 매력적으로 보이지만 인플레이션 후의 실질이자율이 중요하다는 것을 명심하자. 1970년대 후반에 이자율이 높았는데 그 기간 인플레이션도 높았고, 따라서 많은 채권투자자가 이 기간에 음의 실질이자율을 얻었다.

관찰하려고 해야만 한다.

그 점에 있어서, 인플레이션보다 더 중요한 변수는 없는 것 같다. 인플레이션율의 변화 혹은 좀더 정확하게 말하면 추정된 인플레이션율의 변화는 시장이자율에 직접적이고 심각한 영향을 준다. 투자자들이 인플레이션이 낮아질 것이라고 예상하면 시장이자율은 또한 일반적으로 하락할 것이다. 이자율이 인플레이션과 연결되어 있는 정도를 이해하기 위해서 <그림 11.1>을 보자. <그림>은 1963년부터 2011년 사이의 10년만기 T-bond 이자율과 인플레이션율의 행태를 보여준다. 앞에서 지적했듯이 추정된 인플레이션율이 이자율에 좀더 직접적인 영향을 미친다고는 했지만, <그림>의 점선은 시간에 따른 실제 인플레이션율을 추적하고 있다. 그렇더라도 실제 인플레이션과 이자율 사이에는 명확한 관련이 있다. 일반적으로 인플레이션이 상승하면 이자율도 오르는 것을 볼 수 있다. 반면에 인플레이션의 하락은 이자율의 유사한 하락과 연결된다. 대부분의 시간 동안에 우리가 예상했듯이 10년만기 채권의 이자율이 인플레이션율보다 높았다. 그렇지 않은 시기는

그림 11.1 이자율 행태에 대한 인플레이션의 영향

이자율의 행태는 항상 인플레이션율의 움직임과 밀접하게 연결되어 왔다. 1963년 이래로 미국의 10년만기 국채와 인플레이션율의 평균 차이는 2.4퍼센트 포인트이다. 이러한 차이는 시기별로 변동한다. 일부 극단적인 예로 1974년 인플레이션율이 10년만기 T-bond를 4.7퍼센트 포인트 초과하였고 1983년에 10년만기 T-bond 이자율은 인플레이션율을 8퍼센트 포인트 초과하였다.

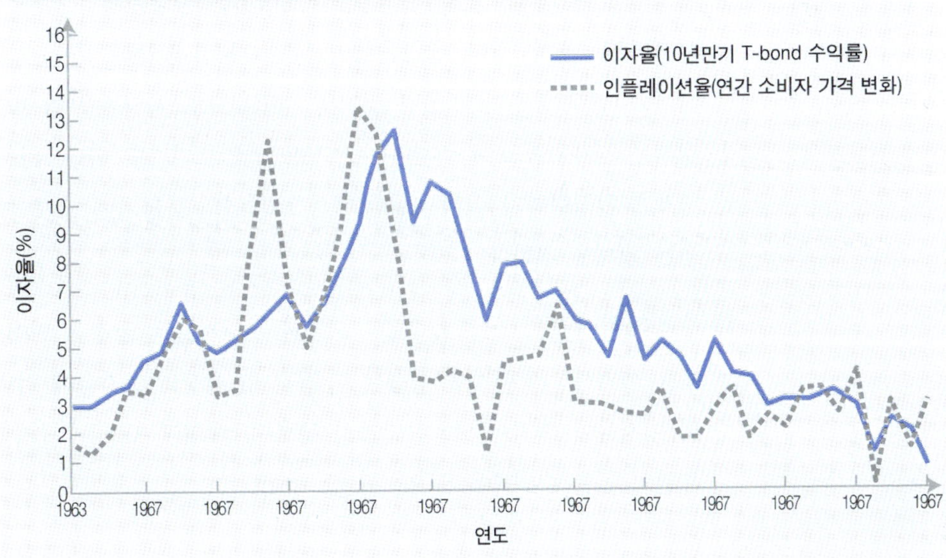

1970년대 중반과 최근의 2011년 부근인데, 10년만기 T-bond에 투자한 투자자는 인플레이션을 따라갈 정도로 충분한 이자율을 얻지 못하였다. 평균적으로 10년만기 T-bond는 인플레이션율을 연간 2.4퍼센트 포인트 정도 초과하였다.

인플레이션에 추가하여, 이자율 수준에 큰 영향을 미칠 수 있는 5개의 다른 중요 경제 변수는 아래와 같다.

- **통화량의 변화:** 화폐 공급의 증가는 (더 많은 자금이 대출금으로 가능해지면서) 이자율을 하락시키며, 역의 경우도 성립한다. 그러나 이것은 어느 정도까지만 사실이다. 만일 화폐 공급의 증가가 과도해지면 인플레이션을 유발하고 그것은 당연히 높은 이자율을 의미하게 된다.

- **정부예산적자의 규모:** 예산적자를 보충하기 위해 정부가 대규모 부채를 지게 되면 이러한 증가된 자금 수요는 이자율 상승 압력으로 작용한다. 이것이 채권시장 참여자들이 정부의 예산 적자가 증가하는 것을 우려하는 이유이다. 다른 것이 일정하다면 예산적자 증가는 시장이자율의 상승 압력을 의미한다.

- **경제활동의 수준:** 경제 확장기에 기업은 더 많은 자본을 필요로 한다. 이러한 필요성은 자금 수요를 증가시키고 이자율은 상승하는 경향이 있다. 불황기에 경제활동은 축소되고 이자율은 일반적으로 하락한다.

- **중앙은행의 정책:** 인플레이션을 통제하려는 중앙은행의 정책은 시장이자율에 중요한 요인이 될 수 있다. 중앙은행이 실제 (예측) 인플레이션을 늦추려고 하면, 미국에서 1970년대 중후반에 했던 것처럼 일반적으로 이자율을 올린다. 불행히도, 이러한 정책은 경제활동을 위축시키는 부작용을 일으키기도 한다. 마찬가지로, 중앙은행은 경제를 활성화하기 위해서 2008년과 2009년의 불황기에 그랬던 것처럼 이자율을 낮추는 정책을 취한다.

- **주요해외시장의 이자율수준:** 오늘날 투자자들은 국경을 넘어 투자기회를 찾는다. 주요 해외시장의 이자율 상승은 미국(국내) 시장의 이자율에 압력이 된다. 만일 미국의 이자율이 해외시장을 따라가지 못하면, 해외 투자자는 달러를 팔아 치우고 해외 채권의 높은 수익률을 얻으려고 할 것이다.

이자율 기간구조와 수익률곡선

각기 다른 만기를 가지는 채권은 서로 다른 이자율을 가진다. 유사한 위험 증권의 이자율(수익률)과 잔존만기 사이의 관계를 이자율의 기간구조(term structure of interest rates)라고 한다. 이 관계는 수익률곡선(yield curve)이라는 그림으로 표현될 수 있다. 이 곡선은 주어진 시점에 채권의 만기까지 기간과 만기까지 수익률을 연결해준다. 수익률곡선은 시장의 힘이 여러 만기별로 채권 수익률을 올리고 내리는 것에 따라 끊임없이 변화한다.

수익률곡선의 유형 두 가지 유형의 수익률곡선이 <그림 11.2>에 표현되고 있다. 훨씬 일반적인 유형은 곡선 1로 우상향 곡선이다. 이 곡선은 만기가 길어질수록 수익률이 증가하는 경향이 있음을 보여준다. 부분적인 이유는 채권의 만기가 길어질수록 잠재적인 가격의 변동성이 커지기 때문이다. 따라서 투자자들이 만기가 긴 더 위험한 채권을 매입하도록 유도하기 위해서는 더 높은 위험프리미엄을 필요로 한다. 또한 투자자들이 단기 이자율이 오를 것이라 믿는다면 장기 이자율은 단기 이자율보다 높을 것이다. 그 경우에 투자자를 유인하려면 장기 채권의 이자율은 단기 이자율보다 높아야만 할 것이다. 즉, 만일 투자자가 단기 이자율이 오를 것이라 생각한다면 투자자들은 투자자금을 오늘의 낮은 이자율에 묶어놓길 원하지 않을 것이다. 대신에 투자자들은 이자율이 오른 이후에 빨리 자금을 재투자할 수 있는 단기 증권에 투자하는 것을 선호할 것이다. 장기 채권으로 투자자를 유인하려면 채권은 단기 채권이 제공하는 것보다 높은 이자율을 제공해야만 한다.

경우에 따라 수익률곡선이 곡선 2에서 보여주는 것처럼 단기 이자율이 장기 이자율보다 높은 뒤집힌 우하향이 된다. 이 곡선은 때때로 중앙은행이 단기 이자율을 올려서 인플레이션을 줄이기 위해서 취하는 정책의 결과로 나타난다. 뒤집힌 수익률곡선은 기업이 (불황을 예측할 때처럼) 장기로 차입하는 것을 꺼릴 때 발생할 수 있다. 장기 차입에 대한 수요가 낮아지면 장기 이자율은 하락한다. 위 두 가지 일반적인 수익률곡선에 추가하여 두 가지 다른 유형의 곡선이 있을 수 있다. 단기와 장기 부채의 이자율이 본질적으로 같은 수평형(flat) 수익률곡선과 중기 이자율이 가장 높은 언덕형(humped) 수익률곡선이 있다.

그림 11.2 두 가지 유형의 수익률곡선

수익률곡선은 유사한 위험을 가지는 일련의 채권들의 잔존만기와 만기수익률의 관계를 보여준다. 비록 수익률곡선이 여러 모습과 형태를 가진다고 하더라도 가장 일반적인 것은 우상향 곡선이다. 이것은 투자자 수익률(이자율)이 만기가 길어질수록 증가하는 것을 보여준다.

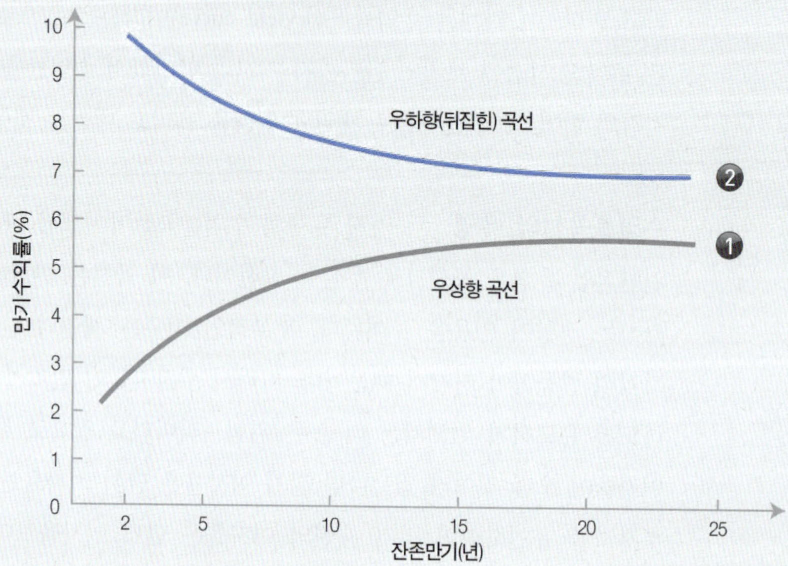

수익률곡선 그리기 수익률곡선은 만기를 제외하고 모든 면에서 유사한 채권의 집단에 대한 수익률을 그려서 만든다. 일반적으로 국채(단기, 중기, 장기)가 수익률곡선을 만들기 위해 사용된다. 여기에는 몇 가지 이유가 있다. 이들 수익률은 금융 잡지에서 쉽게 얻을 수 있고, 채무불이행 위험이 없으며, 채권의 질과 여러 특성에서 동질적이기 때문이다. 투자자들은 또한 A등급 지방정부채, AA등급 회사채, 심지어 양도성예금증서(CD)와 같은 다양한 채무 증권의 수익률곡선을 구성할 수 있다.

<그림 11.3>은 2009년 7월 17일과 2012년 7월 17일의 국채에 대한 수익률곡선을 보여준다. 이러한 곡선을 그리기 위해서 우리는 미국 재무부(Department of Treasury)에서 혹은 다른 출처로부터 얻는 국채 시세가 필요하다(곡선 2의 실제 수익률 시세는 그래프 아래에 있는 <표>의 정보에 제공되어 있다). 필요한 시세는 1개월, 3개월, 6개월, 그리고 1, 2, 3, 5, 7, 10, 20, 30년의 만기를 가지는 단기, 중기, 장기 국채의 수익률에서 선택한다. <그림 11.3>의 곡선 2의 수익률은 맨아래줄에 제시하였다. 다음으로, 그래프의 수평축(x)은 잔존만기를 연단위로 수직축(y)은 만기수익률로 나타내는 점을 그린다. 이제 점

들을 연결하면 <그림 11.3>에서 볼 수 있는 곡선을 만들 수 있다. <그림>의 두 곡선이 모두 우상향임을 볼 수 있다. 그러나 곡선 1이 곡선 2보다 모든 만기에서 더 높은 이자율을 가진다. 곡선 2는 미국 경제가 깊은 불황에서 헤어나오는 시기의 역사적으로 낮은 이자율을 반영한다.

그림 11.3 미국 국채의 수익률곡선

아래에 실제 시장 자료(시세)에서 얻은 두 개의 수익률곡선을 볼 수 있다. 두 수익률곡선이 모두 우상향이지만 각기 다른 수익률을 기초로 한다. 곡선 2는 곡선 1의 수익률보다 평균 약 60% 낮은 수익률로 구성되어 있다. 사실 곡선 2를 구성하는 수익률은 미국 역사상 거의 최저 수준에 가깝다.

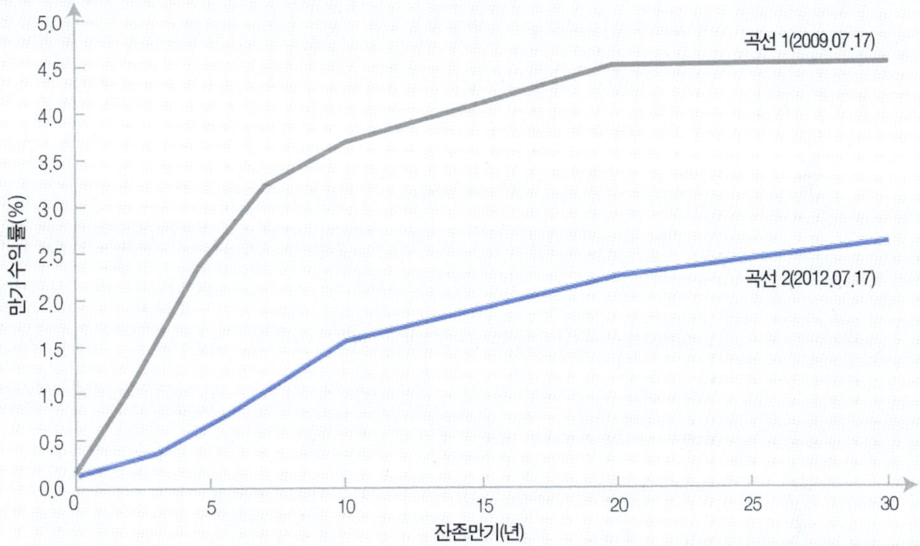

3개월	6개월	1년	2년	3년	5년	7년	10년	20년	30년
0.10	0.15	0.21	0.30	0.39	0.67	1.04	1.61	2.30	2.69
0.09	0.15	0.21	0.30	0.39	0.68	1.08	1.65	2.36	2.74
0.08	0.15	0.19	0.28	0.39	0.68	1.05	1.62	2.34	2.72
0.08	0.15	0.20	0.27	0.37	0.64	1.01	1.57	2.28	2.66
0.09	0.14	0.20	0.27	0.36	0.63	0.98	1.53	2.24	2.62
0.09	0.15	0.20	0.27	0.37	0.63	0.98	1.53	2.22	2.60
0.10	0.15	0.20	0.27	0.36	0.64	0.99	1.54	2.22	2.60
0.10	0.15	0.20	0.25	0.35	0.63	0.98	1.50	2.18	2.57
0.10	0.15	0.20	0.25	0.34	0.63	0.99	1.52	2.20	2.58
0.10	0.14	0.18	0.24	0.31	0.60	0.97	1.50	2.18	2.56
0.10	0.14	0.18	0.25	0.32	0.62	0.99	1.53	2.22	2.59

(출처: U.S. Department of the Treasury, July 17, 2012).

이자율 기간구조의 설명 앞에서 설명했듯이 수익률곡선은 시간에 따라 변화한다. 이를 설명하는 널리 알려진 3가지 이론이 있는데, 기대가설, 유동성선호이론, 그리고 시장분할이론이다. 이 이론들은 수익률곡선의 일반적인 형태에 관한 이유를 보다 완전하게 설명한다.

기대가설 기대가설(expectation hypothesis)은 수익률곡선이 미래 이자율 행태에 대한 투자자의 예측을 반영한다고 말한다. 이 이론은 현재의 단기와 장기 이자율의 관계가 이자율이 미래에 어떻게 변할 것인지에 대한 투자자의 예측을 반영한다고 주장한다. 수익률곡선이 우상향이면 장기 이자율이 단기 이자율보다 높다. 기대가설은 이것을 투자자들이 단기 이자율이 미래에 상승할 것을 기대한다는 신호로 해석한다. 이것이 장기 채권이 단기 채권에 비해 프리미엄을 지불하는 이유이다. 사람들은 이자율이 오를 것이라 생각할 때, 만약 장기투자 이자율이 단기투자 이자율보다 높지 않으면 장기투자에 자금을 묶어두려고 하지 않을 것이다.

예를 들어, 1년만기 T-bill의 현재 이자율이 5%이고 2년만기 채권의 이자율이 6%라고 가정하자. 기대가설에서는 이러한 이자율 패턴을 통해서 투자자들이 내년에 1년만기 T-bill 이자율이 7%로 오른다고 믿고 있다는 것을 알 수 있다. 왜 그런가? 오늘의 투자자들이 2년만기 채권에 2년 동안 6%에 자금을 묶어두는 것과 1년만기 채권에 5%를 투자하고 그 채권에서 나온 자금을 다음 해에 1년만기 T-bill에 다시 재투자를 통해 얻은 7%가 두 투자의 차이를 없게 만드는 이자율이다.

투자전략	(1) 이번 해에 얻은 이자율 (%)	(2) 다음 해에 얻은 이자율 (%)	(3) 2년간의 수익률 [(1) + (2)] (%)
2년만기 채권 매입	6	6	12
1년만기 채권 매입 후, 다음 해에 다른 T-bill에 재투자	5	7	12

1년만기 T-bill의 이자율이 5%에서 내년에 7%로 상승하여야만 투자자들은 2개의 투자전략 사이에서 무차별적이 된다. 따라서, 기대가설에 따르면 우상향 수익률곡선은 투자자들이 이자율이 상승할 것이라 기대한다는 것을 의미하고, 우하향 수익률곡선은 투자자들이 이자율이 하락할 것을 기대한다는 것을 의미한다.

사례 수익률곡선이 뒤집혀 있고, 1년만기 채권이 5%의 수익률 그리고 2년만기 채권은 4.5%를 지급한다고 가정하자. 기대가설에 따르면 투자자는 지금부터 1년 뒤에 1년만기 채권에서 얼마를 기대할 것인가? 이자율이 향하는 방향에 대한 투자자의 믿음이 주어진 상태에서, 기대가설은 현재의 단기와 장기 이자율이 투자자가 단기와 장기 채권에 투자하는 것에서 무차별하다고 느끼도록 결정된다고 말한다. 따라서 1년만기 채권의 내년도 이자율을 결정하기 위해서 2년만기 채권을 매입하는 것과 1년만기 채권 2개를 연속으로 매입하는 것과 같도록 2년차 수익률을 구해야만 한다.

2년만기 채권의 수익률	4.5% + 4.5%
2개의 1년만기 채권의 수익률	5.0% + x

두 번째 수식의 x는 1년만기 채권의 내년도 기대수익률을 의미한다. 첫 번째 수식은 투자자들이 2년만기 채권을 매입하여 2년동안 9%를 얻는 것을 보여준다. 동일한 수익률이 2개의 연속된 1년만기 채권에서 얻어지고 2년차의 수익률은 4%가 되어야 한다.

유동성선호이론 일반적으로 수익률곡선은 우상향이다. 기대가설은 이것을 투자자들이 이자율이 보통은 상승한다고 기대하고 있다는 신호로 해석한다. 이것은 다소 비논리적으로 보인다. 왜 투자자들은 이자율이 하락한다고 기대하기보다는 상승한다고 기대하는 경우가 더 보편적인가? 다시 말해서, 왜 투자자들은 이자율이 시간에 따라 상승하는 경향이 있다고 기대하는가? 확실히 이러한 관점을 유지할 만한 역사적인 패턴은 없다. 우상향 수익률곡선이 빈번한 것에 대한 하나의 설명은 유동성선호이론(liquidity preference theory)이다. 이 이론은 만기가 길어지면 위험이 추가되기 때문에 장기 채권 이자율이 단기 이자율보다 높아야 한다고 말한다. 다시 말해서, 장기와 단기 채권의 위험 차이 때문에 장기채권에 투자하기 위해 더 높은 이자율로 유인을 하지 않는다면 합리적 투자자는 덜 위험한 단기채권을 선호할 것이다.

실제로 합리적 투자자가 단기채권을 선호해야만 하는 이유가 있다. 우선 단기채권은 좀더 유동적이고(현금으로 쉽게 전환되고) 시장이자율의 변화에 널 민감하다. 이것은 가격변동성이 작다는 것을 의미한다. 주어진 시장이자율의 변화에 대하여 장기채권의 가격이 단기채권의 가격보다 더 많이 움직일 것이다. 또한 투자자들이 장기의 펀드에 프리미엄을 요구하는 경향이 있는 것처럼 채무자 또한 장기 자금을 얻기 위해서는 프리미엄을 지불할 것이다. 따라서 채무자는 자금조달을 확실히 하기 위해서 불확실하고 또한 불리한 이자율로 단기채권을 연장하는 것을 회피할 것이다. 이러한 선호들은 모두 긴 기간의 만기와 관련된 이자율이 왜 높은지 또한 우상향 기울기의 수익률곡선을 기대하는 것이 왜 완벽하게 합리적인지를 설명한다.

시장분할이론 자주 인용되는 또 다른 이론인 시장분할이론(market segmentation theory)은 채권시장이 금융기관과 투자자의 만기선호에 따라 분할되어 있다고 주장한다. 이 이론에 따르면, 각각의 만기별 분할 구간 내 자금의 수요와 공급이 이자율을 결정하는 것처럼 수익률곡선이 변한다. 짧은 만기에 자금을 공급하는 금융기관(예, 은행)과 단기자금의 채무자(예, 계절적 자금수요가 있는 기업) 사이의 균형이 단기 시장의 이자율을 결정한다. 마찬가지로, 생명보험이나 부동산처럼 장기 시장의 자금 공급자와 수요자 사이의 균형이 장기 이자율을 결정한다.

수익률곡선의 모양은 각각의 분할된 시장의 이자율의 일반적인 관계에 의해 결정되어서 우상향 혹은 우하향이 된다. 단기 차입에 대한 수요보다 공급이 많으면 단기 이자율은 상대적으로 낮아진다. 동시에 장기 차입에 대한 수요가 자금의 공급보다 많으면 장기 이자율은 상승하고 수익률곡선은 우상향의 기울기를 가진다. 만일 단기 시장에서 차입 수요가 과도하고 장기 시장에서 자금의 공급이 과도한 상태로 공급과 수요의 여건이 역전되면 수익률곡선은 우하향 기울기를 가진다.

어느 이론이 옳은가? 3개의 기간구조 이론은 모두 최소한 수익률곡선의 모양을 설명하는 데 어느 정도의 장점을 가지고 있다. 이론들은 수익률곡선의 기울기가 언제든지 (1) 미래 이자율에 대한 예측, (2) 유동성 선호, (3) 단기와 장기의 분할된 시장의 수요와 공급 상황에 의해 영향을 받는다는 것을 말하고 있다. 우상향 기울기의 수익률곡선은 상승 이자율의 예측, 대출자의 단기 대출 선호, 장단기의 분할된 시장에서 수요에 비해 공급이 단기에서 장기에 비해 많은 것의 결과이다. 반대의 상황은 우하향 기울기의 수익률곡선을 만든다.

투자결정에 수익률곡선 이용하기 채권투자자는 종종 수익률곡선을 이용하여 투자결정을 한다. 수익률곡선 변화를 분석하는 것은 투자자에게 미래 이자율 움직임에 대한 정보를 전해준다. 이자율 움직임은 여러 종류의 채권 가격과 수익률에 영향을 준다. 예를 들어, 전체 수익률곡선이 위로 움직인다면 인플레이션이 시작되었거나 혹은 가까운 미래에 일어날 것임을 의미한다. 그런 경우에 투자자는 이자율도 상승한다는 것을 기대할 수 있다. 이러한 상황에서 대부분의 채권투자자는 적당한 수익률을 제공하면서 동시에 이자율이 상승할 경우 자본손실의 위험을 최소화할 수 있는 단기나 중기(3년에서 5년) 만기를 가지는 채권에 의지할 것이다. 우하향 수익률곡선은 이자율이 최고조에 이르렀고 하락이 임박하였음을 그리고 경제가 침체할 것임을 알려준다.

수익률곡선에서 고려해야 할 또 다른 요인은 만기의 차이에 따른 수익률의 차이인 곡선의 "기울기(steepness)"이다. 예를 들어, 가파른 수익률곡선은 장기이자율이 단기이자율보다 매우 높은 경우이다. 이 모양은 장기이자율이 하락하거나 단기이자율이 상승하기 때문에 종종 장기와 단기이자율의 차이가 줄어들 것임을 가리키곤 한다. 가파른 수익률곡선은 일반적으로 강세장의 신호로 인식된다. 공격적인 채권투자자에게 가파른 곡선은 장기 채권으로 이동하라는 신호일 수 있다. 반대로, 수평형 수익률곡선은 5년만기와 30년만기 채권의 수익률 차이가 매우 적기 때문에 장기에 투자할 유인을 급격하게 줄인다. 이러한 상황에서 투자자들은 동일한 수익률을 위험 없이 얻을 수 있는 5년에서 10년만기 채권에 투자하는 것이 유리할 것이다.

개념리뷰

11.1 모든 채권시장의 분할 영역에 적용할 수 있는 단일한 시장이자율 혹은 시장의 연속된 수익률이 있는가? 그러한 시장 환경이 투자에서 뜻하는 시사점을 설명하시오.

11.2 이자율이 보수적이거나 공격적인 채권 투자자에게 모두 중요한 이유는 무엇인지 설명하시오. 무엇이 이자율을 움직이게 하고 그러한 움직임을 어떻게 관찰할 수 있는가?

11.3 이자율의 기간구조는 무엇이고 그것이 수익률곡선과 어떤 관련이 있는가? 수익률곡선을 그리기 위해 필요한 정보는 무엇인가? 우상향 수익률곡선을 설명하고 이자율의 행태에 대해 어떻게 말할 수 있는지 설명하시오. 수평형 수익률곡선에 대해서도 설명하시오.

11.4 채권 투자자라면 투자결정에서 이자율 기간구조와 수익률곡선의 정보를 어떻게 이용할 것인가?

채권의 가격결정

LG 3 발행자가 누구라도, 어떤 종류의 채권이라도, 혹은 과세대상이든 면세대상이든, 모든 채권은 거의 같은 방법으로 가격이 결정된다. 즉, 모든 (1년 이상의 만기를 가지는 중기채

> **투자자 현실**
>
> **가격상승, 가격하락** – 우리는 모두 시장이자율이 상승(하락)하면 채권가격이 하락(상승)한다는 것을 안다. 그러나 채권가격은 직선이 아니기 때문에 같은 속도로 하락하거나 상승하지 않는다. 대신에 시장수익률과 채권가격의 관계는 볼록한데, 이것은 이자율이 하락할 때 채권가격은 증가하는 비율로 상승할 것이고 이자율이 상승할 때에는 채권가격은 감소하는 비율로 하락할 것을 의미한다. 즉, 채권가격의 상승은 하락보다 빠르다. 이것은 양의 볼록성이라고 알려져 있고, 모든 콜금지 만기상환 채권의 특징이다. 따라서 주어진 이자율 변동에 대해 가격이 하락하여 얻는 손실보다 가격이 상승할 때 더 큰 돈을 벌게 된다!

권을 포함하여) 채권은 미래 현금흐름의 현재가치에 따라 가격이 결정된다. 사실, 일단 예측된 시장수익률이 알려지면 모든 가격 결정의 과정은 다소 기계적인 작업이 된다.

시장수익률은 대체로 채권 가격을 결정한다. 시장에서 투자자는 우선 어떤 수익률이 주어진 위험에 따라 특정 채권에 적합한지를 결정하고 수익률로 채권의 가격(혹은 시장가치)을 구하기 때문이다. 앞에서 보았듯이, 채권에 해당하는 적절한 수익률은 (만기까지 기간과 발행자의 채권 등급과 같은) 채권의 특징과 발행자의 특성뿐만 아니라 시장과 경제의 주요 요인(예, 무위험이자율과 인플레이션)의 함수이다. 이러한 요인들이 결합하여 투자자들이 주어진 고정수익증권에 투자하는 정당성을 얻기 위한 이자율인 요구수익률을 형성한다. 요구수익률은 채권이 거래되는 그리고 채권의 가치평가 과정에서 할인율로 작용하는 수익률로 정의한다.

기본적인 채권가격결정 모형

일반적으로, 채권을 매입하면 2개의 명확하게 구분되는 현금흐름을 받는다. (1) 주기적인 이자수입(즉, 이표지급액)과 (2) 채권의 만기일에 원금(혹은 액면가치)이다. 따라서, 채권의 가치평가에서 우리는 특정한 기간의 주기적인 이표지급액의 연금과 만기의 대규모 단일 현금흐름을 다루어야 한다. 이러한 현금흐름으로 투자의 요구수익률과 함께 현재가치를 구하고, 이것이 채권의 화폐가치 혹은 가격을 구하기 위한 채권 가치평가모형의 기본이 된다. 연간 복리계산을 이용하여, 특정 채권의 가격(BP_i)을 다음 수식을 이용하여 계산할 수 있다.

수식 11.2

$$BP_i = \sum_{t=1}^{N} \frac{C}{(1+r_i)^t} + \frac{PV_N}{(1+r_i)^N}$$

$$= \text{이표지급액의 현재가치} + \text{채권의 액면가치의 현재가치}$$

여기서

BP_i = 특정채권 i의 현재가격(혹은 가치)

C = 연간 이표(이자)지급액

PV_N = 만기시점 채권의 액면가치

N = 만기까지의 기간(연)

r_i = 시장수익률 혹은 채권 i와 유사한 채권의 연간 요구수익률

이 수식을 통해서, 우리는 r_i로 정의한 특정한 수익률을 얻기 위한 채권의 현재가치 혹은 채권을 위해 지불할 용의가 있는 금액을 계산할 수 있다. 다르게 말하면, 채권의 가격을 알고 있다면 이 수식에서 r_i을 구할 수 있는데 이 경우 현재 채권의 시장가격이 내포하고 있는 수익률을 구하는 것이다.

이제부터 앞으로, 채권의 가치평가 과정을 2가지 방법으로 보여줄 것이다. 첫째, 계산의 단순화를 위해서 이자가 1년에 한번 지급되는 경우를 가정한 연간 복리계산을 사용할 것이다. 둘째, 실제 대부분의 채권이 이자 지급방법으로 사용하는 반년을 가정하여 반기 복리계산 상황의 채권 가치평가를 검토할 것이다.

연간 복리계산

채권의 가치를 평가하기 위해서는 다음 정보가 필요하다. (1) 연간 이표지급액, (2) 액면가치(일반적으로는 $1,000), (3) 만기까지 남아 있는 기간. 이러한 정보가 주어지면 다음과 같이 현재 시장수익률을 할인율로 활용하여 채권 가격을 계산한다.

수식 11.3

채권가격 = 연간 이표지급액 연금의 현재가치 + 채권의 액면가치의 현재가치

수식 11.3a

$$BP_i = \frac{C}{(1+r_i)^1} + \frac{C}{(1+r_i)^2} + \cdots + \frac{C}{(1+r_i)^N} + \frac{\$1,000}{(1+r_i)^N}$$

여기서,

C = 연간 이표지급액

N = 만기까지 남은 기간

사례

실제로 채권 가격 공식을 적용해보기 위해 20년만기, 이표율 9.5%로 연간 이자를 지급하고 만기수익률 10%에 거래되고 있는 채권을 생각해보자. 이는 채권이 매년 9.5%의 이표를 지급하고($95), 만기까지 20년이 남아 있으며, 10%의 시장 수익률을 낼 수 있도록 가격이 책정되어야 한다는 것을 뜻한다. 우리는 이제 수식(11.3)을 활용하여 이 채권의 가격을 구할 수 있다.

$$BP_i = \frac{\$95}{(1+0.10)^1} + \frac{\$95}{(1+0.10)^2} + \cdots + \frac{\$95}{(1+0.10)^{20}} + \frac{\$1{,}000}{(1+0.10)^{20}} = \$957.43$$

이 채권은 이표채이기 때문에 우리는 20년 동안 매년 $95의 이표를 지급받고, 이에 더해 20년 말기에 $1,000의 단일한 현금흐름을 지급받는다는 점에 주목하자. 따라서 우리는 연금으로 지급받는 금액의 현재가치에 만기 시점에 지급받는 원금의 현재가치를 더해 채권의 가치를 구할 수 있다. 위와 같은 경우, 원금의 10% 수익률을 얻는 것에 만족하는 사람들은 이 채권을 위해 $958의 가격을 지불할 용의가 있어야 한다.

채권이 $42.57($1,000 − $957.43) 할인된 가격에 거래되는 것을 보자. 채권이 시장에서 형성된 이자율인 10%보다 낮은 이표율(9.5%)을 지급하기 때문에 할인으로 거래된다. 해당 이표율로 지급하는 금액의 현재가치($95)와 만약 채권이 현재 시장이자율로 채권을 발행했을 시 지급하는 금액의 현재가치($100)의 차이를 비교해보면 이 채권의 할인 규모를 알 수 있다. 즉, 이 채권의 이표지급액은 시장에서 형성된 금액보다 $5 적기 때문에, 채권의 잔존기간 대비 해당 차액의 현재가치를 구한다면 채권의 할인 규모를 계산할 수 있다.

$$\frac{\$5}{(1+0.10)^1} + \frac{\$5}{(1+0.10)^2} + \cdots + \frac{\$5}{(1+0.10)^{20}} = \$42.57$$

비슷한 맥락에서, 할증되어 거래되는 채권의 경우, 채권의 할증 규모는 해당 이표율로 지급하는 금액의 현재가치와 시장에서 형성된 (더 낮은) 이자율로 지급하는 금액의 현재가치 차이와 같다.

초기에 채권은 액면가에 가까운 가격에 발행된다. 이는 채권 발행자가 주로 이표율을 시장이자율과 같거나 거의 비슷하게 정하기 때문이다. 만일 시장이자율이 채권의 수명기간 동안에 변동하면 채권의 가격은 채권의 표면 이자율(이표율)과 시장이자율 사이의 차이를 반영하기 위해서 상승 혹은 하락하여 조정된다. 채권이 할증되거나 할인되어 거래되더라도 만기에 도달하면 채권가격은 액면가로 수렴할 것이다. 이는 시간이 지나 채권의 만기가 가까워지면서 앞으로 지급해야 할 남은 이자 지급액은 점차 줄어들고 (따라서 할증이나 할인의 효과는 줄어들고), 만기에 지급되어야 할 원금 상환액이 채권의 가격에서 차지하는 비중은 점차 늘어나기 때문이다.

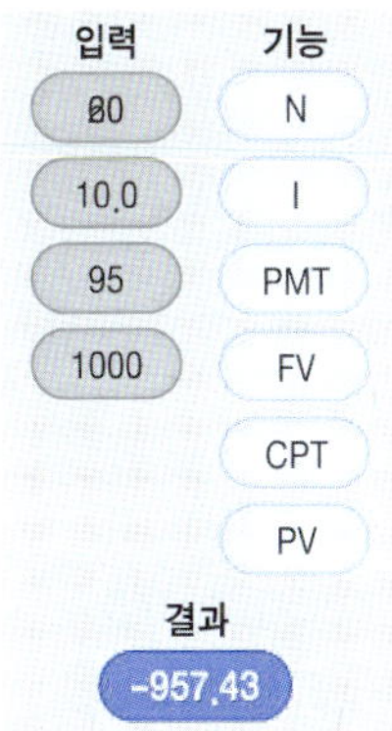

계산기 사용 연간 이자 지급 방식으로, 20년만기, 이표율 9.5%, 만기수익률 10%에 거래되고 있는 채권의 가격을 계산하기 위해서는 다음과 같은 키를 누르면 된다:

N = 만기까지 남은 기간
I = 채권의 연간 요구이자율(채권의 가격이 형성되는 수익률)
PMT = 연간 이표지급액
FV = 채권의 액면가
PV = 채권 가격 계산 결과

계산기의 결과를 보면 채권의 가격이 음수를 가진다는 것을 확인하자. 이것은 채권의 현금흐름을 매입할 때 채권가격은 투자자에게는 현금 유출이라는 것을 가리킨다.

반기 복리계산(Semiannual Compounding)

1년에 한 번씩 이표를 지급하는 방식이 채권의 가치 평가과정을 단순화하기는 하지만, 시장에서 일반적으로 채권가격을 결정하는 방식은 아니다. 실제로 대부분의 채권은 6개월마다 이표를 지급하기 때문에, 반기별 이자지급 방식을 사용하여 채권가치를 평가해야 한다. 다행히 연간 이자지급 방식에서 반기별 이자지급 방식으로 넘어가는 방법은 간단하다: 매기에 지급하는 연간 이표와 시장이자율을 반으로 나누고, 만기까지의 잔존 기간을 두 배로 늘린다. 즉, 일 년에 1회씩 이표를 지급하는 것이 아니라 일 년에 2회(1년은 2회의 6개월로 구성) 지급하는 것으로 계산하는 것이다. 이러한 변화를 반영하여, 반기별로 이자가 지급되는 채권의 가격을 구하는 것은 연간 이자가 지급되는 채권의 가격을 구하는 것과 비슷하다.

수식 11.4

$$\frac{\text{채권가격}}{\text{(반기별 이자 지급)}} = \text{반기별로 지급되는 이표의 현재가치} + \text{액면가의 현재가치}$$

채권가격 (반기별 이자 지급) = 반기별로 지급되는 이표의 현재가치 + 액면가의 현재가치

수식 11.4a

$$BP_i = \frac{C/2}{(1+\frac{r_t}{2})^1} + \frac{C/2}{(1+\frac{r_t}{2})^2} + \cdots + \frac{C/2}{(1+\frac{r_t}{2})^{2N}} + \frac{\$1,000}{(1+\frac{r_t}{2})^{2N}}$$

여기서,

$C/2$= 반기별 이표지급액 혹은 6개월마다 지급되는 이자지급액

$r_i/2$= 반기 기준 시장수익률

사례 이전의 채권가격 계산 사례에서 우리는 매년 \$95의 이표를 지급하고, 만기수익률 10%에 거래되고 있는 20년만기 채권의 가격을 계산했다. 채권이 반기별로 이표를 지급한다고 가정해보자. 반기별 이표지급액은 \$47.50이 될 것이고, 만기 수익률은 5%, 만기까지의 잔존 기간은 40으로 변할 것이다. 수식(11.4)를 활용하여 계산하면 다음과 같은 가격이 계산된다:

$$BP_i = \frac{\$95/2}{(1+\frac{0.10}{2})} + \frac{\$95/2}{(1+\frac{0.10}{2})^2} + \cdots + \frac{\$95/2}{(1+\frac{0.10}{2})^{2N}} + \frac{\$1,000}{(1+\frac{0.10}{2})^{2N}} = 957.10$$

이 경우, 채권의 가격(\$957.10)은 연간 이자를 지급받을 때(\$957.43)보다 살짝 낮다.

입력	기능
40	N
5.0	I
47.50	PMT
1000	FV
	CPT
	PV
결과	
-957.10	

계산기 사용 반기별 이자 지급 방식으로, 20년만기, 이표율 9.5%, 만기수익률 10%에 거래되고 있는 채권의 가격을 계산하기 위해서는 다음과 같은 키를 누르면 된다:

N = 반기(6개월) 기준으로 만기까지 남은 기간(20 × 2 = 40)

I = 반기 기준으로 조정된 시장 이자율(10% / 2 = 5%)

PMT = 반기 이표지급액(\$95 / 2 = \$47.50)

FV = 채권의 액면가

PV = 채권 가격 계산 결과

경과이자

대부분의 채권은 6개월마다 이표를 지급하지만, 채권은 언제든지 시장에서 자유롭게 거래할 수 있다. 매년 1월 15일과 7월 15일에 이표를 지급하는 채권을 가지고 있다고 가정

해보자. 만약 두 이표지급일 사이의 어떤 날에 채권을 판다면 무슨 일이 일어날까? 예를 들어, 두 이표지급일의 중간쯤에 있는 10월 15일에 채권을 판다고 해보자. 다행히, 이표지급일 사이에도 이자는 누적되기 때문에 다음 이표지급일 이전에 채권을 판다고 해서 원래 얻을 수 있었던 이자를 받지 못하는 것은 아니다. 경과이자(accrued interest)는 마지막 이표지급일로부터 지금까지 채권보유자가 얻을 수 있는 이자를 뜻한다. 이표지급일 사이에 채권을 팔았다면 채권 매입자는 기존 채권가격(수식(11.3)과 (11.4)를 이용하여 계산한 연간 혹은 반기별 이표 지급 이표채 가격)에 경과이자를 추가하여 채권가격을 지불한다.

사례 액면가 $1,000에 반기별로 $30의 이표를 지급하는 이표율 6% 채권을 매입했다고 가정해보자. 2개월 전에 이표를 지급 받았고, 이제 보유한 채권을 판매할 준비가 되었다. 브로커에게 연락하여 현재 채권 시장 가격이 $1,010이라는 사실을 알아냈다. 만약 채권을 판다면, 시장 가격뿐만 아니라 경과이자까지 받을 수 있을 것이다. 마지막 이표지급일로부터 다음 번 이표지급일까지 3분의 1의 기간을 지나왔기 때문에, $10(1/3 x $30)의 경과이자를 받을 수 있다. 따라서 채권을 매도했을 때 받을 수 있는 금액은 $1,020이 된다.

채권 시장의 거래자들은 경과이자의 포함 여부에 따라 채권 가격을 순가격 혹은 총가격으로 구분한다. 순가격(clean price)은 수식(11.3)과 (11.4)에서처럼 채권 현금흐름의 현재가치와 같다. 실제 우리가 자주 접하는 금융 간행물이나 온라인 상의 가격은 거의 모두 순가격이다. 총가격(dirty price)은 순가격에 경과이자를 포함한 가격이다. 위 사례에 의하면, 채권의 순가격은 $1,010이고, 총가격은 $1,020이다.

개념리뷰

11.5 시장이자율이 채권 가격에 어떻게 영향을 미치는지 설명하라. 시장이자율을 모르는 상태에서 채권 가격을 구할 수 있는가? 설명하라.

11.6 왜 채권은 일반적으로 반기별 이표지급 방식을 사용하는가? 연간 이자지급 방식과 큰 차이를 보이는가?

이자율과 수익률의 측정

LG 4 채권시장에서 투자자들은 채권 가격만큼이나 채권의 수익률을 고려한다. 앞서 본 바와 같이, 수익률은 채권이 거래되는 가격을 결정하는 데 영향을 미치고 채권이 가져오는 수익의 정도를 측정한다. 시장에서 거래되는 채권의 가격을 알 수 있다면, 앞서 제시된 채권의 가치평가 과정을 거꾸로 시행하여 채권의 수익률을 구할 수 있다. 이는 현재 시장가로 채권을 매입할 시 얻을 수 있는 수익의 정도를 가늠할 수 있게 한다. 실제로, 채권의 수익률을 평가하는 데 사용되는 3가지 지표가 있다: 경상수익률, 만기수익률, 그리고 콜 수익률(콜옵션이 내재된 채권의 경우)이다. 우리는 일정 기간 채권을 보유하는 동안 얻을 것으로 예상되는(혹은 실제로 얻게 될) 기대수익률(expected return)이라는 개념과 함께 위 3가지 지표를 살펴보도록 하겠다.

경상수익률

경상수익률(current yield)은 채권수익률 측정방법 중 가장 간단한 방법이지만 실제 적용에 있어 가장 많은 제약을 받는다. 이 지표는 채권의 연간 액면이자 총액만을 고려한다. 보다 정확히 말하자면 경상수익률은 현재 채권가격 대비 채권이 지급하는 액면이자(이표) 총액을 뜻한다. 경상수익률은 다음과 같다:

수식 11.5

$$\text{경상수익률} = \frac{\text{연간 액면이자 총액}}{\text{채권의 시장가격}}$$

사례 이표율 8%, 액면가 $1,000의 채권은 매년 $80의 이표를 지급할 것이다. 하지만 만약 채권가격이 현재 $800라면 채권의 경상수익률은 10%($80/$800=0.10)가 될 것이다. 경상수익률은 채권의 연간 이자 지급액을 측정하기 때문에 기금이나 퇴직자처럼 높은 경상수익률을 모색하는 사람들이 큰 관심을 갖는 지표라 할 수 있다.

만기수익률

만기수익률(YTM)은 가장 중요하고 가장 널리 쓰이는 채권수익률 평가지표이다. 만기수익률은 채권의 이자수익과 채권의 보유에서 얻게 되는 자본이득이나 자본손실을 모두 평가한다. 채권 만기까지 생겨나는 모든 현금흐름을 고려하는 것이다. 약정수익률(promised yield)이라고도 불리는 만기수익률은 투자자가 채권을 만기까지 보유하고 모든 이표가 제때 지급되었다는 가정하에 투자자가 얻을 수 있을 것으로 추정되는 평균 연간수익률을 의미한다. 또한 만기수익률은 암묵적으로 채권 보유기간 내 투자자가 지급받은 모든 이표를 채권의 만기수익률과 동일한 이자율로 재투자할 수 있다는 것을 가정한다. 이 “재투자 가정”은 YTM에 중대한 영향력을 행사하며 이번 장의 후반부에 좀 더 상세하게 다룰 것이다.

만기수익률은 한 개의 채권 수익률 측정에 쓰일 뿐만 아니라 시장의 움직임을 측정하는 데에도 유용하다. 시장수익률은 기본적으로 해당 시장의 평균 약정수익률을 반영하여 형성된다. 따라서 만기수익률은 투자자들이 여러 가지 채권의 매력을 비교하기 위해 살펴보는 투자 매력도 요소에 중대한 영향을 미치는 지표이다. 다른 조건이 동일하다면, 만기수익률이 높을수록 해당 증권은 더 매력적이라 할 수 있다.

만기수익률을 계산하는 방법은 여러 가지가 있지만 가장 정확한 최선의 방법은 위에 제시된 채권 가치평가 모델로부터 도출된다. 수식(11.3)과 (11.4)를 이용하여 채권의 YTM을 결정할 수 있다. 채권 가치를 평가할 때와의 차이는, 채권가격을 이미 알고 있는 상태에서 이 시장가격과 채권의 미래 현금흐름(액면이자와 원금)의 현재가치를 일치시키는 수익률을 찾는다는 것이다. 이 과정은 제4장에 제시되었던 내부수익률(IRR) 추정방식과 동일하다. 채권의 만기수익률은 채권투자를 통해 얻게 되는 내부수익률과 같다. 채권의 내부수익률을 찾으면 채권의 만기수익률을 찾은 것과 동일한 것이다.

연간 복리계산의 이용 채권의 만기수익률을 구하는 과정은 시행착오법(trial and error)을 이용한다. 수식을 만족시키는 수익률이 나올 때까지 YTM으로 다양한 값들을 넣어 시도해보아야 한다. 이표율 7.5%(액면가 $1,000)로 연간 이자를 지급하고 만기까지 15년이 남아있는 채권이 현재 시장에서 $809.50에 거래되고 있다. 이 채권의 YTM을 구한다고 생각해보자. 수식(11.3)을 통해 우리는 다음과 같은 사실을 알 수 있다.

$$BP_i = \$809.50 = \frac{\$75}{(1+r_i)^1} + \frac{\$75}{(1+r_i)^2} + \cdots + \frac{\$75}{(1+r_i)^{15}} + \frac{\$1,000}{(1+r_i)^{15}}$$

채권이 액면가보다 낮은 가격(할인채)에 거래될 것이라는 점에 주목하자. 채권이 할인되어 거래될 경우, 채권의 만기수익률과 액면이자율(이표율)의 관계는 어떠한가? 채권은 만기수익률이 액면이자율보다 높을 때 할인채로 거래되기 때문에, 위 채권의 만기수익률은 7.5%보다 높아야 할 것이다.

시행착오법을 이용할 경우, 채권이 할인되어 판매되고 있는 만큼 처음에 시도할 만기수익률은 8% 또는 9%와 같이 이표율보다 높은 수익률일 것이다. 그리고 점차 10%의 만기수익률도 대입하여 수식을 만족시키는지 확인해본다. 수식(11.3)에 만기수익률 10%를 대입할 경우, 채권가격은 $809.85가 된다.

계산된 $809.85라는 가격은 채권의 현재 시장가격인 $809.50와 거의 유사하다. 결과적으로 이 채권의 만기수익률은 약 10%라 할 수 있다. 다시 한 번 정리하자면, 만기수익률이 10%일 때 추정된 채권의 가치는 채권의 현재 시장가격과 일치하거나 거의 유사하다. 이 경우, 채권을 $809.50에 매입하여 만기까지 보유한다면 YTM으로 10%의 수익률을 얻을 수 있을 것으로 기대할 수 있다는 것이다. 시행착오법은 많은 시간이 소요되는 과정이므로 계산기나 컴퓨터 소프트웨어를 활용하여 계산하는 것이 좋다.

입력	기능
15	N
-809.50	PV
75	PMT
1000	FV
	CPT
	I

결과

10.00

계산기 사용 15년만기에 이표율 7.5%로 연간 이자를 지급하고 시장에서 $809.50에 거래되고 있는 채권의 YTM을 계산하기 위해서는 옆에 제시된 키를 누르면 된다. *PV* 키는 채권의 현재 시장가격을 계산하며 다른 키들은 앞서 제시한 바와 동일하다.

반기 복리계산의 이용(Using Semiannual Compounding) 반기별로 이자를 지급하는 채권의 YTM 역시 간단한 수정과정을 통해 구할 수 있다. 이표율과 만기수익률을 반으로 나누고 만기까지의 기간을 두 배로 늘린다. 15년만기, 이표율 7.5% 채권으로 다시 돌아가서 수식(11.4)에 만기수익률 10%를 대입했을 때 어떤 결과가 나타나는지 살펴보자.

$$BP_i = \frac{\$75.00/2}{(1+\frac{0.10}{2})^1} + \frac{\$75.00/2}{(1+\frac{0.10}{2})^2} + \cdots + \frac{\$75.00/2}{(1+\frac{0.10}{2})^{30}} + \frac{\$1,000}{(1+\frac{0.10}{2})^{30}}$$

$$= \$807.85$$

반기 기준 만기수익률 5%을 대입할 경우, 채권 가격은 $809.50의 시장가격보다 약간 작은 $807.85로 계산된다. 가격과 수익률은 역관계를 형성하므로, 높은 가격이 필요하다면 YTM을 낮추어야 한다. 따라서 이 경우, 반기 기준 만기수익률은 5%보다 작은 값이라는 것을 알 수 있다. 조금 더 정확하게 시행착오법을 시행한다면 이 채권의 반기 기준 만기수익률은 5%보다 아주 살짝 작은 값인 4.987%로 결정될 것이다. 하지만 이 값은 1년이 아닌 6개월 기준이라는 점을 기억해야 한다. 시장에서는 관례적으로 연간 수익률을 반기 수익률의 두 배로 명시한다. 이 관행은 채권등가수익률(bond-equivalent yield)이라는 개념을 만들어냈다. 다시 YTM 문제로 돌아가보면, 우리는 반기 수익률이 4.987%이라는 것을 알고 있다. 채권등가수익률 관행에 의해 반기 기준의 수익률을 두 배로 곱하여 연간기준 만기수익률을 얻을 수 있다. 이에 따른 연간기준 만기수익률은 4.987% × 2 = 9.97%이다. 따라서 투자자가 이 채권을 만기까지 보유할 경우 얻을 수 있는 연간 수익률은 9.97%이다.

입력	기능
30	N
-809.50	PV
37.50	PMT
1000	FV
	CPT
	I

결과

4.987

계산기 사용 15년만기에 이표율 7.5%로 반기별 이자를 지급하고 시장에서 $809.50에 거래되고 있는 채권의 YTM을 계산하기 위해서는 다음과 같은 키를 누르면 된다. 이전과 같이, *PV* 키는 채권의 현재 시장가격을 계산하며 다른 키들은 앞서 제시한 바와 동일하다. 최종적으로 채권등가수익률을 구하기 위해 *I* 값으로 계산된 수치를 두 배로 곱해야 한다는 점을 잊지 말자. 즉 4.987% × 2 = 9.974%이다.

수익률의 특성 채권을 만기까지 보유하는 것 외에도 실제 만기수익률 모형을 적용하기 위해서 충족되어야 할 중요한 가정들이 있다. 약정수익률은 이표지급 기준과 무관하게 현재가치 개념에 기초를 두고 있기 때문에 중요한 재투자 가정을 전제로 한다. 상세히 살펴보자면, YTM 추정은 매회 이표가 지급될 때마다 채권의 남은 기간 동안 YTM과 동일한 수익률로 재투자할 수 있다는 점을 가정한다. 이 가정이 유효하다면 채권의 진존기간 동안 투자자가 얻는 수익은 YTM을 기준으로 계산된다. 즉, 계산된 만기수익률은 채권 발행자가 모든 이표 및 원금 지급을 제때 시행하고 투자자가 지급받은 이표를 만기수익률과 동일한 수익률로 재투자했을 때 얻을 수 있을 것으로 약속되는 수익률이다. 위 사례에서는 매기 지급받은 이표를 재투자하여 10%의 수익을 얻어야 하는 것이다. 만약 이것이 실패한다면 만기에 실현될 수익률은 초기에 기대했던 10%의 만기수익률보다 적어지게 된다. 만약 투자자가 지급받은 이표를 재투자할 의향이 전혀 없다면, 15년의 투자기간 동안 6.5%를 약간 넘는(원래 목표했던 10%보다 현저히 낮은) 수익률만을 실현할 수 있다. 무이표채에 투자하는 것이 아니라면 채권의 총 수익률의 상당한 부분은 재투자된 이표에서 나온다.

재투자 가정은 제4장에서 "이자에 대한 이자"의 역할에 대해 설명할 때 처음 제시되었다. 제4장에서 언급했듯이, YTM과 같이 현재가치에 기본을 둔 수익률 계산방식을 사용할 경우, 수익을 구성하는 3가지 요소로 (1) 액면이자(이표), (2) 자본이득(자본손실), 그리고 (3) 이자에 대한 이자가 있다. 경상소득과 자본이득은 채권에 대한 투자로부터 나오는 수익이고, 이자에 대한 이자는 투자자가 해당 수익을 어떻게 운용했는가를 보여주는 수익이다. 채권의 만기수익률 관점에서, 계산된 YTM은 투자자가 요구하는 최소의 재투자 이자율을 의미한다. 투자 이익(이표 수입)을 이 수익률로 재투자한다면 결과적으로 만기에 YTM과 동일한 수익률을 얻을 수 있다는 것이다 이 규칙은 연간 혹은 반기별로 지급되는 이표 수입이 있고, 이표 수입을 재투자하고 이자에 대한 이자를 고려해야 하는 모든 이표채에 적용된다. 또한 액면이자율이 높거나 만기가 길수록 재투자 가정이 더 중요하다는 점을 기억하자. 액면이자율이 높은 장기 채권 투자의 경우, 이자에 대한 이자가 채권 현금흐름의 절반을 넘게 차지할 수도 있다.

무이표채의 수익률 위에 제시된 동일한 과정을 이용하여(연간 기준으로 복리계산을 하는 수식(11.3)과 반기별로 복리계산을 하는 수식(11.4)), 무이표채의 만기수익률을 구할 수 있다. 유일한 차이는 무이표채의 이표는 당연히 0이 될 것이기 때문에 공식에서 이표 부분을 무시해도 된다는 점이다. 무이표채의 약정수익률을 구하기 위해 풀어야 하는 수식은 다음과 같다.

$$\text{수익률} = \left(\frac{\$1{,}000}{\text{가격}}\right)^{\frac{1}{N}} - 1$$

사례 15년만기 무이표채가 현재 시장에서 $315에 거래되고 있다고 가정해보자. 채권을 매입하여 만기까지 보유했을 때 YTM은 얼마인가?

$$\text{수익률} = \left(\frac{\$1{,}000}{\$315}\right)^{\frac{1}{15}} - 1 = 0.08 = 8\%$$

이 무이표채는 연간 8% 수익률로 복리계산된다. 반기별로 복리계산을 할 경우, 우리가 전에 이용했던 동일한 수식에서 30을 15로 대체하면 된다. 15년간 30번의 반기가 있기 때문이다. 수익률은 반년 기준 3.926%, 일 년 기준 7.845%로 변할 것이다.

입력	기능
30	N
-315	PV
1000	FV
0	PMT
	CPT
	I
결과	
3.926	

계산기 사용 15년만기에 이표율 7.5%로 반기별 복리계산을 하고 시장에서 $315에 거래되고 있는 무이표 채권의 YTM을 계산하기 위해서는 옆에 제시된 키를 누르면 된다. *PV* 키는 채권의 현재 시장가격을 계산하며 다른 키들은 앞서 제시한 바와 동일하다. 최종적으로 채권등가수익률을 구하기 위해 *I* 값으로 계산된 수치를 두 배로 곱하라. 즉, 만기수익률은 3.926% × 2 = 7.85%이다.

수의상환수익률(콜 수익률)

채권은 콜옵션이 내재되어 있는 수의상환채권과 콜옵션이 내재되어 있지 않은 콜금지채권의 형태로 발행될 수 있다. 제10장에서 제시되었던 것처럼 콜금지채권은 발행자가 만기 이전에 상환하는 것을 허용하지 않는 채권이다. 그러나 이와 반대로 수의상환채권은 발행자가 만기에 도달하기 전 채권을 상환할 수 있는 권리를 부여하기 때문에 해당 채권이 만기가 될 때까지 유지될 수도 있고 미리 상환될 수도 있다. 결과적으로 수의상환채권을 매입한 경우, YTM은 예상한 만큼의 수익률을 정확히 측정하지 못한다. 따라서 YTM 대신 만기 전 상환되는 채권의 영향력을 고려해야 한다. 이를 측정하기 위해 일반적으로 수의상환수익률(YTC, yield to call)을 계산한다. 이는 만일 채권이 만기까지 남아 있지 않고 첫 번째 콜 가능일(혹은 다른 특정일)까지만 남아 있는 경우의 수익률을 보여준다.

YTC는 주로 지연 콜 조항이 포함된 채권에서 사용된다. 이 같은 증권은 처음 발행되어 일정 기간 동안(5년에서 10년)은 수의상환이 금지되어 있다가 계약된 지연 기간이 끝나면 언제든 수의상환이 가능한 형태로 바뀌게 된다. 위 조건 하에서, YTC는 지연 콜 조항이 포함된 채권이 지연 기간 뒤 바로 상환된다고 가정했을 때, 해당 채권의 기대수익률을 측정한다. YTC는 기본 YTM 수식(수식(11.3)과 수식(11.4))에 두 가지 간단한 수정을 거쳐 구할 수 있다. 먼저 투자기간(*N*)을 만기까지의 년수가 아닌 첫 골 가능일끼지 년수로 설정한다. 그 다음, 채권의 액면가 $1,000 대신, 채권의 수의상환가격(항상 액면가보다 높은 금액으로 채권 약정서에 명시되어 있는 콜 가격)을 이용한다.

예를 들어 20년만기, 이표율 10.5%로 시장에서 $1,204에 거래되고 있는 채권의 YTC를 구한다고 해보자. 이 채권은 지연 콜 조항을 내재한 채권으로 $1,085의 가격으로 첫 수의상환이 가능해지는 날까지 5년이라는 기간이 남아 있다. 채권의 기본적인 가치평가

공식에 20년만기 년수 대신 첫 수의상환이 가능해지는 5년을 대입하고, 액면가 $1,000 대신 채권의 수의상환가격 $1,085를 대입한다. 하지만 채권의 액면이자율(10.5%)과 현재 시장가격($1,204)은 그대로 사용한다는 점을 기억하자. 이에 따라 연간 이자지급 기준으로 다음과 같은 연산을 시행할 수 있다.

수식 11.6

$$BP_i = \$1,204 = \frac{\$105}{(1+r_i)^1} + \frac{\$105}{(1+r_i)^2} + \frac{\$105}{(1+r_i)^3} + \frac{\$105}{(1+r_i)^4} + \frac{\$105}{(1+r_i)^5} + \frac{\$1,085}{(1+r_i)^5}$$

시행착오법을 통해 7%의 할인율이 적용될 경우, 미래 현금흐름(5년 간 지급되는 이표와 수의상환가격)의 현재가치와 채권의 현재 시장가격 $1,204가 정확히 일치한다는 것을 알 수 있다. 따라서 이 채권의 YTC는 7%이다. 반면, 채권의 YTM은 8.37%이다. 채권 투자자들은 지연 콜 조항이 포함된 할증채를 매입할 때, YTM과 YTC를 비교한다. 관행적으로 채권의 수익률 추정 시, 보수적으로 YTM과 YTC 중 더 낮은 지표를 사용한다. 이에 따라 예시 속 할증채의 가치는 수의상환 조항의 가치에 따라 결정된다. 여기서 시장이자율이 상당히 떨어졌기 때문에 (YTM은 액면이자율보다 2%나 더 낮다) 지연 기간이 끝나자마자 수의상환 될 것이라는 가정이 전제된다. 하지만 채권이 할인채로 거래될 경우, 상황은 완전히 달라진다. 이는 할인채의 모든 YTM은 수의상환조건이 내재되어 있든 금지되어 있든 상관없이 항상 YTC보다 작을 것이기 때문이다. 따라서 YTC는 할인채의 가치를 측정하는 데에는 무의미한 지표이며, 할증채의 가치를 평가하는 데에만 이용된다.

입력	기능
5	N
-1204	PV
105	PMT
1085	FV
	CPT
	I

결과

7.00

계산기 사용 20년만기에 이표율 10.5%로 연간 이자를 지급하고 시장에서 $1,204에 거래되고 있는 채권이 있다. 5년 뒤부터 $1,085의 가격으로 수의상환될 수 있는 이 채권의 YTC를 계산하기 위해서는 옆에 제시된 키를 누르면 된다. 여기서 *N*은 첫 수의상환 가능 일시까지의 잔존 년수이며, *FV* 키는 채권의 수의상환조건 가치를 계산한 결과이다. 다른 키들은 앞서 제시한 바와 동일하다.

기대수익률

채권을 단순 매입보유하는 것보다 어떤 투자자들은 증권을 단기적인 투자기간 동안 적극적으로 사고 파는 거래를 선호한다. 이 같은 투자자들에게, 채권의 만기수익률(YTM)이나 수의상환수익률(YTC)은 채권의 가격을 결정하기 위해 사용되는 지표 이외로는 큰 의미를 갖지 못한다. 따라서 채권의 투자 매력도를 평가하기 위해 투자자들에게는 대안적인 수익률 지표가 필요하다. 대안적인 지표 중 하나가 바로 기대수익률(expected return)이다. 기대수익률은 투자자가 채권의 잔존만기보다 짧은 기간 동안 채권을 보유하면서 얻는 수익률을 의미한다. 기대수익률은 투자자가 짧은 보유기간 동안 채권을 매수 매도하면서 실현하는 수익을 나타내기 때문에 실현수익률(realized return)이라고도 불린다.

기대수익률은 주요 현금흐름 변수가 투자자의 예상에 기초하기 때문에 YTM이나 YTC보다 정확도가 떨어진다. 구체적으로 투자에 들어가면, 채권의 보유기간과 미래 채권의 매도가격은 순수한 예상이기 때문에 불확실하다. 그럼에도 불구하고 채권의 실현수익률을 구하기 위해서는 약정수익률을 구할 때 이용했던 과정과 동일한 과정을 사용하면 된다. 기본적인 채권 가격결정 공식에 간단한 수정을 더해 다음과 같이 기대수익률을 구할 수 있다.

수식 11.7

$$\text{채권가격} = \text{보유기간 동안 연간 이표지급 채권의 현재가치} + \text{보유기간 말기 미래 채권가격의 현재가치}$$

수식 11.7a

$$BP_i = \frac{C}{(1+r_i)^1} + \frac{C}{(1+r_i)^2} + \cdots + \frac{C}{(1+r_i)^N} + \frac{FV}{(1+r_i)^N}$$

여기서 N은 만기까지의 기간이 아닌 채권이 보유기간을 의미하며 FV는 기대되는 미래 채권 가격을 의미한다.

위에 제시된 바와 같이, 기대수익률을 구하기 위해서는 채권의 미래가격을 결정해야 한다. 이는 이전에 사용했던 채권 가격결정 공식을 이용하여 구할 수 있다. 믿을 만한 미래 채권가격을 결정하는 데 있어 가장 어려운 일은 채권이 매도될 미래시점의 시장이자율을 예측하는 것이다. 현재 시장이자율과 기대 시장이자율을 분석하여 투자자가 채권을 매도하는 미래 시점의 YTM을 추정하면, 이 수익률을 이용하여 채권의 미래가격을 구할 수 있다.

이해를 위해, 15년만기, 이표율 7.5% 채권을 다시 한 번 더 살펴보자. 이번에는 투자자가 현재 할인채로 거래되고 있는 채권의 가격이 향후 몇 년 간 이자율이 하락하면서 급격히 상승할 것이라 예상한다고 해보자. 투자자는 현재 시장에서 $809.50에 거래되고 있는 이 채권을 3년 동안 보유할 계획이다. 해당 기간 동안 시장이자율이 8%로 하락할 것으로 예상한다. 위 가정과 함께 3년 간의 보유기간 동안 12번의 이표 지급이 이루어질 것이라는 점을 전제로 우리는 수식(11.3)을 이용하여 3년 뒤 채권의 가격이 $960가 될 것이라 계산할 수 있다. 즉, 현재 시장에서 $809.50에 거래되고 있는 채권을 매입하면, 시장이자율이 8%로 하락한 3년 뒤에 $960의 가격으로 채권을 매도할 수 있다고 예상할 수 있다. 이 채권의 기대수익률은 14.6%로, 다음과 같은 수식에 따라 채권의 현재가치를 $809.50로 만드는 수익률이다.

$$BP_i = \$809.50 \quad \frac{\$75}{(1+r_i)^1} + \frac{\$75}{(1+r_i)^2} + \frac{\$75}{(1+r_i)^3} + \frac{\$960}{(1+r_i)^3}$$

여기서 $r_i = 0.146 = 14.6\%$.

이 투자가 14.5%보다 높은 수익률을 가져온다는 점은 중요하지만, 이것은 어디까지나 기대수익률의 측정치라는 점을 상기하자. 만약 미래 매도 시점의 시장이자율과 같은 요소가 투자자가 초기에 예상했던 대로 전개되지 않으면 결과는 달라질 것이다. 위 예시는 연간 이자지급 방식을 사용한 결과이지만 반기별 이자지급 방식을 사용해도 쉽게 기대수익률을 구할 수 있다. 반기별 이자지급 방식을 사용할 경우, 기대수익률은 연간 지급 방식을 사용했을 때 도출된 14.6%보다 작은 14.4%의 기대수익률을 보인다.

입력	기능
6	N
-809.50	PV
37.50	PMT
960	FV
	CPT
	I
결과	
7.217	

계산기 사용 이표율 7.5%로 반기별 이자를 지급하고 시장에서 $809.50에 거래되고 있지만 3년의 보유기간 뒤, $960로 가격이 상승할 것으로 예상되는 채권의 기대수익률을 계산하기 위해서는 옆에 제시된 방식으로 키를 누르면 된다. 연산에서 *PV* 키는 채권의 현재 시장가격을 계산하며 *FV*는 3년 보유기간 말기 시점 채권의 예상 가격이다. 다른 키들은 앞서 제시된 바와 동일하다. 채권등가수익률을 구하기 위해 *I* 값을 두배로 곱하자(7.217% × 2 = 14.43%).

채권의 가치평가

목적에 따라 투자자들은 해당 채권 투자에서 얻는 수익을 예상하기 위해 만기수익률을 구하거나 기대수익률을 구할 수 있다. 보수적이고 소득 지향적인 투자자는 채권의 YTM에 초점을 둔다. 이들의 가장 중요한 투자 목적은 이자율 하락 시 단기적으로 얻을 수 있는 자본이득이 아닌, 보유기간 동안 얻을 수 있는 이자수입이다. 이러한 투자자들은 대체적으로 채권을 한번 매입하면 만기까지 보유하므로 YTM이나 YTC는 수익률 예측의 믿을 만한 지표가 된다. 보다 적극적으로 시장이자율의 변화에 따른 수익을 추구하는 투자자의 경우, 채권의 투자수익률을 판단하기 위해 기대수익률을 이용한다. 이들의 주 목적은 비교적 짧은 보유기간 동안 채권을 매입 또는 매도하여 자본이득을 얻는 것이기 때문에 YTM보다 기대수익률이 더 중요한 지표가 된다.

어떤 경우이든, 약정수익률과 기대수익률은 고정소득증권의 상대적 매력을 비교하는 데 필요한 수익률을 측정한다. 하지만 서로 다른 채권들의 장점을 정확히 평가하기 위해서는 수익률과 함께 위험의 정도를 고려해야 한다. 증권투자로 창출되는 수익이 투자자가 감수하는 위험을 충분히 보상할 만한 정도여야 한다는 점에서 채권은 주식과 다르지 않다. 따라서 위험이 클수록 채권은 더 큰 수익을 창출해야 한다.

개념리뷰

11.7 경상수익률과 만기수익률의 차이는 무엇인가? 약정수익률(promised yield)과 실현수익률(realized return)의 차이는 무엇인가? YTC는 YTM과 어떻게 다른가?

11.8 채권등가수익률(BEY)을 간단하게 설명하시오. 약정수익률과 채권등가수익률의 차이는 있는가? 설명하시오.

11.9 이자 수입의 재투자는 채권 투자자에게 왜 중요한가?

듀레이션과 면역화

LG 5 만기수익률의 문제점 중 하나는 채권의 정기적인 이표를 채권의 보유기간 동안 동일한 이자율로 투자할 수 있다고 가정하는 것이다. 만약 투자자가 이자수입을 재투자하지 않고 써버리거나 더 낮은 이자율로 재투자한다면 만기 시점의 실제적인 수익률은 YTM보다 작을 것이다. 또 다른 YTM의 문제점은 투자자가 만기까지 채권을 보유할 것이라 가정한다는 점이다. 만약 만기 전에 채권을 매도한다면 채권의 가격은 현존하는 시장이자율을 반영할 것이고, 투자자가 얻게 될 수익은 YTM과 달라지게 될 것이다. 채권을 매입한 시점보다 시장이자율이 상승했다면 채권은 원래보다 낮은 가격에 매도될 것이고 이에 따라 투자수익률은 YTM보다 작아질 것이다. 시장이자율이 하락한 경우에는 반대의 현상이 나타날 것이다.

따라서 만기수익률의 문제는 재투자위험과 가격위험의 영향력을 고려하지 못한다는 점이다. 재투자위험과 가격위험이 서로 반대로 움직이는 관계를 살펴보기 위해 시장이자율이 급격히 하락한 상황을 생각해보자. 이 상황에서 채권가격은 상승할 것이다. 투자자는 자신이 보유한 증권을 매도하여 자본이득을 얻고 싶어할 수 있다. 만기까지 채권을 보유하면 시장이자율에 상관없이 약정된 액면가를 지급받기 때문에, 시장이자율의 하락으로 인한 이익을 실현할 수 있는 유일한 방법은 만기 전에 채권을 매도하는 것이다. 이러한 관점에서 시장이자율 하락은 좋은 소식이지만 한편으로는 높은 이자율로 지급된 이표를 재투자할 수 없다는 점에서 불리하다. 즉, 가격 측면에서는 이득이지만 재투자수익률 측면에서는 손해인 것이다. 채권으로부터 기대하는 YTM을 얻기 위해서는 지급된 이표 각각을 같은 YTM 이자율로 투자해야 한다. 시장이자율이 하락하면 YTM의 이자율로 이표로부터 생겨나는 현금흐름을 투자할 수 없다. 시장이자율이 상승할 경우에는 반대의 상황이 나타난다. 채권가격은 하락하지만 재투자 기회는 좋아지는 것이다.

투자자들에게는 이러한 위험들이 특정 채권에 있어 얼마나 중요한지 판단할 수 있게 해주는 지표가 필요하다. 그 판단 지표로 사용되는 것이 바로 듀레이션(duration)이다. 듀레이션은 변화하는 시장이자율에 대해 채권의 가격이 어떻게 반응하는지를 나타내는 단일 지표이다. 채권의 가격 변동성을 측정하는 지표이기 때문에, 투자자는 기대하는 YTM을 어느 정도의 가능성으로 달성할 수 있을지 판단할 수 있다. 이는 시장이자율의 움직임에 따라 보유 증권을 어떻게 조정할지 결정하는 데 도움이 된다.

듀레이션의 개념

듀레이션이라는 개념은 보험 계리인이었던 Frederick Macaulay가 보험사들의 현금유입과 유출을 맞출 수 있도록 돕기 위해 1938년에 처음 제시한 것이다. 이를 채권에 적용하면, 듀레이션은 이표 지급 액수와 횟수, 만기수익률, 만기까지의 기간이 특정 채권의 시장이자율 변동위험에 미치는 영향을 고려한다. 만기까지의 기간은 시장이자율이 변화할 때 채권가격이 변동하는 정도에 영향을 미치는 중요한 요소이다. 일반적으로 시장이자율이 변동하면 만기 기간이 긴 채권의 변동성이 만기 기간이 짧은 채권보다 크다. 반면, 채권의 가격위험이 만기까지의 기간에 영향을 받는다면 채권의 재투자 위험은 채권이 지급하는 이표 크기에 직접적인 영향을 받는다. 지급하는 이표가 클수록(액면이자율이 높을수록) 더 많은 양을 투자해야 하기 때문에 채권의 재투자 위험은 높아지게 된다.

살펴보니 채권의 가격위험과 재투자위험 모두 시장이자율과 관련성을 가지고 있으며, 서로 반대되는 방향으로 영향을 받는다는 것을 알 수 있다. 시장이자율의 변동은 이자율이 상승하든 하락하든 가격위험과 재투자위험을 반대 방향으로 변화하게 만든다. 시장이자율이 상승하는 경우, 채권가격은 하락하겠지만 재투자위험은 감소된다. 시장이자율이 하락하는 경우, 채권가격은 상승하겠지만 재투자위험은 더 커질 것이다. 미래의 어떤 시점에 이 두 위험이 서로를 상쇄하는 시점이 있을 것이다. 그 시점이 바로 듀레이션이다.

일반적으로 채권의 듀레이션은 다음과 같은 특성을 지닌다.

- 지급되는 이표가 클수록 듀레이션은 짧다.
- 만기가 긴 채권일수록 듀레이션은 일반적으로 더 길다.
- YTM이 높을수록 듀레이션은 짧다.

이표, 만기, 수익률이라는 3가지 변수에 따라 채권의 듀레이션이 결정된다. 채권의 듀레이션을 아는 것은 채권에 내재되어 있는 가격 변동성 정도를 측정해준다는 점에서 유용하다. 이처럼 듀레이션과 가격 변동성은 양의 상관관계를 이루고 있기 때문에 듀레이션이 짧을수록 채권의 가격 변동성은 작다.

듀레이션의 측정

듀레이션은 고정 수입을 창출하는 증권의 평균적인 만기를 측정하는 지표이다. 채권은 단 하나의 만기를 가지고 있기 때문에 평균만기(average maturity)라는 개념이 이상할 수도 있다. 평균 만기는 채권에서 발생하는 현금흐름의 평균적인 시간을 보여준다. 무이표채의 경우, 현금흐름은 만기 시점에 원금을 지급하는 것으로 단 한 번 일어난다. 이 때 듀레이션은 채권의 만기와 동일하다. 그러나 이표채의 경우, 매기마다 정기적으로 이표를 지급하기 때문에 이 지급되는 이표들의 평균 기간은 실질적인 만기 시점과 다르다. 예를 들어 10년만기에 이표율 5%로 연간 이표를 지급하는 채권의 경우 첫 번째 해, 두 번째 해에 이어 열 번째 해까지 매년 각각의 현금흐름이 발생한다. 듀레이션은 채권의 보유기간 중 발생하는 각각의 현금흐름에 가중치를 부여하여 채권의 만기를 계산하기 때문에 "평균 만기"는 원래 만기기간인 10년보다 약간 짧다.

다시 한번 정리하자면 듀레이션은 가중평균된 채권의 만기(weighted-average life of a bond)이다. 여기서 가중치는 채권의 총가치 중 채권에서 발생하는 각각의 현금흐름이 차지하는 비중을 의미한다. 수학적으로 채권의 듀레이션은 다음과 같은 공식으로 계산한다.

수식 11.8

$$\text{듀레이션} = \sum_{t=1}^{N} \left[\frac{PV(C_t)}{BP} \times t \right]$$

여기서,

$PV(C_t)$ = 미래 지급 이표 또는 원금의 현재가치

BP = 채권의 현재 시장가격

t = 이표 또는 원금이 지급되는 년수

N = 만기까지의 기간

수식(11.8)에서 도출된 듀레이션은 일반적으로 개념을 창조한 보험 계리인의 이름을 따서 메콜리 듀레이션(Macaulay duration)이라 칭해진다.

일반적으로 듀레이션은 반기별 이자지급 방식을 기준으로 계산되지만 수식(11.8)은 앞으로의 설명과 계산을 최대한 단순화하기 위해 연간 이자지급 방식을 적용한다. 그럼에도 불구하고 수식은 실제보다 상당히 만만치 않아 보인다. 아래 제시된 기본적인 단계를 따르면 듀레이션의 계산은 그리 어렵지 않다.

- **단계 1** 각각의 이표 또는 원금의 현재가치[$PV(C_t)$]를 구한다. 현재 시장의 유력한 YTM을 채권의 할인율로 사용한다.
- **단계 2** 이 현재가치를 채권의 현재 시장가격(BP)으로 나눈다. 이것이 채권의 전체

가치 중 해당 현금지급이 차지하는 비중인 가중치가 된다. 채권의 가치는 채권이 창출하는 현금흐름의 현재가치의 총합이기 때문에 가중치의 합은 1이 되어야 한다.

- **단계 3** 이 가중치에 해당 현금을 지급받게 되는 해(t)를 곱한다.
- **단계 4** 단계 1에서부터 단계 3까지의 과정을 채권의 만기기간까지 반복하여 시행한 뒤, 단계 3에서 산출된 값들을 모두 더한다.

단일 채권의 듀레이션 <표 11.1>은 15년만기, 이표율 7.5%, 만기수익률 8%로 시장에서 $957.20에 거래되고 있는 채권의 듀레이션을 구하는 방법을 설명한다.

표 11.1 15년만기, 이표율 7.5%, 만기수익률 8% 채권의 듀레이션 계산

(1) 연수(t)	(2) 연간 현금 흐름 (Ct)	(3) 8%의 이자율로 계산한 연간 현금 흐름의 현재가치 $PV(Ct)$	(4) PV를 채권의 현재 시장 가격으로 나눈 값*	(5) 시간 가중치를 곱한 현금흐름 (1) × (4)
1	$75	$69.44	.0725	.0725
2	75	64.30	.0672	.1344
3	75	59.54	.0622	.1866
4	75	55.13	.0576	.2304
5	75	51.04	.0533	.2666
6	75	47.26	.0494	.2963
7	75	43.76	.0457	.3200
8	75	40.52	.0423	.3387
9	75	37.52	.0392	.3528
10	75	34.74	.0363	.3629
11	75	32.17	.0336	.3696
12	75	29.78	.0311	.3734
13	75	27.58	.0288	.3745
14	75	25.53	.0267	.3735
15	1,075	338.88	.3540	5.3106
			듀레이션:	**9.36 년**

*만기수익률이 8%일 경우, 채권은 $957.20에 매도될 것이다.

<표 11.1>은 기본적인 자료를 제공한다. 열(1)은 채권에서 각 현금이 지급되는 해(t)를 제시한다. 열(2)는 채권이 매년 지급하는 현금흐름인 이표와 원금의 양을 나타낸다.

열(3)은 8%의 할인율(채권의 YTM과 동일)로 계산된 각 현금흐름의 현재가치를 제시한다. 예를 들어 <표 11.1>의 1행에서 첫 번째 해에 채권은 $75 이표를 지급하고, 이 이표를 8%의 할인율로 할인하면 첫 번째 지급된 이표의 현재가치는 $69.44이다.

> **투자자 현실**
>
> **다른 채권, 같은 듀레이션** – 책의 표지만 보고 책을 판단할 수 없는 것처럼, 채권도 마찬가지이다. 여기 제시된 3가지 채권은 표면적으로는 전혀 다른 것으로 보인다.
>
> - 8년만기, 만기수익률 6%의 무이표채
> - 12년만기, 이표율 8.5%, 만기수익률 8%의 이표채
> - 18년만기, 이표율 10.5%, 만기수익률 13%의 이표채
>
> 위 3가지 채권이 각기 다른 이표와 만기 조건을 가지고 있지만 공통적으로 8년의 듀레이션을 가지고 있다. 따라서 만약 시장이자율이 50에서 100베이시스 포인트만큼 상승하거나 하락하면 각 채권들의 시장가격은 비슷하게 움직일 것이다.

다음으로 열(4)에서는 세 번째 열의 현재가치 값들을 채권의 현재 시장가격으로 나눈다. 만약 채권의 첫 번째 지급 이표의 현재가치가 $69.45이고 채권의 현재 총 가격이 $957.20라면 첫 번째 현금 지급은 채권의 총 가치에서 7.25%의 비중을 차지한다($69.45/ $957.20 = 0.0725). 따라서 7.25%는 첫 번째 해에 지급된 현금의 가중치이다. 열(4)에 있는 가중치들을 합하면 1이 됨을 알 수 있다. 열(4)의 가중치들을 해당 현금이 지급되는 해(t)와 곱하면 열(5)에 제시된 것처럼 가중 평균된 연간 현금흐름을 알 수 있다. 열(5)의 값을 모두 합하면 채권의 듀레이션이 계산된다. 우리는 여기서 이 채권의 듀레이션이 채권의 본래 만기보다 상당히 짧다는 것을 알 수 있다. 또한 YTM이나 만기까지의 기간이 달라지면 채권의 듀레이션 역시 변한다. 예를 들어 15년만기, 이표율 7.5% 채권의 듀레이션은 채권이 만기에 가까워지고 시장이자율(YTM)이 상승할수록 짧아진다.

채권 포트폴리오의 듀레이션 듀레이션의 개념은 개별 채권에만 적용되는 것이 아니다. 고정소득증권으로 이루어진 전체 포트폴리오에도 적용될 수 있다. 포트폴리오의 듀레이션을 구하는 것은 생각보다 쉽다. 계산에 필요한 것은 각 개별 증권의 듀레이션과 포트폴리오에서 차지하는 개별 증권의 가중치이다. 이 정보가 주어진다면 포트폴리오의 듀레이션은 개별 증권의 가중평균된 듀레이션이라 할 수 있다. 사실 가중평균적 접근은 대략적인 듀레이션 추정을 가능하게 할 뿐이다. 그러나 이는 가장 합리적이고 정확한 추정이며 가장 많이 사용되는 방법이므로 우리도 이 방법을 사용한다.

이 방법을 이용한 듀레이션 계산을 살펴보기 위하여 아래 5개의 채권으로 구성된 포트폴리오를 고려해보자.

채권	투자금액*	가중치	×	채권 듀레이션	=	포트폴리오 듀레이션
정부국채	$ 270,000	0.15		6.25		0.9375
Aaa 회사채	180,000	0.10		8.90		0.8900
Aa 채권	450,000	0.25		10.61		2.6525
기관채	360,000	0.20		11.03		2.2060
Baa 회사채	540,000	0.30		12.55		3.7650
	$1,800,000	1.00				10.4510

* 투자금액 = 현재 시장가격 x 채권액면가. 즉, 만일 정부국채가 90으로 시세가 표시되고 투자자가 $300,000를 투자했다면, 0.90 x $300.000 = $270.000.

이 경우, $1.80백만 채권 포트폴리오는 대략 10.5년의 평균 듀레이션을 가지고 있다. 포트폴리오의 듀레이션을 바꾸고 싶다면 (1) 포트폴리오 자산구성을 바꾸거나(더 길거나 더 짧은 듀레이션을 가진 채권으로 바꾸어 포트폴리오의 가중치를 이동시키는 것), (2) 원하는 듀레이션 특성을 가진 채권을 새롭게 포트폴리오에 추가한다. 이 접근법은 일반적으로 채권면역화(bond immunization)라고 알려진 채권 포트폴리오 전략에 자주 사용된다.

채권의 듀레이션과 가격 변동성

채권의 가격 변동성은 만기까지의 기간과 이표에 따라 결정된다. 불행히도 시장이자율의 영향력을 반영한 채권 만기와 채권 가격 변동성의 관계를 명확하게 정의하기는 어렵다. 그러나 시장이자율이 지나치게 변동하지 않는다는 전제하에 채권 듀레이션과 가격 변동성은 긴밀한 관계를 맺고 있다. 듀레이션은 시장이자율이 50에서 100베이시스 포인트 내외로 변동하는 선에서 채권의 가격 변동성을 예측하는 지표로 사용할 수 있다. 이는 시장이자율과 채권 가격이 비선형 관계이기 때문이다. 예를 들어, 시장이자율이 하락할 경우, 채권가격은 증가하는 비율로 커진다. 시장이자율이 상승할 경우, 채권가격은 하락하는 비율로 작아진다. 듀레이션은 본질적으로 시장이자율이 변동하면 채권가격이 이와 반대되는 방향으로, 선형적으로 움직일 것이라 예상한다. 이는 시장이자율이 하락하면 채권가격이 듀레이션이 측정한 것보다 약간 더 빠른 비율로 상승하고, 시장이자율이 상승하면 채권가격이 듀레이션이 측정한 것보다 약간 더 느린 비율로 하락한다는 것을 의미한다. 결과적으로 듀레이션은 시장이자율의 변동이 지나치게 크지 않을 때, 채권가격이 시장이자율의 변동에 어떻게 반응하는지를 나타내는 지표라고 할 수 있다.

시장이자율의 변동과 채권가격의 변동 관계를 정의하는 수학적 연결은 수정듀레이션(modified duration)이라는 개념을 필요로 한다. 수정 듀레이션을 계산하기 위해서는 일반적인 메콜리 듀레이션(수식(11.8))을 채권의 만기수익률(YTM)로 나누면 된다.

수식 11.9

$$\text{수정 듀레이션} = \frac{\text{듀레이션}}{(1+\text{만기수익률})}$$

따라서 위에 제시된 15년만기 채권의 수정 듀레이션은 다음과 같다.

$$\text{수정 듀레이션} = \frac{9.36}{1 + 0.08} = \underline{\underline{8.67}}$$

여기서 우리는 앞서 계산한 메콜리 듀레이션 9.36년을 사용했고, 수식(11.8)에서 듀레이션을 계산할 때 사용한 8%의 만기수익률을 사용했다.

퍼센트 단위로 전환해서, 시장이자율이 8%에서 8.5%로 50베이스시스 포인트 상승했을 때, 채권 가격이 얼마만큼 변동하는지 구하기 위해서는 위에서 계산된 수정 듀레이션에 −1을 곱하고 이에 시장이자율 변화를 곱한다. −1을 곱하는 이유는 채권가격과 시장이자율이 서로 역관계에 있기 때문이다.

수식 11.10

$$\begin{aligned}\text{퍼센트 단위 채권가격의 변동} &= -1 \times \text{수정 듀레이션} \times \text{시장 이자율의 변화} \\ &= -1 \times 8.67 \times 0.5\% = \underline{\underline{-4.33}}\end{aligned}$$

따라서 시장이자율이 50베이시스 포인트 상승하면 15년만기 채권의 가격은 대략 4.33% 하락할 것으로 예상할 수 있다. 이 같은 지표는 가격 변동성을 추구하거나 기피하는 투자자들에게 도움이 된다.

유효 듀레이션

우리가 지금까지 공부한 듀레이션 지표의 한 가지 문제점은 수의상환채권과 같이 옵션이 내재된 채권의 경우에는 효과적으로 적용되지 않는다는 점이다. 지금까지의 듀레이션 지표는 채권의 미래 현금흐름이 만기까지 예정된 대로 지급되는 상황을 전제로 하고 있지만 수의상환채권이나 전환사채의 경우 이 같은 전제를 따르지 않는다. 따라서 이러한 종류의 채권들의 듀레이션을 구하기 위해 사용되는 대안이 바로 유효 듀레이션이다. 유효 듀레이션(ED)을 계산하기 위한 방법은 수식(11.11)에 나타나 있다.

수식 11.11

$$\text{ED} = \frac{BP(r_i\downarrow) - BP(r_i\uparrow)}{2 \times BP \times \Delta r_i}$$

여기서,

$BP(r_i\uparrow)$ = 시장이자율 상승 시 형성되는 채권의 새로운 가격

$BP(r_i\downarrow)$ = 시장이자율 하락 시 형성되는 채권의 새로운 가격

BP = 채권의 본래 가격

Δr_i = 시장이자율의 변화

사례 25년만기, 이표율 6%로 반기별로 이자를 지급하는 채권의 유효 듀레이션을 구해보자. 채권은 현재 $882.72에 거래되고 있으며 만기수익률은 7%이다. 이제 만기수익률이 0.5% 상승하여 7.5%가 될 것으로 기대된다고 해보자. 변동한 만기수익률에 의하면 채권의 가격은 $831.74가 될 것이다(N=50, I = 3.75, PMT = 30, FV = 1,000). 만약 만기수익률이 0.5% 감소하여 6.5%가 되면 채권가격은 어떻게 변동할까? 이 경우 채권가격은 $938.62(N = 50, I = 3.25, PMT = 30, FV = 1,000)로 상승한다. 수식(11.11)을 적용하여 채권의 유효 듀레이션을 구할 수 있다.

유효 듀레이션 = ($938.62 − $831.74) ÷ (2 × $882.72 × 0.005) = 12.11

이자율이 완전히 1% 포인트로 상승하거나 하락할 시, 채권의 가격은 대략 12.11% 하락하거나 상승할 것이다. 시장이자율이 1% 내외로 변동할 시 채권 가격의 퍼센티지 변화를 구하기 위해 수식(11.10)의 수정 듀레이션 대신 유효 듀레이션을 대입해도 된다

는 점에 주목하자. 수의상환채권의 유효 듀레이션을 구할 때에는 한 가지 사항을 수정해야 한다. 시장이자율이 하락했을 때의 채권 가격이 채권의 수의상환 가격(콜 가격)보다 클 경우, $BP(r_i\downarrow)$ 대신 수식에 수의상환 가격을 대입하여 구한다.

채권 듀레이션의 활용

듀레이션 분석은 채권 투자와 관련된 여러 가지 의사결정에 활용할 수 있다. 예를 들어 우리가 앞서 살펴보았듯이 특정 증권의 잠재적 가격 변동성을 추정하기 위해 수정 듀레이션이나 유효 듀레이션을 이용할 수 있다. 듀레이션을 활용할 수 있는 또 다른 중요한 부분은 채권 포트폴리오의 구성(structuring of bond portfolios)이다. 만약 시장이자율이 곧 상승할 것이라 예상된다면, 투자자는 보유하고 있는 채권 포트폴리오에서 긴 듀레이션 채권을 매도하고 짧은 듀레이션 채권을 매입하여 포트폴리오의 전반적인 듀레이션을 줄일 수 있다. 짧은 듀레이션 채권의 가치가 감소하는 정도는 긴 듀레이션 채권의 가치가 감소하는 정도와 같지 않기 때문에 이 같은 전략은 유용하다고 볼 수 있다. 반면, 시장이자율이 곧 하락할 것이라 예상된다면 반대 전략을 취하는 것이 적절할 것이다.

채권 면역화 어떤 투자자들은 "시장을 이기기 위한" 목적이 아니라 주어진 투자기간 동안 명시된 수준의 부를 축적하기 위해 채권 포트폴리오를 보유한다. 이런 투자자들에게 채권 포트폴리오의 면역화(immunization)는 가치있는 전략이 된다. 면역화 전략은 채권의 보유기간 동안 시장이자율의 변동과 무관하게 명시된 만큼의 수익률을 얻을 수 있도록 한다. 즉, 투자자는 주어진 투자기간 동안 시장이자율의 변동이 미치는 영향력으로부터 채권 포트폴리오를 "면역"하는 것이다.

채권 포트폴리오의 면역화 전략이 어떻게 그리고 왜 가능한지 이해하기 위해서는 우리가 앞서 이야기했듯, 시장이자율의 변동이 채권의 가치평가에 있어 서로 반대방향으로 움직이는 2가지 독자적인 요소에 어떻게 영향을 미치는지 상기해 보아야 한다. 첫 번째 영향은 가격효과(price effect), 두 번째 영향은 재투자효과(reinvestment effect)이다. 시장이자율의 상승은 채권 가격의 하락으로 이어지지만 채권의 이표 재투자에는 긍정적인 영향을 미친다. 따라서, 시장이자율의 변동이 일어나면 채권의 가격효과와 재투자효과는 투자자 부의 관점에서 서로 역관계를 형성하며 변화한다.

채권 포트폴리오의 듀레이션이 채권의 투자기간과 정확히 일치하면 이 두 가지 효과는 서로가 서로의 영향력을 상쇄하여 투자자의 포지션은 변하지 않게 된다. 듀레이션 측정치 자체에 이 같은 속성이 이미 내재되어 있다는 점을 고려할 때 이러한 결과는 크게 놀랄만한 일이 아니다. 제시된 관계가 단일 채권에 적용된다면 가중 평균된 전체 채권 포트폴리오 듀레이션에도 적용 가능하다. 가격효과와 재투자효과가 서로의 영향력을 상쇄하는 이 상태를 채권 포트폴리오가 면역화 되었다고 표현한다. 채권 포트폴리오의 듀레이션과 투자자가 희망하는 투자기간이 일치할 경우, 투자자의 부는 시장이자율의 변동으로부터 면역화되는 것이다. <표 11.2>는 10년만기, 이표율 8%에 8년의 듀레이션을 가진 채권의 면역화 전략을 보여준다. 여기서 투자자의 투자기간 역시 8년으로 가정한다.

<표 11.2>의 예시는 투자자가 이표율 8%의 채권을 액면가에 매입한 것으로 가정한다. 이에 더해 5년 말기에 시장이자율은 8%에서 6%로 하락할 것이라 전제한다. 투자기간은 정확히 8년이 될 것이고 시장이자율 역시 정확히 8%로 유지될 것으로 고정할 경우, 실제 시장이자율의 변동과 무관하게 투자자는 채권이 최종적으로 $1,850.93의 가치를 가질 것으로 기대한다. <표 11.2>의 결과를 살펴보면 면역화 전략은 투자자의 본래 목표보다 62센트 부족한 $1,850.31의 채권 가격을 얻도록 했다. 예시의 경우, 시장이자율이 6%로 하락한 5년, 6년, 7년째 해의 재투자 기회는 감소하였지만 채권의 가격은 상승하였다. 상승한 채권 가격은 재투자 수입의 손실을 상쇄할 수 있을 정도의 자본이득을 창출하였다. 이 놀라운 결과는 채권 면역화 전략의 효과와 듀레이션의 활용도를 보여준다. <표>에는 채권 면역화 전략을 보다 단순하게 설명하기 위해 단일 채권을 사용했지만 가중평균된 듀레이션이 적용된 채권 포트폴리오에 적용해도 동일한 결과를 얻을 수 있다.

완전히 면역화된 채권 포트폴리오를 유지하기 위해서는 지속적인 조정이 필요하다. 시장이자율이 변동할 때마다 채권 포트폴리오의 듀레이션 역시 변한다. 효과적인 면역화 전략은 포트폴리오의 듀레이션이 남은 투자기간과 일치해야 하기 때문에 시장이자율이 변할 때마다 포트폴리오의 채권 구성은 재조정되어야 한다. 시장이자율이 변동하지 않더라도, 채권의 듀레이션은 채권의 만기보다 더 느리게 감소한다. 단순한 시간의 경과마저도 포트폴리오의 재구성을 요구한다. 이 같은 재조정은 포트폴리오의 듀레이션이 남은 투자기간과 지속적으로 일치하도록 한다. 정리하자면, 포트폴리오 면역화 전략은 굉장히 효과적이지만, 포트폴리오 재조정이 필요하기 때문에 소극적 전략이 아니며 잠재적 문제

를 지니고 있는 전략이다.

표 11.2 채권의 면역화

연도	채권의 현금흐름($)						재투자된 현금흐름의 최종가치
1	80	×	$(1.08)^4$	×	$(1.06)^3$	=	$ 129.63
2	80	×	$(1.08)^3$	×	$(1.06)^3$	=	120.03
3	80	×	$(1.08)^2$	×	$(1.06)^3$	=	111.14
4	80	×	(1.08)	×	$(1.06)^3$	=	102.90
5	80	×	$(1.06)^3$			=	95.28
6	80	×	$(1.06)^2$			=	89.89
7	80	×	(1.06)			=	84.80
8	80					=	80.00
8	1,036.64*						1,036.64
					총액		$1,850.31
					8%에 기대된 투자자의 부		1,850.93
					차액		$ .62

*2년만기, 이표율 8%, 만기수익률 6%인 채권은 시장에서 $1,036.64에 거래된다.

주: 채권의 이표는 연말에 지급되는 것으로 전제한다. 따라서 채권의 $80 이표는 4년까지 8%의 시장이자율로 재투자되고, 남은 3년은 6%의 시장이자율로 재투자된다.

개념리뷰

11.10 투자자들에게 듀레이션이란 어떤 의미이며 만기와 어떤 차이가 있는가? 수정 듀레이션은 무엇이며 어떻게 활용되는가? 유효 듀레이션은 무엇이며 수정 듀레이션과 어떻게 다른가?

11.11 채권 포트폴리오 면역화 과정을 서술하고 투자자가 포트폴리오 면역화 전략을 시행하는 이유를 설명하라. 포트폴리오 면역화 전략을 매입-보유 전략과 비교했을 때 더 소극적인 전략이라고 생각하는가? 설명하라.

채권 투자전략

LG 6 일반적으로 채권 투자자는 3가지 유형 중 하나이다. 첫 번째, 소득 보존을 목적으로 하는 투자자이다. 이 유형의 투자자들은 보수적이고, 질을 고려하며, 소득-지향적이기 때문에 경상소득(current income)을 극대화하는 것이 목적이다. 두 번째는 투기자 유형이다. 이들의 투자 목적은 단기적인 기간 안에 자본이득을 극대화하는 것이다. 마지막으로 장기 투자자들이 있다. 이들의 목적은 비교적 장기적인 기간에 걸쳐 경상소득과 자본이득 모두를 극대화하는 것이다.

어떤 유형의 투자자이든 투자 목적을 달성하기 위해서는 목표에 부합하는 전략을 도입해야 한다. 전문적인 포트폴리오 운용 관리자들은 다양한 테크닉을 활용하여 몇 백만 달러짜리 채권 포트폴리오를 그들이 원하는 방식으로 운용한다. 시장이자율 예측과 수익률 스프레드 분석 등을 통해 소극적인 접근에서부터 준-적극적인 전략, 적극적인 전략까지 다양한 범주의 전략을 펼친다. 대부분의 전략은 비교적 복잡하고 상당한 컴퓨터 연산을 요구한다. 그렇더라도 고정소득증권 투자로 다양한 목적을 달성하기 위한 여러 가지 방법을 이해하기 위해 기본적인 투자 전략 몇 가지를 살펴볼 수 있을 것이다.

소극적 전략(passive strategies)

우리가 앞서 살펴본 채권 면역화 전략은 본질적으로 소극적인 방식이라 할 수 있다. 이 전략을 사용하는 투자자들은 시장을 이겨 수익을 얻으려 하지 않고, 그들이 감수할 수 있는 주어진 위험의 양에 대비한 일정한 수익률을 추구한다. 원칙적으로 소극적 투자전략은 시장이자율이나 채권 가격의 변동에 대한 투자자의 예상을 필요로 하지 않는다. 또한 이 같은 전략들은 거래비용을 수반하지 않는다. 투자 전략 중 가장 소극적인 투자전략은 매입보유 전략이라 할 수 있다. 여기서 투자자가 할 일은 신용도가 떨어지거나, 만기에 다다르거나, 수의상환된 채권들을 바꾸는 것뿐이다. 매입보유 전략을 시행하는 투자자들은 제한적인 평균 이상의 수익을 얻지만 거래비용으로 생겨나는 손실을 최소화한다.

매입보유 전략보다 적극적인 전략 중 한가지 인기 있는 전략은 채권사다리(bond ladders) 전략이다. 이 전략은 시간 차를 두고 만기에 도달하는 여러 개의 채권에 동일한 금액을 투자하는 방법이다. 만기가 10년 이내인 채권에만 투자하려 한다고 가정해보자.

이 같이 만기에 대한 제약이 주어질 때, 대략 비슷한 금액을 3년, 5년, 7년, 그리고 10년 만기의 채권에 각각 투자하여 사다리를 세울 수 있다. 3년만기 채권이 만기에 다다랐을 때, 얻게 된 자본이득을 비롯한 모든 금액을 새로운 10년만기 채권에 투자한다. 시간 차를 둔 10년만기 채권들로 채권사다리를 모두 구성할 때까지 이러한 굴리기 과정을 반복한다. 2, 3년마다 10년만기 채권을 새로 매입하면서 시장이자율의 영향을 덜 받도록 비용 평균화를 할 수 있다. 채권사다리 전략은 안전하고 간단하며 거의 자동적으로 장기투자를 할 수 있는 방법이다. 이를 비롯한 소극적 투자 전략의 핵심요소는 매력적인 특성과 만기, 수익률을 가진 높은 양질의 증권에 투자하는 것이다.

예상 시장이자율에 따라 거래하기

소극적 투자에 반해, 보다 적극적인 형태의 채권 투자 전략은 예상 시장이자율(forecasted interest rate) 접근법이 있다. 이 전략에 따르면 시장이자율이 하락할 시, 투자자는 적극적으로 자본이득을 추구하고 시장이자율이 상승하면 보유한 자본을 보존하는 것을 목표로 한다. 완벽하지 않은 미래 시장이자율의 예측에 근거하기 때문에 위험한 전략이라 할 수 있다. 여기서 핵심은 시장이자율의 변동 예측을 반영한 전략적인 움직임을 통해 채권 포트폴리오의 수익을 극대화하는 것이다. 이 같은 전략은 시장타이밍(market timing)이다. 이 전략의 특이한 점은 대부분의 거래가 투자등급(investment grade)의 채권들로 이루어진다는 것이다. 투자등급의 채권은 시장이자율에 가장 민감하며 이 민감도는 적극적인 투자자들이 이익을 얻을 수 있는 기회가 된다.

이 전략은 기술적인 측면에 큰 영향을 받는다. 예를 들어 시장이자율이 하락할 것으로 예상될 경우, 적극적인 투자자들은 긴 만기의 채권 가격이 짧은 만기의 채권 가격보다 더 많이 오르기 때문에 자신이 보유한 채권이나 채권 포트폴리오의 만기를 늘리려고 한다. 이와 동시에 투자자들은 이표가 작거나 평균적인 할인율이 내재된 채권을 모색하는데, 이처럼 듀레이션이 긴 채권들은 시장이자율이 하락할 때 가격이 더 많이 오를 것이기 때문이다. 이자율 변동의 대부분은 단기간에 일어나기 때문에 채권 투자자들은 짧은 시간 안에 최대한 많은 이익을 얻고자 한다. 이자율이 상승하기 시작할 때 적극적인 투자자들은 긴 만기의 할인채권을 매도하고 짧은 만기

투자자 현실

채권가격예측 – 당신이 미래를 정확하게 예측할 수 있다면 큰 돈을 벌 수 있다. 채권을 고려해보면 채권의 등급상승이나 등급하락은 채권가격에 영향을 줄 것이다. 그러한 등급변화를 예측하는 것은 큰 이익을 의미한다. 투자자들이 등급변화를 예측하는 모형을 추구하는 것은 놀랍지 않다. 기업의 매출액 성장률, 미래 이익, 부채 부담과 같은 요소는 모두 그런 모형에 포함된다.

를 가진 고수익 채권을 매입하기 시작한다. 즉, 투자방향을 완전히 전환하는 것이다. 채권 가격이 하락하는 시기에는 보유한 자본의 보존이 중요한 관건이 되므로 자본 손실이 생겨나지 않도록 하는 데 집중한다. 따라서 적극적인 투자자들은 단기국채나 투자신탁, 2년에서 5년만기의 단기 채권, 혹은 변동 이자율 채권에 투자한다.

채권 스왑

채권스왑(bond swap)은 현재 포트폴리오 포지션을 청산하고 이를 대체할 만한 새로운 채권을 매입하는 것이다. 스왑은 경상수익률 또는 만기수익률을 증가시키거나, 이자율 변동의 이득을 취하거나, 포트폴리오의 질을 개선하거나 세금 감면을 목적으로 시행한다. 몇 가지 스왑은 굉장히 복잡하지만 대부분의 스왑은 비교적 간단한 거래이다. 스왑은 "이익선택(profit takeout)", "대체스왑(substitution swap)", "세금스왑(tax swap)"과 같이 다양한 종류가 있지만 이들은 모두 포트폴리오를 개선하기 위해 사용되는 방법이라는 공통점이 있다. 우리는 간단하면서 상당히 매력적인 2종류의 스왑을 살펴보도록 하겠다. 이는 순수 수익률선택스왑과 세금스왑이다.

수익률선택스왑(yield pickup swap)은 낮은 이표율을 가진 채권을 높은 이표율을 가진 채권으로 바꾸어서 경상수익률과 만기수익률을 제고하려는 방법이다. 예를 들어 투자자가 20년만기, A 등급, 이표율 6.5%, 만기수익률 8% 채권을, 다른 모든 조건은 동일하나 8.5%의 만기수익률을 가진 채권으로 바꾼다고 해보자. 스왑을 시행함으로써 투자자는 연간 이자수입을 $65에서 $70으로 늘려 경상수익률을 제고하고 만기수익률 역시 8%에서 8.5%로 상승시킬 수 있다. 이 같은 스왑 기회는 채권들 사이에 수익률 스프레드가 존재하기 때문에 생겨난다. 투자자는 단순히 스왑 후보를 살펴보거나 브로커에게 요청함으로써 스왑을 시행할 수 있다. 여기서 주의해야 할 점은 거래 비용이 이익을 넘어가지 않도록 하는 것이다.

또 다른 인기 있는 스왑 전략은 역시 상대적으로 간단하고 위험이 적은 세금스왑(tax swap)이다. 채권 매매의 결과로 생긴 이익에 대해 상당한 양의 세금이 부과되었을 때 투자자는 이 전략을 사용할 수 있다. 전략의 목적은 자본이득에 수반되는 세금을 없애거나 줄이는 데에 있다. 이는 자본손실을 가져올 채권을 매도하고 상쇄될 만한 채권으로 대체함으로써 시행할 수 있다.

예를 들어, 투자자가 올해 $10,000 가치의 회사채를 $15,000에 매도했다고 가정해보자. 여기서 자본이득은 $5,000가 될 것이다. 이 자본이득에 대한 세금의무는 $5,000의 자본손실을 가져올 채권을 매도함으로써 제거할 수 있다. 투자자가 $5,000의 자본손실이 예정된 20년만기, 이표율 4.75%의 지방채를 보유하고 있다고 가정하자. 이에 따라 투자자의 포트폴리오는 필요한 세금절감액을 가지고 있다. 이제 투자자는 거래 가능한 스왑 후보를 찾아야 한다. 20년만기, 이표율 5%의 지방채가 현재 보유하고 있는 채권과 거의 동일한 가격에 거래되고 있다는 것을 발견했다. 이표율 4.75%의 지방채를 매도함과 동시에 이표율 5%의 지방채를 매입함으로써 투자자는 세금면제 수익률을 (4.75%에서 5%로) 상승시킬 뿐만 아니라 자본이득에 대한 세금 역시 제거한다.

세금스왑에서 주의해야 할 유일한 점은 스왑거래에 동일한 증권을 이용할 수 없다는 것이다. 미국 국세청(IRS)은 이를 "세금세탁 매도(wash sale)"로 간주하여 이에 대한 손실을 인정하지 않는다. 또한 자본손실은 자본이득이 생겨난 동일한 세금부과 해에 발생해야 한다. 전형적으로 연말에는 노련한 투자자들이 자본손실을 실현하기 위해 서두르기 때문에 세금손실 매도와 세금스왑이 증가한다.

개념리뷰

11.12 채권사다리를 간단히 설명하고 투자자는 이 투자전략을 어떻게 그리고 왜 사용하는지 설명하시오. 세금스왑은 무엇이고 어떻게 사용되는가?

11.13 공격적인 (자본이득을 추구하는) 채권 투자자가 채택할 것으로 예상할 수 있는 전략은 무엇인가?

11.14 이자율 민감도는 채권 투기자에게 왜 중요한가? 이자율 민감도는 적극적 채권 거래자가 고등급 채권에 투자하려는 경향을 설명할 수 있는가? 설명하시오.

토론문제

LG 1 Q11.1 다음 이자율 기간구조 이론을 간략히 설명하여라.

a. 기대이론
b. 유동성 선호이론
c. 시장분할이론

위 이론들에 의하면 우하향하는 수익률 곡선을 실현하는 조건은 무엇인가? 우상향하는 수익률 곡선의 경우는 어떠한가? 가장 타당하다고 생각하는 이론은 무엇이며 그 이유는 무엇인가?

LG 2 Q11.2 *Wall Street Journal*이나 *Barron's*를 이용하여 다양한 만기(3개월, 6개월, 1년, 5년, 10년)의 국채들의 최근 2년간 수익률 변화를 살펴보라. 시장이자율의 변동에 영향을 미쳤을 가능성이 있는 경제적 변수들에 대해 논의해보자. 변수들에 대한 자료를 모으고 해당 변수들이 시장이자율의 변화와 어떻게 함께 움직였는지 분석하라.

LG 5 Q11.3 다음과 같은 사건이 일어날 경우, 채권의 듀레이션 측정에 어떻게 영향을 미칠지 설명하라.

a. 채권의 만기수익률이 8.5%에서 8%로 하락한다.
b. 채권이 만기에 1년 더 가까워진다.
c. 시장이자율이 8%에서 9%로 상승한다.
d. 채권의 수정 듀레이션이 1년에 절반으로 감소한다.

LG 6 Q11.4 어떤 투자자가 조언을 구하러 왔다고 가정하자. 투자자는 현재 보유하고 있는 $200,000 전부를 채권에 투자하려 한다.

a. 만약 투자자가 고수익을 얻기 위해 위험을 감수할 의향이 있는 적극적인 투자자라면 어떠한 전략들을 제안할 것인가? 구체적으로 설명하라.

b. 만약 투자자가 자본손실을 기피하는 보수적인 투자자라면 어떤 전략들을 제안할 것인가?

c. 다음과 같은 전략을 시행할 것 같은 투자자 유형은 각각 무엇인가?

1. 채권 포트폴리오 면역화
2. 순수 수익률선택스왑
3. 사다리 채권투자
4. 시장이자율이 하락할 때 장기 무이표채 매입

LG 4 LG 5 Q11.5 주변 자원을 활용하여 2개의 국채, 2개의 회사채, 2개의 에이전시 채권으로 이루어진 6개의 채권을 선택하라. 연간 이자 지급 방식을 적용하여 가장 최근의 경상수익률과 약정수익률(만기수익률)을 구하라. 각 채권의 듀레이션과 수정 듀레이션을 구하라.

a. 선택한 6개의 채권에 동일한 금액을 투자한다고 가정했을 때 이 6개 채권 포트폴리오의 듀레이션을 구하라.

b. 시장이자율이 100베이시스 포인트 하락할 때, 보유한 채권 포트폴리오는 어떤 영향을 받는가?

c. $100,000를 투자할 수 있다고 가정할 때, 적어도 4개의 채권을 선택하여 자본이득을 얻을 수 있거나 자본을 보존할 수 있는 포트폴리오를 만들어보라.

문제

LG 3 P11.1 5년만기, 이표율 8%로 반기별 이자가 지급되는 액면가 $1,000 채권에 투자하려 한다. 채권의 만기수익률이 6%일 때, 채권의 현재 가격은 얼마인가?

LG 3 P11.2 액면가 $1,000 채권이 2개 있다. 하나는 15년만기, 이표율 5%, 만기수익률 8%의 채권이고, 다른 하나는 20년만기, 이표율 7.5%, 만기수익률 6%의 채권이다. 둘 중 어느 것이 더 낮은 가격에 거래되는가? (두 채권 모두 연간 이자지급 방식을 사용한다고 가정한다.)

LG 3 P11.3 반기별 이자지급 방식으로 다음 채권의 가격을 구하여라.

a. 15년만기, 이표율 10.5%, 만기수익률 8%의 채권

b. 10년만기, 이표율 7%, 만기수익률 8%의 채권

c. 20년만기, 이표율 12%, 만기수익률 10%의 채권

연간 이자지급 방식을 사용하여 채권의 가격을 구하여라. 다른 이자 지급 방식을 사용함으로써 생겨나는 채권 가격의 차이에 대한 자신의 의견을 서술하라.

LG 3 P11.4 20년만기, 이표율 5%, 만기수익률 8%인 채권이 있다. 액면가가 $1,000일 때, 채권의 가격을 구하여라.

LG 3 P11.5 3년 뒤 만기 시점의 가격이 $1,000일 것으로 예상되는 액면가 $1,000의 채권이 현재 $950에 거래되고 있다. 채권이 연간 이자를 지급하고 만기수익률이 9%일 때, 채권의 액면이자율은 얼마인가?

LG 3 P11.6 10년만기, 이표율 8%, 만기수익률 7%의 채권이 있다. 액면가가 $1,000이고 반기별로 이자를 지급할 때, 채권의 가격을 구하여라. 만약 투자자가 예정된 이표 지급 시점 3개월 전에 채권을 매입한다면 매도자에게 얼마만큼의 경과이자를 지급해야 하는가?

LG 4 P11.7 어떤 투자자가 이표율 10% 채권을 $900에 매입하여 일 년 뒤 $950에 매도했다고 하자. 투자자의 보유기간 수익률은 얼마인가?

LG 4 P11.8 이표율 8%의 채권이 시장에서 $1,150에 거래되고 있다. 채권의 경상수익률을 구하여라.

LG 4 P11.9 5년만기, 이표율 8%로 반기별 이자지급하는 액면가 $1,000의 채권이 시장에서 $1,200에 거래되고 있다. 채권의 만기수익률은 얼마인가?

LG 4 P11.10 9년만기에 반기별 이자지급하는 액면가 $1,000 채권이 12%의 채권등가수익률

로 시장에서 $937에 거래되고 있을 때, 이 채권의 경상수익률은 얼마인가?

LG 3 **P11.11** 어떤 투자자가 18년만기, 이표율 8%, 만기수익률 10%의 회사채에 투자할 계획이다. 투자자는 일 년 뒤 채권의 만기수익률이 9%가 될 것이라고 예상한다. 연간 이자지급 방식을 적용하여 채권의 현재 가격과 1년 뒤 가격을 구하여라. 그 후, 시장 조건이 투자자의 예상대로 실현되었을 때 보유기간 수익률을 구하여라(필요하다면 제4장의 보유기간수익률 수식을 복습하라).

LG 4 **P11.12** 어떤 채권의 현재 시장가격은 $1,170.68이다. 20년만기에 이표율 12%로 연간 이자를 지급할 때 채권의 약정수익률을 구하여라.

LG 4 **P11.13** 어떤 채권이 시장에서 $928.62에 거래되고 있다. 10년만기에 이표율 10%로 연간 이자를 지급할 때 채권의 만기수익률을 구하여라.

LG 4 **P11.14** 이표율 8%, 10년만기로 현재 시장에서 $1,100에 거래되고 있는 채권의 경상수익률을 구하여라. 연간 이자지급 방식을 적용하여 채권의 약정수익률도 구하여라. 이제 반기별 이자지급 방식을 사용했을 경우의 약정수익률을 구하여라.

LG 4 **P11.15** 30년만기, 이표율 12%로 분기별로 이자지급하는 액면가 $1,000 채권을 평가하려 한다. 채권의 현재 시장 가격이 $1,065일 때, 채권의 연간 만기수익률은 얼마인가?

LG 4 **P11.16** 25년만기, 이표율 10%, 액면가 $1,000 채권의 수의상환 가격은 $1,075이다. 채권의 첫 수의상환 가능 시점은 5년 뒤부터이다. 이표는 반기별로 지급될 때,

a. 채권이 현재 시장에서 $1,200에 거래된다고 할 때, 채권의 경상수익률, YTM, YTC를 구하여라. 이 중 가장 높은 수익률은 어떤 것인가? 어떤 것이 가장 낮은 수익률을 보이는가? 이 채권의 가치를 평가하는 데 어떤 수익률을 이용할 것인가? 설명하라.

b. 채권의 현재 가격이 $850이라 가정하고 위 3가지 지표를 계산하라. 어떤 수

익률이 가장 높은가? 어떤 수익률이 가장 낮은가? 이 채권의 가치를 평가하는 데 어떤 수익률을 이용할 것인가? 설명하라.

LG 4 P11.17 투자자가 2가지 채권을 고려하고 있다고 하자. 채권 A는 20년만기, 이표율 9%로 반기별 이자 지급하는 만기수익률 10.5% 채권이다. 채권 B는 20년만기, 이표율 8%로 연간 이자 지급하는 만기수익률 7.5% 채권이다. 두 채권 모두 5년의 지연 콜 조항이 있고 5년 뒤 수의상환 가격은 $1,050이다.

a. 어떤 채권이 더 높은 경상수익률을 가지는가?

b. 어떤 채권이 더 높은 YTM을 가지는가?

c. 어떤 채권이 더 높은 YTC를 가지는가?

LG 4 P11.18 20년만기 무이표채가 현재 시장에서 $509에 거래되고 있다. 액면가는 $1,000이다. 이 채권의 약정수익률은 얼마인가?

LG 4 P11.19 액면가 $1,000의 무이표채가 8년만기이고 7%의 약정수익률을 가질 때 채권의 가격은 얼마인가?

LG 4 P11.20 20년만기 무이표채가 액면가의 10.25%로 시세가 형성되었다. 이 채권의 액면가가 $1,000일 때, 경상수익률과 만기수익률을 구하여라. 채권의 만기수익률이 10%이고 반기별로 연금이 계산될 때, 투자자가 이 채권을 매입하기 위해 얼마를 투자해야 하는지 구하여라.

LG 4 P11.21 이표율 8%의 장기 채권이 $800에 거래되고 있다고 하자. 3년 뒤에 투자자는 이 채권을 $950에 매도할 수 있을 것으로 기대한다. 투자자의 기대가 실현되었을 때, 이 투자자가 실현할 수익률을 얼마인가? 연간 이자 지급 방식을 적용하여 구하여라. 투자자가 9개월 뒤에 채권을 매도한다면 보유기간 수익률은 얼마인가?

LG 4 P11.22 연간 이자 지급 시, 각 채권의 만기수익률을 구하여라.

a. 20년만기, 이표율 9.5%, 현재 시장가격 $957.43 채권

b. 15년만기, 이표율 16%, 현재 시장가격 $1,684.76 채권

c. 18년만기, 이표율 5.5%, 현재 시장가격 $510.65 채권

LG 5 P11.23 매콜리 듀레이션 8.3년인 채권의 만기수익률은 6.2%이다. 이 채권의 수정 듀레이션은 얼마인가?

LG 5 P11.24 어떤 채권의 매콜리 듀레이션은 8.62년이고 만기수익률은 8%이다. 시장 이자율이 상승하여 수익률이 8.5%로 상승하면 채권 가격의 변화율은 얼마인가? 만약 시장 이자율이 7.5%로 하락할 경우, 채권 가격의 변화율은 얼마인가? 결과에 대한 의견을 제시하라.

LG 5 P11.25 어떤 투자자가 25년만기에 이표율 6%로 반기별 이자를 지급하며, 만기 수익률 7%에 현재 시장에서 $882.72에 거래되고 있는 콜금지 채권을 찾고자 한다. 수익률이 50베이시스 포인트 변화할 때 이 채권의 유효 듀레이션을 구하여라. (힌트: 수식(11.11)을 이용하라.)

LG 5 P11.26 20년만기, 이표율 10%, 만기수익률 8% 회사채의 매콜리 듀레이션과 수정 듀레이션을 구하여라. 채권의 수정 듀레이션에 의하면 시장수익률이 9%로 상승했을 때 채권의 가격은 어떻게 변하겠는가? 연간 이자 지급 방식을 적용하여 1년 뒤, 시장 이자율이 9%로 상승했을 경우 채권의 가격을 구하여라. 이 채권 가격 변화 수치는 수정 듀레이션에서 측정된 것과 어떻게 다른가? 차이를 설명하라.

LG 5 P11.27 시장이자율이 향후 6개월 동안 50베이시스 포인트 하락할 것으로 예상된다면 다음 중 어떤 채권에 투자할 것인가?

a. 매콜리 듀레이션 8.46년, 현재 시장가격의 수익률 7.5%

b. 매콜리 듀레이션 9.30년, 만기수익률 10%

c. 매콜리 듀레이션 8.75년, 만기수익률 5.75%

LG 5 LG 6 P11.28 Stacy Picone은 시장이자율 변동에 투기하기를 좋아하는 적극적인 채권 투자자이다. 그녀는 현재 9%인 시장이자율이 일 년 내에 7%로 하락할 것이라 예상한다. 그 결과 Stacy는 25년만기 무이표채 또는 20년만기, 이표율 7.5% 채권을 매입하려고 한다(두 채권의 액면가 모두 $1,000이다). Stacy가 자본이득을 극대화하고자 할 때, 둘 중 어떤 채권에 투자해야 하는가? 만약 그녀가 총 수익(자본이득과 이자수입)을 극대화하고 싶다면 어떻게 해야 하는가? 한 채권이 다른 채권보다 더 많은 자본이득을 창출하는 이유는 무엇인가? 각 채권의 듀레이션에 기초할 때 어떤 채권의 가격이 보다 큰 변동성을 갖는가?

LG 5 LG 6 P11.29 Elliot Karlin은 큰 금액의 유산을 상속받은 35세 은행 경영진이다. 그는 몇 년간 은행의 투자 부서에서 근무한 경험을 바탕으로 듀레이션에 관해 잘 알고 있으며 이를 자신의 포트폴리오 운용에 활용하려 한다. 특히 Elliot는 유산 중 1백만 달러로 4종목의 미국 국채를 매입하려 한다.

a. 13년만기, 이표율 8.5%, 만기수익률 7.47%로 현재 시장가격 $1,045인 채권
b. 15년만기, 이표율 7.875%, 만기수익률 7.60%로 현재 시장가격 $1,020인 채권
c. 20년만기, 만기수익률 8.22%로 현재 시장가격 $202인 무이표 국채(stripped treasury)
d. 24년만기, 이표율 7.5%, 만기수익률 7.90%로 현재 시장가격 $955인 채권

1. 각 채권의 듀레이션과 수정 듀레이션을 구하여라.
2. Elliot이 각 4개의 채권에 $250,000씩 투자했을 때, 전체 채권 포트폴리오의 듀레이션을 구하여라.
3. Elliot이 채권 a와 c에 $360,000씩 투자하고, 채권 b와 d에 $140,000씩 투자했을 때 전체 채권 포트폴리오의 듀레이션을 구하여라.
4. 시장이자율이 상승할 것이라 예상되고 가격 변동성으로부터 생겨나는 위험을 피하기 위해 Elliot은 포트폴리오 b와 c 중 어떤 것을 선택해야 하는가? 설명하라. 어떤 포트폴리오에서 더 많은 연간 이자수입을 얻을 수 있는가? 당신은 어떤 포트폴리오를 추천할 것이고 그 이유는 무엇인가?

사례 문제 11.1: Carter 부부의 채권 투자 결정

LG 3 LG 4 LG 6 Dave와 Marlene Carter는 Dave가 치과 교정의로 안정적으로 자리하고 있는 보스톤 지역에 거주하고 있다. 이들은 상당한 투자 포트폴리오를 구축해놓고 그 중 상당 부분을 항상 고정소득증권에 투자해왔다. 이들은 매력적인 이자수입과 큰 자본이득 모두를 추구한다는 점에서 적극적인 투자 성향을 보인다. 지금이 2013년일 때, Marlene은 2가지 투자 의사결정을 고민하고 있다. 한 가지는 포트폴리오에 채권을 추가하는 것이고 다른 한 가지는 채권 구성을 변경하는 것이다.

Carter부부의 첫 번째 방법은 단기적인 거래 기회에 초점을 둔다. 구체적으로 살펴보자면 Marlene은 25년만기, 이표율 7.5%, 만기수익률 9%에 현재 시장에서 $852에 거래되고 있는 채권을 매입할 수 있다. 그녀는 2년 뒤 이 채권의 약정수익률이 8%로 하락할 것이라 예상하고 있다.

두 번째 방법은 채권스왑이다. Carter부부는 현재 이표율 7%에 시장에서 $785에 거래되고 있는 Beta Corporation의 2026년 채권을 보유하고 있다. 이들은 경상수익률과 만기수익률 모두를 제고하고자 다음 중 3가지 증권을 스왑 후보로 고려하고 있다. (a) Dental Floss, 이표율 7.5%, 2038년 만기, 현재 시장가격 $780, (b) Root Canal Products of America, 이표율 6.5%, 2026년 만기, 현재 시장가격 $885, (c) Kansas City Dental Insurance, 이표율 8%, 2027년 만기, 현재 시장가격 $950의 3가지 채권이 스왑 후보이다. 3가지 채권 모두 비교할 만한 특성과 품질을 가지고 있다.

문제

a. 단기 거래 기회에 관하여,

1. 이 상황과 관련된 기본적인 거래 원칙은 무엇인가?
2. 만약 Marlene의 예상이 맞는다면, 2년 뒤 이 채권의 가격은 얼마인가?
3. 이 채권의 기대수익률은 얼마인가?
4. 이 투자를 시행해야 하는가?

b. 채권스왑 기회에 관하여,

1. 반기별 이자 지급 방식을 적용하여 Carter 부부가 현재 보유하고 있는 채권과 3가

지 스왑 후보들의 경상수익률과 약정수익률을 구하여라.

2. 스왑 후보 중 Carter부부가 현재 보유하고 있는 Beta Corporation보다 큰 경상소득 또는 높은 경상수익률을 창출하는 증권이 있는가? 있다면 어떤 것들인가?
3. Marlene이 현재 보유하고 있는 채권을 다른 증권과 교환해야 할 만한 이유가 있는가? 있다면 어떤 스왑 후보가 최적의 선택인가? 이유는 무엇인가?

사례 문제 11.2: Grace의 포트폴리오 면역화

LG 4 LG 5 LG 6 Grace Hesketh는 Chicago 다운타운에 위치한, 굉장히 성공적인 드레스 부띠끄의 사장이다. Grace에게 가장 중요한 것은 하이패션이지만 그녀는 투자에도 큰 관심을 가지고 있다. 특히 채권을 비롯한 고정소득증권을 눈여겨보고 있다. Grace는 가장 최신의 투자 테크닉에 능통하고 이 테크닉들을 그녀의 투자에 적용해보는 것을 두려워하지 않는다.

Grace는 그녀가 보유한 채권 포트폴리오의 많은 부분을 면역화하려는 아이디어를 가지고 있다. 채권 포트폴리오의 일부를 7년 내에 매도하여, 현금 수익으로 그녀의 고향인 Oregon주에 별장을 사들이고자 한다. 이를 위해 그녀는 4종류의 회사채에 투자한 $200,000를 운용하려 한다(현재 각각의 채권에 $50,000씩 투자한 상태이다).

1. 12년만기, 이표율 7.5%, 현재 시장가격 $895인 채권
2. 10년만기 무이표채, 현재 시장가격 $405인 채권
3. 10년만기, 이표율 10%, 현재 시장가격 $1080인 채권
4. 15년만기, 이표율 9.25%, 현재 시장가격 $980

(위 채권들은 모두 수의상환이 금지되어 있으며, 투자등급이고, 전환될 수 없는 채권이다)

문제

a. 주어진 정보에 의하면, 연간 이자지급 방식을 적용할 때, 포트폴리오를 구성하는 각 채권의 경상수익률과 약정수익률은 얼마인가?
b. 채권 포트폴리오를 구성하는 각 채권의 매콜리 듀레이션과 수정 듀레이션을 구하여라. 시장 이자율이 75베이시스 포인트 상승하면 각 채권의 가격은 얼마나 변동하는가? 시장이자율이 75베이시스 포인트 하락할 경우의 채권 가격 변동은 어떤가?

c. 4종류의 채권으로 구성된 포트폴리오의 듀레이션을 구하여라. Grace가 목표로 삼은 7년을 기준으로 보았을 때, 이 채권 포트폴리오는 면역화된 포트폴리오인가? 설명하라.

d. 이 포트폴리오의 듀레이션을 늘리거나 줄일 수 있는 방법은 무엇인가? 가장 짧은 듀레이션은 얼마인가? 가장 긴 듀레이션은 얼마인가?

e. 위 채권 중 한 종류 이상의 채권을 활용하여 Grace가 추구하는 듀레이션 특성을 가진 $200,000 채권 포트폴리오를 구성할 수 있는가? 설명하라.

f. 위 채권 중 한 종류 이상의 채권을 활용하여 Grace를 위한 $200,000 채권 포트폴리오를 구성하여라. 채권 포트폴리오가 면역화될 것이라는 측면에서 Grace가 이 포트폴리오를 매입보유 포트폴리오로 간주해도 되겠는가?

엑셀 스프레드시트

모든 채권 가격은 미래 현금흐름의 현재가치에 따라 결정된다. 채권 가치평가의 주요 구성 요소는 액면가, 액면이자율, 만기까지의 기간, 그리고 시장이자율이다. 채권 가격을 결정하는 것은 시장이자율이다. 채권 시장에서, 우선 채권의 약정수익률이 결정되어야 하고, 이 수익률에 따라 채권의 시장가격이 결정된다. 시장이자율은 요구수익률이라고 불리기도 한다. 이는 이성적인 투자자가 고정소득증권에 투자할 때 요구하는 수익률을 의미한다.

스프레드시트를 만들어 아래 채권가치 평가질문에 대해 답하시오.

문제

a. H&W Corporation에 의해 발행된 채권 중 하나는 이표율 5.625%로 연간 이자를 지급하며 만기에 액면가 $1,000를 지급하는 채권이다. 이 채권은 만기까지 23년의 잔존기간이 있다. 비슷한 수준의 위험을 보유한 다른 채권들의 요구수익률은 6.76%이다. 이 회사채의 현재 시장가격은 얼마인가?

b. H&W 채권의 경상수익률은 얼마인가?

c. 문제 a의 H&W 채권 사례에서 이표가 반기별로 누적될 경우, 이 증권의 현재 가격은 얼마인가?

d. H&W 채권 가격은 시장이자율의 변동에 어떻게 반응할 것인가? 이를 찾아내기 위해, 채권의 가격이 만기수익률에 의해 어떻게 변동하는지를 결정하여라. YTM이 각각 (1) 5.625%, (2) 8%, (3) 4.5%일 때, 채권의 가치를 구하여라. 산출된 값에 기반하여 채권이 할증채, 액면채, 할인채 중 어떤 것인지 말하고 자신의 의견을 서술하라.

e. Jay & Austin Company는 다음과 같은 특성을 지닌 채권을 발행하였다. 액면가 $1000, 이표율 6.5%로 반기별 이자 지급, 만기까지 잔존기간 22년, 현재 시장가격 $878.74 채권의 YTM은 얼마인가?

CFA 시험 문제

고정소득증권에 투자하기

아래 10개의 Level-I CFA 시험문제는 채권의 가격과 수익률, 이자율과 위험, 채권 가격 변동성, 그리고 채권의 상환 조항을 포함하여 교재 제10, 11장의 내용을 다루고 있다(질문에 답할 때 문제당 1.5분의 시간을 사용하고 10개의 문제를 15분에 풀고 7개를 맞추는 것을 목표로 한다).

1. 다음 중 감채기금에 대하여 가장 옳은 것을 골라라.
   a. 감채기금은 신용 위험을 감소시킨다.
   b. 감채기금은 발행자가 감채기금 요구사항보다 많이 상환하는 것을 금지한다.
   c. 감채기금은 항상 발행된 채권의 잔액이 만기 전에 0이 되도록 한다.

2. 어떤 분석가가 수의상환채권은 타 동일한 조건의 옵션 없는 채권보다 재투자 위험이 낮고 가치를 높게 평가 받는다고 주장한다. 이 분석가의 의견은,
   a. 재투자 위험과 가치 평가 부분 모두에서 옳지 않다.
   b. 재투자 위험 부분은 옳지 않지만, 가치 평가 부분에서는 옳다.
   c. 재투자 위험 부분은 옳지만, 가치 평가 부분에서는 옳지 않다.

3. 채권 포트폴리오 매니저가 채권 발행에 관하여 다음과 같은 정보를 수집했다.

   액면가 $10,000,000/ 현재 시장가 $9,850,000/ 듀레이션 4.8년

   수익률이 75베이시스 포인트 감소할 것이라고 예상될 때, 다음 중 어떤 선택지가 채권의 가격 변동을 가장 적절히 예측하였는가?

a. $9,850,000의 3.6%

b. $10,000,000의 3.6%

c. $9,850,000의 4.8%

4. 정확히 4년의 만기를 가지고 있는 미국 중기국채(T-note)는 몇 개의 STRIPS로 분할될 수 있는가?

a. 4 Treasury STRIPS

b. 8 Treasury STRIPS

c. 9 Treasury STRIPS

5. Frieda Wannamaker는 현재 28% 소득세 구간에 속하는 투자자이다. 수익률 3.75%인 세금 면제 채권 매입을 고려 중일 때, 이 채권의 세금 부과 가능한 등가수익률은?

a. 1.46%

b. 5.21%

c. 7.47%

6. 3년만기, 연간 할인 이자율 6%에 반기별 이자 지급하는 액면가 $1000 무이표채의 현재 가치는?

a. $837.48

b. $839.62

c. $943.40

7. 14년만기, 이표율 6.375%인 채권의 만기수익률은 4.5%이다. 채권의 YTM이 일정하다고 가정할 때, 만기가 가까워질수록 채권의 가치는,

a. 증가할 것이다.

b. 하락할 것이다.

c. 그대로 유지될 것이다.

8. 액면가에 매입한 이표채를 만기까지 보유하고 있었는데 이 기간 동안 시장 이자율은 상승하였다. 이 이표채의 본래 실현 수익률은,

a. 발행시점에 YTM보다 높았을 것이다.

b. 발행시점에 YTM보다 낮았을 것이다.

c. 채권이 만기 때까지 보유되었기 때문에 발행시점에 YTM과 동일했을 것이다.

9. 한 분석가의 계산에 따르면, 이표율 9%인 옵션 없는 채권의 가격은 시장이자율이 100베이시스 포인트 증가했을 때 12% 변동할 것이다. 만약 시장이자율이 100베이시스 포인트 하락한다면 채권 가격은,

a. 12% 증가할 것이다.

b. 12%보다 적게 증가할 것이다.

c. 12%보다 많이 증가할 것이다.

10. 액면가 $1,000의 채권의 듀레이션은 6.2이다. 채권의 수익률이 8.80%에서 8.95% 상승할 것으로 예상될 때, 채권의 새로운 가격을 가장 적절히 추정한 것은?

a. 채권의 현재 가격보다 0.93% 낮다.

b. 채권의 현재 가격보다 1.70% 낮다.

c. 채권의 현재 가격보다 10.57% 낮다.

해답: 1. a; 2. a; 3. a; 4. c; 5. b; 6. a; 7. b; 8. a; 9. c; 10. a.

Part 5

포트폴리오 관리

Chapter 12

뮤추얼펀드와 상장지수펀드

학습목표 (Learning Goals)

이 장을 학습한 후, 아래와 같은 과제를 수행할 수 있어야 한다.

LG 1 뮤추얼펀드의 기본 특성을 설명하고, 투자수단으로서 갖추어야 할 기능들을 인식한다.

LG 2 개방형과 폐쇄형 펀드, 상장지수펀드 그리고 다른 종류의 전문적으로 관리되는 투자회사들을 구별하고, 다양한 종류의 펀드 수수료를 논의한다.

LG 3 펀드 종류와 이 펀드들이 추구하는 투자목표의 다양성을 논의한다.

LG 4 뮤추얼펀드의 투자자 서비스와 어떻게 이 서비스들이 투자 프로그램에 적용될 수 있는지 논의한다.

LG 5 투자자의 뮤추얼펀드 활용과 투자목적을 위해 펀드를 평가하고 선택할 때 고려해야 할 변수들을 논의한다.

LG 6 수익의 원천을 인식하고 뮤추얼펀드 투자에서 얻어진 수익률을 계산한다.

1976년, Vanguard Group의 설립자 John Bogle은 Standard & Poor's 500 주가지수에 포함된 주식만 보유하는 뮤추얼펀드를 창시하고 개인투자자에게 공개하는 혁신적 아이디어를 떠 올렸다. 다른 뮤추얼펀드와 달리, 원래 First Index Investment Trust로 불렸던 Vanguard 500 지수펀드의 목표는 주식시장을 상회하는 대신 S&P 500 지수에 의해 제시되는 수익률을 추적하는 것이다. Vanguard의 지수펀드는 두 가지 방법으로 비용을 낮추었다. 첫째, 펀드는 단순히 S&P 500 주가지수에 포함된 모든 주식을 매입하기 때문에, Vanguard는 어떤 주식을 매수하고 매도해야 할지 분석을 수행하는 직원에게 임금을 지불할 필요가 없었다. 둘째, S&P 500 지수의 구성은 장기적으로 비교적 안정적이기 때문에, 지수의 추적은 Vanguard로 하여금 과도한 거래를 하도록 만들지 않으며 따라서 펀드의 거래비용은 낮다. 오늘날 Vanguard 500 지수펀드는 $1,120억를 초과하는 순자산을 보유한, 세계에서 가장 큰 뮤추얼펀드의 하나이다. 투자자들에게 낮은 비용의 펀드를 제공한다는 Vanguard의 철학은 이 회사를 가장 큰 뮤추얼펀드 회사로 만들었으며, 그 인기는 가라앉을 기미를 보이지 않는다. 2012년 상반기에만 Vanguard는 신규 펀드의 투자자들로부터 580억 달러를 모집했으며, 이는 모든 뮤추얼펀드의 신규 투자의 3분의 1을 초과한다. Bogle의 예상대로, 펀드의 낮은 주식회전율에 관한 관심은 운영비용을 낮은 수준에서 유지하도록 만들었다. 투자자가 Vanguard의 펀드에 납입하는 매 $1,000에 대해, Vanguard는 연간 운영비용으로 단지 $2를 징수한다. 이는 산업평균인 투자액 $1,000당 $11.20에 비교된다. Vanguard의 S&P 500 펀드는 지난 36년 동안 연평균 약 10.5%의 수익률을 올렸으며, 많은 다른 주식 뮤추얼펀드의 동 기간 성과를 초과했다. Vanguard 지수펀드 실험의 성공을 인정하여, State Street Global Advisors는 그 아이디어를 채택하고 개선함으로써 1993년 최초의 상장지수펀드(ETF)를 설립했다. ETF는 대규모 증권 포트폴리오를 신탁하고 이 재산에 대한 청구권을 나타내는 지분을 판매함으로써 설립된다. 최초의 ETF는 Standard & Poor's 주식예탁증서(SPDR)이며, 별명인 "spider"로 더 널리 알려져 있다. Vanguard 지수펀드처럼, spider는 S&P 500 지수의 변동을 추종한다. 그러나 spider는 중요한 장점을 갖고 있다. Vanguard 펀드(또는 대다수 뮤추얼펀드)의 지분을 매매하려는 투자자들은 거래를 완결하기 위해 매일 주식시장이 폐장할 때까지 기다려야 하나, spider의 투자자들은 거래일 중 언제든지 지분을 매매할 수 있다.

(출처: www.vanguard.com 2012년 8월 18일; www.icifactbook.com 2012년 8월 18일; 그리고 www.online.wsj.com/ad/focusonetfs/history.com 2012년 8월 12일의 펀드 자료)

뮤추얼펀드의 개념

LG 1 LG 2

주 각 장의 학습목표는 이 아이콘에 의해 본문의 설명에서 표시된다.

조직화된 증권거래소가 만들어진 이후, 어느 주식 또는 채권을 선택할지 그리고 언제 사고팔지를 결정하는 것은 투자자들에게 어려운 문제로 남아 있다. 이 점이 뮤추얼펀드의 본질과 성장 과정을 설명해준다. 많은 투자자들이 자신의 포트폴리오를 관리하는 기술이나 시간이 부족하거나, 집중할 수 없는 형편이다. 더욱이, 다수의 투자자들은 잘 분산된 포트폴리오를 만들어낼 수 있는 충분한 자금을 갖고 있지 않다. 결국 그들은 전문적 자산관리자를 찾아가서, 어느 자산을 사고팔지 결정하는 일을 맡긴다. 투자자들은 전문적 조력을 구할 때, 빈번하게 뮤추얼펀드를 찾는다.

기본적으로, 투자회사로도 불리는 뮤추얼펀드(mutual fund)는 금융서비스를 제공하는 기관의 하나이다. 한 집단의 투자자들로부터 자금을 받아, 이 돈으로 자산 포트폴리오를 매입한다. 투자자들이 뮤추얼펀드에 돈을 보낼 때, 그들은 펀드의 지분을 받고 자산 포트폴리오의 부분적 소유자가 된다. 다시 말해 투자회사는 뮤추얼펀드라는 수단을 통해서, 자산 포트폴리오를 만들고 관리하며 그 소유권(지분)을 매각한다.

포트폴리오 관리는 자산배분과 증권선택 결정을 다룬다. 뮤추얼펀드에 투자함으로써, 투자자들은 전문적 자금관리자들에게 증권선택 결정의 일부 또는 전부를 위임한다. 결과적으로, 그들은 중요한 자산배분 결정에 집중하게 된다(당연하게, 이것은 포트폴리오의 장기적 성과를 결정하는 본질적 요소이다. 실제로 이런 이유 때문에, 많은 투자자들이 뮤추얼펀드를 궁극적 자산배분 수단으로 간주한다. 투자자들은 어느 펀드에 투자할 것인지 결정하면 된다). 그 다음에는 뮤추얼펀드의 전문적 자산관리자들이 처리한다.

뮤추얼펀드 개관

뮤추얼펀드는 85년 넘게 미국 투자업계의 일부를 담당했다. 최초의 뮤추얼펀드(MFS)는 1924년에 보스턴에서 시작하였으며, 지금도 영업하고 있다. 뮤추얼펀드의 수는 1940년에 68개로 증가했고, 2011년에는 8,600개를 넘었다. 넓은 관점에서 바라보면, 오늘날 뮤추얼펀드의 수는 뉴욕 증권거래소와 아메리칸 증권거래소에 상장된 주식 수의 합계보다 많다. 펀드의 숫자가 증가함에 따라, 관리되는 자산의 규모도 1980년의 1,350억 달러로부터 2011년 말의 11.6조 달러로 증가했다. 1980년에 6% 미만이었던 것에 비해, 2011년에는 미국 가계의 44%(9,000만 명)가 뮤추얼펀드 지분을 소유하고 있다. 뮤추얼펀드 산업은 실제로 크게 성장했으며, 이제는 이 나라에서 은행마저 능가하는 가장 큰 금융중개기관이다.

뮤추얼펀드는 미국 그리고 실제로 세계적으로도 큰 사업이다. 2011년 현재, 세계적으로 72,000개 이상의 뮤추얼펀드가 영업 중에 있으며 자산 총계는 23.8조 달러이다. 미국의 뮤추얼펀드는 이 자산의 약 절반을 보유하고 있다. 펀드의 수 또는 관리자산의 규모를 기준으로, 미국의 주식 펀드가 뮤추얼펀드 자산 가운데 가장 큰 부분을 차지한다. <그림 12.1>은 뮤추얼펀드의 주요 형태별 관리자산의 비중을 나타낸다. 미국 주식에 투자하는 펀드는 2011년 기준으로 뮤추얼펀드 보유 자산의 33%를 관리하고 있다. 그러나, 미국 및 세계 주식 펀드에 의해 관리되는 자산의 비중(45%)은 채권이나 화폐시장 투자 같은 고정소득상품에 주로 투자하는 펀드의 비중(48%)과 거의 같다는 사실에 유의해야 한다.

그림 12.1 미국 뮤추얼펀드의 펀드 유형별 관리자산 현황

이 〈그림〉은 뮤추얼펀드의 펀드 유형별 관리자산 분포를 보여준다. 국내 또는 해외 주식에 투자한 펀드들은 업계 자산의 45%, 채권과 화폐시장 상품 같은 고정소득자산에 투자한 펀드는 업계 자산의 48%를 관리한다.

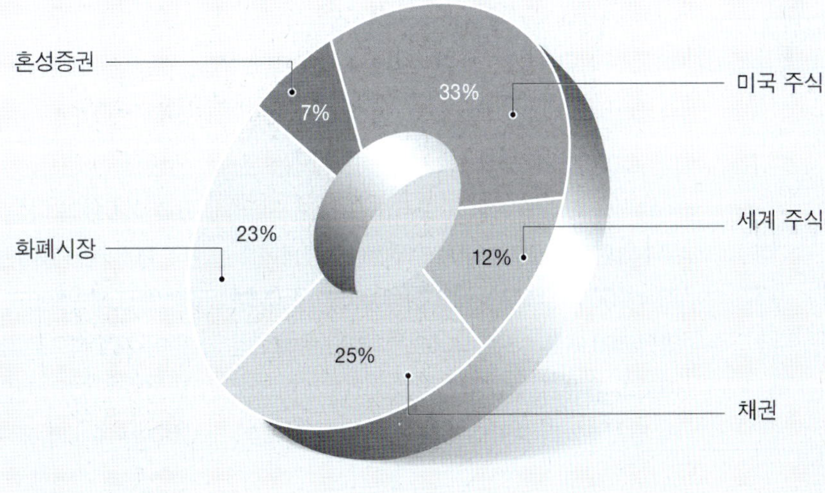

(출처: 2012 Investment Company Institute Factbook의 자료, http://www.icifactbook.org/2012_factbook.pdf.)

뮤추얼펀드는 모든 생활양식과 소득수준에 걸쳐 투자자들의 관심을 끈다. 경험이 적거나 매우 많은 투자자들 모두 포트폴리오 안에 뮤추얼펀드를 보유하고 있다. 이 투자자들은 한 가지 공통점을 갖고 있다. 이들은 각자 나름대로의 이유 때문에, 투자관리 활동의 일부 또는 전부를 전문가에게 맡겼다는 것이다.

통합 분산투자 뮤추얼펀드의 개념은 비슷한 투자목표를 가진 많은 사람들로부터 자금을 모아서 분산된 포트폴리오에 투자한다는 단순한 아이디어에 기초한다. 이 아이디어는 통합 분산투자(pooled diversification)로 불린다. 투자자가 투자할 수 있는 금액이 비교적 소액인 경우에도, 뮤추얼펀드는 투자자로 하여금 잘 분산된 포트폴리오를 쉽게 보유하도록 만들어준다. 단일 뮤추얼펀드가 수백 종목의 주식이나 채권을 보유하는 것은 드문 일이 아니다. 예를 들어 2012년 중반 현재, Fidelity Contrafund는 364 종목의 증권을 보유하고 있고, Dreyfus GNMA는 925 종목을 보유하고 있다. 이는 대다수 개별 투자자들이 스스로 투자할 경우 달성할 수 있는 수준보다 훨씬 더 많이 분산된 상태이다. 한편, 펀드의 지분을 소유한 개별 투자자는 결과적으로 펀드의 분산된 증권 포트폴리오의 부분적 소유자이다.

펀드의 규모에 관계없이, 보유 증권의 가격이 상승 또는 하락함에 따라 뮤추얼펀드

금융시장 위기 뮤추얼펀드의 취약성

뮤추얼펀드 산업은 위기상황의 영향을 받는다. 2008년 금융위기와 수반된 경제침체는 뮤추얼펀드 산업에 상당한 충격을 주었다. 미국 뮤추얼펀드의 순자산가치 총액은 2008년에 2조 4,000억 달러 감소했다. 투자자들의 뮤추얼펀드에 대한 수요는 2008년에 저조하여, 업계로의 총 신규 현금유입은 2007년의 8,780억 달러로부터 2008년의 약 4,110억 달러로 50% 이상 감소했다. 급격히 하락하는 주가와 증가하는 시장 불확실성에 주로 기인하여, 투자자들은 2008년에 미국 주식 뮤추얼펀드로부터 2,340억 달러를 회수했고, 상대적으로 안전한 화폐시장 펀드는 사상 최고기록인 6,360억 달러 이상의 신규 투자유입을 달성했다. 2008년 1월에만, 투자자들은 미국 화폐시장 펀드에 1,590억 달러를 추가했다. 투자자들이 재무적으로 더 조심스러워지면서, 뮤추얼펀드 산업은 처음으로 축소되기 시작했다. 2009년에 시장에 판매되는 뮤추얼펀드의 수는 365개 감소했고, 최근인 2011년에 신규 펀드의 설립속도는 2004년 이후 최저였다.

지분의 시장가격도 변동한다. 펀드가 배당이나 이자를 수취하면, 마찬가지로 뮤추얼펀드 주주에게 전달되어 지분율에 따라 분배된다. 따라서 만약 누군가 뮤추얼펀드 지분 1,000주를 소유하고 있고 그것이 발행 지분의 1%에 상당하면, 펀드에 의해 지급되는 배당의 1%를 수취할 것이다. 펀드가 증권을 매각하여 이익을 얻으면, 마찬가지로 펀드 주주들에게 지본이득을 비례적으로 전달한다.

적극적 대 소극적 관리 넓은 의미에서, 뮤추얼펀드들은 어떤 증권에 투자할지 결정하는 방법에 따라 두 범주 가운데 하나로 분류된다. 적극적으로 관리되는 펀드(actively managed fund)에서, 전문적 포트폴리오 매니저는 어떤 증권이 미래에 평균 이상의 성과를 보일 수 있는지 결정하기 위한 분석을 수행한다. 포트폴리오 매니저는 회사의 재무보고서들을 결합하고, 많은 상이한 증권들의 내재가치를 추정하는 복잡한 평가모형을 개발함으로써, 기본적 분석을 수행할 수도 있다. 매니저는 내재가치가 시장가격보다 큰 증권들에 투자할 것이다. 또는 매니저는 증권 가격들이 가까운 미래에 변동할 방향을 알아내려고, 추세를 찾기 위한 기술적 분석을 이용할 수도 있다. 어느 경우에도, 매니저의 목표는 우월한 성과를 보일 증권을 알아내고 투자하는 것이다.

매니저가 그 과업을 달성했는지 또는 실패했는지는 포트폴리오의 성과를 벤치마크(benchmark)에 비교함으로써 평가된다. 특정 펀드에 대해 비교되는 벤치마크는 펀드와 비슷한 리스크 프로파일을 갖고 있어야 한다. 예를 들어 만약 펀드의 목표가 대형 초우량 회사에 투자하는 것이라면, 펀드의 벤치마크는 S&P 500 주가지수일 수 있다. 펀드 매니저의 목표는 수수료 차감 후에 S&P 500 지수보다 높은 수익을 올리는 것이다. 한편 특정 펀드가 소형 주식에 투자하는 데 초점을 맞추고 있다면, S&P 500은 적당한 벤치마크가 아니다. 대신, Russell 2000 지수 같은 지수가 적당한 벤치마크일 것이다.

> **투자자 오류**
>
> **벤치마크 상회** 다양한 뮤추얼펀드를 제공하는 투자회사는 자신의 펀드 중 많은 수가 벤치마크를 상회한다고 빈번하게 광고한다. 투자자들은 이런 주장에 대해 주의해야 한다. 뮤추얼펀드 집단은 종종 벤치마크에 뒤처지는 펀드를 폐쇄하고(또는 다른 펀드에 합병하고), 잔존 펀드의 성과를 실제보다 좋게 보이도록 만든다.

소극적으로 관리되는 펀드에서, 매니저는 벤치마크를 능가하는 포트폴리오를 선택하려고 시도하지 않는다. 대신, 소극적으로 관리되는 펀드는 특정 벤치마크나 주가지수의 성과를 복제하도록 고안된다. 이 장의 시작 부분에 기술된 Vanguard S&P 500 지수 펀드는 소극적으로 관리되는 펀드의 완벽한 사례이다. 이런 펀드들에서, 매니저의 목표는 비용을 최소화하면서 지수의 성과를 가능한 한 근접하게 추종하는 것이다. 실제로, 소극적으로 관리되는 펀드에 의해 부과되는 관리 수수료는 평균적으로 적극적으로 관리되는 펀드에 의해 부과되는 수수료의 일부에 불과하다. 소극적으로 관리되는 펀드의 공급자들은 적극적으로 관리되는 펀드는 단지 높은 수익의 가능성을 제공할 뿐이나 고비용은 확실한 사실이라고 주장하며, 투자자들에게 접근한다.

뮤추얼펀드 지분의 매력과 단점 뮤추얼펀드를 소유하는 많은 이유 중에서, 가장 중요한 것의 하나는 포트폴리오 분산을 제공할 수 있다는 것이다. 위에서 본 것처럼 펀드 주주는 다양한 산업과 회사에 걸쳐 펀드 보유 자산을 분산하여 위험을 낮춤으로써, 분산투자의 혜택을 누릴 수 있다. 뮤추얼펀드의 다른 매력은 직업적이고 전문적인 관리이다. 이 덕분에, 뮤추얼펀드 투자자들은 많은 일상적 관리활동과 번거로운 문서작업으로부터 벗어날 수 있다. 더욱이 펀드는 적극적 또는 소극적으로 관리되는지에 상관없이, 개별 투자자가 스스로 수행하는 것보다 뛰어난 투자 전문성을 제공한다. 또 다른 이점은 대다수 뮤추얼펀드 투자는 많지 않은 투자자본으로 시작될 수 있다는 것이다. 뮤추얼펀드가 제공하는 서비스도 많은 투자자들의 흥미를 자아낸다. 이 서비스들은 배당의 자동적 재투자, 은퇴 계획, 그리고 철회 권리를 포함한다. 마지막으로, 뮤추얼펀드는 편리하다. 가입이 비교적 용이하고, 펀드가 문서작업과 기록 업무를 담당하며, 가격이 광범위하게 호가되고, 1주 미만의 지분도 거래할 수 있다.

당연하게, 뮤추얼펀드 소유와 관련된 비용도 존재한다. 뮤추얼펀드는 여러 가지 수수료를 부과하며, 어떤 경우에는 상당히 많을 수 있다. 일부 펀드는 투자자가 펀드 지분을 매입할 때 (중개수수료처럼) 초기에 지불해야 하는 수수료인 "판매 수수료"를 징구한다. 펀드는 또한 주식을 사고파는 비용과 펀드를 운용하는 사무비용(예를 들어 기록업무 및 근로자의 급여)을 충당하는 관리 수수료(management fees)를 징구한다. 투자자들은 매년 실적에 상관없이 관리수수료를 납부해야 한다. 관리 수수료는 펀드에 따라 크게 다르다. 적극적으로 관리되는 펀드는 평균 약 1.5%의 관리수수료를 징구한다. 이는 투자자가 펀드에 $10,000를 투자하면, 매년 투자성과에 무관하게 $150를 납부한다는 것을 의미한다. 일부 뮤추얼펀드는 매니저들이 우월한 성과를 낼 것이라고 주장하면서, 높은 수수료를 정당화한다. 그러나, 투자자는 이 주장에 주의를 기울여야 한다. 일반적으로 뮤추얼펀드가 평균 이상의 수익을 올린다는 증거는 많지 않다. 한편, 소극적으로 관리되는 펀드에 의해 징수되는 관리수수료는 훨씬 더 낮으며 평균적으로 약 0.25%이다. 물론 눈에 띄는 예외가 존재하나, 대다수 펀드는 시장을 따라가는 것보다 높은 성과를 내지 못한다. 많은 경우, 시장을 따라가지도 못한다.

투자자 현실

펀드와 세금 – 당신은 뮤추얼펀드 주식을 소유하면, 펀드가 아닌 당신이 소득세를 내야 한다. 뮤추얼펀드는 비과세 기관이기 때문이며, 소득의 이중과세는 없다. 펀드가 비과세에 해당되려면, 모든 실현 자본이득과 이자 및 배당소득의 90% 이상을 분배해야 한다. 당신은 만약 IRA 또는 401(k) 같은 비과세 계좌에서 펀드를 보유하지 않고 있으면, 이 분배금에 대해 세금을 내야 한다. 이 경우, 당신이 이 계좌로부터 인출할 때까지 세금은 이연된다.

뮤추얼펀드의 성과 적극적으로 관리되는 펀드에서, 목표는 펀드의 벤치마크를 상회하는 수익을 올리는 것이다. 그런데, 실제로 전문적 펀드 매니저들이 얼마나 성공적으로 이 목표를 달성하는가? <그림 12.2>는 이 질문에 대한 경험적 증거를 제공한다. <그림 12.2>는 다양한 범주에 속한 뮤추얼펀드를 대상으로, 2006~2011년 기간 중에 벤치마크보다 성과가 낮은 펀드의 비율을 나타낸다. <그림 12.2>는 연도별 성과의 가변성을 완화하고, 투자자들이 적극적으로 관리되는 펀드가 지속적으로 우월한 성과를 낼 수 있는지 알고 싶어 한다는 점을 반영하여, 5년의 투자기간에 초점을 맞추고 있다. 그러나, <그림 12.2>의 내용은 포트폴리오 매니저들로서는 달갑지 않을 것이다. 여러 가지 펀드에 걸쳐서,

그림 12.2 벤치마크에 미달한 뮤추얼펀드의 백분율, 2006~2012년

전문적 자금 매니저의 서비스에도 불구하고, 시장을 상회하는 것은 어렵다. 2006년부터 2011년까지 5년 동안 시장을 상회하는 데 성공한 펀드의 대다수는 한 범주에만 국한되지 않는다.

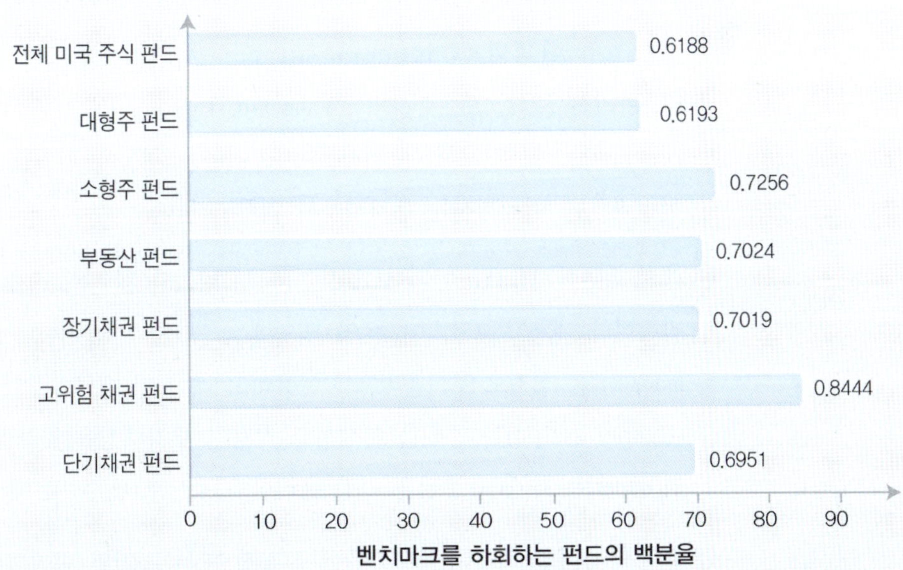

(출처: Standard & Poor's. Standard & Poor's Indices versus Active Funds Scorecard. 2011년말.)

포트폴리오 매니저의 대다수는 그들의 벤치마크에 뒤지고 있다. 미국 전체의 주식 펀드들을 보면, 거의 62%의 매니저가 벤치마크보다 높은 5년 수익률을 올리는 데 실패했다. 채권 펀드 매니저들의 성과는 더 열등하다. 정크본드 펀드의 84%, 그리고 장기 및 단기 채권 펀드의 70%가 벤치마크에 뒤지고 있다. 메시지는 분명하다—전문적 자산 매니저의 경우에도, 지속적으로 시장을 추월하는 것은 어렵다. 일부 펀드가 평균 이상 또는 현저한 수익률을 제공하고 있으나, 대다수 뮤추얼펀드는 그런 성과수준에 미치지 못하는 형편이다. 이것이 뮤추얼펀드의 장기적 수익이 수준 이하라거나, 저축예금이나 다른 무위험 투자 수단에 자금을 예치할 때만큼의 수익을 얻지 못했다는 뜻은 아니다. 사실은 정반대이다—뮤추얼펀드의 장기적 수익은 상당하다(그리고 아마도 많은 개인 투자자들이 스스로 달성할 수 있었던 것보다 훨씬 양호할 것이다). 그러나 그 수익의 상당 부분은 강세시장 그리고 배당 및 자본이득의 재투자에 기인한다.

뮤추얼펀드의 조직과 운영 뮤추얼펀드를 대규모의 단일 기구로 간주하고 싶은 생각이 들 수 있지만, 이런 견해는 옳지 않다. 펀드의 다양한 기능은(투자, 기록유지, 보관, 그리고 다른 것들) 두 세 개의 회사로 나누어져 수행되고 있다. 먼저 펀드 자체는 독립적 회사 또는 신탁으로 조직된다. 또 펀드는 운용사가 아닌 주주들의 소유이다. 추가하여, 몇 개의 중요한 관련 기관들이 있다.

- **일반사무 관리회사(management company)**는 펀드의 일상적 운영을 담당한다. 관리회사는 우리가 Fidelity, Vanguard, T. Rowe Price, American Century, 그리고 Dreyfus 등으로 알고 있는 회사들이다. 이들은 처음에 펀드를 결성하는 회사들이다. 일반적으로, 관리회사는 투자자문사 역할도 한다.
- **투자자문회사(investment advisor)**는 주식과 채권을 사거나 팔고, 포트폴리오를 감독한다. 통상적으로, 이 운영 영역에는 제3자가 참여한다—자금 매니저(money manager)는 실제로 포트폴리오를 운용하고 매수 및 매도를 결정한다. (2) 증권분석사(security analyst)는 증권을 분석하고 적당한 투자대상을 물색한다. 그리고 거래담당자(trader)는 대량의 증권을 가장 유리한 가격으로 매수 및 매도하는 업무를 한다.
- **판매회사(distributor)**는 대중에게 직접 또는 승인된 딜러(대형 중개회사 및 상업

은행)를 통해 간접적으로 펀드의 지분을 판다. 당신이 사업설명서와 판매설명서를 받고 싶으면, 판매회사와 접촉해야 한다.

- **자산수탁회사(custodian)**는 투자결정에 참여하지 않으면서, 물리적으로 펀드의 증권 및 다른 자산들을 보관한다. 부정행위를 막기 위해, 독립적 기관(통상적으로 은행)이 이 업무를 제공한다.
- **지급대리회사(transfer agent)**는 주주로부터 매수 및 상환 요구를 접수하고, 주주 관련 기타 기록을 유지한다.

이런 역할 분담은 뮤추얼펀드 주주를 보호하기 위해 고안되었다. 뮤추얼펀드 투자자는 (만약 펀드의 보유 주식 또는 채권의 가치가 하락하면) 손실을 입을 수 있다. 그러나, 이것은 뮤추얼펀드에서 당면하는 유일한 손실리스크이다. 이유는 다음과 같다. 위에 언급된 역할 분담에 추가하여, 뮤추얼펀드와 관리회사의 계약 조건 가운데 하나는 펀드의 자산(포트폴리오에 포함된 주식, 채권, 현금, 또는 다른 증권들)은 결코 관리회사의 수중에 들어가지 않는다는 것이다. 추가적 안전장치로서, 각 펀드는 주주에 의해 선출되고 관리회사를 감시하는 이사회를 두어야 한다. 그럼에도 불구하고, 투자윤리를 설명하는 박스에서와 같이, 일부 뮤추얼펀드가 부적절한 거래를 한 사례가 있다.

개방형 또는 폐쇄형 펀드 개방형 펀드(open-end fund)로 알려진 일부 뮤추얼펀드는 정기적으로 투자자들로부터 신규자금을 모집한다. 펀드는 이 자금을 증권 포트폴리오를 매수하는 데 사용한다. 투자자들이 개방형 펀드에 돈을 보내면, 펀드의 신주를 받는다. 뮤추얼펀드가 발행할 수 있는 주식 수에는 제한이 없다. 투자자들로부터 자금이 유입되는 한, 자산 포트폴리오는 확대된다. 물론, 투자자들은 펀드로부터 자유롭게 돈을 인출할 수 있다. 이런 일이 발생하면, 펀드 매니저는 투자자의 지분을 현금으로 반환한다. 때로 펀드 주주의 인출요구 때문에, 펀드 매니저는 투자자들에게 나누어 줄 돈을 마련하기 위해 증권을 매도해야 하는 경우가 있다(결국 포트폴리오의 크기는 축소된다). 모든 개방형 뮤추얼펀드는 투자자가 환매를 결정하면 지분을 다시 매입한다. 개인 사이의 지분 거래는 결코 발생하지 않는다. 미국의 뮤추얼펀드의 절대 다수는 개방형 펀드이다.

개방형 뮤추얼펀드의 매수 및 매도 거래는 포트폴리오에 포함된 모든 증권의 현재 시장가치에 기초한 가격에 실행된다. 이 거래들은 펀드의 순자산가치(net asset value: NAV)로 알려진 가격에서 이루어진다. NAV는 펀드의 보유 증권의 총시장가치를 펀드의 발행주식수로 나눈 값이다. 개방형 펀드는 일반적으로 매일 종가를 기준으로 NAV를 계산한다. 그리고 이 가격에서 펀드의 인출 및 신규모집이 이루어진다. 당연하게, 펀드의 NAV는 펀드가 보유한 증권들의 가격이 변함에 따라 일중에도 변화한다. 그러나, 개방형 펀드와 고객 사이의 거래는 일반적으로 종가 기준 NAV에서 이루어진다.

사례 만약 어떤 날의 폐장시 XYZ 뮤추얼펀드에 의해 보유된 모든 자산의 시장가치가 1,000만 달러이고 이 특정일에 XYZ의 발행주식이 500,000주이면, 그 펀드의 주당 순자산가치는 ($10,000,000 ÷ 500,000)일 것이다. 펀드에 신규 자금을 투입하려는 투자자는 투자금 매 $20당 1주를 받는다. 비슷하게, 펀드에 대한 투자를 유동화하려는 투자자들은 소유 펀드주식 매 1주당 $20를 받는다.

폐쇄형 투자회사 뮤추얼펀드 구조의 다른 대안은 폐쇄형 펀드이다. 폐쇄형 펀드(closed-end fund)는 고정된 수의 발행주식으로 운영하며, 정기적으로 신주를 발행하지 않는다. 폐쇄(closed)라는 용어는 펀드가 신규 투자자에게 닫혀 있다는 뜻이다. 펀드가 결성되면, 펀드는 투자자들에게 주식을 발행하여 자금을 조달하고 모집된 자금을 증권에 투자한다. 펀드에 대한 신규투자는 허용되지 않으며, 마찬가지로 상환도 허용되지 않는다. 그러면 어떻게 투자자들은 폐쇄형 펀드의 주식을 취득하고, 폐쇄형 펀드에 대한 투자를 처분하는가? 폐쇄형 투자회사의 주식은 다른 보통주처럼 유통시장에서 활발하게 거래된다. 개방형 펀드와는 달리, 폐쇄형 펀드 지분의 모든 거래는 투자자와 공개시장 사이에서 이루어지며 투자자와 펀드 사이에서는 일어나지 않는다. 다시 말해 폐쇄형 펀드의 투자자가 지분을 회수하려면, 개방형 펀드의 경우처럼 펀드회사에서 현금으로 환매하지 않는다. 대신에, 투자자는 단순히 공개시장에서 펀드에 투자하기 원하는 다른 투자자에게 주식을 판다. 이 점에서, 폐쇄형 펀드의 주식을 매수 및 매도하는 것은 Apple이나 ExxonMobil 같은 회사의 주식을 거래하는 것과 동일하다. 특정 펀드의 지분을 취득하고 싶은 투자자는 이미 소유하고 있는 다른 투자자로부터 매입해야 한다.

폐쇄형 펀드의 투자자는 유통시장에서 주식을 사고팔기 때문에, 폐쇄형과 개방형 펀드 사이에 중요한 차이가 존재한다. 개방형 및 폐쇄형 펀드 모두에서, NAV는 펀드 자산

투자 윤리 뮤추얼펀드의 부정행위

펀드를 소유하는 약 9,500만 명의 미국인들에게, 뮤추얼펀드는 자금투자를 위한 편리하면서 상대적으로 안전한 투자처이다. 따라서, 뉴욕 검찰총장 Eliot Spitzer가 2003년 9월 불법 시간외 거래, 대규모 기관투자자의 특별 거래, 펀드의 문서화된 정책에 정면으로 위배되는 시장타이밍, 그리고 다른 불법행위 혐의로 뮤추얼펀드 업계를 흔들었을 때, 이는 투자자들에게 큰 충격을 주었다. 몇몇 대규모 중개회사를 포함한 거의 20개 회사가 추문에 말려들었다. 일부 불법행위는, 여러 세계적 시장의 개장시간 차이를 이용하려는 단기 투자자들의 행위인 시장타이밍에서 비롯한다. 예를 들어 미국 시장이 낙관적인 경제 소식에 기초하여 상승할 때, 단기 투자자들은 동부시간 오후 4시 폐장 직전에 많은 아시아 주식을 보유한 미국 기반의 국제적 펀드의 주식을 매입한다. 주로 오후 4시와 6시 사이에 계산되는 이 펀드들의 가격은 미국 증권의 종가 및 전형적으로 오전 2시까지 폐장되지 않는 아시아 주식의 전일 가격을 반영한다. 다음날 도쿄와 기타 아시아 시장이 Wall Street를 따라 상승할 때, 시장타이밍 투자자는 보유 아시아 주식을 더 높은 가격에 매도하고 이익을 취했다. 대다수 펀드는 이런 종류의 거래를 금지하나, 수백만 달러의 펀드 주식을 거래하는 대규모 기관투자자는 예외였다. 규제기관에 따르면, 이 관행은 경주 종료 후 우승마에 돈을 거는 것과 비슷하다. 지연거래는 불법이었음에도 불구하고, 많은 뮤추얼펀드는 일부 특별 고객에게 이 규정을 적용하지 않았다. 불법행위는 여기에서 멈추지 않았다. 미국 증권업협회(National Association of Securities Dealers)와 증권거래위원회(SEC)는 또한 투자자들에게 판매수수료를 과다 징수한 뮤추얼펀드 판매 관행을 혁파했다. 그리고 신규 투자자에 대해 폐쇄된 몇몇 펀드는 기존 주주들에게 수백만 달러의 마케팅 및 판매 수수료를 부과했다. 일부 추정치는 뮤추얼펀드의 부당행위로부터 발생한 주주의 재무적 손실을 당시 7조 달러를 넘던 뮤추얼펀드 투자액의 약 0.1%로 보았다. 많은 뮤추얼펀드가–규제당국과의 합의의 결과로서–거액의 합의금을 지불하고 수수료를 낮추고 펀드 비용을 줄였기 때문에, 대부분의 손실은 회복되었다. 그러나 이상한 반전은 몇몇 범법 뮤추얼펀드가, 시장타이밍에 의해 피해를 입은 사람들에게 보상하기 위해 설립된 Fair Fund로부터 2009년 여름에 거액을 받은 것이다. 밝혀진 바에 따르면, 손실이 평가되고 피해 입은 주주들이 보상된 후, 시장타이밍 합의금의 잔여 금액은 손실금에 비례해서 펀드들에게 반환된다는 것이다. 어떤 경우, 반환금액이 과거 부도덕했던 펀드에 대해 현저한 수익을 제공할 정도로 컸다–예를 들어 Old Mutual Growth(공식적으로 PBHG 펀드)의 펀드가치는 반환금 수입 때문에 9% 상승했다.

비판적 사고 문제 SEC는 뮤추얼 펀드의 부당거래를 방지하려는 몇몇 규제를 제안했다. 이들은 거래시간의 엄격한 적용과 펀드가 90일 이내에 매각되는 경우 2%의 상환수수료 적용을 포함한다. 당신은 이 규제가 부당거래를 없앨 것으로 생각하는가?

의 시장가치를 펀드의 발행주식수로 나눈 것이다. 그러나 개방형 펀드의 투자자는 매일 마감시간에 NAV에 의해 지분을 사고 팔 수 있지만, 폐쇄형 펀드 투자자는 거래일 중에 펀드의 현재 시장가격에 의해 주식을 거래한다. 중요한 점은, 폐쇄형 펀드에서 유통시장의 주식 가격은 펀드의 NAV와 같거나 다를 수 있다는 것이다(실제로 다른 경우가 일반적이다). 폐쇄형 펀드의 주가가 NAV보다 낮을 때, 펀드는 할인되어 거래된다고 한다. 그리고 주가가 펀드의 NAV보다 높을 때, 펀드는 할증되어 거래된다. 우리는 나중에 어떻게 폐쇄형 펀드의 할인과 할증이 투자자의 수익에 영향을 주는지 더 논의할 것이다.

폐쇄형 펀드는 투자자로부터의 일상적 유입과 유출을 다룰 필요가 없으므로, 가용자본은 고정되어 있다. 이런 펀드의 매니저는 투자자의 환매 요구를 충족시키기 위한 현금을 보유할 필요가 없다. 단순히 더 많은 투자자들이 펀드에 가입하고 싶어한다는 이유 때문에 늘 새로운 투자기회를 찾아야 할 필요도 없다.

대다수 폐쇄형 투자회사는 뉴욕 증권거래소에서 거래되고, 소수는 아메리칸 증권거래소에서 거래되며, 그리고 가끔 일부는 나스닥 시장에서 거래된다. 2011년 현재, 미국에서 운영되는 634개 폐쇄형 펀드는 2,390억 달러의 자산을 관리하고, 이 펀드들의 3분의 2는 채권 펀드이다.

상장지수펀드

상장지수펀드, 또는 줄여서 ETF로 불리는 비교적 새로운 형태의 투자회사는 개방형 펀드의 운영 특성 일부와 폐쇄형 펀드의 거래 특성 일부를 결합하고 있다. 상장지수펀드(exchange-traded fund: ETF)는 일종의 개방형 펀드이며, 증권거래소에 상장된 증권으로서 거래된다. 상장지수펀드는 때로 상장지수포트폴리오, 즉 ETP로도 불린다. 이 장의 서두에 기술된 것처럼, 최초의 ETF는 1993년에 탄생했고 S&P 500 주가지수의 움직임을 추종하도록 고안되었다. SEC가 적극적으로 관리되는 상장펀드를 허용한 2008년 이전에는, 거의 모든 ETF는 지수펀드로서 조직되었다. 적극적으로 관리되는 상장펀드는, 적극적으로 관리되는 뮤추얼펀드처럼, 특정 투자목적을 달성하기 위해 독자적인 투자구성을 만들어낸다.

주식이 발행되고 환매되는 방법의 관점에서, ETF는 뮤추얼펀드와는 기본적으로 반대로 작동한다. 뮤추얼펀드는 투자자들로부터 현금을 수취하고, 증권의 포트폴리오에 자금을 투자한다. ETF는 증권 포트폴리오가 매입되어 신탁될 때 만들어지고, 이후에 신탁재산에 대한 청구권을 나타내는 주식이 발행된다.

더 정확하게 설명하기 위해, Smart Investors라는 회사가 ETF를 설정한다고 가정하자. ETF 운용회사(ETF sponsor)인 Smart Investors는 이 ETF가 S&P 500 주가지수를 추종하도록 만들기로 결정한다. Smart Investors는 지정참가회사(AP)로 알려진 기관과 접촉한다. 이 회사는 일반적으로 일종의 대규모 기관투자자이다. AP의 본질적 특성은 대량의 주식을 비교적 신속하게 취득할 능력이 있다는 것이다. AP는 S&P 500 지수에 포함된 모든 회사를 대표하는 주식 포트폴리오를 취득하여, Smart Investors에 전달한다. Smart Investors는 이 주식들을 신탁한다. 이 대가로, Smart Investors는 AP에게 ETF의 균일하게 분할된 지분을 대량으로 제공한다. 이 대량 지분은 설정단위(creation unit)로 불린다. 한 설정단위에 포함된 ETF 주식의 수는 다양하다. 그러나 설정단위당 50,000주가 일반적이다. 따라서, 각 ETF 주식은 Smart Investors가 신탁한 주식들의 50,000분의 1에 대한 청구권을 나타낸다. AP는 지급된 주식을 수취하여 투자자들에게 매도한다. 이제 주식은 유통시장에서 자유롭게 거래되기 시작한다. <그림 12.3>은 ETF, 지정참가회사, 그리고 투자자들의 관계를 예시한다.

그림 12.3 ETF의 작동

ETF는 지정참가회사가 ETF 운용회사에 증권 포트폴리오를 인도할 때 설정되고, 운용회사는 ETF 주식을 지정참가회사에게 교부한다. 이 주식들은 투자자에게 매각되고, 거래소에서 거래된다.

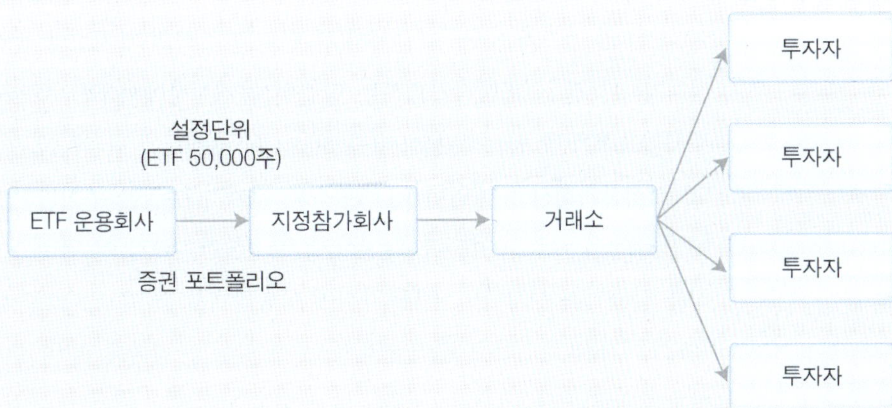

(출처: Yahoo! Finance와 S&P)

사례 어떤 지정참가회사는 S&P 500 지수의 모든 주식을 포함하는 주식 포트폴리오를 취득했다. 이 주식들의 총 시장가치는 1억 달러이다. AP는 이 주식들을 Smart Investors에 전달하고, 이 대가로 Smart Investors는 지정참가회사에게 각각 50,000주의 ETF 주식을 포함하는 100 설정단위를 발급했다. 따라서, AP는 총 5,000,000 ETF 주식을 보유한다. AP는 이 주식들을 각각 $20에 투자자들에게 판매하며, 발행된 ETF 주식의 총가치는 신탁된 주식의 가치와 동일하다. 매일, ETF 주식 가격은 신탁된 증권 가치의 변화에 따라 변동할 것이다.

ETF는 폐쇄형 펀드와 동일한 방법으로 투자자들에게 유동성을 제공한다. 즉, ETF 투자자는 장중에 언제든지 주식을 사고팔 수 있다. 그러나 폐쇄형 펀드와는 달리, ETF는 반드시 고정된 수의 주식을 발행하는 것은 아니다. 우리의 S&P 500 지수를 추종하는 Smart Investors ETF 예로 돌아가자. 만약 이 ETF에 대한 투자자 수요가 많으면, Smart Investors는 지정참가회사와 협조하여 대량의 주식을 더 매입하고 설정단위를 추가하여 새로운 ETF 주식을 발행할 수 있다. 이 과정은 반대로 실행될 수도 있다. 만약 어느 시점에 S&P 500에 대한 관심이 감소하면, 지정참가회사는 공개시장에서 ETF 50,000주를 매입하고 이들을 Smart Investors에게 매도할 수 있다. 이 대가로 신탁된 주식 일부를 수취한다(ETF 50,000주는 1 설정단위에 해당한다는 것을 상기하자). 따라서 폐쇄형 펀드의 고정된 주식 수와는 달리, ETF의 발행주식수는 시간이 지남에 따라 증감한다.

지정참가회사는 ETF 신주를 만들어 내거나 발행된 주식을 환매할 수 있기 때문에, ETF 주가는 일반적으로 신탁된 주식들의 NAV와 일치한다. 다시 말해, ETF는 일반적으로 폐쇄형 펀드처럼 할증 또는 할인되어 거래되지 않는다. 예를 들어, 어느 시점에 S&P 500 ETF의 주가가 NAV 미만에서(즉 신탁된 주식의 가치보다 낮게) 거래되고 있다고 가정하자. 이 경우, 지정참가회사는 단순히 공개시장에서 ETF 주식을 매입할 수 있다. 그 주식들을 ETF를 만든 운용회사(즉 Smart Investors)에 반환하고, 신탁된 주식들을 회수한다. 지정참가회사는 매입한 ETF 주식의 가치가 수취한 주식들의 가치보다 낮기 때문에, 이 거래에서 이익을 얻는다. 당연하게, 지정참가회사가 이 거래를 실행하기 위해 ETF 주식을 사들이기 시작하면, ETF 가격에 상승압력을 줄 수 있다. 결국 지정참가회사의 행동은 ETF 가격이 신탁된 주식들의 NAV에 항상 근접하게, 만약 완전히는 아니라도, 일치하도록 도와준다.

투자자들은 ETF가 제공하는 이점에 만족하는 것 같다. <그림 12.4>는 1995년 이후

ETF의 폭발적 성장을 보여준다. 1995년에 10억 달러로부터 시작하여, ETF에 투자된 자산의 합계는 2011년에 1조 달러를 상회했다. 연간 성장률은 복리로 54%를 넘는다! 당신의 예상대로, ETF의 다양성도 극적으로 증가했다. 1995년에는 미국 시장에 단 2종목의 ETF가 존재했으나, 2011년까지 이 숫자는 1,166종목으로 수직상승했다. 당연하게, 절대다수(1,134 종목이 ETF)는 지수 ETF이었다. 대단히 많은 지수 ETF가 존재하기 때문에, 투자자들은 주식시장의 상상가능한 어떤 섹터에 대해서도 추종 ETF를 발견할 수 있다는 사실에 놀랄 필요는 없다. 여기에는 기술주, 사회간접자본, 그리고 많은 다른 섹터들이 포함된다. 또한 채권, 상품, 부동산, 그리고 통화와 같은 다른 자산집단에 초점을 맞춘 ETF들도 있다. 압도적으로 일반적인 ETF의 종류는 미국의 대형주에 집중하는 것이다.

ETF는 폐쇄형 펀드의 많은 장점들을 전통적(개방형) 펀드의 장점과 결합하고 있다. 폐쇄형 펀드처럼, 당신은 브로커를 통해 주문함으로써 장중에 언제든지 ETF를 사고 팔 수 있다(그리고 다른 주식와 같은 일반적 수수료를 지불한다). 대조적으로, 전통적 개방형 펀드는 장중 가격으로 거래할 수 없다-이 펀드들의 모든 매수 및 매도 주문은 폐장시

그림 12.4 상장지수펀드에 투자된 자산

상장지수펀드에 투자된 자산은 1995년부터 2011년까지 약 10억 달러로부터 1조 달러로 증가했다.

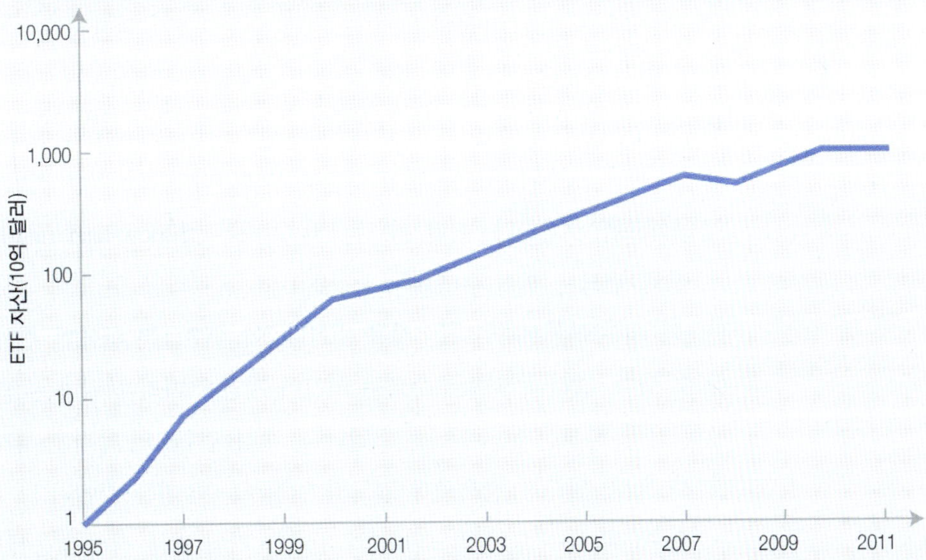

(출처: 2012 Investment Company Institute Factbook의 자료, p. 10, http://www.icifactbook.org/2012_factbook.pdf.)

간에 종가 기준으로 처리된다. 또한 ETF는 증거금에 기초하여 매입되거나, 공매도될 수 있다. 더욱이 지수 ETF는 소극적으로 관리되기 때문에, 통상적 지수펀드의 모든 이점을 제공한다-저 비용, 포트폴리오의 낮은 회전율, 그리고 낮은 세금. 실제로 ETF는 주주들에게 자본이득을 거의 분배하지 않기 때문에, 펀드의 세금부담은 매우 낮다.

따라서, 당신은 수십 년 동안 지수 ETF를 보유하면서 자본이득세를 한 푼도 내지 않을 수도 있다(적어도 주식을 팔 때까지).

중요한 고려사항

당신은 폐쇄형 투자회사(또는 여기에서는 ETF) 주식을 사고팔 때, 다른 상장 또는 OTC 주식처럼 수수료를 지불할 것이다. 그러나, 이는 개방형 뮤추얼펀드에는 해당되지 않는다. 개방형 펀드에 투자하는 비용은 펀드가 투자자들에게 부과하는 수수료에 의해 결정된다.

수수료 및 무-수수료 펀드 개방형 펀드의 수수료는 당신이 펀드 주식을 살 때 지불하는 중개료이다. 일반적으로, 수수료 펀드(load fund)라는 용어는 주식 매입 시 수수료를 부과하는 뮤추얼펀드를 뜻한다(이 수수료는 선취수수료(front-end load)로도 알려져 있다). 무-수수료 펀드(no-load fund)는 판매 수수료를 부과하지 않는다. 수수료 부담은 시간이 지나면서 감소하나, 여전히 상당한 금액일 수 있다. 주식 펀드의 투자금액에 대해 투자자가 지급하는 평균 선취 수수료는 1980년의 7.9%로부터 2011년의 5%로 하락했다. 그러나 매우 소수의 펀드는 최고 수준을 부과한다. 대신, 많은 펀드는 단지 2% 또는 3%의 중개료를 부과한다. 이런 펀드는 저-수수료 펀드(low-load fund)로 알려져 있다.

때로, 펀드는 후취 수수료(back-end load)를 부과할 수 있다. 이는 주식이 환매될 때 펀드가 수수료를 부과한다는 것을 뜻한다. 이 수수료는 환매된 주식 가치의 7.25%에 달할 수 있다. 그러나 후취 수수료는 시간이 지남에 따라 하락하는 경향이 있고, 일반적으로 매입 후 5 또는 6년 후에는 소멸한다. 후취 수수료의 목적은 투자자가 단기간에 펀드를 사고팔지 않도록 함으로써 펀드의 안정성을 높이는 것이다.

수수료와 무-수수료 펀드의 성과 차이는 거의 또는 전혀 없음에도 불구하고, 무-수수료 펀드의 비용절감 효과는 투자자가 우월한 수익률을 달성하는 데 한 발 앞서게 해준다. 유감스럽게도, 더 많은 무-수수료 펀드들이 12(b)-1 펀드가 됨에 따라, 진정한 무-수수료 펀드는 점점 더 보기 어려워지고 있다. 이 펀드들은 매입 시 직접적으로 수수료를 부과하지 않는다. 대신, 수수료를 충당하기 위해 매년 12(b)-1 수수료로 불리는 금액을 부과한다(이 수수료는 아래에서 더 상세히 설명된다). 전체적으로, 현재 판매되는 펀드들의 절반 미만이 순수한 무-수수료 펀드이고, 나머지는 어떤 형태든지 수수료를 부과한다.

감춰진 수수료(hidden load)로 이해될 수 있는 12(b)-1 수수료는 펀드(특히 무-수수료 펀드)의 판매 및 마케팅 비용을 충당하도록 고안된다. 연간 수수료는 관리되는 자산의 1%에 달할 수 있다. 강세 또는 약세 시장에 상관없이, 투자자는 먼저 수수료를 부담함으로써 통행료를 지불한다. 예를 들어, 1%의 12(b)-1 수수료를 부과하는 펀드에 투자된 $10,000를 생각해보자. 이는 연간 $100의 수수료를 의미한다 — 명백하게 작은 금액은 아니다.

> **투자자 현실**
>
> **하락하는 펀드 수수료 및 비용** – 뮤추얼펀드가 투자자에게 부과하는 수수료와 비용은 1980년 이후 현저히 하락했다. 주식 펀드의 투자자에 의해 지불된 평균 수수료 및 비용은 1980년에 펀드 자산의 2.32%였다. 이 수치는 2011년 말까지 0.79%로 거의 60% 하락했다. 채권 펀드도 수수료 및 비용의 비슷한 하락을 경험했다.

펀드의 수수료 금액을 규제하기 위해, SEC는 뮤추얼펀드 수수료에 대해 일련의 상한을 정했다. 가장 최근의 지침에 따르면, 뮤추얼펀드는 선취 수수료 및 후취 수수료 그리고 12(b)-1 수수료를 포함하는 판매수수료 명목으로 합계 8.5% 이상을 부과할 수 없다. 따라서, 만약 펀드가 5%의 선취 수수료와 1%의 12(b)-1 수수료를 부과한다면, 8.5% 상한을 위반하지 않으면서 최대 2.5%의 후취 수수료를 부과할 수 있다. 또한, SEC는 12(b)-1 수수료에 연간 1%의 상한을 정했다. 더 중요한 점은, 진정한 무-수수료 펀드는 연간 0.5% 이상의 12(b)-1 수수료를 부과할 수 없도록 규정했다는 것이다. 만약 이를 초과하면, 판매 및 광고 자료에서 무-수수료라는 표현을 사용할 수 없다. 이 교재가 인쇄되는 도중에, SEC는 뮤추얼펀드 수수료 특히 12(b)-1 수수료에 대한 지침을 활발하게 검토하고 있었다. 이 수수료들은 가까운 장래에 하락할 것으로 보인다.

기타 수수료 및 비용 뮤추얼펀드를 소유하는 다른 비용은 운용 수수료이다. 이는 펀드의 포트폴리오를 운영하는 전문적 매니저에게 지급되는 보상이다. 펀드가 수수료 펀드이든 또는 무-수수료 펀드이든, 개방형 또는 폐쇄형 펀드 또는 상장지수펀드이든 상관없이, 당신은 이 수수료를 지불해야 한다. 일회성 비용인 판매 및 환매 수수료와는 달리, 투자회사는 펀드성과에 상관없이 운용 및 12(b)-1 수수료를 매년 부과한다. 또한, 펀드를 운영하는 사무비용이 존재한다. 이는 상당히 낮은 수준이며 통상적인 사업비를 반영한다

(예를 들어, 펀드가 증권을 사고 팔 때 지불하는 수수료). 펀드가 부과하는 다양한 수수료는 일반적으로 평균 관리자산의 0.5% 미만부터 4%까지 범위에 존재한다. 이런 운용수수료에 추가하여, 당신이 자금을 어떤 펀드에서 같은 운용회사의 다른 펀드로 보낼 때, 서비스 제공 비용을 작은 잔고의 계좌로 이연할 수 있도록 하기 위해, 어떤 펀드는 교환수수료 또는 유지 수수료를 매년 부과한다.

SEC는 뮤추얼펀드가 스스로 모든 수수료와 비용을 표준화되고 이해하기 쉬운 형태로 완전히 공개하도록 요구한다. 모든 펀드의 프로파일 또는 사업설명서는 명시적으로 <표 12.1>에 예시된 것과 비슷한 상당히 자세한 수수료 일람표를 포함해야 한다. 이 <표

표 12.1 뮤추얼펀드 수수료 표(연방법에 의한 필수사항)

아래 〈표〉는 당신이 펀드 주식을 사고, 보유하고, 또는 팔 때 발생하는 수수료와 비용을 기술한다.

주주 수수료(투자자가 직접 지불)	
매입 시 최대 판매수수료(판매가격의 백분율)	3%
재투자된 분배금에 대한 판매수수료	없음
환매 시 이연 판매수수료	없음
교환수수료	없음
연간 계좌유지 수수료($2,500 미만 계좌)	12달러
연간 펀드 운영비(펀드 자산으로부터 지급)	
관리수수료	0.45%
분배 및 서비스 12(b)-1 수수료	없음
기타 비용	0.20%
총 연간 펀드 운영비	0.65%

사례

이 사례는 투자자로 하여금 상이한 펀드의 투자비용을 비교하는 데 도움을 주려는 것이다. 예는 펀드에 1, 3, 5, 그리고 10년 동안 $10,000를 투자하고, 이 기간들의 종료시점에 모든 펀드 주식을 환매하는 것을 가정한다. 또한, 투자는 매년 5%의 수익을 내고 펀드 운영비는 동일한 것으로 가정한다. 실제 비용은 더 높거나 낮을 수 있으나, 이 가정들에 기초한 투자자 비용은 다음과 같다:

1년	$364
3년	$502
5년	$651
10년	$1,086

12.1>은 세 부분으로 구성되어 있다. 첫째는 주주의 모든 거래비용을 설명한다. 이는 당신에게 뮤추얼펀드 주식을 사고파는 비용이 얼마일지 알려준다. 다음 부분은 펀드의 연간 운영비용 목록이다. 이 비용들을 평균 순자산의 백분율로 표시하는 과정에서, 펀드는 운용 수수료, 12(b)-1 수수료, 그리고 다른 비용들을 구분해야 한다. 셋째 부분은 펀드의 매입, 매도, 그리고 소유를 위한 총비용을 시간경과에 따라 추적한다. <표>의 이 부분은 거래 및 운영 비용을 포함하고, 가상적인 1, 3, 5, 그리고 10년의 보유기간에 대해 총비용을 보여준다. 일관성과 비교가능성을 유지하기 위해, 예시 <표>를 만들 때 펀드는 일련의 엄격한 지침을 따라야 한다.

투자회사의 기타 종류

개방형, 폐쇄형, 그리고 상장지수펀드 외에 다른 종류의 투자회사는 (1) 부동산 투자신탁, (2) 헤지펀드, (3) 단위 투자신탁, 그리고 (4) 연금이다. 단위 투자신탁, 연금, 그리고 헤지펀드는 주로 주식과 채권 같은 시장성 증권에 투자한다는 점에서 뮤추얼펀드와 비슷하다. 대조적으로, 부동산 투자신탁은 주로 부동산저당대출과 같은 다양한 종류의 부동산 관련 자산에 투자한다. 이 절에서는 부동산 투자신탁과 헤지펀드를 살펴본다.

부동산 투자신탁 부동산 투자신탁(real estate investment trust: REIT)은 부동산저당대출 및 다양한 부동산 자산에 투자하는 일종의 폐쇄형 투자회사이다. REIT는 자산에 대한 주식을 투자대중에게 판 수입금과 함께 차입자금을 이용하여, 부동산 투자의 포트폴리오에 투자한다는 점에서 뮤추얼펀드와 비슷하다. 따라서 투자자는 부동산 투자신탁에 의해 보유된 부동산 포트폴리오의 일부를 소유한다. REIT의 기본적 매력은 투자자로 하여금, 재산관리의 모든 온갖 골칫거리 없이, 부동산 소유로부터 발생하는 자본이득과 현금소득을 수취할 수 있게 한다는 것이다. REIT는 또한 대단히 매력적인 배당수익률 때문에, 현금소득을 지향하는 투자자들에게 인기가 높다.

기본적 형태의 REIT는 상가, 호텔, 아파트, 그리고 업무용 빌딩 같은 재산에 투자하는 것들이다(소위 재산, 또는 지분, REIT). 부동산저당대출 REITs-부동산저당대출에 투자하는 것들, 재산과 부동산저당대출에 모두 투자하는 혼합 REITs. 부동산저당대출 REIT는 더 현금소득 지향적인 경향을 갖고 있다. 그들은 높은 경상수익률을 강조한다(이것은 기본적으로 부채에 투자된 증권으로부터 기대될 수 있다). 대조적으로 지분 REIT는 매력적인 경상수익률을 광고할 수도 있으나, 대다수는 다양한 금액의 자본이득을 얻을 수 있는 잠재력을 제공한다(보유 재산의 가치가 상승함에 따라). 2011년 말에 160개 종목의 REIT가 있었으며, 이들은 다양한 부동산 자산으로 합계 4,500억 달러를 보유했다. 지분 REIT가 시장의 대부분을 차지했다. 130개 종목이 있었고, 관리자산은 약 4,080억 달러 또는 시장의 약 90%를 차지했다. 30개 종목의 부동산저당대출 REIT가 있었으며, 혼합 REIT는 시장으로부터 사라져버렸다.

REIT는 REIT 결성 요건을 규정한 1960년의 부동산투자신탁법과 투자 및 수입 분배에 관한 규정 및 절차를 준수해야 한다. REIT는 거의 모든 수입을 소유자에게 분배해야 하기 때문에, 투자자금을 마련하기 위해 많은 차입을 한다. 많은 보험회사, 부동산대출은행, 그리고 상업은행들이 REIT를 결성했으며, 대다수는 주요 증권거래소에서 거래된다. REIT가 번 소득은 과세되지 않으나, 소유자들에게 분배된 소득은 일반소득으로 간주되어 과세된다. REIT는 지난 5년 내지 10년 동안, 주로 대단히 매력적인 수익에 기인하여, 매우 인기 높았다. 평균 연 수익률들이 아래 목록에서 비교되고 있다. 명백히 REIT는 오랫동안 보통주보다 성과가 높았다.

기간	REITs	S&P 500	나스닥 종합지수
5년(2007~2012)	4.4%	−2.6%	1.5%
10년(2002~2012)	10.4%	3.4%	7.5%

출처: 미국 부동산신탁협회(National Association of Real Estate Trusts, www.reit.com, 그리고 Yahoo! Finance, finance.yahoo.com, 2012년 8월. REIT 수익률은 NAREIT 종합지수에 의해 측정. 모든 수익률은 연중, 7월부터 7월까지의 수치임.)

대단히 경쟁력 있는 수익성에 추가하여, REIT는 바람직한 포트폴리오 분산 특성과 매우 매력적인(즉, 약 4.0%의) 배당수익률을 제공한다. 이 수익률은 일반적으로 보통주의 수익을 훨씬 넘는다.

헤지펀드 먼저 명칭의 유사함에도 불구하고, 헤지펀드는 뮤추얼펀드가 아니라는 것을 이해해야 한다. 그들은 완전히 다른 투자상품이다. 헤지펀드(hedge fund)는 통상적으로 유한회사 형태의 사적 기구이며, 따라서 별다른 규제를 받지 않는다. 무한책임 사원은 펀드를 운용하고, 펀드의 이익분배에 직접 참가한다. 관리자산의 1% 내지 2%의 기본 수수료에 추가하여 빈번히 이익의 10% 내지 20%의 "성과 수수료"를 수취한다. 유한책임사원은 투자자들이고, 주로 연기금, 기금, 민간 은행과 같은 기관 투자자 그리고 소득이 많은 개인 투자자로 이루어진다. 헤지펀드는 규제를 받지 않기 때문에 "승인된 투자자"에게만 판매된다. 이는 개인투자자의 경우 순자산 100만 달러 초과 그리고/또는 (인정되는 원천에서 발생하는) 연소득이 적어도 $200,000를 넘어야 한다는 의미이다. 많은 헤지펀드들은 스스로의 선택으로 더 엄격한 제한을 두고 있어서 매우 많은 순자산을 가진 개인들로 투자자를 제한하고 있다. 또한, 어떤 헤지펀드는 참가 투자자의 수를 제한하고 있다(빈번하게 100명을 넘지 않는 수준).

물론, 이런 관행은 뮤추얼펀드가 운영하는 방법과는 크게 대조된다. 헤지펀드는 별다른 규제를 받지 않으나, 뮤추얼펀드는 매우 엄격하게 규제되고 감시받는다. 개인들은 뮤추얼펀드에 투자하기 위해, 자격을 갖추거나 승인받을 필요는 없다. 어떤 뮤추얼펀드는 $50,000 내지 $100,000 또는 그 이상의 최소 투자액을 설정하는 경우가 있으나, 이는 예외이지 법칙은 아니다. 헤지펀드는 다르다-많은 헤지펀드가 수백만 달러에 달하는 최소 투자금을 정해두고 있다. 또한, 뮤추얼펀드의 성과는 모두 볼 수 있도록 공개되어 있다. 한편 헤지펀드는, 적어도 일반 대중에게는, 그런 정보를 결코 알려주지 않는다. 뮤추얼펀드는 법에 따라 정기적이고 표준화된 가격결정과 평가 정보를 투자자들 및 일반 대중에게 제공해야 한다. 그러나 헤지펀드는 그런 의무로부터 완전히 자유롭다. 헤지펀드의 세계는 매우 비밀스럽고, 가능한 한 불투명하다.

그러나 헤지펀드와 뮤추얼펀드는 한 가지 점에서 비슷하다-둘 모두 투자자의 자금을 받아서 집단적으로 투자하는 집합투자기구이다. 다시 말해, 두 펀드는 전문적으로 관리되는 증권 포트폴리오의 지분(또는 참가증서)을 판다. 대다수 헤지펀드는 자본을 유지하면서(즉 시장의 하락리스크에 대비하면서) 변동성과 리스크를 낮추고, 그러면서도 다양한 시장환경 하에서 양의 수익을 얻을 수 있도록 포트폴리오를 구성한다. 이를 위해 그들은 매수 및 매도 포지션, 다양한 (이익을 확보하는) 차익거래 전략, 그리고 옵션, 선물 및 다른 파생증권들을 포함하는 매우 복잡한 시장 포지션을 취한다. 실제로 헤지펀드는 적당한 수준의 위험으로 상당한 이득을 얻을 수 있다고 믿는 경우에는, 거의 모든 시장의 거의 모든 기회에 투자한다. 따라서 이 펀드들은 저-위험을 가진 상당히 안정적 투자 기구는 결코 아니다.

투자자 현실

헤지펀드의 수치 조작 – 최근의 연구는 헤지펀드는 손실 발생 시 수익률을 왜곡하여 보고한다는 것을 발견했다. 그 연구는, 헤지펀드의 자체 보고된 수익률에서, 비정상적으로 낮은 빈도의 소규모 손실과 비정상적으로 높은 빈도의 소규모 이익을 발견했다. 이 패턴은 헤지펀드는 손실 발생 시, 만약 손실이 지나치게 크지 않으면 소규모 이익으로 보고함으로써, 결과를 조작함을 시사한다.

개념리뷰

12.1 뮤추얼펀드는 무엇인가? 뮤추얼펀드의 개념을 분산투자와 전문적 관리의 중요성을 포함하여 논의하라.

12.2 뮤추얼펀드 소유의 장점과 단점은 무엇인가?

12.3 어떻게 뮤추얼펀드가 조직되는지 간단히 기술하라. 전형적인 뮤추얼펀드 조직의 핵심 관계자는 누구인가?

12.4 다음 용어들을 각각 정의하라.
a. 개방형 투자회사
b. 폐쇄형 투자회사
c. 상장지수펀드
d. 헤지펀드

12.5 수수료 펀드와 무-수수료 펀드의 차이는 무엇인가? 각 종류의 장점은 무엇인가? 12(b)-1 펀드는 무엇인가? 이런 펀드가 무-수수료 펀드로 운영될 수 있는가?

12.6 후취 수수료, 저 수수료, 그리고 숨겨진 수수료를 설명하라. 펀드가 어떤 종류의 수수료와 비용을 갖고 있는지 어떻게 알 수 있는가?

펀드의 종류 및 서비스

LG 3 LG 4 일부 뮤추얼펀드는 주식, 그리고 다른 뮤추얼펀드는 채권에 전문화한다. 어떤 것은 투자목표로서 최대 자본이득을 설정하고, 다른 것은 높은 경상소득을 추구한다. 어떤 펀드는 투기자에게 매력적이고, 다른 펀드는 현금수입 지향적 투자자에게 매력적이다. 각 펀드는 특정한 투자목표를 갖고 있고, 정해진 투자 정책과 목표를 준수해야 한다. 펀드를 투자 정책 및 목표에 의해 분류하는 것은 뮤추얼펀드 업계의 일반적 관행이다. 동일 범주는 자금관리 방법과 위험-수익 특성의 유사성을 시사한다. 비교적 인기 있는 뮤추얼펀드의 종류는 성장, 공격적 성장, 가치, 주식-소득, 균형, 성장-소득, 채권, 화폐시장, 지수, 섹터, 사회적 책임, 자산 배분, 그리고 국제 펀드 등이다.

당연하게, 기술된 투자 목표가 아닌 다른 것에 기초하여 펀드의 범주를 정할 수도 있다. 예를 들어, 업계의 연구 및 보고 서비스의 선두 주자인 Morningstar는 펀드의 실제 포트폴리오 포지션에 기초한 분류체계를 개발했다. 기본적으로, 그것은 펀드 포트폴리오의 구성을 주의 깊게 평가하고 보유 증권이 집중된 곳을 찾는 것이다. 이 정보를 이용하여, 투자 스타일(성장, 가치, 또는 혼합), 시장 부문(소형, 중형, 대형 주), 또는 다른 요소에 따라 펀드를 분류한다. 이 정보는 뮤추얼펀드 투자자가 스스로의 포트폴리오를 구성 또는 재조정할 때 자산배분을 결정하도록 도와준다. 그러나 우리는 위에서 언급된 투자-목표 분류체계에 따라, 다양한 종류의 뮤추얼펀드의 내용과 운영방법을 살펴보기로 한다.

뮤추얼 펀드의 종류

성장 펀드 성장 펀드(growth fund)의 목표(자산가치 상승)는 단순하다. 이들은 주로 잘 운영되는 평균적 성장잠재력을 상회하는 대형 또는 중형 회사에 투자한다. 그들이 주식을 사는 기업은 이익을 분배하지 않고 재투자하기 때문에, 배당수입은 (있는 경우에도) 거의 제공하지 않는다. 성장 펀드는 평균보다 높은 리스크를 가진 주식에 투자한다.

공격적 성장 펀드 적극적 성장 펀드는 시장이 가열될 때 인기가 상승하는 경향이 있는 소위 성과 펀드로 불린다. 공격적 성장 펀드(aggressive-growth fund)는 매우 투기적이며, 주로 "고공 비행"으로 불리는 보통주로 구성된 포트폴리오를 갖고 있다. 이 펀드들은 빈번하게 소형, 미공개 회사의 주식, 그리고 비교적 높은 주가/수익 배수를 가진 주식을 매입한다. 이들은 종종 매우 열악한 재무적 성과로부터 회복 중인 회사들에 투자한다. 그리고, 포트폴리오에 레버리지를 이용하는 경우도 있다(즉 증거금만으로 주식을 매수한다). 공격적 성장 펀드는 뮤추얼펀드 중에서 가장 변동성이 높다. 시장이 호황일 때, 공격적 성장 펀드의 성과는 좋다. 역으로 시장이 불황일 때 이 펀드들은 상당한 손실을 입곤 한다.

가치 펀드 가치 펀드(value fund)는 시장에 의해 과소평가된 주식으로 투자대상을 제한한다. 즉, 펀드는 내재가치보다 낮은 가격에 거래되는 주식을 찾는다. 성장 펀드와는 현저하게 대조적으로, 가치 펀드는 비교적 낮은 주가-소득 비율, 높은 배당수익률, 그리고 적당한 수준의 재무레버리지를 가진 주식을 모색한다.

가치 투자는 쉽지 않다. 펀드 매니저의 업무는 주식의 내재가치를 추정하는 데 도움이 되는 기업 재무제표 및 다른 문서들을 상세하게 평가하는 것을 포함한다. 가치투자의 성과기록은 상당히 양호하다. 가치투자가 성장투자보다 일반적으로 덜 위험한 것으로 간주됨에도 불구하고, 가치 펀드 투자자에 대한 장기적 수익은 성장 펀드 그리고 심지어 공격적 성장 펀드와 경쟁하는 수준이다. 따라서 가치 펀드는 지나치게 많은 위험을 부담하지 않으면서 보통주가 제공하는 매력적인 수익을 추구하는 비교적 보수적인 투자자에게 적합한 투자 대안으로 빈번히 간주된다.

주식-소득 펀드 주식-소득 펀드(equity-income fund)는 높은 배당수익률을 가진 주식을 매입한다. 자본 유지 또한 이 펀드들의 중요한 목표이다. 이들은 주로 양질의 보통주, 전환증권과 우선주, 그리고 가끔 위험 채권이나 일부 높은 등급의 외국채권에 투자한다. 주식 보유와 관련해서는 주로 블루 칩, 사회간접자본, 그리고 금융업 주식에 의존한다. 일반적으로 배당과 현금 소득을 중시하기 때문에, 이 펀드들은 전체 시장보다 낮은 변동성을 가진 양질의 증권을 보유하는 경향이 있다. 이들은 통상적으로 상당히 낮은 리스크를 가진 주식투자 수단으로 간주된다.

균형 펀드 균형 펀드(balanced fund)는 현금 소득과 장기적 자본이득의 균형적 수익을 창출하는 목적을 갖고 있다. 주식과 채권을 모두 포함하는 균형적 포트폴리오를 보유하는 경향이 있다. 그들은 주식-소득 펀드와 많이 유사하다. 그러나 균형 펀드는 일반적으로 고정소득증권에 더 많이 투자한다. 채권은 주로 현금소득을 제공하는 데 이용되고, 주식은 장기적 성장 잠재력을 위해 선택된다. 균형 펀드는 보통주에만 투자하는 펀드보다 덜 위험하다

성장-소득 펀드 성장-소득 펀드(growth-and-income fund)도 현금 소득과 장기적 자본이득 모두로 이루어진 균형적 수익을 추구한다. 그러나 이들은 자본의 증식을 더 중시한다. 균형 펀드와는 달리, 성장-소득 펀드는 대부분의 자금을 주식에 투자한다. 실제로, 이 펀드들이 자본의 80% 내지 90%를 보통주에 투자하는 경우도 드물지 않다. 이들은 대부분의 투자를 양질의 증권으로 제한한다. 따라서, 성장지향적 블루칩 주식이 양질의 소득주와 함께 포트폴리오에 존재한다. 이 펀드들의 매력 가운데 하나는 많은 펀드가 장기에 걸쳐 창출된 상당히 높은 수익을 얻었다는 것이다. 이 펀드들은 주식과 자본이득을

중시하기 때문에, 상당한 크기의 리스크를 포함한다. 따라서, 성장-소득 펀드는 리스크와 가격 변동성을 수용할 수 있는 투자자에게 가장 적당하다.

채권 펀드 명칭이 시사하는 것처럼, 채권 펀드(bond fund)는 다양한 종류와 등급에 걸쳐 채권에만 투자한다 – 국채와 특수채로부터 회사채와 지방채 그리고 부동산저당대출유동화 증권 같은 다른 부채 증권. 채권의 이자로부터 발생하는 소득이 주요 투자목표이다.

채권에 직접 투자하지 않고 채권 펀드의 지분을 사는 것은 3가지 중요한 이점을 갖고 있다. 첫째, 채권 펀드는 일반적으로 채권 직접투자보다 더 유동적이다. 둘째, 비싼 자산집단 안에서 높은 수준의 분산효과를 달성하기 위한 비용효율적인 방법을 제공한다(대다수 채권은 최소 $1,000 내지 $5,000의 액면가를 갖고 있다). 셋째, 채권 펀드는 자동적으로 이자 및 다른 소득을 재투자한다. 따라서, 당신은 완전한 복리 수익률을 얻을 수 있다.

채권 펀드는 일반적으로 상당히 보수적 형태의 투자로 간주된다. 그러나, 리스크가 없는 것은 아니다. 포트폴리오에 포함된 채권의 가격은 이자율 변동에 따라 변화한다. 오늘날의 시장에서, 투자자는 높은 신용등급을 가진 국채 펀드부터 위험채권에만 투자하는 매우 투기적인 펀드 또는 심지어 높은 변동성을 가진 파생증권에 이르기까지 모든 증권을 발견할 수 있다. 투자자들이 이용할 수 있는 여러 종류의 국내채권 펀드 목록과 주요 투자 채권은 다음과 같다.

- **국채 펀드(government bond fund)**는 미국 국채와 특수채에 투자한다.
- **고등급 회사채 펀드(high-grade corporate bond fund)**는 주로 BBB 등급 또는 그 이상의 투자등급 증권에 투자한다.
- **고수익 회사채 펀드(high-yield corporate bond fund)**는 수익률을 목적으로 위험채권을 매입하는 위험투자이다.
- **지방채 펀드(municipal bond fund)**는 비과세 증권에 투자한다. 이것은 비과세 소득을 추구하는 투자자에게 적합하다. 상응하는 회사채와 비슷하게, 지방채 펀드는 고등급 또는 고수익 펀드로 상품화된다. 특별한 종류의 지방채 펀드는 1개 주의 지방

증권에만 투자하는 소위 단일 주 펀드이다. 이는 (해당 주의 거주자에 대해) 연방 및 주의 세금 (그리고 지역/시 세금)을 면제받는 이자소득을 만들어낸다.

- **부동산저당대출 유동화 채권 펀드(mortgage-backed bond fund)**는 미국 정부의 다양한 부동산저당대출 유동화 증권(예를 들어 GNMA 증권)에 자금을 투자한다. 이 펀드들은 몇 가지 이유로 투자자의 관심을 끈다. (1) 분산효과를 제공한다. (2) 부동산저당대출 유동화 증권에 투자할 수 있는 수단이다. 그리고 (3) 투자자로 하여금 월간 현금흐름의 원금 부분을 재투자하도록 함으로써, 자본을 유지할 수 있도록 해준다.

- **전환채권 펀드(convertible bond fund)**는 주로 보통주로 전환되거나 교환될 수 있는 증권에 투자한다. 이 펀드들은 투자자에게 채권의 가격 안정성 특성 그리고 주식의 가치상승 잠재력을 제공한다.

- **중기채권 펀드(intermediate-term bond fund)**는 만기 10년 이하 채권에 투자하며, 빈번하게 매력적인 수익률과 함께 낮은 가격 변동성을 제공한다. 상대적 단기채(2년 내지 5년 만기) 펀드도 존재한다. 이 상대적 단기채 펀드는, 자금에 대한 더 높은 수익률을 찾는 투자자들에 의해, 화폐시장 투자의 대체수단으로 빈번하게 이용된다. 특히, 단기 금리가 하락하는 경우에 그렇다.

명백하게, 당신이 고정소득증권에서 무엇을 추구하든지 관계없이, 적당한 채권 펀드를 발견할 수 있을 것이다. 2012년도 Investment Company Fact Book에 따르면, 채권 펀드는 미국 뮤추얼펀드 자산의 약 25%를 차지한다.

화폐시장 펀드 화폐시장 뮤추얼펀드(money market mutual fund), 또는 간단히 화폐시장 펀드(money fund)는 뮤추얼펀드의 개념을 단기 화폐시장 상품의 매수 및 매도에 적용한 것이다(은행 예금증서, 단기 국채, 그리고 유사한 상품들). 이 펀드들은 투자자로 하여금 적당한 금액의 자본으로 고수익 화폐시장에 투자할 수 있도록 해준다. 이 시장에서는 많은 상품들이 최소 $100,000 이상의 투자를 요구한다. 2011년 말 기준으로, 화폐시장 펀드는 미국 뮤추얼펀드 자산의 약 23%를 차지한다. 그러나 당시 단기증권의 예외적인 낮은 이자율 때문에, 이 수치는 감소하고 있었다.

몇 가지 종류의 화폐시장 뮤추얼펀드가 존재한다.

- **일반적 화폐시장 펀드(general purpose money fund)**는 국채와 은행 CD부터 기업어음까지, 모든 종류의 화폐시장 투자 수단에 투자할 수 있다. 절대 다수의 화폐시장 펀드는 이런 종류이다.
- **국채 화폐시장 펀드(government securities money fund)**는 단기국채와 여타 정부 및 기관 발행 단기증권으로 투자를 제한함으로써, 신용리스크를 실질적으로 제거한다.
- **비과세 화폐시장 펀드(tax-exempt money fund)**는 매우 단기(30일 내지 90일)의 비과세 지방채로 투자를 제한한다. 이 소득은 연방세를 면제받기 때문에, 주로 고세율 구간에 있는 투자자들에게 매력적이다.

모든 대형 증권회사는 적어도 4 또는 5개의 자체 펀드를 갖고 있고, 다른 수백 개가 독립적 펀드 판매회사에 의해 판매된다. 보유 증권의 최대 평균만기가 90일을 초과할 수 없기 때문에, 화폐시장 펀드들은 매우 유동적인 투자수단이다. 그러나 수익은 이자율 변동과 함께 등락한다. 펀드 자산의 95% 이상이 최고등급/우량등급 증권에 투자되어야 하기 때문에, 자본손실 가능성은 거의 없다. 실제로, 만약 수표 발행 권리를 제공하면, 화폐시장 펀드는 당좌 또는 저축 예금만큼 유동성을 갖고 있다. 많은 투자자들은 이 펀드들을 자본을 축적하고 일시적으로 유휴자금을 보존하는 편리하고, 안전하며, (적당한) 수익을 제공하는 방법으로 간주한다.

지수펀드 "만약 상대를 이길 수 없으면, 한 편이 되라." 이 말은 지수펀드의 배후 개념을 상당히 잘 묘사한다. 기본적으로, 지수펀드(index fund)는 S&P 500 같은 시장지수에 포함된 것들과 동등한 주식(또는 채권) 포트폴리오를 매입하여 보유한다. 대다수 적극적으로 관리되는 펀드가 추구하는 시장을 이기려는 목적 대신, 지수펀드는 시장과 동행하려 한다. 이는 저-비용 투자관리를 통해 달성된다. 실제로 대다수의 경우, 전체 포트폴리오는 거의 전적으로 펀드의 보유자산을 목표 지수에 일치시키도록 컴퓨터에 의해 운용된다.

> **투자자 현실**
>
> **소극적 투자** – 극단적인 소극적 투자 접근법을 채택한 펀드의 하나는 ING Corporate Leader Trust이다. 1935년에 30종목의 주식 포트폴리오로 설립된 이 펀드는 포트폴리오에 새로운 회사를 추가할 수 없다. 이후에 일부 주식들은 합병, 분사, 또는 파산 때문에 소멸되었으며, 펀드는 2012년에는 단지 22종목의 주식을 보유한다. 그러나 2002년부터 2012년의 10년 동안, 이 펀드는 S&P 500 지수를 쉽게 상회했다.

지수펀드의 접근방법은 엄격하게 매입-보유이다. 실제로, 지수펀드의 포트폴리오가 변하는 유일한 시기는 목표 시장지수가 증권의 "시장 바스켓"을 변경할 때이다. 이 매입–보유 접근법의 바람직한 부산물은 펀드의 포트폴리오 회전율이 매우 낮고, 따라서 실현된 자본이득이 거의 없다는 것이다. 결국 약간의 배당소득 외에, 이 펀드들은 과세소득을 매년 거의 만들지 않는다. 이 점은 많은 고소득 투자자들로 하여금 이들을 일종의 세금 절감 투자로 간주하게 만든다.

섹터 펀드 섹터 펀드(sector fund)는 시장의 특정 섹터(또는 부문)만으로 투자를 제한하는 뮤추얼펀드이다. 예를 들어 보건섹터 펀드는 제약회사, 병원경영 기업, 의료 공급자, 그리고 생명과학기술 관련 사업 같은 산업의 주식들에 집중한다. 비교적 인기 있는 섹터 펀드에는 기술, 금융 서비스, 부동산(REITs), 천연 자원, 통신, 그리고 보건 등이 있다. 섹터 펀드의 주요 투자목표는 통상적으로 자본이득이다. 섹터 펀드는 일반적으로 성장 펀드와 비슷하며, 특히 잘 분산되지 않기 때문에 투기적인 것으로 간주된다.

사회적 책임 펀드 어떤 사람에게, 투자는 단순히 재무비율을 다루거나 투자수익을 계산하는 것 이상의 의미를 갖는다. 이런 투자자에게 증권선택 과정은 도덕적, 윤리적, 그리고 환경적 문제에 대한 적극적, 명시적인 고려를 포함하는 것이다. 이 펀드의 개념은 투자결정에서 사회적 고려가 재무적 문제만큼 중요한 역할을 해야 한다는 것이다. 많은 펀드가 이런 투자자에게 공급되고 있는 것은 놀라운 일이 아니다. 이들은 사회적 책임 펀드(socially responsible fund)로 알려졌다. 그들은 윤리와 도덕을 투자결정에 적극적이고 직접적으로 포함시킨다. 결국, 그들의 투자결정은 도덕과 수익 모두에 관련되어 있다.

사회적 책임 펀드는 포트폴리오 포함 대상으로 일부 회사들만 고려한다. 만약 어떤 회사가 펀드의 도덕적, 윤리적, 또는 환경적 기준을 충족하지 못하면, 기본적 수익성이 아무리 좋아도, 펀드 매니저는 주식을 결코 매입하지 않는다. 일반적으로 말하면, 이 펀드들은 담배, 술, 도박, 또는 무기로부터 수입을 얻거나 원자력 발전소를 운영하는 회사에 대한 투자를 자제한다. 또한 이 펀드들은 "책임성 있는" 제품과 서비스를 생산하고, 탄탄한 근로자 관계와 긍정적인 환경 관련 기록을 유지하며, 소재 지역사회에 대해 사회적 책임을 수행하는 기업을 선호한다.

자산배분 펀드 연구 결과에 의하면, 투자자가 할 수 있는 가장 중요한 결정은 투자 자산을 어디에 배분할지 결정하는 것이다. 자산배분은 당신이 다양한 종류의 증권에 어떻게 투자를 나눌지 결정하는 것을 포함한다. 예를 들어 자금의 어느 부분을 화폐시장 증권에, 어느 부분을 주식에, 그리고 어느 부분을 채권에 투자할까? 자산배분은 넓은 범주(증권의 종류)를 다루며 개별 증권선택에는 초점을 맞추지 않는다.

많은 개인 투자자들이 자산배분 결정을 하는 데 어려운 시간을 보내기 때문에, 뮤추얼펀드 산업은 그 일을 대신할 수 있는 상품을 만들었다. 자산배분 펀드(asset allocation fund)로 알려진 이 펀드들은 투자자의 자금을 다양한 종류의 자산집단에 분산한다. 대다수 뮤추얼펀드는 한 종류의 투자(주식, 채권, 또는 화폐시장 증권)에 집중하나 자산배분 펀드는 이런 모든 자산에 자금을 투자한다. 많은 펀드는 해외 증권도 포함하고, 일부는 심지어 금이나 부동산 같은 인플레이션-보호 자산에도 투자한다.

이 펀드들은 개별증권의 선택뿐 아니라 다양한 시장들에 대해 자금을 배분하기 위해 펀드 매니저를 고용할 용의가 있는 사람들을 위해 고안되었다. 전형적인 자산배분 펀드가 작동하는 방법은 다음과 같다. 자금 매니저는 펀드의 목표 배분 구성을 정한다. 이는 다음과 비슷한 것이 될 것이다-미국 주식에 50%, 채권에 30%, 해외 증권에 10%, 그리고 화폐시장 증권에 10%. 이제 증권은 이 비율에 의해 펀드로 매입되고, 전체 포트폴리오는 목표 구성을 유지한다. 실제로, 펀드의 각 부문은 거의 독립된 부분처럼 관리된다. 따라서, 예를 들어 주식 부분에 속한 증권은 시장환경에 따라 매입, 매도, 그리고 보유된다. 그러나 시간이 지남에 따라 시장상황이 변하면, 자산배분 구성도 변화한다. 예를 들어 만약 미국 주식시장이 하락하기 시작하면, 펀드는 포트폴리오의 (국내) 주식 비중을, 예를 들어, 35%로 낮추고 동시에 해외 증권 비중을 25%로 높일 수 있다. 물론, 자금 매니저가 올바른 시점에 올바른 결정을 한다는 보장은 없다.

> **투자자 현실**
>
> **나이와 자산배분** – 올바른 자산배분을 결정할 때 고려되어야 할 투자목적, 시장상황 같은 몇 가지 중요한 요인들이 있음에도 불구하고, 오래 전부터의 지침은 나이에 기초하라는 것이다. 이 법칙은 주식에 투자된 포트폴리오 비중은 100으로부터 나이를 뺀 숫자라는 것이다. 예를 들어 만약 당신이 25세이면, 포트폴리오의 75%는 주식에 투자된다–당신이 나이를 더하면서, 법칙은 포트폴리오를 더 위험한 주식으로부터 덜 위험한 채권 또는 화폐시장 상품으로 이전하는 것이다. 그러나 요즈음 사람들은 더 오래 살기 때문에, 주식에 대한 배분을 설정하기 위해, 많은 재무계획가들은 110 또는 120으로부터 나이를 차감하라고 조언한다. 더 큰 수치의 사용은 당신의 은퇴 시 자금의 지속기간을 늘리고, 더 긴 투자 목표기간 동안 주식의 고 성장성을 누릴 필요를 반영한다.

국제 펀드 더 분산된 투자와 높은 수익을 찾는 과정에서, 미국 투자자들은 해외 증권에 더 많은 관심을 보이고 있다. 이런 기회를 감지하고, 뮤추얼펀드 산업은 국제 펀드(international fund)에 신속히 반응했다. 이런 뮤추얼펀드는 모든 또는 거의 모든 투자를 해외증권에 투입한다. 많은 사람들이 해외 증권에 투자하기를 원하지만, 단지 실행방법을 모르는 경우가 있다. 투자자들이 국제 경제 문제들과 그것들이 펀드의 수익에 주는 영향에 관한 기본적 이해만 갖고 있으면, 국제 펀드는 적당한 수단이 될 수 있다.

기술적으로, 국제 펀드(international fund)라는 용어는 해외증권에만 투자하는 펀드의 종류를 뜻한다. 이런 펀드는 빈번하게 그들의 활동을 특정 지역으로 제한한다(예를 들어 멕시코, 오스트레일리아, 유럽, 또는 태평양 연안). 대조적으로, 세계 펀드(global fund)는 해외 증권과 미국 회사 모두에 투자한다. 일반적으로 다국적 기업. 펀드가 세계이든 또는 국제이든 관계없이(앞으로, 양자에 모두 국제라는 용어를 사용할 것이다), 당신이 원하는 펀드는 어떤 것이라도 발견할 수 있을 것이다. 국제 주식 펀드, 국제 채권 펀드, 그리고 심지어 국제 화폐시장 펀드도 존재한다. 공격적 성장 펀드, 균형 펀드, 장기 성장 펀드, 그리고 고등급채권 펀드가 있다. 일부 펀드들은 성숙한 대규모 시장(일본, 독일, 그리고 오스트레일리아 등)으로 투자를 제한하고, 다른 펀드들은 신흥시장(태국, 멕시코, 칠레, 그리고 구 공산권 국가인 폴란드 등)에 집중한다.

투자자 서비스

명백하게, 투자자는 돈을 벌기 위해 펀드 지분을 매입한다. 그러나 뮤추얼펀드에 투자하는 다른 중요한 이유들이 있다. 뮤추얼펀드의 가치있는 서비스도 중요하다. 가장 필요한 뮤추얼펀드 서비스의 일부는 자동적인 투자와 재투자 플랜, 정기적인 소득 프로그램, 전환권, 그리고 은퇴계획이다.

자동적 투자 플랜 돈을 벌려면 돈이 든다. 이 말은 투자자에게 시장에 투자하려면 자본을 축적할 수 있어야 한다는 뜻이다. 뮤추얼펀드는 저축과 자본 축적을 가능한 한 덜 고통스럽게 만드는 프로그램을 제시했다. 그 프로그램은 자동적 투자 플랜(automatic investment plan)이다. 이 서비스는 펀드 주주로 하여금 정해진 금액을 급여나 은행계좌로부터 뮤추얼펀드로 자동적으로 보낼 수 있도록 해준다. 이는 급여 공제 플랜과 매우 흡사하다.

펀드 서비스는 주주로 하여금 고민 없이 정기적으로 투자할 수 있도록 해주기 때문에, 매우 인기 있다. 대략 모든 펀드 그룹이 거의 모든 주식과 채권 펀드들에게 일종의 자동적 투자 플랜을 제공한다. 가입하려면, 당신은 단순히 펀드로 하여금 정해진 금액(통상적으로 기간별 최소 $25 내지 $100)을 정기적으로 은행계좌로부터 옮길 수 있도록 승인하는 양식을 작성하면 된다. 일단 가입되면, 당신은 더 많은 주식을 정기적으로 매입할 수 있다. 물론, 만약 수수료 펀드이면, 당신은 정기적 투자에 대해 일정한 판매수수료를 지불해야 한다. 당신은 전화 한 통으로, 언제든지 벌칙적 비용 없이 프로그램을 탈퇴할 수 있다. 편리성이 자동적 투자 플랜의 주된 이점일 것이나, 탄탄한 투자 논리도 존재한다. 큰 금액의 자본을 형성하는 가장 좋은 방법의 하나는 장기간에 걸쳐 체계적으로 자금을 투자 프로그램에 추가하는 것이다. 정기적으로 투자 포트폴리오를 추가하는 것은 대단히 중요하다. 그 중요성은 복리효과로부터 기인한다.

자동적 재투자 플랜 자동적 재투자 플랜은 뮤추얼펀드의 실질적 이점의 다른 하나이며, 거의 모든 개방형 펀드에 의해 제공된다. 자동적 투자 플랜이 펀드에 주입하는 자금을 다루는 한편, 자동적 재투자 플랜은 펀드가 주주들에게 지급하는 배당을 다룬다. 뮤추얼펀드의 자동적 재투자 플랜(automatic reinvestment plan)은 배당 그리고/또는 자본이득을 펀드 주식의 추가 매입에 사용함으로써, 당신의 자본을 완전히 활용할 수 있도록 해준다. 대다수 펀드는 재투자된 자금으로 주식을 매입하는 데에는 수수료를 부과하지 않는다. 그러나 당신이 모든 배당 및 자본이득 분배금을 재투자하더라도, 국세청은 그것들을 현금수입으로 간주한다는 사실을 기억해야 한다. 당신이 분배받은 금액은 당해 연도의 투자소득으로서 과세된다.

자동적 재투자 플랜은 완전한 복리 수익률을 얻을 수 있도록 해준다. 당신은 이익을 재투자함으로써, 더 많은 소득을 창출하는 데 이용할 수 있다. 실제로, 장기적으로 축적된 총 자본에 대한 이 플랜의 효과는 상당한 금액일 수 있다. <그림 12.5>는 S&P 500 지수를 대상으로 재투자된 배당 및 자본이득 소득의 장기적 효과를 보여준다. 예시에서, 투자자는 1987년 말에 $10,000로 시작한다고 가정하자. 윗줄은 배당이 발생하면 투자자가 재투자하는 경우에 얼마나 돈이 모이는지, 아랫줄은 재투자하지 않는 경우를 나타낸다. 시간이 지남에 따라, 이 두 접근방법의 차이는 상당히 커진다. 배당이 재투자되면, 투

그림 12.5 배당 재투자의 효과

배당의 재투자는 투자 포지션에 막대한 영향을 줄 수 있다.이 그래프는 배당의 재투자 또는 그렇지 않은 경우에 대해, S&P 500에 1987년 말 $10,000를 투자한 결과를 보여준다.

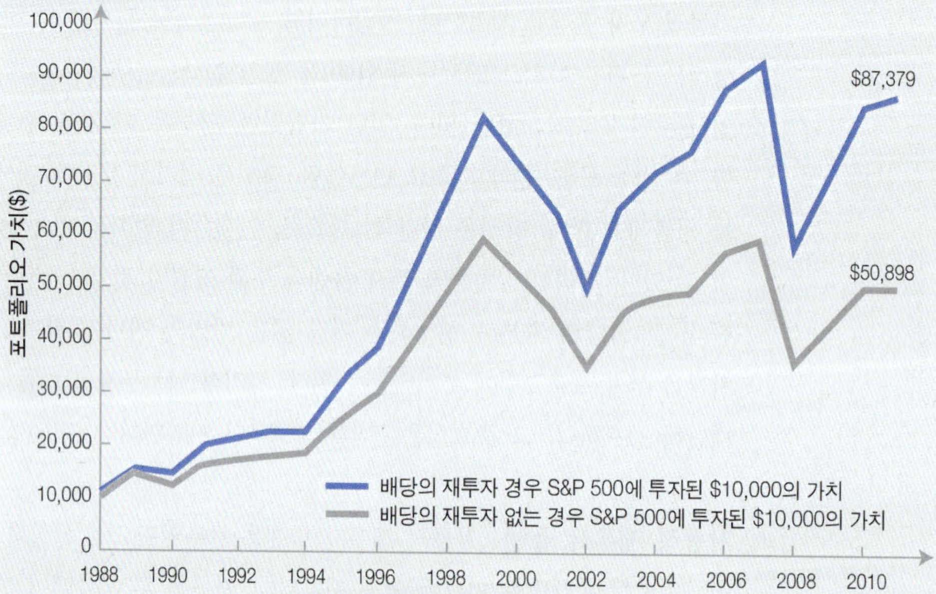

(출처: Standard & Poor's Index Services의 자료. 2012년 8월 17일.)

자자는 2011년 말에 $87,379 상당의 포트폴리오를 보유하게 된다. 만약 배당을 재투자하지 않으면, 포트폴리오 가치는 단지 $50,898에 불과하다.

정기적 소득 자동적 투자 및 재투자 플랜은 장기 투자자에게 매우 유리하다. 그러나, 안정적 소득흐름을 추구하는 투자자에게는 어떨까? 이 경우에도, 뮤추얼펀드는 수요를 충족하기 위한 서비스를 갖고 있다. 소위 체계적 인출 플랜(systematic withdrawal plan)이 대다수 개방형 펀드에 의해 제공된다. 투자자는 일단 가입하면, 자동적으로 매월 또는 매분기에 미리 정해진 금액을 받는다. 대다수 펀드는 가입자격으로 최소 투자금액 $5,000 이상, 최소 지급액은 기간당 $50 이상(최고액은 제한 없음)을 요구한다. 펀드는 월별 또는 분기별 수입을 먼저 배당하고 그 다음으로 실현된 자본이득으로부터 인출하여 지불한다. 이 원천들이 부족하고 주주가 승인한 경우에는, 펀드는 원금 또는 최초 납입 자본으로 필요한 정기적 지급액을 충당한다.

전환권 때로 투자자는 한 펀드로부터 다른 펀드로 옮길 필요를 느낀다. 예를 들어 당신의 목표 또는 투자환경이 변할 수 있다. 전환 또는 교환권(conversion or exchange privilege)은 이런 필요를 편리하고 저렴하게 충족하도록 고안되었다. 많은 상이한 펀드들(펀드집단(fund family)으로 알려진)을 공급하는 투자운용회사는 주주로 하여금 한 펀드로부터 다른 펀드로 자금을 옮길 수 있는 전환권을 제공한다. 전환은 전화 또는 인터넷으로 이루어진다. 유일한 제약은 전환은 동일 펀드집단 안에서만 가능하다는 것이다. 예를 들어, 당신은 Dreyfus 성장 펀드로부터 Dreyfus 화폐시장 펀드 또는 Dreyfus에 의해 운용되는 다른 펀드로 옮길 수 있다.

전환권은 계속 변화하는 장기적 목적을 충족할 수 있도록 하기 때문에 일반적으로 유익한 것으로 간주된다. 또한 투자환경의 변화에 따라 펀드를 옮겨 다니면서, 뮤추얼펀드 보유를 더 공격적으로 관리할 수 있도록 한다. 그러나 한 가지 단점이 있다. 세금의 관점에서, 한 펀드로부터 다른 펀드로의 주식교환은 매도와 그 뒤를 따르는 새로운 주식의 매수로 간주된다. 결국 교환 시점에 자본이득이 존재하면, 보유주식이 진정한 의미에서 "유동화"되지 않았지만 그 이익에 대한 세금을 납부해야 한다.

은퇴 프로그램 정부 입법의 결과로서, 자영업을 하는 개인은 세전 소득의 일부를 자신의 은퇴계획(SEPs)으로 옮길 수 있다. 또한, 미국 근로자는 개인퇴직계좌(IRA)를 만들 수 있다. 실제로 1997년에 통과된 법에 의해, 자격을 갖춘 투자자는 공제와 비공제(Roth) IRA 중에서 선택할 수 있다. 이런 프로그램에 가입하기에는 너무 많은 소득이 있는 사람들까지도 특수한 비공제 IRA를 만들 수 있다. 오늘날, 모든 뮤추얼펀드는 개인들로 하여금 세금이연 은퇴 프로그램을 만들 수 있도록 서비스를 제공한다. IRA 또는 Keogh 계좌를 선택할 수 있다. 또는 직장을 통해 401(k)와 같은 세금감면 퇴직플랜에 가입할 수 있다. 펀드는 프로그램을 만들고 모든 사무적 업무를 처리한다. 따라서, 주주는 이용가능한 모든 세금절감 효과를 쉽게 활용할 수 있다.

개념리뷰

12.7 다음 뮤추얼펀드의 종류를 각각 설명하라.

a. 공격적 성장 펀드

b. 주식 소득 펀드

c. 성장-소득 펀드

d. 채권 펀드
e. 섹터 펀드
f. 사회적 책임 펀드

12.8 자산배분 펀드는 무엇이며, 다른 종류의 뮤추얼펀드로부터 어떻게 다른가?

12.9 만약 성장, 소득, 그리고 자본 보전이 뮤추얼펀드의 주요 목적이면, 굳이 종류별로 펀드를 구분하는 이유는 무엇인가? 이런 분류가 펀드선택 과정에서 도움을 줄 것인가? 설명하라.

12.10 펀드 집단은 무엇인가? 펀드 집단은 투자자에게 어떤 장점을 제공하는가? 단점이 있는가?

12.11 뮤추얼펀드에 의해 제공되는 투자자 서비스의 일부를 기술하라. 자동적 재투자 플랜은 무엇이며, 자동적 투자 플랜으로부터 어떻게 다른가?

뮤추얼펀드 투자

LG 5 LG 6 당신이 다음과 같은 상황에 처했다고 가정하자. 투자할 자금이 있고, 적당한 투자처를 물색하고 있다. 명백하게, 수용가능하다고 생각하는 위험과 매력적인 수익률을 창출하는 증권을 선택하려고 할 것이다. 문제는 수천 종목의 증권을 포함하는 목록으로부터 선택해야 한다는 것이다. 이것이 적합한 뮤추얼펀드를 선택하려고 할 때, 기본적으로 직면하는 문제이다. 그러나 만약 당신이 문제에 체계적으로 접근한다면, 그렇게 어려운 일은 아니다. 첫째, 다양한 투자자가 뮤추얼펀드를 이용하는 방법을 자세히 살펴보는 것이 도움을 줄 것이다. 이런 배경에서, 우리는 선택과정과 몇 가지 성과평가를 위한 수익의 척도를 바라볼 수 있다.

뮤추얼펀드의 용도

뮤츄얼펀드는 다양한 방법으로 사용된다. 예를 들어 성과 펀드는 자본가치 확대의 수단으로 이용될 수 있고, 채권 펀드는 현금 소득을 제공한다. 뮤추얼펀드가 제공하는 소득의 종류에 관계 없이, 투자자들은 이 증권들을 (1) 재산을 축적하는 수단, (2) 가치 저장, 또는 (3) 높은 수익률을 달성하는 투기적 수단으로 사용하는 경향이 있다.

재산의 축적 이는 아마도 뮤추얼펀드를 이용하는 가장 일반적 이유일 것이다. 기본적으로, 투자자는 투자 자본을 축적하기 위해 장기적으로 뮤추얼펀드를 이용한다. 당신의 목적에 따라 수용할 수 있는 적당한 금액의 위험이 있을 것이나, 일반적으로 자본의 유지와 자본의 안정성이 중요한 요소로 간주될 것이다. 전체적 아이디어는 가능한 한 큰 자본을 만드는 과정에서 뮤추얼펀드와 "동반자 관계"를 형성하는 것이다-당신은 펀드에 체계적으로 투자하고 재투자함으로써 자본을 제공하고, 펀드는 당신의 자원을 현명하게 사용하기 위해 최선을 기울임으로써 수익을 제공한다.

가치의 저장 투자자들은 또한 뮤추얼펀드를 가치 저장 수단으로 이용한다. 이 아이디어는 투자 자본이 상당히 안전하고 비교적 낮은 손실 가능성을 갖고 있으며 동시에 꽤 매력적인 수익률을 창출할 수 있는 투자처를 찾는 것이다. 단기 및 중기 채권 펀드는 이런 목적을 위한 논리적인 선택이며, 화폐시장 펀드도 마찬가지이다. 어떤 투자자들에게는 자본의 보전과 장기적 소득이 매우 중요하다. 다른 투자자들은 단지 단기적으로만 가치를 저장하고, 예를 들어 더 매력적인 기회가 생길 때까지 "대기하는" 장소로 화폐시장 펀드를 이용한다.

투기와 단기적 거래 투기가 점점 일반화하고 있으나, 아직 대다수 뮤추얼펀드에 의해 널리 사용되지는 않는다. 당연하게 그 이유는 대다수 뮤추얼펀드의 성격이 장기적이며, 공격적인 거래 도구로 쓰이려는 것은 아니기 때문이다. 그러나 더 많은 수의 펀드(예를 들어 섹터 펀드)가 투기자들의 수요에 맞추고 있다. 일부 투자자들은 뮤추얼펀드가 투기와 단기적 거래를 위해 편리하다는 사실을 알게 되었다.

이를 실행하는 방법의 하나는 투자환경의 변화에 맞추어 공격적으로 펀드 지분을 사고파는 것이다. 저-비용의 전환권을 제공 그리고/또는 무-수수료 펀드만을 다루는 펀드 집단과 거래함으로써 수수료는 회피(또는 절감)될 수 있다. 다른 투자자들은 장기적 투자로서 뮤추얼펀드를 선택하면서 그러나 매우 공격적인 거래전략을 따르는 펀드에 투자함으로써, 높은 수익률을 추구할 수 있다. 이들은 일반적으로 레버리지 펀드, 옵션 펀드, 신흥시장 펀드, 소형주의 공격적 성장 펀드, 그리고 섹터 펀드처럼 적당히 특화되고 비교적 소규모인 펀드들이다. 기본적으로, 이런 펀드의 투자자들은 단순히 전문적 자금 매니저로 하여금 그들의 계좌를 그들이 원하는 방식대로 운영하도록 한다. 즉 공격적으로.

말이다.

선택 과정

뮤추얼 펀드에서, 모든 투자자들이 먼저 묻는 질문이 있다. 왜 뮤추얼펀드로부터 시작해야 하는가. 왜 직접 주식과 채권을 매입하여 "개별적으로 투자"하면 안 될까? 초보 투자자나 적은 자본을 가진 투자자에게 대답은 간단하다. 뮤추얼펀드에 투자하면, 스스로 달성할 수 있는 어떤 경우보다 많은 분산효과를 얻을 수 있다. 추가하여, 합리적인 비용으로 전문적인 자금 매니저의 도움을 받을 수 있다. 더 경험 많은 투자자에게, 그 대답은 아마도 더 복잡할 것이다. 명백하게 분산투자와 전문적 자금 매니저가 고려되나, 다른 이유도 있다. 뮤추얼펀드가 제공하는 경쟁력 있는 수익과 서비스가 한 요인이다. 많은 경험 있는 투자자들은 뮤추얼펀드를 세심하게 선택하면 스스로 투자하는 것보다 높은 수익을 얻을 수 있다고 믿는다. 이런 투자자들 가운데 일부는 스스로 개별 증권을 사고 파는 데 자본의 일부를 사용하고, 그들이 완전히 이해가지 못하거나 잘 알지 못한다고 느끼는 영역에 투자하는 뮤추얼펀드를 사는 데 나머지 자본을 사용한다. 예를 들어, 외국시장에 투자하거나 부동산저당대출 유동화 증권을 매입하기 위해 뮤추얼펀드를 이용한다.

일단 당신이 뮤추얼펀드를 이용하기로 결정하면, 어떤 펀드를 살지 선택해야 한다. 선택과정은 당신이 수용가능한 위험으로부터 가장 큰 수익을 얻을 수 있도록, 뮤추얼펀드에 관해 아는 모든 지식을 활용해야 한다. 이는 당신의 투자 수요를 평가하는 데에서 시작한다. 당신은 수천 개의 펀드들 중에서, 당신의 전체적 투자 수요를 충족하는 1개 또는 2(또는 6 또는 8)개의 펀드를 선택하려 할 것이다.

펀드를 이용하는 목적과 동기 출발점은 투자목적이다. 왜 뮤추얼펀드에 투자하려 하는가, 그리고 펀드로부터 원하는 것은 무엇인가? 매력적인 수익률은 바람직하다. 그러나 수용할 수 있는 크기의 위험 노출이라는 과제도 있다. 아마도, 당신이 스스로의 위험성향을 이용가능한 다양한 종류의 뮤추얼펀드와 비교하면, 어떤 종류의 펀드가 다른 펀드보다 당신의 마음에 더 든다는 것을 발견할 것이다. 예를 들어, 공격적 성장 펀드는 일반적으로 높은 위험 노출을 피하고자 하는 개인 투자자의 관심을 끌지 못한다.

다른 중요한 요인은 뮤추얼펀드를 이용하는 의도이다. 당신의 뮤추얼펀드 투자는 재산의 축적, 가치의 저장, 또는 고-수익률에 투자하는 수단인가? 이 점은 투자금으로 무엇을 하려는 것인지를 묻는 질문에 더 분명하게 초점을 맞춘다. 마지막으로, 펀드에 의해 제공되는 서비스를 고려해야 한다. 어떤 서비스에 특히 관심이 있으면, 반드시 펀드 선택 과정에서 그 점을 찾아보아야 한다.

펀드가 제공하는 혜택 개인이 일련의 투자 필요를 갖고 있는 것과 마찬가지로, 각 펀드는 자체의 투자 목표, 운영 방법, 그리고 서비스의 범위를 갖고 있다. 이 요소들은 당신이 투자대안들을 평가하는 데 도움을 준다. 이 정보를 어디에서 찾을 수 있는가? 분명한 한 곳은 펀드의 프로파일, 또는 사업설명서이다. *Wall Street Journal, Barron's, Money, Fortune,* 그리고 *Forbes* 같은 간행물들도 풍부한 운영 및 성과 통계자료를 제공한다.

펀드의 배후 정보와 평가 자료를 제공하는 많은 수의 리포트 서비스도 존재한다. 이 영역에서 가장 뛰어난 것은 Morningstar Mutual Funds와 (주식 리포트와 비슷한 뮤추얼 펀드 리포트를 생산하는) Value Line Mutual Fund Survey이다. 인터넷에서도 모든 종류의 성과 통계자료가 이용가능하다. 예를 들어 펀드의 성과, 증권 보유, 리스크 프로파일, 그리고 매입 정보에 관한 역사적 자료를 얻을 수 있는 Yahoo! Finance 같은 무료 금융 웹사이트의 평점도 있다.

대안들 중에서 선택하기 이 단계에서 펀드 선택은 제외하는 과정이 된다. 당신은 많은 수의 펀드를 단순히 그들이 당신의 특별한 필요에 맞지 않기 때문에, 고려 대상으로부터 제외할 수 있다. 어떤 펀드는 너무 위험할 수 있다-다른 것은 가치저장을 위해 적합하지 않을 수 있다. 따라서 수천 종목의 다른 펀드들을 고려하는 대신, 투자 필요에 맞는 2개 또는 3개 종류의 펀드로 목록을 좁힐 수 있다. 여기에서부터, 다른 제약조건들을 감안하면서 목록을 조금씩 줄여나갈 수 있다. 예를 들어 비용 문제 때문에, 무수수료 또는 저-수수료 펀드만을 고려할 수 있다(이 주제는 뒤에 더 상세하게 다룬다). 또는 당신의 투자 목적을 위해 중요한 어떤 서비스를 추구할 수도 있다.

펀드에서 당신이 고려하고 싶은 다른 특성은 조세 효율성(tax efficiency)이다. 일반적으로, 낮은 배당과 낮은 회전율을 가진 펀드는 주주들을 고세율에 노출시키지 않으며, 따라서 높은 세금 효율성 등급을 갖고 있다. 펀드의 성과를 보는 한편으로, 수수료 구조를 확인해야 한다. 비정상적으로 높은 관리 수수료를 부과하는 펀드를 주의해야 한다.

다른 중요한 고려사항은 특정 펀드가 당신의 포트폴리오에 얼마나 적합한지이다. 만약 당신이 어떤 자산배분 전략을 따르려고 하면, 펀드를 포트폴리오에 추가할 것을 고려할 때 그 문제를 감안해야 한다. 다시 말해, 전체 포트폴리오의 틀 안에서 어떤 특정 펀드를 평가해야 한다.

마지막으로 당신이 투자를 고려할 때, 펀드의 과거 성과에 어느 정도 가중치를 부여해야 하는가? 직관적으로 과거 성과가 좋은 펀드가 투자를 잘할 것이라는 생각이 들더라도, 과거의 성과는 미래의 성공을 보장하지 않는다는 것을 기억해야 한다. 실제로, 과거의 성과는 미래의 성과와 전혀 상관관계가 없다는 더 강한 의견을 제시할 수 있다. 따라서 투자결정을 할 때, 펀드의 투자목표와 비용 같은 다른 요인들에 더 많은 가중치를 둘 것을 권고한다.

무-수수료 또는 저-수수료 펀드만 이용하기 뮤추얼펀드 산업에는 수수료 펀드와 무-수수료 펀드에 관한 오랜 "논쟁"이 있다. 수수료 펀드가 가치 있는가? 만약 그렇지 않으면, 왜 수수료를 지불하는가? 나타난 바와 같이, 실증적 결과는 수수료 펀드가 부가가치를 제공한다는 견해를 지지하지 않는다. 수수료 펀드는 평균적으로 무-수수료 펀드의 수익에 비해 전혀 높지 않다. 실제로 많은 경우, 비정상적으로 높은 수수료와 12(b)-1을 부과하는 펀드는 종종 무-수수료펀드보다 훨씬 낮은 수익을 기록한다. 또한 복리효과 때문에, 보유기간이 길수록 성과의 차이는 확대되는 경향이 있다. 높은 수수료 그리고/또는 12(b)-1 수수료는 투자가능한 금액(즉 당신이 자신을 위해 운영할 수 있는 금액)을 감소시키기 때문에, 이런 결과들은 놀라운 일이 아니다. 실제로 수수료 펀드가 이런 약점을 극복하는 유일한 방법은 매년 우월한 수익을 올리는 것이나, 이는 결코 쉬운 일이 아니다. 당연하게 소수의 수수료 펀드는 상당한 기간 동안 매우 매력적인 수익을 만들어내지만, 이들은 일반적 현상이 아니고 예외이다.

명백하게, 수수료(그리고 다른 비용)에 세심한 주의를 기울이는 것이 가장 이익이다. 일반적으로, 수익을 극대화하려면, 당신은 무-수수료 펀드 또는 저-수수료 펀드(12(b)-1 수수료를 포함한 모든 수수료 합계가 3% 이하인 펀드)만 이용할 것을 심각하게 고려해야 한다. 높은 비용이 정당화되는 시기가 있을 수 있으나, 훨씬 많은 경우에 당신은 수수료 부담을 최소화하기 위해 노력하는 것이 유리하다. 수천 종목의 무-수수료 또는 저-수수료 펀드가 선택 가능하기 때문에 이 일은 어렵지 않다. 더욱이, 최고 수준의 성과를 내는 펀드의 대다수는 무-수수료 또는 저-수수료 펀드에 속한다. 사실이 이런데, 굳이 다른 곳을 볼 이유가 있겠는가?

폐쇄형 펀드에 투자하기

폐쇄형 펀드(CEF)의 자산은 개방형 펀드에 투자된 11.6조 달러의 2%를 약간 넘는다. 개방형 펀드처럼, CEF는 다양한 종류와 스타일을 갖고 있다. 여기에는 지방채, 과세 채권, 다양한 종류의 지분증권, 국제 증권에 특화한 펀드 그리고 지역 및 단일 국가 펀드가 포함된다. 역사적으로, 개방형 펀드와는 달리, 채권 펀드가 폐쇄형 펀드의 자산의 많은 부분을 차지했다. 2011년에 1,450억 달러 상당의 채권 CEF 자산이 존재했으며, 이는 CEF 자산의 61%였다. 주식 CEF는 2011년에 총 940억 달러의 자산을 보유했다.

폐쇄형과 개방형 펀드의 중요한 차이점 폐쇄형 펀드는 주식처럼 거래되기 때문에, 당신은 지분을 팔고 사려면 브로커를 통해야 하며 일상적인 중개수수료를 내야 한다. 대조적으로, 개방형 펀드는 펀드 자체의 운용회사와 거래된다. 개방형과 폐쇄형 펀드의 다른 차이는 유동성이다. 개방형 뮤추얼펀드에서는, 지분가격에 영향을 미칠 것을 우려하지 않으면서 비교적 큰 금액을 순자산가치(NAV)에서 팔고 살 수 있다. 그러나 CEF에 대한 비교적 큰 금액의 매도 또는 매수 주문은 갑자기 가격을 높이거나 떨어뜨리기 쉽다. 대다수 CEF는 개방형 펀드처럼 배당금 재투자 플랜을 제공하지만, 많은 경우 대단한 서비스는 아니다. CEF는 뮤츄얼 펀드 투자자들이 익숙한 모든 서비스를 제공하지는 않는다.

모든 점을 고려하면, 가장 중요한 차이는 아마도 시장에서 이 펀드들의 가격이 결정되는 방법일 것이다. 이 장의 앞 부분에서 논의되었던 것처럼, CEF는 두 개의 가치를 갖고 있다-시장가치(즉 주식 가격)와 NAV. CEF는 전형적으로 할증 또는 할인되어 거래되기 때문에, 이들이 같은 경우는 거의 없다. 할증(premium)은 펀드 주식이 NAV보다 높게 거래될 때 발생한다; 할인(discount)은 펀드 주식이 NAV보다 낮게 거래될 때 발생한다. 일반적으로, CEF는 할인되어 거래된다. CEF가 할인되어 거래되는 정확한 이유는 완전히 알려지지 않았다. 그리고, 금융 전문가 들은 이런 경향을 가끔 폐쇄형 펀드 수수께끼라고 부른다. 수수께끼는 폐쇄형 펀드의 주식 가격은 상응하는 NAV보다 낮게 결정되는 것이다. 이는 당신이 CEF 주식을 매입할 때, 마치 펀드에 포함된 기초 주식을 할인받아 사는 것과 같다. 다음은 CEF가 할인 거래되는 이유가 될 수 있는 것들이다.

1. 투자자들은 펀드의 미래 성과가 저조할 것으로 예상하며, 따라서 처음부터 펀드의 주식에 대해 낮은 금액을 지불한다.

2. 펀드에 포함된 주식이 비유동적이며 따라서, 만약 언젠가 팔리더라도, 현재 시장 가격보다 낮게 매도될 것이다.

3. 펀드에 포함된 주식은 내재적인 미실현 자본이득을 갖고 있고, 투자자들은 궁극적으로 이 이익에 대해 세금을 내야 하기 때문에, 그들은 펀드 주식을 매입하는 데 NAV 전액을 지급하려 하지 않는다.

4. 투자자 정서가 펀드 가격을 NAV로부터 이탈시킬 수 있다; 정서가 긍정적일 때, 펀드 주식은 할증되어 거래된다. 그러나 투자자들이 상대적으로 비관적일 때, 펀드 주식은 할인되어 거래된다.

그림 12.6 선택된 CEF의 성과

이 수치는 Morningstar 웹사이트에서 무료로 이용가능한 폐쇄형 펀드 정보를 보여준다.

Closed End Funds: Overview

Fund Name	Premiums/ Discounts	Market Return YTD	NAV Return YTD	3 Year Avg Standard Deviation	Morningstar Star Rating	Avg Daily Volume Shares	Net Assets $mil	Manager Tenure
Turkish Investment (TKF)	-10.30	33.00	**31.52**	31.33	Not Rated	29,103	104	10.8
Thai Fund (TTF)	-12.38	33.35	**30.43**	24.07	★★★★	39,993	279	4.0
Western Asset Mortgage Defined Opp (DMO)	2.42	29.16	**30.09**	---	Not Rated	36,563	244	1.3
RMR Real Estate Income Fund (RIF)	-14.85	29.14	**29.10**	22.03	★★	20,702	158	6.1
PIMCO Global StocksPLUS & Income (PGP)	77.62	25.70	**28.24**	21.93	★★★	42,985	127	7.3
Singapore Fund (SGF)	-10.17	25.48	**27.53**	21.71	★★★	27,011	114	1.0
Mexico Equity & Income (MXE)	-12.63	23.02	**26.78**	21.68	★★★	8,815	93	11.3
PIMCO Corporate & Income Strgy (PCN)	18.19	17.98	**26.58**	13.63	★★★★	104,897	571	5.1
PIMCO Corporate & Income Opportunity Fds (PTY)	22.87	22.24	**26.30**	14.47	★★★★★	192,922	1,120	6.2
H&Q Life Sciences Investors (HQL)	-0.85	38.95	**25.80**	15.53	Not Rated	60,430	221	9.6
PIMCO High Income (PHK)	75.22	25.28	**24.00**	15.08	★★★	500,104	973	5.3
H&Q Healthcare Investors (HQH)	-5.61	30.54	**23.88**	13.50	Not Rated	80,817	492	6.5
Nuveen Mortgage Opportunity Term 2 (JMT)	2.96	35.47	**23.19**	---	Not Rated	17,848	122	2.5
PIMCO Income Strategy (PFL)	10.04	28.62	**23.06**	12.06	★★★	103,917	286	2.7
Neuberger Real Estate Securities Income (NRO)	-9.60	30.42	**22.33**	18.81	★★	218,714	291	7.2
Alpine Global Premier Properties (AWP)	-7.42	36.83	**22.20**	22.24	Not Rated	423,559	653	5.3
Cohen & Steers REIT & Preferred Income (RNP)	-3.21	28.26	**22.00**	19.70	★★★	98,498	869	8.2
Mexico Fund (MXF)	-8.29	22.55	**21.99**	21.57	★★★	29,320	372	22.8
PIMCO Income Strategy II (PFN)	8.16	29.15	**21.98**	11.41	★★★	202,644	602	2.7
Nuveen Mortgage Opportunity Term (JLS)	3.35	35.09	**21.51**	---	Not Rated	48,064	398	2.8

출처: http://news.morningstar.com/CELists/CEReturns.html, 2012년 8월 17일.

CEF 관련 정보는 인쇄물이나 온라인 자료출처에서 광범위하게 얻을 수 있다. <그림 12.6>은 Morningstar의 웹사이트에서 발견될 수 있는 정보 일부를 예시한다. 각 펀드의 이름과 함께, 현재 NAV에 비해 할인 또는 할증 거래되는지 바로 알 수 있다. Morningstar는 또한 펀드의 NAV에 기초한 수익률 및 펀드의 주가 성과에 기초한 수익률을 일간부터 연간 단위까지 제공한다.

CEF의 할증 또는 할인율은 다음과 같이 계산된다:

수식 12.1 할증율(또는 할인율)=(주가 − NAV) ÷ NAV

사례 펀드 A는 \$10의 NAV를 갖고 있다. 만약 주식 가격이 \$8면, 20% 할인 판매되는 것이다. 즉, 다음과 같다.

$$
\begin{aligned}
\text{할증율(또는 할인율)} &= (\$8 - \$10)/\$10 \\
&= -\$2/\$10 = -0.20 = -20\%
\end{aligned}
$$

이 음수는 펀드가 할인(또는 NAV 미만에서) 거래되고 있음을 의미한다. 한편 만약 동일 펀드가 주당 \$12에 거래되면, 20% 할증 거래되는 것이다—다시 말해 (\$12 − \$10)/\$10 = \$2/\$10 = 0.20.

폐쇄형 펀드 투자의 목표 만약 당신이 투자목표를 알고 있고 시점과 선택이 좋으면, 일부 많이 할인된 CEF는 매력적인 수익을 얻는 좋은 방법을 제공할 수 있다. 예를 들어 만약 펀드가 20% 할인되어 거래되면, 당신은 \$1에 상당하는 자산에 대해 단지 80센트를 지불하는 것이다. 만약 비정상적으로 큰 폭의 할인으로 펀드를 매입하고 할인 폭이 축소되거나 할증으로 전환할 때 매도하면, 전체적 수익을 높일 수 있다. 실제로 만약 할인 폭이 축소되지 않더라도, 동등한 개방형 펀드에 투자한 것보다 투자수익률이 높기 때문에, 당신의 투자 수익률은 개선될 것이다.

사례 어떤 CEF가 $10의 NAV로부터 20% 할인된 $8에 거래된다고 가정하라. 만약 펀드가 그 해에 분배금으로 $1를 지급하면, 수익률은 12.5%($1를 가격 $8로 나눈 값)이다. 그러나 만약 무-수수료 개방형 펀드이면, 더 높은 NAV에서 거래되고 수익률은 단지 10%($1를 가격 $10로 나눈 값)일 것이다.

따라서 CEF에 투자할 때, 할증 및 할인 폭에 특별한 관심을 기울여야 한다. 특히 많이 할인되어 거래되는 펀드는 그 자체로 수익률을 개선할 수 있기 때문에, 주목되어야 한다. 마지막으로, 폐쇄형 펀드에 관해 명심해야 할 사항 – 폐쇄형 펀드의 신주 발행(IPO)과 할증 판매되는 펀드를 멀리하라. IPO로서 시장에 들어오는 새로운 CEF는 결코 매입하지 말라. 그 이유는? IPO는 거의 언제나, 인수기관의 스프레드를 충당하는 데 필요한 만큼, 많이 할증되어 시장에 들어온다. 따라서 주가가 한 두 달만에 NAV로 할인 또는 최저 수준으로 하락하면, 당신은 거의 피할 수 없이 돈을 잃을 운명에 처한다.

할증 또는 할인을 제외한 대부분의 경우, CEF는 다른 뮤추얼펀드와 동일한 방법으로 분석되어야 한다. 즉 펀드의 비용률, 포트폴리오 회전율, 과거 성과, 현금흐름 등을 확인해야 한다. 추가로, 과거의 할인율을 연구해야 한다. 또한 CEF는 투자자들에게 지속적으로 신주를 제공하지 않기 때문에, 사업설명서를 받지 못할 수 있다(개방형 펀드의 경우에는 받을 것이다).

성과 측정

모든 투자결정에서처럼, 수익 성과는 뮤추얼펀드 선택 과정의 일부이다. 펀드에 의해 지급된 배당 수준, 자본이득, 그리고 자본의 성장은 모두 수익의 중요한 측면이다. 이 수익 정보는 당신으로 하여금 펀드의 투자행태를 판단하고 다른 펀드 및 투자와 비교하여 성과를 평가할 수 있도록 해준다. 여기에서 우리는 투자자가 뮤추얼펀드 수익을 평가하기 위해 사용할 수 있는 다양한 척도들을 볼 것이다. 또한 리스크는 펀드의 투자행태를 규정하는 데 있어서 중요하기 때문에, 우리는 뮤추얼펀드의 리스크도 살펴볼 것이다.

수익의 원천 개방형 뮤추얼펀드는 3개의 잠재적 수익 원천을 갖고 있다. (1) 배당 소득, (2) 자본이득 분배, 그리고 (3) 펀드의 가격(또는 순자산가치) 변화가 그것이다. 펀드의 종류에 따라, 어떤 뮤추얼펀드는 한 원천으로부터 다른 원천보다 많은 소득을 얻는다. 예를 들어, 일반적으로 소득지향적 펀드는 자본이득 분배보다 훨씬 더 많은 배당소득을 제공하리라고 예상된다.

개방형 뮤추얼펀드는 투자성과의 개요를 알리는 보고서를 정기적으로 발간한다. 이런 보고서의 하나는 Summary of Income and Capital Changes이며, 그 예는 <표 12.2>에 있다. 펀드의 프로파일 또는 사업설명서에 있는 이 문서는 펀드의 투자활동에 관해 비용률 및 포트폴리오 회전율을 포함하는 간단한 요약을 제공한다. 여기에서 우리에게 흥미로운 것은 보고서의 가장 윗부분이다(이는 "순자산가치, 기초"로부터 시작하여 "순자산가치, 기말"로 끝난다 – 항목 1부터 항목 10까지). 이 부분은 펀드 순자산가치의 변동과 함께, 주주들에게 분배된 배당소득과 자본이득의 금액을 나타낸다.

표 12.2 뮤추얼펀드 소득과 자본 변동 보고(해당 연도에 걸쳐 존재한 주식)

	2013	2012	2011
1. 순자산가치, 기초	$24.47	$27.03	$24.26
2. 투자 운용 소득			
3. 순 투자소득	$ 0.60	$ 0.66	$ 0.50
4. 증권의 순이득(실현 및 미실현)	6.37	(1.74)	3.79
5. 투자운용 합계	$ 6.97	($ 1.08)	$ 4.29
6. 분배금 차감			
7. 순 투자소득의 분배금	$ 0.60	$ 0.66	$ 0.50
8. 실현 이득의 분배	(1.75)	(0.84)	(1.02)
9. 총 분배	($ 2.30)	($ 1.48)	($ 1.52)
10. 순자산가치, 기말	$29.14	$24.47	$ 27.03
11. 총수익	28.48%	(4.00%)	17.68%
12. 비율/보충 자료			
13. 순자산, 기말(1,000달러)	$307,951	$153,378	$108,904
14. 평균 순자산 대비 비용의 비율	1.04%	0.85%	0.94%
15. 평균 순자산 대비 순 투자소득의 비율	1.47%	2.56%	2.39%
16. 포트폴리오 회전율*	85%	144%	74%

*포트폴리오 회전율은 펀드에 의해 매입 그리고 매도된 주식 수의 펀드 포트폴리오에 의해 보유된 총 주식 수의 비율이다. 높은(100% 초과) 회전율은 펀드가 빈번한 거래를 하고 있음을 의미한다.

배당소득(dividend income)은 뮤추얼펀드의 보유 증권에서 얻은 배당과 이자 소득으로부터 발생한다(<표 12.2>의 항목 7 참고). 이는 펀드의 모든 운영비용을 충당한 이후에 남은 순 투자소득으로부터 지급된다. 펀드는 배당 또는 이자를 수취하면, 주주들에게 분배금 형태로 전달한다. 펀드는 당기의 모든 현금 소득을 모아서, 지분 비율에 따라 지급한다. 따라서, 만약 펀드가 어느 해에 예를 들어 2백만 달러를 배당과 이자로 수취하고 백만 주의 주식을 발행하고 있으면, 각 주식은 $2의 연간 배당금을 받는다. 뮤추얼펀드 자체는 비과세되므로, 배당소득에 대한 세금은 개별 투자자들이 내야 한다. IRA 또는 401(k)처럼 과세이연되는 계좌에서 보유된 펀드가 아니면, 배당에 대한 세액은 배당의 원천에 의해 결정된다. 즉, 만약 분배금이 펀드의 보통주 보유로부터 얻은 배당에서 지급된 것이면, 15% 이하의 우대 세율을 적용받는다. 그러나 만약 분배금이 채권의 이자수입, REIT로부터의 배당, 또는 대다수 종류의 우선주 배당으로부터 지급된 것이면, 이 분배금은 우대 세율을 적용받지 못하고 대신 일반 소득세가 과세된다.

자본이득 분배(capital income distribution)는, 펀드가 실제로 얻은 자본이득으로부터 지급된다는 것을 제외하면, 동일한 원칙을 따른다(항목 8). 이는 다음과 같이 운영된다. 펀드가 어떤 주식을 일 년 전에 주당 $50에 매입했고, 당기에 주당 $75에 매도했다고 가정하자. 명백하게, 펀드는 주당 $25의 자본이득을 달성했다. 만약 이 주식 50,000주를 보유했으면, 총 자본이득은 $1,250,000($25×50,000=$1,250,000)일 것이다. 펀드가 백만 주의 주식을 발행했으면, 각 주식은 자본이득 분배 형태로 $1.25를 받는다(세금 관련해서, 만약 펀드의 자본이득이 장기적이면 15% 이하의 우대세율을 적용받을 수 있다-그렇지 않으면 일반 소득으로 간주된다). 이 (자본이득) 분배는 실현된 자본이득에만 적용된다는 점에 유의하자(즉 실제로 보유 증권이 매도되고 자본이득이 발생하는 경우이다.)

미실현 자본이득(unrealized capital gain) 또는 서류상 이익(paper profit)은 뮤추얼펀드 수익의 세 번째와 마지막을 채운다. 펀드의 보유 자산 가격이 등락할 때, 펀드의 순자산가치도 따라 변한다. 어떤 투자자가 주당 $10에 펀드를 매입하였고, 이후에 펀드의 순자산가치가 $12.50로 호가된다고 가정하자. 주당 $2.50의 차이는 미실현 자본이득이다. 이는 만약 펀드가 보유자산을 판다면, 주주가 수취할 (그리고 청구할 수 있는) 이익을 나타낸다(실제로 <표 12.2>와 같이 순자산가치의 변화 일부는 미분배 소득에 기인할 수 있다).

폐쇄형 투자회사의 경우, 수익은 개방형 펀드처럼 3개의 원천으로부터 발생하며, 또한 네 번째 원천이 존재한다 – 가격 할인 또는 할증의 변동. 그러나 폐쇄형 펀드의 할인 또는 할증은 이미 펀드의 주가에 내포되어 있기 때문에, 수익의 세 번째 원천(주가의 변동)은 순자산가치의 변화와 함께 가격 할인 또는 할증을 반영한다.

수익의 척도 성과의 단순하지만 효과적인 척도는 위에 언급된 3개 원천에 기초하여 뮤추얼펀드 수익을 나타내야 한다. 그것은 배당 소득, 수취된 자본이득 분배, 그리고 가격 변동이다. 투자기간이 1년 이하일 때, 이런 펀드 수익은 보유기간 수익률(HPR) 공식을 이용하여 수익률 수치로 변환될 수 있다. 이 계산은 <표 12.2>의 2013년 수치를 이용하여 여기에 예시되어 있다. 2013년에 이 가상적 무-수수료 폐쇄형 펀드는 배당으로 주당 55센트를 지급했고, 자본이득 분배금으로 $1.75를 별도로 지급했다. 가격은 연초에 $24.47였고, 연말까지 $29.14로 상승했다. 따라서 이런 투자성과를 정리하면, 다음과 같다.

연초 가격(NAV) (1행)	$24.47
연말 가격(NAV) (10행)	29.14
순증가	$ 4.67
연 수익률	
수입 배당금(7행)	$ 0.55
자본이득(8행) 1.75	
가격(NAV) 순상승	4.67
총수익	$ 6.97
보유기간수익률(HPR) (총수익/기초 가격))	28.48%

HPR 척도는 펀드산업에서 연간 수익을 보고하기 위한 과정에 해당한다 – 이 값은 <표 12.2>에서 펀드의 "총수익"을 나타내는 항목 11에 나타나 있다. 이것은 뮤추얼펀드 수익의 모든 중요한 요소를 반영할 뿐 아니라, 편리한 수익률 지표를 제공한다. 펀드의 총수익 금액은 $6.97이며, 초기 투자 $24.47에 기초하면 펀드는 약 28.5%의 연간 수익을 만들어냈음을 알 수 있다.

배당과 자본이득이 재투자된 HPR(HPR with Reinvested Dividends and Capital Gains) 많은 뮤추얼펀드 투자자들은 배당 그리고/또는 자본이득 분배금을 펀드에 재투자한다. 현금 대신 추가 주식으로 당신의 배당/자본이득을 지급받을 때, 어떻게 수익을 측정할 것인가? 약간의 수정으로, 당신은 보유기간 수익률을 계속 이용할 수 있다. 유일한 차이는 당신이 재투자를 통해 수취한 주식 수를 기록해야 한다는 것이다.

예시를 위해, 위의 예를 계속 사용하자. 당신이 초기에 뮤추얼펀드 200주를 매입했고, 또한 펀드의 재투자 프로그램을 통해 평균 가격 \$26.50에 주식을 취득할 수 있었다고 가정하자. 따라서, 배당과 자본이득 분배금 \$460[(\$.55+\$1.75)×200)]로 당신은 펀드 17.36주(\$460/\$26.50)를 추가로 받았다. 이 상황에서 보유기간 수익률은 기초의 보유주식 시장가치와 기말 보유가치를 연계한다.

수식 12.2

$$\text{보유기간수익률} = \frac{\left(\begin{matrix}\text{기말}\\\text{발행주식 수}\end{matrix} \times \begin{matrix}\text{기말}\\\text{가격}\end{matrix}\right) - \left(\begin{matrix}\text{기초}\\\text{발행주식 수}\end{matrix} \times \begin{matrix}\text{기초}\\\text{가격}\end{matrix}\right)}{\left(\begin{matrix}\text{기초}\\\text{발행주식 수}\end{matrix} \times \begin{matrix}\text{기초}\\\text{가격}\end{matrix}\right)}$$

따라서, 투자의 보유기간 수익률은 다음과 같다

$$\text{보유기간수익률} = \frac{(217.36 \times \$29.14) - (200 \times \$24.47)}{(200 \times \$24.47)}$$

$$= \frac{(\$6,333.87) - (\$4,894.00)}{(\$4,894.00)} = \underline{\underline{29.4\%}}$$

이 보유기간 수익률은, 앞의 것과 마찬가지로, 당신이 이 펀드의 성과를 다른 펀드 및 투자 기구에 대해 비교하기 위해 사용할 수 있는 수익률 척도를 제공한다.

장기적 수익의 측정(Measuring Long-Term Returns) 1년의 보유기간을 사용하는 대신, 뮤추얼펀드의 장기에 걸친 성과를 평가해야 할 경우가 있다. 이런 경우 보유기간 수익률은 화폐의 시간가치를 무시하기 때문에, 성과의 척도로서 부적합하다. 대신 다년간의 투자기간이 주어졌을 때, 펀드의 평균 연간 복리 수익률을 측정하기 위해, 우리는 현재가치에 기초한 내부수익률(IRR) 과정을 이용할 수 있다.

예시를 위해 <표 12.2>를 다시 참조하자. 이제는 전체 3개년(201년부터 2013년)에 대한 연간 수익률을 계산한다고 가정하자. 뮤추얼펀드의 연간 배당 및 자본이득 분배금은 다음과 같다:

항목	2013	2012	2011
지급된 연간 분배금	$0.55	$0.64	$0.50
분배된 연간 자본이득	1.75	0.84	1.02
총 분배금	$2.30	$1.48	$1.52

펀드 가격이 기초(2011.1.1일)에 $24.26였고 2013년 말에 $29.14에 거래되었다면, 다음의 현금흐름 시직선을 그릴 수 있다:

연차별 현금흐름			
초기 현금흐름	연도 1	연도 2	연도 3
$24.26 (초기 가격)	$1.52 (분배금)	$1.48 (분배금)	$2.30 + $29.14 (분배금 + 말기 가격)

우리는 연간 배당/자본이득 분배금과 3년째 기말 가격을 펀드의 초기(2011년) 가격(24.26달러)과 같도록 만드는 할인율을 계산하려 한다.

표준적인 현재가치 계산법에 의해, <표 12.2>의 뮤추얼펀드는 3년 동안 13.1%의 연간 수익률을 제공하는 것을 알 수 있다. 다시 말해 13.1%에서, 1, 2 그리고 3차 연도의 현금흐름의 현재가치가 펀드의 기초가격($24.26)과 동일하다. 이 정보는 펀드의 성과를 평가하고 다양한 투자의 수익성과를 비교하는 데 도움을 준다.

SEC 규정에 따르면, 만약 뮤추얼펀드가 역사적 수익을 보고할 때에는, 위의 현재가치에 기초한 계산처럼 완전히 복리화된 총수익 수치를 사용하는 표준화된 형식으로 해야 한다. 펀드는 이 정보를 보고할 의무는 없다. 그러나 만약 광고 자료에서 성과를 인용한다면, 완전공개 방식으로 표현해야 한다.

이는 배당과 자본이득 분배금뿐 아니라 이전 1, 3, 5, 그리고 10년 동안의 펀드 NAV의 모든 등락을 반영해야 한다.

폐쇄형 펀드의 수익(Returns on Closed-End Funds) CEF의 수익은 전통적으로 NAV에 기초하여 보고되었다. 다시 말해, 수익 척도를 계산하는 과정에서 가격 할증과 할인은 무시되었다. 그러나 실제 시장가격을 기준으로 수익성과를 표현함으로써, 보유기간 수익률에 시장 할증 또는 할인의 영향을 반영하는 관행이 점점 일반화되고 있다. 예상대로, 할증 또는 할인이 클수록 그리고 이 값들의 시간별 변동이 심할수록, 보고된 수익에 큰 영향을 미친다.

어떤 CEF의 시장 기준 보유기간 수익률과 NAV 기준 보유기간 수익률이 상이한 것은 전혀 이상한 일이 아니다. NAV를 이용하면, CEF의 수익률은 개방형 펀드의 수익률과 정확하게 동일한 방법으로 계산된다. 대조적으로, 수익을 측정하기 위해 실제 시장가격을 이용하면, 보유기간 수익률이나 내부수익률의 NAV를 대응하는 펀드의 (할증 또는 할인을 내포한) 시장가격으로 대체하면 된다.

일부 CEF 투자자들은 할증(또는 할인)의 변동이 어떻게 보유 뮤추얼펀드의 수익에 영향을 주었는지 알기 위해, NAV 기준 및 시장 기준 수익 척도를 모두 알려고 한다. 그러나 일반적으로, NAV 기준 수익 수치가 선호되는 성과척도로 간주된다. 펀드 매니저는 많은 경우에 할증 또는 할인의 변동을 통제할 수 없기 때문에, NAV 기준 척도가 펀드 자체의 성과를 더 잘 드러내는 것으로 느낀다.

리스크 관리 대다수 뮤추얼펀드는 대단히 분산투자되어 있기 때문에, 투자자들은 개별 증권에 존재하는 비체계적 위험으로부터 대체적으로 안전하다. 그러나 고도로 분산된 경우에도, 대다수 펀드는 상당한 크기의 체계적 위험 또는 시장위험에 여전히 노출되어 있다. 실제로 뮤추얼펀드의 포트폴리오는 매우 잘 분산되어 있기 때문에, 빈번하게 시장(또는 펀드가 목표하는 시장 영역)과 대단히 비슷하게 움직인다. 소수의 펀드는 금 펀드처럼 방어적(경기역행적) 경향을 갖고 있으나, 시장위험은 여전히 대다수 종류의 개방형 및 폐쇄형 뮤추얼펀드의 중요한 요소이다. 당신은 뮤추얼펀드의 투자 성과에 대해 전체 시장이 미치는 영향을 이해해야 한다. 예를 들어 만약 시장이 하향 추세이고 당신은 그 추세가 지속되리라고 예상한다면, 새로운 투자 자본은 시장추세가 역전될 때까지 화폐시장 펀드 같은 데 투자되는 것이 최선이다.

다른 중요한 리스크 요소는 펀드 자체의 관리 관행에 관한 것이다. 만약 포트폴리오가 보수적으로 관리된다면, 자본손실 리스크는 공격적으로 관리되는 펀드보다 훨씬 낮을 것이다. 한편 펀드의 투자목적이 투기적일수록, 순자산가치의 불안정 리스크는 증가한다. 그러나 보수적으로 관리되는 펀드라도 모든 가격 변동성을 제거하지는 않는다. 포트폴리오에 포함된 증권들은 인플레이션, 이자율, 그리고 일반적 시장위험에 여전히 노출되어 있다. 그러나 펀드의 투자목표와 포트폴리오 관리 관행이 보수적일수록, 이런 리스크들은 일반적으로 낮다.

개념리뷰

12.12 시장의 일반적 행태는 뮤추얼펀드의 가격 성과에 영향을 미치는 데 있어서 얼마나 중요한가? 설명하라. 시장의 미래 행태는 선택과정에 영향을 주는가? 설명하라.

12.13 폐쇄형 펀드의 주요/지배적 종류는 무엇인가? CEF는 개방형 펀드로부터 어떻게 다른가?

12.14 뮤추얼펀드 투자자들의 3가지 잠재적 수익원을 밝히고, 주주의 총수익에 대한 각각의 영향을 간단히 논의하라. 어떻게 폐쇄형 펀드의 할인 또는 할증이 투자자 수익으로 처리될 수 있는지 설명하라.

12.15 뮤추얼펀드 주주가 노출된 다양한 종류의 리스크를 논의하라. 뮤추얼펀드의 주요 위험 노출은 무엇인가? 모든 펀드가 동일한 수준의 위험에 노출되는가? 설명하라.

토론 문제

LG 1 LG 2 Q12.1 뮤추얼펀드 소유를 주식과 채권의 직접투자에 비교하라. 수강생들이 뮤추얼펀드를 통한 투자에 대해 비교된 주식과 채권 직접투자의 장점을 토론한다고 가정하라. 이 토론의 양측의 논리를 개발하고, 수업 중 토론에 대비하라. 만약 당신이 어느 한쪽을 선택해야 하면, 무엇을 선택할 것인가? 그 이유는?

LG 2 Q12.2 ETF를 설립하는 과정을 기술하라. 이는 개방형 펀드가 설립되는 과정으로부터 어떻게 다른가?

LG 3 Q12.3 아래 수록된 각 쌍의 펀드에서, 가장 덜 위험할 것 같은 펀드를 선택하라. 당신의 답을 간단히 설명하라.

a. 성장 펀드 대비 성장-소득 펀드
b. 주식-소득 펀드 대비 고등급 회사채 펀드
c. 균형 펀드 대비 섹터 펀드
d. 세계 펀드 대비 가치 펀드
e. 중기채권 펀드 대비 고수익 지방채 펀드

LG 2 LG 3 Q12.4 ETF를 기술하고, 이 펀드들이 개방형 펀드와 폐쇄형 펀드의 특성을 어떻게 결합하는지 설명하라. Vanguard 펀드 집단을 고려하라. 이 펀드들 가운데 어느 것이 "spider"(SPDR)를 가장 근접하게 닮았는가? 어떤 측면에서, (당신이 선택한) Vanguard 펀드와 spiders들이 같은가? 이들은 어떻게 다른가? 만약 당신이 단지 한 펀드에 투자할 수 있으면, 무엇에 투자할 것인가? 설명하라.

LG 2 LG 6 Q12.5 만약 수수료 부과가 없으면, 개방형 뮤추얼펀드의 가격은 순자산가치에 의해(또는 매우 근접하게) 결정될 것이다. 한편, 폐쇄형 펀드는 NAV에 따라 거래되는 경우가 거의 없다. 한 종류의 펀드는 일반적으로 NAV에서 거래되나 다른 종류(CEF)는 그렇지 않은 이유를 설명하라. 가격 할증 또는 할인은 무엇이며, 뮤추얼펀드의 어떤 섹터에서 일반적으로 발견되는가? 온라인에서 WSJ.com 또는 다른 출처를 살펴보고, 할인거래되는 5개 펀드와 할증거래되는 5개 펀드를 찾아라. 이들 10개 펀드 그리고 각각의 할인 또는 할증 규모를 모두 수록하라. 당신이 발견할 수 있는 가장 큰 가격할인은 무엇인가? 가장 큰 가격할증은 어떤가? 무엇 때문에 펀드가 할인거래 되는가? 할증거래는?

LG 3 LG 5 Q12.6 당신이 방금 $20,000를 상속받았다고 상상하라. 당신은 이제 이 돈을 어떻게 쓸 것인지에 관한 "문제"에 당면한다. 당신은 늘 원했던 아파트 또는 스포츠카의 초기 지급금을 지불할 수 있을 것이다. 또는 당신은 뮤추얼펀드 포트폴리오를 만들 수 있다. 약간의 진지한 탐색 후, 당신은 $20,000의 뮤추얼펀드 포트폴리오를 만들기로 결정한다. 실제 뮤추얼펀드 및 실제 호가 가격을 사용하여, 뮤추얼펀드 포트폴리오에 $20,000를 투자하는 계획을 만들어라(1개 이상의 개방형 펀드에 추가하여, 적어도 1개의 CEF 또는 ETF를 포함하라). 구체적으로 기술하라! 당신이 달성하려 하는 투자목표를 포함하여, 계획된 포트폴리오를 간단히 기술하라.

문제

LG 6 P12.1 1년 전, 어떤 투자자는 뮤추얼펀드 주식을 주당 $8.50에 200주 매입했다. 지난해 동안, 이 펀드는 주당 $0.90의 배당을 지급하고 주당 $0.75의 자본이득을 분배했다.

a. 이 무수수료 펀드는 지금 $9.10의 순자산가치를 갖고 있다고 가정하고, 투자자의 보유기간수익률을 계산하라.

b. 모든 배당과 자본이득 분배금은 이 펀드의 주식을 주당 $8.75에 추가매입하는데 재투자된다고 가정하고, 보유기간수익률을 계산하라.

LG 6 P12.2 1년 전에 Really Big Growth Fund는 $21.50의 순자산가치 그리고 $23.35의 매도호가를 갖고 있었다. 오늘에는 $23.04(NAV) 및 $25.04(매도호가)에 호가되고 있다.

만약 이 펀드가 1년 전 매입되었고 한 해 동안 배당과 자본이득 분배금의 합계가 주당 $1.05이면, 이 수수료 펀드의 보유기간수익률은 무엇인가? (힌트: 투자자는 펀드를 매도호가에 매입하고, NAV에서 매도한다.)

LG 6 P12.3 All-State Mutual Fund는 다음 5년의 성과기록을 갖고 있다:

	2013	2012	2011	2010	2009
순 투자소득	$0.98	$0.85	$0.84	$0.75	$0.64
순 투자소득 가운데 배당금	(0.95)	(0.85)	(0.85)	(0.75)	(0.60)
증권거래의 순 실현 및 미실현 이득(손실)	4.22	5.08	(2.18)	2.65	(1.05)
실현이득의 분배	(1.06)	(1.00)	—	(1.00)	—
NAV의 순 증가(감소)	$3.19	$4.08	($2.19)	$1.65	($1.01)
연초의 NAV	$12.53	$8.45	$10.64	$8.99	$10.00
연말의 NAV)	$15.72	$12.53	$8.45	$10.64	$8.99

이 무수수료 펀드의 5년(2009~2013년) 평균 연 복리수익률을 계산하라. 또한, 3년(2011~2013년) 평균 연 복리수익률을 계산하라. 만약 투자자가 펀드를 2009년 주당 $10.00에 사고 5년 후(2013년) $15.72에 팔았으면, 5년의 보유기간 동안의 주당 총이익은 얼마인가?

LG 2 LG 6 **P12.4** 당신은 어떤 뮤추얼펀드에 관해 다음의 주당 가치 정보를 발견했다.

	2012	2013	2014
종료 시 주가			
매도 호가	$46.20	$64.68	$61.78
NAV	43.20	60.47	57.75
배당 소득	2.10	2.84	2.61
자본이득 분배금	1.83	6.26	4.32
초기 주가			
매도 호가	55.00	46.20	64.68
NAV	51.42	43.20	60.47

이 정보에 기초하여, 펀드의 2012년, 2013년 그리고 2014년 보유기간수익률을 계산하라(세 경우 모두에서 당신은 연초에 펀드를 사서 연말에 판다고 가정하라). 또한, 펀드의 2012~2014년 3년 동안의 평균 연간 복리수익률을 계산하라. 만약 투자자가 초기에 주식 500주를 사고, 배당과 자본이득 분배금을 펀드 주식 추가를 위해 주당 $2.50에 재투자하면, 2013년의 보유기간수익률은 무엇인가?

LG 2 LG 6 **P12.5** 아래에 수록된 내용은 Larry, Moe, & Curley's Growth Fund의 2014년 5월 30일의 투자설명서에서 수집된, 10년 동안의 주당 성과 기록이다.

	2014	2013	2012	2011	2010	2009	2008	2007	2006	2005
1. **기초 순자산가치**	**$58.60**	**$52.92**	**$44.10**	**$59.85**	**$55.34**	**$37.69**	**$35.21**	**$34.25**	**$19.68**	**$29.82**
2. **투자운용 소득**										
3. 순 투자소득	$1.39	$ .35	$1.09	$0.63	$0.42	$0.49	$0.79	$0.37	$0.33	$0.38
4. 증권의 순 자본이득	8.10	9.39	8.63	(6.64)	11.39	19.59	5.75	2.73	15.80	(0.02)
5. 투자소득 합계	9.49	10.74	9.72	(6.01)	11.81	20.08	6.54	3.10	16.13	0.36
6. **분배금 차감**										
7. 순 투자소득의 배당	($0.83)	($1.24)	($0.90)	($0.72)	($0.46)	($0.65)	($0.37)	($0.26)	($0.33)	($0.58)
8. 실현된 자본이득의 분배	(2.42)	(3.82)	—	(9.02)	(6.84)	(1.78)	(3.69)	(1.88)	(1.23)	(9.92)
9. 총 분배금	(3.25)	(5.06)	(0.90)	(9.74)	(7.30)	(2.43)	(4.06)	(2.14)	(1.56)	(10.50)
10. **기말 순자산**	$64.84	$58.60	$52.92	$44.10	$59.85	$55.34	$37.69	$35.21	$34.25	$19.68

이 정보를 이용하여, LM&C의 2014년과 2011년의 보유기간수익률을 계산하라. 또한 2010~2014년 5년 동안 및 2005~2014년 10년 동안의 펀드의 수익률을 계산하라. 마지막으로, LM&C 펀드는 (NAV의) 5%의 초기 수수료를 부과한다고 가정하고, 4개의 수익률 수치를 다시 계산하라. 뮤추얼펀드의 수익률 행태에 대한 수수료의 영향을 논평하라.

LG 3 LG 6 **P12.6** 당신의 학교 또는 공공 도서관(또는 인터넷)의 자료를 사용하여, 5개의 뮤추얼펀드를 선택하라-당신이 좋은 투자일 것으로 생각하는 성장 펀드, 주식-소득 펀드, 국제 (주식) 펀드, 지수펀드, 그리고 고수익 회사채 펀드. 당신이 이 펀드들을 선택한 이유를 간단히 설명하라. 펀드의 작년 및 과거 3년의 연간 복리수익률을 수록하라(<표 12.2>와 같은 형식을 사용하여, 관련된 성과 수치들을 보여라).

LG 6 **P12.7** 1년 전에 Super Star 폐쇄형 펀드는 $10.40의 NAV를 갖고 있었고, 18%의 할인으로 팔렸다. 오늘 이 NAV는 $11.69이고, 4%만큼 할증 거래된다. 이 해 동안, Super Star는 $0.40의 배당과 $0.95의 자본이득 분배금을 지급했다. 이 정보에 기초하여, 다음 각각을 계산하라.

a. 해당 연도의 Super Star의 NAV에 기초한 보유기간수익률

b. 해당 연도 Super Star의 시장가치에 기초한 보유기간수익률. 시장의 할증/할인은 투자자의 수익률을 저하 또는 상승시켰는가? 설명하라.

c. 이제는 펀드가 당해 연도를 18%의 할증에서 시작하여 4%의 할인에서 종료했음을 가정하고, 시장가치에 의한 보유기간수익률 계산을 반복하라(기초와 기말의 NAV는 각각 $10.40와 $11.69라고 가정하라). 이 수익률 척도의 변화가 발생하는가? 그 이유는?

LG 6 P12.8 Well-Managed Closed-End Fund는 다음의 2013년도 성과를 제출했다.

a. 이 정보에 기초하여, WMCEF의 2013년 기간 NAV에 기초한 HPR은 무엇인가?

항목	연초	연말
NAV	$7.50	$9.25
펀드 주식의 시장가격	7.75	9.00
연중 지급된 배당	—	1.20
연중 분배된 자본이득)	—	0.90

b. 펀드의 연초 및 연말 거래의 할증 또는 할인율(%)을 계산하라.

c. 이 펀드의 2013년 시장가치에 기초한 HPR은 무엇인가? 시장의 할증 또는 할인은 이 CEF의 보유기간 수익률을 향상 또는 저하시키는가?

LG 6 P12.9 3년 전, 당신은 Future Investo Mutual Fund 주식 1,000주를 주당 순자산가치 $20.00에 매입함으로써 투자했다. 당신은 현금소득이 필요하지 않았기 때문에, 모든 배당과 자본이득 분배금을 재투자하기로 했다. 오늘 당신은 이 펀드 1,100주를 $22.91에 매도한다. 이 투자의 3년 기간의 복리수익률은 무엇인가?

LG 6 P12.10 위의 문제 12.9를 참조하라. 만약 이 펀드에 3%의 수수료가 존재하고, 당신이 같은 수의 주식을 샀다고 가정하면, 수익률은 얼마일 것인가?

LG 6 P12.11 당신은 1년 전, 수수료를 부과하지 않는 OhYes Mutual Fund의 1,000주를 주당 $25.00에 매입함으로써 투자했다. 이 펀드는 $1.50의 배당과 $2.00의 자본이득을 분배했다. 오늘 NAV는 $26이다. 당신의 보유기간수익률은 무엇인가?

LG 6 P12.12 문제 12.11을 참조하라. 만약 OhYes가 2%의 초기수수료를 부과하는 펀드이면, HPR은 무엇이겠는가?

LG 6 P12.13 당신은 폐쇄형 뮤추얼펀드의 주식 매입을 고려하고 있다. NAV는 $22.50이고, 최근의 종가는 $20.00이다. 이 펀드는 할증 또는 할인되어 거래되는가? 할증 또는 할인은 얼마나 큰가?

LG 6 P12.14 당신은 1년 전 MutualMagic의 1,000주를 주당 $20.00에 매입했다. 이 해에 당신은 $2.00의 분배금을 받았으며, 이 가운데 절반은 펀드에 의해 보유된 주식의 배당 그리고 절반은 펀드의 포트폴리오의 채권의 수취 이자로부터 비롯했다. 당신의 한계 연방소득세율이 25%라고 가정하면, 이 해에 당신은 수취 분배금에 대해 얼마의 연방세를 납부해야 하는가? (답은 금액으로 표시되어야 한다.)

사례 문제 12.1: Mark Thomas 목사는 뮤추얼펀드를 고려한다

LG 3 LG 5 Mark Thomas 목사는 샌디에고 지역의 교회 행정가이다. 그는 기혼이고, 한 명의 어린 자녀를 갖고 있으며, "보통" 소득을 벌고 있다. 종교기관의 은퇴 프로그램은 그다지 풍족하지 않기 때문에, 목사는 스스로 약간의 투자를 해야 한다고 결정했다. 그는 교회의 은퇴 프로그램을 보충하고 동시에 자녀의 (약 12년 정도 후) 대학교육 자금 일부를 마련할 수 있는 계획을 만들려고 한다. 그는 투자기록을 세우려는 것은 아니며, 가족의 장기적 필요자금을 확보하고자 한다.

보통의 소득을 갖고 있기 때문에, Mark Thomas는 세심하게 계획하면 아마도 분기별로 $250를 투자할 수 있다고 믿는다(그리고 운이 좋으면, 시간이 지나면서 이 금액을 늘릴 것이다). 현재 그는 저축계좌에, 이 프로그램을 시작하는 데 사용될 수 있는 $15,000를 보유한다. 투자목표를 고려하면, 그는 많은 리스크를 부담하는 데 관심이 없다. 그의 투자지식은 저축계좌, Series EF 저축채권, 그리고 뮤추얼펀드에 관해 약간 아는 수준이기 때문에, 당신에게 투자 조언을 요청했다.

문제

a. Mark의 장기적 투자목표를 고려하면, 당신은 뮤추얼펀드가 그의 적당한 투자수단이라고 생각하는가?

b. 당신은 그가 뮤추얼펀드 투자프로그램을 시작하기 위해, $15,000의 저축계좌를 사용해야 한다고 생각하는가?

c. 당신은 목사를 위해 어떤 종류의 뮤추얼펀드 투자프로그램을 만들 것인가? 당신이 고려하는 펀드의 종류, 설정할 투자목표, 그리고 필요한 투자서비스(예를 들어 인출계획)를 답에 포함시켜라. 당신의 투자조언에서 세금은 중요한 고려사항인가? 설명하라.

사례 문제 12.2: Calvin Jacobs는 행복한 인생을 원한다

LG 3 LG 4 Calvin Jacobs는 중서부의 대형 제조업체에서 오래 일한 후 최근에 은퇴한 독신이다. 숙련된 장인으로 시작하여 점포 관리자 직급으로 승진하면서, 이 회사에서 30년 이상 일했다. Calvin은 사회보장 급여와 풍족한 회사 은퇴연금을 받는다. 합계하면, 이 금액은 월 $4,500를 넘는다(일부는 비과세이다). Jacobs 부부는 자녀가 없었기 때문에, 그는 홀로 산다. Calvin은 집 옆에 침실 2개짜리 임대주택을 소유하며, 이 임대소득은 임대주택과 자가의 할부금을 충당한다.

여러 해 동안, Calvin과 그의 사망한 부인 Allie는 항상 약간의 돈을 매월 저축하려고 노력했다. 그 결과는 경이적이라고 할 수 있다. Calvin의 유동 투자(전액 은행 CD와 저축계좌에 보유됨)는 6자리 숫자에 달한다. 지금까지 Calvin은 그의 돈이 증식할 수 있도록 유지했고, 사회보장, 연금, 그리고 임대소득을 보충하는 목적으로 전혀 사용하지 않았다. 그러나 변화가 생기려고 한다. Calvin은 "무슨 소용이지, 나는 이제 행복한 삶을 시작할 때야!"라고 결심했다. Calvin은 여행, 그리고 그의 노력에 대한 실질적 대가를 받기 시작해야 한다고 생각한다. 그는 결국 $100,000를 저축계좌로부터 1 또는 2개의 뮤추얼펀드로 옮기기로 결정했다. 그는 오랫동안 여행할 계획이기 때문에, 이 펀드들로부터 가급적 오랜 기간 한 달에 $1,000 내지 $1,500를 받고 싶어한다.

문제

a. 주어진 Calvin의 재정적 자원과 투자목표 하에서, 당신은 그가 어떤 종류의 뮤추얼펀드를 고려해야 한다고 생각하는가?

b. Calvin의 상황에서, 어떤 요인이 펀드선택 과정에서 고려되어야 하는가? 이들이 Calvin의 행동계획에 어떤 영향을 줄 수 있을 것인가?

c. 당신은 그가 뮤추얼펀드에서 어떤 종류의 서비스를 추구해야 한다고 생각하는가?

d. Calvin이 배당과 자본이득으로 연 약 10%를 얻는 뮤추얼펀드에 투자한다고 가정하라. Calvin은 뮤추얼펀드로부터 매월 $1,000 내지 $1,500를 받기 원한다는 조건 하에서, 그의 투자계좌는 지금부터 5년 후 얼마가 될 것인가? 만약 펀드가 평균적으로 15%의 수익을 내고 다른 조건들은 모두 동일하면, 이 계좌는 얼마일 것인가? Calvin의 투자상황에서, 펀드의 수익률은 얼마나 중요한가? 설명하라.

엑셀 스프레드시트

*Wall Street Journal*에서, 개방형 뮤추얼펀드는 다른 증권들과는 별도로 수록된다. 이들은 주된 자료 변수가 순자산가치(NAV)와 연초 대비 수익률인, 고유의 호가체계를 갖고 있다. NAV는 당신이 주식을 팔 때 가격, 또는 무수수료 펀드를 살 때 지불하는 금액을 나타낸다.

다음의 MoMoncy Mutual Fund에 관련된 3년 동안의 자료를 분석하기 위해, <표 12.2>의 스프레트시트와 비슷한 스프레드시트 모형을 만들어라. 이는 펀드의 순자산가치의 다른 모든 변화($b = 0.50$)와 함께, 주주에게 분배된 배당소득과 자본이득 금액을 표시해야 한다.

	A	B	C	D
1		2013	2012	2011
2	NAV(초기)	$ 35.25	$ 37.50	$ 36.25
3	순 투자소득	$ 0.65	$ 0.75	$ 0.60
4	증권의 순 자본이득	$ 5.25	$ 4.75	$ (3.75)
5	순 투자소득의 배당	$ 0.61	$ 0.57	$ 0.52
6	실현 자본이득의 분배금	$ 1.75	$ 2.01	$ 1.55
7				

문제

a. 투자운용의 총소득은 무엇인가?

b. 투자운용의 총분배는 무엇인가?

c. MoMoney Fund의 2013년, 2012년, 그리고 2011년 말의 순자산가치를 계산하라.

d. MoMoney Fund의 2013년, 2012년, 그리고 2011년 각각의 보유기간수익률을 계산하라.

장을 여는 문제

Yahoo! Finance에 가서, Vanguard 500 Index Investor Fund(티커 기호 VFINX)와 Fidelity Magellan Fund(티커 기호 FMAGX)의 자료를 찾아라. 이들은 미국의 최대 뮤추얼펀드에 속한다. 이 펀드들 가운데 하나를 골라 Basic Chart 링크를 클릭하여, 지난 5년의 성과를 살펴보라. 이 그림을 열어놓고, 다른 펀드의 성과를 그릴 수 있는 박스에 나머지 펀드의 티커 기호를 입력하라. 이 펀드들 가운데 어느 것이 최근에 더 좋은 성과를 냈는가? Holding 링크를 클릭하여, 각 펀드가 가장 많이 보유한 10개 종목을 살펴보라. 두 펀드의 최대보유 10개 종목 가운데 동일한 증권이 있는가?

Chapter 13

포트폴리오 관리

학습목표 (Learning Goals)

이 장을 학습한 후, 아래와 같은 과제를 수행할 수 있어야 한다.

LG 1 투자목적에 부합하는 포트폴리오를 만들기 위해, 자산배분 체계를 이용하는 방법을 설명한다.

LG 2 투자 성과를 측정하고 비교하는 데 필요한 자료와 지수를 논의한다.

LG 3 소득, 자본이득, 그리고 포트폴리오 총 수익을 측정하는 데 사용되는 기법을 이해한다.

LG 4 포트폴리오 수익을 위험조정 및 시장조정 수익률에 비교하기 위해 샤프, 트레이너, 그리고 젠센 척도를 사용하고, 포트폴리오 수정을 논의한다.

LG 5 비용평균화, 일정금액 플랜, 일정비율 플랜, 그리고 변동비율 플랜의 역할과 논리를 설명한다.

LG 6 투자타이밍에서 지정가 및 손실제한 주문, 유동성 보존, 투자 매도시점 선택의 역할을 설명한다.

Warren Buffet은 그의 주식선택 능력 때문에 "오마하의 현인(Oracle of Omaha)"으로 알려졌고, 2012년 Forbes에 의해 440억 달러로 추정되는 순자산을 가진 세계 세 번째 부자로 평가되었다. Berkshire Hethaway, Inc.의 의장으로서, Warren Buffet은 1962년의 주당 $7의 초기 투자를 2012년 주당 $127,000로 높였다. Omaha에 본사를 둔 이 회사의 54개 자회사는 보험(GEICO), 의류(Fruit of the Loom), 건축자재(Acme Brick Company and Johns Manville), 에너지(MidAmerican Energy Holdings Company), 식품 및 음식 소매(International Dairy Queen, The Pampered Chef, 그리고 See's Candles), 항공 서비스(FlightSafety International), 주택 가구 (StarFurnitures), 그리고 보석 소매(Ben Bridge Jeweler, Borsheims Fine Jewelry, 그리고 Helzberg Diamonds) 등이다. 또한, Berkshire Hethaway는 미국의 저명한 많은 기업들의 주요 지분을 보유하고 있는 공개된 투자회사이다–American Express, Burlington Northern, Coca–Cola, Conoco Phillips, Procter & Gamble, the Washington Post, Wells Fargo 등이다.

Buffet의 성공 비결은 무엇인가? 그의 장기적 목표기간과 인내심은 전설적이다. 그의 명성은 경영의 질과 우월한 브랜드 명성 같은 무형자산을 갖고 있는 기업을, 그가 일컫는 "내재(intrinsic)" 가치보다 훨씬 낮은 가격에서 매입하는 능력에서 비롯된다. Buffet은 투자대상이 목표가격(추정가치)에 도달할 때까지 기다리며, 그 때까지는 매입하지 않는다. "우리는 주가의 월간 변화 대신 회사의 장기적 성장에 의해 성공을 측정한다"고 그는 말한다. Berkshire Hethaway의 투자자들이 알려고 애쓰는 다른 비밀은 82세인 Buffet의 후계자를 알아내는 것이다. 2012년 초에 Buffet은 Berkshire Hethaway의 이사회가 그의 후계자를 선택했으나, 그가 이 성공적인 초대형 투자회사의 차기 CEO로 선임될 때까지 공개되지 않을 것이라고 밝혔다. 2012년 4월 전립선암 진단을 받은 후에도, Buffet은 아무 것도 변하지 않았으며 선택된 후계자는 아직 이사회의 결정을 알지 못한다고 말했다. Berkshire의 투자자들을 위해, Buffet이 투자를 선택했던 것처럼 현명하게 후계자를 선택할 수 있기 바란다.

포트폴리오 관리의 기초를 소개하는 이 장의 내용처럼, 투자는 분석, 행동, 그리고 더 많은 분석의 과정이다. 당신은 제2의 Warren Buffet은 아닐 수 있으나(또는 그럴 수도 있다!), 그의 기법을 이해해서 당신의 포트폴리오를 만들고 평가하는 것은 올바른 방향이다.

(출처: Berkshire Hethaway 회사 웹사이트, www.berkshirehethaway.com, 209년 9월; www.icifactbook.com 2012년 8월 18일; www.finance.yahoo.com, 2012년 7월.)

자산배분 체계를 이용한 포트폴리오 구성

LG 1

주 각 장의 학습목표는 이 아이콘에 의해 본문의 설명에서 표시된다.

이제 우리는 포트폴리오 구성을 위한 기준을 살펴보는 것으로부터 시작하여, 그것들을 이용하여 다양한 투자 범주에 걸쳐 자산을 배분하는 계획을 개발한다. 이 계획은 포트폴리오에 포함되는 개별적 투자를 선택하는 기본적이고 유용한 틀을 제공한다. 위험과 분산투자의 개념을 이용하여 안정적인 포트폴리오 정책을 수립하려는 노력 속에서, 우리는 전통적 및 현대적 접근방법 모두에 의존할 것이다(제5장 참고).

투자자의 특성과 목표

당신은 자신의 포트폴리오를 관리하기 위한 계획을 세우려면, 광범위한 문제들을 고려해야 한다. 물론, 이 요인들은 포트폴리오에 포함될 가능성이 있는 특정 투자의 위험과 수익 특성을 포함한다. 그러나, 개인적 문제들도 포함한다. 예를 들어, 소득 규모와 고용 안정성이 중요하다. 만약 안정적이고 급여가 높은 직업을 갖고 있으면, 투자 포트폴리오에서 더 많은 리스크를 부담할 수 있을 것이다. 또한 시간이 지남에 따라 소득이 늘어나면, 더 높은 한계세율을 적용받고 따라서 투자 프로그램의 세금 영역이 더 중요해질 것이다. 혼인 여부도 중요하고, 자녀를 갖는 것은 저축과 투자 목표를 변화시킨다. 마지막으로, 투자경험도 투자전략에 영향을 준다. 통상적으로, 투자시장에서는 머리부터 뛰어드는 것보다 점진적으로 진입하면서 "발부터 물에 적시는" 것이 최선이다. 세심하게 만들어진 투자 프로그램은 충동적 행동보다 더 유리한 장기적 결과를 낳을 가능성이 높다.

이제, 내 포트폴리오로부터 무엇을 원하는지 스스로에게 물어야 한다. 일반적으로, 높은 경상소득과 현저한 자본이득 중에서 선택해야 한다. 둘 모두 갖기는 어렵다. 높은 가격상승 잠재력을 선택하는 대가는 빈번하게 낮은 잠재적 경상소득을 받아들이는 것이다.

필요에 의해 어떤 길을 선택해야 할지 결정할 수도 있다. 포트폴리오 소득에 의존하는 은퇴한 사람은 아마도 낮은 리스크와 경상소득 지향적 접근방법을 선택할 것이다. 젊은 투자자는 더 빠른 속도로 재산을 축적하기 위해 위험투자를 감수할 용의를 더 많이 갖고 있을 것이다. 따라서, 포트폴리오는 필요에 따라 만들어져야 한다. 이는 소득, 나이, 가족 구성, 그리고

> **투자자 오류**
>
> **결혼은 포트폴리오에 유익하다** – 최근의 연구는 독신 여성은 독신 남성보다 더 높은 투자수익을 얻음을 발견했다. 이는 부분적으로 독신 남성은 투자능력을 과신하고, 너무 빈번하게 거래하며, 지나친 거래비용을 부담하기 때문이다. 그러나 기혼 남성의 투자성과는 기혼 여성의 성과에 더 가까이 접근한다. 다시 말해, 적어도 남자의 경우, 결혼은 포트폴리오에 유리한 것으로 보인다.

위험성향에 의존한다.

포트폴리오의 목표와 정책

포트폴리오를 만드는 것은 논리적 과정이며, 당신이 자신의 필요와 투자의 옵션을 분석한 후에 가장 잘 수행될 수 있다. 포트폴리오를 계획하고 구성할 때, 다음 목적들을 고려해야 한다.

- 경상소득 창출
- 자본 유지
- 자본 증식
- 세금 절감
- 리스크 관리

이 모든 요인들은 당신이 최선의 포트폴리오를 결정하는 데 영향을 주어야 한다. 이들은 다음과 같이 결합될 수 있다-처음 두 항목인 경상소득과 자본의 유지는 낮은 리스크의 보수적 투자전략에 부합한다. 일반적으로, 이런 성향의 포트폴리오는 저-베타(저위험) 증권을 포함한다. 셋째 항목인 자본증식 목표는 리스크의 증가와 경상소득의 감소를 의미한다. 만약 당신이 자본증식 목표에 높은 가치를 부여하면, 고위험 성장주, 옵션, 선물, 그리고 다른 더 투기적 투자들이 적합할 수 있다. 넷째 항목인 당신의 세율 구간도 투자전략에 영향을 줄 것이다. 만약 당신이 높은 세율 구간에 있으면, 세금을 이연하고 자본이득 형태로 투자수익을 얻으려는 인센티브가 많을 것이다. 이는 고위험 투자와 장기의 보유기간을 시사한다. 당신이 비교적 낮은 세율 구간에 있으면, 투자소득의 형태에는 덜 관심을 가질 것이다. 따라서, 더 많은 경상소득을 제공하는 증권에 투자하려는 의향을 더 많이 가질 것이다. 마지막으로, 가장 중요한 항목은 리스크이다. 투자자는 모든 투자결정에서 위험-수익 상반관계를 고려해야 한다.

자산배분 체계의 개발

당신은 자신의 필요로부터 특정 포트폴리오 목표들을 도출한 후에, 이런 목표들을 달성하도록 고안된 포트폴리오를 구성할 수 있다. 그러나, 투자를 실행하기 전에 자산배분 체계를 만들어내야 한다. 자산배분(asset allocation)은 포트폴리오를 다양한 자산집단으로, 예를 들어 미국 주식, 미국 채권, 해외 증권, 단기증권, 그리고 유형자산(예: 금)과 부동산 같은 상이한 자산으로 나누는 일을 포함한다. 자산배분의 핵심은 자본 유지이다-양의 수익을 추구하는 과정에서 음의 수익이 발생하는 것을 방지하는 것이다. 자산배분은 분산투자와는 약간 다르다. 그 초점은 다양한 자산집단에 걸친 투자이다. 대조적으로, 분산투자는 증권선택(security selection)에 더 집중한다. 즉, 자산집단 안에서 특정 증권을 선택하는 것이다. 자산배분은, 포트폴리오 총수익은 자산집단 안에서 투자대상을 선택하는 것보다 자산집단들 사이의 투자분할에 의해 더 많은 영향을 받는다는 믿음에 기초한다. 실제로 연구들에 따르면 포트폴리오 총수익의 90%에 해당하는 부분은 자산배분에 기인한다. 더욱이 연구자들은, 단일 자산 범주 내에서 최선의 투자를 선택하는 것보다, 자산배분이 총위험을 낮추는 데 훨씬 더 큰 영향을 미친다는 것을 발견했다.

자산배분의 접근방법 자산배분의 기본적 접근방법은 (1) 고정 가중치, (2) 변동 가중치, 그리고 (3) 전술적 자산배분이다. 첫째와 둘째 방법은 포트폴리오 안에서 유지되는 각 자산범주의 비율에서 다르다. 셋째 방법은 기관 포트폴리오 관리자에 의해 사용되는 더 복잡한 기법이다.

고정 가중치 고정 가중치 접근법(fixed-weightings approach)은 포트폴리오의 고정된 비율을 각 자산범주에 투자하는 것이다(대다수 개인 투자자들은 3개 내지 5개의 자산집단에 투자한다). 4개의 범주를 가정하면(보통주, 채권, 해외 증권, 그리고 단기 증권) 고정 배분법은 다음과 같을 것이다.

범주	배분(%)
보통주	30
채권	50
해외증권	15
단기증권	5
전체 포트폴리오	100

일반적으로, 고정 가중치는 시간이 경과하더라도 변하지 않는다. 시장가치가 변동하는 경우, 매년 또는 중요 시장변동 후에 목표 고정비율 배분을 유지하기 위해 포트폴리오를 조정해야 할 수도 있다.

고정 가중치는 각 자산범주에 대해 동일한 비율의 배분을 의미할 수도 있고 아닐 수도 있다. 예를 들어, 위의 네 개 범주에 각각 25%를 배분할 수도 있다. 미국 주식, 해외 주식, 장기 채권, 현금, 그리고 부동산에 동일한(20%) 비율로 배분한 포트폴리오는 장기적으로 S&P 500을 수익과 위험에서 능가했다는 연구결과가 있다. 이런 발견들은 상당히 단순한 매입-보유 자산배분 전략의 중요성을 지지하는 추가적 증거이다.

변동 가중치 변동 가중치 접근법(flexible-weightings approach)은 시장분석에 기초한, 각 자산범주에 대한 주기적 가중치 조정을 포함한다. 변동 가중치 체계를 사용하는 것은 종종 전략적 자산배분(strategic asset allocation)으로 불린다. 예를 들어, 변동 가중치 체계에 기초한 초기의 새로운 배분은 다음과 같을 수 있다.

범주	초기 배분(%)	신규 배분(%)
보통주	30	45
채권	40	40
해외증권	15	10
단기증권	15	5
전체 포트폴리오	100	100

초기의 배분에서 새로운 배분으로의 변화는 시장조건 또는 기대의 변동에 의해 촉발될 것이다. 예를 들어, 위의 새로운 배분은 인플레이션의 예상된 하락의 결과일 수 있다. 이 하락은 국내 주식과 채권 가격의 상승 그리고 해외 및 단기 증권 수익률의 하락을 초래할 수 있을 것이다. 이제 변화하는 시장 안에서 더 높은 수익을 얻기 위해 가중치는 변경될 것이다.

전술적 자산배분 세 번째 접근법인 전술적 자산배분(tactical asset allocation)은 일종의 시장 타이밍이며, 포트폴리오의 자산배분을 변화시키기 위해 주가지수 선물과 채권 선물을 사용한다(제15장 참고). 주식이 채권보다 덜 매력적인 것으로 예상되는 경우, 이 전략은 주가지수 선물을 매도하고 채권 선물을 매수한다. 반대로 채권이 주식보다 덜 매력적인 것으로 예상되면, 이 전략은 주가지수 선물을 매수하고 채권 선물을 매도한다. 이런 세밀한 기법은 대규모 포트폴리오와 시장 타이밍을 위한 수리적 모형에

투자자 현실

어떤 자산배분이 알맞을까? – 최선의 자산배분 전략의 선택과정에서 혼란스러운가? 걱정하지 말라–최선의 전략은 당신의 위험수용도, 목표기간, 그리고 투자목적을 포함한 몇 가지 요인에 의존한다. 예를 들어, 당신은 이 4가지 배분전략의 하나를 고려할 수 있다–고정 배분, 목표일, 수명주기 투자, 또는 장기적 주식. 고정 배분의 경우, 자산의 배합은 위험수용도에 기초하며, 따라서 이는 위험수용도의 변동 시에만 변화한다. 목표일 배분전략은 나이가 들수록 더 주의 깊어짐을 의미하며, 따라서 시간이 지나면 덜 위험한 자산으로 이동한다. 수명주기 투자는 초기에 위험자산 투자를 늘리기 위해 차입자금을 사용하고, 후기에는 저위험 자산으로 이동하면서 부채를 상환한다. "장기적 주식"은 30년 동안의 주식의 성과는, 30년의 기간이 어떻게 선택되든지 상관 없이 채권과 현금을 능가했다는 사실에 기반하며, 따라서 당신은 만약 30년의 투자기간을 갖고 있으면 전액 주식투자를 고려할 수도 있다.

(출처: Million Dollar Journey | Top 5 Asset Allocation Strategies, 2012년 2월 15일, www.milliondollarjourney.com에서 다운로드)

의존하기 때문에, 일반적으로 대규모 기관 투자자들에게만 적합하다.

자산배분의 대안들 고정 가중치 자산배분 그리고 4개의 자산범주를 가정하고, 3가지 자산배분을 예시할 수 있다. <표 13.1>은 보수적(저수익/저위험), 중도적(평균적 수익/평균적 리스크), 그리고 공격적(고수익/고위험) 포트폴리오에 해당하는 4개 범주별 배분을 각각 예시한다. 보수적 배분은 예측가능한 수익을 제공하기 위해 주로 채권과 단기 증권에 의존한다. 중도적 배분은 주로 보통주와 채권으로 구성되고, 보수적 배분에 비해 더 많은 해외 증권과 더 적은 단기 증권을 포함한다. 중도적 위험-수익의 행태는 안전한 단기 증권으로부터 더 많은 보통주와 해외 증권으로의 이동을 반영한다. 마지막으로 공격적 배분에서는 보통주에 더 많은 금액, 채권에 더 적은 금액, 그리고 해외 증권에 더 많은 금액이 배분된다. 결국, 일반적으로 포트폴리오의 기대 수익과 위험을 높인다.

표 13.1 자산배분의 대안

범주	배분 대안		
	보수적(저수익/저위험)	중립적(평균 수익/평균 위험)	공격적(고수익/고위험)
보통주	15%	30%	40%
채권	45	40	30
해외증권	5	15	25
단기증권	35	15	5
전체 포트폴리오	100%	100%	100%

자산배분의 적용 자산배분 계획은 경제적 전망과 투자, 저축, 그리고 소비 패턴, 세금 상황, 수익 예측, 그리고 위험수용도를 고려해야 한다. 이런 계획은 장기적으로 형성되어야 하고, 자본의 유지에 중점을 두어야 한다. 또한, 변화하는 투자목표를 반영하기 위해 정기적으로 계획을 수정해야 한다. 일반적으로, 적합한 자산배분을 정하기 위해, 각 자산범주의 현재수익, 성장잠재력, 안전성, 유동성, 거래비용(중개 수수료), 그리고 잠재적 절세효과를 평가해야 한다.

많은 투자자들은 자산배분 활동의 일부로서, 그리고 각 자산범주 내에서 분산투자하기 위해 뮤추얼펀드를 이용한다(제12장 참고). 또는 스스로 포트폴리오를 만드는 것의 대안으로, 자산배분 펀드(asset allocation fund)의 지분을 매입할 수 있다. 이는 적당한 자산에 적절한 시기에 투자함으로써 수익의 변동성을 낮추려는 뮤추얼펀드를 말한다. 이런 펀드들은 모든 자산배분 체계와 마찬가지로 분산투자를 강조한다. 이들은 예측가능성을 위해 고수익 기회를 포기함으로써, 비교적 일관된 수준의 성과를 낸다. 어떤 자산배분 펀드는 고정 가중치를 사용하고, 다른 펀드들은 사전에 정해진 한도 내에서 변하는 변동 가중치를 갖고 있다. 하나의 기준으로서, $100,000 이상의 투자금과 충분한 시간을 가진 투자자라면 스스로 자산배분을 수행해도 타당하다. $25,000 미만과 제한된 시간을 가진 투자자에게는 자산배분 펀드가 더 매력적일 수 있다.

가장 중요한 점은 자산배분 체계가 효과적이려면 장기적 관점에서 고안되어야 함을 인식하는 것이다. 적어도 7년 이상 유지될 수 있는 자산배분 체계를 만들어야 한다. 일단 결정되면, 준수되어야 한다. 성공의 열쇠는 자신의 자산배분에 대해 지속적으로 충실하게 행동하는 것이다-이는 방황의 유혹을 견디는 것을 뜻한다.

개념리뷰

13.1 만약 투자자의 개인적 특성이 포트폴리오 정책에 영향을 미치면, 어떤 역할인가? 설명하라.

13.2 투자자의 포트폴리오 목표는 포트폴리오 구성에서 어떤 역할을 하는가?

13.3 자산배분은 무엇인가? 어떻게 분산투자로부터 다른가? 자산배분은 투자 포트폴리오 구성에서 어떤 역할을 하는가?

13.4 자산배분의 기초적 접근법을 간단히 기술하라-(a) 고정 가중치, (b) 변동 가중치, 그리고 (c) 전술적 자산배분.

13.5 자산배분 펀드는 어떤 역할을 하는가? 자산배분 체계가 효과적인 이유는 무엇인가?

개별 투자성과의 평가

LG 2 당신의 가장 중요한 개인적 목표의 하나가 3년 후에 저축액 $20,000를 모으는 것이라고 상상해보자. 이 돈은 생애 첫 주택의 계약금으로 지불될 것이다. 원하는 주택의 가격은 $100,000이며, $20,000는 15%의 계약금과 관련 거래비용을 지불하는 데 충분할 것으로 예상하고 있다. 이 목표는 기존의 저축과 함께 향후 3년 동안 매월 $200를 추가로 투자하여 연 12%의 수익률을 올리면 달성될 수 있을 것으로 계산된다. 당신의 3년간 예상 수입을 고려하면, 간신히 월 $200를 더 저축할 수 있을 것으로 보인다. 당신은 투자상담사 Cliff Orbit와 상담했으며, 그의 관리 하에서 연 12%의 수익률을 달성할 수 있다고 믿게 되었다.

이 계획은 간단해 보인다. Cliff에게 먼저 기존의 저축을 넘겨주고, 다음 36개월 동안 매월 $200를 보낸다. 투자기간이 종료하면, 당신은 집을 사는 데 필요한 $20,000를 갖게 된다. 불행하게도, 여기에는 많은 불확실성이 존재한다. 만약 당신이 매월 $200를 저축하지 못하면? Cliff가 연 12%을 벌지 못하면? 3년 후에 원하는 주택의 가격이 $100,000를 넘으면? 그러므로 당신은 단지 목표를 달성할 수 있을 것으로 보이는 계획을 세우는 것보다 많은 일을 해야 한다. 계획된 투자와 포트폴리오의 결과가 실제로 실현된다는 보장은 거의 없다. 따라서 투자목표를 향한 진행상황을 정기적으로 평가하는 것이 중요하다.

실제 결과가 실현되면, 계획된 결과와 비교하고 필요한 수정을 계획(또는 목표)에 추가해야 한다. 따라서, 투자성과를 측정하는 방법을 아는 것이 필수적이다. 여기에서 우리는 투자성과를 분석하는 데 적합한 척도들에 초점을 맞출 것이다. 이제 자료의 원천으로부터 시작하자.

자료의 획득

투자수익을 분석하는 첫 단계는 개별 투자의 실제 성과를 반영하는 자료를 수집하는 것이다. 제3장에서 언급된 것처럼, 다양한 투자정보 원천이 온라인과 인쇄물 형태로 존재한다. 예를 들어 *Wall Street Journal*, WSJ.Com, 그리고 Yahoo! Finance는 증권의 성과를 평가하는 데 유용한 많은 항목의 정보를 담고 있다. 투자결정을 내리는 데 사용되는 것과 같은 형태의 정보가 투자성과를 분석하는 데 사용된다. 알고 있어야 할 두 개의 핵심 영역은 (1) 소유한 투자의 수익 그리고 (2) 경제 및 시장의 활동이다.

수익의 자료 투자수익을 분석하는 기본적 재료는 주식과 채권의 일별 호가 같은 현재의 시장 정보이다. 투자자들은 빈번하게 투자비용, 배당, 이자, 그리고 다른 수취 소득의 원천을 포함하는 로그 또는 스프레드시트를 기록한다. 당신은 정기적으로 가격과 수익을 기록함으로써, 가격변동과 누적수익의 현재 기록을 만들 수 있다. 또한, 기업의 주가에 영향을 미치는 이익과 배당을 감시해야 한다. 투자수익의 원천(경상소득과 자본이득)은 당연히 결합하여 총수익을 결정한다. 이 장의 뒷부분은 제4장에 제시된 기법을 사용하여 일부 대중적 투자수단을 측정하는 예를 제시한다.

경제 및 시장 활동 경제와 시장의 변화는 수익(투자의 경상소득 및 시장가치 모두)에 영향을 미친다. 기민한 투자자들은 국제적, 국가적 그리고 지역적 경제 및 시장 동향을 주시한다. 당신은 경제와 시장의 변화를 추적함으로써, 수익에 대한 잠재적 영향을 평가할 수 있어야 한다. 경제 및 시장 조건이 변화하면, 포트폴리오 수정을 준비해야 한다. 기본적으로 당신이 유식한 투자자가 되면, 이익을 얻을(또는 손실을 피할) 가능성을 높일 수 있다.

금융시장 위기 **베이비 붐 세대는 은퇴를 미룬다**

Ameriprise Financial에 의해 수행된 2012년의 연구는 많은 베이비 붐 세대가 은퇴목표를 희생하고, 그들의 성인 자녀와 노부모의 경제적 어려움을 완화하는 데 도움을 줄 계획임을 발견했다. 조사된 이들의 93%는 금융위기와 장기적 불황의 영향과 씨름하고 있는 그들의 성인자녀에게 경제적 도움을 주고 있다고 응답했다. 이들이 자녀를 돕는 방법의 일부는 대학 학비 또는 대출 지불(71%), 집에서 무료로 기거하도록 허용(55%), 그리고 차 구입(53%)이다. 붐 세대의 1/3 이상은 성인 자녀에 대한 지원이 그들의 은퇴저축의 속도를 늦추었다고 말한다. 성인 자녀에 대한 지원에 추가하여, 붐 세대의 58%는 부모의 식품비(22%), 의료비(15%), 그리고 공공요금(14%) 같은 비용을 충당하기 위한 경제적 도움을 제공했다. 부모에게 경제적 지원을 제공하는 붐 세대의 10%는 이 대가로 그들의 은퇴저축을 희생한다고 말한다.

(출처: Ameriprise Financial-Money Across Generations II Study, 2012년 3월 22일.)

투자성과의 지표

투자성과를 측정할 때, 당신의 수익을 넓은 범위에 기초한 시장척도에 비교하는 것이 종종 유용하다. 보통주를 분석하는 데 유용한 지표는 다우존스 산업지수(DIJA), S&P 500 종합주가지수(S&P 500), 그리고 나스닥 종합지수를 포함한다(이 평균 및 지수들의 상세한 설명은 제3장에 있다). DIJA는 광범위한 언론미디어에 의해 언급되나, 포함 범위가 좁기 때문에 주가 변동의 가장 적합한 상대적 척도로는 간주되지 않는다. 당신의 포트폴리오가 넓은 범위의 보통주로 이루어져 있으면, S&P 500 지수가 더 적합한 도구일 수 있다.

또한, 많은 지표들이 채권시장의 일반적 움직임을 평가하는 데 이용가능하다. 이 지표들은 채권수익률 또는 채권가격의 행태를 반영한다. 채권수익률 자료는 오늘 채권을 매입하여 만기까지 보유하는 경우의 수익률을 반영한다. 이런 자료의 대중적인 출처는 *Wall Street Journal*, *Barron's*, Standard & Poor's, Mergent, Yahoo! Finance, 그리고 연방준비제도를 포함한다. 다우존스 회사채지수는 32개 제조 기업, 32개 금융기관, 그리고 32개 기반시설/통신회사 채권의 마감가격에 기초하며, 채권가격 움직임의 대중적인 척도이다. 이는 채권 종가들의 수학적 평균을 반영한다.

채권가격의 지표와 채권 수익률의 정보는 특정 채권(제조업, 기반시설, 그리고 지방채) 별로 그리고 종합적으로 수집될 수 있다. 또한, 총수익 기준으로 작성된 지표들이 주식과 채권 모두에서 이용가능하다. 그들은 배당/이자소득 및 가격변동(자본이득 또는 손실)을 결합하여 총수익을 반영한다.

투자자들은 뮤추얼펀드의 일반적 동향을 평가하기 위해 빈번하게 Lipper 지수를 사용한다. 이 지표들은 다양한 종류의 주식과 채권 펀드에서 이용가능하다. 그러나 대다수 다른 종류의 펀드의 경우, 광범위하게 알려진 지수나 평균은 이용가능하지 않다. 소수의 다른 지수들은 상장된 옵션 또는 선물들을 다룬다.

투자성과의 측정

투자 포트폴리오를 모니터링하기 위해, 투자자들은 포트폴리오 안의 각 투자 성과를 일관적으로 측정할 수 있는 믿을 수 있는 기법을 사용해야 한다. 특히, 제4장에서 처음 소개된 보유기간 수익률(HPR) 척도는 실제 수익성과를 판단하는 데 사용될 수 있다. HPR

은 총수익 성과를 반영하기 때문에, 실제 수익 행태를 평가하는 훌륭한 방법이다. 1년 이하의 보유 또는 평가기간에 가장 적합하다. 여기에서 총수익은 투자의 실현 또는 미실현된 주기적 경상소득과 가치 상승(또는 하락)을 포함한다. 1년을 초과하는 기간의 수익률을 계산하려면, 화폐의 시간가치를 인식하는 수익률(내부수익률)을 사용할 수 있다. 수익률은 제4장에 설명된 기법을 사용하여 계산될 수 있다. 이래 논의는 수익률의 연긴 평가에 초점을 맞추기 때문에, 우리는 수익률 척도로서 HPR을 사용한다.

제4장의 수식(4.4)에서 제시되고 이 장의 전체에 걸쳐 적용되는 HPR 공식은 수식(13.1)에 다시 제시된다.

수식 13.1

$$\text{보유기간 수익률} = \frac{\text{기간 중 경상소득} + \text{기간 중 자본 이득(또는 손실)}}{\text{기초 투자가치}}$$

수식 13.1a

$$\text{HPR} = \frac{C + CG}{V_0}$$

여기에서, 다음과 같이 정의된다.

수식 13.2

$$\text{기간 중 자본 이득(또는 손실)} = \text{기말 투자가치} - \text{기초 투자가치}$$

수식 13.2a

$$CG = V_n - V_0$$

주식과 채권 주식과 채권의 투자 수익률에는 몇 가지 척도가 존재한다. 제6장에서 논의된 배당수익률은 주식투자로부터 얻은 현재의 연간 배당수익을 측정한다. 이는 주식의 연간 현금배당을 가격으로 나눔으로써 계산된다. 제11장에서 분석된 채권의 경상수익률과 만기수익률(약정 이자율)은 여러 수익 요소를 나타내지만, 실제 총수익을 반영하지 않는다. 보유기간 수익률법은 주어진 기간 동안 투자에서 실제로 얻은 총수익(소득 더하기 가치변동)을 측정한다. 우리는 아래 예시에서, 약 1년의 보유기간에 기초한 HPR을 이용할 것이다.

주식 보통주와 우선주의 HPR은 보유기간 동안의 수취 현금배당과 증권의 가격변화를 포함한다. <표 13.2>는 보통주의 실제 성과에 적용된 HPR 계산을 예시한다. 당신은 2013년 5월에 Dallas National Corporation의 1,000주를 $27,312(수수료 포함)에 매입했다고 가정하자. 이 주식을 정확히 1년 동안 보유한 후, 매도해서 $32,040의 수입을 올렸다. $4,728의 자본이득에 추가하여, $2,000의 현금배당도 받았다. 따라서, 계산된 HPR은 24.63%이다.

표 13.2 보통주의 세전 HPR 계산

증권: Dallas National Corporation 보통주

매수일: 2013년 5월 1일

매수 비용: $27,312

매도일: 2014년 5월 7일

매도 수입: $32,040

수취 배당(2013년 5월–2014년 5월): $2,000

$$\text{보유기간 수익률} = \frac{\$2,000 + \$32,040 - \$27,312}{\$27,312} = \underline{\underline{\$24.63}}$$

> **투자자 현실**
>
> **부실 기록?** – 당신은 올해 주식을 매도했고 세금 목적으로 자본이득을 계산해야 하나, 문득 기록을 잘 보존하지 않았음을 깨달았다. 어떻게 해야 할까? 최선의 방책은 가능성 있는 비용을 계산할 수 있도록 진실하게 노력하는 것이다. 중개회사에게 기록을 찾아달라고 요청하라–6년 동안 거래기록을 유지해야 한다. 만약 주식 증명서를 갖고 있으면, 발행일을 찾고 매수일은 그로부터 약 2주 전으로 가정하라. 만약 대략적 매수일을 알면, 도서관의 신문 또는 finance.yahoo.com 같은 웹사이트에서 옛날 주식가격을 참고할 수 있다. 이제 당신의 탐색을 증명하는 서신을 IRS에 보내라–그들이 납득할 가능성이 있다. 마지막으로, 앞으로 더 잘 기록하도록 하라.

이 HPR은 배당소득과 자본이득에 대한 소득세를 고려하지 않고 계산되었다. 많은 투자자들이 세전 및 세후 수익률에 관심을 갖기 때문에, 세후 HPR을 계산하는 것은 유용하다. 단순성을 위해, 당신은 일반적인 30% 세율구간(연방 및 주세 합산)에 있다고 가정하자. 또한, 연방 및 주 세에서, 12개월 이상 보유기간의 배당과 자본이득은 15% 세율로 과세된다고 가정하자. 따라서 당신의 배당 및 자본이득 소득은 15% 세율로 과세된다. 소득세는 세후 배당소득을 $1,700 [(1 - 0.15) × $2,000] 그리고 세후 자본이득을 $4,019[(1 - 0.15) × ($32,040 - $27,312)]로 낮춘다. 따라서, 세후 HPR은 20.94%[($1,700 + $4,019) ÷ $27,312]이며, 3.69 % 포인트 감소했다. 세전 HPR과 세후 HPR은 모두 유용한 수익 척도임에 유의하자.

채권 채권투자의 HPR은 주식과 비슷하다. 계산법은 일반채권과 전환증권에 모두 적용된다. 이는 채권 투자자 수익의 2개 요소(이자소득, 그리고 자본이득 또는 손실)를 포함한다.

채권의 HPR 계산은 <표 13.3>에 예시된다. 당신이 Phoenix Brewing Company 채권을 $10,000에 매입했고, 정확하게 1년 동안 보유했으며, $9,704에 매도했다고 가정하자. 또한, 그 해에 이자로 $1,000를 받았다. 이 투자의 HPR은 7.04%이다. 채권의 매도에서 자본손실이 발생했기 때문에, HPR은 채권의 경상수익률 10%(이자 $1,000/매입가격 $10,000)보다 낮다. 통상적인 30% 세율구간과 15% 자본이득세율을 가정하면(이 채권은 12개월 이상 보유되었으므로), 세후 HPR은 4.48%이다: {[(1 - 0.30) × $1,000] + [(1 - 0.15) × ($9,704 - $10,000)]} ÷ $10,000. 이는 세전 HPR보다 약 2.6% 포인트 낮다.

표 13.3 채권의 세전 HPR 계산

증권: Phoenix Brewing Company 10% 채권

매수일: 2013년 6월 2일

매수 비용: $10,000

매도일: 2014년 6월 5일

매도 수입: $9,704

수취 이자(2013년 6월–2014년 6월): $1,000

$$\text{보유기간 수익률} = \frac{\$1{,}000 + (\$9{,}704 - \$10{,}000)}{\$10{,}000} = \underline{\underline{\$7.04}}$$

뮤추얼펀드 뮤추얼펀드 투자수익의 기본적 요소는 배당소득(자본이득의 분배를 포함)과 가치변동이다. 뮤추얼펀드의 기본적 HPR 수식은 주식과 동일하다.

<표 13.4>는 무수수료 뮤추얼펀드의 보유기간 수익률 계산을 제시한다. 당신이 2013년 7월 주당 순자산가치(NAV) $10.40에 1,000주를 매입했다고 가정하자. 무수수료 펀드이기 때문에, 수수료는 부과되지 않았다. 따라서, 비용은 $10,400였다. 1년의 소유기간 동안, Pebble Falls 뮤추얼펀드는 투자소득 분배금 합계 $270 그리고 자본이득 분배금 $320를 분배했다. 당신은 이 펀드를 주당 NAV $10.79에 환매(매도)했고, $10,790를 받았다. <표 13.4>와 같이, 이 투자의 세전 보유기간 수익률은 9.42%이다. 통상적인 30% 세율구간과 15%의 배당 및 자본이득 소득세율을 가정하면(이 펀드는 12개월 이상 보유되었으므로), 이 펀드의 세후 HPR은 8.01%이다: {[(1 - 0.15) × ($270 + $320)] + [(1 - 0.15) × ($10,790 - $10,400)]} ÷ $10,400.. 이는 세전 수익률보다 약 1.4% 포인트 낮다.

표 13.4 뮤추얼펀드의 세전 HPR 계산

증권: Pebble Falls 뮤추얼펀드

매수일: 2013년 7월 1일

매수 비용: $10,400

매도일: 2014년 7월 3일

매도 수입: $10,790

수취 분배금(2013년 7월–2014년 7월)

  투자소득 분배금: $270

  자본이득 분배금: $320

$$\text{보유기간 수익률} = \frac{1(\$270 + \$320) - (\$10{,}790 - \$10{,}400)}{\$10{,}400} = \underline{\underline{\$9.42}}$$

옵션과 선물 옵션과 선물의 유일한 수익원은 자본이득이다. 예를 들어 콜옵션 투자의 보유기간 수익률을 계산하려면, HPR의 기본 공식을 사용하라. 다만, 현금소득은 0이다. 만약 당신이 Facebook 100주에 대한 콜옵션을 $325에 매입했고 이 계약을 정확히 12개월 동안 보유한 후 $385에 매도했으면, 세전 보유기간 수익률은 18.46%일 것이다. 이는 단순히 매각수입($385)과 비용($325)의 차액을 비용으로 나눈 것이다. 15%의 자본이득 세율 적용을 가정하면, 세후 HPR은 15.69%일 것이다. 이는 세후 이득 $51 [(1 - 0.15) × $60]을 비용($325)로 나눈 것이다.

선물의 HPR은 비슷한 방법으로 계산된다. 수익이 자본이득 형태이기 때문에, HPR 분석은 어떤 투자에도 세전 또는 세후 기준으로 적용될 수 있다(동일한 기본적 과정이 공매도된 증권에 적용된다).

성과의 투자목표에 대한 비교

투자의 HPR(또는 수익률)을 계산한 후, 투자목표에 비교해야 한다. 투자성과를 추적하면 어느 투자를 계속 보유하고 어느 투자를 매각할지 결정하는 데 도움을 줄 것이다. 명백하게, 다음 조건에 해당하는 투자는 매각 후보일 것이다. (1) 투자는 예상대로 성과를 내지 못했고 성과의 실질적 변화가 기대되지 않는다. (2) 처음의 투자목적을 달성했다. (3) 더 좋은 투자기회가 현재 이용가능하다.

위험과 수익의 균형 우리는 빈번하게 투자 위험과 수익 사이의 상반관계를 논의했다-

더 많은 수익을 얻으려면, 더 많은 위험을 수용해야 한다. 투자를 분석할 때, 핵심 질문은 투자리스크의 크기에 적합한 수익을 얻고 있는가를 묻는 것이다.

비 정부증권 투자는 본질적으로 미국 국채 또는 부보된 화폐시장 예금계좌보다 위험하다. 이는 합리적 투자자는 이 더 위험한 자산에, 기대수익률이 저위험 투자의 수익을 훨씬 초과할 때에만 투자해야 함을 의미한다. 따라서, 투자수익의 비교 준거인 벤치마크의 하나는 저-위험 투자의 수익률이다. 만약 위험투자가 저-위험 투자의 성과를 초과하면, 이는 추가 리스크를 수용하는 대가로 추가 수익을 얻고 있는 것이다. 만약 저-위험 투자의 성과를 초과하지 않으면, 당신은 투자전략을 세심하게 재검토해야 한다.

문제 투자의 분리 정기적으로 포트폴리오 안의 각 투자를 분석하는 것이 최선이다. 각 투자에 관해, 2개 질문을 고려해야 한다 – 첫째, 합리적으로 기대될 수 있는 수준의 성과를 냈는가? 둘째 당신이 현재 소유하고 있지 않으면, 오늘 매입할 용의가 있는가? 만약 두 질문의 답이 모두 부정이면, 그 투자는 매각되어야 할 것이다. 한 질문의 답이 부정적이면, 그 투자는 "문제 목록"에 포함되어야 한다. 문제 투자는 기대에 부응하지 못한 것이다. 손실 상태이거나 기대보다 낮은 수익을 제공하는 투자이다. 많은 투자자들은 문제가 사라지거나 투자가 회복되기를 바라며, 문제 투자에 관해 잊으려고 한다. 이는 실수이다. 문제 투자는 무시가 아닌 즉각적 주의를 요구한다. 문제 투자를 연구할 때, 핵심 질문은 손실을 받아들이고 손을 떼야 하는가, 또는 기다리며 투자가 회복되기를 기다려야 하는가이다.

개념리뷰

13.6 왜 지속적으로 포트폴리오를 관리하고 통제하는 것이 중요한가?

13.7 현재 시장정보는 투자수익을 분석하는 데 어떤 역할을 하는가? 경제와 시장 활동의 변화는 어떻게 투자수익에 영향을 주는가? 설명하라.

13.8 당신의 투자수익을 일반적 시장수익에 비교하는 데 어떤 지표를 사용할 수 있을까? 이 지표들을 각각 간단히 설명하라.

13.9 채권시장 행태의 지표는 무엇이고, 주식시장 지표로부터 어떻게 다른가? 채권수익률 자료의 3개 원천을 열거하라.

13.10 투자수익의 척도로서, 보유기간 수익률(HPR)과 수익률을 간단히 논의하라. 이들은 같을까? 설명하라.

13.11 뮤추얼펀드 분배금의 종류를 구분하라. 이 분배금들은 뮤추얼펀드 투자자의 유일한 수익원인가? 설명하라.

13.12 어떤 3개 조건 하에서 보유투자가 매도대상이 될 수 있는가? 합리적 투자자가 위험투자를 인수하도록 하려면, 위험투자의 기대수익은 저위험 투자의 수익에 비해 어때야 하는가? 설명하라.

13.13 문제 투자는 무엇인가? 포트폴리오 안의 각 투자를 분석할 때, 고려되어야 할 점은 무엇인가?

포트폴리오의 성과 평가

LG 3 LG 4 포트폴리오는 소극적 또는 적극적으로 구성되고 관리될 수 있다. 소극적 포트폴리오는 주어진 투자기간 동안 잘 분산된 포트폴리오를 매입하고 보유하는 것으로부터 시작한다. 적극적 포트폴리오는 제5장에 제시된 전통적 그리고 현대적 접근법을 사용하여 만들어지며, 설정된 목표를 달성하기 위해 관리되고 통제된다. 소극적 포트폴리오는 때로 비슷한 리스크를 갖는 적극적 포트폴리오의 성과를 초과할 수 있다. 그러나 적극적 포트폴리오 관리(active portfolio management)가 우월한 수익을 낼 수 있음을 시사하는 증거가 존재한다. 이 교재에 제시된 많은 아이디어는 적극적 포트폴리오 관리가 우월한 수익을 낼 가능성을 개선한다는 믿음과 일관성을 갖는다.

포트폴리오 구성 후, 적극적 포트폴리오 관리의 첫 단계는 몇 분기 또는 1년 후쯤에 성과를 평가하는 것이다. 평가 정보에 기초하여, 당신은 포트폴리오를 수정할 수 있다. 그리고, 계속해서 필요에 따라 주기적으로 포트폴리오를 평가하고 수정할 수 있다. 포트폴리오의 수익 계산은 어려울 수 있다. 포트폴리오 성과를 평가하는 과정은 이 장의 앞에 제시된 많은 개념에 기초한다. 여기에서는 가상적 증권 포트폴리오를 이용하여 1년의 보유기간 동안, 어떻게 포트폴리오 성과를 평가할지 보여준다. 우리는 포트폴리오 수익률을 위험조정, 시장조정 수익률에 비교하는 데 사용될 수 있는 3개 척도를 살펴볼 것이다.

포트폴리오 수익의 측정

<표 13.5>는 Bob Hathaway의 2014년 1월 1일 현재의 투자 포트폴리오를 제시한다. 그

는 50세의 독신이며, 자녀들은 결혼했다. 소득은 연간 $60,000이다. 그의 일차적 투자목표는 적당한 배당수익을 포함하는 장기적 성장이다. 그는 질과 성장 잠재력이라는 2개 기준에 의해 주식을 선택한다. 2014년 1월 1일, 그의 포트폴리오는 모두 양질인 10개 종목으로 구성되어 있다. Hathaway는 선택과정에서 운이 좋았다. 포트폴리오의 미실현 가격상승이 약 $74,000이다. 2014년 중에, 포트폴리오를 변경하기로 결정했다. 5월 7일, Dallas National Corporation 1,000주를 $32,040에 매도했다. 이 종목의 보유기간 수익률은 이 장의 앞 부분에서 논의되었다(<표 13.2> 참조). Dallas National의 매각수입을 사용하여, 5월 10일에 Florida Southcoast Bank 1,000주를 추가로 매수했다. Florida 은행의 전망을 좋게 보았기 때문이다. Florida Southcoast는 전국에서 가장 빨리 성장하는 지역에 기반을 두고 있다.

표 13.5 BOB HATHAWAY의 포트폴리오(2014년 1월 1일)

주식 수	회사	매수일	총비용(수수료 포함) ($)	주당 비용 ($)	주당 현재 가격 ($)	현재 가치 ($)
1,000	Bancorp West, Inc.	1/16/12	21,610	21.61	30	30,000
1,000	Dallas National Corporation	5/01/13	27,312	27.31	29	29,000
1,000	Dator Companies, Inc.	4/13/08	13,704	13.70	27	27,000
500	Excelsior Industries	8/16/11	40,571	81.14	54	27,000
1,000	Florida Southcoast Banks	12/16/11	17,460	17.46	30	30,000
1,000	Maryland-Pacific	9/27/11	22,540	22.54	26	26,000
1,000	Moronson	2/27/11	19,100	19.10	47	47,000
500	Northwest Mining and Mfg.	4/17/12	25,504	51.00	62	31,000
1,000	Rawland Petroleum	3/12/12	24,903	24.90	30	30,000
1,000	Vornox	4/16/12	37,120	37.12	47	47,000
	계		249,824			324,00

투자금액의 측정 모든 투자자는 <표 13.5>처럼 정기적으로 보유자산 목록을 만들도록 권고 받는다. <표>는 각 종목의 주식 수, 매수일, 비용, 그리고 현재 가치를 보여준다. 이 자료는 계속적으로 전략적 결정을 하는 데 도움을 준다. 예를 들어 비용 자료는 투자금액을 결정하는 데 사용된다. Hathaway의 포트폴리오는 증거금 계정에 부채를 사용하지 않는다. 만약 부채가 존재하면, 모든 수익 계산은 투자자의 계정 내 자기자본에 기초하게 될 것이다(제2장으로부터, 투자자의 증거금 계정의 자기자본은 계정 내 모든 자산의

총가치에서 증거금 채무를 차감한 것과 같다).

Hathaway의 투자 자본에 대한 수익을 측정하기 위해, 1년의 보유기간 수익률을 계산해야 한다. 2014년 1월 1일 현재, 투자 자본은 $324,000이다. 그는 2014년에 자본을 전혀 추가하지 않았다. 그러나 한 종목 Dallas National을 매도했고, 그 수입금으로 다른 종목인 Florida Southcoast Banks를 매입했다.

투자자 현실

분배금 계산!–역사적으로, 배당금은 투자자 수익에 상당히 기여하고, 투자자로 하여금 인플레이션에 대항하는데 도움을 주었다. S&P 500의 연율화된 총수익률이 9.4%였던 1929년 말부터 2012년 3월까지 기간의 S&P 500 주가지수 투자를 고려해보자. 연간 총수익은 자본이득과 재투자되는 배당금–배당금 부분은 이 기간 동안 총수익의 44.7%를 차지한다!–으로 이루어진다. 고 배당 주식은 시장을 능가하지 못할 수 있으나, 여러 해에 걸쳐 주가에 상관없이 지속적으로 투자자에게 보상을 제공한다. 경상소득을 추구하는 투자자는 배당을 수익률을 지탱하는 요소로 간주한다. (출처: Loomis Sayles–Dividends: A Timeless Component of Equity Return by Richard Skaggs.)

소득의 측정 보통주 포트폴리오에는 소득과 자본이득이라는 2개의 수익원이 존재한다. 경상소득은 배당 형태로 실현되고, 또는 채권의 경우에는 이자 형태로 수취된다. 투자자들은 연방 및 주 소득세 신고서에, 과세대상 배당과 이자를 보고해야 한다. 회사들은 주주와 채권자들에게 이익보고서를 제공해야 한다(배당은 양식 1099-DIV, 이자는 양식 1099-INT). 많은 투자자들은 배당과 이자 소득을 추적하기 위해 수취 기록을 유지한다.

<표 13.6>은 Hathaway의 2014년 배당을 수록한다. 그는 Dallas National 주식을 매도하기 전에 주당 $0.45의 분기 배당을 2회 수취했다. 또한, 추가로 매입한 Florida Southcoast Banks 주식에서 주당 $0.32의 분기 배당을 2회 받았다. 2014년의 총 배당소득은 $10,935이다.

표 13.6 HATHAWAY 포트폴리오의 배당 소득(2014년)

주식 수	회사	연간 주당 배당금($)	수취 배당금($)
1,000	Bancorp West, Inc.	1.20	1,200
1,000	Dallas National Corporation*	1.80	900
1,000	Dator Companies, Inc.	1.12	1,120
500	Excelsior Industries	2.00	1,000
2,000	Florida Southcoast Banks**	1.28	1,920
1,000	Maryland-Pacific	1.10	1,100
1,000	Moronson	.	.
500	Northwest Mining and Mfg.	2.05	1,025
1,000	Rawland Petroleum	1.20	1,200
1,000	Vornox	1.47	1,470
	계		10,935

*2014년 5월 7일 매도

**2014년 5월 10일 1,000주 인수

자본이득의 측정 <표 13.7>은 Hathaway 포트폴리오의 각 종목 가치의 미실현 이득을 보여준다. 추가로 매입한 Florida Southcoast Banks 주식을 제외한 각 종목의 2014년 1월 1일과 2014년 12월 31일 현재 가치가 수록되어 있다. Florida Southcoast Banks의 수록 금액은 추가된 1,000주가 2014년 5월 10일에 $32,040의 비용으로 매입되었다는 사실을 반영한다. Hathaway의 현재 보유 자산은 연초 가치 $327,040(추가된 Florida Southcoast Banks 주식 매입일 기준 금액 포함), 그리고 연말 기준으로 $356,000이다.

표 13.7 HATHAWAY 포트폴리오 가치의 미실현 이득(2014년 1월 1일~2014년 12월 31일)

주식 수	회사	시장 가치($) (2014.1.1.)	시장 가격($) (2014.12.31.)	시장 가치($) (2014.12.31.)	미실현 이득(손실) ($)	변화율(%)
1,000	Bancorp West, Inc.	30,000	27	27,000	(3,000)	−10.0
1,000	Dator Companies, Inc.	27,000	36	36,000	9,000	33.3
500	Excelsior Industries	27,000	66	33,000	6,000	22.2
2,000	Florida Southcoast Banks*	62,040	35	70,000	7,960	12.8
1,000	Maryland-Pacific	26,000	26	26,000	–	–
1,000	Moronson	47,000	55	55,000	8,000	17.0
500	Northwest Mining and Mfg.	31,000	60	30,000	(1,000)	−3.2
1,000	Rawland Petroleum	30,000	36	36,000	6,000	20.0
1,000	Vornox	47,000	43	43,000	(4,000)	−8.5
계		327,040**		356,000	28,960	8.9

* 2014년 5월 10일, $32,040의 비용으로 1,000주 추가 매수. 수록된 가치는 비용과 기존 보유 주식의 2014년 1월 1일 현재 시장가치의 합임.

** 이 합계는 2014년 1월 1일의 포트폴리오의 시장가치 $324,000(〈표 13.5〉)와 2014년 5월 7일 Dallas National Corporation 주식의 매도 시 실현 이득 $3,040를 포함함. 이 합계에 실현 이득을 포함하는 것은 포트폴리오의 2014년 미실현 이득을 계산하는 데 필요함.

2014년에 포트폴리오 가치는 미실현 자본이득 형태로 8.9% 또는 $28,960만큼 상승했다. 또한, Hathaway는 2014년에 Dallas National 주식을 매도하여 자본이득을 실현했다. 2014년 1월 1일부터 2014년 5월 7일 매도까지, Dallas National 주식 보유고의 가치는 $29,000로부터 $32,040로 상승했다. 이는 2014년의 유일한 매도였으며, 따라서 실현된 총이득은 $3,040였다. 2014년에 포트폴리오는 실현 이득 $3,040, 미실현 이득 $28,960를 기록했다. 총 가치상승은 두 금액의 합($32,000)이다. 다시 말해, Hathaway는 그 해에 자기자본을 추가하거나 회수하지 않았다. 따라서, 총 자본이득은 단순히 연말 시장가치($356,000, <표 13.7>)와 연초 시장가치($324,000, <표 13.5>)의 차액이다. 이 금액 가운데 단지 $3,040만 세금의 관점에서 실현소득으로 간주된다.

포트폴리오의 보유기간 수익률 측정 Hathaway 포트폴리오의 2014년 총수익을 측정하기 위해 보유기간 수익률을 사용한다. 기본적인 1년 HPR의 공식은 다음과 같다.

수식 13.3

$$\text{포트폴리오의 보유기간 수익률} = \frac{\text{수입 배당금과 이자} + \text{실현 이득} + \text{미실현 이득}}{\text{초기 자본 투자} + \left(\text{신규 펀드} \times \dfrac{\text{포트폴리오 운용 개월 수}}{12}\right) - \left(\text{회수 펀드} \times \dfrac{\text{포트폴리오 회수 개월 수}}{12}\right)}$$

수식 13.3a

$$HPR_P = \frac{C + RG + UG}{E_0 + \left(NF \times \dfrac{ip}{12}\right) - \left(WF \times \dfrac{up}{12}\right)}$$

이 공식은 포트폴리오의 실현 이득(소득과 자본이득)과 미실현 연간 이득을 모두 포함한다. 포트폴리오에 추가 및 제외된 종목은 포트폴리오에 포함된 개월 수에 의해 시간가중된다.

<표 13.7>은 포트폴리오의 가치변화를 상세히 수록한다. 2014년 12월 31일 현재 포트폴리오의 모든 종목을 수록하고, 이 해의 미실현 이득을 계산한다. 연초와 연말 가치가 비교를 위해 포함된다. 분석의 핵심은 <표 13.8>에 제시된 해당 연도의 HPR 계산이다. 포트폴리오 수익의 모든 요소들이 포함된다. 배당의 합은 $10,935이다(<표 13.6>). 실현 이득 $3,040는 Dallas National 주식 보유고의 2011년 1월 1일부터 매도 시까지 가치상승을 나타낸다. 2014년, 포트폴리오의 미실현 이득은 $28,960였다(<표 13.7>). 자금 추가는 없었고, 자금 인출도 없었다. HPR의 수식(13.3)을 사용하여, 포트폴리오는 2014년 13.25%의 총수익을 얻었음을 알 수 있다.

표 13.8 HATHAWAY 포트폴리오의 보유기간 수익률 계산 (2014년 1월 1일–2014년 12월 31일, 보유기간)

자료	가치($)
포트폴리오 가치(2014.1.1)	324,000
포트폴리오 가치(2014.12.31)	356,000
실현 이득(2014.1.1.–2014.5.7., Dallas National Corporation 매도일)	3,040
미실현 가격 상승(2014.1.1.–2014.12.31)	28,960
수입 배당금	10,930
신규 투자 또는 회수 펀드	없음
포트폴리오 HPR 계산	

$$HPR_p = \frac{\$10,395 + \$3,040 + \$28,960}{\$324,000} = \underline{\underline{13.25\%}}$$

수익의 전체 시장 척도에 대한 비교

Bob Hathaway는 포트폴리오의 HPR 수치를 주가지수 같은 시장 척도에 비교할 수 있다. 이 비교는 포트폴리오가 전체 주식시장에 비해 어떤 성과를 냈는지 보여줄 것이다. S&P 500 종합주가지수와 나스닥 종합지수는 전체 주식시장을 대표하는 지수로서 받아들여질 수 있다. 2014년에 S&P 500 지수의 수익률은 10.75%였다고 가정하자(배당과 자본이득 포함). Hathaway 포트폴리오의 수익률은 13.25%였으며, 이는 광범위하게 측정된 지수에 비해 매우 양호하다. Hathaway 포트폴리오는 광범위한 주식시장의 수익률 지표보다 약 23% 높은 성과를 냈다.

이 비교는 일반적 시장변동 요인을 제거하나 리스크를 고려하지 않는다. 13.25% 같은 1차적 수익률 지표는 추가적 분석을 필요로 한다. 포트폴리오 성과를 평가하기 위해 많은 위험조정, 시장조정 수익률 척도가 사용될 수 있다. 여기에서 우리는 가장 대중적인 척도(샤프 척도, 트레이너 척도, 그리고 젠센 척도)를 논의하고, Hathaway 포트폴리오에 적용해본다.

샤프 척도 William F. Sharpe에 의해 개발된, 포트폴리오 성과의 샤프 척도(Sharpe's measure)는 포트폴리오의 리스크 프리미엄을 포트폴리오 수익률의 표준편차에 비교한다. 포트폴리오 리스크 프리미엄은 포트폴리오 총수익률에서 무위험수익률을 차감한 것이

다. 샤프 척도는 다음 공식에 의해 표현될 수 있다:

수식 13.4

$$샤프\ 척도 = \frac{포트폴리오\ 총수익률 - 무위험수익률}{포트폴리오\ 수익률의\ 표준편차}$$

수식 13.4a

$$SM = \frac{r_p - r_f}{s_p}$$

이 척도는 투자자로 하여금, 포트폴리오 수익률의 표준편차로 측정된 총위험 1단위당 리스크 프리미엄을 평가할 수 있도록 한다.

무위험수익률 r_f는 7.50%, Hathaway 포트폴리오 수익률의 표준편차 s_p는 16%라고 가정하자. 포트폴리오 총수익률 r_p는 <표 13.8>에서 계산된 Hathaway 포트폴리오의 HPR이며, 13.25%이다. 수식(13.4)에 이 값들을 대입하면, 샤프 척도 SM_p는 다음과 같다.

$$SM_p = \frac{13.25\% - 7.50\%}{16\%} = \frac{5.75\%}{16\%} = \underline{\underline{0.36}}$$

샤프 척도는 다른 포트폴리오 또는 전체 시장에 대해 비교될 때 의미를 갖는다. 일반적으로, 샤프 척도의 값이 높을수록 더 좋다. 위험 단위당 리스크 프리미엄이 더 높다. 만약 시장 수익률 r_m이 현재 10.75%이고 시장 포트폴리오 수익률의 표준편차 s_{pm}이 11.25%라고 가정하면, 시장의 샤프 척도 SM_m은 다음과 같다.

$$SM_m = \frac{10.75\% - 7.50\%}{11.25\%} = \frac{3.25\%}{11.25\%} = \underline{\underline{0.29}}$$

Hathaway 포트폴리오의 샤프 척도 0.36은 시장 포트폴리오의 척도 0.29보다 크기 때문에, Hathaway 포트폴리오는 우월한 성과를 나타낸다. 위험 단위당 리스크 프리미엄은 시장보다 높다. 만약 Hathaway 포트폴리오의 샤프 척도가 시장보다 낮으면(0.29 미만), 포트폴리오의 성과는 시장 성과보다 열등한 것으로 간주될 것이다.

트레이너 척도 Jack L. Treynor는 샤프 척도와 비슷한 포트폴리오 성과 척도를 개발했다. 트레이너 척도(Treynor measure)는 포트폴리오 리스크를 측정하기 위해, 포트폴리오 베타를 사용한다. 따라서 트레이너는 포트폴리오가 모든 분산가능 위험을 제거하도록 만들어졌다고 가정하며, 분산불가능 위험에 집중한다(대조적으로, 샤프는 총위험에 집중한다). 트레이너 척도는 수식(13.5)와 같이 계산된다.

수식 13.5

$$\text{트레이너 척도} = \frac{\text{포트폴리오 총수익률} - \text{무위험수익률}}{\text{포트폴리오 베타}}$$

수식 13.5a

$$TM = \frac{r_p - r_f}{b_p}$$

이 척도는 포트폴리오 베타에 의해 측정된 분산불가능 위험 1단위당 리스크 프리미엄을 나타낸다.

앞에 제시된 Hathaway 포트폴리오의 자료를 사용하고 Hathaway 포트폴리오의 베타 b_p가 1.20이라고 가정하면, 수식(13.5)에 대입하여 Hathaway 포트폴리오의 트레이너 척도 TM_p를 계산할 수 있다.

$$TM_p = \frac{13.25\% - 7.50\%}{1.20} = \frac{5.75\%}{1.20} = \underline{\underline{4.79}}$$

트레이너 척도는 샤프 척도처럼 다른 포트폴리오나 시장에 비교될 때 유용하다. 일반적으로, 트레이너 척도의 값이 높으면 더 좋다―분산불가능 위험의 단위당 리스크 프리미엄이 더 크다. 다시 시장수익률 r_m이 10.75%이라고 가정하고, 시장 포트폴리오의 베타 b_m은 정의에 의해 1.00임을 인식하면, 수식(13.5)를 이용하여 시장의 트레이너 척도 TM_m을 계산할 수 있다.

$$TM_m = \frac{10.75\% - 7.50\%}{1.00} = \frac{3.25\%}{1.00} = \underline{\underline{3.25\%}}$$

Hathaway 포트폴리오의 트레이너 척도 4.79%가 시장 포트폴리오의 척도 3.25%보다 크다는 사실은 Hathaway 포트폴리오가 우월한 성과를 보인다는 것을 의미한다. 분산불가능 위험의 단위당 리스크 프리미엄은 시장보다 높다. 만약 Hathaway 포트폴리오의 트레이너 척도가 시장보다 낮으면(3.25% 미만), 포트폴리오의 성과는 시장 성과보다 열등한 것으로 간주될 것이다.

젠센 척도(젠센 알파) Michael C. Jensen은 샤프와 트레이너 척도로부터 상당히 달라 보이나 트레이너 척도와 이론적 일관성을 가진 포트폴리오 성과 척도를 개발했다. 젠센 척도(Jensen's measure)는 젠센 알파(Jensen's alpha)로도 불리며, 제5장에서 개발된(수식(5.3) 참조) 자본자산가격결정모형(CAPM)에 기초한다. 이는 포트폴리오의 초과수익률을 계산한다. 초과수익률은 포트폴리오의 실제 수익률이, 베타와 CAPM을 이용하여 결정된 요구수익률로부터 벗어난 값이다. 초과수익률의 값은 양수, 0, 또는 음수일 수 있다. 트레이너 척도처럼 젠센 척도는 베타와 CAPM을 사용함으로써, 분산불가능 또는 실질적 위험에 집중한다. 이 척도는 포트폴리오는 적절히 분산되었다고 가정한다. 젠센 척도는 수식(13.6)과 같이 계산된다.

수식 13.6

$$\text{젠센 척도} = (\text{포트폴리오 총수익률} - \text{무위험수익률}) - [\text{포트폴리오 베타} \times (\text{시장수익률} - \text{무위험수익률})]$$

수식 13.6a

$$JM = (r_p - r_f) - [b_p \times (r_m - r_f)]$$

젠센 척도는 포트폴리오의 실제 수익률과 요구수익률의 차이를 나타낸다. 양의 수치가 선호된다. 이는 포트폴리오가 위험조정, 시장조정 요구수익률을 초과하는 수익률을 얻었음을 의미한다. 0의 값은 포트폴리오가 정확하게 요구수익률을 얻었음을 나타낸다. 음수는 포트폴리오가 요구수익률을 얻지 못했음을 나타낸다.

앞에 제시된 Hathaway 포트폴리오의 자료를 이용하여 수식(13.6)에 대입하면, Hathaway 포트폴리오의 젠센 척도 JM_p를 계산할 수 있다.

$$JM_p = (13.25\% - 7.50) - [1.20 \times (10.75\% - 7.50)]$$
$$= 5.75\% - (1.20 \times 3.25) = 5.75\% - 3.90\% = \underline{\underline{1.85\%}}$$

젠센 척도의 1.85%는 Hathaway 포트폴리오가 베타에 의해 측정된 분산불가능 위험하에서, 요구수익률을 1.85% 포인트만큼 초과하는 수익률을 얻었음을 나타낸다. 명백하게, Hathaway 포트폴리오는 위험조정 기준으로 시장의 성과를 능가했다.

샤프와 트레이너 척도와는 달리, 젠센 척도는 CAPM을 이용함에도 불구하고 자동적으로 시장수익률에 대해 조정된다. 따라서, 별도로 시장과 비교할 필요가 없다. 일반적으로 젠센 척도가 더 높으면, 포트폴리오 성과는 더 높다. 양의 젠센 척도를 가진 포트폴리오만 위험조정 기준으로 시장의 성과를 능가한다. 젠센 척도(알파)는 계산이 단순하고, 분산불가능 위험에만 의존하며, 위험 및 시장 조정을 모두 포함하기 때문에, 포트폴리오 성과를 평가하는 데 있어서 샤프와 트레이너 척도보다 선호되는 경향이 있다.

포트폴리오 수정

우리가 논의한 Hathaway 포트폴리오에서, 한 거래가 2014년에 발생했다. 이 거래의 이유는 Hathaway가 Florida Southcoast Banks의 주식이 Dallas National의 주식보다 더 많은 수익 잠재력이 있다고 믿었기 때문이다. 당신은 하나의 기본적 문제를 염두에 두고, 정기적으로 포트폴리오를 분석해야 한다. 이 포트폴리오가 나의 필요를 지속적으로 충족하는가? 다시 말해, 포트폴리오가 위험-수익 목표에 가장 적합한 증권들을 포함하는가? 포트폴리오의 증권들을 체계적으로 연구하는 투자자들은 가끔 어떤 증권을 매도하고 대신 새로운 증권을 매입할 필요를 갖는다. 이 과정은 통상적으로 포트폴리오 수정(portfolio revision)으로 불린다. 경제가 진화하면, 어떤 산업과 주식의 매력은 감소하거나 증가한다. 현대의 주식시장에서, 적절한 시점의 선택은 수익의 핵심이다.

투자세계의 동태적 특성을 고려하면, 포트폴리오의 정기적 재배분과 재조정은 필수적이다. 포트폴리오는 빈번하게 변화를 요구받는다. 예를 들어 투자자가 은퇴에 가까워지면, 포트폴리오의 초점은 일반적으로 성장/자본증식을 강조하는 전략으로부터 자본유지를 추구하는 전략으로 이동한다. 포트폴리오의 초점 변화는 통상적으로, 급격한 변동 대신, 진화적 과정으로 발생한다. 포트폴리오의 개별 증권들은 종종 위험-수익 구조를 변화시킨다. 이런 일이 발생하면, 목표에 적합하지 않은 증권들을 제외시키는 것이 좋다. 또한, 분산투자의 필요성은 항상 존재한다. 증권의 가치가 상승 또는 하락할 때, 그들의 위험투자 효과는 감소할 수 있다. 따라서 분산투자를 유지하기 위해, 포트폴리오 수정이 필요할 수 있다.

투자자 현실

포트폴리오 수정 시점? – 시간이 지나면, 당신은 포트폴리오가 당신의 목적과 필요를 올바로 반영하는지 확인하기 위해 포트폴리오를 검토해야 한다. 이 일을 하는 데에는 4가지 이유가 있다:

- 생애의 주요 사건 – 결혼, 자녀 출생, 실직, 질병, 배우자 상실, 자녀의 대학 졸업 – 투자목표의 변화.
- 어떤 자산집단 비중의 현저한 증가 또는 감소.
- 2년 이내에 특정 목표 달성 예상.
- 어떤 자산집단의 비율이 최초 배분으로 10% 이상 변화.

개념리뷰

13.14 적극적 포트폴리오 관리는 무엇인가? 이는 우월한 수익을 내는가? 설명하라.

13.15 포트폴리오 수익을 측정하는 단계들을 기술하라. 이 과정에서 포트폴리오 HPR의 역할을 설명하고, 실현과 미실현 이득을 구별해야 하는 이유를 설명하라.

13.16 왜 포트폴리오 수익률을 광범위한 시장지표의 수익률에 비교하는 것은 일반적으로 적당하지 않은가? 설명하라.

13.17 다음의 포트폴리오 성과 평가를 위한 수익률 척도 각각을 간단히 기술하고, 그들이 쓰이는 이유를 설명하라.

a. 샤프 척도

b. 트레이너 척도

c. 젠센 척도(젠센 알파)

13.18 왜 젠센 척도(알파)가 포트폴리오 성과 평가에서, 일반적으로 샤프와 트레이너 척도보다 선호되는가? 설명하라.

13.19 포트폴리오 관리 과정에서 포트폴리오 수정의 역할을 설명하라.

거래 시점의 선택

LG 5 LG 6 시점선택의 기본은 "낮은 가격에 사고 높은 가격에 팔기"이다. 이는 모든 투자자의 꿈이다. 이 목표를 달성하기 위해 시도되고 사실로 판명된 방법은 존재하지 않으나, 매입 및 매도 시점을 선택하는 데 사용될 수 있는 몇 가지 방법들이 존재한다. 투자자는 지정가와 손실제한주문을 시점선택의 보조수단으로 이용할 수 있고, 유동성을 보전하는 과정을 따를 수 있으며, 투자를 매도할 때 시점선택의 다른 측면들을 고려할 수 있다. 20세기의 유명한 투자자의 이야기를 알고 싶으면, 다음에 있는 투자윤리 사례를 보라.

투자 윤리 **윤리적 투자의 미학: John Templeton의 남다른 생애**

금융투자의 개척자 John Marks Templeton은 윤리적 행위를 강조하는 데 평생을 보냈다. 바하마의 Nassau에 거주하는 귀화 영국 시민인 Templeton은 많은 업적 때문에 엘리자베스 2세 여왕으로부터 1987년에 기사 작위를 받았다. 그 업적의 하나는 정신적 실재를 향한 연구 및 발견의 진보를 위해, 1973년부터 매년 런던에서 시상되는 1백만 달러를 넘는 Templeton 상을 제정한 것이다. 캘커타의 테레사 수녀가 첫 수상자이다.

John Templeton은 1912년 테네시의 작은 마을에서 태어났다. 사업가 아버지는 그에게 긍정적인 태도를 갖도록 가르쳤다. John이 4살이 될 때, 그는 어머니의 정원에서 콩을 재배해서 지역 상점에서 판매하여 돈을 벌었다. 12세에 그는 낡은 고장 난 포드 자동차를 발견하였고, 어떤 농부로부터 $10에 샀다. 그는 친구의 도움을 받아 6개월을 들여 자동차를 수리하고, 고등학교 졸업 때까지 타고 다녔다. Templeton은 $250,000 이상의 순자산을 가질 때까지, 결코 자동차에 $200 이상 쓰지 않았다.

젊었을 때 얻은 자질은 Templeton이 세계 최고의 투자자 가운에 한 사람이 되는 데 도움을 주었다. 대공황 동안 Yale 대학교의 학비를 스스로 조달하면서 가난하게 살아야 했던 Templeton은 1934년 최고 성적으로 졸업했다. 졸업 후, 그는 먼저 세계석 투사환경을 배우기 위해 7개월의 세계여행을 시작했다. 여행 전, John은 100개의 투자회사에 편지를 보내 귀환 즉시 채용에 응하겠다고 밝혔다, 그의 노력으로 월스트리트에서 직업을 얻을 수 있었다. John이 결혼했을 때, 그와 부인은 수입의 50%를 저축하는 목표를 세웠다. 절약을 고통이 아닌 즐거움으로 만들기 위해, Templeton 부부는 열정적인 할인상품 고객이 되었고, 할인상품을 사기 위해 친구들과 경쟁하곤 했다.

주식매수에 관한 표준적 조언은 "싸게 사서, 비싸게 팔라"이다. 1939년 유럽에서 전쟁이 발발했을 때, Templeton은 자금을 차입해서, 파산상태인 34개 회사를 포함한 104개 회사의 주당 $1 미만에 팔리는 주식을 각각 100주씩 매입했다. 단지 4개 회사만이 그럴 가치가 없는 것으로 판명되었고, 그는 나머지 주식에서 평균 4년 동안의 보유기간을 거친 후 큰 이익을 얻었다. 투자에서 덜 방황했던 Templeton은 미국인들이 거의 해외투자를 고려하지 않았을 때, 전 세계적 투자방법을 조언하는 서비스를 판매했다. 1954년, 그의 대표적 펀드 Templeton Growth가 출범했다. 당시 투자금 $100,000는, 재투자된 분배금을 포함하면, 2009년 5,400만 달러로 증가했다. Money 잡지는 그를 "세기의 가장 위대한 세계적 주식 선택가"로 지칭했다(1999년 1월). John Templeton 경은 항상 자유경쟁의 신봉자였다—"경쟁적 영업은 비용을 낮추고, 다양성을 높였으며, 품질을 제고했다." 그리고, 만약 사업이 비윤리적이면, "당장은 아니라도 결국 실패할 것이다"라고 말했다. 그의 진보적 금융 아이디어, 정신 생활, 그리고 사업윤리는 이 모든 영역에서 그를 뛰어나게 만들었다.

비판적 사고 문제 John Templeton의 어떤 개인적 특성이 그를 투자의 거인으로 만들었다고 생각하는가? 당신의 대답을 옹호할 근거를 마련하라.

(출처: Matthew Robinson, His Optimism and Drive Built a Financial Empire, Investor's Business Daily, 2006.7.24, 그리고 Franklin Templeton Investments, www.franklintempleton.com (2009.9).)

포뮬러 플랜

포뮬러 플랜(formula plans)은 주기적 가격변동을 활용하려는, 포트폴리오의 기계적 관리 방법이다. 포뮬러 플랜은 일반적으로 높은 수익을 제공하기 위한 것이 아니다. 오히려, 높은 수준의 위험을 부담하지 않으려는 투자자들에 의해 채택되는 보수적 전략이다. 우리는 널리 쓰이는 4개의 포뮬러 플랜을 논의한다. 비용평균화, 일정금액 플랜, 일정비율 플랜, 그리고 변동비율 플랜이다.

비용평균화 비용평균화(dollar-cost averaging)는 일정 금액이 정해진 시간 간격으로 증권에 투자되는 포뮬러 플랜이다. 이 소극적 매입-보유 전략에서, 주기적 투자금액은 일정하다. 계획을 실행하려면, 정기적으로 투자해야 한다. 비용평균화 프로그램의 목표는 자금이 배분된 증권의 가치상승이다. 투자 증권의 가격은 시간이 지남에 따라 변동할 것이다. 만약 가격이 하락하면, 당신은 한 기간에 더 많은 주식을 매입하게 될 것이다. 역으로 가격이 상승하면, 한 기간에 더 적은 주식을 매입하게 될 것이다.

<표 13.9>의 비용평균화 사례를 보자. <표>는 성장지향적이고 수수료가 없는 것으로 가정된 Wolverine 뮤추얼펀드에 월 $500씩 투자하는 것을 보여준다. 첫 해에 뮤추얼펀드 지분에 $6,000를 투자했다고 가정하자(수수료가 없는 펀드이므로, 지분은 순자산가치로 매입된다). 당신은 최저 $24.16부터 최고 $30.19 범위의 NAV로 매입했다. 연말에, 당신의 펀드지분 가치는 $6,900를 약간 넘는다. 비용평균화는 소극적 전략이다. 다른 포뮬러 플랜은 상대적으로 적극적이다.

표 13.9 비용평균화(매월 $500, WOLVERINE 뮤추얼펀드 주식)

거래 월말	순자산가치(NAV) ($)	매수 주식수
1월	26.00	19.23
2월	27.46	18.21
3월	27.02	18.50
4월	24.19	20.67
5월	26.99	18.53
6월	25.63	19.51
7월	24.70	20.24
8월	24.16	20.70
9월	25.27	19.79
10월	26.15	19.12
11월	29.60	16.89
12월	30.19	16.56

연간 요약

총투자: $6,000.00
매수 총 주식수: 227.95
평균 주당 비용: $26.32
연말 포트폴리오 가치: $6,881.81

일정금액 플랜 일정금액 플랜(constant-dollar plan)은 투기적 그리고 보수적 두 부분으로 나누어진 포트폴리오로 구성된다. 투기적 부분은 높은 자본이득 가능성을 가진 증권들로 이루어진다. 보수적 부분은 채권이나 화폐시장 계좌 같은 저위험 투자들로 이루어진다. 투기적 부분의 목표금액은 일정하다. 투기적 부분으로부터 자금이 인출되거나 추가되기 시작하는 개시점(투기적 부분의 확대 또는 축소)이 정해진다. 일정금액 플랜은 기본적으로 포트폴리오의 투기적 부분으로부터 이익을 걷어가는 것이다. 투기적 부분의 가치가 일정 비율 또는 금액만큼 상승하면, 이 금액을 포트폴리오의 보수적 부분으로 옮긴다. 만약 포트폴리오의 투기적 부분이 특정한 비율 또는 금액만큼 하락하면, 보수적 부분으로부터 투기적 부분으로 자금을 옮긴다.

<표 13.10>과 같이 일정금액 플랜을 만들었다고 가정하자. 최초의 $20,000 상당의 포트폴리오는 고-베타, 무-수수료 뮤추얼펀드에 투자된 $10,000와 화폐시장계좌에 예치된 $10,000로 이루어져 있다. 투기적 부분이 초기 가치 $10,000를 $2,000만큼 상회 또는 하

회할 때마다 포트폴리오를 재조정하기로 결정했다. 포트폴리오의 투기적 부분이 $12,000이거나 상회하면, 그 가치가 $10,000가 되도록 펀드의 지분을 팔고 수입을 보수적 부분에 추가한다. 투기적 부분의 가치가 $8,000 또는 이하로 하락하면, 보수적 부분으로부터 자금을 조달하여 투기적 부분의 가치를 $10,000로 올리기 위한 지분을 매입한다.

두 번의 포트폴리오 재조정 행위가 <표 13.10>에 예시된 시간 순으로 취해진다. 최초에, $10,000가 포트폴리오의 각 부분에 배분되었다. 뮤추얼펀드의 순자산가치가 $12로 상승했을 때, 투기적 부분의 가치는 $12,000였다. 그 시점에, $2,000 상당의 166.67주를 매도하고 그 수입을 화폐시장계좌에 추가했다. 나중에 뮤추얼펀드의 NAV가 주당 $9.50로 하락했고, 투기적 부분의 가치를 $8,000 미만으로 감소시켰다. 이 변화는 투기적 부분의 가치를 $10,000로 높이는 데 충분한 지분을 매입하도록 촉발했다. 장기적으로 만약 일정금액 플랜의 투기적 투자의 가치가 상승하면, 포트폴리오의 보수적 요소의 금액은 이전된 이익만큼 상승할 것이다.

표 13.10 일정금액 플랜

뮤추얼펀드 NAV ($)	투기적 부분의 가치 ($)	보수적 부분의 가치 ($)	총 포트폴리오 가치 ($)	거래	투기적 부분의 주식 수
10.00	10,000.00	10,000.00	20,000.00		1,000
11.00	11,000.00	10,000.00	21,000.00		1,000
12.00	12,000.00	10,000.00	22,000.00		1,000
→ 12.00	10,000.00	12,000.00	22,000.00	166.67주 매도	833.33
11.00	9,166.63	12,000.00	21,166.63		833.33
9.50	7,916.64	12,000.00	19,916.64		833.33
→ 9.50	10,000.00	9,916.64	19,916.64	219.30주 매수	1,052.63
10.00	10,526.30	9,916.64	20,442.94		1,052.6

일정비율 플랜 일정비율 플랜(constant-ratio plan)은, 포트폴리오의 보수적 부분 대비 투기적 부분 비율에 고정적 목표 비율을 설정한다는 것을 제외하면, 일정금액 플랜과 비슷하다. 두 부분의 실제 비율이 목표비율로부터 미리 정해진 크기만큼 달라지면, 재조정이 실행된다. 그 시점에 실제 비율을 목표 비율로 되돌리기 위한 거래가 실행된다. 일정비율 플랜을 사용하려면, 포트폴리오를 투기적 및 보수적 투자로 적절히 분할해야 한다. 또한, 재조정 거래가 실행되는 임계점도 정해야 한다.

이 플랜의 작동방법을 보기 위해, <표 13.11>에 예시된 일정비율 플랜을 생각해 보자. 포트폴리오의 초기 가치는 $20,000이다. 당신은 50%를 투기적인 고 베타 뮤추얼펀드에 배분하고, 50%를 화폐시장 계좌에 배분하기로 결정했다. 투기적 부분의 보수적 부분에 대한 비율이 1.20 이상이거나 0.80 이하가 되면 포트폴리오를 재조정할 것이다. 순자산가치의 순차적 변화가 <표 13.11>에 예시되어 있다. 초기에, 포트폴리오의 각 부분에 $10,000씩 배분된다. 펀드의 NAV가 $12가 되면, 비율 1.20의 임계점이 작동하여 83.33주를 매각한다. 그러면, 포트폴리오는 목표인 50:50 비율로 되돌아간다. 이후에 만약 펀드의 NAV가 $9로 하락하면, 투기적 부분의 가치는 $8,250로 감소한다. 투기적 부분의 보수적 부분에 대한 비율은 이제 0.75이며, 임계점 0.80보다 낮다. 당신은 152.78주를 매입하여 목표 비율인 50:50 수준으로 되돌아간다.

표 13.11 일정비율 플랜

뮤추얼펀드 NAV ($)	투기적 부분의 가치 ($)	보수적 부분의 가치 ($)	총 포트폴리오 가치 ($)	투기적 부분의 보수적 부분에 대한 비율	거래	투기적 부분의 주식 수
10.00	10,000.00	10,000.00	20,000.00	1.000		1,000
11.00	11,000.00	10,000.00	21,000.00	1.100		1,000
12.00	12,000.00	10,000.00	22,000.00	1.200		1,000
→12.00	11,000.00	11,000.00	22,000.00	1.000	83.33주 매도	916.67
11.00	10,083.00	11,000.00	21,083.00	0.917		916.67
10.00	9,166.70	11,000.00	20,166.70	0.833		916.67
9.00	8,250.00	11,000.00	19,250.00	0.750		916.67
→ 9.00	9,625.00	9,625.00	19,250.00	1.000	152.78주 매수	1,069.44
10.00	10,694.40	9,625.00	20,319.40	1.110		1,069.4

일정비율 플랜은 장기적으로 투기적 증권의 가치가 상승할 것이라는 예측에 기초한다. 이런 일이 발생하면, 당신은 포트폴리오의 비율을 재조정하기 위해 주식을 매도하고 보수적 부분의 가치는 증가할 것이다. 이런 투자철학은 일정금액 플랜과 비슷하며, 다른 점은 임계점으로서 금액이 아닌 비율을 사용한다.

변동비율 플랜 변동비율 플랜(variable-ratio plan)은 이 4개의 상당히 소극적인 포뮬러 플랜 가운데 가장 공격적인 방법이다. 이것은 주식시장의 변동을 투자자에게 유리하게 이용하기 위해 투자시점을 선택한다. 즉 "싸게 사고 비싸게 팔려고" 한다. 전체 포트폴리오 가치 대비 투기적 부분의 비율은 투기적 증권들의 가치 변동에 의해 결정된다. 그 비율이 일정 수준 이상 상승하면, 포트폴리오의 투기적 부분이 차지하는 금액이 축소된다. 반대로 만약 투기적 부분의 가치가 하락하여 전체 포트폴리오 가치에 비해 현저히 낮으면, 포트폴리오의 투기적 부분이 차지하는 금액이 확대된다.

변동비율 플랜을 실행할 때, 몇 가지 결정을 해야 한다. 첫째, 포트폴리오의 투기적 부분과 보수적 부분 사이의 초기 배분을 결정해야 한다. 다음으로, 매수 또는 매도 활동의 임계점을 선택해야 한다. 이 점들은 투기적 부분의 가치와 전체 포트폴리오 가치의 비율의 함수이다. 마지막으로, 각 임계점에서 이 비율을 조정해야 한다.

<표 13.12>의 변동비율 플랜을 사용한다고 가정하자. 처음에 포트폴리오를 투기적 부분과 보수적 부분 사이에 균등하게 분할한다. 투기적 부분은 고베타(약 2.0) 뮤추얼펀드로 이루어져 있다. 보수적 부분은 화폐시장 계좌이다. 투기적 부분의 비중이 전체 포트폴리오의 60%에 도달하면, 그 비율을 45%로 낮추는 것으로 결정한다. 만약 포트폴리오의 투기적 부분의 비중이 전체 포트폴리오의 40%로 하락하면, 그 비율을 55%로 높일 것이다. 이 전략의 논리는 뮤추얼펀드 전략의 주기적 변동 시점을 이용하려는 시도이다. 펀드의 가치가 상승하면, 이익을 얻고 무위험 화폐시장 계좌에 투자된 비중을 늘린다. 펀드 가치가 현저히 하락하면, 투기적 부분이 차지하는 자본의 비중을 늘린다.

표 13.12 변동비율 플랜

뮤추얼펀드 NAV($)	투기적 부분의 가치($)	보수적 부분의 가치($)	포트폴리오 총가치($)	투기적 부분의 포트폴리오 총가치에 대한 비율	거래	투기적 부분의 주식 수
10.00	10,000.00	10,000.00	20,000.00	0.50		1,000
15.00	15,000.00	10,000.00	25,000.00	0.60		1,000
→15.00	11,250.00	13,750.00	25,000.00	0.45	250주 매도	750
10.00	7,500.00	13,750.00	21,250.00	0.35		750
→10.00	11,687.50	9,562.50	21,250.00	0.55	418.75주 매수	1,168.75
12.00	14,025.00	9,562.50	23,587.50	0.59		1,168.7

거래의 순서는 <표 13.12>에 기술되어 있다. 펀드의 순자산가치가 $15로 상승하면,

비율 60%의 임계점에 도달한다. 당신은 펀드 250주를 매도하고, 그 수입을 화폐시장 계좌에 투자한다. 이제 투기적 부분은 포트폴리오 가치의 45%에 해당한다. 이후에, 만약 펀드의 NAV가 $10로 하락하면, 포트폴리오의 투기적 부분은 35%로 감소한다. 이는 포트폴리오 재조정을 촉발한다. 당신은 418.75주를 매입하여, 투기적 부분을 55%로 변화시킨다. 펀드의 NAV가 $12로 변동하면, 전체 포트폴리오의 가치는 $23,500를 넘는다. 비교를 위해, 만약 $20,000의 초기 투자가 균등하게 배분되었고 뮤추얼펀드와 화폐시장 계좌 사이에 재조정을 하지 않았다고 가정하면, 이 시점의 전체 포트폴리오 가치는 단지 $22,000일 것이다(투기적 부분에 $12 × 1,000 = $12.000 그리고 화폐시장 계좌에 $10,000).

지정가 및 손실제한 주문의 이용

제3장에서 우리는 시장가 주문, 지정가 주문, 그리고 손실제한 주문을 논의했다. 여기에서는, 포트폴리오 재조정을 위해 지정가 및 손실제한 주문을 사용하는 방법을 살펴본다. 이런 형태의 증권 주문은 적절히 사용되면, 거래비용을 낮춤으로써 수익을 높일 수 있다.

지정가 주문 투자자가 지정가 주문과 손실제한 주문을 이용할 수 있는 방법은 다양하다. 예를 들어 만약 당신이 포트폴리오에 주식을 추가하기로 결정했다면, 지정가 주문은 원하는 매수 가격 또는 그 이하에서만 매수하도록 해준다. 지정가이며 취소 시까지 유효한(good-'til-canceled: GTC) 매수 주문은 브로커에게 전체 주문량이 체결될 때까지 주식을 매수할 것을 지시한다. 시장가 대신 지정가 주문을 사용하는 것의 주요 리스크는 주문이 실행되지 않을 수 있다는 것이다. 예를 들어, 만약 State Oil of California 주식을 주당 $27에 100주를 매수하는 GTC 주문을 제출하였으나 이 주식이 주당 $27 또는 그 이하에서 거래되는 일이 없다면, 이 주문은 결코 실행되지 않을 것이다. 따라서, 당신은 즉시 실행(시장가 주문)의 필요성을 지정가 주문에 수반되는 더 유리한 가격의 가능성과 비교해야 한다.

만약 지정가 주문이 더 낮은 가격에 사거나 더 높은 가격에 팔 수 있도록 해준다면, 수익을 높일 수 있다. 일상적 거래일 중에, 주식 가격은 정상 거래 범위를 오르내린다. 예를 들어, Jama Motor의 보통주가 다음 순서대로 10회 거래되었다고 가정하자—

$36.00, $35.88, $35.75, $35.94, $35.50, $35.63, $35.82, $36.00, $36.13, 그리고 $36.00. 시장가 매도 주문은 35.50(최저가)과 36.13(최고가) 사이에서 실행되었을 것이다. 36.00에 매도하는 지정가 주문은 36.00에 시행되었을 수 있다. 따라서, 지정가 주문을 사용함으로써 주당 $0.50의 이득이 발생했을 수도 있다.

손실제한 주문 손실제한 주문은 투자손실에 대한 노출을 제한한다. 예를 들어, Easy Work 500주를 $26에 매입한다고 가정하자. 당신은 주가가 $32에 도달하거나 $23로 하락하면 매도하려는 구체적 계획을 세워놓았다고 하자. 이 목표를 실천하기 위해, $32의 지정가격을 가진 GTC 매도주문 그리고 별도의 $23로 설정된 GTC 역지정가 매도주문을 제출할 것이다. 만약 증권이 $23 또는 그 이하로 거래되면, 손실제한 주문은 시장가 주문이 되고 브로커는 주식을 가장 유리한 가격에 매도할 것이다. 또는 만약 증권이 $32 또는 그 이상에서 거래되면, 브로커는 주식을 매도할 것이다. 앞의 시나리오에서, 당신은 손실을 제한하려고 한다. 뒤의 시나리오에서는, 이익을 보전하려고 하는 것이다.

손실제한 주문을 사용하는 데 있어서 주요 리스크는 이중손실(whipsawing)이다—주가가 일시적으로 하락한 후 다시 상승하는 현상이다. 만약 Easy Work가 $23로 하락하고, $22.56가 되고, 다시 $26로 상승하면, 당신은 이미 $23와 $22.57 사이의 가격에 매도한 상태일 것이다. 이런 이유 때문에, 손실제한 주문을 포함하는 지정가 주문은 제출 전에 세심한 분석을 요구한다. 시장가, 지정가, 그리고 손실제한 주문을 선택할 때, 당신은 주가의 변동과 함께 매수 또는 매도의 필요성을 감안해야 한다.

유동성 보존

위험한 주식이나 옵션 또는 선물에 대한 투자는 화폐시장 예금계좌나 채권에서 얻을 수 있는 수준을 초과하는 수익을 제공한다. 그러나 주식과 옵션 그리고 선물은 위험투자이다. 효율적인 포트폴리오를 위한 충고 하나는 큰 손실을 피하려면 포트폴리오의 일부를 저위험, 고유동성 투자에 할애하라는 것이다. 저위험 자산은 투자 실패의 가능성에 대한 완충자본 역할을 한다. 저위험 자산에 자금을 유지하는 두 번째 이유는 미래의 투자기회 가능성이다. 기회가 생기면, 여유 현금이 있는 투자자는 상황을 활용할 수 있다. 유동성 높은 투자에 자금을 비축하고 있으면, 현재 포트폴리오를 건드릴 필요가 없다.

유동성을 보존하는 주요 매개체는 금융기관에 개설된 화폐시장 예금계좌 또는 화폐시장 뮤추얼펀드이다. 저축기관의 화폐시장 계좌는 비교적 용이한 현금인출 서비스와 화폐시장 뮤추얼펀드에 필적하는 (약간 낮은) 수익을 제공한다. 금융기관 상품은 뮤추얼펀드나 주식중개기관의 상품에 대해 점점 더 경쟁력을 갖추어 가고 있다.

투자의 매도시점 선택

주식의 매도시점을 아는 것은 어느 주식을 살지 선택하는 것만큼 중요하다. 당신은 정기적으로 포트폴리오를 검토하고 매도 및 신규매수 가능성을 고려해야 한다. 여기에서는 매도 결정에 관련된 두 가지 문제를 논의하는데 세금부담 및 투자목표 달성이다.

세금 부담 세금은 거의 모든 재무적 결정에 영향을 준다. 모든 투자자는 어느 정도 기초적 사항을 이해할 수 있고 이해해야 한다. 자본손실의 처리 방법이 중요하다. 자본이득을 차감한 후 최대 $3,000의 손실은 특정 연도의 다른 소득에서 공제될 수 있다. 당신이 투자손실을 입은 포지션이 있고 이를 처분하겠다는 결정을 했다면, 그 손실이 적용될 수 있는 자본이득이 있는 때가 가장 좋은 시점선택이다. 당연하게, 행동을 취하기 전에 투자의 세금부담을 주의 깊게 고려해야 한다.

투자목표의 달성 모든 투자자는 투자를 가장 낮은 가격에 매수하고 최고 가격에 매도하려 한다. 보다 현실적인 수준에서, 투자가 더 이상 필요하지 않을 때 당신은 그것을 팔아야 한다. 특히 투자가 원하는 수준보다 더 위험해지거나 수익 목표를 달성했으면, 처분되어야 한다. 위에 언급된 세금부담이 적당한 매도 시점을 결정하는 데 도움을 준다. 그러나 세금은 매도결정의 가장 중요한 요소는 아니다. 위험과 수익의 양면적 개념이 주된 관심사이어야 한다.

정기적으로 투자의 수익성과와 상대적 위험을 살펴보는 시간을 가져야 한다. 더 이상 포트폴리오에 적합하지 않은 투자는 매도해야 하고, 더 적합한 투자는 매수해야 한다. 마지막으로, 작은 이익 때문에 너무 오래 보유하지 말아야 한다. 매우 빈번하게, 최고가격을 기다리며 보유하는 투자자들이 가격 폭락을 경험한다. 투자의 매도시점이 성숙되었으면, 팔고 이익을 확보하라. 그리고 적합한 자산에 재투자하여 훌륭한 성과를 이어가라.

개념리뷰

13.20 포뮬러 플랜이 증권거래의 타이밍에서 할 수 있는 역할을 설명하라. 이 플랜들의 기초 논리를 기술하라.

13.21 다음 플랜을 각각 간단히 기술하고 그들을 구별하라.
a. 비용평균화
b. 일정금액 플랜
c. 일정비율 플랜
d. 변동비율 플랜

13.22 왜 지정가 주문이 증권의 매매에 이용될 수 있는지 간단히 기술하라. 손실제한 주문은 어떻게 손실을 줄일 수 있는가? 이윤을 보호하려면?

13.23 왜 투자자는 저위험, 고수익 투자에 자금을 유지하고 싶어 하는지 2개의 이유를 제시하라

13.24 투자자가 투자의 매도 결정을 하기 전에 고려해야 할 2개 항목을 기술하라.

토론 문제

LG 1 Q13.1 당신의 개인적 특성을 수록하고, 이를 고려하여 투자목표를 기술하라. 이 목표들을 기초로 이용하여, 포트폴리오 목표와 정책을 개발하라. 당신이 설정한 목표를 달성하기 위한 포트폴리오를 만들려 한다고 가정하라. 이 포트폴리오는 당신의 돈을 보통주, 채권, 해외 증권, 그리고 단기증권의 자산집단들에 배분함으로써 만들어진다.

a. 당신의 기술된 포트폴리오 목표와 정책을 고려하여, 이 4개 집단에 대한 배분을 결정하고 정당화하라.

b. 각 자산집단을 위해 선택할 투자의 종류를 기술하라.

c. 문제 a에서 주어진 자산배분을 정한 후, 당신의 포트폴리오 목표를 훨씬 더 공격적인 태도로 변화시키는 많은 유산을 받았다고 가정하라. 당신이 선택할 자산배분의 변화를 기술하라.

d. 당신의 자산배분 체계를 개발할 때 고려할 다른 자산집단들을 기술하라.

LG 2 LG 3 Q13.2 주식이 주요 거래소에 상장되어 있고 활발하게 거래되는 지역(또는 인근)의 안정

적인 회사를 선택하라. 이전 6년의 매년 연말 종가와 이전 5년의 매년 배당액을 찾아라. 또한, 이전 6년의 매년 연말 다우존스 산업평균의 값을 수집하라.

a. 수식(13.1)을 사용하여, 이전 5년의 매년 주식의 세전 보유기간 수익률을 계산하라.

b. 이전 5년 동안 발생했던 국제적, 국가적, 그리고 지역적 경제 및 시장 변화를 연구하라.

c. 해당 5년 동안 매년 주식 수익률을 DJIA에 비교하라.

d. 문제 b에서 언급된 경제 및 시장 변화 그리고 문제 c에서 언급된 DJIA의 행태를 고려하여, 지난 5년의 주식 수익률을 논의하라. 이 요인들을 고려하면, 주식은 어떤 성과를 냈는가?

LG 2 LG 3 Q13.3 당신은 35%(연방 및 주 합계)의 일반세율 구간에 있고, 12개월 이상의 보유기간을 가진 배당과 자본이득은 15% 세율로 과세된다고 가정하라. 당신이 투자하고 싶은 주요 주식, 채권, 그리고 뮤추얼펀드를 선택하라. 투자자가 매년 연초에 매입하고 연말에 매도했다고 가정하고, 각각에 대해 지난 3년 동안의 매년 연간 배당 또는 지급이자 그리고 자본이득(또는 손실) 자료를 만들어라. 뮤추얼펀드의 경우, 지급된 분배금은 반드시 투자소득 분배금과 자본이득 분배금으로 구분하라.

a. 3개 투자상품 각각의 3년 동안의 매년 세전 및 세후 HPR을 계산하라.

b. 문제 a의 연간 HPR 값을 이용하여, 3년 동안 각 투자의 평균 세후 HPR을 계산하라.

c. 문제 b에서 계산된 각 투자의 평균수익률들을 비교하라. 각 투자의 평균수익률과 특성을 고려하여, 상대적 위험을 논의하라.

LG 2 LG 3 Q13.4 당신의 투자 포트폴리오에 포함될 6개의 활발하게 거래되는 주식을 선택하라. 이 포트폴리오는 3년 전 6개 주식 각각을 200주씩 매입함으로써 만들어졌다고 가정하라. 각 주식의 인수가격, 연간 지급 배당, 그리고 3년의 연말 가격을 계산하라. 3년 동안 매년 각 주식의 총비용, 주당 비용, 현재 주당 가격, 그리고 총 현재 가치를 기록하라.

a. 3년 동안 매년 포트폴리오에 투자된 금액을 계산하라.

b. 3년 동안 매년 포트폴리오의 연간 소득을 측정하라.

c. 3년 동안 매년 포트폴리오의 미실현 자본이득을 계산하라,

d. 문제 a, b, 그리고 c의 값을 이용하여, 3년 동안의 매년 포트폴리오의 HPR을 계산하라.

e. 문제 d의 답을 사용하여 3년 동안의 포트폴리오 평균 HPR을 계산하라. 당신의 답을 논의하라.

LG 4 Q13.5 5개의 활발하게 거래되는 주식을 찾고, 가장 최근 연도의 연초 및 연말 가격을 기록하라. 또한, 그 해의 각 주식의 지급 배당액과 각 주식의 연말 베타를 계산하라. 5개 주식이 한 해 동안 연초에 만들어진 균등금액(각 주식당 20%) 포트폴리오에 보유된다고 가정하라. 또한, 해당 연도의 무위험수익률 r_f와 시장수익률 r_m을 계산하라. 5개 주식의 포트폴리오의 표준편차는 14.25%, 시장 포트폴리오의 표준편차는 10.80%라고 가정하라.

a. 다음 공식을 사용하여 고려되는 연도의 포트폴리오 수익률 r_p를 계산하라.

$$\text{포트폴리오 수익률} = \left(\begin{matrix}\text{포트폴리오}\\\text{총금액 가운데}\\\text{자산 1에}\\\text{투자된 비중}\end{matrix} \times \begin{matrix}\text{자산}\\\text{1의}\\\text{수익률}\end{matrix}\right) + \left(\begin{matrix}\text{포트폴리오}\\\text{총금액 가운데}\\\text{자산 2에}\\\text{투자된 비중}\end{matrix} \times \begin{matrix}\text{자산}\\\text{2의}\\\text{수익률}\end{matrix}\right) + \cdots + \left(\begin{matrix}\text{포트폴리오}\\\text{총금액 가운데}\\\text{자산 } n\text{에}\\\text{투자된 비중}\end{matrix} \times \begin{matrix}\text{자산}\\ n\text{의}\\\text{수익률}\end{matrix}\right) = \sum_{j=1}^{n}\left(\begin{matrix}\text{포트폴리오}\\\text{총금액 가운데}\\\text{자산 } j\text{에}\\\text{투자된 비중}\end{matrix} \times \begin{matrix}\text{자산}\\ j\text{의}\\\text{수익률}\end{matrix}\right)$$

b. 포트폴리오 및 시장의 샤프 척도를 계산하라. 이 값들을 비교하고 논의하라. 이 척도에 기초하면, 포트폴리오의 성과는 열등 또는 우월한가? 설명하라.

c. 포트폴리오 및 시장의 트레이너 척도를 계산하라. 이 값들을 비교하고 논의하라. 이 척도에 기초하면, 포트폴리오의 성과는 열등 또는 우월한가? 설명하라.

d. 포트폴리오의 젠센 척도(젠센 알파)를 계산하라. 이 값을 논의하라. 이 척도에 기초하면, 포트폴리오의 성과는 열등 또는 우월한가? 설명하라.

e. 문제 b, c, 그리고 d의 답을 사용하여 당신의 분석을 비교하고 논의하라. 이 포트폴리오를 평가하라.

LG 5 Q13.6 고성장 뮤추얼펀드와 화폐시장 뮤추얼펀드를 선택하라. 직전 연도 동안 그들의 주별 종가에 기초한 순자산가치를 계산하고 기록하라. 당신이 $10,400를 투자하려 한다고 가정하라.

a. 당신은 고성장 및 화폐시장 뮤추얼펀드의 주식을 사기 위해, 매주 말에 각 주식을 $100($10,400(52주 × $200/주)의 총투자)만큼 매입함으로써, 비용평균화 접근법을 사용한다고 가정하라. 연말까지 각 펀드에서 몇 주를 사게 되겠는가? 각 펀드의 총 주식 수, 주당 평균비용, 그리고 연말 포트폴리오 가치는 무엇인가? 연말 펀드 가치를 합계하고, 첫 주말에 각 펀드에 $5,200씩 투자하는 경우 보유할 총액에 비교하라.

b. 당신이 고성장 펀드(투기적 부분)에 50% 그리고 화폐시장 뮤추얼펀드(보수적 부분)에 50%를 투자하는 일정금액 플랜을 사용한다고 가정하라. 만약 투기적 부분이 $5,200의 최초금액보다 $500 많거나 $500 적을 때마다 포트폴리오가 재조정되면, 연말에 총 포트폴리오 가치와 투기적 부분의 주식 수는 얼마인가?

c. 문제 b와 같이, 당신은 초기에 투기적 부분에 50% 그리고 보수적 부분에 50%를 투자한다고 가정하라. 그러나 이 경우 당신은 일정비율 플랜을 사용하며, 50:50 혼합에 대한 재조정은 투기적 부분의 보수적 부분에 대한 비율이 1.25 이상이거나 0.75 이하일 때마다 실행된다. 연말에 포트폴리오 총가치와 투기적 부분의 주식 수는 무엇이겠는가?

d. 문세 a, b, 그리고 c의 각 플랜 하에서, 전체 포트폴리오의 연말 가치를 비교하라. 이들을 고려하면, 어떤 플랜이 가장 우수하겠는가? 설명하라.

문제

LG 1 P13.1 아래 <표>를 참조하라.

	펀드 A	펀드 B
베타	1.8	1.1
투자자 A	20%	80%
투자자 B	80%	20%

투자자 A와 투자자 B 사이에서, 누가 은퇴한 부부일 것 같은가? 그 이유는?

LG 1 P13.2 포트폴리오 A와 포트폴리오 B는 지난해 동일한 보유기간 수익률을 보였다. 포트폴리오 A의 수익 대부분은 배당, 포트폴리오 B의 수익 대부분은 자본이득으로부터 비롯한다. 어느 포트폴리오가 높은 봉급을 받는 미혼 근로자의 것이고, 어느 것이 은퇴한 부부의 것으로 보이는가? 그 이유는?

LG 1 P13.3 John Reardon은 2013년 12월에 Tomco Corporation 100주를 총비용 $1,762에 매입했다. 그는 이 주식을 15개월 동안 보유한 후 매도했으며, 차익은 $2,500였다. 그가 주식을 보유한 기간 동안, 회사는 $200의 현금배당을 지급했다. 주식 매도 시 실현된 자본이득은 얼마인가? John의 세전 HPR을 계산하라.

LG 3 P13.4 Jeff Kruase는 1월 2일에 투기적 주식 100주를 주당 $2.00에 매입했다. 6개월이 지난 6월 1일, 그는 주당 $9.50에 주식을 매도했다. 그는 거래당 $10를 부과하는 온라인 중개회사를 이용했다. 이 투자에서 Jeff의 연율화된 HPR은 무엇인가?

LG 3 P13.5 Jill Clark는 Industrial Aromatics, Inc.의 채권에 $25,000를 투자했다. 그녀는 이 증권들을 13개월 동안 보유한 후, $26,746에 매도했다. 보유기간 동안, 그녀는 $2,000의 이자를 받았다. Jill의 투자의 세전 및 세후 HPR을 계산하라. 그녀는 31%(연방 및 주 합계)의 일반세율 구간에 있고, 12개월 이상 보유 증권의 배당 및 자본이득에 대해 15%의 자본이득세율로 납세한다고 가정하라.

LG 3 P13.6 Charlotte Smidt는 정확히 1년 2일 전에, 잘 분산된 무 수수료 LaJolla Fund 2,000주를 주당 $8.60의 NAV에 매입했다. 그 해에, 이 펀드는 주당 $0.32의 투자소득 분배금과 주당 $0.38의 자본이득 분배금을 분배했다. 그 해 말, 35%(연방 및 주 합계)의 일반세율 구간에 있고, 12개월 이상 보유 증권의 배당 및 자본이득에 대해 15%의 자본이득세율을 납부하는 Charlotte는 2,000주를 매도하여 주당 $8.75의 자본이득을 실현했다. 이 거래에서, Charlotte의 세전 및 세후 HPR을 계산하라.

LG 3 P13.7 33%(연방 및 주 합계)의 일반세율 구간에 있고 12개월 이상 보유 증권의 배당 및 자본이득에 대해 15%의 자본이득세율을 납부하는 Linda Babeu는 정확히 1년 전에 $4,000의 총비용으로 10개의 옵션계약을 매수했다. Linda는 오늘 10계약을 매도하여 $4,700의 순이득을 실현했다. 이 거래에서, Linda의 세전 및 세후 HPR을 계산하라.

LG 3 P13.8 부모님은 여러 해 전에 매입한 장기채권의 포트폴리오를 갖고 있다. 이 채권은 연간 12%의 이자를 지급하고, 액면가는 $100,000이다. 만약 부모님이 25% 세율 구간에 있으면, 그들의 이 투자에서의 연간 세후 HPR은 무엇인가? (이 채권은 기준가에서 거래된다고 가정하라.)

LG 3 P13.9 2014년 1월 1일, Simon Love의 15개 보통주로 이루어지고 완전히 자기자본으로 조달된 포트폴리오는 $264,000의 시장가치를 갖고 있다. 2014년 5월 말, Simon은 연초에 $26,300의 가치를 가졌던 한 주식을 $31,500에 매도했다. 그 해에, 그는 포트폴리오의 어떤 펀드에도 재투자하지 않았다. 2014년 12월 31일, Simon의 포트폴리오는 $250,000의 시장가치를 갖고 있었다. 2014년 12월 31일에 종료한 연도 동안, Simon의 포트폴리오의 HPR을 계산하라. (연초 가치 기준으로, 인출된 펀드 금액을 측정하라.)

LG 3 P13.10 축하합니다! 당신의 포트폴리오는 지난해에 9%의 시장수익률보다 2%만큼 높은 11%의 수익을 올렸다. 당신의 포트폴리오는 18%의 수익률 표준편차를 갖고 있고, 무위험수익률은 6%이다. 당신 포트폴리오의 샤프 척도를 계산하라. 만약 시장의 샤프 척도가 .3이면, 위험/수익의 관점에서 당신의 성과는 시장보다 양호 또는 열등한가?

LG 4 P13.11 Niki Malone의 포트폴리오는 지난해 11.8%의 수익률을 올렸다. 이 포트폴리오의 수익률 표준편차는 14.1%였다. 무위험수익률은 현재 6.2%이다. 그 해에 시장 포트폴리오의 수익률은 9.0%, 그리고 표준편차는 9.4%였다.

a. Niki Malone의 포트폴리오의 직전 연도 샤프 척도를 계산하라.

b. 문제 a에서 계산된 Niki의 포트폴리오의 성과를 0.43의 샤프 척도를 가진 Hector Smith의 포트폴리오에 비교하라. 어느 포트폴리오가 더 좋은 성과를 냈는가? 그 이유는?

c. 시장 포트폴리오의 직전 연도 샤프 척도를 계산하라.

d. 문제 a와 c의 당신의 답을 사용하여, Niki의 포트폴리오의 직전 연도 성과를 시장 포트폴리오에 비교하라.

LG 4 P13.12 당신의 포트폴리오는 1.3의 베타를 갖고 있으며, 지난해 12%의 수익률을 올렸다. 시장 수익률은 10%이고, 무위험수익률은 6%이다. 당신 포트폴리오와 시장의 트레이너 척도를 각각 계산하라. 당신은 부담한 리스크에 비해 높은 성과를 올렸는가?

LG 4 P13.13 직전 연도 동안, Anna Schltz의 0.90의 베타를 가진 포트폴리오는 8.6%의 수익률을 올렸다. 무위험수익률은 현재 7.3%이고, 직전 연도의 시장 포트폴리오의 수익률은 9.2%였다.

a. Anna의 포트폴리오의 직전 연도 트레이너 척도를 계산하라.

b. 문제 a에서 계산된 Anna의 포트폴리오의 성과를 Stacey Quant의 1.25%의 트레이너 척도를 가진 포트폴리오에 비교하라. 어느 포트폴리오가 더 좋은 성과를 냈는가? 그 이유는?

c. 시장 포트폴리오의 직전 연도 트레이너 척도를 계산하라.

d. 문제 a와 c의 당신의 답을 사용하여, Anna의 포트폴리오의 직전 연도 성과를 시장 포트폴리오와 비교하라.

LG 4 P13.14 당신의 포트폴리오는 작년에 1.5의 베타를 유지하며 13%의 수익률을 올렸다. 시장수익률은 10%, 무위험수익률은 6%였다. 당신은 포트폴리오에서 요구수익률보다 높거나 낮은 수익률을 얻었는가? (젠센 척도를 이용하라.)

LG 4 P13.15 Chee Chew의 포트폴리오는 직전 연도에 1.3의 베타를 유지했고, 12.9%의 수익률을 올렸다. 무위험수익률은 현재 7.8%이다. 직전 연도의 시장 포트폴리오의 수익률은 11.0%였다.

a. Chee의 포트폴리오의 직전 연도 젠센 척도(젠센 알파)를 계산하라.

b. 문제 a에서 계산된 Chee의 포트폴리오의 성과를 Carri Uhl의 -0.24의 젠센 척도를 가진 포트폴리오에 비교하라. 어느 포트폴리오가 더 좋은 성과를 냈는가? 그 이유는?

c. 문제 a의 당신의 답을 사용하여, Chee의 포트폴리오의 직전 연도 성과를 논의하라.

LG 4 P13.16 무위험수익률은 현재 8.1%이다. 아래 <표>의 Fio 가족 포트폴리오와 시장 포트폴리오의 직전 연도 자료를 사용하여, 다음 문제들에 답하라.

자료 항목	Fio의 포트폴리오	시장 포트폴리오
수익률	12.8%	11.2%
수익률 표준편차	13.5%	9.6%
베타	1.10	1.0

a. 포트폴리오와 시장의 샤프 척도를 계산하라. 이 2개 척도를 비교하고, Fio 포트폴리오의 직전 연도 성과를 평가하라.

b. 포트폴리오와 시장의 트레이너 척도를 계산하라. 이 2개 척도를 비교하고, Fio 포트폴리오의 직전 연도 성과를 평가하라.

c. 젠센 척도(젠센 알파)를 계산하라. 이 척도를 사용하여, Fio 포트폴리오의 직전 연도 성과를 평가하라.

d. 문제 a, b, 그리고 c의 당신의 답에 기초하여, Fio 포트폴리오의 직전 연도 성과를 평가하라.

LG 5 P13.17 지난 2년 동안, Jonas Cone은 비용평균화 공식을 사용하여 매월 $300 상당의 FCI 보통주를 매입했다. 2년 동안 매월 지불된 주당 가격은 다음 <표>에 주어져 있다. Jonas는 이 거래에서 중개수수료를 지불하지 않았다고 가정하라.

FCI 주당 가격($)		
월	연도 1	연도 2
1월	11.63	11.38
2월	11.50	11.75
3월	11.50	12.00
4월	11.00	12.00
5월	11.75	12.13
6월	12.00	12.50
7월	12.38	12.75
8월	12.50	13.00
9월	12.25	13.25
10월	12.50	13.00
11월	11.85	13.38
12월	11.50	13.50

a. 2년의 기간 동안 Jonas의 총 투자는 얼마인가?

b. 2년의 기간 동안 Jonas는 총 몇 주를 매입했는가?

c. 문제 a와 b의 당신의 답을 사용하여, Jonas의 FCI 주당 평균비용을 계산하라.

d. 제2연도 말에 Jonas가 보유한 FCI 주식의 가치는 얼마인가?

LG 5 P13.18 다음 <표>의 자료를 사용하고, 당신은 $1,500의 재조정 개시금액을 가진 일정금액 플랜을 사용하고 있다고 가정하라. 주식 가격은 당신의 투기적 부분을 나타내고, MM 뮤추얼펀드는 당신의 보수적 부분을 나타낸다. 제2기에 당신은 어떤 행위를 취해야 하겠는가? 구체적으로 기술하라.

기간	MM 뮤추얼펀드			
	주가($)	주식	펀드 NAV($)	주식
1	20.00	1,000	20.00	1,000
2	25.00		21.0	

LG 5 P13.19 문제 13.18을 참조하고, 당신은 재조정 개시비율을 투기 대 보수 1.25로 설정한 일정비율 플랜을 사용하고 있다고 가정하라. 제2기에 당신은 어떤 행위를 취해야 하겠는가? 구체적으로 기술하라.

LG 5 P13.20 다음 <표>의 자료를 사용하고, 당신은 변동비율 플랜을 사용하고 있다고 가정하라. 당신은 투기적 포트폴리오가 총액의 60%에 도달하면, 이 비율을 45%로 낮추기로 결정했다. 제2기에 당신은 어떤 행위를 취해야 하겠는가? 구체적으로 기술하라.

기간	MM 뮤추얼펀드			
	주가($)	주식	펀드 NAV($)	주식
1	20.00	1,000	20.00	1,000
2	30.00	1,000	19.0	1,000

사례 문제 13.1: Stalchecks의 포트폴리오 성과 평가

LG 3 LG 4 Mary와 Nick Stalcheck는 4개의 투자자산을 포함한 투자 포트폴리오를 갖고 있다. 이는 경상소득과 가격상승의 균형을 제공하기 위해 개발되었다. 뮤추얼펀드 주식을 매입하거나 주어진 투자집단 안에서 분산투자하는 대신, 그들은 다양한 자산집단들에 걸쳐 분산투자하는 아이디어를 갖고 그들의 포트폴리오를 개발했다. 이 포트폴리오는 현재 보통주, 산업체 채권, 뮤추얼펀드 주식, 그리고 옵션을 포함한다. 그들은 지난 3년 동안 이 투자자산 각각을 매입했고, 앞으로 다른 투자자산들을 매입할 계획이다.

현재 Stalcheck 부부는 그들 투자의 수익률을 측정하고, 시장에 비해 얼마나 높은 성과를 냈는지 평가하는 데 관심을 갖고 있다. 그들은 지난 연도에 얻은 수익률이, S&P 종합주가지수로 구성된 포트폴리오에 투자했으면 얻었을 수익률보다 높기를 희망한다. 그들의 연구는 지난 해의 무위험수익률은 7.2%이었고, S&P 500 포트폴리오의 (세전) 수익률은 10.1%이었음을 보여주었다. 친구의 도움으로 그들은 포트폴리오의 베타를 추정할 수 있었으며, 이는 1.20이었다. 그들은 수익에 대한 절세방법이 적절하다고 느꼈기 때문에, 분석에서 세금을 무시하기로 했다. 그들은 지난해 포트폴리오 거래를 전혀 안 했기 때문에, 단지 미실현 자본이득만 고려하면 된다. 필요한 계산을 위해, 그들은 포트폴리오의 각 자산에 관해 다음 정보를 수집했다.

보통주 그들은 KJ Enterprises의 보통주 400주를 소유한다. KJ는 다양한 금속 파이프에 다각화된 제조업체이고, 지속적인 배당 흐름으로 유명하다. 지난 몇 년 동안 이 회사는 새로운 시장에 진입하였고, 따라서 적당한 자본이득의 잠재성을 제공하고 있다. 주가는 작년 초의 $17.25로부터 연말에 $18.75로 상승했다. 이 해에 $0.20, $0.20, $0.25, 그리고 $0.25의 분기별 현금배당이 지급되었다.

산업체 채권 Stalcheck 부부는 8개의 Cal Industries 채권을 보유한다. 이 채권들은 $1,000의 기준가와 9.250%의 이표율을 갖고 있고, 2024년에 만기도래한다. 이들은 Moody's에 의해 A등급으로 평가된다. 이 채권들은 연초에 97.000에 호가되었고, 그 해를 96.375%에서 마쳤다.

뮤추얼펀드 Stalcheck 부부는, 균형잡힌 무수수료 뮤추얼펀드인 Holt Fund 500주를 보유한다. 이 펀드의 그 해의 배당 분배는 $0.60의 투자소득과 $0.50의 자본이득으로 구성되었다. 이 펀드의 연초 NAV는 $19.45, 그리고 그 해를 $20.02에서 종료했다.

옵션 Stalcheck 부부는 그들이 관심을 두고 있는 회사 주식의 옵션 100계약을 보유한다. 이 계약들의 총 가치는 연초에 $26,000였다. 연말에 옵션계약의 총 가치는 $29,000였다.

문제

a. 4개 투자 각각의 세전 기준 보유기간 수익률을 계산하라.

b. Stalcheck 부부의 경상소득은 현재 결합(연방 및 주) 기준 38%의 세율로 과세되며, 12개월 이상 보유 자산의 배당과 자본이득에 대해 15%의 자본이득세를 낼 것이라고 가정하고, 4개 투자 각각의 세후 HPR을 계산하라.

c. Stalcheck 부부 투자의 모든 자본이득은 미실현되었음을 인식하고, 4개 자산 포트폴리오의 지난해 세전 포트폴리오 HPR을 계산하라. 이 수익률을 경상소득과 자본이득 요소에 대해 평가하라.

d. 문제 c에서 계산된 HPR을 사용하여, 젠센 척도(젠센 알파)를 계산하라. 이 척도를 이용하여, Stalcheck 부부의 포트폴리오 성과를 위험조정, 시장조정 기준으로 분석하라. 당신의 답을 논평하라. 4개 자산 포트폴리오를 평가하기 위해, 젠센 척도를 사용하는 것이 합리적인가? 왜 그런가 또는 왜 아닌가?

d. 문제 a, c, 그리고 d의 당신의 분석에 기초하여, 당신은 Stalcheck 부부에게 포트폴리오 수정에 관해 어떤 조언을 할 수 있겠는가? 당신의 조언을 설명하라.

사례 문제 13.2: 포뮬러 플랜의 평가: Charles Spurge의 접근법

LG 5 Ansco Petroleum Company의 수학자인 Charles Spurge는 포트폴리오 거래의 시점선택을 위한 합리적 기초를 개발하려 한다. 그는 현재 매우 보수적인 저베타 보통주인 ConCam United와 매우 투기적인 고베타 주식인 Fleck Enterprises에 균등하게 배분된, 약 $100,000의 시장가치를 가진 증권 포트폴리오를 보유하고 있다. Charles는 투자 문헌에서 읽은 바에 기초하여 포트폴리오를 8 내지 15개의 증권에 분산투자해야 한다고는 믿지 않는다. 그의 개인적인 수학적 분석에 기초한 생각은, 한 증권은 매우 보수적이고 다른 것은 매우 투기적인 2 증권 포트폴리오를 보유함으로써 동일한 결과를 달성할 수 있다는 것이다. 그의 이런 느낌은 바뀌지 않을 것이다. 그는 자신의 이론이 맞지 않음을 알게 될 때까지, 계속 2 증권 포트폴리오를 보유할 계획이다. 지난 몇 년 동안, 그는 이런 포트폴리오에서 기대되는 위험조정, 시장조정 수익률을 초과하는 수익률을 얻었다.

Charles의 현재 관심은 포트폴리오의 거래 시점선택을 위한 자신의 포뮬러 플랜을 개발하는 데 집중하고 있다. 그의 분석의 현재 단계는 4개의 일반적 포뮬러 플랜 각각의 바람직한 특성을 추출하기 위한 평가에 집중한다. 그가 고려하는 플랜은 (1) 비용평균화, (2) 일정금액 플랜, (3) 일정비율 플랜, 그리고 (4) 변동비율 플랜이다. Charles의 플랜 분석은 2종류의 자료를 포함할 것이다. 비용평균화는 정기적 투자를 동일하게 유지하는 소극적인 매입-보유 전략이다. 다른 플랜들은 포트폴리오 안에서 주기적 매입과 매도를 수반한다는 점에서 더 적극적이다. 따라서 플랜의 평가를 위해 상이한 자료들이 필요하다.

비용평균화 플랜을 평가하기 위해, Charles는 매 45일 기간의 말에 $500를 투자하는 것으로 가정하기로 결정했다. 대규모 거래를 통해 가능한 어느 정도의 수수료 절감을 위해, 그는 45일 기간을 선택했다. 45일당 $500의 연간 합계는 $4,000이며, 이는 Charles가 지난해 투자한 금액과 같다(주: 계산의 편리성을 위해, 그 해 동안 미투자된 $4,000 부분의 수익은 무시된다). 이 플랜을 평가하면서, 그는 절반($250)은 보수적 주식(ConCam United) 그리고 다른 절반은 주식(Fleck Enterprises)에 투자되는 것으로 가정할 것이다. 8회의 45일 기간 말에 매입될 때 각 주식의 가격은 다음 <표>에 주어져 있다.

기간	주가	
	ConCam($)	Fleck($)
1	22.13	22.13
2	21.88	24.50
3	21.88	25.38
4	22.00	28.50
5	22.25	21.88
6	22.13	19.25
7	22.00	21.50
8	22.25	23.6

다른 세 플랜들을 평가하기 위해, Charles는 두 주식에 균등하게 나누어진 $4,000의 포트폴리오에서 시작하기로 결정했다. 그는 1년 동안 비용평균화에 의해 2 주식에 투자된 금액 합계에 해당하는 $4,000를 이용하기로 선택했다. 그는 포트폴리오를 평가하고 필요시 포트폴리오 안에서 자금을 이전하기 위해, 앞에서 주어진 8개 시점을 이용하기로 계획했다. 이 자료들에 의해 평가되는 각 플랜에 관해, 그는 다음의 포트폴리오 재조정 개시조건을 정했다.

일정금액 플랜. 포트폴리오의 투기적 부분이 $2,000의 초기 가치보다 13%만큼 크거나 작을 때마다, 투기적 부분을 초기의 $2,000 가치로 되돌리기 위해 포트폴리오는 재조정된다.

일정비율 플랜. 포트폴리오의 투기적 부분의 가치의 보수적 부분의 가치에 대한 비율이 (1) 1.15 이상이거나 또는 (2) 0.84 이하일 때마다, 이 비율을 1.0의 초기 값으로 되돌리기 위해, 포트폴리오는 각각 매도 또는 매입을 통해 재조정된다.

변동비율 플랜. 포트폴리오의 투기적 부분의 가치가 포트폴리오 전체 가치의 54% 이상으로 상승할 때마다 이 비중은 46%로 낮춰진다. 포트폴리오의 투기적 부분의 가치가 포트폴리오 전체 가치의 38% 이하로 하락할 때마다, 이 비중은 50%로 높여진다.

문제

a. 비용평균화 플랜 하에서 (1) 보수적 주식, (2) 투기적 주식, 그리고 (3) 전체 포트폴리오에 투자된 금액 및 투자액의 백분율로서 매입 주식의 총 수, 주당 평균비용, 그리고 연말 포트폴리오 가치를 계산하라.

b. 일정금액 플랜을 사용하여 (1) 보수적 부분, (2) 투기적 부분, 그리고 (3) 전체 포트폴리오에 초기에 투자된 금액 및 투자액의 백분율로서 연말 포트폴리오 가치를 표시하라.

c. 일정비율 플랜에 대해 문제 b를 반복하라. 반드시 모든 문항에 답하라.

d. 변동비율 플랜에 대해 문제 b를 반복하라. 반드시 모든 문항에 답하라.

e. 문제 a부터 d까지 당신의 결과를 비교하라. <표> 형식으로 요약해도 좋다. 어느 플랜이 지난해 Charles의 포트폴리오 활동의 시점선택에서 가장 유리한 것으로 나타나는가? 설명하라.

엑셀 스프레드시트

대다수 사람들은 시장을 지속적으로 예측하는 것은 불가능하다고 믿고 있으나, 투자자로 하여금 증권의 매입과 매도 시점을 선택하도록 만드는 몇 개의 플랜이 존재한다. 이들은 포뮬러 플랜(주기적 가격 변동을 이용하려는 포트폴리오 관리를 위한 기계적 방법)으로 불린다. 목표는 투자자가 당면하는 리스크 수준을 완화하는 것이다. 이런 플랜의 하나는 비용평균화이다. 여기에서, 일정한 시차를 두고 한 증권에 고정된 금액이 투자된다. 하나의 목표는 시간경과와 함께 증권의 가치를 높이는 것이다. 만약 가격이 하락하면, 더 많은 주식이 매입된다; 시장가격이 상승할 때, 기간당 더 적은 주식이 매입된다. 핵심은 투자자가 과대평가된 증권을 사지 않을 가능성을 높이는 것이다. 2014년 3월부터 2015년 2월까지 12개월 동안, 매월 $1,000 상당의 Neo 보통주를 매입하기 위해, Paddock 여사는 비용평균화 포뮬러를 이용했다. 12개월 동안 지불된 월별 주당 가격은 다음 <표>에 주어져 있다. Paddock 여사는 이 거래들에서 중개수수료를 내지 않았다고 가정하라.

다음의 비용평균화를 통한 Neo 보통주의 투자상황을 분석하기 위해, <표 13.9>의 스프레드시트와 비슷한 스프레드시트 모형을 만들어라.

연도	월	주당 지불 가격($)
2014	3월	14.30
	4월	16.18
	5월	18.37
	6월	16.25
	7월	14.33
	8월	15.14
	9월	15.93
	10월	19.36
	11월	23.25
	12월	18.86
2015	1월	22.08

문제

a. 2014년 3월부터 2015년 2월까지 기간 동안, 투자 총액은 얼마인가?

b. 12개월 동안 매입된 Neo 주식의 총 숫자는 무엇인가?

c. 평균 주당 비용은 무엇인가?

d. 연말(2015년 2월)의 포트폴리오 가치는 무엇인가?

e. 2015년 2월말의 이익 또는 손실은 얼마인가?

f. 12개월 기간 이후 포트폴리오 수익률은 무엇인가?

CFA 시험 문제

포트폴리오 관리

다음은 이 교재의 제12 및 제13장에서 다루어진 뮤추얼펀드의 구조, 포트폴리오 분산투자, 포트폴리오 수익률, 그리고 개인 포트폴리오 관리를 포함한 많은 주제들을 다루는 CFA Level-1 시험문제 9개의 표본이다. (주: 아래 문제들에 답할 때, 변동계수=σ/u; 그리고, 정규분포에서 안전-제일 비율은 기본적으로 샤프 비율과 같다.) (문제에 답할 때, 문제당 1.5분을 사용하라. 목표는 14분 동안 9문제 가운데 6문제에 바르게 답하는 것이다.)

1. 어떤 분석가는 지난 8년 동안 헤지펀드의 성과를 주요 주가지수에 대해 비교한다. 그녀는 (자료로부터 만들어진) 헤지펀드 지수는 주가지수보다 더 높은 평균수익률, 더 낮은 표준편차, 그리고 더 높은 샤프 비율을 갖고 있다고 언급했다. 헤지펀드 자료에 속한 모든 성공적인 펀드는 8년 동안 신규자금을 계속 받아들였다. 헤지펀드 지수의 평균수익률과 샤프 비율은 각각 과대평가 또는 과소평가될 가능성이 있는가?

	헤지펀드 지수의 평균수익률	헤지펀드 지수의 샤프 비율
a.	과대평가	과대평가
b.	과대평가	과소평가
c.	과소평가	과대평가

2. 동일 종류 환매는 다음 어떤 펀드의 투자자에게 이용가능한 과정인가?

a. 전통적 뮤추얼펀드, 그러나 상장지수펀드 제외

b. 상장지수펀드, 그러나 전통적 뮤추얼펀드 제외

c. 전통적 뮤추얼펀드와 상장지수펀드

3. 어떤 펀드에서 하루에 단 한 번 종가에 의해 거래가 이루어지는가?

	상장지수펀드	전통적 뮤추얼펀드
a.	해당 없음	해당 없음
b.	해당 없음	해당
c.	해당	해당 없음

4. 어떤 펀드가 순자산가치로부터 현저히 할인되어 거래될 가능성이 있는가?

	상장지수펀드	폐쇄형 펀드
a.	해당 없음	해당 없음
b.	해당 없음	해당
c.	해당	해당 없음

5. 어떤 종류의 부동산 투자가 일반적으로 주식시장에서 거래되는 주식 발행을 수반하는가?

a. 부동산 투자신탁, 그러나 혼합 펀드 제외

b. 혼합 펀드, 그러나 부동산 투자신탁 제외

c. 부동산 투자신탁과 혼합 펀드

6. 어떤 분석가는 다음 정보를 수집했다.

포트폴리오	평균수익률(%)	수익률 표준편차(%)
1	9.8	19.9
2	10.5	20.3
3	13.3	33.9

만약 무위험수익률이 3.0%이면, 샤프 비율에 기초하여 최선의 위험조정 성과를 가진 포트폴리오는 무엇

인가?

a. 포트폴리오 1 b. 포트폴리오 2 c. 포트폴리오 3

7. 어떤 분석가는 지난 10년의 포트폴리오 성과에 관한 다음 정보를 수집했다:

평균 연 수익률	11.8%
연 수익률의 표준편차	15.7%
포트폴리오 베타	1.2

만약 같은 기간의 평균 무위험수익률이 5.0%이면, 포트폴리오의 변동계수와 샤프 비율 각각에 가장 가까운 값은 무엇인가?

	변동계수	샤프 비율
a.	0.75	0.43
b.	1.33	0.36
c.	1.33	0.43

8. Western Investments는 4 채권으로 구성된 고정소득 포트폴리오를 보유하며, 이 시장가치와 듀레이션은 다음 <표>에 주어져 있다.

	채권 A	채권 B	채권 C	채권 D
시장가치	$200,000	$300,000	$250,000	$550,000
듀레이션	4	6	7	8

포트폴리오의 듀레이션에 가장 가까운 값은?

a. 6.06 b. 6.25 c. 6.73

9. 어떤 투자자는 올해 말에 $20,000를 자선 기부하려 하나, 그녀의 포트폴리오의 연말 시장가치가 $600,000 미만으로 하락하는 것을 원하지 않는다. 만약 최소 수준이 무위험수익률과 같고 모든 포트폴리오의 수익률이 정규분포하면, 투자자 목표를 달성하지 못할 확률을 최소화하는 포트폴리오가 가질 수 있는 특성은 무엇인가?

	최고의 안전-제일 비율	최고의 샤프 비율
a.	해당 없음	해당
b.	해당	해당 없음
c.	해당	해당

해답: 1. a; 2. b; 3. b; 4. b; 5. a; 6. b; 7. c; 8. c; 9. c.

Part 6 파생증권

Chapter 14

옵션: 풋옵션과 콜옵션

학습목표 (Learning Goals)

이 장을 학습한 후, 아래와 같은 과제를 수행할 수 있어야 한다.

LG 1 일반적인 옵션 특히 풋옵션과 콜옵션의 기본적인 특성을 토의하고 이러한 투자상품이 어떻게 운영되는지 이해한다.

LG 2 옵션시장을 설명하고 행사가격과 만기일을 포함한 옵션의 핵심적인 조항을 이해한다.

LG 3 풋옵션과 콜옵션의 가치가 어떻게 평가되는지 그리고 시장에서 옵션가격에 영향을 주는 요인이 무엇인지 설명한다.

LG 4 풋옵션과 콜옵션의 잠재적인 이익을 설명하고 이미 널리 알려진 투자전략들을 이해한다.

LG 5 Covered call의 발행과 관련된 잠재적 이익과 노출된 손실을 설명하고 옵션 발행이 어떻게 투자 수익률을 향상시키는 전략으로 사용될 수 있는지 토론한다.

LG 6 시장지수 옵션, 외환 풋옵션과 콜옵션, LEAPS에 대해 설명하고 이러한 증권이 어떻게 투자자에게 유용하게 활용될 수 있는지 토론한다.

페이스북이 2012년에 기업공개(IPO)를 하였을 때 회사의 경영진만이 부자가 된 것은 아니다. 기업공개 몇 년 전인 2005년에 그라피티(거리벽화) 예술가인 David Choe는 신생 소셜 네트워크 회사인 페이스북 본사 건물에 벽화를 그려달라는 주문을 받았다. 페이스북 사장인 Sean Parker는 작품에 대한 대가로 $60,000의 현금 혹은 페이스북 스톡옵션 중에서 선택할 것을 제안했다. 초기 소셜 네트워크 사이트를 "황당하고 의미없다"고 혹평했던 Choe는 페이스북 스톡옵션을 선택했다.

Choe는 노련한 투자자가 아니었으며, 단지 자신의 감각적이고 복잡해 보이는 작품으로 인해 유명했다. 파커는 Choe의 작품에 대해 잘 알고 있었고, 페이스북의 첫 번째 실리콘밸리 건물에 섹시한 벽화를 그려달라고 주문했다. 페이스북의 첫 번째 벽화에 대해 파커는 "정신분열적으로 정신을 산만하게 하는 작품"이라며 초기에 만족하지 않았지만, 2007년에 CEO인 Mark Zuckerberg는 Choe로 하여금 다음 번 건물에는 튀지 않는 벽화를 그려달라고 주문을 했다.

이로 인해 Choe는 그라피티 예술가에서 주류예술의 벽화가로 변신하였다. 그러나 그는 본인이 스스로 주장하듯이 위험 추구형 도박사였다. 비록 스스로를 노숙자로 여기면서 카지노에서 떠돌이로 숙식을 하던 Choe는 현금이 필요했지만, 그는 페이스북 주식에 도박을 걸었다. 7년 뒤, Choe가 선택한 옵션은 약 200백만 달러의 가치를 가진 것으로 추정되었다.

(출처: "6 Things We Can Learn from The Facebook Graffiti Artist," ,2012.2.3.;" FacebookIPOTurnsGraffitiMuralintoa$200MillionPayday,",2012.2.3.;"Facebook'sGraffitiArtistDavidChoeSaysLifeUnchangedby$200Million,",2012.2.9.)

풋옵션과 콜옵션

LG 1 LG 2 투자자가 주식(보통주 혹은 우선주)을 매입하면, 그들은 배당금을 받거나 혹은 보통주라면 주주총회에서 투표권을 행사하는 것처럼 소유권에 따르는 모든 권리와 특권을 보유하게 된다. 채권이나 전환사채를 매입하는 투자자는 또한 일정한 이자지급액을 받는 것처럼 소유권에 따르는 특정한 혜택을 가지게 된다. 주식, 채권, 전환사채는 모두 금융자산(financial assets)의 예가 된다. 투자자는 이러한 자산의 발행기관에게 모두 금전적 청구를 할 수 있다. 반면에, 옵션을 매입한 투자자는 추후에 별개의 관련된 증권을 사거나 팔 수 있는 권리만을 보유한다. 옵션(option)은 보유자에게 정해진 기간 동안에 걸쳐 정해진 가격에 기초자산(예를 들어 보통주)의 특정한 양을 사거나 팔 수 있는 권리를 준다.

옵션은 계약 상품이라서 거래 양방이 서로에게 가치가 있는 무엇인가를 주는 계약을 체결하게 된다. 옵션의 구매자는 계약 시점에 정해진 가격에 주어진 기간 이내에 기초자산을 사거나 팔 수 있는 권리를 가진다. 옵션의 매도자는 옵션 구매자가 매도자에게 일정한 금액을 지불하게 되면 그 대가로 계약 조건에 따라 기초자산을 사거나 팔 준비를 해야만 한다. 이번 장에서 우리는 투자론에서 너무나도 큰 유명세를 가지고 있는 풋옵션(puts)과 콜옵션(calls)이라는 2가지 기본적인 유형의 옵션을 살펴볼 것이다.

추가적으로, 신주인수권(rights)과 워런트(warrants)라는 2가지의 다른 형태 옵션이 있다. 신주인수권은 기업이 보통주 유상증자를 통해 자금을 조달할 때 발생한다(제6장의 신주인수권을 통한 자금조달 부분을 확인할 것). 신주인수권을 통해 주주는 비교적 짧은 기간 동안 정해진 가격에 신주를 매수할 수 있다. 만기가 기껏 몇 주에 불과하게 짧기 때문에 신주인수권은 일반적인 개인투자자에게 큰 매력은 없다. 반면에, 워런트는 비교적 장기간(때로는 5~10년 이상의 장기) 동안에 특정 기업의 주식을 살 수 있는 권리를 부여하는 장기 옵션이다. 일반적으로 워런트는 채권과 함께 발행되면서 채권을 좀더 매력적으로 만들어주기 때문에 채무자인 발행자에게 "감미료(sweetener)"가 된다. 즉, 채권의 구매자는 하나 이상의 워런트를 "주식 첨가제(equity kicker)"로 동시에 받게 된다.

풋옵션과 콜옵션의 기본 특성

주식 옵션은 시카고옵션거래소(CBOE, Chicago Board Options Exchange)에서 1970년대

초반에 처음으로 거래되기 시작했다. 옵션에 대한 관심은 곧 다른 금융자산으로 파급되었다. 오늘날의 투자자는 보통주, 주가지수, 상장지수펀드(ETF), 통화상품, 채권상품, 원자재 상품, 금융선물에 대한 풋옵션과 콜옵션을 거래할 수 있다.

앞으로 살펴보겠지만 기초 금융자산이 다르더라도 모든 옵션의 기본 특성은 거의 유사하다. 아마도 기억해야 할 가장 중요한 특징은 옵션은 큰 자본투자 없이도 투자자에게 기초자산의 가격변동으로부터 이익을 얻을 수 있도록 한다는 점일 것이다.

협상가능한 계약 풋옵션과 콜옵션은 보유자에게 특정가격에 특정증권의 정해진 양을 사거나 팔 수 있도록 허락하는 형태로 발행되는 협상가능한 상품이다. 예를 들어, 보통주에 대한 풋옵션이나 콜옵션은 어느 특정기업의 100주 주식을 대상으로 할 수 있다. 풋옵션(put)은 보유자에게 정해진 기간 동안에 정해진 가격(행사가격, exercise or strike price)에 기초증권을 팔 수 있도록 한다. 반면에, 콜옵션(call)은 보유자에게 정해진 기간 동안에 표명된(행사) 가격에 증권을 살 수 있는 권리를 준다. 어느 옵션에도 투표권, 소유권, 이자수입, 배당수입은 없다. 대신에 풋옵션과 콜옵션은 기초자산의 가격 움직임으로부터 옵션 보유자가 이익을 얻을 수 있는 정도까지 가치를 가진다.

풋옵션과 콜옵션은 다른 실물자산이나 다른 금융자산의 가격 움직임에서 가치가 파생되기 때문에 파생증권(derivative securities)이라고 알려져 있다. 신주인수권, 워런트, 선물계약(제15장에서 다룸) 역시 파생증권이다. 이러한 파생시장의 일부 영역은 대형 기관투자자만을 위한 것이지만, 개인투자자에게도 기회는 열려 있다. 이러한 파생증권의 대부분은 기관투자자뿐만 아니라 개인투자자도 접근이 가능하고 특히 거래소에 상장된 상품은 매우 활발하게 거래되고 있다.

투자자가 옵션을 사기 위해 지불하는 가격을 옵션프리미엄(option premium)이라고 한다. 옵션의 프리미엄은 행사가격, 만기일과 같은 옵션의 특성과 기초자산의 가격에 따라 결정된다. 그러나 프리미엄(premium)이라는 용어 때문에 혼동하지 말아야 한다. 이것은 옵션의 시장 가격에 불과하다.

풋옵션과 콜옵션의 핵심이 되는 특징은 옵션이 제공하는 매력적인 지렛대(leverage) 기회이다. 이러한 기회는 옵션이 기초 금융자산의 시장가격에 비해 상대적으로 낮은 가격을 가지기 때문에 존재한다. 즉, 옵션은 비용을 낮추면서 수익 혹은 투자금의 가치상승 가능성에는 전혀 영향을 미치지 않는 것이다. 좀더 설명하면, 100주의 주식을 주당 행사가격 $45에 살 수 있는 권리를 가지는 콜옵션을 생각해보자. 만일 현재 주식이 $45에 거래되고 있으면 콜옵션은 낮은 가격에 팔릴 것이다. 예를 들어, 옵션당 $3라고 하자(혹은 옵션계약이 100주를 커버하기 때문에 $300). 이제, 한 달 혹은 2달 이후에 주가가 $10 상승해서 $55가 되었다고 가정하자. 이 시점에서 당신은 옵션을 행사해서 주당 $45에 100주의 주식을 매수할 수 있다. 당신은 $4,500로 주식을 매수한 후에 즉시 시장에서 $5,500에 매도하여 $1,000를 얻을 수 있다. 따라서, 단기간에 $300는 $1,000로 233%의 이익을 얻는다. 이 기간 주식의 증가율은 단지 22.2%(= $10 ÷ $45)이다. 따라서 옵션을 통한 수익률은 주식을 통한 것보다 훨씬 크다. 이것이 옵션이 제공하는 지렛대의 효과이다.

매도자와 매수자 풋옵션과 콜옵션은 독특한 형태의 증권이다. 왜냐하면 풋옵션과 콜옵션은 기초자산인 주식을 발행하는 기업이 아닌 투자자에 의해 만들어지기 때문이다. 예를 들어 당신이 다른 투자자에게 100주의 보통주식을 매수할 권리를 팔고자 한다고 하자. 이는 "콜옵션 발행"을 통해 할 수 있는 일이다. 옵션을 발행하는 사람(또는 기관)은 옵션매도자(option seller) 또는 옵션발행자(option writer)라고 한다. 옵션발행자는 옵션을 시장에서 매도하고, 옵션매수자가 풋옵션이나 콜옵션을 사기 위해 지불하는 가격을 받을 권리가 있다.

풋옵션과 콜옵션은 증권 브로커나 딜러를 통해 발행(매도)되고 매수된다. 사실상 보통주식만큼이나 사고 팔기 쉽다: 전화 한 통화나 마우스 클릭 몇 번이면 거래가 완료된다. 발행자는 옵션에 따라 주식이나 금융자산을 매수하거나 전달해야 하기 때문에 발행자에게 옵션에 대한 책임이 있다. (참고: 풋옵션이나 콜옵션 발행자는 법적으로 작성한 계약을 따라야 하는 의무가 있다. 매수자는 상황이 마음에 들지 않으면 거래에서 빠져나올 수 있지만 발행자는 그렇지 않다.)

풋옵션과 콜옵션은 다양한 이유로 발행되는데, 그 중의 대부분은 이번 장에서 다룰 것이다. 지금 시점에서 말할 수 있는 것은 옵션을 발행하는 것은 가능성이 있는 투자 전략이자 이익이 남는 행위인데, 이는 많은 경우에 옵션이 만기에 쓸모 없게 되어버리기 때문이다.

투자자 현실

미국형인가 유럽형인가? – 풋옵션과 콜옵션은 미국형이나 유럽형으로 발행될 수 있다. 사실, 이것은 옵션이 어디서 발행되느냐와는 아무런 관련이 없으며 어떻게 행사될 수 있는가와 관련이 있다. 미국형 옵션은 옵션이 거래되는 영업일 아무 때나 행사될 수 있다. 유럽형 옵션은 만기일에만 행사가 될 수 있다. 행사할 수 있는 권리는 유럽형보다 미국형이 더 유연하기 때문에 미국형을 좀더 원하며 시장에서 가치가 높다고 한다. 그러나 그것이 항상 맞는 말은 아니다. 만기일 이전에 옵션을 행사할 수 있는 권리는 그렇게 하는 것이 최적이라는 것을 의미하지 않는다. 많은 경우에 투자자는 옵션을 행사하는 것보다 공개시장에서 팔 때 더 이익이다. 그리고 그 경우에 미국형 옵션의 가격과 유럽형 옵션의 가격은 거의 같다.

풋옵션과 콜옵션의 원리 매수자의 관점에서 풋옵션과 콜옵션의 원리, 그리고 각 옵션의 가치가 어떻게 책정되는지 알아보자. 우선 옵션의 이익 창출 잠재능력을 보는 것이 중요하다. 예를 들어, $45의 행사가격을 갖고 있고 $3에 팔리는 콜옵션을 살펴보자. 콜옵션의 매수자인 당신은 기초증권(이 경우에는 보통주)의 가격이 오르기를 바랄 것이다. 주식의 가격이 만기일 전에 $75까지 오른다면 이 거래로부터 얻을 수 있는 잠재 이익은 얼마나 되는가?

해답은 100개의 주식으로부터 각각 얻는 $30($75-$45)에서 원래 옵션 가격인 $300을 뺀 것이다. 다시 말해, 당신은 $300을 투자함으로써 $3,000의 총이익을 얻게 되는 것이다. 이는 당신이 옵션발행자로부터 100개의 주식을 각각 $45씩에 매수할 권리를 가지고 있고, 이를 또한 각각 $75에 시장에 매도할 수 있기 때문이다.

보통주에 직접 투자함으로써 같은 총이익($3,000)을 얻을 수 있었을까? 100주의 주식을 매수했었다면 가능했을 것이다. 옵션을 매수하는 데 필요한 자본은 $300임에 반해, $45의 주식 100주를 매수하는 것은 $4,500의 초기 투자금액을 필요로 한다. 이로 인해, 주식을 매수함으로써 얻는 수익률은 옵션 매수를 통해 얻는 수익률에 비해 현저히 낮다. 보통주와 콜옵션의 수익의 잠재력은 큰 차이가 있다. 이러한 차이로 인해 투자자들과 투기자들은 금융 자산의 가격 전망이 긍정적으로 보일 때 콜옵션을 찾게 된다. 이러한 수익의 차이는 지렛대 효과로 인해 발생하는데, 이는 투자에 필요한 자본의 수준을 낮추면서 투자로 인한 수익이나 자본의 가치상승에는 영향을 끼치지 않는 것이다. 앞에서 보통주를 사용했지만, 이러한 가치평가 원칙은 시장지수, 외환, 선물계약 등 콜옵션이 적용될 수 있는 그 어떤 금융 자산에도 적용될 수 있다. 풋옵션도 이것과 비슷한 상황이 있을 수 있다. 동일한 주식(현재가격 $45)에 대해 $50의 행사가격을 가진 풋옵션 100계약을 $700를 지불하고 매수한다고 가정하자. 풋옵션의 매수자로서, 당신은 주가가 떨어지기를 바랄 것이다. 원하는 대로 주가가 $25로 떨어진다고 하자. 이제 풋옵션을 행사하면, 주식을 $25에 매수하고 $50에 매도할 수 있는 권리를 사용하기 때문에 주당 $25의 이익을 얻을 수 있게 된다.

다행히도, 풋옵션과 콜옵션 투자자들은 옵션을 행사하고 이익을 창출하기 위해서 주식거래까지 동시에 할 필요는 없다. 이것은 옵션 자체가 가치를 가지고 있으며 유통시장에서 거래될 수 있기 때문이다. 풋옵션과 콜옵션의 가치는 기초자산인 금융자산과 직접적으로 연결되어 있다. 콜옵션의 가치는 기초증권의 가격이 오르면 올라가고, 풋옵션의 가치는 기초증권의 가격이 떨어지면 올라간다. 또한 다른 어떤 증권과 마찬가지로 옵션도 공개 시장에서 매도함으로써 자금을 회수할 수 있다.

옵션의 장단점 풋옵션과 콜옵션에 투자하는 데 있어 가장 큰 장점은 옵션으로부터 얻는 지렛대 효과이다. 이 덕분에 투자자들은 바로 큰 금액을 투자하지 않고 시장에서 기초자산의 움직임으로 인해 이익을 볼 수 있다. 또한 풋옵션과 콜옵션은 기초증권의 가치가 오르고 떨어짐에 따라서 이익을 내는 쪽으로 사용될 수 있다는 점에서 매력적이다.

풋옵션과 콜옵션의 큰 단점은 옵션 보유자가 이자나 배당금 수입 혹은 기타 소유권 혜택을 누리지 못한다는 것이다. 더군다나, 풋옵션과 콜옵션은 제한된 수명이 있기 때문에 옵션에 이득이 되는 방향으로 기초자산이 움직일 수 있는 시간이 제한되어 있다. 마지막으로, 많은 금액을 투자하지 않고 풋옵션과 콜옵션을 매수할 수 있지만, 옵션에 투자한 금액을 100% 잃게 될 확률은 주식에 비해 현저히 높다. 만일 기초 주식이 나쁜 방향으로 조금만 움직인다면, 풋옵션이나 콜옵션의 가치가 완전히 없어질 수 있기 때문이다.

옵션시장

옵션에 대한 개념은 고대 그리스의 아리스토텔레스의 저술에도 있었지만, 미국에서의 옵션거래는 1700년대 후반부터 이루어졌다. 1970년대 초반까지 옵션시장은 규모가 작고, 체계적이지 않았고, 소수의 전문가와 거래인들로 제한되어 있었다. 이는 1973년 4월 26일 시카고 옵션거래소(CBOE: Chicago Board Options Exchange)가 설립되면서 바뀌었다.

재래식 옵션 CBOE가 세워지기 전, 풋옵션과 콜옵션은 몇몇 전문 딜러를 통해 장외시장에서 거래되었다. 풋옵션과 콜옵션을 매수하고자 하는 투자자는 브로커에게 연락을 취하고, 브로커는 딜러에게 연락하는 방식이었다. 딜러들은 옵션을 발행하고자 하는 투자자를 찾았다. 매수자가 옵션을 사용하고자 하면, 이는 반드시 발행인과 함께 해야 했기 때문에 옵션을 되파는 것은 상당히 힘든 일이었다. 반면에 옵션을 발행하는 데에는 큰 제한이 없었다. 옵션을 매수하고자 하는 사람이 있으면 그만이었다. 풋옵션과 콜옵션은 NYSE와 Amex 거래주식뿐만 아니라 지역 거래소와 장외 증권에 대한 것이었고, 기한은

> **투자자 현실**
>
> **당신의 옵션을 이해하라** – 옵션거래는 투자자 사이에 갈수록 유행하고 있다. 2011년에 옵션계약의 일일 평균 거래량은 1,800만 계약을 넘어서 최고치를 기록했다. 5억5천만 옵션계약이 8월 한 달 동안에 거래되었고 이 거래 중 4,150만 계약은 8월 8일에 발행했다. 둘 다 역사적인 기록이다. 1년 동안 거래량은 46억 계약에 도달했고 역시 2010년의 거래량에서 17% 증가한 기록이다.
>
> (출처: The Option Clearing Corporation, 2011 연차보고서)

짧게는 30일에서 길게는 1년이었다. 장외 옵션은 현재 재래식옵션(conventional option)으로 알려져 있는데, 이것은 현재 거의 기관투자자에게 제한되어 있다. 따라서, 이 장은 개인 투자자들이 직접 옵션거래를 하는 CBOE와 같은 상장 시장에 중점을 둘 것이다.

상장 옵션 CBOE의 설립은 상장 옵션(listed option)의 탄생을 불러일으켰다. 상장 옵션이란 조직화된 거래소에서 거래되는 풋옵션과 콜옵션이다. CBOE는 처음에 16개 기업에 대한 콜옵션 거래만 다루었다. 다소 작은 규모에서 시작된 CBOE는 짧은 시간 내에 상장 옵션을 거래하는 크고 활동적인 시장으로 성장하였다. 오늘날, 미국의 풋옵션이나 콜옵션 거래는 주로 BATS 옵션거래소(BATS), BOX 옵션거래소(BOX), C2 옵션거래소(C2), 시카고 옵션거래소(CBOE), International Securities Exchange(ISE), Nasdaq OMX PHLX(PHLX), Nasdaq 옵션시장(NOM), NYSE Amex Options(NYSE Amex), 그리고 NYSE Arca Options(NYSE Arca)의 9개 거래소에서 이뤄진다. 모두 합하여, 풋옵션과 콜옵션은 3,800개 주식과 관련하여 거래가 이뤄지고 있고, 많은 옵션들은 여러 거래소에 상장되어 있다. 주식과 더불어, 옵션거래소는 주가 지수, 상장지수펀드(ETF), 채권, 외환, 그리고 원자재 상품과 금융 선물과 관련하여 상장 옵션 거래를 맡는다.

상장 옵션은 풋옵션과 콜옵션을 위한 편리한 시장을 제공할 뿐만 아니라 만기일과 행사가격을 표준화하기도 한다. 상장 옵션의 거래소는 옵션 매수인과 매도인 사이에 직접적인 접촉이 유지되어야 할 필요성을 없애주는 청산기능을 제공하였고, 풋옵션과 콜옵션을 거래하는 데 필요한 비용을 줄였다. 또한 활성화된 유통시장을 발전시켰으며 가격정보를 널리 공유했다. 이 덕분에 상장 옵션은 상장 주식만큼 거래하는 것이 쉬워졌다.

주식 옵션

CBOE와 기타 옵션거래소의 탄생은 풋옵션과 콜옵션의 거래량에 상당한 영향을 끼쳤다. 오늘날, 46억개의 상장 옵션 계약이 매년 거래되고 있는데, 이중 대부분은 주식 옵션이다. 2011년에는 약 92%(42억 개의 계약)가 주식 옵션이었다. 2011년에, 주식 옵션 계약 총거래량은 다음과 같이 옵션거래소별로 분포되었다.

옵션거래소	거래되는 계약건수(백만)	거래량의 거래소별 비율(%)
BATS	148.34	3.25
BOX	139.68	3.06
C2	52.82	1.16
CBOE	1,152.06	25.25
ISE	778.09	17.05
PHLX	983.49	21.55
NOM	194.20	4.26
NYSE AMEX	618.73	13.56
NYSE Arca	495.34	10.86
합계	4,562.75	100

상장 옵션의 거래소는 투자에 있어 새로운 차원을 불러왔다고 할 수 있다. 하지만 옵션 증권과 관련된 심각한 (그리고 큰 돈을 잃게 할 수 있는) 실수를 피하기 위해서 상장된 옵션의 기본적인 특징을 제대로 이해해야 한다. 앞으로 읽을 부분에서는 주식 옵션의 투자 특성과 거래전략에 대해 상세히 알아볼 것이다. 그 후, 주가지수 (그리고 ETF) 옵션을 알아보고 이자율과 외환옵션, 그리고 장기적 옵션을 포함한 기타 여러 종류의 풋옵션과 콜옵션을 탐구할 것이다(선물 옵션은 선물 계약을 학습한 후 제15장에서 다룰 것이다).

주식 옵션의 조항 낮은 단위 비용 때문에 주식 옵션(또는 equity option)은 개인 투자자들 사이에 선호도가 높다. 기초 금융자산이 다르다는 점을 제외하고, 주식 옵션은 다른 풋옵션이나 콜옵션과 같으며, 다른 옵션처럼 같은 종류의 계약 조항과 시장 영향력의 지배를 받는다. 두 가지 조항이 특히 주식 옵션에 있어서 중요한데, 이는 (1) 주식을 매도 또는 매수할 수 있는 행사가격으로 알려진 주식가격, 그리고 (2) 만기까지 남아 있는 시간의 길이인 만기까지의 기간이다. 나중에 보겠지만, 행사가격과 잔존만기는 주식 옵션의 가치평가와 가격결정에 있어서 중요한 요인이 된다.

행사가격 행사가격(strike price)은 옵션 매수자와 매도자 간의 가격 계약을 나타낸다. 콜옵션에 있어 행사가격은 100주의 주식을 각각 어떤 가격에 매수할 수 있도록 특정하는 가격이고, 풋옵션에 있어 행사가격은 주식이 발행인에게 어떤 가격에 매도될 수 있는지를 나타낸다. 재래식(OTC) 옵션에 있어서는 행사가격에는 제한이 없다. 반면에 상장된 옵션의 행사가격은 표준화되어 있다.

- 주가가 주당 $25 미만인 주식은 $2.50씩 오르는 행사가격을 갖는다($7.50, $10.00, $12.50, $15 등).
- 일반적으로 $25에서 $200 사이의 주가를 가진 주식은 행사가격이 $5씩 오르는데, 일부 $25에서 $50 사이의 주식은 $2.50씩 오를 수도 있다.
- 주당 $200을 초과하는 주식은 행사가격이 $10씩 오른다.
- 대부분의 주식 옵션과 달리, ETF에 대한 옵션은 모두 행사가격이 $1씩 오른다(이 옵션에 대한 내용은 이 장의 뒷부분에서 더 자세히 다룰 것이다).

모든 경우에, 행사가격은 항상 주식분할(stock splits)에 맞춰서 조정된다. 행사가격은 현금 배당금에 맞춰 조정되진 않지만, 기업이 상당한 주식배당(예를 들어, 현금이 아닌 추가 주식으로 배당금을 지불)을 했을 때는 조정이 된다.

만기일 만기일(expiration date) 또한 중요한 조항이다. 만기일은 옵션의 수명을 나타내는데, 이는 채권 만기일이 채권의 수명을 나타내는 것과 같다. 만기일은 옵션 소유자와 발행자 간의 계약의 기간을 나타낸다. 예를 들어, Sears의 주식에 대한 6개월 만기일과 $70의 행사가격을 가진 콜옵션을 소유하고 있다면, Sears의 주식 100주를 $70에 살 수 있는 권리를 이후 6개월 안의 어느 시점에서라도 행사할 수 있는 것이다. 주식의 시장가격이 어떻게 변하더라고, 콜옵션을 사용하여 100주의 Sears 주식을 $70에 매수할 수 있는 것이다. 주가가 오른다면 이익이 발생하는 것이고, 주가가 떨어지면 옵션을 사용할 이유가 사라지는 것이다.

장외시장 옵션의 만기일은 휴일이 아닌 영업일 중 어떤 날이라도 될 수 있다. 반면에 상장 옵션 시장의 만기일은 표준화되어 있다. 옵션거래소는 모든 상장 옵션에 대하여 3가지 만기 사이클을 만들었다.

- 1월, 4월, 7월, 10월
- 2월, 5월, 8월, 11월
- 3월, 6월, 9월, 12월

각각의 옵션은 셋 중 하나의 사이클에 들어간다. 거래소는 여전히 이 세 만기 사이클을 사용하지만, 투자자들은 옵션의 정규 만기 사이클에서 가장 가까운 두 달(해당월과 다음월), 그리고 옵션의 정규 만기 사이클의 그 다음으로 가장 가까운 두 달에 거래를 할 수 있다. 이는 two-plus-two schedule이라 불리는데, 이렇게 불리는 이유는 당연할 것이다.

예를 들어, 해당월(front month라고도 불린다)이 1월이면, 1월 사이클(January cycle)에 거래 가능한 옵션은 1월, 2월, 4월, 그리고 7월이 있을 것이다. 이는 현재의 두 달(1월과 2월), 그리고 다음의 두 달(4월과 7월)을 나타낸다. 마찬가지로, 2월 사이클(February cycle)에 거래 가능한 옵션은 1월, 2월, 5월, 8월이고, 3월 사이클(March cycle)은 1월, 2월, 3월, 6월이다. 만기일은 해당월을 기반으로 되어 있고, 시간이 지나면서 이런 방법으로 새로운 만기의 옵션이 발행된다. 다음 표는 two-plus-two 시스템 하에 해당월 2월과 6월에 거래 가능한 계약들을 나타낸다.

해당월	사이클	거래 가능한 계약의 만기월
2월	1월 사이클	2월, 3월, 4월, 7월
2월	2월 사이클	2월, 3월, 5월, 8월
2월	3월 사이클	2월, 3월, 6월, 9월
6월	1월 사이클	6월, 7월, 10월, 1월
6월	2월 사이클	6월, 7월, 8월, 11월
6월	3월 사이클	6월, 7월, 9월, 12월

주어진 만기월의 만기일은 항상 같다: 각 만기월의 세 번째 금요일 다음날인 토요일이다. 따라서, 상장된 옵션은 실질적으로 항상 만기월의 셋째 금요일에 만료된다고 볼 수 있다.

풋옵션 및 콜옵션 거래 옵션 거래인들이 옵션을 매수, 매도, 또는 발행할 때는 수수료 비용(commission cost)과 거래비용(transaction cost)이 든다. 풋옵션과 콜옵션 발행은 정상적인 거래비용을 수반하는데, 이 비용은 옵션을 팔기 위해 브로커나 딜러에 드는 비용을 나타낸다.

그림 14.1 Facebook 주식 옵션의 시세표

특정 만기일을 가지는 콜옵션과 풋옵션의 시세표는 행사가격을 사이에 두고 양쪽으로 내려가면서 표기된다. 당일 옵션의 마지막 거래 가격, 매도-매수 가격, 총계약건수, 그리고 전날의 최종 거래가격을 함께 보여준다. 기초주식의 회사명(Facebook)과 종가($21.01)도 웹페이지에서 볼 수 있다.

Option Chain | Most Actives | Greeks

FB Options: Composite | All | At the Money | Type: All | GO | Symbol Lookup | Help

Aug 12 | Sep 12 | Oct 12 | Nov 12 | Dec 12 | Jan 13 | Mar 13 | Jan 14 | All

Option Chain for Facebook Inc. (FB)

Calls	Last	Chg	Bid	Ask	Vol	Open Int	Root	Strike	Puts	Last	Chg	Bid	Ask	Vol	Open Int
Sep 22, 2012	2.75	0.15	2.75	2.85	555	3582	FB	19.00	Sep 22, 2012	0.90	-0.20	0.85	0.90	503	11468
Sep 22, 2012	2.15	-	2.10	2.20	489	4718	FB	20.00	Sep 22, 2012	1.30	-0.22	1.20	1.25	588	19013
Sep 22, 2012	1.65	0.16	1.55	1.65	2008	8924	FB	21.00	Sep 22, 2012	1.75	-0.20	1.65	1.70	1573	13212
Sep 22, 2012	1.15	-	1.15	1.20	1162	29389	FB	22.00	Sep 22, 2012	2.20	-0.31	2.20	2.25	3502	8001
Sep 22, 2012	0.85	0.05	0.80	0.85	4337	7933	FB	23.00	Sep 22, 2012	2.85	-0.45	2.85	2.95	453	6708

(출처: quotemedia.com, 2012년 8월 8일)

상장된 옵션은 고유의 거래시장과 시세표시 시스템이 있다. 상장된 주식 옵션의 가격(즉, 프리미엄)을 찾는 것은 옵션 시세표(quotation)를 온라인에서 찾을 수 있기 때문에 비교적 쉽다. <그림 14.1>은 Nasdaq 페이스북 주식을 기초자산으로 하는 옵션군(option chain)의 시세표를 Nasdaq.com에서 따온 것이다. 옵션군(option chain)은 특정 기초자산에 있어 주어진 만기일을 가진 모든 옵션(풋옵션, 콜옵션)을 나열한 것이다. <그림 14.1>의 시세표는 페이스북 옵션군의 극히 일부를 보여주는데, 이는 만기일이 2012년 9월 22일인 왼쪽의 5개의 콜옵션 계약과 오른쪽의 5개의 풋옵션 계약, 그리고 각 옵션의 행사가격과 프리미엄을 보여준다. 페이스북의 거래중인 모든 옵션 계약의 시세표를 만들면 323개의 콜옵션과 318개의 풋옵션이 포함된 옵션군을 만들게 된다.

출처와 상관없이 시세표는 대체적으로 표준화되어 있다. 기업명이나 지수, 그리고 기초자산의 종가가 주어진다. 옵션계약의 만기월과 행사가격도 주어진다. 주어진 시장 데이터로는 당일 옵션의 마지막 거래가격(또는 프리미엄), 전날의 마지막 거래가격으로부터의 변화, 당일의 매도-매수 가격, 일일 거래량, 그리고 종료시점 총계약건수(open interest)가 있다. 예를 들어, 2012년 9월의 나스닥 페이스북 콜옵션의 행사가격이 $20이고, $2.15에 호가되었고(이는 $215의 달러가격으로 환산되는데, 이는 주식 옵션이 100주의 주식을 거래하는데 쓰이기 때문이다). 같은 행사가격의 9월 풋옵션은 $1.30에 매수되었다.

개념리뷰

14.1 풋옵션과 콜옵션을 설명하시오. 옵션은 회사의 다른 증권처럼 발행되는가?

14.2 상장된 옵션은 무엇이고 재래식 옵션과 어떻게 다른가?

14.3 투자에서 풋옵션과 콜옵션의 가장 매력적인 점은 무엇인가? 위험은 무엇인가?

14.4 주식 옵션은 무엇인가? 주식 옵션과 다른 파생상품의 차이는 무엇인가? 파생상품을 설명하고 몇 가지 예를 들어보자.

14.5 행사가격은 무엇인가? 주식의 시장가격과 어떻게 다른가?

14.6 풋옵션과 콜옵션이 만기일을 가지는 이유는 무엇인가? 만기일이 지난 옵션을 거래하는 시장이 있는가?

옵션의 가격결정과 거래

LG 3 LG 4 LG 5 풋옵션이나 콜옵션의 가치는 옵션이 기반하는 금융자산 가격의 영향을 크게 받는다. 풋옵션이나 콜옵션의 현재가치와 미래가치를 파악하는 것은 옵션 거래인들과 투자자들에게 매우 중요한 일이다. 따라서, 옵션 거래 프로그램에서 이익을 보기 위해서는 옵션의 가격이 시장에서 어떻게 책정되는지 이해해야 한다. 주식 옵션을 계속해서 논의하면서, 옵션의 가치와 가격결정의 기본 법칙들을 보도록 하자. 우선 풋옵션과 콜옵션으로부터 이익이 어떻게 나오는지부터 잠시 돌아보자. 그 후에 투자자들이 이 옵션들을 사용할 수 있는 다양한 방법들을 알아볼 것이다.

풋옵션과 콜옵션의 이익 잠재력

풋옵션이나 콜옵션의 시세인 시장가치는 만기일까지 남은 시간, 주식의 변동성, 시장 이자율과 같은 요인들의 영향을 받지만, 가장 중요한 요인은 기초자산의 가격변화이다. 이 변수는 옵션가격에 큰 변화를 일으킬 수 있으며 옵션의 이익(수익률) 잠재력에 가장 큰 영향을 미친다. 기초 주식의 가격이 오르면, 콜옵션의 가격도 오른다. 기초 주식의 가격이 떨어질 때, 풋옵션의 가격이 오른다. 이러한 특성을 통해 볼 때, 옵션을 매수 혹은 매도(발행)하기 전에, 미래의 주가변화를 파악하는 것이 왜 중요한 것인지 알 수 있다.

그림 14.2 풋옵션과 콜옵션의 가치평가 특성

옵션의 수익은 기초주식(기초 금융자산)의 가격에 따라 결정된다. 옵션의 비용은 옵션이 손익분기점을 통과할 때 회복된다. 콜옵션의 수익 잠재력은 한계가 없고 풋옵션의 수익 잠재력은 기초주식 가격이 $0 밑으로 내려갈 수 없기 때문에 제한이 있다.

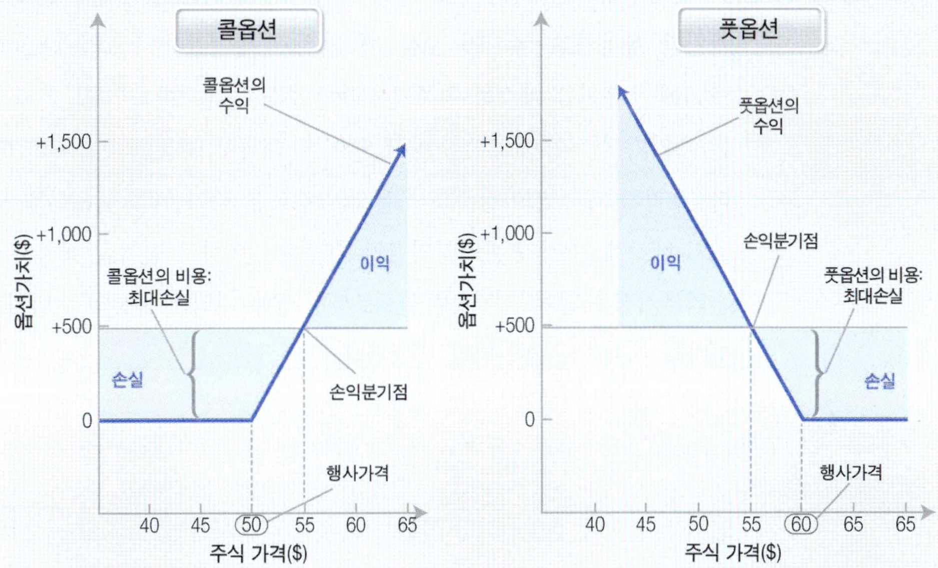

(출처: Yahoo! Finance와 S&P)

<그림 14.2>는 기초주식의 가격에 따라 옵션의 최종 수익(payoff)이 어떻게 결정되는지 보여준다. 여기서 "payoff"는 옵션을 사용함으로써 투자자가 얻는 이득(주가와 행사가격의 차이)을 이르는 말이다. 왼쪽의 다이어그램은 콜옵션, 오른쪽의 다이어그램은 풋옵션을 나타낸다. 콜 다이어그램은 $50의 행사가격을 가진 콜옵션 계약을 매수하기 위해 $500를 지불할 것임을 가정한다(콜옵션당 $5이면 100개의 콜옵션을 매수할 때). 그래프는 주가가 오름에 따라 옵션의 수익이 증가하는 것을 보여준다. 콜옵션의 수익은 주가가 행사가격($50)을 넘기 전까지는 $0에 머물러 있음을 볼 수 있다. 주가가 $50보다 낮으면, 이성적인 투자자라면 옵션을 사용하여 $50에 주식을 매수하지 않을 것이다. 시장에서 주식을 직접 매수하는 것이 비용이 덜 들기 때문이다. 또한, 콜옵션을 매수하는 데는 $500이 들기 때문에, 주식은 $50에서 $55로 5포인트 더 올라야 프리미엄을 되찾고 손익분기점에 도달할 수 있다. 주가가 $50에서 $55 사이일 때도 옵션을 행사하는 것이 더 좋은데, 이는 옵션 소유자의 총 손해를 줄이기 때문이다. 예를 들어, 주가가 $52일 때, 옵션을 행

사하는 것은 $200의 현금유입을 일으키고, 이는 $500 프리미엄을 상쇄한다. 주가가 손익분기점($55)을 $1씩 넘을 때마다 콜옵션의 수익은 $100씩 올라간다. 콜옵션의 이익 잠재력은 무한하다고 볼 수 있는데, 이는 주가가 오르는 데에는 한계가 없기 때문이다.

풋옵션의 가치도 주가에 따라 결정되는데, 이는 콜옵션과 반대로 주가가 떨어질 때 가치가 올라가고, 주가가 오를 때 가치가 떨어진다. <그림 14.2>의 풋 다이어그램은 $500에 풋옵션을 매수하여 주당 $50에 주식을 매도할 권리를 얻게 된다고 가정한다. 이는 주가가 행사가격($50) 이하로 떨어질 때까지 풋옵션의 수익이 0이라는 것을 보여준다. 주가가 계속 떨어질수록 풋옵션의 수익은 증가한다. 풋옵션을 사는 데에 $500가 들었기 때문에, 주가가 손익분기점인 주당 $45 이하로 떨어질 때까지 이익은 없을 것이다. 손익분기점을 넘어서면, 풋옵션으로부터 얻는 이익은 옵션의 수명이 다할 때까지 주가가 얼마나 떨어지느냐에 따라 결정된다.

내재가치(intrinsic value)

앞서 보았듯이 풋옵션이나 콜옵션의 수익은 행사가격, 그리고 기초주식의 시장가격에 달려있다. 구체적으로, 콜옵션의 내재가치는 다음의 공식에 의해 결정된다.

수식 14.1

콜옵션의 내재가치 = (주가 − 행사가격) × 100
또는 0, 둘 중 더 큰 값

다른 말로, 콜옵션의 내재가치는 주식의 시장가격과 옵션의 행사가격의 차이일 뿐이다. 주가가 행사가격보다 낮을 때, 내재가치는 0이다. 수식(14.1)을 보면 알 수 있듯이, 콜옵션은 기초 금융자산의 시장가격이 콜옵션의 행사가격을 초과할 때 내재가치가 있다. 콜옵션의 행사가격이 $50이고, 기초주식의 가격이 $60이면, 옵션의 내재가치는 $1,000이 된다.

반면에 풋옵션은 동일한 방식으로 내재가치를 파악할 수 없는데, 이는 풋옵션과 콜옵션은 소유자에게 다른 권리를 주기 때문이다. 풋옵션의 내재가치를 찾기 위해서는 공식을 약간 변형해야 한다.

수식 14.2

$$\text{풋옵션의 내재가치} = (\text{행사가격} - \text{주가}) \times 100 \text{ 또는 } 0\text{, 둘 중 더 큰 값}$$

이 경우, 풋옵션은 기초주식(또는 금융자산)의 시장가치가 풋옵션의 행사가격보다 낮을 때 가치를 갖는다.

내가격/외가격 콜옵션이 기초주식의 시장가격보다 낮은 행사가격을 갖고 있는 경우, 콜옵션은 양(+)의 내재가치를 갖게 되고 내가격(in-the-money) 옵션이라 불리게 된다. 콜옵션의 행사가격이 주가보다 높으면, 콜옵션은 내재가치가 없게 되고, 외가격(out-of-the-money) 옵션이라 불린다. 하지만 외가격 콜옵션은 만기일이 될 때까지 완전히 쓸모 없는 것은 아닌데, 이는 주가가 행사가격 아래로 떨어질 가능성이 있기 때문이다. 다른 말로, 콜옵션이 외가격 옵션일 때는, 내재가치는 0이지만 시장가치는 0보다 크다. 이 경우, 그 옵션은 내재가치는 없지만 시간가치는 있다고 할 수 있다. 옵션의 행사가격과 주식의 시장가격이 같을 경우, 그 콜옵션은 등가격(at-the-money)이라고 한다.

풋옵션의 경우는 이와 반대이다. 풋옵션은 행사가격이 주가보다 높을 때 내가격이 된다. 행사가격이 주가보다 낮을 때 외가격, 그리고 행사가격과 주가가 일치할 때 등가격이 된다. 콜옵션과 마찬가지로, 외가격 풋옵션은 만기일까지 시간이 남아 있는 한 양(+)의 시장가치를 갖는다.

<그림 14.1>을 보면 시세표에서 행사가격과 시가가 같은 "등가격(at-the-money)" 옵션을 찾을 수는 있을 텐데, 사실 보여지는 모든 옵션들은 내가격 또는 외가격 옵션이다. 옵션이 정확히 등가격인 경우는 극히 드물기 때문에, 등가격에 가까운 옵션의 시세표시는 내가격(푸른색으로 칠해진 옵션) 또는 외가격인 옵션에 포함된다. 옵션 시세표의 당일에, 페이스북의 주식(기초자산)의 종가는 $21.01이였기 때문에, $21.01보다 낮은(높은) 모든 콜(풋)옵션은 푸른색으로 칠해져 있고, 이는 해당 옵션이 내가격 옵션임을 나타낸다.

기업이 직원에게 주식 옵션을 줄 때 보통 등가격 옵션을 주는데, 이는 옵션을 부여하는 당일의 주가와 옵션의 행사가격이 같다는 것이다. 하지만 투자윤리에서 보여주듯이, 많은 기업들이 행사가격을 며칠 전의 주가와 맞추고 이를 밝히지 않다가 적발되었다고 한다. 이러한 행위를 옵션 소급적용(backdating)이라고 한다.

시간가치와 옵션의 가격 풋옵션과 콜옵션의 내재가치는 수식(14.1)과 (14.2)를 보면 알 수 있듯이, 시간가치가 없을 때 옵션이 어떤 가치를 가져야 하는지를 나타낸다. 다른 말로 하면, 이 수식들은 풋옵션과 콜옵션이 만기일이 되었을 때 얼마만큼의 가치를 가질지를 나타낸다. 사실 옵션이 내재가치에 거래되는 경우는 극히 드물다. 옵션은 내재가치보다 높은 가격에 거래되는데, 만기일까지 시간이 많이 남은 옵션이 특히 그렇다. 풋옵션과 콜옵션은 거의 항상 시간가치를 가지고 있다. 대부분의 경우, 옵션의 만기일까지 시간이 많이 남아있을수록 그 옵션의 시간가치가 더 높다.

투자 윤리 **매우 좋은 타이밍**

1997년에 경영자 스톡옵션을 연구한 재무금융 교수는 이러한 옵션을 보상으로 부여한 기업은 주식가격의 급상승 직전에 행사가격을 정하는 매우 좋은 타이밍 능력을 보여주고 있음을 발견하였다. 아마도 기업은 뉴스를 공시하게 되면 주식가격이 오를 것이라는 것을 알고 스톡옵션을 부여할 때까지 희소식을 유보했을 수 있다. 몇 년 뒤에 Erik Lie와 Randall Heron은 경영자의 뛰어난 타이밍 능력의 퍼즐을 풀었다. 일부 기업은 확실히 옵션 부여일을 소급하여 적용하였는데, 이는 주식가격이 최저가에 있을 때인 몇 주 전의 어느 날에 행사가격을 정했다는 사후고찰(hindsight)을 이용하는 것이다. 소급적용은 다음과 같다. 기업이 6월 1일에 경영자 스톡옵션을 4월 15일에 부여하였으며, 옵션의 행사가격은 4월 15일의 시장가격으로 사용하였다고 공시한다. 사실, 기업은 실제로 4월 15일에 옵션을 부여하지 않았으며 몇 주 뒤에 그날을 선택한 것이다. 이런 행위는 사후고찰의 이득을 주는데, 기업이 1~2개월 이전에 4월 15일이 주식의 최저가라는 것을 알고 있다는 것을 의미한다. 기업이 6월 1일에 옵션을 부여했다고 공시하게 되면 주가는 소급되어 정해진 날보다 훨씬 높기 때문에 옵션은 이미 내가격에 있게 된다. 소급 적용한 옵션에서 기업은 이익과 세금에 영향을 미치는 스톡옵션의 진정한 가치를 공시하는 데 실패하게 된다.

2007년 중반에, 최소한 257개의 기업이 옵션 소급적용에 대한 내부적인 감사를 시작하거나 증권거래위원회(SEC)의 조사 대상이 되었다. 옵션 소급적용 스캔들은 중대한 결과를 나았다. 일부 경영진은 벌금을 물거나 구속되었다. Broadcom과 같은 기업은 주주의 소송에 대해 118백만 달러의 합의를 보았다. 조사 대상이 되었던 대부분 기업의 주가는 10% 이상 하락하였다. 옵션의 소급적용에 관여한 고위 경영진의 기회는 Sarbanes-Oxley법에 의해 사라졌다. 이 법안은 기업이 고위 경영진에게 옵션을 부여한 뒤 2일 이내에 공시하도록 요구하고 있다. 2002년 Sarbanes-Oxley법의 통과는 증권사기에 관한 5년의 공소시효와 합쳐져서 이제는 더 이상 이러한 범죄에 대한 기소가 일어날 가능성이 없다는 것을 의미한다.

(출처: Kenneth Carow, Randall Heron, Erik Lie, and Robert Neal, "Option Grant Backdating Investigations and Capital Market Discipline," Journal of Corporate Finance, Volume 15, Issue 5, December 2009, pages 562-572.)

옵션 가격에 영향을 주는 요인

옵션가격은 두 부분의 구성요소로 나눌 수 있다. 첫 번째 요소는 옵션의 내재가치인데, 이것은 기초 금융자산의 현재 시장가격으로 인해 결정된다. 수식(14.1)과 (14.2)에서 볼 수 있듯이, 기초자산의 시장가격과 행사가격 사이의 차이가 클수록 콜옵션이나 풋옵션의 내재가치가 더 커진다.

옵션 가격의 두 번째 구성요소는 전통적으로 시간가치(time value)라 불리는 가치이다. 시간가치는 옵션의 가격이 내재가치를 초과하는 만큼의 가치이다. <표 14.1>은 활발하게 거래되는 콜옵션의 시세가격을 보여준다. 이 시세가격(A 패널)은 내재가치(B 패널)와 시간가치(C 패널)로 나뉜다. 이 <표>에는 세 가지 행사가격 $65, $70, $75가 쓰인다. 첫 번째 행사가격($65)은 주가($71.75)에 비해 현저히 낮은데 이는 내가격 콜옵션이다. 두 번째는 $70로 시장가격에 비교적 가깝다. 세 번째는 $75로 시장가격에 비해 높으며, 외가격 콜옵션이라 볼 수 있다. 내가격 콜옵션에서 외가격 콜옵션으로 넘어가면서 옵션 가격을 구성하는 요소가 변화함을 알 수 있다.

표 14.1 활발하게 거래되는 콜옵션 가격의 구성요소

가격	행사가격	만기일		
		2월	3월	6월
Panel A: 옵션의 시세가격				
71.75	65	–	7.75	9.75
71.75	70	2.25	3.88	6.75
71.75	75	0.19	1.50	3.88
Panel B: 기초 내재가치				
71.75	65	–	6.75	6.75
71.75	70	1.75	1.75	1.75
71.75	75	neg.	neg.	neg.
Panel C: 시간 프리미엄				
71.75	65	–	1.00	3.00
71.75	70	0.50	2.12	5.00
71.75	75	0.19	1.50	3.88

B 패널은 수식(14.1)을 통해 구할 수 있는 콜옵션의 내재가치를 나타낸다. 예를 들어 3월 65콜옵션(만기일이 3월에 있고 행사가격이 $65인 콜옵션)이 7.75에 거래되지만, 내재가치는 6.75이다. 내재가치 6.75는 옵션이 내가격으로 거래되는 정도를 나타낸다고 볼 수 있다. 이 옵션이 내재가치를 웃도는 가격에 거래된다는 사실에는 큰 의미가 있다. 이 옵션을 소유하고 있는 투자자가 이 옵션을 통해 이득을 보려고 할 때 옵션을 행사하거나 매도하는 두 가지의 방법이 있다. 옵션을 파는 것이 행사하는 것보다 이득인데, 이는 옵션의 가격이 내재가치를 초과하기 때문이다. 물론 예외는 있지만, 일반적으로 옵션을 일찍 행사하는 것은 현명한 선택이 아니다. 옵션 투자로부터 이득을 보기 위해서는 그 옵션을 매도하는 것이 가장 좋은 선택이다.

$75의 행사가격을 가진 콜옵션을 보자. 이 옵션은 내재가치가 없는 외가격 옵션으로, 가격은 순전히 시간가치로만 이루어져 있다. 이 옵션의 시간가치는 기초주식의 가격이 옵션 만기일이 되기 전에 $75 이상으로 오를 수 있을 것이라는 믿음을 바탕으로 발생하는 것이다.

C 패널은 콜옵션이 가지고 있는 시간가치를 보여준다. 이는 시세가격(A 패널)과 콜옵션의 내재가치(B 패널)의 차이를 나타낸다. 여기에서 알 수 있는 것은 거래되는 거의 모든 옵션은 어느 정도의 시간가치를 가지고 있다는 것이다. 만기일이 되기 전까지는 옵션에게 시간가치가 남아 있을 것이라고 기대할 수 있을 것이다. 옵션의 세 가지 행사가치를 보면 알 수 있듯이, 만기일로부터 남아 있는 시간이 길수록 시간가치가 높다.

앞서 다룬 내용을 바탕으로 C 패널의 시간가치를 설명하는 데 있어 만기일까지 남은 기간이 매우 중요한 요소라는 것을 알 수 있다. 옵션 프리미엄의 변화에는 다른 여러 변수들도 영향을 끼친다. 다른 모든 것들이 일정하다고 가정했을 때, 주식의 변동성이 클수록, 옵션의 투기적 매력도가 커지고, 시간가치도 함께 올라간다. 또한 콜옵션의 시간가치는 이자율이 오르면 함께 올라간다(풋옵션의 시간가치는 이자율이 떨어질 때 올라간다).

따라서 옵션가격은 주로 4가지 주요 영향력에 의해 영향을 받는다. 이 4가지 영향력은 가장 중요한 것부터 (1) 기초 금융자산의 가격 변화, (2) 만기일까지 남은 기간, (3) 기초 금융자산의 가격 변동성, (4) 그리고 이자율의 일반적인 수준이다. 그리고 중요도가 상대적으로 낮은 변수로는 기초주식의 배당수익률, 옵션의 거래량, 그리고 옵션이 상장된 거래소가 있다.

금융시장 위기 **변동성 지수**

기초자산의 변동성이 옵션의 가치평가에 중요한 역할을 하기 때문에 옵션 거래자들은 개별 주식과 시장 전반의 변동성을 밀접하게 관찰한다. 사실, VIX(volatility index)라고 부르는 변동성 지수가 있어서 전반적인 시장의 변동성을 예측해준다. 1990년에서 2007년 사이에 VIX로 측정한 미국 주식시장의 평균 변동성은 연간 20%에 가까웠다. 그러나 2008년 가을에 리만 브라더스(Lehman Brothers)의 파산 이후에 VIX 지수는 장기 평균의 약 4배인 90% 가까이 치솟았다! 대형 침체 동안에 VIX 지수는 몇 차례 역사적 평균치보다 훨씬 높이 상승했다. 그 후 VIX 지수는 2012년에는 장기 평균인 20% 부근에서 등락을 하였다.

옵션 가격결정 모형 옵션가치를 책정하기 위하여 마이런 숄즈(Myron Scholes)와 피셔 블랙(Fisher Black)과 같은 사람들에 의해 만들어진 옵션 가격결정 모형들이 있다. 많은 옵션 거래자들은 이 공식들을 사용하여 가격이 과대 또는 과소 책정된 옵션들을 식별하고 거래한다. 놀랍지 않겠지만 이 모형들은 앞서 다루었던 변수들을 기반으로 하고 있다. 예를 들어, 블랙-숄즈 옵션 가격결정 모형에 입력해야 하는 변수들은 (1) 기초주식의 시장가격, (2) 옵션의 행사가격, (3) 옵션의 잔존만기, (4) 무위험 이자율, (5), 그리고 기초주식의 변동성이다. 블랙-숄즈 옵션 가격결정 모형은 유럽형 콜옵션 모형을 기반으로 되어 있고 다음의 공식으로 나타낼 수 있다.

수식 14.3

$$\text{콜옵션 가격} = (\text{주가}) \times (\text{확률 } 1) - (\text{행사가격의 현재가치}) \times (\text{확률 } 2)$$

확률 1과 확률 2를 찾기 위해서는 두 개의 다른 공식과 엑셀을 사용하면 찾을 수 있다. 첫 번째 공식은 다음과 같다.

수식 14.3a

$$\text{값 } 1 = \frac{\left(\dfrac{\text{주가}}{\text{행사가격}}\right)\text{의 자연로그} + \left(\text{무위험이자율} + \dfrac{(\text{표준편차})^2}{2}\right)(\text{잔존만기})}{(\text{표준편차})\sqrt{\text{잔존만기}}}$$

두 번째 수식은 다음과 같다.

수식 14.3b

$$값\ 2 = 값\ 1 - (표준편차) \times \sqrt{잔존만기}$$

수식(14.3a)와 (14.3b)는 표준정규분포함수를 사용하여 확률로 변환되어야 할 숫자의 값을 계산한다. 정규분포는 꽤 익숙할 종모양의 곡선인데, 표준정규분포는 평균이 0이고 표준편차가 1인 종모양의 곡선이다. 수식(14.3)에 필요한 확률들은 이 분포에서 값 1(그리고 값 2) 이하의 수가 나올 확률을 나타낸다. <그림 14.3>은 우리가 찾는 확률을 시각적으로 표현한 그래프이다. 수식(14.3a)를 사용하여 찾은 값1이 0.9라고 하자. 수식(14.3)의 "확률1"을 찾기 위해서는, <그림 14.3>의 그래프에서 0.9의 위치 좌측의 함수의 넓이를 알아야 한다.

그림 14.3 표준정규분포

표준정규분포는 0의 평균과 1의 표준편차를 갖고 있다. 값1의 왼쪽에 음영처리된 영역은 이 분포로부터 무작위로 값1과 같거나 작은 값을 추출할 확률을 나타낸다.

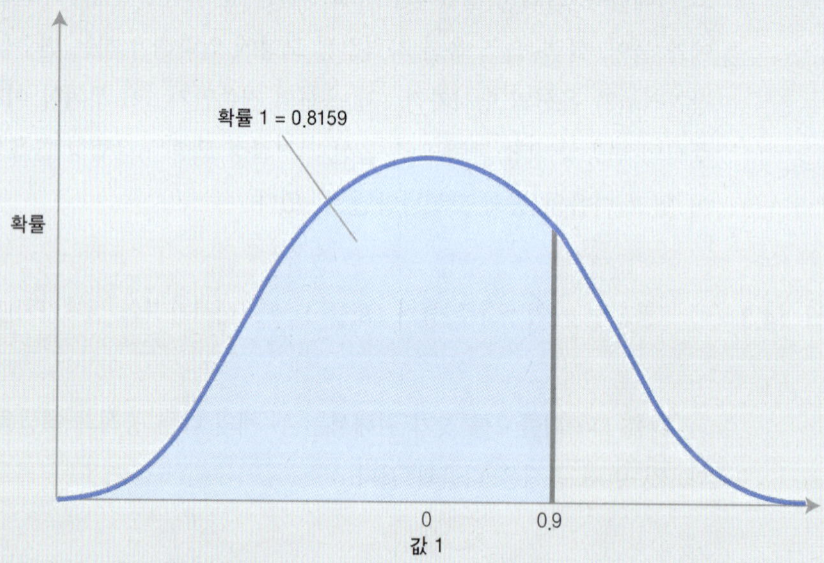

다행히도, 엑셀은 이러한 표준정규확률을 계산하기 쉽게 해주는 유용한 함수를 포함하고 있다. 이 함수는 = normsdist(0.9)로 나타내며, 함수를 사용하면 엑셀은 이 확률이 0.8159라고 나타낸다.

이제 블랙-숄스 모형을 사용하여 옵션의 가격을 결정할 준비가 되어 있을 것이다.

사례 만기일까지 3개월(일 년의 1/4) 남은 콜옵션의 가격을 결정하고 싶다고 하자. 이 옵션의 행사가격은 $45이고, 기초주식의 시장가격은 $44이다. 이 주식 수익률의 표준편차는 연간 50%이고, 무위험 이자율은 2%이다.
이 옵션의 가격을 결정하기 위해 값1과 값2를 먼저 구해야 한다.

$$값\ 1 = \frac{\ln(\frac{44}{45}) + (0.02 + \frac{0.50^2}{2})0.25}{0.50\sqrt{0.25}} = \frac{-0.0225 + (0.145)^{0.25}}{0.25} = 0.0551$$

$$값\ 2 = 0.551 - 0.50\sqrt{0.25} = -0.1949$$

다음은 엑셀을 사용하여 값1과 값2에 해당하는 정규분포확률을 찾으면 된다.

확률 1 = normsdist(0.0551) = 0.5220
확률 2 = normsdist(−0.1949) = 0.4227

확률 1과 확률 2의 값을 수식(14.3)에 대입하여 콜옵션 가격을 찾으면 다음과 같다

$$콜옵션\ 가격 = \$44(0.5220) - [\$45 \div (1.02^{0.25}](0.4227) = \$22.97 - \$18.93 = \$4.04$$

블랙-숄즈 옵션 가격결정 모형에 따르면, 콜옵션의 가격은 $4.04이어야 한다.

거래전략

대부분의 경우, 투자자는 주식 옵션을 세 가지 거래 전략에 사용할 수 있는데, 그 전략에는 (1) 투기를 위한 풋옵션과 콜옵션의 매수, (2) 풋옵션과 콜옵션을 이용한 헤징(hedging), (3) 옵션 발행과 스프레딩(spreading)이 있다.

투기 목적의 매수 투기를 위한 매수는 풋옵션과 콜옵션 사용법 중 가장 단순하고 이해하기 쉬운 방법이다. 기본적으로 주식을 매수하는 것과 같고("싸게 사고, 비싸게 팔기"), 사실상 주식투자를 대신할 수 있는 행위이다. 예를 들어, 특정 주식의 시장가격이 오를

것 같다는 느낌이 들 때 그 주식에 대한 콜옵션을 매수하여 가격상승의 효과를 맛볼 수 있다. 반대로 주가가 떨어질 것 같을 때 풋옵션을 매수하여 주가가 하락하는 현상이 이득이 되도록 할 수 있다. 짧게 말해 투자자는 옵션이 큰 수익률을 가져올 것 같을 때 주식 대신 옵션을 매수한다. 이는 역시 기본적으로 투자금액에 비한 큰 이득을 보기 위한 것이다. 풋옵션과 콜옵션은 레버리지 효과 덕분에 이러한 목표를 달성할 수 있게끔 해줄 수 있다.

또한 옵션은 손해가 되는 상황으로부터 투자자를 보호할 수도 있다. 투자자가 잃는 것은 기껏해야 옵션의 가격이며, 이는 주가보다 항상 낮은 값이다. 따라서, 옵션을 투기의 도구로 사용함으로써 손해 액수에 제한을 두고 주식을 매수하는 것과 거의 같은 이익 잠재력을 가질 수 있다.

투자자 오류

수익률을 쫓는 옵션매수자 – 최근의 연구는 투자자가 근래에 높은 수익률을 얻은 주식의 콜옵션을 더 많이 매수했다는 것을 발견했다. 이러한 "수익률 추종" 행동은 높은 과거수익률을 가진 뮤추얼펀드에 돈이 몰리는 것과 닮았다. 옵션이든 펀드든 수익률을 추종하는 것이 투자자에게 이익이 된다는 증거는 어디에도 없다.

콜옵션을 이용한 투기 옵션을 통한 투기의 핵심을 이해하기 위해, 예를 들어 6개월 동안 가격이 오를 것 같은 주식을 소유하고 있다고 하자. 주식에 직접적으로 투자하는 대신 주식에 대한 콜옵션을 매수한다면 어떻게 될까? 이를 알아보기 위해 수학적인 결과를 보자. 주가는 현재 $49이고, 6개월 후에 $65로 오를 것 같다고 하자. 투자 방식에 따른 기대수익률을 알아내야 한다. 대부분의 옵션은 수명이 짧고 6개월의 기간만을 생각하고 있기 때문에 수익률 계산에는 보유기간 수익률(HPR)만 사용해도 될 것이다. 따라서, 주가변화에 대한 기대가 맞는다면, 주당 주가가 $16 오를 것이고, 보유기간 수익률은 33%일 것이다. ($65 - $49) ÷ $49 = $16 ÷ $49 = 0.33

하지만 이 주식을 대상으로 하는 상장된 옵션도 있다. 이러한 상장 옵션들의 경우를 따져보자. 예시를 위해 각각 $40와 $50의 행사가격을 가진 두 개의 6개월 콜옵션이 있다고 하자. <표 14.2>는 이 두 콜옵션의 변화를 기초주식의 변화와 비교한다. 확실히 보유기간 수익률의 관점에서 보면 어느 콜옵션을 매수하더라도 주식을 직접 매수하는 것보다 더 좋은 투자 선택임을 알 수 있다. 이익의 금액을 보면 주식투자가 더 크지만, 주식투자에 필요한 투자금액($4,900) 역시 옵션 매수에 비해 매우 높다는 것을 보면 보유기간 수익률이 가장 낮은 것을 알 수 있다.

하나의 콜옵션($40의 행사가격을 가진 옵션)은 내가격 옵션이고 다른 하나는 외가격 옵션임을 알 수 있다. 두 콜옵션으로부터 나오는 수익률이 다른 것은 전형적인 현상이다. 투자자들은 일반적으로 저가의 외가격 옵션을 통해 더 큰 수익률을 낼 가능성이 있지만,

이러한 옵션은 쓸모 없이 만료될 확률도 크다. 외가격 옵션의 큰 문제점은 이런 옵션의 가격은 주가가 변하지 않을 시에는 사라질 매몰비용인 투자 프리미엄으로만 이루어져 있다는 것이다.

표 14.2 콜옵션을 이용한 투기(스프레드시트로 엑셀을 이용)

	100주의 기초주식	6개월 만기 콜옵션	
		$40 행사가격	$50 행사가격
오늘			
주식의 현재가치(주당 $49)	$4,900		
콜옵션의 시장가격*		$1,100	$ 400
6개월 후			
주식의 기대가치(주당 $65)	$6,500		
콜옵션의 기대가격*		$2,500	$1,500
이익	$1,600	$1,400	$1,100
보유기간 수익률**	33%	127%	275%

* 콜옵션의 가격은 수식(14.1)에 따라 산출되었다. 가격은 구매가격에 투자 프리미엄을 포함하고 있지만 매도가격은 포함하지 않았다.

** 보유기간 수익률(HPR) = (주식이나 옵션의 기말가격 - 주식이나 옵션의 기초가격) ÷ 주식이나 옵션의 기초가격

풋옵션을 이용한 투기 풋옵션을 통해 투기하는 방법을 알아보기 위해, 다음의 상황을 보도록 하자. 주가가 $51인 주식이 있는데, 6개월 동안 주당 $35로 떨어질 것을 기대한다고 하자. 이 경우에는 미리 주식을 공매도하여 주당 $16의 이익을 볼 수 있다.

아니면 행사가격이 $50인 외가격 풋옵션을 $300에 매수할 수도 있다. 주가가 떨어지면 풋옵션을 통해 이익을 얻을 수 있다. 풋옵션의 이익과 수익률 그리고 주식을 미리 공매도하여 얻는 이익이 아래 <표>에 나타나 있다. 콜옵션의 경우와 마찬가지로 보유기간 수익률로 보면 주식 옵션이 훨씬 좋은 투자매체임을 알 수 있다.

주식가격이 $51에서 6개월 뒤 $35로 하락	풋옵션($50 행사가격) 매수	주식 100주 공매도
매수가격(오늘)	$300	
매도가격(6개월 후)	1,500*	
공매도(오늘)		$5,100
공매도 커버(6개월 후)		3,500
이익	$1,200	$1,600
보유기간 수익률	400%	63%**

* 풋옵션의 가격은 수식(14.2)에 따라 계산하였고 투자 프리미엄을 포함시키지 않았다.
** 공매도는 50%의 요구 예치증거금을 가정하였다.

물론, 모든 옵션 투자가 위의 예시처럼 좋은 결과로 이어지지는 않는다. 이러한 전략을 통한 성공은 알맞은 기초주식을 선택하는 데에 달려 있다. 따라서 이러한 기법에는 증권분석과 알맞은 주식 선택이 중요한 요인이다. 매우 위험이 큰 투자 전략이지만, 투기 성향의 투자자에게는 좋은 선택이 될 수 있다.

헤지: 위험 조정하기 헤지(hedge)는 위험을 줄이기 위한, 하나의 투자 포지션에서의 두 개 이상 증권의 조합이다. 예를 들어 주식을 소유하고 있는데 이 투자의 하향 위험을 줄이고 싶다고 하자. 이는 헤지를 통해 할 수 있는 일이다. 핵심적으로 헤지는 위험에의 노출을 줄이기 위해 사용하는 것이다. 구체적으로 손해를 볼 확률을 줄이는 것뿐만 아니라 최악의 상황에 도달했을 때 잃는 금액의 양도 줄이는 것이다. 단순한 헤지는 주식을 매수하면서 동시에 그 주식에 대한 풋옵션을 매수하는 것일 수 있다. 아니면 특정 주식을 미리 공매도하면서 콜옵션을 매수하는 방법도 있다. 헤지의 종류는 다양한데, 일부는 단순한 헤지도 있는 반면 꽤 복잡한 헤지도 있다. 투자자들은 하나의 기본적인 이유에서 헤지를 사용하는데, 그것은 지나친 손실에 투자자를 노출시키지 않으면서 이익을 얻거나 보호하기 위한 것이다.

이전의 주식투자로부터 이익을 얻었다면 옵션 헤지는 그 이익을 보호하고 싶을 때 적절할 수 있다. 또한 주식투자를 하고자 한다면 잠재적인 자본손실을 제한하여 돈을 보호하고 싶을 때에도 사용할 수 있다. 가격이 오른 주식을 소유하고 있으면 풋옵션의 매수는 필요한 하향 손실 위험으로부터 투자자를 지킬 수 있고, 콜옵션의 구매는 주식을 미리 공매도한 사람을 보호할 수 있다. 따라서, 옵션 헤지는 항상 두 가지 거래 행위와 연관되어 있는데, 이는 (1) 최초의 주식 포지션(매수 또는 매도)과 (2) 동시에 또는 이후에 옵션을 구입하는 것이다.

Protective Puts: 자본손실을 제한하다 자본손실에 대한 노출을 제한하기 위해 사용하는 단순한 옵션헤지를 살펴보자. 예를 들어 100주의 주식을 매수하고자 한다고 하자. 주식의 미래에 대해 불안감을 느낀 당신은 자본 손실을 막기 위해 옵션 헤지를 사용할 수 있다. 이에 따라 (1) 주식을 매수하고 동시에 (2) 매수한 100개의 주식에 대한 풋옵션을 매수하는 것이다. 이러한 헤지는 protective put이라고 한다. 이 풋옵션은 저가의 옵션으로 주가와 같거나 가까운 행사가격을 가진 옵션인 경우가 좋다. 주식 100주를 주당 $25에 매수하고 $25의 행사가격을 가진 풋옵션을 $150에 매수한다고 하자. 이제 풋옵션의 수명 동안 주가가 어떻게 변화하든 손해는 $150 이하로 제한되는 것이다. 동시에

표 14.3 풋옵션 헤지를 이용한 자본손실 제한

		주식	풋옵션*
오늘			
주식의 매수가격		$25	
풋옵션의 매수가격			$1.50
일정 시간이 흐른 후			
A. 주식가격 상승		$50	
풋옵션의 가치**			$0
이익:			
100주의 주식 ($50−$25)	$2,500		
차감: 풋옵션의 비용	−150		
이익:	$ 2,350		
B. 주식가격 하락		$10	
풋옵션의 가치**			$15
이익:			
100주의 주식 ($50−$25)	−$1,500		
풋옵션의 가치	1,500		
차감: 풋옵션의 비용	−150		
손실:	$ 150		

* 풋옵션은 동시에 매수하며 행사가격은 $25이다.
** 수식(14.2)를 참조하시오.

이익에 대한 제한은 없다. 주가가 변하지 않으면 풋옵션에 들인 비용만큼만 잃는 것이다. 주가가 떨어진다면, 주가가 떨어진 만큼의 금액을 풋옵션으로 만회할 수 있다. 결국 최대한 잃을 수 있는 금액은 풋옵션에 들인 비용($150)인 것이다. 하지만, 주식이 희망한 대로 오른다면 풋옵션은 쓸모 없어지고 주식에 대한 자본 이득을 얻을 수 있게 된다(물론 풋옵션에 들인 비용은 제외한다).

<표 14.3>은 이 옵션 헤지의 핵심을 보여준다. 풋옵션을 위해 사용한 $150은 매몰비용이다. 이는 주가가 어떻게 되든 잃을 수밖에 없는 금액이다. 실질적으로 이는 헤지가 제공하는 보험효과를 위해 들어가는 비용인 것이다. 또한, 이 헤지는 풋옵션의 수명 동안만 효과가 있다. 풋옵션이 만료되면 다른 풋옵션으로 교체하거나 헤지를 사용하는 것을 포기하는 수 밖에 없다.

Protective Puts: 이익을 보호하다 옵션 헤지의 또 다른 기본적 사용법은 주식을 통해 이익을 얻은 후에 옵션을 매수하는 것이다. 이것은 투자의 불확실성이나 세금 목적(이익을 다음 과세 연도로 이연) 등의 이유로 할 수 있다. 예를 들어 주당 $35의 주식을 100주 매수했는데 주가가 $75로 오른다면, 주당 $40의 보호해야 할 이익이 생기는 것이다. 이 이익을 풋옵션을 매수함으로써 옵션 헤지로 보호할 수 있다. $75의 행사가격을 가진 3개월 풋옵션을 $250에 매수했다고 하자. 이제 풋옵션의 수명 동안 주가가 어떻게 변화하든 최소 $3,750의 이익을 볼 수 있다(현재 주식을 통해 얻을 수 있는 이익 $4,000에서 풋옵션 비용 $250을 뺀 것이다).

이는 <표 14.4>를 보면 알 수 있다. 주가가 떨어지고 최악의 상황에 처한다 해도 최소한 $3,750의 이익은 보장되어 있다. 또한, 이익에는 여전히 제한이 없다. 주가가 오르면 오를수록 얻는 이익이 증가하는 것이다.

하지만 조심해야 할 것은 이러한 보험의 비용은 보험이 가장 필요할 때 가격이 높아질 수 있다는 것이다. 즉, 주가가 떨어지고 있을 때를 말한다. 주가가 하락하는 상황에서, 풋옵션의 가격이 내재가치를 초과하는 20% 내지 30%에서 거래되는 일이 흔히 있다. 이는 곧 보호하고자 하는 주식의 가격이 20%에서 30%씩 떨어져야 보호 효과를 얻기 시작한다는 것이다. 확실히 이러한 높은 옵션 가격 프리미엄이 있을 때에는 위에서 설명한 헤징 전략이 꺼려질 수도 있다. 풋옵션이 도움이 될 수는 있지만, 주가에 큰 변동이 있을 경우에 한해서이고, 또한 이러한 주가 변동은 풋옵션의 짧은 수명 안에 일어나야 한다.

마지막으로, 이제까지 앞에서 다룬 내용은 풋옵션 헤지에 한해서지만, 콜옵션 헤지도 단기간 동안 손해를 제한하거나 이익을 보호하기 위해 사용될 수 있다. 예를 들어, 주식을 미리 공매도할 때, 콜옵션을 매수하여 주가 상승으로부터 스스로를 보호할 수 있다. 위의 풋옵션의 경우에서 설명한 기본 원리와 같다.

표 14.4 풋옵션 헤지를 이용한 이익 보호

		주식	3개월만기 $75행사가격 풋옵션
주식의 매수가격		$35	
오늘			
주식의 시장가격		$75	
풋옵션의 시장가격			$2.50
일정 시간이 흐른 후			
A. 주식가격 상승		$100	
풋옵션의 가치			$0
이익:			
100주의 주식 ($100 - $35)	$6,500		
차감: 풋옵션의 비용	−250		
이익:	$ 6,250		
B. 주식가격 하락		$50	
풋옵션의 가치*			$25
이익:			
100주의 주식 ($50−$35)	$1,500		
풋옵션의 가치	2,500		
차감: 풋옵션의 비용	−250		
이익:	$ 3,750		

* 수식(14.2)를 참조하시오.

수익률 올리기: 옵션의 발행과 스프레딩 상장 옵션의 등장은 수많은 새로운 옵션거래 전략의 탄생을 불러일으켰다. 하지만 이러한 기법들의 유용성에도 불구하고, 모든 전문가들이 동의하는 한 가지 사실이 있다. 이런 특수한 거래 전략은 전략의 원리를 완벽히 이해하는 경험 있는 투자자들만 사용해야 한다는 것이다. 우리의 목적은 이런 특수한 전략을 완벽하게 사용하는 방법을 터득하는 것이 아니라 일반적인 표현을 통해 어떠한 전

략이 있고 어떤 방식으로 사용되는 지를 설명하는 것이다. 이제 두 가지 특수 옵션 전략을 알아볼 것인데, 이는 (1) 옵션 발행, 그리고 (2) 옵션 스프레딩(spreading)이다.

옵션발행 일반적으로 투자자들은 주가가 자신들이 원하는 방향으로 바뀔 것이라 예상하기 때문에 옵션을 발행한다. 즉, 콜옵션 매수자가 기대하는 만큼 주가가 오르지 않을 것이고, 풋옵션 매수자가 바라는 만큼 주가가 떨어지지 않는다고 예상하는 것이다. 그리고 대부분의 경우에 옵션발행자의 예상이 맞아떨어지고 발행자는 옵션매수자에 비해 훨씬 큰 이득을 보게 된다. 발행자에게 유리한 이러한 조건은 투자자들로 하여금 풋옵션과 콜옵션을 발행하도록 하는 경제적 유인이 된다. 옵션 발행은 발행자에게 있어 투자의 거래비용을 얻는 것이다. 발행자는 옵션의 조건을 지키기로 하는 약속의 대가로 옵션 프리미엄(일반적이지 않은 거래 비용)을 받게 되는 것이다.

Naked Options 투자자는 2가지 방법으로 옵션을 발행할 수 있다. 한 가지는 naked option을 발행하는 것인데, 이는 발행자가 자신이 소유하고 있지 않은 주식에 대한 옵션을 발행하는 것이다. 단순히 풋옵션이나 콜옵션을 발행하고 옵션 프리미엄을 받은 후, 주가가 원하지 않는 방향으로 변하지 않기를 바랄 뿐이다. 성공적이라면 굉장히 이익이 될 수 있는데, 이는 거의 선행투자를 필요로 하지 않기 때문이다. 하지만 기억해야 할 것은 발행자에게 돌아오는 이익은 옵션 프리미엄의 양으로 제한되어 있다는 것이다. 반면에 손해에 대한 노출은 아무런 제한이 없다. 주가가 옵션의 수명 동안 얼마나 오르거나 떨어질지 모르기 때문에, naked 풋옵션이나 콜옵션의 발행자에게 큰 타격을 입힐 수 있다는 것이 단점이다.

Covered Options covered option을 발행하는 것은 naked option에 비해 위험 노출도가 훨씬 낮다. 이러한 옵션은 투자자(발행자)가 이미 소유하고 있거나 반대 포지션을 가진 주식에 관한 것이기 때문이다. 예를 들어 소유하고 있는 주식에 반하는 콜옵션을 발행하거나 공매도한 주식에 반하는 풋옵션을 발행할 수 있다. 따라서 매수(long)나 매도(short) 포지션을 이용하여 옵션의 조건을 성립할 수 있게 되는 것이다. 이러한 전략은 매력적인 수익률을 발생시키는 보수적인 방법이다. 살짝 외가격인 옵션을 발행하고, 옵션 프리미엄을 얻은 후 기초주식의 가격이 오르거나 떨어져서 옵션의 행사가격까지 도달하는 것을 기다리면 되는 것이다. 물론 행사가격을 넘어가면 안 된다. 사실 다른 일반적인 수익 요인(배당금과 자본이득)에 옵션 프리미엄을 더하는 것이다. 다른 점이 있는데, 옵션 프리미엄은 수익을 올리면서 위험을 줄이기도 한다. 주가가 투자자가 원하지 않는 방향으로 변할 때 손실을 줄일 수 있다.

물론 covered option도 단점이 있긴 하다. covered option 투자자가 얻을 수 있는 이익이 제한되어 있다는 것이다. 주가가 옵션의 행사가격을 넘어가는 순간 옵션에는 가치가 붙는다. 이렇게 되면 옵션으로 인해 손해를 보게 되는 것이다. 이 시점부터 주식을 통해 얻는 이익과 동일한 금액의 손해를 옵션을 통해서 보는 것이다. 이는 covered option을 발행하는 데 있어 주된 위험이다. 기초주식의 가격이 계속해서 상승하더라도 추가적인 이득을 볼 수 없게 되는 것이다.

covered call 발행의 이모저모를 알아보기 위해 예를 들어보자. 당신은 PFP Inc. 주식 100주를 소유하고 있는데 이는 활발하게 거래되는 높은 수익률의 보통주라고 하자. 주식의 거래가격은 $73.50이고 주당 $1의 분기 배당금이 있다. 당신은 PFP에 대한 3개월 콜옵션을 발행하기로 하고, 콜옵션 매수자에게 주당 $80의 가격으로 100개의 주식을 당신으로부터 매수할 권리를 주고자 한다. 이러한 옵션은 시장에서 $2.50에 거래되고 있고, 당신은 콜옵션 100계약을 발행하는 대가로 $250을 받는다. 당신은 주식을 계속해서 소유하고자 하며 주가가 콜옵션 만기일까지 $80 이하의 가격을 유지하기를 바란다. 주가가 $80을 초과하면 콜옵션은 쓸모 없게 되어 만료될 것이다. 결과적으로, 당신은 주식의 배당금과 자본이득뿐만 아니라, 콜옵션을 발행하여 받은 $250까지 갖게 되는 것이다. 따라서 주식으로부터 얻은 수익률에 $250을 더한 셈이 되는 것이다.

<표 14.5>는 이 covered call 포지션에 대한 이익과 손해의 특징들을 요약한 것이다. 거래로부터 얻는 최대 이익은 주가가 콜옵션의 행사가격과 일치할 때 발생한다는 것을 알아두기 바란다. 주가가 계속 올라가면, 그로 인해 발생하는 이익을 얻지 못하게 된다. 그렇더라도 $80 이상의 주가로 인해 얻는 $1,000의 이익은 13.6%의 (3개월) 보유기간 수익률로 전환된다($1,000 ÷ $7,350). 이는 연간 55%의 수익률을 의미한다. 이러한 이익 잠재력을 보면 어째서 covered call 발행이 선호되는지 쉽게 알 수 있을 것이다. 또한, <표>의 D 상황에서 나타나듯이, covered call 발행은 손해에 대한 작은 쿠션을 더한다. 주가가 $2\frac{1}{2}$ 포인트(콜옵션을 발행/매도했을 때 받은 양) 이상 떨어져야 금전적인 손해가 난다.

covered call과 protective put 이외에도 투자목적을 달성하기 위하여 옵션을 다른 종

권과 조합하는 방법은 다양하다. 소위 말하는 합성증권(synthetic securities)의 탄생보다 별난 조합은 없을 것이다. 예를 들어 말하자면 특정 기업의 전환사채를 매수하고자 하는데 그 기업이 발행한 전환사채가 없다고 하자. 이런 경우에는 일반채권을 상장된 콜옵션과 조합하여 맞춤형 전환사채를 만들 수 있다.

표 14.5 Covered Call 발행

		주식	3개월만기 $75 행사가격 풋옵션
현재 주식의 시장가격		$73.50	
현재 콜옵션의 시장가격			$2.50
3개월 후			
A. 주식가격 변동 없음		**$73.50**	
콜옵션의 가치			
이익:			
분기배당금 수령액	$100		
콜옵션 매각대금	250		
총이익	$350		
B. 주식가격 상승		**$80**	최대이익이 발생하는 가격
콜옵션의 가치*			$0
이익:			
분기배당금 수령액	$100		
콜옵션 매각대금	250		
주식의 자본이득($80 - $73.50)	650		
총이익	$1,000		
C. 주식가격 상승		**$90**	
콜옵션의 가치*			
이익:			
분기배당금 수령액	$100		
콜옵션 매각대금	250		
주식의 자본이득 ($90 - $73.50)	1,650		
차감: 콜옵션의 손실	(1,000)		
순이익	$1,000		
D. 주식가격 하락		**$71**	손익분기점 가격
콜옵션의 가치*			$10
이익:			
주식의 자본손실 ($71 - $73.50)	($250)		
콜옵션 매각대금	250		
분기배당금	100	$0 손실가격	
순이익	$100		

* 수식(14.1)을 참조하시오.

Spreading Options 옵션 스프레딩(option spreading)은 단순하게 말해서 한 번의 거래에 2개 이상의 옵션을 합치는 것을 말한다. 옵션 스프레드는 예를 들어 같은 기초주식에 대한 옵션을 매수하고 동시에 발행하여 만들 수 있다. 두 옵션은 일치하는 옵션이 아니고 행사가격이나 만기일이 다른 것이다. 스프레드는 상장 옵션의 사용법 중 많이 쓰이는 방법이고, 상장 옵션 거래소에서 발생하는 거래의 큰 부분을 차지한다. 이러한 스프레드는 다양한 특이한 이름들을 가지는데, 이에는 황소 스프레드(bull spread), 곰 스프레드(bear spread), 화폐 스프레드(money spread), 수직형 스프레드(vertical spread), 나비형 스프레드(butterfly spread) 등이있다. 각각의 스프레드는 서로 다른 특징이 있고 각 스프레드마다 다른 투자목표를 이루기 위해 만들어진 것이다.

예를 들어, 수직형 스프레드를 보도록 하자. 수직형 스프레드는 어떤 행사가격을 가진 콜옵션을 매수하고 그 콜옵션과 같은 만기일을 가진 동일한 기초주식에 대한 더 높은 행사가격의 콜옵션을 발행하여 만들어진다. 예컨대 XYZ에 대하여 $30의 행사가격을 가진 2월 콜옵션을 매수하고 동시에 $35의 행사가격을 가진 2월 콜옵션을 매도(발행) 할 수 있는 것이다. 이상하게 들릴 수도 있지만, 이러한 포지션은 주가가 약간만 올라가더라도 큰 이익을 불러올 수 있다. 반면에 어떤 스프레드는 추락하는 시장으로부터 이익을 얻기 위해 만들어지는 것도 있다. 또한 주가가 오르거나 떨어질 때 이익을 창출하기 위해 만들어진 스프레드도 있다.

목적이 무엇이 되었든, 대부분의 스프레드는 관찰된 옵션 가격의 차이를 바탕으로 이익을 얻기 위해 만들어진 것이다. 스프레드 전략으로 인해 얻는 것도 크지만, 위험도 높다. 사실 어떤 스프레드는 겉보기에 위험이 거의 없어 보이지만 시장과 옵션 프리미엄 사이의 차이가 투자자가 원치 않는 방향으로 변할 때 엄청난 피해를 불러올 수 있다.

Option Straddles 주제를 약간 변형해서 옵션 스트래들(option straddle)을 다뤄보자. 옵션 스트래들은 같은 기초주식에 대하여 풋옵션과 콜옵션을 동시에 매수(또는 매도)하는 것을 말한다. 스프레드와는 달리, 스트래들은 보통 같은 행사가격과 만기일을 가진 옵션들을 함께 거래하는 것이다. 이의 목적은 기초주식 가격의 크고 작은 변화로부터 이익을 얻고자 하는 것이다.

예를 들어 매수 스트래들(long straddle)에서는 같은 수의 풋옵션과 콜옵션을 매수한다. 기초주식의 가격에 위나 아래로의 큰 변화가 있으면 매수 스트래들로부터 이익을 얻을 수 있다. 주가가 급격히 오르면 콜옵션으로부터 이익을 얻을 수 있지만 풋옵션에 들인 비용을 잃게 된다. 반면에 주가가 폭락하면 풋옵션으로부터 이익을 얻고 콜옵션은 소용없게 되는 것이다. 어느 쪽이든, 한쪽으로부터 얻는 이익이 다른 쪽으로부터 보는 손해보다 크다면 결과적으로 이익이 되는 것이다.

이와 비슷하게 매도 스트래들(short straddle)에서는 같은 수의 풋옵션과 콜옵션을 발행/매도 한다. 이러한 상황에서는 기초주식의 가격에 변화가 없을 때 이익을 보는 것이다. 결과적으로 옵션을 발행했을 때 받았던 거의 모든 옵션 프리미엄을 그대로 가질 수 있게 된다.

명확한 구조적 차이를 제외하고 스트래들 전략의 기본 원리는 스프레드와 거의 같다. 목표는 옵션을 조합하여 특정 주가변동으로부터 이익을 얻기 위한 것이다. 하지만 명심해야 할 것은 주가가 원하는 대로 변동하지 않는다면 손해를 볼 수밖에 없다는 것이다. 스프레드와 스트래들은 위험이 매우 크기 때문에 경험 있는 투자자만 시도하는 것이 바람직하다.

개념리뷰

14.7 콜옵션과 풋옵션에서 어떻게 돈을 벌 수 있는지 간략하게 설명하시오. 이익을 얻기 위해서는 옵션을 행사해야만 하는가?

14.8 콜옵션이나 풋옵션의 내재가치를 어떻게 발견할 수 있나? 외가격 옵션도 내재가치를 가지는가?

14.9 상장된 옵션의 가격 변화에 영향을 주는 최소한 4가지 변수를 들고, 어떻게 가격에 영향을 미치는지 간략하게 설명하시오. 내가격 옵션에서 내재가치와 시간가치가 얼마나 중요한가? 외가격 옵션에서는?

14.10 투자자들이 주식 옵션을 활용할 수 있는 최소한 3가지 방법에 대해 설명하시오.

14.11 콜옵션 발행을 하는 가장 큰 이유는 무엇인가? 왜 투자자들은 covered call을 발행하기를 원하는가? covered call의 발행을 통해 기초주식의 위험을 어떻게 줄일 수 있는지 설명하시오.

주가지수와 기타 종류의 옵션

LG 6 S&P 500과 같은 주요 주식시장 지수를 적당한 가격에 사고 팔 수 있다고 생각해보자. 이런 것이 가능하다면 무엇을 할 수 있는지 생각해보자. 시장이 성장하고 있다고 판단되면 S&P 500 지수의 가격 변화를 추적하는 증권에 투자하여 시장이 성장할 때 이득을 볼 수 있을 것이다. 시장의 성과를 포착하는 특정 주식을 선택해서 투자할 필요가 더 이상 없는 것이다. 시장 전체를 놓고 투자할 수 있는 것이다. 주가지수 옵션으로 정확하게 이러한 투자를 할 수 있다. 주가지수 옵션은 주요 주식시장 지수에 대한 풋옵션과 콜옵션이다. 지수 옵션은 대략 1983년부터 있었고, 개인과 기관 투자자들 사이에서 크게 선호되었다. 이제 선호도가 높고 때로는 큰 이익을 발생시키는 투자 방식을 알아보도록 하자.

주가지수 옵션

기본적으로 주가지수 옵션은 특정 주식 시장 지수에 대하여 발행된 풋옵션이나 콜옵션이다. 이 경우에 기초증권은 이 특정 시장지수이다. 따라서, 시장지수가 한쪽으로 치우칠 때 지수 옵션의 가치도 따라서 움직이게 된다. 이 옵션을 뒷받침할 주식이나 다른 금융자산이 없기 때문에, 결제는 현금으로 정해진다. 구체적으로 지수 옵션의 현금가치는 옵션이 기반으로 하는 공시된 시장지수의 백배이다. 예를 들어 S&P 500이 1,400에 있으면 S&P 500 지수 옵션의 가치는 $100 × 1,400 = $140,000이 된다. 기초지수가 시장에서 오르거나 내려가면 옵션의 현금가치도 따라서 움직인다. (참고: 거래소에서 거래된 펀드의 옵션은 지수 옵션과 매우 유사한데, 이는 후에 다뤄질 것이다. 우선 지금은 지수 옵션을 중점으로 두도록 하자.)

오늘날 풋옵션과 콜옵션은 100개 이상의 주가지수에 대해 이용가능하다. 이는 미국의 주요 주식시장 지수나 평균 지수(Dow Jones Industrial Average, S&P 500, Russell 2000, Nasdaq 100) 등의 옵션, 해외 시장(중국, 멕시코, 일본, 홍콩, 유럽 지역 등)의 옵션, 그리고 시장의 다른 부분(제약, 석유 서비스, 반도체, 은행, 유틸리티 지수)의 옵션을 포함한다. 2011에 거래된 옵션 계약의 약 8%(3억 3800만 개의 계약)는 지수 옵션이었고, 대부분은 주요 주가지수 중 5개에 집중했다.

- S&P 500 Index(SPX)
- Russell 2000 Index(RUT)
- Nasdaq 100 Index(NDX)
- S&P 100 Index(OEX)
- Dow Jones Industrial Average(DJX)

S&P 500 지수는 대형 주식의 시장 움직임을 보여준다. Russell 2000 지수는 미국 내의 소형주식의 변화를 측정한다. Nasdaq 100 지수는 Nasdaq에 상장된 100개의 가장 큰 비금융기업 주가의 움직임을 추적하는데, 이는 대부분 Intel과 Cisco같은 대규모 첨단 기술 기업이다. S&P 100 지수는 S&P 500에서 뽑힌 100개 주식으로 이뤄진 대형주 지수인데 활발하게 거래되는 주식 옵션을 가진다. 또 하나의 주요 지수는 DJIA 지수인데, 이는 가장 활발하게 거래된 지수 옵션 중 하나로 시장의 우량주 분야(blue-chip segment)를 측정한다. S&P 500의 옵션은 가장 선호되는 상품이다. 사실 다른 지수 옵션 거래를 모두 합해도 SPX 옵션 거래량에는 미치지 못한다. 옵션 거래소에 관해 살펴보면, 현재 지수 옵션을 거래하는 옵션 거래소 중 CBOE가 2011년에 거래의 94%를 점하여 시장을 지배하고 있다.

그림 14.4 지수옵션의 시세표

지수옵션의 시세표시 시스템은 주식 옵션에서 사용되는 것과 동일하다. 행사가격과 만기일을 옵션가격 및 거래량과 함께 볼 수 있다. 가장 큰 차이점은 옵션의 행사가격과 기초자산의 종가가 지수 수준으로 나타난다는 것이다. 이 시세표가 작성된 날의 S&P 100지수의 종가수준은 646.22였다.

Option Chain | Most Actives | Greeks

FB Options: Composite | All | At the Money | Type: All | GO | Symbol Lookup | Help

Aug 12 | Sep 12 | Oct 12 | All

Option Chain for S&P 100 (OEX)

Calls	Last	Ch g	Bid	Ask	Vol	Open Int	Root	Strike	Puts	Last	Chg	Bid	Ask	Vol	Open Int
Oct 20, 2012	40.40		48.50	51.00	0	150	OEX	600.00	Oct 20, 2012	5.75	−1.15	4.50	5.90	195	654
Oct 20, 2012	30.10		31.60	34.20	0	225	OEX	620.00	Oct 20, 2012	9.50	−1.70	7.90	9.6	2	421
Oct 20, 2012	19.00		17.70	19.60	0	84	OEX	640.00	Oct 20, 2012	17.10	1.10	13.90	15.90	2	317
Oct 20, 2012	8.83		7.30	8.90	0	126	OEX	680.00	Oct 20, 2012	25.00	-3.00	23.50	26.10	4	2
Oct 20, 2012	2.00	−0.15	2.15	2.70	10	937	OEX	680.00	Oct 20, 2012	84.10		38.00	40.80	0	0
Oct 20, 2012	0.70		0.45	0.75	0	489	OEX	700.00	Oct 20, 2012	90.10		56.20	58.90	0	0

(출처: quotemedia.com, 2012년 8월 8일)

지수 옵션에는 풋옵션과 콜옵션이 모두 있다. 이 옵션들은 다른 어떤 풋옵션과 콜옵션과 마찬가지로 가치가 책정되며, 옵션의 특징을 가지고 있다. 풋옵션은 시장이 떨어질 때 소유자에게 이익을 준다(기초 시장지수가 떨어지면 풋옵션의 가치가 올라간다). 또한, <그림 14.4>에 나타나듯이 지수 옵션은 주식 옵션과 마찬가지로 시세표시 시스템을 가지고 있는데, 한 가지 차이점은 행사가격이 지수 수준에 있다는 것이다.

주가지수 옵션의 가치 책정 주식 옵션과 마찬가지로, 지수 옵션의 시장가격은 (기초 지수를 바탕으로 한) 옵션의 행사가격과 가장 최근에 발표된 주식시장 지수의 차이의 함수이다. 예를 들어 CBOE에서 거래되는 S&P 100 지수를 보자.

사례 최근에 S&P 100 지수가 587.25에 종료되었고 6월 콜옵션의 행사가격이 575라고 하자. 주가지수 콜옵션은 기초 지수가 지수 행사가격보다 높으면 양의 가치를 가질 것이고, 풋옵션의 경우 이와 반대일 것이다. 콜옵션의 내재가치는 다음과 같을 것이다: 587.25 - 575.00 = 12.25
콜옵션이 내재가치보다 2.65 높은 14.90에 거래된다고 하자. 이 차이는 해당 옵션의 시간가치이다.

투자자 현실

정산이 중요하다 – 지수와 ETF에 대한 옵션은 여러 면에서 닮았지만 한 가지 중요한 차이는 어떻게 정산이 되느냐이다. 주식 옵션처럼 EFT옵션이 행사되면 투자자는 기초 금융자산의 "실물 인도"를 받는다. 반면에 지수옵션의 경우에는 "현금 정산"이다. 즉, 기초지수의 현금가치를 받는다. 따라서 당신이 Nasdaq 100 ETF에 대한 콜옵션을 매수하고 지수가 오르면 당신은 옵션을 행사하고 ETF 100주를 받는다. 대신에 만일 Nasdaq 100 지수에 대한 옵션을 매수한다면 당신이 행사를 하게 되면 기초지수의 현금가치를 받을 것이다.
(출처: The Options Clearing Corporation, www.optionsclearing.com "ETF Options Outsell a Close Cousin; Similar Instruments Based on Indexes Don't Offer Same Strategic Flexibility," Wall Street Journal, September 12, 2005, p. C13.)

위의 예에서의 S&P 100 지수가 6월(만기일)까지 600으로 오른다고 하면, 이 옵션은 600 - 575 = 25에 표기될 것이다. 지수 옵션은 (주식 옵션과 마찬가지로) $100의 배수로 가치가 책정되기 때문에 이 계약의 가치는 $2,500이 될 것이다. 따라서, 이 옵션을 $14.90에 매수했다면, 비용은 $1,490이 들었을 것이고, 한 달 이내에 $2,500 - $1,490 = $1,010의 이익을 보게 되었을 것이다. 이는 67.8%($1,010 ÷ $1,490)의 보유기간 수익률로 해석될 수 있다.

전체가치와 부분가치 대부분의 널리 알려진 지수 옵션은 옵션의 거래와 가치평가를 위해서 기초 지수의 전체 시장가치를 사용한다. 하지만 Dow Jones 지수의 경우에는 그렇지 않다. Dow Jones 산업평균 지수(DJIA)에 대한 옵션은 실제 산업평균 지수의 1%(1÷100)를 기반으로 되어 있고, Dow 운송업 평균지수 옵션은 실제 평균 지수의 10%를 기반으로 되어 있다. 예를 들어 DJIA가 11,260에 있으면, 지수 옵션은 그의 1%인 112.60의 가치를 갖게 된다. 따라서 이 옵션의 현금가치는 DJIA에 $100을 곱한 것이 아닌 $100에 DJIA의 1%를 곱한 값이 되어 Dow Jones 산업평균 지수 자체의 값과 동일하게 된다: $100 × 112.60 = $11,260.

다행히도 옵션의 행사가격도 DJIA의 1%를 기반으로 되어 있어 옵션 가치 책정에는 영향이 없다. 중요한 것은 옵션의 행사가격과 DIJA(의 1%)이다. 예를 들어, <그림 14.4>에는 DIJA 옵션 지수가 96.05로 마감되었다는 것을 보자(이 때 실제 Dow는 9,605였다). 또한 이 지수에 대하여 $83의 행사가격을 가진 9월 콜옵션이 있었음을 참고하자. 거래가격은 13.15(또는 $1,315)였다. 수식(14.1)을 사용하여 이 내가격 옵션은 96.05 - 83 = 13.05의 내재가치를 갖고 있었음을 알 수 있다. 이 옵션의 시장가치(13.15)와 내재가치(13.05) 사이의 차이는 물론 시간가치이다. 이 경우에는 만기일이 얼마 남지 않았기 때문에 시간가치가 매우 낮은 것이다.

다른 종류의 옵션은 기초 지수의 10%(1÷10)에 거래되고 있는데, 이는 "미니" 지수 옵션이라고 한다. 예를 들어 Mini-NDX 지수(MNX)는 Nasdaq 100 가치의 10%로 책정되어 있다. "미니"는 또한 Nasdaq composite, S&P 500, Russell 2000, 그리고 FTSE 250(영국의 중형주 지수) 등에 대한 것도 있다.

투자의 용도

지수 옵션은 주식 옵션과 마찬가지로 스프레드, 스트래들, 그리고 covered call에 사용될 수 있지만, 특히 투기나 헤지에 많이 사용된다. 투기 투자로써 쓰일 때 지수 옵션은 투자자에게 비교적 적은 자본으로 시장 전체를 두고 투자를 할 수 있도록 한다. 여타 풋옵션이나 콜옵션과 마찬가지로 지수 옵션은 매력적인 레버리지 기회를 제공해주며, 동시에 손실에 대한 노출을 옵션 매수를 위해 지불한 가격으로 제한해준다.

헤지 수단으로서의 지수 옵션 지수 옵션은 헤지 수단으로써도 효과적이다. 사실 헤지는 지수 옵션의 주요 사용법 중 하나로 이 증권의 거래 중에서 큰 부분을 차지한다. 지수 옵션이 헤지에 어떻게 쓰일 수 있나 알기 위해, 12개의 다양한 주식으로 구성된 포트폴리오를 보유하고 있고, 시장이 침체되고 있다고 가정하자. 자본을 보호하기 위한 한 가지 방법은 가지고 있는 모든 주식을 파는 것이다. 하지만 이는 비용이 많이 들 수 있고, 침체 이후에 다시 시장으로 들어가고자 하면 더욱 그렇다. 또한 이는 불필요한 세금을 많이 발생시키기도 한다. 다행히도 "두 마리 토끼를 다 잡을" 방법은 있는데, 이는 보유한 주식 포트폴리오를 주가지수 풋옵션으로 헤지하는 것이다. 이 방법으로 시장이 하락하면 풋옵션을 통해 이득을 볼 것이고, 이를 이용하여 저가에 주식을 매수할 수 있다. 반면에 시장이 계속해서 상승하면 풋옵션의 거래 가격만 잃게 되는 것이다. 그 금액은 보유한 주식의 가격이 오른 것으로 만회할 수도 있다. 주가지수 옵션으로 헤지를 하는 주요 원칙은 주식 옵션으로 헤지하는 것과 동일하다. 유일한 차이점이라면 주가지수 옵션으로는 하나하나의 주식이 아닌 주식 포트폴리오 전체를 보호하려 한다는 것이다.

주식 옵션으로 헤지하는 것과 같이 지수 옵션으로 포트폴리오를 보호하는 비용은 시장이 하락하고 있고 포트폴리오에 대한 이런 유형의 보험이 필요할수록 더욱 커질 수 있다(가격 프리미엄이 20%에서 30% 붙을 수 있다). 따라서 높은 비용은 이러한 전략의 효과에 타격을 입힐 수 있다.

또한 얻을 수 있는 이익이나 보호의 정도는 주식 포트폴리오의 움직임과 활용하는 주가지수 옵션의 움직임이 얼마나 밀접한가에 따라 달라진다. 둘이 같은 방향으로 움직일 것이라는 보장이 없다. 따라서 포트폴리오에 포함된 주식의 특성을 잘 반영하는 지수 옵션을 선택해야 한다. 예를 들어 소형주 주식을 많이 가지고 있다면, 헤지 수단으로 Russell 2000 지수 옵션과 같은 것을 선택하는 것이 좋을 것이다. 우량주를 갖고 있다면 DIJA 지수 옵션이 좋다. 포트폴리오를 한푼 한푼 모두 보호할 수는 없겠지만 최대한 밀접하게 가까운 옵션을 선택하는 것이 중요하다.

주의할 점 투기와 헤지의 효과를 보면, 투자자가 왜 지수 옵션을 찾는지 궁금해할 필요가 없어진다. 하지만 한 가지 주의할 점을 말하자면 지수 옵션 거래가 단순하고 높은 수익률을 주는 것 같아 보이지만, 이러한 투사는 높은 위험이 있고 큰 가격 변동성이 있을 수 있다는 것이다. 전문가가 아니라면 손을 대지 않는 것이 현명하다. 물론 이러한 옵션을 통해 잃는 금액은 한정되어 있다. 문제는 그 금액을 잃기가 매우 쉽다는 것이다. 이러한 증권은 매수하고 만기까지 잊고 살아갈 수 있는 것들이 아니다. 오늘날 대규모의 시장 변동성을 고려하면 이 증권을 매일 모니터링 해야 할 것이다.

다른 종류의 옵션

주식과 주가지수에 대한 옵션은 상장 옵션의 거의 모든 시장 활동을 의미한다. 하지만 다양한 다른 증권에 대한 풋옵션과 콜옵션을 얻을 수도 있다. ETF에 대한 옵션부터 시작하여 이런 다양한 옵션을 알아보자.

상장지수펀드(ETF)에 대한 옵션 다양한 시장 지수와 더불어 풋옵션과 콜옵션은 225개 이상의 상장지수펀드(ETF)에 대한 것도 있다. 제12장에서 더 자세히 설명되어 있듯이 ETF는 넓은 범위의 시장 지수의 성과를 추적하기 위해 만들어진 뮤추얼펀드와 유사하다. 다시 말해서 ETF는 지수펀드의 일종이다. 상장 거래소에서 보통주 주식처럼 거래되고, 이는 주로 Amex 거래소에 상장되어 있다. ETF는 또한 DJIA, S&P 500, 그리고 Nasdaq 100 같은 널리 알려진 시장 지수부터 에너지, 금융, 건강, 반도체 같은 시장의 일정 섹터(sector)도 다룬다.

지수 옵션과 ETF 옵션이 다루는 시장과 시장 섹터는 겹치는 것이 많다. 비슷한 시장 적용범위와 더불어 시장에서 비슷한 성과를 보이고, 가치평가도 비슷하게 되고, 보통 같은 이유로 (특히 투기와 헤지로) 사용된다. 결국 ETF 옵션은 기초 지수 펀드(예를 들어, S&P 500을 추적하는 펀드)에 대해 발행된 것이고, 지수 옵션은 같은 기초 시장 지수(S&P 500)에 대해 발행된 것이기 때문에, 둘은 거의 같으며(시장의 성과를 직간접적으로 추적함) 거의 같은 방향으로 움직이는 것은 당연하다. 실질적인 차이는 다음과 같다. ETF 옵션은 주식 옵션처럼 운용되기 때문에 1계약의 옵션이 기초 ETF의 100주에 적용된다. 반면에 지수 옵션의 경우에는 기초 주가지수의 $100에 해당한다. 결국 둘은 기초지수(또는 ETF)의 100배에 거래된다. 따라서, ETF 옵션의 운용은 주식 옵션에 더 가깝겠지만, 실제 지수 옵션과 더 비슷한 역할을 한다. 이에 따라 시장은 ETF 옵션을 지수 옵션의 대체재로 보는 경우가 많다. 이 옵션 계약은 투자자의 눈에 띄었고, 특히 주요 시장 지수를 추적하는 투자자에게 그렇다.

이자율옵션 고정수익증권(채권)에 대한 풋옵션과 콜옵션은 이자율옵션(interest rate option)이라 불린다. 현재 이자율옵션은 미국 국채에 대해서만 발행된다. 4가지 만기가 사용되는데, 이에는 30년 T-bond, 10년 및 5년 T-note, 그리고 단기(13주) T-bill이 있다.

이 옵션은 가격기반이 아닌 수익률기반이다. 이는 이 옵션이 국채의 가격변동이 아닌 수익률에 맞춘다는 것이다. 다른 종류의 옵션(주식과 지수 옵션)은 기초자산의 가격이나 가치의 움직임에 반응하도록 만들어져 있다. 그와 다르게 이자율옵션은 기초 국채의 수익률에 반응하도록 되어 있다. 따라서 수익률이 오르면 콜옵션의 가치가 올라가고, 수익률이 떨어지면 풋옵션의 가치가 상승한다. 결과적으로 채권 가격과 수익률은 서로 반대 방향으로 움직이기 때문에, 이자율 콜옵션의 가치는 기초 채권의 가격이나 가치가 떨어질 때 오른다(풋옵션의 경우는 이와 반대). 이런 독특한 특징이야말로 이자율옵션 시장의 규모가 작은 채로 유지되는 이유일 수 있다. 많은 전문 투자자들은 이자율옵션에 관심을 두지 않는다. 대신 전문가들은 이자율 선물계약이나 이자율선물에 대한 옵션을 더 선호한다(이는 제15장에서 더 다룰 것이다).

외환옵션 외환옵션(currency option)은 투자자로 하여금 환율에 대한 투기를 하고 외환이나 해외증권의 소유를 헤지할 수 있도록 해준다. 외환옵션은 미국과 무역이 활발한 대부분 나라의 화폐에 대한 것들이 있다. 이 옵션들은 필라델피아 거래소에서 거래되고 다음 화폐에 대한 것을 포함하고 있다:

- 영국 파운드
- 스위스 프랑
- 오스트레일리아 달러
- 캐나다 달러
- 일본 엔
- 유로

외환에 대한 풋옵션과 콜옵션은 소유자들로 하여금 특정 화폐를 대량으로 매수 또는 매도할 권리를 준다. 하지만 주식과 주가지수 옵션의 표준화된 계약과는 달리 기초 외환에 따라 거래 단위가 달라진다. <표 14.6>에는 이런 점이 자세히 나와 있다. 외환옵션은 거래되는 외환의 양에 따라 외환의 난위당 몇 센트 또는 센트의 일부에 거래된다. 즉 영국 파운드의 풋옵션이나 콜옵션이 6.40(이는 "6.4센트"라 읽음)에 표기되었다고 하면, 이의 가치는 $640로 평가되었을 것이다. 왜냐하면 이 옵션은 10,000파운드의 거래를 다루는 것이기 때문이다(10,000 × 0.064 = $640).

외환옵션의 가치는 미국 달러와 외환 사이의 환율과 연관이 있다. 예를 들어 캐나다 달러의 가치가 미국 달러에 비해 올라가면 환율이 오르고 캐나다 달러의 콜옵션의 가격이 오르고 풋옵션의 가격은 떨어질 것이다(참고: 시장에 외환 사이의 옵션도 존재하지만 이러한 옵션이나 거래기술은 여기에서 다루지 않을 것이다. 여기서는 미국 달러와 연결된 외환의 옵션이나 선물에 중점을 둠).

외환옵션의 행사가격은 환율을 나타낸다. 즉 150의 행사가격은 (영국 파운드와 같은) 외환 단위당 미국 돈 150센트 또는 $1.50의 가치를 가진다고 할 수 있다. 이 외환에 대한 150짜리 콜옵션을 소유하고 있을 때 외환의 가격이 올라 환율이 155와 같은 값으로 오른다면 이익이 되는 것이다. 반대로 150짜리 풋옵션을 가지고 있을 경우 환율이 145 같이 낮은 값으로 떨어지면 이익이 된다. 외환옵션 프로그램에서 이익을 보기 위해서는 미래의 환율변화를 파악하는 것이 매우 중요하다.

표 14.6 필라델피아 거래소의 외환옵션 계약

기초외환*	계약 규모	기초외환	계약 규모
영국 파운드	10,000파운드	캐나다 달러	10,000달러
스위스 프랑	10,000프랑	일본 엔	1,000,000엔
유로	10,000유로	오스트레일리아 달러	10,000달러

* 영국 파운드, 스위스 프랑, 유로, 캐나다 달러, 오스트레일리아 달러는 센트로 표기된다. 일본 엔은 센트의 1/100 단위로 표기된다.

LEAPS 보통의 풋옵션과 콜옵션같이 생겼고, 보통의 풋옵션과 콜옵션처럼 움직이지만, 보통의 풋옵션이나 콜옵션이 아닌 옵션이 있다. 이는 LEAPS라는 것으로, 만기가 매우 긴 풋옵션과 콜옵션이다. 기본적으로 LEAPS는 장기 옵션이다. 일반적인 옵션은 8개월 이하의 만기를 가진 반면에 LEAPS의 만기는 길게는 3년까지 간다. LEAPS는 Long-term Equity AnticiPation Securities의 약자이고 모든 주요 옵션거래소에 상장되어 있다. 수백 개의 주식, 주가지수, 그리고 ETF에 대한 LEAPS가 있다.

만기의 차이를 제외하면 LEAPS는 다른 어떠한 주식이나 지수 옵션과 같다. 예를 들어 하나의 (주식) LEAPS 계약은 소유자에게 만기일 또는 만기일 이전에 100주의 주식을 정해진 값에 매수하거나 매도할 권리를 준다. LEAPS는 투자자에게 주가나 주가지수의 변동이 원하는 방향으로 갈 때까지 기다릴 더 많은 시간을 주고, 헤지 사용자에게는 더 긴 기간의 보험이 되어준다. 하지만 이러한 시간에는 대가가 있는데, LEAPS는 보통 옵션보다 가격이 더 높다는 것이다. LEAPS는 만기가 상당히 길기 때문에 높은 시간가치를 가지고 있다. 이 장에서 앞서 다루었듯이 다른 모든 것들이 동일하다고 가정했을 때, 옵션은 만기일까지 남은 시간이 길면 길수록 가격이 더 높다.

개념리뷰

14.12 주가지수옵션과 주식 옵션의 차이와 유사점을 간략하게 설명하시오. 외환옵션과 주식 옵션도 비교하시오.

14.13 주가지수옵션을 활용하는 2가지 방법에 대해 설명하시오. 외환옵션에 대해서도 설명하시오.

14.14 투자자는 왜 지수옵션을 이용하여 주식 포트폴리오를 헤지하려고 하는가? 동일한 목적이 ETF에 대한 옵션을 이용해서도 가능한가? 만일 투자자들이 시장이 전반적으로 하락한다고 생각하면서도 단순히 주식을 매도하지 않는 이유는 무엇인가?

14.15 LEAPS는 무엇인가? 투자자가 정규 상장옵션 대신에 LEAPS 옵션을 활용하려고 한다면 그 이유는 무엇인가?

토론문제

LG 2 Q14.1 <그림 14.4>의 주식옵션 시세표를 이용하여, 옵션 프리미엄, 시간가치, 그리고 주가지수 손익분기점을 다음 풋옵션과 콜옵션에 대해 각각 구하시오. S&P 100 지수는 646.22임.

a. 10월물 680 행사가격의 풋옵션
b. 10월물 640 행사가격의 콜옵션

LG 3 Q14.2 <그림 14.4>의 상장된 콜옵션과 풋옵션에 대해 <표 14.1>과 유사한 스케줄을 구성하시오.

LG 5 Q14.3 Alcan 주식은 최근 $52.51의 종가를 기록했다. 당신이 $55 행사가격의 9월물 콜옵션 1계약을 발행하고 100주의 주식을 시장가격으로 매수하여 Alcan에 대한 covered call을 발행하려고 가정하자. 콜옵션 발행으로 얻게 되는 옵션 프리미엄은 $370이다. 주식은 배당금을 지급하지 않는다고 가정하자.

a. 주가가 변동하지 않는다면 총이익은 얼마인가?

b. 주가가 $55로 상승한다면 총이익은 얼마인가?

c. 주가가 $49로 하락한다면 총이익은 얼마인가?

LG 6 Q14.4 당신은 적절히 구성된 주식 포트폴리오를 가지고 있다. 어떤 상황에서 주가지수(혹은 ETF) 옵션으로 이 포트폴리오를 헤지하고자 하겠는가?

a. 시장의 하락에 대비하기 위해 포트폴리오를 헤지하는 데 옵션을 사용할 수 있는지 설명하시오.

b. 만일 실제로 시장이 하락한다면 어떤 일이 발생하는지 설명하시오.

c. 만일 시장이 상승한다면 어떻게 될 것인가?

LG 3 LG 4 Q14.5 학교 도서관(혹은 인터넷) 자료를 이용하여 다음 과제를 실행하시오. (주의: 모든 계산과정을 보이시오)

a. 만기까지 2~3개월 남은 내가격 콜옵션을 찾는다(최소한 $2 혹은 $3의 내가격을 갖는 주식 옵션을 선택). 이 옵션의 내재가치는 얼마이고 프리미엄은 얼마인가? 현재 (옵션이 대상으로 하는) 기초주식 시장가격을 이용하여 주식이 10% 가격 상승을 하게 되면 옵션의 금액 수익과 수익률은 각각 얼마가 되는지 계산하시오. 만일 주식가격이 10% 하락하게 되면 어떻게 될 것인가?

b. 앞의 문제 a를 반복하는데, 이번에는 내가격 풋옵션을 대상으로 한다(만기까지 2~3개월 남아 있으면 $2 혹은 $3의 내가격을 가지는 주식 옵션을 선택). 동일한 모든 질문에 답하시오.

c. 앞의 문제 a를 반복하는데, 이번에는 외가격 콜옵션을 대상으로 한다(만기까지 2~3개월 남아 있으면 $2 혹은 $3의 외가격을 가지는 주식 옵션을 선택). 동일한 모든 질문에 답하시오.

d. 내가격 콜옵션과 외가격 콜옵션의 (a와 c에서 얻은) 가치 특성을 비교한다. 각각의 장점과 단점에 대해 주의하시오.

문제

LG 3 P14.1 Apple 주식은 주당 $600에 거래되고 있다. $585의 행사가격을 가진 콜옵션은 $69이다. 옵션의 내재가치는 얼마인가? 시간가치는?

LG 3 P14.2 Gillette는 $31.11에 거래되고 있다. 행사가격 $35의 콜옵션의 가격은 $0.30이다. 옵션의 내재가치는 얼마인가? 시간가치는?

LG 3 P14.3 Verizon은 $36에 거래된다. 행사가격 $45의 풋옵션의 가격은 $10.50이다. 옵션의 내재가치는 얼마인가? 시간가치는?

LG 3 P14.4 J. Crew는 $36에 거래된다. 행사가격 $27.50의 풋옵션의 가격은 $0.85이다. 옵션의 내재가치는 얼마인가? 시간가치는?

LG 3 P14.5 Home Depot 보통주 100주에 대한 $60의 행사가격을 가진 6개월 콜옵션 계약은 $600이다. Home Depot 주식이 옵션 만기일에 주당 $75로 올랐다고 가정하자. 콜옵션 소유자의 이익은 얼마인가? 보유기간 수익률은 얼마인가?

LG 4 LG 6 P14.6 원유가격이 기대했던 것보다 상승할 것이고, 상승한 유가는 원유관련 제품을 생산하는 산업에 속한 기업의 이익을 낮출 것으로 예상하고 있다. 또한 원유가격이 상승함에 따라 고객수요가 줄어들 것이기 때문에 이러한 영향은 확대될 것이다. 당신은 XLB라는 이 산업에 속하는 기업을 대표하는 ETF에 눈길이 간다. 당신은 계좌에 충분한 증거금을 가지지 못했기 때문에 ETF를 공매도할 의도는 없다. XLB는 현재 $23에 거래되고 있다. 이에 따라 당신은 행사가격 $24에 (100주에 대한) 풋옵션을 $1.20에 매입하려고 한다. 당신의 예상이 정확한 것으로 밝혀졌다. 만기에 XLB는 $20에 거래되고 있다. 당신의 이익을 계산하시오.

XLB: Materials - $23					
콜옵션			풋옵션		
행사가격	만기일	가격	행사가격	만기일	가격
$20	11월	$0.25	$20	11월	$1.55
$24	11월	$0.25	$24	11월	$1.20

LG 4 LG 6 P14.7 문제 14.6에 있는 XLB 표를 살펴보자. 만일 당신이 옳지 않았고 XLB의 가격이 만기일에 $25로 상승하였다면 어떻게 될까?

LG 6 P14.8 Dorothy Santosuosso는 주식 시장에 많은 투자를 하고 있고 주가지수 옵션을 자주 이용한다. 그녀는 시장이 전반적으로 위축될 것이라 확신하고 S&P 100 지수에 대한 풋옵션을 매수하려고 결정했다. 풋옵션은 690의 행사가격을 가지고 경제신문에 $4.50으로 시세가 표기되었다. 비록 S&P 100 지수가 현재 686.45이긴 하지만 Dorothy는 옵션 만기일에는 665로 하락할 것이라 생각한다. 그녀가 옳다면, 이익과 보유기간 수익률은 얼마가 될 것인가? 만일 S&P 100이 만기일에 (하락하지 않고) 25포인트 상승하여 715가 된다면 그녀는 얼마의 손실을 보겠는가?

LG 3 LG 4 P14.9 Myles Houck는 Lubbock Gas and Light의 600주를 보유하고 있다. 그는 몇 년전에 $48.50에 주식을 매수했고 현재 주가는 $75이다. Myles는 시장이 약세로 바뀐다고 우려하고 있다. 주식을 매도하고 싶지는 않지만 그 동안의 이익을 보호하기를 원하고 있다. Lubbock G&L에 대한 6계약의 풋옵션으로 포지션을 헤지하고자 한다. 3개월 만기 행사가격 $75의 풋옵션이 현재 $2.50로 거래되고 있다.

a. 만일 Lubbock 주식이 만기일에 $60로 하락한다면 Myles는 풋옵션을 통해 얼마의 이익 혹은 손실을 얻게 될까?

b. 만일 주식이 계속 상승해서 만기일에 주당 $90에 도달하게 되면 그는 어떻게 행동할까?

c. 풋옵션을 헤지수단으로 사용하는 주요 이점은 무엇인가?

d. 행사가격 $85이며 가격이 $10.50인 내가격 풋옵션을 사용하면 Myles에게 더

유리할까? 만일 행사가격 $70이며 가격이 $1.00인 외가격 풋옵션의 경우는 어떨까?

LG 4 LG 6 P14.10 P. F. Chang은 우량 대형 주식으로 구성된 잘 분산된 포트폴리오를 보유하고 있다. 현재 Chang의 포트폴리오 가치는 $735,000이다. 그는 향후 3개월에서 6개월 사이에 시장이 (20%가량) 폭락할 것을 우려하고 있다. 그는 주가가 바닥을 치고 난 후에는 성과가 나아지고 장기적으로 잠재력이 있다고 생각하기 때문에 주식을 매도하고 싶지는 않다. 따라서 그는 포트폴리오를 헤지하기 위해 지수 옵션을 고려하고 있다. S&P 500이 현재 1,470이라고 가정하자. 이 지수에 대한 많은 풋옵션 중에서 그의 눈길을 끄는 것은 다음 2가지이다. (1) 6개월만기 행사가격 1,450에 가격은 $26, (2) 6개월만기 행사가격 1,390에 가격은 $4.50.

a. Chang은 $735,000의 주식 포트폴리오를 보호하기 위해 S&P 500 풋옵션을 얼마나 사야 하는가? 필요한 1,450의 풋옵션은 얼마의 비용이 드는가? 1,390의 풋옵션 비용은 얼마인가?
b. 이제 풋옵션과 포트폴리오의 성과 모두를 고려해보자. 만일 시장(S&P 500로 측정)과 Chang의 포트폴리오 모두 향후 6개월 동안 15% 하락한다면 Chang은 이러한 풋옵션 헤지에서 얼마의 순이익(혹은 순손실)을 얻을 것인지 알아보자. 만일 시장과 포트폴리오가 단 5% 하락한다면 어떻게 될까? 10% 상승한다면 어떻게 될까?
c. Chang은 풋옵션 헤지를 해야만 할까? 설명하시오.
d. DJIA가 현재 14,550이고 이 다우지수에 대한 144의 행사가격을 가진 6개월 풋옵션이 현재 $2.50으로 거래된다고 가정하자. Chang은 자신의 포트폴리오를 보호하기 위해 얼마나 많은 풋옵션을 구매해야 할까? 비용은 얼마인가? Chang은 S&P 1,450 풋옵션과 이 다우지수 옵션 중에서 어느 쪽이 유리한가? 설명하시오.

LG 3 LG 5 P14.11 Angelo Martino는 AT&E 주식 500주를 주당 $61.50에 매수했는데 이 주식에 대해 covered call를 발행하려고 한다. 이에 따라, 그는 AT&E 콜옵션 5계약을

현재의 시장가격 $5.75에 매도하였다. 콜옵션은 3개월 만기이고 행사가격은 $65이다. 주식은 분기 배당금으로 주당 $0.80을 지급한다(다음번 배당금은 1개월 뒤이다).

a. 주식이 콜옵션 만기일에 주당 $65로 오르면 Angelo가 얻게 되는 총이익과 보유기간 수익률은 얼마인가?

b. 만일 주식 가격이 주당 $65 이상으로 상승하게 되면 Angelo의 이익(그리고 수익률)은 어떻게 되는가?

c. 주식 가격의 하락에 대해 covered call은 어떤 보호를 제공하는가? 설명하시오.

LG 6 P14.12 Rick은 크게 저평가되었다고 믿어지는 유통업 주식을 보유하고 있다. Rick은 주식이 장기간에 걸쳐 가치가 상승할 것이라고 기대한다. 그러나 그는 유통업 내의 대기업 매출액이 하락함에 따라 투자자들의 흥미가 전체 유통업에서 떠나고 있음을 우려하고 있다. 이 주식에 대해 거래되고 있는 옵션은 없지만 Rick은 유통업에 대한 그의 걱정에 대비하는 헤지를 하고 싶다. 그는 RTH라는 유통업 ETF에 관심을 두고 있다. Rick은 RTH를 이용하여 우려하고 있는 위험에 대해 헤지할 수 있는가?

LG 5 LG 6 P14.13 DJIA가 11,200이라고 하자. 당신은 지수에 대한 콜옵션 100계약과 같은 수의 풋옵션을 매수하여 스트래들을 구축하려고 한다. 옵션은 모두 3개월 만기에 112의 행사가격을 가진다. 풋옵션 가격은 $1.65에 콜옵션은 $2.65에 거래되고 있다.

a. 스트래들을 구성하는 데 소요되는 비용은 얼마인가? 시장이 옵션의 만기일에 750포인트 하락하면 당신의 이익(혹은 손실)은 얼마가 되겠는가? 시장이 만기일에 750포인트 상승하면 어떻게 되는가? 만일 11,200이라면?

b. 앞의 a를 다시 반복해보자. 이번에는 당신이 스트래들을 매도(short straddle)한다고 가정하자. 행사가격 112에 100계약의 풋옵션을 매도하고 콜옵션을 매수하는 것이다.

c. 옵션 스트래들을 투자 전략으로 사용하는 것에 대해 어떻게 생각하는가? 스

트레들의 위험과 보상은 무엇인가?

LG 3 P14.14 어떤 주식이 주당 $45에 거래되고 있다. 그 주식에 대하여 만기일 1년에 행사가격 $50인 콜옵션이 있다. 주식 수익률의 변동성은 30%이고 무위험 이자율은 2%이다. 이 옵션에 대한 블랙-숄즈(Black-Scholes)의 가치는 얼마인가?

사례 문제 14.1: Francisco 부부의 투자 옵션

LG 3 LG 4 Hector Francisco는 Atlanta의 성공한 사업가이다. 그와 아내 Judy가 몇 년 전 설립한 상자제조 회사는 번성하고 있다. 본인이 설립한 기업이기 때문에 Hector는 자신의 은퇴 펀드를 직접 만들고 있다. 지금까지 그는 투자 계정에 상당한 금액을 모았고 대부분 공격적인 투자를 취하고 있다. 이런 투자 성향은 그가 언급하듯 "이 사업에서 언제 바닥으로 떨어질지 모른다"는 이유에서다. Hector는 신중한 분석을 행한 후에 Rembrandt Paper Products(RPP) 주식이 오를 것이라고 느껴서 RPP 주식을 매입하였다. 특히 그는 향후 6개월 내에 RPP가 현재 주가 수준인 $57.50에서 주당 $80에 도달할 것이라고 믿는다. 주식은 연간 $2.40의 주당 배당금을 지급한다. Hector는 6개월 투자기간 동안 2번의 분기 배당금을 받을 것이라 계산하고 있다.

RPP의 분석에서 Hector는 이 주식에 해당하는 6개월의 콜옵션($50와 $60의 행사가격을 가진)이 CBOE에 상장되어 있다는 것을 알게 되었다. CBOE에서 $50 행사가격의 콜옵션과 $60 행사가격 콜옵션은 각각 $8와 $5로 가격이 게시되고 있다

문제

a. 만일 RPP를 6개월 이상 투자하려고 하면 Hector는 얼마나 많은 투자 대안을 가지고 있는가? 만일 투자 기간이 2년이라면?

b. 6개월 투자기간과 이 기간 동안에 주식이 $80로 상승한다는 가정을 이용하자.

   1. 보유기간 말에 어느 옵션도 투자 프리미엄을 가지지 않는다고 가정하고, 2개 콜옵션의 가치를 구하시오.
   2. Hector Francisco에게 주어진 3개의 투자 대안 각각의 보유기간 수익률을 구하시오.

c. 만일 Hector가 단순히 이익을 극대화하려고 한다면 어떤 조언을 하겠는가? 만일 수익률과 함께 고려했던 다른 요인(예, 위험 노출)이 변한다면 당신의 해답은 바뀌겠는가? 설명하시오.

사례 문제 14.2: Luke의 고민: 헤지할 것인가? 말 것인가?

LG 3 LG 4 약 10개월 전에 Phoenix의 부동산 은행가인 Luke Weaver는 200주의 주식을 주당 $40에 매수했다. 그 때부터, 주식의 가격은 주당 $75로 상승했다. 이제 연말이 가까웠는데, 시장은 약세를 보이고 있다. Luke는 주식에 아직 투자여지가 있다고 느끼지만 시장의 분위기를 걱정하고 있다. 그의 아내인 Denise는 주식시장에 관한 교육 프로그램을 수강한 후에 풋옵션과 콜옵션 헤지에 대해 배웠다. 그녀는 주식 포지션에 대해 풋옵션 헤지를 하면 어떨지 조언하고 있다. 이 제안에 흥미를 느낀 Luke는 브로커와 상의를 했으며 브로커는 그가 보유한 주식에 대한 풋옵션이 있음을 알려주었다. 특히 그는 3개월 만기 $75 행사가격의 풋옵션을 $550(계약당 $5.50)에 매수할 수 있다.

문제

a. Luke의 현재 투자 상황에서 헤지 수단으로 풋옵션을 사용하는 이점은 무엇인가? 주요 위험요인은 무엇인가?

b. 만일 제시된 옵션 가격에 풋옵션 3계약을 매수하면 Luke의 최소한 이익은 얼마가 될까? 헤지 대신에 주당 $75의 가격에 주식을 즉시 매도한다면 그의 이익은 어떻게 되는가?

c. Luke가 자신의 포지션을 헤지하기 위해서 풋옵션 3계약을 사용한다고 가정하고, 옵션 만기일에 주식이 $100로 변한다면 그의 이익은 얼마가 되는가? 주식이 주당 $50로 하락한다면?

d. Luke는 헤지를 위해 풋옵션을 사용해야 하는가? 어떤 조건에서 헤지로 풋옵션을 사용해서는 안 되는가?

엑셀 스프레드시트

옵션에 투자하는 한 가지 긍정적인 이유는 풋옵션과 콜옵션의 이익 잠재력 때문이다. 옵션의 거래 시장가격은 만기일, 주식 변동성, 시장 이자율, 기초자산인 주식의 가격 움직임에 영향을 받는다. 마지막 변수가 옵션의 가격 움직임에 대한 영향을 주도하는 경향이 있고 수익률에도 영향이 크다.

스프레드시트 모형을 아래에 제시된 것처럼 만들어서 기술된 옵션에 투자하는 이익과 손실을 계산해보자.

	A	B	C	D	E	F	G	H	I	J
1										
2						Long		100		3-Month Call Option
3						Position		Shares of		on the Stock
4						No		Underlying		Strike Price
5						Option		Common Stock		$$$
6										
7	Today									
8										
9	Market value of stock			$$		$$		$$		
10	Call strike price			$$						
11	Call option premium			$$						
12										
13										
14	Scenario One: 3 months later									
15	Expected market value of stock			$$		$$		$$		
16	Stock value @ strike price			$$						$$
17	Call premium			$$						$$
18	Breakeven point			$$						$$
19										
20	Profit (Loss)					$$		$$		

John은 지난 18개월 동안 주식시장을 면밀히 관찰했고 미래 주식가격이 상당히 상승할 것이라는 강한 믿음을 가지고 있다. 그는 2개의 대안을 가지고 있다. 첫 번째는 장기전략으로 오늘 주식을 매입하고 미래에 가능한 높은 가격에 매도하는 것이다. 또 다른 대안 전략은 3개월 콜옵션을 매입하는 것이다. 분석을 위해 필요한 관련 정보는 아래와 같다.

현재 주식가격 = $49

한 번의 거래회전을 위해 사려는 주식의 수 = 100주

$51의 행사가격을 가지는 3개월 콜옵션의 콜 프리미엄은 $2

문제

a. 첫 번째 시나리오에서 만일 3개월 뒤 주식가격이 $58일 때

1. 매입 포지션의 이익 혹은 손실은 얼마인가?

2. 콜옵션의 손익분기점은 얼마인가?
3. 옵션은 내가격인가 혹은 외가격인가?
4. 옵션의 이익 혹은 손실은 얼마인가?

b. 두 번째 시나리오에서 만일 3개월 뒤 주식가격이 $42일 때
1. 매입 포지션의 이익 혹은 손실은 얼마인가?
2. 콜옵션의 손익분기점은 얼마인가?
3. 옵션은 내가격인가 혹은 외가격인가?
4. 옵션의 이익 혹은 손실은 얼마인가?

장을 여는 문제

이 장의 시작에서 우리는 예술가 David Choe에 관해 읽었다. 그는 Facebook 본사의 벽화를 그리기로 2005년에 약속을 했고 대가로 $60,000의 주식을 받았다. 그리고 7년 동안 Facebook은 세계에서 가장 큰 소셜 미디어 회사로 성장했으며, $1,040억에 달하는 IPO로 가는 길에서 David Choe는 그의 옵션을 IPO 이전에 현금화할 수 있는 많은 기회를 가졌다. 2008년 4월 Facebook의 사모발행 보유 주식이 장외시장인 Second Market에서 거래되기 시작했고 David Choe는 언제든지 자신의 주식을 매도할 수 있었다.

질문

a. Facebook의 2012년 IPO 가격 $38를 기초로 하면, Mr. Choe의 주식은 200백만 달러로 알려졌다. 그림을 그린 대가로 대략 얼마만큼의 주식을 받은 것일까?
b. 앞의 a에서의 답변을 근거로 Mr. Choe가 $60,000의 기회비용으로 주식을 받기로 했을 때 Mr. Choe의 암묵적인 주식 가격은 얼마였는가?
c. Mr. Choe의 7년 투자 보유기간의 수익률은 얼마인가?
d. 주식을 보유하는 대신에 Mr. Choe가 2008년에 Second Market에서 초기 거래가격인 주당 $3.50에 주식을 매도했다면, 그의 이익 금액과 3년 보유 수익률은 얼마였을까?

Chapter 15

선물시장과 선물계약

학습목표 (Learning Goals)

이 장을 학습한 후, 아래와 같은 과제를 수행할 수 있어야 한다.

LG 1 선물계약의 특성을 설명하고 어떻게 선물시장이 운영되는지 이해한다.

LG 2 선물시장에서 헤지 거래자와 투기자의 역할과 어떻게 이익과 손실이 발생하는지 설명한다.

LG 3 선물시장의 원자재인 상품선물을 설명하고 이러한 투자의 특성을 이해한다.

LG 4 원자재를 이용한 거래와 투자전략을 설명하고 투자수익률을 이해한다.

LG 5 실물 원자재 선물과 금융 선물의 차이를 설명하고 오늘날 금융 선물의 증가하는 역할을 논의한다.

LG 6 금융 선물에 사용되는 거래 기법을 논의하고 어떻게 이런 증권이 다른 투자와 관련되어 있는지 확인한다.

2005년 3월에 새로운 원자재인 에탄올(ethanol)이 시카고 상업거래소(CME, Chicago Mercantile Exchange)에서 거래되기 시작했다. 에탄올은 사탕수수, 옥수수, 밀, 보리, 사탕무 당밀과 같은 전분을 발효하고 증류하여 생산되는 알콜이다. 에탄올은 주로 3가지 용도로 사용된다. 음료, 산업제품, 그리고 점차 증가하고 있는 연료용이다.
전 세계 에너지 수요의 증가에 따라 재사용이 가능하고, 환경친화적인 연료인 에탄올은 점점 매력적이 되고 있다. 에탄올은 화석연료와 혼합한 E85(에탄올 85%, 가솔린 15%)로 사용해야 하기 때문에 화석연료로부터의 완벽한 독립을 가져오기는 어렵다. 수요의 증가와 2007년 '에너지 독립과 안전법' 제정이라는 미국 정부의 노력으로 2012년에는 매년 149억 갤론의 용량을 가진 209개의 에탄올 정유공장이 29개 주에서 운영되고 있다. 이 용량은 미국 가솔린 공급량의 약 10%에 해당한다. 9백만 명 이상의 소비자가 가솔린과 E85를 함께 이용해서 달릴 수 있는 복합연료차량(Flexible Fuel Vehicle)을 운행하고 있다. 2012년에는 E15과 E30라는 새로운 에탄올 연료가 경량 차량의 62%에 시 시용될 것으로 예상된다.
CME에서 전자적으로 거래되는 에탄올 선물계약의 등장은 에탄올 산업이 지속적으로 성장하는 데 도움이 될 것이다. 선물은 어떤 상품을 특정한 물량만큼 정해진 미래시점에 인도하는 가격에 사거나 파는 계약이다. 예를 들어 농산물이나 외환 같은 상품이 대상이 된다. 개별 원자재에 투자하거나 혹은 금융 선물을 거래하기 전에 이러한 전문적이며 고위험인 투자가 어떻게 작동되는지를 이해해야 한다. 이번 장에서 원자재 투자에 대해 소개하고 선물계약이 어떻게 위험 관리 수단으로 이용되는지 설명한다.

(출처: "Ethanol Futures Scheduled to Launch on March 29th," http://www.prnewswire.com/news-releases/cme-to-launch-its-first-ever-energycontract-54159072.html, accessed September 17, 2012; Renewable Fuels Association, 2012 Pocket Guide to Ethanol, http://www.ethanolrfa.org/pages/rfa-pocket-guideto-ethanol, accessed September 17, 2012

선물시장

LG 1

주 각 장의 학습목표는 이 아이콘에 의해 본문의 설명에서 표시된다.

"어이, 이봐, 구리를 사고 싶나? 커피는 어때? 아니면 돼지고기나 프로판 가스는? 아니면 일본 엔화나 스위스 프랑화에는 구미가 당기나?" 이상하게 들리지 않는가? 아마도 그렇겠지만, 이러한 상품들이 가진 공통점이 있다. 모두 실물 투자를 말하고 있다. 원자재 선물과 금융 선물 시장은 이색적인 투자처이며 심지어 투기와도 상당한 관련이 있다. 위험은 매우 크지만, 운이 좋다면 수익은 놀랄만하다. 그러나 운보다 중요한 것은 인내와 노하우이다. 사실 이것은 전문 투자 기법이 요구되는 특수한 투자상품이다.

미국에서 거래되는 선물계약은 지난 20~30년 동안 몰라보게 성장했다. 늘어난 투자자들로 인해 선물거래는 매력적이고 높은 수익률을 얻는 방법으로 바뀌었다. 선물거래 성장의 배경에는 거래 계약의 종류와 수가 많고 다양하다는 이유가 있다. 21세기의 출발과 함께 미국 거래소에 상장되어 활발하게 거래되는 선물계약은 9배로 증가했다. 오늘날에는 곡물이나 금속과 같은 전통적인 1차 원자재뿐만 아니라 가공된 원자재인 원유와 가솔린, 전기, 외환, 화폐시장 증권, 미국이나 외국의 채권, 유로달러 증권, 그리고 주식 등 2,500 계약 이상 상장되어 있다. 지금은 활발하게 거래되는 선물계약에 대한 풋옵션과 콜옵션까지 매수할 수 있다. 이러한 원자재와 금융자산은 선물시장(futures market)이라고 불리는 곳에서 거래된다.

시장구조

밀 1부셸이 팔리는 거래는 현물시장(cash market)에서 일어난다. 부셸은 매도자에게 지급되는 현금에 대한 대가로 주인이 바뀐다. 실용적인 목적에서 거래는 그 때 그 장소에서 완료된다. 거의 대부분의 전통적인 증권은 이런 유형의 시장에서 거래된다. 그러나 밀 1부셸은 선물시장(futures market)에서도 팔릴 수 있다. 선물시장은 선물계약을 거래하기 위해 조직된 시장이다. 이 시장에서 매도자는 상호 동의한 미래의 어떤 날짜가 될 때까지 밀을 인도하지 않을 것이다. 결과적으로 거래는 어떤 시간이 될 때까지 완료되지 않을 것이다. 반면에 매수자는 매우 유동적인 선물계약을 (밀 1부셸의 인도일에 제시하거나) 보유하거나 선물시장에서 거래할 수 있다. 매수자가 계약을 가지고 무엇을 하든, 매도자는 미래의 정해진 날에 정해진 밀의 양을 인도해야만 하는 법적인 의무를 가지게 된다. 매수자/소유자는 기초 원자재를 수령해야만 하는 의무를 가진다.

선물계약 선물계약(futures contract)은 동의한 가격에 정해진 날짜에 특정한 상품의 정해진 물량을 인도하기로 한 매매계약이다. 상품의 물량과 품질뿐만 아니라 인도 절차와 인도월도 포함한다. 선물계약의 인도월(delivery month)은 풋옵션과 콜옵션의 만기일과 매우 유사하다. 원자재나 상품이 인도되어야만 하는 때를 정하고 있기 때문에 계약의 수명을 확정한다. 예를 들어, CME 그룹의 시카고 상품거래소(CBOT, Chicago Board of Trade)는 대두 선물계약을 USDA No. 2 황색 대두 5,000부셸로 하도록 정하고 있다. 그리고 대두의 인도월은 1월, 3월, 5월, 7월, 8월, 9월, 11월이다.

또한 선물계약은 고유의 거래시간을 가지고 있다. 원자재 선물과 금융 선물의 정상적인 거래시간은 항상 일정한 개장과 폐장시간을 가지는 상장 주식이나 채권과는 달리 매우 다양하다. 예를 들어, 귀리 선물계약의 장내거래는 (중부시간으로) 월요일부터 금요일 오전 9:30에서 오후 2:00이고, 은 거래는 오전 8:25에서 오후 1:25, 생우(live cattle)는 오전 9:05에서 오후 1:00, 미국 국채(T-bond)는 오전 7:20에서 오후 2:00, S&P 500 주가지수는 오전 8:30에서 오후 3:15이다. 장내거래의 시간뿐만 아니라 전자거래 시간도 정해져 있다. CME Globex는 거래자들이 1주일에 5일 동안 선물 상품 거래에 거의 24시간 전세계 어디서라도 접근할 수 있도록 허용하고 있다.

<표 15.1>은 14개의 원자재 선물과 금융 선물을 보여준다. 단일 계약의 시장가치는 <표 15.1>에서 보듯이 계약의 크기와 최근의 기초 상품 시세를 곱해서 얻는다. 예를 들어, 단일 계약으로 37,500파운드의 커피가 있는데, 커피가 파운드당 $1.641로 거래된다면 선물 계약의 시장가치는 37,500 × $1.641 = $61,537.50이다. <표>에서 보듯이, 선물 계약은 대량의 기초 상품이나 금융상품에 적용된다. 그러나 단일 계약의 가치가 일반적으로 꽤 크지만 이러한 상품에 필요한 실제 투자 자본 금액은 상대적으로 작다. 왜냐하면 이 시장에서의 모든 거래는 증거금 기준(margin basis)으로 이루어지기 때문이다.

표 15.1 선물계약의 범위

	단일 계약의 크기*	단일 계약의 최근 시장가치($)**
옥수수	5,000부셸(bu)	39,125
밀	5,000부셸(bu)	42,800
생우(live cattle)	40,000파운드(lb)	48,730
비육우(feeder cattle)	50,000파운드(lb)	70,750
돈육(lean hogs)	40,000파운드(lb)	36,780
커피	37,500파운드(lb)	61,538
면화	50,000파운드(lb)	35,650
금	100트로이 온스	161,010
구리	25,000파운드(lb)	83,925
원유	1,000베럴(bbl)	92,780
일본 엔	12.5백만 엔	159,750
미국 2년채(T-note)	$200,000	220,422
미국 30년채(T-bond)	$100,000	148,688
S&P 500 주가지수	$250 x S&P 500 선물가격	350,625

* 단일 계약의 크기는 CME Group의 선물상품에 해당함
** 계약의 가치는 2012년 8월 13일의 가치를 나타냄

옵션과 선물

여러 측면에서 선물계약은 콜옵션과 밀접하게 관련되어 있다. 예를 들어, 둘 다 동의한 가격에 상품을 미래에 인도하는 파생증권이다. 그러나 선물계약과 옵션 사이에는 중대한 차이점이 있다. 우선 선물계약은, 계약이 만기이전에 취소되거나 청산되지 않는 한, 주어진 상품을 정해진 시점 이전에 정해진 물량만큼 사거나 팔아야 하는 의무를 부과한다. 반면에 옵션은 소유자에게 정해진 기간에 걸쳐 정해진 가격에 실물자산이나 금융자산의 정해진 물량을 사거나 팔 수 있는 권리를 준다.

추가적으로, 콜옵션이나 풋옵션은 투자자들이 기초자산을 매수하거나 매도할 수 있는 가격을 정하는 반면에 선물가격은 선물계약에 명기되지 않는다. 대신에, 선물계약의 가격은 원자재 거래소의 장내 거래를 통해서 설정된다. 이것은 인도가격은 계약이 팔리는 가격으로 정해진다는 것이다. 따라서 3개월 전에 $2.50으로 1부셸을 1계약 매수했다면, 비록 계약이 만기일(인도일)에 1부셸에 $3.00에 거래가 되고 있더라도 기초자산을 수령하기 위해 지불해야 할 계약의 가격은 $2.50이다. 또한, 옵션과 관련된 손실의 위험은

지불한 옵션 가격으로 제한된다. 그러나 선물계약은 만기일에 손실에 대한 제한이 없다. 마지막으로, 옵션은 명시적인 선행비용(옵션 프리미엄)을 가지는 반면에 선물계약은 그렇지 않다. 선물계약의 매수는 예치 증거금(margin deposit)과 관련되어 있는데 이것은 매몰비용(옵션 프리미엄)이 아니라 반환이 가능한 예금에 불과하다.

주요 거래소 미국의 선물계약은 약 150년 전에 농작물을 기르고, 소유하고, 거래하는 개인들이 예기치 않은 가격의 하락이나 상승으로부터 자신을 보호하기 위한 방법을 찾으면서 농산물에서 출발하였다. 추후에 선물계약은 농업과 관련이 없는 가격 변동을 이용한 투기를 통해 돈을 벌고자 하는 개인들에 의해 거래되기 시작하였다.

미국 최초의 조직화된 원자재 거래소는 시카고상품거래소(CBOT)로 1848년에 개장했다. 시간이 흐르면서 더 많은 시장이 열렸다. 현재 미국에는 지정계약시장(DCM, designated contract market)의 자격을 갖춘 12개의 거래소가 상장 선물계약을 운영하고 있다. 지정계약시장은 미국 상품선물거래위원회(CFTC, Commodity Futures Trading Commission)의 규정에 따라 운영되는 거래소이다. DCM은 기초 원자재, 지수, 혹은 상품에 대한 선물(혹은 옵션) 계약을 상장한다. 선물거래의 대부분은 일부 거래소에서만 일어난다. 시카고 상업거래소(CME, Chicago Mercantile Exchange)는 CBOT와 뉴욕 상업거래소(NYMEX, New York Mercantile Exchange) 다음 가는 규모이다. NYMEX는 예전에 원자재거래소(COMEX, Commodity Exchange)를 합병하였다. 이들 4대 거래소가 미국 선물거래소에서 발생하는 거래의 약 95%를 차지한다. 비록 이들 거래소가 독립적으로 운영되고는 있지만, 2007년에 CME와 CBOT가 합병하여 CME Group이 만들어졌다. CME Group은 2008년 8월에 NYMEX와 COMEX를 인수하여 더욱 확장되었다.

대부분의 거래소는 여러 종류의 원자재와 금융자산을 다룬다. 그리고 대부분의 원자재와 금융 선물은 하나 이상의 거래소에서 거래된다. 선물거래소의 연간 거래량은 3십억 계약을 넘으며 천조 달러 이상의 거래금액이다. 오늘날 대부분의 거래소는 전자거래와 장내거래를 병행한다. 장내거래는 공개호가경매(open-outcry auction)를 이용하는데, 실제 거래는 고함과 몸짓, 수신호의 연속을 통해 이루어지며 <그림 15.1>에서 볼 수 있다. 선물거래는 지역적으로 한정된 장내거래에서 전 세계를 연결하는 전자거래로 극적인 변화를 이루어왔다.

1992년에 CME Globex는 첫 번째 전 세계 전자 선물거래 플랫폼이 되었다. Globex

는 1주일에 5일, 하루에 23시간 이상의 거래를 제공하여 선물 거래소간의 국제적인 연결을 제공한다. 2000년 이후, 전자 거래는 전체 거래량의 9%에서 80%로 성장했다. Globex는 CME 유로달러 선물계약을 세계에서 가장 활발하게 거래되는 선물계약이 될 수 있는 기반을 만들었다. 사실 CME Globex에서 가장 활발하게 거래되는 3대 계약인 3개월 유로달러, E-mini S&P 주가지수, Mini-Nasdaq 100 주가지수는 미국 거래소 전체 선물거래의 40% 이상을 차지한다.

그림 15.1 시카고 상품거래소(CBOT)의 장내 경매시장

거래소의 거래자들은 원하는 가격에 매수 혹은 매도하는데 수신호를 사용한다. 손을 수직으로 혹은 수평으로 핀 것은 계약의 숫자나 가격을 나타낸다.

선물시장에서의 거래

기본적으로 선물시장은 헤지 거래자와 투기자를 포함한다. 이들이 없다면 시장은 존재하지 못하고 효율적으로 운용되지도 않을 것이다. 헤지거래자(hedgers)는 원자재를 생산하거나 생산과정에서 원자재를 원료로 사용하는 사업자들이다. 예를 들어, 목장주는 가축을 실제로 팔기 몇 개월 전에 가축의 가격을 고정하기 위해 선물계약을 체결하려 할 것이다. 그런 방식으로 목장주 수익은 예측 가능하게 되고 가축 가격의 변동에 영향을 받지 않게 된다. 사실, 헤지거래자는 선물시장의 기반을 제공하고 선물시장의 존재이유가 된다. 금융 선물의 경우에 헤지거래자는 이자율이나 환율과 같은 금융 변수의 변동에 영향을 받는 사업자들이다. 따라서 헤지 거래자는 금융기관이나 기업의 재무 관리자들도 포함한다.

반면에 투기자(speculators)는 예상되는 가격변동에서 단순히 이익을 얻으려고 선물계약을 거래한다. 그들은 본래 원자재 선물이나 금융 선물에는 관심이 없고 가격 변화나 선물에서 얻을 잠재적인 자본이득에 관심이 있다. 그러나 시장에서 이들의 존재는 선물시장에 유동성을 제공하기 때문에 다른 거래자에게 이로움을 제공한다.

거래 구조 선물계약이 일단 만들어지면 시장에서 즉시 거래될 수 있다. 보통주식과 마찬가지로 선물계약은 지역 브로커 사무실이나 인터넷 사이트에서 매수되고 매도된다. 원자재 거래계좌를 만드는 것을 제외하고 선물거래와 주식이나 채권 거래 사이에 차이는 없다. 유사한 주문이 사용되고 증거금 거래는 표준 관행이다. 투자자는 어떤 인도월이든 어떤 계약이든 어느 거래소에서든 거래되고 있다면 언제나 매매할 수 있다.

계약을 매수하는 것은 매수포지션을 취한다(taking a long position)고 한다. 계약을 매도하는 것은 매도포지션을 취한다(taking a short position)고 한다. 이것은 주식의 매수와 매도를 취하는 것과 의미까지 정확하게 같다. 매수한 투기자는 가격이 오르기를 원하고 매도한 매도자는 하락하기를 원한다. 투자자는 상쇄되는 거래를 실행함으로써 매수와 매도 포지션을 청산할 수 있다. 예를 들어, 공매도자는 자신의 포지션을 같은 양의 계약을 매수하여 청산할 수 있을 것이다. 일반적으로 모든 선물계약의 약 1%만이 인도에 의해 포지션이 청산된다. 나머지는 인도월 이전에 상쇄된다. 모든 거래는 정상적인 거래비용을 유발하는데 그것은 개별 계약이 거래되기 위한 쌍방향거래 수수료(round-trip commission)를 포함한다. 쌍방향 거래수수료는 계약을 매수하고 매도하기 위한 거래의 양면에 발생하는 수수료 비용을 포함한다. 비록 수수료의 규모가 거래되는 계약의 유형에 따라 다르더라도, 전자거래는 $10 미만의 쌍방향 거래수수료를 가지는데 이것은 장내 거래에서 브로커를 이용한 거래에 비해 확실히 저렴한 것이다.

증거금 거래 증거금으로 선물을 매수하는 것은 총 가격의 일부만을 현금으로 지급하는 것을 의미한다. 증거금은 사실 거래에 들어가는 자기자본의 금액이다. 모든 선물거래는 증거금 기준으로 거래된다. 일반적으로 계약 가치의 2%에서 10% 범위의 증거금이 요구된다. 이것은 주식이나 기타 다른 증권에서 요구되는 증거금에 비해 매우 낮은 것이다. 더구나 계약 잔액을 유지하기 위해 투자자에게 요구되는 차입도 없다. 선물에 요구되는 증거금인 예치증거금(margin deposit)은 불리한 가격 움직임의 결과로 인해 발생할 선물계약의 시장가치의 손실을 보전하기 위한 담보를 말한다. 이것은 단순히 계약의 완료를 확실히 하기 위해 존재한다. 증거금 예치는 원자재나 금융상품의 부분 지급액도 아니며 기초 상품의 가치와 관련된 것도 아니다.

필요 증거금 예치의 규모는 달러 금액으로 정해진다. 계약의 유형과 기초 원자재나 금융자산 가격의 변동성에 따라 다르다. 어떤 경우에는 원자재가 거래되는 거래소에 따라 다르기도 하다. <표 15.2>는 <표 15.1>에 제시되었던 것과 동일한 14개의 원자재와 금융 상품에 대한 필요 증거금을 보여준다. 선물계약의 규모와 가치에 비해 필요 증거금은 매우 낮다. <표 15.2>에 제시된 개시증거금(initial margin)은 최초에 거래를 시작할 때 투자자가 브로커에게 예치해야만 하는 자본이다. 그것은 주어진 투자를 실행하는데 필요한 금액을 말한다(<표 15.2>에 제시된 증거금은 투기거래를 위한 것이다. 일반적으로 헤지 거래자에 필요한 개시증거금 예치액은 조금 낮다).

투자가 이루어지고 나면, 계약의 시장가치는 기초 원자재나 금융상품의 가격이 오르거나 내림에 따라 오르거나 내릴 것이다. 그리고 그런 변동은 예치할 증거금에 변화를 유발한다. 적절한 증거금은 항상 유지되어야 하고 투자자는 두 번째 유형의 필요 증거금인 유지증거금(maintenance margin)을 맞추어야 한다. 이 예치금은 개시증거금보다 약간 작지만 투자자가 항상 계좌에 유지해야만 하는 증거금의 최소 금액을 말한다. 예를 들어, 만일 원자재의 개시증거금이 계약당 $1,000이라면 유지증거금은 $250이 될 수 있다. 계약의 시장가치가 (계약의 개시증거금과 유지증거금의 차액인) $250 이상 하락하지 않는다면, 투자자는 문제가 없다. 그러나 만일 계약의 가치가 $250 이상 하락하면, 투자자는 증거금 요구(margin call)를 받을 것이다. 투자자는 즉각 개시증거금 수준으로 현금의 포지션을 회복하도록 예치를 해야만 한다.

투자자의 증거금 포지션은 매일 일일정산(mark-to-the-market)이라 알려진 절차를 통해 확인된다. 즉, 계약 가치의 이득과 손실이 매 거래일이 끝나면서 결정된다. 동시에 브로커는 그에 맞추어 계정을 조정한다. 하락시장에서 투자자는 증거금 요구를 받을 것이고 추가적인 증거금 지급을 요구 받게 될 것이다. 이에 대응하지 못하면, 브로커는 포지션을 청산할 수밖에 없는데 그것은 선물계약을 매도하는 것이다.

표 15.2 원자재 선물과 금융 선물의 필요 증거금

계약	개시증거금 예치($)	유지증거금 예치($)	거래소
옥수수	2,700	2,000	CBOT
밀	3,713	2,750	CBOT
생우	1,620	1,200	CME
비육우	2,430	1,800	CME
돈육	1,418	1,050	CME
커피	4,950	4,500	NYMEX
면화	3,300	3,000	NYMEX
금	9,113	6,750	COMEX
구리	5,400	4,000	COMEX
원유	6,885	5,100	NYMEX
일본 엔	4,050	3,000	CME
미국 2년채 (T-note)	371	275	CBOT
미국 30년채 (T-bond)	3,780	2,800	CBOT
S&P 500 주가지수	21,875	17,500	CME

개념리뷰

15.1 선물계약은 무엇인가? 투자 도구로 어떻게 이용되는지 설명하시오.

15.2 현물시장과 선물시장의 차이점을 설명하시오.

15.3 원자재 투기자 수익의 주요 원천은 무엇인가? 배당금이나 이자와 같은 경상소득(current income)은 왜 중요한가?

15.4 헤지 거래자와 투기자 모두에게 선물시장의 효율적 운용이 왜 중요한가?

15.5 선물시장에서 증거금 거래(margin trading)는 어떻게 이루어지는가?
   a. 개시증거금과 유지증거금의 차이는 무엇인가?
   b. 추가적인 증거금을 올리도록 투자자는 요구 받는가? 그렇다면 언제인가?

원자재

LG 2 LG 3 LG 4 곡물, 금속, 목재, 육류와 같은 실물 원자재는 선물시장의 중요한 부분을 구성한다. 이들은 수십년 간 활발하게 거래되어 왔다. 아래 내용은 원자재 거래에 초점을 두고 있다. 우선 이러한 계약의 기본적인 특성과 투자의 장점에 대해 살펴보도록 한다.

기본적 특성

원자재는 공급자의 차별화가 없이 수요가 있는 상품이다. 다시 말해, 원자재는 공급자가 누구든 질적으로 동일하며 대체가 가능한 상품이다. 예를 들어, 우즈베키스탄 광산에서 나온 금 1트로이 온스(약 31.1그램)는 인도네시아에서 나온 금 1트로이 온스와 같다. 기초 원자재가 계약 표준에 맞으면 선물로 거래될 수 있다. <표 15.3>은 원자재 계약 시장을 6개의 분류로 나눈 것이다. 그것은 농산물, 축산물, 음식, 에너지 등이다. 이러한 분류는 거래 구조나 절차에 영향을 주지 않는다. 이것은 단순히 원자재를 기초자산의 몇 가지 유사한 특성에 따라 관행적인 분류에 따라 그룹을 나눈 것에 불과하다.

<표 15.3>는 원자재 시장의 다양성과 여러 가지 종류의 계약을 보여준다. 가능한 계약의 유형이 해마다 바뀌기는 하지만, <표>는 투자자에게 선택할 수 있는 이십여 가지가 넘는 원자재를 제시한다. <표 15.3>의 계약은 (대두, 밀, 설탕 등) 여러 종류 혹은 등급이 가능하다. 널리 거래되지는 않지만 <표 15.3>에는 포함되지 않은 원자재(예를 들어, 버터, 치즈, 유장, 순살 소고기 등)가 있다.

표 15.3 원자재의 주요 분류

농산물		금속	
옥수수	대두유	은	팔라듐
귀리	밀	구리	백금
대두	캐놀라	금	철광석
대두박	쌀		
축산물		**음식**	
생우	돈육	코코아	설탕
비육우		커피	면화
		우유	오렌지 주스
에너지		**기타**	
석탄	천연가스	날씨	화물
원유	에탄올	이자율	환경
난방유	전기	부동산	목재

> **투자자 현실**
>
> **기후 선물은 뜨겁거나 차갑다!** – 기후에 관해 우려하고 있으면 기후 선물계약을 매수하고 걱정을 지워라. 기후 파생상품으로 알려진 이러한 금융 상품은 예기치 않은 기후상황과 관련된 위험을 관리하고자 하는 정부, 기업, 개인이 사용할 수 있다. 기후 선물은 기초 기후지수에 따라 가치가 결정되는데 기후지수는 기온, 강우, 서리, 눈, 허리케인과 같은 기후변수를 근거로 산출된다.
>
> 예를 들어, 에너지 회사는 따뜻한 겨울이나 차가운 여름과 같이 예기치 않은 기온 때문에 발생하는 수요변화를 헤지하는 데 사용될 수 있다. 농부는 기후선물을 가뭄이나 냉해에 의해 야기된 흉년에 대비하기 위해 헤지할 수 있다. 놀이공원은 여름 시즌의 비 오는 주말을 보호하기 위해, 스키 리조트는 충분치 못한 눈으로 인한 잃어버린 수익을 보호하기 위해 사용할 수 있다. 기후선물의 적용 범위는 상당히 넓다.
>
> CME는 처음으로 거래소에서 거래되는 기후선물계약을 1999년에 도입하였다. CME는 현재 기온, 서리, 눈, 허리케인에 대한 기후선물계약을 제공한다.
>
> (출처: CME Group, Weather Products, www.cmegroup.com.)

원자재 계약 모든 원자재(활발하게 거래되든 아니든)는 거래되는 상품의 양과 질에 대해 상세히 설명하는 어떤 명세서를 가진다. <그림 15.2>는 CBOT에서 거래되는 옥수수 선물에 대한 계약 명세서이다. 옥수수 선물계약이 5,000부셸의 #2 황색 옥수수의 미래 가격에의 인도를 나타내고 있음을 볼 수 있다. 이 경우에 계약은 인도 가능한 등급으로 #1이나 #3 황색 옥수수도 허용하고 있지만 각각 프리미엄이나 할인이 필요하다. 선물계약은 또한 가격 단위, 만기월, 거래시간, 일일 가격제한, 청산절차 등을 정하고 있다. 계약 명세서의 마지막 항목은 상장 거래소와 계약을 거래할 때 적용되는 거래 규칙과 규정을 알려주는 거래소 규칙이다.

원자재에 적용되는 시세표 시스템은 계약의 규모와 가격 단위에 따라 다르다. 표준 시세표는 각각의 인도월에 대하여 매일 종가, 시가, 고가, 저가를 보고한다. 원자재에 대한 당일 종가는 정산가격(settlement price)이라고 한다. 일일 정산가격은 계약의 시장가치를 결정하고 투자자의 당일 이익과 손실뿐만 아니라 필요 증거금을 결정하는 데 사용되기 때문에 매우 중요하다. <그림 15.3>의 시세표는 또한 전날의 최종적인 정산가격인 청산가격(settle price)를 보고한다. 또한 장 종료 후에 남아 있는 계약의 총수인 미결제 약정(open interest)의 물량과 거래된 계약의 총수인 거래량(volume)을 보고한다. <그림 15.3>에 따르면 2013년 9월 옥수수의 청산가격은 672'4이다(따옴표 뒤는 8분의 1을 의미함. 따라서 672'4는 672와 4/8를 말한다). 개별 계약은 5,000부셸의 옥수수이며 가치는 각각 $6.7250이므로 계약의 시장가치는 5,000 × $6.7250 = $33,625이다.

가격 움직임 원자재 가격은 경제적, 정치적, 국제적 압력의 특성뿐만 아니라 날씨에도 반응을 한다. 원자재 가격의 변동에 대한 이유를 설명하는 것은 이 교재의 범위를 넘는다. 그러나 투기자가 원하는 다른 투자처럼 상승과 하락이 있다. 우리는 (5,000부셸이나 40,000파운드처럼) 대규모 단위로 거래를 하기 때문에 작은 가격변화도 계약의 시장가치에 큰 영향을 줄 수 있고 투자자의 수익과 손실에도 막대한 영향을 준다. 예를 들어, 만일 옥수수 가격이 1부셸당 $2.00 상승하거나 하락하면, 단일 계약의 가치는 $1,000 변할 것이다. 옥수수 계약은 개시증거금으로 $2,700 예치를 해야 가능하기 때문에 이런 유형의 가격 움직임은 투자자 수익에 쉽게 큰 영향을 준다.

그림 15.2 옥수수 선물에 대한 계약 명세서

상장된 선물계약을 위한 계약 명세서는 대체로 거래소 웹사이트에서 구할 수 있다. 거래자가 선물계약을 매수 혹은 매도하면, 계약 명세서에서 정해 놓은 조건을 지키기로 동의하는 것이다. 아래 경우에 옥수수 선물계약인데, 5,000부셸의 #2 황색 옥수수를 계약의 만기월인 인도월의 마지막 거래일 다음의 두 번째 영업일 종료시점까지 요구하는 것을 볼 수 있다.

Corn Futures

Quotes | **Contract Specifications** | Performance Bonds / Margins | Product Calendar | Learn More

Futures Options

Corn Futures

Contract Size	5,000 bushels (~ 127 Metric Tons)	
Deliverable Grade	#2 Yellow at contract Price, #1 Yellow at a 1.5 cent/bushel premium #3 Yellow at a 1.5 cent/bushel discount	
Pricing Unit	Cents per bushel	
Tick Size (minimum fluctuation)	1/4 of one cent per bushel ($12.50 per contract)	
Contract Months/Symbols	March (H), May (K), July (N), September (U) & December (Z)	
Trading Hours	CME Globex (Electronic Platform)	5:00 pm - 2:00 pm, Sunday - Friday Central Time
	Open Outcry (Trading Floor)	9:30 am* - 2:00 pm Monday - Friday Central Time *opens at 7:20 a.m. CT for major USDA crop reports
Daily Price Limit	$0.40 per bushel expandable to $0.60 when the market closes at limit bid or limit offer. There shall be no price limits on the current month contract on or after the second business day preceding the first day of the delivery month.	
Settlement Procedure	Daily Grains Settlement Procedure (PDF)	
Last Trade Date	The business day prior to the 15th calendar day of the contract month.	
Last Delivery Date	Second business day following the last trading day of the delivery month.	
Product Ticker Symbols	CME Globex (Electronic Platform)	ZC C=Clearing
	Open Outcry (Trading Floor)	C
Exchange Rule	These contracts are listed with, and subject to, the rules and regulations of CBOT.	

(출처: CME Group, 2012)

그림 15.3 옥수수 선물계약에 대한 시세표

온라인 시세표는 쉽게 구할 수 있으며 실시간으로(혹은 일부는 약간 지체해서) 다양한 원자재에 대한 핵심 정보를 빠르게 알려준다. 옥수수 선물계약에 대한 아래 시세표는 매일 종가, 시가, 고가, 저가를 제시한다. 또한 전날의 종가에서 당일 종가까지의 가격 변화와 전날의 정산가격(혹은 청산가격)을 당일 거래량, 미결제약정, 상하한가(Hi/Lo limit)와 함께 보고한다.

Corn Futures

Quotes | Contract Specifications | Performance Bonds / Margins | Product Calendar | Learn More

Quotes Time & Sales Volume Settlements — Trade Date: 8/15/2012

Globex Futures | Open Outcry Futures — Market Data is delayed at least 10 minutes

Turn Auto-refresh OFF | About this Report

Month	Charts	Last	Change	Prior Settle	Open	High	Low	Volume	Hi / Lo Limit	Updated
Sep 2012 OPT		782'6 a	+3'0	779'6	780'0	783'4	779'6	1,454	819'6 739'6	6:13:45 PM CT 8/14/2012
Dec 2012 OPT		791'4	+2'4	789'0	789'2	792'4	789'0	2,458	829'0 749'0	6:22:23 PM CT 8/14/2012
Mar 2013 OPT		793'6 a	+2'4	791'2	791'2	794'0	791'0	121	831'2 751'2	5:45:13 PM CT 8/14/2012
May 2013 OPT		790'0	+1'6	788'2	788'0	790'0	788'0	54	828'2 748'2	6:15:32 PM CT 8/14/2012
Jul 2013 OPT		782'0	+2'0	780'0	780'0	782'0	788'0	5	820'0 740'0	6:21:43 PM CT 8/14/2012
Sep 2013 OPT		672'4	-2'0	672'6	671'4	672'4	670'4	4	712'6 632'6	5:44:49 PM CT 8/14/2012
Dec 2013 OPT		637'0 b	-1'0	638'0	637'0	638'0	636'6	13	678'0 598'0	5:43:24 PM CT 8/14/2012

Icon Key: OPT Options Price Chart Volume Chart — Market data explanation/disclaimer

(출처: CME Group. 2012)

원자재 가격은 실제로 크게 움직이는가? 스스로 판단해보자. <그림 15.3>의 열(column)에 가격 변화는 전날의 종가에서 오늘 종가의 가격 변화를 보여주는 좋은 예이다. 예를 들어, 2012년 9월 옥수수가 전날 종가에 비해 $150 상승했다(5,000부셸 × $0.03 = $150). 이것은 단일 계약의 일중 가격 변동임을 기억하자. 이 작은 변화의 영향은 필요한 초기 투자금액에 비해서 상당한 수익(혹은 손실)을 신속하게 가져올 수 있다.

확실히, 그런 가격 움직임은 투자자를 원자재 투자로 끌어들이는 역할을 한다. 거래소는 변동성을 가진 원자재 계약의 특성을 인식하고 일일 최대 가격 변화라는 가격제한을 부과하여 가격 변동에 제한을 두려고 한다(유사한 제한이 일부 금융 선물에도 적용된다). 일일가격제한(daily price limit)은 기초원자재 가격의 일간변화(전일에서 당일 사이의 가격변화)를 제한한다. 예를 들어, <그림 15.2>에 있는 옥수수 선물의 계약 명세서는 옥수수 가격이 일간 부셸당 $0.40 이상 (혹은 <그림 15.3>의 Hi/Lo 열에 나타난 것처럼 전일 시장이 하한가(Lo)나 상한가(Hi)로 마감하는 경우에는 부셸당 $0.60) 변할 수 없다고 명시한다. 그러나, 이러한 가격제한에서도 여전히 막대한 이익을 얻을 수 있는 기회를 남긴다. 예를 들어, 옥수수의 일일 제한은 옥수수 1계약당 일간 $2,000(5,000부셸 × $0.40 = $2,000)의 변화로 해석할 수 있다. 반면에, <그림 15.3>의 Hi/Lo 가격 사이의 차이인 최대일일 가격폭(maximum daily price range)은 (하루 중 가격의 움직임인) 일간 가격 움직임을 제한하고, 일일 가격제한의 2배와 같다. 예를 들어, 옥수수의 일일 가격제한은 부셸당 $0.40이고 최대 일일 가격폭은 부셸당 $0.80이다. 사실, 전일의 정산가격(결제가격)에 일일 가격제한을 더하고 빼면 Hi/Lo인 상하한가를 얻는다. 선물가격은 계약이 만기에 가까울수록 변동성이 극단적으로 커질 수 있기 때문에 금월 계약이나 인도월 1일에 앞선 두 번째 영업일 이후에는 가격제한이 없다.

투자자본의 수익률 선물계약은 수익에 한 가지 원천만을 가진다. 긍정적인 방향으로 가격이 움직일 때 그 결과로 얻는 자본이득이다. 어떤 종류의 경상소득(current income)도 없다. 선물계약의 변동성 높은 가격 움직임은 왜 높은 수익이 가능한지를 설명하는 하나의 이유가 된다. 다른 이유로는 레버리지 효과가 있다. 모든 선물거래는 증거금으로 이루어지기 때문에 대규모 투자 포지션을 유지하고, 선물계약에 수반되는 가격 변동에 참여하는 데 작은 금액만 있으면 가능하다. 물론 레버리지의 사용은 또한 며칠 만에 투자금액이 사라지는 투자 위험을 의미한다.

원자재 계약의 투자수익률을 투자자본의 수익률(return on invested capital)을 계산하여 측정할 수 있다. 이것은 표준적인 보유기간 수익률 공식의 변형으로 계약 자체의 가치보다는 실제로 원자재 계약에 투자된 현금에 대한 수익률이다. 원자재 포지션에 대한 투자자본의 수익률은 아래 간단한 수식으로 결정할 수 있다.

수식 15.1

$$\text{투자자본의 수익률} = \frac{(\text{원자재계약의 매도가격} - \text{원자재계약의 매수가격})}{\text{증거금 예치금액}}$$

수식(15.1)을 매수와 매도 거래에 모두 사용할 수 있다. 어떻게 활용하는지를 보기 위해, 2014년 9월 옥수수 선물 2계약을 699'0(부셸당 $6.99)에 매수했다고 가정하자. 필요 개시증거금으로 $5,400(계약당 $2,700)를 예치했다. 당신의 투자금액은 단지 $5,400이지만 $69,900(10,000부셸 × $6.99 = $69,900)의 가치를 갖는 10,000부셸의 옥수수를 매수

시점에 통제한다. 이제, 2014년 9월 옥수수가 720의 종가를 가졌다고 가정하자. 당신의 포지션에 대한 일일 정산 가치는 $72,000(10,000부셸 × $7.20 = $72,000)이다. 이제 이익을 취하기 위해 매도하기로 했다. 당신의 투자자본의 수익률은 아래와 같다.

$$\text{투자자본의 수익률} = \frac{\$72,000 - \$69,900}{\$5,400}$$
$$= \frac{\$2,100}{\$5,400} = 38.9\%$$

확실히 이러한 높은 수익률은 원자재 가격의 상승뿐만 아니라 매우 낮은 증거금을 사용했다는 사실 혹은 높은 재무레버리지에 기인한다. 이 거래의 개시증거금은 기초 계약 가치의 8%에 불과하다.

원자재 거래

원자재 투자는 3가지 유형 중 하나이다. 첫 번째는 투기(speculating)인데 이것은 원자재를 이용하여 자본이득을 얻으려는 것이다. 간단히 말해서, 투기자들은 대다수 원자재의 특성인 큰 폭의 가격 변동을 자본화하려고 한다. 투자윤리 박스에서 설명하고 있듯이, 이것은 기본적으로 Enron이 상황이 꼬이기 시작하기 전에 했던 것이다.

변동성이 높은 가격이 투기자에게 매력적인 반면에 대부분의 다른 투자자에게는 두려움이 된다. 결과적으로 주의를 기울이는 투자자들은 원자재 투자의 두 번째 유형인 스프레딩(spreading)을 하려고 한다. 선물 투자자는 어떠한 손실노출도 없이 변동하는 원자재 가격의 이점을 얻기 위해서 이 거래기법을 이용한다.

마지막으로, 원자재 선물은 헤지(hedging)를 위해 사용될 수 있다. 원자재 시장의 헤지는 상품이나 원자재의 포지션을 보호하기 위해 거의 유일하게 생산자나 가공업자만이 사용하는 기술적인 전략에 가깝다. 예를 들어, 원자재의 생산자나 농부는 자신의 상품에 대해 가능한 높은 가격을 받기 위해서 원자재 헤지를 사용할 것이다. 원자재를 사용하는 가공업자나 제조업자는 되도록이면 낮은 가격에 상품을 얻기 위한 반대의 이유로 헤지를 사용할 것이다. 사실 성공적인 헤지는 생산자에는 추가적인 수입, 가공업자에게는 낮은 비용을 가져다 주는 것을 의미한다.

이제 원자재가 투자로써 어떻게 사용되는지 좀더 이해하기 위해서 개인투자자들이 가장 많이 사용하는 투기거래와 스프레딩이라는 2가지 거래전략에 대해 간략하게 살펴보자.

투기거래 투기자는 매수나 매도를 통해 원자재 가격의 변동을 자본화하고자 한다. 가격이 상승할 것으로 예상될 때 투기자가 매수하는 이유를 보기 위해서 2017년 6월 금 계약을 1687.4에 필요 개시증거금 $9,113으로 매수했다고 가정하자. 금 1계약은 100 트로이 온스에 해당하고 시장가치는 $168,740(100 트로이 온스 × $1,687.40 = $168,740)이다. 만일 금이 상승하면 돈을 벌게 된다. 2017년 6월 계약을 매수하고 1개월 뒤에 가격이 1713.1이 되었다고 하자. 이제 당신은 계약을 청산하고 이익으로 온스당 $25.70(1687.4 − 1713.1)을 얻는다. 이것은 $9,113의 투자로 금 계약 매수 포지션에서 총 이익 $2,570를 의미한다. 즉, 투자자본의 수익률로 28.2%이다. 1개월 투기로 나쁘지 않다.

물론 상승대신에 금 가격이 온스당 $25.70으로 하락할 수도 있다. 100온스 계약에서 매수 포지션의 손실은 $2,570이다. 따라서 원래 투자금액에서 꽤 많은 금액의 손실을 보게 된다. $9,113 − $2,570에서 $6,543만 남는다.

그러나 가격의 하락은 공매도자들이 찾는 것이다. 당신은 2017년 6월 금 계약을 1687.4에 "공매도" 하고 추후에 1661.7에 매수하여 갚을 수 있다. 확실히 매도가격과 매수가격의 차이는 동일한 $25.70이다. 그러나 이 경우에 매도가격이 매수가격을 초과하기 때문에 이익이다(공매도에 대해서는 제2장을 참고).

스프레딩(spreading) 선물계약의 가격움직임을 이용하여 투기를 시도하는 대신에 당신은 좀 더 보수적인 스프레딩 전술을 따를 수 있을 것이다. 풋옵션이나 콜옵션과 더 유사한 스프레딩의 아이디어는 2개 이상의 계약을 합쳐서 잠재적인 약간의 이익을 추구하면서 손실 노출을 제한하는 포지션을 구성하는 것이다. 원자재 시장에서 스프레딩을 하는 가장 중요한 이유 중의 하나는 옵션과는 달리 선물계약에서 발생할 수 있는 손실에 대한 제한이 없기 때문이다.

하나의 계약을 매수하면서 동시에 다른 계약을 매도하여 스프레드를 구성한다. 한쪽 방향의 거래가 손실을 일으키더라도 다른 방향의 거래에서 손실을 상쇄하는 것 이상의 이익을 얻어서 결국 순 결과가 약간의 이익이 되기를 바란다. 만일 예상과 다르게 되면, 손실을 없앨 수는 없지만 제한할 수 있을 것이다.

스프레드를 설명하는 단순한 예를 보자. 계약 A를 533.50에 매수하고 동시에 계약 B를 575.50에 공매도 하였다고 가정하자. 얼마 후에 당신은 계약 A를 542에 매도하고 동시에 매도 포지션을 579에 계약을 매수하여 포지션을 청산한다. 매수 포지션(계약 A)에서 8.50

포인트(542 − 533.50) 이익을 얻더라도, 매도 포지션(계약 B)에서 3.50포인트(575.50 − 590)의 손실을 입는다. 그러나 순 효과는 5포인트의 이익이다. 만일 당신이 파운드당 센트로 거래하였다면, 5포인트는 5,000파운드 계약에서 $250의 이익을 의미할 것이다.

모든 종류의 원자재 스프레드는 거의 모든 투자상황에 적용할 수 있다. 그러나 대부분의 경우에 고도의 복잡하고 매우 전문적인 기술이 요구된다.

투자 윤리 Enron의 에너지 선물 거래

기업의 금융 문제가 알려지기 이전에, 천연가스 수송과 송유관을 운영하는 에너지사업 회사인 Enron은 사업의 개척자이며 거래 위험에도 불구하고 시장에 새로운 길을 여는 회사로 유명하였다. 1980년대에 천연가스의 가격의 규제가 완화되었고 그것은 천연가스의 가격이 오르거나 내릴 수 있다는 것과 생산자와 소비자가 위험에 노출되었다는 것을 의미했다. Enron은 천연가스 선물을 거래하여 원자재 사업의 새로운 기회를 추구하기로 결정했다. 뉴욕상품거래소에서 거래되는 천연가스 선물은 가스가격의 지역 차이를 고려하지 않았다. Enron은 미국 전역에 어느 때든 천연가스를 인도하기로 약속함으로써 이 공백을 채웠다.

천연가스와 다른 에너지 계약을 거래하는 것과 더불어, Enron은 1990년대 후반에 기초 원자재가 없는 날씨 파생상품을 거래하기 시작했다. 이러한 것들은 날씨에 판돈을 거는 것이다. 날씨 파생상품 거래는 미국에서만 3.5십억 달러의 가치가 있는 것으로 추정되었다. 파생상품에 있어서 준독점적 위치 덕분에 Enron의 거래는 초기에는 매우 이익이 높았다. 어느 때는 회사는 원유와 천연가스에서 날씨 파생, 브로드밴드 서비스, 탄소 배출권까지 16개 상품 분류에 1,800개의 계약을 체결했다. 전통적인 원자재와 선물 거래소 및 브로커와는 달리, Enron의 온라인 원자재와 파생상품 사업은 연방정부의 규제 대상이 아니었다.

그러나 Enron이 시작했던 에너지 사업이 성숙하면서 결국은 독점적 위치를 잃기 시작했다. 다른 기업들이 온라인 파생상품 거래사업에 뛰어들면서 더 낮은 수수료로 Enron의 먹거리였던 가격의 지역 차이를 뜯어가기 시작했다. Enron의 거래 사업의 수익성은 악화되기 시작했다. 새로운 시장과 상품을 차지하기 위해서 물, 해외 전력, 텔레커뮤니케이션, 브로드밴드 서비스 등과 같은 영역으로 사업을 확장했다. 가스 공급자라는 핵심사업에서 멀리 가면 갈수록 Enron의 손실은 더욱 커졌다.

이제 회사는 더 위험하고 기괴한 금융 계약에 진입하면서 손실을 숨기려고 노력했다. 금융기관은 Enron이 실질적으로는 껍데기에 불과하다는 것을 깨닫기 시작하면서 신용을 거둬들였다. 이 때쯤, 창업자이며 CEO인 Ken Lay의 장밋빛 공언에도 불구하고 Enron은 2001년 12월 2일에 파산으로 죽음의 소용돌이로 들어가고 있었다.

2004년 7월에 Lay는 11건의 증권사기와 관련 혐의로 기소되었다. 그는 2006년 5월에 1건을 제외한 모든 혐의에 대해 유죄 결정을 받았다. 각각의 범죄는 5년에서 10년형이 선고될 수 있기에 Lay는 20년에서 30년을 교도소에 수감될 수 있다고 전문가는 말하였다. 그러나 선고를 받기 3개월 반 전인 2006년 7월 5일에 콜로라도주 Snowmass에서 휴가 중이던 Ken Lay는 사망했다. 2006년 10월에 그의 죽음으로 인해 연방법원 판사는 Lay의 판결을 무효화했다.

비판적 사고 문제 Enron의 실패는 방지될 수 있었는가? 만일 그렇다면 감사, 규제자, 입법자는 어떤 조치를 취해야 했을까?

금융시장 위기 원유는 경기 침체의 증거가 아닌가

경제활동과 원자재 가격은 오랫동안 연결되어 왔다. 특히 경제가 성장함에 따라 원자재 수요도 증가하고 가격 상승 압력을 가한다. 이러한 관계는 원유에서 뚜렷한데 이는 역사적으로 원유 소비량이 거시경제 활동에 민감하다는 것을 보여준다. 아래 그래프는 2007~2008년에 전세계 경제 성장의 일정 부분 증가와 더불어 원유 선물가격이 최대에 도달했음을 보여준다. 원유 선물 거래량은 폭발적이었는데, 2008년 평균 일일 거래량이 전 세계 원유 생산량의 약 15배였다. 그러나 세계경제가 기울고 침체에 빠지자 원유와 기타 원자재 수요는 급락하였다. 2008년 여름에 최고치를 기록한 후 원유가격은 확실히 반응하여 7개월 사이에 50% 이상 하락했다. 그 이후 경제가 약간 반등하면서 원유 선물가격도 올랐지만 2008년의 최고치에는 아직 도달하지 못하고 있다.

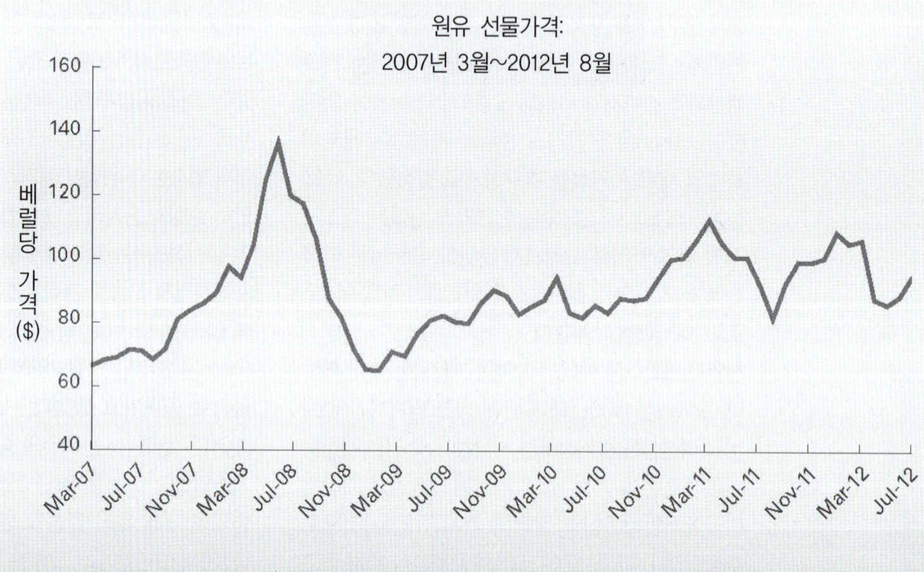

개념리뷰

15.6 원자재 계약의 5가지 주요 부분을 나열하고 설명하시오. 어떤 요인들이 계약의 가격 움직임에 직접적으로 관련되어 있는가?

15.7 다음 용어를 간략하게 정의하시오.

a. 정산가격(settlement price)

b. 일일 가격제한(daily price limit)

c. 미청산 약정(open interest)

d. 최대 일일 가격폭(maximum daily price range)
e. 인도월(delivery month)

15.8 선물계약의 수익률의 원천은 무엇인가? 원자재 계약의 수익률을 계산하는 데 사용되는 측정치는 무엇인가?

15.9 원자재에 투자하는 몇 가지 방법에 대해 알아보고 각각의 투자목표를 설명하시오.

금융 선물

LG 5 LG 6 선물시장의 또 다른 측면은 금융 선물(financial futures)인데, 이것은 금융 상품이 거래되는 선물계약에 대한 시장이다. 금융 선물은 원자재 선물 개념의 확대이다. 금융 선물은 원자재 선물과 동일한 이유에서 만들어졌고, 동일한 시장에서 거래되고, 가격은 원자재 가격처럼 움직이며, 유사한 투자 장점을 가진다. 그러나 금융 선물은 기초자산 때문에 구별된다. 이제 금융 선물을 좀더 자세히 살펴보고 어떻게 활용할 수 있는지 보자.

금융 선물 시장

비교적 신생 시장이지만 금융 선물은 선물 계약의 지배적인 유형이다. 금융 선물의 거래 수준은 전통적인 원자재를 훨씬 뛰어넘는다. 금융 선물에 대한 대부분의 관심은 헤지 거래자와 기관 투자자들 때문이다. 그들은 포트폴리오 관리 수단으로 금융 선물을 이용한다. 그러나 개인 투자자도 금융 선물을 이용하여 이자율 변동에 대해 투기를 하거나 주식시장에 투기를 할 수 있다. 금융 선물은 고도로 전문화된 외환시장에서도 투기 수단을 제공한다.

금융 선물 시장은 1970년대에 경험했던 미국의 경제혼란에 대응하기 위해 설립되었다. 세계 시장에서의 달러의 불안정성은 다국적 기업에게 심각한 문제를 일으켰다. 이자율은 너무 변동성이 심하여 기업의 재무관리자, 금융기관, 자금 매니저에게 심각한 어려움을 야기했다. 이러한 모든 관련자들에게 달러 가치와 이자율의 폭넓은 변동에서 자신을 보호하기 위한 방안이 필요했다. 따라서 금융 선물에 대한 시장이 탄생했다. 헤지는

투자자 현실

단일주식선물 – 몇 년전 단일주식선물(SSFs, single stock futures)이 OneChicago라고 불리는 거래소에서 거래되기 시작했다. SSF는 투자자에게 주어진 보통주 100주를 대상으로 발행된 선물계약을 매수 혹은 매도할 수 있도록 한다. 오늘날 SSF는 2,800개 이상의 잘 알려진 주식과 ETF를 대상으로 한다. 낮은 증거금 요구(SSF는 20%이지만 일반 주식은 50%)로 인하여 SSF는 매우 매력적인 잠재 수익률과 높은 위험을 가진 높은 레버리지 투자이다. 위험 프로파일에 근거해서 투자자들은 이 선물형식의 주식으로 투기와 헤지투자 전략을 구사할 수 있다. (출처: OneChicago, LLC, 2012년 9월 17일)

시장에 대한 경제적 정당성을 제공하였지만 투기자들이 빠르게 뛰어들었다.

대부분의 금융 선물 거래는 CBOT와 CME에서 일어나고 NYMEX는 훨씬 덜 활발하다. 금융 선물은 또한 해외 거래소에서 거래되는데, 가장 널리 알려진 곳은 런던 국제 금융선물 거래소(London International Financial Futures Exchange)이다. 금융 선물의 기본 유형은 외환선물, 채권선물(이자율 선물), 그리고 주가지수 선물이다.

외환, 이자율, 주가지수 금융 선물 시장은 1972년 5월에 약간의 외환계약을 상장하면서 이목을 끌지 못하고 시작했다. 외환선물(currency futures)은 국제무역에서 주요 헤지수단으로 급속히 늘어났다. 이 시장에서는 영국 파운드, 스위스 프랑, 캐나다 달러, 일본 엔, 유로와 같은 주요 외환시장의 통화를 거래한다. 이들 국가는 국제 무역에서 큰 역할을 하는 지역이고 미국과 경제적으로 관계를 맺고 있다.

채권에 대한 최초의 선물계약 혹은 이자율 선물(interest-rate futures)은 1975년 10월에 시작하였다. 오늘날의 거래는 미국 국채, 연방기금(Fed Funds), 이자율 스왑, 유로시장 예금(유로달러, 유로엔), 외국 국채 등 다양한 이자율 기반 증권에서 일어난다. 이자율 선물은 즉각적인 성공을 가져왔고 인기는 계속 성장하고 있다.

1982년 2월에 새로운 유형의 거래 수단이 소개되었는데 그것은 주가지수 선물계약이다. 주가지수 선물(stock-index futures)은 주식시장 성과의 전반적인 측정치에 연계된 계약이다. 오늘날 거래는 대부분의 주요 미국 주가지수인 Dow Jones Industrial Average, S&P 500, Nasdaq 100, Russell 2000 등에서 이루어진다.

미국의 주가지수뿐만 아니라 투자자는 런던, 도쿄, 파리, 시드니, 베를린, 취리히, 토론토 주식 거래소에 기반한 주가지수 선물계약을 거래할 수 있다. 주가지수 선물은 제14장에서 논의한 주가지수 옵션과 유사한데, 이것을 통해 투자자는 전체 주식시장의 일반적인 움직임에 참여할 수 있다.

주가지수 선물과 기타 다른 선물계약은 파생증권(derivative security)의 유형이다. 옵션처럼 이들 상품의 가치는 이들이 기반하는 기초자산의 가격 움직임에서 파생된다. 주가지수 선물의 경우에 전체 주식시장 혹은 시장의 여러 영역의 일반적인 성과를 반영한다. 따라서, S&P 500으로 측정되는 대형 주식 시장이 상승하면 S&P 500 선물계약의 가치도 증가해야 한다. 이에 따라 투자자는 시장을 매수 혹은 매도하는 방법으로 혹은 적당한 대용치로 주가지수 선물을 사용하여 전반적인 시장의 움직임에 참여할 수 있다.

계약 조항 원칙적으로 금융 선물 계약은 원자재 계약과 같다. 선물계약은 다양한 인도월을 가진 여러 기초 금융상품에 발행된다. 금융 선물계약의 수명은 주가지수와 외환의 경우 12개월 혹은 그보다 짧고, 이자율 선물의 경우 2년에서 3년 이상이다. 시세표시에 관해, <그림 15.4>는 외환, 이자율, 주가지수 선물계약을 보여준다. 우선 캐나다 달러 선물의 시세를 보면 원자재 선물 시세와 매우 유사한 정보를 볼 수 있다. 특히, 통화 선물 시세는 종가, 전날 정산가, 시가, 고가, 저가와 계약 거래량을 보고한다. 통화 선물계약의 소유자는 특정한 외국화폐에 대한 (이 경우 캐나다 100,000달러의) 청구권을 가진다. 기초 통화의 양은 62,500 영국 파운드, 12.5백만 일본 엔과 같이 통화 선물계약에 따라 다르다. 마찬가지로, 이자율 선물의 소유자는 기초채권의 특정한 양에 대해 청구권을 가진다. <그림 15.4>의 이자율 선물계약은 미국 국채 $100,000에 대한 청구권을 나타낸다.

그러나 주가지수 선물은 이러한 계약의 매도자가 만기일에 기초주식의 인도 의무를 가지지 않기 때문에 약간 다르다. 대신에 궁극적인 인도는 현금으로 이루어진다(다행히 S&P 500 지수에 속하는 500 종목을 인도하지 않아도 된다). 기본적으로, 기초 현금의 양은 기초 주가지수의 가치에 배수를 곱하여 정해진다. 대표적인 예를 보면 아래와 같다.

지수	배수
Big DJIA	$25 × index
DJIA	$10 × index
S&P 500	$250 × index
S&P MidCap 400	$500 × index
Nasdaq 100	$100 × index
Nikkei 225	$5 × index

사례 2013년 3월 DJIA 주가지수 선물계약이 13,133을 나타낸다고 가정하자. 그러면 단일 Big DJIA 주가지수 선물계약에 기초한 현금 금액은 $25 x 13,133 = $328,325이다.

Big DJIA 선물계약에 기초한 현금 금액은 상당히 크다. 그러나 단일 계약에 대한 개시증거금인 $15,625는 훨씬 더 감당할 수 있는 규모이다.

그림 15.4 금융 선물계약의 시세표

금융 선물계약의 시세표는 매일 종가, 전날 정산가, 시가, 고가, 저가와 전날의 종가에서 당일 종가까지의 가격 변화와 당일 거래량을 보고한다. 상단의 패널은 CME에서 거래되는 유로 선물계약을, 중간 패널은 CBOT에서 거래되는 미국 국채선물을, 하단의 패널은 DJIA($10) 지수선물을 보여준다.

EUR / USD Futures

Quotes | Contract Specifications | Performance Bonds / Margins | Product Calendar | Learn More

Quotes | Time & Sales | Volume | Settlements — Trade Date: 8/15/2012

Globex Futures | Open Outcry Futures — Market Data is delayed at least 10 minutes

Turn Auto-refresh OFF | About this Report

Month	Charts	Last	Change	Prior Settle	Open	High	Low	Volume	Updated
Sep 2012 OPT		1.2278	-0.0057	1.2335	1.2322	1.2348	1.2267	126,983	9:47:25 AM CT 8/15/2012
Dec 2012 OPT		1.2292 b	-0.0058	1.2350	1.2338	1.2361 b	1.2285	131	9:47:09 AM CT 8/15/2012
Mar 2013 OPT		1.2307	-0.0061	1.2368	1.2318	1.2372 b	1.2302 a	2	9:43:00 AM CT 8/15/2012
Jun 2013 OPT		1.2322 a	-0.0063	1.2385	1.2330	1.2385 b	1.2322 a	2	9:14:38 AM CT 8/15/2012

Icon Key: OPT Options, Price Chart, Volume Chart — Market data explanation/disclaimer

U.S. Treasury Bond Futures

Quotes | Contract Specifications | Performance Bonds / Margins | Product Calendar | Learn More

Quotes | Time & Sales | Volume | Settlements — Trade Date: 8/15/2012

Globex Futures | Open Outcry Futures — Market Data is delayed at least 10 minutes

Turn Auto-refresh OFF | About this Report

Month	Charts	Last	Change	Prior Settle	Open	High	Low	Volume	Updated
Sep 2012 OPT		146'18	-0'30	147'16	147'11	147'18	146'16	179,293	9:00:58 AM CT 8/15/2012
Dec 2012 OPT		147'09	-1'01	148'10	148'08	148'11	147'09	1,988	9:00:58 AM CT 8/15/2012

Icon Key: OPT Options, Price Chart, Volume Chart — Market data explanation/disclaimer

DJIA ($10) Futures

Quotes | Contract Specifications | Performance Bonds / Margins | Product Calendar | Learn More

Quotes | Time & Sales | Volume | Settlements — Trade Date: 8/15/2012

Globex Futures | Open Outcry Futures — Market Data is delayed at least 10 minutes

Turn Auto-refresh OFF | About this Report

Month	Charts	Last	Change	Prior Settle	Open1/ Open2	High	Low	Close1/ Close2	Updated
Sep 2012 OPT		13155.00 b	+22.00	13133.00	13120.00	13155.00	13120.00	13140.00 13135.00	8:51:39 AM CT 8/15/2012
Dec 2012 OPT		13075.00	-9.00	13084.00	13075.00	13075.00	13075.00	13075.00	4:19:48 PM CT 8/10/2012

Icon Key: OPT Options, Price Chart — Market data explanation/disclaimer

(출처: CME Group, 2012)

가격과 이익 놀랍지 않겠지만, 금융 선물계약의 유형에 따라 가격은 다소 다르게 표기된다.

- **통화 선물(currency futures)** 모든 통화 선물은 기초외환의 단위당 미국 달러와 센트로 표기된다(예를 들어 캐나다 달러당 미국 달러 혹은 일본 엔당 미국 센트). 예를 들어, 2013년 9월 정산가격 0.012774를 가진 일본 엔 계약의 가치는 $159,675 (12,500,000엔 × $0.012774)이다.

- **이자율 선물(interest-rate futures)** T-bill이나 단기 증권을 제외하고, 이자율 선물계약은 기초채권(T-note나 T-bond)의 액면가에 대한 비율로 표기된다. 이러한 상품들은 1%의 1/32로 시세가 표기되기 때문에 2012년 9월 미국 국채의 청산가격이 146'18로 표기되면(<그림 15.4>) 146-18/32로 해석되며, 액면가의 146.563%로 환산된다. 이 비율을 기초 증권의 $100,000 액면가에 적용하면 이 계약의 가치가 $146,563($100,000 × 1.46563)임을 볼 수 있다. 다양한 이자율 선물계약에 대한 가격 표시 관행은 계약 명세서나 시세표에서 찾을 수 있다.

- **주가지수 선물(stock-index futures)** 주가지수 선물은 실제 기초 지수와 같은 방식으로 표현된다. 앞에서 보았듯이, 주가지수 선물은 지수에 따라 지수에 $10에서 $500를 곱한 액면가치를 가진다. 따라서 <그림 15.4>의 청산가격에 따라 2012년 9월 DJIA($10) 계약은 $131,550의 가치를 가질 것이다(13,155 × $10). 이 계약의 가치는 지수의 청산가격에 $10을 곱한 것과 같기 때문이다.

사례 2013년 3월 S&P 500 주가지수 계약이 청산가격 1387.60을 가진다고 하자. 계약의 시장가치는 다음과 같이 계산될 수 있다.

$$1,387.60 \times \$250 = \$346,900$$

이자율 선물계약의 가치는 선물이 기반하는 채권처럼 이자율에 반응한다. 즉 이자율이 상승하면 이자율 선물계약의 가치는 하락하고 반대의 경우에도 성립한다. 통화와 주가지수뿐만 아니라 이자율에 사용되는 시세표 시스템은 계약의 시장가치(market value of the contract)를 반영하기 위해 설정된다. 따라서 금융 선물계약의 가격이나 시세가 상승하면

(예를 들어, 이자율이 하락하거나 주가지수가 상승), 매수 포지션의 투자자는 돈을 번다. 반대로, 가격이 하락하면 매도자가 돈을 번다.

가격 움직임은 투기자의 유일한 수익률의 원천이다. 금융 선물계약은 기초자산의 배당이나 이자 수입에 청구권을 가지지 않는다. 그렇다고 해도 큰 규모의 계약이기 때문에 금융 선물에서 큰 이익(혹은 손실)이 가능하다. 예를 들어, 미국 달러에 대해 $0.02만큼 스위스 프랑의 가격이 상승하면 투자자는 $2,500(125,000스위스 프랑 × $0.02)를 얻는다. 마찬가지로, Nasdaq 100지수가 6포인트 하락하면 투자자는 $600(6 × $100)를 잃는다. 금융 선물시장에서 거래하기 위해 필요한 상대적으로 작은 개시증거금 예치를 생각해 보면 그러한 가격 움직임은 매우 높은 수익률 혹은 모든 것을 날릴 수 있는 매우 높은 위험이 될 수 있다.

거래 기법

투자자는 원자재 선물처럼 금융 선물을 헤지 거래, 투기거래, 스프레딩에 사용할 수 있다. 국제무역에 활발한 다국적 기업은 통화 선물이나 유로시장 선물을 이용하여 헤지할 것이다. 다양한 금융기관과 기업의 재무관리자들이 이자율 선물을 헤지 목적으로 종종 이용한다. 어느 경우든 목적은 같다. 최선의 금융 거래나 이자율을 확정하려는 것이다. 또한 개인 투자자와 포트폴리오 매니저는 주가지수 선물을 이용하여 자신의 보유 증권을 일시적인 시장 하락에서 보호하려고 한다. 금융 선물은 또한 스프레딩에 사용될 수 있다. 이 전술은 2계약 이상의 매수와 매도를 동시에 체결하여 바람직한 투자 포지션을 구축하려는 투자자에게 인기가 있다. 마지막으로, 금융 선물은 투기거래에 널리 사용된다.

금융 선물의 투기거래 투기자들은 계약의 규모 때문에 금융 선물에 특히 관심이 있다. 예를 들어, 2012년 중반에 유로 통화계약은 $154,025(125,000 유로 × $1.2322) 이상의 가치를 가졌고, 미국 국채 이자율 계약은 약 $133,140($100,000 × 1.3314)를, 20일 연방기금(Fed Funds) 계약은 $4.95백만($5,000,000 × 0.99) 이상에 시세가 표시되었다. 이런 규모의 계약에서는, 기초자산의 아주 작은 움직임이라도 커다란 가격 변화를 (그리고 큰 이익을) 일으킬 수 있다.

통화 선물과 이자율 선물은 단지 투기 목적에서 사용될 수 있다. 예를 들어, 만일 당신이 유로에 비해 달러가 하락할 것으로 예상한다면 유로 통화 선물을 매수할 수 있다. 왜냐하면 유로의 가치상승과 함께 계약의 가치가 상승할 것이기 때문이다. 만일 당신이 이자율의 상승을 예상한다면 가치가 상승할 것이기 때문에 "선물 매도(go short)"로 이자율 선물을 매도할 수 있다. 금융 선물에 증거금이 사용되기 때문에, 원자재의 수익률 계산처럼 투자자본의 수익률로 계약의 수익성을 측정할 수 있다(수식(15.1)).

외환계약의 매수포지션 당신은 달러에 비해 스위스 프랑(CHF)이 가치 상승할 것이라고 믿는다고 하자. 당신은 2014년 12월 CHF 계약을 프랑당 $1.00보다 조금 낮은 0.9728에 매수하기로 했다. 단일 계약은 $121,600(125,000 CHF x 0.9728)의 가치를 가질 것이고, 3계약의 총 기초 가치는 $364,800이 될 것이다. 주어진 계약당 개시증거금이 $5,400이라고 하면 당신은 이런 포지션을 얻기 위해서 $16,200을 예치하면 된다.

이제, 스위스 프랑의 가치가 상승해서 0.9728에서 0.9965로 변동했다고 하면 3계약의 가치는 $373,687.50으로 오를 것이다. 불과 몇 개월만에 당신은 $8,887.50의 이익을 얻게 될 것이다. 수식(15.1)로 투자자본의 수익률을 계산하면 이익은 54.9%의 수익률로 해석된다. 물론 반대 방향으로 조금만 움직여도 이런 투자는 날아가 버릴 것이다. 확실히, 높은 수익은 높은 위험 없이는 존재하지 않는다.

이자율 계약의 매도포지션 당신은 장기 이자율의 상승을 예상하고 있다. 이자율의 상승은 이자율 선물 가치의 하락으로 해석된다. 당신은 2014년 6월 T-bond 계약을 147-00에 매도(공매도)하려고 한다. 이것은 계약이 액면가의 147%라는 것을 의미한다. 따라서 2계약은 $294,000(100,000 × 1.47 × 2)의 가치를 가진다. 당신은 이 투자를 위해서 $7,560(계약당 $3,780의 개시증거금 예치금액)이 필요하다.

이자율이 실제로 상승하였다고 가정하자. 결과적으로 국채 계약의 가격은 138-16(혹은 138½)로 하락했다. 당신은 (매도 포지션을 상쇄하기 위해서) 2014년 6월 T-bond 계약을 매수하고 $17,000의 이익을 얻는다. 당신은 원래 2계약을 $294,000에 매도했고 추후에 $277,000($100,000 × 1.385 × 2)에 매수했다. 어떠한 투자든, 증권의 매수에 지불한 것과 매도한 것의 차이가 이익이다. 이 경우에 투자자본의 수익률은 225%이다. 역시 이러한 수익률에는 막대한 손실의 위험이 작지 않다.

주가지수 선물의 거래 대부분의 투자자는 주가지수 선물을 투기나 헤지를 위해 사용한다. (주가지수 선물은 제14장에서 소개한 주가지수 옵션과 매우 유사하다. 따라서 아래 설명의 많은 부분이 주가지수 옵션에도 적용된다.) 투기든 헤지든 성공의 요점은 미래 주식시장의 방향이다. 당신은 주가지수 선물을 통해 "시장을 매수"하는 것이기 때문에 (제9장에서 설명한) 기술적 분석이나 기타 기법을 통해 시장의 방향을 예측하는 것이 중요하다. 시장의 방향에 대한 감을 가지게 되면, 주가지수 선물 거래 전략이나 헤지를 위한 공식을 만들 수 있다. 예를 들어, 시장이 상승할 것이라 느낀다면 매수(주가지수 선물의 매수) 포지션을 원할 것이다. 반면에 만일 당신의 분석이 주식 하락을 예상한다면 매도(주가지수 선물의 공매도) 포지션을 취할 수 있다.

예를 들어, 당신은 시장이 저평가되었고 곧 상승할 것이라고 믿는다고 가정하자. 당신은 시장과 함께 상승할 몇 종목의 주식을 찾으려고 노력할 수 있다(이 방법에는 종목 선택의 위험이 있다). 혹은 당신은 S&P 500 주가지수 선물계약을 현재 가격 1401.60에 매수할 수 있다. 이러한 투기 거래를 실행하기 위해서, 당신은 개시증거금 $21,875가 필요하다. 이제 시장이 상승해서 S&P 500 지수가 올라서 선물계약의 만기에 1476.55이 된다면 당신은 $18,737.50의 이익을 얻게 된다. 이 이익은 (1,476.55 − 1,401.60) × $250 = $18,737.50으로 계산하였다. 증거금 투자액 $21,875를 고려하면, 당신의 투자자본의 수익률은 85.7%가 될 것이다. 물론 시장이 87.5포인트(혹은 15.6%) 하락하면 당신은 모든 돈을 잃게 된다는 것을 명심하자.

주가지수 선물을 이용한 헤지 주가지수 선물은 헤지에도 사용될 수 있다. 주가지수 선물은 투자자에게 하락하는 시장에서 보유 주식을 보호할 수 있는 매우 효과적인 방법을 제공한다. 이 전술이 완벽하지는 않더라도 투자자의 주식 보유에 혼란을 주지 않으면서 시장가치 하락으로부터 보호받을 수 있도록 해준다.

소위 매도 헤지가 어떻게 작동하는지 보자. 당신은 총 2,000주의 주식을 12개 종목에 투자하고 있고 이 포트폴리오의 시장가치가 약 $235,000라고 가정하자. 만일 시장이 폭락하기 직전이라고 생각한다면 당신은 2가지 중 하나를 할 수 있다. 모든 주식을 팔고 개별 주식에 대한 풋옵션을 매입한다. 당연히 이 대안은 매우 귀찮고 비용이 많이 들기 때문에 널리 분산된 포트폴리오를 보호하기 위한 바람직한 방안은 아니다. 대신에 원하는 결과는 주가지수 선물을 공매도하여 얻을 수도 있다.

투자자 현실

세 마녀의 날 – 3월, 6월, 9월, 12월의 세 번째 금요일을 주의하시오. 그날은 "세 마녀의 날(triple witching day)"이다. 주식 옵션, 주가지수 옵션, 주가지수 선물이 모두 거의 동시에 만기인 날이다. 이러한 날에는 투자자와 거래자들이 많은 물량의 주식과 지수 포지션을 매수하거나 매도하여 자신의 의무를 실행하기 때문에 주식시장의 변동성이 평소보다 커진다. 결과적으로 주식가격은 심각하게 요동을 치고 헐값이나 횡재를 만들어낸다.
세 마녀의 날 영향을 줄이기 위해서 거래소는 옵션들의 만기일을 같은 날 몇 시간 이내에 발생하지 않도록 흩트려 놓는다. 예를 들어, S&P 500 지수 옵션과 선물은 영업일의 시작과 동시에 만기이지만 개별 주식 옵션과 S&P 100 지수옵션은 장 종료 시점이 만기이다.

이해를 돕기 위해, 당신은 DJIA($10) 주가지수 선물계약을 13,133에 2계약을 공매도 한다고 가정하자. 이러한 계약은 당신의 포트폴리오 현재가치와 매우 가깝게 걸맞을 것이다(계약은 2 × 13,133 × $10 = $262,660의 가치를 가진다). 그러나 주가지수 선물계약은 계약당 $6,250의 개시증거금 예치를 요구하는데, 총 금액은 2 × $6,250 = $12,500에 불과하다. 이제 DJIA가 12,626으로 하락하면 당신은 이러한 공매도를 통해서 $10,000이 약간 넘는 이익을 얻을 것이다. 즉, 지수가 507포인트(13,133 – 12,626) 하락했기 때문에 총 이익은 $10,140(2 × 507 × $10)이 될 것이다. 세금을 무시한다면 당신은 이익을 포트폴리오에 합칠 수 있다(추가적으로 낮은 가격에 주식을 매입). 순 결과는 시장이 하락하기 전에 보유했던 것과 거의 같은 새로운 포트폴리오 포지션이 될 것이다.

"사전"과 "사후" 포트폴리오 포지션이 얼마나 일치하는가는 포트폴리오의 가치가 얼마나 하락했는가에 달려있다. 만일 평균 주당 $5의 가격하락이 일어났다면, 포지션은 거의 일치할 것이다. 그러나 항상 그런 것은 아니다. 일부 주식의 가격은 다른 주식에 비해 더 많이 변동할 것이고 이러한 매도 헤지가 제공하는 보호는 주식 포트폴리오가 시장의 움직임에 얼마나 민감한가에 영향을 받는다. 따라서 포트폴리오에 포함된 주식의 유형이 주가지수 매도 헤지를 구성하는 데 중요한 고려요인이 된다.

이런 유형의 헤지 성공의 핵심은 헤지 수단(선물계약)의 성격이 보호대상 포트폴리오(혹은 증권 포지션)와 얼마나 밀접하게 일치하는가에 달려있다. 만일 포트폴리오가 대부분 (혹은 전적으로) 대형주로 구성되어 있다면 S&P 500 주가지수 선물과 같은 헤지 수단을 사용한다. 만일 포트폴리오가 대부분 우량주라면 DJIA 계약을 사용한다. 만일 포트폴리오가 대부분 기술주라면 Nasdaq 100 지수 계약을 고려한다. 다시 말해서, 헤지 수단을 선택하는 요점은 보호하려는 증권의 유형을 밀접하게 반영하는 지수를 고르는 것이다. 이런 약점을 명심한다면, 주가지수 선물을 이용한 헤지는 비용은 낮으면서 하락하는 주식시장의 손실을 보호하는 효과적인 방안이 될 수 있다.

기타 증권의 헤지 주가지수 선물을 주식 포트폴리오의 헤지에 사용할 수 있는 것처럼, 이자율 선물을 채권 포트폴리오를 헤지하는 데 사용할 수 있다. 혹은 외환 위험에 대응하여 보호하기 위한 방법으로 외환 선물을 외국 증권에 사용할 수 있다. 이자율 헤지에 대해 살펴보자. 만일 당신이 상당량의 채권을 보유하고 있다면 채권가격의 폭락을 야기시킬 이자율의 큰 변동을 보고 싶지 않을 것이다. 만일 약 $300,000의 가치와 평균 18년의 만기를 가지는 국채와 기관채권을 보유하고 있다고 가정하자. 시장이자율이 상승할 것으로 믿는다면 당신은 채권 포트폴리오를 미국 국채 선물계약 3계약을 공매도함으로써 헤지할 수 있다(각각의 T-bond 선물계약은 $100,000의 가치를 가지고 따라서 $300,000 포트폴리오를 헤지하기 위해서는 3계약이 필요함). 만일 이자율이 상승하면 당신은 손실로부터 포트폴리오를 보호할 수 있을 것이다. 앞에서 언급했듯이, 정확한 보호물량은 T-bond 선물계약이 당신의 채권 포트폴리오의 가격 움직임을 얼마나 잘 따라가느냐에 달려 있을 것이다.

물론 약점도 있다. 만일 시장이자율이 상승하지 않고 하락한다면 당신은 매도 헤지 포지션을 유지하는 경우에 잠재적 이익을 놓치게 될 것이다. 포트폴리오에서 만들어지는 이익이 선물계약의 손실로 상쇄되기 때문이다. 실제로 어떤 유형의 포트폴리오(주식, 채권, 혹은 다른 증권)라도 매도 헤지로 상쇄된다면 이런 일은 발생할 수 있다. 매도 헤지를 만들 때 반드시 포지션을 고정해야 하기 때문이다. 시장이 하락할 때 아무것도 잃지 않듯이 시장이 상승할 때 역시 아무것도 얻지 못한다. 어떤 경우라도 하나의 포지션에서 얻게 되는 이익은 다른 것의 손실로 상쇄된다.

외환노출의 헤지 이제 선물계약을 이용하여 어떻게 외환위험을 헤지하는지 보자. 영국 정부의 1년만기 채권을 $200,000 매입했다고 가정하자(미국 국채에 비해 영국 국채에서 상대적으로 높은 수익률이 가능하기 때문에 매입했음). 이 채권은 파운드화로 되어 있기 때문에 만일 환율이 불리하게 작용하면 손실을 볼 수 있다(예를 들어 파운드에 비해 달러 가치가 오를 경우).

당신이 원하는 것이 영국 국채의 높은 수익률이라면 외환 헤지를 통해서 외환위험의 대부분을 없앨 수 있다. 현재 환율로 미국 1달러로 영국 파운드 0.60을 "매입"할 수 있다고 하자. 이것은 파운드가 $1.65($1.00/0.60₤ = $1.65)의 가치를 가진다는 의미이다. 따라서 만일 영국 파운드화에 대한 외환 계약이 파운드당 약 $1.65에 거래된다면, 당신은 $200,000의 투자를 보호하기 위해 파운드화 선물 2계약을 매도해야만 할 것이다. 개별 선물계약은 62,500파운드(파운드화의 거래단위)가 적용된다. 만일 1.65에 시세표가 제시되고 있다면 개별 선물계약은 $103,125($1.65 × 62,500)의 가치를 가진다.

1년 뒤에 달러의 가치가 파운드에 비해 상대적으로 상승하여 미국 1달러로 영국 파운드 0.65를 "매입"할 수 있다고 하자. 그런 상황에서, 영국 파운드의 선물은 약 1.54($1.00/0.65₤ = $1.54)의 가치를 시세로 가질 것이다. 이 가격에 개별 선물계약은 $96,250(62,500 × $1.54)의 가치를 가지게 될 것이다. 각각의 계약은 사실 1년 전 가치에 비해 $6,875의 가치가 하락한 것이다. 그러나 당신이 선물계약으로 헤지를 할 때 계약은 공매도로 매도되었기 때문에 계약당 $6,875의 이익을 얻을 것이고 2계약의 총 이익은 $13,750가 될 것이다. 불행히도 이것은 순이익이 아니다. 영국 국채 투자에서 발생한 손실을 이익에서 상쇄해야 한다. 간단히 말해서, 영국 국채를 매입하기 위해 해외에 $200,000를 보낼 때 이 금액은 121,000파운드의 가치를 가졌다. 그러나 1년 뒤에 화폐를 매입할 때는 121,000파운드로는 단지 미화 186,500달러를 매입할 수 있다. 따라서 원래 투자금액에서 $13,500의 손실을 입게 된다. 만일 외환 헤지가 없었다면 그럴 것이지만, $13,500을 완전히 회복하고 수익률을 그렇게 낮추지 않을 수 있다. 헤지는 손실(그리고 약간 그 이상)을 만회할 수 있으며, 헤지의 순 효과는 외환으로부터 발생하는 잠재적 손실에 대한 우려 없이 영국 국채의 수익률을 즐길 수 있었다는 것이다.

금융 선물과 개인투자자

원자재처럼, 금융 선물은 아래 3가지 요인이 적용된다면 당신의 포트폴리오에서 중요한 역할을 할 수 있다. (1) 당신은 이러한 투자를 완전하게 이해한다. (2) 당신은 이러한 투자의 거대한 위험 노출을 확실히 인식한다. (3) 당신은 일부 손실을 (금전적으로 감정적으로) 감당할 수 있는 충분한 준비가 되어 있다.

금융 선물은 매우 변동이 심한 증권으로 거대한 이익과 손실의 잠재력을 가지고 있다. 예를 들어, 2011년 9월 1일부터 2012년 3월 1일까지 6개월 동안 S&P 500 선물 계약 가격은 1108.50에서 1397.00으로 변하였다. 단일 계약에서 이러한 288.5포인트의 변동은 잠재적 이익(혹은 손실)으로 $72,125(288.5 × $250)인데, 개시증거금 투자는 단지 $21,875면 가능하다. 분산투자는 잠재적인 가격 변동의 영향을 줄이기 위해서 확실히 필요하다. 금융 선물은 특이한 투자이나 적절하게 사용된다면 높은 수익률을 얻을 수도 있다.

선물옵션(options on futures)

상장 주식 옵션과 금융 선물 스프레드로 시작된 변화는 시간이 흐르면서 이자율 옵션과 주가지수 선물로 발전하였다. 결과적으로 이런 변화는 궁극적인 레버리지 상품을 창출했는데, 그것은 선물계약에 대한 옵션이다. 선물옵션(futures option)은 활발히 거래되고 있는 선물계약에 대한 상장 풋옵션과 콜옵션을 말한다. 간단히 말해서, 이것은 소유자에게 정해진 행사가격에 정해진 시간에 표준 선물계약을 사거나(콜옵션) 팔(풋옵션) 수 있는 권리를 부여한다.

이 옵션은 원자재 선물과 금융 선물 모두에 가능하다. <그림 15.5> 상단 시세표의 옥수수 인도월별 선물계약 아래에 옵션 시세표가 있는데 이것은 선물계약에 대한 선물옵션이 존재하는 것을 보여준다. 사실, CME 시세표는 선물옵션 시세표를 볼 수 있도록 되어 있다. <그림 15.5>는 2012년 9월 옥수수 선물계약에 대한 옵션 시세표를 보여준다. 대부분의 경우에 풋옵션과 콜옵션은 기초 선물계약에 대해 일정한 양을 다룬다. 예를 들어, 설탕 112,000파운드, 금괴 100트로이(12온스), 62,500 영국 파운드화, $100,000의 T-bond 등이다. 따라서 선물옵션은 원자재 선물이나 금융 선물과 정상적으로 동일한 가

그림 15.5 옥수수 선물옵션 계약의 시세표

옥수수 선물계약에 대한 콜옵션과 풋옵션의 시세표는 전일가, 개장가, 고가, 저가와 체결가 및 행사가격을 보여준다. 또한 시세표는 전일의 종가에서 오늘의 종가 사이의 가격 변화, 거래량, 상하한 가격을 표시한다.

Corn Options

View Corn Futures

Quotes | Contract Specifications | Performance Bonds / Margins | Product Calendar | Learn More

Quotes | Time & Sales | Volume | Settlements

Trade Date: 8/15/2012

Globex Futures | Open Outcry Futures

Market Data is delayed at least 10 minutes

Futures Underlier

Month	Charts	Last	Change	Prior Settle	High	Low	Volume	Hi / Lo Limit	Updated
Sep 2012		782'6	+3'0	779'6	783'4	779'6	1,464	819'6 739'6	6:25:41 PM CT 8/14/2012

Option Quotes

Turn Auto-refresh OFF | About this Report

Last American Options SEP 2012 At The Money Update

CALLS									PUTS							
Updated	Hi / Lo Limit	Volume	High	Low	Prior Settle	Change	Last	Strike Price	Last	Change	Prior Settle	Low	High	Volume	Hi / Lo Limit	Updated
5:51:56 PM CT 8/14/2012	58'6 No Limit	0	19'7 b	–	18'6	+1'1	19'7 b	775	12'5 a	-1'3	14'0	12'5 a	–	0	54'0 No Limit	5:51:56 PM CT 8/14/2012
5:38:09 PM CT 8/14/2012	56'2 No Limit	1	17'1 b	17'0	16'2	+0'7	17'1 b	780	14'7 a	-1'5	16'4	14'7 a	–	18	56'4 No Limit	5:51:56 PM CT 8/14/2012
5:51:56 PM CT 8/14/2012	54'0 No Limit	0	14'6 b	–	14'0	+0'6	14'6 b	785	18'2 a	-1'0	19'2	18'2 a	–	0	59'2 No Limit	5:09:35 PM CT 8/14/2012
5:37:08 PM CT 8/14/2012	52'0 No Limit	0	12'4 b	–	12'0	+0'4	12'4 b	790	21'2	-1'0	22'2	21'2	21'2	1	62'2 No Limit	6:21:43 PM CT 8/14/2012
5:37:08 PM CT 8/14/2012	50'1 No Limit	0	10'5 b	–	10'1	+0'4	10'5 b	795	24'3 a	-1'0	25'3	24'3 a	–	0	65'3 No Limit	5:09:35 PM CT 8/14/2012

Market data explanation/disclaimer

(출처: CME Group. 2012.)

격 변동성을 가진다.

선물옵션은 상장 옵션처럼 동일한 표준 행사가격, 만기일, 시세표기 시스템을 가진다. 옵션의 행사가격 기초 선물계약의 시장가치에 따라 이러한 옵션은 내가격 혹은 외가격이 될 수 있다. 선물옵션은 다른 풋옵션이나 콜옵션과 같은 방법으로 평가된다. 즉, 옵션의 행사가격과 기초선물계약의 시장가격과의 차이에 의해 평가된다(제14장을 참고). 다른 상장 옵션처럼 투기나 헤지, 옵션 발행, 스프레딩을 위해 사용될 수 있다. 선물옵션과 선물계약의 가장 큰 차이점은 옵션은 손실 노출을 옵션 가격으로 제한한다는 점이다. 풋옵션이나 콜옵션에 지불하는 가격이 최대한의 손실이다. 선물계약의 경우에는 발생하는 손실에 제한이 없다.

선물옵션이 어떻게 작동하는지 살펴보기 위해 금 계약을 거래한다고 가정하자. 금 가격이 향후 4~5개월 뒤에 현재가격인 온스당 $1,597.70에서 상승할 것이라고 믿는다. 우선 한 가지 투자방법은 온스당 $1,610.60에 금을 매입할 수 있는 2013년 8월 개시증거금 $9,113를 요구하는 선물계약에 들어가는 것이다. 또한 대안으로 당신은 행사가격 $1,600의 선물 콜옵션을 현재 $17.80의 프리미엄으로 매수할 수 있다(기초 선물계약은 100온스의 금에 적용되기 때문에 이 옵션의 총비용은 $17.80 × 100 = $1,780). 이 콜옵션은 금의 시장가격이 행사가격을 초과하기 때문에 내가격 옵션이다. 아래 <표>는 금 선물계약 가치가 만기일에 온스당 $1,642.70으로 상승하는 경우와 금 선물계약 가치가 온스당 $1,552.70으로 하락하는 경우에 두 가지 투자를 요약하고 있다.

가격변화	선물계약		선물옵션	
	이익(혹은 손실)	투자자본수익률	이익(혹은 손실)	투자자본수익률
선물계약 가치가 온스당 $1,642.70으로 상승	3,210	35.2	2,490	139.9
선물계약 가치가 온스당 $1,552.70으로 하락	(5,790)	−63.5	(1,780)	−100

확실히, 선물옵션은 우수한 수익률 향상뿐 아니라 손실에 대한 노출도 감소시킨다. 선물옵션은 흥미로운 투자기회를 제공한다. 그러나 항상 그렇듯이, 이 상품은 노련한 원자재 및 금융 선물 투자자들만 사용해야 할 것이다.

개념리뷰

15.10 실물 원자재 선물과 금융 선물의 차이점은 무엇인가? 유사점은?

15.11 외환 선물을 설명하고 이자율 선물과 비교하시오. 주가지수 선물은 무엇이며 투자자에게 어떻게 사용되는가?

15.12 주가지수 선물이 투기와 헤지에 사용될 수 있음을 논의하시오. 주가지수 선물이 특정 주식보다 투기에 유리한 점은 무엇인가?

15.13 선물옵션은 무엇인가? 투기자에게 어떻게 이용될 수 있는지 설명하시오. 선물계약 자체보다는 이자율 선물계약에 대하여 옵션을 이용하려는 이유는 무엇인가?

토론문제

LG 1 Q15.1 미국의 3대 원자재 거래소(CME, CBOT, NYMEX)를 이번 장에서 확인하자. 미국의 다른 거래소와 해외 원자재 거래소를 알아보자. Wall Street Journal Online, wsj.com을 방문하여 시장데이터(Markets Data) 아래에 원자재와 선물(Commodities & Futures) 부분을 찾아 최근의 선물 시세를 알아본다. 이 장에서 설명했듯이, 선물 시세는 계약이 거래되는 거래소명을 포함한다.

a. 시세표를 이용하여 얼마나 많은 미국 원자재 거래소가 있는지 확인하자.

b. WSJ에 게재된 해외 거래소는 무엇인가?

c. 위에서 찾은 미국과 해외 거래소에서 거래되는 계약의 예를 1~2개 들어보자. 예를 들어, CBOT에는 귀리(oats)와 미국 국채(T-bond)가 있음.

LG 3 LG 5 Q15.2 <그림 15.3>과 <그림 15.4>의 정산가격 혹은 종가를 이용하여 다음 원자재 선물과 금융 선물 계약의 가치를 찾아보자.

a. 2013년 3월 옥수수

b. 2013년 7월 옥수수

c. 2013년 12월 옥수수

d. 2012년 12월 미국 국채

e. 2012년 12월 DJIA($10) 지수

LG 4 LG 6 Q15.3 주어진 정보에 근거하여 아래 제시된 각각의 선물거래에서 얼마의 이익과 손실을 얻을 것인지 제시하시오(힌트: www.cmegroup.com을 방문하여 계약의 규모와 가격단위 등을 확인할 수 있음).

a. 당신은 엔 계약을 1.0180에 매수하여 몇 주 후에 1.0365에 매도하였다. (12,500,000엔/계약; $/100엔)

b. 귀리(5,000부셸/계약; 센트/부셸)의 가격은 부셸당 $0.60으로 상승하였고, 당신은 3계약을 가지고 있다.

c. 당신은 비육우(50,000파운드/계약; 센트/파운드) 2계약을 파운드당 $1.24에 공매도하였고 가격은 파운드당 $1.03으로 하락하였다.

d. 최근에 스위스 프랑(CHF 125,000/계약; $/CHF) 계약을 0.7272에 매수하였고 6주 후에 계약은 0.685에 거래되었다.

e. S&P 500 계약($250 × index)을 지수가 1,396.55일 때 공매도 하고 지수가 1,371.95일 때 상쇄(cover) 거래하였다.

f. 옥수수(5,000부셸/계약; 센트/부셸) 3계약을 부셸당 $2.34에 공매도 하고 옥수수 가격은 부셸당 $2.495로 상승하였다.

문제

LG 3 LG 4 P15.1 Josh Rink는 자신이 유능한 원자재 투자자라고 생각하고 있다. 그는 파운드당 얼마 전에 $0.54에 매수한 7월 면화 계약을 최근에 파운드당 $0.58에 매도하였다. 얼마의 이익을 얻었는가? 개시증거금이 $1,260이라면 투자자본의 수익률은 얼마인가?

LG 3 LG 4 P15.2 최근 광우병이 이웃 국가에서 발생했다는 뉴스를 들었다. 당신은 소고기 소비 고객이 미국산으로 옮겨올 것이기 때문에 향후 몇 개월 뒤에 비육우 가격이 극적으로 상승하리라 믿는다. 일부에서는 사람들이 소고기 자체를 두려워할 것이라서 가격이 하락할 것이라 믿고 있다. 당신은 CME에 가서 4월 인도분 비육우 선물이 88.8의 시세에 거래되는 것을 확인했다. 계약 규모는 50,000파운드이다. 1계약의 시장가치는 얼마인가?

LG3 LG4 P15.3 당신은 비육우가 좋을 것 같은 생각에 4월 인도분을 88.8에 4계약을 매수했다. 10%를 증거금으로 내야 한다. 이 거래를 위해서 얼마만큼의 자본이 필요한가?

LG3 LG4 P15.4 소의 가격이 인도월에 101.2로 상승함에 따라, 88.8에 비육우 4계약을 매수했던 결정이 옳은 것으로 나타났다. 얼마의 이익을 얻었는가? 투자자본의 수익률은 얼마인가?

LG4 P15.5 Taryn Arsenault는 원자재 투기자이다. 그녀는 현재 248에 거래되고 있는 7월 귀리의 매도 포지션을 고려하고 있다. 그녀의 분석에 따르면 7월 귀리는 몇 개월내에 240에 거래되어야 한다. 그녀의 기대가 유지된다면, 개시증거금으로 계약당 $540를 예치하는 7월 귀리 3계약 매도에서 얻을 투자자본의 수익률은 얼마인가? (각 계약은 귀리 5,000부셸에 해당된다.)

LG5 LG6 P15.6 돌아가신 친척으로부터 2개월내에 $100,000를 받게 될 것이라고 알게 되었다. 당신은 이 돈을 안전하고 이자가 있는 상품에 투자하려고 한다. 따라서 당신은 5년만기 국채(T-note)를 매수하기로 했다. 그러나 이자율이 하락할 것이라고 생각하는 당신은 오늘의 5년만기 T-note보다 2개월 뒤에는 더 많이 지불해야 할 것이라 예상한다. 당신은 선물을 매수하기로 하고 2개월 뒤 인도하는 5년만기 국채가 111-08의 시세를 가지고 있음을 발견했다(계약 거래는 $100,000 단위이다). 시세가 의미하는 가격은 얼마인가? 매수해야 하는 계약의 수는 얼마인가? 계약을 매수하기 위해 얼마의 자금이 필요한가? 계약을 정산하기 위해 얼마가 필요한가?

LG5 LG6 P15.7 George Seby는 이자율에 투기하려고 생각 중이다. 그는 이자율이 하락하고 그 결과 국채선물 가격이 현재의 92-15 시세에서 98 수준으로 변화할 것이라 생각한다. 계약당 $1,350의 증거금 예치가 필요하고 그의 예상대로 가격이 움직인다면 George의 투자자본 수익률은 얼마인가?

LG 5 LG 6 P15.8 Tori Reynolds는 수년간 주식시장의 한가운데 있었다. 그녀는 자신의 포트폴리오를 비교적 공격적으로 운영하고 기회가 있을 때마다 공매도 하는 것을 좋아한다. 최근에 그녀는 시장의 전반적인 움직임을 따르는 주가지수 선물에 관심을 가지게 되었다. Tori는 시장이 하락할 것이라 생각하고 S&P 500 주가지수 선물을 공매도 하려고 한다. 그녀는 1,387.95에 3계약을 매도하고 이를 위해 계약당 $19,688의 증거금을 예치해야 한다. 만일 시장이 하락하여 만기일에 CME 계약이 1,352.00에 거래된다면 그녀의 이익은 얼마이며 투자자본의 수익률은 얼마인가?

LG 6 P15.9 부유한 투자자가 미국 국채(T-bond) $500,000 가치를 보유하고 있다. 이 채권은 현재 액면가의 105%에 시세가 형성되어 있다. 그러나 투자자는 이자율이 6개월 동안 상승할 것이기 때문에 채권 포트폴리오를 보호하고자 생각한다. 그의 브로커는 T-bond 선물계약으로 헤지하는 것을 조언한다. 이 계약은 현재 111-06에 거래되고 있다고 가정하자.

a. 투자자가 어떻게 헤지를 구성해야 하는지 간단하게 설명하시오. 매수 혹은 매도 어느 쪽으로 해야 하는가? 헤지에는 몇 계약이 필요한가?

b. 6개월 뒤에 이자율이 상승했다고 가정하자. 투자자의 채권은 이제 93½로 거래되고, 헤지에 사용된 채권 선물계약은 현재 98-00에 거래되고 있다. 채권 포트폴리오의 가치에 어떤 일이 발생했으며 그리고 선물 헤지를 통해 얻은 이익(혹은 손실)은 얼마인가?

c. 이것은 성공적인 헤지였는가? 설명하시오.

LG 6 P15.10 얼마 전에 Vanessa Woods는 회사를 (세후 기준) 수백만 달러에 팔았다. 그녀는 이 돈의 일부를 주식시장에 투자했다. 오늘 Vanessa의 우량주 포트폴리오는 3.8백만 달러의 가치를 가진다. Vanessa는 그녀의 포트폴리오를 유지하고자 하는데, 우량주 시장의 약세가 일어날 것을 걱정하고 있다. 그녀는 포트폴리오 포지션을 DJIA 6개월 선물계약으로 헤지하려고 한다. 현재 DJIA 선물계약은 11,960에 거래되고 있다.

a. 그녀는 포트폴리오를 헤지하려는데 왜 S&P 500이 아니라 DJIA 지수를 선택

하는가?

b. Vanessa가 포트폴리오 3.8백만 달러를 모두 헤지하려면 어떻게 해야하는지 설명하시오.

c. 만일 계약이 계약당 $4,875의 증거금 예치를 필요로 한다면 헤지를 위해 얼마가 필요한가?

d. 향후 6개월에 걸쳐 주가가 하락하여 Vanessa의 포트폴리오 가치가 3.3백만 달러로 하락한다고 가정하자. DJIA 선물계약은 10,400에 거래되고 있다면 선물헤지를 통해 그녀는 얼마나 이익(손실)을 보았는가? 포트폴리오의 손실을 상쇄하기에 충분한가? 헤지의 순이익(손실)은 얼마인가?

e. 그녀는 예치 증거금을 반환 받을 수 있는가? 아니면 영원히 사라진 매몰비용인가?

LG 5 LG 6 P15.11 영국 파운드의 선물계약 시세는 1.6683이다. 영국 파운드의 계약 규모는 62,500이다. 이 계약의 달러화 가치는 얼마인가?

LG 5 P15.12 당신은 유로의 선물계약을 매수하였다. 계약은 125,000유로이고 시세는 1.1636이다. 인도일에 거래 시세는 1.1050이다. 유로를 인도했다면 달러로 전환한 후에 달러화 가치는 얼마인가? (수수료 이전의) 당신의 이익이나 손실은 얼마인가?

LG 4 P15.13 미국 통화 투기자는 미국 달러에 비해 상대적으로 캐나다 달러가 단기간에 하락할 것이라 생각하고 있다. 만일 그가 이러한 예측에 따라 이익을 얻으려고 한다면 캐나다 달러 선물계약에 대해 어떤 포지션(매수 혹은 매도)을 취해야 하는가? 만일 캐나다 달러 선물계약이 시작 시세 0.6775에서 종료 시세 0.6250으로 움직였다면 개별 계약에서 얻을 수 있는 이익은 얼마인가?

LG 6 P15.14 선물옵션을 고려하자. 금이 온스당 $482에 거래되고 있을 때 금에 대한 콜옵션을 7.20에 매수했다면, 금의 가격이 옵션 만기일에 온스당 $525로 상승했을 때 투자자의 이익은 얼마인가? (주의: 콜옵션의 행사가격은 480이라고 가정하자.)

사례 문제 15.1: T.J.의 신속한 투자: 이자율 선물

LG 5 LG 6 T. J. Patrick은 원자재 투기를 즐기는 오레곤주 포틀랜드(Portland, Oregon)의 젊고 성공적인 산업디자이너이다. T. J.는 굴지의 음식 가공업자를 위해 곡물을 매수하는 아버지의 조언을 받아서 십대 때부터 취미 삼아 원자재에 투자했다. T. J.는 원자재 투기에 상당한 위험이 있음을 인식하고 있지만 아직 젊기 때문에 일정한 모험을 할 수 있다고 생각한다. 산업디자인 회사의 주요 인물인 T. J.는 연간 $150,000를 연봉으로 받는다. 그는 잘 준비된 투자 프로그램을 따라서 자신의 포트폴리오에 연간 $15,000에서 $20,000를 추가하고 있다.

최근에 T. J.는 금융 선물, 정확히는 이자율 선물을 시작하였다. 그는 이자율에 대한 전문가는 아니지만 이 투자가 제공하는 가격 행태를 좋아한다. 이 모든 일은 몇 개월 전에 시작되었는데, T. J.가 금융선물 전문가로 브로커인 Vinnie Banano를 만났을 때이다. T. J.는 Vinnie가 하는 말(이자율 선물로 잘못될 수도 있다는 이야기)을 좋아하게 되었고 Vinnie의 회사인 Banano's of Portland에 거래 계좌를 만들었다.

어느 날, Vinnie는 T. J.에게 전화를 해서 5년만기 국채(T-note) 선물에 들어가는 것을 제안했다. 그는 중앙은행이 이자율을 공격적으로 올릴 것이고 단기와 중기 이자율 기간 구조의 수익률이 크게 상승할 것이라고 말하였다. 이에 따라, Vinnie는 T. J.에게 5년만기 국채 계약을 공매도하도록 제안하였다. 구체적으로 Vinnie는 T-note의 이자율이 1% 포인트(약 5.5%에서 6.5%로) 상승할 것이고 T. J.는 4계약을 공매도해야 한다고 생각한다. 계약당 개시증거금으로 $1,350가 필요하기 때문에 이것은 $5,400의 투자가 될 것이다.

문제

a. T-note 선물($100,000/계약; 1%의 32)이 현재 103-16으로 시세가 형성되어 있다고 가정하자.

1. T-note 선물계약의 현재 가치는 얼마인가?
2. 만일 Vinnie가 옳고 이자율이 만기일에 1% 포인트 증가하여 6.5%가 된다면 이 선물계약의 시세는 얼마가 되겠는가? (힌트: 기초 자산과 동일하게 가격이 형성될 것이다. 이 경우 5년만기 6% 이표율의 반기별 이자지급 미국 국채이다. 필요하다

면 제11장의 반기이자 지급 채권의 가격에 관한 내용을 참고하자.)

b. T. J.가 만일 4계약을 103-16에 공매도하고, 5년만기 T-note 계약이 98-00에 시세가 형성될 때 공매도를 커버하게 되면 이익은 얼마인가? 또한 이 거래에서 얻는 투자자본의 수익률을 계산하시오.

c. 이자율이 하락한다면 어떻게 되는가? 예를 들어, 만일 T-note 선물의 이자율이 1%의 3/4만큼 하락하고 이 때 계약이 105-8에 거래된다면 T. J.는 어떻게 될까?

d. 제안된 공매도 거래의 위험은 무엇인가? 금융선물에 대한 T. J.의 새로운 관심을 어떻게 평가할 수 있나? 기존의 원자재 투자 프로그램과 비교할 때 어떻게 생각하는가?

사례 문제 15.2: Pernelli 부부의 주가지수 선물을 이용한 헤지 시도

LG 5 LG 6 Jim Pernelli와 아내 Polly는 조지아주 어거스타(Augusta, Georgia)에 살고 있다. 대다수 젊은 부부들처럼 Pernelli 부부는 맞벌이로, 짐과 폴리는 모두 대학을 졸업하고 고소득 직업을 가지고 있다. Jim은 몇 년간 주식시장 투자자로 현재 $375,000의 포트폴리오를 운영하고 있다. Pernelli의 포트폴리오는 주로 고품질 중형의 성장주에 투자하고 있지만 잘 분산되어 있다. Pernelli는 모든 배당금을 재투자하고 정기적으로 투자 자본을 포트폴리오에 더하고 있다. 지금까지 그는 공매도는 하지 않고 약간의 증거금 거래는 하고 있다.

그들의 포트폴리오는 지난 18개월 동안에 상당히 가치가 상승해왔고 Jim은 그가 얻은 이익을 적극적으로 보호하고 싶어한다. 이것이 문제이다. Jim은 그동안 시장이 상승해왔고 이제는 하강 국면으로 돌입할 것으로 느끼고 있다. 그는 시장과 경제 뉴스를 매우 조심스럽게 연구한 후 장기적으로 불황이 올 것으로 믿게 되었다. 그러나, 그는 그렇지 않더라도 자신의 포트폴리오에 속한 주식이 시장 상황에 나쁜 영향을 받을 것이며 심지어 어떤 종목의 가격은 다른 종목보다 더 많이 하락할 것이라고 상당히 확신하고 있다. Jim은 언제부터인가 주가지수 선물을 살펴보기 시작했고 이러한 증권의 장단점을 꽤 알고 있다고 믿는다. 심사숙고 끝에 Jim과 Polly는 주가지수 선물 특히 S&P 중형주(MidCap) 400 선물계약을 주식 포트폴리오를 보호(헤지)하기 위해 사용하기로 결정했다.

문제

a. Pernelli가 주식의 포트폴리오를 헤지하기 위해 주가지수 선물을 사용하려는 이유와 그리고 그런 헤지를 어떻게 구축하는지 설명하시오. 상세하게 설명하시오.

  1. Jim과 Polly가 포트폴리오의 자본가치를 보호하기 위한 대안으로 무엇이 있을까?
  2. 주가지수 선물을 헤지에 사용하는 이점과 위험은 무엇인가?

b. S&P (MidCap) 400 선물계약이 ($500 × 지수)에 따라 가격이 결정되고 현재 769.40으로 시세가 형성되었다. 헤지를 구성하기 위해서 Pernelli는 몇 개의 계약을 매수(혹은 매도) 해야만 하는가?

  1. Pernelli의 포트폴리오가 시장이 침체됨에 따라 12% 하락했다고 하자. 주가지수 선물계약이 손실을 만회하기 위해서는 어느 가격까지 움직여야 하는가?
  2. 단일 S&P 400 선물계약을 매수 혹은 매도하기 위해서 $16,875의 증거금 예치금이 필요하다면, 만일 선물계약의 가격이 문제 b.1에서 계산한 만큼 변화하였다면 투자자본의 수익률은 얼마가 될 것인가?

c. Pernelli의 포트폴리오 가치가 $52,000만큼 하락하고 S&P 400 선물계약의 가격은 769.40에서 691.40으로 움직였다고 가정하자(Jim과 Polly가 헤지를 위해 선물계약 1계약을 공매도 했다고 하자).

  1. 헤지 거래에서 얻은 이익을 주식 포트폴리오의 (하락한) 새로운 가치에 더하시오. 시장이 침체하기 직전의 포트폴리오 가치였던 $375,000와 비교하면 이 금액은 어떠한가?
  2. 주가지수 선물 헤지가 Pernelli 포트폴리오의 완벽한 보호가 되지 못한 이유는 무엇인가? 이러한 유형의 헤지를 통해 (금액 대비) 완벽한 보호를 얻는 것이 가능한가? 설명하시오.

d. Pernelli는 선물계약 대신에 선물옵션을 이용하여 헤지를 구성할 수도 있다. 다행히도 그런 옵션이 S&P MidCap 400 지수에 대해 존재한다. 이러한 선물옵션은 기초자산인 선물계약처럼 S&P MidCap 400 지수에 $500를 곱해서 가치가 매겨진다. 이제 S&P MidCap 400 선물계약에 대한 풋옵션을 고려하자. 이 풋옵션의 행사가격은 769이고 현재 5.80의 시세이며 비교할 만한 콜옵션은 2.35의 시세를 가진다. 만일 이러한 선물옵션이 헤지 수단으로 사용된다면, 문제 c에서와 동일한 포트폴리오와 선물가격을 이용하여 포트폴리오가 얼마나 잘 보호되는지 알아보자. (힌트: 헤지로부터 발생한 순이

익은 주식 포트폴리오 가치에 더해준다.) 주식 포트폴리오를 헤지하기 위하여 주가지수 선물계약 대신에 선물옵션을 사용하는 장점과 단점은 무엇인가?

엑셀 스프레드시트

선물계약의 가장 독특한 특성은 그 수익률의 원천이 가격 움직임이 있을 때 발생하는 자본이득 한 가지라는 것이다. 금융자산과 관련된 배당이나 이자와 같은 소득 현금흐름은 없다. 이러한 상품은 가격의 변화에 의한 변동성과 매수에 사용되는 레버리지로 유명하다. 선물거래는 증거금으로 이루어지기 때문에 소액 자본으로 대규모 투자 포지션을 움직일 수 있다.

당신은 원자재 선물 특히 귀리(oat) 선물계약에 관심을 가지고 있다. 귀리에 관한 계약 조건은 "귀리 (CBOT) 5000 부셸; 부셸당 센트"이다. 정산가격 186.75에 12월 귀리 5계약을 매수했다고 가정하자. 브로커에게 예치해야 하는 필요 투자자본은 계약 가치의 5.35%의 개시증거금이다. 스프레드시트 모형을 만들어서 아래 제시된 선물계약 투자에 관련된 질문에 대하여 답변하시오.

문제

a. 5계약에 필요한 개시증거금의 총액은 얼마인가?

b. 당신이 관리할 수 있는 귀리는 총 몇 부셸인가?

c. 12월 정산일에 의하면 귀리 원자재 계약의 매수가격은 얼마인가?

d. 12월 귀리가 실제로 186.75에 정산되었고 당신은 매도하고 이익을 얻기로 결정했다고 가정하자. 귀리 원자재 선물의 매도가격은 얼마인가?

e. 이러한 거래에서 얻는 투자자본의 수익률을 계산하시오(수익률은 계약에서 얻은 가치가 아니라 실제 계약에 투자된 자금을 기초로 한다).

CFA 시험 문제

파생증권

아래 12개의 Level-I CFA 시험문제는 옵션과 선물의 기본 특성, 가격결정 특성, 수익률 움직임, 그리고 다양한 옵션 전략 등을 포함하여 교재 제14장과 제15장의 내용을 다루고 있다(질문에 답할 때 문제당 1.5분의 시간을 사용하고 12개의 문제를 18분 동안 풀고 8개를 맞추는 것을 목표로 한다).

1. 다음 중 투자자가 선물계약을 종료하는 데 가장 덜 사용할 방법은 무엇인가?
   a. 현금을 실물 자산과 교환
   b. 계약이 가치 없이 만기가 되도록 허용
   c. 동일한 계약으로 상쇄되는 거래를 실행

2. 행사가격 \$20이며 프리미엄이 \$4인 풋옵션을 고려하자. 만일 주식가격이 현재 \$18이면 풋옵션의 매수자에게 손익분기점 가격은 얼마인가?
   a. \$16
   b. \$22
   c. \$24

3. 행사가격 \$20이며 프리미엄이 \$4인 풋옵션을 고려하자. 만일 주식가격이 현재 \$18이면 풋옵션의 순수 발행자에게 최대 손실은 얼마인가?
   a. \$16

b. $20

c. 무제한

4. 선물의 청산소(clearinghouse)에 대한 아래 문장에 대해 고려하시오.

문장 1: 선물계약의 청산소는 인도 이전에 계약의 상쇄를 허용한다.

문장 2: 선물계약의 청산소는 계약의 매수와 매도 상대방 모두에게서 개시증거금을 회수한다.

위 문장에 대해 가장 옳은 것 혹은 옳지 않은 것은?

a. 모든 문장이 옳다.

b. 문장 1은 옳지 않고 문장 2는 옳다.

c. 문장 1은 옳고 문장 2는 옳지 않다.

5. 인도(delivery)로 정산이 완료된 선물계약에 관한 아래 문장에 대해 고려하시오.

문장 1: 매수자가 인도 절차를 시작한다.

문장 2: 많은 계약에서 인도는 인도월의 아무 영업일에나 일어날 수 있다.

위 문장에 대해 가장 옳은 것 혹은 옳지 않은 것은?

a. 모든 문장이 옳다.

b. 문장 1은 옳지 않고 문장 2는 옳다.

c. 문장 1은 옳고 문장 2는 옳지 않다.

6. 심외가격이나 심내가격이 아니라면, 다른 것은 동일한 콜옵션의 경우에 만기가 길수록 아래 조건의 경우 가격은 낮다.

a. 유럽형 콜옵션이 아닌 미국형 콜옵션

b. 유럽형 콜옵션과 미국형 콜옵션 모두

c. 유럽형 콜옵션도 미국형 콜옵션도 아님

7. 행사가격이 50이고 만기가 90일인 미국형 콜옵션과 동일한 기초자산을 가진 행사가격이 60이고 만기가 120일인 콜옵션을 비교하자. 기초자산은 55에 거래되고 있다. 아래 문장을 고려하시오.

문장 1: 행사가격 50은 내가격이고 행사가격 60은 외가격이다.

문장 2: 행사가격 60인 콜옵션의 프리미엄에서 차지하는 시간가치는 행사가격 50인 콜옵션의 프리미엄에서 차지하는 시간가치보다 크다. 많은 계약에서 인도는 인도월의 아무 영업일에나 일어날 수 있다.

위 문장에 대해 가장 옳은 것 혹은 옳지 않은 것은?

a. 모든 문장이 옳다.
b. 문장 1은 옳지 않고 문장 2는 옳다.
c. 문장 1은 옳고 문장 2는 옳지 않다.

8. 행사가격 $40인 콜옵션이 현재 $35에 거래되고 있다. 콜옵션은 1년 뒤에 만기가 되고 무위험수익률은 10%이다. 이 콜옵션 가치의 하한은 얼마인가?
   a. 0
   b. 미국형이라면 $5
   c. 유럽형이라면 $1.36

9. 행사가격 $100로 투자자가 발행한 콜옵션이 $3에 거래되고 있다. 이 투자자는 주식에 $85를 지불했다. 만일 만기일에 주식의 가격이 $110로 오른다면 투자자의 이익에 가장 가까운 것은?
   a. $3
   b. $12
   c. $18

10. 투자자는 현재 내가격 $5인 옵션에 $10를 지불하였다. 만일 기초자산이 $90라면, 다음 중 옵션에 관해 가장 잘 설명한 것은?
   a. 행사가격이 $80인 콜옵션
   b. 행사가격이 $95인 풋옵션
   c. 행사가격이 $95인 콜옵션

11. 최근 Dragon Vacation의 주당 가격은 $50이다. 정확하게 6개월 만기가 남은 행사가격 $45, $50, $55인

콜옵션이 있다. 콜옵션의 가격은 각각 $8.75, $6.00, 그리고 $4.00이다. 콜옵션 계약은 주식 100주에 대한 것이고, 투자자는 전략 실행으로 시장가격에 Dragon 주식 100주를 매수한다고 가정하자. 투자자는 주식의 가격이 상승하든 하락하든 콜옵션 행사에 대응하기 위해 주식을 매도하지 않으며, 옵션이 만료되는 6개월 뒤에 전략을 종료할 것이라고 가정하자. 만일 6개월 뒤 Dragon 주식의 종가가 $60이면 행사가격 $50의 콜옵션을 이용한 covered call의 이익은 얼마에 가까운가?

a. $400

b. $600

c. $1,600

12. Win Big 주식의 주가는 주당 €50이다. Verna Hillsborough는 €50에 100주를 매수한다. 주가 하락에 대비하여, Hillsborough는 Win Big 주식 100주를 보호하기 위해서 행사가격 €40에 풋옵션 1 계약을 매수한다. 풋옵션 프리미엄이 주당 €1이다. 만일 Win Big이 풋옵션 만기일에 주당 €45의 종가를 가지고 Hillsborough는 주식을 €45에 매도한다면, Hillsborough의 이익은 얼마에 가까운가?

a. −€1,100

b. −€600

c. €900

정답: 1. b; 2. a; 3. a; 4. a; 5. b; 6. c; 7. a; 8. a; 9. c; 10. b; 11. b; 12. b

용어 해설

A

비정상 수익률(abnormal return)　투자자의 실제수익률과 기대수익률의 차이. (제9장)

경과이자(accrued interest)　채권의 최근 이자 지급 이후 발생한(그러나 아직 미지급된) 이자. (제11장)

적극적 포트폴리오 관리(active portfolio management)　전통적 및 현대적 접근법을 이용하여 포트폴리오를 만들고, 목표 달성을 위해 관리하고 통제; 우월한 수익률을 낼 수 있는 가치 있는 활동. (제13장)

적극적 관리 펀드(actively managed fund)　비정상적으로 높은 수익률을 얻을 수 있는 주식 또는 여타 증권을 선택함으로써 "시장을 능가하려고" 시도하는 펀드. (제12장)

활동성 비율(activity ratios)　기업이 자산관리 수준을 측정하는 데 사용되는 재무비율. (제7장)

정부기관채(agency bonds)　미국 정부의 여러 대행 기관 및 조직에 의해 발행된 부채증권. (제10장)

공격적 성장 펀드(aggressive-growth fund)　가장 높은 자본이득을 달성하려 하는 매우 투기적인 뮤추얼펀드. (제12장)

미국 주식예탁증서(American depositary receipts: ADRs)　외국 회사의, 해당국 소재 은행 금고에 보관된 주식의 미국 달러 표시 예치증서. 이들은 *미국 예탁 주식을* 위한 담보로 이용됨. (제2장)

미국 예탁 주식(American depositary shares: ADSs) 미국 투자자로 하여금 비미국 회사의 주식을 보유하고 미국의 주식거래소에서 거래할 수 있도록 하기 위해 만들어진 증권. 이들은 *미국 주식예탁증서*에 의해 담보됨. (제2장)

Amex **종합지수**(Amex composite index) NYSE-AMEX에서 거래되는 모든 주식의 현재 가격행태를, 1995년 12월 29일의 기준값 550에 대한 상대적 수치로서 측정하는 지수. (제3장)

분석적 정보(analytical information) 잠재적 투자에 관한, 현재 가용한 자료에 기초한 예측과 권고. (제3장)

연금(annuity) 동일한 시간 간격을 두고 발생하는 일련의 같은 금액의 현금흐름. (제4장)

중재(arbitration) 고객과 중개인이 판정단을 대상으로 자산들의 주장을 제시하고, 결정을 받는 공식적 분쟁해결 과정. (제3장)

매도 호가(ask price) 증권의 매도를 위해 제시된 최저 가격. (제2장)

자산배분(asset allocation) 불리한 변동으로부터 보호하면서 유리한 변동을 이용함으로써 자본을 보전하기 위해, 한 포트폴리오를 다양한 자산집단으로 구분하는 체계. (제13장)

자산배분 펀드(assey allocation fund) 투자자의 자금을 주식, 채권, 화폐시장 증권, 그리고 기타 자산집단들에 대해 분산하는 뮤추얼펀드. (제12장)

자산유동화증권(asset backed securities: ABSs) 은행 대출, 리스 그리고 다른 자산들에 집합에 기초한, 부동산저당대출 담보부 증권과 비슷한 증권들. (제10장)

자동적 투자 플랜(automatic investment plan) 주주로 하여금 자동적으로, 자산의 급여 또는 은행 계좌로부터 펀드로, 일정한 금액의 자금을 보낼 수 있도록 하는 뮤추얼펀드 서비스. (제12장)

자동적 재투자 플랜(automatic reinvestment plan) 주주로 하여금 자동적으로, 배당 및 자본이득 소득을 재투자함으로써, 추가 주식을 매입할 수 있도록 하는 뮤추얼펀드 서비스. (제12장)

평균(averages) 대표적 주식집단의 특정 시점의 산술평균 가격 행태를 반영함으로써, 주가의 일반적 행태를 측정하는 데 사용되는 수치. (제3장)

B

후취 수수료(back-end load) 뮤추얼펀드 주식을 *매도*할 때 부과되는 판매수수료. (제12장)

백오피스 연구보고서(back-office research reports) 투자전망에 관한 중개회사의 분석과 권고; 현재 및 잠재 고객의 요구에 의해 무료로 제공되거나 또는 일부 웹사이트에서 판매. (제3장)

재무상태표(balance sheet) 특정 시점에서 기업의 자산, 부채 그리고 주주지분을 요약하는 재무적 요약 서류. (제7장)

균형 펀드(balanced fund) 경상소득과 장기 자본가치 상승 사이에서 균형된 수익을 창출하려는 목적의 뮤추얼펀드. (제12장)

Barron's 주간 경제지: 금융 뉴스의 대중적 출처. (제3장)

일반 할인 중개회사(basic discount broker) 전형적으로, 투자자들이 인터넷 또는 전화로 상업적 온라인 서비스를 통해 전산적으로 거래를 실행할 수 있는 대폭 할인 중개사(*온라인 중개회사* 또는 *전자 중개회사*로도 불림). (제3장)

약세 시장(bear markets) 일반적으로 가격 하락, 투자자의 비관적 견해, 경제적 침체, 그리고 정부의 위축이 수반되는 시장. (제2장)

행태 재무학(behavioral finance) 감정 및 다른 주관적 요인들이 투자결정에서 차지하는 역할을 고찰하는 일단의 연구들. (제9장)

신념 유지(belief perseverance) 개인의 기존 믿음에 배치되는 증거를 무시하거나 평가절하하는 경향. (제9장)

베타(beta) 증권가격이 시장요인에 대해 어떻게 반응하는지 보여주는 *분산불가능* 또는 *시장 리스크*의 척도. (제5장)

매수 호가(bid price) 증권 매입을 위해 제시된 최고 가격. (제5장)

우량주식(blue-chip stocks) 재무적으로 건실하고 장기에 걸쳐 안정적 수익과 배당 기록을 가진 우량 주식. (제6장)

채권 펀드(bond fund) 다양한 종류와 등급의 채권에 투자하고, 이자소득을 1차적 목표로 하는 뮤추얼펀드. (제2장)

채권사다리(bond ladders) 일련의 상이한 만기를 가진 채권들에 동일한 금액을 투자하는 투자전략. (제11장)

채권 등급평가(bond ratings) 채권의 투자품질을 나타내고 신용평가기관에 의해 부여되는 문자 표시 등급. (제10장)

채권 스왑(bond swap) 투자자가 동시에 한 채권을 매도하고 다른 채권을 매입하는 투자전략. (제11장)

채권 수익률(bond yield) 투자자가 채권을 매입하여 만기까지 보유하는 경우, 얻게 되는 수익률; 연 수익률로서 제시됨. (제3장)

채권등가수익률(bond-equivalent yield) 채권의 반기 수익률의 두 배로 계산된 연간 수익률. (제11장)

채권(bonds) 회사 및 정부에 의해 발행되고, 정해진 이자와 만기에 *액면금액*을 지급하는 장기부채 증권 (IOU). (제3장)

장부가치(book value) 기업의 주주지분 금액; 기업의 자산에서 부채와 우선주를 차감한 금액과 동일. (제6장)

브로커 시장(broker market) 거래의 쌍방, 즉 매수자와 매도자가 거래를 실행하기 위해 모이는 시장. (제2장)

강세 시장(bull markets)　일반적으로 가격 상승, 투자자의 낙관적 견해, 경제 회복, 그리고 정부의 부양책이 수반되는 시장. (제2장)

경기순환(business cycle)　시간경과에 따른 전체적 경제활동 수준의 변화를 반영하는, 경제의 현재 상태를 나타내는 지표. (제7장)

사업리스크(business risk)　투자의 수익 및 투자자에게 빚진 수익을 지급할 수 있는 능력에 관한 불확실성의 정도. (제4장)

C

콜옵션(call)　보유자에게 특정 기간 중 정해진 가격으로 증권을 매입할 수 있는 권리를 부여하는 양도성 상품. (제14장)

콜 조항(call feature)　채권의 발행자가 만기 전에 채권을 상환할 수 있는지 여부 및 조건을 규정하는 계약조건. (제10장)

콜 프리미엄(call premium)　채권이 만기 전에 상환될 때, 기준가에 추가되어 투자자에게 지급되는 금액. (제10장)

콜 가격(call price)　발행자가 만기 전에 채권을 상환하기 위해 지급해야 하는 금액; 기준가와 콜 프리미엄의 합과 동일. (제10장)

자본자산가격결정모형(capital asset pricing model: CAPM)　위험과 수익의 개념을 공식적으로 연계하는 모형; 이는 베타, 무위험수익률, 그리고 시장수익률을 이용하여 투자자로 하여금 투자의 요구수익률을 정의하도록 도와줌. (제5장)

자본이득(capital gains)　자산의 매도가격이 초기의 매입가격을 *초과*하는 금액. (제1장)

자본이득 분배(capital gains distribution)　뮤추얼펀드가 증권의 매도로부터 얻은 이익에서 비롯하는, 주주에게 지급되는 분배금. (제12장)

자본손실(capital loss)　자본자산의 매도 수입이 초기 매입가격보다 *낮은* 차액. (제1장)

자본시장(capital market) 주식과 채권 같은 *장기* (만기 1년 이상) 증권이 매매되는 시장. (제2장)

현금계좌(cash account) 고객이 단지 현금거래만 할 수 있는 증권회사 계좌. (제3장)

현금배당(cash dividend) 현금 형태로 지급되는 배당. (제6장)

현물시장(cash market) 거래가 이루어질 때 현금가격 지급과 함께 제품 및 또는 상품이 인도되는 시장. (제15장)

차트분석(charting) 가격행태 및 다른 시장정보를 도표화하고, 이 도표들의 형태 패턴을 이용하여 투자결정을 하는 활동. (제9장)

과당매매(churning) 중개인이 고객계좌의 과도한 거래를 초래함으로써 수수료를 증가시키는, 불법적이고 비윤리적인 행위. (제3장)

특별의결권주(classified common stock) 회사에 의해 발행된 상이한 등급들의 보통주로서 각각은 소유자에게 상이한 권리와 혜택을 제공. (제6장)

순가격(clean price) 채권의 발생이자를 무시한 가격. 순가격은 채권의 다음번 이자지급액을 포함하지 않은 미래 현금흐름의 현재가치. (제11장)

폐쇄형 펀드(closed-end fund) 고정된 발행주식 수를 가진 뮤추얼펀드. 이 펀드는 투자자의 신규자금 유입에 대해 폐쇄되어 있기 때문에, 투자자는 공개시장에서 펀드 주식을 매입해야 함. (제12장)

증권 신탁채(collateral trust bonds) 발행자가 소유하고 제3장에게 위탁된 증권에 의해 담보된 선순위 채권. (제10장)

복수만기 다계층 채권(collateralized mortgage obligations: CMO) 부동산저당대출 담보부 증권으로 소유자들은 원하는 투자기간에 기초한 등급으로 구분됨; 원금은 만기 순서에 따라, 단기 등급을 우선하여 투자자들에게 지급됨. (제10장)

공통형 손익계산서(common-size income statement) 일반적 손익계산서의 모든 항

목을 공통 분모(순매출액)를 이용하여 금액으로부터 백분율로 전환한 재무보고서. (제8장)

보통주(common stock) 회사의 소유권을 나타내는 자기자본 투자; 각 주식은 기업의 부분적 소유권을 나타냄. (제1장)

보통주(시장가치) 비율(common stock (market) ratios) 기업에 관한 정보를 주당 기준으로 전환한 재무비율. (제7장)

복리(compound interest) 초기 예금뿐 아니라, 어떤 기간으로부터 다음 기간으로 축적된 이자에 대해서도 이자가 지급됨. (제3장)

신뢰성 지수(confidence index) 우량등급 회사채들의 평균수익률의 평균 또는 중간적 등급 회사채의 평균수익률에 대한 비율; 시장의 추세는 일반적으로 채권시장에서 주식시장보다 먼저 나타나는 이론에 기초한 기술적 지표. (제9장)

일정금액 플랜(constant-dollar plan) 투자자가 포트폴리오의 투기적 부분의 목표금액을 정하고, 이 목표금액을 유지하는 데 필요한 보수적 부분으로의 유입 또는 보수적 부분으로부터의 자금유출의 개시점을 설정하는, 투자거래의 시점선택을 위한 포뮬러 플랜. (제13장)

일정비율 플랜(constant-ratio plan) 포트폴리오의 투기적 부분의 보수적 부분에 대한 목표 비율이 설정된, 투자거래의 시점선택을 위한 포뮬러 플랜; 실제 비율이 목표 비율로부터 미리 정해진 크기만큼 벗어날 때, 목표 비율을 달성하기 위해 포트폴리오 재조정을 위한 거래 실행. (제13장)

연속복리(continuous compounding) 이자가 가능한 가장 작은 기간에 대해 복리계산되는 이자계산 방법. (제4장)

재래식 옵션(conventional options) 장외거래되는 풋과 콜옵션. (제14장)

전환권리, 교환권리 (conversion privilege, exchange privilege) 동일 펀드집단 안에서, 주주들로 하여금 어떤 펀드로부터 다른 펀드로 자금을 옮길 수 있도록 허용하는 뮤추얼펀드의 특약. (제12장)

전환등가, 전환 패러티(conversion equivalent, conversion parity) 전환채권의 가치가 현재 시장가격과 같도록 만드는 보통주 매매 가격. (제10장)

전환기간(conversion period) 전환증권이 전환될 수 있는 기간. (제10장)

전환가격(conversion price) 전환증권과 교환되어 투자자에게 인도될 보통주의 약속된 주당 가격. (제10장)

전환특권(conversion privilege) 전환증권의 전환약정의 조건 및 특징. (제10장)

전환비율(conversion ratio) 전환채권이 전환될 수 있는 보통주의 숫자. (제10장)

전환가치(conversion value) 전환채권이 전환되는 경우의 주식으로서의 가치에 기초하여 평가된 전환증권 가격. (제10장)

전환채권(convertible bonds) 보유자로 하여금 미리 정해진 수의 발행기업 주식으로 전환할 수 있도록 허용하는 채권. (제10장)

전환증권(convertible security) 투자자로 하여금 특정된 수의 보통주로 전환할 수 있도록 허용하는 특약을 가진 고정소득 증권. (제1장)

상관관계(correlations) 어떤 종류의 자료를 나타내는 일련의 수치들 사이의 관계의 통계적 척도. (제5장)

상관계수(correlation coefficient) 두 계열 사이의 상관관계 정도의 척도. (제5장)

액면이자(coupon) 채권의 연간 이자소득 금액을 정의하는 조항. (제10장)

커버드 옵션(covered options) 옵션 발행자의 소유 주식에 기초하여 발행된 옵션. (제14장)

시장교차 거래(crossing markets) 희망 가격에서 동일한 매도와 매수 주문을 체결함으로써, 매수와 매도 주문을 실행하는 주식의 시간외 거래. (제2장)

통화 환율(currency exchange rate) 두 통화 사이의 특정 일자의 관계. (제2장)

통화 환리스크(currency exchange risk) 두 국가의 통화 사이의 환율 변동에 의해 초래되는 리스크. (제2장)

통화선물(currency futures) 외국 통화에 대한 선물계약이며 마치 상품처럼 거래됨. (제15장)

외환옵션(currency options) 외국 통화에 대해 발행된 풋 및 콜옵션. (제14장)

경상수익률(current yield) 채권의 현재 시장가격 대비 연간 이자소득의 척도. (제10장)

수탁 계좌(custodial account) 미성년자의 중개 계좌; 모든 거래의 일부로서 부모 또는 보호자를 필요로 함. (제3장)

경기순환주(cyclical stocks) 수익 및 전체적 시장성과가 경제의 일반적 상태에 밀접하게 연관된 주식. (제6장)

D

일일가격제한(daily price limit) 기초 상품 가격의 일간 변동에 대한 제한. (제15장)

배당기준일(date of record) 투자자가 배당을 수취할 권리를 갖으려면 주주로서 등록되어 있어야 하는 날짜. (제6장)

일중 거래자(day trader) 신속한 이익을 얻을 목적으로 하루 중에 빠르게 주식을 매수 및 매도하는 투자자. (제3장)

딜러시장(dealer market) 매수자와 매도자가 직접 연결되지 않고, 내신 해당 증권의 시장을 조성하는 *딜러*에 의해 거래가 실행되는 시장. (제2장)

무담보채권(debenture) 무담보 (후순위) 채권. (제10장)

차변 잔액(debit balance) 증거금 대출에 의해 차입된 금액. (제2장)

부채(debt) 이자소득과 정해진 미래 시점의 대출 상환 약속의 대가로 차입된 자금. (제1장)

경기방어주(defensive stocks) 경제가 침체하기 시작할 때, 자신의 수익률을 유지 또는 상회하는 경향이 있는 주식. (제6장)

지연된 자본(deferred equity) 향후에 보통주로 상환 또는 전환될 어떤 형태의 증권. (제10장)

디플레이션(deflations) 물가가 전반적으로 하락하는 기간. (제4장)

인도월(delivery month) 상품이 인도되어야 하는 시점; 선물계약의 기간을 결정함. (제15장)

파생증권(derivative securities) 기초 증권 또는 자산과 비슷한 특성을 보이도록 구조화되고, 그 가치가 기초 증권 또는 자산으로부터 도출되는 증권. (제1장)

기술적 정보(descriptive information) 경제, 시장, 산업, 회사, 또는 특정 투자의 과거 행태의 실제 자료. (제3장)

지정 시장조성자(designated market maker: DMM) 하나 이상의 주식의 거래에 전문화하고, 경매과정을 관리하는 NYSE 회원. (제2장)

직접투자(direct investment) 투자자가 증권 또는 재산에 대한 권리를 직접 취득하는 투자. (제1장)

총가격(dirty price) 채권의 총가격은 순가격과 발생이자의 합계. (제11장)

할인 기준(discount basis) 증권을 상환가치보다 낮은 가격에 매입함으로써 이자를 얻는 방식; 이 차이는 발생 이자임. (제1장)

할인채권(discount bond) 기준가보다 낮은 시장가격을 가진 채권; 시장 이자율이 이표율보다 클 때 발생. (제10장)

할인율(discount rate) 비슷한 투자로부터 현재 얻을 수 있는 연 수익률; 현재가치 계산에 이용; *기회비용*으로도 불림. (제4장)

분산가능 위험, 비체계적 위험(diversifiable risk, unsystematic risk) 통제 불가능 또는 확률적 사건으로부터 발생하는 기업 특유의 투자리스크의 일부; 분산투자에 의해 제거될 수 있음. (제5장)

분산투자(diversification) 수익률을 높이거나 위험을 낮추기 위해, 포트폴리오에 많은 수의 다양한 투자수단을 포함시키는 행위. (제1장)

배당 소득(dividend income) 뮤추얼펀드의 보유 증권으로부터 얻어진 배당과 이자로부터 나온 소득. (제1장)

배당성향(dividend payout ratio) 주당 이익(EPS) 가운데 기업이 배당으로 지급하는 비율. (제6장)

배당 재투자 플랜(dividend reinvestment plan: DRIP) 주주의 현금배당을 자동적으로 해당 기업의 보통주를 추가 매입하는 데 재투자하는 플랜. (제6장)

배당 가치평가 모형(dividend valuation model: DVM) 예상되는 미래 배당흐름에 기초하여 주식을 평가하는 방법; 세 개의 버전은 무성장, 일정성장, 변동성장임. (제8장)

배당수익률(dividend yield) 배당을 주식가격에 연계하는 척도로서, 보통주 배당을 절대적(금액) 기준 대신 상대적 척도(백분율)로 나타냄. (제8장)

배당(dividends) 기업이 주주들에게 제공하는 정기적 지급. (제1장)

배당-이익 접근법(dividends-and-earnings(D&E) approach) 예상되는 배당, EPS 그리고 P/E배수를 사용하는 주식평가 접근법; DCF 접근법으로도 불림. (제8장)

비용평균화(dollar-cost averaging) 일정한 금액이 정해진 시간 간격으로 투자되는, 투자거래의 시점선택을 위한 포뮬러 플랜. (제13장)

국내 투자(domestic investments) 미국에 기반을 둔 회사와 정부의 부채, 주식, 그리고 파생증권. (제1장)

다우존스 회사채 지수(Dow Jones Corporate Bond Index) 32개의 제조업, 32개의 금

융업, 그리고 32개의 공공서비스/통신의 총 96개 채권 *종가*의 수학적 평균. (제3장)

다우존스 산업평균 (Dow Jones Industrial average: DJIA) 전체 시장 가치와 광범위한 공개된 소유권 그리고 전체적 시장 활동을 나타내는 것으로 간주되는, 30개 종목의 선택된 우량주식으로 이루어진 주식시장 평균. (제1장)

복수 상장(dual listing) 어떤 기업의 주식이 하나 이상의 거래소에 상장됨. (제2장)

듀레이션(duration) 채권의 가격 및 재투자 리스크를 모두 반영하며 다양한 금리환경에 대한 민감도를 표시하는 채권가격 변동성의 척도. (제11장)

E

주당 순이익(earnings per share: EPS) 보통주의 연간 주당 이익 금액. (제6장)

경제분석(economic analysis) 보통주 평가에 이용되는 일반적 경제상황 연구. (제7장)

효율적 프런티어(efficient frontier) 달성가능한(실현가능한) 모든 효율적 포트폴리오의 집합의 가장 왼쪽의 경계로 (표준편차로 측정된) 위험과 수익 사이의 최선의 달성가능한 상반관계를 제공. (제5장)

효율적 시장(efficient market) 증권들이 모든 가용한 정보를 신속하고 정확하게 반영하는 시장. (제9장)

효율적 시장가설(efficient markets hypothesis: EMH) 새로운 정보에 신속하게 반응하는 많은 지식을 가진 투자자들의 존재가 증권가격을 신속하고 정확하게 반응하도록 만든다는 효율적 시장의 행태에 관한 기초 이론. (제9장)

효율적 포트폴리오(efficient portfolio) 주어진 위험 수준에서 가장 높은 수익률을 제공하는 포트폴리오. (제5장)

전산 소통 네트워크(electronic communications networks: ECN) 고객이 전자적으로 제출한 매수와 매도 주문을 자동적으로 체결하는 전자적 거래 네트워크. (제2장)

설비 담보 증권(equipment trust certificates) 특정 장비에 의해 담보된 선순위 채권; 항공사 같은 운송회사에서 널리 사용됨. (제10장)

자기자본(equity) 사업 또는 재산에 대한 현재 소유권. (제1장)

자기자본(equity capital) 보통주 형태로 기업 소유권의 증표. (제6장)

주식첨가제(equity kicker) 전환증권 소유자로 하여금 향후에 발행기업의 보통주를 청구할 수 있도록 하는 전환약정의 다른 명칭. (제10장)

주식 소득 펀드(equity-income fund) 현재 소득과 자본 보전을 강조하고, 주로 고수익 보통주에 투자하는 뮤추얼펀드. (제12장)

윤리(ehics) 행위 또는 도덕적 판단의 기준. (제2장)

유로달러 본드(Eurodollar bonds) 달러로 표시된 외국 채권으로, SEC에 등록되지 않았으므로 신규발행 증권의 판매는 제약됨. **(제10장)**

사건리스크(event risk) 투자의 기초 가치에 대해 현저하고 통상 즉각적인 영향을 주는, 기대되지 않은 사건으로부터 발생하는 리스크. (제4장)

배당락일(ex-dividend date) 배당기준일까지 3영업일을 남겨둔 날짜로 배당 수취가 불가능한 날; 이는 투자자가 공표된 배당의 수취권을 가진 공식적 주주인지의 기준이 됨. (제6장)

초과 증거금(excess margin) 증거금 계좌의 요구되는 수준을 초과하는 금액. (제2장)

상장지수펀드(exchange-traded fund: ETF) 주식 거래소에 상장된 증권을 거래하는 개방형 펀드. (제1장)

기대가설(expectations hypothesis) 수익률곡선의 형태는 투자자의 미래 이자율에 관한 기대를 반영한다는 이론. (제11장)

기대 인플레이션 프리미엄(expected inflation premium) 미래의 기대되는 평균 인플레이션율. (제4장)

기대수익률(expected return) 투자가 미래에 얻을 것으로, 투자자가 생각하는 수익률. (제4장)

만기일(expiration date) 옵션의 만기일. (제14장)

F

공정공시 규제 (Regulation FD) 고위 경영자가, 언론 보도 또는 SEC 제출을 통해, 중요한 정보를 투자전문가와 대중에게 동시에 공시하도록 요구하는 규제. (제3장)

친근성 오류(familiarity bias) 투자자가 단지 자신에게 익숙하다는 이유만으로 특정 증권에 투자하는 경향. (제9장)

금융선물(financial futures) 기초 "상품"이 부채증권, 외국통화, 보통주 같은 금융자산인 선물계약. (제15장)

금융기관(financial institutions) 정부, 기업, 그리고 개인들의 저축을 대출 또는 투자로 변환하는 조직. (제1장)

재무 레버리지(financial leverage) 투자수익을 확대하기 위한, 부채 자금조달의 이용. (제2장)

금융시장(financial markets) 자금이 공급자와 수요자가 금융자산을 거래하는 시장. (제1장)

금융 포탈(financial portals) 실시간 호가, 주식 및 뮤추얼펀드 검색, 포트폴리오 추적 도구, 뉴스, 연구, 그리고 거래 기능 및 개인재무 기능 같은 광범위한 투자 기능을 결합한 웹의 초대형 사이트. (제3장)

재무적 리스크(financial risk) 기업의 부채와 자기자본의 혼합으로 비롯된 지급 불확실성의 정도; 부채조달의 비중일 클수록 이 리스크는 증가함. (제4장)

차환 1차모기지 채권(first and refunding bonds) 1차 및 2차 부동산저당대출에 의해

부분적으로 담보된 증권. (제10장)

고정 수수료(fixed-commissions) 전형적으로 개인투자자의 소규모 거래에 적용되는 고정 중개수수료. (제3장)

고정소득증권(fixed-income securities) 고정된 정기적 현금지급을 제공하는 투자. (제1장)

고정가중치 접근법(fixed-weightings approach) 포트폴리오의 각 자산범주에 대해 고정된 비중이 배분되는 자산배분 플랜. (제13장)

변동가중치 접근법(flexible-weightings approach) 각 자산범주에 대한 가중치가, 시장분석에 기초하여, 정기적으로 조정되는 자산배분 플랜. (제13장)

강제 전환(forced conversion) 전환채권의 발행기업에 의한 중도상환. (제10장)

해외투자(foreign investments) 외국에 기반을 둔 기업의 부채, 주식, 그리고 파생증권. (제1장)

양식 10-K(Form10-K) 증권거래소에 상장되거나 또는 OTC 시장에서 거래되는 증권을 발행한 모든 기업이 SEC에 매년 제출해야 하는 서류. (제3장)

포뮬러 플랜(formula plans) 주기적 가격변동으로부터 비롯하는 가격변화를 이용하려고 시도하는, 포트폴리오 관리의 기계적 방법. (제13장)

4차시장(fourth market) 대규모 기관 매수자와 매도자가 사이에서 직접 이루어지는 증권 거래. (세2장)

종합서비스 중개회사(full-service broker) 고객의 거래를 실행하는 데 추가하여, 종합적 범위의 중개 서비스를 제공하는 중개회사. (제3장)

완전복리 수익률(fully compounded rate of return) 이자에 대한 이자를 포함하는 수익률. (제4장)

펀드집단(fund families) 단일 투자관리 회사에 의해 제공되는 상이한 종류의 뮤추얼펀

드. (제12장)

기본적 분석(fundamental analysis) 기업의 재무상황과 영업실적에 관한 깊이 있는 연구. (제7장)

미래가치(future value) 현재 예금이 복리이자를 지급하는 계좌에 예치될 때, 시간이 지난 후 증식하는 금액. (제4장)

선물(futures) 계약의 매도자는, 특정 시점에 계약 매매 시 합의된 가격에 의해, 특정 자산을 인도하고 매수자는 인도자산을 수용하도록 만드는 법적으로 강제되는 채무. (제1장)

선물계약(futures contracts) 투자자로 하여금 정해진 가격으로 미래 특정일에 기초자산을 사거나 팔도록 하는 계약. (제15장)

선물시장(futures market) 선물계약의 거래를 위해 조직화된 시장. (제15장)

선물옵션(futures options) 보유자로 하여금 특정 행사가격으로 특정 기간 중에 단일 표준 선물계약을 사거나 팔 수 있는 권리를 부여하는 옵션. (제15장)

G

일반보증채권(general obligation bonds) 발행기관의 완전한 신뢰, 신용 그리고 징세권에 의해 담보된 지방채권. (제10장)

성장 주기(growth cycle) 산업(또는 기업) 내에서 시간경과와 함께 발생하는 사업 활력을 반영함. (제7장)

성장 펀드(growth fund) 주된 목표를 자산 가치상승으로 설정한 뮤추얼펀드. (제12장)

성장주식(growth stocks) 영업과 이익에서 높은 성장률을 보이는 주식. (제6장)

성장-소득 펀드(growth-and-income fund) 장기적 성장과 현재 소득을 모두 추구하면서, 주된 목표를 자본이득에 두는 뮤추얼펀드. (제12장)

성장지향적 펀드(growth-oriented fund) 주된 목표를 장기적 자산 가치상승으로 둔 포트폴리오. (제5장)

H

헤지(hedge) 리스크를 낮추거나 제거하기 위해 둘 이상의 증권을 결합하여 하나의 포지션을 구성함. (제14장)

헤지펀드(hedge fund) 부유한 투자자들로부터 자산을 결합하는, 가볍게 규제되는 투자펀드. (제1장)

헤지 거래자(hedgers) 기초 상품 또는 금융증권에서의 자신의 이익을 보호하기 위해 선물계약을 이용하는 생산자 또는 거래자. (제15장)

보유기간 투자수단의 수익률을 측정하려 하는 기간. (제4장)

보유기간 수익률(holding period return: HPR) 특정 *보유기간 (일반적으로 1년 이하)* 동안 투자의 보유로부터 얻은 총수익률. (제4장)

I

면역화(immunization) 가격변동 및 재투자의 영향을 상쇄하기 위해 듀레이션을 이용하는 채권 포트폴리오 전략; 채권 포트폴리오는 자신의 평균 듀레이션이 투자의 목표기간과 일치할 때 면역화됨. (제11장)

내가격(in-the-money) 기초 자산의 시장가격보다 낮은 행사가격을 가진 콜옵션; 기초 자산의 시장가격보다 높은 행사가격을 가진 풋옵션. (제14장)

소득(income) 일반적으로, 투자의 소유의 결과로 정기적으로 취득하는 현금 또는 현금성 수입. (제4장)

이익사채(income bonds) 특정 금액의 이익이 발생한 후에만 이자가 지급되도록 한 무

담보 채권. (제10장)

손익계산서(income statement) 일반적으로 1년인 특정 기간 동안의 기업의 영업실적을 요약하는 재무적 요약 서류. (제7장)

소득주(income stocks) 평균 이상의 배당을 장기적으로 유지한 기록을 가진 주식. (제6장)

소득지향적 포트폴리오(income-oriented portfolio) 정기적 배당과 이자 지급을 제공하도록 고안된 포트폴리오. (제5장)

지수 펀드(index fund) 특정 시장지수와 동등한 주식 (또는 채권)의 포트폴리오를 매입하고 보유하는 뮤추얼펀드. (제12장)

지수(indexes) 대표적 주식 집단의 현재 가격행태를 앞선 시점에 고정된 기본 수치에 대비하여 측정함으로써, 전체적 주가행태를 측정하는 데 사용되는 수치. (제3장)

간접 투자(indirect investment) 증권 또는 재산의 집합에 대한 투자. (제1장)

개인 투자자(individual investors) 스스로 펀드를 소유하는 투자자. (제1장)

산업분석(industry analysis) 특정 산업의 경쟁상태를 다른 것들에 연계하여 살펴보고 산업 내에서 특별히 유망한 회사를 찾아내려는 산업 그룹에 관한 연구. (제7장)

인플레이션(inflation) 전체적인 물가상승 기간. (제4장)

예치증거금(initial deposit) 상품거래 시 브로커에 예치되어야 하는 투자자의 자본액. (제15장)

개시증거금(initial margin) 증거금 투자자가 매입 시 제공해야 하는 최소 자본 금액. (제2장)

기업공개(initial public offering: IPO) 회사 주식의 최초의 공개적 매각. (제2장)

내부자 거래(insider trading) 회사에 관한 미공개 정보의 사용한, 이익을 얻기 위한 증

권거래. (제2장)

기관 투자자(institutional investors) 다른 사람들의 자금을 관리하면서 보수를 받는 투자 전문가. (제1장)

이자(interest) 대여자의 자금을 사용한 대가로 차입자에 의해 지급되는 "지대". (제4장)

이자율옵션(interest rate options) 고정소득(부채)증권에 대해 발행된 풋 및 콜옵션. (제14장)

이자율리스크(interest rate risk) 이자율의 변화가 증권가치에 불리한 영향을 줄 가능성. (제4장)

이자율 선물(interest-rate futures) 부채증권에 대한 선물계약. (제15장)

국제 펀드(international fund) 투자의 전체 또는 대부분을 해외증권에 투자하는 뮤추얼펀드. (제12장)

내재가치(intrinsic value) 기본적 분석에 의해 추정된, 주식의 기초 또는 내재적 가치. (제7장)

투자(investment) 양의 소득 그리고/또는 가치를 보전 또는 증대할 것이라는 기대하에서, 자금이 투입될 수 있는 자산. (제1장)

투자자문사(investment advisers) 투자 조언을 제공하는 개인 또는 기업, 전형적으로 수수료 징수. (제3장)

투자은행(investment banker) 회사의 신규증권 발행을 돕고 주요 금융거래에 관해 조언하는 데 전문화한 금융중개기관. (제2장)

투자클럽(investment club) 일단의 투자자들이 특정 조직구조, 운영과정, 그리고 목적을 공유하는 법적 합명회사. 전형적으로, 온건한 위험투자로부터 유리한 장기적 수익을 얻으려 함. (제3장)

투자목표(investment goals) 투자자가 달성하려고 하는 재무적 목표. (제1장)

투자 소식지(investment letters) 증권투자 전문가들의 분석, 결론, 그리고 권고를 제공하는, 구독가능한 소식지. (제3장)

투자계획(investment plan) 어떻게 펀드가 투자되는지 기술하고, 각 투자목표를 달성할 목표일과 수용가능한 리스크의 크기를 특정하는 문서화된 계획. (제1장)

투자가치(investment value) 전환증권이 전환가능하지 않고 비슷한 비전환증권의 실세 시장수익률과 동일 또는 비슷한 수준에서 평가된다면, 거래될 것으로 추정되는 가격. (제10장)

J

젠센 척도, 젠센 알파(Jensen's measure, Jensen's alpha) 포트폴리오 베타와 CAPM을 사용하여, 양수, 0, 또는 음수일 수 있는, *초과수익률*을 계산하는 포트폴리오 성과의 척도. (제3장)

후순위 채권(junior bonds) 발행자의 약속에 의해서만, 이자와 원금의 적시상환이 담보되는 부채증권. (제10장)

정크본드(junk bonds) 낮은 신용등급과 높은 수익률을 가진 고-위험 증권. (제10장)

L

LEAPS 장기 옵션. (제14장)

지렛대(leverage) 축소된 자본투자 하에서 주어진 자본상태를 달성할 수 있는, 따라서 이익을 확대할 수 있는 능력. (제14장)

레버리지 지표(leverage measures) 영업을 지원하는 데 사용된 부채금액과 기업의 부채상환능력을 측정하는 재무비율. (제7장)

지정가 주문(limit order) 특정 가격 이하에서 매입하거나 또는 특정 가격 이상에서 매

도하는 주문. (제3장)

유동성(liquidity) 투자가 신속하고 별다른 가치손실 없이 현금으로 전환될 수 있는 능력. (제1장)

유동성 지표(liquidity measures) 기업의 일상적 영업비용을 충당하고 만기도래하는 단기채무를 지불할 수 있는 능력을 나타내는 재무비율. (제7장)

유동성 선호 이론(liquidity preference theory) 투자자는 단기증권의 우월한 유동성을 선호하고 따라소 장기증권에 대해서는 프리미엄을 요구하는 경향을 갖고 있다는 이론. (제11장)

유동성리스크(liquidity risk) 투자를 신속하고 합리적인 가격으로 유동화할 수 없는 리스크. (제3장)

상장 옵션(listed options) CBOE 같은 조직화된 증권시장에 상장되고 거래되는 풋 및 콜옵션. (제14장)

수수료 펀드(load fund) 주식이 매입될 때, 수수료를 부과하는 뮤추얼펀드; *초기 수수료 펀드*로도 알려짐. (제12장)

보유 매입(long purchase) 투자자가 증권의 가격상승과 향후 이익을 얻으면서 매도할 것을 바라며 증권을 매입하는 거래. (제2장)

장기 투자(long-term investments) 만기 1년 이상 또는 만기 없는 투자. (제1장)

손실회피(loss aversion) 투자자의 손심을 피하려는 욕구가 매우 강해서, 위험회피적 투자자가 손실회피 시도로서 위험선호적 행태를 보이는 상황. (제9장)

저-수수료 펀드(low-load fund) 주식이 매입될 때, 적은 수수료를 부과하는 뮤추얼펀드. (제12장)

LYON(liquid yield option note: LYON) 전환 특성과 풋옵션을 모두 포함하는 무이표채권. (제10장)

M

유지예치금(maintenance deposit) 증거금 계좌에 항상 유지되어야 하는 최소 증거금액. (제15장)

유지증거금(maintenance margin) 투자자가 항상 증거금 계좌에 유지해야 하는 증거금(자본)의 절대적 최소 금액. (제2장)

관리 수수료(management fee) 전문적 뮤추얼펀드 서비스 제공에 대해 연간으로 부과되는 수수료; 포트폴리오 성과에 무관하게 지급됨. (제12장)

증거금 계좌(margin account) 증거금 거래가 승인된 중개 계좌. (제3장)

증거금 납입 요구(margin call) 증거금이 유지증거금 수준 미만인 계좌의 자본을 유지증거금 수준으로 높이거나 또는 이 기준에 도달하도록 증거금에 기초하여 보유되는 증권의 매도 필요를 알리는 통보. (제2장)

증거금 예치금(margin deposit) 선물계약의 불리한 가격변동으로부터 비롯된 시장가치 손실을 충당하기 위해 브로커에 예치된 금액. (제15장)

증거금 대출(margin loan) 차입된 자금이, 기술된 이자율에서, 증거금 거래에 이용되는 수단. (제2장)

증거금 요건(margin requirement) 증거금 투자자 자신의 자금인 자본의 최소 금액; 연방준비제도에 의해 정해짐. (제3장)

증거금 거래(margin trading) 증권 매수를 위해 차입된 자금의 사용; 투자자가 제공해야 하는 자본금액을 낮춤으로써 수익률을 높임. (제3장)

일일 정산(mark-to-the market) 각 거래세션 종료시점에 필요한 경우 브로커가 계좌에 추가 또는 차감할 때 결정되는 투자자의 증거금 상태에 대한 일별 확인. (제15장)

시장 이례현상(market anomalies) 효율적 시장에서 기대되는 행태로부터의 괴리 또는 불규칙성. (제9장)

시장 조성자(market makers) 게시된 가격에 어떤 수량의 증권을 매입하거나 매도하는 제안을 함으로써 "시장을 조성"하는 *증권 딜러*. (제2장)

시장가 주문(market order) 주문이 제출될 때 가용한 가장 유리한 가격에서 주식을 매수 또는 매도하는 주문. (제3장)

시장수익률(market return) *Standard & Poor's 500-종합주가지수*에 포함된 것들 같은 모든 (또는 대규모 표본) 주식의 평균 수익률. (제3장)

시장리스크(market risk) 해당 투자에 대해 독립적인 시장요인에 기인한 투자 수익률의 하락 리스크. (제4장)

시장분할이론(market segmentation theory) 부채시장은 만기별로 분할되어 있어서 각 부분의 수요와 공급이 실세금리를 결정하고, 수익률곡선의 기울기는 각 부분의 실세금리들 사이의 관계에 의존한다는 이론. (제11장)

시장의 기술적 분석가(market technicians) 주가를 결정하는 것은 주로 공급과 수요라고 믿는 애널리스트. (제9장)

시장가치(market value) 증권의 실세 시장가격. (제6장)

만기일(maturity date) 채권이 만기도래하고 원금이 상환되어야 하는 날짜. (제10장)

최대 일일 가격폭(maximum daily price range) 상품 가격의 일중 변동가능 금액; 일반적으로 일 중 가격제한폭의 두 배. (제15장)

조정(mediation) 고객과 중개인이, 사안을 해결하기 위한 협상을 도와주는, 조정자에게 의뢰하기로 동의한 비공식적, 자발적 분쟁 해소 과정. (제3장)

Mergent *Mergent's Manuals*를 포함하는 다양한 금융자료의 출판사. (제3장)

중형주(mid-cap stocks) 중형주, 일반적으로 시가총액 10억 달러 이상 40 내지 50억 달러 미만. (제6장)

혼합 흐름(mixed stream) 연금과 달리, 특정한 패턴을 보이지 않는 수익의 흐름. (제4장)

현대 포트폴리오 이론(modern portfolio theory: MPT) 포트폴리오 계획을 개발하기 위해, 몇 가지 기초적 통계적 척도를 사용하는 포트폴리오 관리의 접근법. (제5장)

화폐시장(monet market) *단기 부채증권*(만기 1년 이하)이 매매되는 시장. (제2장)

화폐시장 뮤추얼펀드, 화폐 펀드(money market mutual funds, money funds) 단기 투자수단에만 전적으로 투자하는 뮤추얼펀드. (제1장)

모기지 채권(mortgage bonds) 부동산에 의해 담보된 선순위 채권. (제10장)

모기지유동화채권(mortgage-backed bond) 주택 부동산저당대출의 집합에 의해 담보된 부채증권; 주로 연방기관에 의해 발행됨. (제10장)

이동평균(moving average: MA) 가격 또는 다른 자료의 시간경과에 따른 시계열 평균을 계산하고 기록하는 수학적 과정; 자료의 시계열 형태를 부드럽게 만드는 평균값 흐름을 산출함. (제9장)

지방채 보증(municipal bond guarantees) 발행기관 이외의 주체에 의해 제공되는, 즉각적인 적시의 원금과 이자 상환을 담보하는 보증. (제10장)

지방채(municipal bonds) 주, 군, 시 그리고 기타 정치적 세분 단위에 의해 발행된 부채증권; 이런 채권의 대다수는 면세임(이자소득에 대한 연방소득세 면제). (제10장)

뮤추얼펀드(mutual fund) 주식의 매각으로부터 자금조달하고, 분산된 증권 포트폴리오에 투자하며 전문적으로 관리하는 회사. (제1장)

N

순수 옵션(naked options) 발행자가 소유하지 않은 증권에 대해 발행된 옵션. (제14장)

좁은 틀짜기(narrow framing) 투자문제를 모든 시각에서 살피지 않고, 별도 또는 특히 좁은 시각으로 분석하는 행위. (제9장)

나스닥 시장(Nasdaq market) 거래를 실행하기 위해, 완전히 전산화된 거래 플랫폼을

사용하는 *2차시장*의 중요한 일부. (제2장)

나스닥 주식시장 지수(Nasdaq Stock Market indexes) 나스닥 주식시장에서 거래되는 증권의 현재 가격행태를, 특정일의 지준 수치 100에 대비하여, 측정하는 지수. (제3장)

음의 상관관계(negatively correlated) 반대 방향으로 변동하는 두 계열을 기술함. (제5장)

협상 수수료(negotiated commissions) 고객과 중개인의 협상의 결과로서 합의된 중개수수료; 전형적으로, 대규모 기관 거래 및 대규모 계좌를 유지하는 개인 투자자에게 가용함. (제3장)

순자산가치(net asset value: NAV) 어떤 뮤추얼펀드의 주식의 기초 가치. (제12장)

순손실(net losses) 자본손실이 자본이득을 초과하는 금액; 최대 3,000달러의 순손실까지 연간 경상손실에 적용가능함. (제1장)

무-수수료 펀드(no-load fund) 주식 매입 시, 수수료가 부과되지 않는 뮤추얼펀드. (제3장)

명목수익률(nominal rate of return) 경상금액으로 표시된 투자에서 얻어진 실제 수익률. (제4장)

중기채권(note) 2년 내지 10년의 최초만기를 갖고 발행된 부채증권. (제10장)

NYSE 종합지수(NYSE composite index) NYSE에 상장된 주식들의 현재 가격행태를, 2002년 12월 30일 기순 수지 500에 내비하어 측징하는 지수. (제3장)

O

단주거래(odd lot) 100주 미만의 주식 거래. (제3장)

미청산 약정(open interest) 현재 거래 중인 상품 또는 금융선물 계약의 수

개방형 펀드(open-end fund)　투자자에게 펀드에 자금을 보낼 때마다 새 주식을 발행하는 뮤추얼펀드. 발행될 수 있는 신규 주식 수에 제한이 없고, 따라서, 사람들이 펀드에 투자할 수 있는 금액의 한계가 없음. (제12장)

공개호가 경매(open-outcry auction)　선물거래에서 거래가 일련의 음성, 몸동작 그리고 수신호를 통해 이루어지는 경매. (제15장)

옵션(option)　특정 가격으로 특정 기간 동안에 특정 수량의 기초 금융자산을 사거나 팔 수 있는 권리를 보유자에게 부여하는 증권. (제14장)

옵션군(option chain)　특정 증권에 대해 거래되는 모든 옵션의 목록. 옵션군은 특정 주식에 연계된 모든 옵션의 현재 시장가격과 거래량을 제공한다. (제14장)

옵션 프리미엄(option premium)　투자자가 상장된 풋 또는 콜옵션을 살 때 지불하는 호가된 가격. (제14장)

옵션 스프레딩(option spreading)　상이한 행사가격 그리고/또는 만기를 가진 둘 이상의 옵션을 결합하여 하나의 거래로 구성함. (제14장)

옵션 스트래들(open straddle)　동일한 기초 보통주(또는 금융자산)에 대한 풋과 콜옵션의 동시 매수(또는 매도). (제14장)

옵션발행자(option writer or seller)　풋과 콜옵션을 발행/생성하는 개인 또는 기관. (제14장)

정상 연금(ordinary annuity)　각 기간의 말에 현금흐름이 발생하는 연금. (제4장)

외가격(out-of-the-money)　행사가격이 주식의 시장가격을 초과하기 때문에 실질적 가치를 갖지 않은 콜옵션; 주식의 시장가격이 행사가격을 초과하는 풋옵션. (제14장)

과잉확신(overconfidence)　자신의 특정 과업 수행능력을 과대하는 경향. (제9장)

장외(OTC) 시장(over-the-counter market: OTC market)　소형, *비상장 증권*의 거래를 포함하는 2차시장의 일부. (제2장)

P

서류상 수익(paper return) 주어진 기간 동안 달성되었으나 투자자에 의해 실현되지 않은 수익. (제4장)

액면가치(par value) 주식의 기술된, 또는 액면 금액. (제6장)

회수기간(payback period) 전환증권 매입자가 전환증권으로부터 얻은 추가적 경상소득으로 전환 프리미엄을 회수할 때까지 소요되는 기간. (제10장)

배당지급일(payment date) 회사가 배당수표를 주주에게 우송하는 실제 날짜. (제6장)

PEG **비율**(PEG ratio) 주식의 가격/이익 배수를 회사의 이익증가율에 연계하는 재무비율. (제7장)

완전 음의 상관관계(perfectly negatively correlated) -1의 상관계수를 가진 두 개의 음의 상관된 계열들을 기술함. (제5장)

완전 양의 상관관계(perfectly positively correlated) +1의 상관계수를 가진 두 개의 음의 상관된 계열들을 기술함. (제5장)

PIK **채권**(PIK bond) 발행자에게 현금 대신 신규 채권으로 연간 이자를 지급할 수 있는 권리를 부여하는 일종의 정크채권. (제10장)

결합 분산투자(pooled diversification) 개인 투자자들의 집단적 이익을 위해 증권 포트폴리오를 매입하는 과정. (제12장)

포트폴리오(portfolio) 전형적으로 하나 이상의 투자목표를 달성하기 위해 만들어진, 증권 또는 다른 투자들의 집합. (제1장)

포트폴리오 베타, b_p(portfolio beta, b_p) 포트폴리오의 베타; 포함된 개별 자산들의 가중평균 베타에 의해 계산됨. (제5장)

포트폴리오 수정(portfolio revision) 포트폴리오의 어떤 증권을 팔고 이를 대체하는 새

증권을 사는 과정. (제13장)

양의 상관관계(positively correlated) 같은 방향으로 변동하는 두 계열을 기술함. (제5장)

우선주(preferred stock) 회사의 지분 증권; 기술된 배당률, 동일 기업의 보통주에 비해 우선권을 가진 배당 지급. (제1장)

할증채권(premium bond) 기준가를 초과하는 시장가치를 가진 채권; 이자율이 이표율 아래로 하락할 때 발생. (제10장)

프리미엄 할인 중개회사(premium discount broker) 고객을 위한 거래에 낮은 수수료를 부과하나, 제한된 연구정보와 투자조언을 제공하는 중개회사. (제3장)

현재가치(present value) 어떤 미래시점에 받을 금액의 *현재 가치*; 미래가치의 역수. (제4장)

주가이익률 접근법(price/earnings (P/E) approach) 주식에 가장 적합한 P/E 비율을 찾으려고 시도하는 주식평가 접근법; 이 비율은 추정된 EPS와 함께 합리적인 주각 결정에 이용됨. (제8장)

1차시장, 발행시장(primary market) *신규 발행* 증권이 발행자에 의해 투자자에게 팔리는 시장. (제2장)

프라임 금리(prime rate) 최우량 기업 차입자에게 부과되는 최저 이자율. (제2장)

원금(principal) 채권에서 만기에 상환되어야 하는 자본금액. (제10장)

사모(private placement) SEC 등록 없이, 신규 증권의 개인 투자자에 대한 직접 판매. (제2장)

수익성(profitability) 기업의 이윤을 매출, 자산 또는 자기자본에 연계시킴으로써 수익률을 측정하는 재무비율. (제7장)

약정수익률(promised yield) 만기수익률. (제11장)

실물재산(property)　실물자산 또는 유형 개인자산에 대한 투자. (제1장)

사업계획서(prospectus)　증권과 발행기관의 핵심 측면을 기술하는, 증권 등록 서류의 일부. (제5장)

공모(public offering)　기업 증권의 대중 투자자에 대한 판매. (제2장)

공개적으로 거래되는 주식(publicly traded issues)　일반대중에게 쉽게 가용하고 공개시장에서 매매되는 주식. (제6장)

구매력리스크(purchasing power risk)　물가 수준의 예상되지 않은 변화 (인플레이션 또는 디플레이션)가 투자수익에 불리한 영향을 줄 가능성. (제4장)

풋옵션(put)　보유자로 하여금 기초 증권을 특정 가격으로 정해진 기간에 팔 수 있도록 하는 양도 가능한 증권. (제14장)

피라미드 구조(pyramiding)　증거금 계좌의 서류상 이익을 사용하여, 추가적 증권 인수 자금의 일부 또는 전부를 조달하는 기법. (제2장)

Q

호가(quotations)　다양한 종류의 증권의, 현재의 가격 자료 및 최근의 가격행태의 통계를 포함한 가격 정보. (제3장)

R

무작위 행보 가설(random walk hypothesis)　주가변동은 예측불가능하고 따라서 어떻게 가격이 변화할지 알 수 없다는 이론. (제9장)

성장률(rate of growth)　소득 흐름의 가치의 복리계산된 연간 *변화율*. (제5장)

비율분석(ratio analysis)　재무제표 항목들 사이의 관계 연구. (제7장)

부동산(real estate) 주거용 가옥, 나대지, 그리고 소득 재산 같은 물건. (제1장)

부동산 투자신탁(real estate investment trust: REIT) 투자자에게 주식을 팔고, 다양한 종류의 부동산과 부동산담보대출에 수입금을 투자하는 일종의 폐쇄형 투자회사. 이들은 세 종류가 있음; 주식 REIT, 부동산대출 REIT, 그리고 혼성 REIT. (제2장)

실질수익률(real rate of return) 명목수익률로부터 인플레이션율을 차감; 투자가 제공하는 구매력 증가의 척도. (제4장)

실현된 수익률(realized return) 주어진 기간 동안 투자자에 의해 수취된 경상 소득. (제4장)

레드 헤링(red herring) 등록 서류의 SEC 승인을 대기하는 동안, 잠재적 투자자에게 제공되는 예비적 사업계획서. (제2장)

차환조항(refunding provisions) 채권을 더 낮은 이자율의 채권 수입으로 조기상환할 수 없다는 조건. (제10장)

재투자수익률(reinvestment rate) 투자기간 동안 발생한 투자의 이자 또는 다른 소득에서 얻어지는 수익률. (제4장)

상대적 P/E 배수(relative P/E multiple) 주식의 P/E 비율이 평균 시장배수에 비해 어떤 행태를 보이는지의 척도. (제8장)

실질적 리스크(relevant risk) 분산불가능한 위험. (제5장)

대표성 오류(representativeness) 사람들이 결과의 무작위성을 생각하기 어렵기 때문에 발생하는 인지적 편의. (제9장)

요구수익률(required rate of return) 투자자에게 특정 투자의 리스크에 대해 보상하기 위한 수익률. 투자의 리스크를 감안한 최소 수용가능 수익률. (제8장)

요구수익(required return) 투자자가, 위험을 완전히 보상받기 위해, 투자에서 얻어야 하는 수익률. (제4장)

잔여 소유자(residual owners)　다른 채무들이 모두 변제된 이후, 기업의 배당과 이익의 비례적 몫을 가질 수 있는 기업 소유자/주주. (제6장)

제한된 계좌(restricted account)　초기 자본요건보다 적은 자본을 가진 증거금 계좌. 투자자는 추가적 증권매입을 할 수 없고, 증권이 매각될 때 증거금을 초기 수준으로 회복해야 함. (제2장)

투자자본의 수익률(return on invested capital)　증권의 계약금액이 아닌 실제로 투자된 금액에 기초한 투자 수익률. (제15장)

수익률(returns)　경상 소득 그리고/또는 가치상승의 형태로 수취된, 투자의 보상. (제1장)

수익채권(revenue bonds)　발행기관이 충분한 수입을 얻었을 때에만 원금과 이자가 지급되는 지방채권. (제10장)

구주 배정(rights offerings)　기존 주주들에게 비례적으로 신규 주식을 제공. (제2장)

리스크(risk)　투자가 창출하는 수익률의 불확실성을 반영. (제4장)

리스크 프리미엄(risk premium)　주어진 투자수단인 증권과 발행자 특성을 반영한 수익률 프리미엄. (제4장)

위험회피(risk-averse)　더 큰 위험에 대한 대가로 더 높은 수익률 요구하는 투자자를 기술. (제4장)

무위험수익률(risk-free rate)　무위험투자에서 얻을 수 있는 수익률; 실질수익률과 기대 인플레이션 프리미엄의 합계. (제4장)

위험중립(risk-indifferent)　더 큰 위험의 대가로 수익률 변화를 요구하지 않는 투자자를 기술. (제4장)

위험-수익 상반관계(risk-return tradeoff)　더 많은 위험을 가진 투자가 더 높은 수익률을 제공해야 하는, 위험과 수익의 관계. (제4장)

위험추구(risk-seeking)　더 많은 위험의 대가로 더 낮은 수익률을 수용하는 투자자를

기술. (제4장)

거래단위(round lot) 100주 단위의 주식. (제3장)

양방향 거래수수료(round-trip commission) 투자자가 증권을 매수하고 매도할 때 지불하는 수수료 합계. (제15장)

S

만족스러운 투자(satisfactory investment) 편익의 현재가치가 비용의 현재가치 (적절한 비율로 할인)와 같거나 초과하는 투자. (제4장)

2차 분배(secondary distributions) 이전에 발행되고 대규모 투자자에 의해 보유되던 대규모 지분의 공개 매각. (제4장)

2차시장, 유통시장(secondary market) 증권이 *발행된 이후* 거래되는 시장; 유통시장. (제2장)

섹터 펀드(sector fund) 시장의 특정 영역으로 투자를 제한하는 뮤추얼펀드. (제12장)

증권거래위원회(Securities and Exchange Commission: SEC) 증권의 발행과 시장을 규제하는 연방 정부기관. (제2장)

증권투자자 보호공사(Securities Investor Protection Corporation: SIPC) 연방정부에 의해 승인된, 각 중개 고객의 계좌를 500,000달러 한도에서 보호하고 고객당 현금청구는 100,000달러로 제한하는, 비영리 회원제 회사. (제3장)

증권(securities) 기업, 정부, 또는 다른 조직에 의해 발행된, 발행자의 자원에 대한 재무적 청구권을 표시하는 투자. (제3장)

증권시장(securities markets) *증권*의 공급자와 투자자로 하여금 금융거래를 할 수 있도록 만드는 시장. (제1장)

금융증권화(securitization) 부동산저당대출 같은 대출수단을 시장성 증권으로 변형하

는 과정. (제10장)

증권분석(security analysis) 정보를 수집하고 조직화하여 보통주의 내재가치를 평가하는 데 사용하는 과정. (제7장)

증권시장선(security market line: SML) 자본자산가격결정모형의 그래프에 의한 표현; 베타에 의해 측정되고 각 수준의 분산불가능 위험에 대응하는, 투자자의 요구수익률을 반영함. (제5장)

증권선택(security selection) 어떤 자산집단 안에서, 보유되는 특정 증권을 선택하는 데 사용되는 과정. (제13장)

자기귀인 오류(self-attribution bias) 유리한 투자결과를 만들어내는 데 있어서, 자신의 지식과 기술의 역할을 과대평가하고 우연의 영향을 과소평가하는 경향. (제9장)

판매단(selling group) 투자은행 업무에 참여한 딜러와 중개 회사의 집단; 각 구성원은 신규증권 발행의 일정 부분의 판매를 책임짐. (제2장)

준강형 EMH(semi-strong form: EMH) 공개된 정보를 사용함으로써 비정상적으로 큰 이익을 지속적으로 얻을 수 없다는 EMH의 한 형태. (제9장)

선순위 채권(senior bonds) 발행자의 특정 재산에 대한 법적 청구권에 의해 담보되는 부채증권. (제10장)

연속상환사채(serial bond) 일련의 상이한 만기를 가진 채권. (제10장)

정산기격(settlement price) 상품과 금융 선물의 종가(당일이 최종가격). (제15장)

샤프 척도(Sharpe's measure) 포트폴리오 수익률의 표준편차에 의해 측정된 *총위험의 단위당 리스크 프리미엄*을 측정하는, 포트폴리오 성과의 척도. (제13장)

공매도 물량(short interest) 어떤 시점에 시장에서 공매도된 주식의 숫자; 미래 시장수요를 나타내는 기술적 지표로 간주됨. (제9장)

공매도(short-selling) 차입된 증권의 매도, 공매도자에 의한 궁극적 재매입, 그리고 대

여자의 수익. (제2장)

단기 투자(short-term investments) 전형적으로 1년 이내에 만기도래하는 투자. (제1장)

단리(simple interest) 단지 초기 예금액에 대해 예치기간 동안 지급되는 이자. (제1장)

감채기금(sinking fund) 채권의 존속기간에 걸쳐 매년 상환되는 원금액을 규정한 충당금. (제10장)

소형주(small-cap stocks) 일반적으로 10억 달러 미만의 시가총액을 갖고 있고 평균 이상의 수익률을 제공할 수 있는 주식. (제6장)

사회적 책임 펀드(socially responsible fund) 투자결정에 윤리와 도덕성을 적극적이고 직접적으로 반영하는 뮤추얼펀드. (제1장)

투기자(speculators) 순전히 자신의 예상 가격변동을 활용하기 위해 특정 자산을 거래하는 투자자. (제15장)

투기주(speculative stocks) 일반적으로 신임 경영진 또는 유망한 신제품 출시 등 특수한 사건에 기인하는 상당한 가격상승 잠재력을 가진 주식. (제6장)

등급 분리(split ratings) 둘 이상의 신용평가기관에 의해 상이한 신용등급이 부여된 채권. (제10장)

Standard & Poor's Corporation (S&P) *회사 보고서*와 *주식 보고서*를 포함한 많은 수의 금융 보고서와 서비스 제공 기업. (제1장)

Standard & Poor's **지수**(Standard & Poor's indexes) 일단의 주식의 현재 가격을 기준 지수 수치(특정 지수에 따라 설정됨)에 대비하여 측정하는 지수. (제3장)

표준편차, s(standard deviations, s) 자산의 평균 또는 기대수익률을 중심으로, 수익률의 산포도(변동성)를 측정하는 척도. (제4장)

현금흐름표(statement of cash flows) 기업의 현금흐름과 현금보유액 변화를 초래한

다른 사건들의 재무적 요약서류. (제7장)

주식배당(stock dividend) 추가적 주식 형태로 이루어지는 배당 지급. (제6장)

기업분할(stock spin-off) 기업의 자회사 가운데 하나를 독립기업으로 전환하고, 새 기업의 주식을 기존 주주에게 분배하는 행위. (제6장)

액면분할(stock split) 회사가 기존 주식 각각을 특정 숫자의 신주로 교환해 줌으로써 발행주식수를 늘이는 행위. (제6장)

주식 가치평가(stock valuation) 주식의 기초 가치를 예상 리스크와 수익실적에 기초하여 평가하는 과정. (제8장)

주식중개인(stock brokers) 투자자의 주식 및 다른 투자의 매입 그리고 거래 실행을 도와주는 전문가. (제3장)

주가지수 선물(stock-index futures) 주식시장 성과의 광범위한 척도(예를 들어, S&P 500 주가지수)에 대해 발행된 선물계약으로, 투자자로 하여금 주식시장 전체적 변동에 참여할 수 있도록 함. (제15장)

주가지수 옵션(stock-index option) S&P 500 같은 특정 주가지수에 대해 발행된 풋 또는 콜옵션. (제14장)

주주 (연차) 보고서(stockholders' (annual) report) 공개적으로 소유된 회사에 의해 연별로 발간되는 보고서; 가장 최근 영업연도의 재무제표를 포함하는 넓은 범위의 정보를 포함. (제3장)

역지정가 주문(stop-loss (stop) order) 주식의 시장가격이 특정 수준에 도달하거나 밑으로 하락할 때 매도하려는 주문; 주식의 시장가격이 특정 수준에 도달하거나 초과할 때, 매입을 위해 사용될 수도 있음. (제3장)

스트리트 네임(street name) 중개회사의 명의로 발행되나, 실제로 소유하는 고객을 위해 수탁된 증권 증서. (제3장)

행사가격(strike price) 당신이 콜옵션으로 증권을 사거나 풋옵션으로 증권을 팔 수 있는 정해진 가격. (제14장)

강형 EMH(strong form EMH) 주주로 하여금 지속적으로 비정상적 이익을 얻도록 하는 사적 및 공개 정보는 없다는 EMH의 한 형태. (제9장)

후순위 무담보사채(subordinated debentures) 다른 채권에 비해 후순위의 청구권을 가진 무담보 채권. (제10장)

체계적 인출 플랜(systematic withdrawal plan) 주주로 하여금 자동적으로 미리 정해진 금액을 매월 또는 분기마다 수취할 수 있도록 하는 뮤추얼펀드 서비스. (제3장)

T

전술적 자산배분(tactical asset allocation) 주가지수 선물과 채권 선물을 사용하여, 미래 시장행태의 예측에 기초하여, 포트폴리오의 자산배분을 변화시키는 자산배분 플랜. (제3장)

유형자산(tangibles) 보거나 만질 수 있는 부동산을 제외한 투자 자산. (제1장)

목표가격(target price) 주식이 통상적으로 1년인 특정 기간 안에 도달할 것으로 애널리스트에 의해 기대되는 가격. (제8장)

세금 계획(tax planning) 개인의 장기적 세금 수준을 지연하거나 최소화하는 전략의 개발. (제1장)

세금리스크(tax risk) 의회가 세법의 불리한 변화를 초래하여, 어떤 투자의 세후 수익률과 시장가치를 낮출 가능성. (제3장)

세금스왑(tax swap) 자본손실을 입은 채권으로 비슷한 증권을 대체하는 행위; 투자자 포트폴리오의 다른 부분에 얻어진 이득을 상쇄하기 위해 이용됨. (제11장)

세금우대 투자(tax-advantaged investments) 투자자가 납부해야 하는 세금액을 낮춤

으로써, 더 높은 세후 수익률을 내기 위해 고안된 투자 수단과 전략. (제3장)

과세상당수익률(taxable equivalent yield) 전액 과세되는 채권이 더 낮은 수익률과 함께 면세되는 지방채권과 동일한 세후수익률을 제공하는 데 필요한 수익률. (제10장)

기술주(tech stocks) 시장의 기술주 섹터를 대표하는 주식. (제6장)

기술적 분석(technical analysis) 시장에서 작용하는 다양한 움직임 그리고 이들의 주가에 대한 영향의 연구. (제9장)

일괄상환채권(term bond) 상당히 긴 단일한 만기를 가진 채권. (제10장)

이자율 기간구조(term structure of interest rates) 채권의 이자율 또는 수익률과 만기 사이의 관계. (제11장)

반전투자 의견 이론(theory of contrary opinion) 시장의 현재 상태와 향후 변화의 지표로서 단주 거래 금액과 유형을 이용하는 기술적 지표. (제9장)

제3시장(third market) 전형적으로, 시장 조성자에 의해 이루어지고 NYSE, NYSE AMEX, 또는 다른 거래소에 상장된 증권에 대해 실행되는 장외거래. (제2장)

시간가치(time value) 옵션가격이 옵션의 기본적 가치를 초과하는 금액. (제14장)

화폐의 시간가치(time value of money) 이자를 얻을 기회가 존재하면, 화폐의 가치는 자금이 수취되는 시점에 의해 영향 받는다는 사실. (제4장)

총수익률(total return) 특정 기간 동안 투자로부터 얻어진 경상소득과 자본 이득(손실)의 합. (제4장)

총위험(total risk) 투자의 분산불가능 위험과 분산가능 위험의 합. (제5장)

전통적 포트폴리오 관리(traditional portfolio management) 광범위한 산업에 속한 넓은 범위의 주식 그리고/또는 채권을 결합함으로써, 포트폴리오의 "균형"을 강조하는 포트폴리오 관리의 접근법. (제5장)

장기국채(Treasury bonds)　30년만기로 발행되는 미국 재무부 증권. (제10장)

물가연동국채(Treasury inflation-indexed obligations: TIPS)　투자자 수익률을 연간 인플레이션에 대해 조정함으로써 인플레이션에 대한 보호를 제공하는 재무부 증권의 한 종류. (제10장)

중기국채(Treasury notes)　2년 내지 10년의 만기로 발행되는 미국 재무부 부채증권. (제10장)

금고주(treasury stock)　발행된 후 발행기업에 의해 다시 매입된 주식. (제6장)

국채스트립(Treasury strips)　미국 재무부 증권으로부터 만들어진 무이표 채권. (제10장)

트레이너 척도(Treynor's measure)　포트폴리오 베타에 의해 측정되는 *분산불가능 위험의 단위당 리스크 프리미엄*을 측정하는, 포트폴리오 성과의 척도. (제13장)

유효이자율(true rate of return)　실제로 얻어진 수익률. (제4장)

12(b)-1 **수수료**(12(b)-1 fee)　많은 뮤추얼펀드에 의해, 관리 및 다른 운용 비용을 충당하기 위해, 연별로 부과되는 수수료. (제12장)

U

무-상관관계(uncorrelated)　관계 또는 상호작용을 갖지 않고, 따라서 0에 가까운 상관계수를 갖는 두 계열을 기술함. (제5장)

인수(underwriting)　발행회사로부터 합의된 가격에 매입된 증권의 재판매리스크를 부담하는 투자은행의 역할. (제2장)

인수단(underwriting syndicate)　신규증권의 *인수*에 관련된 재무리스크를 공유하기 위해 주간사 투자은행에 의해 구성된 투자은행의 집단. (제2장)

분산불가능 위험, 체계적위험(undiversifiable risk, systematic risk)　심지어 잘 분산된 포트폴리오에도 남아 있는 위험. 모든 (거의 모든) 증권에 영향을 주는 경향을 가진 위

험. (제5장)

미실현 자본이득, 서류상 이익(unrealized capital gains, paper profits) "서류상"에만 존재하는 자본이득. 즉, 펀드의 보유증권이 팔릴 때까지 미실현. (제12장)

V

가치 펀드(value fund) 시장에서 과소평가된 것으로 간주되는 주식에 투자하는 뮤추얼 펀드; 가치주는 빈번하게 낮은 P/E 배수, 높은 배당수익률, 그리고 유망한 전망을 갖고 있음. (제12장)

Value Line **종합지수**(Value Line composite index) 약 1,700개 주식의 주가 변화 백분율을 반영하는, 1961년 6월 30일의 기준 수치 100에 대비한 주가지수. (제3장)

Value Line Investment Survey 개인 투자자에 의해 사용되는 가장 대중적인 구독 서비스의 하나; 구독자는 주별로 3개의 기본 보고서를 받음. (제3장)

변동비율 플랜(variable-ratio plan) 투자거래의 시점선택을 위한, 투기적 부분의 전체 포트폴리오 가치에 대한 비중이 투기적 증권의 가치 변동에 의존하는 포뮬러 플랜; 비율이 미리 정해진 수치만큼 상승 또는 하락할 때, 포트폴리오의 투기적 부분에 투자된 금액은 각각 감소 또는 증가됨. (제13장)

거래량(volume) 특정 기간 동안 거래된 증권의 숫자. (제15장)

W

Wall Street Journal 일간 신문; 금융 뉴스의 가장 대중적인 출처. (제3장)

약형 EMH(weak form EMH) 과거 주가자료는 미래 가격을 예측하는 데 도움을 주지 않는다는 EMH의 한 형태. (제9장)

이중손실(whipsawing) 주식 가격이 일시적으로 하락한 후 재상승하는 상황. (제13장)

랩계좌(wrap account) 대규모 포트폴리오를 가진 고객이, 자금 매니저의 서비스 비용과 모든 거래의 수수료로서, 고정된 연간 수수료를 지불하는 중개 계좌(*관리계좌*로도 불림). (제3장)

Y

양키본드(Yankee bonds) 외국 정부 또는 회사에 의해 발행되고 미국 증권시장에서 거래되는 미국 달러 표시 부채증권. (제2장)

수익률, 내부수익률(yield, internal rate of return) 장기투자의 복리계산된 연 수익률; 투자의 편익이 비용과 정확히 일치하도록 만드는 할인율. (제13장)

수익률 곡선(yield curve) 특정 시점에서 채권의 잔존만기와 수익률의 관계를 나타내는 그래프. (제11장)

순수수익률 선택스왑(yield pickup swap) 경상수익률과 만기수익률을 높이기 위해 저-금리 채권으로 비슷한 고-금리 채권을 대체하는 행위. (제11장)

수익률스프레드(yield spreads) 시장의 다양한 섹터들 사이에 존재하는 이자율 차이. (제11장)

수의상환 수익률(yield-to-call: YTC) 채권이 특정 중도상환일까지만 존재하는 경우의 수익률. (제11장)

만기수익률(yield-to-maturity: YTM) 채권의 기간 동안 이자소득과 가격상승을 포함한 완전 복리계산된 투자수익률. (제11장)

Z

무이표채(zero-coupon bonds) 이표는 없고 기준가로부터 크게 할인되어 거래되는 채권. (제10장)

저자 약력

Scott Smart 교수는 현재 Indiana University의 재무금융 교수이다. 그는 Baylor University에서 학사, Stanford University에서 MS 학위와 PhD 학위를 취득했다. Smart 교수는 수십 편의 학술 논문을 Journal of Finance, Journal of Financial Economics, Financial Management 등 저명한 학술지에 게재하였고, Business Week, Wall Street Journal, Fortune, New York Post 등에 연구결과가 인용되었으며, 핵심 투자론(Fundamentals of Investing), 기업재무(Corporate Finance), 재무관리(Introduction to Corporate Finance) 등의 교재를 저술하였다. 그는 SkyHawk Smallcap 뮤추얼펀드, Unext.com, Intel Corp., Synopsys Corp. 등 여러 기업체를 위해 재무금융 관련 컨설팅 활동을 수행하였다. 또한 지역사회 초·중등 교육 재편 및 전략 계획, 지역사회 과학박물관 봉사 등으로 매년 outstanding community service에서 봉사활동상을 수상하고 있다.

Lawrence Gitman 교수는 현재 San Diego State University의 재무금융 명예교수이다. 그는 Purdue University에서 학사, University of Dayton에서 MBA, University of Cincinnati에서 PhD 학위를 취득했다. Gitman 교수는 50편이 넘는 논문을 게재한 왕성한 연구자이며, 재무관리, 핵심 투자론, 기업재무, 개인금융 등 여러 권의 교재를 저술하였다. Gitman 교수는 또한 여러 전문가 집단에서 활동하고 있는데, 금융서비스 학회(Academy of Financial Services) 회장, Finance Executives Institute의 San Diego 지부장, AFA, FMA 등 학술지의 편집위원으로 활동하였다. 더불어 그는 CFP(Certified Financial Planner)와 CCM(Certified Cash Manager) 회원이며, FMA의 재무금융교육 부회장, San Diego MIT Enterprise Form의 Director로 활동하였다. 그는 아내와 두 자녀와 함께 캘리포니아 La Jolla에서 자전거를 즐기며 살고 있다.

Michael Joehnk 교수는 현재 Arizoan State University의 재무금융 명예교수이다. 그는 또한 University of Wyoming, Texas Tech University, University of Tulsa에서 강의하였고, 1999년에는 뉴질랜드의 University of Otago에서 방문교수를 지냈다. 그는 투자론과 재무금융 분야에 많은 저술을 하였으며 40편이 넘는 논문을 학계와 실무계에 남겼다. Joehnk 박사는 투자론과 개인금융 분야의 대학교재를 다수 저술했다. Gitman 교수와 공저한 "기본 투자서: 현명한 투자자를 위한 가이드"는 1988년 Money 매거진으로부터 10대 재무금융 저서에 선정되었고 스페인어, 러시아어, 그리스어, 중국어로도 번역되었다. 학술적 성과 이외에 Joehnk 박사는 미국과 해외에서 교외 활동에도 적극적으로 참여했다. 그는 여러 기업과 금융기관을 위해 투자와 재무금융 분야에서 컨설팅을 하였고 특히 고정소득증권 분야에서 전문가로 활동하고 있다.

역자 소개

변진호 박사는 현재 이화여자대학교 경영대학의 재무금융학 교수이다. 한국자본시장연구원의 연구위원, 이화여자대학교 자금팀장, 경영대학 부학장, 경영연구소장을 역임했다. 그는 연세대학교 경영학과 및 대학원 석사과정을 졸업하고, 미국 University of Wisconsin-Madison에서 M.S., State University of New York at Buffalo에서 Ph.D. 학위를 취득했다. 변진호 교수는 Journal of Finance, Asia-Pacific Journal of Financial Studies를 비롯한 국내외 저명 저널에 수십 편의 논문을 게재했으며, 저서로는 『20대를 위한 스마트 금융가이드』, 『투자론』, 역서로는 『기업의 재무관리』, 『기본 재무관리』가 있다.

변진호 교수는 한국증권학회지, 재무관리연구, 유라시아연구 등의 편집위원장을 역임하였고, 한국재무학회, 한국재무관리학회, 한국증권학회, 한국파생상품학회, 산업경영학회 등의 임원과 편집위원을 역임했다. 또한 금융위원회 회계제도심의위원회 위원, 한국거래소 코스닥시장 기업심사 위원, 국민연금기금 투자정책 전문위원, 한국개발연구원 경제전문가 자문위원, 기술보증기금, 방송통신발전기금, 농림수산업자신용보증기금, 축산발전기금 등의 자산운용/위험관리/성과평가위원을 맡고 있다.

위정범 박사는 현재 경희대학교 경영대학의 재무금융학 교수이다. 한국경제연구원의 금융조세연구실장을 역임했다. 그는 서울대학교 경제학과를 졸업하고, 미국 University of Iowa에서 M.A., University of Oregon에서 Ph.D. 학위를 취득했다.

위정범 교수는 재무금융 분야의 수십 편의 논문과 서적을 출간했다. 여기에는 사회 초년생에게 평생 금융지식을 알려주는 『20대를 위한 스마트 금융가이드』, 금융투자 이론을 다루는 『투자론』 등의 저서, 리스크관리 핸드북 겸 교재인 역서 『재무금융 리스크 관리』, 그리고 “Cost of Financial Distress on Financing Strategy of Callable Bonds”과 “Bank Subordinated Notes and Debentures under Deposit Insurance System” 등의 논문이 포함된다.

위정범 교수는 한국경영학회, 한국금융학회, 한국재무학회, 한국재무관리학회, 한국증권학회, 한국파생상품학회 등의 임원과 편집위원을 역임했다. 또한, 국유재산관리기금, 중소기업진흥기금, 방송통신발전기금, 영화발전기금, 문화재보호기금, 축산발전기금 등의 자산운용/위험관리/성과평가위원을 맡고 있다.

핵심 투자론

저 자	Scott Smart · Lawrence Gitman · Michael Joehnk
역 자	변진호 · 위정범
펴 낸 이	한헌주
펴 낸 곳	도서출판 **경문사**
등 록	1995년 11월 9일 제300−1995−138호
주 소	서울특별시 서대문구 독립문로 21-9
전 화	738−7035(대표)
FAX	722−4678
e−mail	kmsp@korea.com
홈페이지	http://www.kmsp.co.kr

초판 인쇄	2015년 10월 22일
초판 발행	2015년 10월 29일

값 38,000원

ISBN 978-89-420-0840-7 93320